古典与中世纪
政治思想史

[法]菲利普·内莫◎著

张　竝◎译

华东师范大学出版社

·上海·

Philippe Nemo

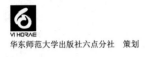

华东师范大学出版社六点分社　策划

目　　录

第二部分　古罗马

第三部分　中世纪

前　　言

　　本书原为讲义，受众是学生，即初学者。笔者认为他们对本书论述的内容一无所知，或者说几乎一无所知。因此，本书便力图浅显易懂地呈现这些内容——作者的生平和著作、学说中的论点及其架构——而不对其做学术性的评论。尽管本书是基础读本，但它并不流于表面和肤浅。篇幅浩大这一事实本身就可使笔者详细论述每一种主要学说，且能经常深入细部，在必要时从伦理及哲学上对我们研究的这些论点做详细阐述。

　　政治思想史恰与历史具有某种特殊的关系。它们彼此之间紧密相连，正是政治生活为理论家提供了思考的对象，并促使他们介入思想论辩之中。既然理论具备完全自在自为发展的逻辑，那么，即便这些学说本质上建立在先前学说的概念材料之上，但它们并不取决于这些材料。因此，问题是要在学说的阐述以及使该学说得以产生，并在必要时得以发挥作用的历史环境之间寻找精确的平衡。从理论上讲，同时按照学术研究所做的明确区分来看，这样的著作或许应该限于对观念进行单独阐述，并让读者自己将这些观念置于历史的前后关系之中，而如果读者尚未具备这种能力，他可以通过阅读专门的著作来加以了解。但教学经验告诉我，现在的学生对历史，不管是近代史、古代史，还是中世纪史,都可以说是茫然无知。因此笔者认为,在本书中,向他们循序渐进地提供理解历史环境与问题关键所在时必须具备的、起码的历史知识,就显得很恰当。

对时间跨度如此漫长的政治思想史进行阐述必须具备渊博的学识,这势必超过了研究者单个人的能力。这就是为什么最近数十年来,人们习惯于委托专家合编综合性著作,由他们分别对各自研究最深入的某位作者或某个时期进行撰述的原因。这一模式在某类著作中诚然具有无法替代的优势,但即便编著时做出了种种协调的努力,却还是经常导致各卷之间无法调和的缺点。因此笔者认为,"讲义"若由一位作者完成,就其教学意义而言,它或许应该具有可读性强和逻辑严密的性质,但当所述内容过于庞杂的时候,便有可能会无法兼顾这样的性质。笔者认为,只有通过分析研究,科学才能发展。术业有专攻的博学之士尽管辛勤劳作,但如果根本没人愿意再去利用他们的劳动成果来描述某种整体的图景,从而也没人试图再去重复延续至今且赋予现在以意义的观点(如果有这种观点的话),那么他们的所作所为又有何用呢?历史当然不具备孔多塞、圣西门、孔德、黑格尔或马克思之类的思想家所理解的那种单线性发展的结构,但历史也不复具有那种难以理解的纯粹纷繁复杂的特质。笔者认为,历史呈枝繁叶茂般的增长形态,尽管同样的错误和同样的幻想会反复困扰我们,但诸种观念之间不可逆转的演变过程仍然可见。

第一部分　古希腊

导　言

[1]通常,阐述政治思想史的时候,都会先从希腊思想家的作品着手。然而,我们会自问这一传统做法是否有充分的根据。几十年来,历史学、考古学和人类学已经取得长足的进步:从那以后,我们对希腊城邦之前的社会有了相当的了解。根据我们最新获得的认识,在全世界漫长的历史发展过程中,往昔所认为的开端似乎只是一个晚近的、甚至于不怎么重要的时期。因此,我们更没有理由(a fortiori)认可政治思想的历史发轫于希腊人这样一种看法,这种观点认为我们获得的最早的具有一定篇幅的政治理论文本(texte)就是柏拉图和亚里士多德的作品,此种看法有其偶然性,并不具有充足的理由。因此,首先必须研究政治科学史始于希腊作家这种看法,看其是否具备根本的理由,而不是仅仅依据传统的观点,对此大家已经达成了共识。

为了能够开始阐述这段历史,似乎有两样东西不可缺少:1)如果这样一门科学有其客体的话,那么对大部分作者①来说,它就是国家(l'État)。2)如果[2]任何一门科学都存在其方法的话,那么它便是理性思维。希腊城邦时期之前的社会和思想家是否兼备了这些条件呢?

---

① 并非所有人都这样认为。某些人,如 Georges Balandier(参阅《政治人类学》[*Anthropologie politique*],1967,Quadrige 丛书,1991)便对将政治(politique)归结为国家(étatique)这一看法提出质疑,他认为在所有社会中,包括在"没有国家的社会"里,都存在政治实体。[本书除标注为译者注之外,其余注释均为原书注释;[]内页码为原书页码。——译注]

第一个条件的满足仍有很大的限制性。国家并非一直存在,也不是任何地方都存在。人类学告诉我们,今天仍然存在没有国家的社会。至于历史学和考古学,它们断言,此种社会形态在国家社会(société étatique)形态之前便已存在。然而我们所知道的最早的国家出现在古代近东地区。我们可以将它们出现的时期追溯至公元前4500年左右。因此,如果我们由此认为具有某种观念和原则体系,它能使那些建立、管理或改善某个类似于国家那种制度的人明确地赋予其行为以意义的话,那么只有从这个时期起,并且只有在世界上的这个地区,我们才有可能找到政治的思想。

第二个条件的满足具有更大的限制性。通过政治"科学",我们不仅得以系统化地理解其表现形式,而且还从整体上把握了理论上的诸种观念,这些观念建立在理性之上,经过了客观的论证并达到了普遍适用的范围。然而古代近东地区国家的政治表现形式似乎完全属于前科学(pré-scientifique)的思维模式,宗教和神话在那里占了主导地位,这与前期其他地方的社会一样。

我们力图切近地显示出没有国家的社会和古代近东地区的国家这两类社会形态,以便能够经由比较之后,掌握希腊城邦时期原初的特点,从而确认其作为政治思想史的真正出发点。

第一节　没有国家的社会

[3]没有国家的社会(sociétés sans État),也称为"无主社会"(acéphale)、"太古社会"(archaïque)、"原始社会"(primitive),它们的社会秩序并非由某个"凌驾于"社会之上的制度进行干预来加以确保,而是通过具有共同祖先的谱系(lignage)①的一致性、对年龄层或职业群体进行划分,以及所有人对或多或少有些严格的习俗的自发遵守来加以保证的,而这一特性又得到了非常强烈的宗教信仰的支撑。

---

① Lignage 在法语中,既可释作"谱系",亦可释作"家族、部族、世系"。——译注

"没有国家的社会"的类型

人类学家将其区分为几种类型：①

1. 由 20 到 100 人组成的团伙，其中并未产生永久性的首领，除了年龄和性别上的"自然"差异之外，他们在社会中并没有什么突出的差别。非洲的俾格米人（Pygmées）和布须曼人（Boshimans）、格陵兰岛的因纽特人（Inuit）、太平洋诸岛上的部落均属此种类型。

2. 部族社会，如喀麦隆南部地区的贝蒂人（Béti），或群落社会（sociétés segmentaires），如尼日利亚的蒂夫人（Tiv）和苏丹南部的努埃尔人（Nuer）。谱系社会中的群体均有血缘关系，部族中的长者拥有特殊权利，但并没有严格意义上的集权制。每个部族的长者经常会召开会议，他们必须取得大致统一的意见，并在任何情况下都以祖先的名义做出决定，这些祖先被视为群体中真正的首领。

例如，在人口达 60 万的贝蒂人中，约有 20 个部族，每一个部族均具有该组织形态的雏形。但是并没有为整个民族共有的组织，尽管土著人对自己的民族具有极为强烈的归属感。在每个部族的内部，有[4]次要的部族和"家族"，家族中的首领根据其成员的数量、妇女的人数和他们自身的影响力，在社会中拥有一定程度的权威性。

部族社会在这一结构中是个特殊情况：部族分裂为彼此之间既具有同构性、又具有对抗性的"部分"，但如果涉及对抗其他部族以自保的时候，他们又很团结。

在随后列出的两种类型中，权力开始具有集中化的趋势，在第一个类别中，此种情况只是偶尔出现，而在第二个类别中，情况更为持久。

3. 拥有大人物（big men）或奇里斯玛型显贵的社会，如美拉尼西亚人（Mélanesie）、巴布亚人（Papouasie），及非洲的埃菲克人（Efik）和伊博人（Igbo）。显贵之所以在社会中拥有上层地位，是由于其能言善辩以及人情往来构成的网络之故。但这一地位并不牢靠，且常常无法世袭。

4. 酋长（chefferie）社会，如喀麦隆西南部的巴米勒格人

① 此处参照了 Philippe Laburthe-Tolra 和 Jean-Pierre Warnier，《人种学与人类学》（*Ethnologie & Anthropologie*），PUF，1993，第六章"政治生活"（*La vie politique*）。

(Bamilékés)、巴基斯坦的斯瓦特帕坦人(Swat Pathans)、亚马逊河中下游地区的其他社会……在此,出现了一些协调系统,它们在一定程度上与部族的归属感并不相关,而由某些拥有明确的、可以世袭的领导地位的人加以左右。

比如说,巴米勒格人,他们划分为大约 100 个规模不等的酋长辖区(从数百人至数万人不等)。部落成员或小群体通常会在各个酋长辖区之间跑来跑去,这便使每个酋长辖区成了人群混杂之处,亲族关系并不是它构成中的必要因素;相反,领地显得愈益重要。由此便出现了国家最初的形式。酋长有无数配偶(以前是 100 个),他让自己的女儿在酋长辖区内通婚,以使联姻关系得到巩固,他在行使宗教职能时拥有特权地位(参阅下文)。然而他并非专制君主;他的身边有顾问团,还有许多代表各自群体的代言人,他们都会向他提出劝谏。

为了更好地划定"没有国家的社会"的边界,最后我要对一些标准加以阐述,它们将对国家的形式做出规定:"国家"之所以产生,是由于权力集中于社会金字塔的顶端;它在有限的领地之内拥有至高无上的地位;它作为合法性暴利的垄断者,尤其肩负了施行正义的使命,[5]而受到了全体民众的认可;它在选任人员(当权者、高级官员、官吏)时不受亲族关系的影响。

我们发现,这些社会的政治组织类型虽极为不同,但它们的组织结构愈是明确,差别就愈小,各类型之间不用什么过渡即可进行互换。此外,尚须注意这些类型并非是通往某个最终理想形式,即国家形式的必然发展过程中的"阶段"。人类学与历史学的调查研究证明,这些社会能够从某种形式过渡至几乎任何一种形式。

尤其是国家社会,只须让它的集权(pouvoir central)组织解体,让它分裂,把它征服,就能使它变成没有国家的社会。这样的例子在非洲、亚洲和美洲都有很多,但我们也可以西方国家本身为例,加洛林王朝①解体后,西方随即转变为封建社会。事实上,这一演变与社会本身的去国家化(dés-étatisation)过程颇为符合。

没有国家的社会有哪些共同特点呢?

---

① 公元 751 年至 987 年统治法兰克王国的王朝。——译注

在大部分[社会]中，具有**亲族关系**这一事实远比对同一片领地的依恋或执著重要得多。①

由于**没有社会差异**，也不可能互相攻讦，尤其是所有人都遵从祖先的习俗，而习俗充当的是宪法、法律和政府的功能，所以冲突似乎变得少之又少。……对于违抗行为，仅做伦理上（遭到所有人的蔑视）或宗教上的制裁，因为普遍认为违犯"禁令"会自动导致惩罚。②

笔者将参照勒内·吉拉尔（René Girard）的人类学理论对这些特点加以阐释，他的理论特别清晰。

勒内·吉拉尔的圣事（sacré）理论③

吉拉尔主张，古代社会的宗教仪式与它们的神话及习俗密不可分，无论从直接的还是间接的意义上来说，它们都是祭祀性的（sacrificiel）。宗教献祭仪式[6]的功能就是，每隔一段固定的时间，将群体中的暴力引向某个牺牲者，以对此暴力进行"净化"（catharsis）。在通过此种方式将暴力涤除后，群体又会归于平静、团结，统一起来，并因此变得井然有序、繁荣昌盛。从这个意义上来说，宗教仪式远非古代社会中的人对暴力与幻象的病态癖好，而可以将此视为一门技艺，目的就是为了解决事实上所有社会中都存在的问题：避免暴力的蔓延。因为按照急剧恶化的自动补给（auto-alimentation）逻辑，暴力具有"传染性"，会以牙还牙，所以它总是会导致群体的分裂。社会中的行圣事者便以吉拉尔所谓的预防性方法来处理这种传染的风险：群体经由献祭仪式而团结起来之后，人们便（又）重新成为"兄弟"，自此以后，他们之间根本不可能会再出现暴力。

如果最后还是犯下了罪行，那么这些社会便会无能为力：人类学家（马林诺夫

---

① 《人种学与人类学》，前揭，p. 110。
② 同上，p. 111。
③ 参阅勒内·吉拉尔，《暴力与圣事》（*La violence et le sacré*），Pluriel-Hachette，1972；《替罪羊》（*Le boucé missaire*），Biblio-Essais，1982。

斯基、洛维［Löwie］、埃文斯-普里查德［Evans-Pritchard］……）对我们说，他们之中并不存在能够针对问题并惩罚有罪的司法管理体制。也许问题会得到解决，比如努埃尔人，但协商方式会很漫长、复杂，充满变数，而且所谓的协商也就是寻找某种两个家族都能接受的"血偿"的方式；但是，族间仇杀很可能会随时蔓延开来，严重危及群体本身的繁荣与生存。这就是为什么古代社会中的人对任何冲突都很畏惧，"视其为瘟疫"（几乎指的就是该词的字面意思）的原因。他们严禁同外来者交往、接触，严禁行商，并一丝不苟地举办宗教仪式，以避免厄运的降临。

吉拉尔观察到，现代社会同样面对如何处理暴力这一问题，但它们的解决方式完全不同：司法机构。因为司法中惩罚的施行，无须经由牺牲者（或他的家庭，或他所属的部落）个人，而是通过总体上体现了集体意志的某个机构来加以实施。而没有任何个人能强大到足以对抗群体中联合起来的那些力量。因此，司法中的惩罚能完全阻止暴力的循环。它实施的是独一无二的惩罚，[7]无法对这个惩罚本身进行报复，于是它就可以继续"战胜"暴力。

既然这一"治疗"法从某种意义上说能有效地解决同样的问题（遏制暴力，或者说将其表现方式限制在有限的程度上），那么它与宗教仪式中的"预防"法就是相等同的。然而吉拉尔认为，它是一种远为优越的解决方法。因为，通过献祭仪式来解决问题的方法会在社会中付出巨大的代价：献祭仪式要求的是全体的一致性，而这只能通过在巫术—宗教思维中的宇宙范畴内维护社会方才能够获得（参阅下文）。然而，既然司法的解决方法能够在冲突爆发之后将其终止，那么它就无需对其进行预防；于是它能容忍异议、偏差、个体的自由和进步。其实，古代社会是"没有历史的社会"，①而所有历史性的社会均是拥有司法机构，即国家的社会。

归根结蒂，以上说明了为什么原始社会中不可能有国家，也不可能有政治的原因：这并不仅仅是说国家"还没有被创造出来"，它表明了国

---

① 这并不表明它们"什么也没发生"，而是指这些社会不喜欢变化；变化，当其在社会中突如其来的时候，是出现在它们的外部。人们不情不愿地忍受它、陪伴着它，并赋予其结构。变化，从来不会受到异口同声的欢迎和容纳，它只能在接受个体差异和偏差的社会里找到其位置。

家所体现的集体组织这一形式所暗含的是，规制暴力的模式以及人类行为最深层的动因均已发生了彻底的改变。

如果我们接受勒内·吉拉尔献祭与司法两个体系相互排斥的理论，那么第一个体系就会因第二个体系的出现而消失。存在"原始宗教"的地方不会有国家，而拥有司法制度的国家，便至少不会有"纯粹的原始宗教"形式。这样一来，便提出了形式间如何过渡的问题，因为我们在此发现了古代类型的宗教和国家的雏形并存的现象——后面我们会论及这个问题。

巫术—宗教的思维

[8]我们现在回到已经提到过的那个观点上来，即建基于宗教仪式之上的社会中的人为何必须具有巫术—宗教的特质。我们是这样来理解的。

笔者说过，宗教献祭仪式只有当拥有全体的一致性，因此也就是所有人都相信作为其基础的神话时才会有效。然而这种类型的信仰只能是模仿（imiutation）的结果。每个人之所以相信神话所表现的内容，并非是因为他经过了独立的思考，客观地做了一番论证，从而认为神话叙述是真实的，而是因为他模仿了旁人的信仰，而那个人又模仿了其他人的信仰，如此类推，它受到了集体的带动，在人与人之间呈"水平"传递，而不是从精神至客体的"垂直"传递。神话乃是一种集体幻象。但是对神话提出责难的人就会对群体构成威胁，招致神圣力量的怒火，而且这一破坏团结的行为也会立刻使群体中的其他人指责其渎神和行巫术。事实是，古代社会不仅实际上（*de facto*）缺乏理性思维，而且其积极行使的惩戒（censure）的目的就是为了将群体一劳永逸地维持在神话思维的宇宙之内。

用"保守的"这个词来称呼静止不动的精神状态太无力，这是一种对变动恐惧的精神状态，被圣事紧密限定的社会正具有这种特点。社会—宗教（socio-religieux）的秩序似乎具有难能可贵的仁慈和出人意料的厚道，任何时候，圣事都可以从人这里收回这种益处。问题并不在于这样一种秩序与价值判断有关，也不在于丝毫不去比较、选择或者操控这个"体系"以便使其改善。所有有关社会的现代思想在此都显现出对宗教的极端蔑视，因为它会导致暴力复仇行为的介入。人们必须屏住呼吸。任何轻率鲁莽的变动都会引起疾风暴雨、急流狂潮，从而使所有人类社会消失得无影无踪。①

[9]没有国家的社会无法应对变化（这并不是说，这些社会在躲避变化：而是如笔者所说的，它们不得不忍受这具有颠覆性力量的变化）。它们的秩序是不可触犯的。

作为全球秩序的神话秩序，宇宙与社会不分彼此

然而，神话秩序中的宇宙与社会是不分彼此的。

在神话讲述的开天辟地之初，正是这些神祇与英雄创造了太阳、月亮、大地、星辰与动物等，也发布了自此以后整个世界都会遵从的社会习俗。因此，对这些秩序进行僭越或提出疑问都是疯狂之举，毫无意义，这与对自然法则提出疑问没有任何差别。"未开化之人"（Primitif）所冒的风险与现代西方人藐视科学所阐明的自然法则所冒的风险同样大。

这正是科学论者波普尔（Karl Popper）所强调的："在这些社会中，自然现象的循环与社会习俗的循环之间不存在任何差别，这两者都能归结于超自然的意志。"②正如我们无法想象改变自然法则一样，我们也无法想象去触动习俗。罕见的是，古代社会中的人会对自己所应该做的事犹豫不决（即便他由于其他情况不知道、不能或不愿去做这件事时也是如此）。社会责任是不容置疑的。

如果情况如此的话，那很显然的是，对社会及其规则随心所欲地提出政治思想所要求的那种质疑，在建基于神话与宗教仪式的社会中是根本行不通的。事实上，我们在那里找不到政治理论，我们只找到了至

---

① 吉拉尔，《暴力与圣事》，p. 422。尤其是，唯一有种变化，任何一个社会都无法加以避免，即每一代人来临与退场这一循环往复的过程，古代社会中的人极其小心翼翼地围绕着这一变化。吉拉尔分析了 Van Gennep 描述的"过渡仪式"（rites de passage）：在许多社会中，青少年只有在经过宗教仪式的洗礼之后，方能在集体中成为享有所有权益的一员，在这一仪式进行当中，有时很长时间他都会被排除于集体生活之外（参阅 p. 419—427）。

② 参阅卡尔·波普尔，《开放社会及其敌人》（*La société ouverte et ses ennemis*），1946，Éd. du Seuil，1979，两卷本。

高无上的神话——此外,还有我们提到过的某些人类学家所说的实践与策略,他们在对"政治"进行分析时,将此视为可能存在的对象。然而,确切地说,这只不过是人类学家的分析而已。古代社会中的人自身并未向我们提出证明,告诉我们竭力想要弄清楚的政治思想史的源头到底在哪。[10]勒内·吉拉尔的理论使我们得以理解,这一缺席并非偶然事件,而是这些幸存下来的社会本身的逻辑使然。

既然如此,那么从某种意义上说,在对政治提出质疑的时候,将原始社会完全排除出去,是不太恰当的:因为,既然在此种类型的社会中,人类长久以来经历了其绝大部分历史,那么可以说正是这些社会以这样或那样的方式解决了人如何得以共存与合作这一问题,而且不乏成功之处。不光它们的组织模式本身是社会科学特别重要的研究对象,而且如果认为它们在现代社会中根本没有留下踪迹,尤其会令人觉得不可思议。与此同时,我们会自问,"古代的"行为方式何以会在希腊罗马之后的社会中突然涌现出来——特别要反思献祭仪式,思考神话类型——它们不仅出现在我们西方的中世纪,还出现在当代社会之中。

第二节 古代近东地区的神圣君主制

在涉及古代近东地区的神圣君主制时,我们遇见了一个明显不同的问题。因为,这些社会提出的显然是国家组织的模式,这样一来我们就能在苏美尔人、埃及人、阿卡德人、巴比伦人、亚述人、赫梯人、腓尼基人、克里特人、迈锡尼人①等的国家形态中较为精确地了解这一模式。因此,政治科学找到了它自身的客体,也即国家。另一方面,按照勒内·吉拉尔的理论,必须预料到这些社会的精神状态与"原始社会"是不同的,因为它们掌握了司法管理体制:宗教仪式与神话不再是[11]社

---

① 参阅 Jean-Claude Margueron,《美索不达米亚人》(*Les Mésopotamiens*),Armand Colin,1991,两卷本;Samuel Noah Kramer,《始于苏美尔的历史》(*L'histoire commence à Sumer*),Arthaud,1986;Jean Bottéro,《美索不达米亚》(*Mésopotamie*),Gallimard,1987;François Daumas,《埃及法老的文明》(*La civilisation de l'Égypte pharaonique*),Arthaud,1987;Geneviève Husson 与 Dominique Valbelle,《从最初出现的法老至罗马皇帝时期的埃及的国家与体制》(*L'État et les institutions en Égypte des premiers pharaons aux empereurs romains*),Armand Colin,1992;Jean Gaudemet,《古典时期的体制》(*Les instituons de l'Antiquité*),Montchrestien,第三版,1991。

会秩序中唯一的纽带。然而，是否在此出现了政治科学呢？

　　首先让我们来回顾一下历史中的一些关键之处。

古代近东地区国家的形成

　　笔者已经说过，这涉及到的是我们已知的国家最初的形式。或许它们的出现与城市(*ville*)的创建混淆在了一起，我们可以精确地将古代近东地区城市的出现追溯至公元前 9500 年前。城市的产生本身就是约公元前 1 万年前忽然出现的新石器时代革命(révolution néolithique)具有决定意义的延续过程。

新石器时代革命

　　新石器时代革命①受到了农业、畜牧业、手工业，因而也受到了人类定居这些现象的规定，从而导致创建永久定居点和建造坚固耐用的房屋。既然发生了这一技术上的革命，那么新的社会组织形式就成为必需，而且也成为可能。

　　确实，农业与畜牧业促进了专门化的手工业的发展；为了利用河流的涨水实现大规模灌溉，就必须有大量人力来完成这项工作；[12]为了保护农作物，能获得丰收，就必须对土地进行统筹安排，建立所有权体制，以集体的力量抗击游牧部落的掠夺——所有这些问题只有在确保了劳动分工与稳定性的集体组织范围内才能解决。

　　在这些创新成为必需的同时，它们也使农作物富余成为可能，而且在人类历史上第一次，使人可以分门别类地掌握不同的技术，而不仅仅以供应食物为主：手工业、战争、管理(这些功能无法在旧石器时代的社会中存在，那时的社会是以狩

---

① 最近几十年来，古人类学与考古学获得了惊人的进展，这样便能确定下述日期。人种(homo erectus)的存在可以追溯至 400 万—300 万年前的非洲(参阅 Yves Coppens，《猴子、非洲与人》[*Le singe, l'Afrique et l'homme*]，Hachette-Pluriel，1985)。按照一些作者的意见，智人(homo sapiens)出现于 20 万—10 万年前。最初的葬仪出现于 7 万年前，它是形象思维明显的标志。欧洲发现的史前石窟壁画有 3 万年之久。从最初的人种至新石器时代革命，人类都是以动物的形象出现，它不会生产，只能通过狩猎和采摘获取自然资源。"新石器时代革命"开始于大约 1.4 万年前的近东及中东地区"肥沃的新月形地带"。约五千年前，灌溉技术在南美索不达米亚的冲积平原地区出现，使农业生产力发展起来。参阅 Jean-Claude Margueron，《美索不达米亚人》，前引；Ian 和 Marion Lichardus，《欧洲的原始历史》(*La proto-histoire de l'Europe*)，PUF，1985(该书前几章对新石器时代的特征[néolithisation]做了总括性的描述)。

猎与采摘为主的依存性经济占主导地位)。集体组织与经济增长之所以会互相促进增强,乃是通过"因果关系的循环"过程,并在供应过程中出现了生产过剩和某种程度的安全保障所致,这促使了劳动分工的发展,而劳动分工又反过来加强了生产力。其实,新石器时代革命是与急剧增长的人口相辅相成的。①

城市

在南美索不达米亚,似乎这一进程是随着奥贝德(Obeid),然后是乌鲁克(Uruk)(9000 至 9500 年前)文明的发展而毅然决然地加快了步伐。城市确实在此出现了,它与先前的村庄之所以不同,不仅是因为规模和居民的数量,而且因为房屋的面积产生了分化,出现了小型、中型和大型之分,还有建筑在用途上也出现了分化,有居住、生产、祭祀、防卫和官舍之分。我们自然而然就会[13]想到,物质的分化说明了社会的分化(笔者说过,这一分化在"原始社会"中并不存在)。

正是这一分化要求中央集权的出现,以对社会不同阶层之间的关系进行管理。确切地说,城市考古学揭示了权力的发展轨迹:围绕着庞大的宫殿,整个国家的生活就此组织了起来。文字材料也很快出现了,它证明了考古学的发现。②

文字

恰当公元前 3000 多年前出现城市的时候,文字果然也出现了。

两个体系的文字差不多是同时诞生的,它们是苏美尔(东南美索不达米亚)的楔形文字和埃及的象形文字。历经 3000 多年,埃及文明保存了这一文字(经过不

---

① 据估计,在旧石器时代的几万年间,世界上生活着约 500 万人,或者确切地说,在 100 万至 1000 万之间,人口随着天气条件、传染病、猎物多寡等(它也属于动物种类分布状况这一类型)的变化而在这个范围之内不断变化着。这一数字从新石器时代革命起便急遽增长,至基督的时代,人口已达到 2.5 亿(参阅 Jean-Marie Poursin,《世界人口》[*La population mondiale*],Éd. du Seuil,1976)。这一倍增的因素如同演化过程中出现的某种真正的"突生"(émergence)状态,我们只有将其同这一现象做比较之后才知道,这一状态也将在 18 世纪随着市场经济的成长和普遍化而产生。在不到两个世纪的时间里,世界人口几乎翻了十番,从 1750 年左右的 7.5 亿增长至 2000 年的 60 亿。还有,正如我们将要看见的,这一经济生产模式的革命是与社会政治结构的改造相辅相成的。

② 但我们并不知道,在这个演变过程中,究竟什么才是因果关系中的确切因素:是精神状态改变了,因此导致了集体生活的新的组织形式出现,而这一新的组织是通过我们所说的经济与技术的发展体现出来的呢? 还是,后来的发展不可避免地使体制和精神状态发生了变化? 要对知识与理论针对实际存在的国家所构建的这些假设进行裁断,几不可能。

断的改进)和做记录的语言。楔形文字自创造了该文字的苏美尔人消失之后,便用于记录美索不达米亚、小亚细亚其他民族,如阿卡德人、巴比伦人、亚述人和赫梯人的语言,之后腓尼基人在纪元前 2500 年前左右创造了**字母**文字,从中演化出古典时代后期的所有文字(克里特语、迈锡尼语、希伯来语、希腊语、伊特鲁里亚语和拉丁语)。

在朝向集体生活的国家组织模式演变的进程中,文字的创造肯定起了关键性的作用。当然,考古学家着重指出了,既然文字使我们第一次能够直接构建往昔的历史,那么我们就会过高估计文字的作用,并相信它创造了它所描写的东西,尽管它也许只能澄清恰好在它之前才存在的各种现实状况。① [14]尽管如此,毋庸置疑的是,拥有这一工具对国家的组织形式以及运转功能还是产生了直接而且快速的影响。因为,书面文字可以将信息传递至远方、记录账务、保存档案,所有这些资料对于国家最高层的管理机构而言都是很有助益的。考古学家在美索不达米亚城市的宫殿中经过挖掘之后,将许多文件(数以万计的楔形文字书写板)公诸于世,向我们证明了中央集权国家的管理机构使用文字的情况。

另一方面,大量书面文件明明白白地都在谈论国家和政权。

我们对这些文件的认识永无止境,因为埃及学和亚述学这两门学科还很年轻,它们还在不断发现新的书写板和新的铭文并对其进行研究。除了管理机构文件和以清点账册形式出现的账务资料这些干巴巴的文件之外,人们还发现了近东地区真正的文学资料。② 这些文学资料远比我们一直以来所认为的人类最初的文学作品《圣经》及荷马史诗要早得多。

最初的国家体制

文字资料向我们表明,在从美索不达米亚到埃及的任何地方,都是集体生活的国家形式起主导地位。从中出现的那些体制直至如今,都是国家组织的特有现象:中央政府由君主统治,君主则由埃及宰相之类的大臣辅弼;有专门设置的军队;司法机构(虽未独立于国王,但其组成

---

① 而且他们在以哥伦布发现新大陆之前的非洲与美洲为例时着重指出了,那些大国都是没有文字的社会。

② 其中最有价值的是著名的《吉尔伽美什史诗》(*Épopée de Gilgamesh*),它是苏美尔人原初的核心文本,但在近东地区广为流传,并经巴比伦人发挥阐释。

的机构是与他分开的,它有法庭和专业的法官);中央管理机构;地方管理机构;财政机构(进行人口统计,并对收入进行监控以便更好地征收税收);管理大型工程的机构;[15]外事政治机构(大使……),证明国家可在明确划定疆界的领土之内行使独一无二的裁决权。

近东地区国家的“现代”特征

如果我们将政治思想视为以国家行动为依归的思想,即它在内部管理社会,在外部是与邻国人民建立关系,那么便产生了一个独特的悖论,它等于是否定了古代近东地区国家中政治思想的存在,我们刚才还对这些国家做过一番简略的描述。

事实上,我们在这些文本中发现了证明这一思想的不容置疑的材料。笔者马上会引用一些值得注意的例证,如克拉默(Samuel Noah Kramer)①所说的“最初的议会”(premier Parlement),或者是阿卡德人的法律②体系,著名的《汉谟拉比法典》揭示的正是这一体系。③

乌鲁克的“议会”

有证据显示,在某种情况下,君主会依次征询长老议事会和人民大会的意见,与他们进行讨论、磋商,听取各个团体的决定,甚至是与国王意见相左的决定。因为这一事件已在一首诗中被“记录在案”,我们知道该文本有 11 片书写泥板和一些残篇(这首诗共有 115 行,其考证版出版于 1949 年)。

该诗约有 2000 年的历史,但它所描述的内容大约发生在 3000 年前。在那个时代,苏美尔已经拥有了“无数大城市,它们汇聚于宏伟的公共建筑和著名大学的四周”。文字一旦创造出来,便有了文献。

决定和平还是战争的时候,会召开两次大会。在那个时代,苏美尔有[16]许多互相争取霸权地位的城市国家(ville-État)。其中,基什(Kish)最为重要。然而

---

① 参阅克拉默,《从苏美尔开始的历史》(*L'Histoire commence à Sumer*),前揭,第五章,《最初的议会》。

② 作者在此使用的是 droit,前文用的是 loi,这两个法语词译者在此均解为“法律”,从上下文看无甚区别,下文不再加以注明。——译注

③ 参阅 Jean Bottéro,《汉谟拉比法典》(*Le code de Hammourabi*),《美索不达米亚》(*Mésopotamie*),前揭,p. 191—223。

乌鲁克也在强盛起来。因此,基什国王阿迦(Agga,基什首个王朝的末代君主)发出了最后通牒:要求乌鲁克承认他的君主地位,否则就会开战。这样就关系到该对阿迦的密使做何种答复。乌鲁克国王征询了"长老议事会",它们同意臣服。于是,心怀不满的国王又征询了人民大会,它们则要求开战。这首诗叙述的便是接下来的事件。阿迦的军队围攻了乌鲁克,双方媾和:两位国王又成了朋友。

因此,我们在此遇见了真正的"政治"问题,它涉及外交的逻辑、选择和平时的考量、某种"反对的权利"……确实,我们对这两次会议的构成一无所知,也不知道是否有某种或多或少类似于投票的程序,我们甚至连是否存在某种组织起来的真正的讨论也不得而知。

《汉谟拉比法典》

1902 年,在苏萨(Suse)发现了一座后来一直保存于卢浮宫博物馆内的宏伟的石碑,碑上刻有一篇长文,人们认为那就是一部法典。既然石碑属于纪元前 1792 至纪元前 1750 年统治巴比伦的阿卡德国王汉谟拉比时期,那么可见它就是当时发现的最古老的碑文。自此以后,又发现了其中有些甚至更为古老的另外十几处相似的碑文与这一文本的40 种版本(残篇)。

碑文中有 3500 行得到了解读,其中有 282 条"法律条文",它们形式统一,均为"如果……,那么……"这种句式(譬如"如果有人控告他人谋杀,但无法提供证据,那么控告者将被判处死刑";又如:"如果有人欠下债务,将自己的妻子、儿子或女儿卖于或送于他人为奴[以便偿还贷款],那么后者将在购买者或占有者处[至多]做工三年;但是,三年之后,他们将成为自由人")。这让人想起了名副其实的民法或刑法,尤其是因为这些条款都被有意地置于各种"标题"之下:5 条关于伪证;20 条关于偷窃;16 条关于皇家采邑;25 条关于农业生产;约 10 条关于住宅;至少 24 条关于[17]商业;15 条关于寄存与债务;67 条关于妇女与家庭;20 条关于伤害罪;61 条关于不同的自由人职业,然后是奴隶职业;5 条关于奴隶。[1]

---

① Jean Bottéro,前揭,p. 194。

但是经仔细考察之后却发现，它并不完全是像帝国时期的罗马法典意义上的法典。首先，它不完整：许多在其他地方发现的泥板上所涉及的行政与司法文献内容均未被提及。其次，这些条款似乎论述的都是具体案例，涉及的也都是一些特殊情况。条款与条款之间并没有逻辑上的关联；最后，那个时代的泥板上所谈及的事例几乎从未归结为《法典》中的条款，仿佛只有当该条文在我们所理解的国家中成为"现行法律"之后，这些事例才会存在似的。

况且，亚述学家告诉我们，现代意义上的"法律"概念在美索不达米亚人中似乎并不存在。无论是在社会规则的领域，还是在自然领域中，阿卡德语或苏美尔语里，都没有"原则"或"法律"这样的词。它们似乎只是处于知性的中间阶段，亦即介于特殊案例与法律、典型案例或判例（le cas exemplaire ou paradigme），也就是说与由上述引用的例子阐明的"如果……那么"这样的结构之间。

博特罗（Bottéro）引用了美索不达米亚地区其他与医学或占卜相关的"学术性条文"，它们如同《汉谟拉比法典》一样，均由各种范例（paradigme）汇集而成。这样一种思维形式超越了经验主义，力求达到普遍性，务求详尽完备。但它并未达到法律所要求的绝对的普遍性、明晰性。美索不达米亚的法律如同传统社会中的大部分习俗那样，仍然是暗示性的，也就是说它不仅没有形成书面文字，而且没有被表达出来，甚至都未通过口传的形式表现出来。但从直觉认识的意义上来说，它们还是为每个人所知晓的。

> [在古代美索不达米亚的立法中]占据地位的正是"法律"，但无疑它并未得到表达，正如科学的原则没有表达出来一样。美索不达米亚的法律本质上就是没有形成书面文字的法律。没有形成书面文字并不意味着不存在，不为人知晓，而是潜在存在的：因为它经常以正面的或遭禁止的、通过教育加以传播的习俗的形式，体现于问题之中，甚至于以传统的解决方式来解决特殊的问题。［……］[法律]原则[并未]以明确的词句表达出来，[18]但它们与传统的大范围传播进行了合流，在某个已知的文化群体中，一代又

一代人对该传统自动进行传播,对语言、对世界的看法,对事物的感知,对采取何种方式才能使生产与改变变得更为有效的传播都是如此进行的。[……]法律,首先不是一种阐述,不是"文本",而是一种倾向,一种"精神"。①

因此,这便是博特罗对《汉谟拉比法典》所做的最终的解释。《汉谟拉比法典》涉及到的不是法律的汇编,而是裁决(sentence)的汇编,它阐述的是国王针对单个案例中包含的首次出现的问题所提出的解决办法:新的罪状出现之后,"法律真空"随之出现,国王的解决方法便将这种真空填满。因此,《法典》所涉及的是法律的修正或革新。它阐释的是其不完整的、而非系统化的特质,它同样也说明了这个事实,即国王注重的是以郑重庄严的形式将此种特质告知普天民众。

如果这一假设正确的话,那么我们就能从中推导出巴比伦国家中一个极为重要的特点:国王本身或通过其代表体现了正义,他能对法律做出阐释:从这个意义上说,巴比伦的社会开始能够对变化做出应对。

这一特点也许是同文字的创造联系在一起的,文字使记忆得以延长,并可积累经验。社会并未经历这一变化,但它能被国家加以利用(有些成功,有些滞后,也有些困难),正如汉谟拉比石碑结语那一段所做的提示:"这些公正的裁决由无所不知的国王汉谟拉比晓谕天下,以使他的国家纪律严明,领导有方。"②虽存在混乱和动荡,但国王已经重建了平衡,而且他通过建立立法上的革新做到了这一点。

在美索不达米亚这样的近东社会中,其形势与那些"没有历史的社会"有天壤之别——在那些社会里,习俗岿然不动,笔者也说过,变化如果不顾宗教仪式和神话强加的诸种障碍突然出现的时候,社会就会显得混乱无序。人们开始敢于介入习俗,对它们进行思考:这肯定就是革新,是这些社会的"现代"特征,包含了"政治"思想的萌芽。我们现在恰好来到了吉拉尔预见的过渡阶段。

---

① Jean Bottéro,前揭,p. 220—221。

② 同上,p. 201。

"古代"特征：神圣君主制的问题

[19]然而，撇开这些"现代"特征不说，古代近东地区国家的社会中另外一个本质性的维度与古代社会更为接近，它与后来的希腊城邦有相当大的差别。事实是，这些社会从本质上说，仍然具有巫术—宗教的思维模式。

人类学中的祭司—国王

古代近东地区的国家首先都是神圣君主制。

然而英国人类学家弗雷泽(Frazer)证明，在许多古代社会里，神圣国王都是巫术—宗教秩序中内在的一部分。他不仅仅处于宗教仪式的中心地位，而且他自己就是神，或者至少是神圣的威权，他的行为与话语在维持事物的秩序时起到了直接的和关键性的作用。笔者说过，在传统社会中，他的宇宙功能与社会功能是不分彼此的。此特征已经存在于酋长辖区之内。比如在巴米勒格部落，

> 酋长[……]向先祖献祭和祭奠，以便他们能够保佑人民和收成。他作为土地的祭司、祈雨者，每年都会于农业周期将近之时，在整个酋长辖区内组织典仪，然后他通过仪式来对抗外来的邪恶之事，这些邪恶之事有龙卷风、飞蝗和蜂群，它们攻击作物、牲畜和人。他自己拥有灵魂，能变成豹子在丛林中游荡。他有能力识破巫师的行径，并对其进行消解。人们通常都相信他拥有巫术，巫术尽管已得到了驯服，但仍然颇为危险。①

被殖民前的非洲国家保留了类似的特征：宗教的本质性角色，国王参与宗教仪式。

[20]在喀麦隆的巴姆穆人中，国王仍然是国家的"父亲"，因为民族就是一个由远近亲戚组成的庞大的伪谱系(pseudo-lignage)。

---

① Laburthe-Tolra 与 Warnier，前揭，p. 123。

在任何地方,国王都是"神圣的",也就是说他被视为一个单独的存在,他自身的身体并未被看作常人的身体［……］。由禁令和指令构成的网络环绕着他;譬如,人们不应该看他吃东西,他不能离开自己的土地,不经过中介没有任何人可以同他说话。他应该使用某种特殊的或古代的语言,日本的天皇便是如此。作为战争的主导者,他本身就体现为国家的力量和活力,他应该证明这种力量和活力,比如他在位期间,应使女人多多生育,然后他还应在每年一度的考验中证明自己拥有永不衰竭的精力,埃及的法老便是如此,塞德节期间,法老应该绕着都城跑步。国王与王国的富饶联结在一起:中国的皇帝天子会第一个在农田里开出犁沟,非洲的大部分酋长应该懂得如何降雨并支配那些元素。某些社会(如尼亚库萨人)在国王显露出体弱多病的迹象时,就会将其处死。①

这最后一个事实证实了吉拉尔的说法,即那个被如此神话的人得到了"区别对待",乃是祭献牺牲品的现象中的特殊事例。他被区别对待,他无论在群体的内部还是外部,都占有独一无二的地位,这一事实使国王将社会中所有的权力集聚一身。按照这种情况,正是如此他才能对群体实施超人的权力,或者说使自己承受过分的暴力行为。国王既拥有全权(神奇的消灾权),另一方面又尤其要面临危险(成为仪式上牺牲品的非洲国王),所有这些事实都使人认为,君主制之所以具有完全古代的特征,正因为其具有祭献的特点。

既然如此,那我们便发现,古代近东地区的神圣君主制具有的几乎正是这些特征。

宇宙的主宰法老

多玛斯(François Daumaus)写道:

> ［在埃及,］古代王室的典礼［……］由某个成为霍鲁斯(*Horus*)②的

---

① Laburthe-Tolra 与 Warnier,前揭,p. 125—126。
② 古埃及的太阳神。——译注

国王主持,他[主管]大地,如同神祇掌管天宇[……]。法老作为宇宙创造者的后嗣和主宰,拥有普遍的宇宙权力。[……]只有国王一个人能够维持天地万物的平衡,而混沌随时随地都会返回对它进行攻击。[……]

[事实上,]国王创造了大麦,并受到了谷物神内普里的青睐。尼罗河涨潮就是对他的荣耀。他所设立的秩序,表明其自身拥有施行这些秩序的权力。他捕猎野兽,征服不开化的人群,并以同样的方法缩减[21]混沌的疆域。他的宫殿拥有所有可以消灾解难、维护神性生命的材料。他是宇宙的主宰。[……]王权对人而言乃是认识和光明,它是生命,也是太阳和尼罗河的创造者。"国王,就是生命!"身为贵族与王子的作者塞耶提皮布雷(Séhétépibrê)如此呼吁。他不仅设立了各级官员,而且他也是人类的创造者(就这个词的本来意义而言)克努姆(Khnoum)。他是巴斯蒂斯(Batis)和塞克迈特(Sekhmet),她们是两位令人生畏的女神,是国家的庇护者。[……]

[国王,]由于乃是父亲创世神的合法后裔,所以只需他一个人就可以维持所有生命必需的事物。文学作品中相应地描写了古代帝国末期王权的式微和国家的荒芜。克努姆神不再造人,于是出生率下降。在君王和世界的运行之间,有某种形而上的联系,它不是通过国王本人所行的奇迹来得到体现的。实际上,国王是秩序的创造者,也是创世时经过安排组织的产物(多玛斯,前揭,p. 111—115)。

我们发现,它与现代人种学家描述的作为"祈雨者"的非洲酋长和国王之间的相似之处是相当显著的。

宇宙起源论与王权的神话

尤其在这些神圣君主国中,在宇宙秩序和笔者说过的具有这些特点的古代社会的社会秩序之间,我们发现了这种相似性。我们观察到,无论在埃及还是在美索不达米亚,任何地方,所创造的神话对宇宙起源论和王权的神话都是不加区别的。

比如,维尔南(Jean-Pierre Vernant)说过:

巴比伦有关创世的诗歌《埃努玛·埃里斯》(*Enuma Elis*)会在巴比伦每年新年尼赞月王室举办的创世节第四天进行吟唱。在那一天,人们认为时间已经完成了循环:世界会回到起点。在这个关键性的时刻,所有的秩序又变得悬而未决。[然而,]节日进行期间,国王会在仪式中模仿与龙进行交战的情景。每年,他都会以此种方式重复世界起源时马尔杜克(Marduk)与提亚马特(Tiamat)的战斗。国王的磨难和胜利具有双重意义:它们在确立了国王君权的同时,也强调了宇宙、季节与社会秩序的重新创造(recréation)。经由国王宗教上的美德,宇宙这一组织在经历了危机之后,重又得到了更新,处于新的时间循环之中。正是通过宗教仪式与神话,巴比伦人体现了王权与秩序之间的关系具有某种特殊的概念。[22]国王不仅掌控了社会的等级秩序;他也介入了自然现象的运转过程之中。空间的布局,时间的创造,季节循环的调整似乎都与国王行为整合在了一起;这就是王权的功能所具有的各个方面。

混合在一起的自然与社会,即秩序,在所有的领域里所具有的所有形式,都受国王的支配。无论是在人类群体中,还是在宇宙中,它都不会以抽象的形式包含于自身之中,也不会为了自身而成为抽象的形式。它的**存在**需要加以**建立**,它的**持久性**需要加以**维护**;它永远要求有一个组织者(agent ordonnateur),一种创造的权力,以便对它进行促进。在这神话思维的范畴之内,人们无法想象自然具有自主自为的领域,也无法想象进行组织安排的法则会内在于宇宙之中。①

我们将会发现,这一神圣的概念仍然在荷马与赫西俄德的作品中

① Jean-Pierre Vernant,《希腊思想的起源》(*Les origines de la pensée greque*),1962,PUF,Quadrige丛书,1992,p. 110—111。

部分地呈现了出来，但正是在这一点上，希腊最初出现的自然科学家与政治思想家将产生断裂。

因此我们观察到，在古代近东地区，国家尚未自主自为地存在。它只是宇宙秩序的一个元素，它建立于自身之中，遵守自身的法则。而且，如神话所述，这一宇宙秩序在经过了神圣者的创建之后，仍然会时刻听命于这些神圣者意愿的摆布，同样，国家也是这些奇异力量操心的事，借由这些力量，国王享有了优先的沟通能力。只有长期接受国王的领导，并且在国王必要的参与之下，所有人进行必需的宗教仪式时，秩序才能得到维护。

如果是这样的话，我们就会发现，真正的政治思想——有关秩序本身的讨论——要出现于这样的社会中会相当困难，它出现在没有国家的神圣社会中的机会更是微乎其微。秩序只能由诸神创建；对此提出质疑，根本无法加以想象。人们已完全被造就成只需满足于完成强加于其身的各种义务即可。他们无法自由地将国家组织中的各种问题作为理性的问题提出来，而人们本来是可以以客观的论证对这样的问题进行决断的。如同克拉默描述的"最初的议会"中所说的，人们可以先对方式方法好好讨论一番，然后再对那些经大家认可的规则（因此这些问题也与"行政权力"相关）[23]进行具体的探讨。如同《汉谟拉比法典》的事例所显示的，人们也可以在规则本身的层面上对某些新问题进行商议。① 但神话、法则和习俗这个整体从来没有成为清晰明确的讨论对象，因为它们一直隶属于圣事，而且只隶属于圣事。

尽管与古代社会相比较而言，司法体系本身表明了一个决定性的演变过程，但它仍然并非纯然是理性的。它建基其上的法律从本质上说仍然没有形成书面文字，而且不为人所了解。判决以神的名义做出。司法体系是按照宗教仪式本身的形态行使权力的。

---

① 人们甚至能够巧施计谋战胜诸神，用国王的"替代者"献祭这样奇特的祭祀仪式似乎就表明了这一点（参阅 Jean Bottéro，前揭，p. 170 下方引用的部分），可引苏美尔的赫梯人、新亚述人和波斯人为证：当占星师预言将有日月食时，日月食便表明了诸神的意愿，说明他们欲置国王于死地，于是国王会躲藏至偏僻的地方，用某个他随意指认的替死者代他受死；人们会将他打扮诸"国王"的模样，满心希望诸神好好享用这样的祭品。与巫师—宗教中信仰的严格性相比，这种阴谋诡计本身就说明了理性已经开始挣脱了束缚。

诚然这一国家的形态就是以集权制来管理社会,但照不容置辩的宗教秩序来看,它也将整个社会包容于严格刻板的秩序之中,因此除了古代近东地区的神圣君主国之外,几乎所有与西方传统不同的国家形式(从某些方面看,汉语世界的国家是例外)似乎也都完全属于这一形态。因此,西方的经历与其他任何地方都完全不同,它产生了集体组织的形式、道德行为的模式,它的思想在其他文明之中鲜有等量齐观者。那么西方历史究竟发生了什么呢? ——一个绝对独特的事件:城邦突然在希腊出现了。

第三节 希 腊 城 邦

与古代近东地区的国家相比,城邦体现出了绝对崭新的特点。笔者会用好几个章节详细考察希腊的政治思想,[24]但从现在起,笔者会同维尔南①一起来确定诸种观念,并将它们归结为下述五个方面:王权的危机、公共空间的出现、话语和理性的促进、平等的要求、宗教的变形,随后笔者会从思想的层面上作一补充,阐述正是由于意识到自然秩序与社会秩序之间存在差异,才导致了批评精神(l'esprit critique)的诞生。

王权的危机

在"晦暗时代"(siècles obscurs)开始的那段时间里(公元前12—公元前 8 世纪)②,出现了希腊城邦,我们首先注意到,这时候也是君主制、迈锡尼的安那克(anax)以及荷马笔下的巴西琉斯(basileus)(均是以前的神圣国王)消失的时期。国王原本按照宗教仪式赋予他独享专权(monarchia)③的权力,如今他却被众多的高级官员所替代。

从唯一的希腊城邦雅典可以很清楚地看到此种情况,它出现时迈锡尼的国家正在逐渐消亡。亚里士多德在《雅典政制》中对这一转换的阶段做了阐述。军队统帅(*polé marque*)执掌军队,因此等于从 *basileus* 的王权中剥夺了其军事职能。然后人们设立了执政官(*l'archontat*)一职。于是 *archè*(指挥权)也从 *basileia*(王

---

① 参阅 Jean-Pierre Vernant,《希腊思想的起源》,前揭,笔者在随后的章节中会紧紧跟随该书的分析。

② 参阅下文 p. 41—43。[系指原书第 41—43 页,即本书[]内数字所示,下同,不再一一注明。——译注]

③ 古希腊语,意为"一人统治、专权、专制"。——译注

权)中分离了出来。首先执政官选举成功后任期为 10 年,每年要进行选举。因此选举就成了经常举办的程序。这显然表明了"指挥权是通过人们做出的决定、通过比对和讨论后做出的选择加以委派的",与此同时王权则被降级为一种宗教功能,而宗教本身只具有从属地位。

再也不会有独一无二的国王这种近乎神圣的角色了,它处于构成社会的各种机能阶层之外和之上;社会实体自此以后似乎成为由各种不同的元素和各种分离的部分——*moiraï* 或 *mérè*——构成的整体,尽管如此,它们都通过城邦本身统一于其之内。问题就在于,要在这些将会导致最初的政治思辨的元素中找到某种平衡,此种思辨是[25]最初的"智慧",是七贤(公元前 7 世纪初)的智慧,它努力思索城邦所特有的"多中有一"或"一中有多"的特质。在这新的背景中,"指挥权不会再成为某人的所有物;国家明确地剔除了整个的私有性质,不论血统门第(*génè*),它似乎已成了所有人的事情"。①

公共空间的出现

所有人的事情:语言对此的表达相当惊人。政治论争是在 *es to koinon*(公共空间)、*es to meson*(在中心区域)进行的。

考古学对此做了确认:迈锡尼的城市包含一座国王驻跸的堡垒;政治事务就是在这个禁止入内的秘密的场所内处理的。从此以后,市中心便有了一个 *agora*②,即公共场地,集体事务均被拿到此处得到所有人的讨论,让人们各抒己见。③

这一变化并非限于狭义的政治生活,而是扩展至所有的知识和所有的技艺。自此,这些事务连同行政官员的职责,都会向公众进行汇报,接受其批评。我们知道,这一演变进程是自荷马史诗开始的。起初是宫廷诗,先在宫殿里吟唱,这些诗歌后来流传至外界,或通过口头传

① Jean-Pierre Vernant,前揭,p. 42。

② 古希腊语 *agora* 除了指公共场地之外,亦可指公民大会。——译注

③ 在古代近东地区国家的城市中,没有公用空间;只有宫殿和神庙(参阅 Jean-Claude Margueron,《美索不达米亚》,前引,第二卷,p. 27:"如果人们相信现有文献的话,那么可以说公共场所在西方城市中并非是通常的要素,即使公共建筑前或星象庙塔四周的面积有时会很大也是如此。然而是否存在某个容许人们聚会的场所呢?尚无任何资料向我们证明这种必然性。")。

播，或通过由外界庞大的公众群体写成的书面文字得到了"出版"。然而，在变得公开之后，这些头脑中的知识、价值、技艺便都成了讨论、阐释和辩论的对象，这正是促进理性的本质性要素。

[26]政治与知性生活公开化运动的主要方面是文字的促进。

最初的文字是用作书面记录的希腊语，是由迈锡尼人从克里特岛的米诺斯借用来的"线形文字B"(linéaire B)，公元前12世纪—公元前11世纪遭到入侵后，该种文字便从希腊大陆上消失不见了。公元前750年左右，一种新的文字再次得到引进，它借用的是腓尼基人的字母。该文字在希腊得到迅速传播（公元前730年以前的铭文几乎无以得见；但公元前7世纪中期的文献很丰富）。要接触文字很容易，因此它不再是只有经过专门训练的文书所独享的。它成了许多公民的共同利益。

此处体现了两个层面：

书面法律的出现。"法律在写下的时候，人们并不认为它具有永恒性和固定性；人们使其摆脱了王权私享的权威性，而王权的功能只是'说出'法律；它们成为共同利益、普遍规则，可以同样的方式应用于所有人的身上。"正义从天上降至大地，体现为书面的/公共的法律，而赫西俄德的正义(diké)①仍然在天上，是遥不可及的神，所以当它通过"对现在毫不在意的"国王之口说出时，便很容易具有专断性；它成为"法律上确定的可供讨论的理性法则，并可加以修改"。

最初的"出版物"（也就是指最初的书籍，如阿那克西曼德、斐列希德[Phérécyde]或赫拉克利特的著作，但也指石碑上的铭文，这些石碑属公民私人所有，他们在上面记录了各种想法和评论）。对这些作者而言，这并不涉及同其他人私下之间在思想上的交流；它们本身是面对"公众"的，它们将自己的思想置于"中心区域"，以便这思想成为城邦的共同利益，如果可能的话，可以像法律那样使它成为所有人的必修功课。如同政治论争那样，这一思想也要经过所有人的评判，这与宗教秘密全然不同。

话语和理性的促进

在城邦的公共空间之内，只有得到大多数人同意之后，才能做出决

---

① 古希腊语，意为"正义、法律、公道"。——译注

定。因此,对于介入进来的人而言,[27]便需要尽可能地具有说服力,而且正因为如此,所以要具备十足的理性。

于是,话语具有了极其重要的意义,因为它是用来说服他人(*peitho*)的最好的工具。与古代的神圣社会相比,它完全不再具备认识论和形而上学的地位。

> [它]不再是宗教仪式上的语词、正义的表达形式[以前,它就是国王针对 *thémis*(正义)"所说的话",具有无上的权威性],而是**互相辩驳的争论、讨论、争辩**。它面对公众如同面对经举手表决之后拥有最后决定权的法官一般,它假定公众就是呈现在它面前的两造;正是纯粹要由人做出选择,所以它才衡量由两方所作演讲的各自的说服力如何,从而使其中一个演讲者战胜他的对手。①

既然理性乃是所有公民共同拥有的东西,那么这个胜利便归于能以极为理性的论证胜出的人。由于人们无法强加自己的意见,但又必须要胜出,于是他就得按照本身具有普遍性的逻辑,援引大家都能明白的客观事实,并从这些事实出发进行辩论。这样就促进了演讲者,使他在争辩过程中力争永远达到客观性,并不断做出逻辑上的修正。

因此,在政治和 *logos*(逻各斯)之间,具有紧密、交互的关联和联系。政治术从本质上来说,就是对语言的运用;逻各斯起初正是通过其政治功能而认清了自身、自己的规则和自己的效力。

经由公元前 5 世纪中叶以后的智术师,之后是公元前 4 世纪时的亚里士多德的逻辑学以及伊索克拉底的修辞学,这些规则才具有了其形式。②

法律面前的平等

公民社会中的成员一旦进入公共空间之后,便会将彼此视为同类者(*homoïoï*)和平等者(*isoï*)。

---

① Jean-Pierre Vernant,前揭,p. 45 及以后。
② 参见伊索克拉底对理性话语逻各斯所作的绝妙赞词,下文 p. 284。

[28]在城邦的范围内，人与人之间的联系具有交互性的、可逆转的关系形式，它替代了臣服与支配的等级制关联……尽管社会生活具体而言对公民都很不利，但从政治层面上说，公民还是被视为体制内部可进行互换的单一体，法律在这个体制内起到了平衡的作用，它是平等的准则。①

这一对平等的欲求首先是贵族政治的特点，出现于 *hippéis*（骑兵）②之间，因为他们参加过战争，所以要求同国王一起分享政治权力。但"重装步兵革命"时也出现了同样的逻辑，大约在公元前 7 世纪中期的时候，这一革命也导致了使中等阶层的公民拥有堪与贵族匹敌的军事上的重要性。当时公民要求政治平等，要求获得与士兵后来在精神上和道德上获得的相等的权利。所谓的骑士（*hippeus*），我们也在荷马的史诗中看见过对他们的描述，"个人的功绩，上苍会让它在单打独斗中实现"。他狂热地投入格斗，受到了 *menos* 即由神激发的热情的驱使。"但重装步兵不会再去经历单打独斗；如果有这种格斗的话，他也应该拒绝逞一人之勇的诱惑。他应在战斗中和别人肘碰肘、肩并肩。"军人不再看重他自己的 *thumos*，即激情，而是看中 *sophrosyné*，即对自己的控制，使自己能臣服于共同的法律。因此，

步兵方阵就是重装步兵，如同城邦就是公民一般，它是可互换的单一体，是与其他所有人都相类似的元素……甚至在战争中，想要战胜对手、表明自己比他人更为优越的厄里斯（*Éris*）③都应该臣服于 *philia*，即臣服于共同体的精神。[……]因此如同过度（*hubris*）会遭到惩罚一样，士兵的怒火以及在战斗中寻求纯属个人的荣耀、炫耀财富、衣着奢华、葬礼极尽豪华、服丧时表露出过分

① Jean-Pierre Vernant，前揭，p. 56。

② 此处的"骑兵"与罗马和中世纪的"骑士"概念不同，它是指由富裕市民构成的雅典骑兵队的成员，在梭伦立法中属第二等级公民，享受年金。——译注

③ 为纷争女神，因在筵席上掷金苹果而导致了特洛伊战争。古希腊语中亦可解为"纠纷、内讧、不和"。——译注

的悲痛、看见女人时的行为不当、太自信、年轻贵族的鲁莽放肆都会遭到惩罚。所有这些行为从此以后都会遭到拒斥,因为它们使社会出现了不平等、使人与人之间感受到了距离,它们会引起嫉妒,在群体中引发不和谐,使群体的平衡及其统一性危在旦夕,它们使城邦分裂,发生内讧。如今这种观点得到了宣扬,它是严于律己、讲求克制的理想典范,是严肃生活的特色,几近禁欲,它在公民之间[29]抹去了各种风俗与条件所具有的差异,以使人们更为亲善,更为统一,使他们犹如唯一一个大家庭中的一分子。①

因此,希腊人创造出了某种类型的人,无论是与某个独一无二的君主或暴君相比,还是同某些享有特权的人相比,反正他是再也不能忍受不平等了;他理解的是,所有人都能平等地分享权力,并会平等地服从同样的法律,这分别表达了 isocratia(权力平等)与 isonomia(权利平等)的概念。亚里士多德认为,群体尽管由平等者组成,但政治就是在群体内部寻求秩序的形式,因此也就是寻求差异化形式的艺术,政治虽是“难于解决的问题”,但它可创造公民生活的一套程序、强制抽签征兵法、选举、官员的定期更换、公民轮流掌权与接受服从,这样便可使希腊的法规得以建立起来。对希腊人而言,无论是何种情况,纯粹等级制的解决方法(王权、独裁、等级社会)因其令人无法忍受、不人道、太野蛮而最终会遭到禁止。

在斯巴达,主要的改革完成于公元前 7 世纪(约 650 年),适逢它同迈锡尼苦战的时候,改革使这个城邦最终拥有了特殊的面貌②。大约 1 万块面积相等的土地分配给了战士。在这些新近获得平等的人之间,苦行与对奢侈的憎恨占了上风;房屋必须建成公共建筑的式样,必须共同用餐,或者说共餐(syssities)是必须服从的义务(食物简单、一成不变!)。此外——我们会看到好几个世纪以后,像波里比乌斯(Polybe)③和西塞罗这样的评论家仍然在盛赞斯巴达的政

---

① Jean-Pierre Vernant,前揭,p. 59—60。
② 我们会对此进行更为详细的研究,见下文 p. 60—64。
③ 波里比乌斯(公元前 200 年—公元前 118 年),古希腊历史学家,是征服迦太基的西庇阿的朋友。——译注

体——在君权(后来称其为"混合政体")不同的构成要素之间,即在双重王权,长老议事会(gerousia)①,人民大会(apella)和监察官②之间可以实现某种稳定的平衡状态。然而,由于斯巴达所进行的这些改革都是因战争而发,是为了战争,所以话语(Parole)从来没有在新的polis(城邦)内起过什么作用,它所寻求的是phobos(恐惧)而非peitho(劝说)。各类行政官员仍旧笼罩于神秘之中;而希腊其他城邦的理性与批评精神,亦即科学与法律却日益成熟。

宗教的变形

[30]城邦的诞生最终总是伴随着宗教生活的彻底变形,这一变形有两个对称、互补的方面:城邦公共祭礼的出现,秘教的出现。

城邦公共祭礼的出现

古代神职人员本身便出于某些家族世系,这表明了他的谱系具有神性,这种关系使其拥有了某种特权。城邦在创造了官方祭礼的同时,也向公众推出了这些神职人员。

神圣的对象在宫殿或祭司的房屋中出现之后,进入了面向公众的神庙,或者说进入了位于城邦边缘、专门用来供奉神圣的poliades(守护神)或建立城邦的英雄的圣殿。因此,老的偶像失去了它们不可思议的效力,成为

> "形象",它们除了被观看之外没有其他宗教仪式的功能,它们除了表象之外没有其他现实上的宗教意义……圣事(sacra)以前还具有危险的力量,不能为公众所见,如今在城邦的目光注视之下却成了某种场景,某种"有关诸神的知识",而且,在城邦的眼皮底下,秘密的叙述、隐匿的表达形式都褪去了宗教上的神秘感和权威感,成为哲人可以对此进行争论的"真理"。③

换句话说,人们不再相信神话和仪式的有效性。人们只相信可加

---

① 指斯巴达由28位长老组成的议事会。——译注
② 斯巴达共有5名监察官,每年由市民选举,他们专司对包括国王在内的市民进行监察,了解其遵守斯巴达传统和法律的情况。——译注
③ Jean-Pierre Vernant,前揭,p. 50。

以澄清的事物,正是从公民聚会的广场那儿散播了这种信任和不信任的看法。因此公共的、官方的祭礼依赖于城邦及其政治决策机构。宗教遵从政治,这与古代社会以及神圣君主国的逻辑全然相反。

诚然,在希腊,一直到异教文明(paganisme)的末期,都存在公共的仪式:在重大决策出笼、宣布开战或媾和、[31]官员任命等的前后都会进行献祭、宣誓、占卜。但这些仪式在公共生活中只具有形式上的功能,大体上说,公共生活已不再依赖于它。

秘教的出现

宗教本身的中立化也有其对应物:非公民性质的、私密的宗教形式得到了促进。因为,促进理性的运动遇到了限制。全然信仰理性还不够。为了对拯救以及对世界做出终极解释的需求做出回应,宗教与哲学便联手发展起来,出现了各种教派、团体、"秘教"(mystères)。但此种宗教的活动范围一般都限于城邦及其公共祭礼的边缘地区,确切地说这是因为它们已不再具有奇异的拯救效力的缘故所致。

这些教派按照等级与级别的体系向入选者传授秘仪,并向他们允诺灵性上的完满直至不朽(过去,比如说在埃及,不朽乃是国王的专利);但个人变形的完成并不依赖于社会秩序,它们之间并不会产生相互冲突。宗教与政治成为自足自为的现实:一方面,城邦的管理几乎完全不考虑诸神,高级官员对诸神随意做出解释,甚至根本无视神谕;另一方面,个人本着其自身得救的想法,并不会去依赖由整个集体举行的宗教仪式。政治摆脱了宗教,宗教不再成为社会联系中独一无二的保证,它可以成为自由思考的对象。城邦创建之后,其秩序便使由神话与宗教仪式创建的秩序毫无用处,因此可以说希腊人创立的或许是……严格意义上的宗教(这是从我们现代西方人理解的意义上说的)。

自然(*Physis*)与习俗(*nomos*)①的区别

理性的发展对社会思想产生了另一种根本性的结果:作为整体秩

---

① 古希腊语 *physis* 有两层意思,一为"宇宙万物的本质、本然、本性",另为"自然、造化"之意,作者有时将 *physis* 译为法语 nature,而 nature 亦有"本质、本性"和"自然"两层含义,故笔者会依其文义分别择取"本质"与"自然"译之,但读者在下文中涉及该词时对该词两层含义的紧密关联性不可不察。古希腊语 *nomos* 本身并不仅仅具有"法律"的意思,在其出现的时候,它包含了社会的"习俗""法则"等意涵。——译注

序的神圣秩序开始断裂，并且意识到自然与文化，即自然（*physis*）与习俗（*nomos*）之间的对抗状态——通过后者，我们能够描绘出希腊成果的独创性所具有的特点。

知识阶层所做的系统性的反思（尤其是公元前 5 世纪后半叶的"智术师"）针对的是希腊开疆拓土的行为，这使他们注意到这样一个事实，即是否所有人都拥有普遍相同的物质[32]本质（physis），其法则为所有人所共有，如吃饭、喝酒、生殖……，然而，他们拥有的法则与习俗（*nomoï*）和希腊的并不相同。因此之故，随着时间与场合的不同，不同的法则与习俗也可以与生活相容，而且法则与习俗完全是人类建构的成果。它们并不建基于自然之上，亦非诸神的硬性摊派，它们乃是另一种类型的现实，与人类行为相关。因此先前社会如原始社会及近东地区神圣君主制的独一无二的秩序便被划分为了自然与文化两种秩序。

然而，自然/习俗的区别原则是，自然具有宇宙普遍性，人们无法加以领会，而法是变化着的，人可以自己的意愿对其进行改动，如此一来，便出现了批判性的思想：当某事物无法契合社会的功能时，人们就可对其做出必要的修改。显然，提议进行修改的人并不一定是敌人；讨论时所做的批评也是善意的，人们需要这样的批评；既然共同体知道再也不可能达到全体的一致性，那么就应该组织这样的讨论，汇集各种建议，最后进行投票。希腊城邦便如此创建了适合政治多元化的操作程序：组织公开讨论、进行投票（包括秘密投票，而近东地区的国家则对此一无所知）。

正是因为自此以后人们认为国家是人建设而成的，可以对其进行改良，它不再是由诸神一锤定音所建，故而才会出现"政治科学"。希腊城邦出现的时候，它就做出了规划，力图体现国家能够而且应该所是的理论；力求客观化、理性化、普遍化的政治科学在希腊诞生了。

现在我们对政治科学的起源这个问题做出了回答。正是由于希腊城邦的出现，人们才能在这门科学中，在知性上同时掌握其所针对的对象与工具。因此，既然理性依赖于事物的本质，那么当我们从希腊作家着手开始叙述它的历史时，所拥有的理性便具有了坚实的基础。

然而，仍然有一个问题。希腊的创造是否是独一无二的呢，而且所有今日拥有真正的"政治"生活与思想的社会是否应该就此视为希腊城邦文化上直接的或间接的传承者呢？

[33]对此引起争议的是这样一个事实，它本身就给人留下了强烈的印象，差不多在希腊城邦诞生的那个时代，我们注意到世界上其他区域的文明也开始出现了：在犹太地区，①是希伯来的预言；在伊朗，是琐罗亚斯德教；在印度，是佛教；在中国，是儒学。这些文化上的彻底变化都是在创建国家的时候突如其来涌现的，它们都超越了祭祀社会的模式及与其相连的巫术—宗教的思维方式。

尽管通过维尔南的分析，我们观察到，在这些情况中，变化是从宗教本身当中出现的，然而在"希腊奇迹"的情况中，它的出现与宗教"完全无关"，它具有思想上彻底变化的特点，正是这一特点导致了科学，也就是说对自然的理性认识的诞生。从这个意义上说，政治思想只可能是希腊的。

不过，应该对希伯来的预言作特殊的分析，因为通过它能追溯政治思想的历史。因为，与上述其他的宗教形式不同，自公元前3世纪起，尤其在罗马帝国的基督教化时期，它便与传统的政治模式发生了冲突，从而导致这一传统发生了重大的变化。

由此，归根结蒂，我们将围绕下列三条轴线进行研究：

首先从城邦的创建者希腊着手研究（第一卷：**古希腊**）。

然后我们来研究罗马的政治与法律思想。罗马的文明经由南意大利地区的伊特鲁里亚人和希腊人，承绪了城邦的模式，但它通过完善公法与私法，使这一模式得到了发展（第二卷：**古罗马**）。

罗马在最后几个世纪的时候，皈依了基督教。在经过了蛮族入侵而导致的衰败之后，希腊—罗马的公民权利与法律成果，以及由《圣经》引入的新的伦理与末世论的需求之间进行了真正的综合，并在中世纪发挥了作用（第三卷：**基督教的西方**）。

---

① 指巴勒斯坦南部地区。——译注

第一章　柏拉图之前的希腊政治思想

[37]在最初出现的浩如烟海的政治理论文献中,我们所见到的便是柏拉图的《理想国》和亚里士多德的《政治学》。

然而,以这些相当滞后的文献来开始对希腊政治思想做研究,还是充满了悖论。当公元前 375 年,柏拉图写下《理想国》的时候,希腊城邦已是风烛残年;而亚里士多德撰写《政治学》时,希腊已在喀罗尼亚(Chéronée)(公元前 338 年)与马其顿的腓力对阵时惨遭败北,也就是说此时独立的希腊城邦虽已产生了理论著作,却即将不复存在。

因此,古典希腊城邦的建立根本没法归因于这些著作。之所以城邦能建立起来,那是因为自一开始的时候起,思想大胆的思想家和政治家已经完成了体制及概念的最初创建工作。到柏拉图和亚里士多德的时候,此项工作已经完成;他们的著作既是综合性的,又已经是批评性的了。

[38]从"希腊中世纪"(Moyen Age grec)结束起到苏格拉底和智术师的时代(公元前 750 年—公元前 400 年),一直延续了 350 年的时间。我们将其区分为三个阶段:

1) 正义(*themis*, *dikè*)和良好秩序(*eunomia*)观念的形成,它与"封建时期"的暴力及过度形成了对比;这些观念仍然受到了神话的影响(第一节:荷马与赫西俄德)。

2) 注意到正义只能受对所有人都平等(*isonomia*)的法律的保证,而且法律应该得到解释并形成书面文字,因此人本身应该承担法律的责任(第二节:从梭伦至克里斯梯尼[Clisthène])。

3) 然后人们发觉,法律自身会独断专行,因此它应该是可以受到批评的;为了支持对其做出批评,人们对自然所产生的事物及仅仅由习俗所产生的事物做出了区分(第三节:"开放社会的伟大时代")。

每一个阶段,笔者都会相继论述它的历史及政治观念。因为,我们没有柏拉图之前任何一位希腊政治思想家的作品;它们只是些断简残篇(除非把荷马与赫西俄德的史诗以及历史学家希罗多德与修昔底德的作品也包括在内)。因此为了有效地阐释最初出现的理论及其在政治上的体现,我们便只能依靠历史。

本章(及以后)的历史部分只想重现对理解随后论述的观念史的发展最为必需的内容。有关古希腊及古典希腊时代历史的优秀的法语著作汗牛充栋,很容易查阅。①

[39]希腊城邦并非逐渐发展形成,它不是经由先前文明的各种形式逐渐演变而成。它似乎从无中创生(*ex nihilo*),猛然间在希腊大陆及伊奥尼亚涌现出来,它形成的原因完全是内在的,是作为历史进程之持续结果而产生的。因为,大约在公元前1200年的时候,一场"灾难"突然出现,将希腊与世界其他地方截然分开;所有的文明消隐不见了,文字也完全消失了。这就是人们所说的希腊的"中世纪"或称"晦暗时代"。正是在那个时候,希腊城邦一点一点地出现了,它并非是对已被摧毁的事物的简单复兴,而是一种完全独创的现实事物。按照传统的

---

① 譬如:Claude Orrieux 与 Pauline Schmitt Pantel,《希腊史》(*Histoire Grecque*),PUF,Premier cycle 丛书,1995;Matthieu de Durand,《希腊简明史》(*Précis d'histoire grecque*),Éd. du Cerf,1991;Marie-Françoise Baslez,《古希腊世界的政治史》(*Histoire Politique du monde grec antique*),Nathan Université,1994;Pierre Lévêque,《希腊轶史》(*L'aventure grecque*)(1964),rééd. *Le Livre de poche-Références*,1997;Moses Finley,《古希腊人》(*Les anciens Grecs*),1963,Maspéro,1971;《希腊的最初时代》(*Les premiers temps de la Grèce*),1970,Flammarion-Champs,1990;《政治的创建》(*L'invention de la politique*),Flammarion,1985;Claude Mossé,《雅典民主史》(*Histoire d'une démocratie Athènes*),Éd. du Seuil,Points-Histoire 丛书,1971;《从荷马至埃斯库罗斯的古希腊》(*La Grèce d'Homère à Eschyle*),1984,Éd. du Seuil,Points-Histoire 丛书;Jean-Pierre Vernant,《希腊思想起源》(*Les origines de la pensée grecque*),1962,PUF,Quadrige 丛书;Michel Humbert,《古典时代的政治与社会体制》(*Institutions politiques et sociales de l'Antiquité*),Dalloz,4e éd. 1991;François de Polignac,《希腊城邦的诞生》(*La naissance de la cité greque*),La Découverte,1984。

说法,人们说它是"希腊的奇迹";人们使用描述演变的理论术语,便能说它是一种名副其实的"突然出现的事物"。

迈锡尼文明

人们知道史前时期的前希腊时代有人的存在。希腊人称他们为皮拉斯基人(Pélasges)。①

后来,从公元前 2000 年起,某些使用印欧语系的种族出现于中欧地区,他们往南移动,其中一些人即赫梯人来到以前的亚细亚,另一些人即弗里吉亚人(Phrygiens)穿越海列斯彭特(Hellespont),在小亚细亚定居下来,但那地方距爱琴海很远,还有一些人则最终来到了巴尔干半岛。[40]后者就是希腊人(Grecs 或称 Hellènes)。②几个世纪中,他们逐渐遍布这里的整个地区。

最初来到的希腊人就是"阿开亚人"(Achéens)。他们是些游牧民,饲养牛马,同那些定居在克里特岛和库克拉戴斯(Cyclades)的人相比如同野蛮人。他们日益受到后者的影响,而后者就是属于人们所说的米诺斯文明(以克里特岛的克诺索斯城邦的国王米诺斯的名字命名)。该文明的鼎盛期为公元前 1900 年至公元前 1400 年间,与近东地区的鼎盛期几乎同时:它也是庞大的集权制君主国,权力集中于麇集着祭司、文书和工匠的皇宫之中。在那里文字已经得到使用:是一种音节文字,即线形文字 A(linéaire A,克里特岛的书面记录文字,似乎既不属于闪语系,亦不属于印欧语系)。

阿开亚人受到优于他们的文明的影响和左右,之后又愈益受到了后者的形塑。他们需要克里特岛的工匠前来为他们的宫殿修饰装潢。后来,徒弟比师傅变得更为强大,纪元前 1400 年的时候,他们侵占并摧毁了克诺索斯城邦。

公元前 1400 年至公元前 1200 年间,是迈锡尼文明的鼎盛时期。迈锡尼人从克里特岛文明借用了文字(成为"线形文字 B",这一次变成了希腊的书面记录文字)。他们在希腊全境、小亚细亚,甚至腓尼基、巴

---

① 曾生活于地中海东部的皮拉斯基诸岛的史前人。——译注
② "希腊人"(Grecs)是伊奥尼亚海沿岸的希腊部族,与意大利隔海相望;是罗马人将这个名字应用于整个希腊民族(Hellènes)。

勒斯坦和埃及大放光彩；因为他们也从克里特岛处借用了后者的航海技术，并应用此项技能与埃及为敌。

我们保存了用线形文字 B 撰写的大量书写板。1954 年起，这些文字得到了解读，自此以后我们就对迈锡尼文明有了某种程度的了解。它与米诺斯文明大同小异：都是集权制君主国，受权力集中于皇宫的官僚体制的管理，它不但对政治生活做出规范，而且也对邻国的经济与社会生活做出规范。这些国家——迈锡尼、第勒塞尼亚（Tyrinthe）、伯罗奔尼撒半岛的皮洛斯（Pylos）以及其他国家——彼此之间均互相独立。

它与米诺斯诸国之间有一个显著的差异，这似乎得归因于阿开亚人所具有的印欧起源的特征（因为我们发现他们同[41]赫梯人有相似的特点）：战争占据了重要地位。迈锡尼皇宫的卫城固若金汤。然而，从公元前 1200 年起，迈锡尼文明逐渐消失了，其原因颇为复杂，专家们对此众说纷纭，极有可能是由于当时爆发了一系列战争的缘故。[①]

考古学上的证据显示，公元前 1200 年时，城市中的许多中心地带以及皇宫均被纵火焚毁。它们似乎都是被"海上民族"摧毁的，通过其他考古及历史的证据，我们知道他们曾长驱直入埃及，在途中劫掠了塞浦路斯（Chypre），并摧毁了所见的一切东西。他们中的有些人定居在了巴勒斯坦；他们或许就是令人生畏的腓利斯丁人（philistins），希伯来人统一诸部落的时候曾与他们发生过冲突（参阅下文，p. 640）。

"晦暗时代"

正是文字的彻底消失（我们发现，公元前 750 年的时候，又出现了文字）成为被称作"晦暗时代"的这一时期的标志。无论是在希腊本土，还是在谈及希腊的西方文献中，均没有有关这一时期的书面记录，似乎没有任何人对这片野蛮、荒凉的国土感兴趣。历史学家于是对此一无

---

① 参阅 Orrieux 与 Schmitt-Pantel，前揭，p. 35 以下。

所知;考古学是其唯一的信息来源。

在"晦暗时代"中,考古学发现了三个阶段:

约公元前 1200 年至公元前 1050 年——我们观察到文明的普遍退化。人口大幅减少(约四分之三)。那些发掘出的考古遗址的数量及重要性也急剧下跌,似乎这片国土已变成了荒漠。所有与物质生产、居住、技艺和艺术相关的东西也经历了同样的衰退。人们再也找不着石砌的建筑。也没有人对人类或者动物进行描绘。人们发现的黄金,都是通过掘墓,或者在埋藏于地下的迈锡尼遗址中偶然发现得来的。

[42]公元前 1050 年至公元前 900 年——发生了突如其来的变化:铁代替了青铜、火葬代替了土葬。这些变化无疑都是因为来到半岛的另一些"希腊人"多里安人(Doriens)的入侵造成的,他们之所以战胜了阿开亚人,是因为拥有铁器的缘故。他们是些名副其实的野蛮人,根本无法同化;他们只喜欢进行摧毁。

一小批阿开亚人从这次侵略战争中脱身而出,逃到了小亚细亚。

阿开亚人在小亚细亚遇到了"东方人",或者说很久以来他们就同弗里吉亚之类的东方人进行了接触。这些人比他们要更为开化。他们也经由海路同叙利亚人进行了接触,因为他们迫切需要只有在西方才能找到的金属。作为交换,他们给西方人带来了瓷器。塞浦路斯岛在这项贸易中起了重要的作用:人们在此将铜提炼出来,并制作铁器。然而,塞浦路斯被所有的东方大帝国相继占据过,如腓尼基人、亚述人、埃及人,最后是波斯人。希腊人在那儿同各种文明元素相遇,他们将从中得到益处。

事实上,正是在伊奥尼亚,后来尤其在由伊奥尼亚的城邦占据的大希腊(Grande-Grèce)(南意大利地区)地区,方才于古代诞生了宏伟的城市和崭新的文明——并首次出现了伟大的思想家。

多里安人本身则向伯罗奔尼撒半岛和希腊的南部地区扩张(后来,他们也来到了小亚细亚,但局限于南部边缘地区面对罗得岛的海岸地带)。

从迈锡尼类型的古代国家的残垣断壁中建立起了"封建"社会、"酋长"社会,分裂为各个敌对的领地。严格意义上的国家消失了(我们将会重新对这类"封建"社会进行阐述,荷马史诗对其做过部分描述)。

公元前 900 年至公元前 800 年——出现了新的变化(我们对其成因尚不是很了解,除了上述所说与西方的接触之外):人口增加了、农业得到了发展。我们注意到发展颇为迅速,而且瓷器加工业也在发展:人与动物的形象重又出现。冶金术也发展了起来。尤其是出现了希腊城邦的最初一些特征。在城市中,除了圣殿和贵族居住的处所之外,中心场所广场(agora)显然独立了出来,[43]专门用于人民大会集会之用。城市四周乃是领土:小块土地划分得清清楚楚,耕作得也很好,而由城邦管理的领土的外部疆界则环绕着一圈圣殿。城中的圣殿与边缘地区的圣殿一样,都用来供奉城邦的守护神(divinités poliades)和建城的英雄——有神话中远溯至迈锡尼时代的希腊大陆上的英雄,也有历史上外来的希腊人建立移民地的英雄。于是,围绕着所有这些事物,建立起了一种新的公民宗教(religion civique),它保证了城邦的同一性。

公元前 800 年至公元前 700 年——开始了所谓的"古风"时期,它也经历了相同的演变过程:城邦突然出现。希腊各地均是贵族阶层,也就是说是由贵族专门享用的权力体制,但它也是集体制,权力相对来说较为均衡,这代替了集中于国王本身的个人权力。

我们对晦暗时代末期或者说对古代初期的一些现状及观念的了解,是通过极为重要的两份文献,即荷马与赫西俄德的史诗才得以实现的。

第一节　荷马与赫西俄德

荷马

荷马史诗

《伊利亚特》与《奥德赛》是伊奥尼亚的几位诗人创作的,前者创作于约公元前 8 世纪中期,后者则创作于稍后的该世纪的末期。[①]既然人们以为它们所叙述的历史可追溯至迈锡尼文明遥远的往昔时代,那由此可见它们并未明确表明是在讲述该时期的希腊社会。[44]尽管如此,它们还是在无意之间透露出了一些史诗创作时期,即城邦出现初期的文明状况。

---

① 参阅 Finley,《希腊的最初时代》,1970,前揭,p. 101 以下。自迈锡尼时代以降,"吟游诗人"(bardes)一直在叙述英雄的业绩。《伊利亚特》与《奥德赛》的作者或许就是其中两位"吟游诗人",他们对传统的叙事文本进行了核对比较。

荷马史诗叙述的是阿开亚人的英雄业绩,他们在迈锡尼人阿伽门农的领导之下同小亚细亚的特洛伊城邦进行战斗,还讲述了陪伴阿伽门农的其中一位国王尤利西斯(即奥德修斯)历经十年的辗转冒险之后返回自己的祖国伊塔卡的故事。一位或几位作者均将这些事件置于遥远的往昔时代,他们认为这个时代乃是他们自身的起源。为了维持历史的间距感,他们故意用自己所处时代的现实状况对其修饰了一番(如果我们自己写古代小说或拍古装电影的话,也会这么做)。但是他们只能用自己完全意识到的现代性来做一番掩饰。可是,他们的历史感是很弱的。因此,即便不愿,他们还是描写了后于迈锡尼社会的"晦暗时代"和古代的社会(公元前 8 世纪)——尽管某些元素实际上可以追溯到迈锡尼时代。比如说,荷马笔下的英雄对死者进行火化,而此种行为不可能出现在公元前 11 世纪之前(参阅上文)。"总而言之,荷马史诗保留了某些迈锡尼时代的'东西'——场所、武器和装备、战车——但对迈锡尼时代的体制与文化涉及的就很少了。"

因此,对荷马笔下的社会所做的分析就显得特别复杂:有的特点必须归于迈锡尼社会,有的则须归于荷马自身所处时代的社会,那时诞生了城邦,而且还不能忘记有些特点纯粹是想象出来的,这是所有虚构作品的特征。不过,历史学家的工作可对此进行鉴别。

荷马笔下处于封建制与公民社会(civisme)之间的政治共同体

荷马史诗触及了某些政治现实:在《伊利亚特》中,普里阿摩斯国王的特洛伊城邦;阿开亚军队,它们的建构与从中源出的希腊城邦相同,如将军—国王、伴侣—贵族、战士—平民。《奥德赛》长篇大论地描写了两个国家,即想象出来的王国斯克里埃(Schérie)①和尤利西斯的国家伊塔卡,[45]他的妻子佩涅洛佩和他的儿子特勒马科斯就在那儿等着他。此外,还稍微影射到了迈锡尼的阿伽门农、斯巴达的美涅拉欧司王国、米尔弥冬的国家、吕卡昂的王国……

对这些各不相同的政治实体所做的描写揭示了"古代"各种元素(它们是"晦暗时代"的社会特点)是与"现代"元素(刚开始出现的城邦世界的特点)混合在一起的。②

——————————

① 尤利西斯正是来到了这座岛上,受到了国王的女儿瑙西卡娅,然后是阿尔基诺奥斯国王本人的接待。在盛宴款待里听了他的冒险故事之后,阿尔基诺奥斯便向他提供了一艘船和一些桨手,助他返回伊塔卡。

② 参阅 Claude Mossé,《从荷马至埃斯库罗斯的古希腊》,前揭,p. 38 及以后。

"古代"元素

1. 社会总体的"封建"特性——我们在此对国王(*anax*,*basileus*)、贵族(*aristées*,*heroès*)和平民(*laos*,*laoi*)做了区分。但迈锡尼时代严格意义上的国家及其统治下拥有一定疆域的国家显然都消隐无踪了。"小国的国王与贵族拥有最好的土地和大批牲口,他们过着富足的生活,在那儿,攻城略地和局部战争时有发生。贵族的住所(*oikos*)是权力活动的中心。权力的分量取决于财富的多寡、个人的勇猛程度、由婚姻建立起来的关系、联盟与臣属的地位。'部落'不再是建立于亲缘关系基础上的群体,它并没有明确的角色。"①

阿伽门农不再拥有军事权力。他拥有的是指挥权杖,即 *skêptron*(当时的苏美尔已有此等权杖)。他是执掌权杖的国王,即 *skêptroukos*。他君临于其他国王如涅斯托尔、阿喀琉斯和尤利西斯等人之上,一旦发生战争,这些国王便得听命于他的指挥,如果无法参战,则要向他支付罚金。他有近卫队,与他同桌进餐的有年轻的伴侣和侍从(与我们的中世纪时代如出一辙)。他同贵族一起进行管理。

2. 英雄道德——参加战争的贵族阶层的"骑士"道德观占统治地位,如此便能使战斗中的勇气与力量成为理想的行为举止。对此要求的是[46]"永远力求完美,优于其他人"。这些美德本质上属于个人:英雄只会孤军奋战(只有侍从相助)。身体的魅力得到了颂扬。英雄莫大的荣誉乃是年纪轻轻战死沙场,而不用受年老体衰的羁绊。英雄有年轻的伴侣相伴,他们在他身旁学习训练体力和战争的技艺。②

3. 诸神的持续在场——荷马笔下的世界满是诸神,他们通过支持一方来不停地干预事件的进展,也包括身体上的介入。因此之故,这是一个"更优越的"世界,它不受人类理性的束缚。况且,由于神的选择,国王成了诸神,因为通常他们本身就具有神性的根源。只有在极其罕见的情况下,纯粹的遗传才会占上风,纯粹客观的美德也是极其罕有。荷马笔下的王权完全是"神圣"王权,国王的功能也完全是宗教性的:他

---

① Finley,前揭,p. 103。

② 有关贵族的 paideia(教育),参阅 Henri-Irénée Marrou,《古代教育史》(*Histoire de l'éducation dans l'Antiquité*),1948,Éd. du Seuil,Points 丛书,1981,与 Werner Jæger,《教育》(*Paideia*),法语译本,1964,Gallimard,Tel 丛书,1988。

们主持献祭仪式。况且,宙斯本人就是绝对的国王,他做决定的时候从来不会听从别人的建议。

4. 法律地位的不稳定性——非婚生子、奴隶、各种干苦力活的人的地位似乎极不稳定,仿佛在这个问题上,不存在什么规则似的。

荷马笔下的社会包含了各种不同的阶层,但它尚不具备未来城邦的特性。有一种低等级的阶层,由俘虏即"奴隶"组成,但他们似乎并未受到特别虐待。有一小批不同行业的匠人:铁匠、木匠、医生、水手、商贩(不过,贸易和运输总体来说都掌握在外国人即"腓尼基人"的手上),也有占卜师和吟游诗人。最后,还有一个高等级的阶层,他们是贵族、国王,或酋长,只有这些人拥有权力("平民"在政治上尚不存在)。

同样,政治权力的归属问题也完全是随意决定的。我们在考量尤利西斯的伊塔卡王国和阿伽门农的迈锡尼王国时,可以很好地理解荷马笔下[47]的政治结构为何会如此不稳定,如此模糊不清。

在尤利西斯不在岛上的 20 年间,贵族们试图取代他的位置。他的儿子特勒马科斯仍然是"合法的"继承者。但他无法依赖不容置辩的政体、法典或稳固的行政管理模式,它们不以国王个人的意志为转移,以保证政体的平稳过渡。在荷马的世界中,争夺权力的现象时有发生。

同样,阿伽门农归国后被其妻克吕泰墨涅斯特拉的情人埃吉斯托斯谋杀。他的儿子奥瑞斯特斯为父报仇,但如果他并没有率先进行复仇的话,那么没人会为他做这件事。因此"并不存在行政管理机构、法典和宪政体制。平衡并不稳定"。①

"现代"元素

1. 预示新经济来临的元素——荷马笔下的世界盛行的是古代的"封闭"经济,它只开垦唯一一片领地,住宅(oikos)也是由主人(即便他是"国王"也是如此)自己经营,他亲自监督仆人的工作,但尽管如此,我们还是发现了商品经济(économie marchande)的迹象(毫无疑问,这肯定是受到了腓尼基人的影响,他们自公元前 9 世纪起便已在地中海地区发展航海业了)。然而,传统的以物易物的贸易方式(尤其是,这种方式都被视为是主客之间的行为)普遍都是不涉及金钱的(他们不"算计"),不过某些航行路线向我们证明了,他们有时也会注重给物品定一

---

① Finley,前揭。

个合理的价格;海盗行径和劫掠行为不再是唯一获取好处的方式了。

2. 荷马笔下的重要人物中,并没有行伍出身的"英雄"。还有一些经验丰富的军师,他们的优势确切地说都是智力和"政治"上的:比如皮洛斯的国王老涅斯托尔。即便是阿喀琉斯与阿伽门农,当他们同只醉心于战争和死亡的英雄道德观相比,有时候也是有差距的。《奥德赛》向我们呈现的是尤利西斯反抗觊觎王位的欧律马科斯,它表现的并非是某场特殊的战斗,而是农业上的竞赛:[48]获胜者是能够更好地"开辟田地"的人。在这些并非英雄的人物或者说在这些英雄自己身上体现出来的模棱两可的特点中间,我们可以宣布有一种新的道德观出现了,这是公民的道德观(这一趋势在赫西俄德的史诗中更为明显)。

3. 国王—议事会(conseil)—公民大会这一结构的存在——在斯克里埃,国王由 12 位携带权杖的"国王"(basiléis)组成的议事会辅佐,议事会有时似乎扩展到了整个"长老"(anciens)阶层。另一方面,民众(démos)有时会聚集在广场(可见,这个场所已经存在于荷马的时代了)内。但并不存在任何一种进行决策的现实权力。在伊塔卡,我们发现了同样的元素,即国王、议事会和公民大会:会不定期召集议事会开会和召开公民大会,以处理奥德修斯失踪后王国的归属这一令人心烦的问题。同样的结构也出现于《伊利亚特》的阿开亚的军队中:阿伽门农由议事会辅佐进行统治,形势危急之时,他会召集全体战士开大会,公民大会不再是用来做出正式决策的地方,而是应该用来批准"国王们"决定了的事务,这也表明了相反的(a contrario)情况,即公民大会可以使私底下的传言得到听取,使保留态度受到关注:这便是民众(démos)最初在政治上扮演的不引人注目的角色。

荷马将库克洛普斯(Cyclopes)描绘成"典型的不开化民族",因为他们不事农业,尤其是因为他们只顾自己生活,没有聚会的广场用来进行讨论并共同做出决定。

荷马指出特洛伊人本来应该听取战士波吕达马斯更为深思熟虑的建议,而非国王赫克托尔的意见,这间接地表明了他认同每个人都有"发言权"的看法。对继承原则提出质疑,强调大多数人不言自明的权利,所有这一切都显明了在古代及古典城邦中涌现出了新的现实状况。

我们对荷马史诗中明确触及的正义问题更感兴趣,其中我们也发现了由古代元素与"前公民时期的"(pré-civiques)元素相混合的特点。

正义

[49]与近东地区的国家一样,在荷马的社会中,也有正义的管理机制。但它属于"前法律"(pré-droit)阶段,此时法律尚未公布,也不固定,而且还未形成书面文字。据说正义(dikè, thémis)是由诸神发布的,由某些强有力的人物作为它的阐释者。如果人们按照有关阿喀琉斯的盾牌那幕场景来对诉讼做出评判的话,那么可以说诉讼仍然是一种宗教仪式:

> 另有许多公民聚集在城邦的广场。那里发生了争端,两个人为一起命案争执赔偿。一方要求全部赔偿,向大家诉说;另一方拒绝一切赔偿。双方把争执交由公判人裁断。他们的支持者大声呐喊各拥护一方。传令官努力使人们保持安静。长老们围成圣圆坐在光滑的石凳上。他们手握嗓音洪亮的传令官递给的权杖,他们手举权杖站起身,依次做决断。广场中央的地上摆着整整两塔兰特①黄金;他们谁解释法律最公正,黄金就奖给他。②

Dikè 是对法律做出的确定的判决进行宣告,它反对的是过分的(hybris)行为或邪恶的行为。Themis 更为庄重。它是由神明或国王颁布的正义,神明或国王能建立正义(thémisteuein),也能宣布正义(themistès),他们手执权杖(参阅《伊利亚特》第一卷,238—239[是阿喀琉斯对阿伽门农讲话]:Dikaspoloi, oi te themistas pros Dios eiruatai,意思是"那些立法者,在宙斯面前捍卫法律的人")。

既然认为正义来自宙斯,而且无法将其阐释为明确公开的法律,那么正义是否完全是随意而为、无法预料的呢?法官会不会被收买呢?既然荷马赋予尤利西斯的其中一种德性正是正义,那么看来他似乎对

---

① 1 塔兰特合 26 千克。——译注
② 《伊利亚特》第 18 卷,p. 496 及以后,据 Claude Mossé 所引,前揭,p. 71。[译文据罗念生《伊利亚特》译本,据法语原文略有改动。以下不再一一注明。——译注]

此还是心怀担忧的;他自己习惯于让 *dikè* 在伊塔卡旗开得胜,然而还是有这么多的坏国王"做出了歪曲的判决,驱逐了正义"。我们将在赫西俄德的史诗中[50]发现按照统治者代表的正义所进行的诉讼,这些统治者自称体现了神圣的权力,但他们其实已经腐化堕落了。

赫西俄德

赫西俄德出生于彼奥提亚(Béotie),也就是位于阿提卡东北面的底比斯国的阿斯克拉(Ascra)。他的作品完成于公元前 8 世纪中期,也就是说与荷马史诗属于同一个时期(或者稍迟)。他的作品主要有《工作与时日》及《神谱》。①

两种斗争

《工作与时日》是写给赫西俄德的兄弟佩尔塞斯的,当时他的兄弟对他提出控告,想剥夺他的那一份遗产。这首诗包含了真正的政治哲学:工作、和平及正义比贵族的道德观、战争的品味、"不知节制"及"最为强大的法律"更具优越性。

作品开篇的断言带有"预言性",颇为大胆独创。有两场斗争(éris)。一种斗争乃由贵族挑起,从根本上说它是负面的、摧毁性的、作恶多端的;另一种斗争也有着充沛的活力,但与前者截然不同,它针对的是工作。它是竞争、比赛的助推器。因此它本质上就是正面的、多产的、乐善好施的;与此同时,它还包容了和平与繁荣。

> 她甚至刺激怠惰者劳作;因为一个人看到别人因勤劳而致富,因勤于耕耘、栽种而把家事安排得顺顺当当时,他便觉得白天有必要去工作:邻居间相互攀比,争先富裕。这种斗争女神有益于人类。陶工与陶工竞争,木匠和木匠竞争,乞丐忌妒乞丐,歌手忌妒歌手(《工作与时日》,行 20—26)。

[51]因此,要保持公正,就必须工作。工作、生产和竞争能够促进正义,它们是从根本上解决国内纷争和战争的真正解药。

---

① 参阅赫西俄德《神谱》《工作与时日》《盾牌》,由 Paul Mazon 编纂、翻译并撰写前言与注疏,Les Belles Lettres,Budé 丛书,1928,rééd. 1986。

工作与正义

两个神话描写了这些谆谆告诫所体现的真理。"潘多拉神话"显示，人因宙斯不可遏止的意愿，生来就是为了劳作。"谱系神话"则显示了，在大地上相继出现的各种人之间，那些不知节制的人凄惨地消亡了，而那些选择正义的人受到了诸神的青睐。因此，产生了两个教训：人无法避开劳作这一法则，人的谱系不可能不需要正义。

关于劳作，赫西俄德赋予了其真正的价值：

> 饥饿总是懒汉的伴侣。活着而无所事事的人，神和人都会痛之恨之，因为其秉性有如无刺的大胡蜂，只吃不做，白白挥霍蜜蜂的劳动。愿你心甘情愿地妥当安排农事，让你的粮仓及时填满谷物。人类只有通过劳动才能增加牲畜和财富，而且也只有从事劳动才能备受永生神灵的眷爱。劳动不是什么耻辱，耻辱是懒惰（《工作与时日》第五卷，行 302—311）。

宙斯让人献身于劳作，也赋予其正义，只有正义才能使每个人和平地工作。他还希望不义成为禽兽的命运：

> 克洛诺斯之子交给人类的便是这样的法则：由于鱼、兽、鸟和有翅膀的鸟类之间没有正义，因此它们互相吞食；但是宙斯已把正义这个最好的礼品送给了人类（行 275—279）。

然而，在诗人生活的社会里，统领一切的并非是工作与正义，而是"猛禽"的法则，那是最为强大的法律。法官、国王、贵族宣布的都是"歪曲的法律"。赫西俄德从事的是真正的社会批评，[52]它针对的是诗人所处时代的贵族和毫不明确、随意而为、没有稳定法律的正义体制，这一点，荷马已在其诗歌中做了揭露。

> 人们必须为其国王存心不善、用种种歪曲的方式做出错误的判决而付出代价。想想这些，管好你们说的话吧，哦，只顾今朝享

乐的国王们，你们要永远抛弃做出歪曲判决的想法。害人者害己：心怀恶念的人，尤其会受到恶念的报应。宙斯的眼睛能洞察一切、明了一切，他也会看见这些事情，他只要愿意，就不会看不出封闭于城市中的正义是否发挥了作用。如今，我和我的儿子都不愿成为正义的人，因为如果行正义反而助长了恶，那么成为正义的人只能是坏事！但我仍然不相信明智审慎的宙斯会纵容这种现象的发生（行 261—273）。

正义——宙斯的馈赠

因为，宙斯会惩罚那些法官。其实，赫西俄德所想往的正义首先正是宙斯所愿望的。它是神的馈赠，它就是女神自身。

在《神谱》中，赫西俄德描述了与忒弥斯（*Thémis*）结合在一起的宙斯，忒弥斯生下了秩序（*Eunomia*）、正义（*Dikè*）、和平（*Eiréné*）。"宙斯娶了容光照人的公正女神（*Thémis*）为妻，她是时序诸女神——秩序、正义与和平这几位容光焕发的女神的母亲，她们守护着凡人。"（行 901—902）

因此，宙斯的女儿正义女神的介入，正是为了在奥林匹斯的法庭上替正义者辩护，惩罚那些有罪者：

有一位处女，正义女神，她是宙斯的女儿，住在奥林匹斯的诸神都为她感到荣耀，尊敬她。有人用虚伪的言行触犯她了吗？那她立刻就会跑去坐到克洛诺斯之子，也就是她父亲的脚上，告诉他不义之人的所思所想（《工作与时日》，行 256—260）。

好的立法者就是宙斯的馈赠：

所有人的眼睛都专注于［好国王］，因为他用法律的判决（*dikèsi*）伸张了正义（*themistas*）。必要的时候，他永不犯错的话语就会平息纠葛不清的纷争。因此之故，人们这才知晓了何谓明智的国王，因为这些曾经受到伤害的人懂得如何在广场上以不产生争执的方法做出应对,他们用令人心平气和的言词引导着人的心灵。而且当他往前走去穿过大会时,[53]人们会对他欢呼雀跃,如同欢呼神明,因为他心情柔和,谦恭有礼,他在奔跑的人群中闪耀着光芒。这就是缪斯女神赐予人类的神圣馈赠。是啊,正因为有了缪斯女神和弓箭手阿波罗,他才成为人世间的歌手和齐特拉琴手,如同因宙斯之故,他才成为国王一般(《神谱》,行80—95)。(我们在其中注意到,在赫西俄德的城邦中,正义与雄辩之间已经产生了紧密的联系。)

教诲:法律的统治应该优于力量的统治。社会,无论从其内部还是外部而言,都太强调暴力和无节制的行为(hybris)。"从自身获取正义"就会是对正义的真正的否定。如果贵族强求人们遵守规则,而他们自己胡作非为的话,那么将无道可循。在现实中,有权有势之人及其同伙确实能使不义甚嚣尘上。但它并不能持久,因为诸神正留神注意着一切。

因此,对赫西俄德而言,如果做逆向推理(a posteriori)的话,那么世界就会以我们所观察到的崭新世界的样貌呈现出来:这个世界与"法治国家"(État de droit)更为相近,那儿的人彼此尊重,"只顾今朝享乐的国王"将不再滥用权力,做出"歪曲的判决"。那儿的人为人诚恳,享受着优渥的富足生活,因他们自觉做出的努力而得到回报。尽管如此,这样的幸福——诗歌随后进行了大量的描述:工作的幸福、收获季节的幸福——仍然只是诸神的馈赠。它不可能完全是人类的意愿和理性结出的硕果。

第二节　从梭伦至克里斯梯尼

正是在上述古风时期①,城邦才充分地展现出来,确切地说,才由

---

① 传统看法是,我们所说的希腊"中世纪"乃是文字消失的时期(公元前1200年—公元前750年);"古代"时期,重又出现了文字,而克里斯梯尼治下雅典(公元前750年—公元前500年)的民主制也最终建立起来;"古典"时期是指希腊文明鼎盛期的两个世纪,即"伯里克利的时代"与归顺马其顿的腓力(公元前500年—公元前338年)之前的哲学家的时代;然后开始了持续三个世纪之久的"希腊化"时代,一直延续至公元前30年罗马征服埃及为止。

此突然出现了希腊的奇迹。

公元前 8 世纪—公元前 7 世纪的转型过程

[54]大约从公元前 750 年起,发轫于希腊中世纪的社会便经历了快速而且复杂的转变过程。①

移民运动(La colonisation)

我们首先观察到的是,自公元前 8 世纪中叶起,希腊世界的扩张特别明显。在大约两个世纪之久的时间里,大量定居点——有好几百个——在地中海,及延伸至南意大利、高卢和西班牙的黑海(la mer Noire)周边地区建立起来。其中大部分都是名副其实的城邦,与我们在大陆及伊奥尼亚诸岛上发现的希腊城邦不遑相让。

这些变动交织在一起,与晦暗时代的混乱无章、无迹可循完全不一样。

希腊人称它们为 *apoïkia*(*apo* 意为“在……外面”,*oïkos* 意为“住所”)。我们愿意的话,可以将其翻译为“移民地”(colonie),②但这个法语词意指的是与殖民的宗主国相对的附属地位,然而此处的情况并非如此。它指的是不与海洋接壤的永久的定居点。而且那些进行此番冒险的人尽管都来自某座希腊城邦,但他们并非总是同一个城邦的人:因此,移民地(colonie)不一定非要有个“宗主国”。

1. 移民运动的动因——移民运动似乎对有关政治问题做出了回应:它解决了那个时代希腊大陆的城邦中突然出现的严重的社会危机(参阅下文)。[55]尽管这些城邦集中全力完成了某件同移民运动一样艰难痛苦的举措,尽管它们汇集了所有可以想象得到的必需的物质和

---

① 为了描述这些转变过程,我们补充了由 Claude Mossé 在前揭《从荷马至埃斯库罗斯的希腊》中选择的顺序。这一顺序并不涉及线性的因果关系。移民运动并非经济变化的原因,而经济变化也不是重装步兵革命的原因,重装步兵革命也不是立法变革的原因,等等。希腊“奇迹”形成的原因有多方面的因素,它们互相影响,其中政治思想本身起了突出的作用。

② Colonie 的本意是指“殖民地”,但其尚有其他的含义,译者在此据其意翻译为“移民地”。况且上文所说的古希腊语 *apoïkia* 本身就是指“移民、殖民”的意思。上文的 colonisation 本意为“殖民、殖民(地)化”,译者将其译为“移民运动”。——译注

人力资源，将一部分人口安置到不与海洋接壤的地方，但这是因为它们认为自己不得不这么做。对它们而言，这是如何生存的问题。

我们在希罗多德那儿有直接的证据，他对忒拉创建库勒尼时的情况做了叙述（其实，它就是现在的桑托林岛，在库克拉戴斯的最南面）。他说，移民根本不是自愿的。每个家庭抽签决定让谁离开。顽固不化的人被执行死刑。斯巴达一部分遭强制流放的人创建了塔兰顿（Tarente）。

但这些动因并非一定会排除其他的经济和人口统计方面的参考因素。

2. 移民运动的阶段——我们区分出两类移民大潮（以前小亚细亚的移民潮不算）：

前往西地中海地区——南意大利、西西里、高卢、西班牙。这次移民潮大约出现于公元前 750 年至公元前 650 年，之后间或有一些零星的移民潮，一直持续到约公元前 550 年。

前往西北地区，首先至色雷斯（Thrace）、附近的岛屿和特洛阿司（Troade；自公元前 700 年起），之后前往海列斯彭特和黑海周边地区、顿河河口以及特列比松德（自公元前 600 年至公元前 500 年）。

希腊人移民迁往的土地上都有人居住。根据受侵害者的抵抗程度以及接纳程度，有几种解决该问题的方法。伊特鲁里亚人更喜欢同希腊人接触，他们的宗教、政治组织以及字母都从希腊人那里借用了一些元素（他们又将这字母传给了罗马人）。相反，像色雷斯以及斯奇提亚这样的野蛮人则被直接赶走了事。

3. 移民运动与政治思想——移民运动对政治理论及其表现形式的演变起了决定性的作用。每一次在偏远之地建立城邦，一开始的时候就需要设立某种政体，建立法律机构。因此，领导人所说的话就将被用来解释政体上出现的问题，直到那时候，在城邦的生活中，[56]政体上的问题一直是模糊不清的，而且它只是习俗形成的某种秩序。另一方面，很快，互相比较成为可能：某种政体在此处成功，在彼处失败，某些局部的组织结构在此处产生了良好的结果，在彼处则遇到了重重阻碍。那时候，政治成为专家研究的事情：我们知道城邦是让专家来"控制"政体的。这些研究一旦做出，这些体验一旦尝试过，便会反向作用于那些宗主国，于是它们的政治危机也导致它们对政体做出变动。作为创建或修改体制的理论思想自此以后便启动了起来。

经济的转型与阶层的"分裂"(*stasis*)

古希腊在移民运动的同时,也成为社会与经济发生深刻转型的舞台。

考古学提供了那个时代的证据,那时候人口增加、经济大规模发展、财富增加、技术进步。我们认为正是这些条件结合在一起,方才导致了社会的动荡不定。由于国王已遭淘汰,贵族似乎只能依靠自己,他们于是想方设法大捞好处,他们控制肥沃的土地,在一小批古老的家族(那时候强调的是谱系:每个贵族家族均自称可追溯至城邦神话中的祖先)中分配利益。但如此一来,贵族便与社会其他阶层发生了冲突。

我们在古代城邦中辨别出了社会的构成要素:

1. 两个传统类别:贵族和在农村为贵族耕种土地的农民(paysans)。

但还有两个新的类别,至少是由他们的数量及思维方式体现出来的:

2. 城市中的平民(plèbe)愈益贫穷,因为他们的人口越来越多,无法获取土地资源;他们举债生活。

3. 新兴的中等阶层,由富有的农民、商人、船主和工匠构成。我们发现,约公元前650年的时候,这个类别"出现"[57]在了抒情诗中。然而,它在政治上也相当重要。因为它在整个希腊历史上最为重要的军事改革,即重装步兵方阵(*phalange hoplitique*)的改革中起了首要作用(参阅下文)。

事实上,古希腊乃是产生严重冲突的舞台,这些冲突既是政治上的——要求对城邦管理中的角色进行分配,也是社会上的——要求获得所有权及债权。古希腊人将这些冲突统称为党争(*stasis*),也就是"分裂",它是在传统的社会—政治平衡中产生的断裂。我们列举它的五种类型:

1. 贵族内部的冲突。在荷马的世界中,这些冲突显然属于传统范畴,但由于新出现了合法的体制,这些体制要求投票、结盟等,所以冲突的形势也起了变化。某些贵族派系想依靠平民与其他派系抗衡:雅典著名的阿尔克美昂家族或科林斯的巴齐亚达伊家族就是这种情况。

2. 富裕中等阶层提出了要求,它们想要获得部分权力。由于出现了重装步兵方阵,这一阶层便依靠其新获得的军事上的砝码来支撑其要求。

3. 穷人零星举事,农业工人的处境相对来说也下降了。

4. 冲突之所以出现乃是由于人口增长导致了食品匮乏的缘故,对于爱琴海小岛上的城邦来说,这一问题尤为尖锐。

5. 城邦之间之所以产生冲突,尤其是因为这样一个事实,那就是每个城邦的政治派系都想求助于其他城邦处于同等地位的派系的帮助,那些在某些地方惹了麻烦的贵族要求在他处拥有权力的贵族出手相帮,等等。内政会反过来影响外政,并相互影响。

亚里士多德的作品《雅典政制》叙述了这座城市古代时期的一些事件,他在这部作品中告诉我们"贵族与群众长时间以来一直都在发生冲突,穷人同他们的妻儿成为富人的奴隶……更别说获得什么权利了"。他提到了对权利的要求,梭伦时代(约公元前 600 年)重新分配土地和重新安排债务的要求规模极为浩大,而且由于贵族独揽了世俗和宗教职位,于是中等阶层也提出了抗议,还有尽管直到那时候,只有贵族才能对未形成书面文字的法律进行阐释、加以维护,但希望法律公开化和确定化的要求还是很强烈。

"重装步兵革命"

[58]传说将方阵的创建归功于阿尔戈斯的菲隆,是他第一个提出了将全身披挂"铁甲"、全副武装的步兵排列成紧密的正方形队列。考古学表明,正是在那个时期,军队从尘封中出现了,这表明拥有军队不再是贵族身份的特权和标志。然而,军队仍然没有"普及化"。当然,既然骑兵不再是大型战斗中的主要力量,那么参加军队也不再成为需要养马的富有贵族的专利了。但成为重装步兵,仍旧要有能力配备铁制的重武器:这一点便将平民阶层从军队中排除了出去。

中等阶层人士参加军队的时候,正是城邦之间冲突频仍的时期,他们参军不可能不对政治造成影响。那些要求通力协作御敌于外的人不会长时间忍受公民无法参军的现状。

立法者的时代:"希腊七贤"

我们都观察到,在"宗主国"与在"移民地"一样,政治体制概念的创建主要都是用来解决因党争造成的政治与社会问题的。

出现了政治思想家,尤其是那些传统所谓的"七贤":雅典的梭伦(参阅下文)、米利都的泰勒斯(米利都"伊奥尼亚"学派的创建者,也是该城的政治家,参阅下文)、密提林(Mytilène)的僭主披塔柯斯、普里耶涅的比亚斯、林多斯的克列欧毕斯、科林斯的僭主培利安多洛斯、拉凯戴孟①的奇隆……（七贤的名单因来源不同而有所不同：有时候也会包括埃庇美尼德［Épiménide］这类人，他是颇富灵感的"占星师"）。他们出现于公元前 12 世纪末期，活动于公元前 11 世纪。他们的格言警句在希腊化的时代被精心保存下来加以传授。他们同另外一些人，如罗克里斯的扎雷乌柯斯（Zaleucos de Locres）、②［59］卡塔内（位于西西里）的卡隆达斯（Charondas de Catane），③一起构建了城邦、政治、法律、平等、刑法类别等关键概念。

正是这些人或其他一些人在公元前 600 年左右创建了新的体制：僭主政治，然后又创建了民众参与对城邦进行统治及管理的合法形式，这些都构成了民主的特点：进行选举和抽签以选任行政官员、议事会、大会、对公民进行分类、定期对领土进行划分……

令人惊讶的是，所有这些政治创新几乎都无法归因于宗教：希腊的政治思想自诞生之始就是"世俗"性质的。人们时常会求助于德尔菲神庙的神谕，但他们通常都是在做出重要决定之后才会这么去做。我们将要介绍这些人的观点，他们是用理性的原因来对自己做出的选择加以阐述的（参阅上文，p. 19）。

我们来考察一下这些新体制中最重要的一种形式，那就是僭主政治。

僭主制

自公元前 12 世纪中期以降，僭主政治便在希腊大陆的许多城邦中出现了。它后来又传播至爱琴海、小亚细亚和大希腊城地区的城邦。我们注意到，在僭主政治与希腊城邦的经济、政治及城市发展之间具有紧密的联系（不过并非完全如此）。

在极为落后的地区，如阿卡尔纳尼（Acarnanie）、埃托里亚（Étolie）或帖撒利亚（Thessalie），都不曾出现僭主。仿佛僭主政治必须并且只有在下述情况下才会出现，即发生了严重分裂、传统的贵族阶层动荡不定、仅靠这些世袭的贵族阶层无法

---

① 即斯巴达。——译注

② 约公元前 660 年，扎雷乌柯斯在罗克里斯发表了自己的法治论，他赞成有产者，要求废除天生世袭的贵族，他要求由城邦直接施行刑罚，这样便可以杜绝私人之间的复仇行为。

③ 约公元前 600 年。他那时候的观点是要求进行政治（赋予人民大会以更重要的作用）与刑法（将诉讼程序与刑法固定化，增加公开性）改革。

遏制日益严峻的社会冲突,以及由这些因素间接引起的外部战争。

[60]在许多地方,僭主政治在经历一两代人之后,确实终结了阻碍发展的党争。僭主保护农民、支持贸易,通过国家建设公共工程和举办盛大的节日这些策略增强了共同体的感觉,通过与盟国结盟恢复了或者说维护了外部的和平。尤其是,这些措施使城邦不再出现由贵族进行统治的习惯,从此之后,这种习惯便不再有效。因此,吊诡的是,僭主政治也促进了民主的出现。

然而,尽管希腊城邦都是因为受到了党争的刺激而得到促进,但它的演变也并非是协调一致的。因此必须抛开概括性的论述,对两个伟大的城邦进行阐述。这两个城邦为希腊的政治思想家提供了两种截然不同的重要的政治模式:它们就是贵族政治的老巢斯巴达和民主政治的大本营雅典。

斯巴达的演变①

城邦的起源

我们对斯巴达古代时期的史实知之甚少(即便对稍后时期的事情同样也知之不详,至少同我们拥有的有关雅典的种类丰富的文献相比确是如此)。

迈锡尼人衰落之后,伯罗奔尼撒半岛便几乎荒无人烟。大约在公元前950年的时候,多里安人的一些部落在拉科尼亚的南部平原地区停留了下来,那个地方坐落于塔乌该托斯山西侧的山脚下,位于埃乌律托斯湍流的边缘。先是四个、后来是五个小镇合并在了一起,便产生了斯巴达。

公元前735年至公元前715年间,斯巴达人沿着塔乌该托斯山由东向西迁徙,他们占据了美塞尼亚富庶的平原地带。这些前多里安时代的人的境遇几乎比希腊世界其他地区的奴隶还要糟糕。希洛人(Hilote;这个词也许是指"囚犯")是城邦自己的奴隶。佩里亚柯人(Périèque)也受到奴役,但政治上还享有一定的自主权。

---

① 参阅 De Durand,前揭,p. 105—133;Orrieux 与 Schmitt-Pantel,前揭,p. 100—108。

"大宪章"(La Grande Rhétra)

[61]起初,斯巴达与其他希腊城邦并没有明显的不同。

使我们能了解斯巴达政治体制的最古老的文献就是《大宪章》,又称《大箴言》(*Dit Majeur*),它是在合并第五个小镇阿米克利斯的时候宣讲的。但这个文献解释起来很困难。我们不太清楚它是针对谁发布的命令:

> 建立斯库拉的宙斯和斯库拉的雅典娜的圣殿;安置部落,扩大区划;与至高无上的首领一起设立三十人议事会(Sénat);季节之交的时候,在 Babyca[桥梁]和 Knakion[河流]之间召集人民大会;如此便可以征询并解决[……]但人民有权进行决定。

此处所叙述的内容从某些方面来看触及了荷马所说的一些体制。"部落"就是指多里安人的三个部落。"区划"就是指五个小镇。"至高无上的首领"是指具有斯巴达特色的国王,直到公元前 3 世纪的时候,他一直都有两个王室家族,就是阿吉亚德(Agiades)和厄里彭蒂德斯(Eury-pontides)家族,它们同时对城邦进行统治。①这些国王就是"神圣国王",他们既维护现实的政权,又举行所有的宗教仪式(这在希腊是颇为特别的)。"议事会"(*gérousia*)共有 28 个人和两位国王。议事会的成员都年逾 60,均是终身当选(通过欢呼声强弱决定谁来当选:监票员会对每一位候选人获得的欢呼声的强弱做出评估,这项独特的程序令其他希腊人觉得煞是有趣)。最后,公民大会(*apella*)就是指普通公民的集会。

由于斯巴达的建立只是依靠这部宪章,所以从政治方面来看,它似乎与相邻的城邦根本就没什么区别。此外,我们知道,从经济角度来看,斯巴达实行的无非是贸易通商和发展手工业,这样相对来说还算是对外开放的。结果,它因其节日、音乐和诗歌而变得名声大噪。

"平等者"的政体

[62]然而,公元前 12 世纪的时候,城邦的面貌改变了。同美塞尼

---

① 人们对它们的起源有争论。这里有可能涉及多里安人的两个部落:叙洛斯(Hylles)和杜马内斯(Dymanes),而第三个部落帕姆庞洛伊(Pamphyles)由于其混合而成的特点,所以从来没有单独的首领。另有假设说:这两个家族是最初两个村庄首领的后裔,而共同统治则在公元前 775 年—公元前 760 年才开始。

亚进行的战争异常艰苦，而且战争一直持续到公元前 650 年。斯巴达经历了艰难的时期，叙喜阿伊（Hysiai，公元前 669 年）一役更是被阿尔戈斯人战败。似乎正是这些战争刺激斯巴达进行了一系列激进的政治与社会改革，并导致它创建了一个与其他希腊政体截然不同的政体，该政体由军事贵族（aristocratie militaire）统治希洛人和佩里亚柯人，但城邦内部却讲求平等，并采取闭关锁国的政策。

我们可以给这一政体赋予下述特点：

从政治角度看，由于设立了监察官和每年由大会选出的五位执政官，所以国王的权力削弱了；议事会的权力得到加强，而这对人民大会并不利。

从社会与经济角度看，他们在拉科尼亚着手重新分配了土地，征服美塞尼亚后均分了土地（kléroi）（他们似乎共创建了九千至一万块土地）。自此，士兵阶层的成员就都被视为"平等者"（homoïoi）了。

既然每个家族的首领获得的土地都由希洛人耕种，且贸易都由佩里亚柯人经营，那么公民便不再参加生产活动。他们都是公民—士兵，成为一支常设的军队。

强制要求公民—士兵过集体生活：他们共同进餐（syssitie），这项义务甚至连国王都不能幸免！

孩子都被交给城邦，城邦对他们实行军事化的集体教育（agogè）。

斯巴达这项著名的教育措施针对的是 7 岁至（有可能是）24 岁的孩子和青年人。他们让孩子接受基本的体育和军事训练。他们培养的是竞争精神。集体化教育的最后阶段：青少年应该离开城邦一年，他们需躲藏起来，白天睡觉，[63]晚上出来偷吃的东西，他们似乎主要靠希洛人养活（不过，此种须经受苦难的启蒙考验[cryptie]似乎只涉及到少数人）。

增设其他措施，抛弃希腊其他城邦的日常习俗，这些措施受到国家职权的确立，所有公民都应该无条件地遵从集体生活：实行严格的优生学政策（被判定体弱的孩子会遭"遗弃"，也就是被杀死），妇女可被部分共享（战功卓著的战士有权在夫妻生活之外生养孩子）。

这些改革实行伊始，便日益严厉起来，此后城邦内部的生活变得极为僵化。

法律仍旧没有形成书面文字，这是它的"反动"特性，因为公元前 650 年左右文字已在希腊各地传播，法律将在其他大部分城邦内得到规范化（比如说雅典，参阅下文)。

另一方面,斯巴达不愿往前跨越一步,实行货币经济,而公元前 11 世纪时,其他城邦都已逐渐实行了这一经济模式。我们只是观察到用铁扦计算的物物交换的经济模式的存在(我们注意到,西欧是在史前的巨石文化时期使用这种经济模式的!)。财富必须留在本国,进行平均分配。①

总而言之,公元前 11 世纪的时候,斯巴达精英阶层文雅考究的品味以及对文学、艺术和哲学的关注似乎都消失不见了。斯巴达变成了一座巨大的兵营。

但是,必须注意到一个悖论:这一军人政体并没有穷兵黩武;它很少与外界沟通,不像雅典那样实施扩张政策,而是诉诸表面上更为平静的移风易俗的措施。斯巴达只要确保自己对阿尔戈斯保持战略上的优越性便已觉得满足。最终它控制了伯罗奔尼撒半岛的五分之二面积。"伯罗奔尼撒同盟"乃是斯巴达周边城邦组织起来的共同体,但它与由雅典创建的"提洛同盟"不同,它不像帝国那样,主导的城邦具有盟主的地位。

斯巴达在伯罗奔尼撒半岛之外发动了几场侵略战争,与迈伽拉(Mégare)和埃吉纳(Égine)交战。我们将会发现,它之所以对雅典进行干涉,是为了驱逐庇西斯特拉图(Pisistratides)。但这些外部的干涉行动仍旧是有限的。城邦根本不觉得有进行征服的需要:它的政治理想[64]确切地说是一种"反动",是时间的阻断,它试图使城邦永久地维持原样(这也是柏拉图的理想)。

它所选择的军事政策是否至少会使它成为一个军事大国呢?对此,我们可以来探讨一下。公元前 490 年,它之所以很迟才赶往马拉松,是因为它一直忙于镇压美塞尼亚的希洛人的反叛:于是,所有的荣耀都归给了民主制的城邦雅典。又有一次,即公元前 480 年,雅典的统帅铁米司托克列斯(Thémistocle)想尽种种办法才迫使斯巴达的海军将领在萨拉米斯(Salamine)开战。相反,斯巴达的威望在温泉关(Thermopyles)和普拉提亚(Platées)却是如日中天。

尽管斯巴达具有那样的意识形态,并且做了种种努力,但它在军事上一直有致命伤,那就是它人口上的不稳定性,这是由几个原因造成:对外界的闭关锁国阻碍了移民的进入(而雅典却是爱琴海地区的大熔炉[melting pot]);使孩子归集

① 确实,这样的平等更是一种原则,而不是某种事实。因为,奥林匹克赛会上赛马获胜者的名单上虽有斯巴达人的名字,但要参加这样的比赛就得相当富有。

体所有;最后是,对优生法的关注导致了节制生育的做法。斯巴达越来越缺少人力。每一次战争所造成的人口损耗——雅典对此恢复得极好——对斯巴达而言简直就是场灾难,很难进行弥补。故而,它在划分土地的时代尚有 1 万户家庭,到了阿吉斯四世(Agis Ⅳ)(公元前 244 年—公元前 241 年)尝试进行社会改革时所做的人口统计的时代,就只剩下 700 户人家了。

确实,斯巴达在那场可怕的"伯罗奔尼撒战争"(公元前 430 年—公元前 404 年)中击败了雅典,但它也已精疲力竭。因而公元前 371 年的时候,它在底比斯面前便土崩瓦解了(留克特[Leuctres]战役)。它的政治历史就此寿终正寝:底比斯的埃帕米农达斯(Épaminondas)复兴了美塞尼亚,并在阿尔卡地亚(Arcadie)创建了一种新的极端的政治形式,那就是大城邦(Mégalopolis)。

希腊人将斯巴达的改革归于"贤人"吕库古(Lycurgue),我们对他一无所知(也有可能他根本就不存在)。斯巴达政体的特出之处长期以来都使希腊的政治作家心醉神迷:我们将会简单地研究一下苏格拉底圈内的人物。

雅典的演变

肇始时期至德拉古(Dracon)时代

我们对希腊中世纪之前的阿提卡所知甚少。毫无疑问,在往昔的很长一段时间内,这个国家一直都是克里特国王的附庸。传统看法认为,国王忒修斯(Thésée)统一了组成阿提卡的 12 个独立的部落,并使雅典成为新国的都城。[65]卫城的土丘上建立了一座城堡。在雅典形成的是一个"迈锡尼"式的国家。

迈锡尼文明衰落之时,雅典被视为某种特例,它并没有以摧枯拉朽的气势摧毁君主制国家。然而,之后的演变过程还是符合普遍情况的:"晦暗时代"出现了封建政体;之后,公元前 9 世纪至公元前 8 世纪,国王最终消失,出现了贵族制政府。权力交到了每年经任命的高级官员即执政官、议事会、由卸任后的执政官组成的战神山议事会(Aréopage)的手上。至于这些行政官员的职位和法律上的职务,均只能由贵族或"出身良好者"(Eupatrides)①担任。

---

① 雅典贵族阶层的成员,存在于公元前 6 世纪初梭伦改革前。——译注

尽管相对于其他地方而言,雅典长期以来都避免了古代希腊特有的党争现象。①但它自公元前 7 世纪起,社会上也出现了动乱。这些动乱牵涉到的是与其他地方出现的相同的群体,也导致了相同的结果:僭主政治的介入,贵族政体的社会及文化基础遭到剪除。我们知道,最初发生的严重事件就是公元前 630 年某个名叫库隆(Cylon)的人尝试建立僭主政治的行动。

人民“群起”抗议。虽然库隆的支持者获得了安全保证,但他们还是遭到了屠杀,这使阿尔克美昂(Alcméonides)这个贵族家族的成员及其后代招致了严厉的诅咒。

约公元前 620 年,执政官德拉古便担负起了平息因屠杀库隆的支持者而引起的族间仇杀的现象。他为此颁布了严峻的法律,即“德拉古法典”(“用血而非墨写成的法典”,这是他对臣民的讲话,见普鲁塔克《梭伦传》[*Vie de Solon*],17 卷 2 节)。他倡导了这样的举措:使法律形成了书面文字,并决定这些法律不加区别地适用于所有人。这是我们掌握的意欲建立 *isonomia*,即法律面前人人平等的最初证据。部分德拉古法律一直沿用至公元前 5 世纪末期。

梭伦

[66]但农民的不满情绪日益增长,很有可能会发生内战。大约在公元前 594 年,执政官梭伦登台了。

梭伦(公元前 640 年—公元前 558 年)出身于贵族家庭,早年经商致富。由于认识到航海贸易存在问题,于是他参加了雅典人在萨拉米斯攻占迈伽拉人的战争(约公元前 612 年)。尽管梭伦是贵族,但他更倾向于人民。他在任执政官之前写的诗歌中,便对贵族与富人的贪婪行为提出过质疑:

正是公民本身[……]想要摧毁伟大的城邦,将它拱手让给富

---

① 原因是,与其他城邦不同,它并不需要求助于移民化的措施;在雅典,移民只是个人的行为。

人蚕食;人民的领袖也心怀不轨,他们贪得无厌(hybris),贻患无穷。他们不知如何节制贪欲[……]。他们任凭自己横行不法而腰缠万贯[……]。他们既不怜恤神圣的财产,也不怜恤国家的财产,只知巧取豪夺。

国内动荡不定的时候,了解梭伦为人的民众便建议他担任僭主。但他拒绝了;他只同意担任权力得到加强的执政官,这样就可以允许自己实行大刀阔斧的改革,终结党争的状态。

1. 社会措施——他决定,债务缠身的农民今后再也不用沦为奴隶。他使这项法律具有追溯权利:所有曾因债务而成为奴隶的人,或者所有因不愿成为奴隶而被流放的人,都将恢复权利。然而债务并没有被废除,而是被削减了三分之一(这是货币上所作的变动)。梭伦不想重新分配土地(如斯巴达那样),并拒绝施行不利于贵族的不公正的措施。他想使所有的社会阶层都处于平等的地位。

> 他说,如果我想取悦于人民的敌人,或者满足他们的对手的欲望,城邦就会失去很多公民。这就是为什么我殚精竭虑,四处周旋,如同一头狼置身于猎狗群中的原因。[67]我赋予人民足够的权力,对他们的权利既未削减、亦未增加分毫。至于那些拥有权力并以自己的财富逼迫他人的人,我也不会让他们承受他们不应得的惩罚。我仍然挺立于此,用坚硬的盾牌保护这两方,我不会让任何一种不义占上风(亚里士多德《雅典政制》残篇)。

2. 政治措施——梭伦追随德拉古的事业,是他第一个将法律形成书面文字并使其规范化。雅典人长期保存着上面刻有该法典条文的木板。

他建立了新的人身保护令(statut des personnes)。该法规动摇了传统社会秩序的根基,因为后者将财富视为唯一的区分标准。自此以后,财富不再成为人的社会成分,规定权利与身份的古老的亲族网络所具有的世袭地位也不再具有此种权力。人不看其出身,而是看其拥有什么。然而,财富是流动不居的,它与个人的自由有关。尽管这样做实际上并不会立刻改变许多事情,但从哲学上看,这确是一个具有深远意义的革命。

梭伦按公民的财产将他们分为四个阶层:

第一阶层(*pentacosiomédimnes*)①属于执政官、刑事法庭或其他高级官员。结果:今后最富有的人能在刑事法庭供职。贵族的特权被打碎了。

随后的两个阶层(骑士、农民)②属于低级行政官员及梭伦新设的议事会,即400人议事会(*boulè*)③这是为了满足中等阶层,尤其是重装步兵的要求而设的。

最后一个阶层(佣工[*thètes*])只能参加人民大会。

最后,梭伦设立了一个新的民众法庭(*Héliée*),并决定人们可以将法庭的判决提交公民大会审议;这样便削弱了贵族的司法权力,并顺应了其他阶层持续不断要求权力的呼声。

庇西斯特拉图家族

[68]公元前561年,埃铁奥布塔德(Étéoboutades)④家族的吕古(Lycurgue)④与阿尔克美昂大家族的美伽克列斯(Mégaclès)之间爆发了权力之争。这次斗争无疑表明了地区家族之间处于敌对的状态,那个时候阿提卡尚未被有效地统一起来。权力最终偶然落到了第三者庇西斯特拉图的手中,他所代表的是第三个地区迪亚克里(Diacrie,位于阿提卡东北部),他并不是以普通执政官的身份来行使权力的,他建立的是个人的权力,即僭主政治。庇西斯特拉图是个贵族,但他所倚赖的是农民阶层普遍不满的呼声。他其实就是典型的靠煽动人心来谋取地位的僭主(tyrant démagogue)。

庇西斯特拉图持政中庸。他虽然仍让梭伦的宪法继续运行,但同时他也只关心每年让自己家族或近亲家族的成员当选执政官。⑤

---

① 每年拥有500斗(*médimnoi*,阿提卡容量单位,约合54公升)谷物的公民。——译注

② *Zeugites*是梭伦改革后雅典的第三等级,要求是能自备一套牛车。——译注

③ 它与克里斯梯尼的议事会也有区别(参阅下文),该议事会有500名成员。总之,历史学家对这个首次出现的*Boulè*并不太相信,只有亚里士多德才对它有所提及。

④ 显然,不要与斯巴达神话中的立法者相混淆。

⑤ 人们经常在历史中发现这种情况,即当野心勃勃之人在共和国攫取权力之后,他们并不愿通过表面上炫耀王权来触犯自己的同胞:如罗马的奥古斯都、佛罗伦萨的美第奇、法国的波拿巴都不愿违反自己一开始所作的诺言……

他改善了农民的境遇，允许他们获得借款，并放宽偿还的条件，他还鼓励航海贸易，发展各个行业。中小规模的地主在经济上与政治上均得到了发展。希腊各地远至大希腊城和伊特鲁里亚地区对那个时期的考古发掘，都发现了雅典生产的制作精良的金黄色瓷器（红瓷），从而使我们知道庇西斯特拉图"统治"时期，经济得到了飞速发展。另有一个表明经济飞速发展的标志：雅典铸造了货币。著名的猫头鹰货币（chouette）就是出现于庇西斯特拉图的继任者希琵阿斯（Hippias）统治期间。

庇西斯特拉图在雅典建造了一些**大型工程**：一条水渠、一座喷泉，一些神庙；他还向城市平民中的许多穷人提供了工作。他在雅典卫城建造了献给雅典娜的宏伟的神庙（公元前 480 年，该神庙被波斯人摧毁，之后，在原址上建立了帕特侬神庙），并另建一座献给奥林匹斯神宙斯。

僭主同样保护作家和艺术家，并使国外的诗人和音乐家至"宫廷"献艺。他扩大了雅典娜女神节的规模。他还引入了朗诵荷马诗歌的做法——毫无疑问，这是将荷马诗歌记录下来，或至少将其发布的一个机会。[69]每年的狄俄尼索斯酒神节上，他都会组织悲剧合唱队的比赛。正是在那时候出现了剧场，作为艺术与表演的场所，它与狄俄尼索斯酒神节上的宗教仪式不同。通过所有这些国内工程以及集体活动，他促使了国家意识的形成。

庇西斯特拉图"统治"了 30 多年，死于公元前 527 年。他将权力传给了自己的两个长子，即希琵阿斯和希帕库斯（Hipparque）。

他们身为王子，过着穷奢极侈的生活，身边围绕着一帮溜须拍马之徒。但过了几年后，贵族起来造反了。希帕库斯被赫尔莫蒂奥斯（Hermodios）和阿里斯托盖通（Aristogiton）杀害（随后，这些"诛戮僭主者"便被视为民主英雄：他们的后裔直至公元前 4 世纪时仍享有各种特权）。发生谋杀之后，希琵阿斯的僭主统治变得苛严起来。它仍旧维持了四年时间，其间贵族遭到流放，遭贬谪的阿尔克美昂家族的克里斯梯尼好几次都想夺取权力。但徒劳无功，因为民众并不积极。

公元前 510 年，斯巴达国王克列欧美涅斯（Cléomène）应雅典贵族的请求进行干预，最后终结了希琵阿斯的僭主统治。

在这种情况中，我们发现对整个希腊而言，斯巴达今后代表的就是贵族政治的一方，正如稍后雅典代表了民主政治一样。

我们的结论是，在庇西斯特拉图及其儿子的统治之下，雅典的贵族最终丧失了权力。诚然,如果约 30 年之久的梭伦政体(公元前 594 年—公元前 561 年)和 50 年的僭主政治就此终结的话,那么雅典人就有了一段相当长的时间来适应这一贵族丧失社会及政治权力的过程。在这段时期,思维方式以无法逆转的方式发展着;民众终于在政治舞台上占据了一席之地。随后当民主政治胜利的时候,雅典人认为,介于梭伦和克里斯梯尼之间的庇西斯特拉图的统治是在倒退,极其令人不齿。但这只是种重构过的看法。如果没有僭主政治绝对权威之下过气的老派精英的抵制行为,根本就不可能出现民主政治,这与我们在斯巴达的反例(*a contrario*)中看到的情况一样。

克里斯梯尼与雅典民主政治的繁荣

[70]克里斯梯尼和另一个贵族伊撒哥拉司(Isagoras)之间发生了交恶,伊撒哥拉司与斯巴达国王有私交,公元前 508 年当选为执政官。经过两年的内战之后,权力又回到了克里斯梯尼手中,于是他大刀阔斧地实行了体制上的改革,从而标志雅典的民主政治真正开始了。

无疑,实行这些改革的时候,僭主们在阿提卡形成的"国民"精神帮了很大的忙。雅典试图成为"城市—国家"(cité-nation),而克里斯梯尼正是通过在国内进行大规模的行政上的改革形成了这一演变过程,改革涉及如何对空间与历法进行组织安排这些问题。①

1. 新的部落——克里斯梯尼先将伊奥尼亚的四个部落转变成十个新的"部落",这些部落不再以种族出身为依据,而是仅仅以地理空间为依归。为了克服城里人、山地农民和住在海边的人之间传统上的对立关系,他使每个新的部落均由三个分属于这三个部分的三分区(tryttie)组成。这样便总共形成了 30 个三分区。

每个三分区自身均由三或四个德谟(dème)构成。②这些德谟在乡村地区就是村庄,它们规模太小或太大的时候便会被合并或划分;在城

---

① 笔者在此参照的是 Michel Humbert,《古代政治与社会体制》(*Institutions politiques et sociales de l'Antiquité*)中对这些改革所作的阐述,见前揭,p. 44—51。

② 每个镇区容纳 300 至 1000 名公民。总共有 100 个镇区,共计 2.5 至 5 万公民,加上他们家庭的话共有 8 至 10 万人,还必须加上 1 万名外国侨民,3 至 4 万奴隶,约公元前 500 年的时候,阿提卡的总人口为 15 万人。

里,它们就形成了区(quartier)。每个德谟的大会都会选举一名长官(démarque),类似于镇长(maire)。① 大会管理地方财政、公共财产,监管宗教信仰,掌管人员身份的簿册和地籍册,并协助警察开展工作。自此以后,公民接受自己居住的德谟的管辖,并受这一条件的规定;他们将每个地方的总人口、公民、古代的外国侨民、恢复自由的奴隶记录在案,这些人已构成了一个混杂的社会。[71]此种登记制度是决定性的:今后便不可能因政治观点相类而聚合成各个组织了。最后,除了姓之外,每个人还会取一个自己所住镇区的名字;按照亚里士多德的说法,他再也没有取自己父亲名字的权利,这项措施极富革命性。

因此,自此以后,公民在政治上的身份、他在国家眼中的资格不再与其出身和亲族关系相关联,而是与其所住的地方有关。公民不再是"某个人的儿子",他们在行政机关的面前,乃是具有平等权利的个人。导致的必然结果便是,那些籍贯在国外的人今后都能够成为公民。一旦取得国籍,他们便具有与当地人相同的权利。

如此一来,克里斯梯尼便颠覆了古代贵族社会权力的基础,并广泛地破坏了古代氏族谱系残存的社会根基。他使抽象的个人(individu abstrait)即公民凸现了出来。

2. 政治改革——至于政府的构造,克里斯梯尼最终通过设立五百人议事会(Boulè des 500)而确立了民众的权力,该议事会取代了战神山议事会(尽管如此,战神山议事会并未被撤销:它仍旧保留了司法功能)。

每个德谟的大会都会通过抽签选举议事会成员(十个部落中每个部落都提供50名议事会成员)。抽签虽为民主政治的主要体制,但并未因此而具有普遍性。这只是"名单上"的抽签。议事会由于其构成,便成为一个迷你型的城邦,颇具代表性。由于人们一生中不能两次成为议事会成员,因此每年每位年逾60岁的成年公民都将不能参加投票评选活动。这一体系使公民对服从与管理之间交替进行的状况习以为常:这便是民主政治中的平等(isotès)本身所具有的原则(参阅下文)。因此,大会的构成并不会与由精通政治的专业人士组成的战神山议事会产生冲突,其成员终身任职,事实上(de facto)它的成员几乎清一色都来自贵族

---

① maire 在法语中还可解为"区长、市长"等。——译注

家庭。

直到那时之前,实际的权力还是掌控在战神山议事会和执政官①(庇西斯特拉图家族统治期间,它们都唯僭主马首是瞻)。[72]战神山议事会控制执政官,执政官则可召集大会,对工作进行督导。四百人议事会(如果真有其事的话)对此种状况并没有什么影响。而新的议事会则确确实实解除了战神山议事会的权力。

自此以后,五百人议事会便成了民主政治的本质性机构。它召开大会,在议事会提出建议之后,对法律条文进行审议。它还草拟法令。埃菲阿尔特(Éphialte)改革之后,它则成了特别最高法院(haute Cour de justice)。议事会也是行政机构。每年分为十个任期(prytanie)②,每个部落的 50 名议事会成员在任期中都是议员(prytane)③,他们常驻于议事会大厅(Bouleutérion)附近办公,克里斯梯尼命人在广场上建立他们的办公场所。每天都从议员中选出一名主席,即议长(épistate),他在二十四小时内是名副其实的国家首脑。此外,整个议事会定期会举行全体大会。

今后,执政官将由各个部落④选举出来。但是,又设立了一个新的团体,即十将军委员会(stratège),他们也是经选举任命的。他们各自统领一批军队,仍听从军队统帅(polé marque)的号令。

因为他们均由人民选举产生(每个部落产生一名),于是将军的政治职能日益增长(与斯巴达的监察官或罗马的军团将军[tribun]相同)。他们逐渐侵蚀了执政官的权力:自公元前 5 世纪起,执政官便不得不局限于司法及宗教职责之中。

至于人民大会(écclésia),则不再由名年执政官⑤主持,而是由议员中选举产生的短期议长主持。人们为它指定了新场所:不是公共场所,而是公民大会会场(pnyx)⑥(与雅典卫城相对),会场上建造了一座巨大的圆形剧场,可容纳 2.5 万人。克里斯梯尼强调了新的人民大会中的 iségoria,即所有人发言机会均等的重要性。

---

① 梭伦时期,有九名执政官:其中三名自君主制消亡以后便已存在,他们是名年执政官(行政首脑)、国王执政官(管理宗教事务)、军司令官(军队首领),此外梭伦又添了六位"立法官"(thesmothète)。克里斯梯尼在这一团体中又增加了一名秘书:由此代表了十个部落(Lévêque,前揭,p. 241、245、250)。

② 指 500 人议事会成员的任期。——译注

③ 也可以称为"首席官"(le premier)。

④ 克里斯梯尼当政的晚些时候,一项新的民主改革用抽签制取代了执政官的选举任命制。

⑤ 雅典以其名作为年号的首席执政官。——译注

⑥ 位于卫城对面,是山坡上开辟出的半圆形露天会场,与古剧场相似。——译注

3. 从宗教时代至公民(civique)时代——另一项革命性措施,其目的就是要改变共同体本身的文化现状:克里斯梯尼引入了新的历法。不再有 12 个太阴月,也不再有传统意义上划分集体生活的宗教节日;[73]有 10 个"任期月"(prytanie),它比一个月的时间长,其间由每个部落的议员管理城邦。由于以公民历法替代了宗教历法,所以重要的政治会议便成了社会生活的报时器:正式的小型会议、选举、上交账目……由拥有特殊门第的人施行宗教节日的做法并未遭到禁止,但已沦落至次要地位。①

4. 贝壳放逐法(ostracisme)②——为了不受试图复辟古代贵族政体的人侵害,就必须保护这些革命措施。因此,克里斯梯尼制定了贝壳放逐法的法律。贝壳放逐法是一项惩罚措施,用于放逐那些图谋建立个人过度影响的公民。该项措施本质上针对的是贵族政治家。③

克里斯梯尼的所有这些改革仿效的究竟是何种模式呢?我们猜想,他有可能受到了毕达哥拉斯派以及米利都哲学家的几何学(géométrisme)的影响。但可以肯定的是,他在施行这些法律之前,必定"思考过"这些改革措施。它成了政治"建构"的最早史例,也就是说,这些步骤就是为了有意识地终结传统并在现实中应用由抽象理智认可的理性规划来扩大现实的地盘。无疑正是由于克里斯梯尼,我们才进入了政治时代(与本书"导言"中的定义相符)。

我们现在将返回至上述的每个演变发展阶段,我们更感兴趣的还是社会与人的概念、观念及看法是如何有机形成的,但有关它们的文献极少。

[74] 希腊人自己将最早的有关城邦组织的"世俗"、理性的思想归功于七贤。④

① 1793 年的革命立法就是效仿这种对世俗时间进行人为划分的做法。
② 又译"陶片放逐法"。——译注
③ 然而,我们并不是十分确定这项法律是否由克里斯梯尼制定,因首次应用该法律是在公元前 488/487 年。
④ 参阅前文的七贤名单,p. 58。

我们对这些人物的生平知之甚少。在已佚失的一篇对话录《论哲学》中，亚里士多德谈到了他们：

> 他们对城邦(polis)的组织架构颇感兴趣，他们创建了法律以及将城邦各个部分组合起来的所有关系；他们将此种创造命名为智慧(Sagesse)；正是由于七贤拥有此种智慧，所以他们才创造了公民自身的美德。①

正是因为党争(stasis)在根本上被视为一种混乱状态，所以这些思想家便设法制定出有关社会秩序，即eunomia应为何种状态的新观念。七贤以及公元前6世纪其他思想家的"智慧"在于他们对何为共同秩序，对控制贵族家族的野心、僭越、过度(hybris)以及民众的暴力行为或中等阶层的政治权力诉求的普遍规则做出了规定。不过，这一有关秩序的思想力求做到的是理性，并以客观的观察结果为依据，因此它不再依赖于神话。

重要的是，在这一点上，我们注意到这些哲人与希腊最初出现的科学家、"自然科学家"(况且有时候，他们都是身兼两者，如米利都的泰勒斯)都是同时代人。正是在这诉求知性的相同的运动中，他们设法对宇宙的法则和社会的法则做出阐释，这两种现实秩序并不依附于神人同性的神圣力量，而是依赖法则；在宇宙(cosmos)中如同在城邦(polis)中一样，都是由正义(dikè)进行统治：这是一种所有元素都处于平等地位的规则，这些元素会处于某种秩序之中，如果没有这一秩序，它们中任何一个元素就会凌驾于其他元素之上。

米利都人泰勒斯、阿那克西曼德(Anaximandre)或阿那克西曼尼(Anaximène)的天文学完全摆脱了占星术的影响。他们用几何学来研究天文、地理和物理。据说，阿那克西曼尼绘出了最初的天文图，并造了一个代表宇宙天体的天球仪。"[他]确定了地球在宇宙中浑然不动的位置。他还补充道，如果地球在那个位置上静止不动，且不需要任何支撑的话，[75]那是因为它与天体周边的任何一点都

---

① Vernant引文，前揭，p. 65。

是等距,它没有任何理由需要往下移动,而不是往上移动。因此,阿那克西曼尼将宇宙置于数学化的空间之中,这一空间是由纯粹几何的各种关系形成的。"①

地球无需支撑和根基托着它,也无需有个人攀着它(巨神阿特拉斯②);世界没有"上方"也没有"下方"。既然世界并非由诸神安置在那儿,并且如阿那克西曼德所言,它并未受到它们的控制(hypo médenos kratoumenè),而是受到非人格的理性原则的影响,那么宇宙的整个等级便消失不见了。世界上没有任何一种元素能仅靠自身来控制宇宙的力量,因此城邦中的任何一种元素也无法支配权力(dynasteia)。正如城邦的秩序不再受国王(basileus),而是受法(nomos)的控制一样,同样世界也只受法则的掌控。

我们所看见的这一新精神所持的态度体现于由正义施行的管理之中,也体现于由法律、公民必须具备的适度及平等这些美德构成的观念之中。

正义的管理

处于宗教与法律之间的刑法制度

公元前 7 世纪末期,随着刑法(尤其是雅典自德拉古至梭伦颁布的刑法,但也指罗克里斯的扎雷乌柯斯或卡塔内的卡隆达斯,或其他"哲人"制定的刑法)的颁发——吉拉尔的理论将其视为摆脱了任何神圣国家的根本特质——于是出现了:由理性正义施行的管理,它通过惩罚有罪者终止了冤冤相报的循环,它只针对有罪者,并使其作为犯罪者理性地认识到整个集体的力量。

然而,这一朝向理性正义的演变过程在起初的时候,注重的是社会中宗教思维方式的本质。司法上对罪行压制的要求是作为对污点进行净化的要求而提出的;个人的罪行可以使整个社会受到污染,每个人肯定都会受到罪行的威胁。这个观念也很好地体现在农村地区因蓬勃兴起的俄耳甫斯祭礼而导致的飞速发展的狄俄尼索斯精神之中。七贤中的埃庇美尼德(有些名单中有他的名字)是占星术士一类的人,雅典人请他在雅典被除 miasma(污秽),因为库隆家族的人遭谋杀之后,[76]这个污点落到了这座城市身上。后来他成为梭伦的顾问;他对丧事、妇女的穿着做了规定,同时他还建立了圣殿和宗教仪式。

---

① Vernant,前揭,p. 107—108。
② 希腊神话中顶天的巨神。——译注

从宗教至公民(civisme)其间的连续性,因"公民宗教"(religion civile)的介入而更形明显,公元前 6 世纪的希腊为此提供了其他的例证。

毕达哥拉斯派传统中的哲人阿巴里斯(Abaris)类似于萨满教的巫师,他"在公共宗教方面,建立了新的宗教仪式:雅典的农耕前(proérosia)的仪式;他还设立了共同体守护神的圣殿:斯巴达的守护神考雷(Corè)①圣殿"。② 奥诺玛克利托斯(Onomacrite)在庇西斯特拉图当政时担任政治顾问、大使和体制方面的专家;然而,他也是占卜师,对秘密的神谕很是精通。我们还可以举出吕库古、卡隆达斯和扎雷乌柯斯为例,所有这些人在立法的同时都为其抹上了一层宗教色彩,他们谈起犯轻罪者或反对派时,都认为他们"鬼魂附体",必须用巫术、歌声等对此加以平息。

然而,维尔南说:"这一神秘激昂的现象只是在受众范围很窄的派别中才得以延续。它并未导致一场将政治纳入自身的大规模宗教复兴运动。"③情况恰恰相反:对由宗教及其仪式造成的社会束缚的担忧虽是自发产生,且未经过什么反思,但它还是成为一种知性上的困扰(problème intellectuel),人们将用理性的方式对待它,并对此做出阐释。

诉讼的演变过程

我们通过诉讼的发展过程,对这一点可以看得较为清楚。④在古代由家族(génè)控制的诉讼之中,人们采用的是宗教仪式的各种手段:誓言、咒语……这些手段均具有宗教上的力量,如果宗教仪式得到正确遵守的话,它们便能自动保证成功。那时的法官类似于祭司,他确保的是自己主持的宗教仪式形式上要正确。事实上,决定是由诸神做出的(我们可以回想一下荷马笔下的诉讼和赫西俄德的见解)。

[77]然而,既然诉讼是在城邦新的背景之下加以安排的,那么法官就要使自己成为不带任何感情的人,他超脱于两造,他就是国家。他开

---

① 希腊神话中宙斯与地母得弥忒尔的女儿。——译注

② Vernant,前揭。

③ Vernant,前揭,p. 77。

④ 参阅 Louis Gernet,《古希腊的法律与政制》(*Droit et institutions en Grèce antique*),Flammarion,Champs 丛书,1982。

始习惯于由自己做出决定，并参照即将形成书面文字的公共法律。他只需要客观的真相，要求证人和两造说出事实；诉讼"利用一切有利于做出论证、对合情合理的和可能的证据加以重构、从形迹或迹象着手进行推论的技巧"（维尔南）。与古代的"前法律"（pré-doit）时期相比，这确实是一个极为彻底的变化。①

新的道德理想：适度(*sōphrosyné*)

另外的变化是：新的个体伦理观必不可少，它同集体生活的新环境有机地结合在一起；随着城邦一起诞生的完全是新类型的人，即公民（*citoyen*）。这并非"孤立"的情况：它是进行伦理反思的结果，教派和"贤人"尤其会进行这种反思。

它与贵族政治中传统的 *habrosyné*（美）不同，贵族政治力求体现差异性（荷马史诗中有颇为雄辩的例证），它也与过分（*hybris*）追求财富不同（贵族与新贵阶层便属此例），它发展出的是出于理想状态的禁欲、自控、适度（*sōphrosyné*）、正确判断力、谨慎、明智、适中（*modération*）、克制等诸种美德，它们将会成为人类优异性（*arétè*）的新形式。"奢华、放纵、快乐遭到了摒弃；服装、住所和餐饮中都剔除了华靡的因素；而且想尽一切办法使财富遭到废除！"②因为这些行为都会引起国内的分裂和冲突。尤其是财富：它显得特别过分、不知节制，而且有着无穷的贪欲。这一主题在公元前 6 世纪的伦理思想中处处可见。[78]梭伦说："财富不值一提。*Koros*,③也就是过分满足，乃是小孩子不知餍足的行为。"泰奥格尼斯（Théognis）说："那些现在有了很多财富的人，还想要双份的。只有疯子（*aphrôsynè*）才会想要财富（la chrémata）。"

财富并非某种随处可见的经济机制的结果，它乃是一种意志，内里充满了邪恶、变质、恶魔、贪欲和嫉羡。赫西俄德的诉求余音未绝，使得

---

① 罗马的演变过程与此相类。相反，在西方中世纪初期，我们发现这个领域衰退了。
② Vernant，前揭，p. 80。
③ 古希腊语 *koros* 有两个含义：1）过足，过饱；2）小孩。梭伦此处其实玩了一个文字游戏。——译注

城邦初创时，人们都对中道(juste mesure)赞赏有加。

维尔南说，斯巴达的教育者①就是为了使年轻人整个人都显露出谦逊稳重、谨慎克制的品德，以使他们既与下等阶层的粗俗滑稽，又与贵族的傲慢自大形成鲜明的对照。斯巴达的教育者对这些表面现象大肆褒扬，因为这些品质似乎使他能够确保城邦秩序不可或缺的内在伦理品行，并对激情与情感进行控制。贤人通过过去的格言警句对这些品行做了表述："勿过""执中道""认识你自己"……中等阶层(oi mesoi)既代表了这些"中产阶级"的价值标准，又是这些价值标准的维护者：富人希望把什么都占为己有，穷人则希望从他们手里把所有的东西都夺过来，彼此在国内持续不断地爆发冲突，而它则能够在两个极端之间走中间路线。

蒂尔泰(Tyrtée)

恰是在斯巴达这个讲究公民权利的新氛围中，蒂尔泰(公元前 7 世纪)的诗歌四处传扬。然而，蒂尔泰尽管是个"战争"诗人，但他宣扬的却是新的道德理想——适度。

按照传说，德尔菲神庙的神谕说，斯巴达人向他们的对手要一名顾问；结果雅典人便把蒂尔泰送给了他们，他是跛足者和畸形者学校的老师(其实，他有可能是土生土长的拉凯戴孟人)。蒂尔泰创作了名为"良好的秩序"(eunomia)和"劝诫"(Ypothékai)的两首哀歌，是实用的醒世格言汇编，尤其是《进行曲》(Embateria)，它是鼓励向敌人发起冲锋的进行曲或歌曲，他歌唱斯巴达与美塞尼亚人进行的战争，正是这些战争巩固了城邦的统一。

有一首诗的残篇，通篇都在颂扬士兵必须具有的与勇气有关的美德，而贬低贵族的价值标准，如运动员的优良品质、美、良好的出身、财富、雄辩的口才。[79]教诲：战士不应该向往个人的丰功伟绩和贵族的荣耀，而应该只为城邦的利益着想。另一首诗歌残篇呼唤德尔菲神谕赞扬对国王做出限制的斯巴达政体、古代军队和严格遵守法律的公民。

法律

因为没有法(nomos)，便没有适度(sophrōsynè)，而没有适度，也就没有法。新人，即公民，就是讲求权利平等(isonomia)的集体生活这一新政体的对应物，那里的人生来就不会命令别人，但所有人都会遵守共

---

① 关于斯巴达的集体教育(agôgè)，参阅上文 p. 62—63。

同的规则。

梭伦在"贤人"中似乎扮演了一个特殊的角色,他强调的是法的逻辑性。他是作为中心人物出现的,他是仲裁者,也是调解者。然而,要使城邦的各个部分处于和谐一致的状态,就必须有高于各个部分的共同法,即普遍规则,即正义(dikè),而且每个人都能很好地理解它并尊重它。

他在商人的习俗中找到了这一典范(我们记得他本人就是一个富商),这一点颇为意味深长。在私人各方之间确立的契约受到彼此的尊重,两方中没有一方会存心违反它。为什么公民在面对法律的时候就不能达成同样的共识,难道仅仅是因为这涉及的是他们的切身利益吗?①

于是他将自己的想法付诸实施:"我制定的法律对坏人(kakos)与好人(agathos)一视同仁,它为每个人设定的都是公正的法律。"[80]正是为了保存适用于所有人且高于每一个人的共同的法,梭伦拒绝了有些人让他实行僭主政治的建议。僭主政治仍旧是将权力交于某个人的手中,可权力应该交到所有人的手中。

> 梭伦是以共同体的名义,即以法的名义(kratei nomou)实行这一切的,他将强制与正义(bian kaidikèn)集于一身。强力(Kratos)和暴力(Bia)是宙斯的两个历来随待其左右的同党,他们不该须臾离开宙斯的宝座,因为他们俩人体现的正是包含了绝对、不可抗拒性和非理性的至高者的威权,他们是为王法(Loi)服务的;今后法的仆从则将代替国王的位置,处于城邦的中心地位。②

---

① 普鲁塔克就此议题引用了梭伦所给的建议,但并没把这当作奇闻轶事去说。阿那卡尔西斯(Anacharsis,斯奇提亚[scythe]的哲学家,被视为犬儒主义者的鼻祖;后至雅典,成为梭伦的朋友)在看见梭伦制定的法律之后,放声大笑,他认为如此简单的条文根本无法阻止公民的不义和贪欲。"这些条文与蜘蛛网无异;它们同蛛网一般,只能抓住那些恰好落在上面的弱小者;但在有权有势者和富豪的重压之下,它们就会断裂。"梭伦对此做了回答,他说:"人们恪守的那些契约,两方之中任何一方都懒得去违反,而我呢,我却要使法律适用于公民,以便使他们看得明白,行正义要比干违法勾当更值得。"(普鲁塔克,《梭伦传》,5)

② Vernant,前揭,p. 83。

他们与赫西俄德笔下的国王也相去甚远：

> 只有宗教美德才能平息纷争，以和平的方式使充溢于大地的神恩繁荣昌盛……多亏了梭伦，正义（*Dikè*）与适度（*Sōphrosynè*）才从天而降，在广场上安身立命。这足以表明，它们此后定将"有所交代"。希腊人当然会不断地乞灵于它们；但希腊人也定然会对它们争论不休。①

因此我们看见，这里出现了西方政治思想史上的一个主要形象：法律；它与权力（*kratos*）②截然不同，权力乃是先前国家形式的特点。法律在人们之间建立和平靠的并非强制，而是因为大多数人都很乐意服从于它。对于接受规范化准则的人而言，还有更多的好处、更多的保障、更多的安泰等着他。之所以服从法律乃是因为人运用了自己的理性，而不是因神权那魔法般的威权所引发的恐惧。

如同为了从司法上对谋杀进行压制，对法律以及个人的美德适度（*sōphrosynè*）所作的这一提升也对司法行为进行了制约，尽管如此，这一提升长时期以来仍然具有宗教的各种特色。

各个教派在传授奥义的"生活之路"上都会宣扬谨慎及规劝与激情（*thymos*）之间的冲突；冲突使教育（*paideia*）成为可能，由于教育，对邪恶进行颠覆的精神终将获胜。俄耳甫斯教中的某些神祇体现的是抽象的观念，[81]如美德（*Arétè*）和适度（*Sōphrosynè*），信任（*Pistis*）与协和（*Homonoia*）。

但是，宗教的这些发展仍然无法"削弱"已经站稳脚跟的体系化的思想与行为。

平等

但法律自身的概念——自然的或公民的——包涵的各种元素都得服从于它，在它面前处于平等的地位。同样，从梭伦至克里斯梯尼，法律面前人人平等的概念也逐渐建立了起来。

---

① Vernant，前揭，p. 84。
② 权力（Kratos）：力量、气势、坚固性；掌控、威力；王权、至高者的威权。

贵族制的平等 I：梭伦

"梭伦写道，平等不会引起战争"：①公平（*isotès*）是快乐（*philia*）的条件。因此，公民应该处于平等的地位，平等——而且：职责都可进行交换，具有交互性——应该体现于公民之间的所有关系中。

当然，在梭伦那儿，仍然有某种等级化、"几何学般精确的"的平等，也就是说它具有均衡的特性。平等并不表明所有公民都应该与其他人处于平等地位，而是每个人应该接受与自己（权力、财富、荣誉……）在城邦中的等级相应的地位，这对所有人来说都有好处。"比如梭伦说道，对民众而言，我给他们足够的 *kratos*（权力），丝毫没有对他们的 *timè*（荣誉、尊严）增减分毫。"我们发现，他拒绝分配土地，因为这会"让 *kakoi*（出身低贱的人）和 *esthloi*（贵族）拥有该国同样肥沃的土地"。他还强调，在这两个极端的阶层之间，要有一个中间阶层以保证循序渐进的和谐状态。

尽管每个人应分应得的做法极不平等，但每个人还是得到了自己"所应得的"东西。这便是讲究均衡的平等状态。它仍应算是不偏不倚、稳定持久的规则，因为它将官员的专断排除在外了。

[82]民众（*démos*）要求地位平等（*isomoiria*）是不对的，因为这只有在僭主政治中才有可能，而僭主政治只会把所有人都变成奴隶。他们会因在法律面前人人平等（*isonomia*）而感到满足。他们还会运用强力使别人尊重法律。*Dikè*（正义）与 *bia*（暴力）这两者在社会秩序中不可或缺。

归根结蒂，事情不再会随彼此之间的暴力行为、傲慢骄横来进行安排，它是城邦和谐状态的结果。普鲁塔克将梭伦在体制上所作的改革定性为"以理性［或：话语］和法律使国家发生了改变（*hypo loguo kai monou metabolè*）"。②

对法律面前人人平等的理想所作的促进还体现在公共货币（monnaies publiques）的铸造上（直至那时，货币均由有钱人自己铸造）。每个城邦都有一种货币，也就是说它是一种共同的计量单位，使商业和契约中的关系在现实中具有透明度和平等性（此外，对货币的使用也可使财富重新得以分配，而不会发生暴

---

① 普鲁塔克，《梭伦传》，14。
② 同上。

力掠夺行为）。国家创造了或者说完善了市场，因为确切地说，市场要求的是共通规则，它讲究的是规范化：规则涉及的是关于所有权的法律和交换的程序，但规则本身也在于用唯一的计量标准对人们购买或出售的财物和服务的价值进行评定。只有位居各方之上的实体方能规定这一计量标准并保证它具有完善性。

贵族制的平等 II：毕达哥拉斯派

有一种形式与法律面前人人平等这一理想明显不同，毕达哥拉斯学说对此进行了详细阐发。

毕达哥拉斯，约公元前 530 年，出身于萨摩司（Samos），僭主波律克拉铁斯（Polycrate）即位之后不久他便离开了故乡的岛屿，来到了南意大利位于塔兰顿（Tarente）海湾的克罗托内（Crotone）。他在那儿建立了某种类似于宗教团体的组织，成员多达 300 人，这些人共同分享财产，过着禁欲苦修的生活（特殊的饮食制度），而且钻研数学与音乐。这个群体很快变成了城邦最具影响力的派别。我们并不知道他们是否与贵族家族或新的阶层达成了联盟。也有毕达哥拉斯学派的其他信徒前往其他城邦建立了类似的团体。

毕达哥拉斯的著作没有得到保存，他的言论极少，这是秘传和奥义的一贯做法。[83]人们归于他的科学上的发现或许得归功于他建立的学派。数学上的发现（乘法表、十进制、弦的正方形定理……）由公元前 3 世纪的欧几里得（Euclides）加以整理。他的学生菲罗劳斯（Philolaüs）是苏格拉底的同时代人，他创建了天文学的理论。其他学生有：塔兰顿的阿尔奇塔斯（Archytas），他曾与柏拉图谋面（参阅下文）。我们对毕达哥拉斯知之甚少，资料都来自阿里司托森（Aristoxène）。①

毕达哥拉斯学派的哲学体现于万物的数目与和谐，即宇宙的法则之中。因此，毕达哥拉斯的政治就是要在统治者与被统治者之间寻求和谐。"没有比无政府状态更坏的事情了。"由共同体哲学及其模式之间的关联聚合起来的知识分子精英能够创造一种幸福的统治方式，其中每个人都将有自己应得的份额，并被教诲不得去觊觎超出自己应得份额的事物。塔兰顿的毕达哥拉斯学派的僭主阿尔奇塔斯

---

① 塔兰顿的阿里司托森出身于公元前 350 年。他作为亚里士多德的学生，尤以两部作品而知名（《和谐元素》[Éléments harmoniques]和《论节奏》[Sur le rythme]），它们是古希腊两篇论述音乐最古老的文章。

写道：

> 理性的（*logismos*）计算一旦得到发现，便可以终结党争（*stasis*），实现协和（*homonoia*）；因为，这样一来，便不会再有贪欲（*pléonaxia*），平等（*isotès*）就能获得实现；而且，通过它，契约交换之类的贸易也能有效实行；由于此，穷人便会接纳权贵，而有钱人也会给予那些需要的人以帮助，他们经由平等（*isotès*）这个方式彼此之间建立起了信任（*pistis*）。[①]

因此，这与公民之间严格恪守的平等状态并无关系，它是某种在宇宙的数学法则面前的人的平等地位。

民主制的平等：克里斯梯尼

随着民主政治的发展，人们从"几何般的"平等，从 a／b＝c／d 这种类型的平等过渡到了"数学般的"，也就是 a＝b 此种类型的平等。所有的公民都应该平等地参与 *archè*，[84]也就是说参与决策与任命的程序（投票、抽签），担当行政官员并履行司法职能。这便是克里斯梯尼改革的题中之意。

我们对初期的状况已经有所论述：创建十个新部落，用抽象的行政秩序代替古老的种族及社会划分法，创建议事会（*Boulè*）和任期以确保所有人都能轮流担任最高级别的行政官职，在人民大会（*éclésia*）中保证 *iségoria*（话语权的平等），用民事历法（*temps civique*）替代宗教历法，以贝壳放逐法驱逐不讲平等的公民：所有这些改革，同梭伦以来改革所体现的新的平等精神一样，都从自身中产生了平等。多亏克里斯梯尼，城邦（*polis*）才终于成为一个统一均匀、没有等级阶层的宇宙，由于所有公民相继定期担当管理与被管理的职责，故而他们最终认为彼此都能拥有平等的尊严，都能对理性真理和法律做出判断，而理性真理

---

① Vernant 的引文，前揭，p. 94。毕达哥拉斯学派的理想并未讨所有人的喜欢。公元前 509 年，克罗托内的"博爱会堂"（maison de la fraternité）被纵火焚毁，学生遭到屠杀。下层人之所以揭竿而起，是因再也无法忍受怪诞不经的统治方式，还是因党派之间司空见惯爆发的冲突？无论如何，之后的世纪中，对毕达哥拉斯派信徒的攻击时有发生。

和法律表达的并非个人的意志或特权,而是对所有人而言均必不可少的客观现实。

贵族的反响

然而,我们发现,公元前 6 世纪的时候,思想家们并没有接受事物的新状态;他们根据情况,对平等、法治、自由、城邦的世俗化,或动摇传统贵族社会的、持久创新的政体均持拒斥态度,而公民的价值标准所允许和要求的正是这些东西。但必须在他们中间做出区分。

泰奥格尼斯

迈伽拉的泰奥格尼斯生活于公元前 6 世纪后半叶。他因为贵族遭到了民主派的流放,在哀诗中表达了自己的悲观之情、他的怨恨和对人民的蔑视。①

[85]他确信,在善良、良好的出身和良好的教育之间具有紧密的联系。"贵族"确实更优秀。人民则是由坏人,即 *kakoi* 组成的。

然而,泰奥格尼斯所认为的许多公民都与新贵的女儿结了婚。这"好"与"坏"的混淆比由商人构成的中等阶层参与政权这一事实对诗人的冲击更大。他建议,每个人仍需各安其位:"勿与低等阶层者接触,但应永远与善人保持友谊。"他将这样的分隔措施视为政治稳定的秘诀。正义只有从属于"好",人们才能避免党争。因此,在泰奥格尼斯那儿,体现的不仅仅是贵族在面对堕落时代时自然而然表现出的轻蔑,它还说明反动理论已开始出现。②

————————

① "哀歌"是一首抒情诗,表达了满腔的怨愤和忧郁的情怀。

② 一个世纪后,另一个诗人品达(Pindare,公元前 518 年—公元前 438 年)也受到了类似情感的启发。在献给比赛获胜者的《祝胜歌》(*Épinicies*)里,品达赞美的那些有名的获胜者几乎清一色都是王子或大有产者。他同泰奥格尼斯一样坚信世袭制的优越性,对正在诞生的平等社会抱有厌恶的态度。

不可能对好人恶言相向[⋯⋯]。坦诚而言,任何一个政体,其中的人都有相异之处:在僭主政治中,有狂怒的人群,也会有保卫城邦的贤人。无须同诸神发生争执,因诸神时而提升一些人的地位,时而给予另一些人充满荣耀的厚赠。但这样仍然无法感动那些羡妒者的头脑[⋯⋯]而我却能取悦于善并与它长相往来(《优胜者颂歌》[*Pythiques*],Ⅱ,v. 81—95,品达,《全集》[*Œuvres complètes*],Jean-Paul Savignac 译自希腊文并撰序言,Éd. de la Différence,1990)!

赫拉克利特（Héraclite）

赫拉克利特的情况不同。① 他并没有像泰奥格尼斯那样以"发自肺腑的"情感表达对民主派的反对。尽管他接受法的观念，但他拒绝接受自己时代的鼓动者散布的那种平等。

1. 受到民主政治威胁的智慧——当然，"思想为所有人共有"（残篇 113），但某些人比其他人更聪明。[86]"对我而言，出色的人可以一抵万。"（残篇 49）

智慧具有个体性。人们不能借口自己受到精灵（démon）的指引而逃避责任："人的性格即其精灵。"（残篇 119）② 由此便产生了强烈的个人主义，但从某种意义上说，这种个人主义乃是为支持贵族（至少是精神上的贵族）而提出的哲学论据。因为民主政治和贝壳流放法压制智慧和卓越会引起很大的危险："以弗所的所有成年人都应该把自己吊死，把城邦扔给乳臭未干的小儿，他们驱逐自己中间最优秀的人赫墨多鲁斯，还扬言：'我们中间没有什么人算得上优秀。要不然的话，他就应该在其他地方，变成其他什么人了。'"（残篇 121）

2. 竞争是正义的一种形式——社会中个人优异的品质究竟能派什么用场呢？ 赫拉克利特建议道，既然它们可以自由表达自己，允许而且需要进行竞争，且多元性就是准则，那么它们就是生活自身的动因。

> 战斗[*polemos*]、③冲突、战争既是万物之父，亦是万物之王，它使有的成神，有的成人，有的成奴隶，有的成自由人（残篇 53）。

---

① 赫拉克利特（约公元前 576 年—公元前 480 年）是伊奥尼亚的以弗所人。他是提倡永恒未来的哲学家，在他的学说中相对体处于交替统一、对抗的运动之中。参阅《前苏格拉底学派》（*Les écoles présocratique*），Jean-Paul Dumont 校勘版，Gallimard，Folio-Essais 丛书，1991，p. 49—107。

② 原文为 la personnalité de l'homme est son démon，其中 démon 一词既可指"恶魔、撒旦"，亦可指"守护神、精灵"，但据上下文，此处应指神灵。参阅《赫拉克利特著作残篇》（罗宾森英译，楚荷中译，广西师范大学出版社，2007）p. 131，242 中所引古希腊语 δαιμων（*dai-mon*），指涉颇为广泛，有"神灵、女神、命运、幸运、厄运"之意，也有"魔鬼、恶魔之意"，T. M. Robinson 的英译为"fate（divinity）"，故可译为"人的性格即其命运（神性）"。——译注

③ 古希腊语，"战斗、交战、战争"的意思。——译注

必须知道，冲突乃是平常的[或曰普遍的]，纷乱即法律，万物以其纷乱与必然性而诞生与死亡（残篇 80）。

于是，"纷乱"成了正义（*dikè*）！这比赫西俄德对争纷（*éris*）有益的赞扬走得还要远。但必须注意到，赫拉克利特（与现代尼采的信徒引述的正好相反）并未赞扬战争和暴力，他宣扬的是竞争。

3. 冲突必须具有合法性——然而，赫拉克利特说，自己仍然对法律满怀敬重。

太阳自身不会脱离自己的轨道，否则伊利尼斯女神，①这正义的竞争者就会找到它（残篇 94）。

[87]稳定、公正的法律统治着自然和城邦。法律属于城邦，正如智慧属于人一般：

那些言语智慧者
必须依靠为所有人所共有的事物
如同城邦依靠法律一般
而且它的依赖性更重。
因为所有的人类法律能汲取养分的
唯有这法律，这神圣的法律，
因为它尽其所能地进行统治，
它满足了所有人且绰绰有余（残篇 114）。

这法律能由某个人来制定，完全由一个人进行的统治未必会不合法："听从某个人的意见也是一种法（*nomos*）。"（残篇 33）②法律、智慧和冲突是神圣起源的普遍原则，它们是"城邦的构造应该使之适应的宇

---

① 希腊的地狱女神，与罗马人的复仇女神相仿。
② Dumont 的译文："服从一个人的意志，也是法律。"

宙原则"(Sinclaire)，因此不能任由它们受民主政治随心所欲的支配。

此处显而易见产生了某种新的担忧。当然，法律统治优于国王和贵族世袭制的专断统治。但法律本身是否也会变得专断呢？应由谁来颁布法律，法律根据的是何种标准呢？

第三节 "开放社会的伟大时代"

在公元前5世纪的最后几十年间，这些问题被尖锐地提了出来，当时正值伯里克利(Périclès)时代，而且发生了伯罗奔尼撒战争。克里斯梯尼派后来进行的民主政治实践、与蒙昧世界产生的暴力冲突、希腊人内部之间频繁的接触，均使那个时代的思想家以激进的方式对法律提出了质疑，并使他们认为法律只具有相对性，事实是它应该接受寻求正义者的批评。

[88]公元前5世纪发生了"希波战争"，也就是希腊同盟与波斯帝国发生的两场战争。这些战争凸显了克里斯梯尼改革在雅典设立的民主制所具有的力量和繁荣。

希波战争

首先笔者来描述一下波斯帝国的发展阶段。

居鲁士大帝(Cyrus II le Grand，公元前550年至公元前530年在位)乃是阿契美尼德王朝的建立者，其父是波斯人，其母是米底亚人，他统一了整个帝国。公元前546年，他打败了吕底亚威重一时的国王克洛伊索斯(Crésus)，降服了滨海的希腊城邦及邻近岛屿开俄斯岛(Chios)、列斯波司岛(Lesbos)和罗得岛(Rhodes)。公元前539年，他攻占了巴比伦，解放了犹太人并使他们重返耶路撒冷(参阅下文，III，p. 651)。

冈比希斯二世(Cambyse II，公元前530年—公元前522年)占领埃及(公元前525年)，完成了居鲁士的事业。但他遭到了谋杀。随后出现了动荡时期。

大流士一世(Darius Ier)公元前522年即位。他意图攻占爱琴海北部的城邦色雷斯和马其顿。于是他便攻取了雅典人视为命脉的海列斯彭特地区。由此一来，伊奥尼亚诸城邦便在米利都城邦的率领之下起而反抗这位君主，雅典人决定支持这些城邦。他们夺取了波斯总督驻跸之地撒迪斯(Sardes，吕底亚的都城，位于帕克托罗司[Pactole]),并将其焚毁。但大流士又重新发动了进攻,并攻占了塞浦路斯和米利都(公元前 494 年),他摧毁了城市,将所有人悉数虏为奴隶。然后他就决定报复雅典人。

第一次希波战争

公元前 490 年春天,波斯人由 600 只舰船组成的船队离开西里西亚(Cilicie),他们制服库克拉戴斯(Cyclades)后,在优卑亚(Eubée)靠岸。[89]埃列特里亚(Érétrie)沦陷后,居民均被遣至波斯。统帅米尔提亚戴斯(Miltiade)①请求斯巴达相助。但斯巴达人没有来,公元前 490 年只受到普拉提亚人②相助的雅典人赢得了马拉松战役的胜利。

第二次希波战争

公元前 485 年大流士驾崩。薛西斯(Xerxès)继位。

公元前 483/482 年,铁米司托克列斯经抽签选举担任执政官。他是个新人,同米尔提亚戴斯一样是个外国人。我们认为他父亲同许多外国人一样,都是由克利斯梯尼授予其雅典公民身份的。

此时,人们发现劳里昂(Laurion)的一些矿区出产银子。这些银子共有 100 塔兰特重。铁米司托克列斯要求用它们建造 100 艘三层桨战船(由 100 名雅典富人每人出资购买一塔兰银子)。因为想在萨拉米斯赢得战争的胜利,他们遂做了周详的决策。

在薛西斯的威胁之下,希腊各地的代表齐聚科林斯。他们一致决定,联军的指挥权交由斯巴达人负责。正是在那时候发生了温泉关(Thermopyles)之役。帖撒利亚人倒戈之后,斯巴达人只能同几万人的波斯军队孤军奋战。斯巴达 300 名重武装步兵在列欧尼达斯(Léonidas)的指挥之下战斗至最后一刻,全部阵亡。他们向斯巴达派遣信使,说自己遵守了城邦的法律,全部阵亡:这在希腊人中被传为佳话。

但铁米司托克列斯重新执掌大权。他将雅典变为空城,任凭敌人

---

① 他是客蒙·考阿列摩斯(Cimon Coalémos)之子,曾为色雷斯的凯尔索涅索斯(Chersonèse)的僭主;从其遭波斯人驱逐的叔叔老米尔提亚戴斯的手中继承了王位。我们发现,从那个时代起,外国出身的人可成为雅典的统帅。

② 普拉提亚是彼奥提亚(Béotie)的一座城市。

将其劫掠、摧毁。这样做只是为了能更好地战斗：公元前 480 年，他在萨拉米斯的海战中取得了决定性的胜利。

然而，波斯军队仍然在玛尔多纽斯（Mardonios）的指挥下驻守于帖撒利亚。公元前 479 年，波斯军队在普拉提亚战败，为战争画上了句号。

希波战争与雅典民主制

[90]希波战争对雅典的对内和对外政治均产生了重要的影响。

从外部看，雅典主动建立了提洛同盟（公元前 478 年）。这是为防备波斯人卷土重来而建的军事联盟。它们约定，因无军队或舰队而不参加战争的城邦须缴赋金，赋金将存放于提洛岛（爱琴海上的岛屿，邻近伊奥尼亚海岸）神庙的"金库"中。

对那些反抗雅典权威的城邦采取措施：纳克索斯（Naxos，库克拉戴斯最大的城邦：城内驻有"侨民守护团"[clérouquie]，是雅典的常驻卫戍部队），之后是塔索斯（Thasos，爱琴海最北端的岛屿）。几乎整个小亚细亚海岸地区都处在雅典舰队的控制之下。

从内部看，动荡不安的现状有利于进一步发展民主政治。当然，克利斯梯尼的民主政体继续起着很大的作用。[①]尽管如此，战争还是创造了新的形势。它迫使人们频繁地召开人民大会的各种会议。每个任期中从原本召开一次会议至四次会议（然而，每年有十个任期；因此每过九至十天就会召开一次会议）。由此，民众的权力日益扩大。正是由于他们，从此雅典的军事权力得到了削弱：在努力应对战争的时候，重装步兵不再统揽大局，由于战船的重要性，于是建造船只的木匠和招来当划桨手的雇工（thète）[②]也起到了很大的作用。铁米司托克列斯选择庇雷埃夫斯（Pirée）作雅典的港口：这一集合体由此发挥了作用，而民众也不再如同农民那样依附于地主贵族了。

[91]由于是由民众（démos）选举高级官员，所以我们发现出现了

---

① 这缘于选举将军这样一个事实。因为选举遵循的是寡头政治，而非民主政治的原则（我们现代的民主政治中全然不见此种现象）。从公元前 507 年至公元前 462 年，除铁米司托克列斯之外，所有的指挥者都出自大家族；甚至贝壳流放法也能使他们很好地同自己的对手进行斗争。

② Thète 既指地主的雇工，亦指雅典的第四等级公民。——译注

新面孔,如埃菲阿尔特(Ephialte),公元前 462/461 年,他趁亲寡头政治的统帅客蒙不在的时候,帮助斯巴达人镇压了重武装步兵的叛乱,并通过一项法律取消了战神山议事会拥有的最后的司法特权,将其转变成议事会(*Boule*)与民众法庭(*Héliée*)。

客蒙遭到了伯里克利的流放,后者是埃菲阿尔特的年轻同党(是克桑提波司[Xanthippos]之子,也是克利斯梯尼的侄孙)。埃菲阿尔特遇刺后,伯里克利成为雅典政治中的主要人物。

"伯里克利时代"

伯里克利

伯里克利尤其因修昔底德(Thucydide)的缘故而为我们所熟知,他是个很杰出的人。他的同时代人因其面对艰难险境时处变不惊,而称其为"奥林匹亚神"。

伯里克利乃是贵族(但阿尔克美昂因其母亲之故而属于民主政治的传统之列),也是一个文化素养颇高,思虑缜密的人。他年轻时即听过埃利亚的芝诺(Zénon d'Élée) ① 和阿那克萨戈拉(Anaxagore) ② 的讲课。他在自己家招待外国人,如希罗多德(Hérodote)和普罗塔戈拉(Protagoras)。他也是雅典名人如悲剧诗人索福克勒斯(Sophocle)、哲学家苏格拉底(Socrate)、雕刻家菲狄亚斯(Phidias)、政治家阿尔喀比亚德(Alcibiade,是他的侄子)的朋友。所有这些人都经常参加由阿斯帕西娅(Aspasia)主持的颇为热闹的"沙龙"。

[92]伯里克利与以客蒙的女婿阿罗佩卡伊的修昔底德(Thucydide d'Alopékè)③为代表的寡头派又发生了冲突。照普鲁塔克的说法,后

---

① 埃利亚的芝诺,约出生于公元前 490 年—公元前 485 年。他是帕默尼德(Parménide)的学生,也是埃利亚学派的代表者,该派是公元前 6 世纪至公元前 5 世纪时与米利都学派相对的另一个主要的"自然科学家"学派(学派的主要代表人物有:色诺芬尼[Xénophane]、帕默尼德、芝诺、梅利索斯[Mélissos];埃利亚是意大利的希腊人移民地,由弗凯亚人[Phocéen]创建于公元前 535 年,位于那不勒斯南面的卢卡尼[Lucanie])。

② 哲学家阿那克萨戈拉公元前 500 年出生于克拉佐美纳伊(Clazomènes),公元前 428 年卒于拉姆普撒科斯(Lampsaque),他是伊奥尼亚学派的代表人物,其他代表者有:米利都的泰利士、阿那克西曼德、阿那克西曼尼、赫拉克利特、米利都的阿尔凯拉欧斯(Alchélaos de Milet)。所有人都共同提出了唯物主义的宇宙演化论,他们试图以普遍存在的四个元素中的某个元素作为第一原则来对宇宙做出解释。

③ 勿与史家修昔底德相混淆。

者重新聚集寡头派的拥护者第一次组成了一个名副其实的"党派",即"优异的"少数派(*kaloi kagatoi*),与人民为敌。伯里克利面对的是同样的问题。

按照现代的意义来看,他们似乎是最初出现的"政党":不再是某种将某个优异人物的追随者或"支持者"重新聚集起来的"派别",而是由某种意识形态、政治规划紧密结合起来的团体,它自觉承担党派团体的地位,而不自称全体人民的代表。正是克利斯梯尼政体选举机制的发展才导致了这一极具前景的现象。

伯里克利的改革

为了巩固民众的权力,伯里克利完善了政治程序的规则。他对法案提交人民大会的模式、会议的周期性及日程安排的规则、议事会的职权,而且特别是对高级官员上任与离职时进行严格监督的规则(上交账目)都进行了明确的规定。

他设立了服役薪金制(*misthophorie*),亦即按照收缴来的税赋和联盟上缴的年赋金的多寡对公共职务的工资做出规定。首先他创建了陪审员薪金制(*misthos héliastikos*),以支付埃利亚法庭工作人员的工资。此乃"国家机构"这一体制以及通过选举来任命公共职务的滥觞。

从那时起直至当今时代,民主政体的特点就是扩大公务员的数量,但反过来说,寡头者不断反对的就是由此引起的开支及拉拢选民的策略。再者,公元前410年,短命的寡头政府采取的首项措施就是取消服役薪金制。但民主政治恢复后随即又设立了新的津贴制度,即人民大会工资制,只要参加人民大会就可领取报酬,而那个时代的民众却想背离这项措施。

[93]按照亚里士多德(《雅典政制》)的说法,伯里克利治下的雅典城邦最终依靠公共基金养活了2万多人:有常设的公务员、负责核定工资(*misthos*)的公民、侨民守护团成员、移民、驻扎于结盟城邦的卫戍部队、划桨手、水手、乘战船巡防整片爱琴海海域担当海上警察的士兵、自雅典规定司法案件必须交于宗主国审核以来日益增多的法官。为了给所有这些人支付工资,都需从"国库"里动用资金,"国库"最后从提洛移至了雅典(这笔钱也用于建设雅典卫城)。

因此,民主政体之所以能够幸存下来应该归功于稳定的社会环境,它在很大程度上正是由帝国出资加以实现的。由此,必须不惜一切代价维护这个帝国,不应对此有丝毫犹豫。

对卡尔启斯（Chalcis）或萨摩司发动的讨伐战争、常设的卫戍部队、出使的监督官（*episcopoi*）、雅典的真正统治者执政官都被用来对付反叛城邦。这些人必须发挥雅典的影响力，执行雅典的政策，并接受雅典的财政支持。埃吉纳（Égine）的臣服与对优卑亚叛乱的镇压将两种竞争的货币淘汰出局，雅典的猫头鹰货币占了上风。

雅典的鼎盛期

必须实事求是地补充一点，就是雅典保证了爱琴海地区的和平，从而也确保了航海贸易得到发展，总体的经济获得增长。

庇雷埃夫斯的发展表明了雅典商业上所具有的优势地位。庇雷埃夫斯的建筑师是米利都的希波达摩斯（Hippodamos de Milet）。他建造了一家商场（*emporion*）、几座码头、几家商店、一座小麦市场。我们发现，庇雷埃夫斯的人口增长了，到处是水手、码头工人、商贩、雅典人，尤其是"外国侨民"，这样的改革让传统社会很是不安，特别是因为这些外国人都有钱有势，如军火制造商凯法洛斯（Kephalos），他在庇雷埃夫斯的工场有 120 个奴隶做工。

从文化层面上说，雅典对自己的辉煌并不陌生。当然，民众还很粗俗，他们随时准备对普罗塔戈拉或阿那克萨戈拉的不敬神提出指控。但也有许多颇富教养的阶层，[94]这些人都会去观看埃斯库罗斯和索福克勒斯的演出。如庇西斯特拉图时代，有许多美妙的节日：庆祝戴美特尔或狄俄尼索斯的乡村宗教节日（Dionysies rustiques），而雅典自己即有三种庆祝狄俄尼索斯的节日：酒神节（Lénéenne）①、花节（Anthéstérie）②和酒神大节（Grande Dionysie）③。伯里克利命人建造了气宇恢宏的纪念碑，它们至今仍装点着雅典卫城。它们是由伯里克利的朋友雕刻家菲狄亚斯建成的。

伯罗奔尼撒战争

雅典的鼎盛期并未持续很长时间。长期以来，斯巴达和雅典便互相嫉妒、互相窥伺。公元前 460 年，它们之间发生了第一场战争，距普

---

① 该酒神节的举办时间为阿提卡历 7 月，约相当于公历 1 月下旬和 2 月上旬。——译注

② 花节为雅典的酒神节，一连举办三日，在花月，即阿提卡历 8 月，亦即公历 2、3 月间举行。——译注

③ 该酒神节又称城市酒神节，是雅典最重要的节日，在 3 月举行。——译注

拉提亚战役有近 20 年的时间。公元前 445 年签署了和平协议,但两个城邦间的敌意依然存在。之所以会如此,恰是因为嫉妒刺激了雅典的权力欲,但也与不同的意识形态有关。因为,两座城邦代表了那个时代两种互为颉颃的政治模式。

一个小事件重又点燃了导火索。科林斯同雅典的移民地科西拉(Corcyre)及波提戴阿(Potidée)之间爆发了冲突。它们要求雅典进行援助,后者也答应了。然而,科林斯是伯罗奔尼撒同盟的成员。因此,斯巴达也介入了。伯里克利原本可以抽身事外,但他选择了战争。这场战争从公元前 431 年—直持续到了公元前 404 年。事实上,内战进行得异常艰苦。

我们发现,伯罗奔尼撒战争分三个阶段:

1. **第一次十年战争**(公元前 431 年—公元前 421 年)——斯巴达人侵占并劫掠了阿提卡地区。居民都逃往雅典(由于长城[Longs Murs]及庇雷埃夫斯的帮助,供给才算有了保障)。但随之而来发生了一场瘟疫。公元前 429 年,伯里克利的两个儿子和他相继死去。于是爆发了群众与派系的冲突。两方互有输赢。最终,因倦于战争,它们签署了和平协议。双方均归还了侵占的土地。

2. **西西里远征**(公元前 415 年—公元前 413 年)——当时雅典历史中最为重要的人物登场了,他就是阿尔喀比亚德——他为人正派、门第高贵,是伯里克利的侄子(一说为其收养的孤儿),也是苏格拉底的朋友——他说服了雅典人前去攻占西西里,以使自己成为地中海的主人,正如他们早已是爱琴海的主人那样。远征军启程后,阿尔喀比亚德遭到了雅典的审判,对他提出了损坏"赫尔墨斯"之类稀奇古怪的罪名,这是他的敌人给他罗织的罪名。[95]阿尔喀比亚德逃往斯巴达。由于首领和鼓动者不见了,雅典的远征军遂连遭败绩。围攻叙拉古(Syracuse)时,军队软弱无力,在拉托米(Latomies,邻近叙拉古的古代采石场,雅典军队就是在此被瓮中捉鳖的)惨遭失败。雅典损失了士兵中的精英人才和整支舰队。

3. **第二次十年战争**(公元前 413 年—公元前 404 年)——阿尔喀比亚德因雅典人的所作所为而深受伤害,遂说服斯巴达重燃战火。斯巴达国王阿吉斯在爱琴海地区雅典以前的同盟者处煽风点火,并在阿提卡常设了一支卫戍部队。而阿尔喀比亚德则躲在波斯王(Grand Roi)提萨菲尔(Tissapherne)的总督府中。

正是在那时候发生了一起政变,雅典的政体产生了急剧转变,人们称之为"第一次寡头革命"。

寡头派作为少数派在雅典从未消停过,但正如我们所见,它们一直存在于秘密政治团体(hétairie)之中,这些团体得到了许多小产业主的支持,许多出钱修建三层桨战船的富裕市民和被选任的指挥官均是其代表。事态给寡头派提供了口实：雅典遭到了战争的屠戮，然而战争之所以被挑起是因为需要扩张领土，是为了不得不支付民主政体内的各式各样公务员的工资所致。

由于民主派控制的船队尚驻扎在萨摩司，所以寡头派便在雅典夺取了权力，他们在远离原来会场的科罗内（Colone）召开了人民大会，并使大会接受了新的体制。抽签选任成员的五百人议事会被新的四百人议事会所取代，其成员都将由正式成员遴选而出。服役薪金制遭到废除。担任行政官员的条件做了修改。他们做出决定，要对五千名享有政治权利的公民的名单进行确定。据说，智术师安提丰（Antiphon）便是该次运动的理论家。

新的政体应该以某种恐怖的方式威慑民众（*démos*）的支持者。但无论如何，它只维持了数个月而已。

萨摩司的军队发动起义，驱逐了有支持寡头派嫌疑的军官，除了请来民主派领袖之外，他们还请阿尔喀比亚德担任首领，阿尔喀比亚德答应提萨菲尔帮助他反对斯巴达。公元前 407 年，阿尔喀比亚德被选为统帅，返回了雅典。民主政体于是逐渐建立了起来。

[96]雅典在诺提昂（Notion）被斯巴达的舰队击败（这次败绩乃是阿尔喀比亚德最终出局的起因），后来雅典又在阿尔吉努斯（Arginuses）取得大捷，但这次胜利却导致了一场意义颇为重大且众说纷纭的审判，表明了整个城邦都在经历一场危机：在八名取得胜利的指挥官中，有六名指挥官因没有抢回战争中牺牲水手的尸体而被判处死刑。事实上，该次审判有其政治用意：极端民主派想通过煽动人群来除掉那些支持寡头派的名流。

结果，斯巴达的统帅吕桑德尔（Lysandre）为雅典解决了这个麻烦。他在海列斯彭特大败阿伊戈斯·波塔莫伊（Aegos Potamo）的海军舰队（公元前 404 年）。雅典投降了。

随着斯巴达的辎重一起过来的还有寡头派。权力被授予由三十个①公民组成的议事会，即"三十僭主"，他们大肆进行恐怖清洗（或流

---

① 参照斯巴达的议事会而立。

放或判死刑)。几百名公民和外国侨民都受到牵连,他们的财产被没收。三十僭主很快便变得臭名昭著,斯巴达不再支持他们,并任由雅典建立起了民主制(公元前 403 年)。大赦法规定,不管是谁,对他的过去都应既往不咎。总体而言,大赦还是挺受人尊重的,但它"矫枉过正",竟然审判苏格拉底并判他死刑。

笔者刚才所述的发生政治大事的那个时期,从思想层面上说,就是卡尔·波普尔所称的"开放社会的伟大时代"。

> 那个时代,我们可以称它为伟大时代,它是人类历史上的一个转折点。[……]这个时代中有著名的保守主义者,如索福克勒斯或修昔底德,还有代表了过渡时期的人物,其中某些人摇摆不定,如欧里庇得斯(Euripide),或怀疑主义者如阿里斯托芬。但其中也包括伯里克利,他是民主政治这条线上的大人物,正是他第一个提出了法律面前人人平等和政治个人主义的主张,同样还有希罗多德,在他的一部作品中,对这些原则大肆赞扬了一番。[97]阿布戴拉(Abdère)的普罗塔戈拉在雅典颇有影响,他的同胞德谟克利特(Démocrite)也属于这个时代,他们的功劳是教导人们相信,习俗、语言和法律根本不具有神圣的起源,它们是人类行为,故而具有因袭相沿的特点,人们得为它们担负起整个责任。千万不能忘记高尔吉亚(Gorgias)学派,阿尔齐达马斯(Alcidamas)、吕柯普隆(Lycophron)和安提斯蒂尼(Antisthène)均属这一派,这些理论家宣扬的是废奴制、反民族主义,并且相信普世性的人类帝国。

> 最后,所有人中最重要的就是苏格拉底了,他要我们学会信仰理性,避免教条主义和对辩论的厌恶(misologie),①总之,他教导我们科学的基础就是进行批判。②

我们将要研究这一"伟大时代"中的一些主要代表人物。

希罗多德:认识法(*nomos*)的相对性

哈利卡那索斯(Halicarnasse)的希罗多德(公元前 485 年—公元前 425 年)是希腊首位伟大的历史学家和地理学家。他的《历史》(*Enquête*)③叙

---

① 反理智主义。
② Karl Popper,《开放社会及其敌人》,Éd. du Seuil,1979,t. 1,p. 151。
③ 该词本意为"调查、研究、探寻",中文译本译为《历史》。——译注

述的是希腊及其周边国家的情况，他划定同心圆，以之作为基准确定四个方位。他曾游历过其中一些地方。处于"第一个圆"中的国家，他都亲身前往调查，叙述的事件也都是亲眼目睹，他的叙述极为理性和科学性，遂成为典范。对更远的国家，他只限于收集传统资料，这些资料或多或少都具有神话性质，他坦承其中没有太多的批判精神。

希罗多德书中的许多内容对我们了解政治观念史的发展提供了宝贵的信息。

波斯对君主制、寡头制和民主制的争论

我们在希罗多德专为波斯帝国所写的那些篇章中，能够读到针对"最好的政府类型"所进行的最早的讨论。

[98]人们认为，这些讨论发生于公元前522年波斯国王冈比希斯在位期间，他于公元前525年攻占了埃及后突然遭到谋杀。某个玛哥斯僧(Mage)篡夺了王位，据说此人是居鲁士的儿子司美尔迪斯(Smerdis)。但该僧侣与他的兄弟一样也被谋杀，主事者是七个贵族，后来他们发生争论，想要决定今后在波斯应该建立一个什么样的政体。这次讨论是否真的发生过已无关紧要。重要的是，公元前450年左右，希罗多德这样的希腊人提出了这个问题。

主事者中的欧塔涅斯(Otanès)希望取消君主制，因为他亲眼所见冈比希斯统治期间的所作所为令他颇感沮丧。

他说，按照我的意见，权力不应该属于我们中的任何一个人：这样的政体既不会让人喜欢，也不好。我们都看见过冈比希斯有多么疯狂傲慢，荒淫无度，①你们也受够了僧侣的傲慢无礼。当君主制让某个人随心所欲，对什么都毫不在意时，它怎么可能会成为

---

① 希罗多德先前曾说过，冈比希斯染上疯病后，对臣民随意屠戮。比如说，他想让吕底亚国王克洛伊索斯遭殃；他就用弓瞄准他，但克洛伊索斯可以有时间逃到旁边的房间里去。冈比希斯下令谁逮住他，谁就可以把他处死。卫兵都知道冈比希斯疯了，而且知道他很快就会对自己的所作所为感到后悔，他们把克洛伊索斯藏起来，而没有去杀他，他们认为如果冈比希斯后悔自己所作的决定，那么他们就把克洛伊索斯带回来，如果他没有后悔，那他完全有时间逃之夭夭。兴头过去后，冈比希斯确实后悔了。因此，他们就把克洛伊索斯活着带了回来。冈比希斯声称对此很满意，但他却处死了那些不遵守命令的卫兵。希罗多德说，正是由于他的癫狂性格，他才侵入了埃及人的陵墓，对在里面找到的雕像极尽嘲讽之能事(《历史》Ⅲ，p.36—37)。

保持平衡状态的政府呢？把权力交给最具有德行的人后，你们会发现他的态度很快就会起变化。他新获得的地位会在他身上产生无穷的傲慢，嫉妒是人天生的本性：由于存在这两个恶习，所以他身上便只有邪恶；他会疯狂地犯下罄竹难书的罪行，他志满意得，要么傲慢自大，要么嫉贤妒能。然而，僭主理当没有嫉妒，因为他拥有万物，但他却向自己的同胞显出了相反的本性。他日复一日地看见心地善良的人，就会充满妒嫉和憎恨。只有那些放纵邪恶的恶事才能让他开心，他最喜欢听的就是谗言。最为矛盾的地方是：你的赞扬之辞不够殷勤的话，他会因为你没用卑鄙下流的手段奉承他而勃然大怒；你用卑鄙下作的手段奉承他了呢，他又会认为你在溜须拍马而怒火中烧。但我要跟你们说的最糟糕的是：他颠覆了祖先的习俗，强暴妇女，不管对谁不经审判就将其处死。相反，民众政体首先拥有的是最美的名字："平等"。其次，他不会犯下君主犯下的任何一种荒淫无度的罪行：抽签安排他的职责，高级官员对他的行为进行监督，所有的决策都摆在人民的面前。[99]因此，我的意见是：放弃君主制，让人民来执掌权力，因为只有它才能包含大多数人。

这便是欧塔涅斯的意见。美伽比斯（Mégabyse）建议建立寡头制，他宣称："当欧塔涅斯建议废除僭主制时，我同意他说的话。但当他要求我们将权力交给人民时，他就错了：这不是最佳的解决方法。没有什么会比群氓更愚蠢、更粗俗的了。然而，为了不去沾染僭主的厚颜无耻，而让我们受无法无天的下等人的管束却是一个站不住脚的观点。僭主本身知道他自己干的是什么，但群众却连这点都搞不清楚。既然群众自身从来没有受过什么教导，从来没有见过什么美的事情，做起事来轻率鲁莽，把一切都搞得一团糟，如同湍急的潮水那样，那么它又怎么能担此重任呢？如果他们接受民众政体，那他们就是要损害波斯的利益！对我们而言，从最佳的公民中挑选一群人，我们把权力交给他们：我们自己也忝属其列，等待最优秀的公民做出最佳的决策，堪称合情合理。"

这便是美伽比斯的意见。大流士第三个发言，他说："对我而言,美伽比斯针对民众政体所说的一席话颇为在理,但在说到寡头制时,他也错了。政府的三种形式摆在我们面前。让我们来考虑一下这三种最完美的形式——完美的民主制、寡头制和君主制:我要宣称的是最后一种政体完全优于其他的政体。只应有一个人执掌权力:如果他拥有符合要求的美德,那么我们就找不到更好的政体了。此种才能所拥有的精神可以完美地为所有人的利益着想,而且对敌的秘密方案也会得到最好的保护。在寡头政体中,当好几个人以各自的才能为国家服务时,我们总是会发现它们之间会出现很强的敌意:因为每个人都想操纵游戏,使自己的意见占上风,结果他们就会彼此憎恨;憎恨导致冲突,冲突导致谋杀,谋杀则又会导致某个独一无二的人起来带头——故而它表明了这个政体的优越性。现在把政治权力交给人民:这个政体就会免不了腐败堕落;然而,公共生活中的腐败堕落在商人之间导致的不再是憎恨,而是极为紧密的友谊,因为从中渔利的人需要沆瀣一气。这样,终有一天,会有某个人出来保护人民,压制这些勾当。他会得到人民的敬佩,由于人们敬佩他,所以他很快就会成为独一无二的领袖;这个人一旦登上高位,就会再一次证明君主政体的卓越性。总之一句话,我们的自由是从哪儿来的? 我们应该归功于谁呢? 是归功于人民、寡头,还是应该归功于君主呢? 因此,既然我们被某个独一无二的人赋予了自由,那么我的建议就是让我们来保持这种政体吧,再者,也不要废除[100]我们父辈的习俗,因为它们都很有益处:否则我们就没有其他的优势了。”

这便是三者的意见;其他主事者都赞成最后一种意见。[1]

“轮流命令与服从”

于是,大流士占了上风,恢复了君主制。但欧塔涅斯要求自己和家族能拥有豁免权:“我不愿命令他人,也不愿被他人命令”(*oute archein*

---

[1] 希罗多德,《历史》Ⅲ,80—83。《希腊历史学家希罗多德、修昔底德》,La Pléiade 丛书,p. 254 及以后。

oute archestaï），他说道。他的主张很有意思，这是首次在平等的原则之上，郑重其事地加上了自由的原则。

> 我们都是反叛的同道，很显然，我们中只有一个人应该进行统治，他也许由抽签进行任命，也许是波斯人民的选择，也许用其他随便什么方式。对我而言，我不会参加这样的竞选：我不愿命令他人，也不愿被他人命令；尽管我放弃权力，但条件是我不用去服从你们中的任何一个人的命令，不管是我，还是将来我的子子孙孙都是如此。
>
> 这就是他的要求，六个人都同意了；因此他没有与其他人同台竞选，而是保持旁观的态度。如今只有在波斯，他的家族仍旧维持了完全的独立性，他们只接受自愿接受的命令，而且很长时间以来他的家族都没有僭越国家的法律。①

这个文本与其他两个文本比较相近。在索福克勒斯的《安提戈涅》（与希罗多德的《历史》大致同时）中，克瑞翁（Créon）认为，公民都懂得如何命令他人，也知道如何听从他人的命令，他把这作为管理得井井有条的国家的特性，在此类国家中无政府主义无法甚嚣尘上。在柏拉图（《法律篇》，643e）那里，我们读到了相同的观点："模范公民"是由良好的教育培养出来的，"他运用正义，既能成为领袖，又能成为臣民"。当然，这体现了权利平等的模式，但我们也注意到，它们与欧塔涅斯的"自由主义"正好相反，欧塔涅斯既不愿命令他人，亦不愿听从他人，而只忙于自己的事务：在考虑这样一种政体之前，我们必须考虑到欧塔涅斯所希望获得的那种自由（毫无疑问，那是通过伯里克利的朋友希罗多德之口说出来的）。换种其他的说法，希罗多德很清楚，[101]在政治上的自由，即参与权力的自由，与公民自由，即不受制于权力的自由之间是有区别的。民主制当然优于僭主制，但这还不够。欧塔涅斯—希罗多德希望的是，自身在遭到压制之后，不能去压制他人，而且就该这么继续

---

① 《历史》Ⅲ，p.83，前揭，p.257。

下去;不管是否是权力的持有者,都能成为自由人。此处要寻求的正是
"法律之下的自由"这一概念。

其他段落将向我们证明,此乃希罗多德调查研究的本意,事实上,
它也是那个时代许多希腊人的想法。他在作品中的许多地方都说到,
希腊人喜欢的自由与他们对法律面前人人平等的喜好是无法分离的,
这是希腊人固有的特点。正是这一点使他们与蛮族人区别了开来。

法律为主宰社会的唯一力量

希罗多德叙述了薛西斯与戴玛拉托斯(Démarate)之间互相表达
的意见,戴玛拉托斯是斯巴达以前的国王,他被自己的国家拒之于门
外,于是参加了波斯远征期间的第二次希波战争。

> 他对他说,戴玛拉托斯,很高兴能向你提几个问题。你是希腊
> 人,我通过你并有机会与其他希腊人交流,知道你的国家在希腊城
> 邦中算不上不重要,也不算是最弱小的。那么,告诉我这一点:希
> 腊人是否胆敢面对我手中的军队?

戴玛拉托斯首先问薛西斯他是否要听真话。这样的谨慎颇为必
要! 波斯王并不习惯别人对他坦言直陈,他的臣民若说话太直接,就会
有生命危险。希罗多德在此强调的是,希腊人正好相反,他们长期以来
讲究的就是 *iségoria*,即言论自由。

由于薛西斯坚持要求得到回答,戴玛拉托斯便决定将自己的看法
说出来:"[对拉凯戴孟人而言]根本不可能接受你的条件,因为这样会
使希腊处于奴役状态。"

> 但是,薛西斯嘲笑道,他们难道一定要以一对十,以十对百吗?
> 难道希腊人就这么爱充好汉?况且,如果是有主人拿着鞭子威胁
> 他让他去参加战斗,那可另当别论,但按照你的说法,情况并不是
> 这样啊!

[102]戴玛拉托斯是这样作答的:

他们当然是自由人，但还算不上完全自由，因为他们有个极其专横的主人，那就是**法律**，他们对法律的害怕比你的臣民害怕你要有过之而无不及：他们自然会执行它所有的命令；然而，这个主人给他的却永远是同样的东西：它不允许他们临阵退缩（《历史》Ⅶ，102—104）。

薛西斯因这个回答大笑起来，于是他愉快地把戴玛拉托斯打发走了。几周以后，萨拉米斯和普拉提亚频传捷报。显然，由法律而非由国王统治的城邦比其他政治组织形式更为强大，军事上自然也是如此。

权力交于"民众"(*le milieu*)①

希罗多德还叙述道，某天有个名叫玛扬德罗斯（Maiandros）的人经萨摩司的僭主波律克拉铁斯的任命，僭主规定等他死后，这个人将召开全体公民的大会，接替他的位子，并向他们宣布废除僭主制的决定：

你们大家都会看到，你们是将波律克拉铁斯的权杖和他的无上权力托付于我；今天，我有机会统治你们大家。但是，就我而言，我会力所能及地使自己不去做我谴责别人的事情，因为当波律克拉铁斯成为君主，统治与他相同的人时（*despozôn andrôn homoiôn eauto*），他也是不会许可我这样做的，如果其他任何一个人也是同样行事的话，他也不会赞同；我呢，我会将权力（*archè*）交与人民（*es meson*），我宣布你们在法律面前人人平等（*isonomia*）（《历史》Ⅲ，142）。

只服从无个性的法律（loi anonyme）的公民拥有平等和自由这样的权力，这权力所具有的公共的特点对希罗多德而言，指的就是希腊世界的诸种规范；僭主制是一种反常现象，是古代残存下来的粗俗的现象。

---

① 该词在法语中指"下等阶层"，含有贬义。——译注

希罗多德的自然(*physis*)与法(*nomos*)

但法律自身是绝对的吗？希罗多德不同时间游历各地时所作的大量调查向他表明，习俗与法律(*nomoï*)本质上具有相对性和易变性；它们没有自然那种固定性和不可触犯性。是希罗多德第一个就自然/法(*nomos*)之间的差异提出了讨论，[103]公元前 5 世纪下半叶的普罗塔戈拉和智术师将这场争论变得白热化。

希罗多德的一则故事意义颇为深远，它发生在大流士的宫廷里。

所有人都受到良好习俗的深刻影响，在其他地方也可举出这样的例子。大流士当政的时候，有一天他召见宫廷里的希腊人，问他们花什么样的代价，他们才肯吃自己父亲的尸体。他们所有人都回答，无论花什么代价，他们都不会这么做。然后大流士把叫作卡拉提亚人(Gallaties)的印度人召来，他们是吃自己父母的。他便当着这些希腊人的面(他们通过翻译听懂了谈话)，问他们要花多少钱，他们才肯把自己父母的尸体放在柴堆上焚烧：这些印度人尖叫起来，恳求他别说出这种渎神的话。这就是习俗的力量，照我看来，品达在自己的诗中称习俗为"世界的主宰"是很有道理的(《历史》Ⅲ，38)。

大流士从这则故事中得出如下的结论："如果我们让所有人从存在过的习俗和最好的习俗中间选择的话，那么每个人都会挑选自己国家的习俗。"

因此，如果在希罗多德的时代，某些人认为法是一种契约，能保障自由不受僭主独断专行侵害的话，那么"新的时代会证明在一开始它就已察觉，法自身就会变得专横，它是一系列加诸于人的习俗和惯例，而人并不总想遵从它"。① 在对所有已知的国家"查看一番"之后，我们就会更倾向于其他国家的习俗，而对自己国家习俗的根基产生怀疑。批判精神，甚至于革命精神就是被这种经智术师夸大的意识所唤醒的。

① T. A. Sinclair，《希腊政治思想史》，p. 47，Payot，1953。

智术师:自然/习俗之间差异的构成

[104]自然科学家阿尔凯拉欧斯①早已观察到,尽管他能在自然中找到客观依据来确定何为冷、热、出生、衰落等等,但他在那里却找不到善与恶的踪迹,显然没法对它们做出观察。他从中推断出,这些概念只能来自习俗:"正义与不义非自然造就,而由习俗造就"(*ti dikaion einaï kai to aischron ou physei all nomô*)。阿里斯托芬从自己的角度出发,借《云》(公元前 421 年的剧作)中的人物之口说出:"这难道不是如你我一样、最初建立法(*nomos*)的人吗?"

智术师颇为关心这个问题,并对此做了系统的分析。一些人断然得出结论,认为人的意见经常变化,除此之外,根本没有道德上的典范,因此所谓的正义与不义并非客观存在,而只是源于力量的各种情况或各种关系。其他人如苏格拉底,思考的是,如果善与正义无可辩驳的证据根本不存在的话,那么他们就会在"人类本性"方面寻找它的定义。但他们所有人都承认,无论如何,法应该超越传统与神圣的束缚;法能够被人修改,人们或可随心所欲地将其创造出来,或反之,对其做出修订,以便使其靠近理想的规范。

智术师之所以对这样的思考感兴趣,是因为这样一个事实,即他们是老师。在新的民主政治中,原则上所有公民都可声称有权担任最高行政官;但政治上的成功取决于语言能力与专业能力的实际操作情况,直到那时候,还只是局限于贵族家族之中。因此世袭权这一角色只有在通过教育提升素质成为可能的情况下,才会不起作用。其实,自伯里克利治下的民主制变得繁荣始,希腊各地的人便大量涌向了雅典,智术师(sophistaï)可以培养年轻人使他们适应政治生活。

[105]这些老师是否能够培养那些并非贵族出身的年轻人,也就是说并非"生来"就能当领导者的年轻人呢?他们能否用教育来代替本性呢?"美德"(我们的理解是:优异性)能够传授吗?摆在智术师及其学生面前的就是这些问题?因此,他们是最先对"自然"(nature)与"文化"(culture),亦即自然(*physis*)与法(*nomos*)之间的关系做出思考的人。

---

① 米利都的阿尔凯拉欧斯,是公元前 5 世纪伊奥尼亚学派的哲学家,阿那克萨戈拉的门生。由于他关注道德问题,从而被视为苏格拉底的先驱。

普罗塔戈拉

阿布戴拉（Abdère）①的普罗塔戈拉生于公元前 490 年—公元前 480 年间，卒于公元前 420 年，公元前 450/455 年来到雅典，成为伯里克利的好友。后来他去了大希腊城的图里乌姆（Thurium）。他与希罗多德保持着联系。公元前 430 年，某个叫狄奥佩伊特斯（Diopeithès）的人到处宣扬说其不敬神，他遭到驱逐，离开了雅典。普罗塔戈拉为图里乌姆设立了何种体制，我们对此一无所知：或许他建立的民主制仿照的是伯里克利治下雅典的民主制。普罗塔戈拉因其演讲和著作在当时声名鹊起。他的著作中有一篇《论政制》（*Péri politeias*），无疑是柏拉图和亚里士多德同类著作中最早的一篇，还有一篇题为"（人类的）原始状态"（*L'état originel* [*de l'humanité*]）的文章。

普罗塔戈拉的著作只剩下了残篇。②比如：

> 关于诸神，我不知道他们是存在还是不存在，因为要达成这样一种知识其间有无数障碍，他们无影无形，而我们却人生苦短（残篇 4）。
> 人是万物的尺度，是存在的事物亦是不存在的事物的尺度（残篇 1）。

照柏拉图的说法，普罗塔戈拉是这样发展他的思想的："不管什么事物，只要看上去对城邦正义、良善，只要是城邦颁布了它们，那么对城邦而言，它们就仍是正义、良善的。"（《泰阿泰德》，167c）这样就使演讲者拥有了无上的权力。确实，"没有什么事物会自然天成（*ouk esti physei*），也没有事物会自身拥有存在；但简单地说，只要事物一向如此，那么群体所见到的事物（*to koinè doxan*）就会变得真实"（172a）。

因此，国家是法律，也是道德的源泉；有多少国家，也会有多少道德与法律；道德与法律[106]只是看起来相似，它们是绝大多数人心中的

---

① 色雷斯城市。
② 参阅 Jean-Paul Dumont，《前苏格拉底学派》，前揭，p. 664—687。

幻觉。*To koinè doxan*（群众所见的事物）并非一成不变的真理。因此，人们可以对它进行批评。反之，既然大多数人都相信它，那么它就能成为法律，即便它并未立足于自然之上也罢，为何就不能依其所愿地及人为地进行立法、设立道德准则呢？"法律实证主义"在此开始萌芽。

高尔吉亚

其他智术师似乎也在捍卫与普罗塔戈拉的问题相似的那些论题：凯欧斯的普罗狄科斯（Prodicos de Céos）、埃里司的希琶阿斯（Hippias d'Élis）、米利都的希波达摩斯、卡尔西敦的法勒亚斯（Phaléas de Chalcédoine）……其中列昂提诺伊（Léontinoï）的高尔吉亚最为出名。①

高尔吉亚（公元前 487 年—公元前 380 年）是恩培多克勒的学生，也是苏格拉底的同时代人，他在当时即享有盛誉；为他而建的巨大的金像就矗立于德尔斐。他首先是个雄辩家，为演讲术的最早创立人之一。他思考的是语言的性质，怎么才能在讲话的时候、在有好有坏的"情况"下使语言发挥或多或少的效力。在《论不存在》（*Traité du non-être*）中，他解释道，存在既非不存在，亦非存在，或者说至少人们对此根本就说不出什么；但是，如果让存在避免讲述，或反之让讲述避免存在的话，那么它自身就会变得独立自主。演讲术能够从有关事物的科学中脱离开来。毋宁说，从中人们能够发现的是非道德主义（immoralisme），是对新道德的肯定：演讲是创造者，没有什么找不到的原因，人们总能通过演讲，展现出某种"扭转形势"的新观点。高尔吉亚便是如此模糊地预感到人类进展的可能性，通过文化上的手段，人类就能向前迈步。我们知道这个观点让柏拉图很是反感，但它却与苏格拉底和阿里斯托芬同时代的许多人息息相通。

我们在《海伦颂》（*Éloge d' Hélène*）中找到了很好的例证，这是保存下来的高尔吉亚屈指可数的文本之一。②

它为海伦做了开脱，海伦在希腊人眼里名声很臭，因为当她还是图林特（Tyrinthe）国王墨涅拉奥斯（Ménélas）妻子的时候，便跟随帕里斯（Pâris）来到了特洛伊，从而挑起了那场著名的战争。高尔吉亚为她辩护，写了一篇虚拟的辩辞。[107]他论证道，她之所以抛弃一切追随帕里斯，或是因为命运女神、诸神或必然女神就是这么决定的，或是因为

---

① 参阅 Jean-Paul Dumont，《前苏格拉底学派》，前揭，p. 688—729。

② Dumont，前揭，p. 710—714。

她迫不得已,或是因为她被话语所打动,或是因为她是欲望的囚徒。除了最后一点,无论何种情况,她都是受到了完全外在于她自身力量的胁迫,所以必须责备的是这个力量。

　　如果是话语说服了她,滥用了她的灵魂,如果是这样,那么就可以毫不费力地为她辩护,替她洗清罪名。为何如此呢:话语乃是威力无边的独裁者;正是这一极端渺小、纯然无形的物质因素使神圣的作品变得分外圆满。因为言辞能够熄灭恐惧、驱散悲伤、促进快乐、增长同情。[……]许多人在许多主题上,通过编造不实的话语已经征服了或正在征服许多人。因为如果所有人对过去的事是如何展开的能够记忆起来,如果他们[知晓]现在的情势,并预先知道将来的情况的话,那么话语就不可能会被赋予如此的威力;但是既然人们对过去毫无记忆,对现在不明就里,对将来也无法做出预测,那么它就会拥有很多机会。这就是为什么在大多数时间里大多数人都会使自己的灵魂受意见左右的缘故。但意见既不确定也不稳定,只能驱使他依靠这些不确定、不稳定的运气。那么究竟是何种原因阻碍海伦使她无法受到赞美,无法告别青年达于成熟呢?似乎是因为她遭到了挟持,遭到了强暴的缘故吧。[……]在为灵魂开药方的话语的威力同为身体开药方的药物之间有某种相似性。正如某些药物能排出某种体液,其他药物能排出其他体液;有些药物能治疗疾病,有些药物能结束生命一般,同样有些话语令人悲痛难抑,有些使听众心情激动,而有些借助巧妙的说服力,使灵魂依附于药物及其魔力之中。由此可见,如果她是因被话语说服,那么就必须说她并未做出不义之事,而必须说她了解了不幸。

　　因此,她没有罪。我们现在来说一下最后一个假设,即海伦是否屈服于欲望?在此,人们还是不能责备她,因为印象的力量常常会中止自由思考的思想,责任感会被特别生动的感觉或表象所压制。"某些人,一旦看见什么可怕的事物,便会当场失去发生了什么事的意识;正因为如此,[108]恐惧才能熄灭或者说使思想消失。"显然,欲望之类的激情亦是如此。人类主体不再是全知全能，他没有十足的威力来控制自己的激情，在此两种情况下，在看待她的责任时应该持相对的态度。

我们会以为自己听到的是现代社会学家或犯罪学家的言论，这一席话以心理或社会"决定论"为依据而将刑事过失变得相对化……我们明白了为何某些人会说高尔吉亚具有"人道主义"情怀：社会思想自此以后便具有了相对的价值观，它懂得如何用严谨的手法确立个人的责任。于是，智术师有能力而且也希望能超越难于批评的社会偏见和宗教信仰；他们并未任凭自己陷于荒谬悖理、毫无结果的悲剧性的争论之中。我们可以比较一下高尔吉亚的辩护词和索福克勒斯的剧作中安提戈涅所作的辩护……

苏格拉底

照卡尔·波普尔的说法，苏格拉底（公元前 470 年—公元前 399 年）是生活于公元前 5 世纪下半叶那个时代的"最伟大的人"，他思考的就是"开放社会"。尽管他没有留下任何文字，但他的思想通过他的学生，尤其是柏拉图和色诺芬（Xénophon）而为我们所了解。苏格拉底的思想具有双重性：他的认知哲学是精心建立于批判方法之上的；他是第一个试图将道德作为科学研究对象的人。

至于认知哲学，苏格拉底补充并修正了普罗塔戈拉讲学的内容。他并不认为人一无所知，或者说不存在真理，但他证明只有具备批判精神、永不"停止"学习，真理才会出现。因此，他根本就不是怀疑论者。简单地说，他第一个清楚地理解了，知识是"开放的"，处于演变过程之中，只有承认这一事实，科学的方法论才会具有丰富的意蕴。

从这个意义上说，我们可以引用极为著名的柏拉图的《苏格拉底的申辩》（30e—31a；苏格拉底发言）为例：

> 我被神明绑缚于体形魁梧的良种马的马腹上，但它由于身形硕大而动作迟缓，需要用牛虻来唤醒它。正是通过此种方式，我逐个唤醒了你们中的每一个人，我刺激它、责备它，我一刻不停，[109]没日没夜地四处走动。由此，公民们，你们很难找得到另一个人会像我这样；反之，如果你们信任的话，你们就会原谅我！然

而,很有可能[……]你们在听取了阿尼图斯[指控苏格拉底的人]的建议之后,可以轻而易举地将我处死。然后你们会在余生中继续让自己昏睡下去,除非神为你们派来第二只牛虻。

如果知识是开放的,那么将来本身也会是开放的;苏格拉底同高尔吉亚一样,似乎也已考虑到了线性而非循环的进展、时间的可能性。从这个意义上说,其中蕴含了预言的维度,他也完全意识到了这一点。人并未封闭于固定不动的"自然"之中,因此使新事物出现的知性如同一个违反自然本性的怪物:"我出生起,就被自然判了死刑。"(色诺芬,《苏格拉底的申辩》,§27)(我们认为,在某种程度上,苏格拉底与犹太教的预言家颇为相似,参阅第三部分的开篇章节。)

苏格拉底本人并未将此种科学的批评方法应用至关于自然的科学中。他甚至还对这些科学表现出某种怀疑态度,指责它们太重思辨。他说,年轻的时候必须通过实践来形成自己的精神,但以后只要研究那些在实践生活中起作用的事就行了(色诺芬《回忆录》,①Ⅳ,Ⅶ,§3—8)。

真正值得研究的主题是道德。苏格拉底在将道德作为批评讨论的科学对象方面,堪称先行者之一,他将道德从宗教和未经合理证明的习俗那儿夺了过来。道德本质上是致用的,这就是为什么人们能够对道德行为做出评定、批评并最终对其进行修正的原因。

据普罗狄克斯所述,色诺芬《回忆录》,Ⅱ,Ⅰ,§21—34)转述了苏格拉底讲述的赫拉克勒斯与美德和幸福—逸乐相遇的故事(狄翁·克里索斯托[Dion Chrysostome]所述的传说与此相近,参阅下文,p. 596—597)。这两个女人都想由已届成年的赫拉克勒斯选上来指导他的道德心。幸福—逸乐许诺的是寻欢作乐毫不费力,多行不义即可获取财富。美德预示的是艰难险阻,要求节制审慎,但她对自己很自信,她许诺的是生活将会给予的不计其数的回报:荣誉、令名、朋友的忠心、经济生活与社会生活中的处变不惊,最后就是死后在尘世上留下的不朽的回忆。[110]苏格拉底赞同这种人们认为正确、有用的道德,即使它不具有"功用性"。

希琵阿斯认为法律是由人制定的,也会随着人而改变,没有人应该拿它当回事,针对此种说法,苏格拉底的回答是,他感兴趣的是未形成

----

① 中译名《回忆苏格拉底》。——译注

书面文字的道德规则,它们具有普世性且永恒不变。这便是为什么那些不遵守它们的人即便逃过了人类法律的惩罚,却仍然必定会遭到惩处的缘故,因为他们的所作所为与由诸神创立的事物的本质正好相反(《回忆录》,Ⅳ,Ⅳ,§12—25)。这里出现了自然法理论的雏形:诚然法(nomos)并非不可触犯,但也不能对它随心所欲地进行修改;它必然会趋近超验的规范,即自然法。此处的苏格拉底与其他智术师截然不同,智术师促进的是对价值进行批判,这样要么会导向"虚无主义"(如犬儒主义的立场),要么会导向人工论(artificialisme)(人可以创造出随便什么价值,只要他有能力即可)。

确切地说,在有关自然与人工、"内在"与"习得"各自的职能这样一个问题上,苏格拉底似乎采取的是平衡的立场。他看得很清楚,在个人与在城邦中一样,自然(physis)与法(nomo)错综复杂地交织在了一起。

[一天,有人问苏格拉底,]勇气是否能够传授,或者说勇气是否性本天然。"他说,我相信,如同有的人天生就比其他人更为强壮,适合干体力活,同样有的灵魂天生就比其他人更为坚强而无惧危险;因为我发现这些人遵守的是同样的法律和同样的习俗,但他们在是否勇敢这个问题上却区别很大。我相信,从勇气的观点来看,根本就不存在无法通过教导和训练加以改进的天性。很显然,比如说,斯奇提亚人和色雷斯人都不敢擎着盾牌长矛同拉凯戴孟人打仗,同样清楚的是,拉凯戴孟人也不愿拿着轻巧的盾牌同色雷斯人,端着弓箭同斯奇提亚人打仗。再者,我观察到,万事万物都是同一个道理,人在本性上互不相同,他们可以通过训练而日臻完善。从中可以得出结论,所有人,无论是天赋优异的人还是秉性迟钝的人,他们如果想在某些方面有所成就的话,就应该勤学苦练才是(色诺芬,《回忆录》,Ⅲ,Ⅸ,§1—3)。

[111]另外一个例子:

[苏格拉底]评估人的善良本性,是通过人们专心学习事物时

的速度,他们记住自己所学东西的能力和他们是否很想了解管理家业的方方面面的知识,一句话就是他们是否善于管理人及人类事务。他认为,有如此能力的人不仅可以使自己幸福,很好地管理家业,而且也能使他人和国家幸福。但是,他并没有用千篇一律的方式来对待所有的人。对那些天赋聪颖,不愿接受教导的人,他会指出,最好的本性最需要培养。他向他们举出马的例子,即便是最为骁勇、暴躁、猛烈的马,如果从很小起就被调教的话,它们就会变成易于驾驭的良马,但是如果不调教它们的话,它们就会变成脾气犟的驽马。他同样表明,那些天生优良、做起事来不知疲倦、和野兽打起架来拼死拼活的狗,如果得到很好的调教的话,就会在狩猎中变得又好又有用,如果忽视对它们的培养,它们就会变得毫无用处,而且脾气暴躁、执拗。人也是如此,天赋聪颖的人灵魂最适合磨炼,做起事来干劲十足,如果他们接受教导、学习有益的知识,就会变得异常优秀、有益他人;因为正是他们做出了极大的业绩;但是,如果他们没有受过教育和教导,就会变得又不好、又有害。由于分辨不出什么该做什么不该做,他们就常常会做出不正当的事;他们由于狂妄自大、脾气狂暴,便会执于一端,很难回头是岸;他们还常常会做出很大的恶事来(色诺芬,《回忆录》,Ⅳ,Ⅰ,§2—4)。

换句话说,人根本无法通过自然来达到完善;"画龙点睛之笔"只有通过培养才能完成,这在某种程度上,在很大的程度上,都取决于人为的方法。

此种立场使苏格拉底与某些智术师,也与平等主义者的民主观念相去甚远,按照他们的观点,不管是谁只要有人教导他们,他们就能做任何事,成为任何样子。这使民主派对他产生了敌意。但是,与此同时,这一立场赋予了教育以很高的地位,也使苏格拉底与无知、傲慢的寡头制拉开了距离。同其他智术师一样,苏格拉底也相信通过教育能使政治阶层焕然一新;他甚至认为,哲人可以通过学校培养政治家,[112]让自己参与事务,来更好地为国家服务。

安提丰问苏格拉底，他是否以培养政治家为荣，但既然他懂得这些事务，那他自己为何不参与这些事务呢，他的回答是："安提丰，我是以更多的精力来参与政事好呢，还是培养出尽可能多的人来参与政事更好？"（色诺芬，《回忆录》，Ⅰ，Ⅵ，§15）

因此，这个今后指导了柏拉图生活的观点也应该归于他的老师苏格拉底。

上述所有的观点都使我们理解了苏格拉底及其主要学生的政治立场。苏格拉底无法接受民主制的平等主义：因为有好的自然，也有不太好的自然。尤其是，他认为，只有精英才能理解并让人尊重"由法律实施的管理"，群众无此能力，富人则对此不屑一顾（《回忆录》，Ⅳ，Ⅵ，§12）。此种政治立场实为苏格拉底独创，他也势必会为此付出生命的代价。

苏格拉底之所以招致民主派的憎恨，是因为当他主持人民大会（eccélsia）会议的时候，拒绝非法判处那些在阿吉努斯战役中打了胜仗的亲寡头派的军官死刑，而"不管人民的强烈抗议和好几个权势人物的威胁"（《回忆录》，Ⅰ，Ⅰ，§17—18）。"他主持人民大会，不允许人民非法投票，而是要符合法律，他反对群众的反复无常、无法无天，我相信，换作别人，没人敢去这么违拗民意"（《回忆录》，Ⅳ，Ⅳ，§2；参阅《希腊志》[Helléniques]，Ⅰ，7，9—11）。此外，他还批评了民主制的某个根本原则，即抽签制，他觉得用抽签的方式来选任高级官员实不理智，而当人们选择航船的驾驶员、木匠或吹笛者时却会根据他们的能力小心做出斟酌，"然而，所有这些人一旦出错，他们造成的损害要远比管理国家的人小得多"（《回忆录》，Ⅰ，Ⅱ，§9）。

但群众并不喜欢苏格拉底，他们从来就体会不到论证的优异性，但他们反而凭直觉感觉到他对民众丝毫不抱同情之感。确实，苏格拉底针对无知所说的话常常不太恭敬，群众便错误地将这些话理解为是针对无知的人民而发的（参阅《回忆录》，Ⅰ，Ⅱ，§58—60）。他们还知道，[113]苏格拉底有两个反对现行政体的臭名昭著的学生，他们是阿尔喀比亚德与克里提亚（参阅《回忆录》，Ⅰ，Ⅱ，§12）。

对苏格拉底而言不幸的是，他对寡头派也是完全没有好评，尤其是对克里提亚及其同僚卡里戴斯（Charidès）。他曾说过克里提亚，克里提亚想从年轻的欧绪德谟（Euthydémos）那里得到好处，简直就像头"忍不住在石头上摩擦身子的猪"。

作为三十僭主之一的克里提亚对苏格拉底做出回应，禁止他讲学（参阅《回忆录》，Ⅰ，Ⅱ，§29及以后）。当他拒绝僭主要他检举揭发的要求时，情况便更为恶化。

德谟克利特

阿布戴拉的德谟克利特（也是普罗塔戈拉的同乡）是古代原子论及唯物主义的先驱，对伊壁鸠鲁（Épicure）和卢克莱修（Lucrèce）影响颇大。尽管政治和道德并未成为他思想中的主要对象，但他针对物质表达了自己的观点，从这些观点中只能表明他完全赞同权利平等（isonomia）的政体。

德谟克利特的生平未详。我们认为他出生于公元前500年至公元前457年间，卒于公元前404年至公元前359年间，这些资料表明他活了一个世纪之久。无论如何，他是苏格拉底与普罗塔戈拉的同代人。他虽著作等身，但作品已全部佚失。德谟克利特认为的存在与帕默尼德所说的不可分割的、完满的、独一无二的"球体"不同，充满了大量球体、原子，并被虚空分割。只有这些原子是真实存在的：其余一切，如感觉、思想、事物的属性并不存在，它们只是约定俗成和想象的产物。然而，所有这些原子互相作用，他们的轨迹互相交汇，它们互相撞击、碰撞；于是宇宙中便充满了各种形式。人们应该从图形、位置、运动、阻力，而非从质的方面来表现它。因此，与早期伊奥尼亚的自然科学家相比，原子论堪称新思想。

德谟克利特本身的理性主义促使他赞同建立合法的公民制度，他在有些残篇中谈及了这些问题。必须想尽一切办法阻止混乱和战争（残篇CCXLIX，Dumont）。[114]"管理完善的城邦具有最好的保障措施：因此一切都会相安无事；拯救它就是拯救一切，毁灭它就是毁灭一切。"（残篇CCLII，Dumont）高级官员应该施行正义，因此他们自身也会得到适当的保护（残篇CCLXVI，Dumont）：因此，德谟克利特如同苏格拉底一样对不受约束的"直接民主制"（démocratie direct）持怀疑态度。必须克制欲望，鼓励适度（sophrôsyné）：

> 只须思考那些不幸者的生活，考量一番他们所承受的程度，如此一来你所拥有并可支配的东西便具有了价值，令人羡慕，而且你的灵魂也不会因为老是希冀更多的东西而不得安生（残篇CXCI，Dumont）。

此外,德谟克利特宣称要对穷人关怀,此种看法直至当时在希腊思想中仍属新颖:

> 当那些有能力的人让自己承担起帮助没有能力的人、协助他们、对他们乐善好施时,他们就表达了自己的同情;公民的孤立状态结束了,出现的是兄弟情谊、团结一致、人们之间的和谐以及其他的益处,好处简直无法枚举(残篇 CCLV,Dumont)。

最后他写道:"每个国家都向哲人敞开胸怀,美丽的灵魂(*agathè psyché*)将整个世界视为自己的国家。"(残篇 CCXLVII,Dumont)这预示了亚历山大和斯多阿主义者①的世界主义情怀。

伯里克利:雅典的"开放社会"与斯巴达的"封闭社会"之比较

"伟大时代"思想的本质在伯里克利那儿重新出现。伟大的雅典人似乎并未仅仅将民主制视为某种确保民众占主导地位的体制上的表达形式,而是更为深刻,将其视为新的社会类型,它通过批评讨论的方式,确保了个人的自由并促进了理性,而且只要外国人接受城邦的法律,还可以将他们完全接纳进来。我们之所以对伯里克利的这些观点熟悉,是通过修昔底德笔下他的一场著名的演讲了解到的,据说这场演讲是在[115]公元前 430 年,亦即伯罗奔尼撒战争刚开始的时候进行的,当时正在战场上祭奠最初阵亡的士兵。

在宣称"尽管我们的祖先有权得到我们的颂扬,但我们的父辈更应该享有这个荣誉"(因此,伯里克利将克里斯梯尼所作的改革视为是一种进步)之后,伯里克利为三十多年来的政体做了辩护。他谈起它的时候,首先认为政治上它是一个不偏不倚的政体,抽签制使每个人都拥有机会,他们的才能展现的机会均等:

---

① 依斯多阿派的古希腊语 *stoà* 或 *stoiá* 的发音可译为斯多阿主义或斯多亚主义,又有将其译为斯多葛主义者、廊下派(法语为 Portique)。现译者择"斯多阿主义"译之。——译注

这个体制使我们不用去嫉妒自己的邻居。我们根本不用去模仿其他人，我们更愿意给他们提供榜样。因为我们的政体只为全体公民谋福利，而不只为少数人考虑，因此我们称它为民主制。当然，至于对我们自身的不同之处所设定的规章而言，我们都是法律面前人人平等的，我们根据公众对每个人在生活中所处地位的评估，借以挑选城邦的高级官员，公民的任命乃是按照他们的优异之处而非轮流担任的规定所定。①另一方面，当某个没有财产的人能为国家效劳，他卑贱的地位并不会对他构成障碍。②[……]我们完全是以个人的身份，至少是通过投票的方式，介入到城邦的管理当中来的。

雅典的民主制乃是讲究个人自由及宽容的政体。

我们的管理承绪的是自由精神，此种自由重新出现于日常生活的诸种关系之中，因此怀疑猜忌根本没有市场。[……][我们]对特殊的关系也很宽容。[……]我们中间的人都能在自己身上找到充足的资源以顺应变化多端的活动形式。[……]我们承认自己贫穷的时候毫不羞耻，只有不愿从此种状态脱身而出有所作为时才会令人感到羞耻。

城邦接纳外国侨民：

我们的城邦欢迎所有人，我们从来不会驱逐外国人。

因此，尽管仍处于萌芽状态，但历史上破天荒第一次超越了种族樊篱而正式承认了公民权；[116]一种社会体系并不容许建立于原初的共同体之上，也不容许建立于现实的或神话的亲缘关系之上。

---

① 影射了指挥官选举及他们政治权力的扩大，通过此种方式，雅典的民主制间接地将纯粹寡头制的要素重新引入了体制之中。

② 影射了服役薪金制（misthophories）。

个人自由有利于理性的发展，总体来说也有利于真正的文化，即有关精神方面的事物的文化。

> 我们认为，要在事情澄清之前即付诸行动太过危险。[⋯⋯]我们欣赏美，但并不喜欢虚荣，我们喜好精神的事物，但不会堕于柔靡之中（《伯罗奔尼撒战争史》，Ⅱ,35—47）。

雅典士兵在面对斯巴达人时捍卫的正是这一政体，而与之相反的是，斯巴达当时却巩固了复古的政体，卡尔·波普尔就此简述了他们的原则：

> 1) 保护濒临死亡的部落社会组织(tribalisme)，排除易于对严格的禁忌产生不好作用的外部影响；2) 应用反人道主义的政治策略，抛弃讲求平等、民主或个人自由的整个意识形态；3) 实现自给自足，丝毫不依赖于贸易；4) 宣称反普世主义，维护自己的部落与其他部落的差异性；坚决不与低等民族交往；5) 控制邻国，使它们处于奴役状态；最后 6) 仅维护城邦的统一性，不事扩张。如果我们将这些趋向同现代极权主义相比较，就会发现除了最后一条外，其他地方都大致吻合。①

伯里克利的雅典无疑堪称"希腊奇迹"。现代自由民主国家的诸多观念与价值显然已经在此得到了发展。

---

① Karl Popper，《开放社会及其敌人》，t. 1, p. 149, Éd. du Seuil, 1979。

第二章　柏　拉　图

第一节　生平与著作

生平①

[117]柏拉图生于公元前 429 年,卒于公元前 348 年,出身于雅典的贵族家庭。他也许先在赫拉克利特学派的克拉底鲁(Cratyle)门下求学,后来遇见了自己真正的导师苏格拉底,遂在其门下求学长达 12 年之久。公元前 399 年,苏格拉底被判死刑,这令他愤慨不已。

那时候他想出海远航。他去了埃及(约公元前 390 年?)。后来又去了南意大利(大希腊),也许是为了求见毕达哥拉斯派的学者及政治家塔兰顿的阿基塔斯(Archytas de Tarente),该学派以哲学与科学的名义管理塔兰顿城。柏拉图从意大利前往西西里,在那儿受到了叙拉古老狄奥尼修(Denys l'Ancien)的接待,老狄奥尼修早在 15 年前便在该城邦内建立了僭主制,废除了民主制。他们的关系迅速恶化,或是由于柏拉图对僭主谏言太净,[118]或是由于他与僭主两个妻子的其中一位的弟弟狄翁建立了友谊之故,狄翁与自己的连襟关系不怎么好。于是老狄奥尼修让柏拉图乘上船,把他打发走了,或许船主受到了僭主的指使,或许只是偶尔航行至此,反正这条船停泊在了爱琴海的岛屿上,

---

① 参阅 Robin Léon,《柏拉图》(*Platon*)(1935),PUF,1968,第一章。

而该岛当时正与雅典开战。柏拉图被卖为奴，据说，有个富有的居勒尼人认识他，勉力将他赎了出来。

公元前 387 年，他回到雅典，只觉前途暗淡渺茫。很久之后他受到了别人提议的激发，遂创建了学园（Académie）。

该名称与阿卡德摩的英雄有关，雅典附近地区的地块就是专门献给他们的，柏拉图买下了一座旧体育场和一座公园作为学校的办公地。这所历史上第一次出现的大学绵延了好几个世纪，直到罗马帝国完全基督教化后才终止。我们知道学生都住在学校里。好几名老师都受学校校长（scolarque，柏拉图之后，由他的侄子斯彪西波接任，之后是色诺克拉底[Xénocrate]、本都的赫拉克利德[Héraclide de Pont] ……）的管理。

学园很快就获得了巨大成功。全希腊的学生都蜂拥前来。学校学生学习的都是编排好的课程（cursus），因为学校被认为是培养国家今后政治家的场所，与普罗塔戈拉之于图里乌姆、帕默尼德之于埃利亚、赫拉克利特之于以弗所（Éphèse）、毕达哥拉斯之于塔兰顿等有类似之处。

其实，学园中的资深之人都建立了新的政体，如赫尔米亚斯（Hermias）在伊奥尼亚海岸北部的阿塔尔尼（Atarnée；亚里士多德在创立吕克昂[Lycéc]学校之前，就曾在那儿建了第一座学校），科里司库（Coriscos）在阿索斯（Assos；位于列斯波斯[Lesbos]以北，亚里士多德也在那儿居住过），厄拉斯托（Éraste）在特洛伊的斯凯普西斯（Scepsis）。

柏拉图在教学之余，编订并出版了许多书籍。[①] 他似乎在约公元

---

① 现代研究者将柏拉图的对话录按年代归为三类（每一类中的顺序仍有很大的臆测性）：1）青年时期的著作或苏格拉底对话录：《伊翁》、《希琵阿斯后篇》、《普罗塔戈拉》（或许在苏格拉底生前写成）；然后是那些苏格拉底死后的回忆著作：《苏格拉底申辩》、《克力同》、《游叙弗伦》（论宗教）；然后是描写苏格拉底独创的批评方法的对话录：《拉克斯》（论勇气）、《卡尔米德》（论适度）、《吕西斯》（论友谊）、《理想国》第一卷（论正义），该文在整合其他各卷之前名为《色拉叙马库斯》；最后是《高尔吉亚》。2）成熟时期的作品：《默涅克塞诺斯》（哲学学校校长反对辩术）、《美诺》（论美德）、《欧蒂德谟》（论辩论术）、《克拉底鲁》（论语言）、《斐多》（论灵魂不朽）、《会饮》（论爱欲）、《理想国》（论理想国家与正义）、《斐德若》（论爱欲及哲学教育，反对智术师的教育）、《泰阿泰德》（论科学）、《帕默尼德》（论存在）。3）晚年时期的作品：《智术师》（论谬误、再论存在）、《政治家》（论治国的艺术）、《蒂迈欧》（论宇宙）、《克里提亚》（大西岛神话故事）、《斐勒布》（论快乐）、《厄庇诺米斯》与《法律篇》（论合乎愿望的国家及其法律）。尚有 13 封《书简》，其中某些书简被视为真作。

前 375 年完成了《理想国》。

[119]然而,约公元前 367 年,老狄奥尼修驾崩,他的儿子小狄奥尼修(Denys le Jeune)继位,据说他的老师就是柏拉图的朋友狄翁。① 狄翁立马请柏拉图到叙拉古来。这难道不是将《理想国》中阐述的观念付诸实践的出乎意料的好机会吗? 狄奥尼修尚且年轻,无疑可以对其施加影响,难道柏拉图不能将其作为理想学生培养为自己心目中的哲人王吗? 柏拉图毫不犹豫地离开学校,前往西西里。

起初,学生与老师的关系颇为良好;前者似乎对后者的教学颇感兴趣。后来,也就没过多长时间,他们的关系便开始恶化,因为小狄奥尼修怀疑狄翁想执掌权力,甚至会将其废黜,从而也怀疑起了柏拉图。他流放狄翁,但仍让柏拉图留在那里。最后他释放了柏拉图,但不让其再返回。柏拉图回到雅典后不久,由于只有靠柏拉图在小狄奥尼修的宫廷里发挥作用,狄翁方得从流放地返回,于是在狄翁的敦请之下,柏拉图于公元前 361 年(时年 70 岁)第三次出海远航。但是,这次柏拉图与小狄奥尼修之间的关系仍然恶化得很快,他在那儿被监禁了一年,由于塔兰顿的阿基塔斯的积极斡旋,方才获释。

由于柏拉图在狄奥尼修那里一无所获,他便与狄翁商定采取军事行动至叙拉古夺取权力。学园的年轻人成了这位未来僭主的智囊团和"内阁"。公元前 357 年,狄翁着手行动,并成功夺取叙拉古,尽管如此,小狄奥尼修的支持者对狄翁的抵抗从来就没有停息过,就这样风雨飘摇地过了三年,狄翁遇刺身亡。柏拉图欲将其政治抱负尽快付诸实践的希望最终破灭。

柏拉图在其生命最后十年,继续教学、写作。公元前 348 年(一说 347 年)[120]他的去世中断了其最后一部著作《法律篇》的编辑工作,这部著作写的仍然是政治和国家的建设,在他看来,国家即使达不到理想状态,至少也要更好才行。

柏拉图哲学中政治的地位:《书简七》

人们经常将柏拉图的哲学视为某种体系,其中政治思想占有一席之地,它虽不容忽视,却并未占有中心地位,形而上学、道德、认知与本质的哲学才是中心。然而,从如今真实性不容置疑的自传性文本《书简

---

① 据普鲁塔克(《狄翁传》[*Vie de Dion*])所言,狄翁因家财万贯而成为学园财政上的主要支持者之一。

七》来看,柏拉图本人确是有意将政治置于其生活及著作中的首要地位,哲学只是一条漫长而且必要的迂回之路,之后它才可借助强大的知性力量回返至政治怀抱之中。

不消说,柏拉图对城邦如何组织这样的问题定然是心有戚戚焉。如果我们将《理想国》《政治家》和《法律篇》串起来的话,那么我们获得的这卷著作,几乎占据他所有著作的一大半;在《法律篇》中,柏拉图对政治做了详细的阐述,事无巨细地涉及了司法、行政及经济领域,成为他著作中篇幅最长的作品,宛若他的"遗嘱"。

柏拉图的天性适合于全身心投入政治(据说,他出身于贵族家庭,其家庭成员的天职便是担任最高级的行政官员)。但在他生活的那个时代若要获取如此晋升之阶,无论从实践还是从道德上看都是勉乎其难。

诚然,柏拉图生活中的头 30 年差不多都被伯罗奔尼撒战争占据了。他在 20 多岁的时候,就已目睹战争失利所带来的政治上的严重危机:公元前 411 年,民主制被推翻,相继出现四百人寡头制和五千人寡头制;民主制回潮;斯巴达占领期和三十僭主时期(公元前 404 年)。柏拉图的表亲克里提亚和叔叔卡尔米德就位列"三十僭主"。

柏拉图原本可以在那个时候依靠父母的关系进入政界。但该政体的野蛮行径让他幡然醒悟,[121]尤其是僭主逼迫苏格拉底揭发反对派的做法更是令他心寒。"看到这些所作所为,还有其他同样很严重的事情,我再也无法忍受,便远离这些当时的卑劣行径。"(《书简七》Ⅶ,325a) 不久之后,民主制恢复,"再一次,尽管算不上很有热情,但我又被参与公共事务和管理国家的欲望吸引住了"(同上),因为新的政体显得相当温和,并遵守三十僭主离开之后颁发的大赦令。不幸的是,就在柏拉图决定参与进去之前,该政体判决了苏格拉底。因此,尽管他们并非寡头派,但柏拉图再也不愿为之服务了。

无论如何,十年来亲身受教苏格拉底这样一个事实使他变得更有批判性,也更为严格,他事先对寡头派的过分行为和民主派的是非不分都采取了怀疑态度;苏格拉底已在他身上唤起"对整体清晰的理念的急迫要求",①相比之下,政治行为中的混乱无序和腐败堕落简直就是彻头彻尾的欺骗。

> 当我考虑这些事情,并且也仔细考虑那些管理国家事务者的时候,我对法律和习俗规则的考察愈发深入,随着我年事日高,我便愈发觉得管理国家事务有多困难。既然国家不再按照我们父辈的方式进行管理,那么如果没有可资信赖的朋友与合作者的协助,要做好此事几不可能,而这些人却不大可能在我们自己身边找到;另一方面,我们也不可能轻而易举地重新接受这样的政体。此外,在形成书面文字的法律和习俗的规则之中,存在着某种堕落,它的范围是如此广泛,以至于我尽管开始的时候满腔热情想要参与公共事务,但结果当我关注这些事情,注意到一切都已付诸东流时,便只头晕目眩,自此以后便只能对各种方式进行考察,以便它们有朝一日得到改善,这既是对上述情形所言,是以我自身经验出发,亦是对通常的政治体制所言。但是,我还是一直推迟自己的行动;最终,我明白了所有[122]现行的国家都管理得不好,因为它们的立法并没有在有利的情况下做出充分的准备,因而几乎无可救药。于是我只能应用真正的哲学,并宣布,只有在它的照耀之下,人们才能了解公共生活和私人生活中的正义究竟在何方。因此,只要纯粹而且真正的哲学家没有掌握权力,只要城邦具有神性的领袖没有切切实实地进行哲学思考,那么恶人还将对人类为非作歹(325c—326b)。

这便是《理想国》的纲要。知识对行动做出规定。人们只有揭示城邦真正的结构,方能予城邦以秩序。无论是政治还是道德,真正的发号施令者就是善。民主派只受各种意见的左右,寡头派则受日常传统的驱使;这两者均无法通达事物的真理,因此他们在实践中都相继落得失

---

① Auguste Diès,见其编纂《理想国》时撰写的前言(1932),Budé 丛书,Belles Lettres,Ⅵ(笔者本段都受到该文的启发)。

败的下场。

于是,柏拉图如同古代其他政治家那般,建立了他自己的"政治团体"、他的派系或者说由他的支持者组成的团体,但他们并不搞阴谋诡计,他们组建一个学校,它是对那些希冀今后进入政界的年轻人进行培养的场所,他们之所以决定长时间推迟参与行动,是因为科学尚未瓜熟蒂落,时机尚未到来。

然而,在这艰苦的等待当中,他发现人与人之间所有知性交流的精神一发而不可收拾,这种精神在共同的研究中屈从于其中的诗性,人们开始因科学自身而爱上了科学。由此令人产生的印象是,柏拉图的哲学作品作为这些年等待的成果,具有自为自足的特性,纯粹以思辨为己任。但这样的印象无疑具有欺骗性。因为正如《书简七》所言,柏拉图一直密切关注着西西里纠葛不清的事态,一旦时机成熟便会亲自出马将他的观念付诸实践。第三次西西里之旅后,他终于明白此事已永不可能,然而他的最后一部作品写的仍然是政治。因此我们认为,正是对作为现实基础的政治的关注赋予了柏拉图的哲学事业以意义。

接下来我们将会相继研究《理想国》《政治家》和《法律篇》,我们从中能够发现,柏拉图的政治思想从本质上说就是反对民主制自身的原则。

第二节 《理想国》

[123]《理想国》①的结构异常清晰。②十卷中的五个部分各自的重要性不等:前言(卷一)从表面上提出了正义这个问题,结论(卷十)处理了城邦中诗人地位的问题,以及通过潘斐利亚的厄尔神话,论述了灵魂不朽的问题。有三个主要部分:对正义的本质进行研究(卷二至卷四),其结论为正义在城邦中即为社会阶层的和谐状态,在个人的灵魂而言则

① 可参柏拉图,《理想国》,郭斌和、张竹明译,北京:商务印书馆,1997 年。——译注
② 对该文本所作的精确分析,可参阅 Jacques Brunschwig 的文章,见 F. Châtelet、O. Duhamel 与 E. Pisier,《政治著作词典》(*Dictionnaire des œuvres politiques*),PUF, 3ᵉ éd. , 1995。

是指美德的和谐状态;游离主题之外的长篇大论(卷五至卷七),论述的是哲学教育,他同意如果人们愿意由国家的精英人士担当重任的话,是可以给他们以这种教育的;最后是对城邦及个人中不义的四种形式做出定义:勋阀制(timocratie)、寡头制、民主制与僭主制(卷八至卷九)。

序曲:诚实者、诗人与智术师对正义的看法

苏格拉底与阿里斯通的儿子格劳孔去了庇雷埃夫斯庆祝朋迪斯女神节。两人启程赴雅典的时候,波勒玛库斯与格劳孔的兄弟阿德曼图斯赶了过来,邀请他们在波勒玛库斯家参加庇雷埃夫斯的晚会。他们在那儿见到了波勒玛库斯的兄弟吕西亚斯和欧叙德谟;还有色拉叙马库斯、卡尔曼提德与克利托丰。

波勒玛库斯的老父凯发卢斯(Céphale)①同苏格拉底谈起了衰老和死亡。他说,衰老是这样一种年龄,到了那时,人们最为关心的是死后的生活以及等待着恶人与善人的惩罚与报偿。他开心的是他自己,他积累的财务都清清白白,这使得他对任何人都没有亏欠,[124]而且他也没撒过谎。"讲真话,听到什么说什么"同样也是正义的题中之义。凯发卢斯边说边走了。但对话仍在继续。它的主题是寻求关于正义的正确定义方法。

第一次讨论很快便结束了。波勒玛库斯提到了诗人西蒙尼德,诗人说过正义就是给予每个人应得的东西。但是对于变疯的朋友,我们是否应该将他们清醒时借给我们的武器还给他们呢? 西蒙尼德想说的是,应该对我们的朋友诚实。但这些方式从其字面意义上来看有着一系列矛盾,波勒玛库斯天真地陷了进去,在运用辩证法方面根本不是苏格拉底的对手。这让另一个谈话者色拉叙马库斯感觉不快,他"像野兽那样蹲伏在那儿,冲向我们,想要将我们撕成碎片"。这个色拉叙马库斯做出了完全不同的定义:

> 正义无它,就是指利益最大化。[……]所有的政府设立法律的时候总是会为其自身的利益考虑;君主制、君主制的法律以及其

———————————

① 疑同为原书 93 页中提及的军火制造商凯法洛斯(Kephalos)。——译注

他政体均是如此；况且，这些制定好的法律宣称对被统治者自身的利益而言，也是正义的，如果某人僭越法律，他们就会视他为违反法律和正义的人而加以惩罚（338c-e）。

苏格拉底反对道，正如医生只为病人、不为自己考虑那样，同样统治者要求的是被统治者的利益。当然，色拉叙马库斯说道，但是从牧羊人照看羊群的意义上说，为的却是剥削它们。实践告诉我们的是，到处都是天真的人受到侵害，而那些做起不义之事毫不犹豫的人却总能得利。在契约中，那些严守规则的人得不到好处；同样，在城邦生活中，兢兢业业完成公共职责的人也是如此：他因不愿优待朋友而遭他们疏远，他因没有时间操心自己的事而使它们岌岌可危，但他仍拒绝因自己的地位去捞好处。正义虽好，产生的却是负面影响。

苏格拉底不同意这样的反对意见，因为事实是贪赃枉法者虽然对他人不义，但他们自身内部却还是诉求于正义的，[125]以使自己的共同体不受到分裂和影响。因此，正义乃是有用的。但讨论至此戛然而止，因为苏格拉底意识到，他的情况不妙。在自问正义是否有用，是否能导致幸福或不幸之前，他必须问这样一个问题：什么是正义，它的本质（nature）又如何？

正义的本质

对不义所作的似是而非的辩护

此时，格劳孔阐述了一个理论，按照这个理论，正义来自这样一种契约，即人们彼此之间设立此契约就是为了避免自然的野蛮状态。正义是极善——行不义之事而不受惩罚——与极恶——承受不义却无力自卫——之间的折衷状态。

行不义之事却不受惩罚就是善，通过巨吉斯的戒指（359d 及以后）这个故事，我们可以对此了解得更清楚。

巨吉斯是吕底亚国王手下的牧羊人。他发现了一枚戒指，当他在手中将这枚戒指朝手心转动的时候，他就可以隐身，当他将它转向外面的时候，别人又重新可以看见他。于是他去到王宫，勾引王后，并且杀死国王夺取了王位。人只要拥有这样的力量便不可能不像巨吉斯的牧羊人那样行事,这证明了"人们不会选择正义,只是因为受到约束才变得正义"。

我们也能以随后的方式提出这个问题。假设,有个不义者,但他显得正义;有个正义者,但他显得不义。很清楚,"我所说的那个正义者将会受到鞭责、折磨,并被关押起来,人们会烧灼他的眼睛,最后在经受了种种滥刑之后,被施以木桩刑处死,此时他方才明白自己不应该正义,而是应该显得正义才是"。相反,不义者显得正义,过得滋润非常,人们就得出结论认为他受到了诸神的眷顾,这样一来便又使他过得更好。

苏格拉底还没来得及回答,格劳孔的兄弟阿德曼图斯便试图发言以支持色拉叙马库斯的论证。他是个拥有良好品性的年轻人,在听了有关正义与不义的洋洋洒洒的讲话之后,[126]便试图对一系列道德品行进行确证。但他对如下的这些话并没有什么异议:

> 既然如哲人所表明的那样,表象比真理还要强大,能决定幸福,那么正是这一点必须使我彻底转向。因此,我将描述自己周边所有的事,如外观和外表,以及美德的影像。

对他而言,对人和诸神加以隐瞒没什么困难。对人,只要朋比为奸,运用一番"讲坛上和法庭上"说谎的技艺就能糊弄他们;至于诸神,为了提防他们,就得向他们祭献大量牺牲,干坏事时获得的钱财正好可以派上用场(不消说,如果诸神不存在——可做随意的假设——那么对自己进行保护就会更容易了)。

> 苏格拉底,根据我们所说的这些话,既然我们聪明、强壮,腰缠万贯,而且出身世家,那我们何必再去尊崇正义呢?

但是格劳孔和阿德曼图斯之所以这样对邪恶进行辩护,①那是为

---

① 此种辩论上的技巧,即对不义进行辩护、唱反调,是为了更好地突出论证,赞扬正义,这在西塞罗的《国家篇》中亦可见其端倪,该文精心模仿了柏拉图的《理想国》。参阅下文 p. 476。

了听苏格拉底的回答。其实，他们知道，而且所有人都知道，就像苏格拉底刚才自己所说的，他相信正义本身而非表象乃是善，他相信不管正义得到的是好处还是不利，正义都与此无关。苏格拉底在对话的时候已经名声在外，就是"他已将整个生命用于考察这唯一一个问题"（367e）。因此，他们期待从苏格拉底那里听到的是，他能用坚实的理性来澄清他们内心深处一直以来就有的那种直观想法：正义本身就是善、它只为自身所欲求。但此种想法和那种诡辩是完全相反对的。

在殷切的恳请之下，苏格拉底并未对此加以回避，而是最终答应充分地对这个问题加以论述。至此对话才算真正开始。

正义指城邦各部分和谐相处

[127]但任务很艰巨。苏格拉底采取的是迂回的方法（détour méthodologique）。他说，正如我们读文章，大字总比小字读起来要容易，那么对国家中的正义进行考察也要比对个人中的正义进行考察要更为方便。

因此他们将国家作为适于研究的对象加以思考，或视其处于未开化的状态，或如苏格拉底的对话者一再声称的那样视其处于成熟阶段（369b 及以后）。

文中，柏拉图阐述了国家起源论这样的一种理论。

国家乃是人类合作的成果，他们认为联合起来满足自身主要的需求才是有益的；如食物、住宅、衣服、对工作进行分工。每个人都做适合自己的工作——农民、泥瓦工、织布工、鞋匠……这都是为了整个共同体的利益着想。因为，"自然并未赋予我们中每一个人以同样的才干"，另外每个人如果只干一份工作的话，就会把工作做得最好，而且会一如既往，不受其他事情的分心。再者，之所以必须坚决贯彻分工，是因为上面所说的那些做工的人自己不用制作工具，工具是由其他专门干这行的人制作。因此，必须要有铁匠，牧牛人和牧羊人，做进出口贸易的商人，运输货物的水手，以及乡镇上的商贩（柏拉图认为，这些人都没有能力做其他工作），最后还有向需要他们体力的人提供自己服务的小工。在成熟的国家中，财富招致对外的贪欲，它对邻国的土地垂涎三尺，因此必须要有用于作战的专业化军队，最后还要有专业化的统治者，如此便可使所有不同的专业和社会阶层处于良好的秩序与和谐状态之中。

总之，在拥有良好体制的国家中，公民分成三个主要阶层："卫护者"(统治者)、"辅弼者"(战士)、"生产者"(其他所有人)。

多亏这一简明的模式,人们方能尝试去确定正义究竟在哪儿。于是,它与审慎、勇敢和[128]节制共同成为四种主要的或"基本的"美德。① 然而,如果此处所描绘的国家拥有良好体制的话,那么它就必定会拥有所有四种美德(427c)。在确定审慎、勇敢与节制各自的范围时,人们挖掘出了正义。

1) 我们的国家是否是审慎的(或明智的)呢? 诚然,只要统治它的杰出的卫护者拥有管理的智慧(*sophia*)或能审慎(*phronésis*)管理即可(428b—429a)。既然是由智慧的卫护者统治国家,那么国家自身就会成为智慧的。

2) 同样,国家也是勇敢的,因为捍卫它的辅弼者本身就是勇敢的人(429c),并且能让其他所有的阶层明白"关于恐惧与不惧的正义、合法的意见"(430b;参阅 433c)。由是,再一次,从辅弼者的勇气中推导出了国家的勇气。

3) 我们的国家最终是节制的,因为节制可对快乐与激情施加某种影响力,在拥有良好体制的国家中,"大多数堕落者的激情受到了少数拥有美德者的激情与知性的控制"(431c)。如果统治者与被统治者针对这个主题能达成一致意见的话,那么国家的节制便会颇具成效:"节制便是此种协调状态,是下层与上层之间的天然和谐状态,从而决定了两者中该由何者在国家与个人事务中进行统治。"(432a)

4) 不用再去寻找正义了。

> 因此,格劳孔,现在我们这些寻求新方法的人必须确定野兽藏身的地方,明白正义不会躲避我们,它不会从我们眼皮底下溜走;因为很明显,它就在这儿附近的什么地方。因此要留神,要仔细去发现它;或许你能在我之前看见它,那就快告诉我。——要是只有我能发现它该多好啊! 他叫起来;可是不行! 那我就来跟着你,看

---

① 这一美德的四分法在伦理哲学中注定会有极其漫长的气数,至少自苏格拉底以来它就得到了证明。柏拉图只不过接受了它而已。

看你告诉我的是什么,我只能如此。——可我要祈求诸神保佑我,这样你就能跟随我了(432bc)。

然而,事实上,野兽并没有躲藏起来,它长时间以来就在这些谈话者的眼皮底下,只是他们没注意到而已:苏格拉底说,责任要求每个人[129]在社会中发挥自己的功能,做他自己最擅长的事。只有当城邦中的每一个部分都接受这个原则,城邦自身才会变得正义,并具备这四种完美的美德。

在一个国家中,如果如人们所说的那样,工作虽得到了分工,但木匠还是做鞋匠的活或者相反,那么情况就会很严重,但如果对三个阶层重新进行划分的话,那么工作之间的混乱便绝对令人无法忍受了。比方说,如果生产者一旦变得富有了,就想进行管理或参加军队,或者说如果有个战士虽然没什么智慧,但想以军队的模式来统治城邦,那么正义就会受到损害。

个体的正义

如果现在从国家的"大号字体"来到个人灵魂的"小号字体",那么同样可以说,个人中的正义

> 是不会允许个人自身中的任何一个部分去做他自己陌生的事,也不允许灵魂的三个原则(欲望、激情、理性)僭越它们各自的职能,相反他在自己内部建立的是一种真正的秩序,自己控制自己,自己约束自己,让自己成为自己的朋友,让灵魂的三个部分和谐相处,就如同使音阶中的三个项,高音、低音、中音以及存在于中间的所有音符和谐相处一般,他将所有的因素统合起来,使多成为一(443d—444a)。

总之,在国家这个大宇宙和灵魂小宇宙中,必须对工作维持某种有机的划分法。同样,就个人而言,理性应该统治勇气,而这两者又应该统治欲望,当这一等级法受到动摇时,个人就会变得堕落,城邦也是如此,每个社会阶层都应该安于领导阶层、中间阶层和臣属阶层这样的状态。恶乃是自由社会,尤其是指雅典的民主制,抽签选举法使得所有的

社会阶层都有机会担任行政官员，而"资本主义"又使得社会的流动持续不断，这便使比如说凭靠在庇雷埃夫斯港的贸易变得富有起来的非贵族阶层[130]可以施加社会与政治影响，而以前这都是贵族家族的专利。这样的社会总体来说与个人灵魂的神经错乱状态、身体的腐烂与癌症无甚差别。

　　由此一来，我们便确定了正义的原则。凭此，我们就能够考察不义的不同形式。但是，在苏格拉底对此做出分析之前，他的那些对话者都要求他对自己第一次讲起拥有良好体制的国家"卫护者"时所阐述的那个陌生的观念做一番解释。他说他们应该使自己的财产、妻儿共有。这是为什么呢？

卫护者的共产主义

　　苏格拉底回答道，因为为了明确他们维护城邦和谐的任务，他们应该如同团体的各个部分那样团结起来：

> 　　所谓的统一，就是欢乐与共、悲痛与共，由此所有公民都会尽可能因同样的成功或同样的羞辱而感到快乐或痛苦（462b）。

财产共同体

　　然而，为了达到这一点，团体中的各个成员就必须共同拥有一切。因此，

> 　　除了必备的物品之外，他们中任何一个人都没有属于自己的物什；其次，任何一个人既没有住宅，也没有所有人都可以进去的食品贮藏室。

　　由此，我的和你的之间的纷争遭到了驱除，金钱和其他的财物会定期分发。卫护者之间不能借钱，也不能欠款，更不能打官司：他们以和谐为上。

　　此外，大家都同意，这些"牧羊犬"具有保护羊群的使命，不能变成

狼吞吃羊,换句话说就是不能运用自己的力量谋一己之私,也不能谋群体之私;[131]因此,他们应该不去考虑自身的需求,也就是说应由国家来供养他们。但是他们仍需保持极端简朴的作风。

> 至于身为战士的竞技者,食物必须使他们保持简朴和勇敢,他们应该与自己的同胞和谐相处,作为对他们服务的补偿,他们的同胞应给他们提供足够一年的食物,不多也不少;他们如同驻扎于旷野中的战士那样定期去公共食堂用餐,①过集体生活。至于金银财物,对他们的告诫是,他们的灵魂就是神圣的金银财宝,②所以他们并不需要人类的金银财宝,急于拥有尘世的黄金会玷污他们所拥有的神圣的黄金,如此的行为卑劣至极,因为之所以会出现数不胜数的罪行,乃是由于太过看重普通的财物,却不知晓他们灵魂的财宝远为纯洁;在所有的公民中,只有他们不该去使用或触及金银财物,也不该走进放财物的房间,不该穿金戴银,不该用金银酒器饮酒,这是唯一拯救他们自己并拯救国家的方法。一旦他们同其他人一样拥有土地、住房、金银,身为卫护者的他们就会变成管事和农夫,身为城邦保护者的他们就会蜕变为僭主和敌人;他们会陷入仇恨与遭人仇恨、围捕与遭人围捕之中,他们的整个一生便将如此度过;他们常常害怕的是内部而非外部的敌人,于是他们和城邦都会万劫不复(416d—417b)。

妻儿共同体

由于同样的原因,卫护者也须共同拥有他们的妻子和孩子:

> 我们战士的妻子为所有人共有;没有任何一个女人会同他们中的任何一个人同住;孩子也是共有,父亲不认识自己的孩子,孩子也认不出自己的父亲(457d)。

---

① 首次出现对斯巴达公餐(syssities)的指涉。
② 参阅下文 p. 139。

尽管如此,性结合并非偶然的行为,而是由高级官员进行监督,由他们做出决定。这样便能实行优生优育,不断地改良卫护者的种族(柏拉图在此考虑的是斯巴达的优生措施:不过他用严格的数学方法对这种措施进行了"修改")。

[132]高级官员只同意使最优者进行结合,但他们选择的理由却无人知晓,这样可以避免卫护者的"羊群"内部发生纷争,而且他们还会时刻控制着数量。

至于孩子,则由国家共同抚育,只有那些残疾儿会遭到淘汰(460c)(还提到了斯巴达人的两项措施)。

由于采取了这些措施,卫护者阶层中的任何一个成员都会认为其他成员

> 就是自己的兄弟姊妹,父亲母亲,儿子女儿,后辈与前辈(463c)。

结果,卫护者阶层便确确实实如同一个身体,一根手指碰伤,整个身体都会疼痛,身体上的某些部位得到康复,整个身体便会开心,这就是统一的模式。

柏拉图描绘这样的共同生活时,鼓吹的男女平等与他所处的时代相悖,但他并不惧怕别人的讥讽嘲笑。两性必须承担同样的工作,接受同样的教育。妇女将如同男人那样学习音乐、体育、战争技艺和哲学。他通过苏格拉底驳斥了反对意见,按照这种意见,男女的天性有别,因此在社会上从事的工作也应该不同。此种反对意见同认为留长发的人和秃头者无法从事同样的工作这样的看法同样没有分量。男女固然有别,但只是生殖的方式不同而已,并不涉及他们其他的才能(454e)。因此,"在对国家的管理中,不可能排除妇女"(455b)。擅长行医、奏乐、研究哲学的人为何就不能搞体育、打仗或管理国家呢?不过,苏格拉底也承认,通常来说,妇女在这些不同的学科中确实不如男性(456b):这乃是他的"女权主义"的局限性。

精英统治论

苏格拉底继续思考着拥有良好体制的国家中卫护者的个人生活以及他们必须具备的品质,现在他发展了一个新的观点:卫护者[133]应

该成为道德与知性上的精英。对柏拉图而言，这正是阐述精英统治论的大好时机，而精英统治论是民主原则遇见的最为顽强的反对意见之一。

为了使此处描写的正义幸福的和谐国家能够付诸实现，他必须断定：

> 哲学家须成为国家的国王，或现在担任国王和君主的人需成为名副其实、严肃认真的哲学家，这样政治权力与哲学就完美地结合为一体（473d）。

1. 哲学家乃是对真理整全进行沉思的人——必须通过"哲学"对科学，及从理论上对真实进行认知且加以领会。"哲学家究竟是些什么样的人，我们怎么敢要求他们质疑政府呢？"（474b）是那些能够"思考真理"的人（475e）。必须对整体的认知进行领会，对彻底性和综合性情有独钟：情人爱的是被爱者的整个人，同样的是，哲学家"爱的是整全的本质，他不会有意放过任何一个部分"（485b），因而他们并非只在国家的某些部分中寻求正义，而是在整个国家中进行寻求。这样一种科学最终超越了激情；哲人王（roi-philosophe）是这样的人，他们"从来不会存心去接受谎言，他们蔑视谎言，珍爱真理"（485c），他们喜欢的只有科学，并毅然决然地远离感官快乐。这是因为这些头脑看见的是美、正义和善的理想模式，他们能够制定或维护良好的法律（484d），因此最为适合担任国家公职。

2. 鼓动家乃是"群氓"般的民众的谄媚者——如果柏拉图希望由这样一些头脑接管政府，这是因为他认为，国家现时的灾难全是由截然相反的头脑，及智术师统治之故引起的。这些人偏执于残缺不全的认知模式，他们情有独钟的意见只是对表象进行的认知，意见也是民众自发产生的认知模式，这就是为什么[134]智术师能在现代民主国家中轻易掌控民众的原因。

此处，柏拉图首次对采取煽动政策的民主制进行了批评，我们在公元前4世纪其他作家中也能找到这样的看法。民主制自城邦草创时期起，便由于所有人均可在广场(*agora*)上自由发表言论及进行辩论，而使其彻底具有了客观公正的合理性(参阅上文 p. 26—27)，但它一旦听凭群众和民众的摆布，便走向了反面，使合理性成为不可能。

柏拉图描述了智术师的所作所为，他的描写颇具说服力。

人们把所有这些唯利是图的人统称为智术师，并将他们视为敌手，这些人只教授[人们]如何在大会上发表自己的见解的技能，除此之外一无所教，他们还将此称为科学。

据说有个人豢养了一头身强力壮的野兽，在此之前他仔仔细细地观察了野兽的本能行为和欲望，必须以何种方式接近它、触摸它，了解它暴跳如雷和温顺可人的时间及原因，它为何经常发出喊叫声，什么样的声音能使它安静或使它发怒，就像我说的那样，他通过频频观察了解了所有这些情况后便将自己的经验冠之以科学之名，还写了论文，开始授课，但他并不真正知道这些准则和欲望包含的是美还是丑，是善还是恶，是正义还是不义，他对什么都不加判断，只是以这头巨兽所想而想，使它开心的事就是好的，使它恼火的事就是坏的，此外他也无法判断这些字眼的优劣，将正义与美同自然需求相混淆，因为至于存在于需求和善之间的差异，他从来就看不见，也没法让别人看见。以宙斯的名义，你觉得这样的教师是不是够奇怪？——是啊，他说。——那好，就绘画、音乐①或政治来说，你是否发觉此人同聚集在大会上的各色人等之间有差异？假如真有一个人在大会上发言是为了朗读一首诗，或展示某件艺术品，或提出公共服务方面的规划，[135]那么他就是将自己毫无保留地交由这群人评判，这样的需求[……]迫使他讨好这群人。然而，就算这样做既美又好，但你是否真的以为这群人所说的道理不会很荒谬吗(493cd)？

---

① 在雅典，大众集会会为诗歌、悲剧、喜剧等颁发正式的奖项。民主制的逻辑中固有的机能不调状态所限制的并非仅仅是政治。受煽动者操纵的人民激情满怀地宣称要对美做出评判，柏拉图对此却反感至极，他在《理想国》与《法律篇》中好几次回到了这个主题上。

　　换句话说,民众既不可能成为哲学家,也无法了解并且推选哲学家。那些受到民众赞同的人不是哲学家,那是因为他们所说的话只是表面上显得真实可信而已,但最主要的是因为他们太在乎民众的激情和幻觉,是因为他们通过某种根本就靠不住的实践知识来进行研究,但这些足以使他们处处比那些向人群宣讲真理的人抢得先机。

　　3. 成为非民主制政府的理由——此种处境之下提出的根本性的政治结论是:如果政府必须采取真正符合善的措施的话,那么政府的所作所为就必须避开群众的关注和评判。正义的政府只能是非公共性的政府(在《法律篇》中,我们看见的甚至是秘密政府,是"夜间议事会")。更有甚者,只要是为了国家的利益,完全可以向人们撒谎(389b)。

　　柏拉图强调的正是希腊城邦的原则,要知道如果权力本质上具有公共性,而且有关普遍利益的问题都在广场上加以讨论的话,那么对此除了众说纷纭之外什么也决定不了,因为按照此种原则,所有公民都有可能具备理性的能力。因此从某种意义上说,柏拉图的立场对这一阶段的城邦来说是种倒退。但是,由于他拒绝接受公共性与多元性的批评架构,而且我们也发现如需获得理性思维,此种架构毫无疑问在结构上是不可或缺的,但如此一来便出现了一个严重的问题,笔者在本章结尾时会重新回到这一点上。

　　无论如何,这样的立场使柏拉图成为民主制有史以来最强劲的反对者,他的论点是,即便是为了共同的善,国家也必定不能由人民,而应该由知识分子精英来进行统治。

　　[136]那么就让我们来概述一番:

　　从结构上看,民众没法达到真(Vrai)。煽动家对他们的激情极尽阿谀之能事,并维持他们的幻想:对他们而言,这是唯一一种得到民众赞同的方式。而且,在民主制中,唯一能通往权力的是那些施行此种煽动政策之人。因此,以民主的方式做出的决策必定会是错误的,这些错误会给所有人带来损害,其中也包括民众自身。

　　然而,存在着某种真正的科学,它能从切实为所有人服务的良好决策中获益。但是掌握此种科学的人永远不能以民众的眼光来证明他们自己的观点,从这一点上说,他们需要做出努力。如果人们愿意做出良好的决策,就必须建立知识分子精英之类的政治体系,他们可以推行这些政策而无须由集体中的其他人商讨,获得其赞同。如果他们真的愿意施惠于人民,那么他们就不应该求得人民的理解——甚至无须与人民进行交流。

既然精英与人民互相之间的不理解是如此不可救药,那么就应该以这种或那种方式将他们之间的分离写入宪法之中。宪法必须表明,从结构上说,精英应避开人民,不要听取他们的意见,不去理会他们的欲望和激情。比如说,高级官员无须通过选举进行任命,不得罢免他们,他们的任命由内部自行遴选(或由极为贤良的君主选任)。

对卫护者进行教育

但这样一来便提出了一个新的问题,这个问题并非不重要,照柏拉图的看法,它甚至是政治科学提出的最为重要的问题之一。在既不能随便选择,亦不能听凭民众决断的情况下,国家如何才能获得自身所需的贤君呢? 回答是,国家必须尽心尽力发现那些性格良好的人,然后利用经过特殊改进的教育学方法承担起对他们的教育。笔者在此将《理想国》中针对这一主题所写的两段很长的段落做一番归纳总结(Ⅱ 374e—Ⅲ 412 b;Ⅵ 502d—Ⅶ 540c)。

[137]此种教育中有一部分适合于整个卫护者阶层,也就是说其中包括了战士和统治者;课程是"音乐"和"训练术"。统治者——从这个词的狭义上来说——成为新的选任方法的对象,他们接受的是专门的哲学培养。

音乐与训练术:对整个卫护者阶层进行选任与培养

1."音乐"——柏拉图所说的"音乐"既然包含了"三个元素:话语、和声与节奏"(398d),那么它就不仅仅是一种有关乐音的艺术。教育在此本质上是通过保护儿童的心灵来加强合理性,因为所有儿童的心灵从文化的角度来说,都充满了想象、象征,通常而言,他们的思维模糊不清而且尚未成形。因此他对"寓言"大加指责,其中就包括荷马史诗,通常还包括那些神话故事。所有的"诗人"——柏拉图坚持这种观点,他在第十卷中会回到这个问题上——都该遭到城邦的驱逐。

反之,他向儿童阐明了那些节奏与和声,它们容易在儿童身上发展出适度感和规律性。他禁止在音乐中有任何创新、时髦，同样他也禁止运用太多乐器、音阶与和声的复杂音乐。他赞同向儿童教授那些亘古未变的经典乐曲和舞蹈，目的仅在于能让它们在公共仪式上起到适当的作用。

2．"体操"——"训练术"也同样严格——与这个词所表达的意义颇相符合：它指的并不仅仅是身体上的锻炼，还指卫生术、摄生术以及所有身体上的习惯。人们在此强调的是简单性和规律性，杜绝的是多样性。至于摄生术，它根本未将精雕细琢的饮食包含其中；至于卫生术，讲究的是复杂的医学疗法。

> 对于那些体质不好或毫不健康的病人而言，[阿斯克勒皮奥斯（Asclépios）]既不想通过长期排泄与输入疗法来维持他们悲惨的生命，也不愿他们繁衍后代，因为他们的孩子势必会和他们一样；他并不认为照料[138]一个大限已到的人有什么必要，因为这不仅对他自己，而且对国家都毫无益处（407d）。

研究如何治疗复杂的病症，就如同在法庭上对复杂的社会生活中的争端做出解决。想要在问题刚出现的时候就加以解决纯属徒劳之举；必须追本溯源，防患于未然。

最根本的是，必须建立一种训练术，它"简单、节制，最重要的是可为战争做好准备"（404b）。

3．使善的意义渗透儿童的灵魂——同音乐与体操这些预防方法有关的观点认为，必须在儿童成年之前使他们拥有某种善的观念，如此一来他们今后就能理性地对何谓善恶做出自己的判断（参阅402a）。在教育刚开始的时候，使他们处于善的氛围之中将使他们对善拥有某种直觉，这在儿童的一生中都将起到预防的作用，下面一段话写得很有意思：

> 认为灵魂自青年时代起就充满了邪恶并不妥，也不能认为灵魂自己会犯下种种罪行，其目的就是为了它能按照自己的所作所

为推测出其他人的罪行,这就好比认为医生是以自己的患病情况来医治病人。相反,灵魂必须保持天真无邪、远离罪恶的状态,这样它就能诚实而且合理地对何谓正义做出判断。这就是为什么那些向善者在青年时代显露出简单天真的性格,以致很容易遭到恶人的欺骗,因为他们没法在自己身上找到邪恶的精神状态。[……]因此,良好的判断年轻人掌握不了;他必然会变得老成,会在以后学习到何谓不义,他并非通过自己灵魂中的罪恶来对其进行了解,而是通过长时间的学习以对他人灵魂中的罪恶有所了解,他是通过科学而非自身的经验来辨别恶的(409bc)。

柏拉图——将斯巴达的实践行为转换成理性的理想模式——的切身体会是,必须由国家来支持这样的教育,只有国家才能拥有并且能够传授这样的合理性。儿童必须避开民主社会的不利影响。

哲学教育:特别是对统治者进行选任和培养

[139]首要的问题是整个卫护者阶层;但在他们当中,最好是遴选出精英中的精英,由他们来进行统治。

1. 黄金、白银、黑铁灵魂——首先必须认识到,存在某些生来就是精英的灵魂,他们无论在道德还是在知性上都比其他人强很多。柏拉图把他们称为"黄金灵魂"。

诚如所言,民众嫉妒心很强,他们不愿承认存在天性优越的阶层,柏拉图以自己的实践行为训诲世人,照他的说法,国家如果有正当的理由,有权对民众撒谎。最初的统治者在恢复城邦的时候告诫公民,他们所有人都来自同一片大地,因此四海之内皆为兄弟,但养育他们的神明在某些人的灵魂中置入了黄金,在另外一些人中置入了白银,在最后一批人中置入了黑铁和青铜,在他们中间建立了天性上的差别,这表明了第一等人天生就适合进行发号施令,第二等人成为辅弼者,而第三等人只能成为劳动者和工匠。当然,这些阶层并不会代代繁衍完全相同的人。黄金者与白银者能够生出青铜者和黑铁者,反之亦然。由此,选任与教育的功能便与寡头制纯粹的世袭制大相径庭(柏拉图在此显现出他对苏格拉底和智术师的师承)。

通过对儿童的能力进行仔细考察之后,高级官员能够"使他们的天性拥有各安其分的正义"(415c)。他们找出"黄金灵魂"的方式与在泥石流中找出天然金块的行为无甚差别;他们让儿童接受青年人应该接受的各种各样体能、知识和道德上的训练(412d,e)。每个精英必须在自己的一生中鞠躬尽瘁,一丝不苟地以国家利益、而非个人利益为重。他们将经受考验。

> 人们会用火来千锤百炼地炼取真金,以了解他们是否能抵抗诱惑,是否能成为忠心耿耿的卫护者、成为他们自身,是否符合他们接受的音乐课程中的教诲,而且他们是否能以节奏与和声的规则来调节自己的行为(413e)。

[140]选任不会只进行一次。会接连不断地进行拣选,而且一次比一次严格。按照青少年文化军事教育的规则,到了 19 岁,人们就会挑选出那些适合进行科学研究的人。① 到了 30 岁,人们便可以各种方式来找出那些最适合学习辩证法的人,以了解"他们是否具有整全观"(537c)以及"在不借助于眼睛等所有其他感官的时候,他们能否经由真理的力量直达存在本身"。辩证法学习持续五年。之后的 15 年中,获选者将重新投身于社会生活中,以完成对他们培养教育的过程,并使他们的生活经验不少于必须受他们统治的人。到了那时候,也只有到那时候,也就是 50 岁时,他们将被宣布成为城邦的"领袖"和"卫护者"(严格意义上的)。其他人则只能成为"辅弼者"和"领袖决策的执行者"。

2. 善的理念——对获选的卫护者进行哲学培养在于使其研究"善的理念","由此正义与其他的美德就可得到应用,并展现它们的长处"(505a)。

普通公民应该在实践中紧紧追随正义与诚实,而无须对这些美德进行思考。相反,对卫护者而言,他们必须超越表象并理解善的本质(参阅 506a)。但是,在这个问题上,尽管大家都认为苏格拉底为此思考了整整一生,但仍然"懵懂无知"。

---

① 人们不断地向年轻的卫护者传授算术、几何、立体几何(或称"空间几何")、天文学与和声学。因为,所有这些科学都具有共同的优点,那就是它们可以使头脑超越感官,而且它们提出的问题无法直接通过感官获得的信息来加以解决,只有通过理解,公正的理解,才能领会这些纯理论的、不受实践操作影响的问题。上述所言的科学的认知模式完全优于感官认知的模式,它们均是由易入难;尽管如此,它们也只是真正的科学,即辩证法的预备课程。

诚然他对正义、节制和其他美德均做了定义,但在要对善做出解释时,他放弃了;他谈得最多的充其量也就是"善的子孙"和"与其最为相像的影像"(506e)。比如说太阳,它是"善的儿子,善按照自己的形象生出了它,[141]它在可见世界中与视力以及可见物体具有关联,而在知性世界中,善则与知性及知性物体有着关联"(508c)。因为,白天的时候,太阳照耀万物,各种物体都可被眼睛看见,而且看得很清楚。同样,"当(灵魂)关注受到真理与存在照耀的物体时,灵魂立刻就能察觉、熟悉并领悟它;但是当灵魂朝混沌暧昧的物体转去,关注那些生老病死的现象时,它无所适从,懵懂惶然,它不断地变化,从一个极端走向另一个极端,似乎完全丧失了理解力。[……]然而,使真理与可认知的物体及具有认知能力的心灵进行交流者,正是善的理念[tèn tou agathou idean]"(508de)。

正如太阳不仅使感官感知物体,而且亦使它们的起源、增长及发展过程具有可见性,尽管太阳自身并非生成,同样,善不仅使可认知的物体能得到认识,而且"亦能使存在与本质得到认识,尽管善非本质,但它气象恢宏,远远超越了本质"(509b)。

著名的"洞穴神话"表达了这一本体论的结构,①因此也间接地表达了与被统治者的民众相对的统治者的处境。囚禁于洞穴底部的囚徒将阴影视作现实本身,然而这只不过是些影像而已:他们代表的就是民众。身为囚徒的统治者已获释,他们沿着洞穴的斜壁往上爬去,离开了洞穴。他们头晕目眩,忍受着痛苦。但是,渐渐地,他们在水中看见了物体的倒影,他们先是看见了物体的影子,然后是这些物体本身,之后夜幕降临,月亮和星星升上了天幕,再后来白昼和太阳来临(关于灵魂上升的说法,可与柏拉图的《会饮》《泰阿泰德》《斐多》等比照)。因而,他们明白了自己直到那时候一直生活于幻觉之中,现在他们获得了现实,再也不愿重新往下走入洞穴了。总之一句话,他们受过教育之后,"不得不睁开灵魂之眼,将自己的目光投注于照耀万物的存在"。

[142]由是,在

了解了善本身(Bien en soi)时,他们便将其视为管理城邦的典范,这些人各自将其余生中的绝大部分光阴投身于哲学之中,但

---

① 这一切都是为了使读者对这一结构中的峰顶,即超越本质的善产生渴望,照亚里士多德的说法,此善只在学园中"秘密"传授(只有学生可以修习);而《理想国》则可"外传",面向广大公众。

一旦真的轮到他们只为公共利益着想而去面对劳心费神的政治，还要相继进行统治时，他们便不觉得这是什么特权，而是不得不为的义务；他们在按照自己的典范持续培养其他的公民，让他们接替自己管理国家之后，自己便进入至福岛，在那儿居住下来（540c）。

因此，这便是统治者统治权力最根本的基础。他们并不认为自己获得此种权力是因民众选择、承认或接受之故；他们认为完全有权设立这样的契约，正是这个契约使他们的灵魂顺应宇宙本身的结构，因此为了民众的利益着想，民众理应受到统治。

城邦与个体的不义

苏格拉底现在能够重新在中断的地方进行阐述了，也就是说在定义了正义之后，他开始准备对各种类型的不义进行考察。

苏格拉底一向采取的方法就是首先去读懂那些用大号字体写出的字，然后他先会考察一番国家宪法各种有缺陷的形式；随后他会推导出可能存在的不同类型的有缺陷的个人。在这两种情况中，我们将会很清楚地发现不义、不协调以及人与人之间的互相侵犯在集体以及个人中究竟是如何产生了恶。

协调的国家有一个名字，那就是贵族制。"国家的疾病"有四个名字：勋阀制、寡头制、民主制、僭主制（参阅544c）。于是总共有五种政体。在希腊人与野蛮人中间发现的其他形式只是这些形式一种类（formes-types）的变体。由于统治的好坏与"公民的道德品行"，而非与"橡树或岩石"有关，那么"在个人中间也应该有五种形式的灵魂"。[143]我们知道，与贵族制相适应者拥有善和正义的品质。而其他人在他的笔下则与各自的政体相应。

勋阀制（或荣誉制）①

必须预先提出一个问题：贵族制作为国家既然讲究的是和谐，那么

---

① 寡头制、民主制与僭主制均为通用词；柏拉图为了说明"荣誉政府"，不得不造了"勋阀制"（timocratie 和 timarchie）这个词。

它怎么才会变得不稳定,而且内部会发生分裂呢? 对此的解释是,"万物伊始便容易堕落"(546a)。为了使人能够一直成其所是,为了使贵族制能够恒久赓续,人就必须繁殖,按照某些特定的数学时刻(计算极为复杂,参阅546bc)一代又一代地繁殖。但是这就需要假定人都很完美。由于感性世界不可能拥有未来,因此某些婚姻会出现意外情况,生出堕落的人。这便导致了人种的混杂,城邦便会产生不和谐。

黑铁与青铜种族进行反叛,开始想一劳永逸地获得更多的白银。他们让高等种族很是不安,因为高等种族仍然恪守着真正的美德及事物的古老秩序。由此之故,"先前将他们自己的同胞视为自由人、朋友和耕种者加以保护"的卫护者认为只有"对他们进行奴役,视他们为佩里亚柯(périèques)和奴仆"的时候才能保护自己。

这就是拉凯戴孟和克里特的政体,掌权的是性格严酷、毫无教养的军人。该政体的特点是:

> 不敢将哲人提升为行政官员,因为再也没有简朴、坚定的哲人了,它只会找到混杂的灵魂,他们易于发怒,头脑简单,更喜欢战争而不是和平,喜欢耍手腕和战争的谋略,他们习惯永远带着武器(547d—548a)。

这样的政体保留了贵族政体的特点:偏爱等级制、军事才能,轻视商业……但是也具有某些寡头制的特点:因为古代的卫护者[144]自身由于对混乱心存提防,所以也开始看重黄金和白银,他们秘密地搜罗财富,只为自己享用(548ab)。在这样的政体中,所有人都学会了伪装,想尽办法逃避法律,只有通过暴力才能使他们就范。

我们认为,勋阀制中的人与知识分子正好相反;他不是"好的卫护者",因为后者正是"使音乐和谐的理由"。他喜欢的是:体育和追猎。他冷酷无情,"对奴隶冷酷无情,而不像那些受过良好教育的人只会蔑视奴隶那样"(549a)。

寡头制

从词源学上看,寡头制是少数人的政府,但必须明白所谓的少数人都是富人;在这样的政体中,权力并不属于那些拥有一定财富的人。

它比勋阀制还要次一等。自私自利乃是普遍风气,人们愈来愈看轻美德,对财富却是越来越看重。发展到最后,人们便正式确认,行政官员的任命应以财富的等级来衡量(梭伦正是这么做的,参阅上文 p. 66—67 和 p. 81—82)。

这一新的政体导致了数不胜数的恶行,它自己的原则正是罪魁祸首:以财富的多寡来选任统治者荒谬至极。我们是否会以舵手拥有的财富多寡来决定是否让其来驾驶船只呢? 此外,它还使城邦中的两大类公民互相敌对,在政体内部导致了混乱。战争中它必定不堪一击:就算寡头亲自披挂上阵,也很少有寡头会强大无比;相反,如果他们武装人民的话,那人民就会拿着武器来反对他们。寡头政体取消了社会中所有质的差别,使所有的个性互相渗透、互相交融。

它最终导致了

> 既可自由出售自己的所有财物,也可自由购买他人的财物,在把自己的财物全部卖完后,他仍然住在自己的国家里,但并不是作为国家的一分子,因为他既非商人、工匠,亦非骑士和重装步兵,他只是穷人和贫民(552a)。

[145]柏拉图奇怪地说道,自此以后,这些人在社会这个蜂箱中便同什么都不生产的“大胡蜂”没什么两样了。显然有两种胡蜂,一种长有螫针,一种没有;前者以非法的手段致富,其他人则仍然生活于贫困之中。但这些人都是寄生虫,因为在蜂箱这样的组织中,他们并没有受到限制,也不进行生产。

柏拉图随后描写了寡头制中的人,他解释道,之所以会产生寡头制的观念,是因为个人自孩提时代起便受到了信奉勋阀制的父母的教育之故。儿子看见自己的父亲为国家的利益鞠躬尽瘁,但“在献出了自己的财物和人格而成为军队的首领或担当重任之后,却受到了审判,诽谤者①

---

① 关于诽谤者,参阅下文 p. 242。

对他滥施攻击,于是他被判处死刑,或遭流放,或者丧失公民权和所有财产"(553b),所有这一切都是因为国家早已败坏的缘故使然。因此儿子对勋阀制信奉的诸如荣誉和尊严之类的价值观不再尊重。他认为在这样的环境中,自己真正的兴趣在于尽快积聚财富。为了这个目的,他巧取豪夺,将价值观颠了个底朝天。他节俭、吝啬,生活过得颇为清苦。只为获取更多的财富,而不是更多的文化,因为公民中此种新的类型乃是"盲目的普鲁图斯([Plutus]财富)",它分辨不清善恶,"心灵完全受欲望的指引",对良好的教育不闻不问。

民主制

民主制随寡头制而来,这与寡头制随勋阀制而来一样自然。统治者对美德毫无尊敬之心;他们令放荡的年轻人放任自流,这主要是因为他们想要挥霍钱财,一贫如洗之后又想要发家致富之故。因此,城邦中绝大多数人都失去了社会地位。

> 城邦里都是游手好闲之辈,他们长着螫针,全副武装,有些人背着债务,其他人身败名裂,还有些人两者兼备,[146]他们满怀怨恨,密谋反对那些购得他们财物的人和其他公民,他们一心想着的就是革命(555d)。

一贫如洗之人和他们的孩子由于失去了希望,便更是游手好闲、颓靡不振,他们只有在战争中才能翻身。

> 当瘦得皮包骨、晒得黝黑的穷人身处战场上,而旁边的富人娇生惯养,长得满身肥膘,穷人发现他累得气喘吁吁,一筹莫展的样子,难道他不会对自己说,这些人之所以富得流油,是因为穷人怯懦的缘故;当穷人聚在一起的时候,他们难道不会彼此说:这些人没有我们根本活不下去吗(556de)?

因此,内战简直可以说是一触即发,这是寡头和民主派之间的一场恶战,在这场战争中,每一方都会求助于支持各自政体的其他城邦助战。希腊发生的事正是如此。

民主制一旦建立起来，人们便会屠杀、驱逐反对者，他们会分配官职，共同享用公共的钱财。秩序荡然无存。

所以这样建立起来的政体的特点便只能是放纵。每个人"只在乎自己的生活，只任着自己的性子胡来"（557b）。况且，他们还会受到某些诱惑，至少儿童和女人会这样，因为社会如同一件百衲衣，色彩五花八门。多元化会变本加厉：支持多元化的体制不止一种；体制本身就有很多，"这就像个市场，里面有很多体制"（557d），因为没有一种原则会是固定不变的，也没有一种原则会得到全体赞同，而且无人实施法律，也没人会花费心思给年轻人传授良好的操行。民主制只会导致混乱和"无政府状态"，"无论是否应该平等，反正它都将平等赋予人们"（558c）。

现在如要定义民主制中的人，就得重新对作为基本单位的家庭的特点考察一番。

寡头者的儿子可以经常同"大胡蜂"自由往来，这让他体验到了各种各样、形式各异的快乐。

[147]正如国家发生变化的时候，两个派别会互相敌对，其中一个派别得到了与自己站在一边的外国盟友的支持，随后便导致了国家发生改变，同样有两种激情，其中一种激情与年轻人系出同类，年轻人获得这种激情后也会发生改变（559e）。

于是，他"内部的政府"几经易手，"他灵魂的城堡"会被其中某个派系夺取，因为城堡已无科学、高尚的训练、真正的道德操守这样的"哨兵"守卫，因为监护人忽视了对他的培养。

如此一来，便会为时已晚。自此，就算美德想要回来，大门也会被关上："羞耻心"被说成是"愚笨"，"节制"被说成"怯懦"，适度则被说成"土气"（rusticité）。而年轻人的那些恶行，如"蛮横无理、无政府主义、挥霍无度、厚颜无耻反而都被打扮得花枝招展，他头戴冠冕，随从众多"。在此名称再次被颠倒了过来。人们把蛮横无理说成是"有理有度"，无政府主义是"自由精神"，挥霍无度是"慷慨大方"，"厚颜无耻"则是"勇气可嘉"(560e)。

结果便导致了我们今天所说的"虚无主义"。年轻人成人后"对所有的快乐都一视同仁"，"他把自己的灵魂交给最初见到的事物，就好像是命运决定了这一切"；在善恶之间，他不作选择，"他认为这两者都有同样的性质"。

> 因此，每一天他都会委身于欲望：今天沉醉于笛声之中；明天他却喝水，让自己日渐消瘦；他时而跑去健身，时而无所事事，对什么都不放在心上；有时候人们以为他钻研起了哲学；他常常玩政治，忽而又从事起了法律，他的所说所为全凭着心血来潮。有时候他想参军，就任由自己往这方面去闯；有时候他又对经商感起了兴趣，于是便全身心地投入到生意中去了。总之，他的行为没有条理，也没有约束[……]——他说，你写得太对了，信奉平等的人就是这么行事的(561de)。

僭主制

> 我得再一次说，现在我们要来研究的最美好的政府和品质最美好的人就是僭主制和僭主(562a)。

[148]正如寡头制具有不可餍足的欲望，它将财富视为至高无上的善，对其他的价值漠不关心，这便为民主制的到来铺平了道路，同样民主制的欲望也是欲壑难填，它将自由和平等视为至高无上的善，这导致了民主制的失利和僭主制的上台。

所有人视彼此为平等；统治者之所以好取决于被统治者，反之亦然；儿子认为自己和父亲处于平等地位，外国侨民与公民、学生和教授、年轻人和老年人(同样，老年人也认为自己和青年人是平等的，他们"为了讨好年轻人，学会了插科打诨、逗乐子，他们为了不让自己显得忧郁悲戚、独断专行，转而模仿起年轻人"[563b])、奴隶和自由人、女人和男人，最后还有畜生和人类均是如此！

> 甚至于供人驱使的畜生在此处也要比其他地方来得自由得多，只有亲眼所见你才会相信这一切。那儿的母狗也确实是这样，诚如谚语所言，母狗同它们的女主人不分彼此；人们发现那儿的马、驴的步态都已惯于优哉游哉，它们在马路上见到不让道的行人就横冲直撞；同样，到处都可见到这种泛滥的自由（563cd）。

但是这样的过分行为也产生了某种反应：显然，自然界与社会一样，"自由过度便会导致令人难以忍受的奴役状态"，于是便从民主制来到了僭主制。

此处必须详述。柏拉图说，民主制国家由三个部分组成：1)"大胡蜂"，也就是我们说过的那类游手好闲、挥霍无度的人，其中一些人张着"螯针"，在人民大会上起主导作用，而其他人虽然坏事干得不多，但他们对不同意见三缄其口倒也心安理得；2)富人，也就是那些有很大自由的人，他们倒是秩序井然；他们产的"蜜"让大胡蜂心生觊觎；3)最后是民众。然而，这里出现了这一体制所体现的恶：在民主制中，人民最有力量，因为他们人数众多。但是他们不知道如何管理自己。他们受到了大胡蜂的操纵，大胡蜂让他们心生夺取富人产的蜜的恶念。事实上，大胡蜂为自己保留了很大一部分蜜。因而，"这些富人由于别人想要对他们巧取豪夺，于是不得不起来自卫"。他们试图建立寡头制。于是人民为了保护自己，便将越来越多的权力交于民主派的手中。民主派要求受到保护，要人们提防寡头派的阴谋诡计。[149]人们赞同他们的观点。于是对手逃跑了。局势则仍然由他们掌控（565b—566d）。

起初，一切顺利（无疑，柏拉图想到了庇西斯特拉图）。僭主免除了债务，给农民平分土地，对所有人都许下诺言。但很快

> 他到处挑起战争，就是为了让人民需要他的领导[……]，让那些因苛捐杂税而致贫的公民专心于日常生计，而无暇起来反对他（566d—567a）。

于是出现了对他的批评，尤其是那些扶助僭主上台的人，他们都很

清楚僭主是如何获取权力的。

> 因此,如果僭主还想成为主人,那么无论这些人有什么价值,
> 也无论他们是敌是友,都必须将他们镇压下去。

僭主四周尽是些不喜欢他的庸人,他若想维持自己的权力和生命便只能依赖外国雇佣兵、以高昂的价格收买的外国人,或是依靠那些替他的同胞做事的奴隶,他还这些奴隶以自由身,于是他们的命运便同他联系在了一起,这些人可算是大胡蜂中新的种类。既然僭主可以支配权力,那么他就可以倾尽子民所有的资源,使其为自己和周围的一帮歹人所用。他将人民的自由剥夺殆尽,于是人民便只能"受到沉重苦涩的奴役,像奴隶那样逆来顺受"(569c)。

僭主制中的人——柏拉图在此所作的家庭史诗乃是为他的阐述原则服务的。民主派的父辈所留下的灵魂受到了激情的左右。儿辈也受这些激情的牵掣。但是,正如僭主以无产者主人的身份来反对寡头派的威胁一样,那些激情一旦感觉自己受到了父辈仍然比较看重的要求适可而止的威胁时,他们便会想办法用某种激情即爱,那种"会飞的大胡蜂"来装门面,当然少不了会配备上令人生畏的螫针(人确实会如此,如同我们有时候在睡梦中发现的那样,那时候理性的防御能力已然松懈,狂暴的野兽就蛰伏在那儿;它就是被民主派的激情唤醒的)。因此,僭主制中的人就是这么锤炼出来的,他们"有时睡梦中也常常会处于警戒状态"(574e)。他已不知道[150]何谓约束,他不会在任何快乐面前却步,而是会犯下大大小小的罪行。拥有此种特性的僭主制中的人通常数量不多。当国家管理有方的时候,他们也就是作奸犯科而已,这在整个社会中并不鲜见。但当国家腐败堕落时,他们就会从阴影中走出来,尽可能攀上权力的顶峰,直到他们中道德最差的人成为城邦的僭主为止。

僭主制中的人的特点是没有能力管理自己。因此,此种类型的人只能成为奴隶,要不就成为僭主的奴隶,专事满足僭主的欲望,要不自己成为僭主,一直生活于对反叛的恐惧之中,害怕受到奴役。无论如

何，这就是自由，而不是友谊(576a)。由此，事实上最恶者同最不义者没什么区别。

照此分析，柏拉图就可以针对苏格拉底最初的那些对话者对正义所提出的反对意见做出最终的答复。在城邦中，幸福是随着不义的建立而减少的，无论是勋阀制还是寡头制均是如此。从个人的观点来看，仍然只有正义者才是最幸福的人，因为他与其他人以及自己都处于和谐状态之中，而寡头制的十恶不赦之人乃是最不幸的人。

在第十卷中，柏拉图甚至借由受到俄耳甫斯和毕达哥拉斯影响的潘斐利亚的厄尔神话故事证明了，正义者的幸福与不义者的不幸即便在死后也不会停息。不死的灵魂由于不断地再生，因此每一次不义的生命都会在哈德斯冥府受到惩罚，进行可怕的涤罪，直到灵魂对美德有了足够的领悟，能够在完全明确的情况下做出选择，只有在此时他才能再生为人，获得尘世的生命，才能成为完全正义之人。只有在一系列尘世生命与天国生命充盈着幸福之时，灵魂才会活着。

革命理论

柏拉图在《理想国》中画出草图的国家照通常的说法就是"理想国"，它类似于乌托邦，如同数学中的圆很难用粉笔画出一样，它也很难实现，难道柏拉图相信他能在[151]希腊真正实现与《理想国》中的典范相仿的贵族制国家？他似乎认为这一典范如要得到实现，必须出现某种奇迹或运气极好才行（30年来，他密切观察着西西里的发展动向）：他认为自己能够遇见真正的哲人王，这样的国王能左右局势的变化。时机未到，并不意味着不可实现。因为，即便绝大多数国王和僭主都有恶劣的品行，即便他们绝大多数人虽有良好的品行，但最终堕落变质，可是还是有可能会出现至少一位国王精研哲学。一旦在现有的城邦中觅得稀有的杰出人才，人们就能建立好的法律，这样便可使城邦逐渐成为那样的理想典范。

人民是否会甘心如此呢？按照柏拉图所说的话，可能的程度虽然很低，但并不说明不可能：人民会对智术师心生厌倦，尽管他们并不十分了解为何要建立那些措施，但他们仍然能够在新的政府中了解到善者究竟是些什么样的人，于是他们也想拥有善，并认为值得去这么相信（参阅500e）。

然而,仍有最后一个条件需要满足。新的政府必须创造出卫护者这一种族,这样方能确保政体千秋万代绵延不绝。但是,为了达到这个目的,他们就必须使教育国有化,也就是说把儿童从他们的父母那里带走。

> 我们国家中的所有人在度过第十年后,[统治者]就会把他们遣至乡村;然后他们会带走儿童,消除他们遵守的现行的习俗,并按照自己的习俗和原则来培养他们,这样的人才具有最好的品行(541a)。

革命性的步骤显然具有暴力性,柏拉图似乎认真考虑过这样的情况,我们可以认为只要政变(putsch)成功的话,那么他早就会在叙拉古实行这样的体制了。当我们在《法律篇》诸篇中发现他对年轻人所作的同样完整的规划时,我们就必须思考一下它在政治及道德上的意义了。

第三节 《政治家》

[152]《政治家》①是在《理想国》20 年后写成的对话录(也就是公元前 357 年—公元前 354 年),此时的柏拉图对政治家的治国方式思考得更为明确,他将此种方式称为"政治"术或"王权"术。理想状态下,政治与公民的关系犹如牧者与畜群的关系;牧者在城邦中并未像医生、农夫或商人那样具有特殊的职能,而是具有普遍的权威,如同畜群中的牧牛人,是群体的牧首,负责牲畜的食物、健康,甚至还有它们的娱乐活动(267e 及以后)。这样的理想在今日已不太可能轻易实现,因为人性已经堕落,柏拉图通过神话故事表明了这一点。

《政治家》的神话

如今,世界上的国家并不会一劳永逸地存在下去;之所以会出现这样的结果,乃是因为它与地球及日月星辰的转动,因此也就是时间流转

---

① 可参柏拉图,《政治家》,洪涛译,上海:上海人民出版社,2006 年。——译注

的方向相反。

起初，世界是由神自己来统治的。人们从地球上出生后，变得愈来愈年轻，不再死亡，可以说那是因为他们可以不断再生，循环不息。他们既没有家庭，也没有城邦，因为他们是由神直接统治的（精灵统治的是动物）。

但是神在某个时刻却将世界托付给了命运。于是世界立刻就朝相反方向变革了，就像展开的弹簧那样；而时间也具有了我们所熟悉的那种意义：他从创始者变成了堕落者。至于人，他们确实被赐予了取火和冶金之类的技术，这全是因为神明的仁慈所致。但他们被驱散后便失去了方向。因此他们就得建立城邦，由自己来管理自己。

政治家以失落的人性替代神明

[153]尤其是，他们必须让其中某人担当牧者的职能。尽管这是显而易见的事，但这就等于是用某个至高无上的人来替代神明（303b）。这样便确确实实地提出了真正的"政治"问题：如何找到与至高无上的神性相对等的人性。正如原初时代的神明那样，政治家必须"精通"权力，成为地地道道的牧者。

如今政治上的领导者均偏执一端，因为所有的城邦都是党派政体；因此它们中没有哪个党派真正懂政治。寡头对财富素富研究，民主派则对贫穷，而其他党派则对宗教或战争各擅胜场。但这些知识中没有哪样在管理城邦方面能完全胜任。真正的管理科学只掌握在极少数人的手中，在两个人（哲学家和国家领袖）或贤君一个人的手中。

政治家居法律之上；在无哲人王的地方，法律是权宜之计

这两个人或一个人由于掌握了这一真正的科学，便无需法律相助。因为，柏拉图将法律

> 与自负无知的人做了比较，后者只会使人躲避由他建立的法律，他不能容忍让别人来对自己提出质疑，甚至不允许别人在他选定的法律条款之外提出新的看法（293e及以后）。

然而，健身方面的行家如果在建立普遍的训练规则时，并未考

虑到每个运动员的特殊情况与需求,那就会很荒谬。同样,医生如果用机械的方法用同样的治疗术来治疗所有的病人,而并不考虑每个病人疾病的发展过程,那么别人也会认为他是个疯子。因此,相同的是,

> 船长如果时时以船只和水手的利益为重,那么他就会注重保护同船者航行的安全,不去制定成文的规则,而是使他的技能作为法律(296e—297a)。

[154]柏拉图承认,如果领导者乃无知之徒,或是疯子,那么成文法律或习俗再加上经验终究不会使他惹出什么大乱来。但通过真正的政治术来管理的政府永远要比通过法律管理的政府要好。事实上两者必居其一:要么胡乱订立法律,那么哲人的决策反而会更好;要么法律按科学的规则进行订立,而这科学由于是唯一客观的参照对象,因此它显然就能废除法律。

柏拉图对七贤以来形成的论据毫不放在心上:法律排除了独断专行,是共同制订的成果,受到所有人真诚的拥护。问题不在这儿。政府完全可以不理会是否需要得到被统治者的赞同。医生所要做的就是治疗,唯一重要的是他是否掌握了技能,以及掌握技能后怎么进行治疗;只要把疾病治好,便没人会指责他下了重药,把含铁的物质敷在伤口上。政治也是如此,只有真理才是好的,而且永远如此;采用哪种方法并不重要。

政体的类型

现时的城邦由于将自己的命运托付给了法律和习俗,因此成了"混合的"政体;不言而喻,统治这些城邦的并不是真正的哲学家,它们甚至连法律都不听从,所以更糟糕。对柏拉图而言,现在正是详列不同的政治体制类型的大好时机。

有三种主要的政体:权力只属于某个人的政体,权力属于某些人的政体,权力属于所有人的政体。笔者按照尊重法律和不尊重法律两种情况,将这些政体一分为二。总共出现了六种类型:君主制与僭主制(君主制在六种政体中为最佳,僭主制则最差:理由是,如果某个人的意愿是好的,那他以一己之愿来号令所有人就会产生良好的结果,如果他心怀叵测,那么结果就会很糟糕);贵族制和寡头制(列为

第二等和第五等);两种名称相同的民主制——因为照柏拉图的说法,民主制是这样一种政体,"它没有什么活力,同其他政体相比,它既不好也不坏,[155]正是这个原因,权力才会以人数多寡这样极端过分的方式来进行划分和分割"(303a)。民主制在最好的政府中算是最差,但在最差的政府中又算是最好的(它占据第三等和第四等)。

然而,荣誉归于"第七种政体",它由真正的政治家领导,人们应该"抛开其他政体,就像为了神性抛开人一样"(303b)。因为,在其他六种并不是由知识统治的政体中,领导者"不是政治家,而是职业破坏分子",这些人乃是"智术师中的智术师"。

政治术与从属的技艺

正如为了提炼真正纯粹的黄金,将天然金块洗涤干净是不够的,洗涤只能去除污泥,还必须将其用火来提纯,只有火才能将黄金同其他与其相像并混合在一起的金属区别开来,同样为了确定真正的政治术,不仅须要将它同六种"党派"政体的领导者的能力进行区分,尚须将它同其他与真正的政治术相像的技艺区别开来,因为事实上它们之间是有区别的。

> 在这些部分当中,我认为军事技艺、做出裁判的技艺以及修辞术,君主都应该掌握,这样他才能说服别人何谓正义,这些技艺与政治术联结在一起就能领导政治活动(303e—304a)。

这三种技艺本身并不坏,只有将它们独立开来才会产生恶。因为,懂得如何打仗同懂得是否有必要开战是两码事;知道怎么讲话同懂得该讲什么、知道按照法律进行裁判同懂得法律是好还是坏也是两码事。在政治生活的所有这些领域中,知道应该如何肯定比知道是什么更重要。因此,上面所说的这些技艺仍然是为君主服务的。

君主织造术

"国王"不单单统治城邦,他还得——我们发现柏拉图的创世神(démiurgique)又开始跃跃欲试了——造就城邦,[156]说得更确切些,他还需要"编织"城邦,他所用的"经纱"就是他似火的热情,而"纬纱"则是指他稳重适度的性格(309b)。柏拉图在一段精彩的段落中(306b—308b)确实表明,那些肤浅的头脑之所以自然而然地认为这些美德会和平相处,唯一的原因是认为它们都是美德的缘故,可事实上它们本身却是不共戴天的敌人:此外,社会之所以常常会产生分歧差异,乃是因为拥有某种纯粹的美德的公民并不知道其他美德的用处。然而,它们之间乃是互补的,对城邦的成功都必不可少。君主的技艺确切地说就是懂得如何将它们协调起来。

将它们协调起来的一种方法就是由行政官员来强制安排婚姻,为了"种族"具有辉煌的未来,就须要将激情洋溢者与稳妥节制者交错起来搭配,然而激情洋溢者却会与同类结合,最终在过了几代人之后,出现具有极度暴力倾向的人,而稳妥节制者也会与同类结合直至生出完全冷漠的人。过往的科学所要求的优生学该如何采取补救措施呢,这自古以来就有人担心,我们在《理想国》中已经见到过,现在又在《法律篇》中与其相遇。尚须补充的是,完全没有用处的人将会变为奴隶,他们要么遭到流放,要么被判处死刑。

现在我们明白了,王权科学是如何运作的。它的特点是,一方面使现实具有永恒性,另一方面亦可对一切有所关照。因此,它能察觉社会机体的各个部分和谐相处的维度,而通常各个组成部分是不会受到关注的。经由灵魂中的神性部分,每个公民便能与其他人息息相通:激情洋溢者明白了自己必须要学会适度,而有礼有节者也明白自己必须要有活力等等。一旦达到了深刻的和谐状态,统治者就能轻而易举地、有针对性地调节法律或其他措施,这样便能形成良好的社会组织。

[王权术]与神性具有关联,这样便能使[优秀种族的公民]具有永恒不朽根源的灵魂处于和谐状态,由于具有了神性,虽然是同样这些存在,但这次它也能以同人的关联使自身的动物根源达到和谐(309c)。

[157]尽管柏拉图在《政治家》中认为法律的构成比较低级,但他年老时却耗费全部精力撰写了一篇有关立法的长篇论文。随着时光的流

逝,他的作品终于完成了。

第四节 《法律篇》

诚然,我们在《法律篇》①中接触到的柏拉图同之前对话录的作者迥然相异。他对自己所作的基础规划仍然很自信,那就是调整政治使其为理念服务。但是,随着年事日增,他的历练和政治上的知识也愈来愈丰富。因此,他变得更为"现实主义",也就是说更为关注具体的问题,而且对人类的弱点也更为宽容,当然这是就某种程度上而言。《法律篇》颇为突出,因为它论证精详,涉及众多领域,如民法、商法、刑法、诉讼程序等等,作者丝毫不愿放弃自己作为组织者的影响力。我们感觉到,这一次,柏拉图真的要达到目的了,之前只能将思辨哲学作为迂回的策略,而现在他心中的那种真切的激情终于赢得了胜利,我们在《书简七》中读到,他生命之始便有了这种重塑城邦的激情。这位理想主义之父简直就像是在向尘世发表爱情宣言! 他提醒自己(968b),自己的整个一生都有这样的计划,都怀着这样的希望。

《理想国》的主题就是揭示正义的本质;与此同时,他也在建构理想国家的蓝图。此处,最初的也是唯一的主题便是详尽阐述国家的体制。柏拉图推测克里特人会建立领地,这样他就能一股脑地将自己设立的所有法律都应用其上,他知道能在处女地上建立这样的国度乃是希腊政治思想家梦寐以求的美事。

对话中有个雅典人,我们不知道他的名字(他只是简单地称其为"雅典人";他是柏拉图的代言人,正如苏格拉底是《理想国》中的代言人一样);拉凯戴孟人麦吉卢;克里特人克利尼亚。也就是说:一名民主制国家的代表将同寡头制政体的两名代表进行舌战。这三个人都已上了年纪。他们都明事达理、历练丰富,而且有很多时间来进行辩论。

[158]于是克利尼亚提出了自己遇到的问题:

> 克里特人打算建立一个领地;他们让克诺索斯②人来做这件

---

① 可参柏拉图,《法律篇》,张智仁、何勤华译,上海:上海人民出版社,2001 年。——译注
② 克里特岛的主要城邦。

事,我同其他九个人就受到了他们的任用;与此同时,他们又邀请
我们给这片领地制订法律,不管是我们国家令人满意的法律,还是
别处的法律,只要我们觉得最好,就不要计较它是不是外国的。
[因此,]我们着手在理论上建立一个国家,仿佛我们成了它的开国
者似的(702c)。

作为宪法基础的"政治哲学"

"第二类"国家

柏拉图说(739a),克利尼亚有三种模式可以选择:1)理想的宪法
(《理想国》中的类型,但此处它作为共产主义包容了方方面面,而不仅
仅同卫护者有关);2)理想政体不完美的仿制品;3)其他政体,但距理想
模式相差甚远。《法律篇》要谈的就是"第二类"国家。本质上它势必会
与理想模式不一样,因为它承认私有财产(就家族土地而言,国家肯定
会保留人们所说的"特权"财产);然而,它之所以这么做就是为了确保
政治秩序的稳固性("几近于不朽性")。

柏拉图同意,在紧急情况下,可以从第一种模式过渡至第二种模式,这样
就不必失去建立殖民地这样的机会了;就像下双陆棋(tri-trac)一样,必须要懂
得如何"孤注一掷"(739a)。然而,柏拉图知道得很清楚,未来的侨民是不愿意
放弃私有财产的。因此,他向他们做了很大的让步;付出了这个代价,他才能达
到目的。

法律基础的问题

第一个有待解决的问题是什么是法律的基础。以什么名义证明它
的合理性呢? 再也不能像"黄金时代"那样求助于诸神的秩序了(参阅
713c)。我们在《政治家》中所知道的,以及柏拉图在这儿重述的是,
[159]如今的城邦之所以悲哀,乃是由于它们不是由诸神领导,而是由
人自己制订的法律进行管理,问题是法律既不具有智慧,也没有权威性
(参阅713e)。

解决办法是,人类应由某种神圣不朽,同时又是人类精神固有的东
西来管理,那就是理性。因为,从某一方面说,永恒的理性同现实的人
相比具有外在性和超验性,犹如精灵同克洛诺斯时代的人相比那样;但

是，从另一方面来说，理性内在于人自身，它使人类具有清晰的理解力。

因此，法律也具有外在的超验性，但由于法律是理性的，所以每个人都能从内心中接受它，它会内在于每个人，也可以说，每个人都会发自内心地理解它的需求。外在性并不意味着它会使知性臣服于它。规范总体而言与卢梭或康德所欲言说的相当接近，规范就是使人将自身交付于它，就是自治。

我们怀疑，此处的理性意指的与煽动家的不同，煽动家完全以自己的诡辩来专断地操纵法（nomos）；理性可使人通达事物的本质。因此，法的真正基准应该是本质，通过它我们方能领会宇宙永恒且神圣的结构。

柏拉图说，"神性"使用"本质那条笔直的道路"以实现事物的"整体革命"（716a；亦可参阅733a、733d、734a）。这条笔直的道路与"非理性"及"过度"相对立。与普罗塔戈拉那个著名的论题"人是万物的尺度"相反，"对我们而言，神乃是万物至高无上的尺度，而非某个人"（716c）。①

公民宗教

[160]由于城邦将牢牢地建基于这些超验的规范之上，所以柏拉图希望城邦拥有某种强制服从的公共宗教。这一宗教本身自然会以理性为准绳加以调节；它将成为哲学——以及柏拉图哲学——的作品。

所有公民都将通过牺牲、祈祷以及献祭这样的方式来对诸神顶礼膜拜，首先要敬奉伟大的神明，其次则是精灵、英雄，最后是拥有神性的家族。但这是一种纯洁、内在的宗教，它强调的是内心深处的意愿，而非对宗教仪式敷衍了事。

> 无论对善人，还是对神明而言，只要祭品出自某个具有污秽心灵的人之手，那么接受这样的祭品便根本不可能保持公正。因此，

---

① 柏拉图在此谨守苏格拉底的教诲；同他一样，柏拉图也反对其他智术师，他认为，在诸法（nomoi）之中存在着某个至高无上的准则，即"本质性的法律"（参阅上文 p. 110）。但是我们自《理想国》以后的对话录中得知，柏拉图有关神圣的或本质性的法律的理论与强调理智主义的学说判然有别，我们将在后文中再一次看到这一点。对柏拉图而言，本质乃是理念世界，通过数学理性与辩证理性可以进入这个世界。而对亚里士多德以及斯多阿派而言，本质乃是某种实在，单凭经验即可加以观察研究，但理性也有限度，因此人们无法从某个独一的理想国家状态中推导出明确的规划。

那些毫无虔诚之心的人哪怕对诸神费尽了周章也是枉然，而那些虔诚者无一例外都不会徒劳(717a)。①

理性侵入了信仰之中，因此信仰就必须按照同毕达哥拉斯传统相符的数学规则加以实施。

法律的序言(préambule)

将法律引入既是超验又可被人类理性理解的本质之中，这便是法律的序言所起的作用。

因为按照《法律篇》中的说法，人们必须将那些在先前的国家中浸淫日久的公民领出来。因此，人们不可能以《理想国》那种理想化的革命方式来这样做。[161]必须对那些具有信仰的人进行说服。这便是为什么今后在对法律做出陈述时，将会有个"序言"，从而使人们能够对法律存在的理由做出阐述。

法律的序言犹如良医同自己的病人之间的谈话，之后他们才会给病人进行治疗。由于治疗会很痛苦，所以病人必须明白如此作为的必要性，从而会对这样的治疗抱合作态度。人们只对奴隶才会采取机械性的处理方式(719e 720e)。同样，在演奏乐曲之前，人们也会先听一段序曲。因此，为了建立法律，人们也将采取"威胁利诱的方式"(721e)，而不会像拉凯戴孟人那样只施以威胁(对此，柏拉图这次持坚决的批判立场：他当然倾向于勋阀政治，但他也清楚地意识到斯巴达人骨子里的反理智主义会带来什么样的危险)。

这儿有一个有关序言的例子，即婚姻法。这一"简明扼要的"法律是这么表达的：

> 每个人30岁至35岁的时候必须结婚：如不结婚，就将课以金钱上的惩罚，降低公民身份；金钱上的惩罚，数量不等；降低公民身

---

① 人们对宗教的献祭仪式重新进行了探讨，他们自认为已经领会了预言家和诗歌所使用的那种语言(参阅下文，第三部，前言)。"耶路撒冷"是否对"雅典"产生了影响呢(纵观历史，对这样的假设我们无法一口加以否认)？是否由于出现了某种"想要预言"的特立独行的激情，才在部落国家之外涌现出了其他的突发情况呢？要不然就是同时在好几个地方自发出现国家机构是种必然现象，它们使传统宗教的献祭仪式以及其他外在的表现形式失去了效力，从而使其变得无足轻重了吗？

份,采用的方式也不尽相同。

详尽的法律(包括序言)是如此表达的:

> 每个人30岁至35的时候必须结婚,也就是说,从某方面看,为了人类的种族,通过其天生具有的血统使人类不朽;这也就是为什么所有人都有欲望是件自然而然的事情,因为一旦生命停息,死者仍会具有显赫的声名,这也是人们热衷向往的事情。然而,在人类与漫漫的时间长河之间,存在着某种整全的自然本质,既然此种本质无穷无尽,那么人类就会随并且将永远随时间的进程而发展;既然人类掌握了成为不朽的方式,也就是生生不息,永远相同,那么人类也就会通过代代相传的方式通往不朽。因此,自愿剥夺自身所具有的此种特权乃是不虔敬的表现;然而,对娶妻生子不感兴趣的人这么做的时候必须先要想清楚了。最终,那些遵守法律的人将会免受惩罚;相反,那些不遵守法律的人,当他到了35岁时仍未婚娶,就会每年被课以数量不等的罚金,[162]以阻止他人认为独身也能给自己带来好处和便利;此外,他也不配受到年轻人给予年长者的尊敬(721bd)。

这样的程序就是在每个法律之前放一段序言,柏拉图在整篇《法律篇》中一直谨守着这样的做法。

必须有好的僭主才能建立国家

付诸实施之前,仍有最后一个问题尚待解决。大部分国家都是自发建立起来的,随时势的左右而沉浮。况且这种情况

> 差不多存在于所有的人类秩序中[……]没有一个人不会设定法律,不过这全然是偶然情况,受各种时势使然之故,但无论如何,这就是我们的法律(708e—709a)!

重新要强调的是,不仅人类如此,神性也是如此,偶然与机缘成为

社会秩序的根源。人类也拥有各种手段，但最终他的所作所为似乎都能适应各种情势，就像在暴风雨中驾驶航船的人一样。

因此，为了建立一个同理想状态相差不远的国家，就必须祈求诸神创造出某些时势，使人类得以结出丰硕的成果。对柏拉图而言，最理想的时势就是立法者为了实践自己的法律，必须找到一名好的僭主，撰写《理想国》时即已形成此种思想的他并没有放弃这样的信念。因为，

> 僭主一旦做出决断，便不需要耗费任何精力，也不需要花很多时间来改变建立国家的方式；但是他必须在做出决定之后起到带头作用；他所选择的道路会带领公民通往美德之途，这条道路也会通往相反的路途，他必须亲自在公共活动中以身作则，赞扬并尊重某些行为，而对其他的行为进行指责或剥夺其名誉，当然这要视不遵守法律的人行为的不同而进行区别对待(711bc)。

[163]但这样一位好的僭主一定要年轻、温和、学习的能力和记忆力都很好，而且要勇敢、大度。

> 当拥有至高无上权力的人恰好思想贤明，性格适度，那么这正是出现最佳的政治体制的时机(712a)。

诚然，柏拉图也许会对"由贵族家族掌控权力"(711d)感到心满意足；对他而言，并非仅有君主制这样一种模式；重要的是，权力要集于一身，不管是一个人还是几个人，他们都必须拥有最为完备的美德，并拥有尽可能四平八稳的素质。柏拉图知道得很清楚，这样的时势简直是太罕有了：

> 时间漫长，这样的机缘却是少之又少；但是一旦机缘来临，就会建立起好得无与伦比的国家、所有好的国家中最好的国家(712a)！

衰亡的历史

为了以适当的方式构建半理想化的政体,就必须对建设过程中的危险有清醒的认识,并以特殊的方式对之进行预防:城邦各个部分之间处于不和谐的状态,势必会导致衰亡。

我们重新回到《理想国》与《政治家》中最基本的那个观念上。柏拉图将再一次对历史时代沉沦状态的理论进行阐述,并从中推演出某种颇具反动意义的政治程序,但这一程序却要使城邦"脚踏"坚实的土地,而这是无论如何也办不到的。如同先前所作的那些陈述,柏拉图这次并未呈现抽象的(in abstracto)理论,而是对希腊的现实历史审视了一番。年事日高的柏拉图并没有丝毫犹豫,他就是要呈现具体的历史,这个历史有名字、有事实,也有"日期"。

循环的历史

柏拉图认为往昔时代既漫长又充满了不确定性。在这漫长的过程中,如果说曾经存在过国家和组织成社会的人,那简直就是"不可思议"。

> [164]然而,在这个时代中,是否并未建立过不计其数的国家,因此同样也不存在消亡一说呢? 这些政治社会无论建立过多少次,也无论是否遍地开花,是否也并没有穷尽所有可能的政治组织形式呢? 或者,它们是从小变大? 或者,从大变小? 由好变坏,或由坏变好(676bc)?

必须将往昔时代视为无穷无尽的循环过程:一场灾难(譬如说洪水)突然之间终结了各个文明时代,终结了一切,只剩下了几个迷失于高山上的牧羊人,这些人随后逐渐"白手起家"建立起文明,并重新发明了冶金术、手工艺等,当然还有政治技艺(678)。

每次从头开始的时候,尽管人数很少,"但生活其间仍觉心情愉快,充满了亲如一家的感觉"(678e):因此那时候既没有战争,也没有纷乱。这些人生活俭朴,但知足常乐:放牧、捕猎、制陶、织布,这些简单原始的手艺使他们心满意足。他们不知何为财富,何为贫穷。"然而,这样的共同体不知何为财富,何为贫穷,或许正是如此才实现了最为高贵的道德观;因为这样的状态之中不会出现贪婪过度,也不会出现不正义。"

不过,这些原始人最高的品质乃是他们的"天真":

> 他们天真无邪,认为呈现于他们面前的事物无非具有道德上
> 的好坏之分,他们确实是这样考虑、这样聆听的,且将此视为世界
> 上最天经地义的事,并与之合拍;不像如今的时代,他们中没有任
> 何一个人能对虚假有所了解,并对此进行怀疑! 相反,他们对自己
> 听到的有关诸神和人类的事信以为真,他们就活在这样的信念当
> 中(679bc)。①

每次循环开始的时候,人类都没有法律;他们不可能会有,因为他
们还没有文字;他们只有习俗。他们的政治组织正是荷马在写到库克
洛普(Cyclopes)时描写的那种最初的形式,[165]是某种"自然状态",
家庭分散各地,没有统一的机构,每个家族的首领在家族内部就是"国
王"(第一阶段)。然后,许多家族聚集在一起,他们各自的国王在新的
群体中成为某种贵族,他们被选为代表,对每个原初群体的习俗进行比
较,这样一种比较、选择的工作导致了共同习俗的形成。因此,各个群
体逐渐合二为一(第二阶段)。之后,这样构成的共同体在平原上的城
市中扎下根来,这时候距循环初期已经过了很长时间了,因为做出这样
危险的选择表明人们已经完全忘记了洪水的危害(第三阶段)。最后,
他们远征建立领地(第四阶段)。于是开始出现了沉沦状态,因此便形
成了"历史"的开端。

柏拉图在对自己所处时代的循环过程进行描述时,便视其处于沉
沦状态,在这个时代中唱主角的是希腊及其邻国,也就是伯罗奔尼撒半
岛上的那些城邦,阿尔戈斯(Argos)、麦撒纳(Messène)、拉凯戴孟,还
有波斯,最后是雅典。

---

① 对这样前后矛盾的赞美之词,我们会觉得很惊讶,尤其是像柏拉图这样超级理智的人竟
然会说出这样的话来使我们大跌眼镜,我们很清楚自己是不会这样无知的。而黄金时代
之后,雅典的智术师引进的那种寄生虫就是怀疑,它吞吃一切,使所有的事物腐烂,因此
从今以后必须将它从城邦中驱逐出去。

伯罗奔尼撒半岛史

某种"社会契约"正是多里安诸城邦政治体制的缘起：即六方——三座城邦的国王（他们是兄弟，都是赫拉克勒斯的儿子）和三座城邦的人民之间进行宣誓，一旦现状（*statu quo*）受到威胁，任何一方都会出手相助（684a）。之所以会缔结这样的条约，乃是因为这些多里安城邦的社会都具有某种平等状态，因此毋须预先建立某种正义的宪法，强制推行平分土地或免除债务这样的措施（其他许多希腊城邦都面临着这样的问题）。

然而，尽管条件有利，但这些政体的确很脆弱，因为他们的国王都不懂节制。他们贪得无厌，不知用智慧来节制自己的欲望，于是他们中间便产生了纷乱。因此，诸城邦便朝着柏拉图《理想国》中所说的勋阀制政体演化而去：它们之所以组织起来完全是因为战争之故，所以四种美德中只有一种它们会加以遵从。有时候，斯巴达不像其他两个城邦那样受到影响，[166]那是因为它条件有利，使其能够创造一种更为平衡的政体，即著名的"混合政体"的缘故，此种政体将君主制、寡头制和民主制合于一身。①

斯巴达有机会拥有不止一位国王，它拥有两个"双生子"，②它"按照正义的尺度，进一步限制了王权"（691e）。此外，由于有 28 位年长者组成的议事会，因此他们懂得年龄与智慧高于国王的激情。最终，它通过赋予监察官权力以限制议事会的权力。这样一来，便平衡了各方权力。

"归根结底，立法者无须建立绝对的权威；此外，由于它们具有混合的性质，所以如果没有更多的权力的话，便无法进行平衡。"（693b）③

由于这些城邦并未保存这样的尺度，因此便衰落了下去。在后来的历史中，它们结局不佳：麦撒纳与斯巴达开战的时候，波斯进犯希腊，

---

① 《法律篇》中的这些段落似乎是首次对其做了形式上的分析。

② 即普罗克列斯（Proclès）与阿里司托戴莫斯（Aristodème）的儿子埃乌律斯铁涅斯（Eurysténès），而阿里司托戴莫斯又是赫拉克勒斯三个儿子中的一个，后者则将斯巴达作为遗产继承了下来。

③ 此番对混合政府的颂扬见 712b—713a；斯巴达或克里特成为"混合政体"的证据是，人们甚至没法给它们一个确切的名称。它们既非民主制，亦非寡头制，也非贵族制，更非君主制和僭主制，而是同时具有所有这些特点（不过，柏拉图说斯巴达想要成为的是"僭主制"，这是因为它权力日渐扩大，又具有民主特性和监察官这样的官职之故）。

这便使斯巴达在马拉松一役中无法求助于雅典人；至于阿尔戈斯，则根本没想参战。

波斯与雅典的衰落

正是这毫无节制的特性，使之成为《法律篇》中大家都很熟悉的另两个敌对政体波斯与雅典日渐衰落的根源。前者想建成纯粹的君主制，后者则想建成纯粹的民主制；因此一方强调的是独一的智慧，而另一方强调的则是自由（693e）。这两种方式均破坏了万物的和谐，因此也摧毁了公民之间的友谊。

1. 波斯人——波斯人的衰落全是由于居鲁士疏忽大意，[167]因为他在战时将教育儿童的职责交由妇女和宦官负责。因此他们便胡作非为。结果，冈比希斯昏聩无度，谋杀了自己的兄弟，自己也很快被米底亚人废黜了王位。诚然，大流士暂时使国家走上了正轨，但最主要的并非是由于他出身王室的缘故，而是他受到的正确的教育之故（也就是说"起到了长久的作用"），他方才能够在人民中间重建平等，使他们和睦相处。唉！但他对自己的儿子薛西斯的教育却没怎么尽责，就像居鲁士没有对冈比希斯尽责一样，如此同样的原因便造成了同样的结果，君主昏庸无度，成为暴君，君主制中应存的少得可怜的平等与自由在波斯再一次消失不见了，公民之间的和睦氛围也是如此。我们记得，希罗多德曾假与薛西斯对话的斯巴达人戴玛拉托斯之口表达了自己的看法，①柏拉图将这一观念做了阐发。导致波斯人衰落的原因乃是，

> 由于从自己的人民中剥夺了太多的自由，由于专制暴行毫无限度，他们便摧毁了国家内部同舟共济、荣辱与共的情感。这些情感一旦摧毁，臣民与人民的利益便不再会成为领袖决策时加以考虑的对象。他们只想着如何加强自己的个人权力。[……]他们会毫不犹豫地诉诸武力摧毁其他城邦，蹂躏友善的国家。但他们的残忍与仇恨所造成的敌对状态也同样使他们憎恨自己。同样，他们出于自身的利益，会号召人民发动战争，然而此种号召在他们自

---

① 参阅上文 p. 101—102。

己身上却无法产生回响,他们也并不急于去冒战斗的风险;可完全相反的是,他们却会费尽心机想着如何去驱使成千上万的人,所有这些人对他们而言都一无是处,似乎他们缺乏的只是士兵而已,他们可以花钱雇佣,而且认为那些唯利是图的外国商人和外国兵总有一天会来拯救他们(697c—698a)。

因此,波斯人尽管人数众多,却仍旧被少量雅典人和斯巴达人击败了。诚然,风水轮流转,雅典人也没有逃过历史的[168]车轮。

2. 雅典人——权威的丧失与过度的自由这样的缺憾也存在于此。

与整体的权威相较而言,完全的自由与独立要比某种权威都来得低级,因为其他的权威尚可对此权威进行限制与衡量(698b)。

希波战争期间,雅典公民都很遵守法律,他们之间"休戚与共"。此外,柏拉图还注意到,此种有利条件不仅仅是那个时代良好的政治组织以及遵从祖先法律的结果,还因为尤其在那个时候,雅典人对波斯人的外部威胁心存恐惧之故,特别是波斯人屠杀了埃列特里亚的所有居民之后宣称他们也会这样对待雅典人时更是如此。尽管共同体的内部存在纷争的根源,但这一共同体仍能暂时齐心协力御敌于外。但一俟危险过去之后,雅典便不可避免地开始衰落了。

正是在音乐中显露了自由散漫的苗头(我们在此重新发现了《理想国》其中一个令人困扰的主题)。存在几种确定不变的音乐、颂歌、哀歌、战歌、酒神颂歌、用齐特拉琴演奏的阿波罗颂歌……

王权就是要熟悉这些问题,要对此了若指掌方能做出判断,此外还要惩罚那些革命者,这样一种权力不应受到喝倒彩的羞辱,也不应受到人群狂呼乱叫的反对,它也不需要表达赞扬的掌声;它决定的是,那些陷于此种文化状况者聆听的时候应该从始至终保持沉默,而且他们应该手握棍棒建立秩序,警告那些顽皮小儿和他们的老师(700c)。

但是由于受到煽动和享乐之风的盛行,雅典人却开始连哀歌与颂歌、战歌与酒神颂歌都混淆不清了,

> 用齐特拉琴模仿为歌曲伴奏的笛子,将所有的音乐混为一谈;他们谎话连篇,毫无理性,完全不受自己意愿的控制,声称音乐根本没有什么正直的功用,还说除了让人愉悦之外,也不存在任何某种让人做出正确决定的方式,而且不管做出的决定是好是坏都与音乐毫无关系(700de)。

[169]于是,革命的精神扩展至其他的社会生活领域之中。没有什么恐惧能吓倒人民,因为他们自认为无所不知。

> 不用担心别人的意见比我们的更有价值,这样的厚颜无耻确实令人不齿,这便是胆大妄为的自由所导致的结果(701ab)。

人们不会再听从高级官员的话,再后来也就不会听从父母和古人的话,最终就会反对法律本身,藐视誓言、诺言和诸神。

前车之鉴,后世之师,很容易便可从中得出教训。当波斯人受到奴役,获得某种程度的自由,如大流士时期暂时所为那样,他们便成功了;而习惯于自由的雅典人,受情势所迫听命于领袖与法律,如希波战争时期那样,他们也成功了。

> 相反,当这两者的实力如日中天之时,某些人便受到了约束,另一些人则不愿受到约束,于是不管是谁,他们谁都无法获得成功。

现在知道了应该在历史中避免什么、知道了丧失和谐便会无可救药地衰落下去之后,我们就能更为清楚地明白新的国家应该怎么进行

建构:建设时必须使所有的变化都成为不可能。

柏拉图建议的国家:亘古不变的封闭社会

数学的作用

首先,数学具有各种永恒的美德,它将在法律的制订过程中起到极大的作用。

> 比如说,一开始的时候柏拉图就说(737c)新的国家中家庭的数目,因此也就是土地将得到平分的地块的数目都将是5040。为什么呢? 因为"本质上,这是分配时可能达到的最大数目,尤其是由此而产生的最大数目"。因此,这样的数目能分成两部分、三部分、四部分,直至十个部分。于是,"它乃是所有社会组织中使用起来最为便利的数目","对战争而言如此,[170]对所有和平签署合约及进行分配的状况亦是如此,这与利益的分摊及分配都有关系"(738a)。

诚然,数学对"非自由主义的"(这是就"功利主义的""奴隶的"这方面意义而言)、唯利是图的以及贪婪的实践行为均会有所裨益,如同腓尼基人的所为。但这乃是因为这些人的立法者不好,或者是因为气候造成了他们体质的衰败(747b,e),而非数学本身有什么缺陷。

既然数学乃是固定不变的,那么导源于数学计算的法律也将如此。然而,算计时应该小心谨慎,以免使内因及外因发生什么变化。

避免内因产生变化

柏拉图最为关心的是要确保文化的一成不变。他最常引用的例证就是埃及。

1. 埃及的典范——埃及①成为亘古不变的典范,它长远以来丝毫未发生变化,似乎未受时间的干扰。比如那儿的音乐、绘画、雕塑从未曾变化过,这多亏了合宜的立法。

> 照此来看,这个国家很早便已了解了我现在所阐述论证的这番真理:也就是说,一个国家中的年轻人平常应该潜心于优美的舞姿和美妙的歌喉。然而,只要有人对舞蹈和歌曲做出规定,就会使

---

① 我们记得,柏拉图近40岁的时候曾去那儿游历过一番。

人知道它们在神庙中究竟处于何种地位,究竟具备什么样的本质;无论是画家,还是任何一个人,只要在刻画这些舞姿或任何类似行为时,如若想标新立异都会遭到禁止,只要是与传统表现方式有所不同,便想都不用想。那时,无论是形象化的表现形式,还是任何一种音乐,都遭明令禁止。此外,只要看看该国存在万年之久(我说万年之久,并非随口说说,[171]而是事实如此)①的绘画和雕塑作品就会明白,同现代艺术家创作的作品相较而言,它们并未显得更美,也未显得更丑,但都表现出了同样的技法。——你这样说实在令人惊讶!——更妙的是,就立法与政治技艺而言,这样做实则居功至伟(656d—657a)。

因此,在新的国家中也应该照此行事。

2. 强制推行官方文化——向年轻人吟唱的总是同样的歌曲;合唱团的曲目应由国家来确定,风格不偏不倚,不随公众易变的口味而变化(653e—654a)。

> 未经法律护卫者的评判,任何人都不得擅自演唱未经批准的歌曲(829de)。

要如此预防,国家必须设立一套教育程序,《理想国》认为这是根本性的措施,并对此做了一番饶有趣味的陈述。由一名特别任命的官员亦即"国家教育部长"负责这项事务,这个官职荣誉等身,并有自由决定的权力。

3. 家庭稳固、土地均分、财产合理变动——避免内因起变化的另一项预防措施就是城邦的社会及经济结构不能受触动。

将有5040个家庭,每个家庭均有一处住宅和一块土地。既然事实上这说的是"次等国家",而非理想国家,那么这个共产主义性质的典范便无法占支配地位。仍会有私有财产,或者确切地说,是指家庭财产。

---

① 从柏拉图所处的那个时代来看,他所说的埃及帝国的年代实乃夸大其辞。

然而,这并不是说可拥有私人意义上的"使用和滥用的权力",而之后的罗马法便是这么对财产做出定义的。国家仍然是所有土地拥有者。它可以随时随地收回土地。另一方面,土地不得进行转让:即享受此种待遇者不得互相随心所欲地转让土地,亦不能缩减或扩大土地的面积。①

[172]土地在继承者之间也不得进行分配。每个家庭惟有一名继承者;其他孩子,如女儿就把她嫁出去,男孩则过继给没有子嗣的家庭。

如果全球人口增加,那么便要降低出生率;如果无法做到降低出生率,那么就要建立更多的领地;如果人口下降,就要采取鼓励生育②的措施——所有这些人口举措由于都是听命于可动用军队的最高层的安排,因此在此种情况下,国家便会动用军队来采取鼓励、谴责以及强制执行诸种措施(740a—741a)。不仅作为不动产的土地之间不会有任何差别,而且另一个导致不平等的因素货币也不存在。货币只能作为日常流通手段,但不能被积攒起来(742a)。如果有人去国外——假设他们获得了批准去那儿(参阅下文)——那么他们就会从国家这里取得必需的货币,但回来后就得将剩余款项上交。

不存在嫁妆。有息贷款遭到禁止,违者将遭到极为严厉的惩罚。

此种对任何一种自由经济、对所有致富的方法和社会变化的剧烈反对,自公元前五世纪初起就在民主的雅典出现了,照柏拉图看来,这样做很合理,他与此不谋而合,他甚至被提名担任立法者。最初,他为了自己的国家并不追求什么财富和权力,而是公民的福祉。而福祉只可能与美德及社会和谐或社会"友爱"相关,确切地说,它只可能摧毁经济上的不平等。

此外,柏拉图坚定地论证道——且丝毫不带讽刺之意——富人不可能比穷人更有美德。

证据如下。人们可以通过诚实或不诚实的手段致富。那些只能通过诚实的手段致富的人因此就肯定比运用两种手段致富的人

---

① 由此便不会存在"不动产市场",而确切地说,这是由于所有这些措施其目的都是为了防止出现贫富差距,照《理想国》所言,由于那些不善钻营的人日益无产阶级化,从而便使得不和、嫉妒纷纷出笼,最终便导致了僭主建立军队。

② 尽管如此,尚不至于采取大量引进移民的做法,即便因传染病或战争之故而导致人口大幅度下降也不会这样做;因为移民的教育水平参差不齐(741a)。

赚的钱少。另一方面,有美德的人消费得也多,因为他要行善。由于这两种原因,他的财富只能处于中等水平。而处于另一端的堕落者花起钱来没有分寸,会使他日益陷入贫穷。归根结蒂,缺乏美德会使富人更富、穷人愈穷;因此,有美德者会有中等数量的财富,而宪法也会维持这样的中间状态,[173]不使贫富两极分化,并通过此种方法维护美德,达成自己的目标(742d—743c)。

尽管如此,平等不可能十全十美:次等国家的公民可以携带先前获得的财产前往新建的城邦,对此很难加以阻止。另外,分配正义(la justice distributive)①表明不可能使惩罚与鼓励的措施平分秋色。因此必须按照纳选举税的多少设立各个等级。

柏拉图希望设立四个等级,以公民的财产多寡为依据进行评估。财产最少者可正当使用作为不动产的土地,土地与地产上的进项均划归其使用(在任何一种缺乏财产的情况下);第二等级可获得双倍份额,第三等级为三倍,第四等级为四倍。所有多出来的财产均应交由国家进行分配;如若有人想将这些财产据为已有,则将被课以罚金。

柏拉图很清楚,别人会指责他有人造论(artificialisme)之嫌:他说:"他不像是在讲述什么美梦,也并不想像用蜡那样去塑造城邦及其公民。"(746a)况且,他根本不相信,公民不愿使自己的财产和出生率受到严格检查。因此,他承认实行过程不可能完美;但现实主义应该占上风,只要它尽可能地接近目标即可。

避免外因产生变化

随着时间的推移,国家不可能永远是一个样,但它应该保护自己免受国外的影响而产生变化。

1. 远离海洋——对一座城邦而言,瘟疫只会发生在海港,或离大海很近的地方;因为如此地理环境使其能与外国人持续进行接触。然而,所有的邪恶——创新、变化、多元化——均来自这危险的种群混杂之地。柏拉图在此显然想到了雅典和它的港口庇雷埃夫斯,而他想到

---

① 柏拉图所指的并非该词语的本来意义:他讲的是"无论不平等所占的比例有多大,都要力求平等"(744c),此外还要追求"几何学意义上的平等"(《高尔吉亚》,507及以后),这就是分配型正义的意思所在(参阅下文 p.933)。

的斯巴达则相反,这座城邦完全处于内陆地区。

[174]事实上,海洋可以通过交通、通过转卖货物、通过商业贸易来填补[一个国家的不足之处],同样它也能使灵魂反复无常,产生错误的信仰,简言之,一国之中的所有人都会缺乏真诚的信仰和互助之情,对他人也同样如此(705a)。

这些麻烦比交换得来的好处影响要深远得多;因此,绝对必要的是,城邦虽然距海洋不远,但也要尽可能地在经济上自给自足。

还有一个例证:当人们居住在海洋旁边时,他们就有听命于拥有船舶的人的危险,如同以前雅典人不得不向克里特人缴纳贡赋那样。因此之故,他们就会模仿迫害他们的人,也建立起自己的船队;但这样一来,精良的步兵、重武装步兵都只能改行当起水兵,这便为他们驾船临阵脱逃找到了借口;而这就是城邦的瘟疫!"雄狮一旦习惯于驾驶三层战船,那么带着鹿群临阵脱逃也就会变得习以为常!"(707a)

尽管战船能带来胜利,但功绩都只能归于战船的指挥官和其他船只上的技术人员,也就是说归功于灵巧的素质,而非力量或勇气;这强调的是个人而不是群体的功劳。从这两点来看,距海洋太近从道德上来说对城邦而言自然不是什么好事。柏拉图所说的话与希腊人的普遍意见相左,希腊人认为萨拉米斯大捷至关重要,因为它终结了希波战争,而柏拉图则宣称之所以能击败波斯人主要是由于马拉松战役和普拉提亚战役,因为这两场战役都是在陆地上进行的,经过这些战役的洗礼,"希腊人变得更为优秀"。然而,"我们的真正观点是指政治体制中的道德价值",而非指拯救生命的能力(707d)。所以,要尽可能地不要港口、船舶。

2. 与外国人保持距离——《法律篇》中的国家从根本上来看与开放社会水火不相容,它在与外国人打交道时,会尽可能地小心谨慎。

[175]一个国家如要富强,但除了土地之外没有其他任何资源,因此它便没法进行交易,①那么就须以明确的方式建立必需的体制,密切关注这样的国家中公民离开自己国家的行程,并且关注以何种方式对待外国人(949e)。

困难在于对这样的接触无法做到全面禁止。这样做的话便会被认为"这是一种野蛮粗俗的手段"。然而,国家必须在外界有良好的名声(柏拉图看重外国人所做的道德上的评价,并非因为他们比当地人更好,而是因为距离有利于使人做出客观的评价)(949e—951a)。

因此便须出台这样的法律:

> 首先,绝对禁止 40 岁以下的任何人以任何理由去往他国;此外,任何人都不得以私人目的出国(950e)。

只有因国事才能出国②:当然军事远征除外,只有大使和代表团方能参加希腊各地举办的各种各样庆贺大会,或在宏伟的圣殿里参加各种宗教节庆。这样做是为了使其他希腊各地对城邦留下好印象,也是为了使代表团成员返回自己的国家时,能够向年轻人解释其他城邦的风俗和法律比他们的要低等。

有时出国国家必须加以批准,甚至对此加以鼓励,但这是一种特例,属于游学性质。事实上,到处都有"圣人",尽管他们为数甚少,但他们深刻地理解法律存在的理由,因此值得人们前往他们住的地方去拜访他们。但是要进行这样的拜访,游学者就必须经过千挑万选。以这种性质出国的候选者事实上必须至少超过 50 岁、参加过战争、"各方面都无可挑剔",而且"不会堕落"。他们在达到 60 岁——无疑,超过这个岁数,[176]他们就不可能有充足的精力以自身所学来为集体服务——之前回国。游学者的目标是

---

① 我们记得,这就是斯巴达人的境况,他们禁止同佩里亚柯人做生意。
② 我们可以想象一下前共产主义国家针对出国设定的法律。

巩固自己国家中好的行为法则，矫正那些令人心生欲念的行为举止。因为，如若不对此进行观察和研究，国家便永远都无法使自己永葆青春，如果研究被人误导的话，也不会达到此种效果。

我们观察到，尽管允许与外国接触，但这仍是一种保守主义的做法，毫无创意可言！在国外，圣人其实可以更好地揭示出，虽然国家完全闭关自守，但仍难免世风日下。

相反，游学者在与外国人接触前，必须受到各级官员的审查，如果受审查者"既不好也不坏"，官员就会出具一份详细的证明书，如果前者被证明是好的，那么他就会受到表扬，如果前者被证明是坏的，那么他整个一生都会蒙上阴影，并被禁止同任何人进行接触；如果他不接受这样的判决，法庭就会以"对教育和法律不尊重"的理由对他判处死刑。

另外一个方面是如何对待外国人（952d—953e）。第一类是外国人，针对他们的法规相当严格。比如有个商人如同"候鸟"般趁着好季节前来该国，在此买卖货物。人们不会允许他进城，只许他待在港口。他会受到专门负责商贸的官员的接待，而这名官员"必须留意，勿使这类外国人引入任何奇谈怪论"。第二类是"游客"，他们纯粹是出于好奇心前来城邦旅游。这些人会受到"友好接待"，但接待外国人的公民却需经过严格甄选：即只有祭司和虔诚的教徒方有接待的资格。第三点，针对的是外交使团和由外国派遣的其他官方使节：东道国的接待者须与他们地位相当。最后，柏拉图设想，其他国家和柏拉图笔下的国家会互派调查者和游学者。这些人会由官员接待，关于调查可请教这些官员。

[177]我们发现，无论是何种情况，外国人都无法与当地人直接接触。所有的接触都已制度化。在这样的体制中，个人自由完全遭禁，因为个人自由会导致革新、谬误和混乱。

"极权化"笼罩的一生

防止出现内因与外因的变化：为了行之有效，所有这一切必须事无巨细不容忽略，而且须有强有力的执行手段。这样一来，日常生活中任何方面都必须小心谨慎才是：国家会监督公民潜藏于内心中的道德感，

这对它而言乃是政治事件,它不会对此不管不顾。国家认为它必须

> 密切关注痛苦与快乐……运用法律本身来进行适当公正的惩
> 罚和表扬(631)。①

> 立法者会监督公民交易或消费的方式……了解他们这样做是
> 在相互联系还是在相互分裂(632b)。②

[178]由此,对公餐(仿照斯巴达)、节日、军事训练和体育比赛,以
及对性关系的严格监控便发展出了一套完整的施行方法。这样一来,
国家便通过这些方面达到了完全掌控的程度,而首当其冲的便是公共
教育。

它务必使每年的祭品不少于365份,即每天一份。因此,这样的"公民宗教"完
全是法律护卫者与祭司之间合作的产物。不过法律要求必须举办12次节日以遵奉
12位神祇,每个部落均以这些神祇的名字命名(事实上,城邦分成了12个部落,每个
部落由420个家庭组成,每个部落供奉一位神祇)。每个节日均有向神明供奉的仪
式和祭品、合唱团表演、音乐会和体育表演。其中某些节日只限妇女参加。

每个月均有起码一天时间用于军事训练,风雨无阻,所有公民均得参加:即便
是妇孺儿童也不例外,比如他们会在全城演练如何疏散居民。显然,所有的城邦

---

① 柏拉图在一段颇有意思的段落(649b—650b)中说,节日如同是"试金石",能对此做出区
分。公共官员会被派去参加年轻人的节日活动,以侦查并确定年轻人中孰者喝酒有节
制,孰者毫无节制。醉酒会暂时消泯人的恐惧心和羞耻感,事实上会使人显露出性格中
的真面目,在这种场合中人的性格会暴露无遗,有人能节制自己,有人爱自吹自擂,有人
放荡淫乱,有人撒谎成性。

② 因此,这绝对可以算是反自由主义:所有的交易、所有的合约,总体来说公民间所有的关
系都与国家密切相关。只要是社会的,便是国家的。既没有"私生活",也没有"公民社
会"。而且,照柏拉图看来,斯巴达与克里特尽管是出了名的专制主义,但它们的体制也
有弱点,它们还是太自由了!它们会密切关注战时的行为举止,但对人们城市中的生
活却不闻不问,还容忍同性恋和其他性倒错行为(633及以下)。因而,必须在这点上做
出矫正。法律应该与道德融合在一起。没有必要在国家对犯罪与不法行为强制进行制
裁的公民秩序与对道德上的善行与恶行进行私下赞扬与谴责的道德秩序之间做出区分。
理想化的城邦只会在某种情况下进行谴责与赞扬,在另外一些情况下采取强制执行手
段,但这一切均只与城邦有关,而与事情本身的性质无关:城邦自身会承担起对所有行为
做出评判的功能。

都没有这样去做：由于他们一心只以财富为重而变得萎靡不振，只求"享乐"而不思考将来（831c—832a），而且这些城邦的统治者也并没有真正以公共利益为重，只是着眼于一己、少数群体或下层阶级之私利，这些党派依靠的是武力，所以结果便会阻挠其他群体的人接受军事训练（832a—832d）。

每个部落均会组织舞会，使男孩和女孩能有机会相遇，舞会时"着装按照规定可以穿得尽可能少，但仍以适度为重"（772a）。上面提到的这些细枝末节均须受到主事者的合理调控，并须严格遵守不得有变（一开始会适当进行调整）。

夜间议事会

然而，只有能以善为准绳进行思考和管理的至高无上的权力机构方能进行这样的立法。[179]这样便有了"夜间议事会"，这样的机构是一种新的形式，哲学家组成的政府是其代表，他们既谈论国家，也谈论政治。

构成及功能

柏拉图对夜间议事会的构成及功能做出了明确的规定，它的全称是"立法监督最高议事会"（951d）。

具体包含：1）"品质最为优秀的"公民；2）十位年事最高的法律护卫者；3）教育大臣及其前任。

每位"成年的"①成员可以推荐一名年龄介于 30 岁和 40 岁之间的年轻人，他的推荐必须获得其同僚的认可（961b）。如果选择有误，他就会受到谴责。

> 必须注意到，此种提名遴选法（cooptation）都是秘密进行的：没有候选人，被议事会成员选中的年轻人只有在获得该成员"成年"同僚的有效确认后方得加入，否则连他自己都不会知情（961b）。

议事会每天自晨曦微露至太阳升起这段时间里相聚议事，"此时，我们中间每个人都完全自由，不受公事或私事的打扰"（961c）（文中"夜

---

① 多指 20 岁以上，45 岁以下。——译注

间"一词这一随意的用法便由此而来)。

聚会的目的是：立法、政体的性质(此时便成了"立宪议事会")、随时针对国外的信息进行商讨(只要年长者认为哪些信息有意思,年轻人就必须加以研习[952a,b]；议事会本着此目的对返回国内的游学者进行审查,参阅上文)。

议事会的最后一项功能也颇为重要,就是对"忏悔室"进行管理。

> 城邦有三所监狱,第一所监狱收容大部分刑犯,地点位于大广场附近,其目的是为了确保公共安全；第二所监狱在夜间议事会成员聚会地点附近,人们称其为"忏悔室"；第三所监狱建于城邦中心[180]地带尽可能蛮荒偏僻的地段,它的名称会使人想起这是个惩戒犯人的地方(908a)。

还有一种亵渎神明的行为,这些"未犯罪的亵渎神明者"(亦即犯罪者仅仅不信神明,但并未犯下什么罪行)都被关押于忏悔室内,刑期至少为五年。

> 这段时间内,除了议事会成员之外,任何一位公民都不准与他们有什么联系,而议事会成员与他们接触的目的是为了对他们进行训诫并拯救他们的灵魂。刑期期满后,这些人中经判断恢复良知者必须生活于社会中拥有良知的人们中间；如果情况相反,他再次因犯罪而遭到指控的话,便会被判处死刑(909a)。①

对夜间议事会成员的培养

这些便是议事会的功能,我们知道柏拉图在《理想国》中对如何对议事会成员进行哲学教育这个问题极为关注：正如人们能够猜想到的,

---

① 这类似于宗教裁判所的"再教育"或"洗脑",后来的集权主义政体便采取了此种模式。由于所有的政体都是建立于某种意识形态之上,而并不仅仅以"价值观"为依归,所以这些政体便会千方百计压制反对者,万不得已时便将他们消灭了事。持不同政见者虽已死去,但他所持的异议仍比那些能够回心转意的活人来得危险。

他们将接受数学和辩证法的培训。但《法律篇》还坚持这样一些事实，即除此之外，他们还应该研习所有"与神明有关的内容"，这与如何生存以及如何扩展权力同样重要。他们不能满足于接受普通公民的信仰，普通公民之所以如此是因为必须信仰，这只不过是随大流而已。他们应该完全信任理性，信任宗教的伟大真理所呈现出的知性，哪怕被普通人认为大逆不道也在所不辞，柏拉图随后做了如下阐述：

> 在遵奉神明的凡人中间，不可能会有人不承认我们眼下所论述的这两个命题①，也就是说[一方面]会承认灵魂[181]是最古老的存在，它代代相传，永恒不朽，最终凌驾于所有肉体之上……[另一方面，]也会承认它存在于拥有知性思维的星体中间……一旦[未来的执政者]思索如何将灵魂与音乐相融合的时候，他就能够使道德实践和顺应法律的行为完美地和谐起来（967d）。

执政者不但应该观看那些本质性的真理，还应该将它们表达出来。因为，柏拉图断言，只看不说乃是"奴隶"的行为。

最后，在观看到善并将善说出来之后，他们还应该践行，也就是说起到表率作用。

只有最后一个条件是不够的：有美德的人如若未受教育，那么他对城邦就会一无所用（966d）。参阅967a："一些人虽则拥有公民美德，但无法将这些认知整合起来，因此永远也不会成为领导者以适应集体的政治活动，而另外一些被赋予官职的人就必须担负起这个责任。"

夜间议事会是城邦的智慧所在

夜间议事会乃是城邦的"锚链"，它岿然不动，免使城邦偏离正轨。它之所以会这样，是因为它是"头脑"，也就是说它拥有知性、眼睛和耳朵，是因为它知道城邦的目标在何方（960b—968b）。在一艘船上，

> 船长和船员只要有头脑，他们的感官共同发挥作用，精诚合

---

① 第十卷对此做了详细的阐述。

作,便能使驾驭这艘船的船长和船员都能保全生命(961e)。

军队也是同样,靠的是士兵与将军齐心协力,医疗团队亦是如此,他们靠的也是医护人员的合作。在行船、军队和医疗团队这些例子中,之所以能成为领军人物,是因为他们都知道接下来的目标究竟是什么——船只要去的是港口,医疗团队注重的是健康,军队要求的是胜利——这样便能确保达成这个目标。同样,国家领导人也应该了解国家的目标(962b)。否则的话,政府便会误入歧途。

在现行的政府中,"行为规则各行其是,因为任何一项规则的立法[182]彼此都不一样"(962e)。比如说,有的法律一心想把政治权力赋予某些公民群体,却对这些公民是否具有美德毫不关心;有的法律的目标是繁荣昌盛,但顺应这些法律的人却对它们是否会引起"奴役状态"无所谓;另外一些法律目标就是要还人民以自由,但这种自由却是以压迫其他人的自由换来的。

夜间议事会的思维方式颇为谨严,可使国家免受矛盾的困扰。它不会

> 因目标纷杂而失去方向,它只有一个主要目标,[它会朝]这个目标射出箭矢……(962d)

柏拉图认为,国家的目标

> 就是美德,[其中]包含四种美德[勇敢、智慧、节制、正义](963a)。

这些美德既不同又相同。因为它们有四个不同的名称,即勇敢、智慧、节制与正义,但又具有同样的名称,即美德。① 因此,很显然

> 我们论及的这四种美德具有同一性,我们完全可以断言勇敢、

---

① 如何将这些美德统一起来这个问题,柏拉图在其他地方论述过几次:《普罗塔戈拉》(329b 及以后)、《美诺》(多处)、《理想国》第四卷(Ⅳ 427d—434d)、《政治家》(306a 及以后)。

节制、正义和审慎合于一体。因此，我们可以给它们冠以唯一一个名字"美德"（965cd）。

它们之所以会具有同一性，是因为它们针对的都是"善"。从这个意义上说，它们都分享了唯一一个"善的理念"，《理想国》①已对此神秘的实在有所论述；因此，城邦政府最终的目标就是善，这与驾驶员的目标是港口没什么两样。

此番景象和此等忧虑乃是议事会成员这一小部分极有天赋且受过专门教育的人所独享，至此我们方才明了为什么议事会一定要在夜间开会的缘由：[183]因为这样便能保证各项立法只能被精英理解，而且精英为了必须使公众易于管理，便会迫使公众理解和接受他们的决策。此外，为了使公众满意，也设立了公众可以参加的白天议事会，以向公众解释他们的决策；但这并不等于说这些决策不重要，或者可以忽略不计。

因此，柏拉图在《理想国》中秉持的是基本上相同的理论，既可以说它反民主，也可以说它反公民。

结语

这些便是柏拉图遗赠给西方政治传统的观念。

首先我们好奇地观察到，该思想在现代法国的大学中产生了奇特的回响。尽管圣法尔卓的勒佩莱蒂耶（Lepeletier de Saint-Fargeau）②在他包容法国所有青年人的"法西斯式的"计划中，将斯巴达的军事化集体教育（agogé）和柏拉图将孩子纯粹归结为父母文化影响的产物这样的异想天开视为典范——在国民公会的鼓动下满怀热情地进行投票③——但试图建立高等师范学校的拉卡纳尔（Lakanal）④（或许还有多

---

① 关于这点，柏拉图作品透露给我们的东西并不多；学园针对这一主题所传授的知识成了 *agrapha dogmata*，这些"未成文的教义""秘传"只授予学园中的学子，亚里士多德是这么说的，但事实如何仍是云遮雾罩。

② 法国大革命时期的国民公会议员，后遭谋杀。——译注

③ 参阅 Bronislaw Baczko（书中所引）《民主教育：法国大革命时期的文本和草案》（*Une éducation pour la démocratie. Textes et projets de l'époque révolutionnaire*），Garnier，1982，p. 345—387。

④ 约瑟夫·拉卡纳尔（1762—1845），法国大革命时期的教育家。1793 年曾提出实行免费小学教育，遭否决。罗伯斯庇尔被处决后，他又先后提出了实行小学教育和中学教育的议案。高等师范学校的建议是他 1795 年提出的议案。——译注

米尼克-约瑟夫·加拉[Dominique-Joseph Garat])的论说明显受到了柏拉图及其"黄金灵魂"和精英统治理论的影响。① 由此,拉卡纳尔在两个世纪里,建立起了大学校和国家政府均由该校德高望重的学生来进行领导的法国的意识形态。

正是由于不经思考,或毋宁说是由于出现了不可思议的"倒退"之故——因为以无知作为理由根本就是个矛盾——才会出现那些将专制主义理论家理想化的共和国家庭,那些将宣扬社会不平等和社会等级制为天经地义的反动理论家当作珍宝传给年轻人的"进步"家庭。无论对此做出何种解释,无疑都属于"认知社会学"的范畴。柏拉图以形而上学的方式使国家专制主义用国民教育的措施施行于法国整个精神生活的举措具有了合理性("善良的暴君"拿破仑一世正是此等举措的始作俑者),[184]这成了公共教育领域的教授们串通一气进行内部选任(coopt-ation)等不负责任的做法的根源,因为黄金灵魂根本不该将学生和他们的父母视为大众的一分子。柏拉图的政治规划虽然如出一辙,但这一强有力的社会取向却使人无法明白他的真正意图。幸好,卡尔·波普尔的社会学观点更为公正——20世纪极权主义的经验已对此做出了警告——他在《开放社会及其敌人》中要求人们以批判的态度来做出解读。

要着手做出这样的解读,就必须稍作反思。我们认为,柏拉图在反对愚民政策时所说的话仍然很有道理。如今偏爱民意调查的政治家,对蛊惑人心的政客所采用的柏拉图式解读方法能做出更好的回应,因为那些政客擅长研究"庞然巨兽"即民众不断变换的激情。柏拉图一开始便想维护永恒的价值,他认为城邦必须由那些客观处理问题的人,而非那些跟着舆论走的人来领导,因为舆论永远会变,乃至无穷无尽;但这些人却会长时期保障普遍的公众利益,而不会去满足压力集团和只关心自身利益的选民的欲望。然而,柏拉图并不想看见幻想、困惑和混乱在民主政体中占上风——也就是说他不愿看见言论自由,批评的多元化,政治、社会及经济自由——他走的是条反科学的道路,奉极权主义政治为圭臬。

毫无疑问,问题在于他认为只有数学才具有科学性,物理学和其他实验科学均不具备这种特质。前者具有必然性,能独断专行,因为数学的论证不假外求,而后者如要获得真理,只能借助于外部的本体论。柏

———————————

① Bronislaw Baczko,前揭,p. 471—482。

拉图相信,政治学如同数学一般具有先验性,而他的学生亚里士多德及其后许多著名的政治思想家却都认为政治学是门经验科学。

无论如何,柏拉图的理想就其目的而言颇为宏大。假如必须监督城邦内的每一件事和每个成员的所作所为,假如因此而必须围剿所有与法相异的地方,那么就会如让贝(Christian Jambet)所言,

> [185]法表达的是神明的旨意,它依据宇宙灵魂法则推动着星体。其旨意体现于最微小的事物中,神明乃是典范,或者说是生成物的中心,是美德:节制、智慧、正义、勇敢。按照这样一种神正论的说法,没有任何一样事物是为了某个单独的人而存在的,相反宇宙却完全具有独一无二的特性。每个部分都是为了万有而存在,而非万有为了部分而存在。如同美德与邪恶之间的较量:只要有美德,就可在世界秩序中占有一席之地,而世界之王按照神意建立这个世界就是为了使邪恶混乱惨遭败北。[……]在这一有关世界的哲学观念中,罪恶不再针对人类,它针对的是神性和人类灵魂的神圣化。①

个体的灵魂自身并不存在;它不是研究对象。真正的对象是美德,

> 独一无二的生成物的中心,犹如数的理念。我们不会因为某个人受到某种美德的影响而说他有美德,只会说他分享了美德的一部分,说他源自美德。只要美德是他真正的主体,他便从属于美德。

因此,部分必须服从整全(Tout)。这样说并不是为了消灭部分,而是相反,为了使它拥有神性、获得福祉、过上真正的生活,为了使它"踏上神圣的道路,前往崭新的、更好的地方",为了使它返回至自己的

---

① Christian Jambet,法律的阴暗面,在罪恶与美德座谈会上所作的报告,刊于《科比耶晨报》(*Corbières matin*)中的"哲学心得"(*Cahier philosophique*)栏目,1997 年 8 月 11 日。笔者着重摘录这篇文章。

根源"一"（Un）。

因此，由于柏拉图的政治规划明显摧毁了我们社会和国家的自由主义思想（这些观念表明的是，无论以何种方法，作为"整全"的政治与作为"部分"的人类本无差异），便指责他道德上有问题，根本就是无济于事。因为，文化上两次新的"革命"（我们稍后会学习到）必须要完成，如此方能使这些观念得以成形：即罗马私法中对提升个人权利所作的保护，以及《圣经》中的预言使人类蔑视与伦理道德相悖的尘世权力并与之进行战斗的权利。柏拉图仅是思想家而已，他不会了解这些革新的意义。必须言明的是，他甚至都没有预见到这些革新，这点他与同时期的某些人，甚至与"开放社会的伟大时代"中的那些前辈也有差别。

第三章　亚里士多德

第一节　生平与著作

[187]亚里士多德之所以在政治思想史中占有重要地位，不仅仅是因为他的社会和国家理论丰博宏赡，理论大体上都包含于其鸿篇巨制《政治学》之中，还因为自 13 世纪起，他的政治理论便一直成为那些反对"政治奥古斯丁教义"并欲为国家重建自然准则的作者的参考书目。

生平①

亚里士多德(公元前 384 年—公元前 322 年)出生于司塔吉洛斯(Stagire)，这是卡尔奇底开(Chalcidique)东部海岸古老的伊奥尼亚领地。他的父亲尼各马科(勿与《尼各马科伦理学》中的对话者相混淆，书中的尼各马科是他的儿子)在马其顿国王腓力之父阿米尔塔伊俄斯二世(Amyntas Ⅱ)时期为医生。年轻的亚里士多德于公元前 366 年 18 岁的时候来到了雅典，并在学园学习。他经常旁听当时著名的演讲家如伊索克拉底等人的演讲。尽管他很快便成为柏拉图喜爱的弟子，[188]但公元前 348 年柏拉图死后，担任学园院长的不是他，而是斯彪西波。之后亚里士多德前往小亚细亚的阿索斯(Assos)担任僭主阿塔尔涅乌斯的赫尔米亚斯(Hermias d'Atarnée，此人老早就曾在学园受教)的教师。他在那里继续研究自然历史和"社会学"。然后，他去了列斯波司岛（L'île de Lesbos）的密提林(Mitylène)。公元前 343 年，他担任腓力年仅 13 岁的儿子，也就是后来的亚历山

---

① 据 Joseph Moreau，《亚里士多德及其学园》(*Aristote et son école*)，PUF，1962。

大大帝的教师。他任这一职务有三年之久。

50 岁的时候,亚里士多德回到了雅典,建立了吕克昂(Lycée)学校,之所以采用这个名字,是因为学校就建在吕克昂的阿波罗神庙的附近。在这所学校中有散步的广场,后人便因此称该学校的学生为"逍遥学派"。学校与学园相颉颃,斯彪西波和之后的色诺克拉底担任院长时期,吕克昂亚学校也一直开办着。但它不像后者那样有稳定的环境,于是亚里士多德便向当时已君临希腊(公元前 338 年喀罗尼亚战役失败后,便向马其顿人投降)的亚历山大求援,希望能得到他的资助。但公元前 323 年亚历山大便死了。民族主义派别又重新崛起。公元前 324 年,作为马其顿人朋友的亚里士多德不得不带着儿子尼各马科逃往优卑亚,照他自己的说法是,这样做是为了避开雅典人,免得使自己落得苏格拉底的下场,"再一次败坏哲学"。他于公元前 322 年去世,享年 62 岁。

著作

亚里士多德保存下来的著作堪称卷帙浩繁,这些著作可分为"公开传授"的作品(面向大众;现已遗失)和"秘传""口授"作品(也就是说,只向有限的听众讲授)。公元前 1 世纪的时候,学校继亚里士多德之后的第十任校长罗得岛的安德罗尼柯(Andronicus de Rhodes)借助地中海地区多处搜罗而来的手稿编纂成庞大的《亚里士多德全集》(*corpus aristotelicum*)。

全集包含七个部分:

Ⅰ.《工具论》(*Organon*),论述逻辑学的所有著作。

Ⅱ. 物理学专著:《物理学》(*Physique*,八卷)、《论天》(*Du Ciel*)、《论生成和消灭》(*De la Génération et corruption*)、《天象学》(*Météorologiques*,论述大气现象)。

Ⅲ. 论述有生命物体的专著:《论灵魂》(*De l'Ame*,研究生命的著作的导论部分)、《体相学》(*Parva naturalia*,即生理学)、《动物志》(*Histoire des animaux*)、《动物的器官》(*Les parties des animaux*)、《动物的运动》(*Le mouvement des animaux*)、《动物的生成》(*De la génération des animaux*,五卷,论述胚胎学)。

Ⅳ. "形而上学"著作(此用语并非亚里士多德首创,而是根据 *meta ta physica* 的表达法创造而成的,《全集》的编纂者便以此来命名物理学"之后"的著作):《形而上学》(*Métaphysique*)。

Ⅴ. 伦理学著作:《尼各马科伦理学》(*Éthique à Nicomaque*)、《欧德谟伦理学》(*Éthique à Endème*)、《大伦理学》(*Magna Moralia*)。

Ⅵ. 政治著作:《政治学》(*Politique*)、《雅典政制》(*Constitution d'Athènes*)。

[189]Ⅶ. 其他实用哲学的著作:《修辞术》(*La rhétorique*,辩证法、论证术)、《诗论》(*La poétique*,论教育)。

亚里士多德的自然观

我们发现,对亚里士多德而言,城邦并非人类人工建造而成,而是"自然的"存在。这个词在他的哲学中具有确切的意义,故而在我们着手研究《政治学》之前,必须简明扼要地论述一下亚里士多德有关自然的思想。

对柏拉图理念论的批评

亚里士多德反对柏拉图学派"泛数理主义"(panmathématisme)的唯心论。他自己并不信奉数学,他信奉的是医学:他首先是博物学家,其次是生物学家。对他来说,实际存在的个人要比理念或数字更为现实,个人是物质,甚至可以说是本质(*ousia*)。

但这样便出现了一个问题。柏拉图并未赋予知性以如此本体论的价值;这是因为他认为如果沉迷于"生成"(devient)的事物,便不可能有科学。亚里士多德承认在论证中存在认识论这一方面:人们只有普遍的或必需的概念,而不是独特的感性存在方能做出论证。但他否认了本体论这一方面:如果科学除了宇宙之外没有其他的客体,那么就宇宙是分离的(séparée)而言,科学就不是必需的。理念世界仿造感性世界,这便使它显得荒谬不经。如果理念是分离的,它就不可能成为原因。此外亚里士多德还做出了著名的所谓"第三人"的论证:如果理念是物质,那么它就是个体。因此,它被添加至感性的个体之上,于是这两者都会成为人的第三理念的一部分,如此以至无穷。

当然会有知性实在,但它们都内在于感性存在之中:它们就是自身的形式(forme)。

质料(matière)与形式

[190]形式(*morphè*,或者称为 *eidos*,即"理念")乃是形成质料的原则。但必须区分由技艺(*technè*)创造的存在和自然(*physis*)存在。在技艺创造的情况下,比如细木工匠赋予了"床"与"桌"以木料的形式,

形式给予的是外部质料。但对自然存在而言,形式是内在于质料之中的,它显现于内部,甚至经过了繁衍生息(génération)①的过程。

在这两种情况中,尤其是物质(*substance*)、真理(*ousia*)才占据了存在,这是质料与形式的结合,也就是说它是实际存在的个人,或者说是个体的感性存在,于是亚里士多德就此完全与柏拉图分道扬镳(诚然,亚里士多德也会略有变化:他在作品中的某些地方会说真理具有种[*espèce*]的特性;这一点并未使他更为柏拉图化,因为尽管种与某些个体有区别,但它仍然不是某种分离的形式,而是原型[*Archétype*];它只能"化身"于实际存在的个体当中方得存在)。

生成(**devenir**)

亚里士多德的世界与"月上的"(supralunaire)世界(星体、行星、恒星)以及"月下的"(sublunaire)(也就是指所有存在于地球这颗行星之上的物质)世界都截然不同。月下世界均会繁衍生息以及变质腐败,也就是说都会生成(devenir)。

生成的存在是这样一些物质,其形式不会呈现出永恒的特性,而是存在于质料之中;生成对存在而言,确切地说就是在于获得其形式(即繁衍生息)或导致衰亡(变质腐败)。生成并非仅仅指的是时间,还指个体从萌芽至完满、从潜能(*puissance*,即 *dynamis*)至现实(*acte*,即 *energeïa*)这一持续发展的过程。麦粒会从"处于潜能中的"麦穗变成收获季节时"现实中的"麦穗。

> 我们注意到,如果潜能在现实之前,现实也会在潜能之前。通过生成而达成完满的形式并非由生成创造而成。[191]婴儿出生之前,是处于潜能中的人,是父亲生殖了他,而父亲就是处于现实中的人。而神则是纯粹的现实(Acte pur)。

因此,生成的趋向便是使所有的存在都通过繁衍生息及变质腐败

---

① 法语中,génération 与 devenir 均可解为"生成",但按文意,译者将前者译为"繁衍生息",后者译为"生成"。——译注

而现实化，并经过发展而完满自身的形式（经此而达成的生成，即为终结）。

但在此等努力之中，他们或多或少都能成功。因为生成既是偶然的，亦是必然的：亚里士多德的宇宙与现代机械论者的宇宙不同，它赋予了偶然、意外以地位。

当然，存在也必须具有特殊的形式：年幼的孩童成年后不会变成一匹马，反之亦然，或者说鸵鸟蛋也不会孵出鸭子等等。种的形式永远不会变化：亚里士多德的宇宙是固定不变的，这与拉马克主义或达尔文主义了不相干，种不会转换也不会演化（既没有历史的演进，也没有社会的"变迁"……）。生成涉及的是实际存在的个体，而不是种及其形式。

反之，已然存在的个体达成完满或者说最终形成自身特殊的形式全然没有必然性。儿童可以正常生长，成为完全发展成熟的人，或者根本没有完满地达成自身的形式：他有可能是畸形的，很矮小、很高大、很肥胖、很瘦弱等等，他有可能在未成长为成人之前便已夭亡，这一切都取决于偶然、突发的情况。必然与偶然均促成了生成。

总之，自然的存在在两个方面都会无法完满达成其形式：即或者"过分"，或者"欠缺"，而完满则是"中道"（juste milieu；我们发现，"中道"在此处并未意指折中，它处在两个毋庸置疑的极端之间，是无实际意义的中间状态；然而相反的是，正是中道才具有明确的性质，因为它就是形式的完满化）。①

[192]无论存在是否达成完满，我们认为，它均取决于偶然因素或突发因素的影响：一棵植物可以在肥沃的或者贫瘠的土地上生根发芽，这与它有没有受到浇灌和阳光的照射，与它是否受到精心的照料等都

---

① 必须注意，亚里士多德的自然存在的"完满化"（perfection）与柏拉图的理念完全不是一回事。从本质上说，所有的感性存在均是疏远的、变化的、衰亡的，而完满化只是一种理想状态而已；有许多种感性存在，但只有一个理想状态。相反的是，亚里士多德的完善的形式只有在个体中并通过个体方能现实化。完全不存在外界的典范，人们根本无法据此断言某个个体比其他个体更为完善；我们只能说，某个个体处于"中道"之中，但它不是处于反常状态的典型、次品和怪物。同样，每个种均存在数种反常现象，因此也存在数种达成完满的方式和数种完满状态。亚里士多德的理论就这方面而言，比柏拉图的理论更有弹性，它有无数种生成的方式，而当我们谈起城邦和政治体制时，这一点便显得极为重要：亚里士多德的理论乃是"温和"政治理论的原型，而柏拉图的则是激进理论的原型。

无关。然而，如果有一种有关必然的科学（包含对形式或本质［Es-sences］的认知），照亚里士多德的说法，那就不会有有关突发情况的科学。因此，亚里士多德的世界不是一种机械论：万物均未"明言"，这就是为什么建立像伦理学、修辞术或政治学等实用科学会有莫大意义的缘故；因为，通过尽可能精确地了解本质，通过对此一本质的诸种具体现象进行研究（譬如说，各式各样"提到过的"存在的个体，①那些失败的个例，或者说"怪物"，那些因过分或欠缺而无法达成"中道"的个体），人们就能在生成的偶然状态中以最好的方式引导人类行为，并在现实中切实改善自己的命运或同胞的命运。

善与幸福

对自然存在而言，能完全有助于其本质（nature）现实化的便是恶的对立面善。更有甚者，在亚里士多德的道德及政治理论中，善与自然等同，恶则与反自然等同。除此便没有其他的标准了。

此外，本质赋予了自然存在各种标志，使它们能够了解何种行为（acte）与其本质相符，并促使它们完满达成自身的形式：对动物而言是快乐、对如人类等理性存在而言则是幸福（幸福与快乐不是［193］同一回事：对人而言，获得幸福便意味着并经常意味着要弃绝快乐，只要理性顺从即可）。由此便导致了对幸福再一次做出定义：对人来说，幸福乃是行为的伴生现象，它要的是完全实现人类的自身本质。

因此，亚里士多德的道德与政治、与"禁欲苦行"全然沾不上边。如果必须构建人类的美德，同样如果必须构建发展极为平衡的完美城邦，那么就须使人和城邦幸福。伦理学家和政治家应该大致与园艺家相仿佛，因为园艺家会悉心培植出美丽的植物：如果植物鲜花盛开，如果它美丽非凡，那么至高无上的目标便算是达到了，人与城邦的兴盛辉煌便犹如花朵的绽放。这兴盛辉煌便是达成其形式的标准。除此之外一无所有。花朵绽放是"为了"盛开和结籽，本质也是完全一样。同样，对伦

---

① 除了《雅典政制》之外，亚里士多德或曾编辑过或请自己的学生编辑过一些专题著作，内容涉及希腊或希腊诸国曾经存在过的约 160 种体制。

理学家和政治家而言,人与城邦的本质的达成("充分发挥")乃是其自身的终结,其间的幸福便是标准(此外我们还发现,个体的美德与城邦的美德彼此之间互为表里:邪恶的城邦中何来个体的幸福,堕落的公民又如何能造就城邦呢?)。对亚里士多德的人而言,如何获致幸福的最后一个方面就是要受到尊敬,也就是说如何在受人尊敬的城邦中拥有令名。这正是古典时代希腊人以及基督教来临前所有古代人孜孜以求的希望所在。

美德与邪恶

既然人类的幸福是在于其如何实现自身的本性,既然生成的世界中存在突发亦即偶然情况,会阻碍它的实现,那么我们就应该过一种符合理性的生活,这种生活能使我们认知人性的本质,并辨别何者适合自己,何者不适合自己。尽管如此,一方面看来,亚里士多德意识到了人类理性的局限性;这一点他同毕达哥拉斯及柏拉图的信念都不同,他并不认为知性会具备领会本质内在特性的论证能力;[194]他是个地地道道的博物学家,对现实的丰富性、复杂性和相异性极为熟稔。另一方面,他也了解激情的力量常常能令理性难于应付。

于是,他运用了以前为人知晓的那些概念,并对它们做了严格的构建,这些概念历经茫茫世纪一直传承到了我们这里:它们就是习性(hexis、habitus)、邪恶与美德。

习性意指以此种或彼种方式行事的性格,在某些情况下,我们自己也是未经周密的思考便以此种或彼种方式行事。我们之所以会有这种性格,是因为我们希望有朝一日自己能这么做,是因为我们有意让自己如此行事,或者相反,是因为我们压根没想过要让自己养成某些习惯,而其他人也是"各做各的事"的缘故。无论如何,现在我们拥有了这种习性,它将自发地决定我们的行为,也就是说我们无须进行什么思考,甚或尽管我们意识到自己不愿这么干,但它仍会使我们照它的意思去做。

因此,习性代表的是某种介于意识与无意识之间、介于我们的理性(自由的)与我们的激情(我们经受的)之间处于过渡阶段的(intermédiaire)心理要素。习性与理性相通,因为我们能够决定是接受它还是反抗它;它之所以避开理性,是因为一旦我们的本质养成了某种确定的"规矩"时,它便不再取决于我们独一无二的理性以使我们立刻摆脱此规矩的桎梏,这样便使我们即使不愿意也不得不按照某种方式去行事,尤其是在某种紧要关头,我们既没有时间也没有精力去进行反思的时候。这就是为什么"规矩"所取的方向犹显重要的原因。

从本质上说,美德属于习性,它引导我们往善的方向去作为,也就是说朝着实现我们本质的方向去作为。而邪恶也属于习性,它预先便使我们朝坏的方向去作为。

每个人都会形成足够坚实的美德,在生命中的任何时刻,即便面临的问题极为复杂、极为紧迫,他都能自发地以某种方式维护或完善自身的人性。邪恶的人却是"由着自己",邪恶的习性稍一露头他便缴械投降,[195]然后封闭于这些恶行之中,愈来愈偏离于自身的本质,他也知道幸福离自己愈来愈远。相反的是,美德犹如通往幸福的买路钱①(必须再次申明的是,亚里士多德的"美德"概念完全与禁欲苦行无关)。②

人性包含了一系列美德,其中又以四种主要的或"基本的"(cardinales)美德为主,③苏格拉底与柏拉图已明确地列出了这四种美德:智慧、正义、勇敢与节制。

勇敢与节制拥有永恒的特性,它们能使我们很好地调节自身的激情,这些激情分别指戾气和欲念。正义能使我们调节自身影响他人的行为(因此,称它为社会性美德再合适不过)。智慧能调节我们自身的理性。

第二节　《政治学》

《政治学》或许成书于亚里士多德晚年时期,总之肯定是《尼各马科

---

① 古希腊时放于死者口中的买路钱,以便他通过冥府时使用。——译注
② 此外,必须注意到,法语中的"美德"源自拉丁语的 *virtus*,而这个拉丁词又是译自希腊词 *arétè*,法语中与此词最为贴切的译法是:卓越。
③ 拉丁语中的 *cardo* 意为"户枢";因此它的意思就是指其他的美德均围绕着这些美德"旋转"。

伦理学》之后。该书共分八卷,但卷帙的次序仍有争议。①

人是"政治动物"

亚里士多德将城邦定义为人类最完善的共同体形式,城邦中的人必须实现自身的本质。而且他证明,城邦自身即为自然现象。它既非人工建成,亦非习俗使然,这与智术师的说法大相径庭。城邦或国家为[196]自然形成,这既是自发现象,也是必然现象,任何个人均永远无法创建之,相反它自诞生起便已悉数完成。此外,

> 整个城邦(*polis*)都是一种共同体(*koinônia*)(它属于共同体这个种类)。但它又囊括了各种共同体。

它是"包容性最广的"共同体:事实上,古典时期的希腊通常并不认为,城邦自身能包容于某个更为宏大的实体(*entité*)之中,因此希腊民族并不代表整体。

城邦:"诸共同体之共同体"

但是,被城邦囊括其中的诸种共同体究竟为何呢? 它们参差不齐。亚里士多德说,它们具有共同点,均由相异的因素互补而成,它们之间的整合便形成了具有共同利益的群体。首先是,

> 有两种存在缺一便无法存在:一如公兽和母兽。

此处的共同利益即指"繁殖"(procréation,1252a28)。因此随后便有了"本质在于发号施令的"人与"本质在于遵从的"人,即主人与奴隶之间的结合:其时,共同利益是"需要他们共同加以保护的"。这些体系聚合起来后便构成了家庭,其中有男人和女人,成人和儿童,主人和仆人之分。

之后,好几个家庭形成了某个更为高级的共同体,即村庄。它们的

---

① 法语译本有:《政治学》(*La Politique*),Tricot 译,Vrin;《政治学》(*Les Politiques*),Pierre Pellegrin,Garnier-Flammarion,1990;《政治学》(*La Politique*),Les Belles-Lettres,Budé 丛书(希腊语及法语对照本)。

区别是:村庄由年事最长的男性管理,所有的家庭在这个整体中的地位都是固定不变的,他们之间的联系靠的是亲缘关系。①

亚里士多德指出,这正是君主制的母体,由天生与共同体成员不同的"父亲"管理的共同体政府也具有这样的母体。

只有由好几个村庄形成的共同体才完全符合城邦这个词的题中之意。

[197]因此,城邦犹如互相套在一起的一系列"玩偶",这些玩偶身高不同,所有的器官也是各有千秋。对政治理论而言,这便导致了几个主要结果:

1) 亚里士多德的城邦同现代的政治理论一样,并不直接关涉个体,而是关涉群体。在个体与国家之间,有好几个过渡阶段,好几个"自然形成的共同体"。如果有人将它们取消,就等于是反对城邦的本质。他们把城邦这种形式置于比人类共同体还要低的地位,认为它不够周密,秩序混乱。

2) 另一方面,在从村庄过渡至国家的过程中不存在"量变"——比如将好几个村庄合并起来是无法组成城邦的,或者像其他人喜欢说的那样,城邦不仅仅是比其他村庄更大的村庄——而是"质变"。从这个意义上说,由村庄组成的整体其性质或结构已与此前彻底不同。对此种新的形式或本质至关重要的,可以说是 *autarkeia*,即自给自足的经济模式:分工极为明确的工作使城邦能够向所有人提供必需品,并完全无须依靠外界。之所以能这样,是因为它拥有生活所需的所有功能:农业和机械学、军队、各种手工艺、官员和法官等等。相反,一个家庭、一座村庄是无法做到自给自足的。

3) 所有构成城邦的共同体以及城邦自身都是现代社会学家所称的体制(systèmes,我们倾向于认为,亚里士多德所思考的与现代知识体系中的"体制"概念几乎如出一辙)。这些体制均包含了各各不同的因素,它们互相之间无法容忍,因此就必须接受甚至培养这些不同之

① 亚里士多德有时会在村庄与城邦之间插入另一个阶段,即部落,它具有前文明时期社会组织形式的痕迹。

处。比如说，"自然已在女性与奴隶之间做出了区分"，它这么做是为了他们的利益着想。共同利益给党派带来了益处，不管是何种党派，它们都会通力合作；而个体哪怕地位再低，也会充分承担起自己的职责，为自身的利益工作。

所有这一切均是自然有意为之，可以说，如果没有自然，便不可能创造出各种不同的存在，创造出男人和女人、或有能力或无能力的人、人与[198]动物、动物与植物等。整个自然对亚里士多德而言已经等级化：每个自然存在在这等级制中均有明确的位置。一般来说，他赞成为比自己地位更高的人做事，而这个地位高的人会为比自己地位更高的人做事，如此类推，直至某个占据等级制顶部的理性存在者为止。亚里士多德严肃地说，因为，"自然并不会斤斤计较，它不会去生产万能刀，①而是使每样事物均有其独一无二的用处"。但我们得再一次说明，每个存在者在为地位高者服务时，其实都是在为包容了他和他的上级的整个组织服务，因此这也会给他带来好处。

城邦在实现人类本质过程中的作用

如果家庭使人类可以活下去（zên），使他拥有生活，并有目的地去繁衍，那么城邦就会使他活得更好（eu zên），也就是说可以使他达成自己特殊的目的，这个目的涉及的是他的本质，有了本质他就能成为自己，也就是说确确实实地成为人。

人不能只为求物质的丰富而联结在一起；因为，这样的话，哪怕是动物只要集合在一起也能成为国家。他们联合在一起并不仅仅是为了形成一个简单的防御体以抵抗不义，也不是仅仅为了进行物品交易，因为这样一来第勒塞尼亚人（Tyrrhéniens）、迦太基人和所有的商人就都将属于同一个国家（参阅《政治学》，Ⅲ，9）。然而，情况并非如此：他们当然会建立共同的契约，但不会设立公共官员来使人遵守这些契约，而且没有一个同盟国会担心其他同盟国内部的正义问题。因此，"国家"显然与经济联合体是不同的。

城邦并非是由各地联合而成一个共同体这么简单，似乎它的建立就是为了阻止互相之间的不义行为，并有利于物品贸易的进行。②

---

① 多用途刀具（比如我们的"瑞士军刀"）。

② 这与现代某些自由主义者的观点不谋而合。必须相信在亚里士多德的时代，已经存在这种类型的理论了。

无疑,如果人们愿意有个国家存在的话,那么这些条件都必然应该加以实现;尽管如此,就算假设现在将所有这些条件都联合起来,人们还是无法得到一个国家(Ⅲ,9)。①

[199]为了使其成为一个城邦,它就应该使人活得"更好",也就是说达成他自己的目标:完成或实现自己的本质。

> 国家,就是指幸福安乐的共同体,对家庭和家庭的集合来说,拥有完美的生活,并能自给自足(Ⅲ,9)。

必须要有除了经济因素方面的其他某些要素:

> 这样的共同体只能在那些居住于唯一一片土地上并只许在内部通婚的人那儿才会实现。同时,在这些城邦中会产生亲缘关系、胞族、②共同的祭祀活动③和社会性的娱乐活动。然而,这些社会性的不同形式也是友爱④的产物,因为选择共同生活的决心如此坚定的原因,除了友爱之外更无他者(Ⅲ,9)。

这样便出现了那个著名的定义:

> 城邦属于自然而然存在的实体,人乃政治动物。⑤

为了理解这个定义,首先就必须提醒大家注意,对亚里士多德而

---

① 亚里士多德也许会说,要使欧洲成为一个真正的城邦,光靠一个"欧洲经济共同体"是不够的。如何方能使其真正地成为一个城邦呢,下文会给出答案。

② 与血统(géné)这个词有关联。氏族(génos)指大家族,由所有拥有共同父系祖先,即男性家长的家庭组成。

③ 因此,它就是指共同的宗教而言。《政治学》中像这样提到宗教的地方极为少见。

④ 《尼各马科伦理学》对这样的友爱(philia)做了连篇累牍的分析,它摧毁了柏拉图的共产主义理论,参阅下文"对共产主义的批评"。

⑤ 也可以将 Zoôn politikon 翻译为"公民动物"。

言,科学就是用来对各种本质做出详尽无疑的阐释。它应该分析每个种类自身的种属特性及其特有的不同之处。人类的种属特性,就是"动物","政治"是他特有的殊异之处,也就是说人类自身所特有的特性构成了他的人性。

因此,这条定义的意思是:对人而言,生活于城邦中这样一个事实并非添加于其本质之上的某种事物或某个突发事件;它是构成自身本质的属性,人们无法想象人竟然会不是公民。

相反的(*a contrario*)证据是,未入城邦的人(除非遭到流放,或因某个特殊的原因而自我放逐)要么是下等人,要么便是超人。弃绝于城邦,如同肢体与躯体相分离无异。然而,手臂如若从身体上被切下,[200]便不成其为手臂,只成了手臂的尸骸,或者仍如亚里士多德所言,它与手臂只是"同音异义"而已。同样,一个人如若与城邦相分离,他虽有名有姓,但已不再是人了。①

亚里士多德明确指出,人不再是群居动物意义上的简单的社会存在,如蜜蜂那样。② 因为"自然不会凭空造物",而且"所有动物中只有人才掌握语言(*logos*)。然而,当声音(*phônê*)只能表达快乐或痛苦时,那么就此而言他与其他动物也无甚区别……话语(*logos*)是用来表达何为有用,何为有害,因此也能表达何为正义,何为不义"。

但是为什么理解何为正义何为不义对完善人的本质就如此必不可少呢? 为什么有关正义的问题只能在公民(*civique*)环境中才能提出来呢? 笔者此处将对此深入讨论。

公民的正义

我们已经发现,人将会完善自己的本质,只要他的灵魂拥有所有的美德即可(正如只要身上的每个肢体都能得到充分的发育,身体就会完好无缺那样)。然而,正义在这些美德中占有突出的地位。它是完善化的美德:*arétè téléïa*(《尼各马科伦理学》,V)。因为,即使不义,人们仍然能够拥有勇气,变得节制,但如果没有勇气、毫不节制,或没有智慧,便无法获得正义。比如,如果有人因不知节制而犯下了通奸罪,那他不

---

① 亚里士多德的这些评语与医学有某种关联:他难道没有注意,或者别人使他明白,与世隔绝的人会变成疯子吗?

② 他是 *zôon politikon* 即"政治"动物,而非 *koinônikon* 即"社会"动物。

仅仅是不节制,而且还是不义的;同样,不敢参加战斗的人在面对自己军队中的同胞时也会变得不义。因此,一个人只要是真正正义的,人们便可说他拥有所有其他的美德,反之则不然。从这个意义上说,正义乃是一种兼容并蓄的、优异的美德。只有正义的人方能实现人的本质。

但是,如欲成为正义,就须与他人发生关联,因为只有一个人是不可能变得正义的,正义是一种"社会"美德,[201]它调节的是我们影响他人的行为(与勇敢、节制或审慎不同,这些美德强调的是我们个体自身的平衡)。另外,如欲成为完全正义之人,就需生活于共同体之中,在那儿每个存在都保持平等状态,因为正义永远是一种平等的形式,它涉及的是"分配"正义(其中每个人都会从共同利益中获得相等的一份作为自己的收益)或"交换"正义(可以说,在物品交换中,被交换的物品均具有相等的价值)。① 然而只有在城邦中才有保持平等状态的存在,那里奉行的是法律面前人人平等(isonomia),这在家庭、村庄、部落、王国中都不存在。

因此,归根结蒂,城邦这样的环境对充分发展人类自身的人性来说定然必不可少,正是从这深刻的意义上来说,人类的本质就是"政治动物"。②

我们似乎可以从中推演出,那些只能生活于王国或部落中的野蛮人也许完全

---

① 关于分配型与交换型正义,可参阅本书第三册论阿奎那部分 p. 933。

② 不过,《政治学》第七卷中仍然提出了一个问题。有两种达致完满化的类型,科学(或称"沉思")生活和践行(或曰政治)生活;前者的支持者认为,只有超越实践,生活才会变得完全"自由";而践行生活由于没有自由,所以就会变得刻板。推崇践行生活的人则认为,好好做事却一无所成,这是根本不可能的事。亚里士多德评价道,这两个论点看见的都只是真理的一个部分而已。必须要行动,因为幸福只存在于行动中,但又必须保持自由,因为没有自由何谈"崇高"。因此,虽然必须研究政治权力,但条件是它应该与由政治引起的敌对状态而导致的"暴力劫掠行为"毫不相干,因为这些行为显然与美德并不相符(于是,亚里士多德与稍后的西塞罗一样,老早都已认定马基雅维利是错误的:政治家一旦追求权力,事后就根本无法对自己为达到目的所干下的恶行做出公正的评断,参阅 1325b5—6)。况且,行为并非与思辨水火不容,只要仔细观察就能发现,政治家与建筑师一样,他们的所作所为都是主要在于通过思考来指导他人的行为。从这个意义上来看,政治行为仍然会既显得崇高,又显得自由。否则就必须承认,神尽管也在有所作为,但也仅止于指挥他人的行为而已,它比人的个体能动性更低等:这样的说法真是荒诞不经。总之,在好的城邦中,政治家奉行的是和平与正义,并使学者对那些本质进行沉思。

算不上正义，也许完全不能算是人。①

奴隶制理论

[202]让我们回到家庭这个话题上来。我们已经发现，存在三种互相依存的关系，即丈夫—妻子、父母—孩子、主人—奴隶的关系。亚里士多德现在感兴趣的是最后一种关系。公元前 5 世纪的智术师反对与生俱来（*physei*）和习俗使然（*nomô*）这两种看法。这样便提出了一个问题：奴隶是天生就是奴隶，还是习俗使然才使他们成为奴隶的？如果是习俗使然，而主人和奴隶在天性上平等，那么，奴隶制就是不正义。现在就来看看亚里士多德是如何思考这个问题的。

"工具属性"

用于保证家庭生计的财产可以算是 *oïkia*（房屋）的一部分，它们当然是房屋主人的所有物。显然的是，既然需要这些财产来保住房屋，那么这同手艺人需要工具没什么两样。房屋的目的就是使屋子的居住者得以生存下去，而这便是存在的理由，或者说是这个自然共同体的"善"；所有有助于这个目的的方式同目的本身一样都是"善"。

但就工具而言，可以分成无生命的和有生命的两种。譬如，对于船长来说，舵柄就是无生命的工具，舵手则是有生命的工具。同样，有些起辅助作用的职业（助手、学徒等）就"拥有工具属性"。

因此人们会说"奴隶是一种有生命的所有物"……好比自行编织的梭子，或弹拨齐特拉琴（cythare）用的拨子一般。他是主人身上的一个"部分"，虽然是分离的一个"部分"。

但是否存在与生俱来的奴隶呢？"是否有某种宁愿并且适合成为奴隶的存在呢？"

[203]要回答这个问题，就必须首先注意到，官方机构和等级

---

① 亚里士多德与古典时期其他的希腊人一样，也觉得自己的文化更为优越，我们最初是在希罗多德那里遇到这种明确的说法的。我们可将此称为"种族中心论"，但它的理想却是生来要使自己变得普遍化，如斯多阿的世界主义和希腊文化（*paideia*）在希腊与罗马世界的传布所表明的那样。

制都是颇为必需和有用的事物(这自出生起便是如此：灵魂统帅身体，智慧统帅欲望，人统帅动物，雄性统帅雌性，甚至于在音阶序列中都有"主音")，通常只要使这些因素处于平等状态或将他们的地位互为颠倒，就会导致损害和混乱(恶人是由身体统帅灵魂；只要让女人来管理家事，准会一团糟)。

"因此，只要人彼此不同，灵魂与身体不同，人与动物不同"，自然而然便会存在从属关系。

存在与生俱来的奴隶

然而，出现了这样的情况。有的人"只会做完全凭靠体力的活"，其他什么都做不了。那些人与生俱来就是奴隶，对他们而言，听凭主人的指挥只会带来好处。

这些存在者当然都是人。作为所谓的人而言，他们拥有理性。但他们所拥有的理性比较低等，与感官紧密相连，而且不具备具体入微的分辨能力。不过，他们并不具备自由思辨的能力，也没有独立从事科学的素质。

况且，这类人的身体也与他人不同。奴隶肌肉发达，他们的肌肉组织又粗又壮；侧面看上去都是弯腰曲背。而自由人则是身体挺拔。他们的运动素质不在于负重，而在于在战争中克敌制胜：他们健步如飞，身体健硕。

既然他们彼此不同，那么主人和奴隶就会产生互补性：他们可组成有机的共同体。这样一来，他们之间甚至还能产生友爱。

与生俱来的奴隶与习俗使然的奴隶

尽管如此，亚里士多德也很明白，有的奴隶拥有自由人的身体，而有的自由人却拥有奴隶的灵魂。也有习俗使然的奴隶，正是某些法律使他们成了奴隶；[204]尤其是战争法使天性自由的人成了奴隶。

然而，关于这样的说法也有争议：有些人说强力不是法律，另外一些人则说可证明强力就是美德，可以依凭它建立法律。另一方面，即便人们认为战争中使某个人沦为奴隶也没什么错，但不义的战争也是存在的等等。

最终，便既有与生俱来的奴隶，使他们成为奴隶是正当的，也有习俗使然的奴隶，对这些人来说，沦为奴隶就是不义的。因此，必须具体情况具体对待。

之所以建立这整个奴隶制理论，乃是为了对城邦的基层细胞家庭进行描述。不过反之，这样做也是为了定义政治权力。因为，城邦要在自由平等的人之间建立联系。因此，像僭主制那样的政体使天生自由的公民沦为奴隶，显然是违反自然的。

家庭中另外两种关系，父母—孩子和丈夫—妻子的关系同主人—奴隶的关系具有质的区别。父母对孩子的权威属于"王室"类型，丈夫对妻子的权威则属于"政治"类型（它使男人和女人互为平等）。①

政治经济学

城邦理应自给自足，生产出公民需要的所有物品。因此，亚里士多德现在设想出了一套经济理论，我们知道在整个思想史中它都可以算是同类理论中的先行者（它比色诺芬的文本稍晚几年出现，我们稍后会对后者做出阐述，参阅 p. 262—268）。

亚里士多德首先对获取自然财产的合法性提出了[205]质疑。

好的货殖论(chrématistique)

整个存在都是为了获取生活必需的所有食物和财产，这是天性使然。

整个自然都是按照此种原则组织起来的。植物生来就是为了供养动物，动物生来就是为了供养人类，或是为人提供衣物，或是受人驱使。宇宙中存在一种目的论和一种等级制，人类占据的是顶端："如果自然没有半途而废，没有徒劳无功的话，那么它必然就是为了使人都能存活下去。"（Ⅰ，8，1256b，1. 21）

结果，对人类而言，使用天然就是归他所用的东西便属于良好自然的行为，这样便出现了"自然获取法"，如钓鱼、捕猎、农业等便属此例。从某种意义上说，甚至战争都是一种"自然获取法"，比如人之间处于敌

---

① 圣托马斯评论道，这就意味着她甚至受到了婚姻法的限制；同样，行政官员的权威只有法律(secundum statuta)才能赋予，他并不具有普遍适用的(quantum ad omnia)权威；从这点上说，丈夫的控制权力并不属于"王室"类型。

对状态,尽管有的人生来只能臣服于他人,但他们仍然不愿屈服。

更常见的是获取财富的方法,亚里士多德称其为货殖论,从某种程度上说,获取财富是天经地义的事,"只要这些财富属于生活必需,而且有益于政治共同体或家庭即可",从这个意义上看,拥有这些财富就是合法行为。

作为限定原则的形式(Forme)

但是,尽管所有权是通过获取生活与生俱来必需的财产(如哺乳动物的乳汁)而建立起来的,但这样的逻辑仍然势必导致要对该所有权做出限定:自然本身就是如此。

> 限定[由自然]加以固定下来,其他的方法也是这种情况,因为无论是何种情况,任何工具不管从数量还是规模上讲都不会没有限度,所以财富非他,无非是由多种工具组合而成,并在管理家庭或政治时加以使用而已。

确实,这使我们想起了实现本质和"中道"的那个理论。人长得再漂亮也不可能变得更伟大、[206]更能干,只有充满威严力量的人才能最有效地实现自己的本质。威严或力量过了头,只会物极必反,无法完善自身的形式。因此,他的天性或本质就会对任何一种性格做出限制,只要超过这个限度,他形式中的美和平衡就会遭到损害。对人而言,进步就是指永远朝着他自身的形式迈进,而不是没完没了地不断增进所有的可能性。

> 如果有人在适合自己特长的领域外进行发展,那么他的灵魂就如同他躯体上的手臂或大腿那样变得长得不正常:人不能增一分,也不能减一分,否则就会变成怪物或残废。

形式乃是限定或有限性的原则;毫无节制、没完没了的增长就是hybris,即过度,它是无限性的原则。不过,存在就是形式;尤其是真理(ousia),它体现在某个个体身上,是得到充分发展的种的式样。

相反的是，无限性趋向于非存在（non-être）。通常来说，希腊的形而上学指的就是这个意思：希腊人不会像之后基督教的本体—神学（onto-théologie）那样认为，存在就是无限，因此从这样的本体论观点证明，有限性就是不完美的。"无限"的希腊语为 *apeiron*。不过，*a-peiron*——亦即从字面意思上看，它是指没有限度，因此也就是指没有形式——对柏拉图而言，特指的却是非存在。

这些普遍的原则在分析经济问题时会导致各种极为明确的结果。

自然经济学和失调经济学

从某种意义上看，对家长和政治领袖来说，确实存在一种自然获取法。只要在自然需要的限度内为家庭和城邦获取生活必需品，这样的方法就是好的。这便是好的货殖论。

但也存在另外一种获取法，我们今天把它称作自由经济学（资本主义和大规模贸易）。亚里士多德认为它是人工所为的失调经济学，是坏的货殖论。它有什么地方不自然呢？

[207]每个经济利益都有两种价值或用途，即适当的用途和不适当的用途。比如说一双鞋，既可穿在脚上——这是它的适当用途——也可把它拿来交换其他的物品。

从某种意义上来说，交换是自然行为，因为当人拥有某些量很大的物品，其他的物品又不充足时，他就会把它们拿来作交换以满足自身的需要（我们已经发现，*autarkeia* 即经济上独立的城邦内部就是这样操作的；说得清楚些，就是城邦只有独立才会存在，只有在其内部有充足的分工制度，城邦才成其为城邦；因此，只要有交换行为，就会有城邦，这足以说明交换是自然行为）。

亚里士多德赞成的交换行为是指"小规模贸易"。在家庭里，"一切都是公用的"，因此在其内部是不存在交换行为的；在家庭之间，某些财产公用，某些财产则属于各自家庭所有，人们以不涉及货币的物物交换的形式来交换财产（葡萄酒换小麦……）。

但是在城邦之间有人引入了货币作为交换的中介物。起初，贵重金属被选中，是因为它具有种种好处，如公正客观、不会变质、可以分割、便于携带，而且不会丧失其使用价值。于是，人们在少量金属上刻上人像，以标明其重量。亚里士多德观察到，那时候已经有人开始搜罗这些金属为保存而保存了,他们并不在意这些金属的本身用途,这同财富纯粹在于占有货币没什么两样。

然而,他说"这根本就是毫无意义的事",因为:1)习惯上,人们是可以决定货币究竟拥有何种价值的;2)它没有任何使用价值,就好像弥达斯国王神话故事所表明的那样:这个国王许下了一个愚蠢的誓言,希望不管什么东西只要他碰一下,就都能变成黄金,他甚至不惜以饿死作为代价。

真正的货殖论乃是指获取财富的方法。交换可成为达到此种目的的普通方法之一,其他直接的方法有农业、狩猎等。但出现了错误的货殖论,以交换作为简单中介物的贸易将自身作为了目的:在这种情况下,人们会以钱生钱,[208]"货币成为交换的原则和目的"。这样的情况确实很不自然,很反常,因为"从那时起,这样一种财富[……]实际上会变得毫无止境"(Ⅰ,9,1257b24)。

我们可以通过下列图表来阐释亚里士多德的思想(马克思在《资本论》中利用过这样的图表)。正确地使用金钱(A)是指只将它作为两件商品(M,M')之间的中介物:

$$M \cdots\cdots A \cdots\cdots M'$$

在此种情况下,整个过程都处于自然范围之内。因为,这个过程由始至终,都有一样财产是以其自然使用价值而发挥其用途的;由于 M 和 M'的消费者是自然存在者,他们除了满足有限的自然需要之外没有其他的需要,因此他们用不着消费无穷无尽的 M 和 M',这样一来作为中介物的 A 本身便是有限的。

错误的货殖论符合下面的图表:

$$A \cdots\cdots M \cdots\cdots A'$$

在这种情况中,商品只是作为获取金钱的中介物。它成了手段,金钱则成了目的,此种方式同整个操作技术一样都以目的为重。然而,这里的金钱纯粹只是量,而没有使用价值;人们追求金钱不知餍足,因为他们不以它的使用价值和自然价值来发挥其用途,对金钱的占有不会因满足、因达到了某种平衡和中道而有所限制。因而,金钱乃是无限的、从而也是反自然的原则。渴求金钱只会导致畸形,不仅仅是占有者自身心理上的畸形,还有政治和社会上的畸形,因为某些人如此毫不节制地增长财富会摧毁内心的和谐和城邦本身的式样。

更重要的是,必须要谴责有息借贷,

因为他们获得的利益都是从货币本身中得来的,这与生产的目的截然不同。

金钱是"增多了",但这样的增值方式是非自然的,因为它本身就不是自然存在。

[209]我们刚刚阐释过的亚里士多德的财富理论立论分明,极具说服力,以致整个西方的思想史中,一直到19世纪反资本主义的反动社会理论家那里都不乏它的支持者。该理论与古老的自然和时间观念,以及某种认识论渊源颇深,当然今天我们认为它已经过时了。

我们记得,一般而言,古代思想,尤其是亚里士多德的思想都是"不变论":我们在那里找不到任何有关"进步"的观念。亚里士多德同柏拉图一样,他们的理想就是让城邦永远保持其原来的状态,或在迫不得已时,让代表"城邦"这个种属的个体永葆成功、健康和活力,比如说让雅典成为比斯巴达更好的城邦,或者让它在衰亡之后重获新生。但是尽管个体属于未来,但这个种属,人们却认为它建在高处,亘古不易。它局限于自身的形式之中,并因其形式而受到限制。结果,虽然元素在其自身内部不停地增长,却并未使人感受到今后会有什么积极的变化和进步;我们只能在其中发现必死的危险性。"资本主义"虽说已得到发展,但其仍然认为历史思想是突如其来出现的,变化、先前未曾存在的社会现实、超越自然因它的出现而变得可能、使人憧憬。正如我们即将看到的,犹太基督教文明在时间观念的转换过程中,进而在现代经济学的诞生中扮演了重要的角色。

笔者补充一点,亚里士多德的经济观念同其认识论是有关联的。既然他谴责自由经济学、大规模贸易和城邦中出现的财富不均衡的现象,既然如我们后面即将看见的那样,他宣扬由国家对财富进行整体调控,维护财产的平等状态,那么由此可见他认为城邦的经济生活是可加以认知的,它再复杂也抵不过高级官员的智慧。

在《政治学》第八卷中,他对此做了好多批评,且笔锋甚为犀利。他说,城邦不应该太大,人口也不应该太多:因为这样会无法保持秩序。"因为谁能担当这么多人的统帅呢?如果声音不够洪亮,谁又能当传令官呢?"因此照他看来,城邦的秩序也与领军打仗的统帅要求的秩序相仿。同样,将军熟悉每个士兵所处的位置,他能用最佳的方式来决策——并考虑到该组织的共同目标——自己的每次行动,高级官员应该能够了解城邦的每种需求和每处资源,并使它们彼此协调。规模太庞大的社会不便控制,因此已经超出了自然状态,成了怪物。其他文本也违背了同样的认识论原则:"为了对这些法律问题做出决定,为了按照优点来分配公共职位,公民们就必须彼此熟悉,知道他们是什么人。"由此[210]便确定了国家规模的理想状态:"对国家而言,最适于遵守的理想限度就是指尽可能增长人口,但又需使它们的生活能够自给自足,能够轻而易举地、透彻地了解他们。"我们以为,自从出现诸多庞大的希腊王国,更不必说(*a fortiori*)罗马帝国之后,亚里士多德的经济学范畴在面对现实的经济状况时已变得不再充分。

对共产主义的批评

在《政治学》第二卷中,亚里士多德考察了理论家提出的一系列体制:其中柏拉图和卡尔西敦(Chacédoine)的法勒亚斯都支持分配土地。这样便出现了共产主义这个问题。亚里士多德对柏拉图的共产主义理论反驳得特别严厉。他用一系列理论和实践论证批驳了卫护者之间财产共享这样的理论。

1. 理论论证——我们还记得(参阅上文 p. 130—132),柏拉图赞成一体性,因此提倡共产主义。但是,亚里士多德是这么回答的:

> 要达到整齐划一的程度,条件会相当苛刻,如此城邦焉存:因为城邦与生俱来便具有多元性,如果执意要使其整齐划一,那么城邦就会变成家庭,家庭就会变成个体(Ⅱ,2,1261a17—20)。

事实上,我们已经发现,对亚里士多德而言,城邦并非是由一些相同的元素简单相加组合而成的(比如,它不是平等的城邦之间组成的进行防御或进攻的军事同盟[*symmachie*],也同野蛮人的国度不同,对亚里士多德来说,这些国度只不过是民族[*ethnos*],是由分散各地的同样的村落联合而成,而并不是真正组织起来的城邦[*polis*])。城邦乃是有组织的共同体,由不同的要素互补组合而成。我们不仅会在那里发现所有的行业,而且甚至于贵族制的某些公民都拥有平等的地位,民主制中所有人都是平等的,不是由他们来统治全体人民,而是轮流成为统治者和被统治者,因此从这个意义上说,他们不可能完全相同。因此如果有人执意要将所有这些扮演不同角色、占据不同等级的要素同一化,那么如此肯定是无法巩固城邦的同一性的,而是相反只能将这些互相分隔的要素组合成一个聚合体而已,这样一个整体只是将家庭或个体简单地叠加起来,而没有共同的纽带。于是城邦会毁于一旦。人们在研究了纯粹的同一性之后,将会认为纯粹的多样性远为丰富得多。

[211]正如人们希望用齐奏来获得和音,或将某个节奏简化为某个音步一样(Ⅱ,5,1263b35)。

2. 实践论证
1) 人们对集体社会关注甚少。

每个人都只对自身所属的阶层最为关心,但当涉及所有人时,人们便明显不感兴趣,或者说只对其中自己的利益感兴趣……一旦人们认为有其他人关注某样事物时,他们本身就会对它完全忽略,这同管理家务时发生的情况一样,有时候仆人一多反而不如人手少下活下得好。

如果事情确实如此,那么存在者也会这样。如果妇女可以被共享,那么父亲就不会对孩子一视同仁,而是会对他们漠不关心,柏拉图的种属概念便是如此。确实,这样将不再有直接的亲缘关系,也不会有第一亲等、第二亲等或第 n 次亲等的亲缘关系,同样也不会有胞族或部落组成的共同体。一切都无分别。亚里士多德严厉地说,因为"必须得让自己成为某人的表亲,而不去是赶时髦成为柏拉图意义上的那种儿子"。共产主义不存在 philia(友爱),因为不再有直接的关联,这样便导致了悖论,关联或纽带不是得到了加强,反而变得松弛了。对集体社会而言,抽象的爱无法替代联结个体的那种爱,也只有第二种爱方能加强社会的关联,创造城邦的同一性——我们可以通过下面的对比来对这个概念加深认识:社会结构通过友爱将个体联结了起来,这同用编织针编纺织品一个道理。因而,如果采用柏拉图的友爱观,混乱的风险就会增大。当混乱日益严重时,他们却没法像孝心所体现的那样用任何一种道德手段来压制它。亚里士多德说,共产主义的社会性消融于群体之中,就好比往一大杯水里滴入一滴葡萄酒一样。这是为什么呢,如果他们希望城邦团结一致,那么他们就应该保护好最基本的细胞、家庭和所有处于过渡阶段的有机的共同体。

亚里士多德补充道,无论如何,柏拉图的规划是不现实的,因为照希罗多德所说,在利比亚(Lybie)有某种共妻制度,那儿的父母是按照孩子与自己的身体有什么相同之处,来认领各自的孩子的……

2)[212]关于私有财产,亚里士多德的观点比较温和,既非"自由主义"(也就是说赋予私有财产以绝对性),也不是"社会主义"。他认为立法者在这个问题上可以根据城邦的需求、规模、经济生产的模式、是否存在外部敌人等方面来强制处置财产、分配土地、确立遗产法、征收税收。

然而这仍然算不上是"社会主义"。因为私有财产乃是增加产出的必要条件。只是在需要的时候,生产成果才会为大家所共有。比如,每个拉凯戴孟人都可成为他人的奴隶,而且旅行的时候他们也可随意采摘他人田地中的果蔬(但耕种的却是他人)。

3)最后,亚里士多德在反驳柏拉图的共产主义时,提出了一个重要的心理学论证。他说,喜欢占有(爱自己是"一种源自天性的本能")是人的本性;因此,占有并非什么坏事。此外,这同样的天性还赋予了我们另一种本能——施予,即表现得慷慨大方的本能(而且我们将谴责利己主义)。但是,想要施予,就得拥有。由此之故,共产主义就是对利他主义的否定。从这两个观点来看,它就是反自然的。

同样,节制是一种美德,比如说它可使人不去垂涎他人的妻子。然而,如果共妻的话,这个美德便毫无用武之地了。因此,共妻也是反自然的。

这样的论证当然会使我们觉得很奇怪,但亚里士多德确实将自然视为某种准则,认为人们都能够或者都应该去信奉它。因此,若个体的人性表现出了这些情感和美德,定然不会徒劳无功,他应该将这些情感和美德与某种社会秩序相对应,并使它们两相映证。

不同形式的体制

[213]现在,亚里士多德继续对国家进行分析。

国家不能被化约为领土;也不能化约为人民;亦不能化约为政府(因为,国家受到了先前政府的约束)。因此

> 显然,我们主要应该通过着眼于政体来对国家的特性做出规定(Ⅲ,3)。

政体(*politéia*)乃是一种秩序,凭靠这种秩序,可以对各种不同的权力职能进行分配和调节,并确定最高权力机关(*archè kyria pantôn*)、终极权力机关,该权力机关取决于所有事物,并做出最终决策。

政体随终极权力机关的性质(人民大会、权力受到限制的议事会、独一的个体)、自身行为的目的性之不同而不同。终极权力机关的职能是:

(1)关注所有人,唯有它可以对城邦(*polis*)这一有机组成的共同体本质上应该成为什么做出回应,如此方能为政体中所有的组成部分谋求幸福;

(2)关注某些人,在这种情况下,该政体就是反自然的、邪恶的。

> 事实上,所有为了谋求共同利益的政体均具有正确的形式,它与正义严格的原则相符合;反之,只谋求领导者利益的政体是有缺陷的,与正常的政体产生了偏离,因为它们具有**僭主政治**的特点,然而国家非他,它只可能是自由人的共同体(Ⅲ,6,1279 a 18—21)。①

---

① *Archè despotikè*(专制权力)乃是主人统治奴隶的权力。不过我们已经发现,真正的*despotès*(主宰者)统治自己的奴隶,是出于他们自身共同利益的考虑,而非只考虑自己特定的利益。从这个意义上说,僭主就是主人,可以说他在两个方面都违背了自然:他将自由人作为奴隶进行统治,在这个意义上说就等于是违背了城邦的本质;也违背了主人自己的政府。

[214]于是便产生了下述组合：

	一个人	一些人	所有人
公正的形式	君主制	贵族制	［共和］政体（*Politeia*）
背离的形式	僭主制	寡头制	民主制

亚里士多德用这个分类法补充了我们在希罗多德（参阅上文 p. 97
及以后）和柏拉图（参阅上文 p. 154—155）著作中见到的论述，颇为
经典。

事实上，《政治学》中大部分学说上的争论均与这两种体制有关：寡
头制与民主制（君主制实际上已被作为野蛮的体制而排除在外了）。希
腊人正是在这两种模式间摇摆不定，对采取何种政治体制争论不
休——亚里士多德说，正如尽管各自都具有多样性，但人们还是会说
"北方乐器"和"南方乐器"，或者说弗里吉亚人和多里安人的音乐风格。

然而，亚里士多德对这两种政体均持拒斥态度，因为它们都暴露出
以偏概全看待城邦的做法：

寡头制毋宁说是少数人的政体（从词源学上就可以看出这一点），
其实也是富人的政体。但富人因为自己富有而妄图行使政治权力便显
得极为荒谬；因为人们发现，城邦（*polis*）的目的并不仅仅是为了富人
着想；它的目标是要完全实现人的本性，而富人只知道聚敛钱财；因此
他们并不具备必需的能力。[①]

同样，民主制之所以想要权力是因为他们都是自由人；但是我们同
样发觉，城邦的目的并不仅仅是为了捍卫自由。[②]

况且，这是两种不正常的形式：统治者表达的是某个党派的利益，
因此这样做就是不义。民主制中由于民众掌握整个权力，他们常常会
从富人手里夺取财产，这是不义。至于寡头制，[215]则是贵族制的变
体，它会把权力交给不优秀的人掌管，而只有最优秀的人才会关心所有
人的疾苦，也只有最富有的人才会只关心他们自己的利益（无论如何，
他们没有能力通盘考虑城邦政府所面临的问题）。

———————

① 我们应该记得，这一反对寡头制的观点也已经出现于柏拉图的著作中。
② 又一个柏拉图式的论证。

因此，争论便局限在"贵族制"一方和亚里士多德尚未命名的政体的另一方之间，只有在这种政体中，任何人才能出于对所有人的关心来进行统治。

它究竟与什么相像呢？我们发现，它的某些特点是从一些政体中借用来的，其他一些特点则是从民主政体那里借用的；从任何方面来看，它都是一种"中道"。但是如想对此做出判断，首先就必须进一步完善对国家的描述。

法律与法令及对人民大会体制的批评

亚里士多德将国家区分为三种权力，它们随政体的不同而有不同的组织方式："审议权"——"商议公共事务"；行政权（拥有"行政执法权"）；司法权。

> 审议权对开战还是媾和、结盟还是退盟做出最终决定；它制定法律，作判决死刑、流放和财产充公的判决，负责选任官员，交出自己的账目。

由于"审议权"的主要职能在于制定法律，所以它就必须明确法律的范围。

政体的正确形式是指统治者关注所有人的疾苦，我们已经了解了这一点。然而，法律乃是为所有人所共有，它关注的是普遍利益。因此，只有遵循法律的政府才是合法政府。亚里士多德说，高级官员不管是个体还是属于集体（议事会），哪怕针对的是"特殊情况"，[216]都不应该擅自决定法律是否有效。即便是国王，如果他不愿成为僭主的话，那么就该以法律为重。

亚里士多德强调指出，正是在这一点上产生了分歧。因为法律无法规定一切；而它的作用是不用听命于个人的决策。法律乃是不含激情的理性，这是它比个体优越的地方；但它的理性也会受到蒙蔽，于是个体的智慧便可以使国家免受水土不服的法律造成的困境（与柏拉图的著作相比较，参阅上文 p. 153—154）。

我们研究的出发点是想要了解究竟是受最优秀者的统治好呢，还是受最好的**法律**统治更好。那些认为君主制的生活更好的人以为法律仅仅阐明普遍性，而完全忽略特殊情况。因此，不管是何种技艺，如果只是一味死抠形诸文字的规章制度，就会显得不合情理：在埃及，事实上医生在第四日以后是有权对书面规定的治疗方法作某些改动的（如果他们提早改的话，自己就会冒风险）。所以，基于同样的理由，我们可以清楚地发现，建基于书面规章和法律之上的政治体制并非最好。

不过，权力的持有者依靠我们说的这种普遍规则也没什么错。而且另一方面，完全超越激情的存在者普遍而言要比天生就激情满怀的存在者要来得优越；然而，当激情与法律相异的时候，人的整个灵魂却会不可避免地拥有这种激情。——但毫无疑问人们也会反驳说，作为补偿，只有人才能最好地在特殊情况下做出决定。

我们同样发现，由我们所说的人来建立法律乃是不可避免的，这样才会有建立好的法律可用；但是每当这些法律与正义产生分歧时，它们只能导致失败，不过通常认为在其他一些情况下，法律也能维持住它们自己的帝国（Ⅲ，15）。

因此，"行政执法权"应该同时既须常常依凭法律行事，又须能够超越它或者对它做出补充。法官的情况也是如此，法官应该公正地做出裁决，《尼各马科伦理学》便对此做了明确的阐述。

公正尽管是正义，但并非依据法律的正义，而是对法律正义的矫正。理由是，尽管法律永远是某种普遍性的事物，但如若出现特殊情况，它便不可能提出某种可正确加以应用的普遍陈述。因此，在涉及物质时，虽然人们必须满足于以普遍性为要义，但由于法律只考虑经常出现的情况，因此如若忽略这些情况所引起的谬误，[217]便不可能正确行事。法律很少遭人诟病，那是因为错误既不属于法律，也不属于立法者，而是事物的本质使然，因为即便依本质行事，但实际状态中秩序井然的事物的物质状况仍然会具有不规则的特性。由此之故,当法律提出普遍规则时突然出现了超乎普遍规则之外的情况时,那只能说明立法者因疏忽而未能预见到突发情况的发生,他只是将事物做了极其简单化的处理,那么这时候人们便有权纠正这样的疏忽,并有权对立法者自身的言论提出质疑,要求其说明当时他是否在场,他也可以对立法者设立的法律提出质疑,要求其说明是否了解这一有争议的情况。如此一来,公正就会变成正义……(《尼各马科伦理学》,V,14,1137a 12—28)

因此,尽管通常来说法律应该占据优势地位,但在特殊情况下它也应该能得到矫正。但是,也有例外情况,

是否[做出决策的]只能是单个人,只能是完美的人,或者只能是整个公民群体?事实上,在我们的时代,正是由聚集于公民大会上的公民来做出裁决,进行商议和决策的,他们的决策都考虑到了所有的特殊情况(同前揭)。①

然而,在这种由民众大会处理特殊情况的状况中,亚里士多德也看到了极端的危险性:

[在坏的民主制情况下]最终权力都属于民众,而非法律,之所以发生这样的情况是因为最终起决定作用的是法令(*psephis-ma*),②而非法律(*nomos*)。此种情况应归咎于煽动者:因为在法律受到尊重的民主政府中,并不会出现煽动者,因占据了首要位置的是公民中的上层阶层;相反,在那些法律不行的地方,便会出现煽动者。那时候民众事实上变成了君主,而君主的独一性则由无

---

① 到处都建立了工资服役制(*misthophorie*),对担任政治职务进行补偿,也就是说"参加公民大会的人可以获得更多的工资,因为这样一来他们无事可干的时候就会经常聚在一起,事无巨细地对任何事务都去做出决策"(Ⅳ,15,1300a)。

② 希腊语中,*psephisma* 是指雅典公民大会投票决定的决议案,亦可泛指判决、法令、法案、法律。亚里士多德此处强调了 *psephisma* 与 *nomos* 的区别,前者突出了民众的全民参与性,而这正是亚里士多德所反对的。——译注

数个体构成。[……]这样的民众成了君主,便想掌握权杖,不再听命于法律,这样一来他便变成了专制者,以致谄媚者当道,可见此种民主制属于另类的民主制,而僭主制则属于另类的君主制。这就是两种政体均具有同样特性的缘故:它们都对上层阶层行使专制权力,而经公民投票产生的法令与"强制推行的法令"也有异曲同工之妙(Ⅳ,4)。

亚里士多德发现,没有什么是比雅典的"公民大会民主制"更坏的政体了,我们发现它也在[218]色诺芬、伊索克拉底(Isocrate)或德谟斯提尼(Démosthène)的心中造成了恐慌。既然人们把民众(*démos*)投票而成的随便什么结果都叫作"法律",那么民众就不会受到法律的限制,它不会满足于只对法律不作为的特殊情况作决断,而会受自己激情的左右对任何事务都要插手。因而,不再有理性,不再有真正的法律,国家的权威也变得专断独行:公民成了民众的奴隶。不再有自由,不再有城邦。

> 在那儿,法律毫无任何权威可言,根本没有包容万物的政体[……]。显然,在这样的组织结构中,任何事务都得靠法令来调节,它全然算不上严格意义上的民主制,因为法令完全无法具有普遍适用性(Ⅳ,4)。①

---

① 我们发现,亚里士多德早已分析了现代人,尤其是 17、18 世纪的英国人或美国的立宪主义者试图明确的问题:真正的法律应该具有何种特性? 法律应该具有普遍性,也就是说它不能只涉及颁布法律的权力机关所熟悉的人和事。否则的话,它就不能算是规则,而是具意向性的法规。不过,只有当规则具有普遍性、公共性、明确性,而且预先得到了颁布,且国家根据此规则推行强制措施,那么这时候才有自由可言。否则,国家的所作所为就是专制行为。当然,政府也应该有权行使特殊的措施,但那时法规(我们所谓的"规章制度")必须不得违犯正在通行的法律。由此,便出现了一个困扰知识分子的问题,那就是怎样才能仔细区分这两种准则,以及何种权力具备颁布法律的资格——其间的区别是,千万要避免成为民众的政体。亚里士多德的思考显示,希腊的立宪主义者已经提出了这样的问题,而且已经找到了答案:民众可随意建立和取消法律的权力与僭主的专制行为如出一辙,它使推崇权利平等(*isonomia*)的政体以及建立了希腊城邦的贤人所希望的拥有自由的政体变得不可能。

国家权力

现在我们来看看，在每种政体中不同的权力是如何组建起来的。

审议权

有几种情况。作决策的可以是所有人（民主制）、某些人（寡头制），或者某些时候由所有人作决策，另外一些时候由某些人作决策（"混合"政体）。

1. 民主制——[219]出现了三种新的可能性：1）由公民中的各个派系轮流进行决策（参阅雅典议事会[Boulè]的功能，议事会成员均有任期[prytanies]，可相继执政），民众召开公民大会只是对法律进行投票表决，并听取官员的施政报告。2）民众召开公民大会是为了对法律进行投票表决、选举高级官员、决定开战还是媾和；其他所有决策均由经抽签选举或指派的行政官员来做出。3）民众可随时召开公民大会，对任何事作决策；高级官员只是在决策过程中进行指导。这样一种形式显然不具常态，但它仍然是"我们今日的主流"。

2. 寡头制——只有支付一定税金的公民方可参加公民大会。如果税金不高，公民大会也无法对基本法做出修正，那么这样的寡头制便具备了向"共和制"演进的趋向。如果并非所有支付税金的公民都可参加公民大会，只有那些受到统治者指派的人方可加入，那么这一点又使其具有明显的寡头制特点。如果参加公民大会的成员均须通过内部遴选的方式及（或）世袭的方式方得担任，而且公民大会有权修改宪法，那么它就是典型的寡头制。如果公民大会负责某些事务，高级官员负责另一些事务，或者如果部分高级官员经抽签选任，部分是经选举而成，那么这就是混合政体的形式。①

> 某些派系有权提议，另一些派系只有否决权，因此权力间的平衡同样是随这样的情况而变化的。如果议事会的预审委员会

---

① 我们记得，亚里士多德曾搜集了大量希腊城邦及其领地现行政治体制的资料：他势必了解体现了所有这些情况的具体实例。

（*probuli*）或护法者（*nomophylaques*）提出某些措施，公民大会对此只有否决权，那么政体便具有寡头制的特点，这样一种机制使公民大会无法做出颠覆性的举动。在某些政体中，公民大会虽然拥有否决权，但并没有最终的投票表决权。在另外一些政体中，高级官员虽然能够否决公民大会施行的措施，但并不具备最终决策权。

行政权

[220]"高级官员"的权力如下：

> 行政官员（*archai*）之所以拥有这样的资格，是因为他们主要都在各个行政机关工作的缘故，这些行政机关均有权对确定的事项进行商议，并有权做出决策，下达命令，他们特别拥有最后这项权力，因为下达命令最能体现高级官员的特点（Ⅳ，15，1299a24—27）。

亚里士多德对政府的行政机关和真正的"高级官员"做了区分，行政机关中的"职员"只是普通的"官吏"，而高级官员很像我们所说的"政治候选人"或"权力机关的官员"。

普通"官员"有：广场（*agora*）中的市场督察员、合唱队组织者、①传令官、大使、小麦配给专员，甚至还包括为低级行政机关服务的公共机构的奴隶。严格意义上的高级官员指：统帅、监管妇女的官员（这是贵族制中的高级官员，因为不得不走出闺房工作的妇女是不会受到监管的）、负责儿童教育的官员……有一个处于中间状态的情况颇引人注意：那就是"议事会的预审委员会"，亚里士多德注意到，他们经常同评议会成员处于对抗状态。②

---

① 指古希腊戏剧音乐比赛时专门出钱组织合唱队的人。——译注
② 与我们的高级官员都是经选举而成没什么差别。在某些希腊城邦中，似乎存在某种行政精英阶层，他们由具有一定管辖权的终生任职的高级官员组成。亚里士多德说，即便在完全民主的体制中，"议事会的预审委员会"也体现出了它的寡头制特点，这一点非常重要（而且，这种现象似乎完全适用于法国的"国立行政学校势力"）。民主制的特点体现于评议会身上。当两者兼备的时候，它便具有混合、适中的特点，科林斯、科西拉和埃列特里亚便是这种情况。但评议会或公民大会常常监管不力，于是人们便堕入了公民大会享有全权的极端民主制的政体之中（1299b27—28）。

所有这些高级官员是如何得到任命的呢？从这个方面看，有几个不同的问题：谁进行任命？谁得到了任命？任命的模式是什么？对每个问题都有不同的回答，这样便导致复杂的组合变化，表明政体的存在具有极端[221]多样性。

选 民	拥有被选资格的人	任命的模式
所有人	所有人	选举
某些人	某些人	抽签选任
某些人具有某些选举资格，另一些人具有其他选举资格	某些人具有某些被选资格，另一些人具有其他被选资格	

亚里士多德并未认为共有 18 种（3×3×2）组合方式，而是认为有 12 种。三种属于民主制，亦即所有人都有选举和被选的资格，他们或是通过选举，或是通过抽签选任，或是通过结合这两种方式得到任命（抽签选任者可担任某些职务，选举而成者可担任另一些职务）。

司法权

亚里士多德直截了当地将此种行政官职中的其他一些职位单独列了出来。他明确了八种法庭职能——这份单子可使我们顺便观察到那个时代希腊城邦行政机关的复杂程度和精细程度。

1）对高级官员上交的账目进行审查。2）公共利益受到侵害。3）政治体制中的事务（对故意损害宪法的案件进行审判）。4）在高级官员与个人就罚款问题（税法）产生争议时，听取陈述。5）在诉讼涉及重要的私人契约时，进行处理。6）裁决谋杀案（考虑预谋、过失等因素）。7）审判外国人（普通外国人、有社会地位的外国人）。8）对普通契约执行过程中产生的冲突进行处理（Ⅳ，16）。

我们注意到，甚至还存在某种行政法庭（第 4 种情况），它能保护公民使其免受收税时横征暴敛造成的伤害。

政治变革

第五卷主要研究政治变革及其原因。

政治变革的根源

[222]亚里士多德说,城邦发生动荡有几个原因:

1. 有关正义的纷争——比如,当民主制否认美德之间存在差别,或者寡头制否认公民在某些方面具有平等地位时,纷争就会出现。

> 如果有人一开始就犯了[这样一个]错误,势必就会导致某种灾难性的后果(Ⅴ,1,1302a)。

事实上,一旦因正义而产生这样的分歧,爆发的冲突便会产生几种形式:或彻底变革宪法(将民主制变为寡头制或贵族制,或者相反……),或在不改变政体的情况下掌控权力,在这种情况下要么实行民主制,要么实行寡头制,要么增设或取消某些行政职务。

2. 国家内部平衡破裂

> 之所以发生政治变革,也是由于国家的某个部分比例日益失调的缘故所致。其实,这与人体的情况一样,人体由各个部分组成,它必须全方位得到生长,如此方可使整体和谐[……],国家也是如此,它的有些部分常常会意想不到地增长起来(Ⅴ,3,1303a)。

如果民主制或(共和)政体(*politeia*)中,穷人的数量急剧增长,[①]或者寡头制中贵族的数量急剧减少(比如因战争所致),那么这样便会产生失衡状态,或者说国家处于变状形态。[②]

[223]战时或困难时期,某个团体或某个民众派系获得的声望也会引发体制改革。这就是为何当某些人"成为国家的掌权者"时,必须加以留神的原因:他们会甘冒风险起来叛乱(利用自己的优势地位),或引发别人起来叛乱(出于嫉妒)。

---

① 这种情况有时乃是因故意施行某种政策所致,如在政客的煽动之下使私生子、外国儿童……成为合法公民(参阅Ⅵ,4,1319b 5—10)。

② 与对错误的货殖论的论述具有相同的论证方式(参阅上文)。中道(*métriotès*)的必要性可通过鼻子的形象体现出来(Ⅴ,9,1309b 18—28)。笔直的鼻子最美,塌鼻子或鹰钩鼻也仍然可以变得漂亮。然而,如果鼻子太长或过分弯曲,人就会变形。"唉呀! 这同政体的情形一模一样啊。"

亚里士多德不无讥讽地补充道,尽管如此,叛乱从来都不会由某些道德优越感极强的人引发:因为这样的人的数量永远也不会多到可以组成一个派别(1304b5)。

3. 微小的措施导致显著的结果,这些结果或可预见,或不可预见——选举过程中的权术阴谋可使投票结果产生决定性的影响。难以觉察的人口或经济变化可改变基本的政治平衡状态——正如财富日渐增长的城邦、公民人数的日益增多都会对开支或投票权造成影响,它们悄无声息地改变着城邦自身的本质(参阅Ⅴ,7,1306b 7—16)。①

4. 移民——[224]亚里士多德认为移民在政治变革中起了很大的作用。通常,必须使国家的民众完全一致(这就是为何国家的形成需时颇久的缘故)。如果通过移民(尤其是建立殖民地,那时候允许大量外国人在短时间内涌入)破坏了这种一致性,那么国家内部就会孕育严重的分歧,亚里士多德在此再一次描述了历史上的几个例子(1303a 25 及以后)。

5. 地理因素——这也许是民众无法完全具有一致性的原因。比如,庇雷埃夫斯的雅典人与城里的雅典人就不同:他们"更具有民主精神"。同样,某些城邦有部分领土在陆地上,另一些城邦完全建于岛上,它们完全不同。

---

① "即便毫不起眼的原因都会成为动乱的根源。事实上,一旦人们对体制中的某种状态不再抱信任感,于是使人接受某些稍微重要的改变就容易得多,这样一来,结果就会动摇整个政治秩序。譬如图里乌姆的政体就是这种情况。其实,存在某种法律,按照这种法律,统帅五年之内不得再行当选;然而,某些年轻军官、退役军人和卫戍部队的老兵却对当权者充满了蔑视,认为自己很轻易就能达到自己的目的,于是他们就想着手废除有争议的法律,以便使这些公民能连任统帅之职;而且他们还发现,民众都很迫切地想要选这些人。担任护法者和议事会成员的行政官员尽管一开始反对这些人,最终却也倾向于认为只要更改这项法律就能使那些利益相关者尊重其余的法律;但是当后来他们反对再进行其他变革的时候,却已没有能力对此加以阻止,于是国家机构便完全落入了那些想要进行这些改革的独裁者手中。"(Ⅴ,7,1207b5—18)

其他的一些情况也都极为荒谬。"即便有些纷争不算严重,但当它出现于国家领导层之内时,也都会极具危险性,比如很早以前的叙拉古就是这种情况。由于政府高层的两个年轻人为情所困而争风吃醋,产生了争执,随后叙拉古的政体便发生了改变:其中一人外出旅行时,另一人尽管是他的朋友,却去勾引前者所爱的娈童;前者怒不可遏,便实施了报复,把他朋友的老婆勾引到自己身边;这样一来,他们之间的纷争也把政府中的其他同僚牵涉了进来,使他们分成了敌对的两派。这件事表明,要严防出现这样的分歧,一旦发生此种情况,就必须把导致领导者和当权者分裂的因素扼杀于萌芽之中;因为,错误就孕育于起步阶段,正如谚语所云,开始错便步步错。"(Ⅴ,4,1303b 20 及以后)

6. 外部原因——比如占领者将自己的政体形式强加于战败国的身上。可以想见,亚里士多德也在此做了评论,他认为伯罗奔尼撒战争期间斯巴达就是将寡头制强加于雅典身上的。

变革的形态

我们刚才看了变革之所以发生的一些普遍原因,不过不同的政体会具有不同的变革形态。

民主制中,煽动民心的政客起主导地位,他们要么对富人极尽诋毁之能事(以便没收他们的财产),要么会发动民众反对整个富人阶层。但在这两种情况中,他们行事的结果常常与自己向民众所作的承诺背道而驰,也就是说他们完全摧毁了民主制,因为他们的所作所为反而致使有特权者联合起来对他们进行了反击(亚里士多德评论道,因为"共同的危险会与最坏的敌人联合起来",1304b 23)。

[225]寡头制中,常常是不属权力派系的富人首先发起叛乱,意图获得自己觊觎的地位(比如某个叛乱者在乱世的时候散发自己的财产,为了重新掌权,1305b 40)。有时候,叛乱者成了煽动者,他们投民众之所好,意图借助民众的力量彻底击败自己的寡头派敌人;当寡头制中的民众无法担任公职、只有投票权时,形势就变得对他们有利。反之,当领导阶层联合起来,任何一个成员都没法发动叛乱时,该阶层的权力就会变得极为坚固,即便他们人数很少。但战时的寡头制很脆弱:如果领导层武装民众,这些民众就会反戈相击;如果他们求助于外国雇佣兵,那么这些外国士兵的头领就会建立有利于自己的僭主制。

总之,政治变革常常会在任何一个层面发生:寡头制会变成民主制,"共和制"(温和民主制)会变成僭主制,或者相反;从这个方面说,希腊的历史为所有这些可能发生的例证提供了分析手段。

亚里士多德也顺便对柏拉图《理想国》中五种后来堕落的政体的法律合法性提出了质疑。没有哪种政治具有必然性。诚然,万物都不稳固,没有什么体制可保证自己长存下去,但是人们还是会改朝换代,尝试任何一种秩序,只要手段稍微有些合理性,每种政体都会持续很长时间。在亚里士多德的世界中,偶然性占有突出的地位,却不存在"历史的规律"。

"适度的"政治

那么,不同的政体该如何防患于未然,它们该如何从这些方面吸取教训呢? 通过对每种政体存在的问题进行讨论,亚里士多德最终使他自己心目中的理想政治形态浮出了水面,我们认为它具有"适度"的特性。

政治稳定的条件

1. 满足所有人的利益——稳定的基本原则乃是力求公正地满足所有人的利益,考虑到力量之间的关系和动乱造成的危害,[226]那么即便这些利益并不完全合法也须加以满足。只有通过平衡的政治手段,政体方得稳定持久——贵族制也不例外:

> 我们观察到,某些贵族制甚至是寡头制政府之所以能持存下来,并非是因为这些政体固有的稳定性,而是因为那些国家的领导者对被排除于政治生活之外的阶层与对行政阶层均小心翼翼地持一视同仁的态度,这样一方面可以避免压迫未享有权力的个体,甚至为其中那些配合统治的人提供担任公职的可能性,并且对那些意欲获得权势地位的野心勃勃之人和那些注重自己利益的人也不施以粗暴对待的手段;另一方面,使那些只关心自身利益的人和所有那些参与管理各种事务的人互相之间民主相待。因为,拥有民主精神的人想要为大多数人建立的正是这样的平等,如果人们将其应用于同类的身上,那么它就不仅会是正义的,而且还是有益的(1308a 3—15)。

亚里士多德认为,通常来说,"确保[政体]稳定的唯一要义乃是实行按功奖赏的平等体制,并使所有人都能拥有属于自己的东西"(1307a 25),因此这就是正义,尤其是分配正义。

亚里士多德坚守中道理论,他认定在最晚近的政体中,社会斗争不断加剧,寡头派罔顾人民的疾苦,民主派则欲置富人于死地而后快;但相反如果民主派够聪明的话,就应该正义地对待富人,寡头派则应该承担起照顾民众利益的责任——梭伦就是这么做的。

2. 与腐败斗争

> 但这儿出现了一个主要的问题:无论在何种政体中,法律与其他机关都应该确立公职永远不能用来作为牟利的手段。

因为,民众之所以不满,并非是因为自己被排除于权力体制之外,而是认为统治者独占权力、剥削他们来谋取自己的利益之故。由此,亚里士多德主张实行严格的措施,保证透明化,以有效预防腐败的发生:如公开监管账务等。民众在得到了这种保证之后,便会同意让有能力的人来进行统治。[227]因此,对腐败现象提高警惕并不仅仅是一个"道德"问题,而是公共秩序的问题。

3. 维护某种财产平等的状态——通过实行财政法而非充公的法律、遗产法、让贫穷的公民担任报酬高的职位、严厉压制富人的犯罪行为、对被排除于权力体制之外的公民阶层进行补偿(民主制中的富人,寡头制中的穷人)这些措施,人们就能维护某种财产与条件平等的体制,因此这也是"寡头制的"平衡体制,我们已经发现,一旦平衡遭到破坏,就必然会引发纷争。

4. 注意文武官员的素质——最后,亚里士多德认为众多担任公职者的社会生活必须保持平稳、有规律的状态,①拥有这些良好的素质乃是根本。

选择那些拥有完全符合职位要求的素质的人那是最好,但也要考虑到这样的素质相对来说不是很常见:诚实无二的财务官很少见,同样经验丰富的指挥官也不多见;因此只要他们各自都较为在行,较为诚实即可。

过度的政体:僭主制

最没有节制的政体是僭主制,我们来看看亚里士多德认为如果要使政体长久持存下去的话,僭主该听取何种建议:

[必须着手]拉平精英阶层的各种差距,废除优越感;必须废止公共用餐制度、取缔秘密政治团体、②禁止崇尚知识阶层的文化以及诸如此类的事物。人们须时刻提防所有常常会导致产生灵魂的

---

① 亚里士多德以担任高级公职的人为范本,在这之上又添加了一分很长的新名单,这份名单可让人想见当时的情景(Ⅵ,8,1322b 38—1323a 2),通过这份名单显示了,亚里士多德时代的希腊国家已经得到了高度发展,各种分工明确的职务不可胜数,现代社会庞大的行政机关也是这种情况(中世纪时,绝大多数职务已消失不见)。

② 也就是说任何一种宴会或私人聚会都脱不了成为抵抗和动乱的据点的嫌疑。

高贵感和信任感的这两种情感,严禁[228]形成文学社团和其他的学习团体,使用任何手段以尽可能防止公民彼此之间互相了解的情况发生(因为这样的关系会导致彼此之间信任感的产生)。此外,人们尚需迫使那些生活于城邦中的人经常暴露于主人的眼皮底下,而且要在主人宅第的门口做事(因为这样一来,他们的所作所为就不可能不被察觉,他们习惯于作奸犯科,因此不得不永远受到束缚),这样还不够,还要采取其他所有类似的专制实用的方法、波斯人的或野蛮人的做法。僭主也要设法对每个臣民的言论、行为做到了然于心,不过他可任命监察员,就像人们所说的叙拉古①的女密探、②希耶罗(Hiéron)③的窃听者那样,只要有聚会或集会,就会派他们去那儿走动(因为人们对那些耳报神心存畏惧,所以便不可能自由发表意见),即便人们可以自由发表看法,但也很少有秘密可以藏得住。还可以使公民之间不得和睦相处,在朋友、民众和贵族间挑起纷争,并唆使富人彼此内讧。使臣民贫穷④是僭主的又一个方法,这样就能使僭主保证自己的安全,因为这些公民每天忙于工作之后,便没有闲暇时间策划阴谋了……(Ⅴ,11,1313a 33—1313b 19)

亚里士多德列举的其他方法还有:僭主故意挑起战争,"让臣民身陷麻烦,可使他们离不开首领的统治"(1313b 28)。他应该把自己置于外国人中间,这样就能更好地保护自己的臣民。

最后,亚里士多德观察到,道德败坏同僭主政体相当契合,而且它们之间具有相互性(这个论证同柏拉图《理想国》中的论述并不完全相同):

僭主会在正派人中间挑起战争:他们认为这些正派人对自己

---

① 指狄奥尼索斯父子统治时期的僭主制。
② 由秘密警察支付报酬的高级妓女。
③ 西西里另一个著名的僭主,色诺芬曾为其写过一部著作。
④ 尤其是让他们参与建造大工程,如埃及的金字塔或雅典的庇西斯特拉图家族的工程。

的权力构成了威胁,不仅因为他们拒绝臣服于适合奴隶的政府,而且还因为他们互相之间及对他人保持忠诚,他们不会彼此揭发,也不会去揭发他人(1314a 17—22)。

[229]如果这些公民彼此之间保持忠诚,那么他们就能在没有僭主的情况下仅凭自身生活下去;因此僭主发觉他们的道德感对自己的权力造成了威胁。①

如果僭主遵照所有这些醒世箴言行事的话,他们自然就能维护自己的权力(亚里士多德还列出了执政时间很长的希腊僭主的名单);但是,对那些既想长期执政下去,又不愿推行这种方法的政体而言,除了接受"适度的"政治体制之外便别无他法了。

权力的平衡

亚里士多德提出了这样一个事实,即(显然永远都会存在)"城邦由两个阶级构成,他们是富人和穷人"(Ⅵ,3,1318a 31)。然而,我们也发现了,他并不承认只由富人掌权的寡头制,亦不承认仅由穷人(他们永远占大多数,因而总是会受到民主派的照顾)掌权的极端民主制,因为"这两种看问题的方式都含有不平等和不义的因素"(Ⅵ,3,1318a 22)。希腊城邦已经实行了具体(*in concreto*)适中的解决办法,比如让富人比穷人享有更多的投票权,或者由议事会施行权力,议事会的每个成员

---

① 僭主制具有 20 世纪极权主义的形式,阿伦特(Hannah Arendt,《极权主义的起源》[*Les origines du Totalitarisme*])、哈耶克(Friedrich August Hayek,《通往奴役之路》[*La route de la servitude*])在对这些僭主制的现代形式进行分析的时候,也做了同样的观察。如若社会中的人们彼此之间互相忠诚,那么他们之间的关系就会建基于稳定的道德规则之上,这样便使"社会自发秩序"所具备的自主独立的生活成为可能,这种生活同极权党派掌权的专制政府格格不入,因为这样的政府只会"组织"社会,而不会让社会"自主地组织起来"。事实上,专制机构的上层正是要中止正常的道德与司法规则的运行:人们应该按权力机关的旨意,而不"应该"按照正常"公正的行为准则"行事。最终,在极权主义体制中,诚实的人不可避免地都被排除于所有重要岗位之外,这主要是因为他们根本不愿去执行权力机关要求他们扮演的不道德的角色。他们被那些堕落的人代替,这些人由于道德感的缺位,完全听命于权力机关,这样便导致了犯罪、不义、虚假行为等的产生,但他们对此毫不在意。在这样的政体中,真正的法外之徒就是靠此快速爬上高位的(阿伦特和哈耶克都将法西斯政体和共产主义政体一视同仁)。

都有投票权,而其中一半代表由代表穷人利益的[230]社团选举而出,一半代表由代表富人利益的社团选举而出……

亚里士多德试图为求均衡,找到一种理论上普遍适用的解决方法。他发现,涉入其中的这两方至少都同意多数原则。因此,只要采纳这种原则即可,但照此原则而建的法律并非由大多数个体设立,而是由包含了个体及其财富的全体中的大多数设立而成。

现举例说明这个观点。如果人们认为富人群体比穷人群体富有两倍,那么就可以赋予议事会中的每个富人多出两倍的投票权,而穷人则只能有一倍的投票权。于是假设有 10 个富人,20 个穷人,假设每个决议通过时都有 6 个富人和 5 个穷人投票,否决决议时都有 4 个富人和 15 个穷人投票。如果人们以团体形式投票,便不可能有解决办法,因为每个团体中的大多数人都会持相互对立的意见。如果人们以人头的形势来投票的话,那么由于穷人群体占大多数,所以他们就将占上风(19 票对 11 票)。如果采取所说的均衡法,那么就会得到 $(6×2) + 5 = 17$ 票对 $15 + (4×2) = 23$ 票这样的局面(在这种情况下,虽然仍然是同样的决策结果,但票数的差距就小多了,只有对这两种投票权做出改动,才会使投票结果发生变化)。亚里士多德补充道,要获得平等的投票权,还可以采用抽签法。

亚里士多德指出,"大多数人对利益比对荣誉更感兴趣"(1318 b 16)。多亏有这样的心理学法则,寡头制和僭主制,尤其是与激进民主制不同的其他政体便都能够发挥功能。就此而言,理想的城邦就是指农民占大多数的城邦:因为他们整日忙于田间劳作,不太会参与政治生活。只要让部分想参与政治生活的人获得选举高级官员和检查账目的权力就够了。然而,担任行政官职的权力只能保留给那些支付一定税金或有一定能力的人。

建立于这些基础之上的政府必然是良好的政府(因为公共职务一直是掌握在有能力的人的手中,而民众也会心满意足,不会对上层阶层心怀嫉妒);另一方面,这样的安排也会使有才能的人和高官显贵感到满意,因为统治他们的不会是品德比他们低下的人,而他们也会按照正义的法则进行统治,因为他们行为的好坏都得由其他人来核查。事实上,处于互相依存的状态,且不用讨所有人的欢心,是一件好事,[231]因为如果由着自己的性子来行事的话,就不可能约束任何人都具有的那种邪恶的天性(1318b 32—34)。

这样的政体是如此优异,以至于亚里士多德赞成为自由的小农、农民或牧民专门设立耕田法。是民众中从事其他行业的人凸现出了这个问题,"因为他们的生活方式毫无高贵性可言,(这群)人所从事的职业也毫无道德价值可言,这些职业是指手工艺阶层和商人阶层,或体力劳动者"。然而过分的是,他们一直都想加入公民大会,这样一来他们的投票权就能多于农民的投票权!对这种状况进行改良是件好事,因为这样就能对社会结构本身造成影响,比如通过设立上面提到的耕田法就能做到这一点。

极端民主制中的鼓动家动辄便会采取没收充公的措施,惹得贵族愤懑不平。因此须要制定法律,规定充公物品将献于神庙,而不得充入国库:这样一来便会使公民大会和法庭无从下手。必须尽可能减少公众的活动,并通过严厉的手段压制那些寻衅争讼的人。① 还必须尽最大可能减少支付给参加公民大会者的津贴(*misthoi*),这些人一直以来都是通过对富人的财产进行课税和充公的方式来获得资助,对他们来说富人就是摇钱树(1320a 32);为此还须减少公民大会开会的次数(这样还有一个好处,就是可以有效提高"议会开会"的质量)。此外,从富人处征收的钱不该用作满足穷人日常消费的开支,而是用来有效帮助社会建设,比如说给穷人发放少量资金,让他们"回去种田",重新使他们返回到工作中去。

对寡头制而言,他们应该选举民众当中有德行的人,让这些人参与到不同的权力体制中。他们也应该为民众多加考虑,[232]让人民过佳节、参与祭祀、参加宴会、观看演出、得到施舍。不愿举办这些大型且必要的活动的寡头派也算是"缩微型民主派",从这个意义上说,这些领导人同民主派一样都太注重谋求私利、鼠目寸光,他们只是在数量上存在

---

① 我们将在下一章再次遇见所谓的"告密者"。

差别而已(参阅 1320a 40—43)。①

第三节　结　语

这些便是亚里士多德政治思想的基本内容。城邦乃是自然存在，它并不具备独立的理想准则；它的诸种完善、完满的模式都是通过历史现实自身呈现出来的，而且存在着很多变化。从中可以推演出某种既非激进亦非专制的政治设想，类似于柏拉图的"适度的"模式：我们承认有几种操作的方式、几种平衡的方式，我们将在政治实践中寻求这些平衡，而不是通过某种先验的(*a priori*)论证方法强行运用某种模式。

正是在这样的自然共同体中，城邦才有了分工，从而才有了差异和不平等，不平等先天具有善的特性，也是造福全人类所必需的手段。但是人类有能力施行正义，正是通过正义这一美德的核心，人类方能实现自身的人性：因此必须使不平等与正义所固有的平等协调起来。[233]因此之故，亚里士多德才宣扬适度的政治：必须对因条件和功能上造成的不平等设定限度，通过持续执行"制衡"(check and balance)②的原则而力求对各种同样合法但逻辑上互相对抗的需求进行调和，这样既可排除行政施政过程中的平均主义，又可注重平等原则，排除长久存在的特权制。

由于凭经验对各种已知的政体做了大量调研，并通过自己的屡次游历，他对希腊诸国在这方面长时间积累起来的体制及行政上的众多

---

① 《政治学》的末两卷(卷Ⅶ和卷Ⅷ)讨论了"理想国"。按照专家的看法，这两卷内容尽管排在其他几卷后面，但它们的次序应该排在前面。编纂这两卷内容的时候，亚里士多德应该还年轻，那时他住在阿索斯，于学园的教诲浸淫日深。事实上，他的国家模式与《理想国》及《法律篇》的国家模式非常相似。同样简练的文辞、同样注重国家的教育、对由海洋和外国人带入的创新意识同样持抵制态度、对"音乐"和"训练术"课程持几乎相同的看法、对由海洋和外国人带入的创新意识同样持抵制态度、对婚姻和生育持同样严格的控制措施……尤其是，最初都是持同样的假说：即国家的结构必须与个体灵魂和谐一致(参阅Ⅶ,1,1323b 33—36 与 40—42)。要如此，就必须提倡美德，因此国家也必须是有美德的，这样方能使公民自身的美德臻于完满。不过，这些章节并不属于《政治学》的原来内容(我们也只是捎带阐述了一下，参阅p. 209)。

② 这不是"自由主义的"政治学：我们以后研究孟德斯鸠和现代自由主义的时候就会发现，"适度"与"自由主义"的概念之间存在着差别。

解决方法颇为关注。他所关心的都是具体问题：选举的尺度、税收的标准、经济或人口布局上的措施，因为由此既能建立某种平衡，又有可能会误入闭关锁国的歧途。国家如果存留下来，那是因为领导者有能力完成这些所谓的"中看不中用的"工作，他们抛弃了使用暴力等简单化的解决措施，考虑的是人的生存和无法简化的各种现状。

希腊人自己发明了这种方法：他们解决了"化圆为方的难题"，创建了各种包含权力机构和等级制的组织结构，并使公民一直保持着自由平等的身份。这就要求发明一种"政治学"的技艺：也就是说这种技艺可以调和各方意愿、彼此相争的利益，甚至是敌对的功名心，但又不故意以牺牲某些人而使另一部分人得益，且不对整个社会中的各种阶层进行压制（奴隶仍是例外）。如果可以这么说的话，那么折中的技艺并非指一定得放弃某种无法达到的完美的理想，在它看来，适度本身就是完美：因为它能最大限度地使公民在城邦肥沃的土地上"开花结果"。亚里士多德并非第一个想望并实践其"人道主义"（humanisme）的希腊人，但在对这些理论问题进行系统化思考并不断做出修正的方面来看，他肯定堪称第一人，这些问题直至 20 世纪仍然是政治科学中的主要范畴。

第四章 色诺芬、伊索克拉底、德谟斯提尼

雅典民主制的危机

[235]在公元前4世纪的希腊,政治思想史中并非只有柏拉图和亚里士多德,还有其他许多重要的作家。他们的同代人色诺芬、伊索克拉底和德谟斯提尼对此也表现了很大的兴趣。与柏拉图一样,在某种程度上也与亚里士多德一样,他们对民主政体做出了严厉的批评。

公元前4世纪这些知识分子精英几乎清一色反对民主制的现象值得注意。公元前5世纪的雅典提供了"法治国家"的样本——法律面前人人平等、言论自由、多元化、推动商业与文化的发展;这种模式尽管是在民主派血腥镇压了贵族之后建立起来的,但它仍然日益强烈地使人感到该体系关心的乃是普遍的福祉,它使希腊人衷心钦佩的雅典的灿烂文明显得光辉夺目起来。

然而,公元前4世纪的民主制本质上起了变化。在经历了伯罗奔尼撒战争和"三十僭主"当政这些灾难之后,它即使算不上"大众民主制"的话,至少也可以说是由民众政党执政的专制统治。鼓动家使公开辩论和投票的程序变了味。正义变得政治化。没收财产充入国库的[236]系统化措施使救助政策(一种尚未成型的国家社会主义)发展起来,所有这一切均导致了经济阶层的反抗和长期的经济危机。民主制同样表明了它在涉外政治方面没有能力采取必要的措施。德谟斯提尼这样有良知的政治家对城邦无法应对马其顿的威胁倍感痛心。总之,民主制似乎已经给这个法治国家造成了毁灭性的打击。柏拉图的批评态度,亚里士多德的不予支持都表明了,雅典的政治与文明都处于衰退状态的环境之中,最终导致了公元前338年它(以及其他希腊地区)在喀罗尼亚惨败于马其顿人之手这样的结果。

第一节 色 诺 芬

色诺芬乃是"法治"思想的代表人物(我们都是从这个角度看待他的),但他的思想并不极端,与柏拉图性质不同。

雅典的色诺芬生于公元前 430 年,卒于公元前 355 年(生卒年月并不是很确定)。他曾师从于智术师凯欧斯的普罗狄科斯,①整个后青年时期,至少有五至六年时间,受教于苏格拉底。他同柏拉图及安提司蒂尼(犬儒学派的创建人)同是著名的"苏格拉底弟子"。色诺芬曾在自己的祖国积极投身政治,但或许是由于对雅典的战败和国内的动乱灰心失望之故,他同之后的柏拉图一样,跑出国门闯世界去了。

公元前 401 年,他与其他希腊雇佣兵来到了亚细亚,帮助小居鲁士出兵废黜其兄,时为波斯国王的阿尔塔薛西斯二世(Artaxerxès II)。叛乱行动在巴比伦城外遭到了挫败,"万人"大军不得不折返希腊。色诺芬曾受士兵推举成为五位首领中的一员,由他们代替遭波斯总督提萨菲尔杀害的指挥官,他们长途跋涉穿过安纳托利亚地区,终于带着部队平安返回,他所写的著名的《远征记》(Anabase)曾对此做过描述。由于对雅典人将他流放备感不平,再加上苏格拉底遭处死后的时局令人厌恶,于是他供职于斯巴达,[237]并成为国王阿格西劳斯(Agésilas)的心腹;他们曾在科洛那亚(Coronée)同雅典人共同作战(公元前 394 年)。公元前 391 年,他定居于希隆特(Scillonte),这是块位于伯罗奔尼撒半岛上的小领地,是斯巴达人送给他的。正是在这 20 年平静的退隐生活中,他写下了一些最主要的著作。公元前 371 年以后,斯巴达时局日艰,色诺芬不得不迁往科林斯,但约公元前 364 年②的时候,判他流放的赦令得到了撤销,或许他又返回了阿提卡。他生平中的最后 15 年不为人知。

色诺芬是个极富原创性的作家,实难归类。③由于对军事及与战争相近的活动和技艺感兴趣,他写了《远征记》、《骑术》(De l'équitation)、《希腊骑兵师》

---

① 参阅上文有关智术师一章。
② 原文为"264 年",似为笔误,译者改为公元前 364 年。——译注
③ 参阅色诺芬《全集》(Œuvres complètes),由 P. Chambry 翻译及笺注,3 卷本,Garnier-Flammarion,1967。对段落未编号的《居鲁士劝学录》(Cyropédie)和《阿格西劳斯王》(Agésilas)这两部著作,我们除了参照各个部分和章节的编号外,尚参照了 Garnier-Flammarion 版的页数。

(*L'Hipparque*)、《狩猎术》(*De la chasse*)。由于见证了自己时代的各种政治事件,他撰写了《希腊志》(*Helléniques*)这样的史书,该书从伯罗奔尼撒战争末期写起,叙述了众多事件,直至曼提涅亚(Mantinée)为止,其目的就是为了补足修昔底德的那本未竟之作。我们也可以因他写过《斯巴达政制》(*De la République des Lacédémoniens*)(和《雅典人的政制》[*De la République des Aténiens*],如果它不算是伪书的话),尤其是因辩驳柏拉图的《理想国》所撰的《居鲁士劝学录》,而说他是理论家:通过对波斯君主制的奠基人大居鲁士的生平作小说化甚至是虚构化的处理,色诺芬阐明了理想的君主制(并再一次长篇累牍地阐述了军事技艺)究竟应该是什么样。色诺芬心目中的典范与居鲁士相当,甚至超越了他,但在此处他的理想乃是斯巴达的阿格西劳斯王,他甚至还专门为这位国王写了《阿格西劳斯王》。在《希耶罗王》(*Hiéron*)中,他定义了——也模仿了《理想国》最后数卷的风格——真正的君主制的反面,即僭主制。作为苏格拉底的学生,他对老师充满景仰,对苏格拉底之死和雅典到处散播的对他的诽谤极端反感,他撰写了一系列回忆录,以还苏格拉底清白之身:《苏格拉底的申辩》(*Apologie de Socrate*)、《回忆苏格拉底》(*Mémorables*)、《会饮》(*Banquet*)。最后,由于对经济和农业问题甚感兴趣,他写了《齐家》(*Économique*,苏格拉底也出现在舞台上)和《雅典的收入》(*Revenues*)。总而言之,他撰写了大量著作,但因为哲学家在他那里找不到建立起来的综合体系,便常常忽视了他,但他的作品极富原创性政治观点,我们无论在柏拉图和亚里士多德那里都找不到这样的情况,很显然他的著作乃是因参与政治有感而发,而这正是后者所缺乏的。

[238]色诺芬的思想讲究的是"精致的精神",或简而言之曰"精神",其中饱含了幽默、仁慈和人性之情;其间尤其渗透了精辟的心理学描述(这些闪光之处常常对法国 17 世纪最深刻的伦理学家启发颇深);同样,其中他观察的角度、对具体事例的具象描写也颇为独到。色诺芬的著作几乎可以说是精致典雅、魅力十足;人们有理由将其称为体现了"阿提卡"精神的最好的代表人物之一。他的文体清新、流畅。

这些品质毫无疑问均体现在了色诺芬为苏格拉底所作的描述中,这些描述极为忠实,或许从心理学上说比柏拉图提供给我们的形象更具内在的连贯性。一方面,前者并未在所描写的形象与原型之间进行介入,而这在后者则是常有之事,后者为原型罩上了一层抽象的和体系化的精神屏障。另一方面,他的描写无疑同苏格拉底的精神气质,同他的讥讽、对道德问题作选择性的择取、对具体的善及实用的关注这些特点最为接近。通过色诺芬在《会饮》《回忆苏格拉底》《苏格拉底的申辩》这些著作中呈现给我们的各种苏格拉底的形象,读者可以说:作为人的苏格拉底本来就是这样。

色诺芬对雅典民主制堕落的风尚采取了严厉的批评。但他同样也从各个方面发展了一套有关国家和权力的明确的理论。

对民主制的批评

公元前4世纪的雅典民主制不再是关心公共利益的政体,而只不过是为民众这一特定客户服务的体制。它固有的是非理性:愚民政策、争相竞逐和追求表象大行其道。

党派之争的权力

色诺芬时代的民主制已成为某个派系的专制统治。对当时的人来说,显然它就是“穷人”的政权。

> [苏格拉底对欧叙德谟说:]既然你已准备好领导某个民主城邦,那么显然你肯定知道什么是民主制。——我想自己肯定知道得很清楚。——那你认为不知道什么是人民,[239]能够知道什么是民主制吗?——以宙斯的名义发誓,这不可能。——那你把人民叫作什么呢?——贫穷的公民(《回忆苏格拉底》,Ⅳ,Ⅱ,§37)。

然而,穷人总是邪恶的(《雅典人的政制》Ⅰ,§1):

> 在任何一个国家,最好的事物总是与民主制相反;因为只有在最好的事物那里,我们才不可能看见放荡和不义,才能看见人们纷纷想要做一个正派的人;相反,只有在人民那里才能发现愚昧、喧嚣和恶意,因为他们会因贫穷、缺乏教育和无知而做出种种可耻之事,而对某些人来说之所以会这样,正是因为没钱之故(《雅典人的政制》Ⅰ,§5)。

> 没有一个国家的正派人会赞成民主制；每个城邦中只有群氓才会对民主派心有戚戚（Ⅲ，§10）。①

所以，选择民主制是很成问题的。他所理解的穷人是：利字当头。但是，对那些受过一定教育的人而言，做出这样的选择乃是真正的恶行。

> 对我而言，我会原谅那些成为民主制的人；因为任何一个人寻求自己的利益都是可以原谅的；但如果不是这样的人，还宁愿生活于民主制的城邦中，而不愿选择寡头制的城邦，这只能说明他是想存心作恶。他知道在民主制的国家要比在寡头制的国家中更容易隐藏自己的恶行（《雅典人的政制》，Ⅱ，§20）。

然而，尽管贵族阶层无论从道德上还是从智力上来说都比民众来得优秀，但纯粹贵族制的政体也不好，因为即便贵族很优秀，但他们也固有这个阶层自私自利的秉性，这使得他们会采取不义的立场；民众中的一员即便邪恶愚蠢，却能做出有利于他他自己所在阶层的事来。因此，雅典人让所有人都具有发言权是有道理的。

> 让哪怕是邪恶的人也可以发言，是相当明智的做法。因为如果言论和商讨只能成为正派者的特权的话，那么他们就会利用这一点来为本阶层谋利，从而损害民众的利益，相反假如恶徒想要站起来发表言论的话，那就说明对他和与他同样的人而言，这样的做法就是好的。但是，人们就此提出了反驳，这种类型的人究竟能提出什么样的对己对民众均有益处的动议呢？[240]民众都知道这种人虽然也有向善的意愿，但无知蒙昧、卑鄙粗俗对他们来说要比正派者的美德与智慧更有用处，尽管后者也有向恶的意愿（《雅典

---

① 同样，在罗马，贵族也被说成 *boni* 或 *optimates*，即"善良"或"优秀"，参阅论述西塞罗的一章。

人的政制》，Ⅰ，§6—7）。

总而言之，好的是多元化，而非民众；只有体现了 *isonomie*，即法律面前人人平等，而非对赤贫阶层倒行逆施的民主制才是好的（不过，我们应该记得说过，我们尚不确定《雅典人的政制》是否为色诺芬所作）。①

扭曲的正义

民众的恶行乃是由愚民政策促成，这最终导致了正义的毁灭。"你难道不相信雅典的法庭以能言善辩为能事，它们常常判无辜者死刑，却由于罪犯的陈词讨人欢心而判他们无罪吗?"（《苏格拉底的申辩》，§4）他们收买证人，而证人也乐于被收买（§24）。正义日趋政治化：由于雅典人要求盟国②把他们的案子放到雅典来审判，这样他们既可收取诉讼费，又可让民主派一直胜诉——此种行为可算是"敲诈勒索"和党派之见的混合体（《雅典人的政制》，Ⅰ，§16）。

扭曲的理性

色诺芬对选举程序和抽签选举制同样都做了谴责；这两者毫无理性可言，因为它们都需要权威人士出面才执行得下去（获选者都是凭长相和要手段方得当选，但他们常常却是愚昧透顶，《回忆苏格拉底》，Ⅲ，Ⅰ，§3；Ⅲ，Ⅱ，各处）。这一制度还[241]应该对雅典军队的纲纪松弛、低下的战斗力负责。士兵其实

都是由没什么能力的人统领。[然而，]难道你没发现，如果领导者不懂齐特拉琴演奏、合唱和跳舞，他们会妄图去指挥这些演员吗? 摔跤运动员和竞技运动员不也是同样如此吗? 所有这些能起

---

① 同样是这篇文本，后面再一次肯定了存在普遍的法律面前人人平等的原则。作者认为所有对城邦有益的人，比如除了重武装步兵、贵族、"正派者"之外，还有建造舰船的人都应该会从权利平等（*isonomia*）和言论平等中获益。因为，这个阶层的人也是城邦的栋梁，让他们有表达意见的权力、担任行政官员的权力再正常不过（《雅典人的政制》，Ⅰ，§2）。在雅典，只要对国家有利，外国侨民，甚至有必要的话还包括奴隶都可以有行为和言论的自由（《雅典人的政制》，Ⅰ，§12）。

② 指雅典的第二次结盟。

领头作用的人都能够表明自己是从哪儿精通这些技艺的,而我们的大部分将军都只懂得临时抱佛脚(《回忆苏格拉底》,Ⅲ,Ⅴ,§21)。

况且,这样的选举体制还吓跑了那些优秀的人,因为他们害怕群众:

> [苏格拉底对卡尔米德说:]"我想让你明白,你尽管在最智慧的人面前不觉得羞愧,在最强壮的人面前不觉得害怕,却会在最愚蠢和最愚笨的人面前羞于发表讲话。吓唬你的这些人究竟是些什么人呢?是缩绒工、修鞋匠、木匠、锻工、农夫、商人、市场里的捐客,他们都只想着把自己低价买进的货物高价卖出去;因为正是这些人构成了民众的大多数。"(《回忆苏格拉底》,Ⅲ,Ⅶ,§6)

投票法在这样的环境下根本不会体现什么理性,它所体现的只有暴力,伯里克利就是这么对年轻的阿尔喀比亚德说的,发生这个故事的时候阿尔喀比亚德还不到 20 岁:"民众聚集在一起,对富人滥施权力,颁布法令时也不征求他们的意愿,这与其说是法律,还不如说是暴力。"(《回忆苏格拉底》,Ⅰ,Ⅱ,§45)

腐败

但是民主制中最坏的恶行乃是腐败。在这样的政体中,许多人"都想从自己的国家捞取高官厚禄和权力,以便可以肆意盗取钱财"(《回忆苏格拉底》,Ⅱ,Ⅵ,§24)。

在雅典,发生了许多税务诈骗案和不动产丑闻:"[……]三列桨战船的指挥官从来没有为自己的战船配备武器,还有人竟然在公共地块上建造房屋。"(《雅典人的政制》,Ⅲ,§4)

政界是如此腐败堕落,以至于在色诺芬的时代它已经完全名誉扫地。正派的人再也不愿同政界有什么接触了。卡里阿斯邀请苏格拉底和[242]他的朋友去自家别墅用晚餐的时候就是这么说的,这就是《会饮》发生的背景:

我相信,如果我家的餐厅有你们这样的灵魂高洁之士,而不是[……]那些候选人光临,那这次宴会肯定会大放光彩(《会饮》,Ⅰ,§4)。①

雅典认为富人的钱财差不多就是国家的财富,因此便对他们进行迫害。即便如克里托布——《齐家》中同苏格拉底交谈的人——这样交出了三倍于家产的财富,他仍然得支付他的同胞强加给他的各式费用。"苏格拉底对他说,如果有人发觉你在缴纳税赋方面做得不够的话,那么我知道雅典人肯定会严厉地惩罚你,就好像是你偷了他们的财产一样。"(《齐家》,Ⅱ§6;参阅Ⅶ,§3)

和政治腐败不相上下的是"告密者"的横行无忌,也就是说这些勒索者会蓄意上民众法庭控告富人。与苏格拉底走得比较近的富人克力同②对此抱怨连天:"这些人把我拖去打官司,不是因为我对他们做了什么错事,而是因为他们认为我喜欢给他们钱,使他们难堪的缘故。"(《回忆苏格拉底》,Ⅱ,Ⅸ,§1)因此之故,《会饮》中的卡尔米德才会断言现在当个穷人实在是太幸福了。因为从此以后,民主派便不去管他,不会再把他当个奴隶似的呼来喝去:

我有钱的时候,[……]总是拍告密者的马屁,因为我心里清楚他们可以把我搞得很惨,而我却奈何不了他们。后来,国家老是想出一些新的税收,一个劲儿地让我交钱。[……]不过现在我什么财产都没有了[……],我再也不会受到威胁,现在我倒是可以去威胁别人了。[……]现在我只要一走近,富人们就会从座位上站起来,把我当个大官似的供着(《会饮》,Ⅳ,§30—31)。

民主制的衰落与瘫痪

最后,色诺芬评论道,民主国家之所以没法行使自己的职能,是因

---

① 我们在伊索克拉底和德谟斯提尼的作品中也会发现正派人对政客的轻蔑之情。

② 柏拉图有篇对话就是以这个人命名的。

为官僚机构太庞大、太复杂，国家被官僚体制压得动弹不得的缘故。

[243]我发现人们指责雅典人的一点是，当有人向议事会（sénat）①或民众②提呈诉状后，有时等上整整一年都得不到答复。这么拖延的唯一一个原因是，他们事务太繁忙，很难使所有诉讼者都感到满意。首先，他们庆祝的节日比其他任何一个城邦都要多，节日期间的公共事务他们根本没法草率办理；其次，他们有许多民事诉讼、涉及公共利益的事务、其他要收缴的账目要处理，另一方面，议事会还要处理大量征税事务、大量与立法有关的问题、大量涉及日常行政管理方面的事务、大量涉及盟国的事务，此外他们还得征收贡赋，负责为海军和神庙配备各种设施，他们怎么才能做到皆大欢喜呢？担负如此多事务的雅典人没法对所有诉讼做出回应还有什么可令人震惊的呢（《雅典人的政制》，Ⅲ，2—3）？

官僚体制有着许多繁文缛节，根本不可能找到一个负得起责任的对话者。

我还用得着说结盟与盟誓中如何对待条约的事情吗？寡头制政府肯定得严格遵守这些条约。如果他们未履行这些契约，如果盟国坚持认为错误在他们这一方，那么寡头派就只能自讨苦吃，得不到什么好名声。另外，也有同民众签订契约的事：每个公民都会把责任推诿给支持某个提议的演讲者，也会把责任推给主持投票的主席身上。民众会不同意他们，说自己因为没有参加公民大会，所以为了自己好，他是不会赞同已经过投票表决的契约的。如果那时候有人在有大量民众参与的公民大会上提出这个问题："难道没有批准这个契约的法令吗？"那么每个人都会想出千百种借口，避免去执行这项遭到民众反对的法令。如果是由于民众自己作决

---

① 指议事会（Boulè）。

② 指公民大会（ecclesia）。

议而出了事,那么民众会为此而指责一小部分人,说由于他们反对才败坏了这件事;如果结果是好的,那么公民就会把功劳归于自己(《雅典人的政制》,Ⅱ,§17)。

色诺芬对雅典民主制所作的结论是:民主制无可避免地将城邦导向了衰亡。由此之故,同柏拉图一样,他在政治上也设想出了一项拨乱反正的计划,而且同样也是这么简单化:必须复归祖先的美德,同时代民众都必须对此重新加以学习,[244]其中首先是斯巴达,由于他们尚未受到雅典败坏的影响,所以肯定会更好地保存了这些美德。

斯巴达的例证

我们知道,在苏格拉底的圈子中,钦慕斯巴达已是一个共同的主题,他们都对雅典的民主制不抱希望。但愿雅典人都像拉凯戴孟人一样能够尊敬老人;但愿他们不要再去嘲笑那些喜欢体育运动的人;但愿他们和谐相处,而不要老是争讼不断;①这样城邦才能兴旺发达。但是斯巴达最受人敬仰的是它的政治体制,这种政体使它的国民尽管人数在希腊最少,但国力却是最强大的。色诺芬在《斯巴达政制》中就是这么说的,该著作在公元前 371 年斯巴达结束琉克特(Leuctres)的宗主权之前几年写成。②

然而,色诺芬并不像柏拉图那样无条件地一味简单化。首先,尽管他希望人们以斯巴达的风俗习惯为标准来改造雅典,但他并不希望在雅典瞬间就能建起贵族制政体。他设想的反民主制改革的规划必须分阶段来实行(参阅《雅典人的政制》,Ⅲ,§10)。另一方面,由于他在其他地方——论证得很好——对个人主义和家庭生活的优点褒扬有加,

---

① 色诺芬走得也不比柏拉图远,他并不明白雅典的诉讼层出不穷乃是一个征兆:正是因为存在由法律管理的(事务和观点的)多元化,才会有人打官司。因为,要管理多元化,要使社会保持良好的秩序,而且这个社会要以个体自由为基准,选择"法治道路"而摒弃"纲纪松弛的道路",那么诉讼就是不可避免的代价。社会之所以会有层出不穷的诉讼这个事实矛盾地揭示出了,道德正处在完善的过程当中:在法官面前解决纷争,就是为了放弃使用武力(我们发现波普尔也是那样思考的,他在论及柏拉图《理想国》中对诉讼的否定时提出了这种看法)。

② 这时候,柏拉图也写了《理想国》;当时作为典范的斯巴达堪称光芒四射。

由于他断然谴责了集体主义和平均主义会造成的危害,所以人们都在怀疑他根本就没有倾心于斯巴达这样的典范。照色诺芬的描述,斯巴达国王阿格西劳斯是个异端思想很强烈的斯巴达人。[245]尤其是,色诺芬的求知欲使他偏离拉凯戴孟人的模式。

其实,他把理论研究的聚焦点放在了如何确定良好的组织原则上,该原则可以使集体更富有、更强大,它涉及了国家、军队、舰船、农业机构或其他的经济组织。在这些不同的领域中对自己的亲身体验做一番思考后,在这个主题上他会逐渐从原初的观点中脱身而出。然而,这些体验同斯巴达"封闭社会"的模式却是泾渭分明。

组织管理理论

人们经常将色诺芬的政治思想概括成"君主主义"。这过于简单化。事实上,色诺芬相信个体的作用,因此他也相信领袖在君主制国家范围内的作用——只是有所保留而已。但这只不过是应用于所有组织结构的总体原则中的特例而已,细心的读者很快就会认为,色诺芬思想的真正对象应该是组织结构。

所谓领袖,并不只是下达命令这么简单。他须有预见、组织、制定规章、在组织中创建某些机制俾使组织中的成员都能在工作中做出大的成绩、注意每个人的感受并公正地对待他们的能力。因此,最终色诺芬形成了名副其实的"管理"理论。① 他不是君主制思想家,因为通常说来,他是个注重实证、讲究理性的分析家,他看重的是组织领导人的素质、投入的精力和工作的技能。

因此,正是有了色诺芬,希腊的实证思想才会重新得到发展:对贵族政治的现象进行分析几乎使人彻底摆脱了神圣事物的影响,他一心想确定的是人类行为所具有的普遍的机制;[246]从某些方面看,色诺芬甚至预见到了我们对新近出现的"组织社会学"所作的分析。

个体(individualité)的作用

色诺芬对个体在社会生活及历史中的作用深信不疑。进行思考与

---

① 我们用这个词固然有点与当时的时代不符,但之所以如此,乃是因为这个词最终与色诺芬想要建立的革新者这一概念颇为接近。

行动的总是个体。当他们思考正义的时候，当他们做出清晰明确的决策时，当他们应用完善的法律的时候，尤其是当他们懂得集中精力、发挥能动性的时候，事情总会往好的方向发展——并在必要的时刻，使人类的命运发生撼动。

色诺芬首先表明了，群体表现的好坏与其领导者的素质或缺点紧密相关。

至于管理指导的才能，可以说这是所有事务中最为必需的才能，因为它能管理农业、政治、国内经济或战争，在这点上我与你的意见相同，即人之间的智慧存在极大的差别。譬如说，说到战舰，当人们远行在汪洋无际的大海上、必须整天划船方能到达港口的时候，划桨长①就必须用自己的言行来激励划桨手的士气，使他们甘愿出力，但有些人却无能为力，面对此种情况时只能使人深深地陷入犹疑彷徨的境地。前面那种情况，下船后，队长和属下虽然汗流浃背，却会互相庆贺；后面那种情况，抵岸后，队长和属下却只能彼此憎恶。从这方面看，将军彼此之间也差别很大。有的将军会招致士兵不愿受累冒险，只有当他们不得不如此的时候，他们才会去听他的命令，士兵们甚至以反抗他们的首领为荣；就是这些将军，当他们屈辱地打了败仗的时候，也不会脸红。相反，那些杰出、优秀、精通战术的将军在同样统领这些士兵和其他人时，却会使他们时刻提防自己不要懒惰，让他们确信遵守命令才是最好的行为，指挥个人和集体打仗的时候使他们以听从指挥为荣。正如我们发现有些人天生就爱工作，同样，整个军队只要在优秀的将军的统领下，都会自发地对工作产生热情，并且当自己在很好地完成一项行动的时候，都希望能让统帅看在眼里。当下属都这样希望受到统帅青睐的时候，那么统帅想要不变得强大也难，以宙斯的名义发誓，他们肯定会变得强大无比，因为他比自己的士兵都要坚强得多，那倒不是因为他善于[247]

———————————

① 指划桨手队长。

投掷标枪、箭术高明，也不是因为他骑术优秀、时刻准备着带领骑兵或武艺高强的盾牌兵[1]冲锋陷阵，而是因为他能赋予士兵必须跟随他赴汤蹈火、在所不惜的信念。能让许多人欢欣鼓舞跟随他的人，确实能获得高尚者的称号，我们有理由说，他前进的时候只要振臂一挥，无数双手臂就会时刻待命去执行他的意愿，对能通过自己的智慧而非武力来完成大事的人，确实可以称之为伟人。

家政也是这样的情况。当工头、管家或监护人能使工人情绪振奋，乐于兢兢业业地工作时，他们就能创造繁荣，给家庭带来财富。但是，苏格拉底，当工人想要自己当主人时，人们就会对坏人施行最严厉的惩罚，对热情高涨者给予最慷慨的报偿，如果他们根本就没有去激励那些人的激情时，那么这样的主人根本就不值得我去敬佩。如果相反，只要看见主人就能使他们每个人都心情激动、勤奋工作、一争高下，而且想要受到重视，激发起每个人向善的意愿，那么我会说他具有某种君王的气质。

然而，按照我的看法，在所有人类事务中这是最主要的一点，尤其是在农业中。不过，以宙斯的名义发誓，我并不认为，他刚会看，刚懂得管理，就能说他获得了这种才能；相反，我是认为，为了达到这样目的，他就必须受到指导、拥有天赋，而且最主要的是，他受到了来自上天的启发(《齐家》，XXI)。[2]

领导者的品质

我们很有趣地注意到，色诺芬放在第一位的是管理的素质，而非武力，是节制的素质，而非头脑。色诺芬心目中所有人的领导人，如居鲁士、阿格西劳斯都是极懂得节制的人：他们吃得少，几乎不怎么喝酒、睡觉，而且对女人(和男孩)都几乎不怎么感兴趣，对安逸和奢侈也没什么感觉，他们整天都在运动；不打仗的时候，就去狩猎。

---

[1] 携带盾牌的轻步兵师的士兵。

[2] 我们在此处发现，色诺芬同苏格拉底一样，让"自然"和"文化"、先天固有与后天习性同时发挥了作用。这些都是智术师传授的内容。与这些人相比(但不是和苏格拉底相比)，他的原创性在于往其中添加了少量的宗教成分。

[248]没出过汗，①[居鲁士]是从来不会去用餐的，没骑过马他是不会让别人去给马喂草料的（《居鲁士劝学录》，Ⅷ，Ⅰ，p. 275）。

这些伟大的领导人还有另外一个美德，那就是慷慨大度。"居鲁士会为了战事而进行大量的筹备工作，他似乎对任何事都有着无与伦比的洞察力。"（《居鲁士劝学录》，Ⅵ，Ⅱ，p. 215）居高望远令人钦佩，它会产生良好的效果：只有这样做，才能建立持久牢固的事业，才能打好基础、建立帝国和良好的体制。上天赐予了居鲁士这样一种政治模式，而他凭借着自身具有的天赋，创建了波斯帝国，开疆拓土，建立了自己的王朝和自己的组织机构。阿格西劳斯也是慷慨大度之人。毫无疑问，色诺芬应该也会对亚历山大大帝崇敬有加的。

能力

但是亚里士多德说过，慷慨大度只有在那些相信自己能成就大事业并最终成功的人身上才会具有。同样，能力也是所有领导者行使权威的首要基础。"无论是什么样的事务，人们都相信这些人都很优秀，人们自愿遵从他们。"病人会心甘情愿听从医生的话，乘客会听从船长的话（《回忆苏格拉底》，Ⅲ，Ⅲ，§9）。此外，雅典最看重的是拥有权力的人一定要有能力（《回忆苏格拉底》，Ⅲ，Ⅴ，§21）。苏格拉底严厉地责备了不动脑筋的年轻人格劳孔，他是柏拉图的兄弟，他吹嘘自己能够担任政府高官，却无法回答与政治和经济有关的一些最基本的问题。苏格拉底连珠炮般地责问了一通以后，证明了格劳孔什么都不懂，他根本没研究过什么档案卷宗，等等（《回忆苏格拉底》，Ⅲ，Ⅵ）。没有能力或许也能够行使权力，但这只能再一次说明民主制根本没把这些事放在心上。按照这样的论断，只要能力出众就会享有权威，而且所有的事都能通过这个不容分说的论证得到证明："[苏格拉底]使别人注意到，[249]在编织羊毛方面，甚至女人都能指挥男人，因为她们知道怎么做，

---

① 这样的忠告经常出现于色诺芬不同的著作中：对运动员来说，不先锻炼身体而用餐，必然会导致身体衰弱。

而男人却一窍不通。"(《回忆苏格拉底》，Ⅲ，Ⅸ，§11)

色诺芬对这个机制的内部进行了分析，他认为在任何一种情况下，人类都会自然而然地服从具备这些必备品质的人。就他们而言，这样做并不说明他们胆小懦弱或具有牺牲精神。而是因为他们都明白，他们是出于自己的利益而去服从的。波斯军队启程前往作战的时候，居鲁士同父亲冈比希斯之间进行的讨论得出的就是这样一个结论(《居鲁士劝学录》Ⅰ，Ⅵ)。我们本来以为，战斗中最强悍、最雄心勃勃的人都很善妒。绝不是这么回事！相反，他们都很受人爱戴，因为士兵并不强悍，他们都很清楚最强悍的人会在战争中起突出的作用，带领他们迈向胜利，因此即便这有违他们的初衷，这些人仍然会帮助他们，使他们免受危险。因而，他们根本不会遭人嫉恨，而是受人敬仰和感激。

> [居鲁士]知道，共同面临风险会在士兵之间产生友谊，因此那些武器精良的人或为荣耀而战的人根本不会受到忌妒，而是会得到同伴的赞扬和爱戴，他们身上体现出的就是荣辱与共的合作精神(《居鲁士劝学录》，Ⅲ，Ⅲ，p. 118)。[1]

正因为能力具有重要性，所以我们发现色诺芬对民主制选任高级官员的程序进行了谴责，他首先谴责抽签制荒唐无稽，但也责难了选举制，因为这样的选举制度选出的那些人都不具备岗位亟需的素质。尽管如此，选举制仍然比抽签制要可靠得多。在斯巴达，所有行政官员的选任采用的一律都是选举制。即便是国王，在王室家族中有好几名候选者的情况下，也是用此种方法选举出来的(《阿格西劳斯王》，Ⅰ，p. 434)。

领导者应为臣民的利益服务

[250]如果人们将这些普遍原则应用于特殊情况下的政治权力中，

---

[1]　这让我们想到了友爱(*philia*)，照亚里士多德的说法，"自然共同体"内部的不平等者之间才存在友爱。每个人都明白虽然任务各各不同，有些甚至极为出彩的任务都是由其他人完成的，但这样做全是为了共同的利益考虑，也只有通过此种方法，他自己才能得益。因此上级官员正因其优越性而为下属服务。从而他的看法表明了，后者对前者存在着友爱。

那么他们就会理解唯有真正为城邦居民着想,急城邦居民之所急,才能持久地管理好城邦。他们之间礼尚往来,不是那种彼此之间客套的假象,而是真正的友爱(*philia*)。开明的专制者不该独享城邦的资源,纯粹将之作为私人财产对待;人们不会再因为他能关心他人而以为他的臣民的福祉就有了保障,而是希望他能牺牲自己的福祉来做到这一点。只要他做得好,在确保公众福祉的同时,也会间接地保障自身的福祉。糟糕的专制君主会与自己的臣民争个高下;好的专制君主则会使自己统治的国家与其他国家展开竞争,但不同的是他会与自己的臣民精诚合作,达到双赢的目的(《希耶罗王》,Ⅺ)。

斯巴达的统治采取的就是这样的平衡法:斯巴达人从来不会嫉妒自己国王享有的特权;反之,国王也从来不愿以独裁的方式滥用自己的权力(《阿格西劳斯王》,Ⅰ,p. 433)。下面对什么样的政体才能达到良好的稳定性做了阐述:"然而,人们发现任何其他政府,如民主制、寡头制、僭主制和君主制都无法长盛不衰地将政权维持下去,只有斯巴达的统治才能永远存在下去。"(《阿格西劳斯王》,p. 434)①

不平等与竞争的"控制论"理论

优异者的权力对所有人都有益处,色诺芬从这一原则中得出了组织管理的普遍性结论,不过这些组织与政治有没有关系并不重要。必须建立规则,以便每个人都能以这些规则为依据使自己变得最好,而不会不去努力或往坏的方面去发展。这样一来,所有人都会尽自己所能使普遍利益达到最佳化。[251]相反的是,平均主义对普遍利益极具破坏性,因此,那些能力很低的人或没有什么美德的人都支持平均主义。

色诺芬以理性客观的方式对此做了解释,而没有显露出——这一点与特奥克里特(Théocrite),有时与柏拉图都不相同——对穷人的蔑视或憎恨。事实上他表达的是类似于信息传递论(*transmetteuse d'in-formation*)和社会动力分布论(*facteur de dynamisme social*)这样的科学理论,从某些方面看,它们成了我们现代"系统"论的先导。尤其是

---

① 这样的稳定性得到了所有希腊政治思想家的注意和赞赏,色诺芬在此对政体具有的混合特性(民众、议事会和国王都以符合宪法的方式获取权力,他们谁都没有超越这样的权力)做了一番阐释。波里比乌斯也采纳了这一观念。

他完全意识到了人们会以平均主义或同情心为理由来反对他；他对这些反对意见进行了思考，但仍然坚持认为不平等的状态会使最弱的人得益，而不会让他们坐享其成。

色诺芬坚称不管相关组织的类型或规模是什么样，不管它们具有公众性质还是私人性质，这些原则都具有普遍适用性：

> 苏格拉底继续说道，尼各马希代斯（Nicomachidès），别瞧不起那些好的总管；因为对私人事务的管理只是在数量上与公共事务有差别；而从其他方面看，它们都很相像，尤其主要的是它们两者都不是不用人就管理得好的，也不是私人事务由某些人来经管，公众事务又用另一些人来经管；[……]那些懂得如何用人的人无论是私人事务还是公共事务都会管理得很好，而那些不懂的人哪一样都做不好（《回忆苏格拉底》，Ⅲ，Ⅳ，§12）。①

那么这是些什么样的原则呢？为了使组织更有效，就必须有系统地对勤劳加以犒赏，有系统地对懒惰加以惩罚。

> 当我必须给干活的人提供衣服和鞋子时，我不会一锅端，而是以工作质量的不同来进行分配，这样就能把最好的留给好工人穿，把差的留给不好的工人穿。因为，苏格拉底，我明白，当好的奴隶发觉所有的工作都是靠自己的双手来完成，而那些在必要的情况下不愿与大家荣辱与共的人却同他们一样得到同样好的待遇的时候，他们肯定会灰心丧气。因此，我坚决反对[252]让不好的人同好的人一样受到同等对待（《齐家》，Ⅷ，§10—12）。

民众都能很好地理解这个理论。居鲁士希望运用这个原则，有系统地对那些战功卓著的人进行表彰，而对那些战斗中不卖力的人进行

---

① 色诺芬坚称：好的"总管"（我们也可以说：好的企业家、好的经理）能成为好的将军，因为每种情况下，他都是在组织并领导人（《回忆苏格拉底》，Ⅲ，Ⅳ，§7）。此外，那些"管家"还能发动经济战争。色诺芬的这些看法在他那个时代极具原创性。

惩罚或把他们扔在一边不闻不问。不过,他是以民主的方式让别人赞成这个贵族制原则的!在所有的演讲者中,对此支持最坚决的是个平民,叫做菲拉乌拉斯(Phéraulas),他在这个竞争原则中,发现这是唯一一种可以让自己摆脱自身处境的可行的方法,有可能获得同贵族、同那些 *homotimes*① 处于平起平坐的地位,甚或可以超越他们(《居鲁士劝学录》,Ⅱ,Ⅲ)。

后来,居鲁士将这个原则应用于所有的战斗中,他在每次战役后根据每个人在战斗中所起的作用进行表彰,分发战利品(《居鲁士劝学录》,Ⅲ,Ⅲ,p. 117)。重要的是在处理的时候,不能心血来潮、随心所欲,而要系统化地进行对待:如果什么都不做,那么任何人都不免受到耻辱的惩罚,但如果功绩突出的话,那么任何人都不会遭到遗忘。战争时,居鲁士组织大家进行锻炼、玩游戏,同样他会重赏那些满身心投入的人。他在任何时候都会用不同的方法——有时候,我们觉得他的行为相当奇怪——让每个人知道自己都在干些什么。竞争作为一种信号体系,可时时确保集体行为处于合理化的状态。

受邀请的人来了后,居鲁士不会随随便便给他们列座次,而是让最受人尊敬的人坐在他的左侧,因为身体的这一侧比右侧更容易受到伤害,他让第二位的人坐在右侧,然后再次让第三位的人坐在左侧,第四位的人坐在右侧;由此直至排到最后一位。他似乎想以此种方式有效地向大家表明自己的尊敬是有等级之分的。事实上,当人们认为那些比其他人更优秀的人没有得到什么荣誉,也没有得到什么奖励的时候,很显然他们之间是不会存在竞争关系的;但是如果他们发现最好的人受到了最好的待遇的话,那么他们就会发现所有人都会满怀热情地想去一争高下。因而为了让大家知道到底是谁受到了他最大的尊敬,居鲁士便首先让这些人坐在他身边以表明他们获得的荣誉。但这样分配而来的地位不可能一劳永逸;相反这是按照某种规则进行的,好的行为会得到更受人尊敬

---

① 指波斯的贵族。——译注

的地位,而一有松懈地位就会下降(《居鲁士劝学录》,Ⅷ,Ⅳ,p. 291—292)。

[253]在斯巴达,"懦夫"的名誉会丧失殆尽,这样做是因为这些人在战争中表现很差的缘故。他们会不断地受到指责,只能"低头做人",他们不能进任何一户人家、任何一座体育场,等等。色诺芬觉得此种体制相当好,他说,这样一来,斯巴达人宁愿战死沙场也不愿在这种境况下苟且偷生(《斯巴达政制》,Ⅸ)。

西蒙尼德(Simonide)建议僭主希耶罗在自己的城邦中全面建立竞争体制,不仅仅是在如剧场、合唱团、体育运动等传统领域这么做,商业、农业、工业,还有创新发明的活动中也要这么做。如此一来,这些活动就会普及开来。他还说,应由僭主本人来分发奖赏,这样就会使他深孚众望,但责备和惩罚因为不得人心,所以这样的举措得让下属来做(《希耶罗王》,Ⅸ)。西蒙尼德还向希耶罗指出,赐予奖赏不会花费他很多钱:只要一点点奖赏就够了,因为真正的目的是要激发他们的竞争精神,所有人都具有这样的精神,他说,这尤其是人区别于动物的特性。

> 希耶罗,对我而言,我认为人与其他动物的差别在于对荣誉的渴求;因为无论是喝水、吃饭,还是睡觉、性爱,我觉得所有动物都会这么做,没有分别;但想要获得荣誉的欲望,无论是畜牲还是人都不具备。那些天生想望荣誉、赞美的人与动物区别很大;我们认为,他们并不是具有人性的简单的造物,而是人(《希耶罗王》,Ⅶ,p. 413)。

这就是为何在体育比赛中,哪怕是菲薄的奖赏也会激起无穷热情的缘故:竞争者寻求的是荣誉,物质奖励只不过是托词而已。

交友

居鲁士知道,他的权力取决于自己周围那些人是否忠心,取决于这些人是否对忠心本身感到了满足,尤其是取决于他们是否对自己的领导者感到了放心。因此,除了宽宏大量地对他们的服务进行奖赏外,居鲁士同样还表现出了自己的正义感,而且(不见得[254]不重要)显得平静、快乐,通过这些方式他使那些自己需要的人对他"忠心耿耿"。他要的是大量朋友,这比克洛伊索斯的黄金有用得多。

《居鲁士劝学录》(Ⅷ,Ⅱ,p. 280—281)中有一段有趣的段落向我们证明了这一点。吕底亚富有的国王克洛伊索斯被居鲁士征服后,克洛伊索斯对后者说,与其不停地赐予士兵奖赏,还不如将所有战利品据为己有,这样他就能变得无比富有。居鲁士要他估算一下这样的财富究竟有多少。克洛伊索斯说了一个"惊人的数字"。于是居鲁士让自己所有的副官和侍从传阅一封信,信中说他急需一笔钱"做一件大事",要求他们立刻让他知道,并把自己准备借给他的钱的数目写下来。答应给他的钱的总额比克洛伊索斯所说的数目多出好几倍。这就清楚地证明了什么样的政策最为明智。

居鲁士之所以为自己保留财产,只是为了能够在需要的时候帮助自己的战友。在此,这是典型的拉拢人心的策略:领导者关心的不是拼命地积累"私有财产",这个中产阶级用语表达的是拥有大量的财产之后能够使那些依靠他们的人随时随地受到他们的掌控(《居鲁士劝学录》,Ⅲ,Ⅳ,p. 298)。

尽管如此,如果居鲁士的朋友们彼此之间变得亲密,并且拉帮结派,那么他们就会变得很危险。因此,居鲁士使他们之间处于敌对状态,这样一来,他们就没法像"共和国中"那些敌对的政客那样反对他了(Ⅷ,Ⅱ,p. 282)。居鲁士同样使用了一些强制性措施:他"让他们的孩子生活在自己的宫廷中",这其实就是把这些孩子当作人质。他还让总督们以同样的方式对待各省贵族的孩子(Ⅷ,Ⅵ,p. 303)。

好的合作者理论:宦官的例子

居鲁士力图保证自己在皇宫中的人身安全。他得出的结论是,最好的卫兵就是宦官。因为只有他们才会只依附于自己的主人,而不会依附于其他人(女人、孩子、爱人……)否则,他们就会受到敌人的利用。

[255]由于别人对他们持蔑视态度,所以他们对主人更是百依百顺,是主人赋予了他们荣誉和特权,并提高了他们在臣民和对手眼里的地位。另一方面(我们在此发现,色诺芬乃是自然的观察者,他对狩猎情有独钟),同被去势的马和狗一样,它们在精神上虽

没有纯粹雄性化的动物来得独立,但身体却不见得不强壮,同样,宦官也能够成为极好的贴身侍卫(更何况"战争中,强壮的弱者犹如利剑")。最重要的是:尽管他们没有性欲,但我们还是发现他们身上具有那种将他们同动物区别开来的野心;因此,居鲁士对待他们用的也是同样的心理刺激的手段,在用这种方法对待他人方面,他确实驾轻就熟(《居鲁士劝学录》,Ⅶ,Ⅴ,p. 260—261)。

维持对战败者的奴役

除了与他最为接近的忠心耿耿的合作者之外,还有大量的被统治者,比如说那些居鲁士攻城略地后战败国的民众。战胜者会小心翼翼地保护自己的战术,不让战败者学去。对这些人,只要让他们有吃有喝就行了,把他们当作一群管理得法的牲口即可(《居鲁士劝学录》,Ⅶ,Ⅴ,p. 263)。居鲁士——色诺芬老早以前就说了这话,远早于黑格尔所说的"主人与奴隶的辩证法"——将未雨绸缪的想法更推进了一步,他说千万不要让国民劳役太重、疲于奔命,要懂得如何让他们安于被征服的现状,因为否则的话,他们最终会变得极为可怕(《居鲁士劝学录》,Ⅷ,Ⅰ,p. 275)。

对组织的控制:国王——"长眼睛的法律"

领导者应该花时间关心最根本的事务。因此,他应该有条不紊地委派任务。军队等级制的组织架构可以为财政与行政管理组织起到模范作用(《居鲁士劝学录》,Ⅷ,Ⅰ,p. 271—272)。同样,在外省,总督管理各省时应该效法宫廷的管理措施(《居鲁士劝学录》,Ⅷ,Ⅰ,p. 303—304);不过,同样在外省,卫戍部队的首领却直接由国王任命。因此,他们彼此之间可互相监督对方[256](居鲁士还设立了邮政服务,以便能与帝国各地长期持久地进行联系,参阅Ⅷ,Ⅵ,p. 305)。

尽管好的管理者不必事事躬亲,但他仍然应该时刻保持警惕。色诺芬说,主人玩忽职守,手下的工头和仆人也不可能认真做事。

照我看来,那个蛮族人回答得很妙,当时波斯国王遇见了一匹骏马,很想要让它不日就变得臕肥体壮,于是他问了一个善驭的骑师,怎么样才能让一匹马很快长肥。"主人的眼睛。"骑师回答道(《齐家》,Ⅶ,§20)。

然而,色诺芬仍然将国王定义为"长眼睛的法律";我们会在希腊的王权理论中重新发现这个主题。他的朋友和臣民可以为他所用,他会利用他们建立一张情报网(reseau d'indicateurs),他永远不会只相信某个来源,而应该对这些信息小心进行印证:

> 正是由于对给他带来重要信息的人报以丰厚的奖赏,[居鲁士]刺激了很多人去刺探国王感兴趣的事,这便使得人们相信国王耳目众多。如果有人以为国王只挑了某个人作为他的耳目,那他就错了。因为一个人只能看见极为有限的事,听见极为有限的话;如果这件任务只委派给了一个人去完成的话,那么就等于规定其他人不得插手这件事。而且这样一来,如果许多人都知道这件事的话,人们就会以为应该对这样的情况持怀疑态度。但是国王并非如此,不管谁只要声称自己听见或看见了某些值得注意的事,国王都会去聆听。这就是为什么人们说他有很多耳目的原因。[……]同样[……]每个人和别人打交道的时候,会觉得他们好像都是国王的耳目似的(《居鲁士劝学录》,Ⅷ,Ⅱ,p.279)。

受到了这样的监管后,组织便会变得井然有序。居鲁士喜欢对自己的军队运筹帷幄,他会不断地让自己的军队进行操练,以使他们在这个方面尽可能达到完美的状态。同样,《齐家》中有可能代表色诺芬的伊斯霍马库(Ischomaque)很有耐心地反复向自己年轻的妻子灌输家政事务中严格的秩序原则:任何时候,所有人都必须待在自己的位置上。[257]对色诺芬而言,遵守秩序的典范就是停泊于庇雷埃夫斯港的腓尼基人①的舰船,伊斯霍马库正好是来庇雷埃夫斯港造访:

---

① 腓尼基人是那个时代最优秀的航海者。

我看见舰长休息的时候在视察船只航行时需要用到的所有桨具。由于对这样的视察觉得很吃惊,我便问他在干什么。他回答我说:"外国人哪,我在检查船上的桨具,看它们是不是丢失了,是不是能从一大堆东西中抽得出来。因为当神明在大海上激起暴风雨时,根本没有时间去找需要的东西,也没有时间将那些笨重的桨具搬来搬去。神[……]会拯救那些遵照规则做事的人。"(《齐家》,Ⅷ,§15)

之所以有好的组织原则,是因为它们有利于集体,赋予了集体以持久性。色诺芬不失时机地说,居鲁士创建的所有机构至今仍然在波斯运行。帝国的奠基者同好的管理者一样,均有创世的意味。

但是只有当组织是由某个独一无二的领导者管理时,这一切方有可能:这是色诺芬在举所有例证时的先决条件。他说,在那些并非严格意义上的君主制中,仍然必须使管理具有一致性:"即便在那些不只由一个人管理的国家中,最为服从领导者的人还是那些最不可能受到敌人法律影响的人。"(《居鲁士劝学录》,Ⅷ,Ⅰ,p.270)

领导者:道德的典范

因此,良好的组织中群体与其领导者肯定会紧密相连。这样便引出了对领导者的最后一个要求。他不能为所欲为,也不能想成为谁就成为谁,他必须能随时随地在自己的性格中体现出他要求于其他人的美德和规则;下属唯他马首是瞻,他是他们道德上的楷模。无论他是做好事还是做坏事,一言一行都会受到他人的模仿。[258]如果他堕落了,那么恶就会立刻扩散到整个机体之中。"当领导者是好的,那么法律就会得到明确执行;当他是坏的,那么法律就会变得很糟糕。"(《居鲁士劝学录》,Ⅷ,Ⅰ,p.270)

[居鲁士]使人明白,只要不对任何朋友和盟国做坏事,他就会予以重赏,他还相信只要自己一丝不苟地施行正义,其他人也都不会去谋取不义之财,而只会以合法的方式使自己致富。他相信只要自己对那些不说错话、不做错事的人表现出极大的尊重,那么他

就能极为有效地激发所有人的羞耻心,他的信念就建立在这样的观察基础之上,即只要他自尊自重,只要他不厚颜无耻,那么人们最尊敬的便不会是我说的领导者,而是那个不再会让他们感到畏惧的人,正如女人只要有羞耻心,人们也会用纯洁无邪的眼光来看待她们一样(《居鲁士劝学录》,Ⅷ,Ⅰ,p. 273)。①

"公民"专制政体

我们现在能够将这些普遍组织原则在国家的特殊情况下加以应用。国家的体制结构应该使具备优异品质的人拥有更大的权威,它的政治体制应该将直接管理的重要权力赋予这些人。然而,色诺芬还算不算是"君主主义者"呢? 从某种意义上说算,因为他所说的话对无论是波斯的还是斯巴达的君主制均持支持的态度。但是,当我们仔细阅读他谈论居鲁士或阿格西劳斯的话时,便会意识到他根本就没有放弃希腊城邦的"共和"模式。事实上,他支持的是罗马帝国前期占统治地位的那类专制政体,即"元首制"。

他视为典范的国王并非神圣、专制的东方国王。阿格西劳斯是色诺芬熟悉的真实人物,他是"有教养的"希腊国王,他最大程度地表现出了自己尊重法律,而且权力受政体的严格限制。至于居鲁士,则肯定是个波斯国王,但他至少是由色诺芬打造的属于"理想类型"的真实典型。

阿格西劳斯选择的是"服从法律,并按法律管理国家",而不愿成为"亚细亚最强大的国家"(《阿格西劳斯王》,Ⅱ,p. 443)。②

[259]"正是由于国家极为强盛之故,所以(阿格西劳斯)也是极为尊重法律。看见国王自己都这么服从法律,那么谁还会拒不服从它呢?"(《阿格西劳斯王》,Ⅶ,p. 455)最高行政官对共同法的遵守成为维持社会秩序的动因:如果每个人都看见国王没有滥用自己高高在上的地位,那么谁还会想要反叛呢?

---

① 我们在今后的许多王权理论中会重新发现这个观点。政治团体是"从头开始腐败",同样,治疗时也会从头开始。

② 如同他那个时代的所有希腊人一样,色诺芬即便对波斯的某些杰出人物很熟悉而且很敬佩,但他对过集体生活的蛮族人却没有很高的评价。他不止一次嘲笑过他们,比如他说希腊人:1)尊重法律和习俗,而蛮族人背信弃义,爱耍阴谋诡计;2)当正式宣战后,计谋便可合法运用,但希腊人比这些"小娃儿们"计谋高得多(《阿格西劳斯王》,Ⅰ,p. 435)。

色诺芬提倡的是希腊人,或者说是希腊化的居鲁士强调的节制(*sophrosyné*)与合理化,反对波斯人和印度人讲究的华丽和巫术。

年轻的居鲁士遭到了米底亚国王库阿克撒列斯(Cyaxare)的责备,因为他在接待印度使节这样隆重的场合中穿着太朴素。居鲁士严厉地回答他道,从任何方面看,人们最需要的是服从纪律、秩序井然、行军快速的军队,而不是穿着华丽服装、戴着手镯和项链的领导者(《居鲁士劝学录》,Ⅱ,Ⅳ,p. 92)。东方国王神龙见首不见尾,很难让人接近,而斯巴达的国王却很透明,很容易接近:他同公民完全一样(《阿格西劳斯王》,Ⅸ,p. 459;整整这一章都使波斯国王和斯巴达国王处于对立地位:这两个人物的地位和角色完全不同)。阿格西劳斯王的女儿在斯巴达像所有人一样乘坐公共交通工具(《阿格西劳斯王》,Ⅷ,p. 458)!

因此,专制君主完全不可取代法律。色诺芬清楚地意识到,法律并非是权力机构对臣民的统治,而是某种稳定的公共规则,它能使每个人都知道什么该做,什么不该做,这样他才能自由自在地做事,而不用担心权力随心所欲地介入进来。他反复说到某句希罗多德著作中出现过的格言,他说道福祉既不存在于权力之中也不存在于奴役状态之中,而是存在于作为自由的中道之中(《回忆苏格拉底》,Ⅱ,Ⅰ,§ 11)。他确实用其他的观点对法律的"自由主义"观点做了修正。他说,德拉古和梭伦制定的法律强调的仅仅是它们的否定方面——其目的是要惩罚那些不遵守法律的人,因此必须"采用波斯国王的法典"[260]来对它们进行补充,也就是说将那些以正面的方式对功劳进行犒赏的法规补充进去(《齐家》,ⅩⅤ,§ 4—10)。①

照色诺芬看来,理想的专制政体还有另一个典型的希腊特征:他一直认为这个特点就是指理性话语(*parole rationale*)。在色诺芬那里,政治领袖会抽出时间进行演讲、做出解释、说服他人、倾听反对意见并做出回答等等。他们的统治风格很少是"简单化的":

骑兵师师长②除了具备其他才能外,还应该懂得怎么演

---

① 孟德斯鸠也说,在君主制中,法律是起不到充分作用的:在那些受到荣誉和奖赏激发的人中间,必须能够对他们是对国家忠心耿耿还是因追求荣华富贵而去完成任务之间做出区别。

② 指骑兵队的首领。

讲。——难道你认为骑兵师师长必然只懂率领队伍而不懂怎么演讲啰？难道你没有思考过，立法者坚持让我们学习的所有东西，也就是说那些用于指导我们行为的原则，我们不都是通过语言学到手的吗？而其他所有我们能够获得的良好的知识，我们不也是通过语言来进行学习的吗？最好的老师难道不是最会用口头传授方式的人吗？对最重要的物质了解得最为透彻的人难道不是讲话讲得最好的人吗（《回忆苏格拉底》，Ⅲ，Ⅲ，§11)？①

宗教的地位

最终，色诺芬的专制政体类型同东方的神圣国王是有区别的，它完全不受巫术和仪式的束缚。尽管如此，色诺芬的宗教态度仍然是模棱两可的，此种情况与那个时候的所有希腊人都差不多。就他个人而言，他颇为虔诚，甚为迷信，他经常会向诸神祭祀、祈祷（譬如，《远征记》中每逢艰难的时刻，他就会占卜看自己是朝左走还是朝右走好，或者说是要与敌人交锋还是要推迟与他们交战好）。但是，从政治层面上来看，他是个名副其实的"俗人"，[261]他希望宗教信仰应以服从公民的迫切需要为要义，而非相反。当然，战斗中，斯巴达国王就像祭司、圣人，所有人包括他自身都相信自己是诸神的后裔（《斯巴达政制》，XⅢ，§10)。但事实表明，这样的情况也有限度，当人们处于极为危险的境地时，最适当的方式还是要遵从传统的处事方法，利用所有有利于自身的机会。此外，色诺芬还指出，吕库古所遵守的是符合德尔菲神谕的法律（《斯巴达政制》Ⅷ，§5)。阿格西劳斯的宗教也注重仪式，完全没有摆脱它的影响。

　　阿格西劳斯最喜欢说的一句箴言是，诸神喜欢良善的行为甚

---

① 色诺芬在此所作的阐释与修昔底德如出一辙，色诺芬认为所有政治家和将军都善于在公众面前进行讲话、解释、努力证明自己决策的正确性，他们也会听取他人合理的意见。但是我们在此也发现了智术师和苏格拉底的学生，既是他的同代人、也是他的同胞的伊索克拉底的影子（参阅下文）。有一个例外规则：如果演讲者的话荒唐可笑，议员（prytane）则有权不让他发言（《回忆苏格拉底》，Ⅲ，Ⅵ，§1)。

于纯粹的牺牲(《阿格西劳斯王》,Ⅺ,p. 463)。

尤其是,人们之所以说色诺芬摆脱了巫术—宗教的思维方式,是因为他竟然"恬不知耻地"建议将宗教外部的标志作为政府管理的某种手段。比如说,居鲁士宫廷具有"东方情调的"庆典活动乃是存心为了给民众留下深刻印象的一种方法:"现在我要来描述一番在首次举办盛大庆典的时候,居鲁士如何从宫殿里出来的情景:我们看来,这乃是人为想象出来的庆典,它的目的就是为了让人对他的权威表示尊重。"(《居鲁士劝学录》,Ⅷ,Ⅲ,p. 283)当居鲁士离开巴比伦时,由那些真正的谋士负责同他联系,他所精心组织的这场豪华盛大的"出城仪式"就是必须要当着那些习惯于君主制神圣仪式的国民的面来展示自己的威望。色诺芬很肯定,居鲁士不是那种虔心"跪拜"的人,因为希腊人讨厌这种仪式,他之所以让自己的臣民这么做,自有其政治目的(同上,p. 285)。

我们相信已经在居鲁士的行为中注意到,他说过的一句箴言是,领导者不应该仅仅满足于比自己的臣民更具美德,他还应该通过各种手段使他们产生这种印象。不管怎样,他自己穿起了米底亚人的服装,还说服了自己周围的人也这么穿着。① 他似乎觉得隐藏自己身体上可能有的缺陷是很正确的事,他会让那些穿得特别漂亮、特别有气概的人抛头露面;因为米底亚人制作鞋子的时候[262]会放进一块增高物,别人却看不出来,这样一来,穿上鞋子后看上去就会比实际身高高得多。他也同意在眼睛上涂颜料,使眼睛更为动人,也同意在脸上化妆,使脸上的自然肤色更为好看。他自己还做到了不在公共场合吐痰、擤鼻涕、不转身去看某样东西、不自吹自擂。他认为这样做就能使领导者在下属眼里受到更大的尊敬(《居鲁士劝学录》,Ⅷ,Ⅰ,p. 275)。

总之,从某种意义上说,这样的分析表明了居鲁士是把宗教视为道

---

① 因此,他改变过主意(参阅上文所引的讲述居鲁士年轻时候的一则故事)。

德的保障。

> 居鲁士视朋友们的虔诚是对自己的维护。他同意那些人的看法，即宁愿同虔诚的人出海远游，也不要同渎神之人同行(《居鲁士劝学录》，Ⅷ，Ⅰ，p. 273)。

因此，归根结底，色诺芬同修昔底德这样的理性主义者相比，对传统宗教的依赖要多一点，毫无疑问正是这一点使他反对民主制：所有这一切都是无可置疑的。但是总的来说，他的政治思想还是完全理性的：他坚决赞成进步的事物，却从来不会去求助于传统和神话这类事物。

经济学

在阐述亚里士多德《政治学》的章节之前，我们就已经发现，色诺芬的著作中涉及各种经济学观点，只是还不够理论化而已，他的这些理论有的是传统的，有的则颇具创意。它们均与我们刚刚阐述的政治观念有着紧密联系。

农业

从传统的观念来看，色诺芬同赫西俄德(或者同稍后的维吉尔[Virgil])①一样，都对农业持赞赏态度，这样一种职业尤其值得自由人去从事，因为它既能使人正义，又能使人免受自由的影响。

[263]"土地具有神性，教导人正义"，因为它会对悉心照料它的人给予回报。

> 土地会使耕作者拿起武器保卫自己的国家，因为地里生长的农作物只有强者才配享用。[另一方面，]对奔跑、投掷、跳跃而言，有哪一样技艺会像农业一样能使人做得更好呢(《齐家》，Ⅴ，§4—12)？

---

① 维吉尔(公元前 70 年—公元前 19 年)，古罗马最伟大的诗人，对后续诗人的影响甚巨，他的诗歌不仅以其音乐性和遣词造句而擅胜场，且在谋篇布局上也很讲究。其史诗《埃涅阿斯纪》(L'Énéide)的创作始于公元前 30 年，至其身故之时尚未完稿。维吉尔出身于农家，因此终其一生对意大利的乡村风景倾注了极大的热情。——译注

劳动分工

经济繁荣同分工是联系在一起的,色诺芬首次对此做了分析。

家庭里存在基本分工(色诺芬在此比亚里士多德更早对"自然共同体"做出了阐述)。"对我而言,我不相信诸神在给男性和女性分派任务的时候会不使他们协调一致,我相信诸神这么做肯定是出于对家庭的最大利益来进行考虑的。"(《齐家》,Ⅶ,§17)男人的身体与灵魂同外部的工作相适应,它要求人具备体力和无畏的精神。女人体力不足,但能对婴儿充满柔情,她们也更为害羞:所以女人要留在家里。但是他们两者在警惕程度、记忆力、注意力和节制方面均具有同等能力。所有这一切都表明了,他们"彼此需要对方,比起互相缺乏的状态,他们的结合会对他们更为有益"(§28)。

色诺芬发现了分工,却是在另一个层面上,即城市经济学中发现的(从这个方面看,它比柏拉图《理想国》中的描述要更为清晰和全面):

> 一个人做好几份工作要想把它们都做得很好是不可能的。在大城市里,许多人都需要各种类型的物品,一种职业,有时只是这个职业中的某个工种就足够养活一名手艺人:有人给男人做鞋,有人给女人做鞋;甚至于他们只要做有些活就能养活自己了,如有的人缝皮,有的人只要将各种皮料拼搭起来就够了。由此可见,只专攻某个职业中某个很小的工种也能做得很好。烹饪也是如此。因为有的人只有一名佣人帮着做吐司、摆桌子、揉面团,一会儿做一道菜,一会儿做另一道菜,照我的意见,不管菜做得好坏与否,都应该满足才是。相反,有的活要很多人做,有人煮肉,有人烤肉,还有人煮鱼,有人烤鱼,有人烤面包,但不是做各种各样面包,而是做某种当时流行的面包,[264]按我的看法,所有这些工作必须将每种食物都做得很好(《居鲁士劝学录》,Ⅷ,Ⅱ,p. 278)。

《雅典的收入》与对经济开放的辩护

色诺芬最具原创性的经济学观念都在《雅典的收入》——他的最后一部著作——中得到了阐述,该著作大约写于公元前 455 年,他就是在这一年去世的。

酷爱战争的色诺芬成了和平主义者。毫无疑问，他老了，但最主要的是因为他的思想日臻成熟之故。二三十年来，他目睹了无数次荒唐的内战，这些战争将希腊人搞得四分五裂。他最初的作品都是就亚细亚所写的回忆文字，这些作品气势恢宏、鲜明生动，而那时候他还没有那种体验。另一方面，他写《雅典的收入》时则受到了政治家埃乌布尔（Eubule）的影响，似乎正是此君要求废除将色诺芬流放的法令。然而，埃乌布尔坚决推行和平主义政策，他给民众分发钱财，以使民众抗击腓力的战争更见成效，他对如今我们所说的经济发展也极为重视。

无疑正是因为受到了这个例子的教导，色诺芬才特别发展出了一套"自由主义"的论证方法。既然贫穷可使人心情沮丧、萌生妒念，并因而导致战争，那么驱除战争和国际上混乱局势的真正解药就既不会是民主制、防御力量的增强，也不是道德上的劝诫，而是经济发展。

> 我总是想，有什么样的政府首脑，就有什么样的政府。然而，人们说雅典有些领导者同其他人一样都很清楚什么是正义，他们声称由于贫穷人口太多，所以只能以不义的方式对待其他国家。这样就使我产生了进行研究的念头，我想研究雅典人是否无法依靠自己国家的资源生存，我确信如果可能的话，摆脱困境的最正义的方法，就会是解除希腊人贫困和怀疑的唯一解药（《雅典的收入》，开篇）。

于是色诺芬对发展经济的各种可能的方法做出了阐明。比如，他建议最大限度开发劳里昂（Laurion）矿山：所有人，个人和国家，要是所有人都这么做的话，他们就会获得极其可观的收益（《雅典的收入》，Ⅳ）。他还经常赞扬[265]以商业与工业活动为基础的交换经济带来的好处。

在《回忆苏格拉底》中，色诺芬（通过苏格拉底之口）已经表明了自己对商品经济活动的赞赏之情。它根本不会使受过自由主义教育的人低人一等，而是完全相反。由于产品丰富，人们的生活就有了保障，而且重要的是，心理上的各种关系变得更为健全，美德（与健康）也得以保存下来。

色诺芬说了一个很有意思的故事，他的观点完全与柏拉图相反。不幸将一个没落的贵族家庭完全击垮了，于是男人只得听从苏格拉底的建议，强忍对从事工商业活动的厌恶之情，"创办了一家企业"，并雇佣了能缝缝补补的姐妹、侄甥女和表姐妹！很快，生意就开始起步了，于是又有了希望，家中也再一次充满了欢声笑语:"快乐随悲伤而来,人们看上去不再悲观失望,而是满面荣光。"(《回忆苏格拉底》,Ⅱ,Ⅶ,§12;参阅Ⅷ和Ⅸ卷各章节,其中描写的都是相似的处境,采用的也都是相同的解决办法,结局也总是皆大欢喜。)

为了专心从事这样的生产活动,就必须毫不迟疑地去借贷:尽管消费借贷会冒风险,但借来的钱能创造剩余价值,是完全合理合法的(《回忆苏格拉底》,Ⅱ,Ⅶ,§11)。只要人们仍然诚实可靠,那么商业就是好的。

在《雅典的收入》中,色诺芬对这样的建议做了归纳及形式化的处理。如果人们对自由活动,亦即"形式上的自主权"设置了规则,创建了和平、公共秩序,对财产与契约采取保护措施,建立了公平机制并能快速做出反应,而且国家(有一些例外情况,如开采劳里昂的矿山)自身不去从事商业,那么雅典就会普遍富裕起来。因为到了那时候,经济活动就会自发扩大影响力:"[发展]根本不需要先期花费:只要有良好的立法,进行明智的管理,便已万事俱备。"(《雅典的收入》,Ⅲ,p. 478)

此外,国家只须建造基础设施就可以了:港口、商业用场地、市场、旅馆……(《雅典的收入》,Ⅲ,p. 478)

如果人们想发展经济,那么还必须开放城邦。适当的方法就是吸引"外国侨民",设立良好的法律保护他们,赋予他们所有公民权,以官方形式委派某些公民保护那些向他们求助的外国人。外国侨民都很活跃;[266]他们至少不会接受社会的救济;他们缴的税甚至比其他人都多(《雅典的收入》,Ⅱ)。如果实行这样的政策,那么就能促使雅典人同外国人一起雄心勃勃地投身于经济活动之中。他们会"随时准备去冒很大的风险",[1]还会贷出资金。

共和国衷心欢迎那些提供建造大量船舶、提供大量物资的商

---

[1] 这是我们知道的由个体之间自由契约构建的商业社会之最初形式,那些提供资金、提供工作的人起到了显明的作用;因此,这是"资本主义"的最初形式。这种形式在希腊世界以及希腊一罗马世界中得到了发展,并顺利延续到了中世纪时期的意大利,且由此(我们知道其形式得到了改进:股份公司、银行体系、保险……)传承至现代欧洲。在商业技术的发展历史上,必须强调古典时期传承下来的遗产,参阅 Yves Renouard 那本著名的小书《中世纪意大利的实业家》(*Les hommes d'affaires italiens du Moyen Age*),U2 丛书,Armand Colin,1972。

人和船东,并赋予他们以荣誉,这样的做法是很有益处的。由于得到了荣誉,他们就并不仅仅会着眼于利益,而会因为这样的礼遇而把我们国家当成自己朋友家一样。居民与来访者数量的增长自然而然会相应地导致进出口、销售、工资和税费的增长。[……]我看见公民都自愿去从事这些事业,并不会心情郁闷。[……]我知道驾驶三列桨战船出海经常会耗费一大笔钱,况且他们还不知道出海远航的结果是好是坏,根本不敢肯定是否能够获得预期中的受益,也根本不知道是否能够收回成本。但是,没有任何工作能使公民筹集到[开办企业]所需的那笔资金(《雅典的收入》,Ⅲ)。

《雅典人的政制》中同样说道,大量盟国公民都来雅典做生意,使得不动产和其他服务的价格上涨,雅典商人从中获益(《雅典人的政制》,Ⅰ,§17)。由于是海上强国,雅典人便有了各种各样无论是物质上的、还是知识上的丰富自己的方式;同他们相比,其他希腊人就成了真正的乡巴佬。雅典是世界贸易的场所,它是唯一一个人们能在那里找到所有商品的地方;对这种现象而言,海上强国既是它的因,也是它的果(《雅典人的政制》,Ⅱ)。

[267]结果,色诺芬为和平时期城市的繁荣景象做了一番描述:买卖兴隆、商品大量涌入、艺术家和知识分子麇集于此,还有许多游客!此种繁荣景象必然会使该城市雄霸一方,而战争则做不到这一点,因为战争消耗太多,却不会带来什么收益。

我们国家和平的时候,又有谁会不需要我们呢?先是出现船东和商人,有了他们,才涌现出了那些大量出产小麦、普通葡萄酒和高档葡萄酒、食用油和牲畜的经营者,那些从他们的知识或资金中牟利的人,所有那些靠自己作品吃饭的艺术家、智术师、哲学家和诗人,那些对值得去尝试的宗教或俗世生活感兴趣的人,那些分秒必争地买卖大宗货物的人,除了雅典他们还能指靠哪儿呢?我认为,在这点上是没有人会反驳我的。但是也有公民对自己国家的优越性感到不自在,他们以为战争比和平更能达到这种效果。他们想起了希波战争。

难道只有通过暴力或通过让希腊人参战才能使我们掌握海上霸权，才能使我们管理共同的财富吗？还有城邦，尽管它们在争夺统治权的战争中表现得血腥残忍，最终却还是失去了统治权。[……]如果人们看见我们在大地上和海洋上致力于建设普天之下的和平，我相信所有人除了热爱自己的祖国之外，肯定也会热爱雅典的。

但是人们也许会想，相比和平而言，战争对国家的财政更为有利。除了考察过去和平与战争对国家造成的影响之外，我看不出解决这个问题有什么好方法。我们发现，以前和平的时候，国库充实，而战争时，国库几乎被耗尽；同样，我们对现状稍微留意一下的话，就会发现战争已经使财政收入锐减，那些存留下来的收入也已经被各种各样的事务消耗殆尽，然而自从在海上重建和平之后，不但收入增加了，而且公民也可以自由支配财富（《雅典的收入》，V）。

雅典就是"美国"，色诺芬希望它能永远发达下去：我们似乎又听到了经修昔底德转述的伯里克利对雅典的赞美之词。因此，坚决反对斯巴达"封闭式"经济的色诺芬为自己的祖国设计了各种雄心勃勃的规划，这样他就能再一次住在那里。唉，不过无论是雅典，还是任何一个知识分子或政治家都再也无力听从他的建议了。[268]它成了"僵化的社会"，公元前4世纪的其他分析家已经对它做了无情的批判。

第二节 伊索克拉底

伊索克拉底是演讲家，他毫不犹豫地将自己的技艺视为一种使命，他可以由此表达政治的普遍观念；我们在他的著作中也发现他对民主制进行了精当的分析，并提出了改良建议。

生平①

伊索克拉底出生于公元前436年。他父亲是"实业家"（生产笛子的工厂主），

---

① 参阅伊索克拉底的《演讲录》（*Discours*），由 Georges Mathieu 和 Émile Brémond 编纂、翻译，Les Belles Lettres，Budé 丛书，1972，1987，1991。

对他的教育颇为关心。他同色诺芬一样,曾是智术师凯欧斯的普罗狄科斯的学生,并经常聆听苏格拉底的教诲,后来他又在帖撒利亚的高尔吉亚门下待了几年。在这样学习了演讲术后,他便决定靠此为业。但他由于害羞,再加上嗓音不好,没法在法庭陈词。于是他便一门心思做起了为人代写演说稿和辩护词的行当,也就是说代人起草诉状。然而,纯民事的诉讼案件涉及的都是个人事务,这一行业的碌碌无为使他灰心丧气,于是很快他便转向其他两个新的方向:一方面,**他钻研修辞术理论并建立了学校**;另一方面,**他撰写政治演说词并将其公之于众**,以期对自己时代的政治有所裨益,而不是登上"讲坛夸夸其谈"。①伊索克拉底从未从政,只有在雅典第二次结盟的时候有过一次例外,那是公元前 376 年至公元前 374 年间,当时他与提摩泰(Timothée)合作过一次。

伊索克拉底的学校创建于公元前 393 年,很快就获得了相当大的成功。学校有许多学生,其中有些人当了演讲家,[269]名气极响(吕库古、叙佩里德[Hypéride]),另一些人成了历史学家(铁欧彭波斯[Théopompe]、以弗雷[Éphore]),还有一些人最终成了政治家,如提摩泰。靠了教学,伊索克拉底成了很富有的人,并缴纳高昂的赋税,如出资建造三层桨战船等。

伊索克拉底的学校。它是最早出现的修辞术学校,而且照"学校"这个词,也就是说从集体教学机构的本意来看,它也是最早出现的学校之一,它设定的课程要学习好几年,只有先期接受过"小学"和"中学"教育,方能入学,最后至少有一部分学生可免费入学——这与私人授课、"计件"付费的方式不同,这种学习不管谁都可以参加,那时候智术师就是这样授课的。伊索克拉底创建学校的时间比柏拉图的学园早几年。照亨利-伊列内·马鲁(Henri-Irénée Marrou)②的说法,这两个人都应该被视为学校机构的创始人,他们各自为此类机构创建了两大分支,即实践与理论两个分支。柏拉图的学校乃是**大学**的始祖:在那里人们或研习,或传授科学知识;伊索克拉底的学校乃是职业学校的先驱:人们在那里学习的是技术。但是,这两座学校雄心勃勃想要培养的都是政治家。

伊索克拉底卒于公元前 338 年,享年 98 岁。据说他得知喀罗尼亚战役失败

① 这类"夸张的演讲"都是在法庭外进行的,公元前 392 年至公元前 388 年间高尔吉亚和吕西亚斯(Lysias)为了向聚集于奥林匹亚的希腊人发表讲话,便创建了这种演讲术。伊索克拉底创立的演讲术与此大同小异,叫做"希腊政治演讲术"。毫无疑问,在我们的现代"媒体"存在之前,此种演讲术指的就是与期刊杂志上刊登的抨击性短文、讽刺性短文等相类似的文章,就是指通过文字对广场(*agora*)这一广义上的舆论进行干预。

② 参阅 Henri-Irénée Marrou 的《古典时期教育史》(*Histoire de l'éducation dans l'Antiquité*),两卷本,1948,Points-Seuil,1981。

后,便绝食而死。

著作

按照学校的传统,学校保存了数篇伊索克拉底的诉状,它们作为演讲术的范本,讲究的就是形式。但是大多数留存下来的文本都是政治演说:《颂辞》(*Panégyrique*)、《普拉提亚》(*Plataïque*)、①《致尼柯莱斯》(*A Nicolès*)、《尼柯莱斯》(*Nicolès*)、《埃乌阿戈拉斯》(*Évagoras*)、②《阿尔奇达摩斯》(*Archidamos*)、③《论和平》(*Sur la Paix*)、《战神山议事会辩》(*Aréopagitique*)、《泛雅典娜女神颂词》(*Panathénaïque*)。还必须提到《驳智术师》(*Contre les sophistes*),伊索克拉底在这篇文章中表达了自己对演讲术的看法,还要提到《论交换》(*Sur l'échange*),这是一篇论述道德、哲学与政治的封笔之作。

演说《论交换》缘起于一个奇特的虚构故事。约公元前 356 年,伊索克拉底在一场"补偿财产"(税务领域的经典司法诉讼:受指派支付三列桨战船建造费用的人可以合法的方式指认某位他认为比自己更富有的人,以代替他支付此笔款项)的诉讼中败诉。两年后,也就是公元前 354 年年末或公元前 353 年年初的时候,他想象自己这次遭到了"扰乱公共秩序的指控",指控他犯有以演讲术腐蚀青年人,并以此非法致富的罪行。于是他[270]真的写了一篇演说词以答复这一虚构的指控,而这篇辩护词《论交换》便成了他对自己的生活、行为和思想所作的辩护。

伊索克拉底对法律与逻各斯(*logos*)的文明很有兴趣(小节一)。由此便产生了他的对外政治观点:文明的希腊人联合起来以对抗波斯蛮族人,一方面要冒请马其顿的腓力出兵相助的风险(小节二),一方面则要整顿内政:批评腐败的雅典民主制(小节三)并建立混合政体(小节四)。

热衷法律与逻各斯的文明

伊索克拉底说(希罗多德以来,所有人都在这么重复,已成了老生常谈),公民的这些美德——奉行逻各斯和权利平等(*isonomia*)的原则——已使希腊人比蛮族人更为强大。凭借这些美德,过去的希腊人

---

① 彼奥提亚境内的城邦。——译注
② 塞浦路斯的萨拉米斯国王(公元前 410 年—公元前 374 年在位)。伊索克拉底在该颂辞中颂扬了这位国王。——译注
③ 指斯巴达国王阿尔奇达摩斯三世。——译注

已成了最优秀的代表。

> 他们的言论比今日的誓词更为可靠[对逻各斯的信念];他们
> 宁愿遵奉契约,也不愿遵奉必然性[遵守法律的能力];他们不会因
> 自己的权力而沾沾自喜,他们重视的是自己生活中的智慧[奉行节
> 制(*sophrôsyné*)];他们要求自己对下级和对上级抱一视同仁的态
> 度[法律面前人人平等(权利平等)];他们视[……]希腊为自己共
> 同的祖国[泛希腊主义]。由于拥有这样的精神状态,并让青年人
> 遵循这些秩序中的原则以提升自己[教育(*paideia*)的作用],他们
> 便使那些同亚细亚人作战的人变得勇猛无比[希波战争期间](《颂
> 辞》,§81—82)。

这些品质并非天然生成。作为智术师学生的伊索克拉底经过论证
认为,它们均是思想与文化,因此也是起传递作用的教育的产物。必然
的结果是,因此而受到如此赞扬的文明完全不属希腊民族,更不属希腊
种族所独有;它可以普世化,事实上,它已经开始在希腊诸国中传播。

> [我们的城邦]再也不会将希腊人这个名称视为某个种族
> (*génè*)的名称,而是将它视为文化(*dianoia*)的名称,[自此以后,]
> 我们宁愿将那些共享我们教育(*paideia*)的人称为希腊人,而不愿
> 这样称呼那些同我们一样拥有共同起源(*physis*)的人(《颂辞》,
> §50)。

[271]这就是为什么希腊人同时也能够破坏文明的缘故;这样,衰
亡也就在所难免。同苏格拉底时代对自然与文化各自的作用所作的争
论相比,伊索克拉底的原创性在于他从这些争论中得出了地缘政治的
结论:希腊性(*hellénisme*),它是一种教育(*paideia*),也就是一种文化,
它的使命就是要超越自己从中诞生的希腊民族。伊索克拉底呼吁保卫
文明,反对蒙昧,因此其中丝毫没有狭隘、封闭的民族主义。伊索克拉
底相信理性和法律的普世性,由此形象地预示了在希腊化时代占主导

地位的斯多阿主义的思想。①

希腊人联合起来对抗蛮族人

从外部的政治环境来看,伊索克拉底坚决支持同波斯人进行战斗,这样既能保护文明,也能反对蒙昧,而且因为这场战斗也将迫使希腊人之间的内斗偃旗息鼓。这样一种泛希腊主义的方针本身便意味着要对独立城邦这样一种传统模式进行超越;然而,为了替代这种模式,伊索克拉底只想象出以雅典为盟主主导的政治联盟此种形式,它与提洛同盟时代的情况如出一辙。

蛮族人与希腊人之间的敌意;结盟以对抗对方的必要性

蛮族人由于自身的文化之故,只能成为文明,因此也就是希腊人的敌人。他们从来无法结成巩固的同盟:

> 受统治的文明人不可能同[波斯人]一样都拥有某种美德[……]。这些人中大多数人都是乌合之众,他们没有经历过危险,临阵退缩,但又能甘心受他人的奴役,做得比我们家的仆人还要出色,而且那些声望极高的人无一例外都从来没有关心过其他人和国家的福祉,他们只知道对某些人颐指气使,[272]对另一些人却又卑躬屈膝,且用的方式极为卑劣。同这样的人在一起,怎么可能有能征善战的将军、勇敢无畏的士兵呢! 他们因富有而骄奢淫逸,他们的灵魂因君主的威权而担惊受怕,他们在皇官门前任人盘查,他们会匍匐在地,②他们将凡人称为神且在他面前极尽奴颜婢膝之能事,他们更关心的是人而非神性。因此之故,其中那些来到海边被称为总督的人③与在自己的国家所受的教育根本不相配,因为他们还保留着老一套的秉性,对朋友背信弃义,对敌人懦弱无能,要么颜面尽失,要么傲慢无礼,对盟国不屑一顾,对敌人却又殷勤得很。就这样,他们在八个月的时间里用自己的花费养活了阿

---

① 参见下文 p. 283 中伊索克拉底对逻各斯所作的理论阐述。
② 指的是俯伏跪拜(*proskynésis*),此种礼节令希腊人震惊不已。
③ 也就是指小亚细亚,他们就是在那里同希腊人进行接触的。

格西劳斯①的军队,而在比这长两倍的时间里,他们却不给那些为他们卖命的人发放军饷(《颂辞》,§150—152)。②

尽管如此,希腊人道德上的优越性因长期以来内部的分崩离析而受到了损害,这一切常常都是因一些微不足道的小事引起纷争所致,这样一来亚细亚人就能轻而易举地扩张自己的领土了(《颂辞》,§133—134)。因此必须使希腊人联合起来,这样做的好处是还能终止每个城邦内部发生的内战(《颂辞》,§173)。

雅典的功劳足以担当盟主

希腊人之间的联合唯雅典马首是瞻,只有它才能胜任这样的任务。文章先是以对雅典的赞颂起始,伊索克拉底在此回顾了雅典辉煌的历史功勋。

[273]雅典人"天生就很优越"(《战神山议事会辩》,§75)。雅典乃是法律之母,在这方面它也是其他城邦的典范:

> 证据如下:那些一开始对谋杀罪行进行控诉的人想用语言而非暴力来处理冲突,因此他们会求助于我们的法律就此来做出判决(《颂辞》,§40—41)。③

过去,雅典可以依凭其盟主地位,强制在臣属于自己的城邦内部推行权利平等(*isonomia*)的原则和民主制:

> 我们之所以帮助民众,我们之所以向专制主义开战,是因为我

---

① 指色诺芬的朋友斯巴达国王,他经常在小亚细亚发动战争(参阅上文)。

② 在这样的形势下,很难指望波斯军队能表现得英勇无畏。事实上,波斯人在公元前 4 世纪同公元前 5 世纪一样,很少征服过希腊人。伊索克拉底没有看清楚的是(因为我们已经注意到他太急于表达自己的观点),这样的状态肯定会发生演变:蛮族人一旦同文明人接触,他们自己就会变得文明起来,从而就会想到首先要在军事上同自己的主人平起平坐,并且超越他们。就在伊索克拉底写这篇文章的时候,希腊人正受到马其顿人的围攻(不久,他们所有人也受到了罗马人同样的对待)。

③ 毫无疑问,暗指的是德拉古时代的法律。

们对大部分人听命于一小撮人的状况,对那些完全与他人平等但就因为贫穷而无法担任官职的行为,还对虽然同处一国,但有些人可当僭主,有些人是外国侨民而公民却生来就遭到法律排斥的情况感到气愤(《颂词》,§105)。①

雅典欢迎外国人,支持发展商业。最终就是它发明并传播了科学技术;雅典人最早从事这些活动,他们在文化素养及语言艺术方面都取得了极大的成功:

> 我们的城邦在思想和语言方面与其他人拉开了很大的差距,学习这些知识的学生都成了其他人的老师(《颂辞》,§50)。

此外,"所有能言善辩之人都在[雅典]受过教育"(《论交换》,§296—298)。雄辩术和哲学均是雅典最主要的"输出产品",就像斯巴达的兵法、帖撒利亚人的骑术一样。②

斯巴达的卑劣

无论如何,斯巴达获得了希腊的盟主地位。这都是因为斯巴达人没有"教养"的缘故所致。他们和自己的盟国一直在从事非法勾当,[274]"引发混乱"(《颂辞》,§110—114;他们无法无天[anomôs],"与法律相悖",是伊索克拉底经常涉及的主题)。公元前387年,他们签订了"安塔尔奇达斯(Antalcidas)和约",毫不犹豫地把伊奥尼亚拱手让给了波斯人;从此以后,希腊人就成了蛮族人的奴隶,但比成为奴隶更糟的是,他们还被迫同波斯人并肩作战来对抗保卫自己自由的希腊人(《颂辞》,§122—128)。

以雅典为盟主联合起来

因此,只有雅典这个城邦才有能力将希腊人联合起来。它能保证使这些接受其盟主地位的城邦获得益处,使它们依法治国,伊索克拉底

---

① 指寡头制实行的纳税选举制,它对担任行政官员的资格进行了限制。
② 伊索克拉底补充道,然而,雅典人却在迫害本国的知识分子。他们本应大肆赞誉这些在外界声誉卓著的人才对。

就此论证道,对它们而言,法治更为重要,而不仅仅是独立。事实上,如果对那些煽动动乱的人束手无策的话,那独立尚有何用呢?"谁希望见到海盗控制海洋,盾牌兵(*peltastes*)①攻占城邦,而公民不但没有反抗其他人以保卫自己的领土,反而在城墙之内内斗呢?"(《颂辞》,§115)

尽管如此,作为盟主的雅典却不应建立不义的僭主制(《论和平》,§64及以后)。希波战争时期威震四方的雅典在恢复了僭主制后,便声名狼藉,自此以后一蹶不振。不过,盟主权对拉凯戴孟人来说很致命(§101—105)。帝国的不义同僭主个人的不义没什么区别(§111—114):仅仅谴责它已经没什么用了,它从根本上已经虚弱不堪,毁灭和失败只是早晚而已,这同那些被交际花毁掉的人没什么两样(§103,修昔底德已对雅典的统治和僭主制做了比较)。

马其顿同盟

如今,最让伊索克拉底心惊胆战的是,波斯人如果成了征服者,那他们就会毁灭文明。因此,[275]他准备召唤那些有教养的非希腊人来保卫文明。这就是伊索克拉底想扶持马其顿人的理由,他的理由同德谟斯提尼不同,直到喀罗尼亚战役前几年,他都一直在这么做。

伊索克拉底向往的是联邦国家之类的政体,在这样的政体中,各个成员国都会同意"放弃某些主权"以确保安全。可是一旦说到要将它付诸实施时,他就有些前后不一致了。不能放弃"盟主权",其中只有一个城邦可获得盟主权以行使国家的职能,其他城邦则向它缴纳贡赋,尽管如此,新的同盟将建立在平等的契约基础之上:"有了'契约',针对两方的各项条款才会平等公正,而有了'等级秩序',才会出现违背正义的等级之分,谁会不知道这一点呢?"(《颂辞》,§176)事实上,这样的原则是针对公元前377年创建的雅典第二次同盟而设的。

批评腐败的雅典民主制

无论如何,只有当盟主权能够消除如今削弱其根基的深层次缺陷时,雅典才可以对联合起来的希腊人施行这项权力。伊索克拉底心怀

---

① 指轻步兵团。在那个时代,这个词也比喻成群结伙的商人。

使自己的祖国在国际上发挥影响的抱负(与这一时期的色诺芬或柏拉图一样),通过对自己时代的雅典民主制提出控诉来教育世人。

腐败当道

他说,雅典的演讲家都是唯利是图之辈,他们之所以接手案子进行辩护不是由于上诉人有理,而是看谁给的钱最多,其中就包括了国外的一些权势人物(《普拉提亚》,§3;此处提到的付款人都是底比斯人)。如此一来,"告密者"便可横行不法(《论交换》,§312—319)。

过去的政治家并未受到腐蚀。伯里克利根本就没有为自己敛财,

> [他]给自己的继承人留下的遗产比他从父亲手里得到的财产还要少;相反,他除了为宗教场所提供资金之外,还让人给雅典卫城带去了八千塔兰特。但这些人[如今的蛊惑民心之流]同他最大的差别是,[276]他们竟然声称公共利益妨碍了他们对自己生意的照料,而我们发觉这些所谓被忽视的生意却兴隆得很,放在以前,他们根本不敢对诸神提这样的要求,而且尽管他们声称很关心我们,但我们中大多数人的境遇却很糟糕,没有一位公民的生活过得舒适、轻松,而城市中也是怨声载道(《论和平》,§126—127)。

过去的政治家不会把公共财产当作自己的财产;他们反而会将自己的私人财产作公共财政之用。伊索克拉底说,今天,政治家上任后做的第一件事就是看还有什么好偷的(《战神山议事会辩》,§25)!

从前,广场很少有人去,人们生怕在那里被看见:

> 如果[雅典人]不得不穿过广场的话,他们也难掩对它的厌恶之情,我们发现正是这点才使他们做起事来小心谨慎、通情达理(《战神山议事会辩》,§48)。①

---

① *Agoraios*,即"公共场地的老主顾"在阿里斯托芬笔下是骂人的话(参阅上文色诺芬所作的相似评论:要使晚宴开得好,就不能邀请参加选举的候选人入席,否则的话会让人很难堪)。

如今，截然相反的是，占据高位的都是"广场的老主顾"。

嫉贤妒能者沆瀣一气

但是伊索克拉底认为并非只有腐败者才是罪人。他观察到，本质上邪恶的体制也在发挥着作用。那些投票支持煽动家和告密者的人对后者的腐败行为不以为意，因此他们也会对自己不道德的行为事先找个借口。

> 尽管我们设立了大量法律，我们却很少尊重它们[……]，尽管规定了腐败者要被处以极刑，但我们仍然会举手赞成让那些明目张胆贪污受贿的人担任指挥官，而对那些对公民影响最坏的人，我们也照样让他们处理最重要的事务[……]。为了表现自己是最最贤明的希腊人，我们会让遭世人唾弃的人担任议事会成员，①赋予他们全权以处理公共事务，[277]可又没有谁愿意把私人事务托付给他们去做（《论和平》，§50—52）。

人们会将国家的财政委托给这些品行不端的人负责，却又不愿把自己的家当交给他们去处理……毫无疑问，这都是因为投票支持这些腐败者的人指望这些人不会再去管他们自己的卑劣行径。另一方面，他们会不择手段地打击民众（*démos*）中持不同政见的人。从这两点来看，政客的不道德反而成了民众选举他们的理由。从而说明民众本身也已经腐败堕落了。

民众的腐败是出于嫉妒：

> 某些人因为嫉妒（*tou phtonou*）和贫困而恼羞成怒，以至于他们会向那些成功者而非犯罪分子开战，他们不仅仅憎恨那些最正派的人，还憎恨那些最具有美德的行为，他们觉得自己为非作歹还不够，因此不仅对那些法外之徒不予追究，还同他们狼狈为奸，而对那些他们嫉妒的人，他们只要有可能就会使这些人身败名裂。

---

① 也就是指普通演讲家、专家和政治家。

他们这么做的时候，并非不知道自己支持的是什么，他们只是希望自己的不义行为不要被人发觉，他们以为对自己的同类施以援手，就等于是在保护自己（《论和平》，§142—143）。

照勒内·吉拉尔的说法，雅典的社会危机所呈现出的方方面面表明了它们是对各种献祭机制的模仿（mimésis），①伊索克拉底则隐隐约约发现了这些机制中的原理。信奉民主的民众受到煽动家的蛊惑后，便彼此怂恿，在广场快速引发了骚动，他们迫害那些由告密者找出的替罪羊，这样便使告密者受益无穷，尽管告密者多行不义、腐败堕落，他们仍然给予这些人荣誉、让他们致富，而他们自己则把干系脱得一干二净。置身于民众中的人对富人大肆发泄着嫉妒和憎恨，却不认为自己要对城邦的未来负什么责任。因为告密者知道得很清楚，这个机制就是民众怯懦猥琐、不讲道德的根源，所以他们便有系统地指控那些富人，甚至于国有益的富人也不放过——在此，民主派的伊索克拉底与寡头派的柏拉图和色诺芬倒是十分相像。

[278]在我还是孩子的时候，财富似乎可以让人自信并受人尊敬，因此几乎所有人都试图令自己显得比实际生活更富有，这样就能受到一定的尊敬。现如今，如果想不受到任何损失的话，就必须开始考虑怎么保护自己的财产，就像考虑怎么保护十恶不赦的罪行一样。因为表现出生活得自由自在要比毁约这样的行为危险得多：在那种情况下，只要道道歉，罚笔小款也就没什么事了；而在前面的情况下，就只能彻底认输，想不出任何办法，而且很有可能被剥夺财产的人要比那些因为做坏事而受到惩罚的人更多（《论交换》，§159—160）。

告密者俨然摆出一副民众捍卫者的模样来反对拥护寡头制的富人，他们凭着这种手段厚颜无耻地大肆敛财，而民众呢，一部分受到蒙

---

① 参阅本书导言部分。

蔽,一部分是他们的同谋,却根本没把这样的诡计当回事(《论和平》,§124)。

腐败的后果:经济上和政治上内外交困

腐败堕落和告密者的行为扰乱了正义;而雅典法庭受到了煽动家的蛊惑,也起而反对法律。这样便阻滞了正常的经济交流活动,并在相当大的程度上危及了公共秩序。伊索克拉底认为,在这种情况下,相较富人而言,穷人更容易成为牺牲品:

[在没有经历过现在的腐败风气之前,富裕的雅典人同意进行贷款的时候,]根本就不担心受到如下两方面的损害:要么倾家荡产,要么费尽千辛万苦才能收回一部分自己贷的款项;他们无论是在外面,还是在家里行善,总有很多的保障;因为他们很清楚负责处理契约事务的法官①都会奉法行事,而不会法外开恩;②法官在处理他人的诉讼时也不会存心做出不公正的判决,因为他们感到愤怒的是诈骗者而不是受害者,而且认为那些签订契约后言而无信的人会对穷人而不是富人造成更大的伤害。[279]因为,如果富人不再拿出自己的财产供借贷之用,那么他们只是损失一小部分收入而已,但对于其他人来说,如果没有人去帮助他们,那他们就会陷于极为悲惨的境地之中。因此之故,正是由于他们秉持这样的想法,所以没有人会竭力掩饰自己有多少财产或者不愿借贷给他人;[富人]也很高兴看见借钱者清偿自己的债务,因为他们一箭双雕,有理性的人都会愿意这么做:他们为自己的公民服务,与此同时又能积聚自己的财富(《战神山议事会辩》,§33—35)。

由于这样的环境已不复存在,而且富人对借贷也是心存疑虑,所以当时人们不可能见到和现在一样多的穷人:

---

① 不应该忘记,雅典的法官都是普通公民,民众裁判所(Héliée)的法官就是一例;他们不是受过专门训练的法官。当他们宣判债务人无罪时,便以为这样的判决可成为免除他们自己债务的先例。

② 这与现代法学所谓的"衡平法"判决意思相同,却与法律的字面意义相悖。

以前,没有公民会缺乏生活必需品,靠向路人行乞为生,使城邦蒙羞;如今,穷困潦倒的人却远比有钱的人多得多(《战神山议事会辩》,§83)。

腐败的政治家故意使民众对作恶心存侥幸心理,这样便能迫使民众重新求助于他们。

我感到惊讶的是,你们竟然不明白,除了邪恶的演讲家和邪恶的煽动家之外,根本就没有什么与大部分民众相对立的人:且不说其他的恶行,这些人最巴不得我们缺乏日常的生活必需品;因为他们知道,那些能依靠自身的资源处理自己事务的人会与国家和最正派的演讲家唇齿相依,而那些靠打官司、参加集会和以别人的利益过活的人,由于贫穷而不得不乖乖就范,对揭发、指控和告密者所做的诸如此类的事就会心存感激。因此,他们很乐于看到在他们的统治之下,所有公民都生活于水深火热之中(《论和平》,§129—131)。

民主制的选举制度根本无法做出符合普遍利益的、必要的决策;它逻辑混乱,缺乏理性。

尽管我们都很清楚应该怎么讲话、怎么处理事务,但由于我们几乎没什么理性,所以哪怕是同一天处理同一个问题,我们的意见也不会相同:参加集会之前我们持批评态度,聚在一起商讨的时候我们又会对它举手通过,而过了没多久,当我们动身回家的时候,又会对刚刚投票支持的事大肆谴责(《论和平》,§52)。

"独一的思想"

[280]为了有所变革,人们至少必须能对组织机构提出的问题进行辩论。然而,伊索克拉底却做出了可怕的陈述:当民主制变得腐败堕落、屈服于政治交易时,就再也不可能去谈论什么真理,再也不可能言

论自由了。一方面,没有人敢冒险说出真理,另一方面,也没有人愿意去倾听这样的言论。这样的统治就是我们今日所说的"强硬措辞"或"独一的思想"。如果真理偶然出现时,也不会以喷涌的方式涌现出来,说这些话的人只是些疯子或怪人,他们尽可以说话,因为人们认为根本用不着把他们当回事。

> 你们真至于无法忍受某些演说家的声音[……]。除了让那些投你们所好的人讲话之外,你们已经习惯于对其他所有演说家进行压制。[……]就我而言,我知道得很清楚,要与你们的精神状态进行对抗会很艰难,我也知道在充分的民主制中,根本就没有言论自由,除非在这样的场合[公民大会(ecclésia)]中完全丧失理智的人根本不考虑自己的安危,还有剧院里的喜剧演员才会这样(《论和平》,§3,14)。

多元化、各部分之间的言论平等都是出现真理的条件;否则的话,偏见和谎言就会占上风。然而,如今人们甚至不让演说家去完成他们的论证。抨击谩骂占了上风(《论交换》,§17 和 173)。

国家改革

雅典政体的无序混乱并非仅仅是不道德和非理性的。它确确实实导致了城邦的毁灭:

> 我们所有人都知道,能继续保持成功的人根本不是那些居庙堂之上的人,也不是那些同民众聚在一起的人,而是那些能以最好、最明智的方式统治城邦的人。因为城邦的灵魂只能是政体(*psychè poléôs*……*politéia*),[281]它所拥有的权力同思想对身体拥有的权力完全一样:它会讨论所有的事情,保持成功,避免邪恶;它应该成为法律、演说家和个体的典范,而且人们获取的成果必然会与他们拥有的政体相符。然而,我们的政体虽已腐败,我们却对此毫不在意,也根本没想过去对它进行变革(《战神山议事会

辩》，§ 13—16）。

因此，伊索克拉底认为在体制上进行彻底的变革才是拯救之途。

"精英议事会"民主制

由于恶存在于公民大会的自由决定权之中，而且这种权力受到了煽动家的操纵，因此必须在公共权力之间建立平衡，以便于成立新的战神山议事会(*Conseil de l'Aréopage*)，议事会由贤达之士组成，他们知道如何以国家真正的利益为重。当然，伊索克拉底知道得很清楚，这种"战神山议事会"民主制与寡头制极为相像。[①]将其中一部分权力抽取出来交于民众，或者至少让公民大会中的民众能直抒胸臆，这就是建立正义、合理的民主制所要付出的代价：

> 在我的大部分演讲中，人们都能发现，我批评寡头制和僭主制，赞颂的是平等的政体和民主制，但并非一概而论，我赞扬的仅是那些未被胡乱管理，而是按照正义和理性原则得到妥善管理的政体(《战神山议事会辩》，§ 60)。

理想的民主制国家不应该是平均主义：而必须使每个人都能以其各自的功劳得到奖赏。行政职位应该分配给"那些最正派、最有能力的人"，而不是靠抽签选举来进行选任(伊索克拉底补充道，抽签制除了其他的缺点之外，还有可能会导致使寡头派上台执政的风险……)。

因此，精英人士会执掌更多的权力。但是只要民众仍然对高级官员拥有"主权"，这就不会引起任何危险，况且，所有这一切在以前都有过先例；只要重新这么做就行了。

> [282][从前的雅典人]同与城邦相关的事务极为疏远，在那个时候，很难找到有人愿意担任行政官职，如今的人却不这样想：在

---

① 其实，这是一种"混合"政体，是在公民大会、专家、民众(*démos*)和有教养阶层各自权力之间所作的折衷。

他们眼中,这不是什么投机取巧,而是担任公职来照管国家事务;他们从行使职能的那天起,就不会关心前任是否留下了什么可以捞取的好处,而毋宁说他们关心的是前任是否忽视了某些急需解决的事务。简而言之,那个时候的人已经坚定地认为,民众必须像僭主一样来设立行政官职,惩罚犯错的人,对诉讼案件进行审理,而且他们认为那些有空余时间且拥有足够生活资源的人应该担任公共职务,为大家服务;如果他们行事公正,他们就该受到表扬,并满足于获得这样的荣誉;如果他们管理不善,就不能获得任何宽宥,应该遭到最严厉的惩罚。然而人们是否能找到像让拥有主权的民众管理他们最擅长管理的事务的民主制(*autôn toutôn ton démon kyrion poiousès*)那样更坚实、更正义的政体呢(《战神山议事会辩》,§24—27)?①

伊索克拉底对体制改革所作的建言流露了亚里士多德的思想,也预示了后来波里比乌斯、西塞罗和其他所谓现代时期的古典时代作家的思想:最好的政治体制,最稳定、最有利于法律和正义的体制乃是混合政体,它包含了民主制的要素和贵族制或寡头制的要素,尤其是此种政体中的民众拥有的是监督而非统治的权力。

教育

风俗比成文法更具有重要性;由此可见,本身就已相当精密的成文法越是详细,那么就越是说明了风俗的衰落;因此,教育就必然而然拥有了本质上的重要性。

好的政治家不是去建立成文法的框架,而是要维护灵魂中的正义;不是法令,而是风俗才能使城邦管理得法;那些没有受到良好教育的人胆敢僭越明确的法律,[283]而那些浸淫于美德的人则会遵守法律,他们对法律的理解也会更容易(《战神山议事会辩》,

---

① 伊索克拉底认为这是自然而然的事情⋯⋯我们将在后文见到教会法学家、调和主义者以及之后16世纪思想家,如贝兹(Bèze)和苏亚雷斯(Suarez)等人的作品,他们重新提出了"民主主权"的观点。

§41)。

伊索克拉底赞扬教师这一职业。教师比那些受到会堂（*Prytanée*）免费招待的杰出公民还要有功劳；因为，这些人只能为城邦培养一个好的公民，而教师则能培养出一大批（《论交换》，§95）。但是伊索克拉底的教育思想究竟是什么呢？我们必须以他的逻各斯（*logos*）观念作结，这一观念深刻地制约了他的教育学理论。

附录：伊索克拉底的逻各斯理论

伊索克拉底认为，只有如今这代政治家不再腐败堕落、崭新的一代按照健全的原则受到教育并执掌权力，国家才能得到矫正。这也是柏拉图努力的方向。这两个人在几年时间之内相继建立起了学校，公开致力于培养未来领导人这样的事实使他们之间的相似性更令人惊异。因此，为了对之前所作的阐述做一补充，就必须切近观察伊索克拉底在自己的学校中实行的是何种教育原则，并把它们同柏拉图推行的原则相比较。在这两个例子中，出现了两种截然不同的"世界观"。

伊索克拉底愿意教授的是政治和司法领域中的雄辩术。他对逻各斯的本质和权力做了思考。他针对这个主题——主要是在《驳智术师》和《论交换》中——所写的文字都是为了打造出一个教育和文化模式，该模式在长达七八个世纪的希腊—罗马世界中始终占主导地位。人们在教授"文学"时所强调的欧洲人文主义后来重新发现了这一模式。①

话语的本质："真正的意见"

[284]如果说修辞术对良好的政治不可或缺的话，那么这根本就不是说表象比存在更为优越，否则的话，我们刚才读到的对智术师、煽动家和告密者的批评就会毫无意义。它是话语的本质使然。

笔者在此引述伊索克拉底著名的《逻各斯颂》（*éloge du logos*）：

> [除了话语之外，]任何一种特点都无法使我们区别于动物。

---

① 参阅 Henri-Irénée Marrou 的《古典时期教育史》，前揭。

在速度、力量和其他行动的能力上,我们甚至可以说都差得很远。但是,由于我们能够使彼此相信对方,并且明白自己会针对何种对象做出决策,所以我们才不仅仅从野蛮的生活之中脱身而出,而且还聚集在一起建立了城邦;我们制定了法律;我们发明了各种技艺;而且,几乎我们所有的发明都是因为话语才使我们摆正了它们的用途。话语在正义与不义、恶与善之间设定了法律上的限制;如果这样的分离没有被建立起来的话,我们就不可能彼此离得这么近。通过话语,我们才能使无耻之徒狼狈不堪,才能赞扬为善之人。多亏了话语,我们才能培养那些荒芜的心灵,我们才能体验到智慧;因为正是通过精确的话语,我们才能更有把握地见证正义的思想;真实的话语符合法律和正义,它拥有的是健康、公正的灵魂之形象。借助于话语,我们方能对众说纷纭的事务进行讨论,我们方能在未知的领域中继续我们的探索。经由论证,我们就能说服他人,我们思考的时候使用的也是这样的论证;我们将那些能在大庭广众之下讲话的人称作演讲家,我们将那些能够以明理的方式谈论事务的人称作好的顾问。简而言之,我们在描述话语这一权力的特点时,发现没有什么通过智慧所完成的事会不依靠话语的帮助;话语乃是我们所有行动和我们所有思想的指导;我们越是求助于它,便会越发地有智慧(《论交换》,§253—257)。

话语并不仅仅用于表达,还用于思想。或者,更确切地说,在思想和表达之间并非泾渭分明。实质与形式无法分离。从这个意义上说,演讲术乃是塑造精神的本质性工具。

[285]伊索克拉底阐述了个中缘由。话语之所以有力量在于其负载了"真实的意见",这是唯一重要的知识,它使所有犹疑不定或如人们今日所说的充满复杂暧昧性的人类的实践行为(*praxis*)卓有成效。在具体的社会实践中,没有一种境况会与其他境况完全相同;这就是为何纯理论有其欠缺之处的原因;因此根据每一种状况行事和言说都必定会永远使其不得要领。

借由真正的认知来理解[各种形势]是不可能的事,无论如何,形势总会使知识无从下手(《论交换》,§184)。

由此就使某些只依赖于数学,依赖于"精确知识"的哲学家(此处针对的是柏拉图主义者)犯了极严重的错误。为了领会每一个状况的真相,当然就得学习各种知识,但也要去体验它,并与那些阅历丰富的人进行交流。因为只有这样,人们才懂得如何恰如其分地去使用那些自己已经习得的普遍观念。人们确立了某种观点,但并不能说它具有确定性,而只能说它至少具有某种可能性。

既然人类的本质能使其获取知识(epistémé),那么对知识的占有就会使我们知道自己应该如何行事、如何言说,在另外一些状况中,我发现那些贤达之士正是通过自己的意见(doxa)经常得到了最完美的解决方法(《论交换》,§271)。

因为,伊索克拉底对"我们用最精确的言语极为确定地证明正义的思想"是持赞成态度的,马鲁对此做了如下阐述:

演讲术中,形式与本质间的内在关联建立了起来。这两个方面是无法分离的。因为为了能够进行充分的表达,就需要使思想具有微妙性,感知到其间的细微差别,而思想的概念性如果不做出什么努力,是无法对此表达清楚的,而且也许永远也不可能解释得清楚。[……]有些事物,诗人能感觉到,而且也能使人马上感觉到,而学者却跟跟跄跄,徒劳地想要寻找到其中的一致性。尽管这样的演讲术教育表面上追求美感,但它的目的却不在于造出什么[286]"巧夺天工的句子",事实上它是使思想具有微妙性的最有效的手段。①

———————————

① Henri-Irénée Marrou,前揭,第一卷,p. 142。

人们意识到了哲学家所犯的错误,因为他们坚信各种抽象性之间均具有机械的联系,而不认为词语具有柔韧性、流动性、重叠性和偶然性,我们可对文章写作术和演讲术做一对比:前者可使人获得某种清晰明澈的学习方法,论文中这一切都能体现出来,而后者则天生反其道而行之。

[那些撰写修辞术文章的作者认为,演讲术能通过写作而得到确立,并得到传播,]他们并不认为体验和学生的天然素质有什么作用,他们声称自己能用写文章的方式教给学生如何演说的知识。[……][然而,]我惊讶地发现,那些被认为完全有能力培养学生的人对此却浑然不觉,他们将一成不变的技巧作为范例,以为这才是创造性的技艺。事实上,除他们之外,还有谁会意识不到,文字(lettres)是固定不变的且具有相同的价值,从而我们可以针对相同的对象来使用相同的文字,而话语却是截然相反的呢? 一个人所讲的话与其在另外地方所讲的话并不具有相同的功用;将这门技艺应用得炉火纯青的人在表达的时候似乎会受到主题的限制,但他又能找到一些与他人截然不同的表达方式。下面很好地证明了这两者之间的不同之处:演说如果与实际情况不相吻合,与主题不符且不具新颖性的话,就不可能漂亮;但文字根本就不需要这些。[……][这涉及]要为每一个主题选定必需的方法,要将它们组合起来并辅之以适当的次序,使用它们的时候不要做出错误的判断,并经由思想对整篇演说进行润色,采用优美和谐、富于艺术性的表达方式(《驳智术师》,§10—16)。

我们可以这样来解释他所说的话:能言善辩者知道如何在各种情况下召集各种适用于当下境况的普遍观念,每一种观念均有其自身的表达方式;正因为话语具有如此的特殊性,所以它便不会像那些语言贫乏的人那样以抽象性来进行掩饰,相反它具有真正本己的特点,以敏锐的方式使各各不同的词语在语意上相互指涉。正是从这个意义上来说,受到修辞术推动的"真实的意见"(doxa)[287]能够在所有的实践行为中变得更为真实,而"知识"(épistémè)从柏拉图对这个词所认为的意义上来说,即便它具有可能性,但也不见得会可靠多少。

伊索克拉底与柏拉图①之间的论辩使得后人众说纷纭(延续至今日);其实,这也是"文学"(lettres)与"科学"、"微妙的精神"与"几何的精神"、直觉与明晰清楚的知识之争,从帕斯卡直至柏格森一直延续着这场论争(而且它在"认知科学"最近的发展中重新发现了某种现实性)。

话语的政治功效:"交流"理论

微妙的精神可使行动更为有效。如同色诺芬一样,伊索克拉底认为,在涉及公共利益的时候,智慧比身体力量更有优越性(《论交换》,§116—117)。更何况,如果人们想在政治上发挥作用,并就此还想能够克服并调动这些能量的话,那么就必须通过敏锐、雄辩的话语来理解每种类型的公民在每种类型的情况中都有些什么样的担忧。

由此便出现了真正的"政治交流"理论,这与智术截然相反。当然,演说家具有的说服技艺就在于使人将表象视为存在,在于使真理完全缺席,或对其进行彻头彻尾的掩饰。但柏拉图没有发现的是,这技艺也常常根植于这样的事实之中,即要针对纷繁驳杂的社会境况说出"切中要害"的话,但哲学家不懂得这么去做,他们的理论永远不合时宜、永远不实用。

[288]伊索克拉底问道,既然像梭伦、克里斯梯尼、铁米司托克列斯、伯里克利之类伟大的雅典政治家既是国策的制定者,又都是伟大的演说家,这些难道会是偶然情况吗? 相反的是,提摩泰,这个政治家的用意就很明显,他并未全盘接受伊索克拉底的教诲;他并不理解,为了使真理能在共同体中有效地发挥作用,真理就必须得到正确的呈现,并"被装扮一番"。从提摩泰的所作所为来看,"交流"常常受到他的忽视:

---

① 我们知道,柏拉图对"意见"颇有微词。意见总的来说是虚假的,或者说不具有确切性,它无法领会真正的理念的实在;即便它是真实的,它也具有偶然性,无法说明其理由。因此,它是种表象,是洞穴的阴影,是非存在。于是,在伊索克拉底之类的演说者(《斐德若》里的形象)同广场的煽动家之间根本就没有区别。他们没有一个人了解真正的正义并使这正义得以弘扬,他们只是认为自己了解智慧。但是,如果人们对伊索克拉底就意见(doxa)所作的论证做出公正评价的话,那么显然可以发现相反正是柏拉图——而对他而言,微妙的精神在实践中并不缺乏——忽视了精神生活的这整个侧面。

此人既不憎恶民主制,也不憎恶人性,他身上未见盛气凌人的习气,但也不缺乏这样的性格;然而由于他权高位重,难掩骄横之气,于是便被调去处理日常事务,①这样一来就使得所有人都觉得他爱犯错,因为他既没有能力好好照管人民,也没有能力把事情处理得很漂亮。可是,他常常听我对他说,政治家应该让人喜欢,应该做最有用、最好的事,做最真实、最公正的演说,但尽管如此,仍然必须小心从事,让自己的话语和行为显得优雅可亲,因为那些对此视而不见的人会在自己的同胞眼中变得令人难以忍受、难于相处:"你来看看群众是如何被引向快乐的,他们怎么会选择那些努力博取他们好感的人而不喜欢对他们做好事的人,怎么会选择那些以和蔼可亲为幌子利用他们的人而不喜欢高高在上为他们做事的人。你对此从来没注意过,当你得当地处理涉外事务的时候,你还认为雅典的政治家都会对你很满意。但事实远非如此,而且与通常的情况正好相反。如果你取悦于这些人,那么你的所作所为便不会受到真理的评判,相反看待你的观点都会对你很有利,人们会对你的错误视而不见,还会把你的功劳捧上天。之所以产生这样的精神状态,都是因为和蔼可亲的缘故。[……]人们都知道那些演讲家之流都会在私人聚会上高谈阔论,摆出一副通晓天地万物的架势;而你呢,你却不想装聋作哑,一有机会就要同他们中最有权势的人争个你死我活。可是,[……]过去那些人尽管比好些受到诗歌和悲剧吹捧的人更有价值、更有美德,但他们根本就未曾留名青史。"(《论交换》,§131—136)

[289]提摩泰之所以必定是个平庸的政客,因为他是个平庸的演讲家。

教授修辞术

然而,修辞术是要通过学习才能掌握的。伯里克利从两个老师那里学过这门技艺,他们是克拉佐美纳伊的阿那克萨戈拉,以及达蒙

---

① 雅典毕竟与斯巴达不同;它的权力属于"平民",而不属于"军人"。

(Damon);这说明了照民主派的观点来看,此种能力是可以传授的,并不是只有天资秉异者或出身名门望族且秉承此种传统的人方可学习。

那么该如何学习呢?伊索克拉底对这个问题做了详细的阐述。为了达到更高的目标,传授肯定不会局限于抽象的内容。《驳智术师》类似于某种"宣传册",它的目的就是在于将学生吸引至他新办的学校中去,在这篇文章中,如我们所看见的,伊索克拉底批驳了那些将修辞术等同于写论文的作者;写作什么都传递不了。因此,老师更应该让学生大量练习,这样他们就能把老师的演说和他的为人(事实上,老师呈现出的是其个人生活中正派的形象,参阅《论交换》,§277)当作典范来学习。可以这么说,所谓学习就是指在教师微妙的精神同学生微妙的精神之间直接进行接触,并使之产生模仿(*mimésis*)。此外,老师务必要使学生对社会及政治生活有所体验才是。

但是,这些形形色色的练习完全不属于纯粹的"技巧",尽可能广泛地获取普遍意义上的文化倒与这些练习相辅相成。

事实上,人们把它看得更高,说只有通过由大量丰富的词语构成的精神才能加以掌握,其中每一个词都表达了一种普遍观念,并可使之捕捉住各种境况微妙的独特之处,它不会对随后发生的事感到惊异,它会"公正地看待问题",每一次都会求助于"真实的意见"。由此便产生了悖论,为了对精神加以形塑,使其对独特的境况和具体的生活都能了若指掌,就必须用普遍性来武装它,使其对所有领域都有广泛的认知,而对那些涉及普遍利益、触及整个人性的领域则更须如此。

[290]这就是为何伊索克拉底希望未来的演讲家都能学会处理那些更"高级的"主题的缘故。演讲家如果只能谈论那些特殊利益以及狭义上的物质利益的话,便只是二流人物;相反,如果演讲家想要在政治上获得成功并管理国事的话,他就要有能力将自己涉及的对象同普遍观念结合起来。

> 当某人决心使自己宣讲或撰写的演说辞获得荣誉、受到赞扬时,他便不可能选择那些不义的、琐碎的、涉及特殊习俗的事例作为自己的主题;他必须选择那些有益于人性的高级美妙的事物为

自己的对象(*megalas kai kalas kai philanthrôpous*);如果他不这么做,便会毫无所获(《论交换》,§276)。

因此,伊索克拉底理所当然地将纯科学排除在了自己的教育模式之外,而柏拉图主义者和其他的自然科学家却对这样的知识情有独钟。或至少可以说,他轻蔑地认为这些知识只是次要的授课内容,稍微涉及一点即可。事实上,纯科学(几何、天文学……)是只在预备阶段学习的实用科学;它们只是在"学的时候"才能起到作用;它们的价值只体现在预备学习阶段之中,严肃的人在这之后就会将它弃如敝屣(《论交换》,§265—269;我们记得,这也差不多是苏格拉底的立场)。从深层次来看,之所以会这样轻蔑,是因为知性文化的真正目的是要管理国家事务。纯思辨显得太幼稚。

> 但愿[修辞术老师]是在寻找真理,但愿他们培养自己的学生参与到我们的政治生活中来,但愿他们引导学生去体验这样的生活,让他们的灵魂确信,针对有用的对象表达合理的意见比起用精确的知识研究无用的事物来要有价值得多(《希腊颂》,§5;参阅《论交换》,§285)。

伊索克拉底也同样强调了"普遍文化"的重要性,自重新发现了古典文学起很长时间以来,希腊—拉丁世界和西方学校中便一直设置了这样的研修课程。

教授修辞术造成的政治后果

[291]还有一点需要强调。伊索克拉底好多次说过,为了培养优秀的演讲家,有几个条件必不可少,其中任何一种条件都不能忽略:必须1)拥有良好的天赋,2)受过良好的教育,3)有过实践经验。天赋比其余两项都重要得多(《论交换》,§189;§291—292)。如果对此细细思量一番的话,就会发现这样的做法导致了极为严重的政治后果。

如果美德与优秀都是自然使然,那么各种各样的社会角色就只能受到出生的影响:这是支持贵族政体的主张。如果一切都只能取决于教育,那么无论是谁都能成为优秀的演说家,只要他受过教育就行:这是支持民主政体(颇具革命性)的主张。

但是正如伊索克拉底在苏格拉底之后所思考的,如果是否优秀取决于自然、教育和训练三者的结合,那么这样就能从政治上对本身就是混合的政体做出有力的辩护。我们已经发现,伊索克拉底事实上鼓吹的就是这样一种政体(参阅上文)。如此,每一代人中都会有"新人",他们良好的天性受到了优秀教师的培养,但与此同时,人们仍然必须杜绝让那些未受过教育的、拥有邪恶天性的人来掌管国家,每个阶层都不乏这样的人。这样一来,"贵族民主制"(démocratie aréopagitique)便得以实行起来。

第三节　德谟斯提尼

德谟斯提尼是伟大的演讲家,他曾写过《反腓力辞》(*Philippiques*)反对马其顿的腓力,这是运用演讲术的杰作,后来受到了西塞罗的效仿。但是它也对雅典的内政进行了极为精辟的分析。

生平①

[292]公元前384年,②德谟斯提尼出生于雅典,父亲是富有的实业家,但在他七岁的时候便去世了。正是在准备对侵吞了自己财产的监护人进行起诉的时候,德谟斯提尼开始接触到了法律和修辞术。他跟随演讲家伊塞(Isée)学了演讲。无疑他也受到了伊索克拉底和阿尔齐达马斯的影响,即便他没上过他们的课。此外,他还读过色诺芬和修昔底德的著作。

他从事的代书演说稿和辩护词的行当一直到公元前355年左右都很成功,之后他开始钻研政治(毫无疑问,偶尔他也会为民事诉讼出庭进行辩护)。他先是为政治案件辩护,后来又在公民大会上就希腊三大强国雅典、斯巴达和底比斯之间为夺取盟主权而发生的冲突发表了演讲,最主要的是后来——这是他一生中最伟大的战斗——他又就马其顿人的威胁发表了演说。自从公元前359年腓力二世

---

① 参阅德谟斯提尼的《演说辞》(*Harangues*),2卷本,由 Maurice Croiset 编纂、翻译,Les Belles Lettres,Budé 丛书,1976,1975;《政治辩词》(*Plaidoyers politiques*),4卷本,由 Georges Mathieu 编纂、翻译,Les Belles Lettres,Budé 丛书,1989。

② 与亚里士多德的生卒年月相同。他们都是卒于同一年(公元前322年)。

上台执政后,这种危险愈演愈烈,直到公元前 338 年喀罗尼亚一役希腊人最终败北为止。

德谟斯提尼曾作为使节与马其顿人进行过谈判,并于公元前 346 年的时候同他们签订了"菲罗克拉特斯和平条约"。腓力撕毁了这项和平条约后,德谟斯提尼便成了雅典反对马其顿人进犯的主要的主战派。他虽然最终获得了自己同胞的响应,但为时已晚。不久之后,他同其他人借腓力遭刺杀(公元前 336 年)之机,举事反抗马其顿人,但很快就被初出茅庐的亚历山大镇压了下去。

喀罗尼亚战役刚过,为了感谢德谟斯提尼的政治举措,议事会向他颁赠了一项黄金花冠。他长期以来的对手埃希内(Eschine)对这项措施的合法性提出了质疑。几年之后,德谟斯提尼借机在这场诉讼中发表了一场轰动一时的名为"论花冠"(*de la Couronne*)的演说,正是这篇演说使他被宣判无罪。公元前 324 年,他却因莫须有的罪名在另一场政治案件中被判刑并度过了几年牢狱生涯。

公元前 323 年亚历山大死后,希腊人发动了最后一场暴动("拉米亚克战役")。但暴动遭到了马其顿人安提帕特洛斯(Antipater)的镇压,他要求把所有反对马其顿的人交给他处置。于是,德谟斯提尼只得逃往波塞冬神庙,并最终服毒自杀身亡(公元前 322 年末)。

著作

[293]人们保存了德谟斯提尼几篇民事诉讼案的辩护辞。他的其余作品经分类后有《政治辩护辞》(*plaidoyers politiques*),这些是他出席政治案件时的发言稿,还有《演说辞》,也就是他在议事会或公民大会上发表演讲的演说稿。著名的辩护辞有:《论使命》(*Sur l'Ambassade*)、《论花冠》;演说辞包括:《论富人团》(*Sur les Symmories*)、①《大城市颂》(Pour les Mégalopolitain)、《罗得岛民自由颂》(*Pour la liberté des Rhodiens*)、《论财政机构》(*Sur l'organisation financière*)、三篇《奥林索斯论》(*Olynthiennes*)、四篇《反腓力辞》、《论和平》(*Sur la Paix*)、《论色雷斯半岛事务》(*Sur les affaires de la Chersonèse*)、②《论与亚历山大签订的条约》(*Sur le traité avec Alexandre*)。

---

① Symmorie 指的是雅典缴纳特殊财产税的公民联合组织。由雅典最富有的 1200 位公民组成这样的组织,其中十个地区性部落中的每个部落各组成两个小组,各组轮流缴纳特殊财产税以供应军费及建造战舰等费用。参见下文。——译注
② 希腊语 Chersonèse(凯尔索涅索斯)特指色雷斯半岛。——译注

马其顿的威胁

德谟斯提尼认为雅典和马其顿代表了两种完全无法兼容的原则：雅典人代表了民主和文明；腓力代表的则是专制统治。因此两个对手中必须有一个得消亡。原则上说，君主(rois)是法律之治的自由政体的对手。

> 你们要求什么呢？自由吗？那好，难道你们没有看见腓力的诸多头衔恰好是对它的否定吗？国王就是僭主，就是自由的敌人，就是法律的敌手。啊！你们在摆脱战争的时候得留神了，别给自己招来一个主人(despotès)①(《反腓力辞二》[Seconde Philippique]，§25)。

只要雅典仍然屹立不倒，它就会是腓力的眼中钉肉中刺，因为希腊所有其他的领地都会前来支援雅典，希腊人知道得很清楚，雅典并不想当他们的君主(《论色雷斯半岛事务》，§41—42)。事实上，德谟斯提尼认为一旦腓力打赢战争，夺取权力，那么希腊大地上先后曾由雅典、拉凯戴孟、底比斯担任盟主的权力就会发生质的改变。腓力"不是希腊人，与希腊人毫无共通之处"(《反腓力辞三》[Troisième Philippique]，§31)。因此，两个对手间的敌意根本无法消解，更何况腓力很明白雅典人是他唯一的对手，而雅典人也很清楚他在打什么算盘。

> [294]他知道自己要做这两件事情：想办法打败你们，让你们没法小瞧他。可他知道你们很有经验，而且寻思你们都有很好的理由去憎恨他，一想到这他就会愤怒不已；因为他料想得到，如果你们找准了机会的话，他就会受到惩罚，除非他亲自抢占先机(《反腓力辞二》，§18)。

---

① 希腊语 despotès 既可指"专制君主"，亦可指"主人"。——译注

腓力乃是寡廉鲜耻之辈,诡计多端、撒谎成性,从来只做对自己有利的事,而雅典人却把正义看得很高。他对天真汉许下诺言,凭这种手段博取他们的支持,或让他们保持中立;一旦达到了目的,他就会让自己的盟国和那些反抗自己的国家全都受到自己的奴役。

在所有那些和他打交道的人中,鲜有人没受过他的欺骗。正是靠欺骗那些不熟悉他的天真汉,并把他们拉拢到自己身边,他才变得强大无比(《奥林索斯论二》,§7)。

随着腓力的发展壮大,他变得愈发富有,军事上也变得越来越强大,而希腊其他城邦是非不分、毫不作为的现象也越发严重起来。分崩离析的希腊诸城邦日益受到了他的威胁。

在反抗腓力的战斗中,人们可以指望通过外交手段建立联盟,另一方面,说不定整个希腊都有联合起来的可能性。同伊索克拉底想要联合马其顿人反抗波斯人不同,德谟斯提尼却想联合波斯王来反抗腓力。因为,波斯王在苏萨,而腓力却在优卑亚。德谟斯提尼建议"放弃那种愚蠢的说法吧,那样给我们招来的可不只是一场败仗,说什么:'波斯王是野蛮人'"(《反腓力辞四》[*Quatrième Philippique*],§31—34)。在将希腊人联合起来的想法上,德谟斯提尼认为只要存在泛希腊的感情,联合就会容易得多。不用害怕某些希腊人同马其顿人联合在一起。

反对希腊,我不相信有哪个希腊人会这么做。他会走到哪一步呢? 他去弗里吉亚当奴隶吗? 反对野蛮人的战争难道不是一场为了祖国、为了生活和民族的习俗、为了自由(*peri chôras kai biou kai ethôn kai eleutherias*)、为了所有对我们重要的事物的战争吗? 有哪个人会如此卑劣,为了那么一点蝇头小利,去背叛自己,与此同时还去背叛自己的父母、自己的陵墓、自己的国家呢(《论富人团》,§32)?

[295]但希腊人身上的弱点只会使他们持续分崩离析的现状。每

个城邦都希望"骤雨般的冰雹"落到邻国那里,而不是自己头上。没有人主动想要建立一个共同的防御同盟。然而从前,在反对波斯人的时候,这样的联合确曾建立起来过。那么究竟是什么发生了变化呢? 是公共精神的堕落,是政治家的唯利是图(《反腓力辞三》,§36—37)。于是,德谟斯提尼终于意识到了雅典民主制经历的危机的严重性。他就此写了几篇文论,其观点与我们在柏拉图、色诺芬和伊索克拉底那里见到的极为相近。

民主制的危机

话语贫乏又浮夸

在雅典建立起来的"公民大会民主制"或"直接民主制"中,人们进行公开讨论,不仅仅给法律投票,还对那些重大的决策投票,而且每天都会对几乎所有的行政决策进行投票表决,尤其是针对外交和军事领域内的事务。然而,如此一来却为贫乏、浮夸的话语的风行大开了方便之门,在那里词语简直变成了咒语。

比如说,雅典人挑选出了十名步兵指挥官和十名将军、两名部落骑兵首领和两名骑兵师师长,但所有这些军官中只有一名会参加战争,"其余的人只会参加祭祀时的列队游行";因此,所有这些选举只不过是"做做样子罢了";"人们仅仅对腓力口诛笔伐而已",而并不会"去真正发动一场战争"(《驳论一》[*Première Philippique*],§26,30;参阅§45—46,和《奥林索斯论二》,§11)。人们专心致志于"大喊大叫、争论不休",却不去倾听有理性的演讲家的演说。

人们总是不合时宜地出台糟糕的决策:

> 人们总是习惯于在事件发生之前进行商议,这可是到处皆然;而你们呢,却喜欢事后去讨论。就我一直观察所言,造成的结果就是,那些对所犯错误进行批评的演讲家获得了成功;人们赞赏他们,就好像他们讲得有多好似的;但那些犯了错误的人,他们才真正应该是你们讨论的对象,你们却对此不闻不问(《论和平》,§2)。

[296]雅典人总是亡羊补牢,"却也免不了受到羞辱"。腓力这个人

"知道如何未雨绸缪",而且只有他一人作决策,所以他能立刻掌握事态的发展。当他率领军队"经历千辛万苦"挺进的时候,雅典人却仍然醉心于不休的争论之中,"一些人对自己说的话很公正而心满意足,另一些人只要自己能讲便别无他求了";至于有谁进了自己的国家,他们才不管呢(《反腓力辞四》,§3)。因此从这个方面来看,民主制和贵族制之间的争战实力悬殊得厉害(《论色雷斯半岛事务》,§11—12)。

丧失思考能力的民主制

所有这一切最终导致了再也没有人能真正地来统治国家了。

> 那么[民主制]如何才能被摧毁呢?对此,没有一个[演讲家]说过,也没有一个人胆敢去开诚布公地这么说。那好吧,就由我来说吧。当你们受到错误的领导,大多数人饥寒交迫,武器配备很差,没有组织而且异见纷呈的时候,当指挥官和其他人都不关心你们决策的时候,当最后没有人揭露这些弊端,也没人对它们进行矫正的时候,便会如此;而这样的事每天都在发生(《论财政机构》,§15)。

民主制仍然需要一个头领:

> 如果演说就是为了讨人喜欢而不顾事实如何,那么结果就会很惨重,雅典人啊,你们这么自欺欺人难道不觉得可耻吗?你们把棘手的事一拖再拖,只知道亡羊补牢,根本不明白要打赢一场战争靠马后炮根本不行,而是要有预见,还有那些将军,他们应该统帅自己的军队,而那些商议国家大事的人也应该左右事态的发展,让自己的决策能够得到实行贯彻,而不要使自己跟在那些已经完成的事情后面疲于奔命(《反腓力辞一》,§39)。

一旦失去了方向,最糟糕的情况就是,城邦会对蛮族人不合理性的行为听之任之——确切地说,腓力为了自身的利益,至少在军事和外交领域中便凭着这种行为开始让自己的国家强大了起来:

> 在同腓力进行战斗的时候,你们必定会像蛮族人那样也用拳头来打架。不管是谁只要[297]某个部位受到了打击,他就会抬起手;别人打他其他部位的时候,他的双手就会护住受打击的地方;至于如何挡开打击,如何预见拳头从哪儿打过来,他不知道,他也没想过(同上,§40)。

如果雅典有政府,那么它就会有思想。确切地说,对德谟斯提尼以及对伊索克拉底而言,在政治体制中受到危及的乃是达到真理的能力,它是这个伟大的时代中民主制所特有的一种能力,在这个进程中,会出现批评和争论,会互相表达自己的论据,会着重考虑问题的方方面面,会中肯地提出反对意见以期打消人们的幻想。如此,人们就能共同达到一种理性的立场。可情况并非如此。在五百人议事会、公民大会,以及在法庭上,人们再也不会听到争论辩驳的声音("发发慈悲吧,在我说完之前千万别打断我"《论财政机构》,§14)。演讲家使公开辩论销声匿迹。人们再也不会向所有那些有这种要求的人讲话了,公众作判断的时候也不再愿听不同的意见,他们宁愿盲目地听从给他们好处的煽动家的话(参阅《奥林索斯论二》,§31)。

> 要让你们听取那些诤言并不容易。你们一如往常地受到欺骗,在两种对立的观点间左右逢源,如果有人试图向你们建议某种折中的方法,如果你们没有耐心把它从头听到尾,那么他就会两方不讨好,甚至于惹得所有人都来反对他(《大城市颂》,§2)。

> 雅典人,你们是否明白,如果有人想为你们的共和国做点好事,那么一开始他就该修理一下你们的耳朵;它们真的得病了;人们已经让你们习惯于谎言,而不是有益身心的话语(《论财政机构》,§13)。

公民大会早已知道,最糟糕的预言已经成真;可它却忘了!"你们从来就记不住加诸你们身上的坏事。"(《反腓力辞二》,§30;参阅《论哈罗涅岛》[Sur l'Halonnèse]，§18)。已经观察到这一事实的野心家希望民众得了健忘症，这样他们就不会忌恨自己的领导者了。

在雅典，人们声称言论完全自由；外国人，甚至是仆人和奴隶都能表达自己的观点。[298]"但所谓心直口快的演说，你们早已使它在讲坛上销声匿迹了。"(《反腓力辞三》，§3)①

民主体制的邪恶效果

必须作进一步的分析。之所以有这样的状况，并不仅仅是放任自流导致的结果，但就算清醒地认识到了这一点也于事无补。鉴于目前的政体，它与民主体制内在的必然性相呼应。什么也说明不了、什么结果也不会有的讲话自此以后便成了政治家的兴趣所在，如果他们想靠当政治家来发迹的话，他们就会"大事争讼、巧取豪夺、四处散钱，专干控告别人的勾当[……]，控告、溜须、豪夺"(《论色雷斯半岛事务》，§71)。简言之，就是不同程度地成为"告密者"。因为，这样做用不着冒任何风险：他知道公民大会永远喜欢这一套；然而，那些一心想着全体利益的人却很清楚，自己很容易受到指控、掠夺，有时候还会被处死。我们来看一下三个例子。

1. 将军(stratèges)的个人行为——由于雅典人在战争的时候不向将军提供物资和必要的人员，那么将军肯定会经常无法及时地做出军事或外交决策；另一方面，令人恼火的是，由于雅典人习惯于用一些莫须有的罪名来控告将军，那么他们就会灰心丧气，把全体利益抛在一边，只考虑自己当下的迫切需求：

> 如果谈论一下现在发生的事和我们的将军是受到允许的话，那么你们来对我说说看，将军被你们现在派去打仗，他们会尽量推托，可他们又会去参加能给自己带来好处的战争，怎么会这样呢？理由是参加这场战争能给你们带来更多好处，我们就是为了这个才去打仗的。安菲波利斯(Amphipolis)一旦被攻陷后，会被你们

---

① 与伊索克拉底的分析惊人相似，我们记得伊索克拉底说过，真理再也不会从在广场讲话的演讲者口中出现了，只有从疯子或说唱艺人口中才会突然之间徒然地冒出些真理。

拿去。而对远征军的将军而言,自己冒这么大的风险,却得不到任何好处。[299]相反,他们会去没有任何危险的地方,而对他们和他们的手下人来说也有着丰厚的战利品,他们可以对拉姆普撒科斯、细该伊昂(Sigée)和那些船只进行大肆劫掠;自然而然,每个人都会去找得到好处的地方(《奥林索斯论二》,§28)。

2. 富人团(*symmories*)——"富人团"是指由官方组建起来的纳税人团体,由他们来支付规定金额的税收;人们认为,团体成员能够在团体内部做出公正合理的分配。起初,富人团还不像现在这样,它在政治决策中起不到任何作用,只须执行命令即可。后来却彻底发生了变化。受到鼓动家操控的公民大会对各种富人团里的纳税人课以越来越重的税收。纳税人不得不起而抗争;他们组织游说团,对做出危及他们利益的决策的高层进行施压。这样一来,他们就参与到了政治中去,但由于他们是作为富人团(*entant que symmories*)参政的,所以不得不保护他们自己作为纳税人这个阶层的利益,而不是全体的利益。

> 雅典人,从前你们以富人团的形式来纳税,如今你们作为富人团来参政;每个富人团都有领头的演讲者,当副手的谋士,每个派别均有自己的吹鼓手[……]。而你们,民众们,你们却要分摊各种各样多出的捐税(《论财政机构》,§20)。

富人团的成员收买了议事会会员和"媒体人士"(即吹鼓手),或许还会和其他的团体进行协商;而论辩和投票表决正是建立于这个基础之上的。在这样的环境中,最终出台的决策根本就不会照顾到全体利益。组织有序的团体通过施加影响出台的决策顾及的是自身的财政利益,损害的是集体和其他纳税人阶层。而未被组织起来的民众便只能忍气吞声,尽管他们也有投票表决权。① 政治不再是所有人的事了。

---

① 德谟斯提尼清楚地看到了这一结构上的缺陷,现代社会学将其称为"无定型群体"(groupes amorphes),这些群体尽管人数众多,但对决策没有任何影响力。

好了,必须到此为止了,你们应该成为自己的主人,应该要求所有人都有言论、商讨和行动的权力。因为如果你们任凭某些人僭取专制统治的地位,[300]让他们对你们发号施令,那么其他人就得承担建造三层桨战船的资金、税金和服兵役,而他们仍然只有在承担这些繁重的徭役的时候,才有投票表决权,但这些徭役根本不可能按时完成;因此,受到不公正对待的公民总是会违犯规定,毫无疑问,你们可以狠狠地惩罚他们,可你们却不会去惩罚自己的敌人(《奥林索斯论二》,§30)。

3. 看戏基金与"国家社会主义"的萌芽——我们知道,雅典人喜欢看戏。为了不让民众抢位置的时候发生斗殴现象,人们便从某个时候起开始收取看戏费。但为了让穷人也能有钱买票,人们就设立了一笔专项津贴,专门于节日时使用。这笔津贴普及面广,成了一种隐形收入(公元前 354 年至公元前 350 年,主和派的核心人物埃乌布尔受到任命管理这笔叫做 *théorikon* 的专项基金,它是用一些公共基金的结余部分设立而成的,埃乌布尔决定将这笔钱用作支付票价之用)。德谟斯提尼评论道,以前公共基金都是用来支付士兵军饷用的,可这样一来,民众从此以后就养成了拿钱却不提供相应服务的习惯。更何况,这笔成问题的津贴对于过体面生活来说实在太微薄了,根本激不起工作热情。

你们之间分到的只是极少的一部分,对你们起不到什么真正的用场,但这足以使你们早早地产生悲观失望的想法,认为自己只能是什么脏活累活都得干了(《奥林索斯论三》,§33)。

最严重的是,一旦出现了这种境况,那么要求增加国防开支的建议——理所当然地就会减少国家预算的盈余部分——就会被民众认为是对他们长期领取补助的一大威胁。结果是,民主派的演讲家对那些提出此种建议的人,甚至于对那些胆敢认为这种做法扰乱了当今秩序的人发起了猛烈炮轰,他们确信民众会给予他们掌声的。"[雅典人]甚至针对这笔看戏基金设立了一项法律,宣称不管是谁只要建议恢复古代的使用方法，并要求把它供战时使用者，都将被处以极刑。"我们是从德谟斯提尼作品后来的编纂者利巴尼乌斯（Libanius）写的《奥林索斯论一》的简介中了解到这件事的。自此以后（几乎可从人类学这个术语的意义上来理解），这笔作为"社会成果"的看戏基金便成了[301]"禁忌的"话题，人们没有权力谈论它，否则的话就将"以妖言惑众论处"。

尽管德谟斯提尼认定，对这个所谓的成果进行重新讨论至关重要，因为它很快就会使受益者一无所有，但他也不得不否认自己的观点（"'什么？'人们问我，'你建议人们把这笔闲钱发给军队？''没有，凭诸神起誓，我可没这么说！我的想法是，应该组建一支军队，给他们付点钱……'"《奥林索斯论一》，§19—20）。他异常谨慎地提议人们选任一批"立法者"（nomothète），即能灵活处理各类事务的高级官员，以使他们对具有宪法效力的法律进行修正，之后人们才能更加自由地讨论这个问题……（《奥林索斯论三》，§10）

> 你们想等某个人跳出来说话，这样你们就可以抓住他的辫子让他成为你们的牺牲品，可这根本无济于事；你们找不到这样的人。归根结底，那个坚持这项[改变看戏基金用途的]建议的人越是受到不公正的打击，那么情况就越不会好转。一切都会反其道而行之；因为从此以后，人们再也不敢向你们说什么有用的话了。[……]雅典人，只要你们对此不加改正的话，你们就不可能指望这儿有人会强悍到触犯法律而不受惩罚，也不可能指望有人会疯到让自己陷入如此显而易见的危险中去（《奥林索斯论三》，§12—13）。

总之，在当时的雅典，占主导地位的乃是我们现在所说的"政治交易"逻辑（尽管德谟斯提尼没有这么说，但他肯定有这个概念），政治家作为个体，他的利益是与那些他们声称为之服务的集体中的人相对的。提出如何实现共同利益的解决办法对他们而言尤其是个危险的选择，而提出那些会引发灾难的建议却要简单有利得多。

政治的职业化与腐败

根本问题出在政治的职业化上。那些讨好选民的人就是靠此来养活自己的。"这些人取得了成功。"(《奥林索斯论三》，§22)

> [302]至于是什么理由阻止你们中声誉良好的人[向你们说出真相]，我会对你们说的。有些人一门心思想选举成功谋个职务并由此获得这些职务带来的地位，只要支持他们选举成功，他们就俯首帖耳，个个都这么费尽心机，他们中每一个人都梦想着成为了不起的将军，却丝毫不想在自己的为人处事上下点功夫。[……]而另一些人，即那些以你们的困难为业的政客，却让你们自己费心思去寻求于己有利的事，他们则同那些我刚才讲到的人沆瀣一气(《论财政机构》，§19—20)。

顺应"政治交易"的逻辑使那些鼓动家大获成功。民众任凭自己被剥夺殆尽，却对此浑然不觉。煽动家建起的私宅不仅比民众的房屋，而且比公共建筑都要漂亮。公共精神的丧失，由此可见一斑(《论财政机构》，§31)。正是由于腐败，这些人才会富裕起来；他们昨天还以乞讨为生，今天却已经是富可敌国(《论色雷斯半岛事务》，§66)。而古代的雅典人"却并未一门心思想靠处理公共事务来让自己致富，相反，他们中每个人都觉得自己有义务来增加公共的财富"(《奥林索斯论三》，§26)。①

德谟斯提尼尽量避免不让自己被收买(《论和平》，§12)；我们得知有人怀疑他受到了收买，他之所以会受到这样的怀疑，是因为所有那些在公民大会(ecclésia)上发言的人都已被收买。

腐败会将自己的祖国拱手让于敌人。德谟斯提尼强调道，因为它的反对者都已被腓力买通(《反腓力辞二》，§32—34)。况且，他们人数众多，组织有序；在雅典确实存在某种"外国人党派"："腓力恳求诸神满足自己的事，我们这儿的某些人也乐意帮他去实现"(《论色雷斯半岛事

---

① 我们又发现了伊索克拉底的观点及其论调。

务》，§20）。从这个方面来看，腓力是个极有手腕的人。操纵公民大会是他为发动战争所使用的某种不可或缺的手段；德谟斯提尼强调道，尽管他从未向雅典公开宣战，但他自有理由：是为了使那些仍在当权的"权高位重的间谍"尽可能长久保持自己的威望，因为打无数次仗也没这些人顶用。①

平庸的群众嫉贤妒能并专事寻找"替罪羊"

[303]同伊索克拉底和柏拉图一样，德谟斯提尼最终也对民众自身产生了怀疑。毕竟，煽动家如果不投其所好的话，是成不了气候的。

> 你们的演讲家不会使你们变好，也不会使你们变坏；是你们按照自己的想法塑造了他们。而你们呢，事实上，你们并没有要求自己去顺从他们的意愿，而是他们赋予了你们欲望并以此作为准绳。因此，如果你们拥有良好意愿的话，一切都会好起来（《论财政机构》，§36）。

正是群众的嫉贤妒能才使得告密者大获成功　如果富人真的受抄没财产之苦，那么那些让民众以无记名方式选出这些富人的告密者肯定会受到嫉贤妒能的民众的支持（《反腓力辞四》，§35—45）。

群众谋取私利　雅典人宁愿"损公肥私地生活"，也不愿"对财产进行分配"，因此他们根本不会去承担国防的开支（《论色雷斯半岛事务》，§21—23）。

群众意志薄弱　正是由于他们意志薄弱，所以演讲家才不敢向他们提出什么具体的行动：他们深知这样做会招致民众的敌意（《反腓力

---

① 比如说，将军狄奥皮特斯（Diopithès）出钱雇佣的雇佣兵攻打了色雷斯半岛上的卡尔蒂亚（Cardie），并对马其顿的领土大肆劫掠；显然，他们在那里的所作所为相当过分，因为雅典人是否对卡尔蒂亚拥有主权尚存有争议，况且，雅典同马其顿之间尚未宣战。不错，之所以这么做是为了对腓力之前发动的一些侵略战争做出回应，他刚刚占领了色雷斯，这样一来就直接威胁到了作为雅典重要补给线的海峡的安全。尽管如此，被腓力豢养的演讲家仍然只去讨论狄奥皮特斯的掠夺行为，他们宣称将要指挥官召回并对他施行惩罚（参阅《论色雷斯半岛事务》，§4—8）。人们再也不能厚颜无耻地为外国人的利益卖命了。

辞二》,§3—4)。正是由于他们意志薄弱,雅典的军事状况才会每况愈下。雅典人不愿让自己去参战,很乐意付钱让雇佣军去卖命(《反腓力辞一》,§16)。①

群众轻率盲目 他们不愿去了解明摆在那里的真相:腓力就是想让雅典灭亡;他必然会朝这个目标推进,而雅典人却什么也不做。

[304]**群众毫无责任心,只想找替罪羊**

> 这种精神状态究竟是从何而来的呢?哦!当我的演说对你们大有好处的时候,以诸神的名义,请你们让我说出我所思所想的一切吧。我们有些政治能人可以让你们在公民大会上显得势不可挡、暴跳如雷,可在筹划战事的时候,却又使你们显得萎靡不振、令人鄙视。人们任命某个人担任领导人,你们确信自己能控制住他,于是你们就做出决定,批准他的任命。可是,如果人们向你们说,有个人要用武力才能就范,不这样做将无法对他进行惩罚时,那难道就不可能了吗?你们任意行事,一旦觉得自己出了岔子,就会怒火中烧(《论色雷斯半岛事务》,§32—34)。

每个人都会把分内之事转嫁给邻人,演讲家互相谩骂、互相中伤(《反腓力辞一》,§7,§44)。这样做不会有任何结果。寻找"替罪羊"是一种推卸自己责任的简便易行的方法:

> 当我们对一切都是听之任之,当我们几乎在帮着[腓力]一步步得逞的时候,我以诸神的名义问,我们究竟干什么好呢?那时候我们就会找些人来顶罪。因为,我敢肯定,我们从来就不会承认自己有罪,我们不会。同样,逃兵也不愿在战争中冒生命危险,可他们没一个人会承认自己犯了罪:他们会怪罪将军、邻人、所有的人,却唯独不怪罪自己。打了败仗怎么可能会是所有那些逃跑的人造成的呢?他,那个指责别人的人本来是可以抵抗下去的,如果所有

---

① 德谟斯提尼要求,在两千人的军队中,至少应该有五百名雅典公民(前揭,§21)。

人都能这样打仗的话,胜利就会在望(《反腓力辞三》,§17;参阅《反腓力辞二》,§34)。①

[305]最后一点:群众轻浮透顶　公民大会要那些"无耻之徒"上台讲话就是为了找乐子,就是为了听人们对他们大肆谩骂,嘲笑他们。公民变成了小丑(《反腓力辞三》,§54)。

> [断送、腐蚀希腊的正是]对有钱人的嫉妒;如果他承认有钱,免不了会受人讥嘲;如果他被证明有钱,那么他就得请求宽恕了;那些人会使他身败名裂,他们的憎恨完全是因贪财所起(《反腓力辞三》,§38—39)。

雅典群众和煽动家真正感兴趣并乐意大肆操办的就是比赛和节日了。除了雅典娜女神节或酒神节不按预定日期庆祝会有危险之外,其他就没什么危险了。与此形成了鲜明对照的是军队和舰队,它们从来都是想来就来,想走就走!

> 哦! 一方面,一切都受法律的管理,你们每个人很久以前就知道自己部落中的合唱队组织者或体育学校校长都会干些什么,他们肯定会在固定的日子出钱赞助,到时候人们肯定会去领钱干活。没有什么事会不受到控制、管理,根本就容不得疏忽大意;而发生

---

① 这样的反思就是为了使人能够对那些外交和国防部门的责任人做出公正的评判,不过这样做尚有另一理由,德谟斯提尼颇为清楚地对此做了强调,这很好地表明了他那个时代的司法—政治(juridico-politique)观念已臻成熟。人们可以将某个在国家内部违犯法律的人绳之以法。但是遭煽动家指控的政治领导人或军队首领大部分都在国外活动。可国际交往并不会服从这个法律,而是取决于力量之间是否均衡。从这个意义上说,法庭的判决在这一问题上并不具有任何意义(《罗得岛民自由颂》,§28—29)。"雅典人,[……]人们对你们说的话,如'拯救存在于法庭中'和'判决必须保护体制'其实都是谎言。我知道,法庭当然会保护私人交往中的各项权利,但只有军队才能征服敌人,只有它才能拯救国家。公民大会的投票并不能使军队打胜仗,但军队战胜了敌人后却能使你们得以投票,让你们过上好日子并保障你们的安全。正因为此,所以才应该对军队心存畏惧之心,下判断的时候才应该表现得更为理性。"(《论财政机构》,§16—17)

战争、进行备战的时候，一切又都乱了套，失去了控制，毫无规划。我们得到消息后，才会要求建造三层桨战船，才会决定进行财产交换，考虑动用财政手段；之后，我们又会决定逮捕那些外国侨民和不法之徒，接下来逮捕公民，然后又是前面那些人。当我们这么踌躇不定的时候，以前想要进行远征讨伐的想法又再次攫住了我们（《反腓力辞一》，§36—37）。

结语：德谟斯提尼的理想

我们观察到，在所有这些方面，作为民主派的德谟斯提尼与作为寡头派或贵族派的色诺芬和柏拉图根本没什么差别。他们所有人都对"大众民主制"的专制统治进行了谴责，这样的统治会导致道德堕落、战事失败，并使雅典不可避免地走向毁灭。

然而，德谟斯提尼责备得更多的是体制，而非人的邪恶与恶行。他要进行改革的正是这些体制。①如伊索克拉底一样，他也希望"执行权"（pouvior exécutif）更为强大，这样人们才能朝[306]"混合政体"的方向逐步推进。他还希望论辩能有效地组织起来，使它们真正地为全体利益服务。他尤其希望人们能采取措施抵制腐败。因为，他就此相当清晰地表达了自己的想法：

> 靠谎言和背信不可能建立某种持久的政权……时间会揭露出隐藏的邪恶……政治的诸种原则及其基本条件必须依靠正义和真理来建设（《奥林索斯二》，§9；该文本亦出现于《论同亚历山大签订的条约》[Sur le traité avec Alexandre]之中）。

但是，在希腊城邦的范围内，这一理想显然已无法实现。

---

① 他同修昔底德一样，也以社会学的眼光做了思考，他对"各种形势的逻辑关联"进行了分析，并以"个体主义方法论"进行了实践。必须及时重新回到以科学方法认识事物的视点上去。自罗马帝国后期始，然后是整个中世纪时期以及很长的一段现代时期，最通行的做法就是对政治上的对手进行"妖魔化"处理。许多政治领导人和知识分子领导人都倾向于使自己重新适应群众的论证模式……

第五章　希腊化时代的政治思想

[307]公元前 4 世纪的希腊人似乎并未发现历史正在演变,城邦的政治体制将遭到谴责。他们当然很想将希腊(Hellade)联合起来以抵御马其顿以及后来罗马帝国的侵犯,或者至少将各个政治实体以一定的规模组建起来以使它们拥有足够的力量。但是,他们设想的要么是以军事同盟(*symmachies*)为模式、政治上各自为政的联盟形式,这种形式极其脆弱,要么尝试以联邦的形式建立几个大国,但他们也失败了。显然,当时最为有效的似乎还是征服者的,亦即君主制的体式。

因此,尽管当时第一流的思想家如柏拉图和亚里士多德首次针对城邦建立了一套完整的理论,但城邦还是遭到了历史的放逐(这并不是说城邦消失了:希腊的城邦体制以及公民精神本身在经历了几个世纪之后才寿终正寝)。然而,另一种历史正在浮出水面。

第一节　希腊化世界

[308]此种新的模式是在亚历山大征服了各地(公元前 336 年—公元前 322 年)之后开始成形的,他攻城略地的行动最终导致他创建了几个庞大的君主制国家。

亚历山大的几任后继者(人们称他们为"厄庇戈伊诺"[Épigones]①或"继任

---

① 指第一次底比斯战争中牺牲的七位将领的儿子,他们是第二次底比斯战争中的英雄。——译注

者"[Diadoques])建立了三个王国:埃及由拉吉德(Lagides)王朝统治,该王朝由亚历山大的将领托勒密(Ptolémée)创建,托勒密乃是马其顿贵族拉戈斯(Lagos)的儿子(埃及许多国王都会冠以托勒密的名字;该王朝一直持续到公元前30年的克丽奥佩特拉时期,此时埃及已沦为罗马的行省;首都亚历山大里亚[Alexandrie]);叙利亚由塞琉古(Séleucides)王朝统治,该王朝以亚历山大的另一个将领塞琉古(Séleucos)的名字命名(叙利亚许多国王都叫作安条克[Antiochos];首都安提阿[Antioche]);马其顿由安提戈尼德(Antigonides)王朝统治,该王朝以安提戈涅·戈拿塔斯(Antigone Gonatas)的名字命名;首都培拉(Pella)。希腊化时期的第四个王国后来(公元前262年)建于小亚细亚:叫做珀耳伽摩斯(Pergamos)王国(由阿塔利德[Attalides]王朝统治;该王朝的国王都叫作欧美纳[Eumène]或阿塔莱[Attale]);珀耳伽摩斯乃是伟大的文化中心,堪与亚历山大里亚媲美。

这些王国刚一建成,便发生了无休止的战争,很快它们就变得国力虚弱,无法与日渐强盛的罗马相抗衡。

希腊原则上臣服于安提戈尼德王国,该王国在许多如庇雷埃夫斯那样的战略要冲都驻有守军。但城邦均享有地方自治权;它们有时也会为了自己的利益摆脱王国的统治,同王国作对并与它发生战争。它们甚至在彼奥提亚(建于底比斯四周的11个"地区")、埃托里亚(位于希腊大陆的西北部)、伯罗奔尼撒("阿卡亚联盟",位于大城邦四周.)维持了或者说创建了名副其实的联邦制国家这种形式。这些政治体式试图以联邦制的形式重建古典城邦的"共和"体制:经选举而出的联邦政府高级官员、议事会中的代表分配均按邦联的诸城邦人口多寡而定(*prorata*),甚至还有庞大的民众大会。但是这些构架从未具备内在的同质性,而且其外交和战争中的行为也不具备连续性,否则的话,他们是可以推翻亚历山大占领它们之后加诸它们身上的境遇的。

从某些方面来看,希腊化时期的诸王国令人想起了近东地区的神圣君主国;但从另外一些方面看,他们创建的又是一种崭新的体制。它们之所以延续了古代的君主体制,[309]是因为国王在那里行使着绝对不受控制的权力,而且他的个性已被神化或者说几近于神化。但是它们又无法成为古埃及或汉谟拉比王国那种意义上的"神圣君主国",因为它们本质上是由众多种族(马其顿人、希腊人、埃及人、叙利亚人、波斯人等)构成的,而且它们之间的"社会联系"总的来说都是由希腊的公民文化和科学文化建构而成的。

希腊化时期王国创建之时,人们注意到整个地中海流域和近东地区的人史无前例地混杂在了一起,亚历山大本人坚决实行种族间的"混居"政策,对此起到了很大的作用(他本人就带头与波斯公主罗克萨娜[Roxane]进行了联姻;他还强制让自己手下所有的官员都以此种方式联姻)。如此一来,便形成了新的"希腊化时期的"文化,众多被征服的种族都能与此相适应。我们已经引用过伊索克拉底的话,他的话体现了此种文化适应过程(acculturation)的特点:

从我们城邦的表现来看,可以说希腊人这个词似乎已不再代表某个种族,而是代表了某种思维形式,人们之所以称呼他们为希腊人,是因为他们融入到了我们的文化(culture)之中,而不是说他们与我们具有某种共同的本质(nature)(《颂词》,250)。

无论在希腊,还是在希腊化世界的新文化中心,哲学都铭刻下了这一演变过程并使其得到了加强。

第二节　犬 儒 主 义①

我们在此首先肯定会想起某个哲学学派——或者说至少想起了某种哲学传统,它在亚历山大征服之前很久便已出现,它就是犬儒主义。

犬儒主义最早的创建者乃是苏格拉底的门生——因此,也是柏拉图和色诺芬的同时代人:我们发现他在后者的《会饮》中出现了许多次——他就是安提斯蒂尼(公元前 444 年—公元前 365 年)。该学派的主要创建人为西诺佩的第欧根尼②[310](Diogène de Sinope,公元前 413 年—公元前 327 年),柏拉图——认识第欧根尼——曾经描述过他,说他是"变成了疯子的苏格拉底"。在他开创的传统中,哲学家都只穿斗篷(tribôn),拿根棍子、背个褡裢,只以乞讨为生,招摇过市。在他的带动之下,犬儒主义成了一种生活模式,与身体力行的乞讨行为不分彼此。他们"像狗一样"成群结队(syn-kunizein)……

一千多年来,好几代犬儒主义者或多或少都已为人们所知晓:第欧根尼的门徒有莫尼美(Monime)、奥涅西克里特(Onésicrite)、克拉特斯(Cratès)(他们也曾经

---

① 参阅《希腊犬儒主义—残篇与证词》(Les Cyniques grecs. Fragments et témoignages),选集,由 Léonce Paquet 翻译、撰写序言并笺注,Marie-Odile Goulet-Cazé 撰写前言,Livre de Poche,1992。

② 西诺佩(Sinops)是小亚细亚北部的城市,位于黑海沿岸的米利都移民地。第欧根尼与许多犬儒主义者一样,也是来自偏僻小城,而且与他们大多数人一样,直到罗马帝国时代,社会地位仍然很低。

是斯多阿主义的创始人奇狄乌姆的芝诺[Zénon de Cittium]的学生,参阅下文)、西帕奇亚(Hipparchia)、美特罗克勒斯(Métroclès)、美尼普(Ménipe)、美涅戴姆(Ménédème)……,之后到了公元前3世纪的时候,还有庇翁(Bion)、凯尔奇达斯(Cercidas,此人在该学派中很特别,公元前217年,他同斯多阿派的阿拉图斯[Aratus]一同重建了大城邦,并创立了一种新的体制,他们参政议政,在其中直接发挥了作用)。该学派主要人物忒勒斯(Télès)保存下来的残篇也为这段时期的犬儒主义做了见证。

经历了公元前2世纪至公元前1世纪的消沉之后,犬儒主义重又出现于罗马帝国,并主张同尤利乌斯-克劳狄乌斯国王们的专制统治进行抗争:说至此,肯定就要提到德米特里乌斯(Démétrius)、①德摩纳克斯(Démonax)②……该学派同以前的时代一样,毫不例外都是以处于社会底层且没有闲暇时间潜心研读的人作为招募对象(约公元前4世纪中叶的时候,皇帝背教者尤利安[Julien l'Apostat]对犬儒主义大肆嘲笑,他把他们同"未开化的加利利人"多少有点混为一谈了)。

犬儒主义者的观点虽已通过许多重要的引文和证词而为人所了解,却没有完整的著作保存下来。

犬儒主义者亲身经历了城邦的危机。正如犬儒主义者这个词的词源所表明的,cynique③ 指的就是吠叫、咬人的狗,因此他们也像苏格拉底那样喜欢去"扰乱世道",但他们比苏格拉底有过之而无不及,甚至提倡虚无主义。无论何种价值,他们都会予以抨击。第欧根尼或是他的父亲因"非法炒卖货币"被从西诺佩驱逐了出去,自此以后他便从隐喻的意义上声称自己是在"伪造货币",也就是说是在有系统地转换价值,使它们的意义颠倒过来。因此,第欧根尼学派中人完全就成了该词现代意义上的"犬儒主义者"了,尽管他们宣扬的是基于苦行之上的正面的个人道德理

---

① 犬儒派哲学家,来自科林斯,生活于罗马卡利古拉、尼禄、苇斯巴芗统治时期(公元37年—公元71年),是塞涅卡的好友,后者常在作品中提及他,并对他赞誉有加。——译注
② 犬儒派哲学家(公元70年—公元170年),出生于塞浦路斯的名门望族,后移居雅典。他的学生希腊讽刺家琉善在其对话录中对他极为赞赏。他绝食而死后,雅典人给他办了隆重的葬礼。——译注
③ 法语cynique意为犬儒主义者。犬儒主义者的希腊文为kunikos,因其常在kunosarges体育场讲学而得名,而该体育场的希腊文词根kuno就是"犬"的意思,而且他们的生活与狗相似,于是世人便将他们称为犬儒派。——译注

想,也同样追求使智慧具有极端的明晰性这样的理想,且孜孜以求不受民众浸淫最甚的习俗、伪善和社会偏见的蒙蔽。[311]从这最后的特点来看,他们确实延续了智术师和苏格拉底的批评方法。

他们所写的文论一目了然,都是关于价值和社会体制的。第欧根尼存心选择了自然(*physis*)①来对抗法律(*nomos*)。宇宙由各种等级构成,最高处乃是诸神,但在其下方的是动物,而不是人:因为动物与自然更近。只有接近自然——譬如,裸身行走、冬夏时睡于户外,或者大庭广众之下作乐(faisant l'amor),以及犬儒主义者身体力行的种种稀奇古怪之事②——人才能上升。

与自然如此亲密必然会推导出普世性(universalisme)这一结果。因为他们所摒弃的法(*nomos*)是由习俗、法律、每个国家特有的体制构成的,而自然(*physis*)则是普世性的。因此,犬儒主义本质上乃是一种世界主义(流放非恶的观点经常重现)。但是,第欧根尼所理解的世界

---

① 前文已对此词做了解释,从下文可知,第欧根尼择取的与 *nomos* 相对的都是各种自然行为,读者自可以"自然"来对应 *physis* 这个词,但第欧根尼其实强调的是隐于这些自然现象背后的本原,故读者不可不查。——译注

② 现举例如下:"玛罗涅亚(Maronée)的美特罗克勒斯是西帕奇亚的兄弟,他起初是逍遥派泰奥弗拉斯特(Théophraste)的弟子。此人将美特罗克勒斯贬得一无是处,以至于有天他在练习演讲正酣的时候放了个屁,便羞得逃走了,把自己关在了家里,决心绝食而亡。[犬儒派]克拉特斯得知这件事后不邀自来,还存心吃光了一整盘蚕豆;他先是想用言词说明他没有犯任何过错:其实,要是肠气不会自然放出的话,那才要让人大吃一惊呢。总之,克拉特斯开始让自己放起屁来,他用模仿美特罗克勒斯的行为来进行安慰,就这样使他振作起了精神。从这天起,美特罗克勒斯便开始跟着克拉特斯学习,他成了对哲学很有研究的人。"(第欧根尼·拉尔修[Diogène laërce],Ⅵ,94,Paquet 引文,p. 143—144)我们再给出犬儒主义"哲学"的几个简单例子。从宗教方面看,第欧根尼是不可知论者,他不相信诸神统治世界,他认为所有那些承继下来的信条,如宗教、祭祀和祭祀仪式都是幻觉。第欧根尼对哲学本身也做了"篡改",俾使哲学不再成为新的幻觉避风港。他拒绝对无法解决的事情提出疑问。由于不再有自然的行为,于是第欧根尼便宣扬起完善肉体的苦行(洗澡的时候用冷水,洗澡时喝水,出过汗后才能吃饭,睡在硬的东西上,一年四季都只带一件斗篷,或者简单地披在身上,或者将其一折为二,把它当成一件衣服穿)。必须学会弃绝文明社会的种种愉悦。必须"往后退",返回至动物简单的生活中去。哲学不是研究,说白了就是直言不讳(parrh-ésia),什么都可以说,但这样很有可能会引起某些公愤。第欧根尼要求完全抛弃羞耻心,不要把受人尊敬放在眼里(他在大庭广众之下自渎;克拉特斯和西帕奇斯在大庭广众之下作乐):犬儒主义者声称,只有那些能如此行事的人才可算作名副其实的哲学家。

主义与斯多阿主义将世界组织为一个城邦的信条不同（参阅下文）。
[312]他是从纯然否定的意义上理解它的：它之所以是世界主义的，是
因为它不属于任何城邦，它是反城邦的(*a-polis*)、反居所的(*a-oikos*)：

> 没有城邦，没有住房，失去国家，穷困潦倒，颠沛流离，日复一
> 日地活着（第欧根尼，据第欧根尼·拉尔修，[①]Ⅵ，38，Paquet 引文，
> p. 80）。

> 我是世界公民（第欧根尼，据第欧根尼·拉尔修，Ⅴ，63，
> Paquet 引文，p. 93）。

这个观念又明确地出现于克拉特斯那儿，这是亚历山大征服以后
的事：

> 我的国家并不是由一堵墙、一座屋顶盖成的，它是整座大地，
> 里面既有城邦，也有供我们使用和入住的居所（克拉特斯，据第欧
> 根尼·拉尔修，Ⅵ，98，Paquet 引文，p142）。

不同城邦的法律大抵相同，都毫无价值。第欧根尼曾写过《论国
家》(*République*)，他在文中完全抛弃了法律——自由的羁绊，宣扬最
为耸人听闻的行为：吃人肉、乱伦、共妻共子、妇女裸体运动、彻底的性
自由。政治体制和使用金钱都遭到取缔，只应该将自然视为唯一的准
则，将动物视为唯一的参照物。犬儒主义者一旦褒扬动物这天马行空
般的自由之子，那么对野蛮行为的褒扬更是不在话下了。

尽管如此，我们观察到，犬儒主义宣扬的并非世界主义，确切地说是因为无论
从哪个方面看，它都没有体现出**公民精神**。它无法承担起普世性，因为它抛弃了
"文明"的诸种价值观（法律、理性、正义……），而只有这些价值观方能使各个种族
和平共处。这样的评语也适合伊壁鸠鲁主义，尽管程度较轻（参阅下文）。

---

① 公元 3 世纪的希腊作家，以对希腊哲学史的研究而知名。《名哲言行录》是其代表
作。——译注

第三节　斯多阿主义①

斯多阿学派,或称"廊下派"(*stoa* 即画廊,以雅典的某个地名命名)的创建者同[313]犬儒主义者一样,通常都来自刚刚希腊化的偏远地区,他们并不属于特权阶层:奇狄乌姆的芝诺(约公元前 335 年—公元前 264 年)来自塞浦路斯,他家原籍或许是在腓尼基;克里昂特(Cléanthe,生于公元前 331 年,公元前 264 至 232 年间为学派负责人),他来自特洛阿司的阿索斯;克里西普(Chrysippe,生于公元前 281 年;公元前 232 至 204 年任学派负责人),他来自塞浦路斯或西里西亚(小亚细亚东南部地区)。

斯多阿主义与世界城邦(cosmopolis)②

斯多阿主义者并未仅仅将人视为某个城邦的公民,而是将其视为大至整个宇宙的共同体(cosmopolis)中的一员。

> 哲人的城邦,就是世界(克里西普,残篇,Ⅱ,528)。

人不再是某个拥有共同种族属性的小城邦的公民,他是世界"城邦"中的个体,而城邦则会由希腊的教育(*paideia*)统一起来。

普鲁塔克写道:

> [奇狄乌姆的]芝诺曾写过颇受人赞赏的《论国家》一文,该文的原则是人不应该随拥有各自法律的城邦、人群而分离开来;因为,所有人都是同胞,对他们而言,他们只有唯一一种生活,只可服

---

① 参阅 Émile Bréhier 的《斯多阿主义者》(*Les Stoïciens*),由 Pierre-Maxime Schuhl 撰写前言,Gallimard,"七星书目"(*Bibl. de la Pléiade*),1962;Jean Brun 的《斯多阿主义者选集》(*Les Stoïciens. Textes choisis*),PUF,1973;Émile Bréhier 的《克里西普与古代斯多阿主义》(*Chrysippe et l'ancien stoïcisme*),Gordon & Breach,1971;Victor Goldschmidt 的《斯多阿主义体系与时间观念》(*Le système stoïcien et l'idée de temps*),Vrin,1969。

② 或可译为"宇宙城邦"。——译注

从唯一一种事物的秩序,如同受共同**法**管理的**畜群**一般[他在法律
(*nômos*)和牧场(*nomôs*)之间玩了一个文字游戏]。芝诺所写的内
容犹如一个梦想,但亚历山大实现了它……他将整个世界上的人
都集中于一个火山口中。他规定,所有人都要将大地视为自己的
国家,将他们的军队视为自己的卫城,将善人视为父母,将恶人视
为异类(《论亚历山大的财富》[De la fortune d'Alexandre],Ⅵ)。

自然法

照斯多阿主义者的看法,这样的世界城邦(*cosmopolis*)用什么来
加以统治呢? 按克里西普(残篇,Ⅱ,528)的说法,应该用 *physei no-*
mos,即"自然法"来统治。看来,斯多阿主义者并未像犬儒主义者那样
抛弃了法(*nomos*),而是认为,必须统治人类共同体的法应该与城邦的
法律,即本土主义不同,而是与"自然法"相近。[314]对普天之下的所
有人而言,自然莫不如此,建基于自然法之上的人类法律自身将会变得
更具有普世性。

对犬儒主义者而言,自然即动物,或者就是未开化的野蛮人:肚腹、性欲、肌肉
和本能。整个道德、整个人类的体制都以其反自然而遭到抛弃。对斯多阿主义者
而言,典范正是自然,但在全球的自然之中,存在某种人类特有的本性,它高于动
物的本性(我们将会了解其中的原因),拥有自己的法律,与动物遵从的法则不同。
"教化"(*paideia*)体现了人类的优越本性:人之所以为人就是为了成为"文明人",
因此各种体制及具有实际功用的法律并不会成为反自然的体制及法律。

1. 斯多阿主义的自然——为了理解"自然法",就必须简短地来谈
谈斯多阿主义者笔下的物理学,它与亚里士多德的论述极为不同:①

芝诺断言,人们是按其行为的能力来认识存在的;而行为完全是物质性(cor-
porel)②的。当然也存在非物质性(incorporel),如世界外层的虚空、场所、可加以
表达的阐述。但它们只不过是"某种事物",它们既不会行动,也不会静止。从这
个意义上说,斯多阿主义乃是唯物主义。

芝诺并不怀疑世界上的物质是永恒的。但是,照色诺芬的说法,他观察到了

---

① 据 Pierre-Maxime Schuhl,前揭。

② 该词亦可解为"具形体的""物质的"等意。——译注

大地正在衰亡,海洋也在日益消退;他从中推论出,宇宙会经历众多漫长的时期,世界正是在此进程中成形、毁灭的。由此可见宇宙的图景:"原初、神圣的火诞生时凝固于空气之中;然后,出现了潮湿的元素,它是世界的萌芽。于是大地沉积于中央部位,由此宇宙开始走上正轨(*diacosmesis*),并瞬间达至完满。这样一种宇宙进化论令人想起了古代的伊奥尼亚物理学家的宇宙观(……)但火又重新居于上方,并逐渐吸收了其他元素,直至"大年"(Grande Année)的终点为止,巴比伦的第欧根尼(Diogène de Babylone)①也许将 365 天乘以 10800 年作为了大年的时间。届时会产生最后一场大火(*ekpirôsis*),对宇宙进行净化,并复归于始。之后,这一进程又将重新开始。这便是毕达哥拉斯派已经熟知的永恒回归的观念。"(P.-M. Schuhl)

芝诺将原初之火视为理性,视为逻各斯(与赫拉克利特相同)。逻各斯展开之后,就会产生出各种"精液理性"(raisons spermatiques),它们会对个体存在的发展进行指导;这些理性均属于宇宙理性的一部分。自然乃是"艺术之火","它依凭其整顿之力,维护了世界及其各个部分,并赋予了其美感。[315]这样的火并不具有毁灭性、灾难性的一面;它是生命的热量,也会是夺目的光芒。"(Schuhl)

从不同的级别来看,此原动力具有不同的名称;在非器质性的存在中,它指某种凝聚力(*hexis*);在植物中,它是严格意义上所指称的自然,拥有的是生长力,即*physis*;在动物中,它是灵魂(*psychè*),拥有的是想象的呈现力(*phantasia*)和原动的推进力(*hormè*);在人那儿,在先前的力量之上又添加了——至少从七岁起——逻各斯,正是逻各斯使人与诸神具有了相似性。"按照芝诺的看法,心脏中居有灵魂,对物质而言,它就是灵(*pneuma*),也就是说它指的是活物滚烫的气息,这是从医学借用过来的概念。克里西普展示了灵(*pneuma*)的各种气流,它们同章鱼的触角相似,与起支配作用的主导区部位相连(*to egemonikon*),同五种感官及发音器官、性器官相连……"(Schuhl)灵魂的构成与自然(*physis*)不同:寒冷与潮湿的元素在后者中占了上风,而灵魂则是火焰般滚烫的气息,它是由空气和火组成的;这样的构成有固定的比例,一旦紊乱就会引起疾病。动物的灵魂由不会变质的宇宙灵魂中易变质的部分构成。

"艺术之火"有条不紊地推进着,渗入世界和人类,体现了真正的**神意**(providence)。"认识这样的活动、尊崇它、与它相适应,对芝诺而言便构成了真正的虔诚,即便除此之外还须遵奉诸神";但是,"他认为,在法定的宗教及诗意的神话内

---

① 公元前 2 世纪的廊下派学者,后文中我们还将与他相遇。

部,存在着各种自然实体,或者毋宁说存在着一种拥有不同名称的本质性的实体"。诸神只是隐喻而已。

对斯多阿主义者而言,自然中并不存在虚空;他们摒弃了世界外层存有虚空的看法。而且他们认为,物体并非不可渗透。因此,这便与主张原子说的人形成了相反的看法,那些人认为原子是不可分割的,它们都聚合于虚空的内部。"由此一来,气息统一性的活动便可得以理解,因为它能穿越整个障碍。诸种事物的各个部分互相之间产生着影响。由此便产生了宇宙感应和完全融合这样的概念。[……]物理学乃是对此种秩序的认知,它不是抽象的形式,而是将我们个人生活中的一系列事件与宇宙中的整体构造相结合的关联之物。"(Schuhl)

2. 政治后果——有这样的自然,便有这样的法律。国家与具有实际功用的法律愈是相适应,它们便可愈发完善。

这一点可通过其矛盾之处具体地体现出来。因为斯多阿主义的自然法本身就具有模棱两可的特性。作为神意、命运、宇宙关联性,它留给自由和个人理性的地盘要比亚里士多德的自然法更少。但是,另一方面,[316]它又用遥远的宇宙秩序取代了同公民生活紧密相关的、切近的公民秩序。

斯多阿主义的政治哲学也利用了这样的含混性:一会儿,它赞扬绝对君主制,说它体现了宇宙秩序;一会儿,它又鼓励哲人发表异见,因为既然哲人可同本质直接接触,只须思考神圣的统治即可,那么哲人便会避免让自己参与国事。

在研读了西塞罗(p. 435 及以后)或狄翁·克里索斯托(Dion Chrysostome, p. 591 及以后)之后,我们便有机会对斯多阿主义的自然、人性及自然法这些概念有更深入的了解。

第四节　伊壁鸠鲁主义

几乎与斯多阿主义同时,出现了另一个哲学流派,即伊壁鸠鲁主义。这一哲学流派也反映了喀罗尼亚战役之后从城邦至世界城邦的演变过程。但是,斯多阿主义的世界城邦是一个明确的理论,而我们以为伊壁鸠鲁主义内部则没有这样一种理论。它所提出的智慧是建立于私人生活和客观的科学研究基础之上的,相反,事实上它认为,公民作为个人在不关心国家事务的同时也是能够平静地生活的。因此,就让其他人——希腊化时期的国王、罗马的元老院——来关心这件事吧。

该学派的创始人是伊壁鸠鲁。

公元前 341 年,伊壁鸠鲁①出生于雅典的侨民家庭,18 岁的时候来到雅典,此时亚历山大大帝刚刚被人[317]谋杀,雅典人的反叛也刚遭到马其顿人的镇压。由于时局不稳,伊壁鸠鲁不得不颠沛流离,并在密提林、拉姆普撒科斯创办了好几所哲学学校,后最终于公元前 306 年在雅典创建了“花园”(在奇狄乌姆的芝诺创办“廊下派”前不久)。他卒于公元前 271 或 270 年。

伊壁鸠鲁的作品没有一部完整地流传下来。我们对他的思想所知甚少,仅限于第欧根尼·拉尔修编纂的《名哲言行录》(写于公元 200 年后)第十卷中的内容,该卷中特别收录了伊壁鸠鲁写给他的弟子们的三封《书简》(《致希罗多德》[à Hérodote]论述的是物理学;《致美涅凯》[à Ménécée]论述的是道德;《致皮托克勒斯》[à Pytoclès]论述的是众说纷纭的真实性)。我们知道还有好几部残篇,它们零零散散地出现于《物性论》(De la nature,发现于赫库拉内乌姆[Herculanum])之中。除了这最后一部计有 37 卷的作品外,伊壁鸠鲁的著作共有大约 300 个篇名。

伊壁鸠鲁的哲学

伊壁鸠鲁将唯物主义者、原子论者和机械论者德谟克利特②的物理学理论为己所用(他年少时,曾拜其他几个人为师,如阿布戴拉的海卡泰欧斯[Hécatée]的学生纳乌西法涅[Nausiphane],此人也是德谟克利特的学生)。可见世界由不可分割的、虚空的原子构成;甚至整个心理的或理智的实在也都是由原子组成。世界只是由偶然性和必然性,而不是诸神来统治——诸神是存在的,但他们并不管理这个世界,也对人漠不关心,它也与斯多阿主义者所说的命运没有关系——因为在世

① 参阅第欧根尼·拉尔修的《名哲言行录》(Vie, doctrines et sentences des philosophes illustres),由 Robert Genaille 翻译、说明及笺注,2 卷本,Garnier-Flammarion,1965;《伊壁鸠鲁与伊壁鸠鲁主义》(Épicure et l'épicurisme),由 Jean Brun 编选、PUF 丛书、Sup 丛书,1971;Geneviève Rodis-Lewis 的《伊壁鸠鲁及其学派》(Épicure et son école),1975,Folio-Essais 丛书,1993;Jean Bollack、Mayotte Bollack、Heinz Wismann 的《伊壁鸠鲁书简》(La lettre d'Épicure),Les éditions de Minuit,1971;Paul Nizan 的《古典时期的唯物主义者》(Les matérialistes de l'Antiquité)(对所编选的文本进行阐述),1938,Maspero,1965。

② 参阅上文 p. 113—114。

界的运行以及人类事务的发展过程中,存在着的虚空会给偶然性和自由留下重要的位置。

整个认知的起源就是感觉;诸种情感与理性自身取决于最初的感觉。"在《名哲录》(*Canon*)中,伊壁鸠鲁说,真理的标准就是感觉、概念和情感……任何事物都无法驳斥感觉……所有的观念都可在感觉中找到其根源……"(第欧根尼·拉尔修,31—32)因此,伊壁鸠鲁完全拒绝理念论,尤其是柏拉图的理念论:我们的认知乃是对外部客体的反映,这些客体正因为其具有可感觉性,所以才可加以完满地认知,可感觉性根本不是障碍。他也拒绝书本上的教育(*paideia*),他认为,这样的教育使我们偏离了感觉,它只能间接地使我们接近真理。为了更好地认知,就须要培养敏锐的感觉(正因为此,他成了荒淫无度的敌人)。

对伊壁鸠鲁的道德而言,快乐也具有很高的地位。"伊壁鸠鲁证明道,快乐是生命的目的,由此之故,诸生灵刚出生的时候就会沉迷于快乐,逃避艰辛,这只需要纯粹肉体上的反应,[318]毋须理智的任何介入即可做到。"(第欧根尼·拉尔修,137)"善的原动力与根源就是腹中的快乐(*hé tès gastros hédoné*);精神上的种种善思与种种优越的价值全都汇集于它一身。"(Athénée 引;残篇 409,Usener)既然如此,那么灵魂中就会有好些特殊的快乐,其中首要的就是认知(残篇 27,von der Mühl)。不必因美德之故去获取美德,而是要为了快乐,因为美德能为我们获取快乐(这样的论证与斯多阿主义者截然相反,对斯多阿主义者来说,美德与道德之美都是因其自身才成为善)。

快乐可通过理性加以寻求:人们只知道为了获得最稳定和最持久的快乐,而强迫自己经历苦痛与贫困,这就是为什么对哲人而言,他的首要美德乃是节制的缘故。事实上,第欧根尼·拉尔修呈现予人的伊壁鸠鲁及其弟子都是些生活俭朴的人,他们寻求的是宁静,培养的是友爱。

伊壁鸠鲁的共同体既逃避公民义务(参阅下文),也逃避艰深的理论思索。只要必需,哲人就会去赚钱,只要必需,他就会在大庭广众之下演讲,他会开办学校,而不会将那些轻率冒失的学生拒之于门外(参阅第欧根尼·拉尔修,117—121)。

卢克莱修(Lucrèce)盛赞伊壁鸠鲁的为人,因为伊壁鸠鲁向迷信宣战,表达自己对理性主义的信仰。但是,从这些哲学立场中能否推演出他秉持的是何种政治态度?

伊壁鸠鲁的不参与政治说(a-politisme)

伊壁鸠鲁身处城邦末期动荡的局势之中,从不过问政治,总体来说也不参与社会生活。

"哲人不参与政治","人应该从日常劳作及政治的牢狱中脱身而出"。(《梵蒂冈手稿》[*Manuscrits du Vatican*],残篇58)不承担公民职责的观点常常被赋予伊壁鸠鲁和伊壁鸠鲁主义者。尽管我们都通过第欧根尼·拉尔修知道,伊壁鸠鲁与他那个时代其他大多数作家一样,写过一篇《论王权》(*Sur la royauté*)的文章,但我们对他就这个主题所阐述的观点却是一无所知,只除了几句句子:"如果情势所迫,[哲人]可以奉承君主","自由人不应该只想着尽量去占有,因为如果他既不奉承群众也不奉承君主的话,这样做就不会那么容易"。(残篇67,von der Mühl)"[伊壁鸠鲁主义者][319]只要提起政治家,就会大肆嘲讽,把他们的荣耀说得一无是处。"(普鲁塔克,残篇560,Usener)

保罗·尼赞(Paul Nizan)对下文中表达的不合作态度做了阐释,相比斯多阿主义的立场,这样的态度同犬儒派更接近:

> 在柏拉图的时代,想要以集体的力量对社会进行拯救似乎仍然是可能的。在伊壁鸠鲁的时代,人们只愿意拯救个体的人……对自己的生命几乎持完全负面的态度,认为自己的生命只是由邪恶、缺陷和冷漠构成,对此人们很难认同:完满性才是它最深刻的法则。在300年的时间中,没有人思考过正义、职责、美德、进步:对那些绝望的社会阶层而言,这些都不是他们的价值观。人们只想得到"拯救"。伊壁鸠鲁思想中最了不起的地方就是他的拯救观,但这与基督教通往天国的观点完全不同,他着重的是尘世的事业。他不向任何人承诺天国的富裕,那是身后的富裕。拯救不在

天堂,不在精神中,也不在死亡中。伊壁鸠鲁提供的是唯物主义的智慧,这种智慧只要求肉体及其美德掌握那个秘密,也就是死的时候毋须绝望的那个秘密。①

伊壁鸠鲁对这一不参与政治的信条做了理论化处理。因为,

> 在欲望之中,存在着既自然又必需的欲望,而其他的要么是自然但非必需的欲望,要么是既非自然亦非必需的欲望,而它们只不过是些徒劳无益的观点的产物(《重要箴言录》[*Maximes Principales*],XXIX)。

因此,远离城邦的生活就成了一种摆脱野心、虚荣、无休止的争战、群众的谬误的手段。

> 我从未想过要取悦群众。因为他们喜欢的,我却忽视,我已远远超出了他们的理解力(残篇 187,Usener)。

人该退居一隅:"隐藏你的生活",伊壁鸠鲁如是要求(普鲁塔克引,残篇 551,Usener);如此,"便可安全无忧地过上宁静自在、远离人群的生活"(《重要箴言录》,XIV)。一旦隔绝开来,人就会在自身中重新获得某种遭群体扭曲、抹煞的本质。他将复归本源,融入自然的[320]而非人为的事物之中:即他自己的肉体、他的感觉、对自身需求的认知、合理的快乐。

此外,自然也不会百般苛求:卢克莱修有一段著名的文字(《物性论》,Ⅱ,v.1—61:当狂风在大海里卷起波浪的时候……这该是如何的一件乐事[*Suave mari magno*……]),②他说,自然只希望"肉体免

---

① Paul Nizan,前揭,p.14。
② 完整的文字为:"当狂风在大海里卷起波浪的时候,自己却从陆地上看别人在远处拼命挣扎,这该是如何的一件乐事。"译文参卢克莱修《物性论》,第二卷,序诗(1—61)首三行,方书春译,商务印书馆,1981。——译注

除痛苦,灵魂免除恐惧和忧虑"。肉体的需求受到了限制;免受饥饿、口渴之苦,不去经受这样的痛苦,便已足够。"与自然顺应的财富自有其限度,且较易获取,而那徒劳无益的观点想象中的财富却贪婪无度。"(《重要箴言录》,XV)"那人达成的目标与人类相符,即便无人亲眼相见,他也堪称完满",伊壁鸠鲁派的某个无名氏如此说道(残篇533,Usener)。

尽管如此,与自然谐和的生命却不会满足于纯然的孤独状态。它需要友爱:"伊壁鸠鲁在一封信中谴责了那些声称哲人只满足于自身,因此不需要朋友的人。"(塞涅卡[Sénèque],[①]残篇174,Usener)伊壁鸠鲁主义者还建立了一些共同体。[②] 但是,这些共同体与城邦或人类的全球共同体截然不同。伊壁鸠鲁曾这样对自己的学友说过:"它不是为群众而建,而是为了你;因为我们彼此都在一个很大的剧场中。"(塞涅卡引,残篇208,Usener)这一态度同斯多阿主义者泾渭分明,斯多阿主义者虽然也能做到隐居和不参与政治,但他们从来就没有放弃过建设世界城邦的想法。

因此,"自然主义者的乐观心态便会随社会上的悲观心态而来"(尼赞,前揭,p.20)。

但是,为了建立这样的乐观主义,曾置身于社会恐怖氛围中的人就必须成为自然力量、诸神、死亡、时间。由此,伊壁鸠鲁主义者隐退之后,就会专心致志于自然主义科学之中,确切地说,此种科学的美德就是凭借驱逐幻象以便揭示出自然的中性法则。此处,他们和持怀疑论的(懒惰的)犬儒派之间出现了根本区别:伊壁鸠鲁派的共同体[321]洋溢着勤勉的风气,他们专注于对科学进行深入的研究。

> 我更喜欢研究本质,大胆地揭示出对所有人都有用的事物,即便没有人愿意理解我也罢,而我并不喜欢让自己适应那些徒劳无

---

① 塞涅卡(公元前4年—公元65年),古罗马哲学家、政治家、演讲家和悲剧作家。——译注

② 像尼赞这样的马克思主义者在这样的共同体中看见了社会主义公社的萌芽;人们可以反驳他说,从伊壁鸠鲁最后一部作品来判断,他从未教导过财产共有。

益的观点,去记录群众的歌功颂德之词。(残篇 29,von der Mühl)
"哲学[亦即科学]是一种活动,通过论说和推理,就能使我们获得
幸福的生活。"(塞克斯图斯·恩披里克[Sextus Empiricus][①]引,
残篇 219,Usener)"如果人们想达到真正的自由,就必须为哲学服
务。"(塞涅卡引,残篇 199,Usener)"爱哲学使我们超越了整个混
乱难堪的欲望。"(波菲利[Porphyre][②]引,残篇 457,Usener)这也
是"免除苦痛"(*suave mari magno*)的主题:从远处看见别人的不
幸,心中却觉得甜蜜快乐,这远处也就是指的"高高在上的哲学殿
堂"。科学使我们获得对世界形象的总体性看法,它使我们的不幸
和我们自身的生命都变得相对化。"你记得,由于自己是必死之
身、分享的是有限的生命,所以借着对自然的推理,你朝无限与永
恒攀登而去,并思索着'现在是什么,将来会是什么,过去曾是什
么'。[荷马]"(残篇 10,von der Mühl)

契约正义

然而,确切地说,科学教我们的是人类社会在创建正义和法律之时
将会发生什么事。

> 自然法乃是一具实用意义的契约,其目的就是为了不使我们
> 彼此之间互相损害(《重要箴言录》,ⅩⅩⅪ)。

> 正义与不义之存在与否,对那些认为契约的目的并非为了杜
> 绝互相损害的人而言,没有什么关系。它们的存在与否,对那些不
> 认为或不愿认为这样的契约其目的就是为了未雨绸缪以杜绝损害
> 的民众而言,也没什么关系(《重要箴言录》,ⅩⅩⅫ)。

---

① 古希腊哲学家、历史学家。除了知道他是医生之外,其余生平已不可考。他所写的《怀疑
论概要》和《反教条主义》是古希腊怀疑主义仅存的重要文论。——译注
② 波菲利(234—305),古希腊新柏拉图主义哲学家,他曾写过哲学家普罗提诺的传记,对亚
里士多德的《范畴篇》做过评注。448 年,他反基督教的作品《驳基督徒》的残篇曾被下令
焚毁。——译注

换句其他的话说,所有的价值和靠政治秩序建构起来的体制既有实用的一面,又有人为的一面。正义并不存在于"自然状态"之中,某些民众可以随便用什么方式同另一些并未刻意与其建立共同正义规则的民众交往。在此,伊壁鸠鲁的观念同斯多阿主义者相去甚远(同西塞罗的自然正义理论尤其殊异,参阅下文p. 439—460)。

[322]事实是,正义乃是经契约规定的自然,其多样性可证明这一点:"总体来说,正义对所有人来说都是同一的,因为正义对各种社会关系而言均具有益处,但是,对某些特定的国家,对某些特定的情况而言,同一的事物并不一定对所有人来说都是正义的。"(《重要箴言录》,ⅩⅩⅩⅥ)这些不同的习俗都应该受到同样的尊重,我们在伊壁鸠鲁那里发现某种普世主义情感的变体在这个时代的斯多阿世界主义之中浮现了出来,只不过它采取的是另一种方式而已。"正如不管我们认为自己的习俗好坏与否,也不管它们是否值得受到别人的赞扬,我们都会尊重它们一般,同样,如果其他人用自己的风俗来进行管理,那么我们也应该尊重他们。"(残篇15,von der Mühl)

确实,从契约出发来建立正义颇为必要。人若没有智慧的话便不可能幸福,若没有正义的话也不可能智慧。而且,由于人们之间有契约相关联,因此便没有个休会以复归自然的借口来想方设法逃避这样的契约:人们可以无数次避开正义,但没有谁能保证他们最终不会被它俘获。如果人们不义,他们便会生活于恐怖之中。因此,对快乐的寻求也不得不讲究正义。"正义的生活完全不会受烦恼的困扰,而相反不义的生活则常常会饱受它们的蹂躏。"(残篇12,von der Mühl)此处,伊壁鸠鲁的思想恰同犬儒主义者形成了鲜明的对照。

将正义定义为某种可供人们共同使用的人造之物必然会导致这样的结果,即能够以实用性的强弱来对法律做出评判:"如果某个人建立了某种不适用于共同体的法律,那么这项法律便根本不可能拥有正义的本质。"(ⅩⅩⅩⅧ)此外,按照同样的逻辑,法律还必须适用于某个特定的时刻,且在条件发生变化的情况下能做到随机应变。

由伊壁鸠鲁形成的理智化潮流与"花园"学府一起绵延于整个古典时期。我们将在罗马共和国末期的卢克莱修那里与它重逢。永远存在的潮流,却永远曲高和寡。

第五节　希腊化时代的国王与法律

[323]归根结蒂,作为政治典范和参照物的希腊城邦消失了,比之庞大得多的诸政治实体崛起了,该如何描述这突如其来的变化的特点呢? 这一变化呈现出两个互为补充的层面,一为"积极",一为"消极"。

一方面,由于亚历山大及其继任者大力提倡希腊教育(*paideia*),因此公民精神的原则以及"依法治国"均扩展至了整个已知世界。在希腊化时期的世界城邦中与在小型的希腊城邦中一样,个体均以相同的方式获得了自由。但他甚至要远为自由得多,因为他将会从涉及面更广泛的公共秩序中获益,而且将会与权力保持更远的距离。

他不会再受到公民共同体的严密监管,在这样的共同体中,所有人(我们还记得亚里士多德明确表示出的那个意愿,更遑论柏拉图的"极权主义")都彼此认识,相互监督。他不再是城邦中的人,他将处处成为陌生人。他的足迹将遍及自己的国家,他将外出游历以了解广阔天地中的文化。他将持更为多元、更为大胆的科学观点或政治观点,因为即便此处受到了排挤,他处还有大展身手的地方(那个时代也是希腊科学大发展的时代:欧几里德[公元前 3 世纪]、阿基米德[公元前 287年—公元前 212 年]、亚历山大学派的语法学家及博学之士)。同样,他也将从事各种各样的经济活动,地点是在地中海世界的某些地方,因为那里占主导地位的也是相同的公共秩序。不同的是,他将不去参与政治生活,而是转而去探寻使内在完善的诸种途径,照伊壁鸠鲁主义者及斯多阿主义者的希望看来,它们与公民的活动不该有丝毫关联。总之,无论从实际行为还是从思想上来看,大国中的个体都比小城邦中的公民更为自由。

但是,另一方面,新王国中的个体应该避免对维护庞大的公共秩序的法律进行随心所欲的讨论、检查、修正。希腊建立联盟的尝试之所以失败,乃是因为没有一个公民大会、没有一个议事会能声称自己代表所有的联盟城邦,因此,传统的公民原则,如在特定的广场内讨论公共事务、由高级官员管理国家之类的情况就再也不能应用于这些庞大的国家之中了。[324]在新的王国中,统治国家、制定法律的乃是某个独特的人物,他就是国王。

如果说国王能进行统治,那是因为在群众眼中,他首先是一个杰出的人物,显而易见受到了诸神和"命运"的庇护。他是这样的人,即当时势艰难的时候、在他损失惨重的时候,他仍能赢得胜利。国王一旦登上这一独特的位置,就成了城邦的化身。人们要求他并认为他集所有的品质于一身,而从前,如正义、善良、智慧这样的品质却都被视为乃整个公民集体所有。他是一种"内在化的体制"。

斯多阿主义者说,国王乃是 *nomos empsychos*,①即"法之化身"或"法之生命",因为他灵魂的等级比普通人要高出无数倍,他拥有少量可管理宇宙的逻各斯。只这一点便表明了他能对秩序进行设定,自此以后,亚里士多德提出的认识论条件——所谓的公民政府,必须有一小方领土和少量人口,可令人"一眼即能览尽"(参阅上文 p. 209—210)——便再也无法做到这一点了;于是,人类理性也会满足于这样的管理。而新的王国只能受高等级的、超人类的、神谕赋予国王的智慧管理。

国王这一独特的特征很快就会赋予国王崇拜以合理性。希腊人也确实在被征服的东方国家中发现过这种观念和实践行为:拉吉德家族为了自身的利益曾恢复过法老们创建的这种土生土长的宗教。不过,他们的观念和实践行为也与希腊人古老的回忆——对英雄,尤其是建国英雄的崇拜以及对死者的崇拜——颇相协调。

归根结蒂,从政治层面上来看,希腊化时期的世界乃是一个转型阶段,它在某些方面预示着未来,而另一些方面则不无忧虑地被视为某种倒退。世界城邦的概念在世界上出现之后,各种文化便开始统合了起来,共同促成了"依法治国"从而也是个体自由这种模式的发展;从这个方面来看,希腊化时期的世界延续了希腊的伟大成就,且创造了某些条件,史无前例地使文化上的繁荣和经济上的进步同时成为可能。但是,从另一方面来看,理性也在退步;政治权力正试图重新神圣化(re-sac-raliser)。

罗马世界也将承绪这些暧昧不明的特点。

---

① 古希腊语 *empsychos* 意为"活生生的""有活气的"。——译注

第二部分　古罗马

引　言

[327]希腊人创建了城邦这一通过法律管理的共同体,讲求人人平等的法律乃由人创造,人们在公共场地(agora)内理性地对之加以讨论,这使得个体自由成为可能。可是,尽管他们发掘出了法律的此种形式,但他们却并未更进一步对它的内涵进行详细阐述。正是罗马人最终深化了法律的内涵,赋予了包含在法律观念中的潜在的个体自由以现实性。只要人们想杜绝社会关系中的暴力和专断行为,那么法律的功用就是做出指导,指出什么该做,什么不该做。因为法律的作用就是能为每个人正当行为的领域划定明确、可靠的边界。然而,这些边界强调的是"我的财产"和"你的财产",即每个人自己的财产,这些正是罗马的法学家勾画出的边界。

他们在数世纪之内创建并完善了法律,这都是因为罗马在征服各地之后成了世界性大国的缘故,它不得不使不同种族的人生活在一起,使脱胎于种族及宗教本位主义的司法概念,[328]以及各种越来越抽象和普遍的司法工具同台共处。涉及个人权利的有:未成年、丧失能力、监护、财产管理、家庭、婚姻、遗产、收养、过继、法人等概念;涉及财产权的有:所有权、占有、地役权、有形资产与无形资产、动产、时效、虚有权、用益权、共同所有权(Copropriété)、共有权(indivision)、租赁;涉及债务权利的有:契约、寄托、担保、抵押权、保证契约、委任、财产共享、买卖、双务契约、诈欺、诈骗、遗嘱、遗赠、委托遗赠……

希腊人当然懂得"我的财产"和"你的财产"的意思(况且,西塞罗对我们说过,罗马法中对正义所下的定义是 *jus suum cuique tribuere*,即"物归其主",这个定义正是来自希腊人)。①但是,"我的财产"会发生很多事,今后我会结婚、有孩子、同某人合伙,我的合伙人会承担债权或债务,我会抵押财产,而我的孩子则会继承我的遗产,然后离婚,会承认或不承认私生子,他们的财产被骗走后经由司法裁决又会失而复得,等等,所有这一切都是因为罗马人第一次创建了司法工具,才使确切的信息得到了保存。交换和转移②的行为决定了每个人所有权的未来发展状况,而正是罗马法保证了它们的合法性和安全性。

尽管这些发明表面看上去很枯燥,但实际上它们所引发的后果颇具形而上学的意味。因为如果每个人的自有财产(domaine propre)都会经过几代人的定义和确认,那么正是自我(le moi)获得了此前其他任何文明都未赋予的重要性。自我首先被投射至时间的前台:它不再是像一朵花或一口气息那样短暂的存在,而是镌刻在了漫长的持存之中。在此持存中,他能做出合理的规划,因为他能预见到自己的所有权随后会具有何种不同的形式,因为他知道自己是唯一能做出决定的人,每次均能自由地做出自己的判断。因而,他无法化约为另一个人,因为随着交换行为在他生活中的日益展开,其所有权今后获得的各种形式他自己也都亲身经历,这勾画出了某种相当独特的轨迹,[329]不同其他任何一个勾画出了自己的生命与自由的人交叠在一起。人不再融入集体的海洋之中,这不仅仅是从部落群体内部融合的意义上而言,也是从希腊城邦内部极为紧密的相互关联性而言。历史上第一次,由于法律,我们所说的私人生活才有了可能:个体自由的范围被创造了出来,法律规定其他人不得穿越其中。

我们同意,从这个方面说,罗马人创造了西方意义上的人本身,也就是说个体、自由的人格拥有内在的生命、极为独特的命运,且无法化约为其他任何一个人,而且该人格想让其他许多人和拥有个体性的集体组织都来尊重这些权利。除了中世纪之外,此后西方所有的政治体式在设想和构建的时候都会以如此设想的人的存在为准绳。只要不

---

① 也可参阅柏拉图的《理想国》,331e。

② 此处的"交换和转移"均是民法意义上论及所有权或财产的术语。——译注

"以人为本"（humaniste），便没有一个政治体制能够长久地得到认同。

在西方人文主义的发展过程中，犹太基督教文明自然起到了根本性的作用（我们将会清晰地阐述这一点）。不过，人文主义原本乃是罗马人的创造，它是罗马法的成果，正是因为罗马法界定并保护了私有财产，我们才拥有了这一成果。

我们相信，正是因为在伟大的罗马哲学家和文学家生活其中的社会里，由于法的作用，个体人格已经拥有了得到承认的社会空间，自我能够安全地得到充分发展，这些作家的著作所具有的人文主义色彩才会与希腊作品中的人文主义截然不同。我们只要思考一下就会发现柏拉图《法律篇》中的社会体系同卢克莱修、西塞罗、塞涅卡的哲学，同维吉尔或贺拉斯（Horace）①的诗歌，同塔西佗（Tacite）②的历史中的社会体系之间的差别……他们身处的是另外一种文明，与现代欧洲人的文明要近得多。

学习计划

下面是我们研读罗马这一部分的学习计划。我们先讲一下罗马法的背景，之后再对诸种政治观念作详细的考察。总之，[330]只有对罗马法出现时的环境有所了解，这些观念才能更好地得到解释。

对于为何选择此方法，尚有另一个理由。我们常常注意到，对希腊人而言，能阐述综合的思想体系者方才算作理论家，但在此种意义上，除了西塞罗之外，在罗马我们找不到任何一位政治领域内的大思想家。罗马人对抽象的、非理性的思考没有多少兴趣。政治家对将闲暇时间（scholè）③用于钻研的希腊人很是轻蔑，因为希腊人喜欢闲暇（otium）胜于工作（negotium），而政治家则要参加军事行动、行政管理、经济活动，他们只是因为受到了希腊的影响才对科学感兴趣，但也是姗姗来迟，毫无特出之处。事实上，罗马的政治观念极少呈现出总括性的理论形式，它们常常只是对政治生活进行评论而已（这样的评论在塞涅卡或塔西佗那里具有充

---

① 贺拉斯（公元前 65 年—公元前 8 年），古罗马杰出的拉丁语抒情诗人和讽刺作家。其主要作品有《诗艺》（*Ars poetica*）、17 首《抒情诗》（*Epodes*）、《颂诗》（*Odes*）和《讽刺文》（*Satires*）。——译注

② 塔西佗（56 年—120 年），罗马演讲家，也是伟大的历史学家。用拉丁语写作。其主要作品有《日耳曼尼亚志》（*Germania*），讲述日耳曼人的历史；《历史》（*Historiae*）讲述的是公元 69 年至 96 年的罗马帝国的历史；《编年史》（*Annals*）讲述公元 14 年至 68 年的帝国历史。——译注

③ 古希腊语 scholè 意为"闲暇""休闲"，另一意为"停止"，源出动词 schein，有"保持""停止""阻止"等意，依马特（Jean-François Mattéi）所言，scholè 就是指"生活进程的中断"。参阅拙译《论柏拉图》，p. 23，马特著，华东师范大学出版社，2008。——译注

分的理论效果）。但是，在进一步论证之后，就会凸现出政治体制和罗马法研究的重要地位。因为，正是它们最终锻造出了我们西方自己的政治现实，而希腊的理论却做不到这一点。恰是西塞罗本人观察到，法律—政治的实践行为与体制如同观念一般均能传播文化并塑造社会。而体制则是对思想的体现。

首先，我们必须确定罗马史的各大阶段；对此，我们只能概述（第一章）。

然后，我们会涉及罗马法问题。我们将之分作两个时期。首先，我们研究罗马的公法或政治体制（第二章）。之后，我们会讲到民法（第三章）。

只有这之后，我们才会对政治学说进行研究，首先研究的是共和国时期（第四章），随后是罗马帝国前期和晚期（第五章）。

第一章　历　史　梗　概

[331]按传统的看法,罗马的历史①始于公元前 753 年,其终结的时间不应以公元 476 年西方末代皇帝罗慕路斯·奥古斯都(Romulus Augustule)遭废黜为限,而应以 565 年君士坦丁堡的查士丁尼(Justinien)的驾崩为限。这位皇帝重新征服了非洲、西班牙和意大利,将帝国再次暂时统一了起来,他在法律上的成就从许多方面看都是对先前文明整体发展的总结,并达到了顶峰。从那时起,开始了东方"拜占庭"的历史,这段历史在罗马史之后又延续了一千年(到 1453 年土耳其人攻占君士坦丁堡为止),不过,从许多方面看,它都是一段不同的历史。

从罗马本身的意义来说,罗马人亲历的这段历史持续了逾 13 个世纪之久,[332]这是一段同一个国家、同一个共和国,甚至从某些方面看是同一民族的独特历史。

传统上,人们把这段历史分成四个划分得很清晰的阶段,以对应于四个不同的政治体制:君主制(公元前 8 世纪中期—公元前 6 世纪末

① 在大量可供利用的有关罗马及其历史的著作中,我们特别推荐:Marcel Le Glay、Jean - Louis Voisin、Yann Le Bohec 的《罗马史》(*Histoire romaine*),PUF,Premier cycle 丛书,1991(此处的概述以其为蓝本)。Claude Nicolet 等的《罗马及对地中海世界的征服》(*Rome et la conquête du monde méditerranéen*),2 卷本,PUF,1993—1994。论述西方诸行省罗马化历史的著作有:Jean-Pierre Martin 的《中西欧罗马行省》(*Les provinces romaines d'Europe centrale et occidentale*),SEDES,1990。论述政治体制的著作有 Jean Gaudemet 的《古典时期的政治体制》(*Les institutions de l'Antiquité*),Montchrestien,第 3 版,1991;Michel Humbert 的《古典时期的政治与社会体制》(*Institutions politiques et sociales de l'Antiquité*),Précis Dalloz,第 4 版,1991。

期)、共和国(公元前 509 年—公元前 31 年)、帝国前期(公元前 31 年—公元 285 年)、帝国后期,或者如我们今天更喜欢称谓的晚近古典时期(Antiquité tardive,公元 285 年—565 年)。

第一节　罗马与王权的创立
(公元前 8 世纪中期—公元前 6 世纪末期)

我们对那段时期的历史知之甚少,文字资料极为少见。至公元前 8 世纪中期,意大利多数地区都是由古代文明时期、前公民时代的前印欧语系民族(pré-indo-européen)和印欧语系民族占据。其中分成两类种群,他们都建立了城邦:希腊人居住在意大利整个南部地区和西西里,伊特鲁里亚人则占据了现在的托斯卡纳地区和沿海地区。①腓尼基人同样也居住在意大利,他们或从事航海贸易,或常设商行进行贸易。

考古学研究和现在的历史研究认为,罗马城邦的创建乃是受"前期"诸种文明,或者确切地说是受到了伊特鲁里亚人移民的影响造成的结果。

在罗马的原址上,起初有一些村落,村落中的茅舍都建在七座山丘上。至公元前 8 世纪中叶,这些村落聚合在一起,形成了一个集体,我们可以将其称为荷马式集体,其中有国王、氏族首领组成的议事会、民众大会。国王具有神圣性:只有他有权力进行鸟占②,在公众做出决策之前都必须进行这样的仪式。国王如被谋杀或遭驱逐,鸟占权便归于议事会(即后来的元老院)。社会[333]由氏族(gente)首领这样的贵族阶层掌控,国王即由他们选出。众氏族分成十个部族(tribu),每个部族各自包含十个胞族(curie),胞族聚在一起便形成了民众大会,即胞族民众大会(comice curiate)。司法、宗教很大程度上仍然局限于氏族范围之内。此种神圣君主制大约持续了一个半世纪。

公元前 7 世纪末,已经在坎帕尼亚(Campanie)安顿下来的伊特鲁里亚人占领了拉丁姆(Latium),并对罗马的地理位置垂涎三尺,因为

---

① 对他们的起源我们至今仍然茫然无头绪;也许他们是东方民族,但也有可能他们是演化而来的当地民族,特别受到了(马赛的?)希腊人和腓尼基人的影响。

② 古罗马的占卜法,即根据鸟飞、鸟食或鸟鸣等进行占卜。——译注

那里乃是通商要地,而且从"台伯岛"(île tibérine)过河极为方便。

由于受到了这些侵略者的影响,社会急剧转型,从许多方面看这些转型过程甚至极具革命性:因为我们发现突然出现了希腊式或伊特鲁里亚式的城邦。

考古学显示,沼泽干涸、中央广场(forum)的开设、城市路面的铺设、城墙的竖立、民用及宗教石砌建筑的建造、市场与河港的创建、边界(pomerium)的划定(划出的内部区域具有神圣性,军队无权进入)都始于这个时期。然而,正是在这数十年中,罗马的编年史(历史文献最初的形式)列出了三位伊特鲁里亚国王,他们是老塔昆(Tarquin l'Ancien)、塞维乌斯·图里乌斯(Servius Tullius)和至上者塔昆(Tarquin le Superbe)。①

正是由于他们,具有城邦特色的社会体制才得到了确立,从许多方面看,这些体制与之前刚刚建成的希腊的(梭伦与庇西斯特拉图设立的)公民体制有些类似。民众被划分成了多个本土部族(tribu territoriale),以取代古代以种族为标准划定的部族与胞族(自此以后便有了四个"城市"部族与十个"农村"部族)。军队经过技术转型之后,削弱了贵族在战争中的角色(故此,可与希腊的"重武装步兵革命"相比),它被重新组织,按照每个公民的财力多寡确定其在战争中应尽的义务。人们被分成了不同的纳税阶层。每个阶层包含多支百人团(centurie)。在这个基础之上,创建了第二个民众大会,即百人团民众大会(comice centuriate):自此以后,财富与军事上的职责便决定了政治上将起何种作用。

[334]这一体系将罗马许多新公民整合了起来(公元前 6 世纪末,伊特鲁里亚的影响促进了它的经济发展,此后便出现了居民达数十万人的大城市,这样便吸引了邻近地区的人群进入)。这些新来者不属贵

---

① 在此之前,编年史提及的有拉丁姆国王和萨宾(sabin)国王,也提及了他们颇具传奇色彩的出身情况(这些神话故事由早期的拉丁语历史学家如法比乌斯·皮克托[Fabius Pictor]及其后公元前 1 世纪的李维[Tite-Live]与维吉尔汇编混合而成):有的出身于阿尔卡地亚(阿尔卡地亚是希腊地区)、有的出身于特洛伊(埃涅阿斯[Énée]是安奇斯[Anchise]的儿子,他是从特洛伊出发,途经迦太基,来到罗马的;维吉尔的《埃涅阿斯纪》中对此做过描写),最后述及的是由母狼奶大的孪生兄弟罗慕路斯(Romulus)和雷慕斯(Remus)。

族阶层,于是都被定义为拥有抽象公民权的阶层。因此,我们发现,这里的发展进程同梭伦在雅典进行的改革极为相似。伊特鲁里亚人或许借鉴了大希腊城的改革模式。我们甚至可以推测它受到了希腊的直接影响:传说故事中说,塞维乌斯·图里乌斯是科林斯人。换句话说,罗马从其他地方的发明创造中获益匪浅,它随时准备汲取养分,这一来,便缩短了它本土漫长的发展过程。

这一变化所具有的革命性的特点通过贵族阶层的衰退也可一目了然。伊特鲁里亚时代的国王按照希腊的僭主制模式联合新来的民众(*populus*)以对抗元老院。土地改革也被用来对抗古老的家族,通过建立新的本土部族对公民权做了规定,以及步兵在军事上的作用皆摧毁了以种族—氏族为基础的组织,从而也就削弱了由氏族首领组成的元老院的权力。此外,新派的管理者还动摇了元老院的选任制度,他们取消了某些元老院的特权,如王位空缺时期的代理权便是一例。注重建立市场、河港与伊特鲁里亚的经济联系,也强调了商人的新职责。城市大型工程交由手艺匠人(这些特点再次令人想起了庇西斯特拉图的政策)。

伊特鲁里亚的管理者拥有绝对的权力。伊特鲁里亚人引入了imperium,即民事与军事上的命令权这一概念,这一权力由手持束棒(是一柄双刃斧,四周捆以束棒)①的侍从官加以体现,它代表了伊特鲁里亚的实际状况及其象征。国王运用这一全权(*imperium*)管理所有的民众,而无需元老院作为媒介;如此一来,他便能施惠于民,夺利于贵族。

第二节　共　和　国

(公元前 509 年—公元前 31 年)

我们知道共和国的诞生乃是由暴动所致,传统看法认为共和国是于公元前 509 年创建的。

罗马的传说故事呈现的这一事件表达了,是自由战胜了几位末

---

① 我们发现,除了侍从官及其束棒之外,共和国时期行政官员拥有的体现 *imperium* 的象征物有:象牙椅、红袍、顶端盘踞雄鹰的权杖、饰以金叶的王冠。

代国王的专制统治。这些国王[335]是外国人,将他们驱逐事实上乃是解放了全国。但是,从社会及政治的观点来看,所谓的"建立共和制"毋宁说是贵族阶层想攫取权力,或者说是贵族阶层想要复辟,而且也是民众(*populus*)的倒退。结果,民众发动了一场与世袭贵族的漫长战争。这场战争左右了共和国历史上的最初时期。只是在过了一个半世纪之后随着《李奇尼乌斯法》(*lois liciniennes*)的设立才建立起了某种平衡。

共和国鼎盛时期(公元前 5 世纪—公元前 2 世纪末)

建立寡头制:新的统治者懂得既要如何不让僭主制复辟,又要保护民众。为了达到第一个目标,就要用高级官员来取代国王(在该地区的其他许多城邦确实如此),前者的权力是暂时的,而且也有限度,他们的人数和职能会经常变化。首先是设立独裁执政官(*prætor maximus*,借鉴伊特鲁里亚的政体),然后是执政官(consul),再后是其他职能不同的高级官员,让他们来分享从前由国王包揽的权力。

第二个目标是,逐渐将世袭贵族封闭于某个世袭阶层之内。不过,从"官员表"(高级官员的名单)上看得出,在共和国初期,执政官与元老院①的某些职能已得到了确立,他们可全权做出行动的决定,后来他们又独揽了制定法律的权力。那些高官厚爵者的子孙都想要担任高位、进入元老院,仿佛只要获得执政官的全权,再拥有宗教上的重要影响力,他们的威力就会永不磨灭似的。

"人民公社"(commune populaire)

但是,平民阶层的揭竿而起,尤其是因为罗马与拉丁姆诸城邦之间连绵不息的战争,揭开了罗马大肆扩张领土的序幕,这损害了伊特鲁里亚时代经济繁荣的盛况。[336]农村部族中的农民要求免除债务,进行土地改革。另一方面,雅典克里斯梯尼近期进行的改革或许也造成了一定的影响。反正无论如何,平民阶层于公元前 494 年在圣山(Mont Sacré)上"分裂"成类似于想要进行和平罢工及想要进行战争的两派。世袭贵族无力抵挡这一威胁:因为在平民阶层中混有许多外国人,这些

---

① 在元老院内部,于原有的元老(patres)之外又列入了(conscripti)新的元老。

人很可能会颠覆他们之间的联盟。平民阶层只有获得护民官官员(*tribunat*)与平民大会(*l'assemblé de la plèbe*)这两个新机构中的贵族的首肯才能进入罗马,因为这两个机构是由元老院的世袭贵族及高级官员共同轮流掌权的。

护民官(*tribun*)①为每年选任,首先由氏族民众大会选出,如果有平民大会的话,那么然后就要由平民大会进行再次选举。他们先是两个人,之后变成四个人,再后来又变成了十个人(自公元前 457 年起)。他们拥有否决(*intercessio*)权:因为他们可以彻底反对其他高级官员做出的决策,其中包括元老院的会议与民众大会做出的决定,对法律进行的投票表决等。他们个人是神圣的,不可受到侵犯。无论哪位公民都能向他们要求保护(协助[*auxilium*]权)。只要声明有人威胁到了平民的利益,罪犯就会受到严厉惩罚,并被判处死刑:这种镇压的权力没有丝毫限制。因此,护民官这一职位是对执政官全权的牵制(但护民官的权力却局限于边界[*pomerium*]内部——也就是指罗马圣城之内——并限于城市的近郊地区;他没有执政官管辖军队的军事命令权[*imperium militiæ*])。

至于平民大会,公元前 371 年它创建的时候并不具有正式的性质。本土部族要听从平民阶层的意见,因为本土部族中的每个人都有投票权(因此,这里不会有因财富或年龄造成的特权:这是一种新的"民主"因素)。先从每个部族内部选出大多数人,然后再由这些部族进行投票表决(公元前 371 年的时候共有 25 个部族)。

平民大会(*concilia plebis*)拥有选举权:选举出的护民官必须是平民;它还拥有立法权:召开平民大会进行表决(*plebiscites*),即由平民阶层做出"决策",这些决策很快就会具有法律效力。

最后,平民阶层为自己建立了一座神殿,神殿设在边界(pomerium)之外,在阿文提努斯山(Aventin)的山脚下。该神殿由平民市政官负责管理,这些市政官也像护民官那样拥有不可侵犯的特权。神殿内保存有平民阶层的档案和财富。[337]它是用来献给平民阶层的三位

---

① 也译"保民官"。——译注

神祇(色列斯神①、丰收神②、色列斯的女儿)的,这些神对应于卡皮托利山丘上朱庇特神殿内的三神(朱庇特③、朱诺④、密涅瓦⑤)。

相继颁布的折衷法案:《十二铜表法》《瓦列里乌斯—贺拉斯法》《李奇尼乌斯法》

由于世袭贵族与平民阶层之间存在这样的二元性,因此形势便显得极为动荡和危险,不过这一二元性将被随后相继颁布的折衷法案所消解,这些法律导致建立了我们所说的贵族—平民政体,也就是古典共和制政体。

《十二铜表法》(*La Loi des Douze Tables*,公元前451年—公元前450年)——连续两年都没有执政官,但有十位委员(décemvir)⑥组成的特殊团体负责起草新的司法与政治法规。平民阶层对世袭贵族的抱怨是,后者都是地位高的神职人员,所谓的法律都是通过他们口头秘密表达出来的,但他们说的话时时在变,因而显得相当专断随意。从此以后,法律须形诸文字:可见希腊的法制体系造成了相当明显的影响(平民阶层的领袖曾派遣使团前往希腊)。十委员制定的法典对私法、刑法和政治团体都做出了规定。

私法:法典承认家庭和私有财产是社会秩序的基础。家庭中父亲的权力受到了限制。有关监护和遗产继承的事宜得到了梳理。所有权的取得方式受到了规定。民事诉讼的程序被建构了起来(详情参阅下文第三章)。

刑法:法典为百人团民众大会保留了颁布死刑的权力,由此一来,执政官全权中这一重要的组成部分消失不见了(它仍然存在于罗马之外,尤其是在乡村地区的军队中)。

政治团体:法典确立了由百人团民众大会对法律进行投票表决的原则。

《十二铜表法》确实是折衷法案。平民阶层获得了保障,但作为补

---

① 拉丁语为 Cerēs,罗马神话中的谷物女神,朱庇特的姊妹。——译注
② 拉丁语为 Liber,古意大利的丰收神,后与古希腊的酒神巴库斯合二为一。——译注
③ 拉丁语为 Juppiter,古罗马的最高神,为朱诺的兄弟和丈夫。——译注
④ 拉丁语为 Juno,古罗马农神萨图努斯的女儿,朱庇特的妻子。——译注
⑤ 拉丁语为 Minerva,古罗马智慧女神,希腊名为帕拉斯,是宙斯的女儿。——译注
⑥ 指古罗马的十人执政官,特指起草《十二铜表法》的起草委员会的十位成员。——译注

偿,它也承认了只有贵族阶层才有资格担任执政官的规定。该法律甚至最终承认了贵族阶层的封闭状态,因为法律规定了世袭贵族同平民阶层之间不得通婚。

《瓦列里乌斯—贺拉斯法》(*Les lois Valeriœ Horatiœ*,公元前 449 年)——该法是对《十二铜表法》的补充。第一部法律承认了护民官拥有不可侵犯的权力[338](在实际情况中,护民官还拥有法律认可的否决权)。第二部法律承认了平民大会的表决权拥有官方效力(但只有到公元前 386 年,《霍尔腾西乌斯法》[*la loi Hortensia*]才从法律本身的意义上承认了他们的权力)。第三部法律禁止执政官不经民众同意擅自设立行政官职的行为。

尽管如此,这项新的法律却并未解决平民阶层如何才能担任行政官这一问题。世袭贵族试图以设立"拥有执政官权力的军团长"(*tribun militaire*)①来逃避这个问题,平民阶层可以担任这项职务,但他们没有资格进入元老院。

折衷法案《李奇尼乌斯—塞斯蒂乌斯法》(*Le compromis licinosextien*,公元前 367 年)——后来,由于罗马发动了一系列战事,尤其是同萨姆尼特人(Samnites)②之间爆发的战争,使得罗马同大希腊以及迦太基都有了直接的接触,再加上公元前 4 世纪上半叶高卢人入侵时所冒的亡国危险,一项新的折衷法案便应运而生了。

该法由平民阶层的护民官李奇尼乌斯③和塞斯蒂乌斯④提出,这两人曾于十年间连续当选担任护民官。平民大会就免除债务、土地改革(限制了个人可拥有小块公地[*ager publicus*]⑤的数量),尤其是担任执政官的资格问题举行了投票表决。自此以后,两名执政官中就有一名会是平民。

世袭贵族仍旧试图通过为自己保留新的行政官职来做出抵制。但

----

① tribuns militaires,指古罗马的六名高级军官。——译注

② 萨姆尼特是意大利中部山区,位于坎帕尼亚与亚得里亚海之间。——译注

③ 指护民官李奇尼乌斯·克拉苏斯(C. Licinius Crassus)。——译注

④ 指护民官塞斯蒂乌斯·拉泰拉努斯(L. Sextius Lateranus),他于公元前 376 年—公元前 367 年担任护民官。——译注

⑤ 罗马国没收被征服民众的土地。

是很快,所有的官职——大法官、高级市政官等——平民阶层都能担任了,同样,以前的行政官职如独裁官(*dictature*)①、监察官、大祭司长(*grand pontificat*)的职位也是如此。

结果便出现了这一新的形势:社会各阶层不再混合在一起,而是相反创造出了新的显贵(*nobilitas*),他们由以前的世袭贵族和担任行政官的平民构成,他们自然都试图想将这一特权传承给自己的子孙后代。

随着新的贵族—平民政体的建立,出现了一段体制上相对稳定的时期(公元前 4 世纪—公元前 2 世纪中叶),此时乃是罗马共和国的鼎盛期,在此期间,领土扩张也大体上得到了完成。

第三节　领　土　扩　张

[339]如果我们不提及罗马和希腊的话,那么谈论自己是否被罗马化也没有必要;没有罗马的征服,就不会有欧洲。

共和国时期,罗马的征服基本上得到了完成,不过征服行为并未局限于这段时期。我们可以将之划分成下面的几个阶段:②

一　征服拉丁姆

该事件发生于公元前 5 世纪至公元前 4 世纪。公元前 496 年,罗马首先发动"拉丁姆战争"以对抗阿尔班(Albain)群山中的城市联盟(这些城市均受共和国的管辖)。"拉丁姆联盟"建立了起来。公元前 486 年,这一联盟击败了海尔尼奇部族(Herniques)③,然后又强行攻占了其他邻近的城市,如沃尔斯奇(Volsques)、埃库斯(Éques)、南伊特鲁里亚(约公元前 400 年)。公元前 390 年高卢人的入侵使情势变得更为危急。但罗马稳住了阵脚。公元前 340 年至公元前 338 年,它镇压了这些盟军的反叛,终结了拉丁姆联盟。

直到那时候,拉丁姆诸城邦之间签署的条约都建立在彼此平等的基础上

---

① 罗马共和国在非常情况下选出的临时执掌权力者,与 *prætor maximus*(独裁执政官或行政官)不同。——译注
② 参阅 Gaudemet,前揭,p. 140 及以后。
③ 意大利拉丁姆地区东部的撒宾部族。——译注

（*fædus cassianum*）：各个城邦的公民均拥有互惠的权利。拉丁人特别具有同罗马人的婚姻权（*jus conubii*）、贸易权（*juscommercii*）、被指定为继承人的权利，最后还有移民罗马的权利（*jus migrandi*）；他们或许还在罗马投票的权利（*jus suffragii*）。但他们没有在罗马被选为高级官员的权利（*jus honorum*）：因此，他们在政治上得听命于他人，他们奋起反抗的就是这一状况。他们被击败后，臣属的地位更是得到了强化：自此以后，拉丁姆诸城邦与罗马之间签署的都是不平等条约（*fæds iniquuum*），此外每个城邦签订的条约都不尽相同，而且罗马可单方面修改这些条约。罗马的至高地位因此得以确立，不过拉丁人的个体状况却没有更为恶化。

二　征服意大利

1. ［340］自公元前 343 年起，罗马便同萨姆尼特人交战（公元前 321 年曾与之在"考狄乌姆峡谷"［fourches caudines］①作战），后又与萨姆尼特人、翁布里亚人（Ombrien）、伊特鲁里亚人、北意大利的高卢人、希腊人和塔兰顿人的盟军作战。罗马人赢得了"意大利战争"（公元前 312 年—公元前 290 年）的胜利，由此成了意大利中部地区的霸主。

2. 那时它同意大利南部地区，即大希腊城有了直接交往。起初它和平地保持着与这些城邦的贸易来往，但自从萨姆尼特战争以来，它与其中最强人的城邦塔兰顿的敌意便突然彰显。爆发了漫长的战争，其间塔兰顿曾求助于伊庇鲁斯（Épire）的希腊国王庇鲁斯（Pyrrhus）。但一切都已枉然，公元前 272 年，塔兰顿被攻占。

3. 意大利尚未被攻占的地区还有托斯卡纳和意大利北部地区，在随后一个世纪中，它们也被征服了。

三　征服地中海流域

1. 布匿战争——攻占塔兰顿之后，罗马的势力一直扩展至意大利"半岛"的最远端，它无可避免地与迦太基产生了交锋，那个时代迦太基的势力与它旗鼓相当。

第一次布匿战争（公元前 264 年—公元前 241 年）导致罗马攻占西西里，它成为罗马首个"行省"。之后科西嘉岛与撒丁岛也很快相继陷落。

---

① 位于意大利萨姆尼特地区。罗马人在此被萨姆尼特人击败。——译注

第二次布匿战争(公元前 218 年—公元前 201 年)中汉尼拔(Hannibal)与西庇阿(Scipion)①在非洲交锋。罗马受到两次重创:在特拉西美努斯(Trasimène)②及坎尼(cannes)被击败。但是,汉尼拔在扎马(Zama)落败(公元前 202 年)。其间,西班牙被征服,在战略上对它形成了支持。西班牙被划分为两个行省(公元前 197 年)。

最后,为了彻底击败迦太基,罗马与之在非洲展开激战:此为第三次布匿战争(公元前 149 年—公元前 146 年)。迦太基被西庇阿·埃米利安(Scipion Émilien;此人随后夺取努曼提亚[Numance]③,平定了西班牙)攻占、劫掠。非洲成了[341]罗马行省(公元前 113 年至公元前 105 年,与朱古达[Jugurtha]④交战,将罗马的疆域扩展至努米底亚[Numitie,即现今阿尔及利亚]与毛里塔尼亚,往东直抵的黎波里)。

2. 马其顿与希腊——从第二次布匿战争起,就已开始往东进发。与马其顿人发生了三次战争(公元前 210—205、200—197、171—168 年)。最终,马其顿末代国王佩尔塞乌斯(Persée)在皮德纳(Pydna)⑤被西庇阿·埃米利安的父亲马其顿的征服者保罗-埃米尔(Paul-Émile le Macédonique)击败(公元前 168 年)。起初作为自由保护领地的希腊起来暴乱。但是,"阿开亚联盟"(Ligue achéene)[或为"achaïenne"]于公元前 146 年被击败,科林斯遭到了野蛮摧残。公元前 147 年,马其顿沦为行省(直到公元前 27 年,希腊才于阿克蒂乌姆[Actium]⑥海战之后正式成为行省;但它其实从那个时候起就已经归顺罗马了)。达尔马提亚海岸同样也被征服了(成为伊利里亚[Illyricum]⑦行省)。这样便将意大利北部地区与希腊连成了一片。不过那时候,尽管征服了这些地区,局势仍很不稳定。

---

① 西庇阿,罗马将领。——译注
② 意大利伊特鲁里亚东部湖泊。公元前 217 年,汉尼拔曾在此大败罗马军队。——译注
③ 西班牙北部城市。——译注
④ 朱古达,北非努米底亚王,与罗马经过长期战斗后终被击败。——译注
⑤ 马其顿城市。——译注
⑥ 古希腊伊庇鲁斯的海滨城市。公元前 31 年,屋大维的海军在此打败了安东尼和克丽奥佩特拉。——译注
⑦ 亚得里亚海东岸山区,在原南斯拉夫与阿尔巴尼亚境内。——译注

3. 希腊化时期东方的其余地区——战争与外交手段双管齐下,使得罗马随后成为希腊化时期东方其余地区的统治者。叙利亚国王安条克三世(Antiochos Ⅲ,公元前 192 年—公元前 189 年)当政时期,小亚细亚被攻占,珀耳伽摩斯王国在阿塔利德三世(Attale Ⅲ)在位时被赠予罗马(在公元前 133 年,也就是说那个时候恰是格拉古危机时期,参阅下文)。罗马在东部创建了亚细亚行省。公元前 1 世纪时,罗马获得了赠予的昔兰尼(Cyrénaïque,公元前 74 年),然后是比提尼亚(Bythinie,公元前 74 年由尼科梅德斯二世[Nicomède Ⅱ]赠与)。但本都(Pont)①的国王米特里达德斯(Mithridate)②与罗马相抗衡:他屠杀了数万名意大利人,并将亚细亚与希腊解放了出来。由此便导致了一场漫长的战争(公元前 89 年—公元前 62 年),苏拉(Sylla)、卢库鲁斯(Lucullus)与庞培(Pompée)在战争中声威大震,战争终以米特里达德斯落败并创设本都—比提尼亚行省(公元前 65 年)画上了句号。公元前 67 年,克里特岛成为罗马属地,公元前 64 年叙利亚被庞培征服,公元前 58 年塞浦路斯被攻占。最终,托勒密国王与克丽奥佩特拉长期以来进行自治的埃及在阿克蒂乌姆之后[342]成了罗马属地(它几乎成了奥古斯都③的私人财产,后来也一直受到皇帝的直接管理)。

四 征服西方

西欧在爆发战事、被罗马征服以前到处都是意大利商人:他们穿越了阿尔卑斯山的巨型隘口、莱茵河、北海……凯撒征服该地以前,高卢地区已可见到罗马化的痕迹(别墅)。

公元前 125 年至公元前 100 年间,高卢南部地区(普罗旺斯)已被征服,这样便确保打通了西班牙与意大利诸行省之间的地域(建立了普罗旺斯埃克斯[Aix-en-Provence]与纳波纳[Narbonne]行省,并修建了多米提安[Domitienne]大道)。这一古老的"普罗旺斯"地区在奥古斯都当

---

① 本都乃波斯帝国的行省,波斯人被亚历山大击败以及马其顿帝国解体之后,于公元前 280 年,该国在以前的波斯总督米特里达德斯一世治下宣布独立。

② 米特里达德斯(公元前 132 年—公元前 63 年),小亚细亚国王,同罗马进行三次战争,终被庞培击败。——译注

③ 即屋大维。他成为国王后,其继任者便都用奥古斯都这一称号。——译注

政的时候被更名为纳波奈兹(Narbonnaise)。公元前58年至公元前51年间,高卢剩余地区被凯撒征服。很明显,征服后没多久,高卢人的抵抗便日渐式微(这与西班牙的情况不同):可见高卢人适应了罗马的文明。

从莱茵河左岸一直到北海(比利时),都在罗马的威慑之下,因为罗马采取了与日耳曼蛮族联盟的策略。凯撒以及之后的阿格里帕(Agrippa,公元前39年—公元前38年)甚至越过了莱茵河。

凯撒两次入侵布列塔尼(指的是现在的大不列颠)的时间都不长。爱尔兰没有受到触动。同样,西班牙西北部和西阿尔卑斯山区仍然是完全独立的。

罗马的征服行为虽然谈不上令人迷惑不解,但一直以来也确实很难解释清楚。怎么会取得如此的成功呢?为什么它的扩张政策具有如此的连续性,它的政策执行能力为何又具有如此的持久性呢? 当然,罗马在军事上和技术上极为强大,尤其是它的组织颇为严密,讲究合理性,蛮族人甚至希腊人尽管野蛮残暴,但由于行事混乱无序,便丝毫奈何不得它(波里比乌斯或埃流斯·阿里斯蒂德[Ælius Aristide]都曾着重指出这一点)。尚需注意的是,尽管不无悖论,但罗马大肆攻城略地所发动的这些战争常常是防御战争:是罗马为了防止邻国的入侵,或对联合入侵的敌军做出的回应,等等,而且由于它采取扩张政策,不断将新的邻国纳为自己的属地之后,这些地区又会反过来要求它的支援。帝国便这样扩大开来。[343]但是,成功的真正原因毫无疑问应该是——我们还会回到这一问题上——**罗马文明的优越性**,毕竟这可以使被征服各国的民众认为被罗马同化也有好处。只有这样方可解释这些征服行为何以能如此持久的原因。

这些征服行为也诱发了许多新的问题,但罗马人会逐渐将其解决:公民权的问题和行省管理的问题。尤其是,这些征服行为也构建了一个崭新的机遇:不同种族共存于一个政治统一体中,这必然会导致新的法律的出现,这个法律具有抽象性,但事实上也具有普世性。

第四节　共和国的危机
(公元前133年—公元前31年)

但是,尽管罗马人可以去征服一个如此庞大的帝国,但共和制政体也成了它成功的牺牲品。大约自公元前130年起,它便经历了一系列愈益严重的危机。

格拉古兄弟(Les Gracques,公元前 133 年与公元前 121 年)

国家因征服而变得强大,但也引发了诸多不平衡之处:元老院阶层的急剧扩大使其独揽了公地(ager publicus),也就是说独揽了从征服地区的民众那里没收而来的大量土地;中间阶层的衰落,是由于竞相争夺被征服国家的土地资源、士兵连年参加军事战争的缘故;兴起的新的骑士阶层由官吏和财政官构成,他们都是急剧扩大的国家必需的人员,但由于他们尚未获得与其现实职责相应的社会与政治地位,颇受挫折。

恰是公地中土地分配产生的问题引发了危机。在西庇阿的某个贵族远亲家庭里,突然出现了两名改革者,他们是提贝留司·格拉古和卡伊乌斯·格拉古兄弟俩。

提贝留司·散普罗尼乌斯·格拉古(Tiberius Sempronius Gracchus)当选为护民官,使公众接受了《散普罗尼乌斯法》(lex Sempronia)。非法分配的公共土地将被没收,土地将重新分配,并设定限度(每人分得 500 朱格鲁姆[jugères],即 200 公顷的土地,外加每个孩子分得 250 朱格鲁姆的土地,[344]分配土地的上限为 1000 朱格鲁姆)。三执政官(triumviri agris judicandis adsignandis)负有分配的职责,他们将这项权力从元老院那里夺了过来。重新收回的土地将分配给穷人,每人将分得 30 朱格鲁姆的土地。但是,提贝留司被控采取了革命措施(他让人通过了这项法律,如果护民官运用自己的否决权而反对这项法律,就将遭到罢免;他连续两年当选为护民官)而被支持元老院的派别暗杀。

提贝留司的榜样是伯里克利;和他在一起的有斯多阿主义者布洛西乌斯(Blossius):他难道想在罗马建立民主制? 普鲁塔克(《希腊罗马名人传》[Vies parallèlles],"提贝留司·格拉古"[Tib. Gracchus],Ⅸ,4)转述了提贝留司·格拉古所作的演说:

> 意大利的每只野兽都有自己的巢穴、自己的洞窟、自己的兽窝。但是,那些为了意大利而战斗、被屠戮的人却只能走进阳光、空气和乌有之乡。没有炉灶、没有房屋,他们带着自己的妻小四处

流离。在战斗的时候,将领们会欺骗自己的士兵,激励他们为保卫自己的墓穴、自己拜神的场所而与敌人抗争,因为这些罗马人中没有一个人的家里有祭台,没有一个人有先人的坟墓;但是,他们奋勇战斗、被人屠戮为的都是让别人发家致富,而这些所谓世界的主人却连一小块土块都得不到。

卡伊乌斯·散普罗尼乌斯·格拉古(Caïus Sempronius Gracchus)12 年后试图重新采取同样的政策。他通过了《散普罗尼乌斯粮食法》(*lex Sempronia frumentaria*),该法规定以低廉的价格向罗马的下层民众出售小麦。他又赋予骑士新的权力,使他们在法庭中拥有与元老院同等的权力。他重新做出了有利于他们的决定,让他们征收亚细亚行省的租税。他想派遣民众移民塔兰顿、科林斯、迦太基,以便帝国不仅仅只受军队和元老院的控制。元老院对此提出了反对,但他却错误地诉诸武力。于是元老院发布最后通牒性质的元老院决议以反对他,他及其 3000 名支持者均遭到了屠杀(甚至骑士都与元老院联合起来反对他,以阻止国家朝民主制方向发展)。

格拉古兄弟的失败只是使贵族共和制喘了口气而已。因为,不进行改革,且社会平衡没有建立起来的话,共和国就会很脆弱。

社会冲突由将领出面解决的情况越来越多,他们发动的政变削弱了共和国,最终导致了帝国的来临。确实,格拉古兄弟[345]提供了如何使自己攫取特殊权力的范例。

自格拉古兄弟起,罗马的政治生活便受到了两股相左的大趋势,甚至是两个派别所左右,它们是 *populares* 即民众派,和 *optimates*(其字面意思为"最优秀者")即元老派。每个派别均有领袖。每个派别都知道如何才能成功,知道如何做出相对的让步。两者之间的斗争均集中于选举和政治方面,但他们往往会采取血腥的手段:暗杀、战斗、骚乱……

奴隶暴动

因攻城掠地,奴隶越来越多:在公元前 1 世纪的意大利,他们占了总人口的 30%至 50%,在某些地区达到了 70%。他们的境况愈来愈糟,尤其是他们许多人都受雇在 latifondiæ(大片农田)中务农,人数从来没达到像现在这么多,他们在极其严酷的工头手下干活,没人在乎他们。

由此,首先在拉丁姆(公元前 143 年—公元前 141 年)其次在西西里(公元前 135 年—公元前 132 年)爆发了一系列较为严重的暴动,那里的奴隶还建立起了国家(他们受某个叫尤努斯[Eunous]的人率领,此人自称具有神性,并自立为安条克[Antiochos]王),后来坎帕尼亚(公元前 103 年—公元前 101 年)又爆发起义,那里的暴乱者(萨维乌斯[Salvius]、阿特尼奥[Athénion])也自立为王。这些首领通常都是东方人,他们的起事都有着宗教动因。每一次,执政官都不得不长途跋涉进行远征,以重新控制那里的局势。

但是,公元前 73 年至公元前 71 年间,爆发了一场最为严重的叛乱,领头者是希腊化特征极为明显的色雷斯角斗士斯巴达克斯(Spartacus)和高卢人克利苏斯(Crixus)。这一次,起义者并未建立国家,而是把奴隶都带回了他们各自的国家。这样一来,军队就得分头行动。克拉苏斯和庞培对暴动者穷追猛打。其中 6000 人在卡普埃(Capoue)和罗马之间的阿皮亚大道(*via Appia*)沿途被钉上了十字架。

与格拉古危机不同,奴隶战争并未直接涉及政治。但是它们使授予将领的特别指挥权获得了合理性,其本身就是不稳定因素。

联盟战争①

[346]"联盟"②战争(公元前 91 年—公元前 88 年)是罗马为反对意大利周边叛乱的附属国而发动的战争。那时的意大利,三教九流混杂不清,不同地位的辖区之间也是乱麻一般。罗马人无论是在罗马还是在殖民地都享有罗马国的所有权利。而自治市居民仅享有拉丁权③,也就是说(大体上)仅拥有公民权,而没有政治权利。总之,其他

---

① 原文为"La Guerre sociale",按法语原文只可译为"社会战争",但正如作者在注中所言,此"社会"非彼"社会"。social(社会的)对应的拉丁语应为"socialis",它除了"社会的"之意外,尚有"联盟的"意思,而文中所指的拉丁语 *socii*(socius 的单数所有格)则为"盟友"之意。——译注

② 这次战争,与现代意义上所说的"社会"完全没有关系;这是罗马与 *socii*,亦即他的盟友之间的战争。

③ 罗马先后给予拉丁姆诸城市、殖民地和某些个人的权利。——译注

人,那些盟友(*socii*),与罗马"联盟"的诸城邦的居民却是两种权利都不曾享有。然而,第三次布匿战争的时候,他们却对罗马忠心耿耿,还源源不断给罗马派去援军。

公元前 123 年,卡伊乌斯·格拉古引导了一场变革:将公民权赋予拉丁人,将拉丁权赋予盟国(*socii*)。但元老院坚决反对。公元前 91 年,该项提议又重新摆上了议事日程,提出者是贵族鼓动家李维乌斯·德鲁苏斯(Livius Drusus)。他遭暗杀后,引发了一场战争:马尔西人(Marses)①、萨姆尼特人,然后是整个意大利都群起反抗。这是一场可怕的国内战争,闻所未闻的暴行层出不穷:罗马妇女被割去头皮,城市居民遭到大屠杀……马尔西人和萨姆尼特人建立了两个独立国家,他们都有自己的货币和都城。最终,在马略(Marius)和苏拉发动了一系列战役之后,和平重归大地,罗马人也表现出了宽宏大量的气度,将公民权赐予了整个意大利(内高卢②地区除外)。

这引发了许多重大的后果:公民人数成倍增长,达到了 91 万人。③罗马法四处传播开来。政治阶层开始进行变革。这便是罗马共和国中期发生重大变化的起始点。

[347]共和国接下来的历史突出的特点是,人们为了追求优越感不择手段,攫取了越来越多的权力。

马略

出身骑士阶层的马略(公元前 157 年—公元前 86 年)是一名杰出的士兵,他与统治西班牙的西庇阿·埃米利安不同,尽管他只是骑士,但公元前 107 年,还是受到了民众派的拥戴当上了执政官。他向无产者和失业者敞开了军队的大门,这样一来,军队变得更能征善战,也更易受野心家操纵。公元前 104 年至公元前 100 年,他再次当选执政官(这次选举经过了改革)后,战胜了钦布里人(Cimbres)和条顿人(Teu-

----

① 居住在意大利中部高原的部族,以巫术及舞蛇术知名。——译注
② 罗马人对阿尔卑斯山靠意大利一侧地区的称呼。——译注
③ 将部族人口归为新公民(*novi cives*)的做法,由于选举所造成的结果,还是导致了民众派与元老派之间的长期纷争。据人口普查(census)的统计数字显示,公元前 503 年,成年男性公民为 12 万人,公元前 124 年为 39.4 万人,公元前 86 年为 91 万人;公元 14 年的人口普查将妇女和儿童统计在内,公民总数达到了 493.7 万人(据 Le Glay,前揭,p. 111)。

tons)（移居普罗旺斯的日耳曼蛮族）。但他是个平庸的政治家；他同支持自己的民众派龃龉不断。他又与以前的部下苏拉为敌，不同意让苏拉率领军队与米特里达德斯开战：他们好几次彼此把对方驱逐出了罗马。马略与秦纳（Cinna）①联手之后，便大肆驱逐公民，他再次当选执政官后没几天即遭人谋杀。马略是凯撒的伯父。

苏拉

苏拉（公元前 138 年—公元前 78 年）是个没什么财产的贵族。他浸淫于希腊文化之中，过着放荡淫逸的生活。公元前 88 年，他率领军队返回罗马（这是大逆不道的行为），杀害了护民官苏皮丘斯·卢福斯（P. Sulpicius Rufus），因为后者免除了他与朱古达交战的指挥权。随后他回到东方与米特里达德斯开战，攻占了雅典（公元前 86 年）以及亚细亚的其他领土——他就是在那里发现了东方的君主制，在他之后的其他将领也对此种政体倾心有加，毫无疑问这成了帝国观念的开端。他带了无数战利品和 4 万人的军队返回意大利。

为时一年半的内战结束之后，他成了罗马的主人，并在此发动了大屠杀，将公民驱逐流放并没收他们的财产。通过《瓦列里乌斯法》（lex Valeria）②，他任命自己为"终生独裁执政官"，名号为"幸福者"（Felix），该名号强调他受到了诸神的特殊眷顾。他试图建立新的政体，或许是"帝国君主制"。事实上，他改革了体制，[348]使其有利于贵族，他将骑士逐出法庭，③限制了护民官的权力。但公元前 79 年 7 月，令所有人都大为惊讶的是，他竟然在库迈（Cumes）④自动退位了。

庞培、凯撒、克拉苏斯：前三头政治

凯撒（公元前 101 年—公元前 44 年）是个贵族，与马略是亲戚，他选择站在了民众派（populares）一边。他先是担任大法官，后成为西班牙行省总督（propréteur）⑤，并与克拉苏斯及庞培组成了前三头政治

---

① 即科奈留斯·秦纳（L. Cornelius Cinna），公元前 87、86 年担任执政官，拥护马略，秉性暴虐。——译注

② 勿与《瓦列里乌斯—贺拉斯法》相混淆。——译注

③ 卡伊乌斯·格拉古曾让骑士进入了元老院（参阅 p. 344）。

④ 意大利坎帕尼亚的海滨城市。——译注

⑤ 由退职法官担任的行省总督。——译注

（公元前 60 年），这是他们之间达成共享权力的非正式秘密协议。

公元前 59 年，凯撒担任执政官。之后，他成为内高卢与纳波奈兹行省总督（proconsul）①，攻占了高卢（公元前 58 年—公元前 51 年）。但是，公元前 53 年克拉苏斯死后，庞培当选为唯一的执政官，结束了三头政治的局面；他想召回凯撒，解散他的军队。由此便发生了**穿越卢比孔河**（Rubicon）这一事件：凯撒抵达罗马后，发动了为时四年的内战。他乘胜追击逃往希腊的庞培，并在**法萨卢**（Pharsale）一举歼灭了后者的军队（公元前 48 年）。庞培在埃及被国王托勒密十三世的手下人谋杀，凯撒惩罚了国王，并将王国交由克丽奥佩特拉掌管（她之前嫁给了自己的兄弟托勒密十三世；现成为凯撒的情妇，并为他生有一子凯撒里奥［Césarion］，即托勒密十五世）。公元前 45 年，凯撒得胜班师回到罗马。

此时，他成为握有绝对权力的君主，统治着王国。首先他当选为任期十年的独裁执政官，后改为终身制，受到了民众派（*populares*）的支持。许多庞培的支持者，其中包括西塞罗都相继站在了他的一边。于是他发起了重要的重建工作。他大大扩充了元老院的人数（元老院人数超过了 1000 人），让自己一派中的许多人进入了元老院。他重新对公地进行了分配，并在西西里、希腊、东方、高卢和非洲创建了许多殖民地。他终止了行省中存在着的横征暴敛的现象。

但是，由于怀疑他欲建立真正的君主制，公元前 44 年 3 月他遭到了谋杀，这一阴谋的领头者是布鲁图斯（Brutus），并得到了西塞罗的支持。

安东尼（Antoine）、列皮杜斯（Lépide）、屋大维（Octave）：后三头政治

［349］凯撒死后，他的副官安东尼②（公元前 83 年—公元前 30 年）便成了军队的首脑人物，攫取了权力。但是，很快就出现了另一个推定继承人，即年仅 18 岁的年轻人屋大维，他是凯撒的养子，凯撒赋予他统领军队和民众的合法权力。安东尼联合他，并与第三个人，即列皮杜斯，组成了后三头政治（公元前 43 年），这次他们采取了正式而且公开的形式。三位执政官通过大肆驱逐公民淘汰了共和派（谋杀了西塞罗）；公元前 42 年，他们镇压了谋杀凯撒的布鲁图斯和卡西乌斯（Cassius），并平分了罗马世界：安东尼获得了东方，屋大维得到了西方，列

---

① 由退职执政官担任的行省总督。——译注
② 参阅 François Chamoux 的传记佳作《马克-安东尼》（*Marc-Antoine*），Arthaud，1986。

皮杜斯得到了非洲。

安东尼娶了屋大维的姊妹奥克塔维娅(Octavie)为妻(这是为了通过联姻建立政治联盟,这样做也是为了重新建立稳定局势,以取代不复稳定的体制)。安东尼前往东方造访了自己掌管的行省,并在那里解决问题,分配职务:希腊人将其视为希腊化的君主,他也是真的这么认为。公元前41年,安东尼在西里西亚的塔尔斯(Tarse)爱上了克丽奥佩特拉,并不顾奥克塔维娅的反对娶她为妻:他们育有数子。在经过深思熟虑之后,他庄重地宣告将自己的孩子立为昔兰尼、叙利亚和西里西亚未来的君主,而埃及王国内部今后建立的王国则由他自己同克丽奥佩特拉共同掌权。

这完全背离了罗马所有的传统。屋大维在意大利广为传扬他的无耻行径,并激发人们对安东尼的嫉妒和憎恨。尽管有过几次和解的尝试,甚至于公元前39年还达成了"布林迪斯和平"(paix de Brindes)(维吉尔的《牧歌》对其褒扬有加,事实上之后还度过了七年相对平静的时期[公元前40年—公元前33年])。但交恶自然难以避免。公元前31年,两军战舰在阿克蒂乌姆(位于希腊西部海岸,邻近科孚岛[Corfou])交战。安东尼战败,通过海路逃走,但公元前30年又被围困于亚历山大里亚,由于误信克丽奥佩特拉自杀的消息,他也自戕而亡。

于是,屋大维独掌大权。后来他成为罗马的第一位皇帝,号奥古斯都。

第五节 帝国前期或"元首制"
(公元前 31 年—公元 285 年)

[350]有着凯撒前车之鉴的屋大维竟然成功地建立起了贵族制,显然经历了数十年内战之后,国家也需要这样的政体,不过他仍然完全保持了共和制政体的表面架构。这并不是说,奥古斯都在其内心深处不想建立君主制。如同非洲的西庇阿以来罗马所有的著名将领一样,他也对希腊化—东方的君主制模式心醉神迷:在亚历山大里亚,他拜谒了亚历山大大帝的陵寝,对它尊崇有加。他命人在演武场(Champs-de-Mars)的北面建造了一座巨大的陵墓,直径达 87 米,其式样仿照的就是亚历山大的陵墓。但是,奥古斯都行事颇为审慎,他内心极为复杂,加之很会耍政治手腕,最终他还是用纯然共和制的材料建起了他的君主制。

意大利的民众在阿克蒂乌姆前向他做了宣誓。自此以后，屋大维每年都当上执政官。但这样做并不合法，而且也不会持久。三年后，他架构了一个法律框架来处理这个问题，从法律上赋予其拥有行使绝对权力的合法性。

颇有戏剧性的是，公元前 27 年 1 月 13 日，他将自己的所有权力都归于元老院。元老院恳请他保留这些权力，并再次授予他执政官全权，任期为十年，管理 12 个外省，这些外省均驻有军队（由元老院每年授予退职行政官担任行省官员的标准体系对其他并未驻扎军队的行省仍具有法律效力）。

在三天后召开的另一次会议中，元老院授予了屋大维"奥古斯都"的头衔，也就是说正式赋予了他权威（auctoritas）。这一概念具有宗教色彩：它是贵族元老院议员才拥有的素质，这种素质赋予了他们进行鸟占的权力。此概念体现了道德上的优越性，使他的头衔在具有同等地位的人中间更显突出。正如奥古斯都在《成就》（Res gestæ，参阅下文，p. 529—531）中对此所说的："我比所有人更有权威，但是同我所有担任不同职务的同僚相比，我拥有的权力（potestas）并不比他们多。"这样说相当准确：只有奥古斯都有权威，他凭靠这权威凌驾于其他拥有行省总督全权的行政官员之上。

公元前 23 年，奥古斯都辞去了自公元前 31 年起他每年担任的执政官一职，作为补偿而接受了护民官的权力（puissance tribunicienne），他[351]亦可每年担任这一职务。在拥有管理外省的全权之外，他又享有了管理罗马的文职权力。奥古斯都成为不可侵犯之人。他可联合元老院或民众大会（comices），使他们就法律进行投票表决。他不用担心其他护民官的否决权，因为他拥有权威。

在这专制政体的三项基石——行省总督的全权、护民官的权威和权力——之外，奥古斯都知道还须做些必要的补充：

神职人员，其最高职位为大祭司；

监察权，他可凭此重组元老院①或创建由效忠于他的人组成的新的骑士等级；

执政权，奥古斯都虽然不是执政官，但可行使该权力（又一个有用的谎言）。

奥古斯都将行省交给效忠他的人，即"奥古斯都的行省总督（legats）"管理，他们以他的名义进行统治。

在罗马，他赋予骑士以禁军统领（préfet du prétoire，即统帅"禁军

---

① 在公元前 28 年的选举（lectio）中，奥古斯都剔除了 190 名元老，批准或者说任命了 600 多人担任元老。他自己则正式当选为元老院议长（princeps senatus）。

步兵大队",保卫皇帝的人身安全)、军需统领(préfet de l'annonce,负责军需补给)、夜警统领(préfet des vigiles,防止纵火的火警)的职责。他不在罗马的时候,会从以前的执政官中挑选合适人选担任城市长官一职。

他创设了新的税收,以对特殊的财政需求,即军费(ærarium)进行扩充。

最后,他的四周还簇拥着一个谋士团(conseil),其中一个成员就是大名鼎鼎的梅塞纳斯(Mécène),他是该政体的思想家,一些有影响力的作家如维吉尔或贺拉斯均为其服务。

因此,奥古斯都不用挂着会把共和制罗马吓跑的国王称号,因为他已拥有专制君主的权力。

> 历史的反讽是:他所拥有的"共和制"的头衔从那时起便已变成君主制的象征……他是 imperator(即被授予全权的统帅):"皇帝"(empereur)一词便从其发端。俄国的沙皇,德国的皇帝(Kaiser)都会冠以这样的称号(凯撒[César])。他是元老院议长(princeps senatus,元老院级别最高的首脑),由此便产生了君主(prince)一词。罗马的诸位皇帝周围总会围绕着一群侍从(comites)、地方军事长官(duces):他们就相当于封建社会中的伯爵(comtes)和公爵(ducs)。

帝国前期随后按各个皇帝的"王朝"分成相应的几个时期。

尤利乌斯—克劳狄乌斯诸皇帝(公元前 31 年—公元 68 年)

[352]奥古斯都(公元前 31 年—公元 14 年)、提贝留司(Tibère,14—37)、卡利古拉(Caligula,37—41)、克劳狄乌斯(Claude,41—54)、尼禄(Néron,54—68)。此外还有一段间歇期,即"四国王时期"(69年):加尔巴(Galba)、奥托(Othon)和维泰留斯(Vitellius,第四位是苇斯巴芗[Vespasien])。

民众中没有爆发什么严重的反抗活动:在意大利,这种情况对皇帝们极为有利(只有下层民众对尼禄很不满)。行省的暴动却是风起云涌;但是,这并未危及政体的存在。最后,是几个大的元老院议员家族中出现了不满,他们阴谋叛乱,但行动很不周密;于是皇帝们进行了血腥镇压(对元老院议员的镇压成了塔西佗作品中的主要内容)。

帝国未再扩张(只有克劳狄乌斯征服了布列塔尼,参阅下文)。人们在边疆实施了防御措施,对附属国采取了有效的外交政策。

弗拉维乌斯诸皇帝(69 年—96 年)

莫斯巴芗(69—79)、提图斯(Titus,79—81)、多米提安(Domitien,81—96)。

帝国政体构建已臻完成。在尤利乌斯—克劳狄乌斯这些罗马贵族皇帝之后,统治帝国的都是意大利人;在帝国随后的历史中,皇帝籍贯的范围一直在放宽。

69 年危机之后,莫斯巴芗恢复了和平与秩序。他到处推行大兴土木的政策(在罗马有卡皮托利神殿、竞技场……),重建并美化行省城市,推行"社会"政策,资助教育,在全国建立了"地籍管理部门"——这是一项伟大的创造。他对自己熟悉的行省重新做了调整,这样达到了一箭双雕的目的,既可确保安全,亦可改善财政收入。他建立了防御线(limes),帝国这一筑有防御工事的边境线持续了好几个世纪。

多米提安继续推行这一政策:在罗马大兴土木,通过完善地籍管理制度及分配土地来整顿帝国的疆域,通过对总督进行严密监控及设立可靠的市镇机构使行省的管理更趋规范化,[353]巩固防御线,整顿军队。行省的和平与良好的管理使它们的经济获得了史无前例的发展;这些行省开始超越意大利。

安东尼乌斯诸皇帝(96 年—193 年)

内尔瓦(Nerva,96—98)、图拉真(Trajan,98—117)、哈德良(Hadrien,117—138)、虔敬者安东尼乌斯(Antonin le Pieux,138—161)、马克·奥勒留(Marc-Aurèle,161—180)、科莫都斯(Commode,180—192)。之后出现了一段间断期,统治者是佩尔提纳克斯(Pertinax,193)。

这是帝国的鼎盛时期,人们把 2 世纪普遍的和平与繁荣叫做罗马和平(*pax romana*),有 5000 万至 6000 万居民享受到了它的和平,当时很少发生战争:只有图拉真征服了达契亚(Dacie,即以后的罗马尼亚),还有几次维持边境地区秩序的战争(反击阿拉伯人、帕提亚人[Parthes]、布列塔尼人),马克·奥勒留统治时期的形势要更为严峻(与多瑙河流域的日耳曼人和帕提亚人进行了战争)。

其次,就国内而言,政府与行政管理部门运行顺畅,没有什么严重的停滞现象发生。法律日趋完善(参阅下文)。皇帝亲自制定法律:哈德良让大法官拟定法令。马克-奥勒留统治时,创建了户籍制度,以减少用欺诈手段获取罗马公民权现象的发生。禁军统领成为国家的中心人物,类似于代理皇帝(vice-empereur)一职。国家的负担也在加重:图拉真推行"社会"政策,通过建立食品(alimenta)制度,救助穷困儿童。

毫无疑问,最重要的是借助行政管理与法律的作用使帝国保持统一性的做法得到了继续执行,但同行省相比,意大利相对来说有所衰退。

从经济层面上来讲,意大利在商业上不再具有唯一的重要性,行省之间的贸易发展了起来。外省的产品在市场上反响更好,从而超过了意大利的产品。在外省,土地耕种面积扩大,城市日益美化(公共浴池、凯旋门、圆形剧场、排水管道和引水渠、室内市场……),各个区域得到了持续发展(道路、引水渠……)。

[354]从知识层面上讲,本世纪初的辉煌灿烂(塔西佗、小普林尼[Pline le Jeune][1]、尤维纳利斯[Juvénal][2]、苏埃托尼乌斯[Suétone][3]、奥·格利乌斯[Aulu-Gelle][4])之后,2世纪的意大利作家通常都是些厚古薄今的博学之士。但是,外省的作家继他们之后脱颖而出:弗洛鲁斯(Florus)[5]、弗龙托(Fronton)[6]、阿普列尤斯(Apulée)[7]、普鲁塔克、阿

---

[1] 小普林尼(约61年—约114年),古罗马散文家、演说家,老普林尼的外甥和继子。后官至执政官。传世文本有《图拉真颂词》和《通信录》10卷。——译注

[2] 尤维纳利斯(约55—60年至约127年),古罗马最著名的讽刺诗人,他的许多格言警句都进入了公共话语系统。——译注

[3] 苏埃托尼乌斯(69年—122年以后),古罗马传记作家和古物收藏家。主要著作有《名人列传》《十二罗马帝王传》。后者依次记述了从凯撒至多米提安12个罗马皇帝的生平和轶事。——译注

[4] 奥·格利乌斯(123或130年—约165年),古罗马作家。他先于罗马学习法律,后至雅典钻研哲学。他唯一一部作品《阿提卡之夜》是晚年时在雅典写成的。——译注

[5] 弗洛鲁斯,古罗马历史学家与诗人,是首批非洲作家之一,对拉丁文学产生了重要影响。——译注

[6] 弗龙托(100—166),古罗马杰出的演讲家、修辞学家和语法学家。与加图、西塞罗和昆提利安齐名。——译注

[7] 阿普列尤斯(124年—约170年后),柏拉图派哲学家、修辞学家。《金驴记》作者。他游历广泛,晚年主要在迦太基度过,专事著述演讲,获得很大声誉。——译注

里安(Arrien)①、阿皮安(Appien)②、鲍萨尼阿斯(Pausanias)③、狄翁·克里索斯托、埃留斯·阿里斯蒂德(Ælius Aristide)④……

从政治层面讲,许多行省居民均获得了罗马的公民权,或以个人身份获得,或以团体身份获得(通过赋予他们的城市荣誉地位的方法赋予他们公民权,参阅下文)。行省获得了至高无上的政治权力:皇帝都是外省人。安东尼乌斯诸皇帝中头三个皇帝都是"西班牙人",均由意大利移民至西班牙。另一个皇帝,即虔诚者安东尼乌斯则是尼姆人。⑤

须注意的是,在相对提升行省地位的同时,东方诸行省也经历了独特的发展。产生了新的文化认同标志:即说希腊语的罗马人(拜占庭人在他们的整个历史中都一直称自己为"罗马人")。

塞维鲁斯诸皇帝(194年—235年)

塞普蒂米乌斯-塞维鲁斯(Septime-Sévère,194—211)、卡拉卡拉(Caracalla,211—217)、马克里努斯(Macrin,217—218)、埃拉加巴卢斯(Élagabal,218—222)、塞维鲁斯·亚历山大(Sévère-Alexandre,222—235)。

帝国的世界性得到了加强,因为皇帝不只是外省出身,还出现了非洲人和东方人:塞普蒂米乌斯-塞维鲁斯来自的黎波里的大莱普齐斯城(Lepcis Magna),埃拉加巴卢斯与塞维鲁斯·亚历山大都来自叙利亚。事实上,从好几个方面看,帝国都日益东方化。东方宗教越来越多(埃拉加巴卢斯本人就是埃美斯[Émèse]神埃尔戈巴尔[El Gebal]的祭司),即便在宫廷里,基督教在东方宗教中的影响力也日渐显现。政制日益成为君主制政体,而君主制也日益变得"东方化"、宗教化和专制

---

① 阿里安(?—180)希腊历史学家、哲学家。著有与色诺芬《远征记》同名的著作,讲述亚历山大大帝的征伐。——译注
② 阿皮安,希腊历史学家。在亚历山大里亚任职。其著作《罗马史》用希腊语写就。——译注
③ 鲍萨尼阿斯,希腊史地学家。撰有10卷本《希腊道里志》。——译注
④ 埃留斯·阿里斯蒂德,雅典哲学家。基督教最早护教士之一,其《基督教信仰辩护》乃是现存最古老的护教文献之一。——译注
⑤ 现为法国朗格多克-鲁西荣大区加尔省省会,早期为高卢部落首府,罗马时该城是最富有的高卢城镇,现有众多罗马古迹。——译注

化。禁军统领的权限得到了加强。

从社会层面上来看，自这段时期可以看出骑士阶层的地位在上升。政治变得更具社会性，有利于民众：利于社会流动的措施得到了实行，满足民众要求的趋向也颇为明显。

[355]边境地区的战争多了起来。塞普蒂米乌斯-塞维鲁斯与帕提亚人和布列塔尼人交战，卡拉卡拉与莱茵河与多瑙河流域的阿拉芒人（Alamans）以及帕提亚人交战。

212年，通过了著名的《卡拉卡拉敕令》（*édit de Caracalla*，或称《安东尼乌斯法》[*constitution antonine*]），这样一来帝国所有居民都接受了罗马国的法律。诚然，他们可以保留自己当地的法律，而无须采纳罗马的私法：东方很多城市就是这样做的。因此，实际上户籍上已不再提及部族的名称，人们都取了罗马人的名字（许多人通常都取皇帝的氏族名，如安东尼乌斯等作为自己的名字）。

塞维鲁斯诸皇帝统治期间，我们注意到有一股相当活跃的知识分子运动，这些活动一直以外省，尤其是东方为中心，其中有历史学家（狄翁·卡西乌斯[Dion Cassius][1]、希罗提安[Hérodien]）、学者（第欧根尼·拉尔修、阿弗罗狄西亚斯的亚历山大[Alexandre d'Aphrodise][2]）、法学家（代表了罗马司法传统的最著名人物有：帕皮尼安[Papinien][3]、乌尔比安[Ulpien][4]、保罗[Paul][5]）、医生（加雷努斯[Gallien][6]）、新柏拉图主义哲学家（阿莫尼乌斯·萨卡斯[Ammonius Saccas][7]、普罗提诺

---

[1] 狄翁·卡西乌斯（150—235），罗马行政官、历史学家。著有《罗马史》。——译注

[2] 阿弗罗狄西亚斯的亚历山大（200—?），哲学家，以其对亚里士多德作品的评注及对灵魂与心灵的研究而知名。其主要著作有《论命运》《论灵魂》。——译注

[3] 帕皮尼安（140—212），罗马司法学家，后世公认其为罗马法的权威。主要著作有《问题录》与《回答录》。——译注

[4] 乌尔比安（?—228），罗马司法学家及帝国行政官员。——译注

[5] 保罗（?—222），罗马法学家。——译注

[6] 加雷努斯（129—216），希腊物理学家、作家和哲学家。他对中世纪至17世纪中叶的欧洲医学影响很大。——译注

[7] 阿莫尼乌斯·萨卡斯（3世纪前半叶），是新柏拉图主义的首位理论家，他生活于基督徒的环境中，但在研读了柏拉图的著作后便放弃了基督教的信仰。他没有著述传世，后人只能通过他的学生普罗提诺了解他的思想。——译注

[Plotin]①）、首批最伟大的基督教神学家或"教父"（里昂的伊列奈乌斯[Irénée de Lyon]②、罗马的希波利特[Hippolyte de Rome]、亚历山大里亚的克雷孟[Clément d'Alexandrie]、奥利金[Origène]③、德尔图良[Tertullien]④）。这些"罗马"知识分子中绝大多数人都用希腊语写作。

军事混战时期(235 年—284 年)

色雷斯的马克西米努斯(Maximin le Thrace,235—238)、戈尔蒂亚努斯一世和二世(Gordien Ⅰ et Ⅱ)、普皮耶努斯(Pupien)、巴尔比努斯(Balbin)、戈尔蒂亚努斯三世(Gordien Ⅲ)、阿拉伯人菲利普(Philippe l'Arabe，244—249）、迪西乌斯（Dèce）、特雷波尼乌斯(Trébonien)、瓦列里亚努斯(Valérien,253—260)、加利耶努斯(Gallien,259—268)、克劳狄乌斯二世（Claude Ⅱ）、奥勒里亚努斯(Aurélien,270—275)、塔西图斯(Tacite)、普洛布斯(Probus)、卡鲁斯(Carus)、努美留斯(Numérien)、卡利努斯(Carin)。

这是一段极为混乱的时期(50 年换了大约 15 任皇帝)，但是如果不是边境日益告急，战事愈益频繁，充满变数，与之交战的有波斯人、摩尔人、达契人(Daces)和萨米蒂亚人(Sarmates)、所有日耳曼部族、法兰克人(Francs)和阿拉芒人、卡尔佩西人(Carpes)和哥特人(Goths)、克瓦迪人(Quades)、马尔科马尼人(Marcomans)、汪达尔人(Vandales)……那么问题主要就是在权力机构上面，而非由社会原因造成。

---

① 普罗提诺(205—270)，古代哲学家，新柏拉图主义奠基人。代表作有《九章集》，由其学生波菲利编纂而成。——译注
② 里昂的伊列奈乌斯(120/140—200/203)，里昂主教，2 世纪基督教主要神学家。写有《驳异端》和《使徒布道书》。——译注
③ 奥利金(约 185—约 254)，早期基督教护教家，希腊教父代表人物之一。他将旧约的希腊文、希伯来文及其他四种文字分六行对照排列，编成《六栏圣经》。在解经原理上，被视为是亚历山大里亚学派寓意释经派的代表。《论祈祷》与《驳塞尔索》为其主要著作。——译注
④ 德尔图良(155/160—220)，早期基督教神学家，为异端孟他努派的主要代表人物，他强调教会是"圣洁选民"的"属灵团契"，不主张教会世俗化，应严守虔诚等。后来他发觉孟他努派在教义上也不严格，便脱离门户，自创新的教派，该教派至 5 世纪仍在非洲流传。它主张的禁欲主义对后来教会的隐修主义影响颇大。——译注

附录：帝国的征服行动

[356]帝国前期很少发动新的征战，但许多"初露端倪的"征战行动正在变成切切实实的实际行动，从而推进了罗马化的发展。

西班牙剩余的地区都在奥古斯都统治的时候被占领，阿尔卑斯山地区同样也是如此。奥古斯都亲自平定了伊利里亚地区：多瑙河下游区域，即里西亚（Rhétie）、诺里库姆和潘诺尼亚①都得到了整顿。最大的麻烦是日耳曼：公元 9 年日耳曼首领阿尔米尼努斯（Arminius）与罗马军团交手几次后，终于将其歼灭，事实上（de facto）罗马人已经不再进行征伐，转而攻占了北海海岸（弗里斯[Frise]），他们特别沿莱茵河与多瑙河加固了防御线，并占领了这两条河流"交汇处"的十镇区（Champs Décumates 即施瓦本[Souabe]）。

布列塔尼在克劳狄乌斯统治时期被攻占。多米提安时仍然进行征伐，但罗马人从未占领过整座岛。多瑙河左岸的达契亚（未来的罗马尼亚）在图拉真时期被占领。尽管安东尼时代就已经与帕提亚人几经争夺亚美尼亚，但该地区是在奥古斯丁及其继任者治下成为附属国的。卡帕多西亚（Cappadoce）（小亚细亚中东部）、毛里塔尼亚、色雷斯也同样都被攻占。

但罗马军团也经历过失败。由于军队无法控制住最近攻占的这三个地区（亚美尼亚、美索不达米亚、亚述），不得不将它们放弃，于是征伐行动终于在哈德良统治时期停止了。

第六节　帝国后期或"君主制"

（285 年—565 年）

帝国后期的重要时代

戴克里先（Dioclétien）与四头统治

[357]戴克里先、马克西米亚努斯（Maximien）、加雷留斯（Galère）与君士坦斯·克罗鲁斯（Constance Chlore，284—305）

---

① 这些行省分别对应于现在的瑞士、奥地利和匈牙利，地理范围相当接近。

284 年,皇帝戴克里先将西方交于马克西米亚努斯管理,后者很快便获得了奥古斯都的头衔、护民官的权力和大祭司的职位。

因此便有了两个皇帝,他们各自统治帝国的一半,一人驻于尼科梅迪亚(Nicomédie,小亚细亚城市,近拜占庭[Byzance]),另一人驻于米兰。后来,这两人均各自任命了一名副手,并赋予其凯撒的头衔,加雷留斯驻于安提阿,君士坦斯·克罗鲁斯驻于特雷弗(Trèves)。这便是"四头统治",它的优点是,由于四个统治者之间有等级之分,一方面,他们按照合议制原则联合在一起,另一方面,他们之间也进行联姻(真的联姻或只是收养),因此彼此之间有姻亲关系的各个首脑在不破坏统一的情况下各自统治帝国的一部分,便能更有效地维持秩序。此外,继任制度也建立了起来。

四头统治可以遏阻内部的篡位现象,亦可抵御外敌。戴克里先对军队、行政管理部门、财政部门重新进行了整顿。他试图掌控经济的发展(301 年颁布《马克西姆敕令》)。马克西米亚努斯是大肆迫害基督教徒(303—304)的始作俑者。

君士坦丁(Constantin)及其诸子

君士坦丁(306—337)及其儿子:君士坦丁二世、君士坦斯二世与君士坦提乌斯(Constant,337—361)。——君士坦丁是君士坦斯·克罗鲁斯的儿子,他首先与其他几个"凯撒"和"奥古斯都"(马克西米努斯·达亚[Maximin Daïa]、塞维鲁斯[Sévère]、马克散提乌斯[Maxence]、李奇尼乌斯[Licinius]……)共享帝国。但自 312 年起,由于他对一神论的基督教日益亲近,[358]便促使他建立起了专制君主制(dominat),其权力不得与他人分享。324 年,他的几个对手都被淘汰出局。

君士坦丁继续推行戴克里先实行的国内政策:加强专制君主制,对行政管理实行等级化(设立了"神圣内廷侍卫"、财务官、侍从、队长[*magistri*]……),他对行省的行政管理进行了重新整顿,创设了权力很大的"行政大区"(préfectures du prétoire)以将"行政区"(diocèse)统合起来,而行政区则是由行省集合而成。

这三个"行政大区"(高卢区、伊利里亚—意大利—非洲区、东方区;之后,伊利里亚组成了第四个行政大区)起初纯粹是行政分离的区划,但在君士坦丁死后,却变成了独立的实体,由他的三个儿子各自统治;于是,四头统治的合议制原则等于重新变成了对领土进行划分。尤其是326年,君士坦丁为东方区创建了新的首府,即君士坦丁堡(Constantinople),建立在希腊古城拜占庭的遗址之上。自此以后,东方与西方的分离便成了既成事实,其间曾统一过几次,但为时极短。

君士坦丁统治期间,以其宗教政策而知名。由于长期受到一神教(它先后信奉太阳神和阿波罗)的吸引,君士坦丁日益表现出对基督教的好感。但他只是在临终的时候受了洗,不过自从313年起,由于颁布了著名的《米兰敕令》,他就已经确立起了"教会的和平",也就是说基督徒可自由信教。325年,他在尼西亚(Nicée)发起举办了公会议,会上谴责了阿里乌斯①异端。

君士坦丁的儿子们各自分享了帝国。君士坦斯二世获得东方,他被认为是"拜占庭"的第一任皇帝(他的皇宫中有大量宦官,而这种现象在意大利却未曾出现过,拜占庭也要到15世纪才会见到宦官)。

但是,边境地区又起战事:新的波斯帝国,即萨珊王朝(Sassanides②,其国王为萨波尔二世[Sapor Ⅱ])对罗马发动了猛烈进攻,此外帝国还受到了日耳曼人(法兰克人、阿拉芒人、克瓦迪人、马尔科马尼人、哥特人)、匈奴人(Huns)和斯奇提亚人(Scythes)③的进攻。

异教的反抗:背教者尤利安(Julien l'Apostat)

背教者尤利安(361—363)、约维阿努斯(Jovien,363—364)。——360年,尤利安在卢泰提亚(Lutèce)被军队拥戴为皇帝时,君士坦斯二世甚至还没死。[359]他是深受希腊文化熏陶的知识分子(还写过重要的哲学著作和文学作品)。他生活于基督教环境中,后又成为异教(通神术、厄琉西斯[Éleusis]④的秘仪宗教、太阳崇拜)的信徒,因此他重新鼓励异教信仰的发展,并不许基督徒传授教义与担任公职(这便是

---

① 323年,北非神学家阿里乌斯所创。他认为圣子不完全是神,与圣父同性不同体,因而圣父最高,次为圣子,再次为圣灵。他还反对教会占有田产。该派尤其在下层民众间广为传播。4世纪后在哥特人和汪达尔人中流传。6至7世纪逐渐消失。——译注

② 萨珊王朝(224—651),由阿尔达希尔一世创建,后被阿拉伯人击败。萨珊取自阿尔达希尔一世的祖先名讳。——译注

③ 斯奇提亚位于黑海与里海北部。——译注

④ 古希腊阿提卡西北部的海滨城市,因敬奉色列斯女神而闻名。——译注

他的绰号"背教者"一名的由来）。但 363 年,他在同萨波尔交战的时候遇害（"你赢了,加利利人",他临死的时候这么说道）。

约维安努斯继任皇位;他是个温和的基督徒。但 364 年他也被杀害。从那时起,一场新的危机开始了,而帝国两个部分的命运也差不多就此分道扬镳。

西方帝国的终结

瓦伦提尼亚努斯一世（Valentinien Ⅰ,364—375）、格拉提亚努斯（Gratien,367—383）、瓦伦提尼亚努斯二世（375—392）、霍诺留斯（Honorius,395—423）、瓦伦提尼亚努斯三世（425—455）、罗慕路斯·奥古斯图斯（Romulus Augustule,476 年遭废黜）——继续遭到入侵。西方诸行省都已失陷,事实上都已成为蛮族人的地盘。汪达尔人穿越高卢和西班牙,驻扎于安达卢西亚和非洲。410 年,罗马甚至被阿拉里克（Alaric）①的西哥特人（Wisigoths）攻占,后 455 年又遭根塞里克（Genséric）②的汪达尔人劫掠。西方的末代皇帝,年幼的罗慕路斯·奥古斯图斯遭到蛮族头领奥多阿刻（Odoacre）③废黜,该人乃是雇佣军的首领。

至查士丁尼(Justinien)时的东方

瓦伦斯（Valens,364—378）、泰奥多西乌斯（Théodose,379—395）、阿尔卡狄乌斯（Arcadius,395—408）、泰奥多西乌斯二世（408—450）、查士丁尼（527—565）。

这段时期仍然是战争不断,篡权夺位时有发生。不过,泰奥多西乌斯的统治时期是一道分水岭,首先这位皇帝战胜了蛮族人,后来由于在他治下基督教成为帝国独一的国教（379 年起,格拉提亚努斯便辞去了大祭司长的职位;391 年,泰奥多西乌斯禁止一切异教）。

东方也受到入侵的威胁,但它地处偏远,抗击得法。泰奥多西乌斯二世在位时间颇长,其间[360]颁布了《泰奥多西乌斯法典》（Code

---

① 阿拉里克(370—410),西哥特国王与军队首领。——译注
② 根塞里克(428—477 在位),汪达尔与阿拉尼国的国王。——译注
③ 奥多阿刻(433—493),意大利首位蛮族国王。他登基的那年(即 476 年)便被认为是西罗马帝国的灭亡之时。——译注

Théodosien），它是首部汇总编纂而成的罗马法。

在罗马诸皇帝中，查士丁尼可说相当了不起。他确定了罗马法的最终形态。① 是他最后一次将帝国统一起来，其统帅贝里萨留斯（Bélissaire）重占了非洲、西班牙南部地区和意大利（从东哥特人［Ostrogoths］手中夺取，但6世纪末期，在蛮族伦巴第人［Lombards］再次大举入侵时，又全部失守，只有拉文纳［Ravenne］地区除外，在长达两个世纪中，该地区一直是拜占庭"地方总督的辖区"）。我们知道，查士丁尼之后，便开始了"拜占庭"帝国的漫长历史，它一直持续至1453年君士坦丁堡被土耳其人攻陷为止。

帝国后期的普遍特征

在"帝国后期"②，主要出现了四个变化："君主制"（dominat）的东方化（我们已经发现，塞维鲁斯诸国王统治时期它已经初露端倪）、国家不堪重负、基督教化、东方/西方的分裂日益加深。

君主制的东方化

除了亡者的宗教之外，现任皇帝的宗教也在发展起来。修饰词"神圣的"与"神性的"都开始应用于所有涉及到君主的事物上面。自此以后，君主通常会被叫做 *dominus*，即主人，而不再是 *princeps*（首脑）。占星术中的征象将王权视为宇宙组织的反映，而以前此种征象都被［361］视为是精神紊乱或专制精神的体现，但自此以后却得到了接纳。

此种趋向首先是受到了晚近异教文化与新柏拉图主义哲学的影响，但它也受到了某种基督教神话，特别是阿里乌斯派异端以及凯撒利亚的尤西比乌斯（Eusèbe de Césarée）理论的影响（参阅下文 p. 610 及

---

① 参阅本书第三章。
② 我们已经注意到，这种表达法不会受到当今大部分历史学家的赞成，他们更愿意把这叫做"晚近古典时期"。他们的不同看法是，一来帝国这一观念完全隐藏在了"晚近古典时期"这种表达法之中，二则后一种表达法在意识形态上并非像它显现的那样持的是中立立场。问题在于，"帝国后期"此种表达法正暗含了此种判断。对那些认为历史具有某种形式，它在进步，但亦会冒倒退的危险的人来说，他们更愿意持传统的表达法，它的优点在于可清晰地令人明瞭法律、个体自由与"君主制"（dominat）时代产生的开明盛世（Lumières）究竟是如何退化的。

以后）："上帝乃是王权的典范；正是他决定为所有人确立独一的权威。""正是经由宇宙之主，皇帝方得接受且享有至高王权的形象。"

"东方"典仪在宫廷中得到了发展。波斯的跪拜仪式得到引进。东方的冠冕取代了共和国凯旋而归的将领头上所戴的古老的月桂王冠，帝国前期的君王就一直戴这种王冠。皇帝穿着的服装奢华至极，上面镶嵌着宝石。他极少在公众面前露面，并与宫廷一起保持着等级化的、凝固不变的姿态。他头上笼罩着光环便是他呈现出的形象。

行政权效尤天上等级的形象，也日益集中化和等级化。王朝的原则得到了确立（我们发现，只有当军队强行设立自己的候选人时才会破例，如查士丁尼便属此例；但是，查士丁尼具有皇族血统）。

国家不堪重负①

由于专制君主制得到了强调，无疑也由于蛮族人的压力，方导致了军事化，帝国后期的特点就是国家机构史无前例地急剧膨胀，这体现在两个方面：官僚主义臃肿笨拙，之前闻所未闻的统制经济论(dirigisme)得到了奉行。以至于人们一谈起"极权主义"国家，便会认为它令人窒息、僵化不变。我们将在下一章阐述帝国后期的政治体制。我们会在此稍微讲讲经济的国有化。

由于既未阻止经济的滑坡，亦未阻遏住通货膨胀，国家便只能对价格浮动做出规定。301年著名的《最高公定价格敕令》(édit du Maximum)固定了好几种商品的最高价格。[362]收入也同样固定不变。违禁者将被处以死刑。所有权受到了损害：只要有人承诺开垦土地，便能居住在此土地上。由于税收与土地挂钩，村庄这样的集体便被强行征收赋税，这便促使村民去开垦那些未曾受人留意的产权土地。

另一方面，国家自身也成了某种经济力量。它创建了皇家制造业：兵工厂、武器制造厂、织造作坊、造纸厂、货币厂……这些公有企业都是垄断经营。

最后，国家还设立了职业团体组织。这些团体都是国家机构。它们之所以实行垄断经营，就是为了控制这一职业。但是，作为交换，也

---

① 参阅 Humbert，前揭，p. 348 和 p. 352。

推出了一项严厉的措施，即提供服务的时候必须不支取报酬。为了更好地将每一个人都固定于其岗位上，便强行推广世袭制，工作上无论何种形式的流动都遭到禁止。这成了一种普遍趋势，因为军职同样也采取了世袭制，十人队队长的职务便是如此。农民这一职业也固定不变：这便是隶农的体制，它是中世纪农奴制的鼻祖。

使农民依附于土地是一种确保定期征收人头税(*capitatio*)的方法。地主也是这样收取利息的。隶农是半个奴隶。除非他依附于有产者，否则他就可以拥有财产，还可自由结婚，但他必须向地主缴纳很大一部分收成，并服徭役。瓦伦提尼亚努斯一世和泰奥多西乌斯时期，这项体制已全面铺开，从而导致了**法律面前人人平等**这一观念的倒退：自 396 年起，隶农不能上法庭控告其主人，但后者却可对其施行惩戒权和家庭裁判权。之所以成为隶农是因为贫穷，所以才把自己卖给了有产者；是因为定居于蛮族人土地上的国家的决策所致；是因为自由具有时效，只有当定居于同一片土地超过 30 年时，方可享有自由；最后，是因为世袭制乃是一种普遍情况。

因此，帝国后期的整个社会都趋向于固定不变。由此便导致了经济崩溃，尤其是与国家力量相左的社会力量开始崛起：Potentes，即土地贵族日益壮大，他们试图不受中央政府和行省管理机构的左右。它是中世纪领主制的预演。

基督教化

[363]自君士坦丁统治起，基督教并非仅仅是受到了宽容，而是得到了优待。基督教的符号出现在了货币上。神职人员可免交赋税。主教裁判权受到官方认可。自 4 世纪起，受到主教法庭惩罚的异教徒会被帝国权力机关处死。从某种意义上说，更令人惊讶的是：333 年起，君士坦丁颁布了一项法律，申明主教裁判权不再具有纯粹自愿和仲裁的权力，它便试图与民事裁判权相抗衡并将其取而代之（不过，这项措施后来被撤销）。最后，教会获得了对神职人员进行民事（而非刑事）裁判的垄断权：它是"裁判特权"的缘起，这项权力将对中世纪教会法产生深远影响（参阅下文，p. 878、p. 959 与 p. 968—970）。

越是近帝国后期，基督教的影响力便越是波及帝国世俗结构日渐削弱的西方，教会的社会—政治作用也愈来愈重要，尤其从地方层面而言，主教（每座城市约有一名主教；高卢 112 座城市有 118 个教区）维持着城镇生活,他成为当地真正的首领,代表罗马与蛮族人相抗衡(希波[Hippone]的圣奥古斯丁就是这样抗击汪达尔人的,而在罗马,莱奥一世[Léon le Grand]对抗的是匈奴人和根塞里克的汪达尔人)。

当主教因召开教区(教务)会议和主教会议而相聚时,正是教会在蛮族人的王国之外维护着罗马文化的一致性。当西方与拜占庭的联系最终被切断后,它便在西方采取了某种方法,在帝国之后仍然围绕于教皇周围,并将帝国的观念一直传至加洛林王朝。

东方/西方的分裂日益加深

从体制上说,其特征是先出现了四头统治的体制,然后是行政管理彻底分离成了两套班子,最后是王朝的完全独立。不过体制上的一致性仍然维持着:[364]原则上说,只有一个帝国,帝国某个部分制定的法律也要被运用于其他地区,反之亦然。但第二个都城的创建则导致了帝国中心朝东方迁移。东方完成了希腊化,拉丁语很快消失不见(只有在法律领域,拉丁语仍然使用了很长时间)。东方的社会、经济与文化特征迥然相异,酝酿出了拜占庭文明,而西方则好几次陷于无政府与荒蛮状态之中。

须注意的是,意大利确实从未停止过具有"罗马特色"。在意大利,拜占庭长期以"地方总督辖区"的形式存在于拉文纳、威尼斯,存在于意大利南部大部分地方与西西里。即便在其他地方,蛮族的出现也都未曾将城市文明消抹干净,如他们对高卢人或在西班牙所做的那样。

第二章　罗马的政治体制①

[365]在重新采纳蒙森(Théodore Mommsen)②于上世纪提出的范畴之后,我们便能在共和国时代的罗马公法与宪法中对"行政官员"(第一节)、"民众"(第二节)及"元老院"(第三节)的范畴做出区分。虽然帝国时代罗马国的性质改变了,但必须将"元首政体"(principat,第四节)与"君主政体"(dominat,第五节)视作特殊的(*sui generis*)体制。最后将专门对领土的行政管理(第六节)及社会秩序(第七节)进行分别阐述。

第一节　行　政　官　员

[366]共和政体的鼎盛时期,共约有 30 名"高级官员"③使国家运转:这足以表明该制度的效率极高。

全权(imperium)概念

罗马的高级行政官员(独裁执政官、执政官、大法官、代理执政官、行省中的退职高级行政官[pro-magistrats])都被视为拥有"全权"。

---

① 据 Jean Gaudemet 的《古典时期的政治体制》,Montchrestien,第三版,1991;Michel Humbert 的《古典时期的政治与社会体制》,Précis Dalloz,第四版,1991;Claude Nicolet 等的《罗马及对地中海世界的征服》,2 卷本,PUF,1993—1994。

② 参阅 Yann Thomas 的前言,《罗马公法》(*Droit public romain*)的法译本,Th. Mommsen 翻译,Boccart。

③ 当然不包括下级公职人员。

全权乃从伊特鲁里亚君主政体传承而来。它指的是民事与军事上的指挥权,一开始便具有专制性(尤其是它包含了生死权)。它的象征物便是侍从官所执的围于斧钺外围的束棒(侍从官的人数随行政官员的地位而变化,只要是拥有全权的高级官员,都会有侍从官相随)。

全权本质上具有宗教性。它不是民众赋予的权力,即便高级官员在民众的协助之下登上高位,它仍是 *lex curiata de imperio*("与指挥权相关的胞族法")委任他担当此任的。因为,确切地说,民众无法赋予权力,他们不是受托人;他们只能赋予某些公民独享对鸟占进行阐释的权力,事实上是鸟占重新赋予了他们权力。但说到底,诸神才是这一权力的真正根源。

因此,政权并未像希腊那样被合理化与"世俗化":罗马人及其身后的欧洲专制主义传统放弃了完全使权力"符合理性"的要求;权力保持着神圣、令人敬畏的特征。

不过,必须注意到,我们对罗马人针对全权所持看法的了解,仅来自稀少的文本。这些文本很晚才被发现,且残缺不全,均成文于共和国危机时期。要事后认识当时的现实并对其进行重构极为困难。似乎宗教因素随着时间的推进而在日益削弱。一位叫波里比乌斯的希腊人描述了公元前 2 世纪中叶的共和政体,有的是他亲身经历,[367]有的是从罗马政治家那儿道听途说而来,他在讲述罗马行政官的权力时从未涉及宗教概念。①

在从王国过渡至共和国的时候,基本上未对全权做出什么改动,而是对不同头衔所拥有的全权进行了划分,并使其具有暂时性(行政官职任期一年)。

我们对民事全权(*imperium domi*)及军事全权(*imperium militiæ*)做了区分:

---

① 对于这些保留意见,请参阅 Nicolet,前揭,卷一 p. 394 及以后。

民事全权　它是边界（*pomerium*）①内部的民事权力，是政治、司法与强制权。包括政治权：召集民众大会（*comices*）②或元老院，让他们对法律进行投票表决（尽管护民官并不具有全权，但他仍然拥有此项权力）；司法权：它由大法官专擅；强制权：它是指生死权，由于引入了"向民众申诉"（*provocatio ad populum*，即公民有权让民众大会做出裁决）的权力，边界（*pomerium*）内部的高级行政官很快便不再拥有此项权力。由此之故，自公元前300年起，为城市高级行政官护驾的侍从官所执的束棒中的斧钺便被取消了。

军事权力　指挥军队、征收"赋税"（因战争军费而课取的税收，由不服兵役者支付）、招募军队、分享战利品、召集百人团民众大会③（退职的行政官员不享有此项权力）、在罗马境外采取武力、行省中的民事及刑事司法权（总督有此权限）。不过，针对此项权力，有某些限制措施。

罗马行政官职的普遍原则

"行政官职"（magistrature）这个术语罗马人同样也在使用：首领（magister）指的是比其同胞"地位更高"的人。他拥有*potestas*，即权力或权威，[368]根据行政官职的高下，他可以运用国家的部分强制力量，并以共和国的名义加以施行。

> 需要对*potestas*（权力、权威）与*imperium*（全权）做出区分。所有的高级官员都拥有*potestas*。但只有某些高级行政官员另拥有*imperium*（并非所有高级官员都是如此：监察官是高级行政官员，由百人团民众大会选出，但他并不享有*imperium*）。

我们谈论护民官、市政官、监察官的权力的时候，意思是说高级官员之间要么拥有同等的权力，要么其中一人比另一人拥有更大的权力。

此外，罗马行政官职有一些共同特征：

选举　所有的高级官员均是通过选举当选（除了独裁执政官、他手

---

①　我们记得，*pomerium*就是指罗马城的神圣边界。
②　民众大会（*comices*）乃是政治集会。在罗马有数种形式，参阅下文，p. 374—377。
③　由于百人团民众大会原本便是军事机构，他们是在边界之外集结的，因此他们不能以民事权力为名进行集结。

下的骑兵队统领和代理执政官:不过这些行政官职都是例外)。共和国初期,他们都由在职行政官任命(选举[*creatio*]),但不久民众大会便获准介入进来。

尽管如此,仍然无须将这些选举同我们现代的民主制同等看待。执政官选择候选人,他会同元老院经过商量(参阅下文),但民众只有淘汰权。另一方面,主持会议的高级官员可以要求重新进行投票,或者中断投票程序。新当选的高级官员并非是由这样的投票过程直接选举而来,而是由老的行政官员于投票之后将他的名字公之于众(*renuntiatio*)的。最后,民众大会没有任何免职权。因此,我们并不能说,高级官员在选举大会上会"负责任"。总之,寡头一旦掌权,这一制度便遭废止。

年限　大多数高级官员都是当选一年。这是共和国的基本原则:它以此来抗衡君主制或僭主制。重复当选却是可行的:可以好几次担任执政官、大法官等,而且两次委任之间的间隔期也得到了缩短。

合议制　某一类别中的所有高级官员都拥有行政官职的整体性权力。在执政官、大法官等职位中间,不像我们的内阁部门那样有什么"分工";每个职位负责的是所有事务,与其他人的决策相互依赖。这样一来,整个高级官员阶层都能对无论哪个同事做出的决策采取事先禁止(*prohibitio*)或事后否决(*intercessio*)的措施,它的目的就是:[369]引入合议制,以避免重蹈个人专权的覆辙。

等级制　行政官职具有等级制,高级行政官员拥有明确的权力对下级行政官员做出的决策提出反对意见(*intercessio*)。但是,这一等级并非绝对一成不变,某些如护民官或独裁执政官之类的高级官员的职位也会被安排得不尴不尬。

123年的法律设定了如下等级:独裁执政官、执政官、大法官、骑兵队统领、监察官、市政官、护民官、财务官、司法官(*triumvir capitalis*)①、地政官(*triumvir agraire*)、四个首席军团的军团长……唯有一种秩序确实不变,那就是赋予人们这些行政官职的那个秩序,它指的就是荣誉生涯(*cursus honorum*)。

人们对由百人团民众大会选举出来的高级行政官员(独裁执政官、骑兵队统

---

① 负责判处死刑的行政官员。

领、代理执政官、监察官、执政官、大法官)和由部落民众大会(*comices tributes*)选举出来的低级行政官员(其他官员)做了区分。人们将有权坐象牙椅的人称作高级行政官(*magistrats curules*):即财务官及其之上的等级。

专门化 每个行政官职均有一系列得到明确规定的权限,即便这些权限对高级行政官员来说太过宽泛。

行政官职均无报酬(没有报酬乃是共和国的寡头制特征)。①

"退职行政官员"(pro-magistrature)的概念

对许多职位而言,一年的时间过短:很有可能无法完成这些职责。由此便产生了职务延长(*prorogation*)的概念:职务延长者(prorogé)并非严格意义上的高级官员,他不能召集民众大会或元老院,等等。但是,他保留了全权,或拥有军权,或拥有行省的管理权(这常常没有什么区别)。退职行政官员(由退职司法官充任的行省总督[propréture]、由退职执政官充任的行省总督[*proconsulat*])便成为行省政府的正常模式。这些职务会被延长一年,通常可能延得更长(如凯撒在高卢时),以至于执政官事实上成了通往行省政府(总督)的前奏曲,它不仅任期颇长,而且还可支取报酬,堪称职业生涯的顶峰。

主要行政官职

独裁执政官的职务 [370]共和国生死攸关的时候,所有的权力都将集于独裁执政官一人之手——他便是暂时当政的国王;此外,他的职责也极为古老,宗教禁忌是其主要特征。

随侍于独裁执政官左右的共有 24 名侍从官(相当于两名执政官配备的量)。他由执政官加以任命,此项任命须得到胞族民众大会的认可;他可亲自任命一名骑兵队统领。独裁执政官的任期不超过六个月。公元前 200 年,此项职务遭到了废弃。

无国家元首的时期(interrègne) 当权力处于真空期时,最高领导(auspicium)权便将交于 *patres* 即元老院手中,元老院会任命一位代理执政官(*interroi*),任期为五天,之后再任命另一人,以此类推。代理执政官须处理当前事务,直到人们选举出执政官或任命独裁执

---

① 因为只有富人才能全身心为国家服务。我们发现,民主制雅典与此相反,它会向许多公共职务支付报酬。

政官为止。①

监察官的职务　监察官在共和国中具有极高的道德权威性（监察官一职乃是荣誉生涯[*cursus honorum*]②的最末一个等级；只有上了一定年纪，且曾担任过最高级别职务者，方可担当此任）。起初任期为五年，后改为 18 个月。

两名监察官的权限如下：对公民进行统计并归类（由此导致的结果是，百人团及部族民众大会以及骑士阶层的构成都发生了变化）；建立元老院议员的名单（拥有任命和罢免新的元老院议员的最高权力）；监管风化；最后是审查财政状况，维护公共建筑、道路，管理招标事宜，对包税农田进行招标，分配公地，等等。

执政官的职务　[371]执政官由元老院挑选，由百人团民众大会选举而出，再由胞族民众大会使其就职。他们拥有民事和军事全权（*imperium domi et militiæ*）。他们有"与元老院协调处事"、③召集民众大会、令其就法律进行投票表决的权力。他们共两名，但之间存在轮流执掌束棒（alternance des fasceaux）的奇特制度：任何时候都只有一人拥有束棒，他将束棒交于另一人后，即可换取数月时间执掌民事全权，数天时间执掌军事全权。因此，他们都只拥有一种权力。

大法官的职务　先有一名大法官，后设了两名（在创设了 *prætor peregrinus*，即外事大法官之外，公元前 242 年还增设了一名城市大法官），之后又增设至四名（将原有职能进行细分），再后增设至六名，至共和国末期时又增加了几名（目的是赋予他们管理行省的权力）。他们拥有全权中各种重要的职能（比较执政官的职能），但是其主要职能还是民事司法权：我们在另一章中对私法做详尽阐述的时候会论及这一权力（第三章）。

我们现在论述的是低级行政官员，他们不具有全权。

---

①　通过"独裁执政官一职"与"无国家元首的时期"（以及我们会在后面遇到的"元老院最终法令"）这些概念，我们发现在宪法中出现了面对特殊情况时的特别预防措施，而这些特殊情况在所有的现代政体中都会存在（"紧急状态"、代理职务、第 16 条款……）。事实是，这些特殊权力都会得到明确的规定和限制，它相反正好证明了法治国家的进步意义。在真正独裁的政体中，是没有正式的"独裁执政官"一职的……

②　*Cursus honorum* 就是指"荣誉生涯"，也就是指行政官职的生涯。*Honos* 乃是指行政官职。

③　即召集元老院、确立当前秩序、令元老院投票表决。

市政官的职务　先有平民市政官，后有"高级"市政官，他们分别经由由护民官主持的平民大会及由大法官或执政官主持的部族民众大会选举而出。他们拥有相同的职能：民事司法权（与大法官相比，他们处理的是不太重要的事务），维护公共秩序，供给小麦，组织公共活动（由市政官出资；拥有市政官的头衔就意味着有可能要花费大量资财，而高级官员便会设法通过这些资金在管理行省的时候"表现良好"）。

财政官的职务　财政官由部族民众大会选举而出。他们的权限是对犯罪事务及财政权进行指导。

护民官乃是行政官员，它是其中最重要的一种官职；不过，它适合处理的是与民众的关系，护民官体现的就是民意。

第二节　民　众

[372]"民众"在罗马共和国中扮演了重要的角色。民众由民众大会（assemblées）体现，他们有自己的高级官员，即护民官。但并非所有的居民都是公民大会成员。民众大会是一个统计意义上的封闭的整体：他们全都拥有罗马公民权。

公民权

罗马人以其出生（针对异宗婚①和私生子，会有些限制措施）、被释奴隶的身份（affranchissement；有某些临时的限制措施：第一代人不得为官；被释奴隶都必须列入同一个农村部落中，以便尽可能削弱他们的政治影响）、征服后的归化（一开始的时候进程很慢，帝国时代至212年《卡拉卡拉敕令》颁布起，才快速发展起来）、个体的特权（提供的服务……）获得公民权。

护民官

起初，它是一种革命性的体制，是一种反对力量（参阅上文）（西塞

---

① 指天主教徒同其他宗教信仰者通婚。——译注

罗曾说,这种行政官职乃"动荡时代的产物,为动荡而生",《论法律》[De Legibus],Ⅲ,19)。但自3世纪起,它便(或多或少)融入了城邦正常的体制生活之中,尽管它仍然是种不稳定的,或至少是改革的因素。这一职务只有平民阶层出生的人才可担任(有些政治家,如西塞罗的敌对派克劳迪乌斯[Clodius]为了能担任这一职务,便自贬为民)。共有十名护民官,均由平民大会选出。他们并不拥有全权,但享有某些可畏的特殊权限,而高级行政官员并不拥有这些权限。护民官的这项权力相当大,以至于它成了日后罗马皇帝专制权力的主要基石之一。

[373]护民官的人格神圣至极,也就是说神圣不可侵犯。不管何方人士只要攻击了他们(即便是行政官员本人,或者说尤其是高级官员),都会被宣判受到sacer诅咒,随便哪个公民或是护民官本人均可立即将他处死,将其从塔尔佩亚高崖①上推下,他的财产将被充公,所有这些行为无须经由民众大会审判,也不可能"向民众申诉"。无论是谁,如果他不仅谋害护民官的性命,而且危及其权威和整个民众阶层的利益,那么都会受到此项措施的慑服,这一点终使护民官掌控了所有公民,包括对行政官员的生杀予夺之权(因此从这个方面看,高级官员和护民官之间存在不对等的状态)。

神圣不可侵犯的护民官可以将民众至于其保护之下:这便是协助权(auxilium)。受威胁者可要求私人救助(tribunos appello,即"吁求护民官帮助"),即求助于护民官本人,而受威胁的民众亦可要求获得集体帮助。在这种情况下,护民官可行使否决权(intercessio或veto),无论哪位高级官员,护民官均可要求其暂缓做出决定。这是一种完全阻断性的权力,能阻止高级官员召集民众大会或元老院会议,阻止就法律进行投票表决、招募士兵,甚至在极端危险的情况下,护民官异乎寻常的权力还能迫使元老阶层让步,从而施惠于民。

尽管如此,护民官的权力仍只能局限于罗马城之内,不得越雷池半步:他们根本无权对军事全权提反对意见。而另一方面,护民官又可以言词的方式非难他人(行政官职的合议制原则);由于有十位护民官,所以元老院议员通常会合力从中选出一个"判徒"(traître),这时候就轮到他们来打击他们的对手了。

护民官也有积极的作用。他们可主持公民大会和部落民众大会;

---

① 罗马卡皮托利山丘中的一处绝壁。

他们能通过召开平民会议（plébiscites，绝大多数法律都是在护民官的倡议之下颁布的）的方式对法律进行投票表决。他们能"同元老院相安无事"。前任护民官退职后甚至可担任元老院议员。

民众大会

[374]原则上有四类民众大会：胞族、百人团、部落民众大会和公民大会或平民大会（concile de la plèbe）；但是，部落民众大会与平民的民众大会是否真有区别，人们仍是众说纷纭。它们的权限属于选举、立法和司法范畴。这一复杂的制度与雅典民主制中独特的人民大会区别很大。

胞族民众大会

构成 胞族民众大会可追溯至古代，那时候的人均被划分成"胞族"。但这样的划分法逐渐遭到摒弃：在古典时期，鲜有公民知道自己究竟属于哪个胞族。因此，民众象征性地被 30 名侍从官取代，每名侍从官代表一个胞族。

权限 尽管有这样的人为因素在里面，但该民众大会仍然起到了无法回避的作用：它可对拥有全权（是由"与指挥权相关的胞族法"[*lex curiata de imperio*]赋予的）的高级官员的提名进行投票表决。只要这一形式没有完成，高级官员就无法充分行使自己的权力。为了使民法的某些程序获得有效性，胞族民众大会的介入同样也很有必要。

百人团民众大会

构成 百人团民众大会源于国王塞维乌斯·图里乌斯的改革，当时他的目的是使不同的社会阶层尽其所能地为战争出力（参阅上文 p. 333—334）。于是民众被分成五个阶层，从最富有的人至最贫穷的人（这些人一文不名，是无产者[*proletarii*]，他们属于下等阶层[*infra classem*]，发挥不了作用）被一网打尽。各个阶层再被细分为百人团（*centuries*）。每个阶层均有相同人数的青壮年（*juniores*，45 岁以下者）和中老年（*seniores*，45 岁以上者）百人团，这样便使年长者在政治上的影响力超过了在军事上的影响力。

每个百人团均被视为能在财富上做出相同的贡献。这样一来，就

必须让比"富人"多得多的"穷人"来组成一个百人团。[375]似乎共有
195(或193)个百人团。在民众大会上,每个百人团只可投一票;他们
事先在百人团内部进行投票表决。只有第一阶层拥有大多数票数,因
为它有18个骑兵百人团和80个步兵百人团。①其他每个阶层均有20
至30个百人团,无产者为1个百人团(在西塞罗的时代,只有这个百人
团拥有同第一阶层所有百人团的总和一样多的公民!)。因此,既然权
力是同时按财富及军事实力的比例加以获取的,那么这就是种极不平
等的制度,它既有寡头制特征,也有"勋阀制"(timocratique)的特点。

权限　百人团民众大会选举高级行政官员、执政官、大法官、监察
官:这是它们的基本职责。它们也对法律进行投票表决(但约自公元前
200年起,在这一方面它们被平民民众大会取而代之)。最后,它们有
司法方面的权限:1)它们对政治犯罪以及对违反普通法可处死刑的犯
罪行为做出一审判决(由财务官以执政官的名义对此类案件进行预
审)。2)它们对 perduellio("大逆罪"),即危及到平民权利的罪行,或
高级官员的失职行为,或反对民众的罪行做出判决(惩罚措施仍然是死
刑;由护民官对此类案件进行预审)。3)在百人团民众大会上,护民官
可行使协助权要求"向民众申诉"以反对高级官员做出的死刑判决,后
来公元前300年颁布《瓦列里乌斯法》之后,所有公民均可行使此项权
力。求助于民众成为个人基本的权利,这至少在罗马城内部剥夺了执
政官和大法官判决处罚的决定权;因此,束棒中的斧钺也被取消了。

自公元前150年起,民众大会的刑事司法权因创设了常设刑事法
庭(quæstiones)而受到了削弱,该法庭由陪审员构成,由大法官主持
审判。

部落民众大会与平民民众大会

构成　部落民众大会和平民民众大会的不同之处在于召集会议的
法庭以及会议讨论的对象,[376]而非构成和选举模式,因为它们两者
均属于本土的"部落"制度。罗马所有公民都属于某个部落,他或因其

---

① 　共有98个,而大多数人的看法是有98或97个(不过,史学家们并不是很确定具体数
字)。

住地而属于某个部落,或由监察官在授予公民权时赋予其隶属于某个部落的个人权利(我们已经发现,恢复自由的奴隶会被监察官划归至某个部落之中)。共有 35 个部落。

投票表决时仍有两套统计方法:每个部落内只要获得多数票通过,部落便可依此进行表决;而只要获得多数部落投票通过,民众大会便可依此进行表决。在每个部落中,各社会阶层都混杂在一起,这便使部落民众大会或平民民众大会比起其他的民众大会要远为民主得多。

权限 部落民众大会选举平民高级官员(护民官和市政官)和低级行政官员。他们就法律(如果高级官员召集他们开会的话)或就平民会议决议(plébiscites)(如果护民官召集他们开会的话)进行投票表决。这些法案特别涉及"宪法"或公法(我们发现,对民法而言,法律或平民会议的决议均只是制定法律时的辅助参考)。最后,部落民众大会本身也具有司法权限:他们对可处以罚款的扰乱公共秩序的犯罪行为进行审判。

诉讼程序 最令人惊异的特点是不同的民众大会大多都得听从高级官员的指挥;从这个意义上说,罗马共和国根本就没有什么"民众主权"。

民众大会并不能自行召开。它对议事日程没有支配权。会议很少召开(每年195 个"民众大会日"均受到宗教历法的约束)。开会地点需服从宗教禁令:只能在罗马召开民众大会(同雅典人在乡村召开的人民大会[ecclésia]不同),胞族民众大会须在边界内召开,百人团民众大会须在城外(演武场)召开。召开会议的地点需举行"开幕仪式",也就是说这样定了方位以后,高级官员方能进行鸟占。人们投票表决时以"是"或"否"来表达(它们各自都有套语:uti rogas,即"如你所愿",或antiquo jure utimur,即"我们要保护古老的法律";condemno,即"我判决",或 libero、absolvo,即"我释放""我赦免")。

任何公民都不能发言。高级官员或护民官坐在法官席上,民众则站在下面。投票[377]表决都是通过口头公开表达:每个公民向前站到"审判官"的面前,高声说出自己的表决。这项程序受到民众派的质疑,因为投票者很容易受到别人的压力(会受到庇护平民的贵族的压力,通常贵族[nobilitas]会要求平民和自己统一口径,甚至还有人买票)。这一现状因所谓书面形式(tabellaires)的选举法的颁布而得到改变(书板在 139 至 107 块之间),它建立了无记名投票的方式(即写在书板

[*tabellæ*]上）。

在百人团民众大会上，第一阶层首先投票，指导大家如何做出"良好的选择"。他们在内部抽签选出一个所谓的"特权"百人团，该团所进行的投票表决被视为是某种预兆，可给民众留下深刻印象。至于部落民众大会，则是选举前召开会议，贵族会在会上说出自己的意见。然后，选定部落选举的顺序，或者说选定开票的顺序，这容易使人操纵选举进程。一旦大多数人觉得有问题，人们就可以中止选举；这样下等阶层就有机会表达自己的意见。如果选举开始时即使人们对结果感到悲观，那么行政官员可以让人们重新开始投票，或者中止投票。他也可以不宣读票数结果。护民官最终可以行使否决权进行反对。

因此，从任何方面来看，民众都受到监管。西塞罗说，必须"使任何人都不被排除在选举之外，然而主导权并不掌握在最贫穷的人和数量最多的人手中"（《论共和国》[*De Republica*]，Ⅱ,39—40）。

1世纪的时候，操纵行为、明显的舞弊行为、实际的手段、恩威并施的方法都败坏了这一选举制度。然而，选举也不是什么骗人的把戏，只要看看人们做出的努力，甚至看看操纵者的不择手段，就可以明白这一点。而且民众大会所做出的决策，尽管是按照人们不得不接受的那些方式来做出的，还是达到了很大的效果。

第三节　元　老　院①

构成

尽管所有的古代城邦无论采取何种形式，都设有议事会，但罗马的元老院仍具有颇为特殊的重要性。对共和时期造访罗马的外国人而言，真正的权力就掌握在元老院手中。

[378]共和时代有300名老成员，帝国前期有600名。只要有新的成员加入、旧的成员卸任，成员名单都会定期公布，公布者是国王，后为高级行政官员，再后自约公元前300年起，由监察官公布，每隔五年由他们来 *lectio senatus*，即"宣读"成员名单（*legere* 的意思既指"朗读"(*album*)②，亦指"进行选择"）。

---

① 参阅 Nicolet，前揭，卷一，p. 357—392。
② Album，指上面写有人名的白色书板。

在共和末期漫长而又危机四伏的时代，从格拉古兄弟到奥古斯都①，元老院一直都是最高权力间争权夺利的焦点：苏拉或凯撒将元老院议员淘汰后，便把他们自己手下的大批支持者拉入元老院。

加入元老院的条件受到了限制，其中既有社会、道德的因素，也有政治方面的因素：人们与雅典议事会（Boulè）的抽签选举制离得愈来愈远了。总体的原则是，如想进入元老院，就必须当过高级官员。因此，通常来说，就必须同时拥有进入荣誉生涯（*cursus honorum*）的下述诸种条件：必须是罗马公民、不是获得自由的奴隶或未曾从事过某些不名誉的职业、属于骑士阶层、拥有 *jus honorum*（"荣誉权"，即当选行政官员的权利）。而且必须确确实实当过高级官员（不同的时代有不同的标准），但这样往往是不够的：因为监察官可以对那些他们认为不具备资格的前任高级官员放在一边不予考虑。担任过财务官的人可马上加入元老院，因此大法官、执政官和退职的行政官员都从元老院的成员中产生。我们要注意的是，高级官员是由民众选举而来的，因此元老院成员也是如此，即便用的是很不直接的方式。

民众大会具有等级化特征。某些元老院议员是贵族：从他们中间会选出临时执政的元老院议员（*interrex*）。发言的顺序按照行政官职的高低来决定，而官职的高低则由元老院议员来掌握：前任独裁执政官、前任监察、前任执政官（*consuls*，人们称其为"consulaires"）、前任大法官（préteurs，人们称其为 prétoriens），等等。在每一个官阶中，均由贵族先讲话，随后是按资历的长短来决定发言的次序。可进行发言表态的 *Princeps senatus*（元老院议长）因而也就是贵族监察官中年龄最大者（皇帝们给自己赋予了这一享有威望的头衔）。但会议的主持者也能在执政官中选择由谁先发言。最后是二级元老院议员（*pedarii*），[379]即"步行者"②，毫无疑问，他们还不是高级行政官员：他们只投票表决，而不参加辩论，除非有例外情况。

元老院议员的品质赋予了其特殊的荣誉（honneurs）（在剧场坐特定的位置、服装③、担任法官的权利、司法豁免权），但也赋予了其义务，比如就个别案件陈述起诉的要点，或严禁从事某些职业及参与公开招标：这后一点将元老阶层同骑士阶

---

① 指屋大维。——译注
② 即指没有资格乘坐马车的二级元老。——译注
③ 服装上的 *laticlave* 就是指长袍上的紫红色绶带，我们稍后会讲到。

层泾渭分明地区别了开来,前者专注的是为国家服务,而后者则专注于经济生活和财政活动(参阅下文)。

权限

只要是关乎国家的问题或许都必须在元老院进行讨论:从这个意义上说,它拥有所有权力(omnicompétent)。尽管如此,它在某些领域仍然起到了特定的作用:

对外关系　元老院接待外国使节、派遣罗马使节。它确定被征服国家的地位,核准由各行省总督颁布的法律(*leges datæ*)。

战争　元老院议员同高级官员合作征集军队以及确定用于支付士兵军饷的税收(*tributum*)。它给退职行政官员管理的行省配备军队、分发款项。它接受或拒绝向将领支付为打赢战争所需的费用。

对意大利与行省进行全面管理并施行正义　这是元老院议员所具有的外交职能间接引起的后果。由于意大利的民众被视为是罗马的"盟友",所以对罗马疆域中这些地方进行管理的问题及某些司法问题均由元老院,而不是由民众大会或高级官员来处理。

财政　这是由元老院专门负责的领域:民众大会不得参与。元老院管理资金,尤其是土地税,它还管理罗马民众的收入。它分配公地,管理与矿业、森林等相关的国有契约,了解税务问题引起的各种纷争。当公元前150年左右直接税消失的时候,元老院仍然可以支配国家的收入,因为正是由它来确定各个行省上缴的捐税额。元老院还控制各项支出:高级官员的权力是年度性的,只有当元老院授权给他们,他们才能[380]持续采取军事行动(这只是举例说明而已)。而且即便高级官员对自己可加以支配的款项拥有拨款的审批权,但他们还不能付款:在罗马,有付款权的是财务官,而他则受到了元老院的控制。

在所有这些领域中,元老院均是依据元老院决议(sénatus-consultes)、通过各项表决意见行事的,它们之所以具有效力,是因为元老院拥有权威(auctoritas),它同最初的元老院议员(patres)享有的准宗教权威(auctoritas)一脉相承。因此,权威并不具有确切的司法定义:简而言之,要反对它几乎是不可能的事(我们知道,权威乃是皇帝专制权力的主要基础之一)。如此一来,想要颁布法律的高级官员就不得不遵从元老院的意见,因为它能修改条文。只是从格拉古兄弟起,人们才尝试让民众来投票表决,而不事先征求元老院的意见。

自民众大会的立法权消失时起,也就是说在帝国统治之下,元老院决议便拥有了明确的司法效力。即便只是程式上的缺陷,元老院也能够取消业已表决通过的法律。

总之,从某些方面看,尽管元老院是历史上首次出现的大型常设评议会,但它要成为"国会"还有很长一段路要走。

元老院最终决议(sénatus-consulte ultime) 它是紧急情况下的措施,此时正常的法律程序遭到中止,元老院开始实施"全权"(pleins pouvoirs)。这是一个有关"特别权限"的有趣的例子,体制上对它的规定相当模糊,它处于事实与法律的边缘地带,但仍然是司法理论上的一次尝试。

大祭司西庇阿·纳西卡(Scipion Nasica)于公元前133年做了第一次实践,当时是为了帮助元老派反对提贝留司·格拉古。西庇阿宣布"共和国危在旦夕",并派人谋杀了这位护民官。若干年后,卡伊乌斯·格拉古试图宣布这是违法行为。但是公元前121年,这项措施又被搬了出来以反对他。元老院对此做出了理论化的阐述:当"公敌"威胁到了共和国生存的时候,元老院便有权采取必要措施,暂停法律,终止护民官的权力,若罪犯想向民众吁求,就将被处死。因此,这乃是独裁的一种变体,但对作为一个团体的元老院来说却是大有好处。公元前121年,该项措施得到了实施(以反对卡伊乌斯·格拉古),公元前100年(反对护民官),公元前88年(支持苏拉),公元前77年(支持庞培),[381]公元前63年(支持执政官凯撒以反对喀提林[Catilina]①的阴谋),公元前49年(反对凯撒,因此之故,凯撒才越过了卢比孔河)。

司法程序

元老院在 Curie 即会场,或在其他举办过"开幕仪式"的地点(即罗马的各处神殿)开会。主席就是当日议程的负责人。但是,当轮到元老院议员讲话的时候,他们可以要求民众大会对问题进行讨论。"步行者"(pedarii)不能讲话,除非他们拥有判决权(jus sententiæ)。投票表决公开进行;表决时,如果有人提出的建议得到了元老院议员的赞同,

---

① 喀提林,即 L. Sergius Catilina,罗马贵族,试图颠覆共和国,但遭西塞罗揭发,后于公元前62年被处死。——译注

他们便会到那个人那里去。讨论的内容会被快速地记录下来。得到表决通过的元老院决议立刻由一个委员会进行修正。级别与提出建议者相等或比其更高的高级官员,或者是护民官均可行使否决权,如此便可中止元老院提出的法案的有效性。元老院决议会被公布、保存。

第四节　帝国前期的皇帝与帝国政府

帝国权力的法律基础

自奥古斯都的元首政体初期起,行省总督(*proconsulaires*)的全权、护民官的权力以及权威都已经被设计出来了。

> 必须注意的是,直到韦斯巴芗的时代,一直是由部落民众大会对赋予皇帝各种权力的指挥权法(*lex de imperio*)进行投票表决的。后来,则只有元老院才能指定皇帝并赋予其权力。

权威特别有效:正是它在选举行政官员的时候,使受皇帝任命的候选人击败其他所有的人。同样,皇帝任命的法官也具有权威性。

行省总督的全权与护民官的权力混合在一起就能使皇帝拥有至高的司法、民法与刑法权:皇帝取代大法官而拥有全权赋予他的民事审判权、强制权或刑事审判权,他不再受到"向民众申诉"(*provocatio ad populum*)的限制(因为民众大会已不复存在,护民官亦已销声匿迹)。此外,[382]皇帝既然享有了护民官的权力,那么他便具有了无上神圣的特征。这样便能使其放开手脚对危害皇权的罪行(crime de lèse-majesté)进行审判。我们记得,皇帝尚身兼各种圣职,其中最常见的是大祭司一职。

帝国崇拜

帝国崇拜似乎具有东方起源。奥古斯都健在的时候,在东方诸行省中,各城市均建立起了崇拜"罗马女神"和皇帝的祭礼,它们将传统的方法延伸至希腊化的君主制中,并任命祭司、竖立神殿、组织圣事。这一宗教在西方诸行省中传布了开来。在尤利乌斯—克劳狄乌斯诸皇帝治下的罗马与意大利,它采取了不太直接的形式:人们不仅崇拜统治国家的皇帝,还崇拜"守护神"(即与家族相关的传统神祇[爱神维纳斯和战神玛尔斯乃是尤利乌斯家族[gens Julia]的守护神]),或先祖皇帝（人们也宣称他们具有"神性"[divus]）；于是便有各种团体组织专心从事这一祭礼，如奥古斯都会（Augustales）、弗拉维乌斯会（Flaviales）、安东尼会（Antoniani）……①在弗拉维乌斯诸皇帝统治的时候，该祭礼均以行省为单位组织起来，而不仅以城市为单位。

不必因为帝国崇拜是官方正统，就认为它只是一种表面现象。民众的参与热情似乎相当高涨。尽管如此，在帝国前期，除了某些人的特殊癖好（尼禄把自己看作太阳神，多米提安宣称自己是"主人和神"[dominus et deus]并要求人们在他面前行匍匐跪拜之礼，埃拉加巴卢斯[Élagabal]……）之外，事实上帝国的祭礼并未改变过其核心权力的作用。精英人士不是傻瓜，他们认为[383]君主只不过是公民而已。只是到了以后，皇帝的人格才确确实实地被视为具有神圣性，对他的崇拜才成为对所有人的要求。

奥古斯都死后，元老院决定将其"神化"（并为此举办了一场盛大的仪式，他的肉体在演武场一处神圣的地方焚烧；一只雄鹰振翅而飞，人们认为它带走了这位皇帝的灵魂）。后来，在尤利乌斯—克劳狄乌斯诸皇帝中间，只有克劳狄乌斯得到了神化。与神化皇帝的公共崇拜相平行的是，家族中还存在着一种私人崇拜。这时家族中的女性亦可得到神化。

皇帝们关心的是其神授性，他们自视为救世主，认为民众任何时候均会要求得到他们的帮助。他们建造了大量奢华的建筑（如竞技场）、进行施舍、帮助孤儿。"国父"这样的称号常常（除了提比略和哈德良）成为他们的官方头衔。皇帝成了各个行省中许多城市的"守护圣人"，并被这些城市选为高级官员。他时刻留意的是赋予这些城市各种各样的恩惠好处。皇帝对军队特别关照，他即位之后会用自己的钱（donativum）犒劳他们，并最终成为"禁军团"或行省军队的真正支持者，这样一来，（他便相当成功地）使元老院再也没法对皇帝指手画脚了。

---

① 在罗马具备适宜于帝国崇拜的基础。罗慕路斯已被神化。自共和国末期起，罗马的将领便被视为受到了诸神的眷顾（"felix"）。凯撒死后立马便被神化，而他的族人（gens）——因此，奥古斯都、尤利乌斯—克劳狄乌斯诸皇帝以及所有的皇帝均称与凯撒有亲缘关系，他们都用凯撒的名字作为头衔——都说自己是维纳斯的后裔。最后，也是在西方，尤其是在西班牙，近来均有蛮族人受到罗马的影响，他们原有神化自己头领的习俗，现在也完全准备神化罗马的首领。事实上我们发现，在古典时代所有这些社会中，神圣国王的神人同形论（参阅本书第一部分"导言"）均深深地隐藏于"文明"的虚饰之下。

帝国政府

皇帝 我们已经说过,他是名副其实的专制君主。不过须注意的是,自马克·奥勒留起,发展出了某种拥有一定前景的措施:此乃皇帝的合议制度,毫无疑问它正是高级官员合议制的回响。

马克·奥勒留同卢奇乌斯·维鲁斯(Lucius Verus)共同统治,他们拥有相同的职责。戴克里先的时代,则确立了"四头政治"制度(参阅上文 p. 357)。

帝国的议事会 奥古斯都创建了"君主议事会",该制度后来有过不同变形,但在哈德良的时代并未成为正式的体制。该议事会由侍从(comites)、父母、好友、军事首领,最后还有元老院议员构成,他们均须经过挑选或抽签选举而来。

元老院 尽管它完全听命于皇帝(皇帝通过其监察权,[384]掌控了元老院议员的选任制度),但仍旧继续发挥着某种作用。它挑选高级官员,就元老院决议进行投票表决,发挥司法职能。

行政管理 奥古斯都为了适应罗马世界的等级制,同样创建了一种有效的集权管理模式,该制度可使皇帝掌握整个疆域内发生的事情并传递命令,有助于他获取数据资料,了解并管理财政资源。克劳狄乌斯统治时期,专门管理恢复自由身份的奴隶的部门成为各部的雏形,它们独立于元老院和骑士阶层,每个部职责分明。这一机构后来变得愈益庞大臃肿:这些国家机关逐渐占据了整座帕拉提乌姆山(Palatin)(不过我们仍然要说,同现代国家相较,他们的职员数量仍然极少)。①

继承权的问题

皇帝不能仅以父传子的方式进行继任,因为这种方式体现了臭名昭著的传统君主制的主要特点。可他们却又不得不去确定自己的继任者,但这又会为无政府状态再次打开方便之门。定期选任制已消失不见。剩下的解决方法必然都会很不完善:指定推定继承人、将该继承人同权力结合起来(在帝国合议制的范围内,统治国家的皇帝将自己的一部分职责交由他们,或与他们共享权力,我们前面对此论述过)、家族通

---

① 拉丁文为 Palatium,为罗马城中一座小山,是七座山头中最早修建而成的一座山。奥古斯都皇帝以后,因皇宫设于山上,由此便有了皇宫的意思。——译注

婚、收养……这些制度的不完善性对帝国时代（弗拉维乌斯诸皇帝和安东尼乌斯诸皇帝统治时期除外）争夺继任权时通常导致的无序混乱和暴力行为均负有责任。

第五节　帝国后期的皇帝与帝国政府

主人

第一个被称为"主人"和"神"的皇帝是多米提安（Domitian）。他设立了如吻足礼之类的东方式仪典。后来，元首的虚构性质愈益被人遗忘。帝国[385]便成了这样一种君主制。君主乃是"主人"，因为他是用与自己的臣民不同的材料造就的，而臣民在某种程度上就是他的"奴隶"。他可完全凌驾于他们之上。

相较过去而言，皇帝乃是法律主要的、至高的源泉，他是军队的统帅，行政管理的执行首脑，是刑事和民事的最高法官。

帝国的宗教信仰　它得到了加强。从奥勒留至君士坦丁，所有的皇帝比尼禄或多米提安有过之而无不及，他们都有一种自视为太阳神的倾向，并视自己为不可见的、独一的神的可见形象（参阅下文 p. 587及以后）。

宫廷与仪典　皇帝住在宫廷（在米兰、阿奎莱亚[Aquilée，近的里雅斯特]、尼科梅迪亚[近君士坦丁堡]、安提阿……）之中。他变得越来越难于接近，甚至于很难被人看见。他在公开场合，会用帘子同公众隔开，犹如"神的显灵"一般。礼节愈益繁复：必须三跪九叩，呼其为"主人"。他出行时的排场很有讲究，显得庄重肃穆，他的讲话本身就构成了仪式。

帝国的议事会　自此以后，他便被称为"神圣枢密院"（consistoire sacré）。之所以称其为"神圣"，是因为只要是与皇帝有关的事，人们都会称其为神圣，之所以是"枢密院"，是因为其成员开会时，面对皇帝只能站立，不能落座（还不能讲话）（*cum-sistere*①，意思就是全体站立）。

---

① *consistoire* 来源于拉丁语 *cum-sistere*，前缀 con 对应于 *cum*，为"共同"的意思，词干 *sistoire* 与 *sistere* 对应，意为"站立"，但该法语词现已不具此意，作者是从词源上对其进行了关联。——译注

集权政府与管理

戴克里先的时候,禁军统领同时具有首席大臣(Premier ministre)与战时大臣(ministre de la Guerre)的职责,它类似于埃及宰相一职。君士坦丁统治时期,当行政大区长官的管辖范围扩展至全境时,其行政管理的负责人就被称为"大内总管"(questeur du palais),行政区则交由"代理官"(vicaire)负责。主人凭靠人人闻之色变的特派密探(agentes in rebus)进行统治。其他不多的几个部统管各行政部门、局署或档案局(scrinia)。皇帝在帝国的皇宫中设立了"枢机内廷官"(préposé à la Chambre sacrée)。警察与帝国卫队均由"内廷总管"(maître des offices)统领。财政由"枢机财务官"(comte des largesses sacrées)与"私产财务官"(comte des biens privés)管理[386](这两名财务官、大内总管、内廷总管均是神圣枢密院的成员)。

元老院尽管仍然存在,但不再具有任何政治上的功能。它成了类似于市政议事会之类的机构。

第六节　领　土　管　理

研究罗马人领土管理政策是我们的基本目的。因为如果西方被罗马开化,那么它之罗马化也会以当地的各种机构,尤其是市政机构作为媒介,而这些机构正是征服者在蛮族国家设立起来的。

首先必须对共和国、帝国前期与帝国后期进行区分。

共和国①

在意大利,某些被征服的民众被混合在一起,其他则被"结成联盟"。在意大利之外,被征服的民众均受到罗马的庇护,或者说被"划入行省之中"。

意大利　最靠近罗马的城市均获得了完全罗马公民权,"拥有选举权",也就是说他们享有政治权利。其他城市仍只具备"自治市"的地位;其公民保留了当地的权利,城市本身也保存了它们自己的机构,只

---

① 参阅 Humbert,前揭,p. 195—201。

是对外主权已全部丧失。在意大利仍然存在某些没有城市的区域（意大利北部或亚得里亚海沿岸地区）。因此，人们没法在那里设立自治市。不过，由于罗马的隶农定居在了这些领土上，所以不能对此不加管理。由此便任命了"长官"（préfet）一职。

由于还存在一些偏远的城邦，它们并未像自治市那样被征服，罗马人遂与它们结成了平等或不平等的"联盟"。这些"异族人"保留了他们所有的内部机构，甚至还具备拥有外部主权的表象：但他们必须向罗马称臣，缴纳贡赋，[387]服兵役（他们须承认罗马民众的优越性和"威严"[majestas]）。联盟战争之后，这套制度做了很大的改动。

公元前 334 年至公元前 184 年，创建了 25 个"拉丁姆殖民地"。这些都是人为建立的，城市中一半是罗马移民，其余都是意大利盟邦居民或当地人。模仿罗马的组织机构建立了起来：高级官员、元老院、民众大会。土地被分配给移民，但分配并不平衡，这样正是为了确保罗马寡头社会结构。这些殖民地也具备军事功能：就是支持国家。

意大利之外　新设行省的地位由征服该地的高级官员设定。在元老院委员会襄助之下，他颁布了成为法律框架的《行省法》（lex provinciæ）（它是官定法[lex data]，即该法不像民决法[leges rogatæ]那样由公众大会投票表决通过）。该法确立罗马可对领土上的资源进行开发，并在罗马总督的统辖之下进行内部管理，以取代当地的权力机关。

一部分土地（譬如被征服的国王私人地产）由罗马没收：它是公地，是罗马民众的地产。这些土地可出租给个人使用，只需交纳赋税（vectigal）即可。其余土地可自由开发，但土著人应该向罗马缴纳贡赋，或是收成什一税，或是固定地产税（stipendium）。如欲对国家的公有财产（矿产……）进行开发，那么向罗马资本家借贷的行省居民则须支付间接税、征用费和高昂的利息。

从这一制度中获取的利润相当大，以致自公元前 167 年起，直接税被取消了。罗马的豪华建筑及意大利的大型配套工程（道路……）都依靠行省获得的这笔财富。其他的社会影响导致了格拉古兄弟危机和处处可见的动荡状态，并扼杀了共和国：大片大片地产（latifundiæ）均由奴隶开垦，它们以公地开垦模式为基础而得到了大量增长。市面上的农产品价格低廉，摧毁了传统的拉丁姆小片经营的模式。

　　总督起初都是放款者,为此目的,他们的人数由两个增至六个。后来,行省[388]均由退职高级官员、退职大法官和退职执政官统治。他们的平均在职年限为十年。他们在省内具有民事与军事全权(此外,他们尚拥有《行省法》中预先规定的豁免权),也就是说他们拥有的是绝对权力,尤其是没人与他们分享权力,所以没有护民官的否决权对他们横加阻挠。当事情涉及罗马公民时,才能以"向民众申诉"(*provocatio ad populum*)的方式对他们提出反对意见。总督对控告罗马公民的诉讼或公民与外国人之间的诉讼做出裁决。为此目的,他颁布了行省敕令(参阅下文)。他会应当地司法机关的请求做出裁决。他能获得 légats(元老院议员)和财务官的帮助,也会听取非官方的建议。

帝国前期

　　行省　意大利仍旧保持了其特权地位,尽管曾有过几次将它与其他行省的地位拉平的尝试。不过"殖民"精神却已经日薄西山。奥古斯都建立政体所依循的折衷方法本身以由元老院控制的行省与由帝国控制的行省之间的区别为前提,这种区别一直延续到了塞维鲁斯诸皇帝统治时期。由元老院控制的行省由退职执政官统治,他是从元老院议员中经抽签选举而出,该项职务任期为一年。他们只拥有民事权;至于刑事权,他们就得请求皇帝的裁决;他们完全没有财政权力,该权限由帝国财政长官(procurateurs impéiaux)接任。由帝国直接控制的行省数量最多(帝国前期,40 个行省中 30 个均是此种形式的行省),它们由"奥古斯都的行省总督"(légats d'Auguste)统治,总督都由皇帝亲自任命,任期三至五年。

　　皇帝监督财政长官,如果他们管理得法的话,可保有这一职位。克劳狄乌斯颇为注意不让行省受到过重的盘剥,不受到专断的对待。存在行省民众大会,该会可对总督起到抑制作用(比如三高卢行省民众大会)。皇帝在行省建立殖民地,创建自治市。他们将公民权赋予了阿尔卑斯山的国家、行省中的精英阶层、服役结束的外籍军团。自克劳狄乌斯皇帝起,高卢人便听命于元老院(除了交纳贡赋之外,还赋予了他们荣誉权[*jus honorum*])。建造大型工程(道路、引水渠……)的政策得到了实施。

　　城市　[389]帝国与共和国不同,它着力于使行省城市化。城市乃是权力的中继站。正是在城市里才居住着高级官员,发布帝国的法律,保持民事上的身份,设立征税名册,信仰帝国宗教。只有在那里才会举办体育比赛和表演。城市使蛮族人定居了下来,它也为罗马文化设定了限度,从严格意义上说它也是防御线(*limes*)。

帝国前期的城市各有不同的地位:

1. **外国城市**,它们保留了被征服前自己的体制和权利。

2. **自治市**:这些行省中的共同体集体采纳了"拉丁姆法",亦即意大利的自治市法(连同对自治市的组织机构和行政官职所作的规定,参阅下文)。苇斯巴芗统治时期,该项法律很快便在西班牙全境推行开来:所有的西班牙城市,无论大小都成了"拉丁姆自治市"。它也在高卢地区和非洲得到了大面积推广。在拉丁姆自治市中,只要担任市政官,便会自动被授予罗马的公民权。行省中的精英阶层在参与至罗马市政组织机构中后,便快速地罗马化起来。

3. **殖民地**:这些新建的城市里到处都是罗马的隶农,他们定居在被征服的土地上,比如里昂、阿尔(Arles)、尼姆(Nîmes)、瓦伦斯(Valence)、维也纳、弗雷格莱(Fréjus)……这些殖民地有的由奥古斯都手下的老兵创建:如萨拉戈斯(Saragosse即 Cæsaraugusta)、奥斯特(Aoste 即 Augusta Prætoria),有的由克劳狄乌斯手下的老兵创建:如科隆(Cologne 即 Colonia Claudia Agrippinensium)。殖民地的居民都拥有罗马的公民权。还有**荣誉殖民地**,也就是说先前存在的城市在后来集体获得了罗马的公民权。

自治市的体制　尽管在外国城市中,每个城市各自的传统体制都得到了保存(雅典的"执政官"[*archonte*]、迦太基的"最高执政官"[suffète]……),但在自治市与殖民地中,市政体制却麻雀虽小五脏俱全,纯粹是罗马体制的翻版。

被划分成胞族(*curie*)的民众(*populus*)组成了民众大会(*comice*),并由民众大会来选举高级官员。市政荣誉生涯(*cursus honorum*)共分成三个阶段(每个职务有两个头衔):财政官职(处理财政问题)、市政官职(物资补给、贸易、路政管理、建造……),还有两名两头执政(*duumvirs*),他们主要负责司法与行政权(因此,他们在自身的职权范围之内,结合了大法官和执政官,甚至是监察官的权限,因为他们负责人口统计的职位任期是五年)。最后还有地方的**元老院**,由前任高级官员和贵族构成,他们[390]是审议机关,对城市中所有的事务进行决议。某个特定阶层,如具有**参事会议员**等级(*ordredes décurions*)的公民均可加入元老院。这些参事会议员全都负责征税。他们会选出一名负责管理帝国宗教的祭司。他们为皇帝设立了培养人才的地方,这些新成员可以为骑士阶层补充新鲜血液。

在东方行省和意大利的某些地区,帝国的行政管理并非要使那里的生活变得"市政化"(municipaliser),因为这些地区很久以来就存在城市,所以帝国的管理应该相反,要留意不使这些城市的自主性急速地发展起来。因此,有时候帝国会暂时(几年时间)取消它的自治权,委派"城市长官"(curateurs des cités)前来。该职位被视为能保护公民使他们免受动荡混乱之苦和地方参事会议员及当地贵族的胡作非为。对城市的这种监管使得罗马的行政管理日趋统一化。

高卢事例　自凯撒的时代起,公元前120年至公元前117年间,纳波奈兹已被征服,之后它便迅速地罗马化起来。高卢其他地区极为平静,因为那里没有战事,高卢人的军队甚至都没有遭到解散,它只是被划分成了三个行省(里昂奈兹[Lyonnaise]、阿奎塔尼亚[Aquitaine]、比利时)。

三个高卢行省约有60个行政区划,它们不是城市,而是按种族来划分的区域(在纳波奈兹省就有约20个区划)。因此,城市化(urbanisation)与市政化(municipalisation)均是罗马人的功劳。罗马先是给每个区域设立一个中心,地点都是在他们定期聚会的地方或是以前存在的某个村落,在那里人为地创建一座市镇。有时要花好几个世纪的时间才能使其他村落或种族聚居的农村地区(pagi)对它侧目相看。卢泰提亚就是这样给巴黎人(parisii)留下了强烈印象,阿盖丁库姆(Agedincum)也是如此让塞诺奈(Senones)为之注目的。即便城市失去了罗马名字,重新采用种族名称作为自己的名字(巴黎、桑斯[Sens]),但罗马法仍然是一种决定性的成果。其他的例子①有:沃贡斯(Voconces)与威宗(Vaison)、卡瓦雷(Cavares)与卡瓦庸(Cavaillon)、卢泰纳(Lutènes)与罗德斯(Rodez)、比图里吉·库伯(Bituriges Cubes)与布尔日(Bourges)、雷莫维凯(Lémovices)与里摩日(Limoges)、桑东(Santons)与桑特(Saintes)、奥什(Ausci)与奥赫(Auch)、卡尔努特(Carnutes)与夏特尔(Chartres)、昂德卡夫(Andécaves)与昂杰(Angers)、纳穆奈特(Namnètes)与南特(Nantes)、维内特(Vénètes)与瓦恩(Vannes)、阿布林卡图伊(Abrincatui)与阿弗朗什(Avranches)、雷克索韦恩(Lexoviens)与里兹欧(Lisieux)、奥雷尔克·艾布洛维凯(Aulerques Eburovices)与埃弗雷(Évreux)、麦尔德(Meldes)与默(Meaux)、特里卡斯(Tricasses)与特鲁瓦(Troyes)、阿特雷巴特(Atrébates)与阿拉斯(Arras)、昂比安(Ambiens)与亚眠(Amiens)、苏埃西翁(Suessions)与苏瓦松(Soisson)、西尔瓦内克特(Silvanectes)与桑里(Senlis)、雷姆(Rèmes)与兰斯(Reims)、梅

---

①　参阅 Martin,前揭,p. 172—173。

迪欧玛特里克(Médiomatriques)与默茨(Metz),不过也有一些地名是在现在的德国,如特雷维尔(Trévires)与特雷弗(Trèves,特里尔[Trier])、旺吉翁(Vangions)与沃姆斯(Worms)①……

"三高卢行省议事会"每年在里昂开会,对总督或赞扬或批评,这样倒也强化了高卢人的公民感(该议事会继承了[391]古代高卢人"公民"大会的遗风;它的首要目标就是选举负责帝国宗教的祭司,但很快它就获得了政治向度:它讨论的内容、它的批评言辞都使得帝国的行政管理机构了解到国家的"舆论动向")。

这项同化政策有其自身的意识形态。克劳狄乌斯嘲笑了元老院,他想"让所有人,让希腊人、高卢人、西班牙人、布列塔尼人都穿上托加长袍"。② 然而,如何能让其祖先"把我们的军队打得落花流水,在阿雷西亚(Alésia)围困我们的神凯撒的那些人进入元老院呢"? 克劳狄乌斯的一席话保存在"里昂的克劳狄乌斯书板"上和塔西佗的作品中,克劳狄乌斯是这样回答的:

> 我的祖先,比如我的先祖克劳苏斯(Clausus),他们都是萨宾人,他们在加入罗马城邦的时候,也同时成了贵族家族的一员,他们告诫我在处理公共事务时要保持一以贯之的政策,要让他们中优异的人才成为我们中的一分子。
>
> 此外,我也没有忽略,名叫尤利乌斯的人都是来自阿尔巴(Albe),名叫科隆卡尼乌斯(Coruncanii)的人都是来自卡麦里乌姆(Camerium),名叫波尔奇乌斯(Porcii)的人都是来自图斯库鲁姆(Tusculum),更不用去举古代的例子了,许多来自伊特鲁里亚和卢坎的人,还有所有来自意大利的人都进入了元老院,总之意大利本身已经扩展到了阿尔卑斯山,这样才能使不仅个人,个别的人,而且所有的疆域,所有的民众都能融入我们的国家之中。如此四海方能安泰宴如。 当波河左岸的人(Transpadans)获得了

---

① 作者通过这些地名表明它们古往今来的联系,前者为原初的名称,后者为法国现在的地名;后面的特里尔与沃姆斯均为德国地名。——译注
② 古罗马人穿的宽大的长袍。——译注

公民权,当我们普天之下的军团军功赫赫,使得我们的行省固若金汤,帝国有难时他们也会前来相助,那么在面对外国人的时候,我们才会变得荣耀万分。为何因为巴雷阿雷斯人(Balbi)来自西班牙,那些杰出的人士来自高卢纳波奈兹省就觉得遗憾呢?他们的子孙仍然在世,他们对我们的祖国充满深情,丝毫不亚于我们对自己祖国的感情。拉凯戴孟人和雅典人尽管拥有强大的军事力量,但还是失败了,除了因为他们拒绝接纳那些被征服者,仍然将他们视为另一个族类之外,难道还能有别的原因吗?我们的开国者罗慕路斯的智慧正是在于,他在同一天里,先是将大部分民众看作敌人,随后又将他们看作公民。我们这些国王都是外国人;将恢复自由身的奴隶的后代提拔为行政官员不是什么像许多人那样错误地认为是近期才有的事,从前的政府中就常常发生这样的事。

当然啦,他们会这样说,但我们和塞诺奈人打过仗啊。那好,我的回答是,难道沃尔斯奇人和埃库斯人从来没有和我们两军对垒过?我们被高卢人打败过;我们也曾割让过领土给伊特鲁里亚人,受到过撒姆尼特人的奴役。不过,如果我们对所有的战争考察一番的话,[392]就会发现没有哪场战争像高卢战争那样短暂。在这场战争之后,便迎来了持久不变的和平。自此以后,他们与我们共同生活在一起,共享技艺,家族之间和睦相处,他们带来了自己的黄金和财富,而不是留给自己独自享用!

元老院议员们,这整个问题我们现在以为古已有之,但在它自己的时代却是崭新的:平民出身的高级官员在贵族出身的高级官员之后出现了,拉丁人的高级官员在平民之后出现了,而出自意大利其他民族的高级官员又在拉丁人之后出现了。这样的措施也会变得没什么新颖之处,而如今我们依照先例来做出决断的方法今后也将成为先例(塔西佗《编年史》,XI,24)。

这段文本清晰地表明了罗马的同化政策并未遭到消极抵制,而是至少从某个时刻起,就被自觉地加以接受了。

帝国后期

意大利没有什么特权可以丧失了：它的行政区划与帝国其他地方没什么两样。由于随后并未对它做深入的变动，所以它仍能保存自君士坦丁时代起仍然占优势的组织结构。

有 85 个行省，均由总督（*præses*）统领，总督已经不再有军事权，仅拥有重要的司法职权。这些行省被组合为 15 个行政区（diocèses），每个行政区均由代理官（vicaire）统领，并再组合成 3 个，后组合为 4 个行政大区（préfectures des prétoire，两个在东方即"伊利里亚"和"东方"，两个在西方即"意大利—非洲"和"高卢"）。因此，就须要做出合理的协调。不过，在那个时代，还是存在蛮族部落，它们尚未被城市化，也未被"开化"，但有权定居在帝国内部：它们保留了自己的首领和习俗，但受到了总督的严密监管。

在行省之下，则是城市，它们是作为帝国基础的真正的细胞（它们之下，则有 *vici* 和 *pagi*；①小型的村落则被叫作 castella）。

[393]有两个特殊情况，即罗马和君士坦丁堡。在罗马，民众不再拥有政治权力。权力属于高级官员、罗马城长官（préfet de la Ville）、粮政官、夜巡官、负责引水渠及公共工程安全的官员。所有官员均受城市长官管辖，而他本人则受到禁军统领的监督。须注意的是，君士坦丁堡仿照罗马设立了元老院，但不如它那么有威望。

普通城市有时仍会保留自己殖民地或自治市的名称。但其体制均有相同的性质。帝国前期的三大官能，即民众（*populus*）、元老院议员（décurion）、高级官员经过改头换面之后存留了下来。元老院议员的委员会此后便被叫做参政会（curiales）；后来它还须纳选举税，成员亦可世袭。由于该等级（*ordo*）负责让资历浅的成员向全城征收税收，所以为躲避这一任务而出逃者（他们大多当起了教士，过起了修道生活）大有人在。高级官员中级别最高的是城市长官（自帝国前期起，我们发现这一职位便已零星出现过，参阅 p. 390）。它的新变化是皇帝设立的

---

① vici 就是村落，pagi 就是指"村庄"或区（arrondissements）；但我们对高卢的 vici、pagi 和 civitates（城市）之间在行政管理上是否具有严格的关联并不确定。Pagi 成了后来加洛林王朝的伯爵领地（comté）。

保民官(défenseur de la plèbe),其目的是为了保护公民不受地方贵族的侵犯。

第七节 社 会 秩 序

社会秩序这一问题在罗马并非属于纯粹社会学或经济学的范畴,它在其他地方想必也是如此。这显然是体制上或政治上的问题,因为,在这个等级化的社会中,秩序都是由法律加以组织构成的。

共和时期①

共和初期,世袭贵族与平民处于对立状态。但是,正如我们所见,在世袭贵族已极其方便地担任行政官员后,另外的阶层也开始确立起来。领导阶层试图分成两个分支,在帝国时代,它们成为两种在法律上受到规定的等级,即元老院议员和骑士。元老阶层中领头的派系被称为 *nobilitas*(贵族)。

骑士与元老院议员 [394]骑士缘起于塞维乌斯·图里乌斯创建的纳选举税阶层。

骑士是最富有的公民,他们可以服骑兵兵役。骑士有 1800 名,他们的名单每五年由监察官进行整理。该头衔为终身制,后来自公元前 2 世纪起,亦可世袭。在共和国前半段时期,整个富裕阶层,包括元老院议员,均属于骑士阶层。但很快,随着在各地攻城略地的行为发生,新的财富在意大利和各个行省均增长起来。元老院议员自身也变得富裕起来。政界的凝聚力和传统的道德理想受到了威胁。

于是护民官让人们通过了《克劳狄乌斯法》(*lex Claudia*)(公元前 218 年),该法完全禁止元老院议员参与营利活动。他们必须在财富(即只当"骑士")和权力(即成为"元老院议员")之间做出选择。这两个等级被分了开来(公元前 129 年,在法律上又确立了这一做法:在进入元老院的时候,元老院议员必须"交出他们骑坐的公家马匹",也就是说他们将不再正式成为骑士)。骑士被禁止晋身荣誉之路,于是他们便涉足银行业、贸易、税务行、庞大的公共市场以捞回损失(人们将骑士而非不涉足公共市场的元老院议员叫作税吏)。这便成了两个等级之间对立的

---

① 参阅 Humbert,前揭,p. 201—207。

肇始,他们代表了权力和在社会上取得成功这两种对立的形式。尤其是,很快,在这两种形式之间进行选择也成了家族必须面对的事。在2世纪的时候,超过四分之三的元老院议员都是元老院议员的孙辈或儿子。

贵族 贵族乃是家族、世袭贵族和平民阶层的混合体,其中有一个成员会担当执政官这一职务。贵族代表的是几十个家族。这一等级阶层是封闭的:自公元前366年至公元前66年,只有15名执政官不是贵族。在公元前1世纪,89%的执政官都来自执政官家族,仅有5%来自大法官家族(因此,我们发现,贵族在元老阶层中只占一小部分比例;不得将这两个概念相混淆)。

尽管贵族没有骑士那种获利的资源,但他们也相当富有。他们有大片地产,因为他们可以享用公地。另一方面,在由退职执政官统治的行省中,贵族也可以通过掠夺来中饱私囊。

[395]须指出的是,阿皮乌斯·克劳狄乌斯(Appius Claudius)的民主派尝试遭到了挫败。公元前312年,他担任监察官,由于受到了希腊观念的影响,他使所有的部族均向获释奴隶开放(我们记得,直到那时候,还只是局限于"乡村部族")。这对于元老院议员及其庇护民所代表的寡头制而言,不啻是横加干涉的举措。他甚至还让恢复自由的奴隶的后代进入元老院。但是,公元前304年,这些措施被废止了。权力最终重又回到了贵族的手中。

我们可以将罗马的成功部分归因于贵族这一紧密的群体所主导的政策具有连贯性之故,因贵族阶层的成员均具有共同的利益和共同的理念。在其内部,对政治的体验和回忆得到了传播:尽管在罗马没有成文的法律,亦少有政治理论家,但在该等级阶层的传统中,政治科学以非正式的方式得到了维护。这一等级阶层中的人都真正献身于国家。他们需要保住自己的地位(*dignitas*),他们具有义务感(*officia*),要求获得公众的承认(*honos*)。此外,他们还受到了尊敬,享有崇高的威望。

罗马共和国乃是寡头政制:他们会想,只要每个人各自安于自己的出身所带来的地位,那么就将万事大吉。他们距希腊式的民主平等相去甚远,在雅典轮流执掌政权的频率很快,雅典人通过抽签选举,无论是谁都有担任行政官职的机会。尽管如此,希腊也已被征服,罗马乃是胜利者。平民(*populares*)亦将达不到自己的目的。看来罗马所有的体制——行政官职、元老院、公民大会——在事实上都受到了贵族的控制。

帝国前期①

奥古斯都试图通过一系列立法举措来固定及控制社会的组织架构,一些措施同家族有关,另一些则对社会上两种主要的流动形式(即使奴隶恢复自由,将公民权赋予外国人)做出限制,还有一些措施对加入特权阶层的附加条件做了严格规定。

元老院等级及佩戴绶带 [396]自凯撒大量增加元老院议员的数量时起,许多元老院议员和骑士的后代都在议员服上佩戴了特别的标志,即绶带(*laticlave*),它是一条紫红色的宽带,扎在长袍的里面。公元前 18 年,奥古斯都将这项特权限于元老院议员的后代;骑士的后代须佩戴新的配饰,即"奥古斯都带"(*augusticlave*),或称窄带。这便是创立元老院世袭等级制的发端。

公元前 18 年至公元前 13 年间,奥古斯都创设了元老院纳选举税制度:从此以后,如为了谋得财政官的职务,从而进阶元老院,那么就必须缴纳 100 万塞斯特斯的选举税(如欲成为骑士,则须缴纳 40 万)。而且,甚至对那些拥有这些财产的人,也必须赋予特殊的权利,即荣誉权,但这项权利并未向所有行省开放。最终,在卡利古拉统治时期,创建了真正的贵族元老院等级制,因为该等级成员由皇帝授予绶带,其身份与元老院议员不同。这样一来,元老院等级涉及的成员就要比元老院多,卡利古拉时期,其成员有两至三千人。

骑士等级 皇帝作为监察官会向骑士颁发委任状。骑士佩戴奥古斯都带、金戒指,在观看演出的时候会有专座。该等级每年 7 月 15 日会举行游行。它不是世袭制(只有元老院议员的后代才能生而为骑士,并在一定时候成为元老院议员),因此呈开放态势:皇帝会发现那些德行操守突出的人,从而为自己罗致忠心耿耿的支持者,这些人才能卓异,逐渐垄断了国家的要职。

尤其是皇帝在统治期间为他们保留了所有这些职位,并创设了同元老院议员晋身之路相似的荣誉之路(*cursus honorum*)。在帝国时代,这些人相继成为高级军官(*tribuns militaires*)、初等法官(*vigintivirs*)、②财政官、护民官、大法官、执政

---

① 参阅 Voisin,前揭,p. 197—203。

② 级别较低的官员,负责制币、对某些诉讼进行审判、道路维护、执行死刑。

官。从骑士这方面来说,他们自身担任的是步兵大队队长、军团中佩戴奥古斯都带的高级军官、[397]侧翼统领、地方财政长官(*procurateurs*)①,最后还有舰队统领、夜警统领、粮政官、埃及统领(préfet d'Égypte)②、禁军统领。共有 1 万至 1.5 万名骑士(我们记得,帝国前期的初始阶段,共有 400 多万公民)。

帝国后期③

4 世纪时的社会等级化仍然很分明。这些等级均由皇帝立法加以确定。法律迫使某些行业组成社团(corporations),并规定必须子承父业。情势发展至此,以至法律面前不再人人平等,因为国家承认荣誉等级(*honestiores*,元老院议员、骑士、参事会议员)与下层等级(*humiliores*,所有其他等级)之间具有差别,在法庭上无法受到相同的对待。

精英阶层　顶峰就是元老院等级。精英阶层也有等级。5 世纪中叶,官方对该等级的成员划分了三个类别,即显赫者(*clarissimi*)、卓越者(*spectabiles*)和优异者(*illustres*)。他们创建了"贵族"(*patrice*)这一不可世袭的头衔。

> 如今加入罗马元老院的,除了意大利和诸行省大家族的成员之外,还有拉文纳的官僚和日耳曼的军官(克洛维[Clovis]④便享有"贵族"的头衔)。君士坦丁堡的元老院威望不高,但更为"民主化":官员、行省贵族、知识分子(如 4 世纪中叶的扬布利柯[Jamblique]⑤),甚至出身民众阶层的人亦可加入。

骑士等级最后在独占了大部分高级官员的职位后,也成了其功成名就的牺牲品:君士坦丁时期,骑士最终被归并入了元老院等级之中。

参政会　[398]地产主、行省贵族、自由职业者(律师、医生、教师)都能晋身参政会等级,它是参事会的新名称。在每座城市,这些人都得负责管理市政、征收税款。由于他们负责令资历浅的成员去收取整座城市的税项,所以他们就会对自己的同胞施加很大的压力,因而结果常常受到憎恶。但是他们不能辞职,因为这是世袭的职务。我们已经发

---

① 在司法部门、财政部门、帝国行省中,俸禄随级别的不同而变化,分为 6 万、10 万、20 万、30 万塞斯特斯。

② 我们记得,元老院议员没有权利进入这个行省,它是皇帝的专属领地。

③ 参阅 Le Bohec,前揭,p. 492—501。

④ 法兰克国王,高卢大部分地区的统治者,在位时间为 481 年至 511 年。——译注

⑤ 扬布利柯(约 250 年—325 年),新柏拉图主义叙利亚学派创始人和主要代表,他推崇多神崇拜,据说他和其他一些新柏拉图主义者均会行各种巫术。——译注

现,有些人想方设法欲离开这一行,去做教士或当修士。

尽管如此,该项职务仍然受人尊敬。富家子弟都准备做这一行,于是他们先加入青年人的团体,这些团体类似于市镇民兵组织或富豪子弟学生会。行省的城市社会也实行了等级制。迎接总督的时候,有明确的等级秩序:元老院议员、总督的幕僚成员、教士(在背教者尤利安统治时期,也是指负责帝国宗教的前任祭司)、行省管理部门人员、普通的参政会议员。

最后,社会的基础是下层等级:匠人、商人、农民、奴隶(教会并未取消奴隶制:它只要求主人善待自己的奴隶)、定居于帝国领土上但未被同化的蛮族人。我们已经知道,自此以后大部分农民均受制于隶农制度,该制度预示了中世纪的农奴制。

这便是罗马的公共体制。不过,这一公法自身之所以会对国民生活、私人生活和经济生活起统率作用,那是因为罗马人已为此制定了私法,其繁复的程度直至那时仍是闻所未闻。

第三章　私　　法

[399]在罗马的初始阶段,似乎存在某些习惯法和口传法,它们基本上都由部族中的首领实施。自从出现了联盟制王权之后,它便随之演变:国王于是不得不在极端严重的情况下质疑整个群体的安全问题,比如弑君或大逆罪(*perduellio*)。与此同时,在伊特鲁里亚专制君主统治时期,出现了城邦,它要负责处理大量诉讼和不法行为,但法律仍为口传,由完全属于贵族阶层的大祭司解释。由此便导致了平民阶层的抗议浪潮,最终促使《十二铜表法》出台,该法通过书面形式将许多民法规则加以明确化并确立了下来。

从那时候起,即可方便地将罗马法的历史划分为三个阶段,以对应于三种相继出现的主要类型的诉讼程序(procédure)。我们区别了三个时段:法定诉讼(actions de la loi)时期(约公元前 450 年—公元前 150 年)、程式诉讼(procédure formulaire)时期(公元前 150 年—帝国前期)、特别诉讼(procédure extraordinaire)或法律认知(*cognitio*)时期(帝国后期)。①

---

① 参阅 Jean Gaudemet 的《古典时期的政治体制》,前揭;Michel Humbert 的《古典时期的政治与社会体制》,前揭;Robert Villers 的《罗马与私法》(*Rome* et le droit privé),Albin Michel, L'évolution de l'humanité 丛书,1977;Gabriel Lepointe 的《罗马法与法国古代的法律(财产法)》(*Droit romain et ancien droit français* [*Droit des biens*]),Précis Dalloz,1958;P. G. Stein 的《罗马法》(*Le droit romain*),载于 James Henderson Burns(主编)的《中世纪政治思想史》(*Histoire de la pensée politique médiévale*),PUF,1988。

第一节 法律诉讼时期

（公元前 450 年—公元前 150 年）

司法组织

[400]在罗马初始阶段，司法乃是私人事务，在氏族内部加以处理。因此，当纷争使不同氏族之间的个体互为对抗时，便很有可能存在族际仇杀的危险。必须完全避免首次出现的联盟制王权造成的这种危险。但没法一下子从"部族"政体过渡至由国家垄断司法的这种形式。国王首先对私人的复仇行为进行引导，以便使其以固定的形式得以实现，但又须受到他的控制；但他并不负责整个诉讼过程，也并不实施判决。集权制所持的这种保留态度，在今后很长时间仍将发挥影响。在罗马，诉讼仍然部分属私人事务，从这个意义上说，当事人各方均会持续在诉讼程序的各个阶段起到必要的作用。只是到了帝国后期，司法才完全成为国家事务，只有其代理人及唯有国家的强制性力量方能主动采取措施。

在将民事诉讼分成两个阶段后，这一特征更加明显。首先由高级官员"讲述法律"，也就是说从司法上为公开审理诉讼进行定性，并指派一名法官。这是 *in jure*（"预审"）阶段。之后是 *apud judicem*（"法官受理"）阶段。国家对此不再介入，因为法官具有私人身份，当事人各方在执行判决的过程中仍保留了重要的作用。

拥有司法权（*jurisdictio*）的高级官员首先是拥有全权（*imperium*）的高级官员，后来自公元前 367 年起，才有了专门的高级官员，即"大法官"，他同时又担任（似乎是公元前 242 年）"外事大法官"（*prætor pere-grinus*）一职，负责外国人之间，以及罗马人与外国人之间的诉讼。

高级官员在特定的场所，即"法庭"（*comitium*）坐镇，他出庭的日子也受到了司法历的规定，而该历法的原型则是宗教历法。

诉讼程序

[401]在那个时代，诉讼程序乃是受"法定诉讼"规定的，之所以称其为法定诉讼，因为它由法律创建或认可（而且因为法律使其在确定的案例中有效地得以实施应用：如此高级官员便无专断的权力）。这些诉

讼程序的特点是极端形式主义：为了使其不致无效，就必须完成若干程序，说几句确定的话。这样一来，参加这一诉讼程序的人便只能是那些了解这些形式的人，因此也就是指罗马公民，而将外国人排除在外（正因为这个原因，为了他们，就必须设一名特别大法官和一套适应他们的诉讼程序。）。通过盖尤斯（Gaïus）（参阅下文），人们才知晓了其中五种诉讼程序，一些是为确立法律而定，另一些则是执行程序。某些诉讼程序出现于《十二铜表法》之前。而其中一种（要求返还之诉［condictio］）则可追溯至公元前 3 世纪至公元前 2 世纪。

法定诉讼

诉讼的目的乃是使人认可法律：
sacramentum（誓金之诉）
judicis arbitrive postulatio（请求法官或仲裁者之诉）
condictio（要求返还之诉）

具执行力的诉讼：
manusinjectio（拘禁之诉）
pignoris capio（扣押之诉）

为了了解这些诉讼如何操作，就必须跟着诉讼程序走一遍：

"预审"（*in jure*）阶段

诉讼程序先以控告（*in jus vocatio*）开始。控告者为起诉人。高级官员与公众力量均不得干预。原告可使用强力将被告带到自己面前。他们两者均须亲自到庭：至少在初始阶段，罗马法并不熟悉代理概念（这一概念［402］将被逐渐引入，代理制度主要应用于监护案例中，或当事人因被敌方俘虏、出公差、体弱多病、年老而无法出庭的情况）。

于是在高级官员面前，严格意义上所说的"预审"（*in jure*）阶段开始了。人们从三种诉讼方法中采用其中一种加以应用。

Sacramentum（誓金之诉）乃是最为古老，也是最为通行的诉讼程序，包含下述几个阶段：

（1）要求收回（*vindicatio*）财产权 上诉人须确认自己对财产的权利，如果是动产，须全部或部分呈交，如果是不动产，则以象征形式（比如一块泥土）呈交。为此，他要手持一根象征控制权的小棒，用这根棍子碰触该物品。与此同时,他还须按照惯例说几句话。

　　盖尤斯在其《法学阶梯》(*Institutes*,参阅下文)中给出了一个要求收回奴隶的案例:*Hunc ego hominem ex jure Quiritium meum esse aio，secundum suam causum. Sicut dixi ecce tibi vindictam imposui*,意思是"根据奎里蒂人(Quirites)①的法律,按照它的 *causa*[争议观],我确认这个人是我的。正如我对它说的,我已将 *vindicta*[小棒?]加诸你的身上"。不管这些字眼的确切意思是什么,它们均表明了此人的要求,即他宣称自己拥有占有该财产的权利。而另一方也会说完全一样的套话、做同样的动作(*contra-vindicatio*)。他们之间的异议因其相似性而变得更为明显(此外,我们也会揣测这些进行交流的动作是否模仿了战斗的场景)。

　　(2)高级官员进行干预　但是这场战斗立刻就被高级官员中断了,他说:"两方都松开这个人。"暴力有意遭到了规避,给法律让出了位子。

　　(3)对立方通过誓金提出异议　率先提出诉讼者会依据自己拥有的权利对财产占有人提出请求。而另一方会用这些话提出异议:"既然你没有权利这样做却仍要求收回财产,那么我要求你支付500(或50,随财产的价值而定)阿斯②的誓金。"

　　[403]很难理解这个 *sacramentum*(誓金)究竟为何物,毫无疑问从这个词本身的意义来看,它不是指誓言(因为在这种情况下,人们会说:*jusjurandum*),而是指某种赌注,并让诸神来为此作见证,所以它是宣过誓的赌注(无论如何,该词表明了它同某种神圣的行为有关)。

　　另一方反驳的时候,会用同样的措辞,下同样的赌注。因此,双方均会将该笔金钱交于大祭司处保管,或承诺会呈交这笔款项。若事后宣判有人发伪誓,那么该人就将失去这笔钱,但此笔款项不会支付给上诉人,而是充入国库。

　　由此,诉讼的目的就是要决定谁进行了不公正的誓金之诉(*sacramentum injustum*),谁做了虚假的誓言。高级官员似乎只关心这一件事。当然,这样得出的判决自然而然便能直捣案件的核心。但诉讼程序仍保留了古代的遗风:国家对把自己搅和进私人纠纷很是反感,它关

---

① 　Quirites,罗马人的古名,是罗马万神殿中原始神祇吉里努斯(Quirinus;该名用在了被神化的罗慕路斯身上)的名字。

② 　阿斯(as)是罗马的货币单位。盖尤斯在2世纪时所写的诉讼程式就是这样。但在古罗马时代,并没有货币,而是按诉讼所涉及的金额,以牛或羊作为赌注。

心的只是究竟谁会冒险去玷污整个集体，使其变得不纯洁，从而招致诸神的愤怒。

我们仍然认为这样的诉讼程序形式主义过重。如果要求说出的字眼与规定不符，那么不管高级官员对这个问题有什么基本的看法，他都必须指明诉讼无效。

《十二铜表法》预先规定了"断树诉讼"这种情况。盖尤斯解释道，如果诉讼人因其栽种的葡萄树受到了损害便提出要求追回"被砍伐的葡萄树"，那么他会被驳回。[1]同样，如若谈论 *membrum ruptum*（肢体折断）而不是法律预先规定的 *os fractum*（骨折），也会被驳回。

（4）指定法官　高级官员随后会指定一名法官，法官必须在规定的庭审延期时限过后进行开庭审理。

这一阶段是争讼阶段（*litis contestatio*），即诉讼中的"证人认定"程序。高级官员会协助证人履行法定程序："你们要成为证人。"他说。这样诉讼就受到了"约束"，表明当事人双方的地位已不可撤销。诉讼必须围绕明确的标的展开，该标的已受到高级官员的规定。法官不得偏离限定的范围。

誓金的诉讼程序尽管颇为复杂，但在我们讨论的这个时代仍然是应用最广的诉讼方法，直到程式诉讼法推广开来为止。另两种诉讼程序更为简单，程式化也不太严重（"请求法官或仲裁者之诉"[404]或"拘押之诉"[*assignation*]），它们即将现身；但仍只在某些类型的诉讼中得到应用。

"法官受理"（*apud judicem*）阶段

法官只有一名。我们已经说过，他具有私人身份，是一名普通人，而非高级官员。然而，也不是随便谁都可以担当这一职务；他是从一份名单中被挑选出来的，这份名单中只有贵族。起初，涉及的都是世袭贵族。后来，获取司法职能的门径都被元老院议员独揽，最后它又成了后者和骑士之间争权夺利的目标（之后，到了帝国后期，法官成了一种官职）。

法官同高级官员一样，也坐镇广场；诉讼公开进行审理。不出庭的

---

[1]　"树"与"葡萄树"的法语分别是"arbre"与"vigne"，尽管后者属树的一种，但只因名称不同，便不予受理。该例子证明了作者所说的形式主义。"肢体折断"与"骨折"也是这种情况。——译注

当事人就会败诉。

诉讼并不注重形式。法官听取当事人双方(或他们的律师)的陈词,判断事实的真伪,做出——原则上是在晚上——判决,他首先须宣布当事人双方中哪一方说的是实话,哪一方合法地进行了宣誓。判决应该完全独立地做出:《十二铜表法》及后来的大法官都能对腐败或有偏袒行为的法官进行惩罚。

判决并非权力机关的行为:而是法官的意见和观点(*sententia*)。起诉人可从中得出结论。特别是拥有权利的那个人,正如他用自己的方式强迫被告到庭那样,他也应该不借助公众力量自发形成的帮助,而靠自己一个人来迫使对方履行判决。

尽管如此,法官还是会允许胜诉者实施两项执行措施,即 *manus injectio*(拘禁)和 *pignoris capio*(扣押)。对此值得加以简单地描述,因为我们可从中辨识出整个诉讼程序具有的极为古老的特点。

拘禁之诉(*Manus injectio*) 该诉讼程序在被告不愿出庭(控告拘禁[*manus injectio vocati*])、被判刑者不愿履行判决(既决拘禁[*manus injectio judicati*])的情况下加以实施。自从《十二铜表法》实行起,胜诉者在判决生效 30 天后要让败诉者出庭至高级官员面前,并且将手放于败诉者身上,同时宣读下述套语:"因为你已被判决向我[比如]支付 1 万塞斯特斯,但你尚未向我支付,为此我[405]对你做出控告拘禁(*manus injectio vocati*)的决定。"如果败诉者一直不履行判决,而且如果他找不到任何人作他的担保者,那么高级官员就会做出判决(*addictio*),随后胜诉者便可成为败诉者的主人:他可以诉诸武力将他带至自己家,用锁链绑住他。他可以将对方监禁于自己的私人牢房中达 60 天,但有义务供他吃喝,且须分三次将他带至公众场合。如果 60 天期满后,无论是败诉者还是其亲友仍未丝毫履行判决,那么胜诉者便可全权处置此债务人:他可以杀了他,将他贩卖为奴,或令其为自己家干活。在有多名债权人的情况下,《十二铜表法》则规定,他们可对他的尸体进行分配。

拘禁之诉(*manus injectio*) 一直应用至帝国初期,但执行措施也日渐宽松(杀死债务人或将其贩卖为奴的权利遭到完全废止)。

扣押之诉(*Pignoris capio*) 是指债权人可私自对由债务人保有

的动产进行扣押。这是一项极为古老的诉讼方法,古典时代只有在特殊情况下,即在处理完全与公法或宗教事务有关,而非与私法有关的案例时,才会用到这项措施。士兵可以此获得他的军饷或购买装备所支付的款项,税吏则可以此迫使冥顽不化的纳税人就范,商贩可由此获取以约定价格出售的物品的款项,只要他是将动物卖作祭品即可。在采取此种诉讼方法时,无论是高级官员抑或是法官均不得干预。由此可见,它与纯粹的暴力行为颇为类似,因为它无须遵守某些形式(这些形式很少有人了解)的约束,也不用宣讲庄严的套语。

这便是罗马最初几个世纪中司法的执行情况。但是,这些诉讼程序确保人们尊重的是何种法律呢?

法律渊源

在那个时代,法律基本上有三种渊源:习俗、法令还有法理。

习俗 "先祖的惯例"(*mos majorum*)在涉及宗教事务或处理民事方面的事务(婚姻、取名等)时仍保留了很大的权威性。

法令 [406]Lex 这个词用途很广:人们在签订私人契约(*lex contractus*)或确定社团地位(*lex collegii*)时会用到这个字眼,同样,它也可以用在严格意义上的法律,即 *leges publicæ*(公法)上。

总之,同现代国家的立法活动相比,由民众大会投票表决通过的"公法"在罗马极为少见。在元首制共和国初期,这样的法律共有 800 项。其中大部分均与政治问题(如何让平民阶层加入城市)或经济问题(耕田法)有关。仅有 26 项法律关涉私法(确实,其中之一便是公元前 451 年至公元前 450 年的《十二铜表法》,我们知道仅在该项法律中便包含了许多重要的私法条款,论及法律实体与诉讼程序的一样多)。①

法理 为了将法律应用于具体案例中,就必须了解它,解释它,完善它。这便是专家的职责,他们所掌握的知识就叫作"法理"。在古罗马,由于法律仍具有神圣的特点,因此这些专家都是大祭司、教士团体,他们对司法历(吉日和凶日)及仪典的程式熟稔于心。他们的干预仍然是必要的,即便按照《十二铜表法》的明文规定,法律已得到了部分确立之后亦复如此。然而,他们都是世袭贵族,由此便出现了要求法学家公

---

① 参阅上文 p. 337。

开知识的"民主"诉求。

公元前304年,格奈乌斯·弗拉维乌斯(Gnæus Flavius,人们称其为《弗拉维乌斯法》)将诉讼的固定程序晓诸天下。大祭司的职位刚向平民阶层开放后,首位获得这一头衔的平民提贝留司·科隆卡尼乌斯(Tiberius Coruncanius)便在公众面前做了几场司法判决。后人对其效法,以至于从那个时候起,便出现了法律的"世俗"知识。首批论述民法的论文中,有一篇就是公元前200年由加图(Sextus Ælius Pætus Catus)撰写的。

第二节　程式诉讼时期
(共和国末期—帝国前期)

[407]正是在这个时期,出现了一种新的诉讼程序,它更为灵活,由此导致了全新民法的问世。

程式诉讼

新的诉讼程序的确切起源很少有人知道;很久以前,当《埃布提亚法》(les lois Æbutia,公元前2世纪末)和《尤利亚法》(les lois Julia,公元前17年奥古斯都统治时期,废除了法律诉讼中古老的诉讼程序,只有某些遗留的案例可应用这种程序)得到官方确立时,它实际上已经存在了。

它似乎源于"外事大法官"握有的强制执行权。由于他在确认自己掌握的诉讼的特点时,无法在法律诉讼的已知范畴内为其定位,所以他就不得不运用某种程式(formule,该诉讼法由此得名)向法官发布命令,并对此略作解释。高级官员打算应用的所有这些程式便成了他的"法令"(参阅下文)。

因此,该诉讼程序颇为灵活:在面对新的情况时,大法官会进行研究,并找出最为符合现有案情的程式;它应用范围颇广:法官不会受到法令的限制,从而能创设许多新的法律。

这些程式简洁、明确、抽象,而且适用面广,这体现了罗马法学家、高级官员和法学学者智识方面的才干。

该程式包含了古典因素(指定法官……)和附加因素("时效",即有利于原告或被告的保留权益;"抗辩",即确认原告合法权益时需取决的条件)。但是,该程式的核心乃是"原告的请求"①,它是指对罪行类别的简单陈述,大法官在自己掌握的事实中识别出这些罪行类别后方可同意对此罪行进行惩罚;还有"判决要旨"②,它是指如果原告的请求中所援引的事实得到了证实,那么法官将会对判决的性质、[408]限制性规定和金额做出的说明。依据原告的请求和判决要旨,人们就能对诉讼进行分门别类。后来,法学学者对此做了多种区分,我们在此只能撮其概要:

民事诉讼:它们重新启用了古老的"法定诉讼",只不过是将其移植于程式固有的模式之中罢了。③

大法官诉讼:比如说,民法过去处理偷盗诉讼的时候,该诉讼仅限于公民之间。为了保护外国人使其免遭偷盗,大法官便求助于拟制这一手段。他要求法官做出"原告拟制为公民"的姿态。大法官法中的"拟制"诉讼与民法中的偷盗诉讼大体上颇为接近。

事实(*in factum*)诉讼(与法庭[*in jus*]诉讼有区别):大法官仅要求法官核实某些事实是否真实,并由此做出判刑或赦罪的裁决。当然,大法官有很大的自由度,而且完全能够偏离民法的程序。他这样做,尤其能在债务法方面进行改革,创建诸如寄托、担保、抵押等新的概念。

直接诉讼与有效诉讼:后者是对前者的扩充,进入了新的领域。比如,诉讼是要对从窗户往外扔东西砸伤过路人的房屋的占有者进行惩罚(乱抛物品[*de effusis et dejectis*]诉讼),而如果危险物品不是从房屋中,而是从船只的甲板上往外扔,那么就可以推而及之,采用有效诉讼的形式。

对物诉讼与对人诉讼:这些诉讼强调了物权的重要性,物权针对的

---

① 原文为 intention,按法语原意应为"意图""意愿""目的"等,拉丁语 *intentio* 亦同此意。按罗马法中 *intentio* 的本意应为"原告的请求",结合上下文,译者遂选取此意。——译注

② 原文为 condemnation,按法语原意为"判决""定罪"等。罗马法中 *condemnatio* 有"判决"和"判决要旨"之意,前者注重行为,后者注重该行为之描述,结合上下文,译者遂选取此意。——译注

③ 比如在 *sacramentum*(誓金)这个环节中,诉讼人会说:"*aio hunc hominem meum esse*",即"我说这个人是属于我的"。大法官的程式便会说:"如果这个人明显是属于他的,那么你,法官,就满足他的要求吧。"因此,这两种诉讼法大体一致。

是每一个人（*erga omnes*），拥有绝对的权威（比如某动产的所有权），它们还强调了债权的重要性，它是一种压在债务人个人身上的债权。

最低权利诉讼与善意诉讼（*ex bona fide*）：后者包含了由大法官创设的新的诉讼方法，[409]注重的是实质而非形式，是本质而非表象。

确定诉讼与未定诉讼：前者涉及的是确定的标的（确定的动产或不动产，数额确定的款项），后者涉及的是尚待评估的标的。

程式诉讼的案例①

"法庭"、民事、直接、对物与确定诉讼：

"假定提乌斯是法官。如果明显得出（*si paret*）此人属于奥卢斯·阿格留斯（Aulus Agerius）②所有，那么按照奎里蒂人（Quirites）的法律，法官便会判决努美留斯·内吉丢斯（Numerius Negidius）③向奥卢斯·阿格留斯支付 1 万塞斯特斯；如果明显不是如此，便宣告无罪（*si non paret, absolve*），（或者）判决由 NN 向 AA 赔偿相当于该物品价值的金额；如果明显不是如此，则宣告无罪。

"法庭"、民事、直接、对人、最低权利、确定诉讼，涉案人可变更：④

"假定提乌斯是法官。如果明显得出 NN 应该向布伯留斯·奈维乌斯支付 1 万塞斯特斯，那么法官便会判决 NN 向卢齐乌斯·提提乌斯缴纳 1 万塞斯特斯；如果明显不是如此，便宣告无罪。"

大法官、法庭、直接、对人、善意、确定诉讼，附归还条款：

"假定提乌斯是法官。因为涉案的是 AA 在 NN 家寄存的一张银质餐桌，正是因为如此，所以 NN 必须诚实地将其交还 AA，除非他将其归还，否则法官便会判决 NN 将其归还；如果明显不是如此，便宣告无罪。"

大法官、事实、直接、对人、确定诉讼，法官自行评估并判决赔偿金额：

"假定提乌斯是法官。如果明显得出 AA 在 NN 家寄存了一张银质餐桌，而且因为 NN 心存不轨，存心诈欺，以至餐桌并未归还给 AA，那么法官便会判决 NN 向 AA 支付相当于物品价值的金额；如果明显不是如此，便宣告无罪。"

---

① 据 Gaudemet 所引文本，前揭 p. 371—372。
② 虚构的人名，指代提出起诉（*agere*）的原告。
③ 虚构的人名，指代否认指控（*negare*）的被告。
④ 由大法官程式创设的另一种方法：主要是为了对法定代理制度（该制度很迟才得到确立）的缺位做出弥补。如果是某人的儿子或奴隶承担债务或获得债权，但由于其不是财产的所有人，那么父亲、主人或监护人就须在判决要旨（*condemnatio*）阶段传唤到庭，而其儿子或奴隶只是在原告的请求（*intentio*）阶段才作为所有人。

[410]我们发觉,借助于这些诉讼程序,新的法律、司法范畴方得以创立起来。事实上,通过原告的请求,高级官员才能够宣布受理当事人的诉讼。然而,"大法官在同意受理诉讼的时候,才创建了某种法律,因为他承认只有状态得到确定,它才值得受到司法保护。[……]只是在此范围内,他们方可在法庭上进行诉讼,公民才能认为自己享有了权利"。①

比如,之所以有买卖契约的概念,是由于某天大法官为了帮助未收到货款的商贩而决定受理他的诉讼,即买卖诉讼之故。因为大法官承认,如果商贩销售了商品之后未收到货款,有向他求助的权利,且因为这样一来,购买者很有可能会在法庭上进行非难,自此两造之间就会存在某种特定的法律地位,从而才产生了买卖契约的概念。

罗马社会在那个时代所经历的彻底的转型过程,为大法官提供了大量新的状态,他们能够创建新的诉讼程式就此做出应对。**外事大法官**似乎在此起到了推动的作用。外国人并不了解"罗马人的法律",也不参与罗马的宗教。另一方面,帝国在不断地扩大,进行诉讼的人也不再一定是抬头不见低头见的邻居,甚至在罗马,经济生活的环境也在演变着。

> 必须先考虑非形式主义的切入模式,而法律——指的是未曾改进过的《十二铜表法》——对此却根本想象不到。在拟定契约和履行契约的时候,人们应该讲究诚信,而这正是古老的仪式、行为和庄严的程式所忽略的东西。法律手段的应用不能忽略经济方面的进展:封闭的农业社会自给自足,交易用的是现金,短期借款也只限于朋友之间;由于四海之内皆被征服,信用,亦即信任(*fides*),还有非当面进行的交易,且尤其是综合各方意愿达成的唯一协定所产生的义务均成为必需。而且由于法律对这些不可避免的流变过程没有做出回应,所以大法官作为法律管理者便在其日常工作中,将这些动荡不定的因素确定了下来。②

城市中的大法官由于认识到程式的有效性,所以为了自身的利益,重新采用了在涉及外国人的诉讼范围内首先发现的大量程式。

[411]事实上,公元前2世纪中期至公元1世纪末期乃是程式诉讼

---

① Gaudemet,前揭,p. 327。
② Humbert,前揭,p. 318。

的黄金时代,我们发现那个时期在罗马出现了家族法、继承法、所有权法、债务法。换句话说,那个时代在普遍适用的法律中出现了罗马人赋予的极具原创、极为持久的特点。

高级官员敕令(大法官法)

因程式诉讼而得到创设的法律均于高级官员敕令中得到体现。

敕令事实上就是高级官员上任之初(或任期之中)发布的法律条文,他试图在委任期内实行这些法令规章。

因为只有大法官才能使用此种权限(其他高级官员必须以他为参照),所以人们传统上将**大法官法**称作因敕令而创设的法律。由于大法官和其他高级司法官员均享有"荣誉"(honneurs),所以在指称由他们这些人创设的法律时,人们也会说到*政务官法*(droit honoraire)。**大法官法**与**政务官法**同古老的**民法**截然不同(而且它们之间的法理也是判然有别),前者由法令创设并得到其承认,他们或对其进行确认,或进行补充和修正。另一方面,虽然民法主要是对市民生活(cives)做出规定,但大法官法仍然更为通行,其目的就是使其对罗马当局普天之下的所有居民都具有约束力。

原则上,大法官敕令只有在其委任期内才会生效。但习惯上,每位新上任的大法官都会采用其前任敕令中的基本内容,并在其上简单地增添几项条款(*pars nova*);由于这项创制具有长期的可能性,所以该制度仍将特别灵活,而且能将罗马社会大约250年来的演变所造成的新的状况整合进来。但与此同时,法律规章也已经过了某种"自然淘汰"的过程,这样便使该遗产摆脱了那些具有恒久效力的规则对其进行的束缚。

最终,在帝国时代,不再有选举而成的独立大法官,也不再有大法官在法律上所作的创见,于是该常设性的遗产便以书面形式被保存在[412]"永久敕令"之中,该敕令不仅承绪了所有构成大法官敕令的材料,而且还对它们进行了整顿清理。

人们将这些材料分门别类,分成不同的段落和标题(按照诉讼的步骤划分),并指明了因每个相继颁布的敕令而创设的程式。如此组织起来的法律条文就能够对执业律师起到明确的指导作用。这项"对敕令进行体系化"的工作已由法学学者尤利安(Julien)于2世纪初在哈德良皇帝的授意之下完成。

程式诉讼时期的其他创制

至于诉讼程序,在诉讼的每个阶段均有创制。某些创制尽管不太重要,但总体来说表明了它们都在朝着司法精确这一目标进展。

当事人双方出庭的条件更为明确,代理制(représentation)①方面的内容也有了进展。人们同样要坚决确保让拒不合作的当事人出庭,不管他们面对的是高级官员还是法官均是如此。人们也对建立证据制度进行了思考。即便宣誓仍然起到了某种作用,但书面证据还是比过去具有更大的重要性。另一方面,法官与程式的关系很紧密:从这种意义上说,诉讼还是十分形式主义。法官无法对高级官员没有获得但自己掌握的新材料加以考虑,他无法对程式中不经意间出现的资料错误进行更正,他在判决的时候无法对程式中规定的内容进行增减。

人们将既决案件的权威性(autorité de la chose jugée)的原则进行了程式化处理。首先是因为取消争讼阶段(litis contestatio)而间接导致了这样不完善的结果,其次是因为法学家把公共利益这一概念推到了前台,从而在帝国初期提出了将该原则普遍化这一说法。如果涉及的是同样的标的,如果请求是建立于同样的司法方式之上,如果诉讼人以同样的资格起诉(但如果这三项条件中只要有一项未得到满足,新的诉讼程序就会产生),那么新的诉讼方法就不可能产生。

上诉的诸种形式被发现,即便它们首先采取的是间接方式,但其主要目的仍然是对高级官员、法官或判决提出质疑;帝国初期出现了向君主或元老院提出上诉的可能性。

「413」最终,尽管国家一直拒绝让自己来执行判决,但向被判刑者采取新的施压方式(财产买卖诉讼……)仍然在它的法律范围之内。

至于法律的来源,必须注意到习俗仍发挥了很大的作用,尤其是在行省;而法令,如我们所说的,从各方面看都已丧失重要性,它在民事方面日益被元老院决议(sénatus-consultes)(1世纪的时候,民众大会的立法权已彻底消失),尤其是被帝国时代的帝国法规(constitutions impériales)所取代。帝国法规是指由皇帝创设的几种法律规章的总称,包括:

敕令(édit):②由于将代表行政官职的束棒集于自身,皇帝便拥有了高级官员享有的传统的敕令权(jus edidenti)。但他颁布的敕令与大法官敕令截然不同。他只是在认为必需的时候才发布敕令。敕令并非终身制(即使在皇帝驾崩之后,它们仍然

---

① 出现了"代理权"(procuration)的概念,我们将会看到它在中世纪法规中的团体理论并进而在民主观念的发展中起到怎样的作用,参阅下文 p. 1033—1035。

② 拉丁文为 edictum,法学界通释为"告示",但 edictum 亦有"敕令"之意,故译者仍选择"敕令"。——译注

具有永久的有效性)。它们并非仅仅建立于诉讼的基础之上,而是在刚颁布的时候便已成为抽象的准则。它们对整个帝国全境都有效力。这便是真正的法令。①

裁决(décret):它是指由皇帝做出的判决,使其成为帝国全境的判例(jurisprudence)。

批复(rescrit):是指由皇帝或其顾问团(由帝国最优秀的法学家组成)对官员、高级官员或个人就某个有争议的法律问题所作的答复。因做出答复者的身份使然,所以该解决方案所有人都得接受(从这个意义上说,皇帝及其顾问团与其他的法学学者之间产生了竞争)。

训示(mandat):是指由皇帝对官员特别就行政管理法或税务法方面的问题发布的训令。原则上,它们只有在寄达的行省方具效力,并在该皇帝统治期间方才有效。但是,仍然存在意图使训示具有普遍效力的趋势。

至于**法律原则**(jurisprudence)或**法理**(doctrine),必须注意到它们在这段时期的发展颇为特别。

我们发现,掌握法律知识先是成了大祭司的特权,后来散布了开来,变得世俗化。自 3 世纪末期起,出现了第一批法学学者的名字。至共和国末期,法学学者的出身变得越来越多样,他们不仅仅是元老阶层的成员,也不仅仅是罗马的罗马人。出现了愈来愈多的外省法学学者,[414]到了 2 世纪末期,甚至出现了东方人(我们发现,希腊各地区在那个时期吸收了罗马法:希腊法学家最终超越了他们的主人)。只是到了帝国后期,法学才有了大学之类有组织的教学法,这同哲学和演讲术的教学有可比之处,这也有可能在各方专家之间创造某种一致性。尽管如此,自 1 世纪起,还是有了两个"学派"(从"讨论团体"这个意义上而言,它们乃是意识形态方面的中心),但它们不为人知,普罗库卢斯学派(Proculien)被认为更注重形式,而萨宾学派(Sabiniens)则被认为更注重衡平法、更信任权威。

从方法论层面而言,法学学者尤其可以说都是传统主义者。他们遇见新的案例时,不是从一无所有中(*ex nihilo*)创设新的规章,而是宁愿承袭以前的规章,由此着手用广义类推的方式进行解释(我们稍后就会见到几个这样的例子)。此外,由于他们都曾在演讲术学校受过训练,所以他们都很熟悉希腊的道德哲学,特别是斯多阿派,这些学说对他们的解释都起到了指导作用(参阅下文 p. 420—421 与 p. 469—479)。

罗马法学学者的著作或注重法理(民法注释、大法官的敕令、帝国法规……),或注重诉讼程序,他们还有教学方面的著作。

———————————

① 在法国的旧制度(指 1789 年前的法国——译注)中,"敕令"这个词同"法令"意思相等(比如"南特敕令")。

他们没有一部作品直接流传到我们手中,只有盖尤斯(2世纪中期,虔诚者安东尼乌斯统治时期)著名的《法学阶梯》(教学课本)是个例外。我们了解这些著作主要是通过后人编纂时所作的引证,有时这足以令人对此形成某种相当精确的观念,尤其是保罗和乌尔比安,查士丁尼时期的汇纂中对他们的观点做了很多引证。

所有这些作者都通过论证补足了法律中某些缺失的条款:没有言及之处、矛盾之处、法令中尚未言明的关联之处。他们的解决方法之所以能产生影响,是因为这首批法学学者起初都是大祭司,之后是元老阶层的成员,他们本身就担任行政官职,有着强大的宗教或政治权威。后来,当法学家不再属于这个社会阶层时,奥古斯都确立的"解答权"(jus respondendi)又赋予了他们新的威望。

解答权。奥古斯都事实上"特命保护"了某些法学家,也就是说他"通过君王的权威赋予了他们解答权"。这项特权在帝国前期的时候授予了大约30名法学家。当然,法学家受特命保护的解答确切地说并不具备官方决议的效力,它们不得强制性地同法官发生关联。但它们具有事实上的权威性,并可作为先例加以引用。由于它们有时也会自相矛盾,所以哈德良的批示规定,受特命保护的法学家的解答只要前后相符(一致性规则),那么法官就必须接受。

第三节 特别诉讼或"法律认知"时期
(帝国后期)

[415]我们须注意,一开始的时候存在一个悖论。自帝国前期至后期,法律似乎相对来说有所衰落,它显得创造性不足,专业性不足,在帝国时代实施的时候也不尽统一(尽管212年出台了《卡拉卡拉敕令》,该法赋予了帝国境内所有居民以罗马公民权)。然而,在那个时候却形成了"君主"(dominat)制度——特别是在塞维鲁斯诸皇帝统治期间,他们建立的王朝是两种制度①间的中心枢纽——而罗马最伟大的法学家(帕皮尼安、保罗、马尔比安)均在那时完成了他们的著作。

很难解释这一悖论。或许这只不过是某种时间差:法学家继承了先前数个世纪的所有成果,等他们撷其精要加以应用的时候却开始了"君主"制度,而该制度最终使法律衰落下去。或许塞维鲁斯诸皇帝因其专制政体而起到了积极的作用:

---

① 两种制度指的是帝国前期的元首制和帝国后期的君主制。——译注

它之所以能使司法机关和法学得以完善并臻于完成,是因为法律第一次掌握在了拥有充足权力、完全集权化的国家的手中。

特别诉讼或"法律认知"

法定诉讼和程式诉讼这两者的诉讼程序据说均属于 *ordo judiciorum privatorum*("非官方的普通审判")。不同的是,在帝国前期出现,后又在帝国后期得到推广的诉讼程序被叫作"特别"诉讼,因为对皇帝及其官员来说,该诉讼恰好可以跳过那些程序。它也被称为"法律认知"(*cognitio*)(如此一来,皇帝及其百官马上就可"了解"案件的实质是什么)。

它自共和国时代起即出现于行政管理之中。后来,它先是在各行省中扩展至民法,因为行省总督既是行政管理的首脑,也是负责司法的高级官员的上司,极为特别的是,在帝国的行省中,总督都是皇帝的直接代表,他们能从后者拥有的特殊权力中获益(我们也已经注意到希腊化时代诸行省中的君主制传统所造成的影响)。

[416]2 世纪末期,该诉讼程序在行省中得到了推广,并传至意大利。它的习惯做法是征求皇帝的意见,以对法律判决做出规定。甚至不具有官方身份的法官都要求得到批复。自然而然,皇帝便会把自己的权力赋予手下的高级官员,他们每个人便都享有了自己的权限。

新的诉讼程序乃是国家功能显著增强的特点,自此以后,国家便会出面强制当事人到庭、对讼案进行审理、随意对待正式的法律、强制执行判决,当事人的传统诉讼方法几乎已没什么地位。

大规模的编纂工作

我们发现,在那个时代,习俗(其理论已成型①)、帝国法规(自此以后,在涉及普遍意义上的法律条款时,它都被叫作"法令""敕令"或诏书[*pragmatique sanction*],当涉及的是作为个例的特殊的决议时,它被叫作"裁决"和"批复")与法理都是法律的渊源。但其主要创制还是在

---

① 其观点是,全体同意乃是习俗赖以存在的基础,当然这指的是默许,但其现实性并未略减分毫,因为习俗是时代的产物,该观点还认为异议如果真的出现,那它们肯定会抓住机会显现出来。如果它们未显现出来,那是因为所有人都达成了一致意见;因此,人们可以认为,习俗与法律具有相同的基础,也就是说它是民众的意愿。即便由于法律缄默不语,人们转而援引习俗,理论对此也不会提出什么问题。但是,习俗会不会与法律相左,而且在帝国时代,同君主的意愿相悖呢? 罗马的法学家给出了否定的回答,他们正是这样强调了法律的唯意志论这一方面。我们会在中世纪重新发现这一论争,参阅下文 p. 866 与 p. 917—918。

于，法律在那个时候成了大规模的系统化和编纂工作的对象，并随着查士丁尼作品的问世而达到了顶峰——这些作品对于罗马法在中世纪和现代西方的传播至关重要。

首批编纂而成的作品:《泰奥多西乌斯法典》(Le Code Théodose)

自古典时代起，人们就知道有 20 卷的帝国法规汇编(由帕皮里乌斯·尤斯图斯[Papirius Justus]于 161 年至 192 年间编纂而成)和一本裁决汇集(由保罗汇编)。这些作品都由个人自发所作，它们都是注释和摘要本，并未登载完整的法规条款。后来，到 3 世纪末和 4 世纪初的时候，人们引用了《格雷戈里安努斯》(也许是在 291 年至 292 年修订而成)[417]与《海摩格尼安努斯》(Hermogénien，是对前者的补充，它在每一版中均会增加新出现的法规)法典。它们仍然是非官方编纂的汇编本，因此并不具有强制效力，不过它们提供的恰是原始的法律文本。

最后，一个世纪之后，《泰奥多西乌斯法典》制定而成，该文献颇具原创性，预示了查士丁尼的《民法大全》(corpus juris civilis)即将出现。一个由 16 名成员组成的委员会于 435 年奉泰奥多西乌斯二世之命搜罗了自君士坦丁时代以来所有颁发的普通法规，但对它们"做了少许修正"，也就是说剔除了过时的条款和多余的阐述、改正了矛盾之处、补足了缺款的地方，并从头到尾梳理了一遍，这些资料被分成不同的卷册，加了不同的题签，每个题签下的法规均按编年顺序排列。该作品完稿于 437 年，438 年颁发。《泰奥多西乌斯法典》在公法领域占有重要地位，第 16 卷中甚至论及了教会与国家的关系(有关私法的内容比较少见，这是因为已经有了《格雷戈里安努斯》与《海摩格尼安努斯》法典的缘故)。

《泰奥多西乌斯法典》主要的创新之处在于它囊括的所有法令均具有官方效力;它自身就是以法令的形式加以颁发的。因此，只要法令一旦以法典的形式汇编而成，那么自此以后它们就应该加以实施(但法典不会废除未列入汇编本的法令)。另一方面，法典对帝国东西两方均为有效，而不管法律条款是出于东方还是西方。因此，它是第一个将法律几乎完全加以系统化的例子。

《泰奥多西乌斯法典》对我们还有另外一种效力:在 11 世纪重新发现查士丁尼时期编纂的《民法大全》(corpus)之前，只有在这种形式下，罗马法才能为中世纪时期的西方所了解。事实上，西方帝国土崩瓦解之后，有些蛮族国王便向他们的罗马臣民颁发了这些法典，而这些法典便成了《泰奥多西乌斯法典》的来源(参阅下文,p. 534 与 554 及以后)。

古典时代以后的法理及汇编

帝国后期的法律原则(jurisprudence)与古典时代颇有区别。它不具名称(法学家都是皇帝手下的官员),更具综合性而少分析性(它的目的就是要将其分门别类,而不是对案例进行专业的分析),更为简化而少有创见,因为从今以后皇帝才是唯一创设法律之人。作者们只是将古典法律条款移植过来,再加以补充完善而已。另一方面,随着西方陷入危机不能自拔,其重心遂逐渐移向了东方。

[418]新的因素是:出现了专门讲授法学的有组织的教学法。我们知道,先前在罗马的许多城市里有过法学学校。但是,最好的学校还是在君士坦丁堡,尤其是 5 世纪时的贝鲁特。东方出现的这些研修中心使得查士丁尼时代法律得到了复兴。

引证法(la loi des citations):由于法学家意见不一,很难去了解他们笔下法律条文的真正意涵,于是每个执业律师都会试图让权威人士做出有利于自己的决议。几任皇帝采取过各种零零散散的措施并力图在这些权力机关之间设立某种等级制之后,泰奥多西乌斯二世于 426 年颁发了著名的《引证法》。该法赋予了五名伟大的法学学者,即盖尤斯、帕皮尼安、保罗、乌尔比安、莫德斯蒂努斯(Modestin)以崇高的威望,自此以后他们的法律条文都可一直在法庭上加以引证(该项法律也有些荒谬之处:如果这些权威人士之间出现分歧,以多数意见为准;帕皮尼安可做出决定性的裁决;只有在他没有表态的情况下,法官才可自由做出判决)。最后尚须注意,引证法使法学学者的权威依附于国家的决策:国家终于控制了法律。

查士丁尼时代编纂的法典:

527 年,查士丁尼在拜占庭登皇帝位,他一直统治到 565 年驾崩为止。他梦想重建伟大的罗马帝国,且最终重新占领了非洲和意大利。不过,他也同样在国内完成了大手笔,对政府、中央及行省行政管理都做了改革。在这一复兴过程中最有价值的就是将法律汇编起来进行整理,使之形成大型的法律文本,它们以完整的形式呈现在了我们面前。

这须要对《泰奥多西乌斯法典》的不足之处进行修补。该法典并不完备。在它后面,出现了许多新的法律条文。另一方面,古典法理已愈来愈不为人知,有失传的危险。

查士丁尼将这项工作委托给了杰出的法学家特里波尼亚努斯

(Tribonien)，而这位法学家周围也是围绕着数不尽的合作者（高级官吏、法学教师、律师……），他的任务是编纂及修订法律条文和古典时代的注释，这是一项极为浩大的工程。功夫不负苦心人，这项工程终于以四大本汇编本结束，即《查士丁尼法典》《Code de Justinien》、《学说汇纂》(Digeste)、《法学阶梯》和《新律》(Nouvelles)，这四卷书构成查士丁尼的《民法大全》(Corpus juris civilis)。

《查士丁尼法典》有两个相继出现的版本（529 年与 534 年）。该法典采用了《格雷戈里安努斯法典》《海摩格尼安努斯法典》《泰奥多西乌斯法典》[419]且对它们做了修订，并用泰奥多西乌斯时代新出现的帝国法规对其进行补充。该法典取代了上面这些法典，成为唯一一部可资实施的法典。它共分成 12 卷，每卷又细分成不同的题签，在每一个题签中，法令以编年顺序排列，一如《泰奥多西乌斯法典》的编排体例。

该法典先以**教会法**(droit ecclésiastique)开篇（《泰奥多西乌斯法典》以该法作为收尾），然后论及**法律的来源**、**庇护权**(droit d'asile)、各级帝国官员的职责、诉讼程序、私法、刑法、行政管理法和税法。每部汇编的法规上均会出现颁布该项法规的皇帝的名讳，却没有日期、受众的名字（除非涉及的是批复）。

《学说汇纂》(Digeste，或按照希腊语的名称，叫做 Pandectes)是将传统法学学者的断简残篇编纂而成。该项工程极为浩大，查士丁尼于 530 年 12 月 15 日颁布了《在神的指导下》(Deo Auctore)法规以启动该项目。在该项工程中，要整理数个世纪以来由 38 或 39 名法学学者撰写的 1500 卷书，其中大多数法学学者都拥有"解答权"。最终，这项工程只花了三年时间便告完成，533 年 12 月 16 日，借颁发《坦塔》(Tanta)帝国法规之际，庄严地发布了这套汇纂。

《学说汇纂》共有 50 卷书，遵照《法典》的编排体例。每卷书均按题签细分，每个题签中均列有引文，每条引文旁均会列出确切的参考资料（作者、作品、作品中的位置）。该套汇纂特别采用了五大法学家的引文，不过保罗和乌尔比安占据了主要的地位。改动或添加均是有意为之，因为编纂者的明确使命就是改编这些法律文本（但是，在古典时代以后的那段时期，已经有人对这些文本做了添加）。

《学说汇纂》是一笔巨大的财富，中世纪的时候西方又重新对它进行了研究。但是，眼下它还只是学校的教科书，尚未得到广泛的传播。

《法学阶梯》是一本简明教科书，采用了盖尤斯《法学阶梯》中的段落，借用了后者的体例。由于它比《学说汇纂》更简明扼要、篇幅更短小，所以大受欢迎。

《新律》是继《法典》刊发之后颁布的法规集，有些部分用希腊语写就，有些则用拉丁语,另一些部分两种语言兼而用之。当它以汇编的形式刊发时,恰逢意大利重新被攻占,正要施行帝国法律之时(于是希腊文本便被翻译成了拉丁语)。

结语　自然法、万民法、民法

[420]如果说,罗马法在"程式诉讼"时期能有所创制,那是因为罗马共和国以及之后的帝国乃是人类历史上第一个"多种族"的大国的缘故。法规应该设立起来以作为分属于各个种族的个体之间的社会纽带,并使得原先在属于相同种族的各个小城邦的范围之内盛行的法律面前人人平等的原则也能在帝国范围内得以奉行。体制上各类灵活的机制使新的规章得以形成、受到检验并获得确认,它借助于"再试验再犯错"这一漫长的过程,最终选择出了受所有人真正理解的规章,并可有效地避免冲突及改善社会的合作状态。

"奎里蒂人的法律"乃是限于种族内部的综合起来的习俗,在它刚实行的时候,罗马法已经朝具有普遍适用形态的法律,即朝自然法(*jus naturale*)或万民法(*jus gentium*)①演化(某些文本确证了这一点,另一些则在这两种概念之间做了区分。②)

---

① 翻译成法语的"gens"(人)会冒误读拉丁语词 gens(复数为 gentes)的风险,该词意为家族、种族、民众。因此"万民法"就是"多民族法"(droit des peuples),这是就法律为不同民族所共有的意义上而言的。它指的是在所有民族各自特定的习俗下发现的行为规则,这是因为所有的民族构成了独一无二的人类,甚至拥有相同的人性之故:由此,万民法(*jus gentium*)同自然法(*jus naturale*)便趋近了。

② 按照其观点保存于《学说汇纂》中的法学学者的意见,可举奴隶制方面的区别。奴隶制与自然法相悖,因为所有人生来都是平等的(斯多阿派的观点同亚里士多德的等级制观点相对)。尽管如此,奴隶制仍被所有的种族(gentes)加以施行,它是受到万民法(*jus gentium*)承认的权利。之所以所有的民众都发明了此种权利,那是因为他们均面临战争这个问题。因此必须将奴隶制视作:1)产物(*produit*),某种副产品,它不属于人类原初的本性;2)普遍的产物,从这个意义上说,它的合法性并不弱于自然法,而且比每个城邦各自产生的务实的法律更为有效。

对自然法与万民法之间的区别所作的另一种阐释也许指的是,自然法乃是所有生灵,即人和动物的共同法,而万民法则是仅仅关涉人类的自然法的一部分(因此,它并不具有"历史性",而是具有自然、原初的特性)。基于汇编于《学说汇纂》中的这些程式(参阅下框中文字),很难就此做出裁断。古代人无疑不可能将这样的区分做得很彻底,因为他们所掌握的知识范畴有缺陷,尤其是他们对历史与文化并不具有清晰的概念。

[421]这两种普遍适用的法律的概念经常得到受斯多阿派影响的哲学家的阐释,它们作为理想状态,可对那些实施法律的人所作的创制起到调节、指导的作用。

如果人们认为,对叙利亚人和高卢人而言,他们都分有相同的"人性",那么寻找对他们共同的法律范畴就很有意义;因此,尽管他们处于始动状态,但应该拥有同我的和你的、合法的与不合法的、善意、诺言等相似的意义。高级官员试图提出一种使各类不同的诉讼人都能理解、都能支持的独特的法律范畴,这样他就不用创造某种人为的场景;他深入事物的本质之中,如此一来他就能指望自己创设的东西发挥作用,并长此以往地存在下去。从这个方面说,希腊哲学在罗马,特别是在程式诉讼最为活跃的那段时期的存在,毫无疑问起到了根本性的作用(参阅西塞罗一章)。

创设的大法官法试图对这共同的万民法和自然法做出解释:它试图使自己同民法相比,能显得更简单,更少形式主义,更少宗教性。这样一来,它就会获得比奎里蒂人法适用性更强的范畴,或者,更确切地说,它会更为抽象,有更多的功能,而不会仅仅指涉每个民族自身所特有的机构、地点、神祇、领导人、事件,因此它的使命就是要获得帝国及帝国之外所有种族的普遍承认。我们在引言这一章就民法所简单列出的清单范围颇广,它体现了抽象性所有突出的特点:所有权、占有、购置、买卖、契约、法人、代位继承人……这一新的法律"尤其在债务法方面得到了发展,因为正是这种事务之间的关系才会最经常地得到创新"。①

法学学者认为的自然法、万民法、民法②

[422]盖尤斯《法学阶梯》,Ⅰ,1:

> 受到法令和习俗管理的所有民众均可使用部分为他们自己所固有、部分为所有人所共有的法律;因为任一民众自身所接受的法律为其本身所固有,他们称其为民法,也就是说它是每个城市所固有的法律;但照实说来,在所有人中凭自然理性所建立起来的事物,也便是存

---

① Gaudemet,前揭,p. 340。
② 据 Gaudemet 所引文本,前揭,p. 342。

留于所有民众中间的事物,他们称其为**万民法**,也就是说它是为所有民族所用的法律。因此,罗马民众遵循的是部分为其自身所固有、部分为所有人所共有的法律。我们指出了这一有用的区别。

查士丁尼《法学阶梯》,Ⅰ,2:

　　自然法乃是自然对所有生灵的教导,因为该法并非人类所固有,而是所有空中、地上、海中有生命之物所固有;从中产生我们称其为婚姻的男人与女人的结合、生育儿童及对他们的教育;事实上,我们发现,其他的动物似乎也遵从这样的法律。

　　这便是**民法**与**万民法**的区别:所有受法令与习俗管理的民众部分会使用他们固有的法律,部分会使用为所有人所共有的法律;事实上,因为任一民众均由某法律所设定,所以该法律就会成为城市所固有并被称为民法,似乎它已成为城市自身所固有的法律。在所有人中间凭自然理性建立起来同样也被所有民众所遵从的,人们便称其为**万民法**,因为所有民族均会使用这一法律;比如,罗马民众部分会使用其自身所固有的法律,部分会使用为所有人所共有的法律……**民法**按每个城市的名称得其称谓,如雅典人的法律便是。事实上,人们所称的梭伦的法令或德拉古的法令,同雅典人的法律不可相混淆;这是因为我们之所以称其为法律,是因为罗马民众用的是罗马人的民法,之所以称其为奎里蒂人的法律,是因为这是奎里蒂人采用的法律。但是,每次我们并未添加城市的名称,[423]我们想以此表明,这涉及的正是我们的法律。正如人们谈论诗人而不提及他的名字一样,人们言下之意指的就是希腊人中的荷马,我们中间的维吉尔。事实上,使用的迫切性和人类必需的要求均迫使人类的各个种族建构某些规章:由此便产生了战争、俘虏与奴隶,所有这些事物均与自然法相背离;事实上,按照自然法,所有人生来即为自由。正是自该**万民法**起,几乎所有如买卖、出租、寄存、借贷与其他不可胜数之事物的契约均已被引进。①

　　说明罗马法所达到的抽象性的另一个例子便是**法谚**(*maximes*)。

---

① 由此可见,《法学阶梯》的编纂者清楚地意识到,债务法很有可能会成为普世性的法律。

法　谚①

在《学说汇纂》中作为结尾的 50 题签中，辑录了一些论断之词；它们处于上下文语境之外，因此具有普遍意义。这便是罗马法的法谚。例如：

Quod omnes tangit approbari debet omnibus（"关涉所有人者应受到所有人的赞同。"）

该原则适用于有数名监护人的弃儿。但在中世纪，这个程式从民法扩展至了公法（这是从"民主"的意义上而言的）。

其他例子：

"法律在于各取其所应得。"（*suum cuique tribuere*，《学说汇纂》，1，1，10；《法学阶梯》，1，1，谚语。）

"能赞成的人亦能拒绝。"

"人们不能为自己的卑劣行为从法律中找借口。"

"同等者不必服从同等者。"

此类法谚不超过 200 条。

---

① 据 P. G. Stein 的《罗马法》(*Le droit romain*)，见 Burns 前揭书。

第四章　共和国时期的政治观念

[425]当罗马高级官员以先前国家闻所未闻的方式清晰有效地制定公法的时候,当法学家为了建构成为现代所有法律的共同实质的词汇表和法律分析工具时,在罗马如同在希腊一样,政治思想也在逐渐形成。

诚然,我们说过,罗马人不像希腊人那样爱思索,希腊人正是通过思索才了解科学。况且,我们将要讲到的第一个作者就是定居在罗马的希腊人波里比乌斯。但罗马人显然很快就成了好学生,尤其是在政治领域。罗马人相继登场的政体,共和制、元首制、君主制事实上使他们积累了希腊城邦之人实践过的几乎所有政治方面的经验,更有甚者,他们特别关注的乃是要管理一个立足于世界的国家。这样的经验都反映在了那些著作中,尽管这些作品(西塞罗除外)并未普遍采用理论论述的形式,但仍然证明它们已经达到了概念阐述的高度。

第一节　波里比乌斯

“西庇阿圈子”

[426]皮德纳一役(公元前 168 年)之后,希腊最终沦为罗马的附属国。然而,我们知道照贺拉斯的说法,希腊文明却并未饱受丧失政治独立之苦,反而“俘虏了自己的征服者”,事实上,它使罗马人希腊化了。

诚然,在罗马存在某种抵制希腊的思潮,监察官加图(Caton)于公元前161年禁止所有哲学家到罗马来便是一例。但是,那些最初受到希腊文化吸引的人士中间,却有位高权重的将军,其中一人的宾客中便有我们即将研究的最早出现的政论家波里比乌斯。

非洲的西庇阿(Scipion l'Afrique,公元前235年—公元前183年)乃是第二次布匿战争中的西班牙行省总督(proconsul)。他先是征服了安达卢西亚,后来联合努米底亚(numide)国王马西尼萨(Massinissa)于公元前204年攻占了迦太基,并于公元前202年取得扎马战役的胜利。他回到亚细亚后,发起了同叙利亚国王安条克三世的战争。但他及其兄弟小亚细亚的西庇阿(Scipion l'Asiatique)均遭到了老加图(Caton l'Ancien)主导的保守派的控告,说他们挪用公款。他生命末期完全浸淫于希腊文化之中。

西庇阿·埃米利安又称非洲的小西庇阿(公元前185年—公元前129年),乃是马其顿人保罗·埃米尔(Paul Émile le Macédonique)①的儿子,也是非洲的西庇阿的养子。公元前147年,担任执政官,正是他彻底击败了迦太基。他随后平定了西班牙。作为元老阶层利益的维护者,他坚决反对格拉古兄弟的改革措施。他从马其顿国王佩尔塞乌斯(传自其父)手中继承了一座图书馆,他自己也对希腊化时期的文化颇感兴趣。

在小西庇阿周围形成了"西庇阿圈子",其中有他最亲密的朋友政治家莱利乌斯(Laelius)②、[427]首位拉丁语讽刺诗人路齐利乌斯(Lucilius)③、首批拉丁语喜剧作家之一的泰伦提乌斯(Térence)④、斯多阿

---

① 勿与执政官保罗·埃米尔相混淆,此人在公元前216年与迦太基的战役中被击败并遭杀害;马其顿的保罗·埃米尔(公元前227年—公元前160年)是其儿子,他于公元前168年在皮德纳一役中击败了马其顿末代国王佩尔塞乌斯,并攻占了马其顿。

② 莱利乌斯(?—公元前160年后),公元前160年,他遇见了波里比乌斯,向后者提供了大量有关非洲的西庇阿的信息。——译注

③ 路齐利乌斯(约公元前180年—公元前102年),出身富有的骑士家庭,其30卷诗集《闲谈集》具有强烈的针砭社会的讽刺色彩,主张恢复公民道德,反对过分崇拜希腊文化。在他的影响下,此后的罗马诗歌亦大多采用六音步扬抑抑格。现其诗仅存1200余行。贺拉斯对他的诗歌评价甚高,只是略嫌其修饰不够。——译注

④ 泰伦提乌斯(约公元前190年—公元前159年),迦太基人,幼年至罗马沦为奴隶。主人欣赏其才智,解除了他的奴籍。同崇尚希腊文化的小西庇阿友情甚笃。公元前160年离开罗马至希腊游历,在旅途中逝世。他的六部剧本如《安德罗斯女子》《自责者》《阉奴》等悉数流传至今,其喜剧在内容方面保存了希腊新喜剧的主要情节。——译注

派哲学家帕内提乌斯（Panétius）①和历史学家波里比乌斯——两人均为希腊人。

生平与著作

波里比乌斯生于公元前210—208年，卒于约公元前126年，他原籍阿尔卡地亚的城市迈伽波里斯（Mégalopolis），该地位于伯罗奔尼撒半岛的北部。

迈伽波里斯由底比斯的埃帕米农达斯于公元前371年至公元前368年琉克特一役战胜了斯巴达人之后建成，其目的是为了与后者相抗衡。自此以后，该城市便与其伯罗奔尼撒半岛上的邻邦战事不断。公元前3世纪时，如同整个希腊一样，它也在原则上臣服于马其顿新建立起来的君主制，尽管如此它仍然试图采取或多或少有些独立自主的政策，它先是单兵作战，后来在公元前234年，加入了"阿开亚联盟"。但罗马人来到希腊与东方的时候，打败了马其顿的腓力五世（公元前197年），之后又击败了另一个希腊化的君主叙利亚国王安条克三世（公元前190年），于是阿开亚联盟的地位变得非常脆弱。当然，它受到了远方罗马的保护，联合并控制了整个伯罗奔尼撒半岛。波里比乌斯的亲生父亲吕克尔塔斯（Lycortas）便是制定这一政策的核心人物。但这样的状况并未持久。皮德纳一役时，阿开亚联盟的领导人都被控告对罗马持消极抵抗态度。同年，他们被押解到罗马。作为该联盟"骑兵师师长"（也就是说是它的第二大军事首脑）的波里比乌斯亦在流放之列：16年后他返回了罗马。

那时候，他经历了一次独特的思想上的遭遇。因为，尽管他的家族和他所处的社会阶层都是[428]独立自主政策的推动者，并对联盟的扩展不遗余力，该政策

---

① 帕内提乌斯（公元前185或180年—公元前110年）是斯多阿派的重要人物，他与波西多尼乌斯（Posidonius）乃是所谓的中期斯多阿派（stoïcme moyen，与芝诺、克列安特斯[Cléanthe]及克里昔普[Chrisyppe]的晚期斯多阿派[stoïcme ancien]，塞涅卡、爱比克泰德[Épictète]与马克·奥勒留的帝国斯多阿派[stoïcme impérial]不同）的两名代表人物。帕内提乌斯生于罗得岛，在帕伽马（Pergame）求学，后至雅典投入斯多阿派巴比伦的第欧根尼及塔尔斯的安提帕特洛斯（Antipater de Tarse）门下。公元前146年，他在罗马与波里比乌斯相遇并加入了西庇阿的圈子。公元前146年至公元前129年，他随同后者至东方游历并在那里停留。他在罗马有学生，其中埃留斯·斯蒂隆（Ælius Stilon）乃是哲学家瓦罗（Varron）的老师。西庇阿死后，帕内提乌斯返回雅典，取代了安提帕特洛斯成为斯多阿学派的领军人物。人们通过稀少的残篇断简和西塞罗的影射之处了解他的思想，西塞罗的《论官职》（De Officiis）受到其文论《论义务》（Péri kathêkontos）的启发，《论神性》（De natura deorum）受到其文论《论神意》（De la providence）的影响。他还是《论灵魂安宁》（De la tranquillité de l'âme, Péri euthymias）一文的作者，该文影响了塞涅卡和普鲁塔克。"尤其可以说，帕内提乌斯是第一个起过渡作用的人，他应该被视为启发了西方人文主义的伟大人物之一。"（Schuhl）

代表了古希腊城邦在面对希腊化君主制大国和崛起的罗马帝国时想要生存下去的最后一次尝试,但波里比乌斯自身在思想上仍然受到了罗马的吸引。

必须说,他受到了很好的接待。由于在希腊的时候便已同罗马的首脑人物有过接触,他是元老阶层的常客,而元老层也很欣赏他的个性和学问。他便成了思想导师,之后又成了征服了佩尔塞乌斯(Persée)的小西庇阿·埃米利安(波里比乌斯至罗马的时候,他正好 16 岁;波里比乌斯已经年过 40)的密友。他如饥似渴地研究罗马,它的风俗习惯、它的组织架构、它的历史,并立马决定为供自己的希腊同胞了解,使他们更好地了解自己的征服者,要写下罗马历史的鸿篇巨制,或者毋宁说是一部"普遍的"历史,因为正如波里比乌斯所说,自此以后,罗马在征服了"有人居住的整个世界"之后,这座城市的命运便会同世界的命运水乳交融。波里比乌斯的《历史》(L'Histoire)涵盖了公元前 218 年至公元前 146 年间的事件(共有30 卷,我们现在总共还剩下 5 卷,和其他人的摘要)。①后来,被批准回国之后,波里比乌斯又自己选择返回了罗马,在共和国担任公职,陪伴西庇阿南征北战,并游历了意大利、高卢、西班牙和非洲。

波里比乌斯在好几卷中都表现出了对政治观念的兴趣。首先是在第六卷中,他对本原的政体(constitutionnelle originale)进行反思的时候,主要集中于对罗马的政治体制进行研究(§1 和 §2)。随后,他的整部著作的目的就是要阐明自此以后罗马为何能合理地统治整个已知世界这一论题:这正是某种政治哲学的雏形(§3)。

政体循环

波里比乌斯阐述了政治体制的根本不稳定性这一理论,或者说他指的是由大部分希腊人实践的政治体制。这些体制不可避免地均会导致消亡,使他者得利,而这个他者又会被另一个他者所取代,这同无穷复制的循环颇为符合。

波里比乌斯将这个理论归功于柏拉图,尽管人们以后将会发现,两位作者对接替的顺序的看法并不一致。[429]况且我们记得,亚里士多德反驳了定期循环这一理论,并提出无论何种体制均会转变成随便任何一种其他体制。

起先,当人如同其他动物群那样聚集起来以便面对自然困境时,他们会听从自己中间精力最充沛、胆量最大的人的指挥。这便是君主专

---

① 该文本列入了"七星丛书"(Pléiade),篇幅浩大。波里比乌斯的《历史》由 Denis Roussel 翻译、阐述及笺注,Gallimard,1970。

制政体(甲),只有首领的力量能进行统治(Ⅵ,5)。

后来,善与公正的概念形成了,因为人毕竟与动物不同,他拥有智慧与理性。他能想象未来,感同身受地体会他人的苦痛,能评估什么行为能立刻导致恶,什么行为能培养善,反之亦然。"整个人便从中形成了道德义务感及对责任的意识",而这些美德能通过随后的模仿得到传播。因此,专制君主便不得不放弃通过纯粹武力进行统治的策略,而对正义且使人对正义尊敬有加。这便导致了王政的产生(乙)(Ⅵ,6)。

但此种政体其自身并不得持久。因为,如果最初出现的国王心地善良、头脑单纯,那么继他们之后的国王却不见得能与之匹配。他们只是因世袭制才登上了这一地位,但个人的素质却不见得有多好。另一方面,作为前任统治期间成果的普遍繁荣状态由于形势太好,他们便不知道对自己的生活习惯加以节制:他们想比普通公民穿得更好,吃得更好,而且还纵欲无度。①这种僭主制(丙)会招致嫉妒和谴责,以至僭主立刻就会遭到一群正直人士的驱逐,但也会受到民众的拥戴建立贵族制(丁)。但它只不过是恰逢其时而已,因为出于同样的原因,统治阶层腐败不堪,从而让位给了寡头制(戊),而这种制度只会遭到意图确立正义的正直人士的废除。但是,对僭主的怀念仍然出现于人们的记忆之中,这些人建立的不是王政,却试图建立第三种政体,即民主制(己)。这种政体能存活多久——也就是说"平等拥有[430]言论权"和"表达的自由"都严格受到尊敬的对待——全赖那些见证过前任流弊的管理该政体的人。但对这些人的回忆到孙辈一代便会淡忘,这一点波里比乌斯说得很确定。因此,野心家便靠损害富人以发家致富的前景来引诱民众;由于这些不知安分守己之辈依靠民众日益增长的唯利是图的欲望,所以无政府状态便日渐严重起来,最终"武力统治便得以建立"。人们也可被带至循环的起点:秩序只有在专制君主的权威之下才会获得,之后便会出现国王等等(Ⅵ,8—10)。

波里比乌斯强调,如此的循环进程无可避免。它乃是"自然的法

---

① 如果人们按照作家的许多影射做出判断的话,便会发现这些现象似乎强烈吸引了希腊城邦的僭主和寡头,却大大惹恼了希腊的舆论。

则"（Ⅵ，10）。该法则是如此必需，以至它能在面对未来无论何种政体时做出精确的预测，因为人们能确定自己将要进入哪种循环的阶段。每种政体必将衰亡的趋势并非来自外因和偶然性：它是内在的因素，照波里比乌斯的说法，这同铁生锈和木生蛆的想象属同样的性质。

混合政体

尽管如此，还是有一个城邦斯巴达由于其立法者吕库古①的英明而避免了这种命运。此人发现了这种自然法则，但他明白，该法则只能被当作政体纯粹的形式加以应用。

> 这就是为什么[……]吕库古构思出了某种并非构造简单、统一协调的政体的缘故，它是由最好的管理制度所特有的所有优点和所有特点构造而成的，这样做就是为了避免使它发展过度，不致使它跌入为其本身所固有的邪恶之中。由此之故，他们中任何一个人的行为都会被其他人的行为所抵消，没有一个人能依靠偏重于一侧而使整体失去平衡，而这制度正是因为由起平衡作用的诸种因素构成，所以才能使其在不断的倾覆中长时间地保持良好的状态（§10）。

[431]吕库古创建了斯巴达的政体，其中一部分是国王，另一部分是代表民众的人民大会（apella），最后是由最优秀者坐镇的元老院，或称长老议事会（gerousia），他们共同形成了平衡，并因而"能够保证使拉凯戴孟人拥有比其他任何民众都要多的自由"。相反，在雅典，在克里特，某种因素（在当时的情况下指的是民主）超越了其他的因素，这些城邦便陷入了危险的境地。②

波里比乌斯强调，吕库古仅仅通过推理的能力便能理解所有这一切；因此，他

---

① 我们记得，此人在历史上不可能存在；但古人全都将麦撒纳（Messénie）战役之后斯巴达政体的创建归功于他。

② 通过政体的"混合性"来获得政体平衡的观点并非波里比乌斯所特有。我们已经在修昔底德（《伯罗奔尼撒战争史》，Ⅷ，97）、柏拉图（《政治家》，Ⅲ，692—693 与 Ⅳ，712）、亚里士多德（《政治学》，Ⅵ，1294a.）那里见到过这种说法。波里比乌斯只是重新对此做了强调而已。

一下子便建立了一个完美的政体,并使自己的城邦避免了"长久的磨难"。然而他指出,斯巴达存在其他的缺陷:它太过节俭,不参与商业贸易,从未使自己获得采取扩张政策的手段。

然而,另外一个城邦即便只能通过实践和随之而来的一连串不幸的遭遇才能发现这同样的制度,但它却懂得该如何去发现,并且懂得如何去享用这同样的成果。这个城邦就是罗马——波里比乌斯正是要回到这一点上,因为他整部作品的目的就是要阐释罗马共和国在现代世界中具有惊人的优越性。

他在那里发现了混合政体的三个要素。

执政官只持有执行权;他们凌驾于其他所有高级官员之上,只有护民官是例外;他们召集元老院开会,也召开民众大会;他们在涉及战争、征兵、任命官员、率领盟军、指挥战事时,拥有"几近至高无上的权威",他们还拥有最高的处罚权。这便是王室的特权。

说起元老院,权力也是大得惊人。它主导财政事务:任何人进出国库的时候都得受到它的监管。它是最高的司法机构。它控制着意大利的"联盟"城市,这些城市的公权机构均直接听命于它。它管理对外政策,接受并派遣使节。此项权力属于元老阶层这一特权群体:这便是贵族制的权力。

[432]最后是民众,他们通过召开不同的民众大会,也拥有部分最高权力。只有它熟悉死刑案件。至于其他案件,它可对上诉案进行审理。只有它拥有授予行政官职的权利。它可就法令行使投票表决。它可"对和平还是开战进行磋商":从这方面而言,它能否决元老院的决议。这便是民主制的权力。

波里比乌斯评论道:

> 在表明了公共机构在这三项权力之间如何作分配之后,我们就来解释一下其中任何一种权力是以何种方式按照自己的意愿对他者设障,或者说相反,是如何与他者进行合作的。当拥有我所说过的权力的执政官率领军队出战时,他显然拥有无限的权威以将战斗进行到底。但他也需要民众和元老院,没有这两者,他便不可

能达成其目的。因为很显然,军队必须获得源源不断的辎重给养。然而,如未获得元老院的首肯,他便无法供应军队粮秣、军装和军饷。如此一来,只要元老院不予方便,存心作梗,这些首领便只能瘫痪不动。加之,正是要依靠这元老院,将军们方能实现自己的蓝图和构想,因为一年时间过后,是由元老院做决定,或是派遣另一位将军来接替任期已满的现任,或是决定使后者继续进行统领。它会庆祝、颂扬将军们的赫赫战功,①要不然就是相反,贬低他们,把他们打入冷宫。

　　[……]

　　至于民众,执政官尽管远离罗马,但也特别担心民众的情绪。因为,正如我在上文所说,民众既可批准亦可否决和平条约或协约。更为重要的是,当执政官离任后,还得向民众汇报自己在任时的种种施政方略。因此,执政官若想不去求得元老院和民众的好感而不冒风险,这是万万不可能的。

　　从另一方面说,元老院尽管权力广泛,但首先也不得不在施政的时候考虑大多数人的情绪,并设法求得民众的赞同。另一方面,虽然必须对极为严重的事件进行调查,并压制罪犯甘冒死刑的风险而犯下的危害国家安全的罪行,但它也只能在民众对元老院上呈的建议接受之后方得如此去做。对涉及元老院自身的问题也是如此。如果某个人建议颁布一项法令试图剥夺它传统上享有的部分权力,或要求取消元老院议员享有的优先就坐权和其他荣誉,或者[433]很有可能要求褫夺他们的一部分收入,那么就要由民众对这些提议投赞成票或否决票。更妙的是,只要有一个护民官提出反对意见,那么元老院便无法将自己的决议变成法令。它甚至决然不可能聚集起来磋商议事。然而,护民官必须一直遵照民众的意愿行事,并照顾到他们的欲求。正是因为所有这些理由,才使得元老院惧怕民众,并对舆论的动向小心翼翼。

　　反之,民众在面对元老院的时候亦有相似的依赖性。无论是

---

① 元老院可赐予"胜利",亦可对此不予承认。

对公还是对私,它都必须考虑到元老院议员。事实上,监察官在整个意大利对大量的建筑工程或公共房屋的翻修进行招标——我们很难说出一个数字,因为这类招标实在太多——还有大量的河道、港口、公园、矿区、土地,简言之就是指罗马普天之下的物产,而对这些占有物的开发则完全掌握在民众手中。可以说,谁都可以签订租赁契约,谁都可以在契约所规定的工程中成为利益方。于是一些人便直接同监察官签订协议,其他人同前者合作,另一些人则为承包商作担保,还有一些人则将自己的财产抵押给国家。然而,在所有这些事上,元老院拥有最大的发言权。它能要求延迟开工,发生事故时要求延期施工,如果意外发现中标者完全无履行能力时可废止契约。而且它常常能让公开招标中的中标者损失惨重,而反之亦能大方地施以援手,因为针对所有这些问题,人们求助的就是它。此外,也是最重要的事,就是人们是在元老院议员中挑选法官来审理所有公私事务诉讼的,在此情况下,牵涉其中的利益问题便显现出了其重要性。① 这就是为何每个人都会依赖元老院并战战兢兢地担心它是否不再需要自己的缘故。因此,人们尽量避免同它的要求相抵触,或与它的规划相违背。同样,人们也根本不愿冒险给执政官的政策设置障碍,因为战争时,无论是所有人,还是单个人都得服从他们的权威。

因此,这便是三种权力在互相掣肘或互相支持时所用的手段。无论处于何种危急境况,它们之间总会建立起完美的和谐状态[⋯⋯]。正是因为如此,由于该构造的独特性,所以它才会显得极端有效,并使国家能够达到自己设定的所有目标(§15—18)。

波里比乌斯对三权平衡所作的分析是否回应了那个时代罗马的历史现实呢?[434]似乎掌握在执政官(况且执政官共有两名,彼此存在对抗:他们只是很不完善的君主制)手中的元老院的权力比波里比乌斯所说的权力更大;由于波里比乌斯认为该体制讲究的是平衡,故而他使

---

① 波里比乌斯时代之后没过多长时间,骑士便可担任法官。

自己与之有关联的元老阶层感到了放心。不过,其针对罗马"权力平衡"所作的分析因资料翔实而颇显珍贵。

罗马,世界的命运

鲁塞尔(Denis Roussel)①说,显然人们在阅读西塞罗《论共和国》的时候发现,是波里比乌斯使罗马人自己清晰地意识到他们政体的原创性,尤其是使他们意识到自己可能具有普世典范的价值——这同孟德斯鸠后来对英国人所作的论述有点相似。但照鲁塞尔的说法,波里比乌斯同样也是这样的思想家,通过他,罗马的领导阶层才第一次明白无误地意识到罗马帝国主义的命运。他堪称罗马帝国观念之父。但他同时也是希腊化时代的希腊人,是个"东方人"。

罗马穷兵黩武的起因是什么呢? 在这种情况下,我们无法说是因为如亚历山大大帝之类的单个人的野心所致,也没法说它是由元老院在某个明确的时间中确切加以接受的规划。当然,征服行动使罗马人获得了巨大的物质利益,因为他们带来了战利品,还强行让被征服者缴纳沉重的赋税。我们记得,公元前 168 年佩尔塞乌斯被击败后,罗马人便不再交纳直接税。但许多相关人员却没有发展出一套有关帝国的积极的理论,而是表达了他们对扩张的厌恶之情。像老加图这样的人在这个问题上批评了老西庇阿。他发现了罗马试图步希腊化时期大君主国的后尘所冒的风险。它应该以在外面打胜仗从而确保意大利领地的安全而感到满足。至于其他,它便没有任何责任,而希腊化时期的东方再怎么堕落败坏也不关它的事。[435]既然它应该将自己的胜利归因于集体纪律和共和国的政治体制,所以它更应该保护自己的民族认同感,而避免世界主义这样的观点。

这后一种观念与波里比乌斯无关,他作为希腊人,早已接受了普世主义的思想。其实,我们已经发现,有许多希腊人都特别受到了斯多阿主义的影响,认为人类本为一家,最好能生活于独一的政治权力的管理之下。但波里比乌斯却将此视为是君主制的权力。他在《历史》中,认为马其顿的腓力五世和叙利亚的安条克三世均具有控制世界的企图。

---

① 笔者在随后的文字中借用了他的论述。

因此他便自然而然地以为,像非洲的西庇阿这样杰出且明显受到命运眷顾的个人应该可以随心所欲地采取这样的计划。而西庇阿拒绝人们拥他为王,仍然只愿担任罗马高级官员的态度令他感到惊愕不已。

至少,波里比乌斯认为,尽管个别罗马人不愿接受普世性的帝国,但作为整体的罗马民众愿意接受它也说不定。对这样的实体,波里比乌斯几乎赋予了其宗教性的角色和地位,这同哲学家对希腊化时代君王的看法不相上下。此外,他在这点上还与时代的趋势相顺应。自公元前 3 世纪中叶起,在古代大希腊的城邦中,以及之后的雅典、提洛(Délos)及其他地方,人们都设立起了崇拜"罗马女神"的宗教信仰。波里比乌斯似乎对此深信不疑。

第二节　西　塞　罗

西塞罗(公元前 106 年—公元前 43 年)乃是政治哲学史上的重要作家。他常常遭到法国人作品的忽视,而盎格鲁-萨克逊的作者却很重视他,正确地将之视为法治(rule of law)学说之父。

[436]西塞罗带给我们的有:社会、人、作为总体的人与个体的人的人类尊严的理论,它是西方人文主义主要的异教因素;建基于这一人性之上的法理(在涉及自然法诸理论时,西塞罗是经常会提及的古代主要作家);作为本质上用于维护此法律之组织的国家理论;私有财产与自由签订契约的理论,它们是自由主义的来源之一;特殊政体及混合政府的理论。①所有这一切通常不是很具有原创性;他从希腊作家这里,尤其是从斯多阿派中汲取了养料。但他掌握了所有的资源,事实上他对它们做了极为独特且强有力的综合。

生平②

公元前 106 年西塞罗生于阿尔皮努姆(Arpinum),该地距罗马东南方 120 公里,是沃尔斯奇地区的自治市。西塞罗一家属于骑士阶层。其祖父支持元老院的

---

① 这里引证的是西塞罗特有的理论成果。不言而喻,他的作品卷帙浩繁,对罗马政治与社会生活的其他方面的反思也是处处可见。

② 参阅 Pierre Grimal 卓越的西塞罗传记《西塞罗》(*Cicéron*),Fayard,1986。

事业,父亲试图晋身荣誉之路(cursushonorum),但由于生性腼腆,没有成功。尽管如此,他设法使自己的儿子西塞罗获得为达致此雄心勃勃的目标所必需的教育。于是,公元前 91 年,他将儿子送至昆图斯·穆齐乌斯·斯凯沃拉(Quintus Mucius Scaevola)①处受教。青少年时期的西塞罗接受了他最初的法律训练。父亲还将他托付给普皮乌斯·皮索(M. Pupius Piso),此人于公元前 61 年担任执政官,比自己的学生晚两年。

皮索的家里有个逍遥派哲学家斯塔塞阿斯(Staseas),后者向西塞罗传授了亚里士多德的哲学。这个年轻人由此熟悉了那个时代以后的其他希腊哲学家,如伊壁鸠鲁主义者斐德鲁斯(Phèdre)、柏拉图派弟子斐洛(Philon)与拉里萨(Larissa,他是柏拉图学派卡尔内亚德[Carnéade]的弟子,他很重视演讲术,并从事这一行),最后还有斯多阿派的狄奥多特(Diodote),此人[437]在西塞罗的家中住了好几年,直到公元前 60 年去世。西塞罗的老师中还有一个斯多阿派,就是埃留斯·斯蒂隆(Ælius Stilo),瓦罗是他的学生。最后,西塞罗与修辞学家罗得岛人莫隆(Molon)及哲学家波西多尼乌斯颇为接近,前者先于公元前 87 年,后于公元前 81 年出使罗马,后者也自罗得岛奉使前来。波西多尼乌斯是帕内提乌斯的学生,先前也曾是"西庇阿圈"中的一员,他同帕内提乌斯同被视为中期斯多阿派的两位大师。西塞罗最后结识的是诗人阿尔基亚斯(Archias)。无论与谁交往,西塞罗都用希腊语听说,罗马的元老院议员都很精通这门语言,以至公元前 87 年,允许莫隆在元老院召开正式会议的时候用希腊语同他们讲话。此外,自那个时代起,西塞罗还将色诺芬、柏拉图、诗人阿拉托斯(Aratos)的希腊语著作移译了过来。

西塞罗曾参过军,在庞培父亲的军中担任幕僚——那时庞培同他都是 17 岁,他同庞培为同僚——后来又至苏拉军中任职。

由于受到充足的法律指导,尤其是受到了充足的演讲术训练,公元前 80 年,他选定了律师作为职业,因大获成功,遂娶了出身名门贵族的年轻女孩泰伦提娅(Terentia)为妻。但是,由于他在 30 岁前无法谋得最高位的行政官职财政官,他便出发去了希腊,以便完善自己在哲学和演讲术方面的训练。公元前 79 年 3 月,他启程去了东方省。他想去索福克勒斯、德谟斯提尼、柏拉图、伊壁鸠鲁等人曾经

---

① 昆图斯·穆齐乌斯·斯凯沃拉于公元前 95 年任执政官,乃是罗马法最初的编纂者之一。他的父亲普布留斯·穆齐乌斯·斯凯沃拉(Publius Mucius Scaevola)于公元前 133 年任执政官,与曼尼留斯(Manilius)及尤尼乌斯·布鲁图斯(Junius Brutus)同被视为"民法三大奠基人"。昆图斯写了 18 卷论民法方面的专著,其体例后来被民法(jus civile)方面的其他论著所采用,故此这些论著都会说献给昆图斯·穆齐乌斯(ad Quintum Mucium)(Gaudemet,前揭,p. 334)。

生活过的地方。他花了六个月的时间听了柏拉图学园的学者阿斯卡隆的安提奥库斯(Antiochusd'Ascalon)的课。他了解了厄琉西斯的密仪,然后动身前往小亚细亚、米利都、士麦拿(Smyrne)。他在不同的城市遇见了一些著名的演讲家,并最终来到了罗得岛,在那里与莫隆及波西多尼乌斯相遇。公元前 77 年,他返回了罗马。

从那个时候起,他便同时从事律师和政治家这两种职业。公元前 75 年,他在西西里的利利贝(Lilybée)担任了财政官一职。这便给了他机会反抗前任检察员维勒斯(Verrès)以保护西西里人。公元前 70 年,他担任了市政官,任期至公元前 69 年(他连任三届),公元前 67 年任大法官,任期至公元前 66 年,公元前 63 年任执政官。在共和国的这一最高职位上,他挫败了喀提林的阴谋。但公元前 58 年,在三头执政时期,由于受到护民官克劳迪乌斯的煽动与唆使,他被流放至希腊。公元前 57 年,他重返罗马。公元前 52 年,他为谋杀了克劳迪乌斯的米洛(Milon)辩护。公元前 51 年,他受命担任西里西亚①的总督,在任一年。但是,公元前 49 年,凯撒越过卢比孔河,并建立起了独裁统治。西塞罗先是加入了由庞培领导的元老派,后离开罗马参加了抵抗行动,但在凯撒取得了决定性胜利之后,他最终与凯撒达成了谅解。但公元前 44 年,凯撒遭到刺杀。西塞罗遂重新希望建立[438]共和国,这次与想要建立霸权的安东尼起了冲突。安东尼派人追杀他,并于公元前 43 年将其杀害。

著作

西塞罗的作品有:

演说集(*Discours*),也就是辩护词,其中有宣读过的辩护词,也有未宣读过的辩护词,均是在民事或政治诉讼中为辩护或控告而写:比如第一、二篇《对维勒斯的控告词》(*Actions contreVerres*,公元前 70 年)、《克鲁恩提奥辩护词》(*Pro Cluentio*,公元前 66 年)、《对喀提林的控告词》(*Catilinaires*,公元前 63 年)、《穆雷纳辩护词》(*Pro Murena*,公元前 63 年)、《阿尔基亚辩护词》(*Pro Archia*,公元前 62 年)、《米洛辩护词》(*Pro Milone*,公元前 55 年)、《塞斯提乌斯辩护词》(*Pro Sestio*,公元前 54 年)、《反腓力词》(*Philiippiques*,②公元前 44 年);

① 位于小亚细亚东南部地区,近叙利亚。
② 该文题目模仿德谟斯提尼因辩驳马其顿的腓力而写成的著名的《反菲力辞》。不过西塞罗要攻击的僭主则是安东尼。

书信,写于公元前 68 年至西塞罗临死前夕,是我们了解罗马历史和当时日常生活的来源之一(尤其是《致阿提库斯的信》[*Lettres à Atticus*]);

自传体纪事,《我的执政官生涯》(*Histoire de mon consulat*,用希腊语写成),诗体《论他的执政官职务》(*De consulatu suo*,公元前 60 年)、《论他的祖国》(*De domo sua*,公元前 57 年);

涉及演讲术的论著,西塞罗是昆提良(Quintilien)前的拉丁语重要作家:《论演说术》(*De oratore*,公元前 55 年)、《布鲁图斯》(*Brutus*,公元前 46 年)、《演说家》(*Orator*,公元前 46 年)、《论最好的演说家》(*De optimo genere oratorum*,公元前 46 年)、《演讲术分类》(*Partitiones oratoriæ*,公元前 46 年)、《主题论》(*Topiques*,公元前44 年);

政治论著,《论共和国》(*République*,公元前 54 年—公元前 51 年)、《论法律》(*Lois*,公元前 52 年);

哲学论著,《斯多阿派的悖论》(*Paradoxes des Stoïciens*,公元前 46 年)、《霍滕修斯》(*Hortensius*①,公元前 45 年,未保存)、《第一二代柏拉图学派》(*Les Premiers et Seconds Académiques*,公元前 45 年)、《论至善与至恶》(*Des fins des biens et des maux*,公元前 45 年)、《图斯库卢姆谈话录》(*Tusculanes*,公元前 45 年)、《论神性》(*De la nature des dieux*,公元前 45 年)、《论命运》(*Du destin*,公元前 44 年)、《主题论》(*Topiques*,公元前 44 年)、《论荣誉》(*De la gloire*,公元前 44 年,未保存)、《论老年或老加图》(*De la vieilless ou Caton l'Ancien*,公元前 44 年)、《论友谊或莱利乌斯》(*De l'amitié ou Lælius*,公元前 44 年)、《论占卜》(*De la divination*,公元前 44 年)、《论义务》(*Des Devoires* [*De Officiis*],公元前 44 年—公元前 43 年)。

这些著作大部分都保存了下来。至今,西塞罗仍然很出名,他的作品不断得到翻印。

西塞罗重要的哲学与政治著作都是在临死前数年写就,彼时他已丧失了政治权力,退隐于乡村别墅之中,预感到自己将遭横死。其基本

---

① 霍滕修斯(公元前 114 年—公元前 50 年),西塞罗时代的著名演说家。——译注

的政治观念出现于《论共和国》、《论法律》、《论义务》、通信集以及《塞斯提乌斯辩护词》（公元前 56 年）、《克鲁恩提奥辩护词》、《论演说术》中的部分段落之中。

在随后的段落中，我们将做出整体描述，并基本立足于《论义务》、《论共和国》及《论法律》这些文本。①

[439]《论义务》(De Officiis)这篇文论乃是古典时期最为重要的文本。西塞罗在此以帕内提乌斯就同一主题所写的文论为蓝本，完整地阐述了道德哲学，该文对四枢德，即审慎、正义、勇敢和节制逐一进行了分析，阐明了它们的高下等级，它们与实用的冲突，并阐明了如果人必须达到 honestas 即道德美的时候，其必然比后者更为重要这一观点。帕内提乌斯的此番道德哲学由西塞罗做了阐明和补充，并被理所当然地视为西方人文主义的主要源泉之一，它对古典时代及文艺复兴均造成了巨大的影响。

受到古代作家认可与推崇的《论共和国》早已佚失，只有简短的引文与最后一部分"西庇阿之梦"(Songe de Scipion)留存了下来；因此，引致了中世纪与古典传统对它的忽视。1820 年，大部分文稿竟奇迹般地在一份羊皮纸稿本上找到。该文作于公元前 54 年至公元前 51 年间，采取的是对话体形式，该对话据说发生于公元前 129 年，②地点为波里比乌斯、帕内提乌斯与泰伦提乌斯的朋友西庇阿·埃米利安的乡村府邸。西庇阿在那里同作为高级官员和罗马政治家的亲友们交谈。

《论法律》是《论共和国》的续篇，由此它们组成了一个整体（如同柏拉图的作品，西塞罗刻意模仿了他）。该文论主要是为了检验法律，或者说是为了对高级原则，即 leges legum（法中之法）进行检验，如果法

---

① 参阅西塞罗的《论义务》，由 Maurice Testard 编纂、翻译，Les Belles Lettres，Budé 丛书，1974 与 1984，2 卷本；《论共和国》，由 Esther Bréguet 编纂、翻译，Les Belles Lettres，Budé 丛书，1989，2 卷本；《论法律》(Traité des lois)，由 Georges de Plinval 编纂、翻译，Les Belles Lettres，Budé 丛书，1968；亦请参阅西塞罗的《论共和国》《论法律》，由 Charles Appuhn 翻译、笺注，Garnier-Flammarion，1965。

② 也就是在哥哥提贝留司·格拉古（公元前 133 年）与弟弟卡伊乌斯·格拉古（公元前 123 年）各自担任护民官的那段时间中。

律欲具有合理性,则立法必须符合这些原则。

在对法律与国家作详尽研究之前,必须对法律和国家为了神圣的使命而维护的人性(*nature humaine*)作一规定。"西塞罗在《论法律》中说道,[440]我们将要阐明的正是法律的本质,而且必须求助的是人性。"(《论法律》,Ⅰ,Ⅵ,20:"我将在本质中寻求法律的本原,它将在整个讨论中成为我们的指导";Ⅰ,Ⅹ,28:"法律建基其上的不是意见,而是本质。")

在《论法律》以及《论共和国》中,西塞罗针对本质和自然法则做了不同的论证;尽管如此,在《论义务》中,无论是集体的还是个体的人性都成了系统检验的目标。

道德理想

人性

西塞罗建议(《论义务》,Ⅰ,Ⅳ,13—15)列出人性的基本特性。人性包括:

1) 需要进食等;2)需要生殖等;3)成为有智慧的人(亦即意识到过去、将来、原因与效果的连贯性);4)成为社会的一员,喜欢与人往来,首先是与自己的家庭往来;5)"探寻及钻研真理";6)具有"对优异性的爱好",使得"天资好的灵魂不愿屈从于任何人";7)具有"对秩序、适宜、适当掌握行为及言语分寸的感知力"(只有人才具备此种感知力:*unum hoc animal sentit quid sit ordo*);8)具有集体与私有制的观念;9)认识到与自己的同类互惠的需要;10)掌握 *ratio* 与 *oratio*,即理智与言语,这是人类群体自身的特点,与动物群体不同。

[441]人性的这些基本特点归结为四个原则,它们与长期以来道德传统所定义的四枢德相呼应:

a)"具有敏锐地辨识真实(vrai)的能力",它由审慎这一美德进行调节;

b) 通过所有权与契约对人类社会进行调整的意愿(*tribuendo suum cuique et rerum contractarum fide*),由正义这一美德进行调节;

c)"高尚的、战无不胜的灵魂所具有的崇高(*magnitudo*)与力量

(*robor*)”，由灵魂的高尚①这一美德进行调节；

d)“所有行为与所有言语的秩序与尺度”，由适度(*modestia*)或节制(*temperantia*)这一美德进行调节。

人性中一些特点得到了如下规定：

它是社会性的　首先不存在个体的人，其次后来的人类群体乃是派生的产物，是人为的、偶然的构造。人按其本性乃是社会的存在，而且他只有在与同类的交往中方得焕发自己的本性。亚里士多德曾着重强调这个观点，以反对智术师所持的个人主义及人工论。

它是精神性的　在人类群体、理性与言语、智识交流的生活中，西塞罗比亚里士多德更为坚持它所具有的职能。人类群体并不仅仅是生活群体(因为，动物的群体也是如此)，它是“精神共和国”。人们只有在成为共和国的公民，也就是说只有在人们说话、人们对话的时候方得成为人。人的属性，照我们今天的说法，乃是文化。

“这样的社会乃是靠理性与语言联系起来的，通过教育和学习，就能进行交流、讨论和判断，它们将人们彼此联系起来，并将人们结合于某种类型的自然社会之中。”(《论义务》，Ⅰ，ⅩⅥ，50)如果人能够因[442]“被魔棍(*virgula divina*)一击”而有所得益，那么他就不会潜心钻研纯粹的知识，反而“他会逃避孤独，找来学伴，想要时而教、时而听、时而讲”。(《论义务》，Ⅰ，ⅩLⅣ，157—158；亦请参阅《论共和国》，Ⅱ，76)

它是神圣的　人之所以优越于动物，是因为他自身中拥有“一星半点神圣之火，它就是精神与思想”(《论共和国》，Ⅱ，75)。他自身具有的语言和理性拥有神性的本原，此种与诸神的亲缘性已足以确保他优于地上其他所有的存在物。况且，人还掌握了书写和计算的知识，而这些知识是永恒不变的存在物。这是因为是神创造了宇宙，在神与人类灵魂之间具有根本的亲缘性，而且自然万物均听命于神与人(《论法律》，Ⅰ，Ⅷ，25)。诸神关心人所作的任何事，其间存有神谕(《论法律》，Ⅱ，Ⅶ，15)。

照此看来，人性便具有了普世性。由于超越了希腊人与蛮族人之

---

① 哲学传统更青睐“力量”，而严格意义上的“灵魂的高尚”(macropsychès，magnanimitas，magnanimité)只不过是该美德除了勇气、忍耐等之外的更为突出的一个方面而已。

间由古典希腊人所设立的对立状态,西塞罗便在斯多阿派的世界主义范畴之内进行了思考。无论何人,只要他分享了文明人的文化,就能达到道德上的完满,而不管他属于哪个人种、哪个民族或哪个种族:"我们对人种不感兴趣,而是对精神感兴趣。"(*non gentem*, *ingenia quærimus*)(《论共和国》,Ⅰ,ⅩⅩⅩⅦ,58)

美(*honestum*)

道德上的完满只要当人拥有了所有完善的美德之时方可达到;这便是人的形式(Forme)与本质(Nature)的完满。西塞罗将此种完满称作 *honestas*,该词可以翻译为"道德美"(beauté morale)。①"基于[上面所引的特性],我们所寻求的美(beau, honestum)方可成形、完善。"(《论义务》,Ⅰ,Ⅳ,14)美德导致了许多 officia,即义务,而[443]"美"(beauté)就在于遵守这些义务(《论义务》,Ⅰ,Ⅱ,4)。②

道德美是最高的善。因此,它成为"自身的目的",而不是为了达成他物的手段。它就是自身的奖赏。谁若拥有它,便拥有了幸福。它充其量只不过是希望受到城邦的承认,也就是说受到城邦的遵奉而已。"美德想望,或者说起码希望人们能遵奉它,而这便是它的奖赏。"(《论共和国》,Ⅲ,ⅩⅩⅧ)③

人们无法只见道德美的赏心悦目之处,而不见人的兽性(《论义务》,Ⅲ,ⅩⅩⅩⅢ,119)。对那些不承认此种状况的人,西塞罗说,根本就用不着去做什么讨论:"同那些使人不成其为人的人进行讨论有何益处?"(*quid cum eo disseras qui omnino hominem ex homine tollat?*,《论义务》,Ⅲ,Ⅴ,26)人们只与同类者,而非魔鬼进行讨论。

美与功用

道德行为应该自我完善,而成为"诸种美"。但它们对履行这些行为的人而言,有可能会有功用,也有可能会造成损害。由此便出现了道德哲学上的根本性问题:是否必须履行美的却有害的行为,或者说履行

---

① 现代法语中的 honnête(正直)一词意思颇为明确。但在 17 世纪的法语中,该词的含义更广,当时"正直者"明确指的是拥有所有美德的完美之人。

② Honestum(美)乃是指纯粹的道德,它与纯粹的肉体性判然有别(《论法律》,Ⅱ,Ⅹ,24)。

③ 另一方面,我们发现,拥有美德的灵魂也在彼世得到了报偿(参阅下文,"西庇阿之梦")。

丑陋却有用的行为呢？西塞罗分三个阶段对此做了回答。

1) 西塞罗——与伊壁鸠鲁派及犬儒派均不同,前者认为快乐是最高的善,苦痛是最高的恶,而后者则见不到善与恶的区别——确认了道德价值的绝对优越性。无论何种情况都要行善,而不用管结果令人愉快还是令人恼火。只要人们确定地认为义务为何,那么这个问题甚至都不应该提出来。

假定人们对是否在道德上行好事犹豫不决,从而就是假定存在比 *honestas*(美)更高的诸种善,如健康、财富、荣誉、快乐。然而,这是[444]虚假的:只有美德才是最高的善(《论法律》,Ⅰ,ⅩⅧ,48—ⅪⅩ,50)。"只有美才是善,丑才是恶,其余一切均无足轻重。"(《论法律》,Ⅰ,ⅩⅪ,55)

那些将善置于效用(*commodum*)之中的人实在冒失。他们既无法运用"友谊、正义,亦无法变得慷慨"(这与皮浪[Pyrrhon]及某些非正统的斯多阿派开俄斯的阿里斯托[Ariston de Chios]与埃里卢斯[Érillus]有关)(《论义务》,Ⅰ,Ⅱ,5)。

伊壁鸠鲁派的立场是将快乐与苦痛作为善与恶的标准,但他们的说法并不合理。他们无法使人将节制看得比效用更重,尽管伊壁鸠鲁这么说了。"因为他若将最高的善置于快乐之中,他该如何赞美节制呢?事实上,节制乃是激情的死敌,而激情则是快乐的心腹侍女。"(《论义务》,Ⅲ,ⅩⅩⅩⅢ,118)

因此,道德只了解"绝对命令"。在美与效用之间犹豫不决、权衡不定,仿佛它们是可称量的事物,这样的做法是丑陋的(参阅《论义务》,Ⅲ,Ⅳ,18与Ⅷ,37)。

尽管"我们能够避开所有神祇和所有人",但我们仍然要依道德行事。这正是巨吉斯指环的故事给我们留下的教训。"人们求善的行为就是美,这已不是什么秘密。"(《论义务》,Ⅲ,Ⅷ,37—ⅨⅩ,38,参阅《论义务》,Ⅲ,ⅩⅨ,78)

描述道德的文学作品一直强调,在善与光明之间有亲缘性:①如果不能晓诸天下,不能众所周知,便不可能是美,如果人们在面对城邦的时候不能骄傲地承担

---

① 参阅凯撒《论好公民》(*De bello civili*),Ⅰ,67;李维,ⅨⅩ,6,3—7,12;塔西佗《历史》,Ⅳ,72;《约翰福音》(*Évangile selon saint Jean*),Ⅲ,19—21(Maurice Testard 在它们之间做了比较)。

起责任，便不可能是美。相反，一旦人们认为需要偷偷摸摸才能有所成就的话，那么就会惹出麻烦，让人在道德上产生怀疑。

2) 从某些方面看，这样的"理想主义"并未阻止西塞罗成为"功利主义者"，这是毋庸置疑的。因为他认为，道德本质上与生活并不冲突。斯多阿派"普天下之同感"的教条事实上教导的是，在人与自然之间存在某种先定的和谐，这两者都来自作为组织者的逻各斯（Logos），它使生活顺应于自然，通常而言，人与社会及宇宙（cosmos）不会产生距离。因此，社会与宇宙不会刻板地形成阻止[445]人"正派"生活的障碍；正恰相反，人反而能更具有美德，他能与自然及社会中的事物处于完全谐和的状态之中。同样，道德远不会妨碍生活，而是会成为它的条件；正派的人总体来说比邪恶的人更为幸福。稍微"变动"一下，人就会反对美与功用。苏格拉底说过，美与功用之间只有理性的差异，这两者均由自然相联（《论义务》，Ⅲ，Ⅱ，10）。

特别是，必须理解，"任何事只要不义，便不会有利，亦不会有用。谁若不了解这一点，便无法成为善人"。

> 人们与所有构成自然基础的事物反其道而行之，这样他们便会与道德美产生分离。因为，我们寻求的是功用，我们受到它的吸引，根本无法另寻他途。因为谁会不愿去做有用的事呢？或者说，谁会宁愿不去做具有最大实用性的事呢？但是[……]如若我们不在德行、便利和道德美中寻求，那么便完全无法寻找到有用的事（《论义务》，Ⅲ，ⅩⅩⅧ，101）。

若不正派，便无法幸福。雷古卢斯（Régulus）①在受到百般折磨之后仍正直行事，这样他便比为了安逸而羞愧要更为幸福。"即便人们在他醒的时候杀害他，他的状态也比他当个年老的囚徒、背誓的执政官要

---

① 说的是公元前 255 年，罗马统帅被迦太基人俘虏后，被后者遣至罗马以便交换迦太基的俘虏；他承诺如果他无法让俘虏获得自由的话，就会返回。回到罗马后，他亲自向元老院建议不要交还俘虏，他声称这些年轻人一旦得到释放，便会对罗马不利。后来，尽管没有任何人逼使他向敌人恪守诺言，他仍然回到迦太基人的军营中，并在那里被处死。

更好。"(《论义务》，Ⅲ，XXVⅡ，100)

西塞罗在波里比乌斯①的著作中读到，当汉尼拔发现罗马人拒绝买下 8000 名俘虏，仅仅是为了让其他士兵知道，只要是士兵，就该"要么胜利，要么死亡"的时候，这位迦太基统帅的勇气在如此高贵的灵魂面前，便轰然倒塌。高贵的灵魂除了[446]表面上具有纯粹的道德性之外，此处亦表明了它的功用性(《论义务》，Ⅲ，XXXⅡ，114)。②西塞罗的结论是：

> 无用者同时亦不会成为美，这并非因为有用才会美，而是因为美才成其为有用(Ⅲ，XXX，110)。③

反之，通常来说，丑无论是对国家还是对个体而言，都是有害的，"不幸的"(*calamitosum*)。曾欲成为"罗马人国王"的凯撒道德上的"丑陋"从未给他带来任何益处(《论义务》，Ⅲ，XXXI，82 及以后)。

更有甚者，西塞罗考虑到，道德上的丑陋因其本身而成为惩罚，并且还会受到法律的制裁(西塞罗也承认恶人经常会逃脱法律的制裁)(《论义务》，Ⅲ，Ⅷ，36)。人们经常这样算计：做点小恶，便能带来很多好处。但西塞罗回应道：

> 是否存在某种需花费如此大的代价，或者说有如此诱人的利益，以至人们愿意失去善人的荣耀和名声(*ut viri boni et splendorem et nomen amittas*)? 是否有某种所谓的功用以至使人宁愿牺牲善人的名声且罔顾善意和正义(《论义务》，ⅢXX 82；参阅 81)?

---

① Ⅵ，58，13.

② 因此，简言之人性与自然之间，在人与世界之间，存在真正相互和谐的状态。人能够指望世界不对他抱有敌意，如此他通常便能达致成功。如果他认为须要依照道德行事，这并非是由于超验的召唤将他从世界中连根拔起，使他刻意同自身发生冲突，并使他面对这一不可能的选择之故：要么是不道德的生活，要么是令人难以忍受的道德。如果他认为须要变得有道德，那么他就会处于这一管理宇宙的自然的推动之下。我们发现这同犹太—基督教的观念截然不同。

③ 该文曾于 1937 年庇护十一世(Pie Ⅺ)反希特勒主义的通谕中被引用过。

我们再以雷古卢斯为例。没有人会认为他严格的道德观会太过分且处置不当。因为人们只能说他害怕因作伪誓而遭受朱庇特的怒火，由此使他最终宁愿伤害自己，也不愿不遵守誓言。"诚然，"西塞罗回应道，"除了忍受痛苦之外没有其他的恶。"(《论义务》，Ⅲ，ⅩⅩⅨ，105)但他希望能够避免使自己丧失荣誉的危害。他确实做到了这一点。因此，总之，他的道德行为比很快作用于他的折磨要更为有用。

3) 既然认为不应该选择功用而非美，那么在[447]生活所赋予的每种情况中，如何辨识何为真正的美与丑，何者只是表象，换句话说即在每种情况中，如何确切地决定何为义务便成了问题。

> 比如，杀死一个是其朋友的僭主，这不能既算作有用的事，又因背叛朋友而只能视为道德上丑陋的行为。这叫作诛戮僭主，此行为本身便是美。经过适当的分析之后，就必然会使其以这样的观点来看问题。①

由此，西塞罗建议按照大法官符合正义的"程式"②这一道德观来行事：在须要做出明确决定的情况下，它是一种可确切应用这些原则的方法(《论义务》，Ⅲ，Ⅳ，19)。如此的"决疑论"根本不能算是折衷的方式，而可以算作审慎行事：它能使我们借助于"经验"和"训练"而成为好的"义务的算计者"(*boni ratiocinatores officiorum*)(《论义务》，Ⅰ，ⅩⅧ，59)。

因此，这涉及在道德生活每种类型的境遇中，对何为义务做出决定；如此一来，遵循基本美德的秩序，就变得容易了。

诸种义务

审慎的诸种义务

关于如何识别真实，有两种义务：避免仓促行事，以免自欺欺人；避

---

① 西塞罗是在 3 月 15 日凯撒遭布鲁图斯刺杀之后写这段文字的。

② 参阅上文，p. 407—409。

免不健康的、纯粹思辨的好奇心。事实上，"此种美德的品质（*laus*）完全在于行动"（《论义务》，Ⅰ，Ⅵ，18），因此，如果思辨应该在行动间隙求得一席之地，那么它就不该占据整个位置（在论及闲暇［*otium*］与工作［*negotium*］时又对此进行了讨论，参阅《论共和国》，Ⅰ，2 与《论义务》，Ⅲ，开篇）。①

政治上的美德大体在于智慧及审慎：伟大的政治家乃是这样的人，他从不会［448］有一天让自己说出"我对此还没有想过"这样的话（《论义务》，Ⅰ，ⅩⅩⅢ，81）。

正义的诸种义务

正义是这样一种美德，即能"维护人与人之间的社会联系，从而可以说是维护生活的共同体"（*ea ratio qua societas hominum inter ipsos et vitæ quasi communitas continetur*，《论义务》，Ⅰ，Ⅶ，20）。它分为两种：1）严格意义上的正义；2）善行、善良、宽容（*beneficiencia，benignitas，liberalitas*）。

1. 严格意义上的正义——严格意义上的正义包含了"不要伤害任何人，除非是对不义做出的回应"，尊重私有和公共财产。它依据的原则是 *tribuere suum cuique*，即将各人的财产"各归其主"，依据的另外一个原则是 *fides rerum contractarum*，即善意契约，要尊重契约（《论义务》，Ⅰ，Ⅴ，15）。②

"正义的基础就是善意（*fides*）"（《论义务》，Ⅰ，Ⅶ，23），西塞罗追根溯源（采取爱追溯词源的斯多阿派的方法），认为该词来源于 *fiat quod dictum est*，即"说到做到"。正义建基于财产与设立契约的信誉之上。

有两种不义，一种通过行动显现，另一种通过怠惰显现出来。不义的原因是：1）害怕自己遭受不义，2）垂涎财富和快乐，3）觊觎权力，4）极

---

①　请见本章附录，p. 490—493。

②　直至现代，尊重财产及契约仍是自然法的绝对基准。西塞罗很清楚，"尊重契约"讲究的是善意。尊重契约，也就是要有善意，而要求其他人尊重他的约定，也就是要信赖他的善意。在让善意进入法律之中后，罗马的判例及立法也让自然法的基本特征进入了法律。查士丁尼的《学说汇纂》开篇时即将"各归其主"（*suum cuique tribuere*）这一正义原则庄严地视为远古即有的程式。

尽奢华之能事。不义是不受限制的(《论义务》,Ⅰ,Ⅶ,23)。

但西塞罗承认,并非以不义为基础的财富乃是一系列以正义的形式进行交换的结果;正义的交换中,没有人"会伤害到任何人"。

他将偶然的不义(通过情绪显现)与经过深思熟虑的不义做了区别,后者更为严重。

[449]他谴责了因怠惰导致的不义,这样便使行为成为某种义务。因此,他再一次明确地批评了哲学家的闲暇(otium)(《论义务》,Ⅰ,Ⅷ,28),①从次要的意义上说,它就是真正的不义(因怠惰而导致的不义),即便不从首要的意义上这么去看待它。纯粹的知识分子完全是不义之人,因为他们不去遵从正义的本质。

必须注意到环境的重要性,随环境的不同,同样的行为便会有不同的道德意义(《论义务》,Ⅰ,Ⅹ,31)。譬如说,将寄存物交由受托人,这样很好;如果寄存的是某件武器,而且受托人又处于神经错乱的状态,那么这样做便不好了。因为必须使低等原则(寄存)服从高等原则(不伤害任何人,服从普遍利益[communis utilitas])。另看一例:只有当不损害诺言所针对的那个人,且只有当由此产生的善比有可能产生的恶更大时,才须遵守诺言。你承诺帮助某个人经营生意,而此时你的儿子又生了病:因此你会跑去救儿子,而暂时不管自己朋友的生意。西塞罗观察到,这种优先次序受到了讲究实际的法律的认可,这既是"大法官法",也是法令(《论义务》,Ⅹ,32)。

由此(Ⅹ,33)便出现了"经实践检验者方可成为谚语"(summum jus, summa injuria)②这样的箴言。而意图(或精神)要求的不仅是字面意思。

2.善行——严格的正义在于不要造成损害,或者说要对人们犯下的错误进行矫正;而善行存在于以自愿的行为帮助他人的行动之中,而并不是必须这么去做。它是人性的一部分:人若仅限于成为正义之人,便无法得到完善。

---

① 确切地说,西塞罗首先针对的就是柏拉图,可以说,他就是纯粹的"思辨者"。

② 即"法律的顶点就是不义的顶点",我们可以将之意译为:"一字不差地遵守法律就是违背法律的精神。"

我们在研读圣经道德观时会发现,善行乃是在严格的正义之上添加的一种美德(*tsedaqa* 或怜恤[*miséricorde*]),它就是要在他人应得的那份之外赋予其更多的东西。然而,圣经中的怜恤或爱不得与自然道德中的善心(*bienveillance*)相混淆。因为善心仍旧是一种自然美德,我们[450]将会发现,它受到了平等与相互性的调控,而爱与自然则是截然不同的(神学家在论及这一主题时,讲的是"对神的"美德,如若没有神的恩宠,它便无法付诸实践)。

尽管博爱与严格的正义不同,但它仍旧是正义的一种形式,从这个意义上说,平等的规则仍然适用于它。必须"量德而行"(*pro dignitate cuique tribuere*)。事实上,这是正义的基本原则(《论义务》,Ⅰ,Ⅹ,ⅩⅣ,42)。"人们不该完全忽视每一个人,他们身上会显露出某些美德的迹象,但人们更应该重视那些生活有度的人,他们懂得适度、节制,拥有我已讲过很多次的此种正义。"(Ⅰ,ⅩⅤ,46)

西塞罗补充道,人要给予多过获取,犹如肥沃的土地所回报的果实多过其收受的种子(Ⅰ,ⅩⅤ,47)。不过,恰因为如此,宽容作为一种自然规则,讲究的仍然是适度。

另一方面,"若不成其为正义,便无法宽容大度"(*nihil est liberale quod non idem justum*)(《论义务》,Ⅰ,Ⅹ,ⅩⅣ,43)。因此,人们应该避免以损害第三者来宽容某个人。(贵族派的)苏拉或者(平民派的)凯撒所谓的宽容均损害了流放者的财产,当然不能算作真正的宽容。而且,从个人角度来看,不该超出自己的限度去给予别人;因为,花费自己的遗产,就等于在剥夺自己的亲友,这样一来,他们很快就会想到去干偷鸡摸狗的勾当(《论义务》,Ⅰ,Ⅹ,ⅩⅣ,44)。

最后,人们应该将仁爱施与那些对此最缺乏的人,而不是人们指望能得到其补偿的富人(《论义务》,Ⅰ,ⅩⅤ,49)。

3. 人类共同体——本质上说,正义与善心均具有维护人类共同体的功能,它是人性中最基本的特点之一。我们已经发现,人天生就具有社会性。而完全的不义,甚或禁止行善这样的行为都摧毁了其内心中的人性。

西塞罗对"人类整体社会"与由此产生的义务,对社会与诸神之间的关系,对城邦这样的诸多小社会之间的关系均做了明确的指导。

[451]他说,通过法律,我们就能与诸神共同联结于一个城市之中,

宇宙乃是人与诸神的共同家园(《论法律》，Ⅰ，Ⅶ，23；同样的观点见《论共和国》，Ⅰ，19；《论神性》，Ⅱ，62、154；《论命运》，3、19、64)。

因此，这一"由爱统治的社会"超越了"城市的围墙"，而具有了世界性(《论法律》，Ⅰ，ⅩⅩⅢ，61)。甚至普通的诸神也会臣服于由至高的神颁定的法律，臣服于"天庭中统治的秩序、[臣服于]赋予世界以灵气的神圣原则"。因而，对由我们与共同城邦之间的相似性所产生的义务进行否认，就是不敬神，因为正是诸神设立了人类社会(《论义务》，Ⅲ，Ⅵ，28)。

人与人之间的普遍之爱从天赋平等(égalité naturelle)中被推断出来：它意指人们不会爱自己甚于爱自己的朋友(《论法律》，Ⅰ，Ⅻ，34)。

> 无论人们对人做了何种定义，它对于所有人都是同一的，且同样有效。证据是，种属里面并不存在不同，因为如果有不同的话，那么同样的定义便不可能适用于所有的个体。事实上，我们只有依凭理性方能优于动物，正因为它，我们才能够进行推论、论证、反驳、阐述、定论，理性当然为所有人所共有，虽然它随接受教育的不同而不同，但学习的能力却是相同的。至于所有人的感官，它们都能领会同样的客体；感官只要有所触动，那么所有人的感官都会以同样的方式受到触动[……]；言语是对思想所作的译介，虽因使用不同的词汇而有所不同，但意义却互相协调，无论是何种民众，在以本质为指导之后，任何人何尝不会获得美德。人类的相似性相当突出，这不仅存在于人类的美德之中，而且也存在于它的缺陷之中。[……]所有人任凭自己被感官享乐所俘获[……]人们都在逃避死亡[……]人们都渴望生活[……]有哪些民众不会珍视礼貌、善心、心灵的敏感性，在接受别人的善行时不会心存感激呢？谁不会排斥并且厌恶目空一切、邪恶多端、残忍暴戾、忘恩负义的性格呢？[……]整个人类的联合都是建基于所有这些事物之上的(《论法律》，Ⅰ，Ⅹ—Ⅺ)。①

---

① 因而，这正是希腊哲学对罗马法学家所作的教诲，从而促使他们形成了那些能使帝国四野之内的人都能理解的所谓正义行为的规则。参阅上文 p. 420—421。

所有人只要本质相同,均应拥有同样的"正派生活的规则"(同上),从这个意义上说,他们中间存在某种[452]固有的平等观。此外,神尚且希望即便达不到社会平等,但至少所有人都能平等地信仰他的宗教(《论法律》,Ⅱ,Ⅹ,25)。由此可见,人们不仅应该赋予自己的亲友,而且还应该赋予人类共同体、理性与言语的共同体以正义和善行。

> 此种社会的关联就是理性与言语(*ratio et oratio*),通过教育和学习,使人能够进行交流、讨论和判断,从而将人与人联系起来,并将他们统一于某种自然社会之中(*conciliat inter se hominesco-niugitque naturali quadam societate*)。没有什么比我们与野兽的本性更为不同了:我们经常说,它们具备勇气——谈论马和狮子的时候——但我们并不会说它们拥有正义感、平等感、善良感,因为它们并不具备理性和言语的能力(《论义务》,Ⅰ,ⅩⅥ,50)。

使人生存,拯救这样的人类社会,乃是投身于普遍利益时所要达到的基础。服务于普遍利益,乃是人应当做的事,它远比服务于个人利益要好得多。悖论是,当我服务于普遍利益时,我反而能比只关心自己一个人的命运时更好地完善自己。赫拉克勒斯便是这方面的一个例子。

> 力图拯救或帮助所有的民族——只要有可能这么去做——是极其艰难困苦的工程,但人们模仿赫拉克勒斯,为了纪念他的善行,将自己的判断交于天庭中的全体诸神,以期最大可能地符合本质,而不是孤家寡人的生活,这样做不仅会毫无困难,而且洋溢着莫大的快乐,不仅会拥有无尽的财宝,而且还会拥有独特的美和力量。这便是为何所有拥有最优异和最杰出品质者宁愿选择第一类而非第二类生活的缘故(《论义务》,Ⅲ,Ⅴ,25)。

这将是致力于献身公众服务时所产生的道德美与人类优异性的特

殊根源，这就是为什么政治生活在人类生活可能具有的等级制中处于顶峰，①甚至处于哲学之上的原因。

更为普遍的是，既然我们并非仅仅为自己而生，而且人们是为彼此而生的，如柏拉图和斯多阿主义者所说，那么他们就必须（也是自然所要求的）互相服务，必须"通过良好的管理，通过[453]善行（opera）和服务（artes）来共同实现所有人的利益"（《论共和国》，Ⅲ，Ⅷ）。政治家的工作是为了在人们，尤其是在同胞之间创造或者建立和谐。公民间的和谐（concorde）与合唱团中的和声（harmonie）堪相比拟（《论共和国》，Ⅱ，ⅩⅬⅡ）。此番形象来自帕内提乌斯（参阅《论义务》，Ⅰ，Ⅺ，145）。西塞罗将"秩序间的和谐"作为其政治纲领：他身上体现了"中间派"与"和平主义"的因素（如亚里士多德；亦请参阅"但愿刀剑让位于托加袍……"[cedant arma togæ……]这段文字，下文，p. 461）。

这就是为什么人们会在这个合理制定了法令与法律的自然社会中成为其成员的缘故。法律的根源乃是"我们同其他人以及同他们形成的自然社会进行统一协调的关联"（《论法律》，Ⅰ，Ⅴ，16）。"我们想去爱人的倾向乃是法律的基础。"（《论法律》，Ⅰ，ⅩⅤ，43）反之，法律惩罚的整个原则将表明有罪者会被排除于社会之外。

> 比如说，杀害或废黜僭主不能算是罪行，因为他已不再成为人类社会（societas generis humani）的一分子。就好比人们会把坏死的肢体切除一般（《论义务》，Ⅲ，Ⅵ，32）。

4. 人类社会的啮合状态——但是，存在好几种层级的人类社会（《论义务》，Ⅰ，ⅩⅦ，53—57）：1）"无限社会"（societas infinita）[宇宙城邦（cosmopolis）]；2）拥有相同人种、相同民族、相同语言的人类社会（eiusdem gentis, nationis, linguæ）（西塞罗指的是意大利吗?）；3）城市（civitas）中的同胞可分享"讲坛、神殿、柱廊、街道、法令、法律、正义、投票，也可同样发展关系和友谊，而且对大多数人来说，还可共同签订

---

① 这与罗马元老阶层占主导地位的观念颇相契合。

诸种事务的契约";4)家庭,包括配偶与孩子,所有人都生活于同一座屋檐下。

还可以说,在等级与层级之外,我们还必须补充善人共同体(*viri boni moribus similes familiaritate conjuncti*),构成该共同体的所有人均承认他人拥有与自己一样的道德美。

在这些不同的社会之间是否存在某种我们必须紧密依赖的等级呢? 西塞罗断言道:

> 用理性与心灵的眼睛(*ratione animoque*)、所有的社会关联来仔细检验所有的事物后发现,没有哪样事物会比我们每个人都生活于共和国(*res publica*)①之中更重要、更珍贵了。[454]我们的父母对我们很珍贵,我们的孩子、我们的亲人、我们的朋友对我们而言也很珍贵,但只有祖国才能包含我们对他们的所有情感。对它而言,有哪个善人会在为国献身对自己有益的时候犹豫不决呢(《论义务》,Ⅰ,ⅩⅦ,53—57)?

无论如何,为了了解在针对人类不同共同体的成员时如何对道德义务进行等级划分,

> 就必须考虑到每个人最需要的是什么,每个人(而不是我们)能或不能获得什么。正因为如此,所以必要性之间的秩序会随着条件的不同而不同,而义务会将我们同某些人而不是其他人相连(《论义务》,Ⅰ,ⅩⅦ,59)。

譬如说,我们更愿意帮助邻居收割,而不是自己的兄弟,但如果涉及的是司法审判,那么我们就会帮助自己的兄弟而不是邻居,等等。只有经验才会使我们获得该等级划分的意义——正如只有它才能使医

---

① 指的就是罗马这个国家。有可能上述所作的列表(宇宙城邦、民族、城市)是从帕内提乌斯那里直接转述过来的。

生、将军、演讲家对他们各自的技艺精益求精——并成为"义务最好的算计者"(《论义务》,Ⅰ,ⅩⅧ,59—60)。

尽管有了这样的等级划分,但正义所要求的义务仍具有普世性。一则无须对自己的兄弟或自己的父亲同其他公民之间分得太清楚,一则也无须在他们同人类之间划分得过于分明。

> 那些说必须考虑公民,而非外国人的人,他们切断了人类共同社会的关联,而一旦废除了这一关联,则善行、大度、善良、正义都会彻底消失(《论义务》,Ⅲ,28)。

事实上,即便是善良、大度、正义等观念仍然要求普世性。人们不可能只对自己的亲人公正,这样简直毫无意义。

5. 财产——如要公正,就得尊重财产,无论是公有财产还是私有财产均是如此。西塞罗针对这两种财产提出了一种主张,且对此做了详细阐述。

集体财产:[455]人类共同体要求有明确的法律规定,集体财产不属个人所有。

> 毋庸置疑的是,人与人之间最大限度开放、所有人之间紧密相连的社会乃是这样的社会,就是人们应该尊重自然为人类产生出来供共同使用的所有财产的共享性,以便使受法令与民法管理的财产按这些法令本身所规定的方式得到对待,而其余的所有财产则依照"朋友之间所有财产均为共有"①这句希腊谚语而受到尊重。然而,财产为所有人共有似乎同埃尼乌斯(Ennius)②诗句中明确的表述颇相仿佛,而且意味深长:

> 人们古道热肠地向迷路者指明道路

---

① 参阅亚里士多德《尼各马科伦理学》,Ⅶ,9,1。

② 早期拉丁语诗人之一。

仿佛他用自己的灯来点亮了这盏灯

只有当他为他人送上光明,这盏灯才会为他自己闪耀光芒(《论义务》,Ⅰ,ⅩⅥ,51)。

因此,必须"承受的作为是,用自己的火来点燃他人之火",给予某个需要者以谆谆告诫,而不得"禁止他人接触活水"。尽管如此,按照埃尼乌斯的准则,①穷人虽则能够给予且毫无所失,但也不用太过慷慨。

私有财产:私有财产乃属自然法,尽管起初根本就没有什么属于自然意义上的私有财产。但"每个人的财产基于天生共有的基础而得以形成"(或通过最初的占有,或通过打胜仗,或通过法令、习俗、条文,还有或是命运使然)。因而,"每个人都会保住偶然落至他头上的东西;要是有人恰巧将其占有,那他就是违反了人类社会的法律"(《论义务》,Ⅰ,Ⅶ,21)。

[456]剥夺他人以增进自己的利益,比死亡、痛苦,以及所有其他加之于肉体或外在善之上的恶行更为违反自然。因为首先,这样做等于是废除了共同生活和人类社会。因为若我们必须如此行事,每个人为了自身的利益而剥夺或损害他人,那么所谓最大限度地符合本质及人类的社会关联(*humanæ generis societas*)遭到破坏便是无可避免的事了。同样,如果每个成员都想要靠使邻人萎靡不振来使自己兴旺发达的话,那么所有人不可避免都会衰亡下去,同样,如果我们每个人最终都去占据他人的财产、夺取他人的财物以增进自己的利益,那么人类社会与共同体(*societas hominum et communitas*)的动荡就是不可避免的了。因为,如若在涉及生活需要时,每个人宁愿肥己而不是肥他,那就等于是说自然并不反对这一点,可是自然对我们靠剥夺他人来增加我们赖以为生

---

① 此处与基督教的仁爱观相去甚远:只有当不失去什么东西的时候,才去给予;人们给予他人的,并非自己的血肉,而是属于天生共有的东西。

的资财、我们的财富、我们的权力的这种做法却根本无法忍受(《论义务》，Ⅲ，Ⅴ，21—24)。

自然并非反对"利己主义"，它反对的是偷盗和犯罪；它赞成每个人都要尊重他人的"矜持"，赞成维护每个人"自身的地位"，亦即他的所有(*suum*)。

西塞罗明确表示，这样的要求出自"自然，也就是说出自人类的法律"(*natura*, *id est jus gentium*)，在每一个特定的人类群体中(在每一个种族中)，它均受到了法令的规定，这样做正是为了使公民的联合受到保障。明文规定的法律的出台对这一自然法起到了支持作用。甚至于它的"首要目的就是：保全财产，人们正是由此才建立了国家和城市"。

西塞罗就此以强有力的逻辑声讨了社会主义的首次尝试。统治者应该"留意使每个人都得以保全自己的财产，不使假借公众名义征取私有财产的现象发生"。那些"致力于财产平等"的人发表的都是"害人的言论"(*capitalis oratio*)。如果必须征税，最好"使所有人都能理解，如果他们想要弥补损失，他们就应该服从这样的必然性"。(因此，便不会发生一些人剥削另一些人来征取税收的现象，而毋宁说——西塞罗没有明确言及——征收的是平均税或比例税。)(《论义务》，Ⅱ，ⅩⅪ，73)

此外，近来之所以发生这些战争，都是因罗马为掠夺盟国，或者说是罗马人为了强求盟国向他们缴纳贡品而起，而这等于是在剥夺私有财产(《论义务》，Ⅱ，ⅩⅪ，75)。但是，人们知道，由国家来剥夺私有财产不仅仅能蛊惑人心，而且也能使国家中的每个人富有起来，很显然，尽管如此，西塞罗[457]仍然对这样的做法进行了谴责。"维持国家就是为了获取好处，这不仅令人感到羞耻，而且也是犯罪和渎神的行为。"(《论义务》，Ⅱ，ⅩⅪ，77)

尽管西塞罗对私有财产大唱赞歌，但仍然及不上他对经济问题的关心。他说，有些"相当杰出的人"在雅努斯拱廊对如何用最好的办法来保全并增加资产和就业等问题进行探讨。在这些问题上，这些人比起无论哪个哲学家都要胜任得多，因此西塞罗便向这些人请教相关问题(《论义务》，Ⅱ，ⅩⅩⅣ，86)。

6.尊重契约——既然西塞罗将人性视为由拥有财产及尊重他人

财产的个体构成,而且个体之间还会致力于互相提供服务,那么他自然而然就会承认,这样的交换都是由契约达成的。他追溯道,大法官法一直要求人们尊重 *nec vi nec dolo malo*(既非由暴力亦非由欺诈)签订而成的契约(《论义务》,Ⅲ,XXIV,92—XXV,95)。①

> 诚然,无论何种契约均无须在任何时间及任何情况下均得到尊重:有的情况下,要求行为的道德价值观能做出改变。如果为了让临死之人将我设为继承人而向他承诺将于广场上在大庭广众之下跳舞,那么我拒绝跳这种令人羞耻的舞蹈、拒绝成为继承人、或者说我跳舞是为了将遗产充入国库以便资助某些有助于普遍利益的行为,这样反而会更好。

7. 商业道德——尽管如此,人们是否能随意处置自己的财产呢?西塞罗给我们转述了一场极有意思的讨论,据说斯多阿派巴比伦的第欧根尼同塔尔斯的安提帕特洛斯之间针对商业道德,尤其是在涉及商品质量时卖主是否具有保持沉默甚至是撒谎的权利进行了探讨。西塞罗熟悉他们之间的争论,毫无疑问这正是斯多阿派的传统,[458]是他们的典型性格所致(《论义务》,Ⅲ,XII,50—53)。

巴比伦的第欧根尼乃是斯多阿派的哲学家,也是克里西普的弟子,他于公元前 240 年出生于塞琉古亚(Séleucie)。他与柏拉图学园的卡尔内亚德及逍遥派的克里托劳斯(Critolaos)齐名,后者曾于公元前 156 年因减免罚金一事被雅典人派遣出使罗马。尽管卡尔内亚德的辩证术引起了加图的不满和封杀,但第欧根尼的言论则受到了赞扬并"使斯多阿派在罗马受到了好评"(Testard)。在众多的学生中间,第欧根尼麾下的塔尔斯的安提帕特洛斯继承了他的衣钵成为廊下派的领头人,还有帕内提乌斯,此人同样也是安提帕特洛斯的学生,并继承

---

① 西塞罗在此转述的一段文本或许比保存于《学说汇纂》(Ⅱ,14,7,7)中的相类文本更为古老:Ait prætor:*Pacta conventa,quæneque dolo malo,neque adversus leges plebis scita senatusconsulta decreta edicta principum,neque quo fraus cui eorum fiat,facta erunt,servabo.* 意思就是:"大法官说:我要求对既未以欺诈形式,亦未违反法令、平民大会决议、君主的裁决和敕令而签订达成的契约表示尊重,无论何种命令均不得将后者取消。"

了后者的衣钵。

有两个例子得到了讨论。①罗得岛的某个商人在明知一队满载着小麦的商船即将停泊亚历山大里亚的时候,他是否还能保持缄默,以便抬高价格出售自己的小麦呢? 有一栋房子,里面满是毒蛇,而且摇摇欲坠,那么拥有此房的人是否能沉默不语,以便高价出售它呢?

第欧根尼所来自的巴比伦长期以来即商业盛行,他对这两个问题做出了肯定的答复,而安提帕特洛斯则对此予以了否定。西塞罗吸取了安提帕特洛斯的主张,后者在涉及生意时,采取的是敌意或者保留的态度,不过西塞罗倒也公道地引用了第欧根尼的论证,并饶有兴味地发现,自古典时代以来,希腊人皆能从哲学的角度来赞成自由经济。否决卖主的沉默权,就等于是在否决私有财产所有人按其自己的意愿使用自己财产的权利;然而,买卖观点本身要求私有财产具备合法性。安提帕特洛斯的处境因此便充满了矛盾。另一方面,总体来说,将自己所知道的事情和盘托出并非什么义务。如果定要如此,那么哲学家就得耗费其整个一生来向所有人进行宣讲了。第欧根尼赋予了买卖契约以不太显明的道德观,且对其做了极为"自由的"表达:"卖东西的人卖的是自己不喜欢的东西;而你,买的却是讨自己喜欢的东西。"没有人比我自己更清楚自己的利益所在了。商人之所以缄默不语,乃是因为尊重他人的自由,正如他[459]期待人们尊重他的自由一般:每个人都清楚游戏的规则,除了道德可做出责罚之外,此外便无他。

罗马的民法对这样的沉默授之以权,除去某些例外情况:如必须宣明奴隶或动物的缺陷,否则受损的购买者可以取消买卖。涉及不动产时也是同样情形。在这个问题上,近来的民事法令比起《十二铜表法》要严厉得多(《论义务》,Ⅲ,ⅩⅥ,65)。由于大量人口涌入罗马,因此免受欺诈的措施得到了采用,并随着帝国及行商(因为他们不会长居一地,所以人们没有保障)的发展而发展。

西塞罗最终完全站在了安提帕特洛斯一边(《论义务》,Ⅲ,ⅩⅫ,56),因为尽管有时对自己所知道的事采取缄默态度是恰当的,只有没有损害他人,但在此种确切的情况下,保持缄默却是非法的。这两个例

---

① 第欧根尼同安提帕特洛斯之间其他的争论在《论义务》(Ⅲ,ⅩⅩⅢ,91—92)中亦有展现。

子中的卖主向那些应该知情的人隐瞒了自己的实情,他们只顾考虑自己的利益。而"这样的人便不能算作正直、坦诚、高尚、公正之人,便不能算作善人,而毋宁说是奸诈、阴险、诡诈、蒙骗、伪善、狡猾、狡诈、诡计多端之辈"(《论义务》,Ⅲ,ⅩⅫ,57)。①

此番论证不消说颇为适用于撒谎者、欺诈者,照阿基里乌斯·加里乌斯(C. Aquilius Gallius)的说法,这些人"表面一套,背后一套",而说这话的人恰是西塞罗的同僚,位至大法官,且是西塞罗颇为景仰的大法学家(《论义务》,Ⅲ,Ⅹ,ⅩⅣ,58—60)。

况且,民法永远会对卖主的欺诈行为做出责罚,尽管我们已知道,它只是特别对卖主的沉默做出了惩罚(参阅 Testard, n. 1、2、3, p. 102)。《十二铜表法》惩罚了那些压榨无行为能力者的监护人。公元前 193 年—公元前 192 年的《大法官法》(*lex prætoria*②)对未满 25 岁的未成年人进行了保护,使他们免受那些乘其[460]懵懂无知而肆意诬骗之辈的侵犯。最后,至共和国末期,由于受到了哲学家各种观念的影响,再加上罗马帝国的扩张和外国人大量涌入罗马,人们便日益要求法官不要刻板地执行法律,而是要求他对"订约人按照善意应该如何行事"(*quicquid paret dare facere oportere ex fide bona*)进行研究。至公元前 90 年,身为法官的加图(乌提卡的加图[Caton d'Utique]的父亲,与西塞罗同时代)认为不去宣明不动产地役权的卖主以及借"善意"之名而谋求赢利的买主都有错。西塞罗对上述所引的出售小麦和危房的卖主案例中的判决范围做了扩展(尽管如此,民法仍然只对某些沉

---

① 这正是商业与商人的丑恶德性!圣托马斯也认为,同经商之辈交往总会出问题,但他也说,问题不在于利润,而是谎言。如若商人道德上丑陋不堪,这并非是因为他们的行为与正义相反(因为尽管有一些与窃贼无异的商人,但还有更多本分诚实之人);而是因为他们的行为同审慎相反对。之所以会有问题,是出在了他们与真理的关系上。正是这一点,他们才显得邪恶多端,即便他们中最好的人也无法避免此番猜疑。由此,商业行为似乎永无法成为自由人所当行之事,也永无法成为自由的行为。这也就是为何能靠自己双手工作、从事自由技艺的教士可以成为政治家之类的人物,而不应成为商人的原因。

② 原文为 *plætoria*,疑为 *prætoria* 之误。——译注

默行为做出惩罚;它还尚未成为普遍的措施)。

西塞罗意识到了这样一个事实,即按照商业风俗道德观与通常的经济生活风俗做出的此种惩罚并未受到全体的赞成。所有人都很尊敬完美的善人,但又认为他们并不适应社会,甚而认为他们并不具备真正的智慧。"遭人厌烦的人是人们心目中的善人和贤人。"(《论义务》,Ⅲ,ⅩⅤ,62)善人的理想是不行欺诈,永不撒谎,却由于被人疏忽,而永远成了不合时宜的人。

与基本美德中后两种美德相关的某些义务也引起了政治思想的兴趣。

高尚灵魂的义务

高尚灵魂(*magnanimitas*)具有承受劳作和困苦的能力,人们也称其为力量(fotitudo)。此种美德相较其他受到了更多的赞誉;为了侮辱某个人,人们会说他是个懒鬼;一旦人们心中竖起了伟人的形象,便认为他具有军人的仪表(《论义务》,Ⅰ,ⅩⅧ,61)。

然而,纯粹知识分子和政治家所拥有的力量互不相同。他们都很智慧、公正,且讲究节制,能控制自己的激情。但是,必须注意到,哲学家一旦远离各种事务,便无法在具体情境中发挥强大的力量,特立独行地抵抗命运的拨弄。这样一来,他们身上的高尚灵魂便无法显现出来,由是他们便无法达成道德美的完满性。[461]反之,政治家能做到这一点,他们历经磨难,不得不为自己建造一副"甲壳"以抵挡打击(《论义务》,Ⅰ,ⅩⅪ,70—73)。因此,毫无例外——无论疾病缠身、独特的境遇、无与伦比的智慧——都必须对闲暇(*otium*),或确切地说对永恒的闲暇大张挞伐。我们会说,知识分子虽有自己的双手,却好比没有手,西塞罗断言道:他不成其为自己。缺乏行动,不具完善的美德,就不配称为人。

西塞罗对力量所作的颂扬之辞不该造成误解;他并未优先考虑该美德中各种战争的形式。在一段著名的段落中,西塞罗断言(《论义务》,Ⅰ,ⅩⅫ,74—78),民事事务比军事事务具有优先性。同时,前者比后者更能持久,而且是后者发展的条件。梭伦比铁米司托克列斯更好。"军队若其内在没有智慧,那么它同样也无法依靠外在。"

西塞罗曾在公元前 63 年担任执政官时写过一首颂诗,其时,他平定了喀提林的叛乱,他在诗中说道:*cedant arma togæ,concedat laurea laudi*,意思是"但愿刀剑让位于托加袍,但愿胜利的冠冕让位于民众的颂歌"。公元前 60 年庞培取得大捷的时候也曾同样说过,"如果他无法支配取得胜利的共和国",那么他打了胜仗也是枉然,而这正是西塞罗刚刚拯救了的共和国。

节制的义务

节制乃是克制我们欲望的美德,通常来说,它所留意的就是要使我们其他所有的美德都能秉持中道,并呈现出"互相契合"的特征。

> 当灵魂受到激情的搅动,意欲越出适度的范围的时候,身体上甚至会出现各种变形:发怒、恐惧或"欣喜若狂"时的怪相,它们改变了脸上的线条(这便是为何得体之人会出于谨慎持重而隐藏自己快乐的缘故,《论义务》,Ⅰ,XXX,105)。这些丑态清楚地表明了,人背离了人性;不知节制的人丧失了人性,而归于兽性。

由此,便产生了诸种万变不离其宗的义务,它们均与社会生活直接或间接地有所关联。

Modestia(*eutaxia*,即分寸感)乃是"使人们所做的事或所说的话均能各就其位(并各逢其时)"(XL,142)。

[462]比如说,在履行自己大法官职责的时候赞美孩子漂亮,或者在城里用餐的时候陷入长时间的冥想之中,或者相反,"在处理要务的时候发表一些席间闲谈或轻浮之语",就是很不适宜的行为(XL,144)。此外,玩笑逗乐尚须有一定分寸;有好的玩笑和粗俗玩笑之分(*ingenui et illiberalis ioci*),就如同有适宜的消遣(狩猎)和不适宜的消遣一般(《论义务》,Ⅰ,XXIX,103—104)。

正派人应该懂得雄辩与谈话为两个领域;前者有掌握专门技术的人(演讲家),想必第二个也有掌握专门技术的人! 声音应该既与众不同,又和谐悦耳,避免因情感强烈而致使口齿含混不清(《论义务》,Ⅰ,XXXVII,132—133)。在开诚布公的谈话中,必须懂得要让其他人说话,凑着时机发表合适的言论,且须避免因他人不在场而显出怒气、贪婪、无礼和恶毒,也不要(像普劳图斯[Plaute]①笔下自吹自擂的士兵[miles gloriosus]那样)说大话;必须懂得如何终止谈话(《论义务》,Ⅰ,XXXVⅡ,134)。

对这些规则如有稍微违反,几乎就会比最过分的胡言乱语还要严重,因为它们如同和谐乐章中的不和谐音符;它们会把一切都搞坏。因此,教育者应该对此做出矫正。对这些道德谬误所做的系统化改进过程所形成的成果,便是雅致。

使用外在善的方式同样也具有某种道德上的重要性。服装、居所应该适合每个人的社会角色,而且还必须适应时间和场合的要求。比如,住宅显得庄重肃穆,便有助于房主履行自己的义务(XXXI,138—139)。

职业与社会角色的等级化正是推演自这样的分析。所有的职业并不同时都具有正当性;从不同的角度看,不具有适宜性的职业应该更少受到尊重。

收税官和放债人的职业均"为自由人所不齿"(它们都不是"自由职业")。同样,体力劳动者不会很美,因为"他们是凭靠苦力和死劲收取报酬的",而且苦力会使身体变得畸形。"那些从商贩那里买进货物想很快卖出去的人仍然被视为卑劣之徒:如若他们不进行大肆欺骗的话,是什么钱都赚不到的。"那些"为使人快乐"的职业也很卑劣:如水产商、屠户、厨师、猪肉商、香水商、舞蹈者"和所有那些凭运气的赌博"。相反,"要求审慎行事"的职业,如医生、建筑师、教师都值得[463]受人尊敬。大型商业"不会受到完全的谴责"。"但在人们可从中牟利的所有事情中,没有什么能比农业更好,没有什么能比它更为多产,没有什么能比它更令人赏心悦目,没有什么能比它更适合人们和自由人去从事的了。"(《论义务》,XLⅡ,150—151)②

义务的等级:正义的优异性

西塞罗最终认为,人们能够对诸种美德做出等级划分。而最重要的美德便是正义(《论义务》,Ⅰ,XLⅢ,152):

1)正义比知识更好。因为如果爱好沉思默想的哲人不再与其他人共同生活,那么他就不再成其为人。没有正义,哲人的审慎便没有了

---

① 普劳图斯(公元前254年—公元前184年),古罗马著名的喜剧作家,他的作品大多改编自希腊戏剧,将其置于罗马背景中,并用拉丁语写成。"自吹自擂的士兵"典出普劳图斯写于公元前205年的一出喜剧。——译注
② 此种对道德所作的等级划分将在西方长期存在。

目标。

> 如果针对本质的知识与沉思不会导致什么现实的行动,那么几乎可以说它们残缺不全、毫不完善;然而,这样的行动主要是为了拯救人类的利益;因而,它与人类社会有关,并最终被置于知识之上。其实,这便是所有最优秀的人证明和思考的事情。因此,事实上,有谁会梦寐以求地想要洞察且了解事物的本质到这种程度,以至于当他在审视并沉思最值得了解的客体时,尽管有人向他宣布祖国危在旦夕——且他能去拯救祖国于水火之中——但即便他已自认能够数清星星或测量出宇宙的大小,他也仍然不会将这一切抛在一边?然而,当涉及自己父亲或朋友的事务或他们身处险境时,他原本是会这样做的。由此,人们理解到,必须宁愿承担正义所产生的诸种义务,也不愿去学习知识并承担它的义务,而正义所产生的义务涉及的恰是人的利益,对人而言,应该没有什么东西比它更珍贵了(《论义务》,I,XLIII,153—XLIV,155)。

此外(XLIV,155),最优秀的知识分子都是那样的人,他们将培养好公民当作事业,并赋予其意义,从而毕达哥拉斯派的吕西斯(Lysis)便成了埃帕米农达斯的老师,柏拉图则成了狄翁的老师,而这些大师也培养了西塞罗自己。甚至在老师死后,这样的培养方法仍旧通过他们的作品得以完成。"他们似乎将自己的闲暇生活全部用来成就我们。"(*otium suum ad nostrum negotium*)(XLIV,156)[464]"正是为着这个原因,所以以审慎的态度来滔滔不绝地讲话总比洞烛探幽、雄辩不得的思想要好得多,因为思想只会使人反躬自省(*cogitatio in se ipsa vertitur*),而有了懂得雄辩的人,我们则会与社会共同体结为一体。"(同上)

最后,不讲正义的审慎会变得邪恶,它比审慎与正义的同时缺席还要糟糕(没有什么会比极端聪明的骗子或独裁者更可怕)。

2)同样,"若既无仁爱,亦无人类的团结,那高尚的灵魂就会变得野蛮和残酷"(《论义务》,I,XLIV,157)。

3) 同样还有的是,合宜(convenance)所产生的诸种义务在面对与共同体相关的人时便没了用武之地。西塞罗认为,幸好,国家从来不会要求人们去做什么见不得人的事(也从不会要求人去贪图美味佳馔、追求奢华等)。

4) 最后一点是,在与共同体相关的义务内部,存在着某种等级制:对诸神承担义务高于对祖国承担义务,而后者又要高于对父母承担义务。①

结果,正义成了"所有美德的王后与女主人"(《论义务》,Ⅲ,Ⅵ,28)。

人类彼此和谐的方法

人们生活中如何指靠他人帮助这一问题成了《论义务》整个第二部分的议题,西塞罗对此进行了审视,由此间接地做出了一个断言。

诸神或动物在某些情况下当然都能对人类有用。西塞罗说,但对人既很有用又很有害的生灵肯定是人自身,因为他们认为所有其他的东西都为他们所用,而不去想所有其他的东西不为他们所用(《论义务》,Ⅱ,Ⅲ,11—Ⅵ,20)。甚至命运的打击都会被人加以减弱或者加以放大(比如[465]"民众的嫉贤妒能"便是一例,20)。西塞罗由此得出结论,他认为"美德的特性便在于接受人的灵魂,并使它们同其自身的利益相结合"(17)。论证如下:人寻求幸福,但只有通过他人的帮助,幸福才能赐予他;然而,恰是通过美,他才获得了这样的帮助,所以美才是最有用的。

但如何能使人们同我们相联结呢? 通过报酬、利益、服务,但也可通过恐惧与仁爱而达到(《论义务》,Ⅱ,Ⅵ,21—22)。

恐惧乃是某些野蛮国家或独裁国家统治者采用的手段,但这种手段却是"自由城邦"(libera civitas)的大忌,因为恐惧会产生憎恨,谋杀凯撒便清楚地表明了憎恨会导向何种结果。"那些想要使别人恐惧的人自己也会害怕那些害怕他们的人。"(《论义务》,Ⅱ,Ⅶ,23—24)

仁爱与友谊相伴,无论是在社会活动家同民众的关系中,还是在私

---

① 参阅上文。圣托马斯·阿奎那将充分展开这一观念。

人关系中,都应该会有仁爱的身影。"对爱我们且钦佩我们事业的朋友充满忠诚乃是第一要义……在杰出的人和普通人之间,定然唯有此种现象没有太大的差异。"(《论义务》,Ⅱ,Ⅷ,30)

对他人的仁爱通过善行、大度、正义、忠诚"以及所有与性格上的温良恭俭让相关的美德"而获得。因为如若善行是获取友谊的重要方式的话,那么他们的所作所为便不会是出于自身的天赋,而是行为上的道德美。有鉴于此,没有实际效果的仁爱行为便只会达致相同的结果。"恰是想要行善的意愿导致了善行。"(《论义务》,Ⅱ,Ⅸ,32)"我们恰是这样称呼因其自身而让我们欢喜的美和适宜(honestum decorumque)的,它们通过其本质与外在的方面而激动了所有的灵魂",因此,"我们受到了它们的约束,而去爱那些我们以为拥有这些美德之人"(同上)。人们也对那些值得尊敬的人充满了仁爱之心(《论义务》,Ⅱ,Ⅷ,30)。之所以会激发起崇敬之心,乃是因为在某个人身上找到了令人意想不到的品质。然而,鲜有人会指望某个人能不惧死亡和贫穷,或者说鲜有人能不受肉体快乐的诱惑。公正之人与这些预想背道而驰,因此他们想望的是某种特殊的荣耀和美(《论义务》,Ⅱ,Ⅹ,36)。

[466]但是,如果人们想要被爱,那么首先就必须要做到公正。正义是"唯一一种使人配称为善人的美德"。公正之人不消说肯定值得信赖、欢迎和崇敬。反之,不公正之人面临不义的危险,甚至于很有可能"没人愿对这样的人说出知心话"(《论义务》,Ⅱ,Ⅸ,33—34;Ⅺ,38)。尤其是,在做生意的时候,正义必不可少。

> 对那些受生意契约约束的从事买进卖出、出租或承租房屋的人而言,若想使生意有声有色,正义便必不可少,它的重要性是如此巨大,甚至于那些靠为非作歹来谋取衣食的人,若没有丁点的正义,也没法存活下去。因为,靠从某个打家劫舍者那里偷盗或劫夺钱财的人,即便他是海盗头子,若他不对赃物作公平的分配,他的同伙也会杀了他或将他抛弃。更有甚者,据说盗匪中间也有必须服从、必须尊重的约法三章(《论义务》,Ⅱ,Ⅺ,40)。①

---

① 我们记得,柏拉图作品中也表达过相同的观点,见《理想国》,Ⅰ,350c;352bc。

正是仁爱和善意,而非恐惧,才使得罗马统治着自己的帝国,(至少到某个时候)它都会"庇护宇宙"(*patrocinium orbis terræ*),而不是进行统治(*imperium*)。

西塞罗的人格主义(personnalisme)

综上所述,我们已经描述了人之为人所拥有的普遍人性。但斯多阿派及西塞罗在上面添加了一个根本性的观念,而在亚里士多德的道德哲学中,我们却没有见到这样的观点,或者说它尚未成为某个特殊论题的对象:即存在某种个体的本质,它为每个人所固有,且理应得到共同体和国家的承认、尊重和保护。此处或许显明了罗马所做出的特殊贡献:通过对受罗马法管理的个体自主性的范围进行保护,而发现了个体人格所具有的潜在能力(参阅上文,第二部分的引言)。

> [467] 正如身体之间有很大的差异一般——我们发现有些人由于速度快而擅长跑步,另一些人由于力量强而擅长角力,我们还发现某些人体形态充满尊严,有些则充满了美——同样,灵魂更是千差万别(《论义务》,Ⅰ,ⅩⅩⅩ,107)。①

我们必须跟随自己的本性,如同我们讲自己的语言一般;如果我们在演说中充斥着大量外国字眼,那么我们就会显得荒唐可笑;同样,如果我们模仿他人,也会如此。②

通过与戏剧所作的著名的对比(或许出自帕内提乌斯),这一点便得到了阐明(《论义务》,Ⅰ,ⅩⅩⅪ,114)。

---

① 西塞罗为了发现这一点,对罗马希腊名人都做了"人物描写",有的人看上去"赏心悦目",有的人看上去"专心致志",有的人"特别严肃",有的人则"欣欣快乐",有的人"野心勃勃且严于律己"……

② 西方人文主义从根源上看就对模仿进行了摒弃,它是部落社会的特有产物。所谓特性就是指不可模仿和无法模仿。整个民众,也就是说在整个"融为一体"的群体中,大家会彼此模仿,从这个意义上说,民众就是非人性的。这是一条人文主义准则,它可在文明人,或干脆在人类与蛮族人之间做出区别。

因此,每个人均了解他自己的才能,并对自己的长处和缺陷有着洞若秋毫的判断,这样便可避免剧中人显得比我们更聪明。事实上,他们并不会去选择最好的剧本,而是那些最适合他们的剧本。那些对自己的声音充满自信的人选择扮演的是厄庇戈伊诺①和梅杜斯(Médus)②,那些对自己的举止充满自信的人选择扮演的是墨拉尼波斯(Mélanippe)和克吕泰涅斯特拉(Clytemnestre);我还记得,卢皮留斯(Rupilius)一直以来都是扮演安提俄珀(Antiope),而伊索(Ésope)很少会演埃阿斯(Ajax)。如此看来,演员都能懂得演戏的要求,难道哲人就不会懂得生活的要求吗?因此,对于这些工作,我们会相当胜任,而不是一厢情愿地去适应它们(《论义务》,Ⅰ,ⅩⅩⅪ,114)。

不过,剧中的"人物"(*personnage*)称为 *persona*,也就是指演员所戴的会发声的面具(per-sona)。看来似乎"人格"(personne)这个词,以及西塞罗在本段中阐述的"人格主义"哲学,均依赖于对人性本身同剧中角色所作的斯多阿式的对比。[468]因此早在基督教将个体人格提升至受上帝钟爱的独一无二的生灵、承诺将对他进行永恒救赎之前,西方人文主义便已经成了一种人格主义。

诚然,命运会使我们的本质发生转向,但命运同本质相抗衡犹如凡人同不朽者相抗衡一般。本质具有恒定性(《论义务》,Ⅰ,ⅩⅩⅩⅢ,118)。

年轻人在为自己一生选择做什么的时候,应该牢记这一切(《论义务》,Ⅰ,ⅩⅩⅩⅡ,117 及以后)。

西塞罗最后添加了一个观点。义务取决于宇宙及个体的本质,但也取决于年龄和环境。有适合年轻人的义务:如尊重老人、选择老师。"因对生命的无知,所以一开始就应以年长者的智慧为榜样。"年轻人应该拒绝放荡,"参加劳作以使灵魂与肉体更为坚强"。反之,也有适合成年人的义务:如教导青年人、为国家服务、避免游手

---

① 进攻底比斯的七英雄的儿子。埃斯库罗斯(Eschyle)和欧里庇得斯(Euripide)均处理过这一主题。

② 梅迪亚(Médée)的儿子。(梅迪亚曾帮助阿尔戈斯号船水手的首领获得金羊毛,随他私奔后又将其抛弃。)——译注

好闲。还有适合高级官员、普通人、外国人的短暂的或常设的义务（"只专注于自己的事务，对不属于自己的国家不要显出好奇心"）（《论义务》，Ⅰ，ⅩⅩⅩⅢ，122—126）。

由于对人性及其所包含的义务进行了清晰的阐述，西塞罗便能够像泰伦提乌斯那样骄傲地得出结论，说自己对人性一点也不陌生（*nihil humani se alienum putat*）（《论义务》，Ⅰ，29；《论法律》，Ⅰ，ⅩⅡ，33）。

我们刚才所描述的此种个体人性，法律具有对它进行维护的职能。而法律，则受到国家的保障。我们现在就来看看由《论共和国》和《论法律》阐述的这些论题。西塞罗的这些作品就此而言，乃是哲学史上第一次用自由主义政治学说建构而成的论述。

自然法与实在法（droit positif）

[469]法律与国家，为了履行它们各自的任务，首先就应该承认它们并未创造正义，而只是将它从自然中领受了下来：*juris natura fons est*，即法律源于这一自然本源之中（《论义务》，Ⅲ，ⅩⅦ，72）。之所以有自然法，是因为自然在塑造人的时候，不会不让他们了解法律关系："自然创造我们是为了让我们彼此参与法律，并使之为我们所有人所共有。"（《论法律》，Ⅰ，ⅩⅡ，33）

这一自然法在形式上与实在法不同。

> 并非因**大法官敕令**（*édit du préteur*）的缘故，如同现今大多数倡导者所做的那样，也不是因《十二铜表法》的缘故，如古人所做的那样，我们才应去深刻地了解法律，而是它本身就源自哲学的核心之中（《论法律》，Ⅰ，Ⅴ，17）。

公民将有充分的理由去批评法学家与统治者所颁定的法令，并将它们同这最高的标准联系起来。这一批评的权利有赖于对自然法及实在法，或同样的是，对合法的（légitime）与法定的（légal）事物做出区分。

普世、永恒的法律

> 存在某种真正的法（loi），它之所以正当，是因为它顺应于自

然,且扩展至所有的存在之中,永远与自身保持一致,不会衰落凋敝,它急切地召唤我们履行自己的职责,禁止我们图谋不轨、误入歧途。正派人从来不会对它的命令和禁令漠然视之;邪恶堕落之辈却不会受它们什么影响。对这法,不会允许做任何修正,不管是废除其整体还是部分均属非法。无论是元老院还是民众,均不得免于使我们遵从于它,也根本无须寻求塞克斯图斯·埃留斯①对它进行阐述或解释。该法不会在雅典是一个样,在罗马又是另一个样,在今日是一个样,而明天又是另一个样,它是唯一始终如一、永恒不变的法律,亘古以来管理着所有的民族,而为了向所有人教导并规定这法,便有了一位独一无二的神:法的概念、对法的磋商以及如何使其生效的权力均归属于他。谁若不服从这法,便是不懂得自己,因为这样的话,他便会误解人性,[470]会因此受到莫大的惩罚,即便他现在已逃过了其他的苦刑也罢(《论共和国》,Ⅲ,ⅩⅩⅡ)。

不仅僭主不能与自然法相违拗,甚至"元老院"和"民众"也不行。因为它不是人类意志的成果;并非由各方的意志达成一致才创建了法律;法律客观存在,它就在事物的本质之中。没有哪个人、没有哪个人类群体,即便是全体人类都无法支配人性。本质具有"超验性"。

> 按照哲人的说法,法既非人类精神,亦非民众裁决的创造,而是某种统治整个世界的东西,它表明了令行禁止乃是颇为明智的做法。他们说,这样的法既是最先的一部,又是最后的一部,它就是神的灵(mentem),这灵所颁布的义务和禁令都同样遵从理性。[……]事实上,奎图斯(Quintus),我们自幼年起,就已学会把法令称作如下这类程式:如果别人叫你出席法庭,②以及诸如此类的说法。但必须很清楚,这类命令和禁令均没有那种使你做好事、让你

---

① 首位论述民法的作者。参阅上文,p.406。
② 西塞罗想就此阐明《十二铜表法》或大法官敕令的诸种程式。

改邪归正的力量。这样的力量不仅比民众和城邦出现得早,而且比保护及统治天地之神的同时代人出现得都要早(《论法律》,Ⅱ,Ⅳ,8—9)。

由此,不能由"元老院"来废除的自然法(loi naturelle)(Ⅵ,14)"不因文字而生生死死"(Ⅴ,11)。它是"先于所有时代的最高法",它具有"永恒性"。

西塞罗提出了"法中之法"(*leges legum*)这一本质性的观念(Ⅶ,18),(自然的)法律若为合法,就应受(人为的)法律的尊重,因此任何一个立法者均不得僭越。①

既然它是自然的,那么正义就不是约定俗成的;它并不源自契约,也不再源自国家本身。"[无论是正义、][471]其他美德,还是国家本身都不能依赖于习俗(*institutio*)。"(《论共和国》,Ⅰ,XXVI,41;参阅《论法律》,Ⅰ,Ⅹ,28)

永恒、普世的自然法本质上便很稳定。反之,实在法若不符合自然法,便必定会不稳定。因为,如果人们将法律建基于实用性之上,而非事物的本质之上,那么另外一种实用性便会将它颠覆(《论法律》,Ⅰ,ⅩⅤ,42)。

源于自然之准则的例证

自然法(loi naturelle)的典范就是:等级制。命令与遵守这样的观念均处于自然的范畴之内;因此,如果人们遵从自然法的话,那么整个城市中就会出现拥有权力的高级官员(《论法律》,Ⅲ,Ⅰ,3)。同样,那些素质一般的人就会自愿接受那些杰出的人掌权;这样便从自然法(droit naturel)的意义上创建了贵族制的原则(但贵族制是挑选、选举出来的,而不是他们自封的,它也不是寡头制,寡头制证明权力的合法

---

① 我们可将西塞罗的这一观念视为滥觞,那些研究自然法、万民法和立宪政体的现代理论家若想对专制主义国家专断的权力做出限制的话,便只能从中汲取养分。法律本身就应该服从至高的原则、宪法法规和人的权利:人们不能随便制定法律,即便由"至高无上的人民"来裁定也不行。君主、国王、民众大会或民众均属国家的最高权力;但国家自身却并不居于人性之上。

性靠的是财富,而非素质)(《论共和国》,Ⅰ,XXXⅣ,51)。这就是为何民主制的平等观在归结为自然法的时候,便成了不公的缘故:因为它抹煞了自然的各种差异。

如若人们将同样的尊严赋予高尚的公民和低劣的公民(*summis et infimis*),就像无论何种民众中所必然存在的那样,那么这样的平等就成了最大的不公(《论共和国》,Ⅰ,XXXⅣ,53)。

自然准则的其他典范为立法者和统治者所必行:监察官"不允许独身,①他们监管着风俗"(《论法律》,Ⅲ,Ⅲ,7)。他们还禁止乞讨(《论法律》,Ⅱ,Ⅸ,22)。②

这些原则一旦得到接受,西塞罗便承认,有许多实在法的体系均与自然法相一致。比方说,《十二铜表法》"顺应自然,因法令由自然来规范"(《论法律》,Ⅱ,ⅩⅣ,61)。正如西塞罗所认为的(ⅩⅩⅢ,59),《十二铜表法》曾直接受到梭伦颁布的法令的启发,而梭伦的法令同样也是合法的法令的典范,它们与自然法相符合。

自然法与理性

[472]自然法为理性所了解。这并不令人惊讶,因为自然法本身"同体现于命令和禁令中的公正的理性(*recta ratio*)并无不同"(《论法律》,Ⅰ,Ⅻ,33)。尽管如此,它仍然不为人类的理性所完全了解,如果人们因此而明白,对法律的认知是属于数学类型的清楚无误的逻辑—演绎理性,那么古代的自然法学说也就不会是"唯理论"(rationalisme)了。

因为西塞罗明确指出,这一作为法的"公正的理性"乃是"至高神朱庇特"的理性,它是"神灵的同代者"(*orta est simul cum mente divina*)(《论法律》,Ⅱ,Ⅳ,10)。它是斯多阿派的神圣逻各斯(Logos)。由此,在这逻各斯及人类理性之间存在着某种根本性的差异。人类理性远不能说自己可以充当宇宙的尺度,而毋宁说,应以宇宙的理性作为自己的

① 柏拉图已做出了禁止,不过理由稍微不同,参阅 p. 161—162。

② 毫无疑问,乞讨与原则相反,按照该原则,在人类共同体内部,人们应该相互提供服务。而乞讨则要求提供单向度的服务。

参照。

> 任何人都不该如此愚蠢地自高自大，以致会相信理性和思想存在于他的身上，而根本就不存在于宇宙之中，也不该认为，即便自己用足了精神，也很难领会这个世界（*vix summa ingenii vis concipiat*），因为世界本身就没有理性（《论法律》，Ⅱ，Ⅶ，16）。

因此，本质上受到限制的人类理性应该立足于这一客观理性之上，正是客观理性统摄着广袤的宇宙，并通过其中的秩序，通过"星辰优美的布局、日夜的更替、四季均衡的气温、为我们所用的所有产物"（同上）而体现出来。我们应该承认，在宇宙中存在着某种我们自己未曾创造过的秩序，该秩序无限地超越了我们。

然而，尽管在人类理性与自然法之间存在着无法缩减的距离，但在它们中间也存在着亲缘性。人类理性分有少量的神圣理性。人类灵魂乃是"神性的圣殿"（《论法律》，Ⅰ，ⅩⅫ，59）。神圣理性"坚固地建立于人类精神之中"（《论法律》，Ⅰ，Ⅵ，18）。这就是为什么人类理性能对神圣的法[473]有所了解的缘故，只不过或许显得粗糙而已。

首先它以道德良知（conscience morale）的形态出现。西塞罗断言道，人类并非仅仅是因为害怕惩罚，而是出于他们的良知才不去犯罪。当他们作恶时，他们会"因悔恨而焦虑，因作恶而受折磨"（《论法律》，Ⅰ，Ⅹ，ⅩⅣ，40；参阅《论共和国》，Ⅴ，Ⅳ）。这再清楚不过地证明了他们的内心自有一杆秤，这必然使他们懂得什么该做，什么不该做，也就是说这恰是自然法的题中之意。他们拥有正义感和不义感。

西塞罗明确指出，只要服从自然，再加上有经验，此种感觉便得以发展起来。不过，不仅仅是道德领域之内才会这样：人类理性通过遵守与模仿而学习自然，而且"在自然的指导和教导之下学习了数不胜数的技艺①"（《论法律》，Ⅰ，Ⅷ，26）。不管怎么样，为了认识诸种义务，就必须以他人，尤其是学者和阅历丰富之人为参照，他们中"许多人普遍都

---

① 也就是指各种技能、实践知识。

认为是自然本身在引导自己"。最好的典范便是为国家供职的人和老年人（《论义务》，Ⅰ，ⅩLⅠ，147）。

自然法与传统

由此便产生了传统这一角色问题。西塞罗说，无须像柏拉图那样弄出一套新的制度（《论共和国》，Ⅰ，Ⅷ，13；参阅Ⅱ，ⅩⅠ）。他说，最佳的政体就是罗马的传统政体（《论共和国》，Ⅰ，ⅩLⅥ，70）。西塞罗并未如柏拉图那般采取理智主义的（intellectualiste）方法，这一方法在于先验地（a priori）设想出某种制度，而忽视经验所带来的教训，且将传承下来的价值视为单纯的"意见"而加以拒绝。他甚至提出了一个独特的论题：法律与政体均是长期演变的成果，许多代人均投身其中，而此中的"尝试与谬误"最终被整合于体制之中，其中所包含的是真正的科学，而不是任何个体的精神。

> [474]在我们这里，国家并非由某个天才人物建构而成，而是众多公民的集体结晶；这不是人一生能够完成的事，而是几个世纪中好几代人前仆后继辛勤得来的（《论共和国》，Ⅱ，Ⅰ）。

西塞罗将这一观念归功于加图。罗马的政体并未借鉴于外国人，而是内在发展而来（Ⅱ，ⅩⅤ）。因此，时间和经验的积累便在智识上起到了创造者的作用。①

实在法可成为不义

既然人类精神对——通过经验而获得的直觉理性——自然法有所认识，那么它便能在必要的时候对实在法进行批评。

---

① 这一认为传统具有认识论价值的论题将任何精神以先验的（a priori）方法均无法替代的认识整合了进来，早于18世纪盎格鲁-萨克逊"启蒙时代"的代表人物如曼德维尔（Mandeville）、休谟（Hume）、弗格森（Ferguson）、斯密（Smith）的阐述，它反对笛卡尔主义，对现代诸种自由主义理论起到了根本性的作用。这是因为人类精神是有限的，没有能力以分析的眼光来理解社会秩序，必须让它们彼此之间互相平衡，使它的规划和命令在运转时不去倚赖于权威。必须实现思想自由和经济自由。反之，社会主义当其声称要"百废待兴"全面重建社会并对其做出规划时，它其实假定的是人具有全知全能，而这根本就不存在。

在此有一个例证。第二任十大执政官在最初的《十表法》上添加了两条新的法令,禁止贵族与平民通婚。西塞罗说,这条法令"极为违背人性"。难道婚姻法习惯上不适用于外国人吗?更何况,不同社会阶层的人都应拥有这项权利。因此,这项法令后来便被平民会议决议废除了。

通常来说,实在法会变得不义。西塞罗呼吁道:"相信只要是由体制或民众的法令所规定的,便是公正的,这简直就是丧失了理智。怎么!甚至僭主的法令也是如此吗?"(《论法律》,Ⅰ,ⅩⅤ,42)实在法纷繁多杂,只具有暂时性,只是人们爱称呼它为"法令"而已;因为在所有由政治家草拟并得到批准的"裁决"中,有些被当作了法令,[475]它们中混入了许多"有害而且不义的命令"(《论法律》,Ⅱ,Ⅴ,11)。这些专断的伪法令或伪裁决"甚至不应被叫作法令","然而,民众仍然接受了它们"(《论法律》,Ⅴ,13)。当民众如此行事的时候,便形成了不符合规范的社会(西塞罗说,从他的经验和修养的角度来看,这种"盗匪横行的"社会有着太多不合规矩的做法)。①

甚至对各种传统,也能够而且应该从批判的角度做出判断。只有"最好的"传统应该得到保存(《论法律》,Ⅱ,ⅩⅥ,40)。其逻辑如下:规范不是时过境迁之类的东西,而是本质。诸种传统均会偏离正轨。因此,西塞罗的思想中(如同柏拉图的思想,从相同的意义上来看,他们两人均与老加图的保守主义有别),有某种非保守主义的,甚至是吹毛求疵的因素在内。

西塞罗对批评精神的赞许经由这个观点揭示了出来,他重述了伯里克利的话:"反对邪恶行为的人当可被视为好公民。"(《论法律》,Ⅲ,Ⅳ,10;参阅Ⅲ,ⅩⅧ,40;西塞罗甚至对元老院中阻挠议事的方法持赞同态度。)

意见不同是可以接受的。人们可以有与他人不同的自己的意见,只要有利于普遍利益即可(西庇阿·埃米利安同马其顿的征服者凯奇留斯·梅泰卢斯[Q Cæcilius Metellus]便是如此,他们"意见相左,却并没有恶语相向")(《论义务》,Ⅰ,

---

① 对必须限制君权,甚至民权的主张,他未能再进一步清晰地加以表述。近代摆脱了自然法的这种限制,首先摆脱的是专制主义王权,之后摆脱的是其余脉雅各宾党的民主制,后者主张民众具有无限主权。

ⅩⅩⅤ,87)。西塞罗在从事政治,甚至在从事法律的时候,均与其他许多罗马人形成了对照,他是名副其实的"勇于批评的知识分子"。他抱怨道,罗马人,甚至于他自己,都只是利欲熏心的实用主义者。恰因实用主义会导致形式主义,流弊颇多,所以这种情况会更形严重,而如果人们能够追根溯源,回到原则上来,从实质上做出判断,那么他们就能修正形式主义的弊端(《论法律》,Ⅰ,Ⅳ,14—Ⅴ,15)。他对任何事都有很大的兴趣,显然欲达到兼容并蓄的程度:他注意到,所有的哲学殊途同归,均通向自然法这一观念——除了伊壁鸠鲁派,或许还有新柏拉图派(Nouvelle Académie)的怀疑主义(《论法律》,Ⅰ,ⅩⅧ,38)。西塞罗明确地断言道,说到底,自己欠了这些人很多情,他们是"拥有真知灼见的希腊人,如泰奥弗拉斯特①、[476]斯多阿派的第欧根尼②、柏拉图、亚里士多德、彭特的赫拉克利德③、狄开阿尔科斯(Dicéarque)④、法雷尔的狄米特里奥斯(Démétrios de Phalère)⑤"(《论法律》,Ⅲ,Ⅴ,13)。正是通过他们,他才养成了进行批评的习惯,和对理论的爱好。

实在法在时间与空间中频繁变化的问题

西塞罗忆及了卡尔内亚德、巴比伦的第欧根尼和克里托劳斯(Critolaüs)⑥于公元前156年出使罗马的著名事件。三人的演说吸引了某些罗马人,如西庇阿、莱利乌斯和菲鲁斯(Philus)。但加图却最终将这三名使者驱逐出境了事。其实,卡尔内亚德做了一场关于正义的演讲,另外一人则和他唱反调,这种辩证手段反而引起了反感。

"西庇阿圈子"内的对话者,也就是《论共和国》中的主人公也专注于这样的辩证法练习。为了更好地支持他们刚刚对自然法所作的论述,他们便想尽办法将之摧毁,而接下来他们会再对驳斥进行驳斥(《论共和国》,Ⅲ,Ⅵ)。(柏拉图也在《理想国》中这么做过,由色拉叙马霍斯、格劳孔、阿德曼图斯对不义进行辩护。)

---

① 亚里士多德学园的继承人(公元前372年—公元前287年),他是伟大的植物学家,也是心理学家和伦理学家,其所著《性格论》(Caractères)一书对布吕耶尔(La Bruyère)影响颇深(布吕耶尔,1645—1696,法国伦理学家,最著名的作品便是1688年的《译自希腊语泰奥弗拉斯特的"性格论",附"性格论或本世纪风俗"》[Les Caractères de Théophraste traduits du grec avec Les Caractères ou les moeurs de ce siècle]。——译注)。

② 即巴比伦的第欧根尼,参阅上文,p.458。

③ 公元前388年—公元前312年,柏拉图的学生,天文学家,准日心说的倡导者。

④ 历史学家,其作品论述了希腊的起源。

⑤ 公元前350年—公元前283年。雅典人,泰奥弗拉斯特的学生。既是演讲家,也是政治家。在托勒密一世(Ptolémé Sôter;古埃及皇帝——译注)当权时,他最早创建了亚历山大里亚的图书馆。

⑥ 即p.458的Critolaos,作者两次使用的人名拼法不同,但为同一人。——译注

　　因此,对菲鲁斯(该对话中的主人公之一)而言,事实是,诸多民众的风俗在空间中各个不同,并随时间而改变,这便证明了,根本就没有自然法;法律是由社会锻造出来的。"法律乃是社会事物,而非自然事物。如果有自然法的话,那么对所有人来说,正义与不义便会同热与冷、苦与甜一样,没有什么分别了。"(《论共和国》,Ⅲ,Ⅸ)况且,如果有自然法的话,我们就不能杀死动物(同上)。利益乃是谁都不会赢的赌博:某些人所拥有的,也会被其他人夺去(Ⅻ)。既非自然、亦非意愿,而是人类的弱点创造了正义(ⅩⅢ),而且强者可使自己变得不义:的确,"人们无法设想出没有不义的政府"(《论共和国》,Ⅱ,ⅩLⅢ)。除了所犯罪行的强度上的差别外,亚历山大与普通罪犯没有什么差别:而且西塞罗还引证了[477]亚历山大逮捕盗匪这则轶事①。更何况,不义者会比正义者过得更滋润,所有人都愿意过前面那种生活,而不是后面那种(柏拉图《理想国》中的色拉叙马霍斯也曾这么说过)。立法的真正根源乃是功利。然而,正如卡尔内亚德曾经说过的那样,既然民众不同,对功利的看法也不同,那么法律具有尘世的多样性和多变性便没什么好令人惊奇的了(《论共和国》,Ⅲ,Ⅻ)。卡尔内亚德又补充道,如若有普遍适用的自然法,那么罗马人就应该要么归还他们所有的战利品,要么好好地保管它们(同上)。(根据拉克唐蒂乌斯[Lactance]②的说法,他的结论是,在"城邦的正义"和"自然的不义"之间不仅仅是容有差异,而是根本不可兼容。)(《论共和国》,Ⅲ,ⅩⅩ)

　　西庇阿(西塞罗的代言人)的回答是:所有这样的说法都是虚假的,存在着客观的正义。公正、正派并非条件的产物。法律的多变性什么也证明不了。当我们想要判断这是一棵树还是一匹马的时候,我们会参照他们所应具有的本质。因此,我们也会对善恶做出判断:在意见的多变性之中,我们会寻求客观的善与恶(《论法律》,Ⅰ,ⅩⅦ)。

---

① 亚历山大问一个刚刚遭到捕获的海盗,是什么样的犯罪天性驱使他驾着一艘双桨横帆船在大海上四处劫掠。他回答道:"此人同你满世界攻城略地的行为实在没有两样。"

② 拉克唐蒂乌斯(240年—320年)。基督教护教者,在拉丁教父中,他的作品印刷次数最多。他的《神圣律令》(*Divinæ Institutiones*)对4世纪反基督教的论辩进行了驳斥。文艺复兴时代的人文主义者称其为"基督教的西塞罗"。——译注

诚然,热与冷、苦与甜随个人感官感知的方式不同而不同;尽管如此,没有人会怀疑,某样物体客观上是热的或冷的,是苦的或甜的,而且可以对感官所获得的信息进行批评,最终使人们达到客观真理。人们可以用同样的方式处理有关正义与不义所产生的不同意见,尽管这样做会更为困难(《论法律》,Ⅰ,ⅩⅡ,33;ⅩⅤⅡ,47)。

自然法、万民法、实在法

我们知道,人们认为人类共同体具有好几个层级,即既有人类这样的层级,也有城邦这样的层级;因此,法律也具有好几个层级。西塞罗同他那个时代的罗马法学家一样,也试图辨别自然法、[478]万民法、民法这些概念的不同之处,其中最难把握的概念便是"万民法",它是另两者之间的中间阶段。

战争法是万民法中主要的一个方面。战争发生于分属不同城邦的人们之间,因此并不存在共同的民法(*jus civile*)。然而,人们并不能随随便便发动战争:比如说,在未经宣战的情况下便发动战争。图鲁斯·霍斯提留斯(Tullus Hostilius)"为战争立法,这样的创举本身便极为公正;他还让祭司阶层①从宗教上对其进行批准,如此一来,未经宣战的战争自此便成了不义和不虔敬的"(《论共和国》,Ⅱ,ⅩⅦ)。如此设立起来的法律并不算"自然法";尽管如此,满足了整个人类深层次信念的正是"万民法"。

恰是因为有这样的战争法,所以向敌人所发的誓词便应该受到尊重。反之,借口誓词是向敌人所发,而无须尊重誓词,就等于是在否认万民法(《论义务》,Ⅲ,ⅩⅩⅨ,107)(参阅上文 p.445,雷古鲁斯的两难处境)。庇鲁斯的军队发生叛逃,想要背叛他,因而将他们遣返给他便是正确的(《论义务》,Ⅰ,ⅩⅢ,40)。同样,在战争中必须弃绝残忍的行为(《论义务》,Ⅰ,Ⅺ,34—ⅩⅢ,39)。然而,这并不适用于海盗或匪徒,他们不是敌人,而是"所有人共同的敌人"(他们自绝于人类)。

大体说来,罗马是尊重战争法的。大量归顺的民众支持了这种看法。因此,

① "祭司团"由 20 名世袭贵族组成,他们的任命就是宣布发动战争,宣布条约是否有效等。

西塞罗重述了波里比乌斯的观点:罗马并未以不义的方式进行征服,相反,这样做"是在保护同盟者"。罗马帝国不可思议的扩张行为是无法单纯用武力解释得了的,它的扩张是因法治国家不可遏止的扩散势头所致,它使人们都能尊重得到所有人承认的"万民法"。①

对奴隶也须承担义务,因为他们也属于万民法的管辖范围之内(《论义务》,Ⅰ,ⅩⅢ,41)。

当古罗马人使善意拥有法的力量的时候,他们曾欲将民法固定在万民法的框架之内。

> [479]因为说出这些话要付怎样的代价啊:*Vti ne propter te fidemve tuam captus fraudatusve sim*!("因你和你说的话,所以我既不可进行愚弄亦不可进行欺骗。")这些话是金玉良言:*Vti inter bonos bene agier oportet et sine fraudatione*!("须如善人那样做善事,不得欺骗。")但什么样的人才是善人,怎么样才能行善呢? 这是个大问题。大祭司斯凯沃拉②说过,无论如何,那种 *ex fide bona*("出于善意")而做出的判断拥有极大的威力,他认为对善意的参照可应用至极为广泛的领域中,如监护、协作、委托让与、委任、购买、出售、要求租赁和允许租赁,它们均构成了社会生活的范畴;他认为在这些事务中,法官很重要,尤其是大多数情况下,会出现相反的判断,要具体情况具体对待时更是如此。因此,必不得行诡计……(《论义务》,Ⅲ,ⅩⅦ,70—71)

大法官法之所以得到了发展,是因为法学家遇到了如何处理不同种族的人之间的关系这些难题,他们"凭自己的良知做事",要求实在法须以良知的要求来行事。

---

① 占主导地位的城市会形成一个庞大的国家,"当这样的统治是合法的时候,也就是说当作奸犯科的能力从恶人身上去除的时候,这便是公正的,归顺者的利益也会被顾及到,而且一旦归顺,人们就会处于比以前自己当自己的主人时更好的境遇中"(《论共和国》,Ⅲ,Ⅹ ⅩⅣ)。

② 参阅上文 p. 436。

国家

不过西塞罗支持道,如此建立和发展起来的法律只有在国家的框架之内方才能够得到保障。

定义

> 共和国,乃是民众的事情。但民众并非由随便什么人按照随便什么样的方式聚合起来的群体;它是**由众多依照法律和利益共同体的要求而互相关联的个体构成的群体**(*cœtus multitudinis juris consensu et utilitatis communione sociatus*)。他们聚合起来的首要原因并非是因为觉得自己弱小,而是出于某种人类天生就具备的社会本能(*naturalis quædam hominum quasi congregatio*)(《论共和国》,I,XXV,39)。①

[480]必然的结果是:僭主制与人性(*humanitas*)相悖,因为在僭主与民众之间,并不存在公共法(droit commun),不存在社会(《论共和国》,II,XXVI)。

国家一旦建立于法律之上,强权治国的统治便告终结,这便是定义中的第二部分,《塞斯提乌斯辩护词》(*Pour Sextius*)中有一段便是这么说的。人之初,存在"原初的野蛮状态",那时武力、谋杀和偷盗甚嚣尘上。后来,智慧之人将人们联合了起来。

> 当时,各种制度以共同的善为依归组织了起来,我们称其为"政治制度"(publicas),后来人们之间的联合体便有了国家(*civitates*)这个名称,居住地的聚合体,我们称之为城市(urbis),一旦神圣的法律和人类的法律建立起来,城市便得到了保护。
>
> 然而,在我们成熟的、人性化的存在和这种[国家创建之前]野蛮的生存状态之间,再没有什么能像法律和威权(*jus* 和 *vis*)之间

---

① 这样的定义也将成为圣奥古斯丁《上帝之城》(*Cité de Dieu*)极为重要的论题。

的差异那么泾渭分明了。如果我们不愿取其一,就必得取其二。我们是否再也不愿去求助于威权了呢? 必须使法律理所当然地取得主导地位,也就是说要让法庭成为法律的前提条件(*judicia quibus omne jus continetur*)。如果人们拒绝法庭,或者如果没有法庭①,威权就必然会当道。(《塞斯提乌斯辩护词》,ⅩLⅡ,91—92;西塞罗提到了共和国危机时期的诸多战争,割据的军队根本没把法律规章和法庭放在眼里,将整个社会推入了灾难之中。)

"与法律没有任何关联"且"自由不再受到法律保护"的国家,并不仅仅是邪恶的,而且还算不上是个国家,拥有纪念碑、堡垒和宏伟港口的叙拉古便是这样。这是"一个人的事情",而不是"民众的事情"、共和国的事情(《论共和国》,Ⅲ,ⅩⅩⅪ)。

令人遵守法律,尤其是保护财产,乃是国家存在的根本理由(《论义务》,Ⅱ,Ⅺ,40—Ⅻ,41—42)。国家灭亡之时,"好似整个世界都在消亡、崩塌"(《论共和国》,Ⅲ,ⅩⅩⅢ),但与个体不同的是,只有这样国家才能永久地存在下去。

西塞罗的权利平等(isonomia)观

[481]由于法(loi)可对民众进行束缚,只有当每个人都拥有相同的权利、有针对所有人的同等的法律(*jus æquale*),法才会存在。因此,只有当公民的条件对(就)所有人而言都是相同的,才会有稳定的公民社会(*civilis societas,societas civium*)(《论共和国》,Ⅰ,ⅩⅩⅫ,49)。"人们永远都在寻求法律平等,而现实中,根本就没有这样的法律。"(《论义务》,Ⅱ,Ⅻ,42;因而,法律面前人人平等便成了法律本质的一部分。)"如果自由不是对所有人而言都是同等的,那么自由就不存在。"(《论共和国》,Ⅰ,ⅩⅩⅪ,47)我们又与梭伦和克里斯梯尼的权利平等说重逢了。

西塞罗明确指出,根本就不必设立特别针对某个人的法律。"人们不会提议

---

① 西塞罗很清楚,核心机构就是法庭。没有法律便没有和平,没有正义的管理机构便没有法律,因此,没有伸张正义的国家,也便没有法律(但并不是说是国家创建了法律)。

设立具有个人特权的法律(*privilegia ne inroganto*)"(《论法律》,Ⅲ,Ⅳ,11);"法的本质特点就是让所有人都尽相同的义务"(《论法律》,Ⅲ,ⅪⅩ,43)。

而且这不是民主政体的专利。即便在混合政体中,某种程度上的法律平等(*quædam æqualitas*)对自由人而言也是必不可少的,必须加以维护(《论共和国》,Ⅰ,ⅩLⅤ,69)。①

对如此设想的法,所有人都该去遵守,即便是那些设立法的人也不例外(《论共和国》,Ⅰ,ⅩⅩⅩⅣ,52)。行政当局应该使人守法,服从法。"法律高于高级官员,而高级官员则高于民众,人们确实这么说,高级官员是说话的法,而法则是沉默的高级官员。"(《论法律》,Ⅲ,Ⅰ,2)相反,在军队中,"首长的意志体现了法的力量"(Ⅲ,6),但西塞罗将此作为确立规则时的一个例外。

独断专行在国家中应该没有可能性。这恰是上诉的意义所在。西塞罗援引了《十二铜表法》:"既没有不能上诉的裁决法庭,也没有不得上诉的刑罚。"(《论共和国》,Ⅱ,ⅩⅩⅪ)人们对沾染了主观性的一切事物均持怀疑态度:"对有良知的法官而言,证据比证词更有分量。"(*apud bonum judicem*,*argumenta plus quam testes valent*)(《论共和国》,Ⅰ,ⅩⅩⅩⅧ,59)

[482]此处得到最为清晰、最为彻底的论述的,是亚里士多德的自由服从法的主张。平等的法,只要针对的是公众且不容置疑,当可建立个体自由。法拥有保护自由的职能,邪恶的国家恰好是那种"自由不再受法保护的国家"(《论共和国》,Ⅲ,ⅩⅩⅫ)。

对"国家理性"的拒斥

表明西塞罗倾心"法治国家"的一个证据是,他对"国家理性"所作的义正辞严的谴责。②

这个争论出现于《论义务》琐细的论证当中。我们已然知道,对个

---

① 西塞罗似乎对政治权利与公民权利做了区分:在贵族制或混合政体中,政治权利并不平等,但公民权利却是平等的。

② 我们知道,他的难言之隐是,在对比如喀提林的阴谋进行镇压时,他本来不该在实际操作中采取超越公共法的措施。但这属于不同的逻辑,是国家处于紧急状态时所采取的逻辑。马基雅维利(Machiavel)或黎塞留(Richelieu)之流主张的是,假国家理由的名义而使用非法的手段对政府而言永远具有必要性。

体而言,他根本不会去选择实用(utile),而是会去选择美。然而什么是国家觉得实用的呢？西塞罗说,没有比国家理性更实用的了,因为它很残忍(比如,雅典人切去埃吉纳人的手指①,或是罗马人将科林斯夷为平地②)。然而,"残忍是人性最大的敌人,而我们应该跟随的是人性"。从这个意义上说,国家理性违反人性,并最终会反对国家自身(《论义务》,Ⅲ,Ⅺ,47)。

国家只要使道德凌驾于表面的公共实利(utilité)之上,便反而不会遭受衰败之苦,而且照西塞罗看来,无论是罗马还是希腊的历史,都充分表明了这一点。

西塞罗提到了希腊历史上一个很能说明问题的例子。铁米司托克列斯向雅典人宣布,有一种削弱斯巴达人的有效方法,但这种方法不能在大庭广众之下说。人们便推举出阿里斯蒂德来担此重任。这是个用计去烧毁拉凯戴孟人舰队的方法。阿里斯蒂德返回至人民大会,说这个方法很有效,但也很不道德。雅典人由于不知道这是什么样的方法,[483]认为只要不道德,肯定无用,于是仅仅由于认为它不道德而对此加以了否决(《论义务》,Ⅲ,Ⅺ,49)。

有些人声称,尽管大体来说,不应牺牲美而求实用,但只要涉及政治,就应该会有例外。西塞罗引用了欧里庇得斯的诗(《腓尼基妇女》[Phéniciennes],524—525 行):"的确,如若必须窃取权利的话,那为了统治就必须去偷窃;除此之外,就得服从义务。"西塞罗否定了这个例外。证据就是凯撒的命运(《论义务》,Ⅲ,ⅩⅪ,82)。理性永远都是同一的,不应将手段与目的本末倒置:"如果因荣耀而设法建立帝国,那么与荣耀水火不容的罪行就会被排除在外。"(ⅩⅫ,87)

政治体制

国家的职责就是保护法律。不过,国家可以采取好几种政府形式,如君主制、贵族制和民主制来履行这种职责。那么何从选择呢？西塞罗在赞同波里比乌斯所持混合政体的主张之前,对每一种"完美"政体的支持论点均做了审视。他清楚地发现,三种情况均有充足的理由,这就是为何他断言必须集它们的优点于一身的缘故。

---

① 发生于伯罗奔尼撒战争期间。修昔底德对此做过描述。

② 公元前 146 年,西塞罗在造访科林斯的遗址时,感受了这次事件,心情颇为沉重。

君主制——西庇阿说,是国王宙斯在统治诸神的社会;我们可以此作为榜样来建立人类社会。哲学家认为,是独一无二的智慧在统治世界(《论共和国》,Ⅰ,XXXVI,56),因而独一无二的智慧统治国家更是自不待言。权力的统一至为必然:"如果权力未得统一,那么它便不可能存在。"证据是,甚至在驱逐了暴君之后,罗马人还是会在战时再次将权力交由唯一一位独裁执政官或"统治者"(XXXVIII,60)。事实上,"拯救依赖于[民众的]意愿,而不是他们的反复无常"(*valet enim salus plus quam libido*)(XL,63)。

> 君主制是否是一种古老而又野蛮的形式呢?非也,因为罗马也有国王。然而,它却既非野蛮,又非古老(西塞罗认为,当罗马诞生的时候,希腊却早已垂垂老矣)(XXXVII,58)。

[484]但西塞罗也提出了不利于君主制的论点。国王这个名称只有在使朱庇特满意的时候,才会顺天承应。只要是国王当权,民众便都是奴隶(无论国王是好还是坏,都丝毫不会改变这个问题)(XXXIII,50)。王权与自由相悖(XL,62)。

贵族制——管理国家超越了单个人天生具备的能力;但对于群众的理解力来说,它也同样太复杂。因此,贵族制(贵族[*optimates*]的权力机构)便是"在个人的不足和群众的盲目之间所作的折衷"(《论共和国》,Ⅰ,XXXIV,52)。

民主制——这里又一次出现了正、反两方的论证。赞成民主制的人,认为它确保了所有人的自由,而在君主制,甚至是贵族制中,民众只有口头上的自由。无论在雅典还是在罗得岛,不管是谁都能当高级官员(《论共和国》,Ⅰ,XXXI,47)。最常见的是,生活在贵族制或君主制下的民众都想进入民主制,而根本不会相反。民众完全不想被奴役(XXXII,48)。

> 既然法乃是公民共同体的纽带,既然由法建立起来的法律针对所有人都是平等的,而如果公民的境遇并不平等,那么公民之间

的协作要借助于什么样的法律才能得到维护呢？如果人们拒绝财富均等，如果才能的平等化根本不可能，那么毫无疑问，至少一个国家中的所有公民所享有的权利①就应该是平等的（XXXII，49）。

但是，从另一方面看，民主制就是无政府状态，就是癫狂。群众比暴风雨或火灾还要狂乱（《论共和国》，I，XLII，65）。西塞罗最为担心的恰是群众固有的放纵、暴力和非理性。

周而复始的动乱——事实上，尽管其中任何一种制度都很完美，但没有一种维持得下去。完美的政体很不稳定，随时随地都会滑向僭主制、寡头制或是大众的狂乱（《论共和国》，I，XXVII，43）。事情还不止于此：还有［485］"周而复始的变化更替"（从一种形式的政体至另一种政体）（XXVIII，44—XXIX，45）。

在论及变化来临，政府动荡不定的时候，西塞罗大体上重复了柏拉图和波里比乌斯的论证。自由就是这样顺理成章地导致僭主制的。权力一刻不停地易手，如同球戏中的球（《论共和国》，I，XLII，65—XLIV，68）。随着至上者塔昆（Tarquin le Superbe）当权僭主制，便开始了"周而复始的动乱，我［是西庇阿在说话］希望，你们从中学会从头了解自然运动及各个阶段"。塔昆遭布鲁图斯刺杀，等等（《论共和国》，II，XXV）。西塞罗详细地列举了罗马的纷争（stasis）：债务纠纷、平民分裂、设立护民官……

他的结论是：

> 因此，国王引诱我们的手段就是情感，贵族用的手段是参政感，民众的手段是自由（caritate nos capiunt reges，consilio optimates，libertate populi）；致使在对它们做了比较之后，很难说人们到底喜欢哪种制度（《论共和国》，I，XXXV，55）。

混合政体——这就是为何西庇阿宣称他最终还是选择混合政体的原因（XXXV，54）。

---

① 我们发现，西塞罗对权利平等这个问题同条件平等这个问题，或者说对"形式上的"平等同"实际上的"平等之间做了断然区别。

如果在城市中,权利、职能与职责并不存在平衡,以至于高级官员拥有足够多的权力,高官的议事会拥有足够多的权威,民众拥有足够多的自由,那么政体便无法保持稳定(《论共和国》,Ⅱ,XXXⅡ)。

无论如何,不管是哪种政体,统治者进行统治的时候都应该顾及他们对之承担义务的人,而非他们自身的利益,"和监管人的利益"。这样一来,就使希腊[秘密团体]和罗马许多贵族制或民主制的派别显得荒唐可笑起来(《论义务》,Ⅰ,85—86)。

罗马的体制

罗马恰好是混合政体,同拉凯戴孟人和迦太基人一样(《论共和国》,Ⅱ,XXIII)。这可以追溯到选举税制度,以及百人团的创立,这一切都归功于塞维乌斯·图里乌斯:所有人都有权选举,否则就会很丢脸,但最贫穷的人和人数最多的人均不得将自己的意志强加于他人,这样会很危险。

[486]西塞罗讨论了护民官的优缺点。他对护民官的存在本身持赞成态度,这与他赞同混合政体的态度相符合。不过,他提供了一些极具"政治性的"理由以支持这种体制。护民官给平民造成的印象是,它是平等的,这本身就会有助于创造和平。另一方面,由于有了护民官,平民才有了首领,才能理性行事;群众再也不会狂暴不堪,让人难识其庐山真面目。然而,最好还是要有调停者。① 必须懂得"不要只看哪个派别最好,而是要考虑它是否具有必需性[……]。明智的公民在做事的时候,是不会把民众的事业交给鼓动家去支配的"(《论法律》,Ⅲ,XI,26)。这便使我们来到了体制问题之外,实际上是将我们引向了争夺权力的派别政治这个问题上来。

贵族与平民

在共和国的最后一个世纪中,有两个派别在罗马的政治生活中纷争不断,这样的图式是现代民主制的多数选举制的预演(即便相似性并

① 这样的论证以后经常出现,直至现代民主制中,右翼统治者对工会持赞成态度便是一例。

不是很明显):"右翼"即贵族(optimates),"左翼"即平民(populares)。两派常常会定期,亦即在选举上产生对立,而且常常还会很暴力,一方挑起血腥的民众暴动,另一方的回应就是让一帮暴徒实行政治谋杀。

西塞罗在这个问题上表明了自己的立场。他有个了不起的观点,即平民同贵族不仅仅是两个互相对立的群体,而且在他们中间还存在着社会学的本质以及道德品质上的差别。

> "正派人"这一派都是些本质上既不会干坏事,也不会不诚实的人,在国内出现困境的时候,他们既不会狂暴不堪,也不会窘迫不安。[他们会重新辩护]宗教制度、鸟占、高级官员的权力、元老院的权威、法律、祖先的习俗、刑事与民事司法权(judicia, juris dictio)、善意、行省、盟军、帝国的威望、军队、国库。[相反,有许许多多的公民][487]因害怕受到惩罚,意识到他们自己的错误而导致发生暴乱,改变政策,或者有某种天生的精神错乱导致对公民不睦和颠覆活动感到心满意足,或者他们的私人事务遇到的困境致使他们宁愿发生大乱子,让所有人,而不是他们自己遭殃(《塞斯提乌斯辩护词》,XLV,97—XLVI,99)。[①]

因此,贵族都是保守者,而平民都是革命者。西塞罗所说的并非该词现代意义上的革命者(我们已经发现,对他而言,传统能够而且应该受到批评,只要人们观察到它远离了自然法即可),从他精深的哲学来看,他定然是一个反革命者,从这个意义上说,他当然会在革命中担心自然秩序遭到颠覆,因为这对于人类的正义以及幸福而言都是致命伤。平民希望的是土地改革和免除债务,

> 破坏国家的基础;首先是和谐,当人们夺去一些人的钱财,而给另一些人作礼物时,和谐便不复存在,其次是公平,如果不允许每个人拥有属于自己的东西,那么就等于是完全废除了公平(《论

---

① 与色诺芬的观点相近,参阅上文 p. 239—240。

义务》，Ⅱ，ⅩⅫ，78）。

同样，"没有什么能像善意那样能有这么大的力量来维护国家，如果偿付债务不具有必要性的话，那么善意也不可能存在"（《论义务》，Ⅱ，ⅩⅪⅤ，84）。①

尽管如此，西塞罗对于是否能维护公平却很悲观；他同柏拉图一样，倾向于相信革命乃是天数。事实上，在混乱一方和秩序一方之间存在着不对称性。

> 共和国遭到了众多势力和手段的攻击，防御起来捉襟见肘，那是因为稍有风吹草动，那些胆大妄为、腐败堕落之人（audaces homines et perditi）便会伺机而动，他们只要一受到刺激，便会起来反对国家。而正派人反倒是麻木不仁，我不知道这是为什么；动乱刚发生的时候他们充耳不闻，只是到最后一刻才会醒觉过来，[488]听凭环境的左右，以至于有时因为观望时机和冷漠懈怠，而只想着让自己保持宁静，甚至于愿意放弃荣誉，他们由于自己的过错，而一个个声名狼藉（《塞斯提乌斯辩护词》，ⅩLⅦ，100）。

西塞罗深刻理解舆论（opinion）和谣传（rumeur）的机制。平民只想着怎么去利用这些机制；他们基本上都是鼓动家，也就是说他们不仅仅是些败德之人，而且也是些有头脑的图谋不轨者、智术师（西塞罗在此承袭了4世纪希腊知识分子的批评意见）。

民众经常被谣传牵着鼻子走；但时机或环境不同的时候，他们也会不受影响。在这种情况下，他认为那些思维健全的人才会有理性。西塞罗说，其实有两种民众。必须在会众，即真正的民众（verus populus）（L，108）与罗马民众（ipse populus Romanus）（LⅧ，140）之间做出

---

① 西塞罗让所有人都明白了这一点，当时他担任执政官，好不容易镇压了喀提林的阴谋，后者设想的计划恰好是要废除债务。西塞罗的有力回击确保了随后几年的和平与繁荣："一旦对想要去诈骗钱财的希望进行了压制，结果便会显现偿付债务的必要性。"（《论义务》，Ⅱ，ⅩⅪⅤ，84）

明确的区分。

> 你们会发现,在"罗马民众"和"民众大会"(*contionem*)之间存在巨大的差别:这些民众大会上的僭主都会受到民众一方各式各样憎恨的羞辱;相反,那些没有权利参与这些暴民大会的人,却受到罗马民众的百般拥护(《塞斯提乌斯辩护词》,LIX,127)。

贵族常常受到民众和人民的爱戴,而想要取信于民的人则不然,反而会常常遭到民众的憎恨。这两种情况中涉及的并不是同样的民众。

结论:公民宗教、义人死后的报偿、"西庇阿之梦"

在理想国家中,有一种所有人都须信奉的公民宗教(《论法律》,Ⅱ,Ⅷ,19—Ⅸ,22)。其中的深层次原因恰是自然法,自然法并非人类意志的成果,它应该固着于超验性之中,还有一个原因是,国家应该明确承认这种想要超越国家的急迫需求。西塞罗发现了柏拉图写作《法律篇》的动机。

[489]西塞罗提议设立的宗教法主张推行某种兼容并蓄的宗教。因为"我们不是为罗马民众,而是为所有品行不同、性格各异的民众立法"(《论法律》,Ⅱ,Ⅹ,ⅪⅤ,35)。因此,宗教应该具有普世性。由此,特地从吸纳希腊本土"风俗粗野的"秘密宗教"将我们转向至其他更为温和、更为人性化的宗教。通过它们的倡导,加之制度得以确立,我们便学会了如何了解真正的生活,这样一种生活不仅仅是让人欢乐,还要使人死的时候怀抱着美好的希望"(《论法律》,Ⅱ,Ⅹ,ⅪⅤ,36)。相反,西塞罗对讲究狂喜和酒神状态的东方宗教只有藐视之情。公元前187年,执政官将3000名(共有7000名)酒神信徒处死了事,西塞罗似乎对此持支持态度。

总之,宗教应该受到国家的严密控制。任何一种信仰只有得到罗马国的批准之后方可被接纳,而罗马是不会批准设立新的诸神的。另一方面,西塞罗与大众宗教也保持着足够远的距离,他只是将其视为进行统治的一种工具而已。比如说,占卜官允许取消法律裁决(胞族大会、对法令进行投票表决、任命执政官),这样做能为政治家提供很大的方便(《论法律》,Ⅱ,Ⅻ,31—ⅩⅢ,32)。因此,尽管占卜官的这些观点未见得荒诞不经,但如果人们承认神谕(Dieu Providence)的话(《论法律》，Ⅱ，XXII，32)，那么他们就等于是在为政府保留进行自由处置的权力，以从严刑峻法的死胡同里脱身而出(Ⅱ，XXII，33；Ⅲ，XII，27；Ⅲ，XIX，43)。

但是，西塞罗本身具有真切的宗教情感，即便他摆出了博学多识的架势也罢。这一点极为清楚地体现在名为"西庇阿之梦"的著名段落中，西塞罗的《论共和国》便是以此作结，如同柏拉图以厄尔(Er)的神话故事作结一般(这样的对照正是西塞罗所要的效果)。

西庇阿·埃米利安做了个梦。他看见自己被送上了天，在那里遇见了自己的先人，即第一个来自非洲的西庇阿。他从后者那里学习了什么叫作正义，至少是完美的正义，这种正义超越了人类共同体的其他利益，并允诺死后会有令人艳羡的命运，这便使人在尘世上能够忍受的罪愆显得无足轻重。其实，按照斯多阿派哲学的说法，灵魂从星辰的永恒火焰中散发出来；肉体对灵魂而言乃是牢笼；自然而然，灵魂[490]会被释放出来，同银河相会，而两个西庇阿也正是在那里相遇的。

各类球形天体的壮伟景象在他们眼前展现开来。从银河看去，罗马帝国只不过是地球上的一个点而已，而地球也只不过是最小的星体。他们会对人类事务的相对性进行沉思：在浩渺无际的时间和空间中，没有什么会对人类有所关心，尤其是宇宙周期性的大火会消弭一切人世云烟(《论共和国》，Ⅵ)。

死后何去何从仍应得到重视，因此要行正义之事。因而，西塞罗深深地相信，最终共和国里只有每个人所行的正义之事才至为重要。他在《塞斯提乌斯辩护词》(LVII，143)中表达了这一信念：

> 要效法我们的伟人，如布鲁图斯、卡米卢斯(Camille)、阿哈拉(Ahala)、德西乌斯(Décius)、库里乌斯(Curius)、法布里乌斯(Fabricius)、西庇阿、伦图鲁斯(Lentulus)、埃米留斯(Æmilius)和其他人，他们巩固了共和国，就我而言，我将他们列入了不朽的神祇之列。要爱国家；要尊崇元老院；要关心那些诚实者；要忽视眼前的利益，为将来的荣耀而工作；最为正直的国家对我们而言就是最好的国家；要希望我们的心愿能够达成，而且要顺遂天命。最终

我们要思考，如果伟人和勇敢的人死去，他们精神的运动和美德的光芒（*animi motus et virtutis gloriam*）便得永恒；而如果我们在赫拉克勒斯那令人尊敬的人格中发现这一神圣的观点，认为他的身体消亡，但其生命和价值获得不朽，那么同样肯定的是，所有那些或通过出谋划策，或通过努力工作，切切实实地发展、保护或拯救了我们伟大共和国的人亦会永远获得不朽的荣耀。

附录：政治生活和思辨生活

西塞罗三番五次回到闲暇和工作这个问题上，显然，他一生都在为之殚精竭虑。我们理解这究竟是怎么一回事。罗马社会生活的传统范式，亦即工作的范式，其实就是指其社会阶层所能提供给他的仕途，而希腊用于思辨和钻研的"休闲"范式（或称 scholè）乃由他的老师向他提出，[491]他在雅典和罗得岛各所学校恭听受教的时候也曾亲历其魅力，于是其个人生活在这两种范式之间左右为难。自从城邦分崩离析，庞大的希腊化王国及随后的罗马帝国粉墨登场起，哲学家便在注重隐退，仅专注于思辨，远离广场、讲坛和朝廷的私人生活之范式，与强调"介入"政治的柏拉图范式之间你争我夺。西塞罗本人只是在其暮年才写出了学术价值高的作品，而彼时，他已不情不愿地被排除在了政治事务之外。

最终，在这一问题上，他采取了思维严谨且颇具哲理性的方式。

1) 他提出了闲暇/工作的两难问题，并断然地解决了这个难题。

a) 为了赞成工作，就必须认为整全者（homme complet）优于非整全者（homme partiel）；如果人们不行正义、没有能力、不节制，就不会谨言慎行。正义优于其他所有美德，而正是人类共同体的效用成就了人之人性（参阅上文 p. 463—464 与 p. 200—201）。因此，专注理论的生活只能成为自由人生命中的某个时刻而已。西塞罗对大肆宣扬戒绝公共生活的伊壁鸠鲁信徒做了责备（《论共和国》，I，II，2）。①无须一丝不苟地严守政治之道，但也不能像个门外汉：毕竟这是一份职业（《论

---

① 参阅上文 p. 318—321。

共和国》, Ⅰ, Ⅵ, 10)。

b) 相反, 如果人们蒙昧无知, 也就不会懂得如何正确地服务于城邦。政治家(法学家)应该受过教育, 善于批评。"只有那些尊崇纪律, 认为纪律乃人类优点, 且美化自己精神的人才能做到。"(《论共和国》, Ⅰ, Ⅻ, 28)元老本人必须能力高, 睿智博识(《论法律》, Ⅲ, ⅩⅧ, 41)。政治家必须了解自然法、实在法, 但无须成为这些法律规章的专门家(《论共和国》, Ⅴ, Ⅲ)。

c) 因此, 该两难问题的最终解决方法就在于, 自由人不会牺牲工作而专注于闲暇, 反之亦然, 他们会将闲暇的元素或时段插入专注于行动的生活之中——西庇阿在元老院的两次会议中间召集"圈内人士", 西塞罗本人在两次担任行政官间隙退隐田园进行研究均是此种范例。[492]积极生活包含了认知的生活。"行动、亲历重大事件与研究和认知相结合, 会有什么比这更美呢。[……]谁若愿在奉行祖先习俗的同时兼及[对外国文本、苏格拉底的传统]进行反思性的研究, 那么我就会把他视为完人。"(《论共和国》, Ⅲ, Ⅲ)加图用一句绝妙的箴言对之做了表述, 他说:"该休息的时候从来不会少休息, 该独处的时候从来不会打破独处。"(《论义务》, Ⅲ, Ⅰ; 因为他在同往昔的伟大精神交往。)

2) 虽然他尽其一生, 侧重的还是政治, 但作为行动者, 他也未中断人们所说的"精神生活", 我们已经知道, 此种生活对人的尊严、对人的高尚的道德而言仍必不可少。因为西塞罗提出了一个极其大胆却又很深刻的论点: 政治家的言辞和行为, 他让人所接受的法律, 他所创建的体制就其本身而言均为灵性的萌芽, 纯思辨的作品亦是如此。

如果某些人"通过演讲和艺术为自然的萌芽供应养分"是真的, 那么其他人也会"通过法律和规章"为其提供养料。(《论共和国》, Ⅲ, Ⅳ; 罗马的第二类人才尤其充沛, 这些将圣贤的教诲付诸实践的行动者经由这些教诲在间接地传授智慧。)那些创建法律和规章者同演讲者一样均构建了文明, 似乎法律与规章乃"特殊的"(*sui generis*)论说, 似乎它们与词语具有同等价值, 同样有着丰富的逻各斯和人类理性。政治家、法学家同样离不开能言善辩, 既然是由他们加诸人民身上的"规章"和"规范"铸造风俗, 那么他们也就是在为"共和国", 也就是说为文明出谋划策的领域内工作(《论共和国》,Ⅴ,Ⅳ)。埃尼乌斯(Ennius)写道:"罗马国靠古代风俗和人维持。"我们认为,这是因为在政治—法学上的规章及人之间存在某种"循环因果"。规章锻造了人,而人则使规章存活。如果规章的出台本身就充满了睿智的话,那么它们就能锻造贤良之人,同样这些人也会[493]维持或修复风俗及规章,就如人们懂得修复古代画作的色彩一样(《论共和国》,Ⅴ,Ⅰ)。政治生活的目的就是维持社会,让公民过上幸福、美好的生活(《论共和国》,Ⅳ,Ⅲ;Ⅴ,Ⅴ;Ⅴ,Ⅵ)。领导者均肩负创建范式的职能:他们的美德在整座城邦得到传播,同样其恶行也会遗祸不浅(《论法律》,Ⅲ,ⅩⅫ,30—ⅩⅣ,32)。同柏拉图一样(但不像他这么坚持己见),西塞罗很清楚好的政治体制如果缺乏恰当的教化(éducation),就无法持久地发挥作用(《论法律》,Ⅲ,ⅩⅫ,30)。

因此,尽管西塞罗对纯粹闲暇的限度做了断言,但这既非温和思辨,亦非因袭古代罗马人传统的结果。那是他解决文化问题的总括性方法。文化不能同观念相混淆。符号世界不会受言辞世界束缚。社会中的任何东西均可成为符号,获得意义。精神体现于文明之中,一如它在论说中得到阐明一般,而行政官和法官只能以其正确的行动参与到精神的工作之中。

第三节 卢 克 莱 修

确切地说,以《物性论》(De natura rerum)而知名的诗人兼哲学家卢克莱修并非如西塞罗那样乃政治理论的肇始者,他也不似萨卢斯特(Salluste)①和凯撒那样会对政治事件多所评论。他以唯物论和反宗教的哲学清晰地呈现出罗马社会及政治思想重要的一面。其作品证明了在共和国末期,帝国尚未朝神圣君主制转向时的罗马,存在真正理性的精神,希腊科学的成果也得到完全吸收。这些精神促使人们对社会、文化及政体的起源进行了反思,其思考之缜密,亦为现代社会所鲜见。

---

① 萨卢斯特(公元前 86 年—公元前 35/34 年),罗马历史学家和文学家。——译注

生平与著作

[494]提图斯·卢克莱修·卡卢斯(Titus Lucretius Carus)公元前94 或 98 年出生于罗马,卒于公元前 55 年。我们对他的生平知之甚少。他来自前任执政官的家族,本可世袭投身于荣誉生涯之中。但或许是因为当时共和国全境发生危机之故使然,他宁愿弃绝公共活动。他恪守伊壁鸠鲁的信条,①后者在罗马也有信徒(如西塞罗的朋友阿提库斯),其信条对他而言不仅仅是一种启迪,而是种启示(卢克莱修好几次热情洋溢地赞颂了伊壁鸠鲁,将其视为神明,因为正是他第一个试图通过理性法则对各种现象做出解释,并将人性从恐怖的迷信中解救出来)。在哲学长诗②《物性论》中,卢克莱修概括了某些观点,且无疑是借助于他人的观点进行了阐发,从而重述了他老师③的那些观念。其作品没有发表,只以手稿形式存在,也并未准备进行编辑。他死后,该篇文本似乎是在西塞罗的关心之下方得到了修正和编订。④

《物性论》

卢克莱修关于社会和政治体制的观点主要体现在第五卷中。在论及该卷之前,我们先对《物性论》全本概述一番。

[第一卷]该篇作品献给某个叫作孟米乌斯的罗马贵族,先以阐述伊壁鸠鲁哲学的基本观点开始。存在无法脱离虚无,也无法进入虚无。所有肉体均由原始的微粒(*corpuscule primitif*),即原子构成,原子极小,[495]肉眼无法见到,但其存在却可通过理性推演而出。它也存在于虚空之中。因此,所有这一切均是原子和虚空的混合体,除此之外便无现实可言。此外,宇宙没有中心,而这也正是[第二卷]

---

① 参阅上文,本书第一部分的相关章节中分别撰述了原子物理学奠基者德谟克利特(p. 113—114)及其后继者,以及以快乐为基础的道德体系的创建人伊壁鸠鲁(p. 316—322)。

② 这是种文学体裁。早于卢克莱修之前一百年的埃尼乌斯便在其《埃皮卡尔慕斯》(*Épicharme*)中用诗句阐述了毕达哥拉斯的体系,卢克莱修也是这样阐释了伊壁鸠鲁的观念。

③ 从某些方面看,卢克莱修与伊壁鸠鲁的观点极其相似;但后者保存下来的文本极少,且多有脱漏,但卢克莱修这《物性论》却得到了很好的保存,如此看来,人们将只能在他作品中读到的观点归诸后者就再正常不过了。

④ 卢克莱修《物性论》,由 Alfred Ernout 翻译及校订,Les Belles Lettres,Budé 丛书,1942,两卷本;卢克莱修《物性论》,由 H. Clouard 翻译、引言及笺注,Garnier-Flammarion,1964。

原子总是处于运动状态的原因(它们停留于此处而非彼处,毫无理性可言)。但它们的运动却并未有平行之处。由此便可得出这样一个事实,即它们相遇并彼此形成聚合体,且永远具有崭新的形态:这便是事物多样性的本源。原子不仅产生了我们的世界,还产生了无限多的其他事物,这些庞大的"动物"与我们一样也会生老病死。[第三卷]人类灵魂本身也是由物质性的原子构成;它弥散于整个肉体之中。但构成肉体的原子乃自然中最精巧之物。肉体与灵魂缺一便无法生存。因而,死亡便没什么可怕:它将人带至出生之前的状态,而构成它的原子则将继续在其他的构成物中存在下去。[第四卷]卢克莱修试图按照原子学家的这些相同的原则来阐释感觉及观念的起源:它们都是些极其精细的粒子,源于外部的物体,进入我们的肉体,并将其所由来的那些事物的"仿造品"移入进来。因此,感觉乃是认知中最为确实可靠的第一源头:比如,当我们有了视觉上的感觉时,发生的错误并非来自感觉本身,事实上是来自我们的精神对感觉做解释时太过仓促所致。卢克莱修也谴责了目的论:我们肉体的器官并非是为了各种各样的用途制作出来,相反,事实是,它们被以各种各样的方式制造出来后,允许我们以这样那样的用途去使用它们。原子论乃是机械论,其论述的是偶然性和必然性。在第五卷中,卢克莱修将描述流星和天文现象。

第五卷:世界及其产物的起源

卢克莱修试图对世界、植物、动物和人类为何出现赋予一种理性的解释。任何事物均有其确切的、可认知的理由。普遍来说,偶然性和必然性在演化进程中占据了主导地位,各种事物在此进程中竞相产生,每一样事物均应其先前物体的要求而产生出来,并随之开创出自己的新道路。即便如语言和宗教也并非是由某个神灵启示的"原初"或"超验"现象,而是人们可以[496]对其进行追溯的、随时间演化而得的结果,也是我们今日称之为"文化"的产物。

> 我这篇论文的顺序将引导我去解释……人类开始时如何使用声音系统,通过给事物取名的方式彼此发生联系;对神明的畏惧又是如何悄悄地潜入心灵,正是此种畏惧心在整个大地上保护着庙宇、圣木、祭坛和神灵的形象(Ⅴ,71—75行)。

首先,认为神明均为不死之身,而且大地是他们的居所,那么大地亦会永恒不朽的想法是不真实的。相信诸神为人类创造了世界，认为存在神，因此认为人类试图理解世界并按照他的意愿行事乃亵渎神灵，这样的想法都是毫无理由的。[①]更为激进的是，诸神创造世界这种说法本身就是虚假的。难道他们就是由此从中引出了存在的形式？此种形式乃是由原子撞击时的不可预见性构成。"自然并非为我们而成就，它也不是诸神的作品：它完全是人们欲望的对象！"自然不会生产与人有益的东西，只有劳动才能达到这一点。自然并非不可穷尽：即便是太阳和星星均有耗尽的一天。即便是石头也会磨损、破碎。

> 世界乃渐进形成，其各元素彼此间互相争斗。地球渐渐在中央累积而成，然后以太散布于四周，于是太阳和月亮形成；接着是地球，如同太阳光线炙烤而成的汗水，海洋由此喷涌而成。自此，万物遵从必然性法则，只有根据此法则才能进行讨论——卢克莱修在此展露出惊人的批判精神，他证明了在迦勒底人与希腊人之间存在争论，证明了有好几种假说均可对日蚀或月蚀做出解释……但既然存在如此多的现象，如生物学、天文学和物理学的现象，而且它们也是极有规律地周而复始，那么它们的存在就是肯定的。

在对世界如何形成做出证明之后，卢克莱修便着手论述了世界各种产物，如动植物的起源问题。首先论述了草本植物和树木，然后是动物和人类。自然是在尝试和错误中发展起来的，可以说[497]尝试起来无所不用其极。但很快，地球犹如年老色衰的女人般，不再产生出新的物种；只有那些找到自身繁衍方法、在自然中存活下来的物种才继续存在下去，还有家养物种，它们将人视为保护者（卢克莱修在此确实预先提出了"优胜劣汰"和"小生态"这样的现代理论）。

> 至于动物，由于既不具备自主独立生活的能力，亦无法在我们

---

① 此处针对的是斯多阿派的论点。

的保护下通过良好的服务而挣得食物和保障，所以它们就会成为其他动物的猎物和俘获物，一直遭到其悲惨命运的束缚，直到有朝一日，它们这类物种完全被自然摧毁（871—877 行）。

诗中，卢克莱修谴责了那种对动物、半人马、女妖或狮头龙尾羊身的吐火怪物的信仰，认其为充满神秘气息的幼稚幻觉。

人类的演化

于是他对严格意义上的人类历史进行了阐发（自 925 行起）。

人类最先的族类即是"最为吃苦耐劳的种族"，它要比现在的人类体格上更为强健，终日进行狩猎和采集植物，不懂手工艺，没有固定的居所。这些人的生活毫不稳定，但总而言之，也不见得比今日的人类更甚，因为他们不会因战争或航行而大规模死亡（约 1000 行）。然后，人类有了住所，知道怎么取火，也建立了一夫一妻制和家庭。对弱者的友谊和同情也得以产生。

> 虽然我们之间无法取得一致意见，但绝大多数人和优秀的人仍会遵守协约；否则，人类自此以后就会全部消亡，而无法一代代传承至我们（1024—1027 行）。

因此，按照与导致语言出现的同样的功利主义演化逻辑，卢克莱修否定人类是人为且瞬间创造而成的。

> ［498］认为有一个人将事物的名称传递出去，其他所有人都从他这里学习到最初的语言，这简直是疯话；因为如果他能用术语为所有事物命名，并传播语言不同的声调，那同一个时代的其他人为何不这么做呢（1043—1045 行）？

况且，即便是动物在表达各类事物的时候也会发出不同的声音，因此它们也有自己的语言。人类根本不需要诸神或天才来取代这样的集体创造活动。可最初的观念呢？难道毋须超验的启示吗？不需要，因为在这些演化进程中,如此这般的起源根本不成其为问题:总是有一个偶然的现象赋予某件事物以最初的观念,如风的摩擦声、两根树枝的窸窣声能予人取火的最初观念。因此,通过演化,多会继续不断地从少中而来。唯物主义清除了理念论或唯灵论的所有假设。

第五卷结尾处希望能创造出各种技艺、冶金法、武器、农业、航海,同样还有美术、音乐、诗歌,它们每次均会按照相同的演化进程,先是屡试屡挫,但先前的偶然事件还是提出了某种最初的范式:森林火灾形成了最初的矿石,向人类显露出最初的金属物质;"微风掠过芦苇茎时发出的啸鸣声使人懂得了如何吹奏芦苇管。"(1382—1383 行)如果这些技巧发展起来,那么口味和模式都会得到改变:他们会寻觅比简单的果实更精美的食物,比简单的羽毛更柔软的床铺,比兽毛更少粗陋的衣服。

> 航行、耕种、建筑、法律、武器、道路、服装和所有此类的其他发明,还有那些昂贵生活或精致娱乐所需要的诗歌、绘画、完美的雕塑,所有这一切均为需求、努力及经验的成果;精神以缓慢的进展速度逐渐地将这些东西教给了人类。正因如此,随时间的流逝,才稳步地产生了各种不同的发现,随后,人类的技艺才大放光彩。其实,人类认清了这些由崭新的天才在岁月中创造而出的光彩夺目的技艺后,有朝一日便会达到他们自己最高的完美(1448—1457行)。

[499]抽象的认知也渐行完善;现在他们知道,尤其是多亏了对行星的观察,"如此永恒不变的秩序,按这永恒不变的法则,统治着自然"(1439 行)。尽管如此,卢克莱修也颇为清醒,他很清楚只有在存留下证据的情况下,才有可能了解古代历史;发明文字乃是文化发展中迟来的产物,结果存在漫长的史前时期,大部分都为我们所忽略,但在这段时期中,类似我们的人类试图运用极其原始的方法,但同时也遵守同后代同样功利主义的逻辑存活下来。对卢克莱修而言,这毫无疑问可算是一个废止起源神秘说的理由。

对卢克莱修来说,人类的发展完全含混不清。历史并非按照我们后面讲解圣经文化时所遇见的弥赛亚图示那样由恶向善。技术的发展也与道德无关。因为,如果今日人们不再像野人般的原始人那般因抢夺他人食物而互殴不止,那么相反我们可以说,如今的人类却会因抢夺金银财宝发动原始人根本不懂的战争。这些战争使人类大批死亡、陷入贫穷,文明产生之前根本没这样的事。因此,战争除了其所造成的后果之外,一无是处。

政治体制

更为确切地说,在"文化"的其他产物当中,还涉及政治体制,这恰是卢克莱修的假设。

首先是精神的力量、美和品质,于是精神的丰富性使某些人优于其他人。因此就产生了国王、城市、城堡,而社会结构也与这些体制相联系了起来。但很快,此种等级制也自行走上了毁灭之路,因为某些人的提升引发了他人的嫉妒。

> [500]最好还是生活在服从与和平之中,而不要去管理什么世界,成为什么国王!任凭人们在窄狭的野心之路上徒然地流血流汗去进行争斗。如果他们只见到妒忌,而这妒忌犹如闪电一般,只让大火在高处燃放,对着所有那些超越了共同水准的人燃放,那也活该他们倒霉(1131—1134 行)!

最初的王权毁灭之后,让位给了无政府状态,而无政府状态令人难以忍受,所以人们还将创建行政官职和法律。

> 于是精英人士会教导其他人学习如何设置行政官、创建法律规则,以便引导他们运用法律。因为人类对生活于无政府状态下感觉疲惫不堪,被混乱弄得精疲力竭,因此会更加服从法律和严格的司法机关。每个人怒火冲天的时候都想尽情地报复,但如今公正的法律却不允许这么做,他们都很清楚人类终究会对混乱的体制感到厌倦。自此以后,对惩罚的害怕扰乱了温和甜蜜的存在,并

认为这样有罪;于是暴力、不公相继登场,而不公几乎永远会重新落到其始作俑者身上;若通过自己的行为来破坏公共安宁的合约,就很不容易过上平静的日子。他们徒劳地想躲开神与人的目光,他们不停地活在恐遭揭露的焦虑之中:虽然说得不多,但梦中流露的话语或病中的谵妄是否也会泄露那长久隐藏的错误呢(1143—1160 行)?

卢克莱修重新发现了伊壁鸠鲁。国家和法律的起源基本上属于功利主义的逻辑。法律与国家均是人类在面对"发起全民互战"的国家时产生的反应所导致的结果,一旦对战争进行审视,从某个时刻起,就会觉得它令人难以忍受。因此,它们并非由自然,而是由"文化"造成;它们姗姗来迟,而且有局限性,也可随时加以废除。

宗教也是人类的发明,但却是原始人的专利,因为他们尚未了解事物产生的真正原因。

人群中传布着对诸神的信仰,城市里充斥着祭坛,如今许多重要场合及许多圣坛都充溢着宗教的庄严,这究竟是何种原因造成?凡人为何仍旧满怀阴暗的恐惧心理,[501]重又在大地各处建起庙宇,大量人群也被驱迫着去参加节日盛会(1161—1167 行)?

答案就在这里。人在自然面前惊慌万分。古代,没有任何方式能解释这些现象。于是,他们便去寻求其精神所能了解的原因。他们假定这些现象都是有目的存在物的行动所造成的结果,并将有目的的存在物称为"诸神"。而且他们还假设,无论善恶,诸神的情感与其自身的行为及姿势均有直接的关联。譬如,为了解释闪电,他们会假设是神明在发火。或者说,暴风雨肆虐时,他会认为是神灵想同他吵架;因而,他开始祷告,对自己的错误悔恨万分。卢克莱修说,这样做很愚蠢,因为这些现象只能取决于无人格化的自然法则,人类理性可对此进行深入了解;况且,经验充分地表明了所有这些祷告均毫无效果。

结果,罗马所有这些既算私人又算公共的信仰只不过是些骗人的把戏而已，贤人应将之抛弃。既然历史上所有良善、丰饶的体制都是因屡试屡错而被发现的，那么人们在破除那些传统的方法时，就不该害怕惹恼某些神圣的力量，只有政治批评和改良行动才会拥有广阔的天地。但卢克莱修从未超越这片领域，或许这只能以他的英年早逝来加以解释吧。

他的作品想必没流传多长时间，便进入了希腊—罗马世界宗教融合及神秘主义的新时代，此时崇拜皇帝的信仰开始遍地开花。

第五章　帝国时期的政治观念

引　言

罗马君主制存在的原因

[503]随着奥古斯都的登基，①罗马成了君主制。这便提出了两个问题。为什么共和国的形制自某个时刻起最终变得过时？而且，既然"神圣君主制"这一前公民时代的形式显得极为落后，根本不可能为希腊—罗马世界所接受——至少精英阶层是这么认为的，因为他们完全认同科学及批判的文化——那么君主政体这一体制能通过何种意识形态来证明自己呢？

关于第一个问题，最有可能的假设是，由希腊诸城邦及罗马初期的政体(寡头制、民主制、混合"政体"……)所尝试过的共和国的体制再也无法适应希腊化和罗马时代因攻城略地所形成的庞大的政治集合体。事实上，"城邦"或"共和国"的政治体制[504]均假定存在某种同质的舆论(opinion publique)，舆论会受到特别重视，会在公共集会或"元老院"(或在结合两者的体制中)得到表达。与此同时，其决策也表达了意见的某种状态，并被认为合法，这样一种讲究彼此间"回应"的体制或多或少都会显得和谐。但希腊化和罗马帝国时代的国家乃是种族极其多元化的集合体，并不具有同质性。另一方面，他们处于另一个维度，由于那个

---

① 参阅上文有关历史环境的论述，p. 350 及以后。

时代交流技术的状况所限,舆论无法跟随社会或政治事件的节奏同步形成。因此,在这样一个混杂的大型集合体中,没有任何一个集会可成为代表;所有做出的决策均注定会因帝国其他部分的争议和不理解而彼此发生冲撞(而这正是共和国末期罗马元老院所碰到的问题)。①

如此便解释了君主制这一样式产生的深刻原因:它用统一体的另一种原则来替换其同质性的舆论,君主和国家机构均听命于它。国家是一个具内在统一性的统一体,因为它只有一个统治者,所有人都能见到国家不同部分的"和谐"(synarmoga),所有人均以他马首是瞻,而统治者则确保管理职能上的一致性。

但要达成这样的替换也有代价。新的政府再也不能拥有以前的那种合法性,以前的政体可在广场、元老院或讲坛上进行自由讨论,也就是说这样一种合理性或多或少已被所有公民接受和内化。君主的权力[505]必须遥不可及、难以理解。为了想尽一切办法树立威望,就必须要么以恐怖治国来瓦解反对派,也就是说变得像古代神圣君主制那样(某些条件有利于此种态度:军事上的胜利意味着受到了命运女神的垂青,这是未受过教育的大众阶层古已有之的精神资源),要么在有教养人士的眼中看来,就是建立哲学架构以从中受益,从哲学角度来看,此种体制体现了某种优越的合理性,公民们根本无法领会,但它却是合法公正地建立起来的。罗马君主制就将从这两种确立合理性的形式中得益。

"元首政体"至"君主政体"的君主制观念的演变

君主制的观念乃是从"元首政体"清楚无误地向"君主政体"演变而来。②

---

① 经过必要的修正(*mutatis mutandis*)之后,此种解释终于可使人理解公民—共和国这一理想为何会重返现代。现代乃是由媒体出版物(在16世纪及随后的17世纪得到发展)造成。恰因此,"舆论"才能在大型的国家体系中重新被创造出来(如今,由于电子技术的发展,或许在欧洲这样的大陆体系中也能很快被造就出来)。而且这也解释了本来用于取代君主制的联邦制(*fédéralisme*,各类希腊联盟,尤其是公元前3世纪至公元前2世纪的埃托里亚联盟与阿开亚联盟)的尝试之所以会失败的原因:联邦制无法在各个加盟的城邦中依赖公众的舆论,它只会与每个城邦表达当地舆论的初级大会产生冲突。

② 有关这些术语的定义,可参阅上文 p. 350(元首政体)及 p. 384—385(君主政体)。

元首政体时期,君主因其宗教上的光环而在人群中享有威望,而这威望则通过其武功上的荣耀而得,或是从像尤利乌斯家族那样被认为是神圣的谱系传承而来。此种光环被负责皇帝崇拜(culte imperial)的机构加以悉心维护,作为国家真正的意识形态,权力机关会鼓励像维吉尔那样创作史诗用罗马古老的传说来表达君王家族的优异性(参阅下文)。但从另一方面说,君王也受到了法学家、知识分子和政治阶层有教养人士——他们是共和国传统的维护者,对希腊的理性主义忠心耿耿——的规定,如"共和国总统"那般尊重法律。这些传统的公民价值观随着共和国的渐行渐远而日渐式微,但自苇斯巴芗起,以及在安东尼乌斯诸皇帝至马克·奥勒留统治期间反而得到了再次重申。在此期间,皇帝的统治受到了体制上的束缚,而他大体上也很尊重这一体制。

尽管如此,自元首政体时期某些皇帝(尼禄、多米提安……)的统治时起开始了显著的演变过程,[506]在塞维鲁斯王朝、"军事无政府状态"时期(235—285)及严格意义上所说的"君主政体"(戴克里先)上台时,此种演变就飞速发展起来,无论是在民众的感情中,还是在知识分子的观念中,罗马君主制的神圣特性都同时得到了加强。

君主本人变得神圣起来:近乎宗教性质的仪式在宫廷里得到确立。皇帝再也不愿只当个"英雄",神圣之余还要在传统的多神教的架构内与其他诸神平起平坐;他认为在等级严明的多神教架构内自己乃是至高无上的太阳神在尘世间的代表,这为帝国向一神的基督教的转变铺平了道路。同时,知识分子也建立起了政治神学,这种神学取材于希腊化时期的古老观念,将君主的权力视为独一无二的、神圣不可侵犯的宇宙秩序的一员。无论是个人还是大会的决策均无法改变这种秩序。它存在于事物神圣的性质之中,这样一来,君主的权力便避开了体制上对他的控制。于是,公民理想和先前几个世纪的自由主义观念不得不进行很大程度上的妥协;君主制开始逐步向拜占庭特色靠拢。

我们将相继研究元首政体时期政治观念中宗教和哲学的层面。

1) 罗马专制君主的神圣化或神化即便只是一种几乎自发产生的集体现象,从本质上说,无论是思想还是各种权力均完全无法对其进行控制，官方也无法对其进行倡导，但它还是在帝国的东方首先得到了采纳。不过，自奥古斯都的时代起，它就出现在了维吉尔的笔下，我们可以将维吉尔名副其实的神学表达方式与新毕达哥拉斯派联系起来：君主开创了一个崭新的"黄金世纪"的观念；同样又是由维吉尔精心写就了一篇皇家史诗，他认为从尤利乌斯家族的命运和凯撒的谱系来看，就能认定对罗马的永久统治乃是命中注定之事。

[507] 2) 但"元首政体"的合法性同时也得到了另一种秩序的确认。理论家会将其视为一种专制政体，在这政体之内，尽管君主是国家的最高角色，但国家本身仍然只是一个受到人人平等的法律统治的稳定而又公共的城邦，亦即"法律之国"。雄踞顶端，并使其成为大众直接"支配者"的君王所拥有的强大权力被评论家视作滥用职权，是一种病理现象，更确切地说（对罗马的君主制和/或遭到轻视的东方而言）是一种倒退。这恰是奥古斯都在其《成就》中，盖尤斯或乌尔比安这样的法学家以及略有不同的塞涅卡、塔西佗、小普林尼、希腊演说家埃流斯·阿里斯蒂德所支持的论点。

我们已经发现，自公元前 2 世纪起，罗马就已经同希腊化世界和东方进行了联系。我们通过李维（XXVI, 19）知道，亚细亚的希腊人已提起过希腊的征服者非洲的西庇阿，他来自神圣的种族，一直在卡皮托利山上与其神圣的父亲交流；他们还把他同亚历山大大帝做了比较。罗马其他伟大的将军从苏拉至奥古斯都、从凯撒至安东尼后来都在东方作战，颇为熟悉希腊化时期君主制这种类型，他们经受了它的影响，认为对它的褒扬名副其实，从而梦想将此种体系移植到他们自己的国家内。首先是小亚细亚的希腊人，然后是罗马有影响力的人物都在"罗马"神圣化的进程中扮演了推动者的角色。

自公元前 195 年起，先是士麦拿开始崇拜"罗马女神"（Roma dea），接着是米利都和该地区的其他城邦。（欧卑亚的）卡尔启斯于公元前 190 年为"拯救者"①[508] 提图斯·弗拉米尼努斯（Titus Flamininus，与西庇阿敌对的将军）建了一栋宗教殿堂，就建在赫拉克勒斯及阿波罗居住的地方（普鲁塔克《弗拉米尼努斯生

---

① 　原文 Sauver 有"拯救者"和"救世主"之意，因此时尚未至基督教时代，故在此译为"拯救者"以与下文中涉及的基督教意义浓厚的"救世主"相区别。——译注

平》[*Flamininus*],第16章)。后来,人们通常都会尊崇"罗马和凯撒""罗马和奥古斯都"。亚细亚的希腊人视他们的君王为"英雄"(亦即超人)和"诸神";而且他们也会很自然地视废黜上述那些君王的军团将领为诸神。他们之所以会认为这些人杰出非凡,认为他们确实受到了超自然力量的青睐有一个颇为特别的理由,那就是他们认为这些人使混乱变得有序,为长时间的战争和无序带来了和平。因此,他们向这些人授予了这些称号:"拯救者"(sôter)、"施恩者"(éverègete)、"真正的神明"(épiphane)。

公元前48年,亚细亚行省诸城邦向"第二次当选执政官的、阿雷斯(Arès)与阿弗洛狄忒(玛尔斯与维纳斯)的后代、人类生命的真正神灵和宇宙救世主Autokrator(与最高司令官对应的希腊文)、大司祭盖尤斯的儿子盖尤斯·尤利乌斯·凯撒"献辞(Baker,p.209)。密提林岛的岛民同样发布政令(颁布日期在公元前27年至公元前11年间)说奥古斯都应被尊崇为神。亚细亚行省的希腊人与罗马的统治者保持一致步调,于公元前9年决定将奥古斯都诞生的日期9月23日作为民用年的第一天。确实在该地区,自从希腊化时期起,均以秋分点9月21日作为一年的起始。通过发布政令所进行的改变不再显得不重要:这赋予了某个个体的命运以宇宙上的重要性。下文对此是这样加以证明的:

> 极其神圣的凯撒的诞辰[……]有理由被视为万物开端的象征——如果这不是因他本人或他的本性,那至少也是因他仁爱之心的缘故——据此,他将每样行将崩毁及趋于不幸的事物之形式重新加以恢复,并赋予宇宙崭新的面貌。[……]我们每个人均有理由将这[诞辰]视为自身生命的开端。

甚至先前9月21日被确定为一年之初这个事实如今也已被视为天意得以宣布并为奥古斯都的登基做好了铺垫。约公元1年,哈利卡尔那索斯的市民认为凯撒·奥古斯都的诞生乃是神"以其永恒不变的性质"对人新予的恩赐,因为多亏了他,从此以后"大地与海洋上才有了和平"。"城市在法律统治之下,在和谐(homonoïa)繁荣之中欣欣向荣"。特洛阿司的阿索斯的居民于公元37年向卡利古拉献辞,说他是像"凯撒·奥古斯都一样的神灵",人们将其同拯救者宙斯及"古代女神圣女[雅典娜·波利亚斯]"相联系。

[509]罗马帝国时期,将每一位新即位的皇帝视为世界的重新奠基者,认为其带来崭新的黄金时代(*sæculum novum* 即 *diakosmesis*,参阅下文维吉尔)已成为一种传统。

很快,帝国和舆论在反对基督徒的宣传中对他们有一个很大的不满,说他们拒绝对皇帝进行崇拜,打破了传统宗教信徒间的和谐统一,因此也就束缚了眼下正在进行中的显示圣迹的进程,这一圣迹表明了和平繁荣的新时代会确确实实地来临(因此,他们对基督徒的"控诉"是"使用巫术")。

第一节 维 吉 尔

维吉尔也具有民众内在的情感,他形成了一种政治思想体系,强调了皇帝这个角色所具有的神圣的、充满天意的维度。

生平与著作①

公元前 70 年,普布留斯·维吉尔·马罗(Publius Vergilius Maro)生于内阿尔卑斯②的高卢乡村地区,毗邻曼图亚(Mantoue)。他幼年时起便对乡村景色及田间劳作熟稔于心;其诗歌浸润着这些内容。他在克雷莫纳、米兰与罗马学习:他最初研读的是拉丁及亚历山大学派的文学,似乎还有伊壁鸠鲁与柏拉图的哲学。他涉猎广泛,尚研读了医学、数学和充满了毕达哥拉斯学派精神的几门学科。

他与当时那个时代的作家成了朋友,如阿西尼乌斯·波利奥(Asinius Pollion)③,后者后来进入仕途,成为凯撒和安东尼的副官。维吉尔模仿了特奥克里特的《田园诗》(églogues,赞美乡村风情的诗歌),先写下了《牧歌》,出版十公元前 37 年。那个时候,屋大维乃东方的统治者。他的"文化部长"米塞纳(Mécène)注意到了维吉尔。他好像要求他写了新的诗歌集《农事诗》(Géorgiques,出版于公元前 28 年),[510]该诗集颂扬了因屋大维带来的和平而重新得到恢复的农家生活和乡村风情;旺盛的"意大利"民族主义情感开始显露端倪。维吉尔一直与米塞纳以及后来的奥古斯都本人保持交往,后来着手写下了伟大的史诗《埃涅阿斯纪》,诗中这种民族主义情感表达得淋漓尽致,并与家族和皇朝的行为联系了起来。维吉尔工作了 11年。他卒于公元前 19 年前往希腊亲眼见证自己史诗中所描写的场景的途中。未完成的诗篇在米塞纳和奥古斯都的关照下得以出版。该诗集获得了巨大的成功,几乎立即成了学校里经常使用的教科书之一,是研读拉丁文的必读书,几乎与数个世纪

---

① 参阅维吉尔《埃涅阿斯纪》(L'Énéide),由 Maurice Rat 序言及翻译,Garnier-Flammarion,1965;由 André Bellessort 序言及翻译,Les Belles Lettres,Budé 丛书,1946,两卷本;《牧歌》(Bucoliques),Budé 丛书,由 E. de Saint-Denis 编订及翻译,Les Belles Lettres,1942。

② 指阿尔卑斯山的意大利一侧。——译注

③ 波利奥(公元前 76 年—公元 6 年),罗马著名辩论家、诗人和历史学家。——译注

以来为了研读希腊文而阅读《伊利亚特》与《奥德赛》相似。

《牧歌》第四首

维吉尔 30 岁时尚未认识奥古斯都,此时他所写的一首诗歌在研究元首政体的政治思想观念时具有很大的重要性。在这第四首《牧歌》(或称《田园诗》)中,他讲起了让世界新生的少年,这位少年是新的黄金时代的开创者。当然,那时候他还没说及奥古斯都建立的元首政体;然而,后来奥古斯都的支持者回顾这首诗时却赋予了这层意义。该诗的兴趣尚不止于此。基督教的宣传及皇帝君士坦丁本人均在该诗中发现了弥赛亚的预言,从而宣布了帝国将会拥有基督教的命运。

尽管现代部分博学之士强调说维吉尔其实受到了圣经中弥赛亚信仰(《以赛亚书》[*Isaïe*]和《弥迦书》[*Michée*])不同方面的影响,但其他专家中首推的杰罗姆・卡尔柯皮诺(Jérôme Carcopino)①却反对这种解释,他们认为该文本表达的是纯粹异教,即新毕达哥拉斯派的信仰,该派在维吉尔生活的时代在罗马颇为流行。该问题并非细枝末节:重返黄金时代以及吁求君主弥赛亚信仰这些主题是否都会有两个版本,或为异教版本,或为犹太—基督教版本呢?

诗文

[511]首先来说说该文本的基本段落,我们承认无论如何,该诗的描绘确实特别具有启发性,诗中说黄金时代即将来临,将由天运承祚的君主统治,会呈现一派歌舞升平、国泰民安的景象:②

[……]最终,库迈城(cumain)③预言的最后一个时代来临了。现在,诸世纪的伟大秩序完整地得到重生;现在室女来临(*iam redit et virgo*),土星的统治重降大地,新的一代从天际下凡(*iam nova progenies cælo dimittitur alto*)。圣洁的卢西娜(Lucine)④

---

① 我们接下来在现在这一整章中都会沿用这本名著的观点:杰罗姆・卡尔柯皮诺,《维吉尔与[田园诗]第四首的奥义》(*Virgile et le mystère de la IVe Églogue*),L'Artisan du livre,1930。
② 我们引用的是卡尔柯皮诺的译文。
③ 库迈城是意大利坎帕尼亚的海滨城市。——译注
④ Lucine 是生育女神狄安娜的绰号。——译注

也屈尊俯允,帮助孩子的诞生,总之有了他,铁的种族将消亡,而黄金种族就会降临于整个世界。自现在起,由你的兄弟阿波罗进行统治。正在你执政的时期,是啊,在你的统治期间,哦,波利奥,这一荣耀的时代即将开始,而那伟大的年代里的月份也将在你的指挥之下开始运行。尽管我们的卑劣本性仍有残存,但它们将毫无作用,而大地也将摆脱永久的恐怖。我所讴歌的那个孩子将接纳神圣的生命(*ille deum vitam accipiet*),他会看见英雄同诸神在一起,他们也将看见他自己同他们在一起;而他则将依靠自己的父亲平静地统治全球(*pacatumque reget patriis virtutibus orbem*)。

但开始的时候,孩子根本不需要耕种土地,他将现有的食物向你慷慨献出:到处生长的常春藤,仙客来①和芋芳以及莲子竞相微笑。母山羊鼓着充盈乳汁的乳房回到家,牛群则对庞大的狮子毫不畏惧。你的摇篮将自行为你洒满迷人的花朵。与此同时,蛇儿死去,充满毒汁的植物也凋谢枯萎:而亚述的豆蔻则处处泛绿芽。

然后,自从你能读懂英雄的行为和你祖先的伟绩、明白价值何在后,赤裸的平原上便渐渐洋溢着金黄无刺的麦穗;野生灌木丛上悬挂着成串朱红的花朵,坚硬的橡木上渗出蜜汁。然而,一丝古老的邪恶天性仍将存留在人的心中,从而使他们在船上对抗海神,将建有城墙的城市燃为灰烬,将挖有犁沟的土地劈成两半。还有第二个提弗斯(Tiphys)②,且为了运送优秀的英雄,还有第二个阿尔戈(Argo)③。还有其他战争,且重新会对特洛伊开战,人们也会派出伟大的阿基琉斯(Achille)④。

[512]后来,等到年岁渐长使你成为男人,冥河船夫也将不再渡往大海,松树也将不再用来建造船只,以运送用品进行交换。整

---

① 一种产油植物。——译注
② 希腊神话中在寻金羊毛的阿尔戈船上当领港员的水手。——译注
③ 希腊神话中乘船远航去寻金羊毛的勇士所乘的船。——译注
④ 特洛伊战争中著名的英雄,女神忒提斯的儿子,希腊联军中最强大的英雄,杀死了特洛伊主将赫克托尔,后被帕里斯射杀。——译注

个大地即可生长万物。[……]于是,平原上的牡羊换上色彩比骨
螺柔和的紫红色羊毛,于是他将赐予他如木樨草和藏红花般闪耀
的金光。[……]

"快跑吧,让这样的世纪快快流逝",帕尔卡女神对自己的纺锤
说道,她们都同意命运那永恒的意愿。于是,你攀上荣誉的高峰,
就在这个时刻,哦,诸神亲爱的后嗣,使朱庇特心花怒放(*cara de-
um suboles, magnum Iovis incrementum*)!你看,世界在天穹的
重压下转动,大地、广袤的海洋与深不可测的天空也是如此!你
看,万物仿佛都为这世纪的来临而欢欣鼓舞。哦,那我是否能延缓
我生命中最后的日子,存留足够的气息去欢庆你的丰功伟绩!
[……]

卡尔柯皮诺的阐释

卡尔柯皮诺对该文本所作的基于历史的条分缕析的批评导致下述
几个结论。该诗写于公元前 40 年 10 月初。"布林迪西和平"(*paix de
Brindisi*)在安东尼和屋大维之间达成。自公元前 49 年凯撒渡过卢比
孔河后,内战几乎就没停过,当时人们被战争拖得精疲力竭,因此热情
洋溢地欢庆三执政官中的两位达成这一和平。民众相信生活将重新走
上正轨(他们想错了,因为内战几乎立即烽烟又起),他们将和平的功劳
归于布林迪西的斡旋者,其中一位就是维吉尔的好朋友、那年担任执政
官的阿西尼乌斯·波利奥。诗中所欢呼的那个孩子正是这位波利奥的
儿子萨罗尼努斯,和约签订后几天或几个星期,他就降临人世。

恰逢这个孩子出生之际,维吉尔也正好抛弃了自己的新毕达哥拉
斯派信仰。当时,毕达哥拉斯派在罗马大行其道,乃从未有过的盛况;
他受到如尼基迪乌斯·菲古鲁斯(P. Nigidius Figulus)或科奈留斯·
亚历山大·波里希斯托尔(Cornelius Alexander Polyhistor)这些作家
的影响而改头换面;甚至毕达哥拉斯派的"教堂"也创建了起来①。

然而,毕达哥拉斯派公开主张的是大年(Grande Année)这个教

---

① 参阅卡尔柯皮诺,前揭,p. 34。

义,大年指宇宙循环,每个月星辰重新达到原初的某个形态后,宇宙便会重新循环一次。到那时候,世界就会完全[513]焕发青春:这便是重返"黄金时代"。①此外,毕达哥拉斯派信徒还认为,大年分成"月"或"世纪"(据不同观点认为,其数目从四至十不等),②每个"月"或"世纪"均有守护神及其自身的特性。因此,如果有人能够举出一些无可置辩的征象说现在正在运行最后一个"大年",那么他就能从中推演出大年即将告终,万物更新的时代很快就将来临。然而,据卡尔柯皮诺的说法,维吉尔与其许多同代人一样,将共和国所经历的危机和眼下发生的可怕的内战均视为某个征候,认为人类确确实实已进入了大年的最后一个"世纪"。③

[514]当时的人们都认为布林迪西的和平具有最终的性质,而且既然和平是在公元前 40 年的 10 月 5 日至 6 日达成的,此时也正是黄道星

---

① "从新毕达哥拉斯派宣称的天体以太之不朽的神圣性可推断出世界将不可避免地焕然一新这一说法中,他们似乎用了自己团体的一个用语 métacosmésis 指出了这一点,认为它构成了他们教义中的一个主要美德。他们将之归功于其教派创建者的发现;在认为是由毕达哥拉斯提出的三个教诲中,亚里士多德的学生狄开阿尔科斯确切地描绘出(经波菲利重述)在某些确定的时期,存在物将重新开始其先前的生活。由此可见,由于天体永恒的运动,其连续不断的运行使万物相继复苏,以致自然以万物整体及单个存在物的形式重返其原初的形态,每逢每个大年依某些天体交合的现象,若要支配该循环进程中的各个不同的层面还是有可能的,虽民众对此无法察觉,但对在该学派中受人尊重的精研数学的专家而言,还是颇为明显的。"(卡尔柯皮诺,上引,p. 32—38)关于大年这一概念的起源,卡尔柯皮诺参阅了柏拉图的《蒂迈欧》39d;西塞罗的《论共和国》,Ⅵ 22,24;《论神性》,Ⅰ 8,18;《论至善与至恶》,Ⅱ,5,15;塔西佗文中所引的《霍滕修斯》中的《论演说》(*De oratoribus*),ⅩⅥ,7。
② 参阅卡尔柯皮诺,p. 148。新毕达哥拉斯派信徒尼基迪乌斯·菲古鲁斯在其论文《论诸神》(*De Diis*)中写道:"俄耳甫斯首先列举了农神的统治,然后说到了朱庇特,再后来是尼普顿(海神,即希腊神话中的波塞冬——译注),接下来是普路托(冥王哈得斯的别名——译注)。而且好几个占星家之类的人也确定阿波罗将是最后一个统治者。"(卡尔柯皮诺引,p. 52)但女巫却说有十个世纪(sæcula)。说到这些世纪究竟持续多长时间,也是莫衷一是,有说 100 年的,也有说 110 年。同样相信大年的西塞罗认为其持续的时间要长得多,有 15000 年,现在只过了几个大年。
③ 特别是体会过危机和战争的那一代人有种印象,他们认为"时代终结"的日子即将来临,这样的看法颇为普遍。他们所经历的苦难在他们看来是如此密集,或者说是如此的不同寻常,以至于他们无法认为这些苦难会带来什么好处,无法认为这些苦难只不过是历史蒙受的损失,而历史还将遥遥无期地延续下去。我们将会发现,这种心理或道德上的意向恰是那些预言家的特点,而这些预言家也正好是弥赛亚信仰及犹太人末世论的滥觞(参阅本书第三部分引言)。

座室女星重现天际之时,且由于新毕达哥拉斯派的另一个论点是说这是因为小宇宙(microcosme)和大宇宙(macrocosme)互相辉映的结果,因此当这一和平突然来临时,维吉尔便将这些因素综合了起来。他将这些事件(和平、天文现象)的会合视为最后一个"世纪"即将结束、大年即将重返的预兆;他有个观点,预言即将展开的黄金时代将反映在波利奥孩子的生活中,他是在出现这些预兆之后立刻出生的最初几个人之一。

卡尔柯皮诺坚持认为,维吉尔在其田园诗中所描写的"黄金时代"与圣经传统中的"天堂"或"弥赛亚时代"根本不同。当然,毕达哥拉斯派的黄金时代与"天堂"一样万物充盈,蜜汁从天空中流淌而下,动物彼此之间及与人均和谐相处。但是,1)一方面来看,这样的天堂并非一蹴而就:维吉尔明确地说,还有战争和经济上的困难;这样的白昼不会一下子来临,恰如新生儿也不会一下子成人一般。2)另一方面来看,黄金时代与弥赛亚时代不同,它并非时代的终结;因为宇宙的运动乃是指永恒回返(Éternel Retour):正如过去已有过黄金时代,未来也会出现无数个这样的时代一样,这表明了同样也会存在无数次向铁的时代(âge de fer)①的倒退。恶不会永远退出世界,它只会周期性地没落(décliner)或隐匿(s'éclipser,与这些天文学术语的意义几乎相同)。②3)最后,在维吉尔的诗中,孩子似乎并未扮演能动的角色,只对事物起润色作用;他只是相伴左右,做了见证而已。发动历史的既非集合体意义上的人类,亦非某些非凡的人物或独一无二的弥赛亚,而是由星辰和宇宙的全面运动所致,它们作为命运从外部影响着人类(即便像波利奥这样的人物创下了丰功伟绩,或者他的儿子也正当年,达到了经历荣誉之路的年纪,[515]但这整个假设都表明了,他们的这些行为都将无法改变命运的总体进程)。③

弥赛亚式的阐释

但自基督教出现以后,由于诗中弥赛亚信仰的回响及少年拯救者

---

① âge de fer 转义指"困难时期"和"灾难时期"。——译注
② 文中的两个法语词 décliner(没落)与 s'éclipser(隐匿)在天文上分别指"天体的没落"及"天体成蚀"。——译注
③ 与塔西佗的信念相同,参阅下文,p. 384—387。

所扮演的角色,对维吉尔《牧歌》第四首的阐释便带有了基督教的意义。在《神圣的演讲术》(oratio ad sanctos,写于公元 326 年)中,君士坦丁皇帝(或他的侍从凯撒利亚的尤西比乌斯,参阅下文)发现了宣告基督诞生与统治的预言。异教徒维吉尔只能半遮半掩、神神秘秘说的话,君士坦丁想必能看得出来。①重返黄金时代乃是拯救者进行统治的象征。第 6 行诗句 Iam redit et Virgo 显然就是影射神的母亲玛利亚。童贞女生出的孩子乃天上下凡(nova progenies cælo dimittitur alto,v. 7),拥有神圣的生命(ille deum vitam accipiet,v. 15),"诸神亲爱的后嗣,使朱庇特心花怒放"(cara deum suboles,magnum Iovis incrementum,v. 49)的就是基督。诗中所说的"他将依靠自己的父亲平静地统治全球"(pacatumque reget patriis virtutibus orbem,v. 17),只能是指遵照居于天庭的父亲的意愿统治大地的耶稣。描写黄金时代时的用语、动物与人的和平(v. 22)、大地上万物均自然生长丰盈无比(v. 18—30,39—45),这似乎是《以赛亚书》及《弥迦书》中所描写的弥赛亚世界的直接回响。27 行写的死去的蛇儿只能是撒但。②

使这种弥赛亚阐释具备某种可信性的是这样一个事实,即维吉尔显然参考了库迈城女巫的神谕(第 4 行:"库迈城预言的最后一个时代来临了");不过,[516]按照现代某些注释者所言,诗中提到的神谕在那个时代同亚历山大学派的犹太起源融合在了一起,这种观点未尝没有道理。

> 女巫乃是指异教的女预言者(堪与德尔斐城的女祭司相比)。自公元前 5 世纪起,"女巫之书"就被官方保存在罗马的卡皮托利山丘上,司祭受命保护这些书籍并对其进行阐释。苏拉统治期间,一场火灾焚毁了这些最原始的藏书,于是女巫神谕得到了搜集,其

---

① 亚历山大学派的学者阐释这几段晦涩的文字及荷马或《圣经》的比喻时就是用的这种方法。

② 此种解释在中世纪极为风行。约 1310 年—1320 年间撰写《神曲》的但丁也坚定地相信这一点,这就是他选择维吉尔作他游历地狱的向导的原因之一:维吉尔几乎就是个基督徒。维克多·雨果的作品中可重新发现这一论点("维吉尔……神差不多成了天使")。

中被引入的就有与《圣经》弥赛亚信仰整合在一起的原始的亚历山大学派的犹太文本。①在这些文本的某些段落(属于该集子中的第三卷,我们后面会讲到)中,"女巫"预言道"神啊,天际下凡,将预见大地上会有一个国王",他将消弭任何战争。和谐将统治一切。大地物产极其丰饶,蜂蜜如雨水般从天上流下,畜群生生不息,"内在的和平将统治世界……狼与羊同在山上吃草……狮子和牛同桌进餐,全凭一个小孩子领头"(Baker引,前揭,p. 217—218)。②

总体来说,维吉尔有可能受到了当时东方宗教的影响,这些宗教在很久以前便渗透了罗马社会。③

重新研读诗中的一些细节

[517]上面所述的只是总体阐释,现在来看看该如何才能理解该文本中的某些细节:

"最终,库迈城预言的最后一个时代来临了。"该句讲的是十个"世

---

① 参阅 Baker,前揭,p. 217;Rat,前揭,p. 340—341;卡尔柯皮诺,前揭,p. 65。

② 这些同我们在引用的《圣经》各卷中发现的内容如出一辙。参阅《以赛亚书》,Ⅺ,6及以后:"豺狼必与绵羊羔同居,豹子与山羊羔同卧,少壮狮子与牛犊并肥畜同群;(小孩子要牵引它们。[此句原文无,现按和合本加上——译注)牛必与熊同食,牛犊必与小熊同卧,狮子必吃草与牛一样。吃奶的孩子必玩耍在虺蛇的洞口,断奶的孩子必按手在毒蛇的穴上。"

③ 参阅卡尔柯皮诺,前揭,p. 62—77。除了《圣经》和犹太人的影响外,还可以说也有埃及人与伊特鲁里亚人的影响。在阿永(Aion)的节日和亚历山大庆祝太阳神的仪式上,懂得(太阳神)赫利俄斯(又称阿波罗)奥义的人声称,他们在观察过夜空的状态之后,发现12月25日子夜以后,"室女分娩,光亮四射"。少年拯救者与世界领导者(kosmokrator)的神话来自托特神(Thoth,古埃及神,罗马人称其为麦丘立神——译注)的启示书。田园诗中有一段奇怪的诗行(43—45行):"于是,平原上,牡羊换上色彩比骨螺柔和的紫红色羊毛,于是他将赐予他如木樨草和藏红花般闪耀的金光"来自古老的伊特鲁里亚圣书,尤其是那些涉及预言的文本说:"如果牝羊和牡羊羊毛上浑身覆盖紫红或金色,那么君主就很有可能会获得极大幸福,权力大增,族丁兴旺,变得繁荣富足起来。"卡尔柯皮诺承认受到了伊特鲁里亚的直接影响。但否认了其他任何影响,其中包括维吉尔读过女巫神谕的亚历山大学派的文本。他说,和平与黄金时代的主题本质上属于异教,可在赫西俄德、阿拉托斯、奥维德、恩培多克勒歌颂黄金时代的诗人中发现这一点。无论如何,维吉尔有可能通过他那个时代在罗马出版的各种书籍(其中有哲学家瓦罗,特别是新毕达哥拉斯学派如亚历山大·波里希斯托尔的作品)间接了解了埃及和犹太人的宗教,以及由亚历山大学派中的犹太人传授给希腊女巫的预言。正是由于新毕达哥拉斯学派,所有这些东方元素才通过它们自己体系的过滤,得到传播。

纪"中的最后一个世纪,亦即大年。

"现在,诸世纪的伟大秩序完整地得到重生。"该句讲述的是大年,它从其起始点上重新开始。

"现在室女来临……"照卡尔柯皮诺的说法,该句讲述了室女星座离开太阳后,于确定时刻(九月末)重新现于黄道带的天际,此时会发生一系列影响维吉尔的事件。

由于受到阿拉托斯及毕达哥拉斯学派诗人的影响,因此该星座与象征主义联系在了一起。星座所示的少女代表了正义女神,如她一般不受腐蚀。维吉尔本人在《农事诗》中说正义女神往昔曾居于大地上,但被人的卑劣恶行所逐出,她最后停留的地方是乡村——人类中风俗最好的地方——然后便只能在天庭避难。常见的说法是,按新毕达哥拉斯学派的思辨,黄金时代之后,人类的衰亡源于使用刀剑、进行献祭、爱吃肉食之故,所有这些暴力行为均使正义女神觉得恐怖万分,于是只得移往天庭;而且相反,就在黄金时代重临之时,正义女神也重返大地。① 我们发现,和平繁荣的时代与正义女神的统治的相似性[518]在《圣经》的弥赛亚信仰中并不特别(卡尔柯皮诺,p. 133—142,149—153)。

"现在……萨杜恩的统治重降大地。"随着土星的出现,大年,亦即黄金时代的第一个"世纪"展现了开来。

"新的一代从天际下凡。"基督教预言的信徒认为自己在此读到了基督的道成肉身(l'Incarnation de Jésus),这与犹太—亚历山大学派的女巫所作的预言相一致,女巫宣称有位国王将从天际下凡至大地,因此人类经拯救者赎回后,变得焕然一新。卡尔柯皮诺本人也在这行诗中

---

① 毕达哥拉斯禁止血祭,规定吃素食。"以前,从恩培多克勒(公元前 490 年—公元前 435 年)的角度讲,祭坛不见祭杀公牛的现象;人们认为为了满足他们自己献祭而剥夺动物肉体的生命令人反感……所有[动物],无论是猛兽,还是鸟儿,对人都很温驯:处处燃烧着互爱的火焰。"(参阅卡尔柯皮诺,p. 102—103,他引用的意思,与阿拉托斯及奥维德相同)只要重返黄金时代,就会重现这些场景。

看到了灵魂转生说(métempsychose)教义的回响,但这一教义被斯多阿派的波西多尼乌斯做了改动,然后又经尼基迪乌斯、波里希斯托尔及西塞罗的重述(在《论共和国》,Ⅵ,"西庇阿之梦";参阅上文,p. 488—490)。按照这种教义,灵魂本性神圣。它们无法在万物腐朽的尘世萌芽;它们乃出自星辰。如果它们现在出现在尘世的身体中,那就说明它们已从天际下凡,但今后还将重返天国。

  但在大年一刻不息、相继更替的时代中,只有某些特选的灵魂能从以太中下降,激活尘世的肉体。其他灵魂,照新毕达哥拉斯学派的说法,则将被绑缚在灵魂转生说的锁链上,被动地经受多多少少有些痛苦、屈辱的变化,强迫他们在必然性圆环中经历生与死。必须等待这一系列世纪(sæcula)耗尽、大年重新发端之时,所有的灵魂方得无一例外地最终从自然的束缚中赎得自由身,以原初的纯洁性得到再生。按照新毕达哥拉斯学派神正论的逻辑,正是在黄金时代,这一奇迹才会大功告成,届时人的生命会燃起火花,与永不腐朽的以太挥手作别[……],[此时]天地万物倏然间经受了淬炼,回归至拥有神圣实体的原初星辰的状态(卡尔柯皮诺,前揭,p. 84—85)。

于此 palingénésie① 中出现了焕然一新的一代人,有了他们,神圣性才得以在自然中传布;这就是为何孩子被称作后嗣(suboles)、神之"元音"(augment)的缘故:在大年开端的特殊时刻之中出现的整整一代新人,可以说乃是神亲自诞生了他们。

[519]"铁的种族将消亡,而黄金种族就会降临于整个世界。"在循环的第一阶段,将会同大年起始时的情况相反。由此可见"除了认为是过渡阶段之外,维吉尔还将赫西俄德变位成过去式的动词转成了将来时。"②事实上,在《工作与时日》中,赫西俄德已描述了人类与大地自最

---

① 意为"再生",希腊文中 palin 为"重新"之意,genesis 指"生成"。

② 卡尔柯皮诺,前揭,p. 59—60。

初状态起即开始的堕落：大地已不再丰饶，必须劳作、游历、进行贸易……通过新毕达哥拉斯学派而承诺的 métacosmésis 肯定会重新来到，而反之，所有幸福也会随时间的推移而消逝，就如春天草木茂盛，到了秋天就会万物萧瑟一般。

"自现在起，由你的兄弟阿波罗进行统治。"照某些人的说法，阿波罗的统治表明了它是大年的最后一个"世纪"。女巫的神谕说最后一个世纪将显现太阳的征兆（或许同斯多阿派的老派观点有关联，按此说法，世界将会很快发生大火［ekpyrosis］）。维吉尔或影响了他的新毕达哥拉斯学派均用阿波罗替换了太阳，因为阿波罗象征了形而上学上的统一性；在大年的周期性运动中，世界降临，一（Un）与多（Multiple）的交替登场渐行消逝；在大年的"黄昏"时分

> 以原初完整的形态重构单子，由此而产生了存在与事物的多样性，因而［新毕达哥拉斯学派］才视阿波罗为其最清楚无误的象征（卡尔柯皮诺，p. 52）。

Te consul , te duce：这句话的意思是："当波利奥成为执政官，当他成为最高统帅的时候。"（执政官任期结束之后，他被任命为伊利里亚①的行省总督，由他统帅军队乃是预料之中的事。）这是一种伴随的现象，而非事情的缘起。是孩子而非其父亲因创立了正义新时代的行为而成为英雄，恰是父亲有幸将他生育，而孩子有幸得以出生的时候，黄金时代来临了。他们只是当下变化的见证人和反映：推动这一变化的乃星辰的革命，必然与所有人类行为无关。②

---

① 巴尔干半岛西北部古地名。——译注

② 因此，正是由于此，期待黄金时代的异教信仰才与犹太教和基督教弥赛亚信仰中的期待根本不同。后者认定人类的道德承担乃是期待的前提：只有人类建造值得信赖的世界，弥赛亚得以入住时，弥赛亚的时代才会来临。正是为了人类，他进行斗争以恢复原状后才返重人间；正是为了人类，他根除所有形式的不义和恶行后才会复归人间。对恶的最终胜利有可能会达成，因为《托拉五书》（希伯来语《圣经》首五卷，《旧约》七十子译本和基督教译本称其为《摩西五书》——译注）和福音书均使其成了绝对的命令。再也不可能设想，它会成为恶与善混合的"永恒回归"的时代；它成了线性和定向的过程。参阅下文，第三部分，引言。

[520]"尽管我们的卑劣本性仍有残存……"恶仍将持续存在一段时间,即使新时代必然会建立起来也罢,卡尔柯皮诺认为这恰恰说明了该诗源自新毕达哥拉斯学派:因为它论及了天文上的循环,认为黄金时代会渐进来临(恰如白昼或季节的来临)。[①] 其实,维吉尔由于知道波利奥刚被任命为达尔马提亚(Dalmatie)的行省总督,所以他不会否认波利奥将发动严酷的战争;但那是最后的战争,而全面秩序的来临已近在咫尺,日益清晰。

"但开始的时候…… 然后,自从你能读懂英雄的行为和你祖先的伟绩、明白价值何在后……后来,等到年岁渐长使你成为男人……"孩子的成长会有不同的阶段,年轻的贵族将来会经历荣誉生涯,以萨杜恩的发展相呼应。我们从前者可看出后者,毕达哥拉斯本人就曾教导,小宇宙和大宇宙彼此会协调一致:"人被称为小宇宙,因为他将宇宙的能量集于一身。"(*o anthrôpos mikros kosmos legetaï hoti* [521] *pasas echei tas tou kosmou dynameis*)(有本古代传记认为这句话出自毕达哥拉斯之口。)[②]宇宙在进入黄金时代时经历了转变,这一范式体现在该首田园诗里的孩子身上,从而显得生机勃勃。

总之,我们可以说维吉尔在第四首《牧歌》中表达了一个深刻的主题,该主题不仅对他本人而言极其珍贵,而且对他的许多同时代人(这些人均为学识渊博之人,乃当时的"知识分子")来说亦是如此。或许,由奥古斯丁(Auguste)发现的政治体制之所以能取得快速成功,这些宗教神秘主义的表现方式确实起到了作用。当然,就在《牧歌》这一文

---

① 这首田园诗的古代评论家塞维乌斯(Servius)写道:"该段中,似乎是通过 *apocatastasis*,亦即由于星辰运行而重现万物展开的进程,事物才得以发生。"卡尔柯皮诺的评注是:"事实上,正如恶劣天气中渐渐出现暂时重现的晴朗天气、太阳经过各个阶段临近二分点(它也经过这些同样的阶段远离二分点)一般,*aurea sœcula*[黄金世纪]复兴之后,对遭其废止的那些时代难堪的回忆还将经历一段时间,然后它才会得到实现。*Apocatastasis* 这个词,迦勒底人早已将其用来描述天体中星辰的复归,星辰通过对称的各个点返回其起始之处,而希腊医生也用这个词来描述病人恢复健康的状态。"(卡尔柯皮诺,前揭,p. 44)从阴郁时代至幸福时代的这一转变形态亦与斯多阿派所持的毕达哥拉斯教义不同。但对他们而言,他们也相信在大年的循环往复中,大年与大年之间的转变阶段会发生宇宙灾难,届时整个宇宙会燃起大火(*ekpirosis*),摧毁万物。
② 此种呼应乃古代占星术的根基:在星辰这一层面上所发生的所有变化均会在人的个体身上产生回响。

本中,维吉尔把地点和时间都搞错了:无论是布林迪西和平,还是波利奥这一人物,对罗马历史来说均未显得有多么重要的作用。但在其他几首《牧歌》中,维吉尔已经对年轻的屋大维①做了暗示;后来,在《农事诗》(公元前 39 年,他曾为屋大维朗诵这些诗)中,他又将他的宗教信念转向了新的英雄及其家族上,第四首《牧歌》中对此有过描绘。② 维吉尔为了表达对英雄的敬意,竖立起了一座伟岸的丰碑,那就是《埃涅阿斯纪》。

《埃涅阿斯纪》

尤利乌斯家族的帝国命运(《埃涅阿斯纪》,Ⅵ,752 行及以后)

《埃涅阿斯纪》叙述了(部分建基于神话或传说的基础上,部分借助维吉尔"天马行空般的"创造)[522]罗马如何由特洛伊英雄后裔埃涅阿斯(Énée)建成。源自凯撒③一族的尤利乌斯家族乃埃涅阿斯的儿子尤卢斯(Iule,或其孙子,亦名阿斯卡涅[Ascagne])的后人,埃涅阿斯之前的先祖则是朱庇特和维纳斯。该家族被诸神命定为罗马帝国的统治者,其存在正是出于这一永恒的意愿。同样,它也想将帝国统一于一身,由意大利,即地中海的东方和西方统治。

---

① 在《牧歌》第一首(6—8 行)中,他让人对其中一个人物提图卢斯(Tityre,维吉尔田园诗中的牧羊人——译注)说话,后者对屋大维所带来的和平欣喜若狂:

> *O Meliboee , Deus nobis hæc otia fecit.*
> *Namque erit ille mihi semper Deus. Illius aram ,*
> *Sæpe tener nostris ab ovilibus imbuet agnus.*

哦,梅里贝,因为神[屋大维],我们方得歇息。他在我心中将永远是个神。

他的祭坛,我们羊舍中柔嫩的小羊羔常常会用它们的鲜血将它浸润。

② 参阅《农事诗》的三个段落。1)Ⅰ,32—34:奥古斯都出生于 9 月 23 日,此时太阳经过室女座并来到天秤座,象征了他的天职就是重新把黄金时代带回来。2)Ⅰ,463—464:太阳在凯撒被刺杀那一刻发生日蚀,以期证明其所拥有的神圣性。3)Ⅱ,170:屋大维是皇帝中的"最伟大者"。

③ 尤利乌斯·凯撒之后,"凯撒"这一称号先是成为该家族皇帝的称号,后又成为所有罗马皇帝的称号。——译注

　　这一宏伟的计划运用了引人注目的文学技巧展现于读者眼前。埃涅阿斯离开被阿克昂人攻占的特洛伊后，来到了迦太基，他在那里成为狄多(Didon)女王的情人，之后他抵达意大利，造访了库迈城的女巫(第四首《牧歌》曾大肆渲染过该女巫的预言)。她给他打开通往地狱的大门，地狱两侧分别是塔塔卢斯(Tartare)，恶人在此永受刑罚之苦，和香榭丽舍(Champs-Élysées)①，善人在此经过千年的净化后受到补偿，终被接纳，重返尘世(因此，我们现在身处于毕达哥拉斯学派灵魂转生教义的语境之中)。埃涅阿斯就是在那里遇见了他的父亲安奇斯，安奇斯引领着他来到即将转生的一大群灵魂面前。这些灵魂在那里聚集在一起，排成一个长列，等待着轮到自己投身尘世，所有这些人后来都成了罗马传说与历史上著名的人物。首先是阿尔巴城的最初几位国王，他们建立了拉丁姆城，然后是罗慕路斯(他在天庭的时候，就预言自己死后将被尊奉为吉里努斯神)。之后很快，就有一个灵魂吸引了他们的注意，那就是奥古斯都，据说他将统治整个世界：

　　　　你现在从这儿转动你的眼睛：②看看这个民族；他们都是罗马人。这儿是凯撒和尤卢斯[尤利乌斯家族]所有的后裔，他们都被命定来到这伟大的天穹下。这是位英雄，你经常听人允诺的正是这位英雄奥古斯都·凯撒，神的儿子；③他将在拉丁姆重建黄金时代，④那儿阡陌纵横，原是农神的领地；他将扩展自己的帝国，远至[523]加拉芒代斯人(Garamantes)⑤和印度人⑥的国土，远达星座之遥、太阳轨迹与历法年亦鞭长莫及的土地，⑦及擎天巨神阿特拉斯的居所，而巨神则令人转动其肩头上群星闪耀的世界轴线(《埃

---

① 此处按音译译出，在法文中 Champ 有"死后之居所"的含义，而 Élysée 则有"英雄、圣贤死后会聚居住之地"的含义；香榭丽舍(Champs-Élysées)指希腊神话中圣人及英雄灵魂居住的冥界(Elysium)。——译注
② 我们引用的是 Rat 版的《埃涅阿斯纪》，同样也会引用该版的历史批评资料。
③ 奥古斯都是被尊奉为神的尤利乌斯·凯撒的养子。
④ 因此，我们在此重新发现了第四首《牧歌》的主题。
⑤ 利比亚绿洲中的居民；他们刚被罗马军队征服。
⑥ 有人曾向奥古斯都建言，将帝国拓展至恒河流域。
⑦ 亦即分别指北方和南方未知的土地。

涅阿斯纪》，Ⅵ，788—797 行）。

见过奥古斯都之后，安奇斯领着埃涅阿斯又去见了罗马的其他伟人，他们是罗马的皇帝图鲁斯·霍斯提留斯、安库斯·马尔库斯（An-cus Marcus）和塔昆们，然后有共和国的英雄，如布鲁图斯、德西乌斯、托尔加图斯（Torquatus）①、保罗·埃米尔（此人被认为是阿开亚人的征服者，在埃涅阿斯的眼中看来，他为特洛伊报了仇）、西庇阿们、格拉古兄弟、加图、迟钝者法比乌斯（Fabius Cunctator）……命运要求通过这些人的行动，让罗马统治和管理世界。这就是他们的神，即便希腊人仍旧精通艺术、科学和演讲也罢：

> 其他人［希腊人］由于他们巧夺天工的技能，所以懂得如何使青铜柔软，如何为它注入生机——我乐意相信这一点——在大理石上雕刻生动的图像、撰写最好的辩护词、用圆规精确地描绘天空的运动、讲述星辰的轨迹。你，罗马人，②要记得如何管理自己帝国的人民：你的技艺就在于创造和平的环境、宽恕战败者、驯服高贵者（847—853 行）。③

埃涅阿斯的盾牌和阿克蒂乌姆战役（《埃涅阿斯纪》，Ⅷ，671—731 行）

维吉尔发现了另一个颂扬奥古斯都的机会，用语言来为他的神话做准备。埃涅阿斯的母亲维纳斯预料到他的儿子会被派去同拉丁姆的本土国王图尔努斯（Turnus）作战，于是让其夫君神圣超凡的乌尔坎（Vulcain）④

---

① 拉丁语，意为"戴项圈的"。亦是罗马家族的别号，公元前 300 年，罗马的曼利乌斯与一高卢大力士单身决斗，杀死了后者，并取其项圈，遂得此名。——译注

② 希腊人与罗马人之间的"劳动分工"：希腊人从事科学和演讲，罗马人从事政治。这也是萨卢斯特的见解。（《喀提林阴谋》[Conjuration de Catilina]，Ⅷ：希腊人都能口若悬河，而罗马人中"才智优秀者更倾向于行动"。）

③ 奥古斯都的这方面技艺肯定超过了罗马人。"奥古斯都的仁慈"很出名。他以其政治智慧通过大赦成功缔造了国内的和平。他对这项政策很是骄傲，并同样将之应用于被罗马征服的民众。奥古斯都都在其《神圣成就》（参阅下文，p. 527 及以后）中写道："如果我们能使外国民众不再危险时，我更愿对他们进行宽恕，而非将他们斩尽杀绝。"（Rat，p. 351，n. 1654）

④ 罗马神话中的火神。——译注

[524]为他打造武器。武器中有一面盾牌,上凿罗马历史的各大场景。① 盾牌中央特别刻画了——似是偶然为之——阿克蒂乌姆战役。②有意思的是,这个由奥古斯都所开创的王国被视为是西方王国,为东方野蛮人的征服者(但安东尼则相反,他认为罗马人和西方的所有人均为野蛮人;视角完全相反)。

　　盾牌中央有一幅占了很大幅面的大海汹涌——金色海洋——的图画,但海浪却泛着白色浪花;周围是活泼泼的银色海豚,它们围着圆圈,尾鳍掠过沧海,劈波斩浪而去。中间可以看见坚利的战船、阿克蒂乌姆战役,还可看到整个列乌卡斯(Leucate)③在战神船队之下沸腾不已,波浪泛起金色,熠熠闪光。

　　一侧,奥古斯都·凯撒同元老院和民众、众宅神和伟大的诸神率意大利进行战斗。他站于高耸的船艉:他那罕见的颞颥喷射出两股火焰,父系群星(constellations paternelles;[或曰:astre paternel,sidus])在他头顶舒展而开。另一侧,阿格里帕[奥古斯都的副官]凭借风向和诸神相助,率领军队,高昂头颅④:他的颞颥在布成环形阵列的舰船的喙形舰艏下闪耀光芒,象征战争的壮观。

　　对面,安东尼,这位东方及红海沿岸地区民众的征服者,会同

────────────

① 维吉尔在此模仿了荷马与赫西俄德,荷马在《伊利亚特》(XVIII,478)中描述了阿基琉斯的盾牌,赫西俄德也在《神谱》139—321 行中描绘了赫拉克勒斯的盾牌;而他自己则被后来的诗人如斯塔凯(Stace)所模仿。

② 我们还记得公元前31 年发生的这场海上大战,屋大维在这场战役中最终击败了安东尼,结束了内战(参阅上文,p. 349)。该战发生于希腊的西部海岸上(面对意大利,距帕特拉斯[Patras]往北一点点)。埃及女王、安东尼的妻子克丽奥佩特拉原为凯撒情妇,也在这场战争中被俘。安东尼在公元前37 年分封后,统治了除埃及以外的地中海东岸的所有罗马行省(其中包括希腊)。他梦想在那里建立一个希腊化的王国,将其划分后由总督管理,并开始让他的几个儿子担任这些职位。他在这次战役中投入了来自由他控制的所有地区的部队以作辅助。参阅 François Chamoux,《马克·安东尼》(Marc Antoine),Arthaud,1986,p. 348 及以后。

③ 列乌卡斯岬角位于列乌卡迪亚岛(Leucade)上。

④ 那是神圣的预兆。"屋大维隆重礼葬凯撒的那一天,一颗彗星突然出现,民众相信自己亲眼目睹了他的灵魂被天庭接纳。屋大维对此信仰推波助澜,命人在凯撒雕像上方安置了一片星空。尽管人们相信上面有普罗佩提乌斯(Properce)、维纳斯或维斯帕(Vesper),但奥古斯都的甲胄上这片似真的星空表现的却是乌尔坎。"(Rat)

的是他那些野蛮人组成的队伍和杂七杂八的军队，[525]他亲率埃及大军、东方诸军和遥远的巴克特里亚（Bactriane）①军队，哦，可耻的是他竟尾随于埃及妻子②的后面。

所有人同时发动冲锋，茫茫大海上浪花四溅，撕裂海面的是木桨和喙形舰艏的三层锯齿。他们占据着大海，还以为自己看见了西克拉德群岛在海面上被连根拔起，连绵高山彼此相撞：庞然大物般的舰艉厚重结实，舰艉的塔楼里有许多战士！有人在麻絮上点燃火焰，铁箭铁枪纷纷飞舞：尼普顿的犁沟③上尸横遍野，真是前所未见。

居于中央的女王手举当地的西斯特④率领大军，却未见两条毒蛇已在她身后⑤；各类诸神的怪兽，如狂吠不止的阿努比斯（Anubis）⑥，它们爪擎武器，与尼普顿和维纳斯、与密涅瓦厮杀不歇⑦！在这混战之中，人们看见铁器上雕镂精美的马沃斯（Mavors[战神]）和高踞于以太之上的悲伤的残暴姐妹（Farouche）⑧；襟袍撕裂，争执女神（la Discorde）⑨心满意足；贝罗娜（Bellone）⑩手执血淋淋的皮鞭紧随其后。阿克蒂乌姆的阿波罗望见这番情景，绷紧弓弦；所有埃及人、印度人，所有的阿拉伯人，所有的萨宾人（Sabéen）于是心怀同样的恐惧，转身而逃[……]。

然而，在罗马城墙下赢得三次胜利⑪的凯撒对意大利诸神履

---

① 现在的阿富汗（阿富汗北部古国名，我国史籍称其为"大夏"——译注）。
② 指克丽奥佩特拉。
③ 指波纹阵阵的海面。——译注
④ 一种会发出声音的乐器，乃伊西斯（Isis）司祭的身份标志。维吉尔在此语含讥讽。克丽奥佩特拉根本没法同罗马的军号相抗衡。
⑤ 为了不致落入征服者的手中，她一返回埃及后，便让毒蛇叮咬自己。
⑥ 埃及神灵，犬首，罗马人看来觉其状似"怪物"。
⑦ 针对野蛮人的神灵而言，它们分别代表"海上力量、美、武装的智慧"（Rat）。
⑧ 指狂暴女神。
⑨ 伊特鲁里亚与罗马的神灵（参希腊的不和女神厄里斯[Éris]）。厄里斯因执金苹果于筵席上而引发了特洛伊战争。——译注
⑩ 指战争女神，乃战神的女儿、妻子或姐妹。其名源于bellum，为"战争"之意。
⑪ 事实上，屋大维在罗马庆祝过三次"大捷"，这三次胜利分别为达尔马提亚、阿克蒂乌姆和亚历山大里亚大捷。

行不朽的誓言,①在全城献上三百座宏伟的圣殿。② 大街小巷
[526]因欢欣鼓舞、洋溢着赞誉之词而颤抖起来。在所有的神殿
中,均有三母神③的祭台;所有神灵均有祭坛;遭宰杀的公牛遍于
祭坛前的土地。他本人[奥古斯都]则端坐于绝美的腓比斯神殿雪
白的门槛上,检阅民众呈上的礼物,并将它们缚于富丽堂皇的大门
上:被征服的民族排成长长的阵列鱼贯而入,他们形态各异,身着
不同的服饰,手执不同的武器,口颂不同的语言。穆尔西贝(Mul-
ciber④[乌尔坎])身着飘飘长袍,代表游牧民族和非洲人的种族,
而列莱格斯人(Lélège)、卡利亚人(Carien)与葛洛尼人(Gélon)⑤
则手捧箭矢;居于波浪上的幼发拉底河人早已脚步轻柔[因和平重
临之故],居于世界尽头的莫里尼人(Morin)、头生两角的莱茵
河⑥、桀骜不驯的达哈⑦及因其桥梁而愤慨的阿拉克斯人
(Araxe)⑧亦同样如此。

此乃[埃涅阿斯]所欣赏的乌尔坎盾牌上的令人叹为观止之
事,他秉承了母亲的天赋,却又未曾亲历这些事件,因而颇乐于看
看这些图画,他在其肩上扛起了后代子孙的荣耀和命运(Ⅷ,671—
731 行,法语译文略有改动)。

---

① 请注意维吉尔的"意大利"民族主义及其宗教信仰。
② 其实,奥古斯都在罗马建造了数不胜数的神殿,维吉尔均亲历了这些工程。尤其是奥古
　斯都命人在帕拉提乌姆山上修建了腓比斯-阿波罗(Phébus-Apollon,腓比斯为阿波罗的
　别号——译注)神殿,问题是建得比较远,该神殿建于公元前 36 年,完工于公元前 28 年
　(因此,维吉尔得以知道此事),纯用白色大理石砌成["雪白的门槛"],大门亦用象牙修成
　["富丽堂皇的大门"]。伟大的平定者总会成为伟大的建设者,他们之所以能有此成就,
　是因为国家重又繁荣昌盛,充满乐观主义情绪之故。
③ 罗马帝国时期高卢及日耳曼地区受人尊崇的三位女性神灵。——译注
④ 拉丁文 Mulciber 为火神伏耳甘的绰号。——译注
⑤ 均为亚洲的小亚细亚人。
⑥ 因形如公牛之故。
⑦ 里海地区的亚洲部落。
⑧ 亚历山大在亚美尼亚的阿拉克斯河上所建的桥梁,后被涨潮冲走。维吉尔在影射世界尽
　头的这些国家和人民时,使奥古斯都作为全世界的主人和平定者(restitutor orbis)的观
　念变得更为具体。

希腊的东方臣服于意大利的西方(《埃涅阿斯纪》,Ⅻ,791—842 行)

最后,必须引用一下该诗的结尾,维吉尔在结尾处运用一个传说故事替希腊与罗马在后者的保护之下所达成的和解做了辩护,且行文少了些矫饰。如果说埃涅阿斯在途中面临如此多的困难,尤其是如果他根本无法同意大利当地人融洽相处,那么我们可以说,那是因为他乃朱庇特妻子朱诺的怒火所针对的目标,因其妒忌埃涅阿斯的母亲维纳斯之故。如荷马作品中那样,每位女神均会一贯借助超自然的佑助庇护自己的阵营,并为对手设置重重障碍。但埃涅阿斯却在一对一的格斗中受到意大利国王图尔努斯的赐福,这一点很是危险。于是,维吉尔想象朱庇特进行了干预,在这次争执中始终保持中立。朱庇特命令朱诺不要去对他胡搅蛮缠:因她根本无法反抗命运,命运要[527]特洛伊人最终在意大利生根发芽,并要埃涅阿斯成为神。朱诺虽谨遵命令,但她最后还是得到了补偿:在意大利建立的王国将会完全拥有意大利的特性,而特洛伊人(通常就是指希腊人)的名字和语言则会被无可挽回地抹去。

> 现如今[朱诺刈朱庇特说],我也确确实实做出了让步,我不再挑起自己所厌恶的战斗。但这并未包含于命运法则之中,为了拉丁姆,为了乃父的威严①,我要求这种命运。既然必须如此,那么只要当对手在幸福的联姻基础上很快建立起和平②,当他们明确规定了条约中的细则时,你就不得允许土著的拉丁人改变他们祖先的名讳、成为特乌塞人(Teucère)③,不得允许他们改变语言、改换服装④。只要拉丁姆存在一天,阿尔巴的国王就得历数世纪而不衰,而罗马这一种族也将因意大利人的勇猛而强大无比。特洛伊已经臣服;请允准它臣服时仍保留自己的名字。

---

① 拉丁人的国王拉提努斯(Latinus)乃朱庇特的父亲农神的后裔。
② 指埃涅阿斯和拉丁姆国王的女儿拉维尼亚(Lavinie)之间的婚姻。
③ "特乌塞人"即指特洛伊的首位国王特乌塞(Teucer)的后人;《埃涅阿斯纪》中就常常这么称呼特洛伊人。
④ 他们被征服后,就须采用征服者的名字。

这位人类与万物的创造者笑着回答她道:"你真不愧是朱庇特的姐妹、农神的另一个孩子,你心底回响的波澜竟如此汹涌! 那就去吧,让你这毫无理由的无名火发作吧:我准你所愿,心甘情愿被你说服,祝你如愿以偿。奥索尼亚人(Ausonien)①将保留他们祖辈的语言和风俗;他们的名字仍将一如往昔。特乌塞人只是军队同他们相合,而且还得让他们三分:我会给他们指定信仰和祭祀的礼仪;我会让所有拉丁人共用一种语言。将会出现一个种族,与奥索尼亚人的血统相融,你将发现它更为虔诚,无论是人、是神,还是任何一个民族均会向你致以无以复加的敬意(XII,818—840行)。②

叙述至此戛然而止。罗马建立,统治世界,奥古斯都家族统帅四方。意大利的不同部分建立起了一个统一的国家(南阿尔卑斯山的高卢人维吉尔坚持认为民族主义的扩张已超越了罗马这座城市的边界;我们还记得,几年前,这也是另一个外省人西塞罗的[528]精神状态)。这个国家拥有希腊的根源,其高贵性因此而生;但诸神自初始起就希望希腊世界最终处于其臣属地位;自此以后,该政体的反对者便被认为是罗马及其超自然命运的反对者,是在亵渎神灵。

结语

借由各种作品,尤其是《埃涅阿斯纪》,维吉尔提出了一种相当新颖的政治理论,我们可称其为"国家意识形态"。这种论说同某个种族自发形成的神话及传奇故事极为不同(既然诗人的奇思怪想乃其行文所需,或毋宁说是政治上谨慎行事之需,所以人们才会认为这种需要乃是由米塞纳甚或奥古斯都本人所主导,使他采用了这些神话元素)。它与像亚里士多德、西塞罗这样理性的政治哲学或波里比乌斯这样的历史哲学相异处也不少。它具有足够的非理性成分在里边,足以败坏共和国的理想,并在那些着迷于奇迹的群氓的眼中散播只有刚建立起来的

---

① "奥索尼亚"(Ausonie)先指伊特鲁里亚人占据的意大利,后指整个意大利。

② 确实,朱诺在拉丁人的土地上有数不胜数的神殿。

专制政体方具备宗教合法性这样的观念。世系（lignage）与神圣性（Sacralité）的原则在向我们呈现出来的罗马身上得到体现，并同时获得了胜利：我们被抛至远离共和国与法律统治尚觉陌生的地方。况且，我们只能得到这样一个悖论，即维吉尔所描绘的屋大维对安东尼的胜利恰是西方对东方的胜利：维吉尔的史诗在西方传播了神圣君主制这一范式的同时，亦将罗马共和国充分东方化，而非将地中海的文明西方化。

有鉴于此，因而维吉尔的思想仍远远算不上是"君主政体"的思想。王族（gens）中的英雄，从埃涅阿斯至奥古斯都其举手投足均似人类君主，具有相当的可接受度。尽管他们具有神圣的出身，但他们自身[529]本质上仍极虔诚（"恭顺的埃涅阿斯"）。民众并未匍匐在他们的脚下，而是保持了"公民的"尊严感。维吉尔的宗教本身也颇为人性化，温驯得很。《埃涅阿斯纪》的魅力毫无疑问在于它糅合了神奇之事与轻微的嘲讽（我们还能在该政体的另一位御用诗人贺拉斯身上发现这一点）。

第二节 《奥古斯都的神圣成就》

与我们刚刚研究的宗教及史诗元素相对比、对照的是，在元首政体中，存在着更为传统的政治观念，这些观念强调了共和国与由奥古斯都创建的政体之间的延续性。

它们首先在认为是由奥古斯都本人所写的《奥古斯都的神圣成就》（Res gestæ divi Augusti）中得到了表达，它类似于奥古斯都在其76岁死前数月对自己统治所作的总结，奥古斯都命人在帝国全境据地域不同而以拉丁文或希腊文将其出版。

有几篇文本流传了下来；已被研究过的第一篇，也是最全的那篇是在安吉腊（Ancyre，即现在的土耳其首都安卡拉）被发现的，该篇文本镌刻在神殿的殿墙上，因此该文献便按传统方式起名为"安吉腊古建筑"。

皇帝几乎是在年复一年地叙述自己的生活，自年轻的屋大维18岁参加内战起他便与罗马民众的历史融合在了一起。有几点必须特别提出，奥古斯都在创建"元首政体"这一体制时，断言除了恢复共和国末期因动荡而毁于一旦的"我们祖先的体制"之外，别无他求。

[有三种情况，]当元老院和罗马民众联合起来鼎力推选我，而非其他任何一位同僚，来执行法律和行使至高无上的权威时，我拒绝履行任何同我们祖先的体制不相容的职责；我是以[530]护民官[而非独裁者]的职权行使元老院托付于我的政策（第五章）。①

奥古斯都本人要求并任命其他护民官以协助他的工作。他后来所享有的独一无二的"权威"，他均认为是元老院的委任。

在我第六与第七任执政官任上（公元前 28 年—公元前 27 年），经一致同意，我接受了全权处理各项事务的权力后，便点燃了内战的星火，并将权力交给了元老院和罗马民众。鉴于已做的服务，于是我接受了元老院赐予我"奥古斯都"头衔的敕令，且以官方形式在我家门上挂上了月桂树枝……自那一天起，我便在头衔（auctoritas）上超过了其他人，但比起我担任行政官职的同僚而言，我并未享有更多的权力。

就在我第十三次稳稳当当地担任执政官时，元老院、骑士团及罗马的全体民众均赋予了我祖国之父（pater patriæ）的称号（第34—35 章）。

因此，我们发现奥古斯都在任何时候都坚持这一事实，即他所保有的权力不可自封，而是得由元老院和罗马民众明确赋予才行。因此他不是什么国王，也不会去声称自己拥有无论是王位还是神意所赋予的合法性。事实上，他声称是自己挽救了作为"混合政体"的共和国，该政体拥有民主的即民众的元素，也拥有贵族的即元老院的元素，还有君主

---

① 引文见 Baker，《从亚历山大至君士坦丁》（*From Alexander to Constantine*），前揭，p. 224及以后。

的即执政官的元素。

确实,该因素如今同另两个因素相比具有更多的回转余地,因为行省总督所拥有的全权(imperium)当时赋予了奥古斯都无限制的军事权,"权威"赋予了他超越于其他同僚的地位的优越性,监察权赋予了他可任命元老院、创建骑士团的权限,最后,还有护民官的权力赋予了他民事权,使其个人神圣不可侵犯,因此该因素的范围得以大大拓展;我们很清楚,他可毫无风险地决定不再永久履行执政官的职责。君主的因素要大于其他权力,自此以后,他便据此对其他两个因素做了规定和限制。

[531]无论如何,奥古斯都所作的这些解释显示了他感觉到自己同古代共和国的"宪法"有所关联;他能操控法律,但毫无疑问,他不能也不愿简单彻底地将它们废除了事。从这个意义上说,"法治国家"的架构仍在其位,从而导致了从法律上对普通公民进行保障。

第三节　法学家心目中的元首政体

我们恰好保存了元首政体时期的其他许多文本,这些文本出自法学家之手,它们表明了"共和国的幽灵"长时间以来仍"居于皇宫之中"(Baker,前揭)。

盖尤斯

盖尤斯乃最初撰写《法学阶梯》(*Institutes*)教科书的作者之一,他在公元 2 世纪后半叶对国家的"宪法"框架多所着墨。

> 有关罗马民众的法律包含了这些不同的准则:法规、平民会议表决、元老院决议、皇帝敕令(constitutions impériales);行政官员有权颁布的敕令;及法学家的答辩。
>
> [盖尤斯对前几项做了阐释;然后,他开始研究"皇帝指令"。]
>
> 君主指令(*constitutio principis*)是指由皇帝颁布的裁决、敕令或信件形式的规章;既然皇帝本人是根据法律来确认其权威性(*imperium*),那毫无疑问这样的规章便具有了法律效力。[接下

来是最后两个"法律来源"的详细情况,亦即行政官员的敕令和法学家的答辩。](盖尤斯《法学阶梯》,Ⅰ,Ⅰ,§2—5)①

显然,盖尤斯在阐释前面几类规章、法规、平民会议表决、元老院决议时,其落笔之时便已显得陈旧。正如我们所见,自提比略统治末期起,法规和平民会议表决已不再由民众大会投票表决通过,1世纪末,[532]我们便再也见不到狭义上的"法规"(*lex rogata*)②的蛛丝马迹了。元老院决议成了程式,听任皇帝的摆布。只有皇帝指令和御用法学家的答辩才是名副其实的法律。不过,尽管盖尤斯也这样进行了阐述,但共和国时期的"规范等级制"并未被彻底忘却。最重要的是他阐释皇帝指令时所用的方式。如果他说皇帝指令具有"法律效力",那么很清楚,他认为这些指令无法仅凭其本身便立刻成为法律。它们只具有"效力",而它们之所以会具备这个特点,那是因为皇帝本人在让自己做出这些裁决时,已预先认为只有严格意义上的法律才拥有权威性。

苇斯巴芗的帝国法(*lex regia* 或 *lex de imperio*)

他接受的是什么样的法律呢?显然,这涉及古老的帝国法(*lex de imperio* 或 *leg regia*),该法律将权威赋予了在位的行政官员。我们刚刚发现,奥古斯都在其统治初期好几次确实都是经由那样的法律被委任。帝国法(*lex regia*)似乎是在苇斯巴芗统治初期的场合下最后一次明白无误地得到确立,并采取"法规"(*lex rogata*)的形式定期经过投票通过(实际上,它就是随后由民众批准的元老院决议)。③

很有意思的是,通过法律赋予苇斯巴芗的权力只局限于正式场合下的某些范围之内。这要看具体环境而定:在发生了尼禄的疯狂暴行之后,内战的残忍恐怖在"四位皇帝(加尔巴、奥托、维泰留司和苇斯巴芗)在位的一年期间"仍旧蔓延,元老院需要有某些保证。在大部分条款中,法律明确指出相关条款中所规定的权力归苇斯巴芗所有,"正如[它们之前]归于奥古斯都、提比略和克劳狄乌斯所有一样",这表明这些权力在那时已显出因循守旧的迹象,须以前任为依归。

---

① 引文见 Baker,前揭,p. 257—258。
② *lex rogata* 意为"经提议的法案"。——译注
③ 该文本镌刻于一块青铜板上,14世纪被发现。参阅 Baker,前揭,p. 272。

皇帝受到委任的目的是为了：缔结条约；召集并主持元老院；举荐候选人担任公职；拓展帝国的边界；他们于现行法律尚未规定之前[533]所做的行为，在事后证明其合法性。法律超越了皇帝：

> 他拥有法律和权力以使其所思所想的事情符合国家的利益，在事务中力求保持最大的尊严——同时也要保持其神圣性和人性化，而无论是公事还是私事，正如神圣的奥古斯都、提比略和克劳狄乌斯当时的情况那样。
>
> 他不受（*solutus*）先前由民众批准的所有法律和平民所行使的任何权利的约束，他们所执行的措施与神圣的奥古斯都、提比略和克劳狄乌斯没有任何关联；而根据法律或[平民]所通过的法规，凯撒苇斯巴芗却有权行使由神圣的奥古斯都、提比略和克劳狄乌斯所拥有的权力。

在论及立法者不受先前法律约束的时候，我们注意到有一个用语：*solutus*。我们将发现，该词颇有近代①绝对主义的特色，它的意思是国王可 *absolutus*，即面对先前的法律，他可"免诉""不受约束""拥有豁免权"，也就是说，他不仅仅能制定新的法律，而且亦可废除老的法律，或将其弃置不用。尽管如此，只有在其前任免受那些法律的约束时，苇斯巴芗方可同样不受约束，这似乎是在说他仍旧得同其他所有人串在一根绳上（由此看来，从古老的共和国遗留下来的法律遗产似乎仍旧有效）。其实，在行使行政权力时，尽管皇帝自由度相当大，但我们已经看见，他手下的大法官和护民官却仍在适用传统的民法和刑法。

乌尔比安

元首政体末期，已不再提及这些限制措施。认为君主只有在接受民众的委任之后其权力方具合法性，以及君权的根源就存在于此的这一观念几乎同盖尤斯的说法如出一辙。在 2 世纪末期皇帝从元首政体快速过渡到塞维鲁斯诸皇帝当政的君主政体时，罗马法最著名的大师乌尔比安（乌尔比安的著作保存于查士丁尼的《法学阶梯》及《学说汇纂》中）对此作了重申。

---

① 指 1453 年—1789 年。——译注

[534]取悦于君主的东西具有法律效力（*quicquid principi placuit legis vigorem habet*），①照此看来，通过确立了君主最高权力（*imperium*）的帝国法（*lex regia*），民众就会在其双手间放上它本身便拥有的至高权力和权威。因而，无论皇帝 1)在信上签名做出决定，或 2)通过在司法程序的范围内颁布裁决，还是 3)于法庭之外表达司法建议，或 4)用敕令的形式下达命令——这样的立场均构成了我们通常所谓的"法规"。很显然，其中某些法规只针对个人，并不具备前例的效力；比如说，如果君主因某人所做的服务而帮助他，或帮助某个人时并未将此事作为一个先例，那么他就不能超越私人身份的限度。②

我们在赋予苇斯巴芗权力的法律中所注意到的限制措施消失不见了：无论何事（*quicquid*），只要君主喜欢，从此以后就可具有法律效力。

然而，在将皇帝视为"道德之人"（*personne morale*）对其进行束缚且拥有法律效力的法规，与只有在其以个人名义行事时才对其进行束缚因而并不具有司法后果的法规之间，乌尔比安做了细致的区分。因而，乌尔比安认为皇帝本质上就是一名行政官员，仅是法律的一个器官，无论从行为还是从法律上来说，其均与认为自己享有该职责的私人身份有别。

帝国后期，这种差异渐趋消失，君主与其私人身份之间愈难分别，从而，前者的至高权力（*imperium*）与后者的统治权（*dominium*）之间也变得难以区分。国家属于国王所有，是他及其家族的财产或资产。这样的混同在整个中世纪初期与封建时期均一直存在；中世纪末期的几个世纪及以后的近代社会均很难终结这种现象，也很难重塑如非独裁国家、行政官员、公选、以私人身份非正式暂行职责这样的古典希腊—罗马观念。

最后，我们注意到，自苇斯巴芗至最后几任安东尼乌斯皇帝当政的整个时期，皇帝实际上均经由元老院明确投票表决当选。当然，元老院无法同禁军作对，更无法与军团的权力相抗衡。另一方面，当皇帝选定他们觉得合适的人选继位，如

---

① 我们将会发现，这一极有名的格言是中世纪及现代的成果。
② 引文见 Baker，前揭，p. 262。

内尔瓦选图拉真那样,于是他们自己被授予的宗教权威就等于从他们手中[535]
传至此人身上,而且正因为有大祭司的介入,在集会的民众面前郑重其事地去这
么做,所以其效力就大得多。因此,元老院的行事处处受到掣肘。尽管如此,若要
赋予皇帝的行为以合法性,这样的形式仍必不可少。如若未经天意的遴选,又不
具备氏族的合法性,那根本就没人能擅作主张让自己成为皇帝。

这种坚守共和国时期公民责任感的精神在两个世纪内的罗马政论
家,如塞涅卡、小普林尼或塔西佗的作品中有不同的反映。

第四节　塞　涅　卡

斯多阿派的塞涅卡堪称古典时代的伟人之一,曾于尼禄当政时任
"宰相"。

生平与著作①

塞涅卡生于公元 1 年,卒于 65 年,父亲为罗马骑士,祖籍科尔多瓦(Cordoue),
年轻的塞涅卡在罗马学习哲学(受教于兼收并蓄的斯多阿派大师索提奥[*Sotion*]、
阿塔莱和帕皮里乌斯·法比亚努斯[*Papirius Fabianus*]门下)。他后来进入仕
途,但很快便因健康原因中断,于是在亚历山大里亚憩居了好几年,并在那里遇见
了一些知识分子,形成了自己的哲学观。31 年返回罗马后,成为财务官和前程似
锦的律师。约 36 至 37 年,他担任市政官。但其仕途因卡利古拉皇帝对他的厌恶
(以及演讲家和文人的嫉妒)而遭到了阻滞,然后忽然被流放至科西嘉岛(指控其
与阿格里皮纳[*Agrippine*]的女对头通奸,这很有可能是莫须有的罪名)而中断了
前程。他在这座岛上待了八年时间(41—49 年),钻研历史和风俗,并继续从事学
术工作:天文、地理(他在《自然问题》[*Questions naturelles*]中对此有详尽的论述)。
被阿格里皮纳召回罗马后,他必须加入后者的阵营,担任大法官,尤其要成为阿格
里皮纳的儿子尼禄的家庭教师。

在担任了三年家庭教师后,阿格里皮纳命人毒死了克劳狄乌斯。尼禄被推为
皇帝。于是,塞涅卡便担任了"宰相"之类的职务,与此同时他还是年轻君主(时年
17 岁)的导师。[536]他在元老院面前草拟了类似于《王位讲稿》之类的演讲稿,用
来向君主宣讲恢复共和国时期之自由的真实计划。当尼禄谋杀了其对手布里塔

---

① 据 Pierre Grimal,《塞涅卡》(*Sénèque*),PUF,1966;《塞涅卡或帝国的良心》(*Sénèque ou la
conscience de l'Empire*),Les Belles Lettres,1979。

尼库斯(Britannicus,父母为克劳狄乌斯及其首任妻子梅萨利娜[Messaline])时,塞涅卡并未劝谏,甚至还得到了死者的一部分巨额财富(埃及的土地)。他还犯下了其他一些令人诟病的行为,人们认为他之所以会这么做,是受了"国家理性"和欲使帝国听命于哲学家而需付出必要代价这一思想的驱使。首先,他随心所欲地将对手苏伊里乌斯(*Suillius*)流放至巴利阿里群岛(*Baléares*)①,如同他本人被放逐至科西嘉岛一样。随后,他成为尼禄谋杀其母阿格里皮纳的行动中的同谋(59 年3 月)。他利用这一点,独掌朝政达三年时间。但自 62 年起,他便试图退隐田园,然而,把元老院弄得担惊受怕的尼禄并不愿让他离开,于是塞涅卡只得一半时间过过退休生活。这使他有充足的时间撰写了许多作品,尤其是那篇著名的《致路齐利乌斯的书简》(*Lettres à Lucilius*)。这种不稳定的状态不可能持续很长时间。65 年,因尼禄怀疑他与皮索(Pison)密谋造反,他遂遵皇帝旨意自杀身亡。其实,在长达约十年的时间里,他才是罗马的首脑。

塞涅卡撰写了悲剧、诗歌、科学及哲学作品。其大部分作品均已佚失,尤其是地理(论埃及)与自然史的论著。不过,我们保存下来的有:1)对话(三篇《慰问词》[*Consolations*]、《论神》[*De la Providence*]、《论人生苦短》[*De la briéveté de la vie*]、《论幸福生活》[*De la vie heureuse*]、《论圣哲的坚韧性》[*De la constance du sage*]、《论灵魂安宁》[*De la tranquillité de l'âme*]、《论休闲》[*Du loisir*]、《论愤怒》[*De la colère*]);2)《论善行》(*Bienfaits*)的七卷作品;3)驳克劳狄乌斯的小册子:《圣人克劳狄乌斯之变蠢记》(*Apocoloquintosedu divin Claude*);4)两(或三)卷《论仁慈》;5)七卷《自然问题》;6)20 卷《致路齐利乌斯的书简》。②

《论仁慈》③

[537]该文作于尼禄当政初期,类似于讲义(事实上,这篇讲稿曾在尼禄面前读过)。其主要建议即是力求尼禄表现"仁慈",但在进一步演绎这一论题时,塞涅卡却不折不扣地阐述了权力及君主专制的社会必然性理论。

---

① 巴利阿里群岛位于西班牙东部,包括马略卡岛和梅诺卡岛。——译注
② 塞涅卡的作品,可特别参阅 Budé 丛书。尚须指出塞涅卡的《谈话录:致卢齐利乌斯的书简》(*Entretiens. Lettres à Lucilius*),由 Paul Veyne 编订,Robert Laffront,Bouquins 丛书,1993(1103 页)。
③ 参阅塞涅卡《论仁慈》,该文本由 François Préchac 编订及翻译,Les Belles Lettres,Budé丛书,1925。

共同体中的君主灵魂

塞涅卡坚持认为罗马自此以后就是君主制，此乃不言而喻之事。他并未被元首政体中的共和国表象所蒙骗。纵观整篇文章，他大量使用了"国王"（*roi*）一词以指称君主。*Princeps*（首脑、君主）或 *rex*（国王），用什么名称都无所谓（Ⅲ，Ⅱ，3）。然而，塞涅卡除了我们将指出的保留之外，他对这一新的政体还是持拥护态度的。为何？因为只有它才能带来和平。

他推测，如若任凭社会自由发展，那它只会以大混乱收场。其天然的衰落迹象乃是所有人之间的战争。"人类精神天生难以驾驭。"（*natura contumax est humanus animus*）（Ⅲ，ⅩⅩⅢ，2）只有政治秩序方能强行扭转人性，即迫使其接受和平。专制君主就要实行这样的铁腕手段：只有皇帝对其进行约束，才能阻止人群毁灭自己和他人（前言，Ⅰ，1）。

塞涅卡将这个观念发挥得很彻底。既然没有君主的共同体会自我毁灭，无法存在下去，那么君主就成了政治共同体真正的创造者。国王"决定各个民族的生与死"（前言，Ⅰ，2）。既然躯体在灵魂离它而去时会自行腐烂，那么同样，"没有国王，一切都会混乱瓦解"（*amisso rege totum dilabitur*）（Ⅲ，ⅩⅦ，2），可以说君主正是共同体的灵魂（Ⅲ，Ⅰ，4—Ⅱ，1）。皇帝乃是作为帝国的"躯干"上的"头脑"，而头脑无论处于健康状态，还是反之病入膏肓，都会扩散至所有的肢干（Ⅰ，Ⅱ，1）。[538]事实上，皇帝同共和国处于一体化的状态，他体现了共和国（*in [eum] se res publica convertit*）（Ⅲ，ⅩⅨ，2）。

但创造、赋予生命，"生杀予夺"（Ⅲ，ⅩⅨ，2），[1]不正是用来描绘诸神的吗？因此，君主就是"神"。塞涅卡拥护的当然不是那种大众形式的帝国宗教，而是其知性化的形式。该论点的根基乃是，君王必须"超越于竞技"，以做出仲裁，因而他必须名副其实地"与众不同"。从而，必须废弃"权利平等"（*isonomia*）这样的希腊公民原则和共和国罗马的古老价值。

---

[1]　尤其是因为重新带来和平的国王成了公民耽于生育的原因："他们没有其他欲望，只想成为父亲，自然而然伴随着祖国不幸的不育时代也会终结。"（Ⅲ，Ⅺ，5）因此，国王完全成了这些新人类生活下去的原因。

社会生活要求我们采取史无前例的、特别的措施。如果因体制之故而致使没人能如此行事,那国家就会趋于消亡,正义也将变成不义(*summum jus*,*summa injuria*)。唯一的解决办法就是有一种脱离于法律的权力,绝对的权力。君主制这一形式特别的优越性在于,它允许某人将自己置于正义之上,以便更好地战胜正义本身。

塞涅卡发展的这一观念表明了皇室职能具有独特而又"神圣"的特点,其中既有消极的一面,也有积极的一面。

君主的特权:积极的一面

诚然,君主就是民众的主人。他是"父亲"(Ⅲ,Ⅻ,1),而公民则是"孩子"。他们的父亲"时而轻柔地抱怨,时而发出威胁的声音,有时则会通过教训来恢复秩序"(同上)。国王还是个照料"病人"的"医生"(Ⅲ,Ⅹ,ⅩⅣ,1—2)。

塞涅卡甚至运用了很苛刻的例子。君主就像驯狗或驯马师:如果他必须仁慈的话,那倒不是出自对它们的爱,而是类似于好的[539]骑士驯马时会对其"稍稍调教一番"一般(Ⅲ,ⅩⅪ,2)。国王和臣民之间亦如同人类与昆虫之间有同样的分别一样:"如同人们对待昆虫那样,不会将其碾死,这样就不用弄脏了双手",国王也不会降尊纡贵亲自去惩罚他的臣民(Ⅲ,ⅩⅨ,4)。

国王在本体论上所拥有的优越性等于是其扮演了典范的功能。如果他为人善良、很有美德,那么民众也会善良而有美德。如果他腐化堕落,那民众亦会腐化堕落(Ⅲ,ⅡⅩⅩ,2)(我们将在许多有关君主制的理论中重新发现这一论题)。

塞涅卡确实最终——在文末——承认尼禄拥有近乎神圣的诸种特性。他是颗"星辰"(Ⅲ,Ⅰ,3)(尼禄自认为自己出生时受到了太阳的影响,如埃及法老那样)。我们在此重新见到了论及国王和将军受命运女神保护和垂爱的希腊化主题,塞涅卡并不害怕向自己的学生灌输这种想法。

作者任由自己在各个方面极尽恭维之能事,如我们将要见到的普林尼那样。为了更好地颂扬尼禄,他向前任皇帝发起了攻击。首先是克劳狄乌斯,在其死后,他写了本火药味极浓的小册子《圣人克劳狄乌斯之变蠢记》(也就是说他在"变蠢",而非指其"神化","变成神")。塞涅卡还攻击了奥古斯都(Ⅲ,Ⅶ,1),他在文中说奥古斯都刚上台时犯下了无数罪行:奥古斯都晚年所谓著名的仁慈只不过是

"疲乏不堪时的残忍"(*lassa crudelitas*)而已(Ⅲ,Ⅷ,2)。而尼禄却从未犯过任何重大的罪行(那是自然,因他当时只不过 17 岁而已!)。

君主的特权:消极的一面

但若有光鲜的一面,也会有其反面。如果国王就是主人,那么主人本质上就会暴露在外(exposé)。事实上,

> [对我们这些普通人而言,]我们的活动几乎不为人所察觉;我们既能显现于外,亦可隐于暗处,且能改变我们的存在方式,而不被公众所发现;而你[皇帝]呢,你是太阳,却不再拥有避人耳目的特权。光线的波动环绕于你四周,它们吸引了八方关注。你或许想让自己显现于外:因为你是颗冉冉升起的星辰!你只要讲话,你的声音就不可能不被世界各国所听闻;你只要发怒,就不可能不使万民颤抖[⋯⋯],[540]这表明了:这并非权力所能达到的当前的效果,而是当权力无穷大时,我们均能预见到的即将来临的效果(Ⅲ,Ⅵ,4—5)。

因而,君主的可见度使其具有悖论性,让他成了囚犯和奴隶。国王的特权颠倒过来,变成了对其不利的特权。相对应的是,臣民的弱势也颠倒了过来,转变成优势,而主人则会有很好的理由去忌妒他的奴隶拥有自己所无法享受的自由:

> 你根本不能去做我们因了你所能做的事!我可以毫不畏惧地走在罗马任何一个地区,尽管我的身后没有任何卫队,家中或身旁也没有任何武装。而你,身处于自己一手创造的和平中,却不得不生活于武装部队的护卫之中。你无法离开自己的财富一步;它就被放在你的眼前;当你步出或步入宫中时,它也将前呼后拥地陪伴着你。那就是君王的伟大性之中所固有的束缚(*summe magnitudinis servitus*),不过,你也不可能使自己变得更为渺小;但这必然性本身却使你与诸神之间有了共通性(Ⅲ,Ⅵ,1—3)。

这倒向君主表明了,他最终无非也就一死。塞涅卡细心谨慎地分析了相关的机制。①他说,君主有职责正义地统治,有职责阻止公民因加诸他们身上的伤害而亲自采取报复。他垄断了强制权的使用。但因此,他也激起了那些人因国家强权伤及自己所导致的满腔仇恨。当国家是个无个性的集体时,风险极小。但当它由一位专制君主体现时,那些人将满腔怨恨聚焦于他头上就不可避免了。

　　[此人]虽受到各种危险的威胁,但对许多人来说,他本人也恰是个祸害(Ⅲ,ⅩⅩⅢ,3)。

　　正如遭连根砍伐的树木会重萌无数蘖枝,正如人们越是割草割得勤快,野草却愈益长得茂密一般,同样,君主的残忍会在压制敌人的同时催生他们的人数;因为每个牺牲品都有很多的替代者,他有父母、兄弟、近亲和朋友(Ⅲ,Ⅵ,7)。

[541]奥古斯都在了解到这一无法避免的机制后,显得气馁万分:

　　你瞧[奥古斯都在自言自语],为什么有这么多的人会认为你死了他们会有莫大的好处?是否哪儿停止酷刑,哪儿就会停止杀戮?我只不过是暴露于年轻贵族眼前的首脑而已,好让他们用磨尖的尖头来对准我;不,生命并非如此珍贵,如果我为了避免死亡,那就必须大开杀戒(Ⅲ,Ⅶ,5)!

仁慈

这篇文本论述的是国王在政治上具有特权的理论,通过它可了解塞涅卡在论及仁慈时所作的建议。

"我们所有人都犯下了罪孽"(*peccavimus omnes*),塞涅卡这样开

---

① 对此,他及其同代人都已用毕生的闲暇时间去进行了思考,因为自马略和苏拉起,经由凯撒、庞培、安东尼……直至克劳狄乌斯的罗马最初的专制君主统治期间,密谋造反和作奸犯科的氛围一直萦绕不去。

始说道（Ⅲ，Ⅳ，3）。如果国家能无与伦比地做到公正，那么它是否就不该经常去进行惩罚呢？塞涅卡回答道，不该比诸神做得更过火，因为如果诸神决定有系统地惩罚人类所犯的所有过错的话，那么他们就会用雷霆不断地撼动地球。①然而，地球很平静。因而可见诸神本身也很仁慈。他们自有其理由……

首先，正是因为如此，仁慈者才会显得很优秀。

> 冷酷无情的邪恶怒火在国王心中发出诅咒；确实，他根本无法超越恰与其怒火相对等的诅咒。相反，如若他让那些在其面前表露心迹的人享有生命、享有他们的尊严，纵令他们该当遭到剥夺，他也只会去做只有专制的主人才允许做的事。[……]拯救乃至高无上者的特性（*excellentia fortuna*）。

另一方面，冷酷无情的惩罚尤其会达致其反面，也就是说它不会阻断罪恶，而是使其扩散。

为了由国家管理的惩罚能达成其目标，就必须使惩罚不致过度。必须使罪犯因其良好的行为而保有某些东西，否则他就没有任何理由表现良好。太过严苛只会挑起[542]绝望，甚而是反叛（Ⅲ，Ⅹ，4）。如果他惩罚得太厉害，那他就会使人觉得犯小过失"没什么意思"，这样等于是在鼓励再次犯罪："恰是刑罚使人产生犯大罪的想法。"（*facinus poena monstravit*）（Ⅲ，ⅩⅪ，1）

> 有一天，经元老院投票表决之后，他规定奴隶须在外在的穿着上与自由人做出区分；然后，他就清楚地发现，如果我们的奴隶着手对付我们时，会有什么样的危险威胁着我们。你知道得很清楚，如果对任何人都不开恩，那就真的得担心会发生这样的事；很快，你就会清楚地发现，大多数心怀恶念的公民是如何占了上风。同

---

① 我们想起了《诗篇》："主啊，若你见那过犯，那谁得存活呢？"（中文和合本《圣经》为："主耶和华啊，你若纠察罪孽，谁能站得住呢？"[《诗篇》130，3]此处按法语原文译出。——译注）

样,大量刑罚也会完全败坏君主的名誉,就像葬送许多病人的生命
也会败坏医生的声誉一样(Ⅲ,ⅩⅫ,1)。

因此,这便是仁慈的真实动机,无论是诸神,还是效法奥古斯都的
皇帝都应该具备这种仁慈:既然罪行的曝光愈来愈多,那么只有"保持
缄默"才能使其减少。君主应该带头阻止暴力,以打破冤冤相报这种循
环。也只有他才能够这么做,因为只有他才可凌驾于法律之上。专制
政体合法性之最根本的基础在于,只有暂停正义的惯常进程,才能确保
社会秩序,只有专制君主才能使自己不成为正义。

塞涅卡明确指出,他所要求的君主所具备的政治上的仁慈(clémence)并非
宽恕(pardon)。仁慈,严格讲来,是残忍的反面,残忍指的是"在施予痛苦的时候
缺乏自制力"(Ⅱ,Ⅱ,1)。因而,仁慈就在于能够避免使自己去施行全部或部分的
惩罚,这样做并非是为了忘却过错,因为忘却等于是证明了过错的正当性。塞涅
卡明白无误地谴责了宽恕:"宽恕就是承认他放弃了自己的一部分职责。"(Ⅱ,Ⅳ,
2)他谴责"怜悯"(compassion),因其并非美德,而是由过度仁慈导致的罪愆:怜悯
是一种"灵魂见不得他人不幸的病态"(Ⅱ,Ⅲ,1)。"怜恤"(miséricorde)应对的是
"悲苦"(misère)(Ⅱ,Ⅳ,4)。没有什么能像高尚的情感(magnus animus)那样能在
人的心中扎根;然而,"悲伤会摧毁灵魂,将其击垮,把它抑制住"(Ⅱ,Ⅲ,4)。①

[543]塞涅卡支持仁慈的论据中隐而不显的观点就是,国家秩序实
际建立于犯罪之上。没想到的是,在停止压制所有犯罪之时,仍不能阻
止犯罪,这等于是承认,在整个稳定的社会中存在"残余的犯罪",它应
该仍旧潜藏着、未受到惩罚、没得到解决。

通过这个极具"悲观性"的观点,塞涅卡与西塞罗及先前的斯多阿派断然划清

---

① 我们现在知道了塞涅卡的仁慈同《圣经》的怜悯之间相异之处究竟在哪里。在这自然而
然产生的道德之中,并没有福音中的爱(agapè)。塞涅卡说,能抵御命运女神暴风雨的最
可靠的避风港乃是 mutuum auxilium,即互助(Ⅱ,Ⅲ,3)。塞涅卡如同西塞罗,坚信正义
规则、对称规则。从仁慈可"保有作决定的自由"(liberum arbitrium)来看,仁慈与宽恕
恰恰相反。正是这自由和保持的"矜持"(quant à soi)舍弃了犹太—基督教的"宽容"(即
便对这伦理的自我[soi],这从属意志[serf-arbitre]的废除为神学家建立起一种优越性的
本体论自由也罢)。塞涅卡拒绝了"摧毁灵魂"的宽容,他也会反对《诗篇》(51:16):"神
啊,破裂碾碎的心,你必不轻看"(和合本为:"神啊,忧伤痛悔的心,你必不轻看"[51:17],
非原文的 51:16——译注)以及耶稣在得知拉撒路死去时的哭泣(《约翰福音》11:35)。

了界限。尽管西塞罗创立了自由的、"乐观的"人文主义传统,但塞涅卡却代表了一股截然不同的传统,即"专制主义""悲观主义"的先期代表,我们将其表述为下述信条:人类无法公正地生活,这就是为什么他们需要不义的权力的缘故。某种过度的(*hybris*)权力应该能对过度的激情和紊乱的社会做出回应。①

归根结底,元首制也就是国家的君主专制政体,只有其专制的权力方能使国家存活。

有鉴于此,由君主施行的专制权力就应该是个例外。元首制并非独裁制(*despotisme*):普通公民(指远离权力、不会被怀疑参加阴谋者)都应该能得到法律的保护。

确切地说,皇帝重建了(同克劳狄乌斯统治时期相比)法律,他将法律置于所有的违法行为之上(*jus supra omnem injuriam positum*,前言,Ⅰ,8)。权力应该以自然法(*lex naturae*)为榜样(Ⅲ,ⅩⅦ,1—2)。罗马的君主仍旧节制审慎,他们满足合理的欲望,对即便是不正当的要求也持不太严厉的敌视态度,和蔼可亲,很容易接近;人们可以私下里,也可以在公众场合谈论他(Ⅲ,ⅩⅠ,5)。

由此塞涅卡便得出了结论:元首制乃"最令人满意的政府形式,对这绝对自由来说,它所缺乏的只是被摧毁的可能性"(前言,Ⅰ,8)。

[544]塞涅卡生活在尼禄治下,尼禄是尤利乌斯—克劳狄乌斯诸皇帝中最后一位。之后是弗拉维乌斯诸皇帝当政的朝代,再接下来则是安东尼乌斯诸皇帝。这最后几位皇帝在罗马帝国中开始了长达一个世纪平静、繁荣的时期(公元2世纪)。罗马统治着所有已知的世界,在罗马和平(*pax romana*)的框架内维护着帝国,只须紧盯边疆地区即可。罗马国到处推销自己的体制,使人尊奉与之相同的管理原则,并在帝国诸多大片领土地区,使人尊奉同样的民法。

当代人如何才能想象当时的这种形势呢? 我们有好几份极有意思的文献:有两个人,都属罗马元老院阶层,他们是塔西佗和小普林尼,论述的是图拉真的统治,图拉真是安东尼乌斯诸皇帝中最杰出者,是该体制的真正奠基者。而希腊文献的作者则是埃流斯·阿里斯蒂德,他论述的是虔诚者安东尼乌斯的帝国时代。

---

① 令人好奇的是,这使塞涅卡与某些基督教政治理论,如圣奥古斯丁(saint Augustin)的理论颇为接近:人是有罪的,这就是为何他认为权力能达到全面正义这种想法根本不切实际,甚至是渎神的缘故。神在将政治权力赋予人类的时候,也对其过错进行惩罚,这也是为什么暴君将神意据为己有,使人们无从反抗的原因(参阅下文,p. 755—756)。

第五节　塔　西　佗

塔西佗是个历史学家,而非政治理论家。但他与小普林尼一道见证了弗拉维乌斯诸皇帝统治期间及安东尼乌斯诸皇帝登基时元首制最终建立的那段时期,他在作品中许多地方都对该体制表述了原创的政治观念。

尽管塔西佗的思想经常含混不清,但其在政治上身居高位却是无可置疑。他坚守古代罗马的公民价值,从而对罗马人在绝大多数尤利乌斯—克劳狄乌斯诸皇帝,尤其是多米提安统治期间所经受的暴政大加挞伐。但他通过论证,也赞成元首制这一体制。一方面来看,那是因为他同塞涅卡一样,都认为传统的共和国无法维护国内的和平。另一方面看,他似乎觉得,如果说帝国政体的最初几十年已经失败,那倒不能归咎于君主制本身的问题,而得归因于君主上梁不正,因他们被相反的命运裹挟而去。随着安东尼乌斯诸皇帝的即位,元首制终能焕发光彩,实现奥古斯都曾许下的所有诺言。

生平①

[545]塔西佗生于公元 55 年,卒于 115 或 117 年,出生于外省贵族阶层(他父亲无疑是骑士阶层的高级官员,或来自高卢纳波奈兹,有可能是威松腊-罗马[Vaisonla-Romaine]或弗雷格莱,或是邻近日耳曼[Germanie]的高卢比利时[Gaule Belgique]地区,因他后来经常在作品中提起这个地方)。他很早便去了罗马,在那里学习演讲术,以便为进入仕途做准备。他是家族中被苇斯巴芗任命进入元老院阶层的第一人。因为,苇斯巴芗想要更新及充实被尤利乌斯—克劳狄乌斯诸皇帝中最后几任皇帝杀戮殆尽的元老院;他的注意力被塔西佗吸引,无疑是因为后者雄辩的口才之故,而这个年轻人也早已显露出了这一天赋。于是,塔西佗成了新人(homo novus),他在体现元老院的意识形态方面,颇有初生牛犊不畏虎的精神,甚至像个新贵。

他在高卢或日耳曼地区担任军团长,后任财务官,继之又任大法官。他成了享有威望的十五掌礼官(负责宗教事务)成员之一。无疑,后来他又在外省政府任

---

① 参阅 Pierre Grimal,《塔西佗》(*Tacite*),Fayard,1990,我们将在本章中大量引用该书。

职。93 年,多米提安元首制末几年的残暴时代拉开了帷幕。塔西佗此时坐镇元老院,借助于这一有利的位置,他目击了公共生活遭到损害的过程,那是该时期的一个特点,并回忆了尤利乌斯—克劳狄乌斯诸皇帝统治期间那些恐怖至极的岁月。后来(97 年)他担任了执政官。他在担任执政官期间,宣读了维尔吉尼乌斯·卢福斯(Verginius Rufus)将军的葬礼颂词,卢福斯否决了拥戴者推举其为皇帝的计划,并坚认只有元老院方有权利任命君主。在对其进行颂扬的时候,塔西佗也因而坚决表明自己对制度上的合法性颇为青睐,并对共和国缅怀了一番。"正是这些演讲,或者再加上小普林尼为庆祝其于 100 年担任执政官举行庆典时所写的《图拉真颂词》(Panégyrique de Trajan)①,才导致出现了安东尼乌斯诸皇帝执政时期的'开明'元首制。"(Grimal)从这个意义上来说,我们可以说塔西佗不仅仅做了见证,而且从某种程度上来说,他也是自身所处那个时代中发生的政治事件的参与者。

102 至 104 年,他或许担任了行省总督一职。无论如何,从那个时候起,他便开始致力于编纂两本伟大的历史著作《历史》(Histoires)与《编年史》(Annales)。112 或 113 年,他还担任了亚细亚行省总督一职——那是元老院议员所能担任的最高职务。

著作②

[546]《阿格里高拉生平》(Vie d'Agricola,约 98 年):叙述了其岳父的生平,他的岳父曾于 78 至 84 年间平定了布列塔尼。阿格里高拉被视为典范:这个属于元老院阶层的人全身心地投入了拯救国家和为国家添光增彩的事业之中,而坚决不与阴谋诡计同流合污。《日耳曼尼亚志》(La Germanie,98 或 99 年):描述了该地区地貌及其居民的民族状况,按照罗马的观点无疑会认为,该书就是为了使人了解帝国很有可能会扩展至世界的这个部分。《演讲家对话录》(Dialogue des Orateurs,102 年):据信,这次讨论发生于 75 年,三个演讲大家讨论了演讲术自共和国时代起便一蹶不振的原因;正如我们将要发现的,虽然表面上争论的是技术,但其实是在对政治是否具有重大意义进行讨论。《历史》(约 108—109 年完成):罗马史,69—96 年期间;只留下最初的五卷,至苇斯巴芗登基为止。塔西佗经历了这个时期。《编年史》(112 至 117 年间?撰写):罗马史,14—66 年(有缺文);尤利乌斯—克劳狄乌斯诸皇帝统治时期,从奥古斯都驾崩起至尼禄死去为止。

---

① 参阅下文。
② 参阅塔西佗《全集》(OEvres complètes),由 Pierre Grimal 翻译、阐述及笺注,Gallimard,La Pléiade 丛书,1990。

塔西佗乃古典时期最伟大的作家之一。他的文风朴实无华、简洁明了、饱含辛辣,而且措辞"铿锵有力",照此看来,可当作奖状或讽刺画来看,他的心理分析常常鞭辟入里,堪与风格截然不同的修昔底德媲美。

塔西佗的历史哲学

对塔西佗而言,历史立足于两个层面:一是循环层面,归属命运,人类完全无法使其改变;一是微观事件(micro-événements)层面,取决于意志,几乎均为偶然,但其远远无法"撼动"命运,相反,它们不可避免地促成了命运的倏然来临。罗马的历史因而从根本上来说是受了命运的决定,过去,这些命运曾导致了共和国的垮台及最初几位元首遭逢厄运,如今它们又想东山再起,随着安东尼乌斯诸皇帝的即位,塔西佗的同时代人也会经历其间。但[547]这一历史形态、其特色、其细节,均为人类的自由行为及偶然性的结果。我们现在来重述这两点。

罗马的"诸世纪"

塔西佗并非无神论者。(认为其持怀疑论的传闻源自马基雅维利[Machiavel];不过,格里马尔[Pierre Grimal]认为,这种说法"经不起文本的推敲"。)诚然,他抛弃了迷信这种过度虔诚的形式,当时在罗马同在野蛮人或犹太人中间一样,都可遇见很多这样轻信盲从的大众。但他却相信诸神是怀着美善之心来关照人类事务的,他们根据人类的行为来赋予不幸和幸福。[1]诸神的意图可通过占卜术、占星术、"意大利最古老的技巧"肠卜术[2]得以领会(《编年史》,XI,XV)。(因而,塔西佗完全没有波里比乌斯那样的迷信,对他而言,罗马的宗教实践只是灵活管理行政官员的一种技巧而已。)

他指出所有,或者说几乎所有皇帝都相信命运及其征象。[3]比如,

---

[1] 塔西佗为了显示罗马历史上这段昏暗时期的特点,在《历史》的篇首说:"罗马民众最令人难以忍受的厄运及最确定不过的征象均从未表明过,诸神根本不关心我们的安全是否得到确保,而只知对我们进行惩罚。"(《历史》,I,3,3)

[2] 古罗马据牺畜的内脏进行占卜的方式。——译注

[3] 这种信仰极其普遍,以致统治者一贯都会对占卜心领神会,不过他们并不提倡占卜,而是对其进行控制,像持有异议及不忠的行为都会受到死刑的处罚:征询占卜师问统治何时终结或某某人是否会在帝国大有可为,这就等于是对现在的皇帝抱敌视态度。

提比略就在秘密从事占卜术,他熟悉"迦勒底人的技巧",亦即占星术,而且他还常常向一个名叫色拉叙(Thrasylle)的著名专家进行咨询。① 提比略就是这样[548]预见了加尔巴的元首政体,并向相关人士做了预言(《编年史》,VIXXX,2)。接下来,塔西佗对命运和人类自由在历史上各自的作用做了评论:

> 当我意欲叙述这些事实及其他类似的事情时,我自己却无法确知究竟是命运引导人类事务的开展,且命运乃是一成不变的必然性,还是偶然性在引导,偶然性一成不变。因为,我们观察到,古代最伟大的哲学家以及那些谨守自己教义的人却持相反的观点[塔西佗简略提及了伊壁鸠鲁学派、柏拉图学派的观点,然后他引用了其中共同的观点];我们只能取大部分人的观念,自从他们诞生的最初那刻起,他们的未来就已注定,但如若某些迥异于原定的事突然出现,那么这就是那些预言者所犯的错误,因他们预言了自己所不了解的事;享有盛誉的技艺均以某种非同一般的方式像这样落得斯文扫地,古今莫不如是。可以肯定的是,恰是这位色拉叙的儿子也向尼禄许诺说帝国……(《编年史》,VI,XXII)

塔西佗似乎站在了传统观点的一边。如果占卜术有时似会出错,那这倒并非因为人能摆脱宿命,而是因为此种方术相当难于掌握,更何况,那些专门的术士常常会因利益之故而捏造征兆。人类表面上的自由、事件表面上的偶然性,其最终的结局总是命运弄人。

有时,确实,人们可"抵消"预兆,也就是说,由于知悉并了解了诸神所赐的征兆而改变其行为,并避免预知的惩罚;但在涉及像加尔巴不愿把它当回事的那些预兆时,塔西佗也说:"纵然命运已经宣布,但其有所

---

① 塔西佗在一段小插曲中妙趣横生地提出了一个巧妙的难题。提比略为了保守秘密,通常会将那些其咨询过的及遭其疑忌的人从高处的岩石上推入大海。色拉叙向他宣布说,他将成为皇帝。提比略对此很是欢喜,但还让这占星术士算算自己的天象,还让他预言自己近期的情况。色拉叙越算越害怕,脸色刷白:因为他掌握的技术已告诉他,提比略打算杀了他。提比略为作如是宣称的占星术士的能力所折服,于是便赦免了他……(《编年史》,VI,XXI)。

保留之处仍无法避开。"(《历史》，Ⅰ，ⅩⅧ，2)更确切地说，塔西佗熟知罗马混合了诸种学说(斯多阿学派、新毕达哥拉斯学派)的神秘主义信仰要义，照这种要义，历史上存在大循环，即有"大月"或"世纪"之分的"大年"。塔西佗身为大法官，88 年曾参与庆祝了由多米提安召开举办的"百年竞技会"(克劳狄乌斯也曾于 47 年举办过此类竞技会)。[①]

　　然而，他发现在罗马近期的历史上，这样的循环日渐明显。共和国末期——"铁的世纪"——有过内战，后来出现了奥古斯都的元首政体，当时那代人本身就想从中[549]辨认出"黄金世纪"的开端。[②] 但在该世纪最终随着内尔瓦和图拉真的元首政体蓬勃兴起之前，却有过一次倒退，乃心怀不满的诸神因罗马人糟糕的行为且其风俗普遍衰落之故所降给他们的。这一处于中间状态的循环本身被细分为二，即尤利乌斯—克劳狄乌斯诸皇帝统治时期，从奥古斯都驾崩(14 年)至尼禄之死(69 年)，然后出现了短暂的表面繁华时期，即韦斯巴芗和提图斯在位期间，之后便因多米提安的暴虐统治(70—96 年)而重现倒退。故而，这两个时期在宇宙中具有某种统一性，证明有一部与众不同的作品会专门针对这两个时期写成，它们分别是《编年史》和《历史》。

　　从一个"世纪"至另一个"世纪"的过渡均以预兆加以标明，塔西佗赋予了预兆极端的重要性，他小心翼翼地把它们记录下来，试图从中梳理出何为真正的预兆，何为不确定的征兆，前者得到了权威专家证实，后者只不过是迷信而已。比如 79 年 8 月 24 日，提图斯当政时期维苏威火山(Vésuve)的爆发将庞贝(Pompéï)与赫尔库拉内乌姆悉数埋葬；罗马发生的几场火灾；台伯河(Tibre)几次泛滥；雷击，及某些时期人类行为异乎寻常丧失理智的特点("不洁的仪式、大人物中间的通奸；布满流放者的大海、被鲜血浸染的小岛。罗马城里肆无忌惮的残暴行为……"《历史》，Ⅰ，Ⅱ，3—4)。

　　卡皮托利山丘及朱庇特神殿原因不明的火灾发生时，正是维泰留斯同弗拉维乌斯的支持者之间发生战争的时期(《历史》，Ⅲ，72)，这点特别重要。朱庇特乃是享有全权(*imperium*)的神，行政官员担任官职之后，这一全权便会传递给他们。他的神殿极为古老，且受人敬仰；凯旋者是为感谢神才造了这座神殿。它因狂暴的(*furor*)内战而遭摧毁，从而也威胁了罗马自身的存在。

历史的偶然性

　　但即便历史的总体命运归属于诸神，听命于命中注定的必然性，但

---

① 起先并没有明确规定的举办时间，后定为 110 年举办一次。——译注
② 参阅上文，第二节，维吉尔，p. 510—521。

仍为偶然性和自由留下了一席之地。

> 对我而言,我越是对或近或远的事件进行描述,就越会在人间的所有事务中见识起起伏伏的变化(《编年史》,Ⅲ,18)。

由此我们发现,在塔西佗的眼中看来颇具重要性的个人动机、心理状态、狂热激情——最常见的就是对权力无止境的贪欲——尤其在《编年史》中描述人物时得到了详尽无遗的呈现,[550]且这些描述一直都很有名。塔西佗不厌其烦描绘的每个人物从特定的意义上说,均因其狂热的激情、其个性、其选择而决定了事件的走向(但我们会说,这只不过是表面现象而已;他们仅仅影响了具体、细节的形态,无论如何,历史大循环乃是通过这些形态才无可避免地得以展开的)。

比如说,奥古斯都是个极其虚伪的两面派(他有许多恶行,其中一个恶行是,他为了继任,尽管知道提比略为人歹毒、毫无能力,但还是选择了他,其目的就是为了在身后显现自己是个堪称典范的君主)。提比略的"丞相"塞加努斯(Séjan)乃是诸神赐给他的祸水,用来蒙蔽君主,好使命运得以达成;他为人险恶、野心勃勃,在推动提比略开展元首制当中起到了根本性的作用。克劳狄乌斯的妻子梅萨利娜因其对美男子西柳斯(C. Silius)①"几近癫狂的"爱也起到了相当重要的作用。如果没有阿格里皮纳的狂热激情,尼禄也不会君临天下(正是塔西佗为我们转述了这句名句,那是阿格里皮纳对占星术士说的话,后者向她预言说,尼禄终会当上皇帝,但后来他却杀了自己的母亲:"就让他杀了我吧,只要他能君临天下。"[《编年史》,Ⅹ,ⅩⅣ,9])尼禄谋杀阿格里皮纳的骇人罪行表面上看来也是说明人类激情具有自主性的一个例子,但在这位历史学家眼中,这却只是达成命运的一种方式而已。

须注意的是,塔西佗在《历史》和《编年史》中几乎所有或伟大或渺小的人物身上,均于人类动机的中心地带发现了"贪婪"和"傲慢""这两种最为强大的主要恶行"(《历史》,Ⅰ,ⅬⅠ,7)。塔西佗——马基雅维利很喜欢他,而且我们发现,他与拉罗什福科(Rochefoucauld)②有些类似,对后者造成了或直接或间接的影响——

---

① 西柳斯,公元13年担任执政官,为日耳曼和高卢的统帅。——译注
② 拉罗什福科(1613—1680年),法国古典作家,原是投石党人,后以阐述《箴言录》(Maxime)而知名。——译注

的这种"悲观主义"表明了他仍有些留恋元首制。"悲观主义"的心理状态及为了"强国"所作的政治抉择之间具有关联性,它为专制主义的整个传统所共有,我们在论述塞涅卡的时候就已见识过这一点。若没有压制贪欲、震慑罪行的铁腕,社会便一刻都不得有序。纵观这一传统,我们在其不同的形式中发现了人性本恶说,或认为至少其本质上具暴力性和自私性的观念,从而认为天然的社会秩序根本就不可能存在。人类无法保持社会和平,况且和平一直都很不可靠,只有"利维坦"式的国家才能做到这一点,它居高临下地进行统治,令人人自危。因而,一定量的犯罪和不义乃是必要的(sine qua non)条件,对此必须断然加以接受,如此国家才能生存,当涉及为了达成集体的伟大命运时,国家的持存就显得特别有必要。像罗马这样的国家天生就该如此。

[551]总之,这就是以个体的狂热激情为辅的命运,它在从共和国至帝国的这一阶段中一直起着主导作用。对政治体制的这两种形式能否做这样的判断呢?

共和国与帝国

塔西佗受过演讲术的训练,他有个习惯,就是在论述不同的主题时,喜欢权衡每个论题的正反两方,而从来不会形成断然清晰的结论。当他论及共和国和帝国这两种体制各自的优点时,便遵循了这样的做法。

元首政体初期的平庸及罪行

共和国的历史学家对各次大战役、攻城略地的战事、世袭贵族和平民之间的可怕战斗进行了叙述。我们发现,帝国的历史学家塔西佗却并没这么好的运气。因为,帝国时代的生活变得越来越平庸,生活面愈益狭窄,没有什么伟大的事件,唤起人类高尚情操的积极性也愈来愈少。该体制丑陋不堪,散发着臭气,所见之处只有犯罪和卑劣的行为。尽管如此,对它进行研究也没什么不好,这与对民主制或贵族制进行研究没什么两样(参阅《编年史》,IV,XXXII—XXXIII)。

在最初几任君主治下,我们发现自由消失不见了。奥古斯都颁布了"公职尊严保护法"(loi de majesté),至提比略时期仍然通行,该法赋予了皇帝(imperator)本人以历来得到罗马民众认可的"尊严"(majesté;亦即至高无上的权力)。因此,批评前者就等于是在侮辱后者,这样做会被判死刑。该法律赋予了皇帝针对任何公民的生杀予夺之权,成了专制权力的可怕工具。

言论自由同样也遭到了压制。权力开始讲起了"政治宣传的生硬套话"。君主虽标榜仁慈和友爱,但同时也残酷无情,让亲朋好友之间彼此揭发告密(《编年史》,Ⅳ,70)。提比略的宰相塞加努斯当政的时候,曾试图对作家进行极不公正的控告。塔西佗在《阿格里高拉生平》中强烈谴责了[552]多米提安的暴政,他在统治期间,仍大肆杀戮作家,焚毁他们的作品。

> 毫无疑问,他相信这场战斗会使罗马民众噤若寒蝉,使元老院的自由和人类的良知无从谈起,与此同时,他还驱逐那些以传授智慧为业的人,①打压所有高尚的活动,使得受人尊敬的人无论到哪彼此之间都无法互通有无。啊,当然,我们千方百计证明自己是具有耐心的,如同古人在自由方面达到了登峰造极的境界一般,同样我们在奴役方面也达到了登峰造极的地步,尽管密探甚至连说和听的可能性都从我们身上给剥夺了。如若这已成了我们遗忘和缄默权限中的分内之事,那我们说不定也会丧失对语言的回忆(《阿格里高拉生平》,Ⅱ,2—3)。

> 元首制变成了告密者的天下,也就是说成了那些从告发中捞取好处者的天下(《编年史》,Ⅺ,5)。

君主最终摧毁了贵族阶层。比如,尼禄并不满足于通过愚民政策而使自己堕落下去,他还迫使贵族阶层和他一同堕落,让他们去做"那些通常情况下他们甚至连正眼都不愿瞧一眼的事",所有这一切对民众而言都具有莫大的乐趣,因为他们喜欢看见这些大人物被这位暴君拉到同大家一样的水平上。

自愿受奴役

但君主并非唯一的罪人。按照其对人所持的"悲观主义"的视角,

---

① 说的是驱逐哲学家这件大事,这些哲学家都成了牺牲品,其中有爱比克泰德和狄翁·克里索斯托(参阅下文,p.592)。

塔西佗强调了独裁政治永远会以罗马社会的怯懦为资本,元老院与骑士阶层以及无名的大众均是这种下场。塔西佗这样描写了大众欢送奥东出征与维泰留斯开战时的情景:

> 大众的叫喊声、说话声同他们往常的恭维话没什么两样,都是极尽夸张、虚伪之能事;早已有人说过,他们之所以陪伴在凯撒或奥古斯都皇帝的左右,是为了竞相比试看谁的热情高,谁能说出漂亮的誓言,他们这么做并非是因为害怕,也不是出于爱,而是奴性十足的卑劣趣味(《历史》,Ⅰ,90,3)。

[553]这种"欲为奴隶的狂热欲望"(*libido servitii*)乃是人性的痼疾,在许多情况下,伟人自身同样亦不能幸免,"纷纷想要受到奴役"(《编年史》,Ⅰ,7,1)。

> 有人说,提比略每次离开会场(Curie)①[元老们提出"卑鄙无耻、极其夸张的动议"的场所]时,都习惯用希腊语说几句话,如:"哦,这些人都很适合做奴隶啊!"显然,即便是这个不愿给民众自由的人也因那些愿受他奴役者显得如此卑怯温顺而大倒胃口(《编年史》,Ⅲ,65,3)。

这是他于几十年后重新发现的可耻行径:

> 元老们对自己提出的建议改来改去,翻来覆去地折腾,就是为了把维泰留斯定为公敌,说他犯有弑君罪,可即便是最深谋远虑的人也在粗俗不堪地骂人,有些人侮辱起来简直理直气壮,但在这些叫喊声中,在如此多的声音响起的那一刻,不如说,响彻着的都是他们自己发出的嘈杂喧嚷的话语声(《历史》,Ⅰ,65,5)。

---

① 我们记得会场(Curie)就是指元老院聚会时所用的建筑。

在塔西佗看来，这样一种普遍的怯懦行径恰好暗合了君主想要压制自由的想法。然而，他明确指出，这本身乃是大肆屠杀所导致的结果，因为在君主的倡导之下，大屠杀清除了那些具有公民精神的优秀的元老。通常来说，由于元首制时期，公共事务由一人独揽，于是再也不用操心国家大事的政治家无论从智识上还是从道德上而言，都日趋平庸、易于操控，而在提倡自由的体制下却不会出现这样的情况，这一点相当致命（参阅《历史》，Ⅰ，Ⅰ，2）。

于是便出现了"恶性循环"：源自君主的独断专横的恐怖暴行促发了民众及贵族阶层的怯懦，而这怯懦反过来又激化了君主的渺无纲纪、行为乖戾。这就是卡利古拉曾想达到这一状态，并把自己称为主人（dominus）的原因（《编年史》，Ⅵ，45）。

法律面前人人平等的理想应受尊重，但也须修改

[554]那么，究竟该怎么办呢？重塑共和国，这些批评家难道不是暗中一直在主张这么做吗？为了做出回答，就必须着手对共和国的理想进行重新评估，它与法律面前人人平等的理想有些混同。塔西佗通过历史触及了该问题。权利平等（isonomia）的理想缘起于聚集而居的历史（l'histoire des sociétés）的某个确切时刻。

> 世人最古老的祖先由于尚未存在不良的激情，生活方式无可指摘，根本不知何为犯罪，因此也不会有惩罚和强制性的措施。根本就无需什么奖赏，因为他们出于天性而自愿谨守道德，而且因为他们根本就不会想到要去违反约定俗成的习俗，所以他们也就不会觉得受到了威胁而有什么事不能做。①但[天赋]平等的观念开始丧失，阴谋和暴力渗入取代了节制和荣誉，之后便催生了暴政，于是暴政在许多人的心中永远存留了下来。②当然，很快，当他们厌倦了王权时，就宁愿选择法律。起先，由于头脑都很粗糙，所以法律也很简单；因声望之故，由米诺斯（Minos）

---

① 这类似于未曾遭破坏的"黄金时代"和"自然状态"。

② 因而，塔西佗认为存在一个未开化的世界，它仍然处于发展的阶段，远未企及希腊与罗马所达到的地步。

拟定的克里特法律尤其出名,后来吕库古草拟了斯巴达法律,再后来,由梭伦为雅典人制定的更细致、条款更多的法律也都很出名。在我们国家,罗慕路斯是按照其良好的旨趣来行使权力;后来,努马(Numa)①通过宗教信仰和神圣的法律将民众联结在一起;某些法规则由图鲁斯和安库斯发明出来。不过,甚至连国王都须遵守的法律则主要是由塞维乌斯·图里乌斯创建。由于有一次塔昆遭到驱逐,于是民众采取了众多预防措施来与元老院议员的诡计作斗争,以捍卫自由,增强和谐,他们创立了十人委员会,博采众长,②拟定了十二铜表法……(《编年史》,Ⅲ,XXVI—XXVⅢ)

然而,塔西佗并非理想主义者,他也从来不会受自己悲观主义的刺激,将大量动机归因于历史上不同的角色,他在其大事记的后部表明了,[555]罗马的法律常常只是掌握在相继登场的统治力量、行政官员、元老院、民众或"强人"手中的权力工具,而这都是元首制时代之前很久的事了。这份报告予人的教训是,纯粹的"法治"无法存在下去,而当今君主所拥有的可自行处置的权力倒与事物的性质相吻合。

[十二铜表法]只是表述人人平等的极端的法律。[因为,]纵然法律有时确是受到恶行的激发,用来惩罚那些被认为有罪的人,但法律之所以会随之而来,却常常是因各等级间矛盾太深而通过强力得以确立起来的,其目的正是为了使那些无才无德之人享有荣誉,或是为了流放杰出的人物,或是为了其他邪恶的理由。由此便产生了鼓动平民的格拉古兄弟和萨图尔尼努斯(Saturninus)③,

① 指努马·庞皮留斯(Numa Pompilius),罗马第二个国王,据说其统治时期为公元前715年—公元前673年。——译注
② 暗指这样一个事实,即他们在修订《十二铜表法》时,是以大希腊的法规及克里斯梯尼为雅典制定的法律为蓝本的。
③ 他重新执行了格拉古兄弟的政策,但于100年被元老院和马里乌斯(指财政官盖尤斯·马略[Gaius Marius])粉碎。——译注

和以元老院的名义不吝馈赠①的德鲁苏斯②,还有时而因充满希望而俯首帖耳,时而因遭到否决而失望至极的盟友。而无论是在同意大利的战争期间,还是在随之很快发生的内战中,人们全方位投票表决通过大量法律的行为一刻都未消停过,直到独裁者苏拉当政之时,先前的法律遂遭到了废除或者说得到了转化,在亲自添加了一些法律之后,他便在该领域暂停了动作,但时间并不长,因为很快就出现了列皮杜斯③颇具革命性的法律提案,不久,护民官便能照着自己的意愿去鼓动民众了。④ 自此以后,设立法律总体说来不再是用于造福整个共同体,而是用来反对人们任命⑤的某个护民官,于是在一个彻底堕落的国家中,忽然出现了数量极多的法律(《编年史》,Ⅲ,ⅩⅩⅧ)。

[556]后来,随着第二次三头政治时期共和国危机的加剧,形势便一发不可收拾:

之后,第三次担任执政官的斯奈尤斯·庞培(Cn. Pompée)负起了改革风纪的责任,他试图革除流弊而施行的挽救措施反而招致致命的后果,使其本人成了自己所设法律的始作俑者和掘墓人,他本想让军队来捍卫,却因军队而惨遭败北。⑥后来的 20 年,纷争

① 暗指德鲁苏斯承诺将公民权赋予“盟友”,亦即除罗马之外的意大利诸城市的居民。但由于执政官菲利普斯(Philippus)的否决,因而该项措施并未投票表决通过,遂引起了“盟友”的反叛,或称“联盟战争”(参阅上文,p. 346)。

② 李维乌斯·德鲁苏斯于 91 年任平民护民官。他在遭谋杀之前曾试图依靠平民使元老院复得先前曾失去的特权。他用自己的财产购买平民的选票,塔西佗遂以此来暗示他的“馈赠”。

③ 这位埃米留斯·列皮杜斯(C. Æmilius Lepidus)——勿与安东尼、屋大维及列皮杜斯三执政官当政时的人物混淆——于公元前 78 年任执政官,此时恰好是苏拉(公元前 82 年—公元前 79 年)独裁者任期结束之后,他试图重新执行格拉古兄弟的政策。

④ 公元前 70 年,苏拉的亲元老院的立法体遭到废除,平民护民官的权力重新得到确立。

⑤ 公元前 58 年克劳迪乌斯反对西塞罗的法律便是这类整人(ad hominem)法律的例证。此后,便不再有权利平等(isonomia),而只有特权(privilegium 另指针对某人而设立的法律或决定),这一公民理想显然遭到了践踏。

⑥ 发生于公元前 48 年庞培在法萨卢被凯撒击败期间。对元老院议员那些人来说,这恰是自由(libertas)彻底丧失的时候。

不断,道德沦丧,法治不全,罪大恶极的恶行逍遥法外,而许多受人尊敬的行为却以夭折收场(《编年史》,Ⅲ,ⅩⅩⅧ)。

由于不可抗拒的必然性,我们就这样进入了由奥古斯都创设的元首政治的体制之中。它当然不是法律面前人人平等的政体,在由塔西佗所描绘的庞大的历史壁画上,它似乎是个包含了少量恶的体制。

该历史分析所引出的结论是:确立法律面前人人平等的法律的政体确实好,优于如今仍在野蛮人中间通行的暴政。但该政体在罗马只是在最初几个世纪才得以实行。因为,很快,法律的性质改变,转而为某些特殊的群体、群氓、元老院、反叛的将领服务,从而最终成了暴政的工具,直到人们再也忍无可忍为止。专制君主之所以采取完全非法的手段,如秘密警察、告密者、生杀予夺的专断法律,就是为了不去进行革新;但如果通过这些手段,他达成了和平、秩序以及某种法治,那么社会最终就会得到好处。塔西佗认为,和平乃是基本的公民准则(而非像日耳曼人那样的野蛮人所以为的战争),①因为,在动荡时期,只有最卑劣无耻的人才能占据高位,从而导致整个集体的堕落,惹来诸神的愤恨。因此,必须认为,尽管须以罪行为代价,但只要推进了和平,那么他就该当受到赞颂。②

元首政体,统一性原则

[557]元首制如若是为了使社会各等级达成统一性原则,那么就仍然是必需的(《编年史》,Ⅳ,33)。只有一个人能阻止帝国这样的庞然大物分崩离析:

> 一旦[列皮杜斯]③无所作为、垂垂老矣,一旦[安东尼]被其狂热的激情引向灭亡,医治国家动荡的药物无他,就只有使其臣服于某个人的权力。然而,我们并不会求助于王权,也不会求助于独裁者,而只会寄望于具有"君主"称号的人,让他来重组国家;远方的

---

① 参阅下文。
② 参阅 Grimal,前揭,p. 221 与 227。
③ 三执政官之一。

海洋或河流形成了帝国的边界；军团、行省、舰队彼此之间互有关联，①法律在公民中间建立起来，盟友归顺臣服；罗马城自身也穿上了华美的衣袍；②只有极少数情况下才会诉诸暴力，如此方能确保所有人都能过上平静的生活（《编年史》，Ⅰ，Ⅸ，4—5）。③

由诸神选出的君主

如果他必须履行属于其天职的和平与统一的使命，如果遍布于世界各地的罗马军队必须在他的庇护下进行战斗，那么君主就必须拥有超自然的力量，且不容置疑地受到诸神的眷顾。

某几位尤利乌斯—克劳狄乌斯皇帝就属这种情况，他们是凯撒和尤利乌斯氏族的神圣后裔；但对其他人而言，诸神却通过不详或含糊的预兆来向他们表明自己的不满。

譬如，尼禄就曾沐浴在高居于塔楼上方的阳光之中，照埃及人的说法，这就是神圣的"赐福"。由此，对他而言，这便是帝国太阳崇拜的开端。但[558]尽管斯多阿学派的塞涅卡（他想起了克里昂特诗中太阳所扮演的角色，参阅《论仁慈》）对此很是喜欢，塔西佗却不屑一顾：对东方诸神感兴趣很有可能会危及城邦同当地信仰的神灵之间传统的结盟关系。

塔西佗对最为希腊化的皇帝尼禄极尽嘲讽之能事。他想成为超一流的齐特拉琴弹唱者、超一流的演员和超一流的驷马战车驾车手。他炫耀普遍皆可通用的美学理论，对对称（symmétria）、和谐及合理的比例很有兴趣。他自认为精通了这些技艺之后，就可证明自己有管理帝国的能力。尼禄想要达到"文化革命"的尝试自有其先例，如提比略和日耳曼人（Germanicus）④均参加了奥林匹克竞技会，奥古斯都创设了"阿克蒂乌姆竞技会"（以纪念阿克蒂乌姆战役），再往前还可追溯至卓越者托勒密

---

① 元首制不会在结束罗马的社会及政治斗争时，仅在内部引入统一性原则，它还会在帝国全境范围内将军队、行省，实际上使整个人居的世界——就是指围绕地球的"海洋"这边所有的地方——都统一起来，以使国家协调一致、和谐融洽。塔西佗的作品中已经具有了罗马君主制的宇宙观视野；这一方面会在君主制的意识形态中得到强化。

② 我们已经发现，奥古斯都都将罗马城装扮得极其漂亮。

③ 我们在此重新发现了这个观念，即罪行必以牺牲某些人才能达成，如果为了绝大多数人，为了代表大多数人利益的国家而获得和平、秩序和统一，那么这样的代价就须付出。社会秩序建基于献祭的逻辑之上。

④ 奥古斯都都皇帝的义子提比略和德鲁苏斯的绰号。——译注

（Ptolémée Évergète）、伊方德尔（Évandre）、阿基琉斯的时代。还有后继者，如哈德良、马克·奥勒留。"尼禄戏"（Neroniana，由尼禄创立的游戏）有一段时间曾使希腊风格的服装在罗马大行其道。对塔西佗而言，这种选择表明了它在同罗马贵族的传统价值观唱反调，西塞罗曾在"西庇阿之梦"中大肆赞扬了这种价值观，塔西佗也不厌其烦地说其岳父阿格里高拉曾亲自阐述过这一价值观。因此，尼禄根本就不是神授之人，他应该算是受诸神抛弃的人，其命运正好表明了这一点。

根本就没有任何证据可以说明加尔巴、奥托、维泰留斯乃神授者，所以他们很快就垮了台（令人可悲可叹）。

从某种程度上说，苇斯巴芗和提图斯似乎表明他们受到了诸神的眷顾。苇斯巴芗自孩提时起便显示出了异象。他年幼时，家中的柏树被伐倒后却又在翌日发了芽，长得更高，枝叶也更茂密。所有的肠卜僧均异口同声地说从中见出了极其明显的灵性之光的预兆（《历史》，Ⅱ，LXXVIII）。对"一年三皇帝"（69年）批评最甚的苇斯巴芗在东方的时候，对是否要及时去夺取权力犹豫不决，遂去卡梅尔山（Carmel）上求神谕，司祭巴希里德斯（Basilidès）对他的回答是："不管你打算做什么，是造房子，还是扩大你的产业，或者增加仆人的数量，他都会给你一栋很大的居所、庞大的领地和大量的人力。"（同上）在凯撒利亚，当他从房子里出来的时候，人群欢呼时并未称他为"总督大人"（legat），而是呼其为国王（imperator），所有的士兵由于受诸神的鼓舞，都自发地为他加上了"凯撒"和"奥古斯都"的称号。后来，在亚历山大里亚，他在两个残疾人以塞拉皮斯（Sérapis）①的名义所作的请求下，治好了他们。②据说巴希里德斯距那里有八万英里远，却出现在了塞拉皮斯的神殿里。在苇斯巴芗与维泰留斯支持者之间爆发贝德里亚克（Bédriac）战役期间，[559]有一群鸟使苇斯巴芗对手大军上方的天空暗了下来……

但只有内尔瓦及图拉真创建的政体展现了诸神心仪的真正的"黄金时代"所有和谐一致的征象。

塔西佗未去描述这些国王统治时期的历史（他表露过自己打算今后去写，但在能实现这一意愿之前便撒手人寰），他没有告诉我们这些征象的细节，在他眼里看来，这些征象显明了安东尼乌斯诸皇帝即位乃是顺应天意。不过，对他而言，新的王朝乃天意神授这一点毋庸置疑

① 原为埃及神灵，后亦受希腊和罗马尊崇，成为冥府之神。——译注
② 罗马皇帝如同我们中世纪时的国王以及古代社会的国王—巫师一样，都可算是法师（thaumaturge）。

（我们通过小普林尼及卡西乌斯[Dion Cassius]了解了其中某些征象：如图拉真是在朱庇特神殿里由于奇迹的作用——突如其来的启示——而被内尔瓦收养的，于是图拉真被叫做"善人"[optimus]，那是卡皮托利山丘上朱庇特的名字）。

塔西佗心目中理想的元首政体

确实，随着安东尼乌斯诸皇帝的即位，奥古斯都元首制所作的承诺——正如奥古斯都在其《成就》中所言，但他不是个坦诚的人，因而无法或不愿信守诺言——似乎最终得以实现了。

"如今，生活又重新回到了我们身边。"（《阿格里高拉生平》，Ⅲ，1）由内尔瓦和图拉真所开创的政体最先"将先前无法兼容的两件事物，即元首制和自由统一在了一起"。加尔巴曾对皮索说，安东尼乌斯诸皇帝将要"统领的是那些既无法承受彻底奴役，亦无法承受彻底自由的人"（《历史》，Ⅰ，ⅩⅥ，9）。因此，君主将成为"管理者"（rector），他将领导共和国的各个机构，而非压制它们（参阅《编年史》中的文本，Ⅲ，ⅩⅩⅧ，见上述引文），塔西佗似乎很好地分清了国家机构内部的权力——该权力应该采取专制的方式——及国家对社会所行使的权力——该权力应该尊重公民的价值观——之间的区别。

在加尔巴收养皮索时，他借加尔巴之口说了这番话——在作家的头脑中，这番话毫无疑问表达了内尔瓦收养图拉真时所持的主张（《历史》，Ⅰ，ⅩⅤ—ⅩⅥ）——塔西佗断言在新的元首制的意识形态中有一点特别重要[560]：继任都将通过收养，而非氏族内部的世袭（恰是这一点使尤利乌斯—克劳狄乌斯诸皇帝声誉扫地）得以完成。

> 每次收养都会发现更好的人。由于出生时有个君主父母纯属偶然，所以人们再也不用去早早地探听虚实；但若想收养，评判也很自由，如果他想进行选择的话，那么只要经全体同意，就算选择好了（《历史》，Ⅰ，ⅩⅥ）。①

---

① 收养原则将在安东尼乌斯诸皇帝统治期间得到贯彻（马克·奥勒留选择其子科莫都斯继任是个例外，而该王朝也由此终结）。

我们发现了塔西佗的犹豫不决,或者说模棱两可:皇帝应该受到诸神的眷顾,但人类理性和元老院及民众的同意也似乎极为必要——这是过渡时代的标志,此时老罗马的公民责任感和理性主义仍尚未消失,而今后君主制的神秘主义也在稳步发展。

《演讲家对话录》

无论是支持还是反对共和国及帝国,《演讲家对话录》都揭示出了一些重要的论点。如今,我们均完全同意将这一作品视为塔西佗的著作,其写作时期约在 100 年稍后一点。同西塞罗的对话录一样,这篇对话录也是虚构的,据说公元 75 年,著名的演讲家之间发生了这场对话。也就是在这一年,塔西佗进入了仕途,我们可以认为,这篇对话录处理了一个问题,这也是当时这位年轻人所须面对的问题:他的生命将投向何方? 这一问题由两个并无明显关联的问题构成:1)须优先培养何种文学天份,是演讲术还是诗歌(本质上指的是悲剧的写作)? 2)为何今日演讲家的地位会远低于过去?

第一个问题又回到了闲暇还是工作这个古老的两难问题上。① 新人(homo novus)塔西佗初生牛犊不畏虎,他倾向于接受老的元老院意识形态:只要是罗马人,就应该将自己的毕生精力投入城邦,成为演讲家和行政官员。独自从事非理性的艺术和技艺,就是在背叛。[561]然而,他的人文主义情怀,他对个体自由的热衷因独裁统治而重又被激发了起来,这促使塔西佗为诗人的独立性做了出色的辩护(或者说是对行政官员做了出色的告诫,让他们在行使行政职能时要保持独立性):②

你向我所举例子中的这位克里斯普斯和这位马凯卢斯[演讲家总是处在风口浪尖上,准备为某个理由去进行辩护,总是对如何为城市服务、如何探究事务的核心而忧心忡忡],他们的命运有什

---

① 参阅上文,西塞罗一章的附录,p. 490 及以后。

② 我们引用这一段是因为他对前面论及在因法律而得到充分发展的罗马文明中如何使生活和非官方人士得到提升这一问题做了阐述。须特别注意对独立性的要求:为了做自己喜欢做的事,自我就无须求得某个权威的授权;自此以后,他自己就是权威。

么可羡慕？是他们感到恐慌，还是自己在制造恐慌呢？当那些他们为之服务的人每天向他们提出要求，那这些人却仍会觉得百般不满意吗？违心阿谀奉承之余，权贵是否从未觉得他们奴颜婢膝，而我们是否从未觉得他们独立呢？[……]我[马特努斯，"诗人"的代言人]，正如维吉尔所言，由于挣脱了焦虑和担忧、挣脱了每天违反自己意愿做某些事的义务，"温柔的缪斯"便能将我领至她们神圣的仪式上和她们的泉水旁；今后很长时间我将再也不会去进行那疯狂而又危险的公开辩论，再也不会陷入是否会受欢迎的焦灼之中。喧嚣的人群再也不会跑来向我欢呼，不法之徒也再不会将我惊得气喘吁吁，我没有什么东西可留给自己的心爱之人，而对我而言，命定的日子也终将到来；我的雕像竖立于我的坟冢之上，它并未愁眉苦脸、阴霾密布，而是神态欢乐、头戴冠冕，而且为了使我仍能留存于他人记忆之中，没有人会去要求官方颁发通告，也不会去提出什么申请（《演讲家对话录》，ⅩⅢ,4—6）。

正如我们所知，尽管如此，塔西佗还是选择了仕途。这是否矛盾？没有，因为一方面，他不是该词古典意义上的"演讲家"，而是新型的政治活动家，这点与元首制时期比较符合；另一方面，他也同时在从事知识性的工作，后来成了历史学家。他在罗马城里任职的同时，精神上却也独立不羁。第二个问题表面上看来有些八卦，但其所要表达的深层次意思是：为何演讲术如今会一蹶不振？

[562]有两个初步的解释被提了出来：之所以一蹶不振，得归因于教育的日益宽松，以及如今演讲家的整体素养和能使古代演讲家的演讲题材更为丰富的哲学涵养日渐衰退之故。但这些解释尚不足以说明问题，对一个更为激进和新颖的假设进行讨论或可触及这一发展脉络的核心所在。演讲须以自由为条件；帝国因压制了自由，故而使演讲术繁荣昌盛变得完全不可能（或者换汤不换药的说法是：人们发现帝国时代自由的衰落同演讲术的衰退具有关联）。

塔西佗对事情为何会如此看得很清楚。因为多元化及一言堂的缺失使得老共和时代的演讲家的理性能力和说服对手的技艺得到发展。

当如今初学演讲的人只是在各所学校进行脱离实际的练习时,共和时代的那些人却紧紧追随当时的演讲家,他们具备真正的能力,一刻不停地磨炼自己的智慧和批判意识:

> 他们既不缺乏老师,老师都是经过千挑万选,能让他们见识演讲术的真面目,而非自己的形象,也不缺乏对手和竞争者,那些人都拿得出真本事,而不是什么雕虫小技,更不缺乏永远满座、永远崭新的大厅,里面坐满了羡慕者和支持者,以致论辩中哪处精彩、哪处糟糕均无处遁形。因为,你们知道,演讲术之所以会获得伟大、持久的声望,是因为既有异见纷呈的流派,也有站在自己这一边的观点;而且,它从中涌现而出的时候,也变得坚定异常、充满活力、精确可靠(《演讲家对话录》,XXXIV,5)。①

换句话说,共和国时期存在舆论,也就是说存在无名的广场,尽管它并非纯由具有善良意愿的人群,而是由"羡慕者和支持者"组成,但它仍能随时随地涌现出来,这只是因为当时起主导作用的是言论自由和真理,从而迫使[563]统治者采取理性的行事方式,也就是说他们会通过客观理性及普遍价值来进行论证。

> 演讲家需要叫喊声、鼓掌声,也可以说需要的是一个剧场;所有这一切对古代的演讲家而言均属日常发生的事,那个时候各色人物不仅极多,而且地位都很高,他们将会场挤得水泄不通,意大利的自治市和绝大部分地区的各色支持者、部落甚至代表团都赶了来,而罗马民众则相信,大部分诉讼程序均与自己有着切身的关系(《演讲家对话录》,XXXIX,4)。

确实,共和国时期,人们有权向任何人发难;没有什么地方能作为

---

① 我们须记住这些论点。只有等到弥尔顿(Milton)的《论出版自由》(*Aréopagitica*)和穆勒(John Stuart Mill)的《论自由》(*On Liberty*)的出现,我们才能重新理解西方对知识多元化所作的这样的辩护。

藏身之处;法律面前人人平等占主导地位。最终的决策权归于大会、元老院或民众大会。这些人不会受任何人的恐吓而就范,他们只有在参加会议者个个都心服口服之后才会以各种方式进行投票表决。演讲者只有战胜了所有其他人的论点,才能达到这样的结果。因此,在这一多元化的环境中,演讲者的才能得不到全面发展才怪。

但此处所反映出的塔西佗的贵族观却使这样的氛围渐渐消退,《对话录》以支持元首制的剧场一幕作结。人们在讲坛上甚至没能宽宥西庇阿、苏拉或庞培,人们有权在下层人民的心中激起对他们的嫉妒之情,这不是什么自由,而是随心所欲。没有任何一个大国——只要具有重要地位,就可与罗马进行比较——会支持这样一种体制。雅典是个例外,但确切地说,塔西佗对"蠢人"当政的阿提卡城邦①充满了蔑视,还重新对公元前 4 世纪的雅典民主制展开了猛烈批评,他言简意赅地说道:

> 共和国伟大的演讲术并非什么平静安宁的事物,喜欢什么正直和节制,非也,那种所谓的伟大和高贵,乃是天马行空,也就是蠢人所说的自由;相伴随的是骚乱,由脱缰野马般的民众刺激而起,它毫不理会什么尊重、严肃,它蛮横、轻率、傲慢,根本不会在由良好的法律管理的城邦中诞生。拉凯戴孟的演讲家、克里特的演讲家,谁还能在历史上记得他们的名字? 在这些城邦中,人们对我们说,纪律极其严明,法律极其严厉。无论是在马其顿、波斯,还是在任何一个由强力管理的民族中,[564]我们都未见识过演讲术。罗得岛上有几个演讲家,雅典有一大批:那里所有权力都交于了民众,所有权力都赋予了无力胜任者,可以这么说,所有权力都属于全体所有(XLI ,2—3)。

塔西佗做出了自己的选择,至少表面上(我们将会发现,做出这样的限定有何必要)是如此。以前雅典和斯巴达之间争论起来,雅典饶

---

① 即雅典。——译注

舌,斯巴达简练。看来他选择的是作为贵族政治的、注重秩序的斯巴达。他自认为同波斯或马其顿之类的伟大的君主政体更为亲近。更有甚者,他宁愿认为罗马帝国同后者的这些祖先,而非雅典的民主制相似。必须不再去考虑罗马"具雅典特色的"往昔岁月。如果演讲术从前曾在台伯河两岸开花结果,那也肯定是在共和国危机重重的时刻。塔西佗还说,只是在如今国家还很不完善,组织混乱,还有很多不义之事、犯罪行为、社会不和谐现象或外国的威胁存在时,演讲术才在罗马继续保留了下来。在这些不同的情况下,演讲家确实会为正义的事业作辩护,会致力于修复错误,但"当然最好还是随遇而安,不要管是否得到了修复"。然而,确切地说,自此以后,元首制便向前跨出了一大步,朝完美的国家组织形式迈进,使得各种流弊都不再可能存在。从而,演讲家最终很快便销声匿迹了。

> 在很快对最好的方法取得了一致意见后,是否还有必要向元老院长篇陈词? 当深思熟虑的人群并非乌合之众、唯有他们最贤明时,是否还有在民众面前喋喋不休、夸夸其谈的必要? 当人们极少犯错,而且即使犯错也是极其轻微的时候,是否有必要率性地提出控诉? 辩护词是否必须引起怨恨、缺乏节制? 而审判者的仁慈是否会有助于危在旦夕的被告呢(《演讲家对话录》,XLI,4)?

然而,这后一段长篇大论表面上的坦诚还是使人产生了怀疑。塔西佗说得清楚无误,或者说饱含了雅典的文雅风格,那他是否语带讥讽呢? 很难这么说(他自己是否知道这一点呢?)。尤其是为了不造成模棱两可的印象,他结束时还提了一个建议:

> 千万要相信,我优秀的朋友,只要有需要,就会有演讲术,如果你们出生在过去的时代,或者如果他们自己,那些我们所尊崇的演讲家[565]出生于我们的时代,如果某位神祇随心所欲地变换了我们所生活的时代,那么你们就既不会缺乏他们当时演讲术的这种声望和荣耀,也不会缺乏节制和纪律。但现实中,由于无人能同时

获得巨大的名声和深深的宁静,所以每个人都只能从自己生活的时代得益,而无法对其他人所生活的时代横加指责(《演讲家对话录》,XLI,5)。

无论如何,在这些论辩中,塔西佗已为其从事何种天职这一问题找到了答案。他会成为行政官员,但会以"诗人"的身份进入仕途,我们的理解是,他作为行政官员,仍会保有进行判断的独立性。从文学的层面来讲,他是历史学家,这一类人将演讲家所处理的高尚的主题——城邦事务——同诗人至高无上的自由做了调和,他对当下在一群支持者那里获得声望并不关心,他只看重唯一一种荣誉,即后人的褒贬。与之相适应的是,他在《历史》及《编年史》中对国家所经历的恶之循环进行追溯时,仍对从中发现的美德的范例做了发扬,即便病入膏肓,它们仍可使永恒的罗马得到新生。《编年史》因此也是一篇冗长的 *suasoria*(道德教诲),其目的就是为了向图拉真时代的元老院议员和其他精英人士(*optimates*)表明,为使帝国发达昌盛,该与不该追随何种榜样。尤利乌斯—克劳狄乌斯诸皇帝的历史恰好为这一教诲提供了素材。

> 《历史》的主要功用就是为了使道德品质不致没于遗忘之中,使那些在口头上或行为上犯下恶行的人害怕后人会让他们名誉扫地(《编年史》,III,65,1)。

罗马统治世界在传播文明方面的意义

罗马自此以后便拥有了一个庞大的帝国,它也成了塔西佗反思的对象。《阿格里高拉生平》及《日耳曼尼亚志》均是写给未开化世界的作品。《编年史》与《历史》的描述则常常使作者有机会重述远离意大利、欧洲和东方的罗马军队的军事行动。塔西佗在论述该主题时所表达的观点颇为重要[566]:罗马政界在涉及攻城略地的战事时是否确立了一种见解——在当时看来,那都是些陈年旧事,但同时也积累了长期的经验,但它们是否能开启全球统治的新视野呢?

在这方面,塔西佗的立场含混不清,或者更确切地说是既持批评的态度,也持开放的态度。他赞成罗马的占领,认为这样的占领对未开化的民众而言是件好事,使他们能有机会进步;但与此同时,他也将自己所描述的这些原始残忍却又接近"自然"的未开化社会视为某种基准,通过对比,从而判定文明的罗马社会已然衰退、堕落。因此,以他者,亦即未开化民众的眼光看来,塔西佗的反思预示了西方将会拥有批判自身的漫长传统。

"高贵的野蛮人"

不屈不挠地用武力抵抗罗马人的未开化者值得受人尊重,这不仅仅是因为其勇猛善战总是让罗马人付出代价,而且还因为未开化者的抵抗显明了自由(*libertas*)的意义,而臣服于元首制的罗马人却已几乎完全丧失了这种自由。塔西佗在借当时试图反抗罗马人占领而酝酿暴动的布列塔尼人①卡尔加古斯(Calgacus)之口所说的话中,将罗马人的占领描绘成完全负面的东西,是意图统治的贪婪和狂热所导致的结果:

> 掠夺世界者,如今由于大地已遍遭涂炭,[罗马人]遂折腾起了海洋;②如果敌人富有,那他们这么做就是贪婪成性,如果是贫穷,那他们这么做就是想统治世界;无论是东方还是西方都无法满足他们的胃口。万民中只有他们才会充满同样的狂热觊觎这富有和贫穷。夺取、屠杀、劫掠,这就是他们虚情假意的语言所说的控制,他们创造了荒漠,却说这就是和平。
>
> [567]孩子和近亲乃是大自然所赋予每个人的最宝贵者;他们首先被强行征召入伍去异乡服役;甚至妻子姐妹,即便她们逃脱了敌人的暴行,也会被假借友爱亲切之名而遭到凌辱。我们的财产、我们的资源因苛捐杂税而耗竭殆尽,土地和收成被充作谷物上缴,

---

① 我们要记住他此处所说的"布列塔尼"(Bretagne)就是大不列颠(Grande-Bretagne),凯撒在攻占高卢后曾有两次想继续侵占这座岛屿,但他无法长久地站稳脚跟,只是到了一个世纪以后,也就是公元 43 年才将其攻占,而且皇帝克劳狄乌斯统治的也只是其部分地区。

② 也就是说罗马人在征服了整座欧洲大陆后,正着手向大陆极偏远的海岸和世界尽头的岛屿推进。

身体和手臂在威逼羞辱之下被用来开发森林和沼泽。在受奴役的环境中出生的奴隶有朝一日总会被卖,再次仰承主子的鼻息;而布列塔尼每天换回的只是奴役,①每天都得维持这种状态。就像在一栋房子里,最新来的奴隶会成为其他人玩弄的对象,同样在这些遍及世界的老奴当中,我们,这些新来者,没有任何价值,他们一门心思只想让我们消亡;因为我们既不拥有耕地、矿场,也没有我们可资利用的港口。更有甚者,庶民的骁勇和自豪之感都会让主子不悦;孤立、隔绝,他们越是这么做,就越是令人生疑。

因此,在一切受到宽待的期望都被从你们这儿夺走之后,你们最终会鼓起勇气……(《斯奈尤斯·尤利乌斯·阿格里高拉生平》[*Vie de Cn. Julius Agricola*],XXX 和 XXXI)。

赞扬布列塔尼人身上所具有的自由这一层意义,对塔西佗而言,肯定是对其所发现的自己同胞赞同奴役他人的卑鄙行径进行批评的一种方式。

在《日耳曼尼亚志》中,他走得还要远,因为他向我们呈现了"高贵的野蛮人"这一神话的古代版本。与自然最为亲近的人也会拥有必不可少的道德品质。

那儿的婚姻都很严肃,[日耳曼人的]任何一种风俗均好得无以言表;因为,几乎只有在未开化者中间,他们每个人才会满足于只娶一个女人,除了极少数人,他们虽意欲数度结婚,但并非是耽于声色,而是高尚情操所致。妆奁并非由妻子给予丈夫,而是由丈夫给妻子;父母亲朋在那儿,同意接受礼物,而这些礼物并非是为了取悦妻子、装扮年轻的新娘,它们只是牛、驯服的马匹、配标枪②的盾牌和宝剑。作为对礼物的交换,他们接纳了妻子,而妻子本人作为回报,则给自己的丈夫带来某类武器;这就是绝好的纽带,这

---

① 均因贡赋和捐税所致。

② 一种剑。

就是神圣的奥秘,他们认为,这就是婚姻中的神灵。为了使妻子不致以为自己既被排除于对美德全身心的追求之外,又无法避免战争的危害,她的婚姻所显出的征兆从一开始便向她表明了,无论在和平时期还是在战争年代,她都将[568]同甘苦、共患难,与其配偶风雨同舟。

[······]

因此,她们的生活纯洁无瑕,既无花花世界的诱惑,亦无华服盛筵的刺激使她们腐化堕落;文字的秘密同样为丈夫和妻子所不了解。①在数目如此众多的民众当中,鲜见通奸:她们会立即受到惩罚,并被交给他们的丈夫;他们会割下妻子的头发,把她赤裸地带至亲朋面前,丈夫则会将她赶出家门,用鞭子领着她在全村游街;贞洁遭到玷污不会受到任何宽容;无论是美貌、年轻,还是财产都无法使她觅得丈夫。那儿没有人会对败德之事付之一笑,腐蚀他人和被他人腐蚀在那个时代并不存在。最令人钦羡的是那些城邦,那儿只有贞女被娶,婚姻的憧憬和祝愿也只会发生一次。因此,她们只会有一个丈夫,就像她们只有一具身体和一次生命一样,如此她们便不会想入非非,不会放任自己的欲望,只会爱自己的配偶,她们不但因其是自己的丈夫而爱他,还因其代表了婚姻本身而爱他。节制生育或取消某个今后肯定会成为继承人的继承权都会被视为是令人羞耻之举,而且那儿良好的风俗比他处严明的法律更有威力(《日耳曼尼亚志》,XVIII—XIX)。

我们尚可引用《日耳曼尼亚志》中的其他段落,其中那些人勇猛善战的品质也受到了赞扬(这些段落被现代德国的民族主义者津津乐道,他们从中既见到了日耳曼种族的优越性,也见到了罗马人自己对此种优越性的承认)。在《编年史》第二卷末(LXXXVIII章),塔西佗写了篇阿尔米尼努斯的诔词,阿尔米尼努斯虽是野蛮人,但他却敢进攻罗马帝

---

① 这里并非指女人可与其情人交换的情书。日耳曼妇女由于无知,从而免遭了文学的侵袭,而文学中则在在都可见道德堕落的例证。文学在老一辈的罗马人中,犹如在古代的犬儒主义者中间一样都有着很坏的名声。

国,不仅是在其执政初期,而且在其权威达至顶峰时亦是如此。

最后,我们要表明,塔西佗在描写古代日耳曼人的宗教时,注意到了它同希腊及罗马神话颇多相似之处;这些人远未把人分成三六九等,因此他们本质上都相类似。究其原因,塔西佗似乎承认,如果罗马占领期间贪赃枉法[569]、疏离了"自然"生活,那么野蛮人的叛乱便自有其理由。从这个方面看,野蛮人可为罗马人学习,他们即使算不上典范,但至少可使罗马民众不再有性命之虞,往昔粗野质朴的罗马民众也正是由于这同样的美德而征服了世界,可现如今却由于占领之后成了战胜者而坐享其成,从而世风日下。

罗马文明及"罗马和平"(*pax romana*)的优越性

然而,在塔西佗的眼中看来,未开化者并不拥有这些品质,而是恰恰相反。在《阿格里高拉生平》及《日耳曼尼亚志》的其他许多地方,塔西佗均表明了此种优越感和屈尊俯就的感觉,他笔下的这些人都很贫穷,技术上和社会组织形式方面都很落后,而且他也并不尊重他们的风俗:事实上,他们简直同动物差不多(北日耳曼人住在洞穴里,几乎赤身裸体),生性凶残(野蛮人竟拿活人献祭,未经审判便将犯轻罪者处死),此外还很容易受腐蚀(他们嗜酒如命,只要有可能就会想方设法做生意让自己富裕起来)。最后,也是最重要的一点,就是塔西佗尽管对日耳曼人的骁勇善战心存敬重,但他仍对他们竟视战争具有至高无上的价值做了谴责。

这就是为什么,如果他从审美角度出发似乎颇为赞赏可说是生活于自然环境中的野蛮人的话,那么他在强调他们身为比如说维泰留斯军队的援军遍布罗马全境,且因狂暴残忍而导致的后果时,措辞也不甚严厉的缘故(《历史》,Ⅱ,88)。

从罗马人的角度看,他们并非是因想要进行统治,而是因关切和平及秩序才有所行动,他们知道这些价值对所有人来说都很珍贵,他们战胜野蛮人是为了这些人好,故而常常颇为宽宏大度。这也是行省总督凯利亚里斯前来镇压巴塔弗人齐维利斯(Batave Civilis)时向特雷弗的高卢人所讲的话。罗马人介入高卢北部并非是因占有欲,而是因现在的特雷维尔人(Trévir)的祖先召唤之故,他们因同邻人的争执及日耳曼人持续不断的骚扰而精疲力竭。

[570]日耳曼人总是有理由侵入高卢,或是为了取乐,或是为了满足贪欲,或是对攻城略地的嗜好,其目的就是为了离弃自己所居的沼泽地和荒漠,占据这片如此丰饶的土地和你们的土地;总之,他们会假借自由之名,鼓巧舌之簧;但若不求助于这些言辞的话,根本就没人愿意奴役他人、建立其自身的统治(《历史》,Ⅳ,LXXⅢ)。

我们将注意到塔西佗的现实主义,他很清楚地表明切莫去相信言辞,并表明只有以这种犬儒主义,或至少以摆脱意识形态为代价,才可胜任政治事务。他继续说道,罗马的合法性,就在于成为已知世界的维护者。

高卢地区总是国王更迭,战事频仍,只有持续到你们同意接受我们的法律,这一切才会停止。而我们,尽管经常受到挑衅,但只有获得胜利,方有这个权利确保和平;因为如果没有武装力量的话,民族与民族之间是不可能相安无事的,而武装力量不会不发军饷,军饷也不会不上税。①

由一个组织良好的国家所确保的"罗马和平"乃是普天之下的好事,所有人都该理解这一点,且由于罗马人的宽宏大量和高瞻远瞩,于是所有人从此以后均能从中得益:

此外,你们同我们没什么两样。你们自己,也常常会统帅我们的军团,你们会治理这些行省,等等。没有什么事是不让你们接触,是禁止你们去做的。

罗马行省中的高卢人和日耳曼人甚至比土生土长的罗马人还要幸福:

---

① 因此,这是对卡尔加古斯提出的论点的重要回复。

你们因那些值得赞美的君主而终其一生受益匪浅;而残暴的君主则会对身旁之人横行霸道。

与这些好处相比,无德无能的君主或无德无能的统治者的倒行逆施往往如过眼云烟,就像不愿缴税一样,都是些微末小事:必须忍受所有这一切,就如忍受狂风暴雨一般。因为最根本的是,只有由罗马带来的公共秩序方可长久。确实,如果叛乱导致了罗马人的离开,那么"除了所有民族之间爆发战争外,还能发生什么呢"?

[571]塔西佗意识到,他所感到骄傲的事物的此种状态乃是漫长历史、史无前例的建设所结成的硕果,虽然起初只是由罗马起头,但如今却已为人类共同接受:

八百年①的好运和良好的纪律形成了这座大厦,它若被推倒的话,那些推倒它的人也不可能不受损失。[……]因而,对和平及对罗马城而言,无论是征服者,还是被征服者,它都会确保我们所有人拥有同样的法律、获得同样的友情、受到同样的尊重(《历史》,LXXIV)。

结语

塔西佗政治思想中的含混性仍然极浓;它是宗教与理性的混合体。一方面,同维吉尔一样,塔西佗也深信"黄金时代"会重新向罗马显现;和平与秩序将重返其内部,帝国也将扩张至世界的尽头,这都表明诸神的青睐又将开始垂顾。帝国的政体完满了罗马永恒的命运,只有那样才能证明其合理性。但另一方面,塔西佗与塞涅卡一样,也将理性的推论引导至专制主义:人性对它有需求,没有铁腕统治,社会亦将不存,权利平等只是一种暂时的且不稳定的状态。况且,世界各地的民众也认为自己在罗马法的束缚之下要比在自由所导致的混乱中更为幸福。

尽管如此,理性层面及批评仍清楚地占了主导地位。塔西佗差不

---

① 此处应指罗马编年史所载的罗马城建城的传统日期,即公元前 753 年。

多是与塞涅卡、西塞罗或萨卢斯特同类的人。他的作品证明,在他那个时代,罗马帝国尚未完全朝包容神秘与极权的君主制的方向演化。

第六节 小 普 林 尼

[572]小普林尼乃是元首制复兴及鼎盛时期又一个重要的证人。

生平与著作

小普林尼是老普林尼(Pline l'Ancien)的外甥和养子,生于 61 年,卒于约 114 年,属于元老院阶层,他从事律师及政治家两种职业。由于同皇帝图拉真关系密切,遂被其任命担任各种官职。特别是 100 年担任执政官,111 至 112 年担任本都-比提尼(Pont-Bythinie,即现在的土耳其北部)的行省总督。

小普林尼的《通信录》(*Correspondance*)卷帙浩繁,其中部分内容由他在担任比提尼总督期间同图拉真之间的通信构成,这些信笺热情洋溢,我们可从中具体而微地看出当时那个时代罗马帝国是如何进行统治的。先前,普林尼在升任至执政官时,曾在元老院面前朗读了一篇有关该皇帝的《颂词》(礼赞之词),并保存至今。

《图拉真颂词》①并不是一篇名副其实的有关君主制的总体理论。其中所有内容均涉及图拉真,因此自然而然便得到了传播。

令人惊讶的是该篇演讲起先的语调颇为低眉顺目,当然这种语调也被滔滔雄辩所削弱。譬如,普林尼反驳说,他的赞词完全是发自肺腑的,因为就算他不奉承君主的话,他也不用担心有任何危险。他说,现在的情势同先前统治时期,尤其是多米提安统治期间所盛行的形势有天壤之别。公民可自由言论,而无须赞美君主[573]的优点……值得称颂(§2)。最终它所给人的印象尽管不错,但还是有某种恐怖大行其道。

这并未阻止普林尼表达与塞涅卡或塔西佗相同的信念。元首制这一政体是因其作为国家的管理体制而表明其合理性的,它为国家带来了秩序、和平与合法性;就此而言,罗马的专制君主具有东方君主的诸

---

① 参阅小普林尼《全集》(*OEvres*),第四卷,《书信、第十卷、图拉真颂词》(*Lettres*, *Livre X*, *Panégyrique de Trajan*),由 Marcel Durry 编订及翻译,*Les Belles Lettres*,1948。

种特性。但是——普林尼以比塔西佗更大胆、更坚定的信念称赞了元首制的另一面——元首制所赋予罗马的力量和统一性只有在这个国家成为"法治国家",只有在它尊重并让民众尊重法律保证公民的自由之时才有意义。

罗马君主乃与众不同者

皇帝是神圣者。他"德高望重、神圣不可侵犯、极似诸神"(§1),他的这些品质证明了挑选他的前任理当拥有人们赋予他的神圣尊荣(崇拜、祭坛、创设祭司之职)(§11)。图拉真自身也当仁不让地理当在其驾崩后被尊奉为神(§35,4)。

普林尼并不惮于传播神圣国王更古老、更非理性的形象,他们是祈雨者、谷物之祖、有异能者、维系世界秩序的个人。皇帝能治愈病人(§23,3)。他能重现繁荣,使大地丰饶。确实,普林尼也心存怀疑,他认为此种可使万物丰饶的威力是否既是理性以及良好的行政组织的杰作,又是魔法的杰作。这是因为图拉真行之有效地组织了公仓小麦制度,意大利能借此开仓赈济埃及旱区的灾民(与正常情况相反)。最令人赞叹之处的是,此乃国家威权所形成的效果,能使其各个不同的地区形成凝聚力。

> 君主根据情况及需求的不同通过运输、生产的方式而使大地处处丰饶,还能向远离大海的民族,如罗马部分民众和庶民提供食物和援助,我们拥有这样的君主,全赖天意!在尚未歉收的时候,[皇帝会从罗马所有的行省中蠲除]歉收所带来的祸害;在尚未丰收的时候,他会让人明白丰收所带来的好处。他会通过互派团队的方式,使东方和西方紧密相连,而万民[574]也会交相了解对方带来了什么以及自身缺少的是什么,从而使自己明白,在深受纷争之苦之后,最好还是只有一个可为其服务的主人为佳(§33,2)。

因此,皇帝可确保繁荣昌盛及物质保障。他慷慨大方,处事公正(§25)。他资助年轻人的教育,奉行"家族政治"。他"卓尔不群"(évergète)、"宽宏大量"。他命人建了马戏场供民众娱乐,建立漂亮的公共场所,矗起了雕像(§51)。

就其个人而言,他集所有美德于一身,首先他很勇武。他狩猎时果真极具男子气概(§81)。他的美德均源自其人格,而非因其角色使然(§56)。此外,他的配偶也是无可指摘,简朴、谦逊、谨慎、贞洁,其姐妹亦是如此(§83)。

展现于所有人面前的君主品格超群、不同流俗,他是万民的楷模(§45)。普林尼在反复提及君主制理论这一主题时,还添加了心理学的色调:他说,只有在人们知道皇帝了解他们所做的事之后,他们才会去做于帝国有益的事(§70,3—8)。皇帝因而也是帝国的良知,他本人就是其化身(§72,1)。

最后,皇帝的正义等同于神的正义:

> 哦,体恤万民只有真正的君主,甚至神才能做到,他为敌对的城市调解斡旋,不用权威而用理性平息骚动的民众,对行政官员的为非作歹进行补救,废止所有不该为的事情,最后,他犹如瞬息即至的星辰,眼观六路,耳听八方,由此人们立刻便将他视为超自然者,只要有他在,就可于事有益。我相信,世界之父(*ille mundi parens*)在注视大地、屈尊将人类的命运视为神圣的事务之时,只消如此点头示意即可;自此以后由于自由自在,不受此类事务的束缚,在将你托付给我们以履行其处理整个人类的事务之后,他便会专注天庭(§80,3—4)。①

罗马君主尊重法律

[575]尽管如此,但通过强调君主是非人格化正义的工具这一点表明了,既然正义神圣、超验而又遥不可及,且建基于法律面前人人平等之上,从而说明它并不会偏袒个人,那么我们可以想见普林尼笔下的罗马君主同东方的帝王之间截然不同。皇帝当然是专制君主,但他所管理的国家仍是罗马共和国(或许普林尼同以前的塞涅卡一般,都将自己

---

① 国王就是神手下的大臣和代理人:我们会在凯撒利亚的尤西比乌斯及王室的基督教神学那里重新见到这一命题。

的愿望当作了现实;但重要的是他所怀抱的这个理想,他认为尊重所有这些原则应是顺理成章之事)。

如果说人们服从君主,那是因为将他视为法律的化身:

> 我们受你的管理,我们听命于你(*regimur quidem a te et subjecti tibi*),但同时我们这样做也是听命于法律。它们也会管控我们的欲望和我们的激情,因为它们完全活在我们心中和我们之间。你统治万物、你卓越无比,皆因荣耀和权力之故,无论它们是否归属于人类,但它们肯定优于人类(§25,4)。

此外,皇帝也自愿听命于法律:

> 你自愿听命于君主未曾描述过的法律,①凯撒。可你不愿拥有比我们更多的权利[……]。我确是生平第一次想表明君主并未超越于法律之上,而是法律超越于君主之上:当凯撒担任执政官之时,他和其他人一样,受到的都是同样的保护。他在关怀备至的诸神面前向法律陈述了效忠的誓言(§65,1—2)。

图拉真禁止在其前任统治时期风行的告密行为,而告密需要的则是君主拥有专横独断的权力。只要存在告密者,便"不会再有神圣不可侵犯的遗嘱,不会再有安全可靠的局势"。图拉真由于禁止告密,所以采取相反的做法,表明了只尊重法律的意愿。

> 你处事严明,深谋远虑,这么做就是为了使建立于法律之上的国家(*fundata legibus civitas*)显得不致被法律所摧毁(§34,1—2)。

---

① 该措辞类似于《学说汇纂》(法规《应遵之令》[*Digna vox*],参阅下文,p. 891)中的说法,致使中世纪对这句话产生了极多的评注,与专制主义的说法相对应。

[576]在用正义来管理之时,也应尊重法律:

> 对公道有多认真,对法律就有多尊重![……]任何一个行政
> 官员均无法依凭自己的法律而行事,任何无甚威信的权威亦不得
> 如此;他甚至还增强法律的威信,将大部分事务均移交至大法官处
> 理,而他之所以召集同僚这么做,倒不是为了取信及取悦于精通法
> 律之人,而是因为这本来就是他的想法(§77,3—4)。

然而,受法律管束的公民都可自由行事。罗马君主出于其尊重法
律的同样理由,也会尊重公民的自由(参阅§87,1)。

皇帝会通过财政手段来尊重法律。他当然很是慷慨大方,但他也
会谨慎支出:

> 皇帝[……]离开,回来时会带着某个想法向大家汇报;他会公
> 布自己的支出:因此,他也会避免那些自己羞于公布的支出(§20,
> 5)。

他对私产和国有财产仔细做了区分:

> 你不会驱逐之前的业主,以将所有的池塘、所有的湖泊,甚至
> 所有的牧场都归并入你庞大的领地;河流、山脉、海洋并不能只归
> 于某一个人的名下。凯撒也会很清楚,有些东西并不属于他,而归
> 根结底,君主的帝国要远大于他的资产(*imperium principis
> quam patrimonium majus est*)(§50,1—2)。

法律保护个人的资产。图拉真通过节制财政支出与合法地运用财
政资源,表明自己尊重法律。他削减了遗产税,因而更好地尊重了家庭
的权利和自然的权利。他使对财产的肆意掠夺不复存在(§36—37;
§50)。

财政官员自此以后可通过裁决而加以任命:

人们会对你的官员，甚至地方财政长官说："来接受裁决吧，要听从法庭。"因为你为了元首制而创设的法庭同其他倚重诉讼人的法庭并无不同。抽签与投票将为财政机构推选出一名法官。人们可以拒绝他，人们可以大叫："这样的人，我不接受；他优柔寡断，对本世纪的种种优越性毫不理解；我希望由其他爱戴凯撒并保持自己的独立性的人来担任这一职位。"（§36,3—4）

现实是否同这样的理想相似呢？无论如何，值得注意的是，这里强调了正义必须具有独立性。国家服从法庭的判决[577]，正式表明了它承认法律的存在高于自己。我们发现，普林尼通过自己的学识充分意识到了自由主义的"法治国家"所具有的这一根本性的一面。

罗马君主乃是同胞

若法律面前人人平等，那必然会导致人人皆为平等的结果。尽管表面上有如此多的差异性，但普林尼仍主张该关键性的观点，这关涉到他对人性（humanitas）的整个看法。

尽管以前的君主乃平等的敌人，让自己踏着奴隶的肩膀跃居于他人之上，但图拉真仍找到了运用自己双腿的方法，他打着赤脚和他人一起行军，他同这些人一道分享正义的价值及法律所赋予的义务。正是这一点使他得到了拔高！

你，通过与大家一起分享这卑微的大地，让君主的足迹同我们的足迹混同在一起，从而得到提升，直至天庭（§25,5）。

图拉真由于具备这样的个性、其个人的口味、他所掌握的心理学，从而与自己的臣民拥有相同的公民权利。这乃是其人格"能引起共鸣的"一个方面。他为人简朴，颇具人性化。

你曾步行而去，现在也会步行而去；你曾喜爱劳作，现在也会喜爱之；命运在你周围时时变幻，但你的内心却丝毫不为所动（§24,2）。

皇帝平易近人：

> 当君主在人群中行走时,他会随意停下来,和别人见面,陪着他们,随便走到什么地方(§24,3)。
>
> 什么样的论坛,什么样的神庙能如此开放! 无论是卡皮托利山丘,还是你宣布信奉的神圣场所均无法像这样具有公开性,像这样面向所有人。没有栅栏,没有令人屈辱的层层检查,越过重重大门之后,我们在远处仍然不见新设的、令人生畏的障碍。如果在前去见你之前感觉心情极其平静,离开你后也是感觉极其平静,那么在你身旁的时候这种平静将会无以复加:处处体现出沉默寡言、谨慎自持,从而能使人们将这些体现了谨慎、平静的典范自君主的住宅中带回至他的寒舍,他简陋的家中(§47,5)。

当人们同君主一起时,他"很普通",他在倾听,他在对话,他礼节周全(§72,6)。这种礼貌或许是[578]皇帝表达殷勤的一种方式,它清楚无误、自然而然地重新确认了无权无势的对话者作为人的尊严:这其中表达出了某种精致的人文主义情怀,是共和传统(辛辛纳图斯[Cincinnatus]也很朴实、平易近人)及斯多阿派普世主义相结合的产物。

元首制并非独裁制

该论题中概述的所有观点均得到了普林尼的断然支持,他认为元首政体(*principatus*)并非专制政体(*dominatio*),元首制并非独裁制,公民对君主的遵从与奴隶对主子的屈从本质上不同。

> 专制政体与元首政体具有相反的性质(*sunt diversa natura dominatio et principatus*)(§45,3)。

尽管表面上相似,但罗马的元首却是用与"布鲁图斯"及"卡米卢斯"们相同的品质做成的,布鲁图斯驱逐了塔昆,卡米卢斯则想方设法将凯尔特人从拉丁姆赶了出去。

　　　　那些人将得胜的国王和敌人从我们的城墙中赶了出去,而这位[图拉真]也将陷落之城所经历的专制政体本身及所有的恶行击退并驱逐,如果他拥有君主这一身份的话,那也是为了不给主子留下任何余地(§55,7)。

尊重限制君主权力的法律使他更具人性。公民责任感乃是人文主义的范型(正如我们在与之相反的未开化者那里看见的专制君主和奴性臣民还不能算作人一样):

　　　　灵魂蔑视野心,他懂得如何驯服、节制无度的权力(*infinitæ potestatis domitor ac frenator*),随着时间的推移,它的羽翼会愈发丰满(§55,9)。

　　对君主与主子进行区分终将建立起国家的公民观,它作为一种永恒持久的、非人格化的抽象实存,为所有人所共有,而与领导者的个体有区别。我们已经发现,普林尼对公产与[579]皇帝的私产做了区分。他对收养所作的赞颂(§5及以后)同塔西佗的措辞相平行(参阅上文,p.394),也是从这相同的意义上来看待的。因为,收养作为安东尼乌斯诸皇帝时期常规的继承模式,使得普遍利益及服务公众这样的意义超越了某个家族的特殊利益。

　　所有这一切均无法阻止普林尼对何时遵守原则(*sub principe*)及何时自由行事(*in libertate*)之间的不同做出强调(§45,6)。与塞涅卡和塔西佗一样,他也意识到随着元首制的建立,自由中重要的一个方面,即政治自由已经受到严重的打击。然而,它并未彻底消失,仍存在进行批评的权利。图拉真允许人们批评古代的皇帝;如此就能警醒今后及现在的皇帝,让他们明白自己会受到后人的评判(§54,4—5;§65,4—5)。更为根本的是,普林尼还认为图拉真颇为关注自己是否会在"所有人"(*omnes*)的眼中拥有"良好的声誉"(*bonna fama*),也就是说他对舆论极为关切(§62,9)。这表明他自己也承认,罗马完全是一个自由人共同体,他们都拥有独立的精神,有自己的良知,会做出自己理性的判断,而非众口一词、水乳交融的共同体,在那样的共同体中,每个人的精神均与其他所有人相一致。罗马如同雅典,也有广场。普林尼表示,如果权力未受其批准,图拉真就没有兴趣去保住这份权力。

第七节 埃流斯·阿里斯蒂德

演讲家埃流斯·阿里斯蒂德因其著名的《罗马论》而使我们感兴趣,他在文中不仅仅赞美了皇帝(虔诚者安东尼乌斯),因为皇帝的所作所为如同促进正义的"共和国领袖",还赞美了受到合法管理、作为"法治国家"的罗马本身。他不仅谈论行政管理法律的合法性,也谈论个体的自由;罗马人可以说统治的都是"自由人",他们的帝国与所有那些先前存在过的帝国很不相同。做出分析、表示赞赏之人均非罗马人这一事实,[580]如波里比乌斯或普鲁塔克那样,只会显得更为意味深长。

生平与著作①

117年,普布留斯·埃流斯·阿里斯蒂德生于北小亚细亚(Mysie du Nord)的亚德里亚(Hadriani)②。123年,他的家庭(富有的地主)获得了罗马的公民身份③。普布留斯曾在士麦拿、帕伽玛和雅典师从当时最好的智术师。他在埃及游历了很长时间,就在这段游历期内,他开始了演讲家的生涯。恰在他想进入罗马宫廷,继续从事这一行时,却病倒了。当时,他极为尊崇神医阿斯克勒皮奥斯:他在帕伽玛的神庙里持续住了两年,后来还经常重游故地。他在那里写下了很多有关神灵启发他发明治疗药物的梦(他叙述了130个这样的梦),并在那里同病人或者说住在神庙里的上流社会的神经衰弱患者,以及作家、法学家、贵族或高级官员形成了一个文化圈。于是他又重新开始写作、朗诵。但他当时也在和自己的同胞

---

① 参阅埃流斯·阿里斯蒂德《全集》(*The Complete Works*),Leyde,1981与1986年,第1及第2卷由Charles A. Behr、E. J. Brill翻译。文中所引的文本均译自英语。后出现法语译本:埃流斯·阿里斯蒂德《罗马的希腊语颂词》(*Éloges grecs de Rome*),由Laurent Pernot编订及希腊语翻译,Belles-Lettres,1997。

② 小亚细亚的西北部地区,位于爱琴海沿岸,座落于北部的普罗蓬提斯(Propontide;今马尔马拉海——译注)与南部的吕底亚(Lydie)之间。

③ 让我们再回到颁发《卡拉卡拉敕令》的那个时代(212年),该敕令将罗马公民权赋予了帝国境内的所有自由民。约110年左右,罗马公民权仍然是被占地区精英人士的专享特权。

打官司,那些人想向他征收公共费用("富人税"),虽然这是件体面的差事,但负担会很重。自 153—154 年起,他的身体完全康复,最终使他真正踏上了演讲家的生涯,并引导他去了罗马。此外,他还招收起了学生。165 年后,他再次病倒,对自己的身体状况牢骚满腹,他对宗教的痴迷也重又回潮。他死于 180 年。

人们保存了埃流斯·阿里斯蒂德几十篇主题各不相同的《演讲录》。

《罗马论》(《演讲录》XXVI)①

[581]我们发现罗马应有尽有,全世界所有货品均会云集到它的市场上。帝国的太阳永不落。以前当人们想要贬低某件事时,他们会将其同古代人规模巨大的事业相比较。如今,相反的是,他们会将古代人作为例证,用来映衬罗马的优越性。

波斯人曾建立起庞大的帝国,但为了统治国家,他们削弱了城市和乡村地区。他们会行杀戮与破坏之事。

> [在波斯,]孩子长得漂亮会令父母害怕,妻子的美貌也会令其丈夫惴惴不安。完蛋的并非是罪大恶极的罪犯,而是家财万贯者(§21)。

> 生存对臣民来说要比对敌人更艰难,因为[波斯人]在战斗时轻而易举地就会被打败,尽管他们在攫取权力时犯罪手段无所不用其极(§22)。

同样的观察也落到了亚历山大的身上。当然,他所向披靡,但并未成为一个真正的国王。

> 针对每个民族建立了何种法律?他为财政、军队、舰队做出了何种持久的安排?他管理事务时,采取了何种具有恒定流程的经久不变的管理方式呢(§26)?

---

① 该文集中还有一篇题为《论皇帝》(*Sur l'empereur*)的演讲稿(《演讲录》XXXXV),但该文似为伪作,写于约 247 年,题献给皇帝阿拉伯人菲利普。它甚至还有可能是 9 世纪的拜占庭文本。我们在此对这些说法不予考虑。

罗马人统治世界的方式截然不同。首先,他们统治的是整个世界,他们甚至征服了大洋中的岛屿。

　　什么都无法避开你们,无论是城市、民族,还是港口、领土,除非那些你们认定对己无用的事物。红海、尼罗河大瀑布①和麦奥塔湖(Mæotis)②这些古代人视为世界极地的所在对这座城市而言,就像自家花园边的树篱。

[582]但另一方面,也是更重要的一个方面,即"尽管[他们的]帝国地域如此广袤,可它的良好秩序与它的边界所及还要伟大得多"(§21)。它对彼此之间连绵不断的战争毫不知情,和平笼罩大地。

　　整个人居世界说起话来比合唱团还要和谐得多,他们纷纷祈祷帝国能长治久安,希望身为合唱团领唱的君主能正确无误地将其聚合在自己的身边。所在之处,万民平等[……]。大陆和岛屿之间没有任何区别,正如只有一片连绵不绝的领土,只有一个部落,所以万民均对它臣服。万事均通过敕令,通过表示同意即可得到履行,简直比拨动竖琴的琴弦还要容易得多。如果某件事必须完成,只须下达政令,即可得到施行。被派至各大城市和各个民族那里去的领导者,每个人都是那些位居于他们之下的人的领导,但就其个人的地位及互相的关系而言,他们都是平等的臣民。人们确实可以说,就这方面而言,他们与其底下的臣民不同,因为他们是指导臣民如何尽义务的领导者。而万物的领导者和元首则会使万民慢慢产生同样巨大的敬畏(§31)。

所有的行政管理者都知道皇帝了解他们的一言一行。他和他们通

①　141年,埃流斯·阿里斯蒂德旅居埃及时,曾游历至第一大瀑布处。
②　即现在的亚速海(Azov)。

过信件交流,而无须亲自赶来赶去。这些信件(著名的"皇帝批复")在派人送出去后几乎会立刻送达,它们仿佛是由带翼的信使传送的。

> 你们是唯一可统治自由人的人。卡利亚不会让给提萨菲尔,弗里吉亚不会让给法尔纳巴苏斯(Pharnabase),埃及也不会让给其他某个人,我们不会说这些民众属某某人和某某人的财产,不会说他们属于某个把他们当作奴隶的人,除非他自己就处于受奴役的状态。但作为城里人,你们会将整个人居世界当作一座城市那样去统治,你们任命地方官,就好像他们挑选出来就是为了保护关心他们的臣民,而非将自己视为他们的主子那样。因此,地方官的相续任职是以对其的任命为准[任何人都不得声称将国家作为自己的财产来加以保护](§36)。

埃流斯·阿里斯蒂德特别对"法治政府"赋予了更大的意义:面向公民的法律须求助于统治者做出判决,该判决也有遭到废除的现实可能性。由此产生的结果是,诉讼时,做出判决者既担心判决结果,又对被判决者[583]有所顾忌,"以致可以说如今人们都是受那些使政府取悦于民的人来统治的"。

> 君不见此种政府形式已远远超越纯粹的民主制①? 因为在城邦中,判决做出之后,就不可能再行变化或求助于其他法官,人们只得满足于已然做出的决断,若涉及的是某个需要外界的法官介入的小城邦,那就另当别论。②但从此以后,由于你们的在场,受到判决的被告,甚或没有打赢官司的原告都能对判决结果及他们所遭的不公损失提出异议。大法官仍然存在,他对正义的尊重永远不会缺乏。在他面前,弱者与强者、无名之辈与名人、穷人与富人及贵族之间保持着完美无瑕的平等。人们想起了赫

---

① 指传统意义上的诸希腊小城邦的民主制。
② 向外界的法官上诉在希腊化世界中是常用的方法,如此可避免城邦内部缺乏信任之虞。

西俄德的诗句："因为对他而言,使人强大易如反掌,消灭强者也不会更困难",①也想起了这伟大的法官和统治者。不过,引导他的乃是正义;他犹如鼓起船帆的和风,当然他不会照顾富人更甚于照顾穷人,而是会以平等的方法使所有人都能达到目的(§38—39)。

在说完波斯人、马其顿人之后,阿里斯蒂德提及了雅典人和拉凯戴孟人。就他们而言,罗马也已超越。雅典人和拉凯戴孟人都梦想建立帝国,但他们只统治着一些岛屿和地球的角落,他们轮流当盟主,但从未超过一代人的时间。臣民都想改朝换代。"在你们之前,对管理艺术的了解根本不存在。"(§51)因为,若果真存在的话,在科学技术上超越了所有其他人的希腊人肯定就会拥有它。但此种技艺"是你们的创造"。雅典人会派遣驻军入驻归他们统治的城市;他们拥有用武力和暴力解决所有难题的名声。况且,他们人数也不够多,在他们试图遍布帝国全境的时候,便遭到了割据者的削弱。在将诸城邦维持于薄弱的状态下从而对其进行统治,以及使诸城邦兵强马壮以[584]使它们在抵御外侮的战斗中能派上用场之间,他们并不懂得怎样做出决断。

> 因此,政府的管理流程丝毫没有条理,而他们也从不曾试图有意识地去建立这样一种流程[……]。他们既是压迫者,又是弱者。

无法"宽宏大度地"管理那些城邦。如果说罗马人成功,那是因为他们自己掌握了管理的技巧。当他们建起帝国时,这种技艺便派上了用场,而且反之,管理一个帝国也使他们的技艺变得更为成熟(§58)。令人钦佩的是罗马"宽宏大度的"权力观。因为罗马人颇为重视城市的权利,而没有重欧洲而轻亚细亚,它将这一权利赋予了所有理应得到者。

> 没有人[对罗马人而言]是外国人,他们都能行使职权或让自

---

① 赫西俄德,《工作与时日》,第五卷:"[宙斯]可轻而易举赋予力量,也可轻而易举地压制强者,他可轻而易举地顺服傲慢,赞扬卑微。"

已得到信任。某种公共的民主制在世界上建立了起来,统治它的只有唯一一个人,他是最优秀的立法者和领导者,①而所有人均麇集于此,仿佛这里是个独一无二的广场,每个人来此都为了得到其应得之份。一座城市是以其边界及领土而受到规定的,但它是在整个人居世界之中才成其所是,就好像它自己已被建成一座公共城市似的(§60)。

从此以后,只有唯一一座卫城。②罗马容纳万民,好似海纳百川。如同大海不会变化一样,城市虽分分合合,罗马却仍不为所动。"罗马"之名已成为"共同种族之类"的名称。"你们并不懂如何在希腊人和野蛮人这些种族之间进行划分",只懂得在罗马人和非罗马人之间进行划分(§63)。③

[585]受这样的政府管理,全体民众都会觉得同他们中间的权贵相比,自己更有安全感,之所以会有这种感觉,是因为一旦这些权贵胆敢为非作歹,怒火与复仇就会即刻降临到他们身上(§65)。

阿里斯蒂德坚称,正是这一点使"步兵大队"和"驻军"变得毫无用处,而罗马人却只需少数一些人,就能使如此庞大的一个帝国保持秩序。人们心甘情愿地缴税,他们都有理由这么做。城市可以说都得到了复苏,仿佛柏拉图的厄尔神话所讲述的那些灵魂一样;它们不再记得自己的前世;它们将战争忘得一干二净,就像忘了噩梦。罗马人通过允诺获得罗马市民权的做法在帝国的各个地区招募士兵,并使精挑细选而来的各类人获得了这一身份。

从政治层面上来讲,罗马人拥有的政体统合了先前存在过的三种

---

① 虔诚者安东尼乌斯也被描述为"共和国元首"。

② 据普鲁塔克所言,亚历山大曾想使其军队在以后成为所有希腊城邦共同的"卫城"(参阅上文,p.313)。

③ 我们在此又见到了伊索克拉底描述希腊"教化"(paideia)的影响远远超越希腊种族的观点和措辞(参阅上文),虽然以后代替古希腊文化的是罗马文化。罗马比亚历山大更清楚地意识到了"世界主义"这一理想,而亚历山大只不过是对此刚刚有所体现而已。

形式的优异之处；阿里斯蒂德如波里比乌斯那样认为，这样的混合体要比其组成成分更好，他从其具有稳定性上看出了这一点（而他刚才所讲的其他那些政体则会忽上忽下不断地变化）。

> 你们发现了一种以前未曾有人见过的政府形式，你们将法律和恒定的秩序加到了所有人身上（§91）。

罗马人同样也具有掌握技能的天赋——此处，阿里斯蒂德对我们今日所说的罗马人所拥有的高等技能表示出了强烈的兴趣。他们对如何修筑防御工事极其精通。他们发明了防御线体系（在军事技术上无人能出其右[nec plus ultra]）。他们的步兵大队排列的密集队形坚不可摧。竞争比武大行其道，以致只有士兵才明白那种感觉，那就是罗马人迫切想要杀敌。从战术上来说，他们同样使其他民族显得"乳臭未干"。他们的军队上自皇帝，下至率领两三个士兵的下级军官，等级极其严明。如此一来，便没人能心怀嫉妒，因为任何服从者也都能进行指挥，而且"美德的成果不会因个人而丧失"（§89），从而使一切都能完美无缺地运转起来。

[586]此外，罗马人还建起了城市，建造了纪念碑，而不是任那些被其攻占的国家保持原状。自此以后，希腊变得繁荣昌盛起来，亚历山大里亚也成了一颗明珠。罗马人成了希腊人的"养育者"。他们对未开化者进行教育，根据情况或温和或严厉。整个人居世界便自然而然地抛弃了旧习性，放下了武装，如今都讲究起美观，追求起享乐来：健身房、喷泉、气象宏伟的大门、神庙、工艺品和学校。世界成了"欢乐花园"。不过，罗马人对所有人都是这般慷慨。

> 你们已经极好地证明了这句名句，即大地乃万民之母、万民的宇宙家园。如今，无论是希腊人还是未开化者，无论是有财产者还是一无所有者，都可随自己所愿轻轻松松地四处周游，完全可以从自己的家园去往他方。[……]荷马曾说过："大地为万民所共有"，你们将其变为现实（§100—101）。

罗马人来临之前,存在众多不同的民族,他们信奉的都是野蛮的习俗;把它们写出来会很好笑,但这么去生活就不一样了。万物混乱不堪,宗派之间纷争不断,人们将土地摧毁,就如同将自己的父亲阉割。"如今,对所有人而言,大地及其居民享有了全部的保障,普世晏然,宁静平和。"(§104)①

诸神承认了罗马帝国,他们之所以这么做,是因为观察到,由他们各自所主管的实在通过该帝国而得到了颂扬。况且,荷马已预言过罗马帝国的降临。因为赫西俄德说起黄金种族的时候就像在谈论往昔的实在,这只能说明他没有荷马的眼光。如果他知道罗马人已经来临,那么他反而会为那些在帝国来临前出生的人唉声叹气!

第八节　狄翁·克里索斯托

[587]自尼禄起,再有多米提安,接下来有塞维鲁斯诸皇帝(帝国前期的末代皇朝),最后是奥勒留、戴克里先和君士坦丁,之后就是"帝国后期"的所有皇帝,这段时期开始使罗马君主专制政体这一新观念大白于天下。我们已经发现,皇帝崇拜自奥古斯都起就已存在,帝国前期时它从未衰落,也未受到过质疑。但如果皇帝本身就是神,那么他就等于是立足于传统的多神教之中,也就是说在宇宙中占据了比较低的级别。现在出现了一个新的元素。思想家们搜集源自哲学一神论(可追溯至最初的几个希腊哲学家,即前苏格拉底时代,然后是柏拉图、亚里士多德、斯多阿派,还有3世纪后半叶起的新柏拉图主义者)、②受东方诸宗教(尤其是密特拉教③)影响的帝国宗教混合主义的各种观念,根据神

---

① 这就是著名的 *pax romana*,即"罗马和平"。

② 新柏拉图主义的最初代表是普罗提诺(205—270),为《九章集》(*Ennéades*)一书的作者;其他新柏拉图主义大家有波菲利、普罗克洛(Proclus)、扬布利柯、阿莫尼乌斯、辛布里西乌斯(Simplicius)。此种哲学是对古典柏拉图主义的延伸,进而演变至某种哲学神秘主义,其中心要义为柏拉图哲学中的"一",与灵知派(Gnose)中的独一神及亚历山大社会中的宗教混合主义比较接近。新柏拉图主义的基本主题乃是:万物生发(émanation;或称派生[procession])自"一"(或善)的理论;三实体(hypostase;或称三位一体[triade]),即"一""智慧"与"灵魂",以及灵魂返回至"一"的理论(anagogè,即指转化)。

③ 古波斯崇拜太阳神的宗教。——译注

圣君主制中皇帝自身不再是神,而是独一无二的天神在尘世间的首席仆人和"神的代理人"(*vicarius Dei*)这一观念,以寻找哲学和神学上的根基。我们发现早于基督教的这一哲学及混合主义的一神论今后对君主专制制度起到了巩固作用,而君主专制制度反过来又将这种一神论加诸帝国身上;[588]君士坦丁改宗基督教之后,完善了这一演变过程。

我们来尝试确定这一演变过程中的几个大的阶段。[1]

1) 马克·奥勒留统治晚期,东方的影响与日俱增,我们发现当时得到发展的是"太阳神学"。它具有希腊化(塞琉古王国)及伊朗的根源,在罗马以密特拉教(密特拉是光明神,密特拉教的流行在 3 世纪达到顶峰)的形式得以流行。东方皇朝,即塞维鲁斯诸皇帝(而安东尼乌斯诸皇帝则具有意大利或西班牙的根源)的来临为这种宗教的发展创造了契机。

塞普蒂米乌斯·塞维鲁斯(193—211 年)是非洲人(来自大列普蒂斯[Leptis Magna],即现在的利比亚的黎波里;他的家族当时仍讲布匿语)。他娶了埃美斯(叙利亚城市,位于贝鲁特的东北面)世袭祭司长的女儿尤利娅·多姆纳(Iulia Domna)为妻,专事崇拜太阳神巴尔(Baar)。这女人促使其丈夫大力发展皇帝崇拜。据文献所言,这两个人被当作了太阳和月亮,从铭文上可以看出,他们的住宅也被视为神宅(*domus divina*)。此外,尤利娅·多姆纳姐妹的两个女儿都嫁给了叙利亚人,自塞普蒂米乌斯·塞维鲁斯的儿子卡拉卡拉执政(211—217 年)之后,这些婚姻中出生的两个男孩后来都成了皇帝:即埃拉加巴卢斯,又称赫利奥加巴卢斯(Héliogabal)(218—222 年),然后是亚历山大·塞维鲁斯(222—235 年)。

我们知道这些行省比其前任更为关注将帝国的新旧行省之间的差异给抹掉,从而以此使它们显得更具"世界性";正是卡尔卡拉通过其著名的 212 年的敕令,将罗马公民权赋予了帝国境内的所有居民。为了使这项政策得到全面执行,皇帝必须被视为具有特殊的权力,具有超人的力量。这一特别的地位就是要使新的太阳神学确立其合法性。

据一则文献所说,尼禄现身的时候戴着光芒四射的冠冕,他被称为新太阳神,新阿波罗。塞普蒂米乌斯·塞维鲁斯本人也力图使自己成

---

[1] 据 Baker,《从亚历山大至君士坦丁》,前揭。

为如同太阳照亮世界般能照亮帝国的星辰。他现身时有云雾(*nim-bus*),即太阳光环环绕,而且他也头戴光芒四射的冠冕。据一则文献所说,他的儿子格塔(*Geta*)也被视为战无不胜的神—太阳(*sol invictus*)和国王—太阳的后嗣。埃拉加巴卢斯在[589]罗马举行祭祀与庆典的行列中炫耀其拥有太阳神巴尔的国王—祭司谱系后裔的优势,他将一块黑色石头带至罗马给众人看,说这块石头就是象征,他还在自己的官方名号之上,确立自己为"埃拉加巴卢斯,战无不胜的神—太阳的祭司"。

2)塞维鲁斯诸皇帝被驱逐之后,这种趋势并未停止。

在持续五十年时间、直至多米提安即位(285年)止的"军事混战"期间当政的诸皇帝中间,加利耶努斯(253—268年)和奥勒留(270—275年)显得不同,前者保护了普罗提诺和新柏拉图主义者,他们都是一神论原初形式的理论家,后者当政时期开始了"多瑙河"诸皇帝谱系,这些皇帝同戴克里先及其四头统治中的同像,后又与君士坦丁的父亲君士坦斯一世进行了混战。大部分"多瑙河人"均出身卑微,他们需要通过武装政变(*pronunciamentos*)使自己得到提升(多瑙河的军队既很强大,地理上又与罗马最为接近)。因此,他们亟须获得最令人信服、最稳定的合法性。

奥勒留当其军队发生反叛时,说过这样一句话:"红袍[即红色披风,称为 *paluddamentum*,乃皇权象征]是神的赐予,只有神才能收回。"他在东方作战,将在埃美斯附近突如其来获得的胜利归于当地的神祇,即埃拉加巴卢斯那位著名的太阳神巴尔对自己的支持。因此之故,他将战无不胜的太阳神(*Sol invictus*)视为"罗马帝国的神",为了表示对他的敬意而在罗马矗起了一座神庙,由一群太阳神最高祭司(*pontifices Dei Solis*)加以侍奉。他赋予战无不胜的太阳神(*Sol invictus*)以混合的特征,既给予了他希腊的阿波罗特色,又给予了他伊朗密特拉、叙利亚巴尔神的特点。更有甚者,他别出心裁地称自己虽不是神,却是 *vicarius Dei*,即至高无上的神的"代理人"或仆人。一神教与君主专制政体历史上第一次互相紧密结合在一起,我们也知道西方历史上的这对搭档今后会有怎样的命运。新的太阳神统合了异教,成为忠诚于皇帝的保证。

因此,我们发现国王形象、天神涉入尘世及"因神的恩典"才得进行统治的观念要比君士坦丁的基督教和我们将在这部分学习的凯撒利亚的尤西比乌斯的理论早得多。[590]它或许早在奥勒留时期即已通过斯托比(Stobée)辑录的狄奥托金(Diotogène)与伪艾柯方特(Ecphante)的新毕达哥拉斯派论著得到了发展(参阅下文,p. 602—610)。

"唯一一个神、唯一一个帝国,唯一一位皇帝",这就是奥勒留的教义。他所持的鹰身权杖令人想起了希腊—罗马的神话(荷马作品中的朱庇特或宙斯)。但根据文献,我们也发现它从神—太阳那里采纳了象征世界权力的圆球形状。他头戴波斯特色浓郁的王冠:马其顿的国王们在亚历山大战胜大流士后就曾戴这种冠冕。该时期的文献还显示皇帝头戴象征太阳光线的光芒四射的王冠。

3) 戴克里先也采纳了同样的象征方式,尽管他是多神教徒。他自己还在皇宫中开创了"拜占庭式的"庆典仪式,力图在国王和臣民之间造成巨大的(也是新的)差距,自此以后他们中间就新现出了许多中介物。神圣国王(*basileus*)变得遥不可及、无法接近,甚至隐而不现。他对 *admissio*,即"上朝参见"设立了许多规定:无论是谁都不能目视国王,那些能目视者则应该遵守明确的规定。他强行规定了著名的 *proskynesis*,即在国王脚下匍匐跪拜,这或许比其他的象征更加表明了今后"君主制"的精神:国王、他的近亲、臣民是有着不同本质的人,他们再也不是普林尼所珍视的同胞。社会结构也是宫廷结构的反映:那些可入宫参拜的人社会地位更高,能更接近皇帝。我们将会发现苏奈西乌斯(Synesius)对臣民反得更为厉害(参阅下文,p. 628 及以后)。这种以古代东方为范型的仪式也是以新的思考方式为基础才得以巩固起来的:因为决定了社会等级制度的宫廷等级制本身也体现了宇宙和天体的等级状况。

4) 最后,君士坦丁也承继了这一君主制的仪式,返回至一神教,并自认为是神的代理人(*vicarius Dei*),也就是说他比元首制中的古代"神祇"既低又高。

[591]不过,君士坦丁的情况要复杂得多。可说君士坦丁经过了两次改宗:第一次是在约 310 年,他抛弃了对朱庇特及赫拉克勒斯的信仰,那也是戴克里先的信仰,转而崇拜太阳神,即奥勒留与其自己的祖先信奉的战无不胜的太阳神(*Sol invictus*);第二次是在约 312—313 年,他改信了基督教,当时采取了渐进的方式,

从某些方面看也不太彻底(参阅下文,凯撒利亚的尤西比乌斯)。确实,他是个混合主义者;他所寻求的是一种能为所有"民族"共有的信仰,这其中既有政治上的谋划,也有个人的反思及对福音普世主义的真诚信奉。

因此之故,对于君士坦丁的改宗,我们可以说,它既是一种延续,也是一种断裂。因为一神教的发展同帝国的演变是有机联系在一起的。身处政治神学中的教会在几乎原封未动的情况下便采纳了罗马异教史的这份遗赠。①

现在我们来检视一下,在证明君主制与一神教(或等级分明的多神教)之间新的联姻的合法性时,知识分子的几项建树。

说到狄翁·克里索斯托,我们将回溯到前面,甚至回到元首制取得胜利的那个时候,即图拉真统治时期。但我们将会发现,狄翁的王权理论属于知性体系,与他的同时代人塔西佗或普林尼截然不同。与此同时,其理论也深深扎根于很早的时代,即希腊化时代,它为一个世纪后开花结果的君主制神学提供了素材。因为,它在希腊化时期的思想及拜占庭时代的思想之间架起了桥梁。②

生平与著作③

[592]狄翁原籍比提尼亚的普鲁萨(Pruse)(距拜占庭南部不远,有时,他就被叫作"拜占庭的狄翁"),生于约公元 40 年,卒于约 120 年,出身自有钱有闲的阶层。他在自己出生的城市接受了以语言艺术为中心的古典教育。苇斯巴芗统治时期(皇帝,69 至 79 年在位)他去了罗马。

---

① 或许,如果说犹太人的"上帝"形象同基督教徒的信仰是如此不同,尽管他们拥有共同的《圣经》可资参照,那么可以说这是因为帝国的君主制典范在基督教神学中占有重要影响力的缘故。基督教的上帝更具希腊化和罗马化,也就是说它比犹太人的上帝更具太阳神及帝国的风格。

② 此外,自 2 世纪上半叶起,他便注意到罗马思想已经衰落,希腊思想或者说希腊的表达法正在得到复兴:那个时代的思想家都是亲希腊化时代的人,如爱比克泰德、普鲁塔克、马克·奥勒留、埃流斯·阿里斯蒂德、菲洛斯特拉特 (Philostrate,他是《图阿纳的阿波罗尼奥斯生平》[Vie d'Apollonios de Tyane]一书的作者)……在接下来的几十年间,教父的伟大思想也带有明显的希腊风格。

③ 参阅狄翁·克里索斯托《演讲录》(Discourses),由 J. W. Cohoon 和 H. Lamar Crosby 翻译成英语,Londres, Loeb Classical Library,由 William Heinemann Ltd、Cambridge、Massachusetts、Harvard University Press 联合出版,1971,5 卷本(四篇《论王权》在第 1 卷,《论波利斯特纽斯城》[Discours borysthenique] 在第 3 卷)。本段中所引的狄翁文本均译自英语。

他在那里从演讲术转向了哲学：这是两种不同的职业，两种不同的精神。多米提安当政时期，他被控与某个失势的贵族走得太近，遂被驱逐出罗马、意大利和比提尼亚（有可能是在 82 年）。于是，他不得不孤独地流浪，一贫如洗：他从一座小城来到另一座小城提供服务。这样一来，他倒可以身体力行斯多阿派关于智者坚忍、犬儒派功名利禄如浮云的箴言。但他不得不游历得很远，最后来到了多瑙河和俄罗斯南部地区，住在未为人所知的野蛮人（如格塔人［Gètes］）中间，如此他也有了增加地理、政治与道德知识的机会。96 年多米提安死后，狄翁的流放得以终结，内尔瓦皇帝，然后是图拉真都热烈欢迎他回罗马，他同他们都保持着友谊，此时大约是图拉真攻占达契亚（后来的罗马尼亚）的时候；图拉真似乎很赞赏他的智慧。狄翁借助于同高层的关系，为他自己出生的城市普鲁萨做了贡献，但在小普林尼管理比提尼亚的时候，他仍然受到了指控。

狄翁并非是人们所说的那种拥有原创性思想的人。他主要是受到了斯多阿派，以及柏拉图和犬儒主义者的影响和启发。但他是个真正的哲学家，他不再信任修辞术这种或多或少有点名不副实的演讲形式的技艺，所谓的最为高贵的精神职业（由于在那个时代，尤其是在哈德良当政时期，"第二代智术派"在罗马获得完胜，所以他在这方面的功绩便更无法抹杀）。

[593]他作品中有许多部分都被我们保存了下来。其中包括一些信件，但更重要的是道德及政治演讲录与一些论文（已佚失）。五篇演讲录都直接论述了政治：1) 四篇《论王权》（*peri basiléias*），这四篇文章都被送达至罗马的图拉真面前，第一篇是在后者即位之后立即送达，第二和第三篇或许是在 104 年送达，第四篇是 103 年；2)《论波利斯特纽斯城》，①之所以起这个名字，是因为这篇对话据说是在狄翁流放期间同波利斯特纽斯城的居民之间进行的，该地位于顿河河口，是偏远的希腊移民所在地。

狄翁·克里索斯托主张，政治技艺部分可以习得（人性），但部分也是人天生所固有（神性）；必须将其视为两类。因此，灵魂中丝毫没有神性的纯粹的学者在政治上只能是绝对的粗人。甚至可以这样说，他们之于政治，就像阉人之于女人一样，"就算他们和女人朝夕共处"也是如此，

———————————

① 下文简称《论波城》。——译注

而且"他们怀着愚昧无知而日益衰老,就这么毫无希望地错误地游荡下去,就像奥德修斯在广袤的大海上游荡一样"(《论王权》,Ⅳ,36—39)。

关于这种神圣的知识有例为证:比如有个观点说所有理性的存在都会组成家庭。人不可能只通过观察就能学会。只有诗人才能领会这一点,通过某种真正的启示所进行的运作,使"明亮的火光从不可见之处显现出来"。尽管他们看得不清楚,但就像那些在奥秘的门口安营扎寨的人那样,他们有时也会看见或听见里面一鳞半爪的事(《论波城》,Ⅳ,32)。

国王如同诗人,"无须学习[政治学],只须将它回忆起来即可"(《论王权》,Ⅳ,33)(借由某种柏拉图的回想机制)。它体现在他心中,就像他灵魂中永不会消亡的一部分,狄翁奇怪地说,这可与身体里的牙齿相比,即便焚烧牙齿,它仍然不会有丝毫变化(《论王权》,Ⅳ,32)。

神圣的城市,宇宙之城(cosmopolis)①与人类之城

[594]存在一座诸神的城市(*theia polis*)或一个诸神的政府(*dia-cosmesis*)(《论王权》,445)。每个神祇既保持独立性,又与其他神和谐相处,"跳着幸福之舞、智慧之舞和至高知性之舞"(《论王权》,441)。不过,人也参与了这一神圣的实在:他们属于诸神,就像孩子属于大人一样(《论王权》,442)。因而,他们的城市乃是神圣城市的雏形。更有甚者,斯多阿派认为在将所有拥有理性的存在(*pan to logikon*)组成唯一一个种族的时候,他们就成了人或者神。他们全体组成一个共同体(*koinônia*),里面应由正义(*dikaiosyné*)来统治。狄翁还讲到了"理性家族"(*to logikos genos*)(《论王权》,§ 35),那里所有的人都分享了理性(*logos*),也分享了智慧(*phronésis*)(《论王权》,§ 38)。

由此可见,人类之城就像诸神之城一样,应该由理性,也就是说由法律来统治。一座城市就是一个遵守法律的共同体。相反,尼尼微(Ninive)②就不能算是城市(《论王权》,439)。

---

① 可参见上文斯多阿派论述 cosmopolis 的文字,原文页码 p. 313。——译注
② 亚述人的都城,希腊人认为这个民族特别残忍(参阅亚述巴尼巴鲁斯[Assurbanipal]——译注)、放纵(萨尔达纳帕鲁斯[Sardanapale]——译注)。(萨尔达纳帕鲁斯是古亚述最后一代国王,公元前 880 年,被围困于都城,举火自焚,与宫殿同亡。)

在人类之城中,万民都将是公民。狄翁特地批评了斯巴达人驱逐希洛人的做法。他们这样是做了错事,因为希洛人也属于理性家族(*logikos genos*)(《论王权》,§38)。

传统与天赋权利证明君主制形式拥有合理性

君主制之外的所有政府形式都有缺陷,因为它们容易使共同体中的各个部分优于其他部分。只有君主制是共同体(*koinōnia*)的保障,颇像宙斯是宇宙(*kosmos*)统一的保障一样(《论王权》,§31—32)。

狄翁当然很了解三种古典的政府形式(君主制、贵族制、民主制)及它们遭到毁坏的形式。但他还是表明自己更偏向于君主制,还借由[595]荷马对此加以证明,仿佛贵族制和民主制的希腊城邦,在希腊中世纪及各帝国的时代之间,只是一段不太引人注目的漫长的游离于外的时期(《论王权》,Ⅲ,125)。

为什么政府的各种集体形式会如此信誉扫地呢? 因为只有君主制是建基于天赋权利观之上的。畜群、蜂群都有君主:这证明了弱者必须由强者来统治。同样,宇宙也是由国王,即神来统治(《论王权》,Ⅱ,50)。还有同样的是,灵魂领导身体(《论王权》,Ⅲ,68),男人领导女人(《论王权》,Ⅲ,71—72)。

国王不用强力统治

进行一系列比较便可接近明君这一概念。

牧者般的国王 国王首先可与牧人相比(《论王权》,Ⅰ,1)。然而,牧人看管的是牲畜,他不会像屠夫那样去杀牲畜(《论王权》,Ⅳ,189)。国王的权力被描述为一种服务(《论王权》,Ⅲ,131)。

> 如大流士之类的伟大的征服者都是些屠夫。他们根本不能算是国王,只能算是扮作国王的孩子,而实际上,他们只不过是鞋匠或木匠的孩子(亚历山大听到这句话①后极为不悦)(《论王权》,Ⅳ,191)。

———————

① 第四篇《论王权》是对话形式,发生在犬儒派第欧根尼和亚历山大之间。

公牛般的国王　国王引领人群。这可同公牛相比,公牛会领着牛群去吃草,保护它们不受野兽和其他畜群的攻击。然而,公牛也知道,人类比它要优异。同样,国王统治人类,但他也知道他自己是臣服于神的统治的。如果他面对敌人懦弱不堪,面对手无寸铁的公民气壮如牛,那么神就会将他罢黜(《论王权》,Ⅱ,96及以后)。暴君同畜群在一起,表现得就像头狮子。

无蜇针的蜜蜂　第欧根尼要求成为唯一一个向亚历山大传授这一真理的人,该真理是指,伟大的国王不靠强力统治,正如蜂王是蜂群中唯一一个没有蜇针的蜜蜂。有了这一标志,其他蜜蜂就会承认它的优越性(《论王权》,Ⅳ,197)。

[596]**作为现行法律的国王**　尽管国王应该凭借法律而非独断专行来统治,但他仍必须高于法律。这是因为他不固着于任何事物,甚至也不用去行善,他什么事都能做,自然也能行大善之故;也是因为他既能不义,也能真正行公道的缘故(《论王权》,Ⅲ,117)。①

王权与暴政:赫拉克勒斯的明智选择

狄翁借助于寓言,寓言是由库贝莱(Cybèle)的女祭司告诉他的,当时他正在流放,在伯罗奔尼撒半岛上的乡村腹地四处游荡。女祭司预言多米提安对他的迫害即将终止。她向狄翁宣布,说他很快就会遇到明君(就是图拉真),她还委托他将下面的那则故事传播出去,但不得遗漏任何细节。②

这则故事涉及的是赫拉克勒斯(Héraklès),这位神话中的英雄据说以前是整个希腊的国王。然而,赫拉克勒斯乃是半神半人:他的父母是宙斯与阿尔克迈纳(Alcmène),因此他有能力从事真正的政治学(参阅上文)。当他的父亲宙斯知道赫拉克勒斯将要成为整个已知人类的国王时,便想给他上关键性的一堂课。他给他派去了赫尔墨斯

---

①　这种权力代价太高,因为狄翁如塞涅卡一样,也强调为所有人的国王就像太阳,他比任何人的公开程度都高(《论王权》,Ⅲ,109)。狄翁了解波斯的习俗,并做了引用(《论王权》,Ⅳ,199—201),该习俗说会定期献祭某个特定的人,让他替代国王。当然,在这种情况下,国王躲过了死亡,但就算做了替换,也表明了他,即国王才是针对的目标。

②　智术师凯欧斯的普罗狄科斯也写过相似的故事,该故事出现在色诺芬的《回忆录》(Ⅱ,Ⅰ,21—34)中。

（Hermès），后者便领着他经由人类未知的道路，前往一个想象中的地方，那里所有的现象均具有明显无疑的寓言色彩。

那里有两座山，从底下看的话，它们似乎是一座，但若攀登的话，他就会发现山脉分离成了两座山峰：王室山和暴政山。王权夫人坐在王室山上，陪伴她的是正义（*Dikè*）、公民秩序（*Eunomia*）及和平（*Eirénē*）。所有事物均依法（*Nomos*）而行，也可把法叫作正确的理性（*Logos Orthos*）、劝告者（*Symboulos*）、襄助者（*Paredros*）（《论王权》，Ⅰ，§73—75）。

[597]他绕过层层道路来到了另一座山，两座山之间大部分地方都隐藏着数不胜数的尸体。暴政夫人在那里落座，坐在摇摇晃晃的御座上。她试图模仿王权夫人。她穿金戴银，打扮得花枝招展，头戴无数圆锥形王冠（*tiare*）①和冠冕（是否是对东方帝王的影射？）但她内心极度混乱。她看不清面前的事物。她不停地笑，笑出了眼泪。围在她身边的有残忍（*Omotès*）、过度（*Hybris*）、非法（*Anomia*）和党争（*Stasis*）（《论王权》，Ⅰ，§76—82）。

赫拉克勒斯返程时懂得了要选王权夫人，而非暴政夫人。他道德上的这种优异性使宙斯觉得他担当得起宇宙政权，而不适合去做如狄翁蔑称的所谓的那些著名的"劳作"，因劳作只是纯粹体力上的实现而已（《论王权》，Ⅰ，§84）。

国王所应具备的品质

狄翁为了描述明君，特以东方为例（居鲁士大帝、斯奇提亚人的国王、法老）（《论王权》，Ⅱ，101），试图找到具普遍性的理论。这幅图像适合于图拉真，狄翁就是这么建议的（《论王权》，Ⅰ，36）。

重要的是，国王的节制（《论王权》，Ⅰ，3）。他应该拥有所有的美德。

他应该节制。他丝毫不能柔弱。他唯一该听的音乐应该是阿波罗颂歌（即战歌）；唯一该跳的舞蹈是那种快速的运动，用以躲开战斗中的箭矢（《论王权》，Ⅱ，87）。呜呼，绝大部分国王却都会受激情洋溢的精神所感动，或喜悦欲狂，或爱财如命，或野心勃勃，或兼有以上三者（《论王权》，Ⅳ，结尾）。

他应该审慎。他应该成为最大意义上的智者，照字面意思就是指有智慧的人；也就是说成为美德之人、理性（logos）之人（《论王权》，Ⅰ，

---

① 是指古波斯等地的帝王及犹太教祭司所戴的圆锥形冠冕。——译注

15；Ⅰ，6—7）。（非智者无法成为任何人的国王，甚至无法成为自己的国王，《论王权》，Ⅰ，9。）他应该实践修辞术和哲学（《论王权》，Ⅱ，63）。正是因为智慧，奥德修斯才终结了阿基琉斯和阿伽门农之间的争执（相反的是，狄翁觉得这两个人都是笨拙粗俗之人，不知何为审慎）。不过，国王不该只钻研自己的所长（《论王权》，Ⅱ，65）。

关于这点，我们还要补充，即国王就其分享宙斯的全知全能而言，都是宙斯的儿子（《论王权》，Ⅳ，181）。国王对自己王国内发生的事所获得的情报将使他能够[598]有许多朋友，这些人都是他的"眼"和"耳"（《论王权》，Ⅰ，19）。这些朋友使国王能无处不在，无时不在（《论王权》，Ⅲ，149及以后）。①

国王应该勇敢。他比自己的臣民工作得更多，关注得更多，他就像是船长那样永远处在警醒的状态，而乘客则在船只穿越暗礁的时候仍旧呼呼大睡（《论王权》，Ⅲ，134—135）。人们从来不会去想太阳会厌倦于永生永世地照亮人类，国王也不会去想让自己从职责中抽身而出。人们因其而活，如果他没有才能，人们则会跟着受罪（《论王权》，Ⅲ，143）。

最后，国王应该公正。他对待臣民不该像主子（despotès）对待奴隶那样；他为所有人的福祉而发奋（《论王权》，Ⅰ，13）；他宁愿和平而不愿战争（《论王权》，Ⅰ，17）。

所有这一切均表明民众与国王之间处于和谐的状态。善良、有人性（philanthropos）的国王受到爱戴，那是臣民发自内心的爱（arasthaï）（《论王权》，Ⅰ，13）。对国王的爱要比对父母和亲朋的爱更为强烈（《论王权》，Ⅲ，155）。人类之城在此显现为神性之城的雏形。

宙斯的统治，人类统治的典范

于是，狄翁阐发了斯多阿派神圣统治的理论。国王应该遵循"宙斯的法律和规则"，就像罗马行省的总督应该遵循皇帝的法律一样。

> 我现在可以来谈论宇宙的管理，来说说世界——它乃是至福和智慧的化身——是如何永远向前，进入无限的时间之中，并根据从不会间断的无限循环，受良好的命运和同样也是良好的神圣权

---

① 我们还记得，该主题已在色诺芬的《居鲁士劝学录》中得到过阐发。

力、受神意和想要成为最为公正和完美的统治的意图所引导,从而使我们和他很相像,因这乃是由连接我们的自然共同体(*physis koinè*)所致,我们将遵守那独一无二的命令和那独一无二的法律,共同分享这同样的政体(*politeïa*)。

那无论如何都会荣耀并尊重该政体,且不会去反对它的人就是尊重法律(*nominos*)、忠诚[599](*theophilos*)和有序(*kosmios*);那相反会尽其所能地扰乱政体、侵犯它或无视它的人就是法外之徒、无度之人,而无论他只是个公民还是统治者,尽管统治者的冒犯显然要严重得多。

因而,恰在那些军团、城市或行省的将领和统帅者中间,与你[即指图拉真]的行事方式最为相近、尽可能符合你的习惯之人就将是你最亲爱的伙伴和朋友,而那些行事与你相异或反对你的人将会对你提出责难、使你蒙羞,应立刻解除其职务,让最优秀之人和拥有最好的管理品质的人来担当,对国王也是如此:由那些从宙斯处得到其权力和管理地位的人来担任。因此,那关注宙斯,维护秩序,用正义和公平、遵守宙斯的法律和律令来统治民众的人将会有福,得善终(《论王权》,Ⅰ,42—46)。

国王就是王国,恰如神意就是世界。他无所不知,无所不关心。他的道(*logos*)保证了城市的协调性和有序性。他作为组织者所拥有的力量赋予法律以形式。该法律在几如宇宙般广袤的、幅员辽阔的王国内都是一样的。

有关祆教僧侣(Mages)的神话:法律对社会秩序的革新

狄翁通过一个神话来阐明国王与神的同质性,他告诉我们,自己是从祆教僧侣的秘密仪式上知道这个故事的。

因为狄翁具有混合主义的思想。如果神是一,那么针对各个民族的所有启示都会是一致的。祆教僧侣反复教诲的是,琐罗亚斯德发现了同样向荷马与赫西俄德显示的东西(《论波城》,39 及以后)。显神时与他交流的内容与《圣经》所说的"燃烧的荆棘丛"言及的内容颇为相像。琐罗亚斯德隐退至着火的山上;波斯人都前来祈祷,而琐罗亚斯德则毫发无损地走了出来。于是,他的教诲是,世界是如下那样得到建构和焕发生气的。

宇宙是受永恒遵循同样循环的永恒运动而得到激发的。这个运动乃是受呈向心圆般活动的神圣战车驱动,这些向心圆同四个等级分明的元素,即火、气、水和土相一致。外圈的战车是由供宙斯驱遣的带翼战马所牵引。它"无论从美貌、身材还是从速度上来看,都远远优越于其他的马,因为它占据的是外圈跑道,跑的路程最长"(43)。它由火构成。紧随其后低等的马则供赫拉驱遣,它由气构成。[600]更低等级的马供波塞冬专用,由水构成。最后是最低等级的马,只有它没有翅膀,是由土构成,供赫斯提亚(Hestia)驱使。它既动又不动:它会转动,但不会变地方,就像地球自行转动一样。它们显现为四匹马,就像绕着赛场边缘转动的驷马战车;内圈的马原地奔跑,另三匹马则绕着它转圈,在最外圈的那匹马速度最快。

不过,这种永恒的运动并不具有同质性。它受各种循环事件、动乱、洪水的影响,分别与之相应的火马和水马都会变得躁动不安,这样就会将混乱和恐慌传染至整个驷马战车,最终影响到地球本身。尽管这些事件认为是遍布地球上的卑微的凡人造成了那些可怕的灾难——各个民族见证的各种神话都是这么说的——但在驷马战车的永恒运动之中,他们引起的只是相对较小的混乱。他们无法彻底摧毁整个世界。马车夫只消用鞭抽或针刺,就能很快使它们恢复平静和秩序。这些事件甚至显得大有益处,因为这样便有机会使这些马匹就范,使它们的步伐更为漂亮、更有规律。

然而,还有一件更重要、更罕见,但也会循环发生的事(51及以后)。那就是驷马战车会变得灼热起来,进而"变换其形式",就像狄翁所说的,它们均由蜂蜡构成,浑身上下的蜂蜡因炎热而融化的三匹低等级的马完全变成了轻灵之马的形式。

这一事件需通过参考斯多阿派的物理学与斯多阿派的 *ekpyrosis* 理论方能理解,该词指每次大年时世界会发生大火(参阅上文,p. 314—315)。万物均会恢复至火的状态,但我们知道,对斯多阿派而言,这神圣之火并非毁灭性的大火,而是进行整顿、令万物丰饶的大火,是"艺术之火"。因而,袄教僧侣所教诲的那些话,就是指大年期间所发生的现象应被称为神圣的喷射,其喷射而出的是灼热的种子(如思想般瞬息而出,因为它本身就是思想),按其字面意义来看,它能使世界重新繁衍生息。

　　[高等级的]马极其渴望生殖繁衍,意欲使万物充满秩序(di-anemein),并使宇宙井井有条,于是宇宙因受到革新而重又变得完美无瑕、光辉灿烂。在发出灿烂明亮的光线之后——不是采取紊乱的方式,如我们在暴风雨中所见的那种混乱,那时的云层比往常要涌动得厉害,而是纯粹的、丝毫不含杂质的光线,丝毫不现一丝黑暗——[601]它伴随着雷厉风行的思想轻而易举地实现了变形。但在采取了一种令人想起阿弗洛狄忒及一代代人的形成过程的方式之后,它平静、缓和下来,熄灭了大部分光亮,变成较为灼热的空气,并与赫拉结合在一起,享受着完美无瑕的夫妻生活,从而再次为宇宙射出大量种子。这就是受到宙斯与赫拉赐福的婚姻,而智者的儿子则在他们的秘密仪式中歌唱起来。①

　　在给自己的整个本质,即作用于整个世界的唯一一颗种子赋予了神秘能量的形式之后,它自己犹如精灵一般在其中运动,这精灵通过繁衍生息而进行塑造、加工,自此以后,它自己便同其他受造物有了相似的构成,只要能正确地将其说成包含了灵魂与肉体即可,现在它轻轻松松地对余下的所有东西进行塑造、加工,且在其周围轻轻地流露出自己的本质,并轻而易举地从四面八方将其发散而出。

　　在意识到自己的任务并将其完成之后,它显露出了宇宙,这宇宙犹如重新变成了某种美丽的东西,配得上一份令人难以置信的爱,当然也变得比其今日的样貌愈发灿烂辉煌。匠人的作品在从创造它们的艺人手中脱颖而出后,也确实变得更好、更出色。同样,年幼的植物也比枯朽之物更显活力,完全同幼苗相似。动物也是这样,它们甫一出生,便看上去迷人、可爱,而我讲的并不是最美的动物——马驹、幼犬、牛犊——而是极野性、极幼小的动物(《论波城》,54—60)。

---

① 这就是神秘的宇宙婚姻,会在秘密祭仪中对这"神圣的婚姻"(Hiéros Gamos)进行庆祝。参阅《伊利亚特》,Ⅹ,ⅩⅣ,294—296。

　　然而,此种宇宙现象在政治层面上亦能找到其对应物——如今,我们更好地理解了,无论是在特殊情况下,还是在通常的情况下,人类统治为何能而且应该能以神圣统治作为榜样。

　　正如,最常见的是,神圣马车夫会用鞭子或马刺来使不和的马匹恢复秩序,国王也应时不时地通过诉诸权威的规范化行为将城市的缰绳重新握于手中。但城市这样的世界犹如物质化的宇宙,也会精疲力竭、疲乏不堪,渐渐地陷于混乱失调的境地之中,普通的政治团体无力对其加以修正。而以宙斯为榜样的话,国王就会懂得占有权力的只能是他一个人,他仅凭自己的思想来指引方向,而不会受[602]先前立法的束缚,于是他通过重新组织的激进方式来着手彻底地革新社会。

　　狄翁的理论或神学就这样同流行的宗教情感结合在了一起,据此看来,新的统治就能名副其实地重新创造世界。国王乃是创世神(démiurge):正如宙斯,在宇宙时代的漫长间歇期间,认为重新产生这个有生命的存在 zôon(即宇宙)乃是必要之举,同样,在各个时期,作为宙斯代理人的国王在城市衰落、腐朽之时,也能产生新的体制和新的政治秩序。奥古斯都就是这么做的,在狄翁的时代,图拉真也是这么做的。当寻常的体制彻头彻尾地衰亡、堕落时,救世主的决断行为便可将万物重新整顿及重新组织一番。

第九节　新毕达哥拉斯派:狄奥托金与伪艾柯方特①

　　现在我们来看看君主制时代提出的各种王权理论。

　　两篇论述王权的文本已收录于斯托比(或可追溯到公元 5 世纪)的《选集》(文集)中,这些文章之所以很有意思,是因为它们在阐述人们所谓的王权的本体论基础时,提出了一些详细的、新颖的论点。斯托比将这些观点归于两个名不见经传的作者,"狄奥托金"和"艾柯方特",认为他们属于"毕达哥拉斯派"。很有可能,这些文本写于 3 世纪,时近奥勒

---

① 参阅 Louis Delatte《艾柯方特、狄奥托金和斯特尼达斯的王权论》(Les traités de la Royauté d'Ecphante, Diotogène et Sthénidas), Liège, Faculté de Philosophie et Lettres, Paris, Librairie Droz, 1942。

留时代。它们的作者之所以被认为生活于古代毕达哥拉斯派的鼎盛期之后,是因为这样就可使他们的理论显得更加古老、更具权威(我们知道公元前 4 世纪有一个名叫艾柯方特的毕达哥拉斯派;因而,斯托比的"艾柯方特"就被描述成下文所说的"伪艾柯方特")。①

狄奥托金

[603]狄奥托金开篇即提出了在王权、法律和正义之间确立均衡:因此,他心目中的国王完全不是滥用权力的暴君,而是继承了希腊化时期传统的"受到激发的法律"。

> 最为公正的人才能成为国王,与法律最为相符的人才能最为公正;因为,若无正义,便没人能成为国王,若无法律,便不会有正义。因为公正含于法律之中,法律是公正的原因,而国王则是活着的法律,是顺应法律的行政官员。②

然后他列举了国王的职责,它们是指挥军队、施行正义及荣耀诸神。③ 只有国王的国家统治以宇宙(*cosmos*)的神圣统治为榜样,他才

---

① 论毕达哥拉斯派,参阅上文,Ⅰ,p. 82 及以后与Ⅱ,p. 512 及以后。毕达哥拉斯生活于公元前 6 世纪时的大希腊城,因未留下任何文字,直接受教于他的门徒又极少,故而毕达哥拉斯派托名写作的传统在罗马遂得以确立起来。确实,柏拉图说自己受到了毕达哥拉斯派的启发;但柏拉图主义和之后的新柏拉图主义乃是经常出现于罗马的学说,甚至有的时候,还占了主导地位。发明"毕达哥拉斯派"文本因而就成了一种使柏拉图主义者更为柏拉图主义的方法。由于涉及政治理论,所以便提出了一个特殊的问题。我们知道毕达哥拉斯及他的后继者阿尔克米奥(Alcméon)和阿尔奇塔斯均非君主制拥护者;他们支持的是混合政体,该形式同他们的学说根本一致:政治上,必须在受数学各关系规定的城邦各派间拥有和谐,恰如人体在器官和组织上也须达到平衡一般,而音乐上,则音阶中的不同音符必须具有韵律。纯粹的君主制在政治上会摧毁和谐、秩序,正如音乐上齐奏会破坏和谐一样。因而,3 世纪的这些作者选择拥护君主制表明了古代毕达哥拉斯派已产生了明显的变形,或许是受到了罗马帝制时期迟来的柏拉图主义以及尤其是受加利耶努斯保护和鼓励的新柏拉图主义的影响吧。

② 这些文本(斯托比《选集》,Ⅳ,Ⅶ,§ 61 和 62)均引自 Delatte 的译文,前揭,p. 52—56。

③ 须注意在政治机构中又重新插入了司祭这一职责;他们希望自此以后让同一个人来执行所有这些职责的事实,同各级行政官职拥有最高权力的空前发展相比,就等于是某种倒退,我们还记得,让-皮埃尔·维尔南认为后者乃是希腊城邦的首要特征。

能正确地履行职责。在这两种情况下,"统帅者与元首"就应该让和谐来统治:

> 施行正义及重新分配权利的行为首先面向全体,针对整个社会,然后才面向个人,针对每个人,此乃国王的应分之事,[604]这与作为世界统帅者和元首的神的应分之事一样,他首先考虑的是整个宇宙的和谐及如何进行独一无二的统帅,接下来才会根据这和谐及统帅来详细考虑所有部分。

这样的平行关系导致各种关系之间产生了真正的均衡或平等:

> 将神与世界统一起来的关系同样也将国王与国家统一了起来,国王即神,恰如国家即世界;因为国家是由众多各各不同的元素调和而成的,它效法的是世界的组织化及和谐,而国王由于可施行无度的权力以及他本身即是活的法律,所以在人类中间体现了神的形象。

音乐上的隐喻乃是毕达哥拉斯派思想的共同基础,它可使人深刻地理解国王的职责。国王"定调",而国家各成员则与此相调和,所有人均与由乐队指挥定的"啦"(la)和"乐速"(tempo)相协调,而乐队指挥就是国王。国王乃是秩序及结构的创造者,他只有通过调停才能维护社会秩序。

> 国王必须如里拉琴般为高度文明的国家调音[在其中实现和谐(synarmoga)],先是在自己身上确立正义尺度和法律秩序,他知道给受神统帅的民众调音就该以他[即国王]作为标准。

在论及社会中出现神圣国王(basileus)时,他从中推导出了某些职责。他应该用某种方式使他的国王特质,即威严、权力和善良显现出来。

明君必须历练自己使自己拥有才干和良好的礼仪习惯，使自己礼貌谦恭，掌握处理事务的相应方式，以使自己不对民众大发雷霆，也再不要轻视他们，而是要既显得有魅力，又很克制。他若想证明自己的品质，那么他就须在仪表、语言上充满威严，表现得与这权力相配；其次，须在谈话、眼神和善行中表现出自己的善良；最后，通过对恶行的憎恶，快速压制恶行，总之，通过完善王权来显露自己那令人可畏的权力。因为，威严乃是某种效法神性的品质，能使其受到民众的赞赏和尊敬，而善良则能将民众的爱和他们的感情吸引到他身上。至于[605]权力，则能使他在敌人面前显得令人可畏、难以抵挡，而对他的朋友来说，权力既是灵魂坚不可摧的源泉，同时又是保障安全的动机。

威严乃是国王可将自己立为尘世神明的一种品质，无论从构成上或本体论上来看，他都知道自己异于常人。

威严必须铭记在他的人格之中。当他的行为毫不粗俗，当他不是同民众，而是同受人爱戴、天生就是为了进行统帅、执掌权杖的人相抗衡，当他总是同那些比他更优秀的人而非低于他或与他同样的人对抗时，他就拥有这样的威严。

但若神圣国王效法神，那是为了使人类效法他。无论如何，对他们来说，他就是存在的典范。

从他那方面，即从他的反思、他的警句、他的特性、他的行动、他的步伐和他的举止来看，他礼貌谦恭、高雅庄重，以至于对那些关注他的人产生了道德影响力，他的尊严、他的节制以及他拥有礼貌谦恭的灵魂都对他们产生了深刻的影响。因为，对明君的关注会转变关注者的灵魂，恰如音乐之于长笛和里拉琴一般。

谁若看见国王，谁就能理解音乐，道德上受到转化。毫无疑问，这一点乃是柏拉图以及他在《理想国》和《法律篇》中赋予"音乐"以功能的回响。

因此，狄奥托金明确指出，通过所有人效法国王这种方式，社会就能复归 *synamorga*，即和谐。

> 将运动与节奏、调式与声音统一起来的那同一种关系也会将正义和社会统一起来；因为，正是为统帅者和被统帅者的共同利益作考虑，才使正义为政治社会创造出了和谐音符。

况且，该结构也很微妙。引发这一结构的国王并非盲目而机械的伸张正义者；他会特意去关心臣民中的最弱小之人；乐队指挥会有特别敏锐的耳朵和特别温和的手势，这说明他懂得粗俗唐突会造成的危害。

> 公道与仁慈均是正义的同伴。其一可使严刑峻法显得柔和，另一则对恶行不深的人[606]进行宽恕。国王必须急人所难，他也必须懂得感激，不得傲慢。[……]他应该对所有人都不带傲慢，但尤其是对那些灵魂低下和虚弱的人，因为这些人无法承受傲慢带来的重负，正如那些身体有疾患的人也无法负重一样。

像这样同时表现威严、权力和宽容，难道不是"支配所有这些的诸神和宙斯"从自己的角度出发才这么做的吗？

伪艾柯方特

斯托比所称的"艾柯方特"的作者所阐述的论点部分同我们刚从狄奥托金那里读到的内容相似。他也在神在宇宙中的职能与国王在大地上的职能之间做了紧密的对应。但"艾柯方特"断然强调了国王与普通人之间的差距。

国王的统治在于凝神注视高等世界

同由克里索斯托令我们想起的斯多阿派的学说相符，宇宙也是一个"活的存在"，在宇宙中，应该也会有和谐（*synarmoga*）；但在宇宙的每个地区,和谐却由不同的存在加以管制。神在恒星与行星的世界中确保了这一点。魔鬼(*daimon*)则在介于月亮和地球之间的地区确保了这一点。地球上,就由国王来统治。

> 在地球上的我们中间,人类于万物中具有最好的本性;但国王是个更为神圣的存在,他的高等起源使他在共同的本性中高人一等。他同其他人相似,是因为他也会"年老体弱",他明白自己也是由同样的材料做成;但他是由更好的艺术家做成的,艺术家以自己[艺术家]作为范型创造了他。①

[607]国王由于拥有高于其他人的优秀本质,所以只有他才能同高等世界进行沟通,这便使他拥有了组织尘世社会的能力。从他,或者更确切地说,从他的国王职责中,散发出绚目的光亮,只有属于王室种族的存在方能对它凝视,正如鸟中之王老鹰,只有它才能凝视太阳(这个比喻很古老)。

> [王权]是神圣的,由于其亮度太强而难于使人凝视,但对合法的欲继承王位者例外。因为光彩夺目和头晕目眩总是会使那些私生子在登临他们陌生的顶峰时甘拜下风。但相反,若王权以适当的方式、以与他们的王室尊严相似的方式来临,他们就能将它据为己有,能对其加以利用。故而,王权本身乃是一样纯粹的东西,不可腐蚀,人很难触及得到它,那是因为它充盈着神性之故。因而,那在王权中确立自身的人就必须拥有纯粹、辉煌的本性,这样就不致使他因错误所形成的污点而使强烈的光亮熄灭。

国王高于普通人,致使王权可以不负责任。人类的缺陷会被他们的领袖发现,受到他们的判断,而国王只有在神那里才能找到对他的裁判。

---

① 所引文本(斯托比《选集》,Ⅳ,Ⅶ,§64至66)均来自 Delatte 的译文,前揭,p. 47—52。

对人类共同体来说,如若犯了错,那么最仁慈的净化方式就是服从他们的领袖,要么由法律,要么由国王来管理事务。至于国王,如若他们由于其天性中的弱点而受到败坏,那么他们就会需要高等的原则,寻求援助对他们而言是可能的,但不是等很长时间,也不是逃到其他地方去,而是立刻将他们的目光投注于必须投注的地方。

因为,求索理想的国王只会关注神是如何管理宇宙的,因为对他来说,这样的凝视是得到允许的。神秘主义的凝视因而成为王政的标准形态(我们将在凯撒利亚的尤西比乌斯那里重新发现这一论题)。那对神圣统治的凝视对他有何启示呢?启示是,星宿和行星都服从神,它们不会进行反叛。因而,国王也应该使自己的臣民做到这一点。若情况如此,那就可以说他同神有了共鸣,也可以说存在的所有等级均通体处于和谐状态之中。

[608]世界的良好布局对[国王]教益良多,那是因为若没有统帅权,他便会无所察觉,而且这也同他的统帅模式有关。因为统帅之美畅通无阻地光芒四射,效仿他者因其美德对于其所效仿的对象,尤其是对于那些被置于他秩序之下的对象颇显珍贵。因为既然无论是其他人,还是整个世界都不会厌恶神,那一旦有人受到了神的爱,故他也就不会受到他人的憎恨。如果世界厌恶那统帅它的人,那它就不会遵从他,跟随他。因为只有神的统帅能力很强,他的臣民才会听话。

因而,尘世的政治共同体为了获得良好的秩序与和谐一致,会让天上的国王和尘世的国王之间进行宇宙间的沟通。当国王在人类中间建立了和谐时,他这么做恰是因为他本身也同神和宇宙处于和谐之中。

经济共同体,政治共同体

"艾柯方特"又补充了如下的观点。只要国王按照自己同天上的国王一起确立的"友谊"和"共同体"来塑造他的政府,那他所能确保的人的政治和谐就会比尘世的存在为了满足其物质需求所实现的简单的互助要具有更高的本质。因为,国王如神,他们都是完美的存在,不会受匮乏的影响,从而也就不会有需求;故而,若他们彼此爱戴,那就是出自纯粹的友谊,只将和谐而非实用主义的友爱作为自己的使命。正是在国王出于纯粹的和谐同其臣民交流某件事的时候,他们之间才超越了经济联系,从而构成严格意义上的政治共同体:

> 如果我们抛开普通字面意义上的共同体不说,因为它比神性本质和国王的本质低下,那么我们也可在政治组织中观察到这一现象[指宇宙至高无上的和谐]。因为,它们彼此之间并没有什么需求,需要像人们致力于获得自己所缺乏的东西那样来得到满足,因为它们只要有美德便已心满意足。不过,在城市中,以达成共同目的为目标的友谊效法的仍是宇宙的和谐。

亚里士多德曾说,政治的目的并非"活着",而是"活得好"。基督教神学家会说,[609]国王—牧人不该仅仅在让畜群吃草的时候确保它们秩序良好、在尘世发达,而是要引导它们向着超自然的目的地进发。无论如何,"艾柯方特"在这点上重新认出了狄奥托金:国王以完善臣民的道德为己任;他在他们中间所创建的"友谊"或和谐会被引向一个至高无上的目的。

简而言之:1)严格意义上的政治纽带乃是"某种向着共同目标行进的友谊";2)这一纽带比互助,即经济纽带,拥有更高的本质;3)只有通过国王的职权才能在人类之间创造纽带,而国王自己也只有在同神优先进行交流后才会有这样的概念。

自发的社会秩序

但和谐若需完美,它就应该通过效仿来进行传播,乐队乐师通过效仿而以指挥为模范可与此相比。由此便引出了一个新的、极其原创的论点,照这个论点来看,政治权力通常情况下不会采取强制措施,甚至也不会进行劝导——这点更为新颖。政治秩序乃是温柔敦厚的秩序,只有在国王效法神、臣民效法国王的时候,才会创造出这样的政治秩序。

确实,如果每个人都以和谐的模范,即国王为榜样,那社会生活就会自然而然地和谐起来,而无须某种强制的、用意识形态来控制的体制介入进来。因而,和谐之所以会成为奇迹,是因为一方面,它使社会束缚和人与人之间的友爱互助协调一致,另一方面,它能使每个元素均保持完全的独立性。这一悖论通过某个事实得以澄清,该事实的意思是,在使行为举止符合善的时候,每个人都会同时遵从他自己的"美德",成为宇宙客观和谐秩序中不可或缺的一部分。

对臣民而言,效仿善,就会成为自由的存在:

> 人们所获得的或同神、或同国王的相似性均不会损害其独立性:因为,这并非由于国王拥有取悦于神的美德,也不是说他在效法另一个神。至于我们尘世的国王,他该如何具有如此的独立性呢? 由于他同某个人同化,而此人乃是唯一的存在,拥有最高权力,他便使自己与他相似,且试图以神的方式[610]使万民同他相似,于是他就会拥有独立性。但所有针对臣属者的暴力和强制措施却使每个人都无法渴望去进行效法,与某个人相似根本不可能,更有甚者,恐慌的感觉还会将良好的意愿压制住。

人治统治所采取的强制与说服显示了人类残留的最后一个弱点:

> 若能使人类不再具有愿被别人说服的需求的话,神就会愉悦! 因为这是尘世残留的一个弱点,受死亡支配的动物就是因这个弱点而参与了说服。但若人类中存在某个人,他拥有神性,其本性中并没有这残留的弱点,那他就根本不会需要说服,因说服乃是与强制类似的产物。因为其中一个很快就可依凭自己去获得另一个错过的东西。但所有自发实践善的存在根本就不会去考虑说服,因为他们根本就不怕强制。

神就是这样,也就是说既没有强制也没有说服,只靠自己来管理宇宙:

> 至于神,他既无仆人也无大臣,他不下命令,不授予花冠,也不因他人不服从而恶语相向,他靠自己统帅,而他的权力却无边无际。但照我看来,正是因为使自己值得效法,他才激励所有人效法他自己的本性。他通过自己而成为善:这便是他唯一的职能,他轻轻松松地便加以完成了。而那些效法者也比他们只专注于自己的时候要表现得远为优秀得多。

这就是君主制的方针:提供一个行为符合善的优异的典范,以使人类自发地去效法他,只有这样,他们才能彼此之间充满谐和,并与整个宇宙和谐共处。

第十节　凯撒利亚的尤西比乌斯

凯撒利亚的尤西比乌斯有关君主制的观点值得放在异教的希腊—罗马政治观念的连续体中来看,尽管他是基督徒(甚至是"教父"中最重要的人物之一)。因为,他有关君主制的观点并未专以基督教为依托,而是对我们所见的自普鲁萨的狄翁①以来阐发的观念做出的反应和延伸。〔611〕国家权力的君主制结构由于参照了宇宙(cosmos)自身的君主制结构而具有了合理性;这两种结构由于本质上都是等级制的,所以在此观点中,法律面前人人平等及个人自由的观念趋于消失就显得不可避免了。事实上,尤西比乌斯塑造了罗马帝国,自此以后,帝国最终以东方为中心,熔铸于当地希腊化时期各朝君主制的古老模子里,它们自身便保存了前公民时期东方神圣君主制的特点。他阐述的是"君主制"的政治哲学。在政教合一的"基督教"形式中,这一哲学将被保存于拜占庭达数个世纪之久。

---

① 指狄翁·克里索斯托。——译注

生平与著作①

尤西比乌斯约生于 3 世纪 60 年代初。他是殉道者庞菲利亚（Pamphile le Martyr）的学生，后者自己则是奥利金（Origène）的门徒，而奥利金则一直在建于巴勒斯坦的凯撒利亚（Césarée de Palestine）的图书馆主持工作。在其生平的前十二年期间，戴克里先尚未对基督徒进行大规模迫害，基督教平稳地发展了起来。于是，庞菲利亚及其学校相信教会和帝国会携手共进，实现上帝的宏图。但在 303 年，开始了迫害，达十年之久。庞菲利亚殉教。尤西比乌斯的信仰并未削弱，他写了《教会史》（*Histoire ecclésiastique*），该书是自教会起始以来的第一本概述性史书——也是如今我们研究这段历史的主要资料来源。该作品完成于 313 年。311 年，尤西比乌斯成为凯撒利亚的主教，他认为自己的生命就是用来为基督教的复兴服务的。因此，他开始大量进行护教活动：他写了 15 卷《福音预临》（*Préparation évangélique*）（对异教徒进行驳斥）、20 卷《福音论证》（*Démonstration évangélique*）（对犹太人进行驳斥）。

接下来出现了阿里乌斯教派危机。②尤西比乌斯同意尼西亚公会议的信经，但他对主教会议提出的措辞心存疑虑。于是他渐渐站到了受排斥异己的反阿里乌斯教派者[612]攻击的东方高级教士的阵营里，后者就是亚历山大里亚的圣阿塔纳修斯（Athanase d'Alexandrie）。由于做出了这样的选择，尤西比乌斯的正统教条自此以后便一直受到怀疑。③

然而，尤西比乌斯表达出了想要在神学上做出妥协的意愿，他想保存教会的统一性，这点使他受到了皇帝的关注和同情。君士坦丁并不认为他是个立场极其坚定的政客，因为他反对将其转派至动荡的安提阿担任主教，但他就《圣经》问题向其做了咨询，并于 336 年促其做了一次重要的演讲，我们下面就会讲到，这篇演讲对那个时期帝国官方的政治意识形态做了阐述。

此外，尤西比乌斯还写了一部充满睿智的鸿篇巨制。他卒于 339

---

① 参阅 H. A. Drake《君士坦丁颂：尤西比乌斯三十周年演讲辞历史研究与新译》（*In Praise of Constantine. A historical Study and new translation of Eusebius's Tricennial Orations*），University of California publications，Classical Studies，1976，与尤西比乌斯，《教会史、君士坦丁大帝生平、君士坦丁颂词》（*Church History；Life of Constantine the Great；Oration in praise of Constantine*），Ernest Cushing Richardson 修订译文及作序，New York，1890，Eerdmans 修订译文，Grand Rapids，Michigan，1986。

② 参阅下文，Ⅲ，p. 745，注释 2。

③ 尤西比乌斯同奥利金或德尔图良一样，均是著名的教父，他的思想专注于对基督教教义进行阐发，但对他而言，他们并不完善的正统观点并未具有被奉为正典的价值。

年或 340 年。

除了已提到过的那些大部头作品外，尤西比乌斯还写了《编年史》(*Chroniques*)（亦即包罗万象的史书）、护教著作（《驳西耶罗克莱斯》[*Contre Hiéroclès*]、《驳波菲利》[*Contre Porphyre*]、《驳安吉腊的马凯卢斯》[*Contre Marcel d'Ancyre*]……）；《总论初阶》(*Introduction générale élémentaire*)（即神学研究初阶）；附注释的先知书，《论复活节》(*Sur la fête de Pâques*)、评论及注释作品（编订各《圣经》文本、圣经词典：传记、地名……）、《以赛亚书》(*Isaïe*)、《诗篇》(*Psaumes*)、《路加福音》、《哥林多前书》的注释；《演讲录》(*Discours*)与《书信集》(*Lettres*)；最后是《政治文论》(*écrits politiques*)。

政治文论

337 年君士坦丁死后，尤西比乌斯写了篇《君士坦丁传》(*Vie de Constantin*)，类似于圣徒传记：文中，君士坦丁被描绘成异教先知的敌人、最终有意联合教会的基督教帝国的奠基者。正是该文叙述了君士坦丁"改宗"一事，并提到了"基督符号"，即显示圣迹的基督教符号（即十字架，混合了希腊字母 chi 和 rô），它本可使君士坦丁的军队在与其对手东方奥古斯都(Auguste d'Orient)，即迫害者马克西米努斯(Maximin)的战斗中获得胜利。这篇传记还附了篇或为真本的君士坦丁本人的演讲词，[613]皇帝在该文中对维吉尔的第四首《牧歌》做了基督教意义上的阐释。①尤西比乌斯通过发布该文试图表明的是，此乃宏大的"历史哲学"：奥古斯都在罗马建立异教帝国只是为君士坦丁在拜占庭建立拯救世界的基督教帝国做准备。与随侍皇帝左右的另一个基督教知识分子拉克唐蒂乌斯并驾齐驱的尤西比乌斯意欲向这一新的政体提出政治上的基本方针，而贺拉斯和维吉尔也曾为异教的元首制作过这样的建议。

尤西比乌斯由此向君士坦丁所表明的要比他在其有生之年思考的或至少想说的更为丰富。尽管姗姗来迟，但君士坦丁还是货真价实地改宗成了基督徒。但他的臣民还是异教徒，他不想也不愿激起反感（泰奥多西乌斯迫害异教徒的时代与戴克里先对基督徒的迫害互为呼应，但他的时代尚未来临）。君士坦丁内心里对如何维护国内和平、如何让

---

① 参阅上文，p. 515。

所有人都接受他 313 年颁布《米兰敕令》(*édit de Milan*)时所采取的安抚措施颇感担忧。因此,只是在他最终改宗(这件事也许发生在 326年,是在耶路撒冷发现髑髅地和基督圣墓这些圣迹之后)以后,他才明白自己所面对的、过去以官方形式受到尊崇的并非福音书中的基督,而是"唯一的上帝",那宇宙至高无上的君王及其助手圣子(Logos):①因为,这些抽象的神学概念除了差不多能符合基督徒的想法之外,也能顺最开明的异教徒的心意。

我们已经发现,很久以来,异教哲学家均已或多或少地转向独一上帝、宇宙至高无上的君王这个观念。况且,围绕在皇帝周围的异教人士对流行的异教中受基督徒谴责的血腥祭祀制度很少感兴趣,因此,他们与基督教不和的原因并非一神论,亦非是否要废弃祭祀制度,而是像道成肉身(Incarnation)、上帝死在十字架上或肉体复活这些教义。如果他们在君士坦丁的朝中仍能对最后这些话题持谨慎态度的话,那么基督徒同异教徒之间的亲近还是有可能发生的。

唯一使君士坦丁觉得重要,能激起有教养的异教徒、朝中的权势人物和担任高级公职的官员接受[614]其针对基督徒所采取的安抚政策的是,基督教明白无误地承认且赞同包含整个政治及社会结构的罗马帝国;正是存在这独一的上帝及其圣子(Logos),皇帝才会在无论何种情况下均被奉为他们在尘世的代理人,从而奉他们之名并受其超自然的支持而拥有很多尘世、灵性和现世的权力。塞尔斯(Celse)所大声疾呼的,前三个世纪里德尔图良、奥利金及教会其他神学家所拒绝给予的那种承诺,②凯撒利亚的尤西比乌斯却同意给予,并用理论将其确立了起来(即便我们可以认为这一官方的意识形态并非尤西比乌斯真正的思想)。

该演讲(即传统所见的以《君士坦丁颂》[*De laudibus Constantini*]为名的文章)③由尤西比乌斯于 336 年在君士坦丁堡当着皇帝和满朝文武的面做了宣读。

《三十周年演讲辞》

尤西比乌斯说他将会同常规之论分道扬镳。其他演讲家是因君士

---

① 此处,logos(逻各斯)既指圣子,亦指圣言,即中文和合本《圣经》中所译的"道"。——译注

② 参阅下文,Ⅲ,p. 743—744。

③ 现代批评表明,传统观点错误地将尤西比乌斯两篇不同的演讲归于同一个题目下,一篇于 336 年 7 月 25 日宣读于君士坦丁堡,庆祝皇帝在位 50 周年或 30 周年,皇帝在场,另一篇早一年宣读于耶路撒冷,是为君士坦丁于基督圣墓处建立纪念碑的开幕典礼而作,皇帝并未在场。我们下面所要概述的是 336 年的演讲,我们只对政治理论感兴趣。

坦丁的美德而赞颂他。而他知道，皇帝对灵性现实和尘世现实都同样关心。因此，他只宣讲这两者，这样既可照顾到帝国统治的灵性层面，亦可让其他人置身于"神圣场院的外部"①。

　　因此，②那些进入神圣皇宫这一至圣之所，这最为幽深、最难以亲近的地方之人阻绝了世俗人士的通途，他们只向那些得窥堂奥之人讲述君王难以言传的奥秘[……]有教养之人的权威观点在这些庆典上向我们传授了君权、[615]至圣君王以及围绕于万物管理者周围的神圣护卫者方面的事情（序文，§4—5）。③

至高无上的上帝及其独子(Logos)

人们将赞颂这至高无上的君王(Souverain Suprême)④，说天穹是他的王座，而地球是他的搁脚凳⑤。人们无法看见这君王，那是因为环绕其周身的光亮及环侍于他(Lui)周围的天军之故，它们似乎是从他的人格中源源不断喷射而出的光线里汲取着养分。他就是万物所是的组织原则。尤西比乌斯特意明确指出，这一隐身的上帝比可见的太阳尤为高级，君士坦丁就曾在过去殚精竭虑地崇拜过太阳。如今，现世的君王自身也赞美起这至高无上的君王；他的儿子们，即诸凯撒也在赞颂他；万民之间虽然千差万别，各有分歧，但他们现在也承认了这唯一的独一上帝。其实，整个宇宙（动植物、矿物界、河流、深邃的海洋、太阳、月亮……）都承认自己受到了从这上帝发散出来的律法的激发，上帝通过其独有的"意志"及其独有的"讲话"使宇宙、星辰与大地的所有运动皆秩序井然（Ⅰ，§1—4）。

---

① 指帝国的皇宫，而非指教会；况且，听众均由非宗教人士组成。我们知道，恰是帝国权力本身被说成是"神圣的"。

② 下面所引述的《演讲辞》中的文本均译自英语。

③ 尤西比乌斯在整篇序言中使用这些词汇，是想创造在庆典上传授奥义的氛围；从上下文可见其中既有异教成分，亦有基督教成分，且异教成分要多于基督教成分。

④ 后续全文中所说的"至高无上的君王"的表达法或指上帝，或指皇帝，译自希腊语 *megas basileus*，即字面意义上的"伟大国王"。"君权"(souveraineté)译自 basiléia（即"王权"[royauté]）一词。

⑤ 《圣经》形象。参阅《以赛亚书》，66,1;《使徒行传》(*Actes*),7,49。

与这至高无上的君王共同永恒的是"逻各斯，他的独子"，与他（Lui）相比，逻各斯占第二位，是他（Lui）与被创造而成的世界之间的中保。① 因为至高无上的君王及其属性是如何能被察觉，并由只具有自然感官的人类所理解的呢？

> ［616］谁能依赖自然感官而看到正义的面貌？具有合理权威及王权的概念如何能抵达具有肉体和血液的存在呢？谁能让尘世的存在理解隐而无形的理念（Idées）或非实体、非形象的本质（Essence）呢？因此，必须有一个中保［让人了解］这些事物：它就是独一的、无所不在的上帝之子（Logos），上帝是人类理性与智慧诸能力的天父（Père），只有他拥有天父的神性，他是转达天父流溢之物的渠道，直至让它们在自己的子孙中充盈（IV，§1—2）。

圣子创造了世界和人类，他依天父的形象创造了它们，特地使人类拥有相似的能力，尽管与上帝还差得很远。如此，他们才能对神性实在有所感受。

> ［从圣子中］产生了全人类以自然、本能的方式存在的推理能力，而无论他们是希腊人，还是野蛮人。从他（Lui）之中产生了理性和智慧的概念；从他之中产生了审慎和正义的种子；②从他之中产生了美德和温柔的智慧之名，以及对哲学的高尚激情的知识；从他之中产生了对整个善与美的知识；从他之中产生了理解上帝自身的能力以及可侍奉上帝的生命；从他之中产生了人的伟大力量并使他不可避免地踞于大地的万物之上（IV，§2）。

---

① 这里将基督教概念引入了进来，但有阿里乌斯教派的调子；此外，这一概念还与新柏拉图主义的"流溢说"（émanations）（照此观念，—［Un］往下流溢出具等级制的各实体，它们分别是智慧［Intelligence］、灵魂［Ame］和世界［Monde］）相呼应；因此，尤西比乌斯的建议并不会同异教的一神论直接发生冲突。

② 我们还记得，对斯多阿派而言，人类有能力了解天赋权利这一事实就是这样加以解释的。参阅上文，p. 314—315 和 p. 472—473。

天父如圣子一样,四周均环绕着不可胜计的天庭。

> 天军环绕于他周围,这超自然的大军有着无限多的数量,其中有侍奉上帝的天使和这些照看着整个宇宙(cosmos)的不可见的神灵,庄严的圣子拥有针对他们的威权,如同至高无上的君王之于高级官员一样(Ⅲ,§5—6)。

圣子同帝国后期的"高级官员"(hyparchos),即丞相或罗马帝国的"宰相"相比这样的事实,清楚地表明了,在尤西比乌斯的思想中,于天上及尘世这两种等级之间存在严格的平行关系。上帝受到圣子的辅佐,他以自身之名来统帅宇宙和人类;皇帝受到他的高级官员的辅佐,他以自己之名监督帝国的行政管理。在[617]上面,上帝被天使、天使长和其他"神圣的神灵"环绕,他们都归属于至高无上的君王,而那些"手持长矛的士兵"、执矛兵或卫士都归于拜占庭皇帝的麾下。天庭被天"幕"同宇宙隔开,[1]以防外人窥视;同样,帝国的皇宫也被帘幕遮挡于臣民视线之外。太阳和月亮也可以这样说,天穹中的星辰归属上帝、归属天庭,而手持的火炬和皇帝袍服上的宝石……则分别归属于尘世中的皇宫。[2]

圣子具有救世论(sôtériologique)的抱负:他的目的就是拯救由自己创造的人类,不惜屈尊降临至尘世之中以期更好地将他们召集起来——此处,尤西比乌斯提到了道成肉身,但他说得很谨慎,未提及十字架。

---

① 在东正教信仰中,帘幕隔开了"圣像屏",信徒所在大厅里的神圣奥义都在这上面呈现。

② 拜占庭皇宫中的等级制结构是否启发了基督教神学家对天庭的描绘,或者说是否产生了截然相反的影响?这很难说。宗教结构与政治结构互相呼应,彼此互称。这并非东方基督教世界所固有。天主教仪式中的某些元素同样借自罗马的皇帝崇拜:屈膝跪拜、焚香祝祷、教堂灯烛、遮盖双手以履行圣事或遮住圣器(圣盘)、弥撒中出现的辅祭(持烛者)等做法,所有这些"荣誉性的仪式"均属罗马君主制的残留,而罗马帝国自身也部分借用了东方宫廷的仪式;天主教仪式中的其他元素直接通过《圣经》这一更为直接的渠道被借用到东方。参阅《神学入门》(Initiation théologique),Cerf版,1952,卷1,p. 110。

[圣子……]甚而亲自下凡——是啊，孩子们的天父并不厌恶前来同凡人接触。他为了照料自己的种子、恢复自己在天庭许下的诺言，劝诫每个人参与至天上的王国之中。他邀请全人类做好准备，前往彼世游历，并穿上适宜的服装，以待有朝一日受到召唤。①

国王的权力

自这样的宇宙神学及这样的拯救经济学出现起，政治权力的地位和角色便得到了思索。两类统治和[618]两类君主之间的相似性极其紧密，但有几处变化：

[1] 神的独子逻各斯一直与他的天父同为君王，无始无终；同样，他的朋友由于汲取了从天上流出的气息，对神圣的使命做出回应，从而长久地统治大地。

[2] 正如普天下救世主将天庭、大地和整个高级王国归于他的天父，他的朋友则在大地上引领臣民，朝向上帝的儿子与救世主逻各斯，让他们做好准备进入他的王国。

[3] 此外，我们共同的普天下救世主②通过不可见的神圣权力与反叛的权力——所有这些人都在大地上的空气中飞行，使人类的灵魂受到感染——保持距离，就好象善牧的牧人会让野兽远离他的畜群一样；至于他，也就是他的朋友，用来自他（Celui）和天庭的神符③武装自己以反对敌人，用战斗的法律降服并惩罚那些可见的真理的反对者。④

---

① 影射初学教理者着的白袍，君士坦丁本人为了在濒死之时受到洗礼，也将代表帝国特质的绛红色皇袍抛弃，穿上这样的袍服。

② 也就是指逻各斯。国王将在特定地点和特定时间成为"救世主"。希腊化时期的君王传统上都是"救世主"（sôter），其他名称还有"卓越者"、施恩者。

③ 毫无疑问，此处影射的是神符或君士坦丁的"基督符号"。

④ 因而，政治上的反对派也成了上帝本人的反对者；与国王不合会成为罪孽，以致异见者会被指定为祭献群众的牺牲品。与罗马共和国及元首制相关的世俗主义从视野中销声匿迹了。

[4] 圣子由于是先存的普天下救世主,所以向依赖于他的人传递了理性与拯救的种子(*logika kaïsôtériôdè spermata*),①用这种方式,他就使他们所有人同时既能拥有理性,又可较为容易地获得对他的天父之国的了解。他的朋友仿佛上帝之道(*Logos*)的翻译,他[同样]让整个人类了解至高无上的权力。他用强有力的声音发出了召唤,以期所有人都能听到;他为了所有尘世中人宣告了真正虔敬的律法。②

[5] 普天下救世主将他的天父之国中的天庭之门豁然敞开,以使此地来的人都能上达天庭;另一个[救世主]效法至高无上的权力,将尘世王国中现世不虔敬的错误这样的污物全部洗涤干净,他邀请[619]大批虔诚者和圣人进入他王宫的房间,并留意使所有人都保持一尘不染,而他们中的每一个人也都得到了他的关心(Ⅱ,§1—5)。③

因此,人类应该生活于君主制之中;这一在天国中盛行的君主专制政体也应在大地上大行其道。按照统治天国的独一上帝的形象,独一的国王也应统治大地,颁布独一的法律。这个国王将以统治天国的他的行为做自己的榜样。

[国王]引领下面的事务,同时还朝向上方观看,以期按照原型来进行统治。④他尽力向这一君主制政府的典范靠拢,它是万物统领者(*panbasileus*)赋予人类、只赋予生活于大地上的万物中的他们的典范。因为此乃表明国王权威的法律,该法律颁布了一条令

---

① 我们重新认出了斯多阿派的 *logoï spermatikoï*。同这些理性的种子一样,尤西比乌斯的上帝同样在每个创造物身上放入了拯救的种子。

② 因此,皇帝就是牧人、讲道者、先知和人类的司铎。他不加区别地拥有"属灵的权力"和"现世的权力"(然而,我们会发现,《圣经》还是正式将它们做了区分)。

③ 参阅上注。

④ 在罗马卡皮托利山顶上皇宫庭院中的保守宫(*Palazzo dei Conservatori*)内,存有君士坦丁在位时期宏大雕像的残骸。保存完好的头部近两米,君士坦丁呈严肃的沉思状,他的眼睛凝望着远处的上方,似乎在沉思着天国的原型(Drake)。

万民遵守的唯一准则。①君主制比所有其他形式的政府更优秀。因为若选择其他解决方案,如建立于平等之上的多头政治的话,只会出现无政府状态和内战。是何原因只会存在唯一的上帝,而不会出现两三个,或更多的上帝?② 严格说来,信仰诸多神祇就是无神论。[天国中]存在唯一的君王,他的逻各斯和他的国王的法律(*nomos basilikos*)本为一体;它们不能用字词或音节加以表达,也不会被由书卷和表格体现的时间所败坏,但它们是作为活的、行动着的逻各斯的上帝,他为了倚靠着他的万民而引领着他天父的王国(Ⅲ,§5—6)。

同样,大地上也应该存在唯一一位人类国王和唯一一部法律,虽然他们尚不完善,但他们应该以那同样的统一体为目标;否则,就会出现无政府状态。③尤西比乌斯比多神论走得更远,[620]他断然说这样就会出现内战,若由国王确立唯一一种宗教,就会在国内建立和平。似乎在尤西比乌斯的思想中,他认为罗马神圣君主(basileus)的尘世君主制事实上是普世性的;其天职就是君临大地、统治万民,甚至远超帝国的现有疆界。

国王的品质,对逻各斯的正确复制,暴君的恶行,畸形的复制

国王由于逻各斯赋予其优越的能力而能履行其使命——尤西比乌斯在此重述了传统的论点。

> 上帝的朋友[……]因上帝而拥有天赋的美德,他的灵魂接受了来自他的流溢物。他的推理能力来自普遍理性(Raison, log-

---

① 一神论建立了君主制。这些原因可彼此互证。由此便使尼西亚公会议就三位一体所提出的某些措辞产生了困境,从某种意义上说,这些措辞太"民主化",因为它们提出神性者彼此之间完全平等。尤西比乌斯自由采用阿里乌斯派教义,让他们彼此之间保持等级制,只有唯一一个至高无上的上帝,天父。

② 或许这是对由戴克里先确立的四头统治的批评,君士坦丁完全抛弃了这种做法。

③ 国王就是 *logos empsychos*(有生命的法律),上述说法清楚表明了传统看待国王的观念;整部法律,无论是口头法,还是成文法,均通过其决断和外在形式阐明了国王的精神。

os)，他的睿智来自同智慧（Sagesse）的融合，他的善良来自同善（Bon）的接触，他的公正来自同正义的结合。他谨慎行事，审慎（Prudence）是其理想，正是因为他分享了至高无上的权力（Pouvoir）之故，他才拥有了力量（Ⅴ,1）。①

意图统治的人正是以神性典范为榜样来塑造其品质。不这么做的人就无法复制原型，或者会建构起"畸形的复制"，"它代替了理性和智慧，是最丑陋的事物，是非理性"，根本就无法进行管理。他永远是无政府状态、战争杀戮的源泉；他只能通过暴虐残暴的方式维护帝国，他无法被称为本意上的君王。

尤西比乌斯仿效《理想国》中柏拉图的方法，他笔下暴君的灵魂臣服于千种激情，"无数坏主人"。真正的专制君主"超越了对金钱的嗜好、不会受制于对女人的激情、克服了肉体享乐和身体需求"（Ⅴ,4）。他是唯一一个"国王—哲人"（同上）。此外，如果他君临大地，他就会渴望生活于天国之中，日日夜夜向天父祈祷。因为他知道得很清楚，他在尘世的统治犹如转瞬即逝，他在大地上的统治与牧人保护山羊群、绵羊群或牛群没什么两样，如果只是统治人，工作只会更繁重，满足人群只会更难。

[621]国王与天国的关系要比与人群的关系更近，如此他才能引领后者。他不会受围绕他的人、他手下的部队和全副武装的骑士的扰动。他对此并不在意。

人群的欢呼声和奉承者的声音对他而言，更像是危害，而不会使他愉悦，那是因为他性格严峻，灵魂飘升之故。②[……]他嘲笑自己的打扮，穿金戴银，装点花朵，他还嘲讽了自己身上穿的皇袍和头上戴的冠冕，尽管他发现民众对这种装束心醉神迷、赞不绝口，就像孩子在一个调皮鬼面前一般。他自己却丝毫没有这种感

① 我们认出了异教天赋道德中的"枢德"列表，发现为福音所特有的"对神的"（théogale）美德缺席不见了。
② 他说，君士坦丁恰好相反，对阿谀奉承特别在意。正是人们温和地指责他这个缺点，所以尤西比乌斯才稍稍辩了一番，认为君士坦丁拥有相反的品质。

觉，但那是因为他对神性熟稔于心之故，他让自己的灵魂穿上绣有节制、正义、虔诚及其他美德的装束，这番打扮才使他名副其实像个国王（Ⅴ，§6）。

君士坦丁、永恒与数字、神符（Signe）

在如此这般描述过受上帝拣选及保护且被其赋予杰出美德的理想君王的典范之后，他还证明了君士坦丁恰好与这一典范相符。

君士坦丁得到上帝的眷顾，因为上帝使他长年君临天下，使他和他的后人都能如此。整整十年，他让自己的其中一个儿子与帝国休戚与共，如今又开始了他第四个十年的统治期，他的四个儿子也均已成为"凯撒"。①君士坦丁让自己的统治遍及宇宙各个角落，犹如太阳将光线投入地球上最偏远的地区；他们犹如四匹拉着皇家马车的马驹，而君士坦丁则握着缰绳（Ⅲ，§1—4）。

但尤西比乌斯认为这能证明，此种尘世的福祉只是君士坦丁有望获得的永恒福祉的先声，是对他拥有君王杰出品质的回报。他将在此运用新毕达哥拉斯派类型的论点，他知道他的听众容易受这种论点的影响。[622]永恒没有形式，人无法获得，但上帝不同，他将其放入了数字中。上帝因其创造了数字的智慧而掌控着永恒，就如骑士用缰绳和鞍辔来驾驭移动的坐骑一般。

他从上方引领着它[……]它被套上笼头，被挽住缰绳，被某种难以言表的智慧所束缚。在用月份和日期、四季和年份，以及黑夜与白昼日夜交替的方法突出它之后，他为其设定了限度，设立了多重尺度。[……]他用各种各样数字为它划定范围，以致它不再没有形式，而是拥有了多重形式（Ⅵ，§4）。②

---

① 尤西比乌斯对日期稍微做了变动；此外，他还小心翼翼地不让人联想到君士坦丁曾于326年处死过自己的长子克里斯普斯（Crispus）这件事。

② 对毕达哥拉斯派而言，数字并非纯粹运算上的实体，而是其本身便具有延展入空间的形式：点、线、三角、角锥形……世界上的所有这些形式其构成均始自数字形式，因此它们本身便是数字。这就是为什么，通过创造数字，上帝"使不定形具有形式"之故。

最初的数字乃是单一体、二分体、三分体和四分体(或曰双重二分体)。这些数字建构了世界,因为最初的材料就是一,材料及形式的构成具有双重性,宽度、长度和高度的构成具有三重性,最后诸元素属于四这个数字(土、水、气、火)。将这些最初的数字相加变成了十(décade)这个数字(1+2+3+4=10)。所有其余的数字均得自这个数:三个十构成了月份,四乘三个月就成了四季和一年,以此类推。

三数一体(triade)尤其引人注目:

> 三数一体统属于单一体,似乎无法切分和分割,因为它是由偶数和奇数构成的最初的数字。由于最初的偶数与单一体结合在一起,便自发产生了最初的奇数,即三数一体。正是通过三数一体,正义方得以彰显而出,它显明了公平的诸种道路,其中包含了互为平等的起始、中间和结尾。它乃是神秘的、神圣的和国王的三数一体(三位一体[Trinité])……(Ⅵ,§13)

十(décade)也不示弱,因为按照十进制原则,有了它,人们便能构成其他所有的数字。

此处,我们溢出了推理之外。人们今天庆祝君士坦丁统治 30 周年:而 30 这个数则是由这些完美的数字构成的。借由这些数字,[623]君士坦丁有望得到的永恒就可预测出来。皇帝理当获得永恒作为回报,因为他着手的乃是宏图大业,尤西比乌斯着重强调了这一点。他终结了对基督徒的迫害,确立了教会的和平。他打击了偶像崇拜,丑化了古代的神祇,摧毁了他们的雕像。①他命人将黎巴嫩的阿弗洛狄忒的神庙夷为平地②。由于摒弃了多神,帝国境内便没有发生战争;一旦压制了"多神教的狂热",人类之血就再也不会流淌。只有一个独一的人能

---

① 最主要是可以回收珍贵的金属材料。
② 坐落于阿法卡(Aphaca)(即今日的 Efqa)。可参看 Pierre Chuvin《末代异教徒编年史》(*Chronique des derniers païens*),Les Belles Lettres-Fayard,1991,p. 39 及以后。该著作后面部分讲述的迫害远比君士坦丁几位继任者统治时期异教徒遭受的迫害要严重得多。

完成这样一件如此独特的任务，它是历史上的转折点。

只有神意襄助，才能完成这项任务。这样的帮助因著名的神符（Signe）及显露神迹的时刻向君士坦丁显现的生命赠与者"基督符号"（chrisme）而更形具体。让我们来看看尤西比乌斯在《君士坦丁传》中所叙的一段插曲。

310 年，由于君士坦丁知道尽管自己不在场，但他的军队只报出了他的名字便战胜了敌军，于是他便觉得自己很像阿波罗，拥有他的品质。于是他断定，他就是太阳神的姻亲和门徒。但正午时分，他看见太阳被一团火十字遮挡住，上写：*in hoc signo vinces*，即"你因此符而胜"。夜晚降临，基督显现于他的梦中，让他在士兵的武器上复制这一符号。君士坦丁按命执行，于 312 年 10 月 28 日将马克散提乌斯大败于米尔维安桥（Pont Milvien）。站在他这一边的利奇尼乌斯也通过这种方式战胜了迫害者马克西米努斯·达亚。因此，君士坦丁可以说活生生地证明了真正的上帝并非异教神祇或太阳神，而是基督。这些事件发生之后没多久，就颁布了《米兰敕令》。

人们从未能很有把握地复原这一符号。它似乎是希腊字母 χ（chi）和 ρ（rô）的结合体，与"基督"这个单词起首的两个字母相应，并以图形形式显现十字架。但该图形也与太阳神的象征符号相符——太阳从山间升起这一凯尔特或日耳曼的象征，于君士坦丁及其军队驻扎于高卢和布列塔尼地区时所熟知。其含混性也对君士坦丁的"普世"政策有益：[624]在该神符中，基督徒看见了十字架，异教徒看见了皇帝和他的住宅，所有人都认定，皇帝就是上帝门徒。①

尤西比乌斯显然特别看重这种基督教阐释，他强调君士坦丁在此种情况下确实表现得像民众属灵的领袖。

　　因为不可思议的是，似乎是君王本人在向其军队宣扬信仰准则，这使他懂得如何传达神圣的命令、如何向上帝虔诚地祈祷：必须抬起双臂，朝向天空，用精神中的双眼凝视最高处的那一点，凝视天国的君王；因此，必须向"赋予胜利的他"、向"救世主"、"守护者"和"救助者"祈求。他甚至还规定特定的祈祷日，那天是第一

---

① 人们对君士坦丁的"基督符号"赋予了丰富的文学涵义：对符号本身、对其宗教意义及对君士坦丁如何将其加以利用都继续进行了发问。甚至还有人假设它是法国君主制的象征符号百合花很久以前的缘起（参阅下文，Ⅲ，p. 839 及以后）。

天,也是至高无上的一天,它属于天主(Seigneur)和永福,同时也是充盈生命之光明的一天,它使人得不朽、使人向善。①他自身也身体力行自己所宣讲的道,在国王的内庭中向救世主祝祷(Ⅸ,§10—11)。

他到处建造最好的教堂,尤其是在巴勒斯坦和君士坦丁堡。在安提阿,他命人用黄金建造了八边形教堂。在耶路撒冷圣墓处,他命人建造了一栋献给拯救神符(Signe du Salut)的庞大的祈祷宫,富丽堂皇非言语所能形容,而在同一个地区的其他许多纪念场所也全都献给这个神符。

> 如今由神符来报偿他的虔诚,使他住房扩大、子孙繁盛,使他统治王国生生不息,将美德的果实赐予他优秀的儿子、他的家庭和他们的后裔。而这当然是对他所尊崇的他的权力之最伟大的证明,因他公正无私地赋予正义,因人制宜地给予。那些围攻祈祷宫的人前脚过来,后脚就会因他们的罪孽而遭到报应:他们很快就会背井离乡,流离失所,家园不再,销声匿迹。但尊崇主人的那个人却极尽虔诚之能事——有时为他竖起帝国的官殿,有时使他通过大地上处处可见的许愿祭品了解他的臣民[625]——发现他就是他的家宅、王国和子孙后代的救世主和守卫者。因此,上帝的赠品便通过救世神符所具有的神圣效率而彰显出来(Ⅸ,§18—19)。

最后,君士坦丁的全知全能受到了尤西比乌斯的赞颂。由于神庙坐落于偏远的地方,所以人们在阿弗洛狄忒神庙里干尽的坏事并非所有人都知道。而神圣君王(basoileus)把一切都看在了眼里,因为任何事都逃不过他鹰隼般的眼睛(况且,他就像老鹰,能面对面地看着太阳)。

所有这一切均证明了,君士坦丁与上帝有着深厚的"友情",这使他

---

① 因君士坦丁在帝国颁布适用全境的法律,星期日第一次成为神圣的停工之日。

对普天下帝国的占有具有了合理性。"上帝,那至高无上的君王,亲自从天上朝他[君士坦丁]伸出右手,如以前那样,向他表明他将会战胜满盈的罪恶和狂暴的侵略者。"(Ⅹ,§7)尤西比乌斯说他是上帝的"同伴"。

总之,尤西比乌斯的政治神学似乎丝毫不见基督教的特色(即使从某种意义上说,也可以算是基督教),而且还将我们重新带至了希腊化王权的宇宙。尤西比乌斯针对国王所说的话与异教徒斯特尼达斯所说的话(引自斯托比《选集》,48,63)极为吻合,说他应该是"上帝的效法者和仆人"(*mimatas ara kai hyperetas*)。尤西比乌斯还能借鉴保存在《赫尔墨斯集》(*Corpus hermeticum*)里的一篇文本,该文本也说上帝是宇宙至高无上、不朽、永恒、全能的君王,君王们都是以他的形象来进行统治。至于君士坦丁的全知全能,学的也是以前的赞扬方法,我们记得色诺芬写居鲁士,克里索斯托写图拉真时都是如此;至少,这些作者都意识到,全知全能乃是政策随机应变的结果,是高效的秘密警察体制一手导致的。

第十一节　特米斯提乌斯

[626]还有两个希腊异教徒对王权做了见证,值得一提。先来说说特米斯提乌斯。

生平与著作

特米斯提乌斯(Thémistius,约 317—388 年),是哲学家和演讲家,他因作为亚里士多德在古代的主要评注者而在观念史上留名。但由于是背教者尤利安(皇帝,361 年至 363 年在位)的朋友,他也成了帝国的显贵,担任了元老院议员和行省总督,并对君士坦丁堡的"大学"进行管理。他受托对泰奥多西乌斯一世(Théodose Iʳᵉ)的长子阿尔卡狄乌斯进行教育。特米斯提乌斯留下了《亚里士多德述》(*Paraphrasessur Aristotle*)与《演讲录》(*Discours*)。

特米斯提乌斯致约维阿努斯皇帝论述王权和宽容的演讲(364 年)①

背教者尤利安背弃了君士坦丁及其儿子的政策,重新确立了异教

---

① 参见 Baker,前揭,p. 377—380。这些文本均译自英语。

的地位,并采取措施反对基督徒,他死后,其继任者约维阿努斯(363年至364年在位)又废除了这些政策。现在轮到异教徒担心受迫害了。于是,特米斯提乌斯为他们做了辩护,但他采取了新的聪明的办法,没以异教的名义,而是以宽容的名义来这么做。①

似乎你,唯有你,才意识到国王无法在任何事情上均采取强制措施。有某些领域摆脱了必需性的束缚,这些事物比威胁或命令更强大,其中就有美德,尤其是尊崇神性的美德。你以自己的智慧承认,你作为人,精神的运动确实在事实上不该受到束缚,它应该是自主、自愿的,在他做好事的时候应该成为自己的主人。如果对你,天主而言,认为人并非靠自己选择成为什么样的人,[627]乃是因规则和戒律方行善事这种说法根本不可能的话,那么让一个人对过眼云烟的必需性,对遭时间裹挟、被随予随取的可怜弱小的稻草人感到害怕的同时,让他尊崇、珍视天国不就更不可能了吗?如果我们尊崇皇袍而非上帝,如尤比运河的潮水般随时随地改变信仰,那我们都会成为极其悲惨的有罪之人(《致约维阿努斯》[Discours à Jovien],V,67 bd)。

你是最有神性的国王,你的心中根本不会做如是想。你,万物的专制君主和自主的统治者,你现在、今后永生永世都将如此,你会通过法律让万民拥有[自由实践]信仰的权利;同样,在这方面,你也是上帝的效仿者,使人合乎正道有所虔敬,这是上帝让人类具有的共同特质,他满心希望每个人信仰的对象均出自自己的意愿。使信仰成为义务,只会剥夺上帝赋予人的权力。这也是凯奥普斯(Chéops)和冈比希斯的法律几乎不比它们的制订者长久多少的原因,而上帝的法律和你的法律则永世不会改变——每个人的精神都应自由追随自认为最好的宗教类型。这就是法律,若反对该

① 或许是因为他首先完全信奉亚里士多德,是这个司塔吉洛斯人(指亚里士多德——译注)"中庸政治"的信徒之故。

法律,则无论是充公没收、钉十字架,还是火刑处死都根本不会获得胜利。你能将人劈成两段,杀死肉体,若的确应该这么做的话;但精神你却捉不到,它会随身带上自由思想和法律赋予的权利,即便暴露于众口铄金之中也是如此(同前引,68a)。

宽容不单单是指贤明的政策;它乃是真正的多元本体论的终极基础,而上帝本人也就是这个意思:

> 主人啊,即便在你的军队中,也不可能任何事都只按唯一一种相同的方案进行布置。有人建构步兵,有人构建骑兵;有人携带武器,有人携带投石器;有人与你离得很近,有人保持距离;有人若与卫兵团相熟就会很满足,有人却根本不愿享受这样的好处。但所有人均依赖于你和你的判断,这点并非不重要;说仅仅只有军人才会依赖你,这并不真实,是所有人——所有不从事战争而为你服务的人,如农民、演讲家、行政官员、哲学家和所有其他人——都会依赖你。主人啊,宇宙的创造者肯定会对如此的多元性感到欢欣鼓舞。叙利亚拥有的是一种类型的统治,希腊是另一种,埃及又是不一样,这都是他的意愿所致。更何况,叙利亚本身也并未整齐划一,而是分成了若干小块。任何人看待事物的方式都不会与自己的邻居相同;有人持这种观点,有人持另一种。[628]在这种情况下,为何还要试图强迫人们去行不可为之事呢(同前引,69c—70a)?①

第十二节　苏奈西乌斯

最后一位对君主制逻辑进行阐述的大政论家——当时,教父思想已颇为盛行,该思想宣告了其他政治实体的出现——就是昔兰尼的苏

---

① 是那个时代对多元化的绝妙赞颂,它显而易见充满力度、富于雄辩,而非条理混乱、立论薄弱。

奈西乌斯(Synésius de Cyrène)。

生平与著作

苏奈西乌斯(373—414 年)原籍昔兰尼(现在的利比亚),后来他成为*defensor civitatis*(杰出的贵族),晚年担任主教。他曾在亚历山大里亚研习新柏拉图主义,他的思想糅合了基督教和柏拉图主义。著作:《论梦》(*Sur les rêves*)、《论星盘的馈赠》(*Sur le don d'un astrolabe*)、《书信集》(*Lettres*)、《颂歌》(*Hymnes*)。

致阿尔卡狄乌斯皇帝(约 400 年)①

苏奈西乌斯阐发了已约定俗成的不同观念:国王就是上帝的复本。必须将人们称呼上帝的不同的名字应用在他身上。他应该是自己的主人,有数不胜数的朋友,依赖于军队,扩充罗马人而非人数愈来愈多的"斯奇提亚人"及其他蛮族人的军队。

但苏奈西乌斯最为原创的观点乃是,国王必须出现于公开场合。这位作家犹如古代公民责任感的天鹅绝唱,他反对将拜占庭的政权神圣化,因它越来越远离 *agora* 这样的公共场地。其诀窍在于消除这样的政治,代之以某种充满魔力的仪式,由此我们能感觉到苏奈西乌斯对此很是轻视。他说过一个词:拜占庭的神圣君主已成了"野蛮人"。

[629]我坚持认为,过去没有什么比围绕在国王身边的盛典和庆典仪式对罗马人的事务产生更大的有害影响了,为你而履行的这些庆典仪式只限于在你的心腹圈内进行,就好像他们正在举行宗教仪式一般,在你的宫内极尽蛮族奢华之能事。表象与现实常常无法共存。我并不因对你说这样的话而感到后悔:这并非我的错,而是那些人的错,是他们开始犯下这样的谬误,且将随时间推移而日渐加剧的灾难一直延续至今日。结果,君主产生了担忧,你害怕自己暴露于大庭广众之下,认为这等于是在贬低身价,与普通人为伍,这样便使得你隐居起来;可以说,你受到的是自己的困扰。极少能看到你,极少能听到你说话。你不再进行什么试验,而这些试验本能够产生大量的政治智慧。你沉湎于肉体享乐之中,只对

① 引自 Baker,前揭,p. 380—386。这些文本均译自英语。

那些来自触觉和味觉的最物质化的享乐感兴趣。总之，你认为就该像海葵一样生活。①

苏奈西乌斯还取了一个形象，阿里斯托芬的神来之笔也因这形象而最后一次使人会心一笑，他说皇帝就像永远不会在太阳底下探出头来的"蜥蜴"——它不是生活于同类中间，让自己皮肤晒得黝黑，而是过着简单、本能的生活。

---

① 原文为 tu vis la vie d'une anémone de mer，海葵（anémone de mer）是一种构造极其简单的海洋食肉腔肠动物。苏奈西乌斯在此比喻阿尔卡狄乌斯皇帝以完全物质化的眼光来看待生活。——译注

第三部分　中世纪

引　言

[633]由于有了古希腊文化和罗马文化,犹太—基督教文明便成了西方政治传统中的第三个建构性因素。它为政治及法律思想带来了焕然一新的启发,与希腊—罗马世界的精神宇宙迥异:新的道德意义——排斥恶之正常化——暗示着对时间(Temps)的感知将彻底发生变化,而日益完善的历史观,属灵权力以其神圣性超越尘世权力,以及投身于恶的"巴比伦"注定会堕落,故而国家应该受到控制且不应去建构人类生命最后边际,这些观念都将产生。

"西方"诞生于中世纪,更确切地说是始自 11 世纪至 13 世纪,自此以后经过数世纪的接触,来自"耶路撒冷"的新的道德因素与来自"雅典"和"罗马"的公民遗产终于真正融合在一起。于是,欧洲致力于科学及社会进步的现代性才有可能取得长足进步,并以自由民主制为典范组织起来,国家的权力机构受到了限定与限制。

[634]但若想深刻理解这段历史,就必须追溯到很久以前,甚至直达《圣经》。因为,《圣经》思想从其最古老的源头来看,并未受希腊的影响。然而,从作为社会组织模式的层面而言,《圣经》世界则为"脱离"近东地区神圣君主制的巫术—宗教体系提供了最为原初的选择,但它与希腊城邦所由以构成的选择截然不同。况且,《圣经》文学乃是精神产物,其深刻性及智识性与希腊哲学毫不相让。因此,探询《圣经》思想最初如何出现,并努力对它的特殊成果做出精确定义就是合宜之举。

研读计划

我们先来探讨古代《圣经》体系及《新约》中的"政治"①思想,并尝试辨别这一思想最原初的一些概念:"尘世"权力相较于"属灵"权力被置于次要地位,当时的"末世论"倾向,见"历史"一节(导论:《圣经》中的"政治"观念)。②

然后我们来阐述一下罗马帝国时期首批基督徒,尤其是基督教最初几个世纪最重要的政治思想家的作品之政治思想及态度(第一章:罗马帝国时期的基督教和政治)。

随后,我们就来考察一番中世纪的最初一段时期,即"中世纪前期"。在那个时期,公民典范渐行崩毁,前罗马时代的欧洲被野蛮的日耳曼王国控制,重又体现了前公民时代部落的特色。尽管帝国曾短暂崛起过(加洛林[Carolingiens]和奥托[Ottoniens]王朝),但国家还是衰落了,甚至彻底消失不见了(至少某些地方、某些时候如此)。这种衰退受到了教会的制止,教会同时既是古代文化的守卫者,又是新价值观的携带者,[635]它处于"政治奥古斯丁教义"的框架内,将自己精神和道德上的至高无上性加诸年轻的国家身上(第二章:中世纪前期,5—11世纪)。

在国家的废墟之上出现了封建制度。由于此种社会模型当时尚未成为理论阐述的对象(除非进行事后分析[*a posteriori*]),因此我们将着力于对它进行研究,但该研究并不注重政治观念史,而是复现当时的历史及其精神状态。我们还将在同一章里阐述神圣王权(第三章:封建制与神圣王权)。

古典中世纪(le Moyen Age classique)是伴随着教会的大规模改革,即11世纪至13世纪的"教皇革命"而开始的。在西方基督教世界中心形成的教廷自认负有持久建立普世基督教社会的义务。为此,它动用了全部的古代文化,试图调和基督徒与希腊—罗马之间的关系。它促进了罗马法的研究,并使教会法得到了发展(第四章:古典中世纪

---

① 出于某些原因,在此上下文中,我们会将这个词置于引号中。参阅下文 p. 637 与 p. 669。

② 即指下文"希伯来人的历史"一节,p. 638—668。——译注

与"教皇革命")。

我们将在阿奎那(Saint Thomas d'Aquin)的作品上多事停留,显然它是在教义上将亚里士多德的道德哲学及政治理论同基督教混合起来的一次尝试,它在论及社会正义、商业、有息贷款、政府形式时,确立了一些概念,在现当代天主教中亦可发现这些概念(第五章:圣托马斯·阿奎那)。

至中世纪末期,于"教皇革命"中初露端倪的属灵权力与尘世权力之间的分离终告完成。国家断然获得独立,欧洲各大民族国家在破除了封建领主权后纷纷浮出水面。自此以后,对罗马法、希腊哲学、拉丁人文主义所做的全面研究终于为思想家和政治家在理智上建构现代国家概念提供了基础(第六章:中世纪末期:现代国家概念的初生)。

然而,自12—13世纪城市文明飞速发展起,披着"千禧年主义"(millénarisme)这一宗教形式外衣的革命运动便出现了,对由《启示录》预言的末日动荡及尘世千年幸福充满了热切期待。[636]对末世论的展望在弗洛莱的约阿基姆(Joachim de Flore)或方济各会的"灵修者"那里采取的是和平形式,而在其他人那里,如"自由圣灵"(Libre Esprit)兄弟会、大博尔派(Taborites)、闵采尔(Thomas Müntzer)及再洗礼派那里则采取了暴力形式。这些运动将"革命"观念引入了西方,我们将自问这一观念对中世纪教会神学及法律创新事实上所取得的进步所做的是补充还是反拨(第七章:中世纪千禧年主义)。

导论 《圣经》中的"政治"观念

[637]在论及《旧约》时,只有将政治两字置于引号中,我们才能谈论"政治"思想,这是为了与我们前文所下的定义相符。因为,国家作为政治思考的特殊对象,尚未存在于希伯来历史这最为古老的时代中;在随后约四个世纪中,希伯来国与近东地区的神圣君主制相类(我们将指出其中的细微差别);此后,除了极短的一段时间之外,犹太人已不再拥有自己的国家,而国家对他们而言也成了陌生的现实——如亚述、迦勒底、波斯、希腊和罗马。至于作为政治思考条件的科学思想,只是在受到古希腊文化的影响时,才出现于《圣经》的论域中,尽管这种影响姗姗来迟,显得粗糙;在拉比犹太教中,它连同古希腊文化都一起消失得无影无踪。鉴于所有这些原因,所以我们在《圣经》中根本找不到堪与希腊或罗马哲学家或演讲家本义上的政治思想相比较的东西。

这阻止不了《圣经》中的民众创造出新颖的社会模式,尽管这些模式与希腊城邦不同,[638]但仍与近东地区神圣君主制的巫术—宗教模式相似。

我们首先对古代希伯来—犹太人的历史做一概述(第一节),然后阐述《旧约》(第二节)和《新约》(第三节)中的"政治"观念。

第一节 希伯来人的历史①

"希伯来人"的定居(公元前 13 世纪)

亚伯拉罕(Abraham)②与以撒(Isaac)族人最初在巴勒斯坦定居的证据可追溯至公元前 13 世纪至公元前 11 世纪。当时,巴勒斯坦还是埃及的保护国。那里的城国(villes-États)由连年发动战争的诸侯(roitelet)统治。"希伯来人"这个词最初只是普通名词,而非专有名词,似乎是指称游牧民,或指管理混乱、由大家庭或宗族构成的人群,他们来到这片地区逐渐定居下来:他们在城市之间发生战斗的时候,会自荐于前当雇佣兵,或在大型工事中当劳力。[639]从这个意义上说,"希伯来人"这个词就应该是先有社会学的意义,再有种族上的意义。

其中,每个宗族均有自己的历史和自己的创世神话,有些依附于亚伯拉罕、以撒、雅各(Jacob)和以色列。但他们最开始的时候似乎都是各自独立的。只是当他们在政治上统一于一个国家时,他们的创世传

① 我们会对 André Lemaire,《希伯来人史》(*Histoire du peuple hébreu*)中所做的引人注目的总体评做一概述,PUF,Que sais-je 丛书,1981,对哈斯蒙尼时期(hasmonéenne)的论述,可参阅 André Caquot 与 Marc Philonenko,《〈圣经〉、两约之间时期著作》(*La Bible, Écrits intertestamentaires*)总论,Bibl. de la Pléiade,Gallimard,1987。亦可参阅 Hans Küng,《犹太教》(*Le Judaïsme*),Éd. du Seuil,1995(列有大量论述希伯来人历史的书目提要,p. 91—179 与 p. 825—850);Pierre Grelot,《耶稣时代犹太人的期望》(*L'Espérance juive à l'heure de Jésus*),Desclée de Brouwer,1994;O. Odelin 与 R. Séguineau,《〈圣经〉专有名词词典》(*Dictionnaire des noms propres de la Bible*),Éd. du Cerf/Desclée de Brouwer,1978。有关本章中涉及的其他问题,亦可参见:André Neher,《预言的本质》(*L'Essence du prophétisme*),1955,以《先知与预言》(*Prophètes et prophéties*)书名再版,Payot,*Petite Bibliothèque*,1995;A. Cohen,《塔木德》(*Le Talmud*),Payot,Petite Bibliothèque,1991;Berl Gross,《民主制之前:对谬误与称义史的研究》(*Before Democracy. A Study in the History of Error and Justification*),Globe Press,Melbourne,1992;Graham Maddox,《宗教与民主制的崛起》(*Religion and the Rise of Democracy*),Routledge,London & New Yorker,1996。

《圣经》三种法语译本由于各自的引言——每本均有总论或特定的论述——及评论性注释颇为丰富,均推荐阅读:《耶路撒冷〈圣经〉》(*Bible de Jérusalem*)(Desclée de Brouwer,1973)、《〈圣经〉普世译本》(*Traduction OEcuménique de la Bible*)(TOB,Éditions du Cerf-Les Berges et les Mages,1976)、《奥斯蒂〈圣经〉》(*Bible Osty*)(Éd. du Seuil)。

② 下文所有《圣经》中的引文、地名、人名等均引自和合本,偶参思高本,以资对照。——译注

说才回溯性地融入了《创世记》(*Genèse*)向我们叙述的那个唯一严谨的故事里面。

我们发现有个依附于亚伯拉罕的宗族定居于希伯仑(Hébron)地区(距耶路撒冷以南30公里);其主要的圣所坐落于"幔利橡树"(Chênes de Mambré)①。另一个群落依附于以撒,定居于内盖夫(Négeb)的圣所及别士巴(Béer-Shéba)井四周(就在先前那个群落的西南面),它就是在此同名叫基拉耳(Gerar)的邦国(cité-État)发生交往的。另一个社群自认为是雅各的后裔,约于公元前13世纪离开美索不达米亚上游地区,穿过约旦河(Jourdain)及其支流雅博河(Yabbok),前往示剑(Sichem)地区(距耶路撒冷以北约50公里)定居下来,且同迦南城时常发生冲突。最后,有个叫 Bené-Israël②(以色列之子)的宗族据证住在以法莲山(Éphraïm)上,山上建有示罗(Silo)圣所(距耶路撒冷以北约30公里处)。该宗族曾在埃及居住过一段时间,正是它成了"耶和华"(Yahvé)③信仰的缘起。

据说这些希伯来群落常被当作该地区诸邦国(cité-État)建造大型工事时的劳力。奉雅各之名作为其祖先的以色列群落就这样在尼罗河三角洲东边的比东(Pitôm)和拉美西斯(Ramsès)修建仓库区。后来,于法老拉美西斯二世(Ramsès Ⅱ)在位时,即约公元前1270年—公元前1250年间,它在摩西(Moïse)的带领下离开埃及。它在内盖夫与西奈(Sinaï)边缘的沙漠中待了一段时间,摩西便在那里让群众信仰"耶和华"宗教的诸准则,耶和华就是独一无二、难以描绘的上帝。这一群落后来由约书亚(Josué)带领,朝北继续上行,绕过摩押(Moab),越过约旦河近耶利哥(Jéricho)的地方;然后,与当地的领主或争战或结盟后,便最终定居在以法莲山上。

随后,各个群落相继接近,组成了"以色列联盟"。

以色列联盟

[640]最初,以色列之子和雅各之子(Bené-Jacob)乃是邻人关系,缔结了"示剑同盟"(《约书亚记》[*Josué*],24)④;以色列各宗族要求宗教上获得统一,也就是说要信仰同一个耶和华,废除雅各之子部族的诸神;当此之际,约书亚亦向全体民众颁布了最初形式的"十诫"。因此,

---

① 后来,大卫王国的都城设在希伯仑达七年之久。毫无疑问,这表明了,在原初传说进行融合的过程中,亚伯拉罕已被视为其他族长的祖先。

② 下文原文为 Benê-Israël,意思相同。——译注

③ 希伯来语,一译"雅威",即天主、上帝、神之意。——译注

④ 我们在本章及随后章节中均参照 RSV 版《圣经》,依据的是《圣经》现代法文译本约定俗成的译法。

联盟具有一定程度的社会统一性,但每个群落均独自在自己的土地上自主生息,只有遇到战事,这些群落才会聚集在一起,由一个头领领导。

另一些"希伯来"群落,如西布伦(Zabulon)和拿弗他利(Nephtali),都攻击过夏琐(Hazor)的迦南城。后来,为了应对"海上众民"①的威胁,他们就组合成了以色列联盟。接下来的故事就比较复杂了,或联盟,或倒戈,面对共同威胁时进行动员,危险远去时就不去干涉,希伯来不同的部族最终全部受到了以色列联盟的控制:北部和加利利(Galilée)的部族、约旦河西岸(Cisjordanie)中部的部族、约旦河另一边(Transjordanie)的部族,最后还有南部的其他部族。

最后这些部族或许都脱离了埃及北部的群落;这样一来,它们就都能信仰耶和华。由于和犹大(Juda),也就是说同依附于亚伯拉罕的群落取得了联系,而该群落却因被耶路撒冷的(非希伯来)邦国相隔,因此仍未加入以色列联盟,南方的部族便使它了解了耶和华信仰,为犹大和以色列的最终接近做好了准备(参阅下文)。

[641]因此,自公元前12世纪至公元前11世纪起,在以色列和耶和华信仰的强大影响下,《圣经》中《约书亚记》和《士师记》(Juges)中提及名字的那些部族(如以法莲、便雅悯[Benjamin]、玛吉[Makîr]、西布伦、拿弗他利、以萨迦[Issakar]、流便[Ruben]、基列[Galaad]、但[Dan]、亚设[Asher]、玛拿西[Manassé]……)彼此间都取得联系,并在战时结成政治上的统一。这些名字很快就固定为12个,并统称为"以色列十二部族"。② 不过,犹大宗族在那个时候仍未加入联盟。

统一的王权(约公元前1030年—公元前931年)

迦南地邦国(cité-État)林立,它们均由各个国王统治。该模式因以色列联盟的建立而寿终正寝,或许这是因定居而内部起了变化,以及乡村和城市经济得以确立之故,但肯定的是,它首先是因受外部危急的

---

① "海上众民"是指一群入侵者,埃及铭文中曾提到过这个名字。他们约于公元前1200年进入巴勒斯坦地区。或许就是这批入侵者在同一个时间摧毁了迈锡尼文明(参阅上文,p. 41)。拉美西斯三世(Ramsès Ⅲ)时期,约公元前1175年,埃及人将他们击退,于是他们便在地中海东部周边定居了下来。其中一个群落"非利士人"(Philistins)定居于巴勒斯坦中部海岸地带(遂将那个地方起名为"非利士"[Philistie],由此就有了后来的"巴勒斯坦"[Palestine]之名)。

② 《圣经》不同段落给出的"十二部族"的名单都不一样,总共有12个名字:参见《〈圣经〉专有名词词典》,前揭,p. 424—425。

情势,即非利士人扩张的威胁所迫。

向王权和国家的演变分为两个阶段:由扫罗(Saül)及其子统治的"酋长辖区制"(约公元前1030年—约公元前1003年);严格意义上的君主制,由大卫(David,公元前1003年—公元前970年)和所罗门(Salomon,公元前970年—公元前931年)统治。

扫罗 自从在以便以谢(Ében-Ézer)败给非利士人(《撒母耳记上》4:1—2),再加上后者强占了示罗圣所的圣约柜之后,先知撒母耳便在以法莲山(基本上是以法莲、便雅悯、基列耶琳[Yisréel]、基列诸部族)上的以色列人中获得了宗教上的权威。他宣布拥有大能的军事领袖扫罗为诸部族的国王(这种做法一经宣布便在政治上遭到了反对,参阅下文)。扫罗在其子约拿单(Jonathan)的帮助下,将以法莲山从非利士人的占领下解放出来。但非利士人起而反击,在基利波(Gilboa)打败了以色列人,杀死了扫罗和他的三个儿子。有个名叫押尼珥(Abner)的军队头领立扫罗的另一个儿子伊施波设(Ishbaal)为国王,但此人统治了两年后便遭反对派刺身亡。[642]于是,国王的封号归到了出生于犹大的大卫头上,他也是约拿单的朋友,后来他遭到嫌恶,遂投靠了非利士人,最后自封为犹大国王;伊施波设之死使他成了"犹大及以色列王"。

我们在讲到扫罗和他儿子的君主制时说的是"族长制",而非国家,因为当时仍不存在统一的领土和中央集权制。这些措施都是由大卫和所罗门建立起来的。

大卫 一俟称王,大卫便取得了诸多军事上的胜利,他通过战争和积极的外交举措,试图大肆扩张自己的王国。① 他打败了非利士人,经此胜利,他便夺取了耶路撒冷的耶布斯城(la ville jédawéenne),②并在那里建都,因为这样做可令他将王国中的两部分,南部的犹大和便雅悯,及北部的以法莲诸部族在领土上统一起来。耶路撒冷在好几个世纪之内仍然是"大卫之城"。大卫与亚玛力人(Amalécites)、摩押人、亚扪人(Ammonites)和他们的亚兰盟军争战。王国遂往东北方向扩展至大马色(Damas),③往东南方向扩展至现在的安曼。然而,大卫却未曾

---

① 这种做法如今仍可与以色列人的超国家主义(ultra-nationalistes)两相参照。

② 迦南邦国(cité-État)之一,在"希伯来人"到来之前,或在他们反叛之前就已存在。

③ 大马色是和合本《圣经》中的称呼,即现今叙利亚的首都大马士革。——译注

想过去攻占西南面的非利士的领土和西北面的腓尼基。

从国内方面来讲，大卫杀死了扫罗的所有后裔。他得面对南部和北部的长期不和，面对儿子押沙龙（Absolon）的反叛，面对如何选择后继者的重重困难：最终，他最小的儿子所罗门受到祭司撒督（Sadoq）、先知拿单（Nathan）、大卫的私人卫队长比拿雅（Benayahu）的支持，甚至在其父亲在世时就戴上了冠冕。

大卫为国家实施了好几项特殊的政策：常备军；直接由国王任命和领导的司法机构，且能经此向部族的传统法庭上诉；建立于精确统计基础上的财政系统（然而，就像在扫罗统治时期一样，大部分资源一方面仍然源自外界战争的掳获物，[643]另一方面源自国王私人产业的进项）。大卫将约柜安在了耶路撒冷；他想效法该地区所有神圣君主国在都城里的做法，建立一座宏伟的神殿；但这项计划受到了强烈的反对（我们将会重新谈到这件事的意义）。

所罗门　所罗门本人也在国内大肆清除反对派。从外部来看，他同法老结盟，法老把一个女儿嫁给了他（这是次例外事件，表明了以色列王国在短短几年之内便获得了重要性）。而且，他继续执行大卫的事业，致力于创建并巩固国家机构，这些成果使他在今后的犹太史书中赢得了作为"贤明"典范的荣誉。

他周围环绕着顾问和高级官员，他们的职务似乎都由世袭获得：祭司、书记、传令官、军队首领、宫廷总管、负责"行政长官"事务的总长。拿单家族因得大卫继任者所罗门遴选担任先知这一角色而得到了回报。"犹大世家"因委任而得，受到青睐，激起了其他部族的嫉妒。① 官员团体被叫作"利未人"（lévites）。② 领土（包括附属的迦南诸城）被划分为十二个区划，每个区划均有一名行政长官负责。

每个行政区域均须于一个月内确保法庭运转起来。由于对国家的资助，战利

---

① 这种对王族近亲及其世系偏待的做法清楚地表明，这里的人们仍旧处于国家的古代模式之中（希腊，随后是罗马模式的国家，其特征就是法律面前人人平等，这在原则上，而且事实上也总是要求，公共行政官职的归属不应与世系有任何瓜葛）。

② 神话中，利未（lévi）乃是雅各十二个儿子中的一个，他出生于犹大，但因其对示剑居民的恶行而受雅各的诅咒（《创世记》34:25—31;49:5—7）。做这样的诅咒表明，利未的世系将不会有自己的领土，其后人也将分散于犹大全地。当出生于犹大世系的所罗门拥有管理全体结盟者的权力时，他便对属其近亲的利未人青睐有加，但他让他们专司圣职（因为他们没有土地）。我们后面将会看到利未人专司圣职所造成的社会及政治后果。

品已不敷用,于是由附属国的贡品及国王掌控的大规模国际贸易(海上贸易、同腓尼基人的贸易、与沙漠商队的贸易)所取代。由大卫创建起来的职业化军队继续得到维持,且有新的举措,为军队配备了战车。

[644]最后,所罗门出台了修建大型工事的政策:建立要塞,并在耶路撒冷(《列王纪上》9:15—24)修建神殿、皇宫和米罗(millo,与神殿及宫殿附近的小山修平的路堤)及城墙。这些重要的工事修建了好几年,需要腓尼基人技术上的援助(作为回报,所罗门给了他们一块领土),尤其是需要输入大量劳力。之所以能修建这些工事,是因向被征服的迦南民众课以徭役所致,但以色列人也没逃过,从而引起了好几次暴动,"约瑟世家",亦即源自埃及的那个群落(特别针对这支群落的皇室徭役无疑令人想起了耶和华让他们在埃及遭受的奴役。所罗门在那里激起了宗教上的反对)闹得尤其厉害。

因建立君主制所造成的社会转型在考古学上亦有发现;我们发现了一些设防的城市,其社会关系有所区分,有些住宅比其他住宅更大,表明存在贵族。据认从扫罗统治初期至所罗门统治末期的一个世纪内人口增长了一倍,蔚为可观。

尽管大卫将以色列人成功统一于耶和华信仰之下,但所罗门建立的国家和城市却处于文化融合(syncrétisme)之中。所罗门统治时期的外族通婚导致了异于耶路撒冷的其他信仰,甚至是外族神殿的出现(摩押神基抹[Kamosh]、亚扪人的神米勒公[Milkom]及西顿人的女神亚斯他录[Astarté]的神殿,《列王纪上》11:1—8),而且并入的迦南诸城也保持了自己的信仰。

以色列王国与犹大王国(公元前 931 年—公元前 722 年和公元前 587 年)

所罗门死后,其子罗波安(Roboam)无法令反抗徭役的北方反叛诸区听命,而且他们还自立了一个国王耶罗波安(Jéroboam)。于是便开始了王国两相分治的局面,南方叫作犹大国,聚集了犹大和便雅悯诸部族,耶路撒冷为其都城;北方叫作以色列国,聚集了其他十个部族,先是示剑,后以撒玛利亚(Samarie)为都城,其在但、伯特利(Béthel),然后是基利心(Garizim)山上新建的一些敬拜中心就是为了同耶路撒冷的神殿相抗衡。

两个君主制国家在政治层面上亦有不同。北方的国王推行的是"威望"这一基本方针:亦即每个国王均以其个人的武功竖立威信。由此导致了先知在政治上的反对(参阅下文),[645]每次继位时的血腥争斗以及王朝的极端脆弱(不过,仍有两个王朝持续得比较长久,一为暗利[Omri,公元前 881 年—公元前 841 年],一为耶户[Jéhu,公元前 841 年—公元前 749 年])。南方王朝的基本方针总体上来说都还受人尊重:因犹大的所有国王均属"大卫世家"。

另一方面,与腓尼基人结盟(以色列王亚哈[Achab,约公元前 874 年—公元前 853 年]与谒巴力王[Tyr Ittobaal]之女耶洗别[Jézabel]的联姻)的北方,其"迦南化"更为明显。巴力教(Baal)在该地区逐渐发展,同以色列先知以利亚(Élie)为代言的传统阶层产生冲突。①

但自从新出现亚述人的威胁起,以色列也与犹大结了盟(亚哈之女亚他利雅[Athalie]同犹大王约沙法[Josaphat]之子约兰[Joram]联姻,《列王纪下》8:18—26)。

此外,以色列与犹大还不得不和邻近诸国摩押、亚兰(Aram)、以东(Édom)、非利士争战,因这些王国得常年上贡;有时,情况正好相反,比如说耶户统治时期,以色列反而成了大马色的亚兰人的附庸国。

耶户的政变及其继任者约哈斯(Joachaza)与约阿施(Joash)的政策使得以色列的"迦南化"进程中断。该政策受到了传统阶层的支持,其领头者是先知以利沙(Élisée)和约拿达(Yonadab)。犹大也是同样的"反应",祭司耶何耶大(Yehoyada)立幼小的约阿施(Joas)②为王,在他的煽动之下,外族女人亚他利雅于公元前 835 年被杀。

应指出,北方的耶罗波安二世(Jéroboam Ⅱ)(公元前 790 年—公元前 750 年)统治期较长:可与大卫王的统治相比。他统治时期,经济突然迅猛发展,这点得到考古发掘的证实,但随之也出现了诸多社会问题,[646]上层阶级日益富裕,受到了先知阿摩司(Amos)的抗议。文字

---

① 巴力教对希伯来人的吸引力有两个原因可加以解释:一方面,从贫穷的游牧民眼中看来,信仰占主导地位的文明颇具诱惑力;另一方面,对成为农民的游牧民而言,基本上以农耕为主、丰饶富足为其核心的信仰具有"实用主义"的吸引力:向巴力诸神献祭可使天降雨,获大丰收,如同古代所有的宗教,此种仪式在这方面也被认为颇为有效。因此,这并非是"情感上的"偏爱:希伯来的新式农民与以土地为生的古代迦南的农民一样,巴力教对他们也是一种"生死攸关的需要"。由此可见,对沙漠及游牧民生存之神耶和华极端信奉的信徒在令新的定居民族皈依时会遭遇不小的困难。参阅 André Neher,前揭,p. 176—181。

② 此处的约阿施为犹大王,与上面约哈斯的儿子以色列王约阿施实为两人。——译注

因行政管理上的需要而得到了发展:我们注意到铭文开始增多。最初将先知语录记录下来的文字(《阿摩司书》[*Amos*]与《何西阿书》[*Osée*])亦可追溯到那个时代。最终,犹大成了以色列的属国(约公元前 800 年,耶路撒冷陷落);对犹大的统治一直持续到以色列国的终结。

以色列国的终结(公元前 722 年) 耶罗波安二世死后,北方王国陷入动荡时期,并以亚述人对该王国最终的摧毁为终结。因为自提革拉毗列色三世(Tiglat-Phalazer Ⅲ)(公元前 744 年—公元前 727 年)统治时起,亚述人便有系统地着手侵占叙利亚—巴勒斯坦。

以色列诸国面对这一威胁时四分五裂:北方在不到 30 年的时间里换了四个王,这一不稳定性遭到了先知何西阿的揭露。因反抗亚述人而形成了好几次联合;最后一次是将以色列王比加(Peqah)和大马色王利汛(Rezin)联合起来,又受到非利士人和以东的援助而声威大震,他们想通过武力使犹大也加入进来,遂围攻耶路撒冷。尽管先知以赛亚①提出了警告,但年幼的犹大王亚哈斯(Achaz)却仍去求助提革拉毗列色三世的救援,后者便迫不及待地介入了进来。这次战争使他成了整个地区的主人。几年后,即公元前 722 年,由于以色列拒绝上缴贡品,并试图借助埃及的援助而再次进行反叛,亚述的新国王撒缦以色五世(Salmanazar V)便彻底摧毁了撒玛利亚,将三万以色列人驱逐出境;他将这些人驱散至其帝国的全境,使他们再也不得回返故地(对今后的犹太教而言,这指的就是"迷途的十部族")。作为补偿,他在以色列建立了许多外族聚居区,并将其转成了亚述的一个行省。可以说,耶和华信仰(yahvisme)在这个地区解体了。

犹大国的终结(公元前 587 年) [647]犹大国最终也将在 35 年后经历与以色列相同的命运。在最初的百年间,为了避免这样的命运,犹大诸王选择向亚述王上贡。这样做就必得要求对外族的信仰持一定的宽容态度:亚哈斯甚至是用火来将王位传给自己的儿子的,这显然是迦

---

① 此处所说的是第一个以赛亚。因为,《圣经》中冠以《以赛亚书》之名的那一卷包含了好几个人的神谕,第一个以赛亚确实就叫这个名字,还有一到两个匿名的作者,他们均以以赛亚之名授予神谕(此乃伪典[pseudépigraphie]的惯用方法)。我们会在后面讲到流放结束时第二个以赛亚,或曰"后以赛亚"(Deutéro-Isaïe)的重要性,他是该卷 44—50 章的作者;50—66 章或是第二圣殿(Second Temple)时代(指波斯帝国治下重建耶路撒冷圣殿的时期——译注)"第三以赛亚"(Trito-Isaïe)的作品。伪典所采取的这些相同的方法在《圣经》许多卷中都可见到,《新约》和《旧约》以及"两约之间"时期的作品均是如此:《撒迦利亚书》(*Zacharie*)、《但以理书》(*Daniel*)、《哈诺克书》(*Énoch*)、《以斯拉记》(*Esdras*)、《约翰福音》(*Jean*)。

南的仪式(《列王纪下》16:3)。但此种融合主义遭到了先知弥迦和以赛亚的揭露,这样做达到了目的,因为出现了两次大规模的宗教改革,旨在恢复耶和华信仰,它们分别是希西家(Ézéchias)和约西亚(Josias)的改革。这两次改革致力于打破现状(*statu quo*),最终引发了危机。

1) 希西家国王(公元前 719 年—公元前 699 年)意图在宗教上将犹大和北方其余的以色列人联合起来:因此,他摧毁了迦南的敬拜场所,试图在耶路撒冷唯一的神殿四周重建耶和华信仰。

这一举措有根本性的一面:将北方和南方融合于唯一的宗教传统文本之中。为希伯来人追根溯源的两篇文本(创世、族长制的历史、居留于埃及以及得救、摩西史及在西奈赐予的律法[Loi]、来到"应许之地")都已写就,一篇作于北方("以罗伊"[élohiste]①文献),另一篇相似却并非同一的文字则作于南方("耶和华"[yahviste]②文献)。从此,便有了独一无二的"耶和华—以罗伊"文献,在对其增补和加工之后,遂成了终本《摩西五经》(*Pentateuque*)的主要内容,《摩西五经》是《圣经》首五卷的集合。③

另一方面是集中征收什一税供圣殿用:很长时间以来,圣殿一直是重要的经济中心,它可对盈余自行支配,国王亦可将盈余用于商业贸易或军事征战。利未人担任公职的数目得到增长。

但继任希西家的玛拿西(约公元前 699 年—公元前 645 年)迫于亚述人的压力,不得不中止宗教改革,重新执行融合政策。然而亚述人在面对新崛起的强国,即[648]新巴比伦人或称迦勒底人时,其威权很快就衰落了:亚述的都城尼尼微于公元前 612 年被巴比伦人攻陷。

2) 自亚述最后一位伟大的国王亚述巴尼拔(Assurbanipal)于公元前 630 年死后,年幼的国王约西亚便重新恢复了希西家的改革,加固耶和华信仰,强令所有以色列人在逾越节时前往耶路撒冷朝圣,并发布了一篇新的宗教法律文本《申命记》(*Deutéronome*)。

约西亚声称找到了藏于圣殿墙内的文本。这种说法是否合情合理,还是约西

---

① 如此称呼,是因为上帝通常被称为"以罗伊"(Élohim)(Élohim 通常译为"神"。耶稣被钉十字架上,向上帝呼告"以罗伊,以罗伊,拉马撒巴各大尼",即"我的神,我的神,为什么离弃我",见《马可福音》15:34——译注)。

② 上帝在此处被称为"耶和华"。

③ 参见《奥斯蒂〈圣经〉》引言中对《摩西五经》构成的历史所做的论述,前揭。

亚有意命人修订了该文本,并设计了这一场景? 但无论如何,该文本确实是圣职阶层的作品。

《申命记》犹如"新的盟约",它加强了耶和华信仰,认为应该将信仰集中于耶路撒冷的圣殿,据认圣殿内就"住着"耶和华。该国耶和华信仰的所有祭司均应前来耶路撒冷,侍奉圣殿。约西亚赋予了《申命记》以必须遵奉的价值:《申命记》先于《摩西五经》(Torah)①成为首本"律法书"。

此外,《申命记》中的思想将想要为犹大的现世王权建立古典典范的期望换成了对"永久王权"②(《撒母耳记下》7:16 对《申命记》做了改动)的期望。这一对国王典范的理想化诞生了,而按照弥赛亚的思潮来看,将再也不会有希伯来王国和希伯来国家,因为"弥赛亚"就是理想化的大卫王式的国王。

但约西亚在对前来援助亚述人的埃及人的战斗中英年早逝。③

其子约雅敬(Yehôyaquîm)试图阻击地缘政治上新崛起的强国迦勒底,当时迦勒底的国王是尼布甲尼撒二世(Nabuchodonozor Ⅱ)(公元前 604 年—公元前 562 年)。此人的势力范围遍布整个叙利亚—巴勒斯坦地区,甚至试图使埃及臣服。但抵抗徒劳无功:公元前 597 年,尼布甲尼撒攻陷耶路撒冷,流放了社会精英阶层约 1 万人,并树立了一个据说臣服于他的新国王西底家(Sédécias)(约西亚的另一个儿子)。

尽管先知耶利米(Jérémie)已提出了警告,但西底家仍试图在该地区其他头领的支持下进行反叛。这次,镇压极其残酷:尼布甲尼撒于公元前 587 年攻占耶路撒冷,将城内的大型建筑(圣殿④、皇宫)均

---

① Torah 是指希伯来语《圣经》的首五卷,而《旧约》七十子译本和基督教译本均称其为 *le Pentateuque*,即《摩西五经》。Pentateuque 为希腊语 penteteuchos。——译注

② 和合本《圣经》为:"你的国位也必坚定,直到永远。"——译注

③ 据《撒母耳记下》23:28—29 所载:"约西亚年间,埃及王法老尼哥上到伯拉河攻击亚述王,约西亚去抵挡他。埃及王遇见约西亚在米吉多,就杀了他。"可见埃及人是去攻击亚述,而非前去援助。另据《圣经标准修订版》(*The Holy Bible*;*Revised Standard Version*;Penguin Group,1962)所言:In his days Pharaoh Neco king of Egypt went up to the king of Assyria to the river Euphrates. King Josiah went to meet him; and Pharaoh Neco slew him at Megiddo,when he saw him。得见法老王尼哥是去幼发拉底河见亚述王,约西亚去见他的时候在米吉多为其所杀,但文中并未明言埃及王是去援助还是攻击亚述。另据《历代志下》35:20—23 所载,法老尼哥是要去攻击近伯拉的迦基米施,未曾想攻击犹大,但约西亚执意要与其迎战,而被射杀。故此处存疑。——译注

④ 由大卫带来的古代的"约柜"也在这场灾祸中不见了。第二圣殿也仅仅在所谓"圣中之圣"的极为隐秘、极为隐蔽的密室里保存了一把七枝大烛台。

付之一炬,夷平[649]城墙,杀害了国王的好几个儿子并将他们的眼睛剜了出来,最后将国王及其随从,以及当地余下的人口流放至巴比伦。① 耶利米带着几个侥幸脱逃的人逃亡埃及。于是便开始了流亡时期。

我们可以自问,为什么犹大在面临美索不达米亚②诸强国的崛起时,仍比以色列维持了更长久的时间。毫无疑问,这是因该国民众依恋大卫王朝的缘故,该王朝成功创建了高效率的行政管理机制,设立了高级官员这样的世袭特权阶层,创立了广为认可的防御体系,创设了为数众多侍奉圣殿的世袭神职人员,大祭司还与王室联姻,且设立了由各部族传统首领组成的"民众大会"。面对这一与大卫和所罗门创立国家这样的丰功伟业一脉相承的实体,北方王国却因反国家主义的暴动建立而成,因而根本不可能保持同样的稳固性。我们已经说过,北方的国王宁愿成为像扫罗一样"有威望的"战时首领,但一俟遭逢败绩,便会威望顿失;北方的体制更松懈,封建性更强。该政体的缺陷造成大地主能够翻手为云、覆手为雨,损害广大民众的利益;同腓尼基人的接触促使商人阶层日益富裕,也招致了不满和忌妒;最后,北方比起犹大,更易受亚兰人和亚述人的威胁;对抗议该地区"迦南化"的先知(以利亚、以利沙、阿摩司、何西阿)而言,中央政府的缺陷既是他们批评态度的原因,也是其结果。

流亡时期(公元前 587 年—公元前 538 年)

由于无论是北方还是南方,国家都已不再存在,犹太人自此以后便面临着彻底消亡的威胁。因为犹大的大部分领土很快就被以东人(东南地区的人)攻占,因此这片疆域分明的领土上便再也不存在同种同族的民众了。因意识到此种处境,流亡者便率先提出倡议,意图使民众的身份认同感永久存在。既然身份认同感无法由国家和领土加以保障,那么就只能通过宗教和文化的方式来达成了。

在巴比伦,流亡的犹太人并未被驱散(与撒玛利亚流亡者的遭遇不同)。如此重新聚合起来便使得[650]民众能围绕于不同的首领、"以色列先辈"即祭司大会、以西结(Ézéchiel)或公元前 597 年至公元前 587 年间的耶利米(他没去巴比伦,而是同流亡者通信联系)周围,过上集体生活。虽然锡安山已然远去,但先知

---

① 《圣经》中的《耶利米哀歌》(Lamentations)这篇悲情浓郁的经卷描述的就是这场灾难,传统观点认为该卷为耶利米所作(但照现代批评来看,此说为非)。

② 《圣经》中为"米所波大米"。——译注

促使社团从内心中转向秘密显现于他们中间的耶和华；他们说服社团，说在巴比伦的居留时间会很漫长，因此必须在巴比伦的社会中发挥积极的作用，若想确保以色列社团长久存在下去，就必须实行内婚制。事实上，由于流亡者都是行政管理、经济和手工业方面的精英人士，所以他们轻而易举便在巴比伦社会中占有了一席之地。

不过，他们仍然存留着今后返回故国的期望（这一希望通过《以西结书》37 中见到以西结骸骨复活的著名景象而得到了形象表达，而且总体说来，那个时代弥赛亚热潮呈上升之势也保持了这样的希望，参阅下文）。这就是为什么他们时刻维护自己的身份，不让自己融入巴比伦社会的原因所在。唯一能达成此目的的方法就是让民众的历史和律法存留于记忆中并传授给年轻人，小心翼翼地实践那些风俗习惯（内婚、饮食禁忌、割礼、节日……）而不以独占领土为前提，在此后不可能进行祭礼的地点和场合实践对圣言（la Parole de Dieu）的信仰。由此便出现了设立"犹太会堂""法规学者"或"律法博士"这些职责的最初雏形。

但为此，就必须有可资参照的包含历史（haggada）和法律（hala-kha）①的文本，人们可将其保存下来。因而，他们就对犹太人的传统汇编进行修改、遴选和建构，促其成形，从而形成了后来的《圣经》。

我们曾说过，这一进程始于国王时代，形成的文献有南方的"耶和华"和北方的"以罗伊"，后来南方的"耶和华—以罗伊"，以及最后在公元前 621 年约西亚统治时期添加的《申命记》这篇文献。自此以后，进程更为加快。

巴比伦的犹太祭司为传统教义编订了一种手册，或曰教义手册，其中既有圣史，又有道德律令及法律规章，德国学者称这样的文本为 Priesterkodex，即"祭司文本"。同时，在巴勒斯坦，也开始了对《申命记》（除了《申命记》之外，还包括了《约书亚记》、《士师记》、《撒母耳记上下》、《列王纪上下》[Rois]）全本的修订工作。

[651]此处有一个重要的观点必须强调一下。先知曾宣告，由于民众内心的皈依并不深刻，再也无法重返严格的耶和华一神教，这两个国家故而分崩离析。

---

① 下文为 hallakah，参阅 p. 663。——译注

流亡使这些威胁成真,因而也使人回溯往昔时相信了他们的话语。这就是为什么属耶和华崇拜所独有的那些观念——普世说、激进的一神论、伦理准则的内在化、对犹太民众的拣选——在对那些文本汇编、统一、重释和修订时,成了组织和协调的原则。

耶路撒冷被攻陷之后,犹大人也同样进入了周边其他地区,如亚扪、摩押、以东、腓尼基、非利士,尤其是埃及避难。因而,流亡时期标志着犹太人开始散居(Diaspora,意为"分散",为希腊语)。在巴比伦的流亡者所进行的宗教改革后来都获得了散居各地的犹太人的认可。

但现在轮到巴比伦自己被新的帝国征服了,那就是阿契美尼德(achéménides)的波斯帝国。该帝国的创始人居鲁士于公元前 539 年夺取了巴比伦。他对流亡的犹太人会采取何种态度呢?

希伯来人和波斯帝国(公元前 538 年—公元前 332 年)

居鲁士[1]当政第一年便颁布了《居鲁士敕令》(*édit de Cyrus*,公元前 538 年),同意流亡者返回耶路撒冷,在那里重建圣殿,有人说这是精于计算,也有人说这与其信仰琐罗亚斯德教有关,是真正的宗教宽容。其后继者冈比希斯(公元前 532 年—公元前 522 年)和大流士(公元前 521 年—公元前 486 年)[2]也采取了同样的宽容和间接管理政策。犹大的领土与以色列的领土一样,肯定都并入了"泛幼发拉底河大行省"(Transeuphratène)这一波斯的总督辖区内,但波斯人一开始便将大卫世系的诸王子任命为耶路撒冷地区的长官(gouverneur)[3]:先是设巴萨(Sheshbasar),后来是重建圣殿的第一人所罗巴伯(Zorobabel),[4]再

---

[1] 此外,我们还记得,这位国王还是色诺芬《居鲁士劝学录》中理想化的主人公(参阅上文,p.237)(和合本《圣经》中所说的波斯王古列便是居鲁士,大利乌即为大流士,亚达薛西即为阿尔塔薛西斯——译注)。

[2] 大流士在其发动的第一次希波战争中在马拉松遭到希腊人的阻击。

[3] 当时犹大王国所在的犹地亚地区(主要包括耶路撒冷及其周边区域,范围极狭;《圣经》中称为犹太)隶属阿拉哈拉行省,尚未取得自治地位。现有史论认为,犹地亚地区是到了尼希米(《尼希米记》中称尼希米为省长,即总督)获波斯国王任命担任犹地亚行省总督时,才获得行省自治地位。——译注

[4] 也有史家推测,设巴萨和所罗巴伯是同一人。参阅塞西尔·罗斯《简明犹太民族史》,黄福武等译,山东大学出版社,2000,p.63。——译注

后来是哈拿尼雅（Hananah）和以利拿单（Elnatan）。同样，波斯人任命的大祭司也都是[652]撒督世族（Sadocides）①合法世系的后人，尤其是所罗巴伯的同伴约书亚：这一事实所具有的弥赛亚意义得到了先知撒迦利亚的强调。新的圣殿于公元前 515 年落成。

然而，波斯人并未让重建完整的大卫王国的梦想实现。很快，长官均由其他家族中选出。另一方面，对耶路撒冷城墙进行重建也受到了限制。自这时候起，这个民族就特意围聚到大祭司及其手下的神职人员和圣殿的四周，而非国王的周围。重心的转移标志着从大卫王权模式转向了"神权政治"模式。

神权政治乃是指聚在上帝律法《摩西五经》及由圣职阶层保障的圣殿祭仪周围的共同体组织。国家政权被置于第二位，无论是政权完全抛给外族人（先是波斯人，后为希腊人）接管，还是由受占领当局认可的犹太人执政，它均隶属于圣职集团。律法得到外国（巴勒斯坦隶属波斯总督辖区，后隶属希腊化诸王国）的认可，承认其具有司法权，而不仅具道德力量。犯法者会受到各种刑罚的处罚，也包括死刑。对是否违犯律法的判定由圣职集团做出，其最高机关即为犹太法庭（Sanhédrin）。律法包括文化上的规定（严格意义上的信仰和组织可对其进行约束：圣殿的神圣性、神职人员的特权……），也有[653]财政及民事上的规定（安息日休息、安息年、②五十年节），最后还有与风俗相关的规定（尤其是性习俗）。

该神权政治的特点由于波斯人所做的两次新的倡导而得到了强化，波斯人对该行省的和平及秩序尤为关心，而这也是尼希米（Néhémie）及后来的以斯拉的使命。

---

① 撒督世族：即撒督的世系。我们已经说过，撒督乃是大卫王和所罗门王当政时期的司祭，他如先知拿单一样，在继承权的问题上站在所罗门一边（《列王纪上》1：32—34）。于是，所罗门也对他的家族照顾有加。后来，撒督的后人被视为唯一合法的大司祭。比如，以斯拉就属撒督世族。

《历代志》（Chroniques）卷认为撒督源自摩西的兄弟和同伴亚伦（Aaron）。亚伦则来自利未部族，由于亚伦受摩西之命担任圣职，所以利未人（此外，我们还记得他们没有土地，这与其他部族不同）也被特别视为出自圣职一系。然而，在司祭和利未人之间必须做出分别（或者说已在某个时候得到了分别）：前者本身就是利未人，但只有亚伦或撒督世系的后人才特别有这资格；只有他们方能执行大司祭的祭司职能。而后者则都是些次一级的人物，是司祭的助手，总体来说都是官吏、神殿的管理者、书记员、法官、教师。因而，"司祭和利未人"这一表达法并未使这两个范畴迥异，但又同属（特权）之列而与全体相对立。

② 古代犹太人每隔七年让土地休耕一年，谓之"安息年"。——译注

尼希米　身为国王阿尔塔薛西斯的司酒官之子，及流亡时期融入波斯化进程的犹太家族的代表，尼希米被任命为耶路撒冷的长官。公元前 445 年，他命人重建该城的城墙，向城内移民，强制减免债务以使社会和平，要求遵守《申命记》的律法，重新征收什一税，强令遵守安息日的规定，甚至还大力实行"种族净化"政策，严禁与外族人通婚（在这点上，他反对大祭司本人做出的坏榜样，大祭司最关心的就是如何使影响力延及邻近地区，为了使家族成员得利，他认为须同非以色列人联合起来）。

以斯拉　尼希米的重建工程由波斯人派驻的另一个犹太长官以斯拉接手。他何时接手这一任务尚不确定：或许是与尼希米同时，但很有可能，这次任务应始自公元前 398 年。

以斯拉流亡期间位居宫廷近臣之列，并担任了祭司。波斯人似乎已明确认可了这项使命，即将构成犹太人信仰与立法体制的诸种传统汇集、统一起来，使之规范化，从而编成官方文本，俾使波斯中央政权同分散于帝国全境的犹太人、犹大及撒玛利亚领土上的民众，以及埃及人、巴比伦人和小亚细亚人之间的关系更为融洽。以斯拉负责推广的"天国上帝之律法"后来得到了政府的认可，承认其在民事方面拥有十足的效力。波斯人在做出这一有关政治秩序及行政管理秩序方面的决策时，并不知道，这样做对犹太教的创立起到了决定性的作用。

以斯拉的"律法"或许指的就是现行的《摩西五经》，即犹太人的《摩西五经》，也就是说其最终将上面提到过的各个元素，如叙述以色列起源和西奈盟约的耶和华——以罗伊文献、《申命记》及对仪式和民事活动作明确规定的《圣职法典》[654]融合成了一篇前后一贯的文本。所有的内容均经重写、调整，各种事件被整合入前后一致的历法中，以色列历史上的英雄经确认均来自以色列整十二个部族的谱系。该文本毫无疑问在巴比伦由祭司和以斯拉亲近的合作者精心修订过。以斯拉在耶路撒冷举行特别庄重的庆典仪式时对其进行了宣传，并大获成功，因为最终该文本被尊奉为独一的宗教和司法上的参考，撒玛利亚同犹地亚（Judée）也是如此。从此之后，尊奉同一部律法便成了共同体主要的身份认同标准。

我们还须补充的是，以斯拉管理时期，种族净化政策又卷土重来：在注重传统的首领威权之下，"外族妇女"一个世族一个世族地有系统地被驱逐出境（《以斯拉记》9—10）；我们刚才介绍过的那篇经修订过的律法及谱系文本成了这次驱逐行动的基础。当时,弥赛亚热潮开始降温,"神权政治"的黄金时代启幕了。

波斯统治时期 长达两个世纪——对巴勒斯坦而言,确实整体上是个和平、繁荣、人口增长的时期。许多流亡者前赴后继地返回故地。亚兰语在波斯统治期间成了流布最广的语言;波斯人在攻占巴比伦和叙利亚—巴勒斯坦地区时确实将其吸收为官方语言。由于亚述和巴比伦的流亡者都讲亚兰语,于是他们返回犹地亚时也将这门语言带了回来。希伯来人也不是只在乡间田头才讲这门语言。自以斯拉受命起,《圣经》希伯来语便以亚兰语字母(即"希伯来方块字")来书写,而直到那个时期,《圣经》都是用借自腓尼基字母的古代字母来书写的。

由于律法具有的新的权威,《圣经正典》如今具有了至关重要的地位。若由律法来统治,人们确切指称的"律法",该有哪些确定的文本来对其提供实例呢? 我们认为恰是在神权政治时期,犹太人的《圣经》正典才最终固定下来。

在尼希米与以斯拉时代,希伯来《圣经》共有三部分(可以说,其神圣特质有所削弱:第一部分各卷直接由上帝写成,第二部分由作为中保的先知写成,最后一部分则由伟大人物写成):

[655]《摩西五经》(*Torah*):我们已经发现,它是在尼希米或以斯拉管理期间完成的;

先知或《先知书》(*Nebiim*):由先知书写的各卷,有三位"大先知书"(《以赛亚书》《耶利米书》《以西结书》)和十二位"小先知书"(《阿摩司书》《何西阿书》……一直到《玛拉基书》[*Malachie*]),这些律法学者为《申命记》编订者的历史故事添加了《约书亚记》《士师记》《撒母耳记》和《列王纪》诸篇;

《作品集》(*Ketubim*):为祷词、箴言、诗歌卷。有《诗篇》、《箴言》(*Proverbes*)、《约伯记》(*Job*)、《雅歌》(*Cantique des Cantiques*)、《路得记》(*Ruth*)、《耶利米哀歌》、《传道书》(*Qôhelet*,即 *Ecclésiaste*)、《以斯帖记》(*Esther*)。

很快,最后一组还添上了《历代志》上下、《以斯拉记》和《尼希米记》历史诸卷。在新的管理者的倡议下,这些经卷均经修订,修订者为传统意义上所称的"编年史家"(Chroniste)①。这些新的文本的政治神学与政治哲学均具有倾向性。它们美

---

① 后面,在法利赛人(Pharisiens)的影响下,希伯来《圣经》将最后一卷先知书《但以理书》整合了进来。希伯来《圣经》的终本于公元 1 世纪终于固定下来,我们会在后面对当时的环境做一描述。

化了耶路撒冷、圣殿和大卫王权,此前从未有人就这些字眼的意义进行这样的表述,尤其是在北方也没人这么做过。这就是为什么撒玛利亚人拒绝从政治—宗教方面对耶路撒冷、圣殿和王权进行颂扬。"撒玛利亚的分裂主义"自公元前 4 世纪起日益重要。正是从这个时候起,《圣经》的宗教最终与犹大的宗教融合起来,使今后出现的"犹太教"之名拥有了正当性。

希伯来人和希腊化时期的君主制(公元前 332 年—公元前 142 年)

当波斯的征服者亚历山大大帝于公元前 332 年以马其顿与希腊军队打头阵进入该地区时,犹地亚和撒玛利亚便都俯首称臣。于是它们被安置在希腊化诸王国的领地中,首先是埃及拉吉德王朝(至公元前 200 年),然后是叙利亚塞琉古王朝(公元前 200 年—公元前 167 年)。

拉吉德王朝统治时期的犹大—以色列　在这两段时期中,第一段时期相对来说较为平静和富庶。诸行省并非由唯一的总督管理,而是由负责行政管理不同方面的官员执事,并直接听命于中央政府。城市均按希腊城邦(polis)的模式建造或重建,于是一定程度的希腊化得以实现。希腊语成为行政管理语言,[656]而希伯来语则只在区域间使用;亚兰语一蹶不振。不过,希腊化仍只局限于耶路撒冷,那里代表犹太传统的撒督世族中大祭司的世系在奥尼亚一世(Onias Ire)、西门一世(Simon Ire)、玛拿西、奥尼亚二世(Onias Ⅱ)、西门二世(Simon Ⅱ)整个这段时期内一直延续了下来。在撒玛利亚,撒督世族的大祭司玛拿西获得了在基利心山上(距示剑不远)建造圣殿的权力;这样一来便可将律法传统在撒玛利亚保存下来。

亚历山大征服之后,社会突然发生了变化,尤其是获得了平等的公民权利和政治权利,这对散居的犹太人在希腊化世界中的发展颇有裨益,尤其是他们能建立新的城市:安提阿、以弗所(位于小亚细亚)、基底翁(Kition;坐落于塞浦路斯),特别是还在埃及建了亚历山大里亚(以及位于昔兰尼①与德尔塔[Delta]的其他城市)。托勒密诸王对犹太人的态度一向都很好。

显然正是在他们的倡导之下,按照波斯人要求尼希米和以斯拉修

---

① 昔兰尼即和合本《圣经》所称的古利奈。——译注

订《摩西五经》以使其成为官方版本的做法,约公元前270年,在亚历山大里亚,《圣经》被译成了希腊语(这就是著名的"七十子译本")。[①] 该译文使官方同犹太人的关系更为融洽,也使与亚历山大里亚的图书馆及博物馆(即大学)的知识阶层对话更为便利,犹太人的宗教生活也是同样的情景,因为希腊语从此以后就成了散居犹太人日常使用的语言。散居犹太人在犹太会堂传道授业也用希腊语,同样犹太人在希腊化世界中做传布信仰的重要工作时用的也是这门语言。

恰是在这一时期,犹太人中间发展出了一种"智慧文学"(littérature de sagesse)。上帝和拯救史不再是其核心内容,对人以及此后如何在稳定持久的世界中安身立命的描绘成了主题。必须找到生活的准则,建立适合居住的社会,不要好高骛远,应将其置于次要地位,甚至连激进的末世论期望(参阅下文)也退而居其次了。犹太文学在这方面与其邻居们的文学颇为相似:所罗门的智慧借自埃及;流亡时期,[657]放逐者们袒露于"国际智慧书文化"之中;希腊人来后,犹太人发现了希腊的智慧(sophia),其中有些人还读了柏拉图和斯多阿派的作品。

从这方面来看,我们可以认为,国际间所进行的这些接触,特别是犹太教几乎浸淫于希腊化世界之中对犹太人造成了"巨大的挑战"(汉斯·昆语),他们既有机会获得前所未闻的发展,但又觉得这对犹太人的身份认同造成了致命的威胁。某些希腊化犹太人——史官昔兰尼的耶孙(Jason de Cyrène)、哲学家阿里斯托布勒(Aristobule),尤其是基督的同时代人亚历山大里亚的斐洛(公元前15/10年—公元40/50年),他给《圣经》做了大量的注释,显然受到了希腊化的知识阶层对希腊文学作品作隐喻性注释的启发——都受到了将犹太教希腊化的诱惑。

由于世界因希腊化的融合而日益扩大,于是无论在人口上、经济上、技术上,还是城市发展方面都获得了前所未有的增长。巴勒斯坦的知识分子和城市阶层的精英都受到了希腊化的影响,其中就有耶路撒冷;甚至大祭司自此以后也都愈来愈经常地使用希腊名字。诚然,也有些圈子,无论它们是大受欢迎,还是孤家寡人,反正都以忠诚于律法为理由,竭力使自己不受希腊化的影响;但无论如何,如果新的占领者塞琉古人不去史无前例地迫害犹太人,那么希腊化运动或许已是完全不可逆转的了。

塞琉古王朝统治时期的犹大—以色列　埃及与希腊化叙利亚之

[①] 之所以如此称呼,是因为《圣经》是由七十位神学人士(一说为七十二人)完成,他们虽单独工作,但令人称奇的是,最终完成的竟然都是同样的希腊文本。——译注

间的一系列战争最终导致塞琉古王朝占领了囊括犹地亚和撒玛利亚的整个科艾雷—叙利亚地区（Coelé-Syrie）。后来显示，此番新统治将比其前任要持久得多——但这段时期从文化层面来看，也极具创造性。

最初，似乎未显出任何改变的迹象。于公元前200年开始统治该地区的安条克三世发布裁决，确认律法对犹太人及元老院（Sénat，或称 Conseil des Anciens，希腊语为 gerousia）的政治权威同样有效。因战争而损毁的圣殿在大祭司西门二世的命令之下大兴土木，得到重建（《圣经》中的《传道书》或《便西拉智训》[Siracide]由便西拉[Jésus ben Sira]写成，成为那个时期的见证，当时的圣职阶层在希腊化的同时也日益富裕起来）。安条克三世减免了犹太人的各种税赋，对散居犹太人一视同仁；正是在他的倡导之下，为数众多的犹太人才在小亚细亚定居下来。

但罗马人开始介入该地区。公元前188年，安条克在马格尼西亚（Magnésie，就在小亚细亚的士麦拿）被非洲人西庇阿①击败，不得不支付沉重的贡赋。他的继任者[658]塞琉古四世（Séleucus Ⅳ）试图强占耶路撒冷圣殿的宝库，以支付那些费用。大祭司奥尼亚三世极力反对，遂于公元前175年想尽办法派人刺杀了国王。

恰是由于局势动荡，才开始了强令犹地亚地区奉行希腊化的政策。因为奥尼亚三世的兄弟耶孙（Jason）被新国王显赫者安条克四世（Antiochus Ⅳ Épiphane，公元前175年—公元前163/164年）任命为了大祭司一职。这个篡位者只有在得到占领者的积极协助下才能保住自己的地位。改名为安提阿的耶路撒冷于是转型成了希腊化城市，建起了体育馆，并派出代表团参加推罗（Tyr）举办的四年一次的竞技会……后来，耶孙的对手，另一个大祭司麦尼劳斯（Ménélas）卷入进去，遂发生了一系列波折、宫廷阴谋和各种各样的谋杀，安条克四世遂强行夺取了圣殿的宝库和各种祭器，将城墙夷平，屠杀部分居民，并让余下人口流亡他处，且让犹地亚和撒玛利亚的信仰和风俗完全希腊化。

耶路撒冷和基利心山上的神殿都被用来敬奉宙斯，祭献的也都是猪肉（照《但以理书》的说法，这是"十恶不赦之罪"）。律法书被撕毁焚烧，遵守犹太习俗（安息

---

① 关于此人，请参阅上文，p. 426—427。

日、割礼……)被处以极刑。这样一种希腊化在撒玛利亚或多或少都得到了很好的接受,那里的希腊化城市也都已得到了发展,而犹地亚却只有几个希腊化的精英人士能接受这一切。但他暴虐无度,以致一方面激起了玛加伯家族的(Maccabées)起义,另一方面,也导致了犹太社会四分五裂,造成各派各教互相仇视的长久状态。

玛加伯家族起义(公元前 167 年—公元前 142 年) 玛加伯起义——《但以理书》这一文本对《旧约》的"政治"思想而言极为重要,它写于起义期间——始于公元前 167 年,领头的是非撒督世族①的祭司哈斯蒙尼人马塔提阿斯(Mattathias),此人发动了数以千计的哈西迪教派(hassdim)信徒,亦即"埃斯蒂安人"(assidéens)或犹太教"忠诚者"起而反对希腊—叙利亚的占领军。公元前 165 年,起义在马塔提阿斯的儿子西门(Simon)和犹大(Juda)的推动下继续得以发展。在越来越多的起义者的率领之下,他们赢得了许多大胆的军事行动,[659]从而最终解放了圣殿(公元前 164 年,圣殿被净化后,重新举行了开幕典礼:犹太教的"修殿节"[Dédicace]②纪念的就是这次事件)。于是开始了同希腊—叙利亚的全面战争。两方均出动了所有军队:犹太人与罗马人大打外交牌,因塞琉古王国内部的分裂而得益;希腊—叙利亚那一边则利用犹地亚社会的分裂状态,依靠耶路撒冷受希腊化影响的贵族四处活动。新国王安条克五世不得不承认犹太人拥有按照自己的律法生活的权利。

在获得一系列新的胜利后,犹大最终于公元前 160 年在奋勇战斗后,与他手下的 800 人一同遭戮。塞琉古家族在该地区依靠向着他们的大祭司阿尔基姆(Alkime)而重新确立了起来。但马塔提阿斯的另一个儿子约拿单承续犹大的衣钵,住进沙漠,逐渐控制了整个犹地亚地区。最终,他从塞琉古家族那里得到了大祭司的称号。他取得的成功之巨,以致可以介入安提阿的事务,并指挥希腊军队。他也扩大了自己的领土(削弱了撒玛利亚)。但他还是落入陷阱被杀。于是他的长兄西门接替其位,担任了"犹太人的大祭司(archiereus)、统帅(atragegos)和领袖

① 这一点颇为重要:在许多犹太人眼里,哈斯蒙尼王朝并不正统,因为它既不属大卫世系,也不属撒督世族,却僭取了国王的职权和大祭司的职权。关于撒督世族,请参阅上文,p.652,注释 1。

② 犹太教节日,又称光明节、献殿节、烛光节、玛加伯节。——译注

(hègoumenos)"，集尘世权力和精神权力于一身。

因此，在经过了 25 年的战争后，"玛加伯家族"①的兄弟终于重新使犹地亚获得了政治上的独立地位。

王国的复兴，与罗马的纷争及最后的危机（公元前 142 年—公元 70 年）

在最后一段时期，作为政治实体存在的犹太人受到罗马人影响，也就是从这时起，罗马人成了整片近东地区的主人。首先，哈斯蒙尼君主制——指玛加伯兄弟建立的王朝——与罗马结盟（公元前 142 年—公元前 63 年）；然后，它归顺于罗马（公元前 63 年—公元前 37 年）；再后来，罗马继续统治，或与新建立的希律王朝（Hérodiens，公元前 37 年—公元 66 年）合作，[660]或直接进行管理。但罗马政权极不稳定，以致发生独立战争，即"犹太战争"（66—70 年），起因是罗马人摧毁圣殿，将犹太人从耶路撒冷驱赶出去，并终止以色列的自治地位。

我们先简单扼要地对四个阶段做一番描述，然后着重介绍必定会引起反响的重大事件在观念形态方面的重要性：犹太社会分裂成各个派别或教派，每派都发展出了一套截然不同的世界观。

哈斯蒙尼王朝与罗马结盟（公元前 142 年—公元前 63 年）　西门于公元前 140 年举办了一次规模很大的集会，借此让人认可他的称号和它们在王朝中的特点，他一直统治到公元前 134 年。继任他的有：让·希尔甘（Jean Hyrcan；公元前 134 年—公元前 104 年），他甫一当政，即被授予"国王"称号；阿里斯托布勒（公元前 104 年—公元前 103 年）；亚历山大·亚内·亚历山德拉（Alexandre Jannée Alexandra；公元前 76 年—公元前 67 年）（她因是女人，无法履行赋予其子希尔甘的大祭司职能）；阿里斯托布勒二世（公元前 67 年—公元前 63 年）。

哈斯蒙尼王朝臣服于罗马（公元前 63 年—公元前 37 年）　公元前 63 年耶路撒冷被庞培攻占后，统治该地的有：希尔甘二世（公元前 63 年—公元前 40 年）（罗马人不再承认其"国王"的称号）和安提戈涅（公元前 40 年—公元前 37 年）。但这段时期极为动荡，尤其是因罗马内战

---

① "玛加伯"（意为"锤子"，也有可能有"耶和华指定"之意）乃是首先赋予犹大的称号。后来约定俗成，该称号被用在了五兄弟身上。

和帕提亚人入侵之故。不同派别无休止地发生着冲突。

希律王朝臣服于罗马（公元前 37 年—66 年） 以土买（Idumée）①长官的儿子（非犹太人）希律知道如何有效地联合占领者，遂被元老院任命为国王；[661]几年后，他的这个称号又受到了奥古斯都的确认。借助罗马军队的帮助，他从哈斯蒙尼家族最后几个支持者的手中夺取了这片地区。他被尊为"希律大王"，一直从公元前 37 年统治到公元4 年。

> 他利用罗马人的技术，采取修建大型工程的政策：重修了圣殿、皇宫、城墙和塔楼。由于接受了希腊—罗马文化（他将两个儿子遣至罗马学习），他身边便围绕着希腊化的博学之士（大马色的尼古拉[Nicolas de Damas]），也不再履行大祭司的职责。他废除了终身祭司长一职，任命了法利赛人和撒都该人（Sadducéens）的大祭司（参阅下文）。他让罗马人承认了犹太人的权利，无论他们是散居者还是犹地亚的居民，还让他们照律法生活，向圣殿献祭。

希律大王死后，该王国分成了三块"四分领地"（tétrarchie），托付给他的儿子腓力（Philippe）、亚基老（Archélaüs）和希律·安提帕斯（Hérode Antipas）管理，并统一由罗马的叙利亚行省总督统治。该家族的其他成员，希律·亚基帕一世（Hérode Agrippa Ier）和亚基帕二世亦助罗马人管理着这片地区，这样便可以说他们是希律"王朝"。

巴勒斯坦受罗马的直接管理 然而，自公元 6 年至 41 年，罗马人便直接管理着犹地亚、撒玛利亚和以土买（有名的本丢·彼拉多[Ponce Pilate]在任时期为公元 26 年至 36 年，他是其中一名直接负责行政事务的管理者，或称罗马的"行政长官"）。他们没有废除由犹太大祭司把持的犹太法庭，法庭可继续制定法律、进行审判。此后，大祭司便都出自四个大家族，轮流履行职责。

自 44 年起，整个巴勒斯坦地区均臣服于时不时前来耶路撒冷的罗马总督，但他们常驻凯撒利亚②（后来审问圣保罗的腓力斯[Felix]、非

---

① 以土买是"以东"这个词的希腊生造词；但我们说过，以东人在流亡后一直拓展到了西部和北部，以致"以土买"在玛加伯家族和罗马占领者统治时期，就是指位于死海、加沙和伯沙比（Bersabée）之间的犹地亚南部一片广大的区域。

② 坐落于地中海边的新城，在雅法（Jaffa）至卡梅尔山（Carmel）的半道上，由希律大王建于公元前 12 年—公元前 9 年。

斯都[Festus]就常驻此地,参阅《使徒行传》25 及以后)。

这项政策对占领者来说从来就没什么好处:总督最常想着的就是如何中饱私囊,他们不了解当地的习俗,于是便生出许多谬误来。反叛很久以来便一直酝酿着,因接连不断的危机而日益膨胀,直至导致一场真正的独立战争,[662]所有人都参与了进去,其中就包括那些受过教育的温和的精英人士,直到此前,他们都一直同希腊人和罗马人保持着合作关系。

战火绵延至整个巴勒斯坦地区,一直殃及亚历山大里亚。罗马人派出了一个军团,后来是三个,由未来的皇帝苇斯巴芗及其儿子提图斯统帅。公元 70 年,他将耶路撒冷围困起来,攻占之后将其夷为平地,大肆屠戮民众,或使他们沦为奴隶,并使犹地亚成为罗马的行省,且派了一个军团常驻该地区。尤其是,提图斯彻底摧毁了第二圣殿,解散了犹太法庭。自此以后,传统信仰便难以为继;宗教只有以彻底重塑作为代价之后,才有可能继续存在下去。

战争一直持续至 74 年耶路撒冷的城外。870 名最后的抵抗者被围困在马萨达(Massada)要塞中,他们宁愿彼此杀死对方,也不愿投降。① 按照约瑟夫(Flavius Josèphe)和塔西佗的说法,战争中共有 60 万犹太人战死,人数相当于巴勒斯坦犹太人口的四分之一。②

最终,132—135 年,发生了最后一次暴动,由巴科希巴(Simon Bar-Kosiba;一说为"Bar Kôsebâ",即"星辰之子")率领,一些犹太人认为他是弥赛亚,其中就有当时最有声望的拉比阿基巴(Aqiba),后来他被罗马人杀死。暴动遭皇帝哈德良镇压。在夺取了五十座要塞和千座设防的村镇后,又新添了 85 万名牺牲者。这次,犹太人被禁止进入耶路撒冷,否则即会被处死。在近两千年的时间里,犹太人被剥夺了自己的领土,散居成了他们"正常的"生活方式。

犹太社会的分裂:撒都该人、艾色尼派(Esséniens)、法利赛人、奋锐党人(Zélotes)、洗礼派(Baptistes)、拿细耳人(Nazoréens) 极端残暴野蛮的战争在希伯来国最后几十年间上演着,对律法的敬畏已被置

① 马萨达要塞坐落于死海上,1838 年得到确认,20 世纪经考古学家挖掘后,终成以色列国的民族纪念碑。
② 罗马人对这种事情习以为常。他们同样估算过几十年前高卢战争中损失的人数,为总人口的四分之一(火灾或饥馑造成),达 150 万人。

之度外。民众中的有些派别并不接受宗教的分裂状态。况且,我们还说过,哈斯蒙尼家族拥有国王和大祭司的称号,却既非出自大卫世系,亦非出自撒督世系:他们因这一称号[663]而遭到激烈的对抗。所有这些冲突都决定了犹太社会终会出现深刻的分裂。

有些称为"埃斯蒂安人"的哈西迪派都是玛加伯家族最初起事时的忠诚卫士,当哈斯蒙尼家族意欲成为国王和大祭司时,他们便不同程度地脱离了出去。于是他们便成了下述这些不同的派别。①

撒都该人　某些"埃斯蒂安人"坚持认为大祭司必须出自"撒督世族",也就是"撒都该人"。他们总体上属于因袭传统的有闲阶层,即圣职阶层、贵族和军官。他们固守成文的律法(与法利赛人珍视的"口述律法"所做的解释不同,参阅下文)。他们认为只有祭司才有资格解释律法。他们拒绝接受近期显圣、公道复兴的教义。② 从政治层面来看,他们进展得不错。最后,他们站在了哈斯蒙尼王朝一边,认为其在当时具合法性。后来,他们接受了罗马人的统治,至少一直延续到了大规模的犹太战争时期,因怕遭损失,故而他们在战争中全力(*in extremis*)支持武装抵抗。

法利赛人　另一些埃斯蒂安人认为成文和口述律法的重要性要远大于神职人员是否具有合法性这一问题,他们形成了"法利赛人"(该词源于 perûshîm,意即"分离"之意)团体。他们源自普通民众。由于不属圣职阶层,故而他们相反只专注于对律法的"俗世"一面及由此而引起的法律(hallakah)传统进行研究。他们因创建了各类学校,而事实上形成了一个新的知识分子精英团体。他们在民众中具有很高的威望,既因为他们的学识,也因为他们生活简朴,尊奉律法。他们代表了纯洁宗教的选择,这与那些腐败堕落,受希腊化和罗马化影响的混种精英截然不同。

艾色尼派　[664]当撒都该人最终站到了哈斯蒙尼王朝一边时,既属大卫世系又属撒督世族的强硬派便分离出来,对此长期持反对态度,

---

① 就专家而言,对犹太社会中这些团体或教派的说明仍是须要审慎对待的假说。
② 就此看来,他们先对耶稣,后对其门徒特别仇视,程度远甚于法利赛人,因后者承认这一新的教义。《新约》中零散的说明表明,恰是他们应对耶稣之死及对基督徒的压迫负责。

并导致他们在城外建了各个独立的、牢不可破的社区。最先建立的社团或许是由撒督世族的末代子孙建成,后被该教派称为"正义之主"。在这些艾色尼派社团的隐修院尚未定型之时,他们便坚持弥赛亚式的国王和祭司即将来临的期望,他们的观点很新颖,认为善即将胜利,渎神的行为即将被除灭和降服。恰是因艾色尼派,才会有那个时代犹太文献中期待弥赛亚来临和启示录的激奋之情。由此可以说,他们做好了迎接基督教来临的准备。①

哈斯蒙尼诸国王向来的做法就是通过支持某一派来反对另一派,而他们自己的政治态度也是朝三暮四。法利赛人在民众中耳目众多,常常反对国王,而国王也对他们的行径持严厉镇压的态度。88 年,亚历山大·亚内早已开始着手屠杀,他将 800 名法利赛人的妻儿当着他们的面杀害后,再将他们钉上十字架。作为补偿,亚历山德拉让法利赛人中相当数量的书记员和学者进入犹太法庭(自此以后,法利赛人的法学获得了法律的权威)。事实上,在哈斯蒙尼及随后的希律君主制中,法利赛人和撒都该人都在相继掌权。

耶稣时代即将来临,适逢希律·安提帕斯统治时期,在加利利和庇里亚(Perée),②出现了另一些教派:

奋锐党　人们这么叫加利利的犹大(Judas)的支持者,是因他们充满"热诚",犹大是 6 年反抗叙利亚军团长奎里尼乌斯(Quirinius)下令进行征兵普查的起义军首领。奋锐党人在从行政长官和地方财政长官负责管理到圣殿被摧毁(无疑应该一直到 132—135 年的最后一次起义为止)的整个这一段时间里,于独立风潮中扮演了重要的角色。[665] 自 60 年起,奋锐党人便被叫作"刺客"(即"带匕首者"),因为他们自愿组成执行恐怖活动的突击队,进行政治谋杀和绑架人质这样的活动。

洗礼派　约 27 年,在庇里亚,有个叫作施洗约翰(Jean le Bap- tiste)的人引来门徒进行浸身入水的仪式,象征灵性的皈依(这等于是摆脱了犹太律法和官方的文化实践活动)。但希律·安提帕斯命人把

---

① 著名的"死海古卷"1947 年在库姆兰(Qûmran)被发现,它对我们了解所谓的"两约之间"时期的犹太文学具有极重要的价值,这些经卷均是几十年来隐居于此的艾色尼社团藏书楼内残留的书卷。

② 该地区与死海北部的约旦河一侧相连。

他给处死了。于是，他的部分门徒开始追随拿撒勒的耶稣（Jésus de Nazareth）。

拿细耳人　确实，不久之后，那另一个宣道者加利利人拿撒勒的耶稣开始通过其话语和行的奇迹引来了大批人。他被人称为弥赛亚。他也被处了死刑，这次的始作俑者乃是犹太法庭的大祭司。但他的门徒相信他得了复活，于是组成了"拿细耳人"教派，后来约在 39—40 年，这派人远至大马色和安提阿，将异教的平头百姓纳入进来，终于得了"基督徒"这个（希腊）名字。"耶稣的兄弟雅各（Jacques）"是耶路撒冷拿细耳人的头领，62 年在撒都该大祭司亚那（Anne）的倡议下被处死，他也同样让罗马人对保罗（Paul）进行了判决（《使徒行传》23—26）。①

附录：第二圣殿被毁后法利赛人对犹太教的重建

70—74 年的灾难之后，便再也没了犹太国王，再也没了圣殿，对耶路撒冷也不再抱什么可能的期望，至少在可见的将来是如此；暴动都被残酷无情地消灭，无论是奋锐党人、艾色尼人，还是撒都该人。

尽管如此，罗马人颇想同这些宗教信仰如此坚定的民众达成某种妥协（*modus vivendi*）。这就是为什么他们同法利赛人协商的缘故，法利赛人未曾处于斗争的最前沿，因他们对复国这样的事并不热心，而对如何获得宗教上的自由倒是充满热忱。

[666]法利赛人从罗马人这里获得了在雅麦尼亚（Jamnia，毗邻雅法的海滨城市）开设学校的授权，学校致力于培养犹太教教士，并进而发展犹太会堂的宗教仪式。该中心逐渐在犹太法庭中得到了某些司法职权。正是在这所学校的支持之下，90 年，犹太教《旧约》的正典地位最终得到了确立，②礼拜仪式也同样如此。③　西门·巴科希巴起义后，

---

① 在那个时代，另有一些人数不多的群体也参与了反对罗马的暴动。

② 这样的确立尤其具有负面作用，那是因为犹太教教士决定只承认希伯来的《犹太圣经》（*Tenak*，即《托拉五经》、《先知书》[*Nabiim*]和《作品集》），而排除近期写成的经卷，尽管从某些方面看它们也被判定为圣卷，但它们都是用希腊语写成，因持有弥赛亚降临和末日启示的内容，故基督教护教论对它们的引用极其迫切：如《巴路克》（*Baruch*）、《德训篇》、《多俾亚传》（*Tobie*）、《友弟德传》（*Judith*）、《玛加伯》上下两卷（*Maccabées*）、《智慧篇》（*Sagesse de Salomon*），还有伪经《哈诺克书》（*Hénoch*）及《十二族长遗训》（*Testaments des Douze patriarches*）、《女先知神谕》（*Oracles sibyllins*）等。

③ 尤指个人每日祷文或在犹太会堂朗读的集体祷文。

学校被迁至加利利的提比哩亚（Tibériade）。持温和立场的法利赛人将学校办得有声有色，管理学校的则是属于希列（Hillel）家族的族长。

当其时，历史上另有一个因素在犹太教的转型过程中扮演了重要的角色：向东方而非罗马偏移。

70 年发生那些事件时，许多犹太教教士逃亡巴比伦，那里的散居社团颇为活跃、繁盛。这个社团因新流亡者的到来而丰富起来，它在某个据说是出自大卫世系的"流亡者"的指挥下得到了统一（该组织受惠于帕提亚当局及后来萨珊王朝［Sassanide］的宽容）。[①] 他们在巴比伦也建立了培养犹太教高级教士的学校，3 世纪始，巴比伦的犹太教开始在巴勒斯坦的犹太教中占了主导地位。这种优越地位在 7 世纪穆斯林来临后仍然得到了确认。在这段时期，新的成文传统建构了起来，它就是整个基督教时代直至今日的犹太教之基础：《塔木德》。

对法利赛人重建犹太教后所采取的新形象，我们可明确其所拥有的三个概念的特征：犹太教教士、犹太会堂和《塔木德》。

犹太教教士　法利赛犹太教教士对律法及其注释颇为精通，他们控制了雅麦尼亚的学校，扩散至［667］巴勒斯坦、巴比伦及其余的散居各地，并占据了教士的地位。他们形成的新阶层在社会中占据了顶层的位置，且因其研经而非隶属于某个世系而获得合法性。他们因掌握的知识、毫无瑕疵的道德品行和一丝不苟地遵奉宗教准则而成为精英阶层（然而，他们这个群体并未隔绝于社会其他阶层，不像基督教君主制那样的情况）。

犹太会堂　犹太会堂（synagogue，希腊语，意为"集会"）最终取代了圣殿：人们在这个地方集体祈祷、阅读《摩西五经》、传道授业，非集体礼拜的时候也在此相聚。尽管该机构可追溯至流亡时期，但我们通过考古挖掘，只发现 1 世纪以后作为独立建筑的犹太会堂。这在宗教史上乃是一种颇具革命性的形式：这一模式后来成为基督教的教堂和穆斯林的清真寺。恰是在犹太会堂四周组织起了为该社区所固有的所有机构，尤其是学校。

《塔木德》　我们说过，自 90 年在雅麦尼亚举办会议确立了《圣经》正典起，犹太教教士就对其一再重读、解经，犹太教教士自己也把它们称为"口传《摩西五经》"，也就是说它们是犹太教教士对《圣经》的某某段落相继发表的观点。争论的

---

① 萨珊王朝是由波斯帝国建立的新王朝，一直统治到穆斯林占领之前。

问题都是神学方面的（haggada），但针对的尤其是道德和律法方面（halakkha）。起初，这些经注通过口头有效地得到了传播（用心学习），但人们渐渐地也开始将它们落成文字。自犹太教教士繁多、复杂的经注中辨别出书写的进程可以分成两个阶段：

《密西拿》(*Michna*)　它是公元初三个世纪内在巴勒斯坦集成的汇编。族长耶胡达（Yehouda）毫无疑问是同某个团队一起大约在公元 200 年将其编订而成，其目的是为了培养拉比，并编一本可资信赖的法典。随后又有了其他的集子，直到 3 世纪末叶为止。我们可以认为，《密西拿》乃是五到六代、约 260 名律法学者的成果。

《塔木德》　后来，《密西拿》自身也在随后的三个世纪中同时在巴勒斯坦，尤其是在巴比伦成了经注的对象。这些新的经注就叫作《革马拉》(*Guemara*，希伯来语，意为"补编"）。它们就是我们称作《塔木德》(希伯来语，意为"研究、教诲"）的所有这些经注（《密西拿》及《革马拉》）的最终编订本。《耶路撒冷塔木德》(*Talmud de Jérusalem*)无疑是 5 世纪中叶左右在提比哩亚（罗马人约在 425 年废除了族长制）完成的。它对《密西拿》中的 39 篇文章做了注释。《巴比伦塔木德》(*Talmudde Babylone*)完成于 7—8 世纪，篇幅更长（约 6000 页），结构得更好；正是它成了整个犹太教士之犹太教的参照文本。

[668]我们在《塔木德》中发现了什么呢？其百科全书式的内容分成两个大类，即神学和律法。必须注意，所有这些内容并非是为了使人在按照《摩西五经》的教诲去生活、行事，且过上一种公正的或"正统实践"（orthopraxie）的生活的同时，从中抽离出真正的教义和"正统教义"（犹太教中根本就没有与基督教教条主义[dogmatisme]相等的教义）。人们会提出，公正生活的准则已在《托拉五经》《密西拿》和《塔木德》中或直接或间接地经由上帝自己得到了揭示：因此，最好还是去一丝不苟地遵奉所有准则（共有 613 条规定、248 条戒律、365 条禁令……）。因而，如果在认知的层次上不太严格的话，那么在生活实践的层次上就得认真加以固守。犹太人必须终生对《摩西五经》进行密集、持续的研读。从这个意义上来看，犹太教尤其是"经书宗教"，恰是因为这个原因，所以犹太教一直具有极强的研经传统。况且，既然除了组织社团的犹太会堂之外，既不存在国家，也没有什么政体，对《摩西五经》的研读同犹太人无法融入现代国家的时间一样长，故而它与纯粹的研读就没有什么分别了。对传统社团而言，犹太教只是使其成员的个人生活与社会生活浸润其中的一种文化而已。

如果犹太教士和犹太会堂的犹太教眼下真的愿意放弃通过武装斗争来建立独立犹太国的愿望，那么它就能在另一种形式下保存末世论的前景：拉比的思想就是指,弥赛亚之国的降临将成为犹太人严格遵奉《摩西五经》的成果。

问题是,这样一种建基于一丝不苟地身体力行特殊神宠说的生活规划,所设想的是犹太社团须同周围的社群严格地隔离开(尤其得严厉禁止异宗婚,如此族内婚最终就能对犹太"种族"说得响),这样肯定就会激起东道主、基督教和穆斯林社群的不理解,并很快转变成敌意。犹太教士之犹太教的历史于是便同反犹主义的历史密不可分了。

第二节　《旧约》中的"政治"观念

以色列联盟由处于定居进程中的生活贫穷、缺乏保障的游牧部落构成。他们渴望建立一个国家,同时还能使其拥有军事保障,还想使社会得到提升,使经济得到改善:他们想"像列国一样"(《撒母耳记上》8:20)。但[669]邻近诸国都是传统的神圣君主制国家,属我们所了解的近东地区类型:中央集权、官僚主义、穷兵黩武的君主制均有一种基于神话和仪式的祭献宗教。希伯来人是否愿意熔于这样的模子里呢? 我们就会发现,他们不愿。这是因为,自一开始起,《圣经》中的民众与神圣国家的模式之间就缺乏契合,希伯来人更愿意发明一种完全新颖的社会模式,区别于近东地区的传统君主制以及几乎与此同时由希腊人创立的公民模式。希伯来人将会拥有一种完全创新的真正的社会思想,但并非希腊—罗马意义上的,如该词所具有的科学性那样的政治思想。我们就来对这(括号中的)"政治"定一个性。

反君主制[Anti-monarchique]的意识形态[1]

自叙述联盟时期事件的经卷《士师记》起,《圣经》便见证了反君主制的怀疑态度的最初观点。

《士师记》

马丁·布伯(Martin Buber)在《上帝的权力》(*La Royauté de Dieu*)中证明了该卷中有"七则反君主制的故事"。[2]

---

① 以下论述有部分内容参考 Graham Maddox 的《宗教与民主制的崛起》,前揭,p. 27—45。

② Maddox,前揭,p. 28。

人们嘲笑国王亚多尼比色（Adoni-Bezeq），因他被犹大和西缅（Siméon）击败：他曾奴役七十个国王，将他们手脚的大拇指悉数砍断，但也没帮上他什么忙；他们让他遭到了同样的断肢之刑。国王的权力本质上很脆弱（《士师记》1:1—7）。

第一个士师俄陀聂（Otniel）的主要功绩是将以色列从两河流域的亚兰王（Aram-des-deux-Fleuves）①古珊利萨田（Koushan-Risheataïm）的桎梏下解放了出来（"狡诈无比的古珊人"②）（《士师记》3:7—11）。

人们又嘲笑摩押王伊矶伦（Églôn）的软弱及其奢华的癖好。此人是个大胖子，当以笏（Éhoud）[670]用剑刺杀他时，连肠子都流到了刺杀者的手上③（《士师记》3:12—25）。

巴拉（Baraq）与两个妇人底波拉（Débora）和雅亿（Yaël）除掉了迦南王耶宾（Yavîn）（《士师记》4—5）。

基甸（Gédéon）的故事　基甸或称耶路巴力（Yeroubaal），在耶和华的天使介入让他去打米甸人（Madianites）后，遂成为诸部族的军事领袖，他拒绝了别人让他当国王的建议（《士师记》6—8）。

> 以色列人对基甸说："你既救我们脱离米甸人的手，愿你和你的儿孙管理我们。"基甸对他们说："我不管理你们，我的儿子也不管理你们，惟有耶和华管理你们！"④（《士师记》8:22—23）⑤

树木的寓言　基甸有许多儿子，其中一个亚比米勒（Abimélek）在杀了除约坦（Yotam）之外所有的兄弟后，在示剑自封为王。但这次尝试失败了，因为约坦对家族中的众首领说了这则寓言。

---

① 和合本《圣经》中为"米所波大米王"，即美索不达米亚的国王。——译注
② 和合本《圣经》中无此语。——译注
③ 与和合本《圣经》不同："以笏便伸左手，从右腿上拔出剑来，刺入王的肚腹，连剑把都刺进去了。剑被肥肉夹住，他没有从王的肚腹拔出来，且穿通了后身。"——译注
④ 原文所引《圣经》与和合本《圣经》在行文上略有出入，现按原文略作改动。下同，不再加注。——译注
⑤ 在以色列，上帝就是国王：我们会很快重新回到这个主题上。

树木要膏一树为王,就去对橄榄树说:"请你做我们的王。"橄榄树回答他们说:"我岂肯止住供奉神和尊重人的油,飘摇在众树之上呢?"树木对无花果树说:"请你来做我们的王。"无花果树回答他们说:"我岂肯止住所结甜美的果子,飘摇在众树之上呢?"树木于是对葡萄树说:"请你来做我们的王。"葡萄树回答他们说:"我岂肯止住使神和人喜乐的新酒,飘摇在众树之上呢?"于是众树对荆棘丛说:"请你来做我们的王。"但荆棘丛回答众树说:"你们若诚诚实实地膏我为王,就要投在我的荫下,不然愿火从荆棘丛里出来,烧灭黎巴嫩的香柏树。"(《士师记》9:7—16)①

耶弗他(Jephté)的故事　私生子耶弗他成了团伙的首领,被叫去帮助受亚扪人威胁的基列部族。但他应承下来却有个条件,就是一旦胜利,就得做基列的国王。他获得了胜利,但代价是他向耶和华宣了誓:[671]那就是他从战场上回来时,遇见从屋子里出来的第一个人,就得将其处死。然而,他遇见的是他的独生女,于是耶弗他便履行了这个誓言,因而也放弃了成为世袭国王的可能性②(《士师记》11)。

布伯的结论是:"王权[……]并非是某种具建设性的召唤。由人来统治其他人,这不单单徒劳无益,而且还是某种野蛮残暴、会使人叛乱的东西。每个人都应管好自己的事情,如此就能使社团繁荣昌盛,这样的社团若想长治久安,根本就不需要有人来统治,除了上帝本人。"因而,希伯来人自他们的历史肇始之初,就认为君主制是一种与异教相关的体制。

撒母耳和拿单

然而,《士师记》时期之后,先是扫罗的王权,后是大卫—所罗门的王权都建立了起来。但它立刻就招致先知的批评。因为,它并非是希伯来文化内在的产物,就像相邻的神圣君主制国家那样;相反,它是从后者那里人为借用过来的东西。因此,对民众而言,国王无法成为真正

---

① 对以色列尘世权力所具有的威信而言,这是个很坏的开端。

② 据和合本《圣经》,耶弗他的女儿未被处死,而是发誓终身为处女,不得亲近男子。——译注

的巫术—宗教般的人物，他一开始就缺乏超自然的权威。况且，民众有他们自己的习俗，毫无疑问，他们已经有了第一版的摩西法典。正是参照了这些习俗和这部法典，先知们遂同时拒绝承认王权的准则及对它的运用。①

反国王的意识形态在《撒母耳记上》这篇著名的文本中有所阐述，先知撒母耳对民众提出的想要有个国王的要求提出了反对。②

> 以色列的长老都聚集，来到拉玛见撒母耳。他们对他说："你年纪老迈了，你儿子不行你的道。现在求你为我们立一个王治理我们，像列国一样。"撒母耳不喜悦他们说"给我们立一个王，让他治理我们"的话，他就祷告耶和华。但耶和华对撒母耳说［672］："百姓向你说的一切话，你只管依从，因为他们不是厌弃你，乃是厌弃我，不要我做他们的王。自从我领他们出埃及到如今——他们就已离弃我，侍奉别神——他们向你所行的也是如此。故此你要依从他们的要求。只是当警戒他们，告诉他们将来那王怎样管辖他们。"（《撒母耳记上》8：4—9）③

愿受国王的统治，而不愿受上帝的统治　这种国家模式并非是与神权政治的互补，而是二律背反。"你们今日，［想要立一个王，］厌弃你们的神……。"（《撒母耳记上》10：19）因为上帝"领以色列人出埃及，救［你们］脱离欺压［你们］各国之人的手"（《撒母耳记上》10：18）。

> 撒母耳将耶和华的话都传给求他立王的百姓。他说："管辖你们的王必这样行。他必派你们的儿子为他赶车、跟马，奔走在车前。又派他们做千夫长、五十夫长，为他耕种田地，收割庄稼，打造

---

① 须明确的是，先知并未构成严格意义上的"政治反对派"，因为他们总体上并未将自己看作权力的另一种选择（他们不愿取国王而代之）。他们的反对具有特殊的（*sui generis*）宗教—道德上的性质……

② 可能该文本成文的时间比较迟，甚至是在流亡时代之后；但即便如此，它也差不多表达了古典先知的立场。

③ 《耶路撒冷圣经》译文。

军器和车上的器械。必取你们的女儿为他制造香膏，做饭烤饼。也必取你们最好的田地、葡萄园、橄榄园，赐给他的臣仆。你们的粮食和葡萄园所出的，他必取十分之一给他的太监和臣仆。又必取你们最好的仆人婢女和牛驴，供他差役。你们的羊群，他必取十分之一，你们也必做他的仆人①。那时你们必因所选的王而哀哭，但耶和华却不应允你们！"

百姓竟不肯听撒母耳的话说："不然，我们定要一个王，使我们也像列国一样：我们的王治理我们，统领我们，为我们争战。"撒母耳听见百姓这一切话，便将这话陈明在耶和华面前（《撒母耳记上》8：10—22）。

尽管撒母耳最终同意民众建立君主制，但至少得是限定的君主制：必须尊重以色列联盟的习俗和由先知诠释的上帝的律令（也就是我们[673]在后面要说到的"属灵的权力"）。此外，撒母耳可以说是一抓住机会便把扫罗给干净利落地废黜掉了（《撒母耳记上》15：10—31）。同样，当大卫想在耶路撒冷模仿巴力教的迦南信仰而建立圣殿时，也受到了先知拿单否决（veto）的阻止（《撒母耳记下》7）；不应是大卫替耶和华建造居所，而应是耶和华为大卫建立居所，即王朝；这才是正确的等级制。

但先知是以何种名义来批判王权的呢？是以正义，尤其是社会正义的名义。

古典先知的正义和社会正义

正义

迦南的各种宗教并不仅仅因为是外族宗教而被抛弃掉，它们还被认为是偶像崇拜，相反的是，耶和华教一开始就被认为是道德宗教，讲究的是内在和真理，与以巫术为基准的徒劳的文化实践截然不同。因

---

① 我们发现此处表达的以独立和个人尊严的名义反君主制的怒潮毫不亚于希腊人对波斯王权和俯伏跪拜礼仪的抨击，比如，我们可以在希罗多德的作品中读到这样的内容。

此,先知引入了对宗教的新解释:真正的宗教乃与良知(conscience)有关,而与仪式无关。①

> 我憎厌,我轻视你们的节期
> 也不喜悦你们的严肃会。
> 你们虽然向我献燔祭……
> 和素祭,我却不悦纳,你们用肥畜献的平安祭,我也不顾。
> 要使你们歌唱的声音远离我,
> 因为我不听你们弹竖琴的乐声!
> 惟愿公平如大水滚滚
> 使公义如江河滔滔!(《阿摩司书》5:21—24)②

[674]我们将会注意到其中的对比:我轻视你们的平安祭,然后毫无转折,便说道:我所愿的,惟有正义。同样的观念也受到一个世纪之后的耶利米的捍卫:

> 从示巴出的乳香,
> 从远方出的芬芳的芦竹奉来给我有何益呢?
> 你们的燔祭不蒙悦纳,
> 你们的平安祭我也不喜悦(《耶利米书》6:20)。

> 呜呼!你们偷盗、杀害、奸淫、起假誓、向巴力烧香,并随从素不认识的别神,且来到这称为我名下的殿里现身,说:"我们得保障了!"就是为了继续行那可憎的事!这称为我名下的殿在你们眼中岂可看为贼窝吗?而我,无论如何,看得都很清楚,这是耶和华说

---

① 因此,我们发现希伯来人中产生的某种东西与希腊人中产生的东西相类(时间也大致相似):即意识到仪式毫无效力,神话颇为虚幻。但此处,对巫术—宗教实践的不信任并非是以人类理性的名义为之,且目的也不是为了人类理性,而是以耶和华的律法教导人之道德心(conscience morale)的名义为之,并有助于道德心。

② 《耶路撒冷圣经》译文。

的！(《耶利米书》7:9—11)

耶利米在圣殿门前,对着民众喊出了这些话。因为,他认为圣殿本身就是偶像崇拜,是"神圣的",而非"圣洁的":

> "这些是耶和华的殿,是耶和华的殿,是耶和华的殿!"你们再三说的这些话都为欺诈;你们不要倚靠它们。你们若实在改正行动作为,在邻舍中间诚然施行公平,不欺压外人和孤儿寡妇,在这地方不流无辜人的血……我就使你们在这地方仍然居住(《耶利米书》7:4—7)。

在攻击圣殿的同时,耶利米也在攻击整个当局(establishment),直至国王本人。国王个人常常成为先知道德责难的靶子。大卫杀了赫人乌利亚,夺了他的妻子拔示巴,遭到了拿单的严厉斥责(《撒母耳记下》11:12)。当亚哈王让他的妻子耶洗别(外族人)杀害葡萄园主拿伯(Nabot)后,心中很是不悦地接待了先知以利亚:

> 于是耶和华的话临到提斯比人以利亚说:"你起来,去见住在撒玛利亚的以色列王亚哈。他下去要得拿伯的葡萄园,现今正在那园里。你要对他说:耶和华如此说:你杀了人,又得他的产业吗?这便是为何耶和华会如此说:狗在何处舔拿伯的血,也必在何处舔你的血。亚哈对以利亚说:我仇敌啊,你找到我吗?以利亚回答说:我找到你了,因为你伪善狡诈,行耶和华不悦的事,我会因你的恶临到你身上,将你的血脉扫除干净……"(《列王纪上》21:17—21)

[675]属灵的权力再次将尘世的权力打倒——就如北方王国中经常发生的那样。

社会正义

不过,先知的批判包含了更为清晰的社会维度。因为,偶像崇拜者乃是主流阶层,都是王室和圣职机构(establishment);与耶和华相近的都是些"穷人",都是些没有财产的人。何西阿依靠的是逃离埃及的奴隶的古老传统;前以赛亚属于耶路撒冷都市化的以色列世界,可宁愿同城市里的无产阶级对话。但这两个人均能直接越过当局(establishment)同民众讲话。

历经(犹大)五王的耶利米最终成了约西亚继任者西底家的真正反对派,他责备后者未去捍卫被剥削者:

> 至于犹大王的家,你们当听耶和华的话。大卫家啊,耶和华如此说:"你们每早晨要施行公平,拯救被抢夺的脱离欺压人的手。恐怕我的忿怒因你们的恶行发作,如火着起,甚至无人能以熄灭。"(《耶利米书》21:11)

在谴责约雅敬的神谕中,批判涉及的多是经济方面,更为"仇富":

> 那行不义盖房,
>
> 行不公造高楼,①
>
> 白白使用人的手工不给工价的,有祸了,
>
> 他说:"我要为自己盖广大的房
>
> 宽敞的楼",
>
> 为自己开窗户。
>
> 这楼房的护墙板是香柏木的,楼房是丹色油漆的。
>
> 难道你作王只是出于对香柏木的喜好吗?
>
> 你的父亲岂不是也吃、也喝,
>
> 也施行公平和公义吗?
>
> 那时他得了福乐。
>
> 他为困苦和穷乏人申冤。
>
> 那时就得了福乐。

---

① 指楼房;有好几层楼的建筑是富人的特权。

认识我不在乎此吗？这是耶和华说的。

惟有你的眼和你的心专顾贪婪，

[676]流无辜人的血，

行欺压和强暴（《耶利米书》22：13—17）。

在阿摩司那里，指责已变成了对经济体制的谴责，自此以后，它就在新的城市和国家的范畴内大行其道：

你们这些要吞吃穷乏人、

使困苦人衰败的，当听我的话。

你们说："月朔[指新月]几时过去？"

我们好卖粮；

安息日几时过去？我们好出售麦子；

卖出用小升斗，收银用大戥子，

用诡诈的天平欺哄人，

好用银子买贫寒人，

用一双鞋换穷乏人（《阿摩司书》8：4—6）①。

以赛亚也做出了回应：

耶和华必审问他民中的长老和首领：

使葡萄园荒芜的就是你们，

向贫穷人所夺的都在你们家中。你们为何压制我的百姓，搓

---

① 暗指因债务而成奴隶。Maddox 说："君主制周围已形成韦伯（Max Weber）所谓的都市贵族[……]。该寄生阶级并不仅仅让穷人做苦工，他们之所以能过上悠闲生活，还因为剥夺穷人的财产，夺取他们赖以为生的手段。富人的很大一部分产业都是从小产业主那里夺取而来，小产业主以自己的土地作为借贷的担保，由于无法清偿债务而不得不将土地拱手相让。他们还得向业主继续支付高额的利息，极有可能，尽管他们已被剥夺了占有土地所带来的保障，但他们这次仍得将自己的身家性命作为担保来清偿债务。由于缺乏支付手段，他们遂成为富人的仆人，甚至于终生为奴[……]由是，阿摩司对富有阶级确立起来的复杂的剥削体制进行了谴责……"（前揭，p. 38—39）

磨贫穷人的脸呢？（《以赛亚书》3：14—15）

弥迦说：

> 我若用虚假的量器
> 和小升斗，岂不可憎厌吗？
> 我若用不公道的天平
> 和囊中诡诈的法码，岂可算为清洁呢？（《弥迦书》6：10—11）

富人对秤量的器具弄虚作假，但也对社会生活的准则徇私舞弊——这一新的控诉比以前有过之而无不及。[677]统治者操纵各个机构、正义、权利，他们就是不折不扣的"恶棍"：

> 你的长官居心悖逆，与盗贼作伴，
> 各都喜爱贿赂，追求赃私。
> 他们不为孤儿申冤，寡妇的案件也不得呈到他们面前（《以赛亚书》1：23）。

> 为了使他们的双手作恶更灵巧：
> 君王会要这要那，
> 审判官要贿赂，
> 位分大的吐出恶意（《弥迦书》7：3）。

大人物依其喜好颠倒黑白：

> 那些设立不义之律例的
> 和记录压榨之判语的，
> 为要屈枉穷乏人，
> 夺去我民中困苦人的理（《以赛亚书》10：1—2）。

上帝只能同那用急功近利的法律违背他律法的地方争讼：

> 以色列人哪，你们当听耶和华的话，因耶和华与这地的居民争辩：因这地上无诚实、无良善、无人认识神，但起假誓、不践前言、杀害、偷盗、奸淫、行强暴、杀人流血，接连不断（《何西阿书》4:1—2；参阅《耶利米书》2:8—9；《以赛亚书》3:13—15）。

这种宣传具有一定的效果。或许以赛亚和弥迦的介入在公元前 3 世纪末希西家王的改革中起到了作用。至于由约西亚王于公元前 7 世纪下半叶推广的《申命记》这篇经卷，有可能是写于古典预言时代的北方王国时期，它显然将上面分析过的先知的要求整合了进去。它比往常更坚决地诉诸联盟，诉诸其对民众的要求，重视以前法典中从未阐述过的社会正义。据摩西所述：

> 是否在耶和华你神所赐你的土地上，无论哪一座城里，发现你弟兄中有一个穷人？那你便不可忍着心、攥着手，不帮补你穷乏的弟兄，总要向他松开手，照他所缺乏的借给他。[……]当然，[678]那地上的穷人永不断绝；所以我吩咐你说："总要向你地上困苦穷乏的弟兄松开手。"（《申命记》15:7—11）

《申命记》还提出了报酬须公道的问题，并要求慷慨地对待债务人（《申命记》24:18）。满七年，债务就该免除，因债务而变奴隶的身份也应解除（《申命记》15:1—6，12—17）。①

超越自然正义：*mishpat* 和 *tsedaqa*

有一点须受到特别关注：先知对正义的要求与我们在希腊世界，如

---

① 《申命记》亦要求国王让穷人享有正义，保护外族人、寡妇和孤儿。后面的这三个范畴均出现于诸弥赛亚文本中，圣人对他们特别呵护，按照吉拉尔的说法，这三个范畴乃属于"替罪牺牲品"（victimes émissaires）的类型。因此，先知思想在原始社会的祭献逻辑中构成了一个"出口"。先知的道德感将牺牲品视为受众人谴责、蔑视和抛弃的人，被认为是罪人和恶魔般的存在。恰是从这个意义上说，《圣经》与推动法律面前人人平等的希腊城邦相类，它构成了脱离古代社会祭献逻辑的另一个可资选择的出口。

希罗多德的著作中发现的对不义的批判之间存在的调子和意图有着显著的差别。先知并非简单地责备国王或富人因 *hybris*（过度或放纵）而犯下不义。他们责备的是这些人对穷人的不幸无动于衷。按照麦多克斯（Maddox）的说法，这个补充的道德要求出现在所使用的 *mishpat* 和 *tsedaqa* 这两个词上。*Mishpat* 仅指正义，未受腐蚀的审判者拥有这一正义便可使每个人得其所应得，差不多与希腊人对 *nomos*（法）的尊重相当。但 *tsedaqa* 要更进一步：它是一种意愿，不仅仅指在正义受扰乱时将其重建，更须在正义不曾存在过的地方使其真正地到来，它实行的是爱（amour）和仁慈（charité）①。我们可以将 *mishpat* 和 *tsedaqa* 这两个词分别译为"正义"和"对受压迫者热切的同情"。

[679]耶利米宣讲的就是去除邪念（circoncision du coeur）②：

> 你们当自行割礼归耶和华，将心里的污秽除掉（《耶利米书》4：4）③。

在公开演讲中引入这种对怜恤（*tsedaqa*）的要求，从政治层面上来看，必然会引起这些后果：它表明自此以后，人们就不能让事情保持其原来的状态，而须与社会的恶疾做斗争，直至其彻底痊愈为止，对民众负责的人必须让自己肩负这项任务，只有这样才能使他们成为合法的领导者。对人类社团的领导不应只局限于"管理"；它还应包括所谓使社会转型的义务。

如此，先知便在统治艺术中引入了一种与希腊—罗马宇宙中的这门艺术完全相异的维度。自此以后，政治便与末世论和弥赛亚信仰密

---

① 基督教三德为信（foi）、望（espérence）、爱（charité）。其中的爱德其实含有仁慈、无偿给予的意味，故此处译为仁慈，以与 amour（爱）相区别。下文涉及这两个词时，通译为"爱"，但会在括号中加上原文。——译注
② 直译为"心之割礼"。犹太教的割礼含有神圣性和身份认同的意义在内，故而耶利米认为人心也须行割礼。下面那段话中"将心里的污秽除掉"，原文是 ôter le prépuce de votre coeur，其中 prépuce 意为包皮。读者自当明白耶利米的指喻。——译注
③ 参阅《约珥书》（*Joël*）（7 世纪末）："你们要一心归向我[……]。你们要撕裂心肠，不要撕裂衣服。"（《约珥书》2：12—13）

不可分了。

古典先知的弥赛亚信仰和末世论[①]

末世论(*eschatologie*)

从词源上来看,与最后的时代(希腊语 *eschalon* 意指"最终的、最后的"),或者宽泛地说,与未来相关。怜恤(*tsedaqa*)的要求,上帝需要某种高等正义的信念,均导向了这样一种观念,即这个未来将不同于现在,将会有发展,创造也并未完成,但会发生转变,而且时间也不是循环的,而是线性的。换句话说,怜恤(*tsedaqa*)的要求——在期待[680]agapé(爱)或仁慈(charité)合乎福音的要求时——将历史(Histoire)观念引入了人类思想之中。

弥赛亚信仰

弥赛亚信仰是这样一种信仰,即新时代的来临乃因杰出的人之形象或神人同性(anthropomorphique)的形象的介入而达成,他们或是国王的形象("弥赛亚"即"受膏者"[oint]),或是圣职者的形象,或者还是集体人物的形象——以色列人——甚或是天使的形象。

这些主题自首批先知写下其作品起便出现了。但他们随着时间的推移而演化。我们在这演化中可以发现三个阶段(部分会重叠在一起):

1) 弥赛亚信仰乃是对古典大卫王权复兴的期待

在更为古老的时代,先知们说,既然这地方的不幸乃是因民众远离耶和华律法而造成的后果,那么自从民众重新严守律法起,耶和华便不会进行严惩,他们的地位就会重新得到确立。因此,这就会体现于在以色列大地上复兴的古典大卫王权这一形式下,会出现短暂平静的时刻。弥赛亚时代本质上就是这种复兴,就是

---

① 参阅 André Neher,《先知与预言》,前揭;Benjamin Gross,《弥赛亚信仰和末世论》(*Messianisme et eschatologie*),见 Armand Abécassis 与 Georges Nataf(主编)的《犹太神秘主义百科全书》(*Encyclopédie de la mystique juive*),Berg International éditeurs,1977(该文本经单独株版,书名为《弥赛亚信仰和犹太人史》[*Messianisme et histoire juive*],Encyclopédie juive,Berg International,1994);Pierre Grelot,《耶稣时代犹太人的期望》(*L'espérance juive au temps de Jésus*),前揭;《〈圣经〉普世译本》,前揭,先知书各卷前均有引言,尤其是《以赛亚书》《耶利米书》《以西结书》《撒迦利亚书》。

这种"回返"(*techouva*)。

2) 弥赛亚信仰乃是对不义和不幸均会彻底消失的完善的以色列社会的期待

随着美索不达米亚的威胁愈来愈不成气候,遂可在以色列有效地建立古典君主制,弥赛亚的形象变得更少现实感,更为理想化,更为神奇。新的以色列将与老的根本不同。以色列王将成为"圣人",他将用完善的社会正义进行统治,并消灭战争。或许再也不会存在国王和国家,因为上帝将在"新的盟约"这一范围内直接统治民众。此种状况将永远存在下去,但在这个阶段,他们仍无法脱离时间或历史(Histoire):弥赛亚时代将被有形的以色列,被其民众和大地所经历,人类会一代一代地绵延下去。

3) 弥赛亚信仰乃是对历史终结的期待:"启示录"文献

流亡时代将要结束,随后——在经历了弥赛亚期望的阶段之后,此时与圣职"神权政治"鼎盛时期相应——在危如累卵的玛加伯危机时刻,一直到第二圣殿被毁,人们注意到弥赛亚和末世论观念所具有的"临危受命的过渡时期"特征。"来临的世界"变成"时间的终结"。它就是历史的出路(这并非必然指物质生命的终止)。与此相应,出现了死者复活的主题:我们将会了解到正义及弥赛亚幸福的时代不仅仅[681]是指人可以活到发生末世大战的时代,还指先前时代的义人将奇迹般地复活。万国,而不单是以色列都被囊括其中。万民都将受到由上帝本人确认的"末日审判"的判决。

我们首先来说一下在古典先知作品中遇见的弥赛亚信仰及末世论的主要主题;随后,我们会对启示录文献进行分析。

弥赛亚其人

弥赛亚乃是出自大卫世系的国王　在古典先知的作品中,弥赛亚就是出自大卫世系的以色列国王:[①]

> 从耶西(Jessé)的本必发一条;[②]
> 从他根生的枝子必结果实(《以赛亚书》11:1)。

---

① 不可能是这样。《圣经·以赛亚书》中40—55章的作者"第二以赛亚"将波斯国王居鲁士这个拥有至高权力的人称作"弥赛亚",他的成功预示了迦勒底人即将衰落,以色列人终得解放(参阅《以赛亚书》40:13;41:1—5;41:25—42;45:1—13;46:8—13;48:12—16)。

② 耶西是大卫的父亲,参阅《撒母耳记上》16:1。

　　日子将到——上帝的神谕——我应许以色列家和犹大家的恩言必然成就。当那日子,那时候,我必使大卫公义的苗裔长起来(《耶利米书》33:14—16;参阅 23:5)。

　　"大卫家"的至上性反映了北方王国的分裂。

　　弥赛亚乃是接纳了圣灵(Esprit de Dieu)的义人、圣人　这样的国王有可能是个孩子,他由赋予其灵(ruah)的上帝拣选而出,使他同时既成为具有权威的国王,又是义人、圣人:

> 因有一婴孩为我们而生,有一子赐给我们,
> 政权必担在他的肩头上,并给予他这样的称号:
> 奇妙的策士、全能的神,
> 永在的父,和平的君,
> 他的政权及平安必加增无穷,
> 他必在大卫的宝座上治理他的国,
> 以公平公义使国坚定稳固,
> 从今直到永远,
> 万军之耶和华(Yahvé Sabaot)的热心必成就这事(《以赛亚书》9:5—6)。①

> [682]耶和华的灵必住在他身上,
> 就是使他有智慧和聪明的灵、
> 谋略和能力的灵、
> 知识和敬畏耶和华的灵(《以赛亚书》11:1—3)。②

　　[大卫公义的苗裔]必在地上施行公平和公义。在那日子犹大必得救,耶路撒冷必安然居住。他的名必称为:"耶和华我们的

———————————

① 和合本《以赛亚书》为 9:6—7。——译注
② 和合本《以赛亚书》为 11:2。——译注

义。"(《耶利米书》33:14—16)

这个公义的国王掌握着统合了犹大与以色列的希伯来王国的命运,他重新设立了各种机构,开始让圣殿和圣职阶层为其服务。①

弥赛亚"掏空"(kénotiques)的形象　然而,随着时间的推移,犹太人的弥赛亚日益理想化,成了纯粹正义之人,以致先知们赋予了他一个形象,其中,尘世的国王几乎完全消失在圣人形象的后面。它与堂皇富丽、耀武扬威的君主制相去甚远,而是虚怀若谷,能为他人忍受痛苦。

前以赛亚早已说过:

> 看哪,我的仆人,我所扶持、所拣选、心里所喜悦的,
> 我已将我的灵赐给他。
> 他必将公理传给外邦。
> 他不喧嚷,不扬声,
> 也不使街上听见他的声音[……]
> 海岛都等候他的训诲(《以赛亚书》41:1—4)。

第二以赛亚将弥赛亚视为"受难的仆人":

> 他被藐视,被人厌弃,
> 多受痛苦,常经忧患,
> 在他这样的人面前,人们掩面而过;
> 是啊,受藐视的人,我们毫不尊重他。
> 他诚然担当我们的忧患,
> [683]背负我们的痛苦,

---

① 这就是为何在流亡时代之后的先知哈该(Aggée)与撒迦利亚那里,不仅仅重建大卫王权,而且重建撒督世族的圣职都不成其为问题的原因。在描述新的大祭司即位时所用的言辞同描述新国王登基用的词语同样极尽盛赞之能事。后来,在两约之间时期的文献,尤其是在库姆兰的经卷中,便经常出现"亚伦的弥赛亚"(亦即弥赛亚司祭)这个问题,它同"大卫的弥赛亚"合在一起,可以说是在共同管理重建的国家。

我们却以为他受责罚，

被神击打苦待了。

哪知他为我们的过犯受害，

为我们的罪孽压伤：

因他受的刑罚，我们得平安，

因他受的鞭伤，我们得医治（《以赛亚书》53:3—5）。

弥赛亚之人必将赢得胜利，但——在这点上，可与某些像耶利米这样的先知做比较①——他将彻底经受极端的苦难，同时忍受身体上的衰弱和社会对他的彻底消灭，自愿将自己当作牺牲使他能够重新赎回"众人的过犯"。

这个主题重又在后撒迦利亚（Deutéro-Zacharie）②那里出现，虽然不太彰显，但基本上是同一个意思。上帝经由拥有好几个形象的中保进行行动：国王—弥赛亚（9:9—10），是大卫—所罗门和先知的继任者（因为他贫穷、公义）；优秀的牧羊人（11:4—17 与 13:7—9），而与上帝相近，因上帝本身就是牧羊人（参阅《以西结书》34:11—22,31）；最后，还是个"被刺穿的"人：

那日，我必定意灭绝来攻击耶路撒冷各国的民。我必将那施恩叫人恳求的灵，浇灌大卫家和耶路撒冷的居民。他们必仰望我，**我这个被他们刺穿的人**；他们必为我悲哀，如丧独生子[……]那日必给大卫家和耶路撒冷的居民开一个泉源，洗除罪恶与污秽（《撒迦利亚书》12:9—13:1）。

———————

① 参见 André Neher，《先知与预言》，前揭，p. 276—301，对先知所受苦难的描述，苦难使他们所有人或多或少都成了"受难的仆人"。

② 归于后撒迦利亚的神谕主要出现在弥赛亚来临的段落中（9—11 章），其可追溯至公元前 330 年，当时希腊化时代刚刚开始。如果确实是这段时期的话，那么该文本就表达了，这一意识形态是在与亚历山大征服相关的政治动荡时期酝酿起来的。后撒迦利亚的弥赛亚理想（参阅 9:1—8；9:9—10；9:11—17；10:3—11,3;14）与以赛亚的末世论观念相近。

这是否在影射谋杀奥尼亚三世或西门呢?① 无论如何,正是因了这个卑下、被抛弃、[684]遭迫害的人,盟约才得以重新确立起来(13:7—9),该形象使人想起了以赛亚的受难仆人(Serviteur)。正如对仆人而言,弥赛亚的苦难也是心灵转变(12:10)、得到净化(13:1)的源泉。尽管此人永远与大卫有关联,但他不是人类意义上的"国王":他之成为拯救的源泉,并非是因荣耀,而是因剥夺和失败而成就的。后撒迦利亚经常受到《新约》的引用,认为他宣告了耶稣的形象,就不足为奇了。登上耶路撒冷的耶稣似乎是有意将先知笔下的这种景象推上了舞台:

> 锡安的民哪,应当大大喜乐!
> 耶路撒冷的民哪,应当欢呼!
> 看哪,你的王来到你这里;
> 他得公义,打胜仗,
> 谦谦和和地骑着驴
> ——就是骑着驴的驹子——
> 他必除灭以法莲的战车
> 和耶路撒冷的战车。
> 争战的弓也必除灭,
> 他必向列国讲和平。
> 他的权柄必从这海管到那海,
> 从大河管到地极(《撒迦利亚书》9:9—10)。

无论如何,我们观察到,《圣经》中的预言长期以来便为《新约》主题的出现做好了准备,这个主题讲的是上帝"毁灭"(或说"掏空"自己,希腊语为 *kenos*)自己,变为人,登上十字架。

---

① 有可能经文的编订比上面所提示的更迟。奥尼亚三世是大祭司,他反对将塞琉古四世的大臣海里奥道拉(Héliodore)收缴圣殿财物的做法,但篡权的大祭司麦尼劳斯改变了他的决定,于公元前 170 年阴险地将其杀害(《玛加伯下》4:32—38,参阅《但以理书》9:26)。西门·玛加伯本人也于公元前 134 年被杀(《玛加伯上》16:11—17)。《玛加伯》上下两卷,可参阅思高本《圣经》。——译注)

弥赛亚国王的这种将人本质上变得极为卑下的变形,当尘世的国王本身成为极其严厉的批判对象时,一般来说持久地表明了犹太人及基督徒同尘世权力和社会强权之间的关系。在犹太基督教教义的所有忏悔中,这都成为教义的核心所在,即尘世的等级制根本无法反映真实灵性的等级制,剥离整个外在表象的纯粹的精神比起整个可见的权力,能产生远为深刻和持久的社会转型这样的效果。

"余下的圣人"　正如有了"蘖枝"或"树根",树木方能完全重生,弥赛亚这一主题也与"余下的圣人"这一主题相关,[685]"余下的圣人"所指的那些人虽然人数极少,但极纯粹,他们也都投身于"仆人"的苦难之中,只有这样,才能得拯救。我们已见阿摩司提到了这一点:

> 主耶和华的眼目查看这有罪的国。
> 我必将这国从地上灭绝,
> 却不将雅各家灭绝净尽,这是耶和华说的。
> 因我必出令,
> 将以色列家分散在列国中,
> 好像用筛子筛谷,
> 连一粒也不落在地上(《阿摩司书》9:8—10;参阅 3:12;5:15)。

因此,上帝进行"拣选"时,有时会以道德为准绳,有时又用独断、无据的方式。余下的有时会构成"圣人",有时又只是些"幸免于难者"(参阅《弥迦书》4:7;《智慧篇》2:7,9①;3:12—13;《耶利米书》3:14;5:18)。在以西结看来,"余下者"由那些拒绝同"令人憎厌"的异教同流合污者和那些在耶和华决定灭绝以色列民时,因他们前额上画有记号而逃过一劫的人组成(《以西结书》9:4—7;参阅 6:8;11:13;12:16;14:22—23)。这些余剩之人的特点与弥赛亚的特点有混合,甚而是融合的趋向。弥赛亚于是成为集体人物,由所有忠诚于以色列者和至死抵御偶

---

①　思高本《智慧篇》为 3:7,9。——译注

像崇拜诱惑的人构成。更有甚者,在以后的犹太教思想中,弥赛亚其人愈益成了全体犹太人,①因为他被认为是列国中"余下的圣者",有了他,对全人类的拯救才得以展开。

此外,少数人因其道德与宗教上的纯洁而可以采取革命行动这一主题在基督教社会的政治史中具有重要意义。我们在千禧年主义的信奉者,在异端邪说,甚至在现代革命派的少数积极分子身上也能发现该主题。

弥赛亚时代

[686]弥赛亚时代总能见出那些同样伟大的标志:

正义时代　国王—弥赛亚将会实现正义,更确切地说是社会正义:

> 他行审判不凭眼见,
>
> 断是非也不凭耳闻。
>
> 却要以公义审判贫穷人,
>
> 以正直判断世上的谦卑人。
>
> 以口中的杖击打世界,
>
> 以唇上的气②杀戮恶人。
>
> 公义必当他的腰带,
>
> 信实必当他胁下的带子(《以赛亚书》11:3—5)。

> 神啊,求你将判断赐给王,
>
> 将公义赐给王的儿子,
>
> 他要按公义审判你的民,
>
> 按公平审判你的困苦人。[……]
>
> 他必为民中的困苦人申冤,
>
> 拯救穷乏之辈,

---

① "以色列归耶和华(Éternel)为圣"(《耶利米书》2:3);"耶和华(Éternel)就选召我,自出母腹,他就提我的名……对我说:你是我的仆人以色列,我必因你得荣耀……"(《以赛亚书》49:1—3)。中世纪时,犹太哲学家犹大·哈列维(Juda Hallévi)将《以赛亚书》53中"受难的仆人"认定为以色列民众(Neher,前揭,p. 311)。

② 嘴,唇上的气:这个观念经常重复出现于先知中间,圣言(la Parole de Dieu;dabar)以其自身作为比剑还要有用的武器。

　　压碎那欺压人的。［……］

　　因为穷乏人呼求的时候,他要搭救;

　　没人有帮助的困苦人,他也要搭救;

　　他要怜恤贫寒和穷乏的人,

　　拯救穷苦人的性命。

　　他要救赎他们脱离欺压和强暴,

　　他们的血在他眼中看为宝贵(《诗篇》72:1—3,12—14)①。

只要上帝介入进来,正义就将永久统治:

　　你们要向天举目,

　　观看下地:

　　因为天必象烟云消散,

　　地必如衣服渐渐旧了,

　　其上的居民也要象蠓虫般死亡。

　　惟有我的救恩永远长存,

　　我的公义也不废掉(《以赛亚书》51:6)。

　　和平时代　[687]弥赛亚时代的另一个基本标志就是和平。和平不仅仅统治人类,而且临于整个造物中间。一些著名的文本就是这么说的:

　　他们要将刀打成犁头,

　　把枪打成镰刀。

　　这国不举刀攻击那国,

　　他们也不再学习战事(《以赛亚书》2:4)

　　豺狼必与绵羊羔同居,

---

① 和合本《诗篇》为 72:1—2,4,12—14。——译注

> 豹子与山羊羔同卧,
>
> 少壮狮子与牛犊并肥畜同群,
>
> 小孩子要牵引它们。
>
> 牛必与熊同食,
>
> 牛犊必与小熊同卧。
>
> 狮子必吃草与牛一样。
>
> 吃奶的孩子必玩耍在虺蛇的洞口。
>
> 断奶的婴儿必按手在毒蛇的穴上①(《以赛亚书》11:1—8②)。

> 豺狼必与羊羔同食,狮子必吃草与牛一样;尘土必做蛇的食物。在我圣山的遍处,这一切都不伤人、不害物,这是耶和华说的(《以赛亚书》65:25)。

聚焦耶路撒冷和"锡安山" 将要重建的王国将会是重得统一的国度,但确切的是,中心点定会在耶路撒冷和"锡安山"(与弥赛亚出自大卫世系这一事实相辅相成的是:耶路撒冷尤其可称作"大卫之城")。

> 末后的日子,耶和华殿的山必坚立,
>
> 超乎诸山,
>
> 高举过于万岭。
>
> 万民都要流归这山。
>
> 必有许多国的民前往:
>
> "来吧,我们登耶和华的山,
>
> 奔雅各神的殿。
>
> 主必将他的道教训我们,
>
> 我们也要行他的路。"

---

① 我们想起了该文本的命运,文中的要点,甚至是字词,都被移植到了由亚历山大里亚犹太社团编订的《女先知神谕》中,并由此于官方女先知老的神谕被废止后,在罗马编成了新的神谕汇编,或许最终启发了写下第四首《牧歌》的维吉尔(参阅上文 p. 516)。

② 和合本《以赛亚书》为 11:6—8。——译注

［688］因为训诲（Loi）必出于锡安

耶和华的言语必出于耶路撒冷（《以赛亚书》2：2—3；参阅《弥迦书》4：1—3）。

许多《诗篇》均是对锡安的颂歌（尤其是《诗篇》137）。

流散的万民相聚耶路撒冷　在这座弥赛亚降临的锡安山上，聚集着所有的流亡之民，不仅那些被驱逐者迫切地想要回来，那些散居各地、长期居住于远方的犹太人也想返回，甚至那些成为非犹太人的犹太人也是如此，因为他们无法构建保持犹太人身份的社团，这些"迷失的十部族"被亚述人掳走，远离了撒玛利亚国。所有这些人都居住到锡安山上，这种民众在自己的土地上进行重构的行为将成为进入末世的征象。

> 我必领你的后裔从东方来，
> 又从西方招聚你。
> 我要对北方说："交出来"，
> 对南方说："不要拘留！"
> 将我的众子从远方带来，
> 将我的众女从地极领回，
> 就是凡称为我名下的人，
> 是我为自己的荣耀创造的，是我所作成、所造作的！（《以赛亚书》43：5—7）

> 我必从各国收取你们，从列邦聚集你们，引导你们归回本地（《以西结书》36：24）。

> ……他们且得归回。
> 我必再领他们出埃及地，
> 招聚他们出亚述。
> 领他们到基列和黎巴嫩，

> 这地尚且不够他们居住。
>
> 他们必穿越埃及的海……(《撒迦利亚书》10:10—11①)

更且,犹大和以色列都将统一于唯一的王国中(《以西结书》37:15—28)。

这些弥赛亚来临的主题如今仍然是犹太复国主义者(sioniste)②意识形态的基础。但它们在犹太基督教漫长的历史中扮演了极为突出的角色。耶路撒冷的首席主教下令发起十字军运动。在中世纪的宇宙形态论中,耶路撒冷乃是世界的中心。耶路撒冷是所有浮现而出的大地的中心,正是在它周围组织起了但丁(Dante)《神曲》(*Divine Comédie*,1320年)中的整个宇宙。后来,到了"地理大发现"的时代,欧洲人甘愿环绕非洲,或穿越大西洋去往东方,他们认为从背面径取穆斯林的世界,可[689]重新为人类打通通往耶路撒冷的道路;整个世界的基督徒齐聚耶路撒冷成了末日来临不容置疑的征象。③

弥赛亚来临的幸福　对于首批梦想重建"古典"王权的先知而言,如果民众及其领袖能够改善自己的品性,遵奉律法,显然幸福就会重新来临,生命也将重新开始:

> 到那日,我必建立大卫倒塌的帐幕。[……]耶和华说:日子将到,[……]大山要滴下甜酒,小山都必流奶。我必改变我民以色列的命运:他们必重修荒废的城邑居住,栽种葡萄园,喝其中所出的酒,修造果木园,吃其中的果子;他们不再从我所赐给他们的土地上拔出来(《阿摩司书》9:11—15)。

---

① 和合本《撒迦利亚书》为 10:9—11。——译注
② 《上帝国的信息》(拉加茨著,朱雁冰译,华夏出版社,2006)的中译本导言中建议将 sionisme(zionismus)译为"锡安主义"或"回归运动",因"犹太复国主义"的译名有点以偏概全,除了 Herzl 的复国大业外,后脱离 Herzl 的布伯主张的是文化复兴这条路子,且该译名含有贬义。但译者此处仍取传统译法。——译注
③ 参阅 Jean Delumeau,《千年幸福》(*Mille ans de bonheur*),Fayard,1995。美洲的野蛮人被发现者视为十个迷失部族残留的子民。因而,他们的皈依直接预示了末日的来临。

以色列啊,你要归向耶和华你的神,你是因自己的罪孽跌倒了[……]。我必向以色列如甘露,他必如百合花开放。[……]他们发旺如五谷,开花如葡萄树(《何西阿书》14:2,6,8①)。

该幸福含有某种奇迹般的内容。今后的先知在对其进行描写的时候,将总是使用夸张的词语。比如"第三以赛亚":②

你们当因我所造的永远欢喜快乐[……]。自此以后,[耶路撒冷]必不再听见哭泣的声音和哀号的声音。其中必没有数日夭亡的婴孩,也没有寿数不满的老者;因为百岁死的仍算孩童,败运之人就算活到百岁仍会徒劳。他们要建造房屋,自己居,栽种葡萄园,吃其中的果子。③他们建造的,别人不得住,他们栽种的,别人不得吃,因为我民的日子必像树木的日子,我选民亲手劳碌得来的必长久享用。他们必不徒然劳碌,所生产的,也不遭灾害,因为都是蒙耶和华赐福的后裔,他们的子孙也是如此。他们尚未[690]求告,我就应允,正说话的时候,我就垂听!(《以赛亚书》65:17—24)

还有后撒迦利亚:

当那日,
耶和华他们的神必
如群羊拯救他们。
因为他们必像冠冕上的宝石,
在地上闪耀。
他们何等幸福!
他们何等愉快!

———————————

① 和合本《何西阿书》为14:1,5,7。——译注
② "第三以赛亚"(又名"第三个"以赛亚)或许是《以赛亚书》最后部分56至末章的作者;是他自流亡时代归来后的宣道辞。
③ 此乃这些不断遭到侵略和掠夺的民众挥之不去的痴念。

五谷健壮少男

新酒培养处女(《撒迦利亚书》9:16—17)。

还有著名的"末日盛筵"这一形象:

在这山上①,万军之耶和华(Yahvé Sabaot)必为万民用肥甘
设摆筵席,

用肥甘的肉、可口的酒,

用柔软的肉,澄清的酒,设摆筵席(《以赛亚书》25:6)②。

预见到希伯来人必将从巴比伦流放地出来的以西结,召唤他们回
到锡安后建造新耶路撒冷。

在长达九章的章节(《以西结书》40—48)中,这位先知对圣殿和城市(均融入
这唯一一座城堡中)的结构做了详尽靡遗的描述,也对该地王室和圣职阶层的建
制、对边境地区、对信仰和节日做了详细的描述。上帝的荣耀充满了圣殿。新耶
路撒冷之名将是"YHWH-Shamma",亦即"耶和华的所在"(《以西结书》48:35)。
城市将建于一座"极高的山"上。因为,在该经卷先前的内容中,先知已经批评过
将异教神殿建于高地之上。自此以后,这些山峰将得到洁净;如羊群般的民众将
在耶和华的领导下走向以色列群山中丰美的草地。在群山最高的山峰上,将建起
新耶路撒冷,而圣殿就将坐落在山顶上。

我们发现第三以赛亚对此的描述极尽现实主义盛赞之能事:

你这受困苦被风飘荡不得安慰的人哪,

我必以彩石安置你的石头,

以蓝宝石立定你的根基;

[691]又以红宝石造你的女墙,

以红玉造你的城门,

以宝石造你四围的外郭。

---

① 说的就是锡安—耶路撒冷山。

② 参阅《诗篇》23(第5行):"在我面前,你摆设筵席……使我的杯满溢。"

> 你的儿女都要受耶和华的教训，
>
> 你的儿女必大享平安。
>
> 你必因公义得坚立，
>
> 必远离欺压：不至害怕，
>
> 你必远离惊吓：惊吓必不临近你（《以赛亚书》54：11—14）。

所有这些形象都为基督教文学中的"天堂"供应了养料。①

新的盟约：无体制的社会

必须注意一个新的观念，好多个世纪过去以后，这个观念仍然诱发了西方政治思想中的乌托邦和革命倾向：该观念说的是，弥赛亚时代的完美社会将成为一个没有体制，或体制弱小的社会，体制几乎察觉不到，总之它根本就不可能具有强制性。

我们已经发现，古典先知引入的这一观念指的是，上帝所要求的并非指参与仪式这样的外在形式，而是内在的转化。如果所有人都得到了转化，那么和平就会在人类中间扎根，就如"狮子与羊羔"一样。因此，社团的和平与幸福不再需要国家的强制，而是需要听取耶和华声音的个体所具有的完美道德：于是，集体生活便会自发地变得和平安定、丰饶富足。从这个意义上来说，重建国家和圣职所具有的纯粹体制上的前景被放到了第二位。

毫无疑问，这便是耶利米政治态度之所以奇怪的题中之意。若同民族和国家的现代观念相参照，则耶利米就会被视为机会主义者，甚至于是个叛国者和"通敌者"，因为他反对的是意欲通过武力来抵抗侵略者尼布甲尼撒的国王和贵族那些人，而他宣扬的则是毫无余地的顺服。他行走在耶路撒冷的街道上，颈上套着重轭，这奴役的象征，他认为不可避免，遂要求民众去接受它。

[692]如果耶利米这样做，那是因为他将拯救的希望置于同政治毫不相干的领域里。抵抗，就是想不惜任何代价以保存国家，因为犹地亚所面临的，要么是被尼布甲尼撒彻底摧毁，要么就是在打了胜仗的情况下，某个政治体制得胜，而耶利米从宗教的观点出发对此满腹怀疑（我们在上面已经发现：统治阶层藐视一切价值，国王就是最大的罪人）。在这种情况下，与敌人妥协就是善，而非恶。当然，民

---

① 特别是启发了约翰《启示录》中"天国耶路撒冷"的景象。

众不得不向巴比伦人进贡;但以这不算太繁重的负担为代价,却能换来生灵不遭涂炭,还能保有宗教上的自由。然而,这对于耶利米而言,乃是根本之处。同实践摩西律法的可能性相比,尘世权力这个问题便只能退居其次了。

上帝所希望的并非独立强大的国家,而是忠信的民众捍卫他们自己内在的权利与和平。必须使社团重组,再也不要使列国互相角力,而是要寻求和平与普遍的富足,其中也包括非犹太人。耶利米在写给巴比伦流亡者的信中就是这么说的:

> 万军之耶和华以色列的神对一切被掳去的,就是我使他们从耶路撒冷被掳到巴比伦的人,如此说:你们要盖造房屋,住在其中,栽种田园,吃其中所产的,娶妻生儿女,为你们的儿子娶妻,使你们的女儿嫁人,生儿养女:在那里生养众多,不致减少。我所使你们被掳到的那城,你们要为那城求平安,为那城祷告耶和华,因为那城得平安,你们也随着得平安(《耶利米书》29:4—7)。

这样的社团拥有如此的神圣性,以致在它和上帝之间,根本就没有中保的需要。在它中间将确立起"新的盟约",道德将内化于每个人的心中,他几乎不需要什么体制,无论是政治体制还是圣职体制。

> 耶和华说:日子将到,我要和以色列家和犹大家另立新约(nouvelle alliance)①。不像我拉着他们祖宗的手,领他们出埃及地的时候,与他们所立的约。我虽作他们的主人,他们却背了我的约。这是耶和华说的。耶和华说:那些日子以后,我与以色列家所立的约乃是这样:我要将我的律法(directive)立在他们里面,写在他们心上;我要作他们的神,[693]他们要作我的子民。他们各人不再教导自己的同伴和自己的弟兄,反复说:"你该认识耶和华",因为他们从最小的到最大的,都必认识我。这是耶和华说的。我要赦免他们的罪孽,不再记念他们的罪恶(《耶利

---

① 我们在此观察到,基督教神学的这一著名主题源自旧约(*vétéro-testamentaire*)。

米书》31:31—34)。

我们在《以西结书》中发现了同样的观念：

> 我必从各国收取你们，从列邦聚集你们，引导你们归回本地。
> 我必用清水洒在你们身上，你们就洁净了；我要洁净你们，使你们
> 脱离一切的污秽，弃掉一切的肮脏。我也要赐给你们一个新心，将
> 新灵放在你们里面，又从你们的肉体中除掉石心，赐给你们肉心。
> 我必将我的灵放在你们里面，使你们顺从我的律例，谨守遵行我的
> 典章[《摩西五经》]。你们必住在我所赐给你们列祖之地，你们要
> 作我的子民，我要作你们的神……（《以西结书》36:24—28）

因此，这指的乃是民众的圣洁，他们的内在得到转化，肯定会遵奉
律法，由此便可使社会和谐。事实上，我们发现，以西结对尘世的权力
给予了辛辣的抨击，因尘世权力声称能通过外在的方式，通过强制来保
障秩序。这样的政治阶层统治时不会考虑普遍的利益，只会考虑他们
自己的利益：

> 祸哉，以色列的牧人只知牧养自己。牧人岂不该牧养群羊吗？
> 你们吃脂油，穿羊毛，宰肥壮的，却不牧养群羊。瘦弱的，你们没有养
> 壮，有病的，你们没有医治，受伤的，你们没有缠裹。放逐的，你们没
> 有领回，失丧的，你们没有寻找。但用强暴严严地辖制。因无牧人，
> 羊就分散，既分散，便作了一切野兽的食物。[……]所以，[……]我
> 必与牧人为敌。我必向他们的手追讨我的羊[……]我必救我的羊脱
> 离他们的口，不再作他们的食物（《以西结书》34:2—10）。

对以西结而言，弥赛亚时代，肯定会有一个牧人，即"我的仆人大
卫"，但他只不过是"民众中的君王"而已，而"我耶和华必作他们的神"
（《以西结书》34:24）。因此，我们可以说，这位君王的职责就是"辅佐"
（ministérielle）：他不再因自己的权威而成为羊群的主人，而是在完成

"放牧"羊群这个任务时谦卑地辅佐上帝。真正的政府就是上帝本人：

> 主耶和华如此说：看哪，我必亲自关照我的羊，将他们照料。
> [694]牧人在羊群四散的日子，怎样留心他们的羊，我必照样照料
> 我的羊……（《以西结书》34：11—12）

因此，《圣经》既将尘世权力缩减至臣属地位，又幻想社团能够完全脱离政治体制而存活，将国家贬得一无是处。国家是个相对的、暂时的实在，在万不得已的情况下，人们可将其摆脱，总之，将其视为绝对就是渎神。真正的正义、真实的社会和谐均以心灵内在的秉性为基础，国家根本创造不出它们，只有上帝（及其先知）才能这么做。

圣奥古斯丁在 410 年阿拉里克（Alaric）攻陷罗马时，想起了这些经文，他这才理解，再也不能将基督教的命运视如罗马帝国的命运了。后者在野蛮人的进攻下会消亡，而这却根本阻止不了基督教社会的继续存在，甚至还能使野蛮人归化。属灵之城和世俗之城应该从根本上分离开来：此就是《上帝之城》（*La Cité de Dieu*）的主要论题（参阅下文）。

社会完全不需要政治体制这种更为激进的观念，在所有千禧年主义运动及其世俗化的千禧年主义中都能见到，它们乃是现代主要的革命意识形态。我们将会发现，列宁本人也幻想社会乃历史（Histoire）的终结，能拥有没有体制却又和平、有效率的集体生活，法律内化于人心之中，从而取代国家这一外在的束缚。①

弥赛亚信仰与"历史的终结"：启示文学

在以色列历史上有两个极具悲剧性的时刻，即流亡时代与从显赫者安条克（公元前 175 年）至第二圣殿被毁（70 年）的那段漫长时期，末世论因这两个时刻而日益激进。如今所设想的已不仅仅是重建国家，在锡安确立一个神圣、幸福的社团，而是设想历史的"结束"或"终结"。

这些相应的主题和文本均属于"启示"类型。严格所说的启示文学绵延三百多年，从约公元前 200 年至公元 150 年，但这些[695]启示录主题早已在流亡时代及紧随其后时代的先知们那里出现。恰是显赫者安条克的迫害打破了由神权政治所带

---

① 我们也已注意到，该主题出现在 3 世纪新柏拉图主义的文本中（参阅上文 p. 609 及以后）。

来的三百年稳定状态,唤醒了流亡时代先知末世论思想所具有的焦虑不安的感觉。激昂的情绪开始出现于神权政治之外的阶层中,出现于埃斯蒂安人的圈子里。

"启示"这个词希腊语意为"揭示"。因为新的先知文学认为能揭示上帝对人类所抱意图的秘密,他从上面,通过天使,或形象丰富的幻象或梦幻来与人类交流。

作者常借古人之口传递信息,这样就可通过此人来宣告他们所知道的已突如其来发生过的事(借助日期提前以及伪书的方式)。这些代言人有但以理、哈诺克、摩西、以斯拉、族长、巴路克,甚或是亚当……

属于启示文学的有《但以理书》《玛加伯下》,以及《旧约》之外所谓"两约之间"的文学作品,亦即公元前末两个世纪与公元后第一个世纪间犹太人(艾色尼人或法利赛人)的文学(尤其是《哈诺克启示录》[*Apocalypse d'Énoch*]、《十二族长遗嘱》、《所罗门诗篇》[*Psaumes de Salomon*]、《以斯拉记》第四卷①)。

末世争战与末日审判

流亡时期或紧随其后的先知,如以西结、后以赛亚,及后来更晚近的作者,如《以赛亚启示录》的作者第三以赛亚、后撒迦利亚、但以理(预示着约翰《启示录》的出现)均显出了一种新的观念:即为了让历史的终结来临,就必须有可怕的末日争战,这场争战比人类迄今为止所经受的那些战争还要凶残、还要混乱,随后的"末日"审判则会最终赏善惩恶。

末世争战

先知约珥于公元前 7 世纪初②早已提出过"主的日子",至那灾难时刻,千军万马均会冲以色列而来,他们涂炭生灵,将[696]民众推入绝望疯狂的深渊之中——除了一小撮内心归化的人和上帝认为的"无辜者"之外(《约珥书》4:21③)。为迎接他们,上帝铺平道路,剿灭他们的敌人(《约珥书》2:20;4:19④),开启"天堂"的存在,里面丰饶富足,幸福美满。

末世争战的主题在以西结和后撒迦利亚那里变得更为明确。所有恶在尘世的力量聚集一道,由一个魔鬼般的人物(歌革[Gog]……)带领。使他们面对善的力量,即"圣人"的大军,这支军队也由天神(天使

---

① 参阅《〈圣经〉、两约之间时期著作》,前揭。
② 很可能是这个时期。
③ 和合本《约珥书》共有三章,无第四章,此处当为 3:21。——译注
④ 和合本《约珥书》为 3:19。——译注

或上帝本人)率领。

下面是以西结的版本。"到末后之年",针对"玛各(Magog)地的王歌革",上帝"必用钩子钩住你的腮颊",将他推出去同以色列人作战,而以色列却在自己的山上安然居住。"波斯人、古实人(Kush)和弗人(Put)"以及其他许多民众都是全副武装,加入到歌革的军队中来(《以西结书》38:16①)。但上帝会使大地发出巨大的震动,使山峦和城墙崩塌,使所有忠于上帝的造物赢得胜利,战胜恶的联军。

后撒迦利亚(约公元前330年—公元前300年)也有相似看法:

> 我必聚集万国与耶路撒冷争战。城必被攻取,房屋被抢夺,妇女被玷污。城中的民一半被掳去,剩下的民仍在城中,不至剪除。那时,耶和华必出去与那些国争战,好像从前一样。那日,他的脚必站在耶路撒冷前面朝东的橄榄山上,这山必从中间分裂,自东至西[……]然后,耶和华我的神必降临,有一切圣者同来(《撒迦利亚书》14:6②;参阅9:1—8)。

末日审判 这场争战接下来会怎样呢? 上帝的介入便有了"审判"这样的形式,因末日突然出现便成了"末日审判"。我们还记得,正直之人国王弥赛亚自弥赛亚来临的思想最初出现起,就已被认为能进行普世的审判:"他必在列国中施行审判,为许多国民断定是非。"(《以赛亚书》2:4a③)这就是"主的日子"里将要发生的事。以色列的众敌将被判为有罪,以色列[697]无罪。结果,以色列的众敌将会被除灭。《圣经》在此使用了特别强烈的表达形式。

> 我必用瘟疫和流血的事刑罚他[玛各];我也必将暴雨、大雹与火,并硫磺降与他和他的军队,并他所率领的众民。我必显为大,显为圣,在多国人的眼前显现。他们就知道我是耶和华(《以西结

① 和合本《以西结书》为38:1—6。——译注
② 和合本《撒迦利亚书》为14:1—5。——译注
③ 和合本《以赛亚书》2:4。——译注

书》38：22—23）。

上帝会将大火降到敌人的土地上。他会摧毁他们的军队：死者太多，光掩埋就需七个月的时间。鸟儿和所有的动物都兴高采烈而来，因为它们终于有血饮，有尸体可吃。

> ［上帝］必使他们两脚站立的时候，肉必消没，眼在眶中干瘪，舌在口中溃烂（《撒迦利亚书》14：12；参阅《以赛亚书》13；《弥迦书》7：13；《智慧篇》3：19）。

以色列遂将统治列国（参阅《以西结书》39：21—25）。幸存各国每年都将登临耶路撒冷庆祝住棚节，它们将"在大君王万军之耶和华面前敬拜"（《撒迦利亚书》14：16—21），若它们不这样做，就会受到惩罚。

> 所有来攻击耶路撒冷列国中剩下的人，必年年上来敬拜大君王万军之耶和华，必守住棚节（《撒迦利亚书》14：16）。

> 必在他［弥赛亚］面前下拜，
>
> 他的仇敌必要舔土；
>
> 他施（Tirsis）的王要进贡。
>
> 示巴和西巴的王要献礼物。
>
> 诸王都要叩拜他，
>
> 诸异教徒都要侍奉他（《诗篇》72：9—11）。①

［698］臣服各国或均已皈依，如此就能分享弥赛亚来临的幸福。这幸福乃是焕然一新的。"第三以赛亚"（可能出现于公元前530年至公元

---

① 参阅《以赛亚书》49：22—23（原文未标明篇目，此处为译者所加——译注）："主耶和华如此说，我必向列国举手，向万民竖立大旗：他们必将你的众子怀中抱来，将你的众女肩上扛来。列王必作你的养父，王后必作你的乳母。他们必将脸伏地，向你下拜，并舔你脚上的尘土。"

前510年间)中出现了关于簇新的主题,这簇新同过去彻底做了决裂:

> 看哪,我造新天新地;①从前的事不再被记念,也不再被内心追想(《以赛亚书》65:17—24②)。

这将是永恒的福乐。因为,后撒迦利亚对真正的时间终结做了展现,到那个时代或那个"日子",再也没有相继的白天黑夜。

> [末日争战后,]耶和华我的神必降临,有一切圣者同来。那日,必没有光,没有寒冷,没有冰霜。那是独一的日子。必是耶和华所知道的。不是白昼,也不是黑夜,到了晚上才有光明。那日,必有活水从耶路撒冷出来,一半往东海流,一半往西海流。冬夏都是如此。③ 耶和华必作全地的王。那日耶和华必为独一无二的,他的名也是独一无二的(《撒迦利亚书》14:6④;参阅9:1—8)。

死者复活 所有以色列历史上的"圣人"是否都将见到这"独一的日子"? 这里显现出了一个独特的观念:正义之人都会了解永恒的幸福,他们或活在"主的日子"来临的时刻,或虽已故去,却又"复苏"⑤。

---

① 该主题又出现于约翰《启示录》中,参阅下文。

② 和合本《以赛亚书》为17。——译注

③ 重返尘世天堂的丰饶富足。从耶路撒冷圣殿流出水复苏大地的主题也在《约珥书》(4:18[和合本为3:18——译注])、《以西结书》(47:1—2)、《诗篇》(46:5[和合本为46:4——译注])中出现。约翰著作中说,这是以西结预言的实现,当时从耶稣——新的圣殿——的肋旁流出"直涌到永生的"水(《约翰福音》14:4;7:37—39;19:34),他还在《启示录》中说,从羔羊的宝座中流出"生命水的河"(《启示录》22:1—2)。

④ 和合本《撒迦利亚书》为14:6—9。——译注

⑤ 死者复活主题的出现具有连续性:这一最后阶段源自《圣经》对赏善惩恶这个问题自古以来所作的反思。最初,传统的《摩西五经》教导说,上帝会赏善——即那些遵奉律法者——罚恶。在第二阶段,怀疑主义——毫无疑问同以色列浸润于"国际智慧文化",如埃及、巴比伦,然后是希腊化,故而也是多民族、倾向于相对主义的文化有关——不同意恶人发达、义人受难的观点;这也是《传道书》(Qôhélet)的立场。现在出现了第三阶段:义人将得到大大的报偿,但他们将在天国得享受;上帝的正义本质上不同于人的正义,它无法为人所理解。这个已出现于《约伯记》中的主题在启示文学中得到了强化。它最终在福音书及圣保罗的使徒书信(Épîtres)各卷中得以具体起来。

[699]流亡时代，以西结已经召唤重建以色列，让死者复活，因上帝的气息或灵（ruah）使他们的肉体重赋生命。我们全文引用这一著名的文本：

> 耶和华的手降在我身上；耶和华藉他的灵带我出去，将我放在谷地中[先知曾幻象这谷地]：这谷地遍满骸骨。他使我从骸骨的四围经过……谁知骸骨极多，将谷地填平，而且极其枯干。他对我说："人子啊，这些骸骨能复活吗？"我说："主耶和华啊，你是知道的！"他又对我说："你向这些骸骨发预言，对他们说：枯干的骸骨啊，要听耶和华的话。"主耶和华对这些骸骨如此说："我必使气息进入你们里面，你们就要活了。我必给你们加上筋，使你们长肉，又将皮遮蔽你们，使气息进入你们里面，你们就要活了；你们便知道我是耶和华。"于是我遵命说预言：正说预言的时候，不料，有响声，有地震，骨与骨互相联络。我观看：见骸骨上有筋，也长了肉，又有皮遮蔽其上；只是还没有气息。他对我说："人子啊，你要发预言。你要向灵说，说主耶和华如此说：气息啊，要从四方而来，吹在这些死去的人身上，使他们活了。"于是我遵命说预言，灵便进入骸骨，骸骨便活了，并且站起来：成为极大的军队！
>
> 于是他对我说："人子啊，这些骸骨就是以色列全家。他们说：我们的骨头枯干了，我们的指望失去了，我们灭绝净尽了。"所以你要发预言对他们说：主耶和华如此说：我的民哪，我必开你们的坟墓，使你们从坟墓中出来，领你们进入以色列地。我的民哪，我开你们的坟墓，使你们从坟墓中出来，你们就知道我是耶和华。我必将我的灵放在你们里面，你们就要活了。我将你们安置在本地，你们就知道我耶和华如此说，也如此成就了，这是耶和华说的（《以西结书》37：1—14）。

因此，以色列从巴比伦归来，回到应许之地将是最为独特的奇迹：以色列上帝的全能战胜了所有最难以避免的障碍。

[700]《以赛亚启示录》（稍晚时代？)用优美的语言坚称上帝拥有重

赋死者生命的权力,拥有能轻而易举地将极端的苦难倒转成慰藉的权力:

> 他又必在这山上
>
> 除灭遮盖万民之物
>
> 和遮蔽万国蒙脸的帕子。
>
> 他已经吞灭死亡直到永远。
>
> 主耶和华必擦去各人脸上的眼泪,①
>
> 又除掉普天下他百姓的羞辱,
>
> 因为这是耶和华说的(《以赛亚书》25:7—8)。

自公元前 2 世纪起,整个犹太文学都重新拾起且发展了对复活的信仰。② 它以不同的方式出现在两约之间时期的各大文学作品中,它们均由艾色尼或法利赛各阶层的人撰写。

然而,该主题却牵涉到很多"政治"。因为,复活内在的确定性如幼芽一般刚刚对只以现世为准的尘世权力做出了无可挽回的、否定的审判;它确立了对政治权力进行绝对抵抗的可能性。

《旧约》中有两卷均属启示精神,对我们而言,它们体现了某种特殊的趣味,不仅仅是因为像末世争战或死者复活之类的主题再次得到了发展,还因为这些主题所具有的政治意义,在塞琉古迫害的大背景下,显得极其清晰:《但以理书》和《玛加伯上》。

《但以理书》与历史神学③

[701]《但以理书》肯定是显赫者安条克迫害时期的某个作者所写,他受到了流亡时期某个大人物的庇护。

该作者推测尼布甲尼撒国王曾在自己的朝中提拔过几个年轻的犹太人;他们

---

① 这个观念和形象在约翰《启示录》中一字不差地得到了重述,参阅下文。

② 我们已经发现,只有撒都该人对这种观念不为所动。诚然,他们坚守成文的《摩西五经》。作为圣职阶层的代表,从与《摩西五经》相比谁更有权威这个层面上来看,他们从未重视先知的经卷,尤其是近期撰写的经卷;因此,他们根本就没有打造过自己先知的末世论。

③ 参阅《〈圣经〉普世译本》(TOB)中《但以理书》引言,前揭,p. 1671—1678。

当中就有但以理。犹如约瑟之于法老,但以理也好几次为国王解梦。在这方面,他轻而易举地就击败了那些在国王的朝里崇拜偶像的"占卜者和迦勒底人":因为他从真上帝的帮助中得到了益处。国王及其继任者都对但以理怀有感激之情:他们赐予他种种荣誉,还让他在朝中担任重要官职。

历史神学 但以理被认为能破解——或者说,他在某些情况下,试图自行阐明——几个谜语。

——雕像之梦(第 2 章):尼布甲尼撒梦中见到一尊巨大的雕像,为金头,银胸银臂,肚腹和大腿都为铜做,小腿为铁,脚半铁半陶;然而,没见人手扔出石头,它却倒了下去,被石头砸得粉碎。

——四头野兽和人子(第 7 章):四阵风吹过,倏然之间使四头怪兽出现在了大海上,一为长着鹰翅的狮子,一为熊,一为四翼四头的豹子,最后有一个不知何物,有十只角,且角上又长了第十一只角,他拔下三只角,角上有眼有嘴,说着极可怕的事;后来,出现了一个老者(Vieillard)"乘着"或者说"随着""天上的云彩",他就是"人子"。

还有大树之梦(3:98—4①)、墙上写字(第 5 章)、看见公绵羊和公山羊(第 8章)、七个七十年之谜(第 9 章)。

但以理最终用同样的方法解开了所有的谜语:这方法就是指对历史(Histoire)及其阶段、意义所抱的全球观。每个猜谜的插曲其自身都不可理解,但与这个概念参照,就获得了不言自明的意义。这一[702]概貌由上帝向先知揭示,因上帝乃是时间与历史独一的主人:

[上帝]改变时候、日期;废王、立王(2:21)。

历史的主人注定要去实现他的那些神秘的计划,可以说,上帝已为历史设定好了某个剧情(scénario)。

历史(至少先知及其同代人能领会它)存在于交相更替的四个大帝国之中:巴比伦人、米底亚人、波斯人、希腊人(第 2 章中巨大的雕像所用的四种材质,一个比一个低劣;铁与陶是指拉吉德及塞琉古;第 7 章中的四头野兽)。塞琉古国自身也经历了国王相继更替的状态(第四只

---

① 和合本《但以理书》中为第 4 章。——译注

野兽的十只角)。安条克四世(第十一只角)因背信弃义而战胜了三个竞争对手。

尽管所有这些帝国均出自恶的领域,但安条克的帝国却尤其可以算是恶的帝国,因为它并不满足于不去敬拜耶和华,国王还禁止耶和华信仰,而让人去敬拜安条克本人,把他当作"显明的神"("显赫者"这个他自封的封号就是指这个意思)。因此,历史便被视为某种戏剧化的进程,是道德败坏的神秘化,它不停地使恶取得胜利。此外,在这进程之中,以色列民众还要因其过错而经受苦难(3:28—32;9:4—19;参阅《玛加伯下》7:32—33)。

然而,这些异教帝国构建的邪恶威权却抗拒处事公道的高尚人士,使他们不得不殉道。但他们之间争战的结果只能由上帝来决定:恰是他或他的天使,而非人类之"手"才会介入进来(参阅石头使金头雕像震为碎片的那则故事)。而上帝如同一个好导演,他介入进来的时候,选择的正是极恶之形象显现为最终胜利的时刻。

所有这些向但以理说出的谜中细节均表明了与这整体的概貌有关;自流亡时代以来便为近东地区所熟知的这些插曲均被系统地整合了进去,其中就包括玛加伯起义最后发展的整整那段时期。

"人子"与对上帝之国的宣告 [703]尽管但以理重述了流亡时代预言中所蕴含的希望信息(有时很清晰,如第9章,他引用了《耶利米书》中的25:11—12),但他却有意将它们放置在了与尘世历史不同的另一个层面上。他所宣告的,乃势将永恒存在的上帝之国。

因为,这些恶之帝国并未由"古典的"弥赛亚所摧毁;《但以理书》在这方面确确实实地将传统的弥赛亚信仰做了变形。在流亡时代和以赛亚预言的时代,拯救乃是指期待大卫的上帝。如今,他就是先前存在的"人子"("人类之子"或"人之子"),他居住在上帝旁边,直接受他的派遣。

> 我在夜间的异象中观看,见有一位像人子的,驾着天云而来;他向老者[上帝]走去,他人将他领到老者的面前(7:13)。

"人子"这个表达法所表达的意思同异教帝国那些攻城略地的国王

不同,他们都是从恶之领域"大海"上冒出来的"野兽"。至高无上的审判者和犹太人的拯救者"驾着"或"随着"天云而来,这表明了他虽属天国,却有人的形象(就像天使)。①

然而,这个人子的国度乃是永恒的:"当那列王[最后几个希腊国王]在位的时候,天上的神必另立一国,永不败坏,也不归别国的人。却要打碎灭绝那一切国,这国必存到永远。"(2:44)由是,得改善的世界来临了。

> [人子]他得了权柄、荣耀、国度:使各方、各国、各族的人都侍奉他。他的权柄是永远的,不能废去,他的国必不败坏(7:13—14)。

死者复活主题的确立及发展 [704]是谁居于得到如此改善的世界之中? 是那些被记入"经卷"中的人(因为天国中记有那些该当成为新耶路撒冷成员者的名单)②,亦即那些公道之人,他们因苦难而优雅,尤指那些训育民众的学者和先知。

在拯救那日来临之前,那些将自己的生命置之度外殉道的人又如何呢? 此处,先知创造性的想象力相继生发出了两个论题。

1)首先,上帝将阻止这样的死亡。年轻人被从大火炉里拯救出来以及但以理被从狮坑中拯救出来的两则插曲便具有这样的意义。

尼布甲尼撒造了一个金像,下令帝国境内所有人一接指令就得向其敬拜;那些不敬拜的人将会被抛入炽热的大火炉中。自然,与但以理相伴的三个年轻人,沙得拉(Shadrak)、米煞(Méshak)、亚伯尼歌(Abed-Négo)拒绝这么做。因此,他们被带去用刑。但火近不了他们身。相反,给他们执行死刑的人都被烧死了,而他们仍旧安然无恙,默默地念诵着祷词③(第3章)。

---

① 在新的犹太教启示录中,我们注意到天使占据了突出的地位(受波斯的影响?)。在《但以理书》中,上帝的天使为了将三个年轻人从大火炉里、将但以理从狮坑中拯救出来,插手做了干预;提供解开形象和幻象的乃是作为代言人的天使(ange-interprète)。正是通过天使,上帝方在这世界上达成自己的意愿。人子自身就是天使般的造物。

② 《以赛亚书》4:2—3。

③ 和合本《但以理书》中没说这三人念祷词。——译注

由于对但以理嫉妒不已的大臣和总督的建议,大流士下令,无论何人,三十日之内,若不为国王本人,却为他人祈祷,都要被扔入狮坑。但遵奉《摩西五经》的但以理却向以色列的上帝祈祷。他被扔入狮坑待了一整晚,但到早上他仍然毫发无损:"上帝的天使封住了狮子的口。"(第6章)

2)但先知走得太远。他知道得很清楚,许多殉道者其实都已经死了。这难道是说上帝把他们给抛弃了吗? 非也,他已考虑到要使他们复活。此处又重新——但第一次态度这么决然——阐述了死者复活这个论题。

> 那时,保佑你本国之民的
> 大君米迦勒必站起来。
> 并且有大艰难,从有国以来直到此时,
> 没有这样的。
> 那时,你本国的民中,
> 凡名录在册上的,必得拯救。
> [705]睡在尘埃中的,必有多人复醒,
> 其中有得永生的,
> 有受羞辱、永远被憎恶的。
> 智慧人必发光,如同天上的光,
> 那使多人归义的,必发光如星,直到永永远远(12:1—4)。

《但以理书》在法利赛人的影响下被置入了希伯来人的《圣经》之中。数世纪中,供千禧年主义者以及所有那些对上帝如何意愿历史提出询问的人参照的主要参考书中,它与约翰《启示录》具有同样的资格。在整个16和17世纪,人们仍以它所体现的帝国相继更替的图景为基础来对欧洲政治的未来做出思考。[①]

《玛加伯下》对尘世权力的蔑视

认为上帝为他的信徒,特别是为他的殉道者专门留有永恒的新生

---

① 参阅 Jean Delumeau,《千年幸福》,前揭。关于千禧年主义,可参阅后文第七章。

活,该观念有效地为玛加伯起义鼓了气。我们在《玛加伯下》中能见到对政治影响所作的大量扣人心弦的见证。

用希腊语写成的这部作品似乎于公元前 124 年经提炼、编订而成,它的母本是由希腊化犹太人昔兰尼的耶孙于约公元前 160 年编订而成的五卷本,当时刚刚发生过书中所述的那些事件,即显赫者安条克的迫害。

该卷中最有力量的时刻乃是叙述异教国王下令迫害七兄弟和他们母亲的那段文字。那是《圣经》论及殉道者(以前的先知人物就已对这种现象做过描述)时最突出的一个例子。① 历史或许有其自己的基准,但它在有意护教的意图中得到了"美化",[706]因为在耶孙叙述它们之前,它只不过是传奇而已。②

我们对此全文引用,因为这里面包含了对教义重要性所作的反思和肯定。

> 有一次,七兄弟和他们的母亲被抓了起来,国王[显赫者安条克]想通过用鞭子和牛筋鞭抽打他们来迫使他们吃律法所禁的猪肉。其中有个人挺身而出说:"你到底想从我们这儿得到什么呢?我们宁愿死也不会僭越祖辈的律法。"国王暴跳如雷,命人把他们放到锅子和火炉上烤。等到火炉和锅子烧热后,他就命人当着他兄弟和母亲的面,割掉那个代言者的舌头,剥下他的头皮,剁断他的四肢。当他被彻底地肢解之后,他命人把这奄奄一息的人带到火炉旁边,再扔进火炉里。当蒸气在火炉四周弥漫开来时,其他人同他们的母亲便相互激励要勇敢地赴死;他们说:"主上帝正在看着,他真切地怜悯我们,就如摩西在一首公开谴责的歌中所宣告的:主将怜悯那些伺候他的人。"

---

① André Neher,《先知与预言》,前揭,p. 299,书中提到先知为了自己的信仰而殉道:或许摩西已这么做过;他的合作者乌利(Hour);与以利亚同时代的那些先知都被皇后耶洗别杀害;按照犹太教的传统说法,还有以赛亚、亚拿(Hanai)和米该雅(Micayou)。耶利米也有好几次受到死亡威胁。

② 七兄弟殉道的历史,之所以被叫作"安条克的殉道者",是因为这个场景是在安条克大肆迫害时期发生的,于是它成了教父们所作的无数评注的对象,他们将这些神圣的人物视为未定型的基督徒。自基督教最初几个世纪起,就产生了对"玛加伯诸圣"的信仰。

当第一个人就这样死去后，他们便对第二个人用起了刑。在他的头皮连带着头发都被拽下来时，他们问他："你是愿意遭受一个肢体一个肢体被剁下来的切肤之苦，还是愿意吃猪肉？"但他用其祖辈的话回答说："不吃！"就这样，他也遭受了四肢相继被剁的酷刑。他在呼出最后一口气时说："你这样的恶人，只是剥夺了我们现在的生命，但世界之王①因我们为他的律法而死，却将使我们复活，享受那永恒的生命。"②

在他之后，他们又对第三个人处刑。他立马就把舌头伸了出来，像是别人命令的那样，还无畏地伸出自己的手。他勇敢地做了宣言："我的四肢属天国，而因着他的律法，我对四肢也可以唾弃，我对他使我复原满怀期待。"国王和他的随从都被这年轻人伟大的灵魂所震慑，因他对苦痛视如敝屣。

这人一死后，他们就让第四个人也遭受了同样的酷刑。他在咽气时说："死在这些人之手[707]再好不过，虽然如此，但照上帝许下的诺言，他会使我复活，因为对你来说，你不可能得到重生。"

随后，他们又将第五个人带来，折磨他。他盯着国王说："你尽管堕落不堪，却在人间执有权柄。你随心所欲，但切莫认为我们的族已被上帝抛弃。你啊，你就等着吧，你会看到他的大能，因他会折磨你，你连同你的子孙。"③他之后，他们又将第六个带了来。他在濒死时说："你就别抱无异的幻想了，因我们得罪了上帝，遭受这般苦痛乃是咎由自取；那些无关的灾难不也降临到我们头上了吗。但你，别幻想自己不受惩罚，因你已向上帝开战。"

最受人尊敬、声誉最大的母亲看着自己七个儿子同在一天里死亡，却平静地强忍着，因为她将希望放在了主的身上。她用祖辈的语言劝勉他们每一个人。④她对他们说："我不知道你们是如何出现于我的腹中；我没让你们得着精神和生命，我也未曾将构成你

---

① 独一的王就是耶和华："显赫者安条克"是个僭越者。

② 对复活的信仰已在当时的神学中稳固地确立了起来。

③ 对恶人将遭受地狱永恒苦痛的信念已得到坚实的确立。

④ 安条克听不懂他们说的话。

们每个人的组成部分组织起来。是世界的创造者,是他让人出生,他是万物的本原,他会以怜恤赋予你们精神和生命,因为你们现在因爱他的律法牺牲了自己。"

安条克觉得自己受到了藐视,怀疑那些话是在辱骂他。最小的那个还活着,于是他不仅同他说话,对他劝勉,还立誓若他能背弃祖辈的传统,定使他享受荣华富贵,让他成为自己的朋友,还给他高官厚禄。但年轻人对他的话毫不在意,国王便走进母亲,要她劝劝这少年好救他的性命。在他大费口舌劝诚之下,她同意去劝说自己的儿子。于是,她向他俯下身,用祖辈的话讲了起来,愚弄了这残虐的暴君:"我的儿啊,可怜可怜我吧,我将你怀在腹中九个月,给你哺乳三年,把你抚养到现在这么大,千方百计为你着想。我恳求你,我的孩子,你要看这天这地,凝视里面的万有,就能明白,上帝从无中将它们造了出来,①人也都是用相同的[708]材料造成。切莫害怕这个刽子手,你要像你的兄弟那样,坦然接受死亡,好让我在主降慈悲的时候能看见你和自己的兄弟在一起。"②

她刚说完,这年轻人便说:"你还等什么呢?我不会听从国王的命令,我听从的是摩西赐予我祖辈的律法。③而你,是那击打希伯来人的一切灾难的罪魁祸首,你逃脱不了上帝之手,因为我们及其他人遭难,都是由于我们自己的罪孽所起。若我们的活主迁怒于我们,对我们进行责罚和训育,那他也会再次同他的仆人和解。而你这个万民中最渎神、最卑贱的人,就别妄想拔高自己了,你在举起手反对他的仆人的时候,就别让自己满怀虚幻的希望吧,因你逃不脱洞察秋毫、全知全能的上帝的审判。因为我们的兄弟如今

---

① 《圣经》中首次出现 *ex nihilo*,即自无中创造的观念,而不像希腊人那样认为是从"第一质料"(*prôtè hylè*)中创造那样,甚至亦与《创世记》中所说的出自"混沌"不同。混沌自身也是由上帝从无中创造而出。若作者想将其明确化,那无疑就得采用希腊化的形式,并试图在该主题上以与希腊思想相比远为激进的方式表达出犹太教的思想。创造(Création)的这一激进的形而上学特色颇具影响力,后在基督教神学,尤其是圣奥古斯丁处得到了发展。

② 天堂是被拣选者相聚的地方。

③ 国王的法律属尘世,毫无价值,它只有在忠实地反映神圣律法的时候,才有价值。

所遭受的痛苦都是过眼云烟，他们所求取的是永不枯竭的生命，他们摔倒是为了上帝的约，而你在上帝审判的时候，却会因自己的傲慢而得到公正的惩罚。① 对我来说，我会像我的兄弟那样，将自己的身体和生命献给祖辈的律法，并恳求上帝为我们的国立刻显出仁慈，让你饱受苦痛和灾难之苦，好表明他乃是独一的上帝。最后，我为我和我的兄弟，祈祷那全知全能者不再将他公正的怒火降于我们的族身上！"

盛怒之下的国王用比对待其他人更残虐的方式来折磨这最后一个兄弟，只因那嘲讽的话将他刺痛。因此，这年轻人死的时候丝毫未曾将自己玷污，他对主完全信靠。在众子死后，母亲最后一个死去（《玛加伯下》7）②。

在《圣经》对尘世权力所表现的态度中，我们可将这篇文本视为特别有说服力的例子。

七兄弟及其母亲为一方，希腊国王为另一方，他们之间的冲突皆因对"律法"的尊重而起。犹太家庭拒吃猪肉，且拒不向自称"显赫者"，亦即"显明的上帝"的国王敬拜。而从国王[709]这一边来说，他又无法忍受他人对自己的抗拒，尤其是他无法理解他们怎么能宁受火刑，也不愿吃猪肉或按照城市的法律生活，在他眼里看来这样做毫无意义。换句话说，他清楚地觉得，这些"玛加伯圣徒"所做的抗拒并非是个人的勇敢之举，而是表达了他无法理解的某种文化现象。酷刑总是会无所不用其极，毫无疑问此处涉及的并非是什么"施虐"，他只是想通过某种行为来战胜这种抗拒（由此，才会有极力[in extremis]向那最小的孩子和母亲敞开的"终结之门"），并避免让它一发不可收拾地威胁到自己的权力。因为，在希腊城市那样的环境中，从未曾出现过如此自律的宗教。它总是受国家的组织和控制，若无法提出任何政治诉求的话，它便无法独立于国家。更有甚者，希腊化王国或多或少都会与近东地区的神圣

---

① 安条克将受"末日审判"。

② 《〈圣经〉普世译本》（参阅思高本《玛加伯下》）。——译注）。

君主制这一模子相合,国家自此与国王融为一体,在此范畴之中,"作为化身的法律"便成了体现君王意愿的唯一实存,它独立于国家,显得特别突出。

然而,该文本花了大量篇幅用以说明国王一无是处的种种原因,而殉道者所代表的原则则包容万有:唯一的"世界国王"就是以色列的上帝,正是这位上帝创造万有,创造了世界和人类,皮肤和血肉,因而他也能将国王声称能将其毁坏的东西瞬间重造起来;他将毁灭国王本人及其子孙。世界和国王根本就不算什么。人类存在之所以重要,是在于其处于上帝和人类订下的"盟约"之中,这个约的焦点就在于辨别谁为"圣人",谁为"恶人"。世界的运行依赖于这唯一与道德心有关的问题。历史中不幸与幸福的诸阶段均与人类之恶及上帝的宽宥相关("我们受苦,都是因我们自己的罪孽所起"……"正是为了给我们责罚和训育",上帝"才发怒"),而与尘世国王的倡议无关。个体得拯救愈是彰明,历史的整体意义对他们而言便愈是含混不清。尘世的权力乃是虚无。

[710]这样的论题和这样的态度似在希腊宇宙中难见其匹;①我们在本章结尾处,会重新回到这一巨大的对比究竟有何意义这个问题上来。

结语

当前的绝大多数犹太思想家都认为,启示文学拥有如下前景,即它将向历史的"终结"和天堂的永恒生命处敞开,因而偏离了犹太教。比如,对格罗斯(Benjamin Gross)②而言,面对希腊—罗马的考验和迫害,撒都该人、艾色尼人和法利赛人分别做出了三种选择,其中只有最后一种从形而上学及道德上来看才正确无误。

撒都该人坚守圣殿和国家,也就是说他们坚守的乃是纯粹人类的历史;他们的目的只是"重建",对《摩西五经》所包含的"改观"(transfiguration)这一规划早已忘得一干二净。最终,他们就在自己选择坚守的土地上落败。

艾色尼人的目的只是"改观",他们逃入荒漠,也就等于逃出了历

---

① 即便灵魂不灭这样的前景(参阅柏拉图《理想国》中的厄尔神话,或西塞罗《论共和国》中的"西庇阿之梦")也会更加坚固哲人反抗暴政的勇气。

② 参阅 Benjamin Gross,《弥赛亚信仰与犹太人史》(*Messianisme et histoire juive*),前揭。

史;他们将《摩西五经》托付于以色列的历史转型这副重担放了下来;这也是基督教的命运,它在灵性上依赖于艾色尼派。

只有法利赛人同时回应了这两种要求。他们既想生活于历史之中,又想超越自身,达成完满。由此可见,他们"温和的"政治立场保存了未来,他们愿意充满耐心地等待灾难之后对万物进行重建。

对格罗斯而言,不假人干预、由上帝提出的历史即刻终结的启示论题乃是这样的一个论题,即它主要来自"埃斯蒂安人"阶层,他们最后[711]组成的埃斯蒂安派成了放弃以色列固有使命的征象。

第三节 《新约》中的"政治"观念

然而,在以色列内部又涌现出了一位新的先知,他约于 30 年开始公开活动,他将对该问题的前提条件做出改动。他自称弥赛亚,即"christos"(希腊语的"受膏者")。但耶稣对当时犹太人期望中所想象的国王弥赛亚这一角色根本不接受,他的断言是:"我的国不属这世界。"

"登山训众"的道德革命

这个国由正义统治,从这个意义上来说,它就是弥赛亚信仰,但基督说,这个统治乃是新的正义超越了旧的正义。

> 我告诉你们:你们的义若不胜于文士和法利赛人的义,断不能进天国(《马太福音》5:20)。

开启了《马太福音》(*Matthieu*)的登山训众阐述了这一新的正义所具有的诸原则。我们将重新涉及前面论述先知时所讲到的那个主题,当时论及了 *mishpat* 和 *tsedaka* 之间的差异,亦即"简单正义"和另一种正义之间的差异,"简单正义"在纠正所犯下的不义时满足于使事物恢复原状,从而允许世界使自己的实存保持原封不动,这样的正义与希腊—罗马思想家"自然正义"的论述颇为相近。另一种正义要求的是在世界上积极做出应对,使其彻底变形,让世界变得公义,直至最终使所有的不义消失得无影无踪。从某种意义上来说,耶稣只是重新提出了这一源自古代先知的差别;但不容置疑的是,他的表述更为清晰,更为激进。

[712]你们听见有吩咐古人的话,说:"不可杀人"[《出埃及记》20:13;《申命记》5:17],若有人杀了人,凡杀人的,难免受审判。只是我告诉你们:"凡向弟兄动怒的,难免受审判[……]"你们听见有话说:"不可奸淫"[《出埃及记》20:14;《申命记》5:18]。只是我告诉你们:"凡看见妇女就动淫念的,这人心里已经与她犯奸淫了[……]。"又有话说:"人若休妻,就当给她休书"[《申命记》24:1]。只是我告诉你们:"凡休妻的,若不是为了淫乱的缘故,就是叫她做淫妇了;人若娶这被休的妇人,也是犯奸淫了。"

你们又听见有吩咐古人的话说:"不可背誓,所起的誓,总要向主谨守。"[《出埃及记》20:7;《民数记》30:3①;《申命记》23:22]只是我告诉你们,什么誓都不可起[……]。你们的话,是,就说是,不是,就说不是。

[……]

你们听见有话说:"以眼还眼,以牙还牙。"[即"冤冤相报",参阅《出埃及记》21:23—25]只是我告诉你们不要与恶人作对:相反,有人打你的右脸,连左脸也转过来由他打;有人想要告你,要拿你的里衣,连外衣也由他拿去;有人强逼你走一里路,你就同他走二里路;有求你的,就给他;有向你借贷的,不可推辞。

你们听见有话说:"当爱你的邻舍[《利未记》19:18],恨你的仇敌。"②只是我告诉你们:"要爱你们的仇敌,为那逼迫你们的祷告。[……]你们若单爱那爱你们的人,有什么赏赐呢? 就是税吏不也是这样行吗? 你们若单请你兄弟的安,比人有什么长处呢? 就是外邦人不也是这样行吗?"

---

① 和合本《民数记》为30:2。——译注
② 这几句话并未出现于他所影射的《利未记》的那段中。不过,该段的意义仍然是指不当爱自己的仇敌。

[……]

你们要小心，不可将善事行在人的面前，故意叫他们看见[……]所以，你施舍的时候，不可在你前面吹号：像那假冒为善的人在会堂里和街道上所行的，故意要得人的荣耀；我实在告诉你们，他们已经得了他们的赏赐。你施舍的时候，不要叫左手知道右手所作的，要叫你施舍的事行在暗中；你父在暗中察看，必然报答你。

你们祷告的时候，不可像那假冒为善的人：他们爱站在会堂里和十字路口上祷告，故意叫人看见。我实在告诉你们，他们已经得了他们的赏赐。你祷告的时候，要进你的内屋，关上门，祷告你在暗中的父；你父在暗中察看，必然报答你。[……]

[713]不要为自己积攒财宝在地上，地上有虫子咬，能锈坏，也有贼挖窟窿来偷。只要积攒财宝在天上；天上没有虫子咬，不能锈坏，也没有贼挖窟窿来偷。因为你的财宝在那里，你的心也在那里。[……]所以，无论何事，你们愿意人怎样待你们，你们也要怎样待人，因为这就是律法和先知(《马太福音》5：20①—7：12；参阅《路加福音》6：20—38)。

不对称的伦理关系：怜恤(miséricorde)

此处所阐发的这一新的正义表现出了一些极为突出明确的特点。在耶稣列举的种种情况中，它与老的正义之间的不同犹如不对称与对称之间的不同。

自然正义或传统正义讲究的是对称：它在于按照平等的原则让每个人得其所是。我们已经发现，正义所形成的这个概念就是希腊哲学和罗马法。老的犹太律法——至少是耶稣在此所陈明的——与"冤冤相报"一样，具有的也是同样的对称：即"以眼还眼，以牙还牙"。②

---

① 和合本《马太福音》为 5：21。——译注

② 圣保罗强调了哲学家的自然正义和老的犹太律法之间的相似性："没有律法的外邦人若顺着本性行律法上的事，他们虽然没有律法，自己就是自己的律法；这是显出律法的功用刻在他们心里，他们是非之心同作见证，并且他们的思念互相较量，或以为是，或以为非……"(《罗马书》2：14—16)。显然，圣保罗颇为熟悉斯多阿派的理论，该派认为自然法铭刻于所有人的理性和道德心之中(参阅"论西塞罗"一章，p. 472 及以后)。

然而,基督说:必须超越这种对称的法则,除了应该给予的东西之外,必须给得更多。即使给予了与自己从他人处得来的东西相等的份,他与这人也没有清偿。人们不仅不该杀人,还不该同他失和;不该仅仅遵守娶妻和休妻这种形式主义,还应该使婚姻牢不可破;不该仅仅履行起誓的承诺,还应该遵守任何说出的话;不该只爱那些爱我们的人,还应该爱那些憎恨我们的人;不仅不该在他人没有打击我们的时候去打击他,还应该在他人打击我们的时候,拒绝采取与其相同的方式,且"把另一边的脸"也向他伸过去;不该只承认自己同邻人有一样多的缺点,还应相信,他人眼中若有[714]"刺",那自己的眼中也会有"梁木"(《马太福音》7:1—5)。总之一句话,耶稣的诫命是打破人类行为中这种对称的镜像,因正义传统上就是被其所规定的。

因此,他描画出了正义之截然不同的伦理关系的轮廓,福音书用好几个名字称呼这种关系:怜恤、怜悯、恩典、仁慈或爱(agapè)。若正义如古人,如从亚里士多德至西塞罗这些人所定义的那样,是一种(如 a=b 那样)①具有限定意义的平等,那么我们可以说,怜恤就是一种不平等和不义,因为作为对有限的善的交换,它所要求的乃是无限的赐赠,或更确切地说,从该词任何一个意义上来看,它都不是一种交换:它是某种本质上不对称的关系。它所指的是,即便自己并非他人不幸的根源,他仍会觉得自己同这不幸有关。它所指的是,只要他人诉求,就应该去对他做出回应,而不应因与自己有关才去这么做。要而言之,它所指的就是,将不应由自己承担的债务由自己应承下来。

哲学家列维纳斯(Emmanuel Levinas)深刻地分析了这种关系(他分析了《旧约》中的先知,而非福音书中的道德:显然,他在两个事例中发现了同样明确的特点,从根本上来说,它们涉及的是贯穿了整本《圣经》的同一个伦理)。他坚称不对称这一特点,并表明这种不对称乃是"原罪"这一神秘观念的真正内涵。

原罪意指的并非任何一种集体过错,这种过错像是从外部,从他们都是人类大家庭的一员这样一个简单的事实,从本身丝毫没有作过恶的个人那里得来。他所意指的是,人类所有个体确实都是有罪的,因他们永远不可能清偿债务,自《摩

---

① 我们还记得,"交换"正义(供交换的事物应具相同的价值)和"分配"正义(每个人都应该从共同的财产中依其自身的贡献得到相应的部分)就是这种情况。

西五经》和福音书向他们揭示了那些戒律起,这债务便落到了他们身上。此种处境具有"原初性",从这个意义上说,它同我们之所以为人的境遇有关系:我们的道德良知将我们构建成处于无条件欠他人债务的状况中,也就是说,在我们尚未缔结合约之前,或在任何反思之前,我们就这样了。只要某处存在苦难,尽管我们完全不是这苦难的因,但我们还是会在某种程度上感觉到,自己负有责任。[715]同样,当我们践行了所有的合约时,我们仍没有道德上的权利使自己同与我们面对面的人类不产生利害关系。列维纳斯说,我们的道德态度应该同亚伯拉罕向上帝作的回应"我来了!"去比较,这一即刻的、无条件的回应产生于任何计算之前(就像康德[Kant]的绝对命令一样)。说人类是"罪人",意指的是,他的道德债务永远无法清偿。

列维纳斯出色地表明了,正是接受这样一种并未缔结的债务才构成了人类的人性——因此,从某种意义上说,它同拉丁人文主义所推行的人性截然不同。对列维纳斯而言,这开启了"为他人负责"的先河。没有这一点,人只不过具有基本欲求(*conatus essendi*)而已,同石子或星辰毫无区别,它们只*沿着自己的存在之路走去*,对其他的存在毫不关心。这样一种人当然不会去作恶;当他对别人犯了错时,他会去弥补;他会"如数"偿付自己的债务。但一旦这么做了,他就会一走了之,剩下的事再也与他无关。照列维纳斯的说法,这样一种道德会导向奥斯维辛集中营。只有《圣经》中先知的伦理才能将人从此种本体论的状态中连根拔起。《圣经》之人是"不同的存在",他不会将自己视为自己原本所是的"存在",而是懂得如何让造物(Création)臻于完善,也就是说懂得如何对其进行转换。只有在历史中参与弥赛亚信仰的生成时,他才成其所"是"。《圣经》之人并非希腊意义上的本质(*ousia*),因这深刻的理性,他不会满足于亚里士多德或斯多阿派的简单"正义"。①

新的正义和"天国"

但若新的伦理关系不平等和不公正,基督又如何能声称它是"正义"的呢? 答复就出现在冠以"至福"(Béatitudes)之名的名篇中,它就在"登山训众"之前:

---

① 列维纳斯的主要著作有《整全与无限》(*Totalité et Infini*),La Haye,Martinus Nijhof,1961;Paris,Livre de Poche,Biblio-Essais 丛书。《不同的存在或对本质的超越》(*Autrement qu'être ou au-delà de l'essence*),La Haye,Martinus Nijhof,1974;Paris,Livre de Poche,Biblio-Essais 丛书,1992;《艰难的自由》(*Difficile Liberté*),Paris,Albin Michel,1963,Livre de Poche,Biblio-Essais 丛书,1995。

虚心的人有福了，因为天国（basileia tôn ouranôn）是他们的。温柔的人有福了，因为他们必承受地土[《诗篇》37：11；《创世记》13：15]。哀恸的人有福了，因为他们必得安慰。饥渴慕义的人有福了，因为他们必得饱足。怜恤（eleémones）①的人有福了，因为他们必蒙怜恤。清心的人有福了，因为他们必得见神。使人[716]和睦的人有福了，因为他们必称为神的儿子。为义受逼迫的人有福了，因为天国是他们的。应当欢喜快乐，因为你们在天上的赏赐是大的（《马太福音》5：3—12②）。

确实，那些怜恤之人并未局限于只做"应份"之事的道德要求，这乃是自然正义的精确计算所得来，他们会因在这尘世付出过多，却从未得到回报而受到谴责。从这种意义上说，他们都是失败者。然而，基督却向他们允诺"天国"，前往应许之地，得安慰，受怜恤，见那至福的景象。在他们的奥义中，诸种实在同爱的债务一般都显得同样重要，同样少于算计。怜恤之人给予的比他们应给予的更多，但作为回报，他们也会获得比他们应份的更多。因此，我们发现，若怜恤完全排除了法典和律法意义上的算计，那它仍会有一种公平，因而是正义的交换形式——当然是一种前所未闻，充满吊诡的形式。

如果在正义规定的对他人负责与怜恤规定的对他人负责之间确实没有共同的尺度，那么在人据正义所希求的有限的善与上帝向怜恤者所应许的无限的善之间也不会有共同的尺度。若他摒弃在怜恤中算计，那上帝也不会去算计他的报偿，相反，若他知晓上帝给予他报偿时不会有所估量，那么对人而言，他对怜恤不去估量也就有了意义。这便是基督所说的"新的约"。这已不再是西奈山上封存起来的与成文律法所定的约，这个约设定了限度，要求两方之间互相承担义务。它乃是"爱"之约。

①　指那些受"怜悯"的人。
②　和合本《马太福音》中"哀恸的人……"这句在"温柔的人……"之前，和合本11"人若因我辱骂你们，逼迫你们，捏造各样坏话毁谤你们，你们就有福了"，及12的末一句"在你们以前的先知，人也是这样逼迫他们"，原文均缺。——译注

耶稣在此使自己延续了流亡时代的旧约预言（耶利米、以西结、后以赛亚……，参阅上文），这些预言本质上具有相同的意图，也在宣扬"新的约"。但他使其更为激进，使这种表达更为体系化。

福音书吊诡的末世论

[717]新的正义奇怪地改变了人同尘世生活，因而也是同社会及"政治"生活之间的关系。耶稣说，他向怜恤之人所应许的这"国""不属这个世界"。因为，既然人自此以后无法在道德及社会生活中精确地确认何为"应分"、何为给予他的限度，那么其结果便会表明，唯一的限度就是死亡，从这个意义上说，就是"出离"世界的出口。那懂得如何实践怜恤的人对于人类普通的正义已不知满足，他会扰乱、挫败统治社会秩序的计划和算计，他只能同时使自己清空自己所拥有的权利和自身的存在，同时又会在他人那里激起不解、讥讽和憎恨。他投身于无法适应的、断裂的生活之中，这生活会将他引往苦痛、危险、迫害，最终通向死亡。当自然正义对生活有所允诺的时候，怜恤却通往了十字架。

由于耶稣使先知的伦理信息更为激进，故而他便将弥赛亚这个人物先前数世纪的演化过程导向了终结，首先是志得意满的国王形象，然后如我们所见是永在不断"掏空"（kénotiques）的那些形象（后以赛亚的"受难的仆人"、后撒迦利亚的"被刺穿者"）。

但只有死亡本身才会通往"上帝之国"。福音书以前所未有的精确性、①相对的丰富性，描述了天堂和地狱。这个天国自现在起便向那些死者敞开（被钉十字架的耶稣对"悔改的强盗"说："今日你要同我在乐园[Paradis]里了"，《路加福音》23：43），而对那些生者而言，他则是他们为人处世的参照，他能赋予人类生存中的诺言和牺牲以意义（"你的父看见你在暗中行的事"）。基督徒的生活与《但以理书》那个时代埃斯蒂安人的生活相比已大异其道。埃斯蒂安人等待弥赛亚于今后降临（虽然认为[718]降临会即刻发生）；此种期待在"水平的"尘世维度内展开。而此后，张力则处在"垂直向度"上。末世论中的"末世"已经来临，就在我们的"上方"。并非历史将使人集体变成信徒，而是个体的行为

---

① 不过，受到了先前两约之间时期文学，尤其是艾色尼人著作的影响。

向每一个人或敞开或不敞开"上帝之国"中的位置,那里既没有时间,也没有可供指定的场所,它就是不可见的"现在"。

福音书确证了《圣经》的传统末世论已向吊诡的"现世末世论"转变。基督断言,他就是犹太人所期待的弥赛亚;因此,他们不用再等待他的来临。正如他在道成肉身(Incarnation)之前就已存在于上帝之中一样,①他现在也已复归天国。故而,耶稣升天之后,基督徒不再期望他的来临,而是期望他的"复归",更确切地说,是期望一份新的"启示"或"耶稣再临人间"(Parousie)。这个"国"永远悬垂或迫近着。

> 你们知道人子近了,正在门口了。[……]但[他来临的]那日子、那时辰,没有人知道,连天上的使者也不知道,子也不知道,只有父知道(《马可福音》13:29—32)。

> 法利赛人问[耶稣]:"神的国几时来到?"耶稣回答说:"神的国来到,不是人的眼所能见的。"人不会说:"看哪,在这里","看哪,在那里"。因为神的国就在你们心里(《路加福音》17:20—21)。

然而,这个国只有对那些能听见圣言及"预备好的人"才会显现出来。

> 所以,你们也要预备,因为你们想不到的时候,人子就来了(《马太福音》24:44)。

"十童女"的寓言(《马太福音》25:1—3)说的是,十个小女孩晚上拿着灯出去迎接新郎(Époux)。其中五个做好了准备,带好了灯油,另五个什么都没带。就在这五个人不得不折回去取油的时候,新郎却来了。

---

① 在先知的文本中,弥赛亚就已经是这种情况了。弥赛亚自太初起便已存在,他与上帝共同永存。但以理的"人子"从"云中"而来,是天国的儿子。《新约》秉承了这种观念(《约翰福音》1:1—2),而基督教神学将其发展之后,终使耶稣成了人子,他"孕育而出,而非受造而成",遂成了三位一体(Trinité)中三个位格中的一位。

结论是:"你们要警醒,因为那日子、那时辰,你们不知道。"

[719]因而,末世论的期待意义有了改变。基督所要求的乃是内心的皈依,它可使人立刻行动起来。他并未,至少并未以直接的方式,将希望置于社会、政治和世界这些外在的转型之中。他的来临乃是内心转化的结果。①

基督的教义"该撒的物当归给该撒……"②

由此在论述尘世权力的地位问题时,便产生了一个显明的论题。

当犹太人想要立基督为王时,他独自躲进了山上(《约翰福音》6:14—15)。③ 同样,当他被领到彼拉多面前受审时,他也拒不接受尘世的王权。

> 彼拉多[……]叫耶稣来,对他说:"你是犹太人的王吗?"耶稣回答说:"这话是你自己说的,还是别人论我对你说的呢?"彼拉多说:"我岂是犹太人呢? 你本国的人和祭司长把你交给我!你做了什么事呢?"耶稣回答说:"我的国不属这世界。我的国若属这世界,我的臣仆必要争战,使我不至于被交给犹太人。只是我的国不属这世界。"彼拉多就对他说:"这样,你是王吗?"耶稣回答说:"你说我是王。我为此来到世间,④特为给真理作见证。凡属真理的人就听我的话。"彼拉多说:"真理是什么呢?"(《约翰

---

① 然而,福音书里有更为经典的末世论结构的文本:《马可福音》13 这篇著名的末世论演讲说的就是分娩的痛苦、耶路撒冷深重的磨难、人子充满荣光的启示。

② 和合本中的该撒即指凯撒。——译注

③ 他想必会很熟悉在自己所处的那个时代,那些照字面阐释弥赛亚来临和启示预言的犹太鼓动者所遭受的灾难,如希西家的儿子犹大、阿特龙(Athrongès)、加利利人犹大(Judas le Gaulanite;奋锐党的创建者)、巴拉巴(Barabbas;有名的"强盗",他因取代耶稣而获释)、达太(Theudas),还有拿撒勒人(Nazaréen)讲道及死亡之后的另一些人。若我们相信犹太史学家约瑟夫(Flavius Josèphe)的叙述,就可发现所有与这些事件同代的人均想让自己成为别人心目中的犹太"国王",他们承诺上帝会来佑助,宣称死亡毫不足惜,他们吸引了一小批支持者,尤其是那些从罗马的苛捐杂税中解脱出来的人一起来分享他们的期望,他们打了几次漂亮的胜仗,但最终还是遭到占领者手下的治安官的追杀。参阅 Pierre Grelot,前揭,p. 168—179。

④ 和合本《约翰福音》中"我为此来到世间"前尚有"我为此而生"这一句。——译注

福音》18:33—38)①

[720]因此,"绝对权力"(royauté)和耶稣的弥赛亚性(messianité)成了真理的功用,而非权力的施行。人们不懂得如何去清晰地表达"属灵权力"和"尘世权力",以及灵与强力各自活动之间的区别。耶稣想转化这世界,但靠的是"真理"。

当然,从所罗门开始,《圣经》便赋予了国王的"智慧"以价值(我们发现,这个论题已被希腊的君主制理论阐述过无数遍)。在先知那里,国王弥赛亚成了这样一个人,上帝的 ruah(灵)和他所有的"禀赋",如智慧、聪明、劝诫……在一起。而此处的灵和权力这两个类别却彻底分离。

然而,耶稣谴责尘世权力了吗?"纳税给该撒"这则著名的插曲在这方面倒使我们能明确他的立场。

当时,法利赛人出去,商议怎样就着耶稣的话陷害他,就打发他们的门徒同希律党的人去见耶稣,说:"夫子,我们知道你是诚实人,并且诚诚实实传神的道,什么人你都不徇情面,因为你不看人的地位。请告诉我们,你的意见如何?纳税给该撒可以不可以?"耶稣看出他们的恶意,就说:"假冒为善的人哪,为什么试探我?拿一个上税的钱给我看。"他们就拿一个银钱来给他。耶稣说:"这像和这号是谁的?"他们说:"是该撒的。"耶稣说:"这样,该撒的物当归给该撒,神的物当归给神。"他们听见就稀奇,离开他走了(《马太福音》22:15—22;参阅《马可福音》12:13—17;《路加福音》20:20—26)。

我们发现,耶稣想通过"真理"的功用努力使"上帝之国"来临,却又不去否弃尘世权力中的种种权利。他似乎认为这两种功用中每一种都

① 对观福音书(les Évangiles synoptiques;马太、马可和路加三福音书的总称——译注)在叙述同样的场景(《马太福音》27:1—2,11—14;《马可福音》15:1—5;《路加福音》23:1—5)时未清楚地引用耶稣的回答"我的国不属这世界"。但在另外一些版本中,耶稣拒绝回答彼拉多的提问:"你是犹太人的王吗?"几乎是无声胜有声。耶稣既不想收复大卫的王权,也不想得到圣职。

有其正当性。当然,他也继续将自己置于先知传统的前景之中,据此,尘世权力就应该承认由上帝启示的道德准则和末世论前景。但从他的举止看,他几乎是站在"玛加伯诸圣"的对立面。他不去召唤仇恨,对摧毁国家也怀着蔑视之情:他在耶稣受难(Passion)的福音场景中并未对本丢·彼拉多表现出任何攻击性,[721]甚至连挑战的姿态都没有。此外,他似乎也没有追随"无体制的共同体"这一梦想。他甚至表现出对帝国的赞同,就好像他认为,为了属灵的权力能专注于真理,尘世权力就必须在自己那一边谨守公共秩序似的。他考虑到对角色的分担:与尘世相关的任何事物都归"该撒",而他的代表、圣人、先知,亦即那些"属于真理"的人,所有那些同拯救的信息相关的事物都该归"上帝"。

基督的这一立场或许是因为如下事实,即他宣讲的时代同耶利米或以西结的不同。对他而言,"凯撒"不再是"巴比伦"。它是公民的、世俗的、非神圣的、由人类法律管理的国家,在犹地亚四周,在希律王统治的犹地亚内部,希腊化社会,特别是罗马为它提供了一种典范。耶稣在这世界中出生长大,至少他与之离得足够近,能很好地理解这些基本的准则。

罗马国在处理宗教事务时或多或少都持一种宽容或漠不关心的态度。因它幅员辽阔,种族众多,所以在此方面秉持的就更会是相对主义(参阅彼拉多在回答耶稣时所作的怀疑的、不抱任何幻想的答复:"真理是什么呢?")。我们有种感觉,就是耶稣所依凭的恰是这种相对于国家的中立状态,他让先知去从事"真理"的工作,只要先知在他们那一边也能让国家做好维护秩序的工作。这样,我们就能理解他做出的那个回答为何具有对称的形式:"该撒的物当归给该撒,神的物当归给神……"上帝必须承认凯撒的正当性,只要人们也能让凯撒管好他自己的事,且承认新的正义的信徒拥有宗教和道德上的自由即可。

耶稣无疑并未提出这样的教义,该教义曾由城邦的范式,即历史提了出来。我们猜想法老王的埃及曾语焉不详地说过这句句子。耶稣与其最初的几个门徒,尤其是圣保罗均是《圣经》中首批以政治(没有引号)方式来思考问题的人。

从历史上看,无论是基督教,还是——部分的——犹太教士的犹太教都在公民国家或准"世俗"的背景中发展起来。他们或许已无法另外对独立不羁的"属灵生命"做什么阐释了。

要而言之,《圣经》中有一种宗教和道德的原则,相对于属灵的权力,它们对尘世权力还是持不信任的态度。这两种权力之间的距离到古代犹太教的最末几个世纪时变得日益扩大,因为尘世权力已由国外的力量掌控了。后来,犹太教士的犹太教和基督教都建立了"教会",或者说建立了"纯粹"属灵的权力,因为他们在希腊化和罗马的社会中均得到了发展,在这些社会中,"世俗"国家的典范在对先前独立演进的进程持赞成态度的同时[722]也早已建立了起来。从某种意义上可说,这两种从根源上彼此完全独立的文化演进过程"奇迹般"地相遇在了一起,这使以两种权力彻底分开为特色的东方国家体制的寿终正寝成了可能。

这种相对于尘世权力的修复工作可以在圣保罗那里找到。

圣保罗的政治神学

生平与著作

圣保罗(公元5/10—67年)是出生于西里西亚的塔尔斯(Tarse en Cilicia,小亚细亚东南部地区)的法利赛犹太人,自出生起便是罗马公民。他最初对基督教持严厉的镇压态度,约在34或36年,又皈依了基督教(那是因"大马色之途"上见到了那著名的景象之故,《使徒行传》9:3—6),自那时起,他从希腊化基督教中心安提阿始,在异教世界组织了好几个教会。或许是由于他受过犹太教士的知识训练,他成了基督教初创时期最为杰出的学者。58年,他在撒都该人的唆使下被捕,并被押解至罗马,旋即遭释放,但最终于67年尼禄迫害基督徒时被杀。

圣保罗写了13篇"使徒书信":《罗马书》(Romains)、《哥林多前后书》(Corinthiens)、《加拉太书》(Galates)、《以弗所书》(Éphésiens)、《腓立比书》(Philippiens)、《歌罗西书》(Colossiens)、《帖撒罗尼迦前后书》(Thessa- loniciens)、《提摩太前后书》(Timothée)、《提多书》(Tite)、《腓利门书》(Philémon)。《希伯来书》(Épître aux Hébreux)从教义上固定了犹太教和基督教之间的关系,现代批评家认为此信不是他所作,但该信显然受到了他的影响。仅圣保罗的文本在《新约》中就占了约四分之一的比例,它们是基督教神学的主要支柱之一。圣保罗的神学尤其可以称作"基督论"(Christologie),也就是说研究的是基督的教义、他的本性、他的死亡和他的复活。

尘世权力的正当性:"没有权柄不是出于神的……"

[723]首先,圣保罗将基督的教义纳为自己的教义,我们这就来分析一下:既然上帝之国不属这世界,那么对基督徒来说,就不存在去征服或去创建一个国家,也不存在施行尘世权力这回事。就像法利赛人,他们特别对从罗马人这里脱离出来的独立战争持全盘否弃的态度(此外,在政治及社会动荡时期,草创的基督教教会与犹太人的民族主义运动一样都遭到了罗马的镇压,且险些被扼杀于萌芽之中)。教会的唯一

目的应该是追随耶稣宣讲的普世之道：为此，教会需要时间，应该同当局保持和睦。

因此，圣保罗在《罗马书》中主张的是"保守主义"政策：

> 在上有权柄的，人人当顺服他。因为没有权柄不是出于神的，①凡掌权的都是神所命的。所以抗拒掌权的，就是抗拒神的命。抗拒的必自取刑罚。作官的原不是叫行善的惧怕，乃是叫作恶的惧怕。你愿意不惧怕掌权的吗？你只要行善，就可得他的称赞；因为他是神的用人，是与你有益的。你若作恶，却当惧怕；因为他不是空空地佩剑：他是神的用人，是申冤的，刑罚那作恶的。所以你们必须顺服，不但是因为刑罚，也是因为良心。你们纳粮不也为这个缘故吗？因他们是神的差役，常常特管这事。凡人所当得的，就给他；当得粮的，给他纳粮；当得税的，给他上税；当惧怕的，惧怕他；当恭敬的，恭敬他（《罗马书》13：1—7）。

这也是耶稣的立场：该撒的物当归给该撒。另外，使徒书信处处都在吁求安宁，不仅是政治的，还有"社会"方面的安宁：

> 你们作仆人的，要凡事听从你们肉身的主人，不要只在眼前侍奉，像是讨人喜欢的，总要[724]存心诚实敬畏主。无论做什么，都要从心里做，像是给主做的，不是给人做的，因为你们知道从主那里必得着基业为赏赐。你们所侍奉的乃是主基督：那行不义的，必受不义的报应，主并不偏待人。你们作主人的，要公公平平地待仆人，因为知道你们也有一位主在天上（《歌罗西书》3：22—4：1）。

圣保罗重复了这些劝诫：必须忠于君王和当局（《提多书》3：1），甚至还有无数犹太人耳熟能详的话，即必须为当局祈祷（我们记得，耶利米也曾这么要求过巴比伦的犹太囚犯）：

---

① 拉丁语 *nulla potestas nisi a Deo*，这句名言须记住，因我们后面经常会提到它。

> 我劝你第一要为万人恳求、祷告、代求、祝谢，为君王和一切在位的，使我们可以敬虔、端正、平安无事地度日（《提摩太前书》2：1—2）。

因此，这个世界当前的社会政治秩序就会得到神性的保障，尽管有些不太可靠。

必须注意的是，圣保罗的保守主义立场由我们刚才读到的那些不太慎重的措辞表达了出来，它们将会对基督教的政治传统形成沉重的后果。整个保守的，甚至是专制的基督教都将依赖这使徒的权威。

基督教的普世性

直到启示时代，犹太教的弥赛亚信仰从未丧失过其自身的民族主义色彩：对先知来说，它一直想做的就是在耶路撒冷恢复犹大—以色列王国，而使造物这项工作得以完善的道德承担也总是保留给"以色列的残存者"。另一方面，尽管先知的道德总是使穷人、寡妇和孤儿免遭不义，但《旧约》从未将自己宣扬成是社会平等的原则。然而，圣保罗却宣称：

> 在此并不分希腊人、犹太人、受割礼的、未受割礼的、化外人、西古提人①、为奴的、自主的；惟有基督是包括一切，又住在各人之内（《歌罗西人》3：11）。

圣保罗此处所断言的乃是双重的普世主义：基督教既不接受建立于种族基础上的对人类的划分（"不分希腊人、犹太人"），也不接受建立于社会阶层上的划分（"为奴的、[725]自主的"）。他之所以会被引向这个立场，毫无疑问是因为他既受到了希腊化文化，也受到了犹太文化的影响，他从各个方面历经了罗马这个世界城邦（cosmoplis），他所拥有的罗马公民的身份，使他或多或少地觉得自己是其中的一分子。但他在此尤其表达出了耶稣思想的本质，他从怜悯这一道德感出发，"专断

---

① 和合本中所称的西古提人就是斯奇提亚人。——译注

地"提出了普遍合理性这一表达方式：所有人都"被拣选了出来"，被认为能践行新的正义，而不仅仅是犹太人。撒玛利亚人也能理解整个人类都是他的"邻人"，从这个方面来说，他比"教士"和"利未人"（《路加福音》10：29—37）高明，那女罪人也要比"法利赛人"（《路加福音》7：36—50）高明得多。

基督教（如同玛加伯危机之前的犹太教，以及之后的伊斯兰教）以这普世主义之名，将成为改宗风潮风起云涌的宗教，其目的就是要使整个人类都实实在在地皈依过来。①

教会的必要性

然而，内心的皈依只有在一种条件下方能达成：即世界中存在教会。圣保罗采取了某种不乏严格性的推论，以使别人都能承认他的神学前提。

若想使人对"登山训众"极其严格的要求做出回应，人自身的力量肯定是不够的。罪人无法成为义人，因为他到死都无法去爱。然而，基督在十字架上的牺牲及随后的复活，不仅对基督本人而言，而且对全人类而言，都能够消灭死的帝国。

> 这就如罪是从一人［亚当］入了世界，死又是从罪来的［……］照样，因一人［耶稣］的义行，众人也就被称义得生命了（《罗马书》5：12，18）。

作为新亚当的耶稣以其对死亡的胜利参与了全人类。基督此种对死亡和复活的参与通过洗礼才得以发生：

> 岂不知我们这受洗归入基督耶稣的人，是受洗归入他的死吗？所以［726］我们藉着洗礼归入死，和他一同埋葬，原是叫我们一举一动有新生的形式，像基督藉着父的荣耀从死里复活一样。我们若在他死的形状上与他联合，也要在他复活的形状上与他联合。

---

① 此外，基督还明确地派自己的门徒去全地传道："你们要去教化万民。"（《马太福音》28：19）

因为知道我们的旧人和他同钉十字架,使罪身灭绝,叫我们不再作罪的奴仆(《罗马书》6:3—7)。

通过洗礼,人成为教会的一员,教会自身则是"基督"的"奥体"(corps mystique)。① 它"化为基督"。这种"内化"在他体内创造了一个新人,他被定义成属"灵"(pneuma),而非属"肉体"(sarx)。"凡属基督的人,是已经把肉体连同肉体的邪情私欲同钉在十字架上了。"(《加拉太书》5:25②)因而,受洗礼者成了原罪(la Chute)之前的人。以此身份,他就能施行正义。

这也就说明了自此以后世界上为什么会出现一些相当"疯狂"的人,可以说,他们就是想超越古老的正义。若没有洗礼的恩典,人类便不可能"自我超越",超越他们的本性,因而世界也将继续沿着自己通常的轨道运行。更应该去相信基督的神圣性和他的复活:只有那相信基督的人才能成为该词新的意义上的"义人"。③

我们完成了推论。若只有受洗礼者才能为义人,若只有作为基督奥体的教会才能施行洗礼,那么结果便是,教会的圣事活动成了先决(sine qua non)条件,有了它,真正的正义才能存在于世,世界也才能朝着末世论的目的行进而去。我们认为,圣保罗对这新的"属灵权力"比对"尘世权力"更感兴趣,只有它才蕴含着人类深刻转型的萌芽,而后者只会去专注老的亚当之人的生命。——[727]我们将会发现圣奥古斯丁对教会优越于国家做出了何种阐述。

《使徒行传》中原始教会的财产共同体

《使徒行传》(Actes des Apôtres)中有篇文本经常被后世,如中世

---

① "神使[基督]为教会作万有之首,教会是他的身体。"(《以弗所书》1:22—23)"他也是教会全体之首,他是元始,是从死里首先复生的,使他可以在凡事上居首位。"(《歌罗西书》1:18)

② 和合本《加拉太书》为5:24。——译注

③ 因信称义(justification par la foi)这一主题在保罗使徒书信的其他许多段落中都有阐述(譬如《罗马书》3:21—26;《罗马书》3:28;《以弗所书》2:8;《腓立比书》3:9;《提多书》3:4—5),使清教的神学家很是入迷。

纪宣扬平等主义的千禧年主义支持者,现代受社会主义吸引的基督徒所引用。它提到了原始教会中起主导作用的财产共同体。由于该共同体本来就是后世典范,故而基督教本质上也就是社会主义或共产主义。

> 那许多信的人都是一心一意的。没有一人说他的东西有一样是自己的,都是大家公用。[……]内中也没有一个缺乏的;因为人人将田产房屋都卖了,把所卖的价银拿来,放在使徒脚前。照各人所需用的,分给各人(《使徒行传》4:32—35)。

该文本甚至对那些不愿将自家东西拿作公用的人发出了可怕的威胁:

> 有一个人,名叫亚拿尼亚(Ananie),同他的妻子撒非喇(Saphire)卖了田产……把价银私自留下几份,他的妻子也知道,其余的几份拿来放在使徒脚前。彼得(Pierre)说:"亚拿尼亚,为什么撒但充满了你的心,叫你欺哄圣灵,把田地的价银私自留下几份呢?田地还没有卖,不是你自己的吗?既卖了,价银不是你作主吗?你怎么心里起这意念呢?你不是欺哄人,是欺哄神了。"亚拿尼亚听见这话,就仆倒,断了气。听见的人都甚惧怕(《使徒行传》4:1—5①)。

同样的命运几个小时后也落到了亚拿尼亚妻子的身上,让"整个教会"感到莫大的恐惧……

当然彼得的谴责针对的是亚拿尼亚和他妻子撒谎,而并不是因他们不愿给出自己的财产(他们拥有不给予的自由)。这就是为什么该文本被中世纪宗教评议会做了严格的阐释,他们提出,财产共同体的理想不该是所有人的理想,而仅仅是那些[728]为此而接受特殊召唤的人,

---

① 和合本《使徒行传》为 5:1—5。——译注

即修道士的理想。对私有财产的反对者而言,他们有可贵的《圣经》作为参照。

然而,该文本很孤立。在福音书中,我们发现了很多基督之言(logia),他似乎赞成私有财产制,而将道德要求置于另一层面,这一层面是对该体制的压制:关于才能的寓言,关于撒玛利亚好人的寓言,等等;同样还有保罗的使徒书信。

约翰《启示录》和千禧年主义

《新约》以约翰《启示录》作结,它似乎同末世论中最古典的形象(从这一方面来看,它与我们所说的福音书吊诡的末世论形成了对比)恢复了联系。该卷经卷描述了一番末世的独特场景,与但以理和犹太启示文学一脉相承。但它添加了一个原创的观念:在严格意义上的末世之前,将有一段千年的幸福时期,即所谓的"地上天国"。

《启示录》这篇文本或可追溯到尼禄迫害和犹太战争时期(65—70),或更为可信的是,可追溯到多米提安统治的末期(91—96)。

它所呈现的是启示的场景。叙述者是先知约翰。① 他当时待在拔摩(Patmos)岛上,处于狂喜状态之中。人子向他显现,对他的描写与《但以理书》中的措辞如出一辙,但此处的人子乃是耶稣—基督。这天国之人向他说话:"你要把所看见的和现在的事,并将来必成的事都写出来。"(《启示录》1:19)于是,约翰有了一系列幻景(和幻听):他认为应将这些转化的信息传播至小亚细亚的七个主要基督教会,然后他获得了历史(Histoire)最后阶段的启示:末世开端、即刻而来的考验、末世大战,最后是大功告成和最终的启示。在这些最后阶段,羔羊(Agneau),即耶稣—基督的主要职责乃是上帝让他使世界回复正道。

我们首先摘引最后诸章,然后阐述这些文本所导致的两类阐释。

文本

> [729]我又看见一位天使从天降下。
> 他手里拿着无底坑的钥匙和一条大链子。
> 他捉住那龙,就是古蛇,又叫魔鬼,也叫撒但,把它捆绑一

---

① 不可排除,该经卷实际上是由撰写了第四福音书的约翰所写。

千年。

他把它扔在无底坑里,将无底坑关闭,用印封上,使它不得再迷惑列国,等到那一千年完了。

以后必须暂时释放它。①

我又看见几个宝座。

也有坐在上面的,并有审判的权柄赐给他们。

我又看见那些因为给耶稣作见证,并为神之道被斩者的灵魂,和那没有拜过兽与兽像②,也没有在额上和手上受过它印记之人的灵魂。

他们都复活了,③与基督一同作王一千年。

其余的死人还没有复活,直等那一千年完了。

这是头一次的复活。④ 第二次的死⑤在他们身上没有权柄:

他们必作神和基督的祭司,

并要与基督一同作王一千年。

那一千年完了,撒但必从监牢里被释放,出来要迷惑地上四方的列国,就是歌革和玛各。⑥

他叫他们聚集争战:他们的人数多如海沙。

他们上来遍满了全地,围住圣徒的营与蒙爱的城。

但有火从天降下,烧灭了他们。⑦

[730]那迷惑他们的魔鬼被扔在硫磺的火湖里,就是兽和假先

---

① 无疑就是《但以理书》(及《启示录》11:2 和 12:2[和合本为 12:6——译注])中所说的三年半时间。

② 是指那些拒绝敬拜罗马皇帝的人。

③ 是对《但以理书》中所说的义人复活教义的确认。

④ 只有义人才能在"头一次的复活"中复苏过来。

⑤ 指地狱。

⑥ 这些名字也在《旧约》里出现过,但意义不同。歌革是《历代志上》5:4 中流便的后裔。玛各是《创世记》10:2 中雅弗(Japhet)的儿子。我们还记得,《以西结书》38—39 讲过玛各王歌革同重建的以色列争战的情景。总之,犹太教传统认为歌革和玛各这两个民族在弥赛亚时代之前、期间及之后都一直在攻击以色列。

⑦ 是对"末世战争"这一古典场景的重复。

知所在的地方。①

他们必昼夜受痛苦,直到永永远远。

我又看见有一个白色的大宝座与坐在上面的:

从他面前天地都逃避,再无可见之处了。②

我又看见死了的人,无论大小,都站在宝座前,③

案卷展开了,

并且另有一卷展开:就是生命册,④

死了的人都凭着这些案卷所记载的,照他们所行的受审判。

海交出其中的死人,

死亡和阴间也交出其中的死人,

他们都照各人所行的受审判。

于是,死亡和阴间也被扔在火湖里。

这火湖就是第二次的死!

若有人名字没记在生命册上,他就被扔在火湖里(《启示录》20:1—15)。

紧随"新耶路撒冷"这幅图景之后,便是人类及宇宙存在的终极目标。该文本为了描写这一目标,许多次都用了"新"这个词,该词清楚地表明了对时间的感知所发生的变化。《传道书》中说:"日光之下,并无

---

① 因此,末世将会出现"假先知",他们会宣称自己是圣人或祭司,但却是作了伪装的背信弃义的魔鬼。今后千禧年主义者的预言将重述并扩展这一主题。恰是以这些传统为基础,中世纪的千禧年主义者及后来的新教徒才将教皇视为魔鬼般的人物和"敌基督者"(Antéchrist)。必须注意的是,"敌基督者"这一表达法并未出现于《启示录》中,尽管在千禧年来临之前的最后一场末世争战中,基督教的千禧年主义者会用这名字称其为恶之军队的首领。"敌基督者"这个词出现于约翰的书信(《约翰一书》2:18,22;4:3—4;《约翰二书》7)中。《启示录》提到了"兽"(第13章),《新约》中的其他段落提到了"渎神者""迷失者"和"敌手"。这些人物与《旧约》中的"撒但"(《历代志上》21:1;《约伯记》1:6;《撒迦利亚书》3:1—2)或"魔鬼"(《智慧篇》2:24;《创世记》3)相对应。
② 古代世界,即历史上的"大地"和"天际"都消失得无影无踪。
③ 这就是"末日审判"。这次,所有人,无论是罪人还是义人都将复活,以在审判者(Juge)面前受审。
④ 在这些册子里,人类的所有行为都记录在案,参阅《但以理书》7:10与《启示录》3:5。亦可参阅 Diesiræ: liber scriptus proferetur... quicquid latet apparebit("写有文字的册子将展开……隐藏的万物终将显明。")这篇文本。

新事。"(《传道书》1:9)相反,末世论前景须以创造性的时间为前提。

> [731]我又看见一个新天新地,因为先前的天
>
> 地已经过去了,海也不再有了。
>
> 我又看见新圣城耶路撒冷
>
> 由神那里从天而降,
>
> 预备好了,就如新妇妆饰整齐,等候丈夫。①
>
> 我听见有大声音从宝座出来说:
>
> "看哪,神的帐幕在人间。"
>
> 他要与人同住。
>
> 他们要作他的子民,神要亲自与他们同在,作他们的神②。
>
> 神要擦去他们一切的眼泪。
>
> 不再有死亡③。
>
> 也不再有悲哀、哭号、疼痛,
>
> 因为以前的事都过去了。
>
> 坐宝座的说:
>
> "看哪,我将一切都更新了⌊……⌋
>
> 我是阿拉法,我是俄梅戛。"(《启示录》21:1—6)

在基督教传统中,对该文本的阐释可分成两个大类。

千禧年主义者的阐释

如果我们从字面上理解的话,此处所宣称的乃是尘世的和平与幸福时代,它插入于历史之中,在它终结之前。义人都将复活。基督将重

---

① 这一婚姻的象征(耶和华是"新郎",以色列是"新娘")频繁出现于《旧约》、先知诸书及《雅歌》中。该象征常被基督徒借用(首先是基督本人:我们当记得十童女这则寓言)。

② 希腊文抄本中此处用的是希伯来语 Emmanuel(即"上帝与我们同在")。

③ 这最后两节借用了《以赛亚启示录》中的措辞(《以赛亚书》25:6—8)。该文本如"末世盛筵"那几节一样,1 世纪时经常被引用、评注,甚至在法利赛人阶层中亦是如此,比如 targoum(《圣经》的亚兰语译本/诗歌译本),参阅 Pierre Grelot,《耶稣时代犹太人的期待》,前揭,p. 261—263。(targoum 为古希伯来文,意指"那所被翻译的",原指任何语言的《圣经》译本,今专指亚兰文《旧约》的译释本。——译注)

返大地,他将在大地上统治千年。然后,就会发生末世争战和末日审判。这就是千禧年主义的解释。基督教最初几个世纪内,这样的解释绵延不绝,当时基督教社团热切地期待着世界的终结,承受着罗马人的迫害。

象征性的解释

[732]自奥利金,尤其是圣奥古斯丁,也就是说基督教在帝国发挥影响的那时候起,基督教便似乎持久地确立了起来,从某个方面来说,该文本所做的解释颇具象征性。数字"千"应该被理解成一段无定限的极长的时间,且同道成肉身一道呈现出来。因为,自耶稣出现起,撒但便具有"相关性"(《马太福音》12:25—29:"我若靠着神的灵赶鬼[别西卜(Béelzéboul)],这就是神的国临到你们了")。从这个意义上说,千禧年就不是一个即将来临,且需要促成的时期,它本身就是当前时期,是教会的时期,是由福音书的道德要求和期待"耶稣再临人间"(Parousie)的吊诡末世论所紧迫要求的时间。在这段时期内,基督已在统治,上帝之国也已向义人敞开——即便这国不属这世界也罢。

解释的这种双重性对政治及社会观念史产生了重大的影响:根据人们将这国看成属尘世还是天国而定,他们对不义和这个世界上的其他罪过便不可能拥有相同的耐心,他们所形成的看法同当局能将之固定于基督教社会之中的诸多理想化目标不同。总之,千禧年主义颇具革命性——甚至具有不宽容和狂热的特性——或改良主义的性质,它滋养了社会、经济和科学发展这样的观念。相反,自圣奥古斯丁在《上帝之城》起便发展而成的象征性解释却认为恶将存留于大地上,直到时间终结,且将其视为某种确定不移的天意:因而,它促成了保守悲观主义的形成。教会因以官方形式谴责千禧年主义,故而在现实中于两极之间摇摆不定,正如我们随后将要看到的那样。

鉴于对古典时期、中世纪和现当代千禧年主义运动来说,对数字和日期的思考具有极端重要性,因此对[733]《启示录》中所引的数字做某些补充说明还是很有必要的。①

---

① 参阅 Jean Delumeau《千年幸福》,前揭,p. 20—21。

千年时期在《旧约》中从未有其先例,它对七这样的节律具有偏好,就像"五十年节"(jubilée)是七个七年(semaine d'année),①即四十九年一样。与 1000 这个数字相关的价值有其巴比伦和伊朗的源头。《诗篇》90 已经说过:"主啊[……]在你看来,千年如已过的昨日。"②《五十年节书》(Livre des Jubilées,成书早于公元前 100 年)曾对亚当死去的年纪做过思考。上帝曾说:"在你吃饭的那一天,你就死去。"然而,《创世记》说,亚当活了有 930 岁。因此,上帝理解中的"一日"应是"千年"。

若对上帝而言千年如"一日",那么 hexameron,即所谓的创世用了"六天"就可按下述(2 世纪初伪巴纳比[Pseudo-Barnabé]书信中解释)的方式去理解。创世所用的六天在现实中长达六千年。在这六日结束时,救世主开启了第七日,那是休息日,及千禧年。最终,在这数千年结束及全体复活之后,开始了"第八日",那是另一个世界,亦即上帝之国。因此,总体言之,世界在历经七千年后将会有好的结局。

《启示录》中的其他数字对千禧年主义者的思考也有莫大的重要性:144000(12000 的 12 倍)以色列人将被标上义人之印(《启示录》7:4),还有"兽的数目"(13:18)666,这是个不祥之数,因其与完美之数 7 的三倍数全不相合。临近 1666 年时,欧洲的许多千禧年主义者都相信末世战争和敌基督者的时代将要来临……我们也还记得《但以理书》中说的要在显赫者安条克统治下经历三年半苦难这说法,即"一年时期,两年时期,再加上半年时期"(说不定是在圣殿设立宙斯祭坛同犹大·玛加伯"净化"祭坛之间实际存在的一个时间段;《但以理书》还说到"1290 日"和"1335 日",参阅《但以理书》12:11—12)。然而,《启示录》中还有个问题,即在 1260 日中,有两个见证人穿着毛衣传道(《启示录》11:3),及一个女人逃入旷野中(《启示录》12:6)。

该文本中还提到了另一个节律,即七"印"相继会被羔羊打碎(第 6 章)、七"号"相继吹响(第 8—11 章)、由神的大怒引发的七"灾"相继扩散开来(第 15—16 章):这个节律于是再次引发了注释者对善的数字之思,他们试图对历史中的这些事件及灾难与《启示录》中这么多可预见的标志做出解释,并指明时间的终结马上就要来临。

[734]最后必须指出的是,千禧年主义所象征的千年肯定是与基督在尘世统治的持久性,而非与其日期相关:"千年恐怖"的问题与千禧年主义者的思考并不相干,况且他们也从未赋予其重要性。

---

① 即《旧约》所定的从第一安息年至下一安息年的七年间歇期。——译注
② 和合本《诗篇》为 90:1—4。——译注

结语

我们似乎觉得,《圣经》作为西方政治传统的成果,尽管丰赡无比,但它仍然只是围绕着两个主要的极点才得以组织起来:即历史时间(temps historique)之末世论"紧迫感",以及对尘世权力的不信任。这两个观念,或说这两种存在论的态度对希腊罗马的宇宙而言完全陌生,它们协助铸成了中世纪与现代西方的政治及社会观念,其间自然是经历了各种各样的转型。

历史时间之末世论"紧迫感"

由于对弥赛亚降临和末世论的期待,《圣经》的时间乃是线性的,而非循环的。这种时间结构上的差异,从"雅典"或"罗马"至"耶路撒冷"都已是耳熟能详之事,且常被提及,但人们有时也会将其视为粗糙的人类学现象,认为它或多或少无法解释。然而我们却相信它就是由先知带来的,且由"登山训众"加以激进化处理的道德革命清晰可见的结果。

《圣经》的道德本质上是一种怜悯的道德;它引向了某种远比以前人类对所受苦难的认识更为尖锐的认知;故而,它将人类直到那时一直在事物永恒秩序的范畴内所判定的恶行视为反常的和不可承受的。它乃是一种反叛本性及其固定形式的原则。

此种形式与由亚里士多德及直到西塞罗与塞涅卡为止的斯多阿派传统所形成的希腊—罗马世界的天赋道德有着根本不同。对这种传统而言,人根本上是一种本质(essence)。人的命运就是要在行为上完整地成为其出生时便潜在拥有的形式(Forme)。[735]然而,人的形式是有限的。正如身体不多不少正好拥有四肢一样,我们可以说,灵魂不多不少也拥有四枢德。无其他美德,无更好的美德,它除了尽情展开这些德行的确定形式之外,别无其他的前景。特别是,正义本质上是一种尺度和限定:正如《学说汇纂》所言,它的目的是"使每个人各得其所",这便导致了精确的计算,通过这些计算,就能严格地对义务做出规定。僭越就是罪过。无限(apeiron)对希腊人来说,乃是一种负面价值,他们将此视为无节制(hybris)。总体而言,世界被视为具有本质上固定的本性;尽管人们揣测自然或社会会呈现出确然的演化进程,但他们还是避免这样的观念,认为所观察到的变化乃是据认会永恒回返的宇宙循环状态中简单的阶段。

相反,对信仰弥赛亚降临的人类而言,历史存在再也无法成为某种

"永恒回返",因上帝是要叫他们完善创世这样的工作。人会成为圣奥古斯丁所说的 *irrequietum cor*,即"永不休憩的心灵"。历史时间因末世论前景而"处于紧迫感"之中:它成为紧迫的时间,用这"剩余的时间"来同恶尽可能地争战,运用人类的所有资源来消灭人类的苦难。历史成为一项规划(projet)。受上帝佑助的人能够也应该据此行动,并进而促使弥赛亚和上帝之国——或新的启示:此处犹太教和基督教之间的这些区别并不太重要——的莅临尽快到来。

我们已经发现,古代社会接受的是神圣秩序,宇宙和社会之间并无区别,神话对其进行描述,仪式定期对其进行强化,仿佛这种外在的形式绝对不可受到亵渎似的:偏离者会受到神圣力量的迁怒。因此,这些社会完全外在于历史。

理智化的、批判的和去神圣化的希腊世界自身也愿意支撑这种变化。但法(nomos)的关键之处就在于,现在也轮到它对自然(physis),首先是人性,作神圣化的处理了。我们在研读自然法的传统时发现,希腊世界已将其视为某种超验的和绝对的准则,人们在研究每个族类中最为完善的个体,从而将他们视为往昔诸种实在的参照时,便会有这样的观念。故而,它从未将历史这样的概念构建成渐进的过程,也从未在政治及社会方面拥有某种"计划"(programme)。

[736]《圣经》宗教呈现出的乃是史无前例的形象,其中的神圣力量自身在先知的斡旋之下要求人类及社会发生深刻的转型,并开启某种前所未闻的未来前景。自此以后,人类由于自知受到了上帝的援助,且成为其协助者,故能够也应该使历史成为一项规划。而且人类自一开始便能对历史进行思索,并对历史概念进行建构。

历史进步既不在于为提出的问题带来解决方法,也不在于发现在人类只满足于观察事物正常的及永恒的性质时产生的见所未见的问题和反常之处。从这个意义上说,进步最大的优点并不能归功于那些解决问题的人,而是得归功于那些创造问题的人,他们如此怪异,以致同当时的因循之风水火不容。然而,发现并创造这些问题,确切地说,都是《圣经》先知所为,这些受挫的"变质者"(André Neher 语)以摧毁自身为代价,要求人们接受他们此前从未表达过的道德要求。

基督就是这么做的:离婚本没有问题,他却引了一个问题进来;谴责税吏和妓女、向某个众人判其有罪的人扔第一块石头、同自己的敌人争斗等本来也没什么问题。如今,这样的态度却都成了问题。在每一个新的问题背后又再次凸显出了解决方案,也就是说要去改变风俗、创建习俗,使历史得以进步。怜恤或爱受到重创之处,也便有了创造的美德。

因而,处处发挥影响的新道德在对时间展望时也带来了动荡;犹太—基督教社会均希望社会能得到转型。其实,除了犹太—基督教文明外,没有任何其他文明曾处心积虑地想要获得什么进步。若西方曾投身于科学、技术、经济和社会的进步,那它肯定该将此看作是对犹太—基督教的传承。

对尘世权力的不信任

《圣经》之人的这第二种信念也传至了西方的政治传统之中,它的意思是,尘世权力最终只能在人类生活中屈居次要地位,因为它丝毫未参与到[737]拯救的构造之中,而这构造却只能依凭人类内心的皈依方能达成。政治权力易受任意意图的影响,其权威机构庇护的是社会的不义,可以说,它在构造上就颇为可疑。它应该受到获启示之人,如先知、圣徒、教士的持续监管,因他们得到了住有上帝之"灵"的良知的引导,构成了我们后面将说到的"属灵的权力"。

我们注意到,两种权力从根本上产生的这种偏移,始自先知对王权所作的批判,然后是弥赛亚式国王和祭司发生的变形,他们愈来愈少被认同为真实的体制,愈来愈多被认同为具有"灵性",然后是神权政治当道,祭司宣称对由外族当权的国家体制不感兴趣——当然是心怀不满——后来,就到了塞琉古和罗马时代,犹太诸部族不仅仅同占领当局,而且还和他们自己的哈斯蒙尼人和希律人开战。最终,属灵和尘世的权力同犹太教士的犹太教及最初的基督教彻底分离了。

在这方面存在于《圣经》和希腊宇宙之间的对照颇为触目惊心。在拿单论及大卫时所作的严厉的道德审判所蕴含的态度中,或在"玛加伯诸圣"论及显赫者安条克时表露出的轻蔑及挑衅的态度中,甚或在耶稣面对彼拉多时明显表露出来的想要协调的态度中,都远不是说它们之间存在差距能加以说明的;而是绝对有某种优越性存在其中。

这里,他们同苏格拉底针对雅典大人物的冷嘲热讽,或犬儒者第欧根尼在亚历山大面前的唐突无礼,甚而远离权力且对其漠不关心的伊壁鸠鲁社团所表露出的漠然置之的态度都相距甚远。斯多阿派的智者确实可以对权力毫不关心,但同样,无论任何事物也都"不用依赖于我们":当情势相违时,塞涅卡便决定摆脱生命,从而也就不用再去参与城邦的事务。但撇开这些情势不谈,对斯多阿派来说不言而喻的是,对人类抱有好感就等于是全身心地、毫无保留地参与到城邦的事务之中。

由于有了《圣经》先知和圣徒的态度,我们只要对领导者和民众施加道德影响力,便可拥有一种真正优越于国家的情感,[738]一种想要将其引往远方的意愿。我们就此相信,只有通过它,国家才对支持和反对拯救义人毫无作为,因义人只在上帝和义人自己的手中。整个国家通过它自己,必然只能永远成为"巴比伦",成为从海中涌出的一头野兽。义人根本无法放心大胆地同它合作。

《圣经》对尘世权力的这种藐视,"圣徒"处于行动无用武之地,甚至不被此世当权者觉知的历史范畴之内的确定性,均在基督教化的社会,甚而是西欧的政治历史中发挥了根本性的作用,况且,这些社会将古典时期的公民传统摆在了很高的地位。希腊—罗马对城邦的信任将再也无法全盘确立起来。

我们以为,《圣经》认为尘世权力本质上可鄙的观念——与希腊的法治政府一样,尽管方式全然不同——尤其促进了在西方具有至高价值的自由的出现。若国家是巴比伦,是沉沦之所,若真正的拯救只能来自上帝和他的信使,那对尘世权力的滥用保持清醒的认识就显得至关重要,因它只能占有外部的诸种实在。我们将会发现,中世纪已开始在法律上确立对缺乏义务感和思想的领域进行保护,这乃是《圣经》挑战尘世权力的传统所带来的结果。

照麦多克斯的说法,①民主制这样的观念乃是由《圣经》对抗国家的传统所致的遥远的成果。因为,现代民主制[739]乃是这样的体制,即它所确立起来的是一系列有系统地对国家进行控制的机构、新闻自由、教育自由、国会和司法独立……

---

① 参阅 Graham Maddox,《宗教与民主制的崛起》,London,Routledge,1996。Maddox 的论点与盎格鲁-萨克逊一以贯之的传统颇为符合,在这个传统中,宗教在现代民主制的诞生中起到了突出的正面作用(英国方面,我们只须举洛克[Locke]、穆勒[J. S. Mill]、阿克顿勋爵[Lord Acton]为例;美国方面,必举殖民时代的所有宣道者、所有"国父"以及19世纪初"大觉醒"时期的先驱者为例;对所有这些新教徒而言,"耶路撒冷"首先启发了民主制乃是不言而喻的事)。而法国却持令人吃惊的观点,即世俗的、自由主义的现代国家反而是对犹太—基督教文明和教会进行激烈反叛所造成的结果;但 Maddox 的论点受到了观念史强有力的支撑。

然而,必须对国家进行持续控制的观念只有那些认为国家原则上颇可怀疑,认为它容易卑鄙堕落的人才会产生。国家的**世俗化**也就是指使其缩减为只具有技术功用的地位,其意图亦并非为了拥有规定自身的权限,这样的国家乃是加尔文派诸国(荷兰、英国、美国)的成果,这些国家的政治思想家和政治领袖都从《圣经》传统(尤其是《旧约》)中获益匪浅,且远甚于任何时代。相反,在无神论或新异教,即马克思教条①或纳粹主义意识形态的影响下,20世纪的国家已日益显得极权化。恰是犹太—基督教传统使西方从国家绝对化的倾向中扭转了过来。②

---

① 原文为 marxisme。——译注
② 确实,某些基督教国家有时也会试图去灭除尘世权力和属灵权力之间的差异:如拜占庭的"政教合一制"、异端审问制的西班牙……但与《圣经》的影响相比,这只不过是稍有偏离而已。

第一章　罗马帝国时期的基督教和政治

[742]我们刚刚研究过的基督教有关历史和尘世权力的基本神学立场将通过确切的政治观点表达出来。教父①将渐进地构建起真正的政治教义。教会的发展,经历了作为少数派且横遭迫害,几乎只能暗中活动的时代,也经历了《米兰敕令》(313年)颁布以后成为帝国正式宗教机构的时代。

第一节　罗马帝国时期基督徒的政治态度②

皇帝崇拜的问题

首先,基督徒无法接受皇帝崇拜;但拒绝皇帝崇拜使他们同罗马社会发生了严重的摩擦。安提阿的提阿菲鲁(Théophile d'Antioche,改宗的异教徒,169年任安提阿主教,卒于182年或183年)坚拒基督徒

---

① "教父"(Pères de l'Église)这一表达法指的是公元最初几个世纪建立了基督教教义的福音书作者。在西方,"教父"时代一直延续到格列高利大帝(Grégoire le Grand;约600年),在东方则延续到19世纪。他们主要以希腊语和拉丁语写作。"教父"不该与"教会圣师"(Docteurs de l'Église)相混淆。后者人数不多,之所以这么称呼,是因为他们得到了宗教骑士团(Magistère)的正式指定;他们存在于任何时代。

② 参阅 H. -X. Arquillière,《政治奥古斯丁教义:论中世纪政治理论的形成》(*L'augustinisme politique. Essai surla formation des théories politiques du Moyen Age*),Vrin,1972(第一版,1933);Jean Sirinelli,《罗马与基督教的肇端》(*Rome et les débuts du christianisme*),见 Jean Touchard(主编)《政治观念史》(*Histoire des idées politiques*),第 1 卷,PUF,1959。关于这一时期的历史背景,我们将参照第二部分的第一章。

向凯撒行崇拜之礼：

> 他说，我拒绝向国王表示敬意，不仅不对他行崇拜之礼，而且
> 也不为他祈祷。我崇敬真正的活的上帝，唯因他，国王才得以确立
> 起来。你毫无疑问会对我说：你为何不向国王行崇拜之礼？因为
> 国王的竖立并非是为了让人崇拜，而是为了让人向他表达合理的
> 敬意。因为他并非神，而是由上帝确立起来的人，并非是为了使人
> 崇拜，而是为了宣布公正的判决。他被以某种方式赋予管理之职，
> 无法容忍那些听命于他的行政长官自称国王。国王这一称号归他
> 所有，他不允许将之赋予他人。同样，我们除了崇拜上帝之外也不
> 该崇拜任何人……因此，尊敬国王，就等于是爱他、服从他、为他祈
> 祷（引自 Arquillière，p. 96）。

拒绝皇帝崇拜径直导致了殉教（如 155 年或 177 年士麦拿主教圣
波利卡普的殉道）。

情势随着罗马精英人士的改宗而发生了变化。对他们来说，必须
厘清向教会表示忠诚和参与公民生活之间的关系。

塞尔苏斯(Celse)的反对

[743]塞尔苏斯乃是 2 世纪反基督徒的论辩家，我们只是通过奥利
金的《驳塞尔苏斯》(Contre Celsus)一文才知道他（奥利金大段摘引了
塞尔苏斯的《真正的辩论》[Discours vrai]）。

塞尔苏斯责备基督徒一面如其他公民那样声称为罗马和平(pax
romana)所带来的好处感到欢欣鼓舞，一面却对它所要求的公民责任
和军事责任避之唯恐不及。虽是迫不得已，但若基督徒只是某个无关
痛痒的小派别，其弃权或退避三舍的行为尚可接受；但现在他们的人数
日益壮大，野蛮人的威胁也日益明确，这样做便令人愈发不可忍受。

总有一天，在关于基督徒拒绝皇帝崇拜这个问题上，冲突终会明朗
化。如此一来，他们便与其他公民隔绝了开来，其他公民因这些人甘冒
疏远神圣力量之大不韪而认为他们很危险。基督徒想要为唯他们所有
的、异于帝国现实的宗教现实作见证。他们的祖国不属于帝国。在塞

尔苏斯的眼里看来，这就是不忠。

凯撒利亚的尤西比乌斯甚至说，审问的官员在审讯基督徒罪犯是否是外国势力的间谍时，总有一天会受骗上当。其实，基督徒的社团愈来愈像国中之国。他们是罗马帝国"内部的野蛮人"。

德尔图良

但德尔图良（迦太基，155？—220？）这位以其雄辩的文风和严格的要求而著称的护教家却要使被塞尔苏斯视为犯罪的基督徒的地位得到恢复。他拒绝将野蛮人视为敌人（我们记得，这也是犬儒派的立场），并声称："我们的共和国就是世界。"他又补充道，*secessi de populo*，即我自绝于民众。至于凯撒，他只不过是上帝[744]用于"维持"世界以等待"耶稣再临人间"的工具而已。他自身毫无价值。

> 皇帝们会感受到[活的上帝]就是唯一的上帝，他们被置于他唯一的权能之下（《护教篇》[*Apologétique*]，28，29）。①

尽管如此，仍必须为国王祈祷，以便从他们保我们得的平安中受益。

> 基督徒并非任何人的敌人，更不是皇帝的敌人。他知道皇帝受上帝的确立，知道自己必须爱他、尊敬他……他希望皇帝和整个帝国都能得拯救，直到永永远远（《致斯卡普拉》[*Ad Scapulam*]）。②

虽然如此，德尔图良仍强调不义之法一无是处，今后规定公义的教会会经常对帝国的政令进行指摘。但在德尔图良的时代，这种批评只能缄默无声。

---

① 参阅《护教篇》，德尔图良著，涂世华译，上海三联书店，2007，p. 58。该译本中，此段文字在§ 30。——译注
② 参阅《护教篇》，前揭，p. 180，此段文字在§ 2。斯卡普拉为迦太基的前执政官。——译注

奥利金

奥利金(185—255?)是最重要的"教父"之一,曾在亚历山大里亚接受教育(他和"新柏拉图主义"的奠基者普罗提诺是同代人,也是学友)。他的神学著作卷帙浩繁,以《圣经》诠释为主。

与德尔图良不同,奥利金极其重视希腊哲学:他认为异教徒能隐约看见真理。他是柏拉图主义者和二元论者。因此,他认为《圣经》有两重意义,一为"肉体",一为"灵性",①他在圣奥古斯丁之前阐发了"双城"这一主题。但他所接受的"上帝之城"和"人类之城"之间并无严重的冲突。毋宁说,双城彼此之间具有等级的差别。双城处于平行状态,各自以自身的目标为依归。因而,凯撒能统治属于他的领域而不用与他人分享。奥利金本质上属于希腊人,与帝国并无冲突,他认为帝国拥有传布福音信息的便利性。

君士坦丁和教会的监管

[745]随着君士坦丁的即位(约 280—337 年),一切都发生了变化,他颁布了《米兰敕令》(313 年),终止了戴克里先对基督徒的迫害。② 双城将会混合起来,正是因此,它们才会揭示出彼此之间的对立究竟有多深。

君士坦丁重新组织了尼西亚公会议(325 年),本次会议目的就是为了使遭阿里乌斯(Arius)③异端危及的教会统一性重新得以确立起

---

① 我们发现他对《启示录》的字面解释做了驳斥,强调象征性的解释。
② 我们已在凯撒利亚的尤西比乌斯一章中论述过君士坦丁的宗教和政治态度。参见该章,上文 p. 610—625。
③ 阿里乌斯(280—336 年,教士)否认圣父和圣子的同质性(consbustantialité);圣子毋宁是圣父的首个创造物。尽管尼西亚公会议做出了决定,但东方长期以来受阿里乌斯教派纷争的激荡,正教徒和阿里乌斯派教徒相继执掌主教一职。阿里乌斯派教义在西尔米乌姆(357—359 年)和里米尼(359 年)大公会议上获得了胜利;他受到了君士坦斯二世、瓦伦斯、瓦伦提尼亚努斯二世诸皇帝的支持,但被卡帕多西亚的教父,如凯撒利亚的圣巴西利乌斯(Basile de Césarée)、纳齐昂祖斯的圣格列高利(Grégoire de Naziance)、尼萨的圣格列高利(Grégoire de Nysse)挫败。泰奥多西乌斯一世即位后,君士坦丁堡大公会议(381 年)重新对阿里乌斯派教义做出了谴责。然而,该派教义仍然传至帝国境外的野蛮人中间,这都是乌斐拉(Ulfila,出生于卡帕多西亚的哥特主教,311—383 年,翻译了《圣经》)投身这项使命导致的结果。异端传布至大部分野蛮人中间,并加剧了罗马人同野蛮人之间文明程度的差异。在高卢,像阿尔勒的恺塞(Césaire d'Arles)这样的主教至 6 世纪时仍在掌权,而西班牙那里则要到西哥特国王雷克雷德一世(Récarède Iᵉʳ)皈依之后才消失。

来。阿里乌斯在会议上受到了谴责,"信仰信经"得到采纳,成了基督教信经的基础:圣子(Verbe)被说成是"生成,而非受造","与圣父同质(homoousios)"。

由于罗马诸皇帝召开的普世大公会议得到了统一,依凭国家的教会遂成了坚如磐石的强有力的组织,并宣布了独一的教义。直到那时,基督教诸社团仍处于自治状态,即便在不太重要的信条上,也是歧见纷出。

从《米兰敕令》到461年教皇莱奥(Léon)去世止,乃是 patristique[①]的黄金时代,对基督论和三位一体的争论也是纷争迭起。信仰日益公共化,庞大的[746]教堂纷纷拔地而起,礼拜仪式也是排场很大,此前从未有过。

教会反对帝国监管的最初抗议

但很快,教会就开始对尘世权力的指手画脚发出了抗议,因这危及到了他们的自由。

科尔多瓦的霍西乌斯(Hosius de Cordoue)的一封信已提醒皇帝要谨防尼西亚的教会事务和教义事务混淆不清。任教会主教和圣师(295—373年)的亚历山大里亚主教圣阿塔纳修斯(Athanase)在其《阿里乌斯教派史》(*Histoire des Ariens*)中提及过这封信,他并不害怕谴责皇帝在反阿里乌斯教派上态度过于温和。同样,卡里亚利的路西弗(Lucifer de Cagliari,约卒于370年,撒丁岛南部海岸的卡里亚利主教)也攻击皇帝君士坦斯二世同阿里乌斯教派妥协。后者并不把大公会议上的决议当回事,而是说:"我的意愿就是法令。"(君士坦斯二世在这方面堪与东方"政教合一制"的奠基者们相媲美。)路西弗向他写道:"你如何能宣称自己可对主教做出裁判,若你不服从他们,你在上帝旁边就已获死罪! 世俗之身的你如何能声称自己的权威超越上帝身边的人,超越上帝的司铎呢?"

教会的权威因米兰主教圣安布罗修斯(Ambroise,333—397年)而得到了断然确立。安布罗修斯通过论述几项细微的具体事务明确了教会和国家的疆界。

胜利祭坛的事务 祭坛以前曾由奥古斯都在元老院内竖立,后由君士坦斯二世废除,后再由背教者尤利安重竖,后再被废除。如今元老们都恳请重新竖立祭坛。皇帝瓦伦提尼乌斯二世颇为犹豫。于是安布罗修斯写道:"此乃宗教事务;作

---

① 指"教父"思想。

为主教,我有权让大家听我陈言。"安布罗修斯威胁皇帝:若他前往教堂,就会发觉里面空空如也。

大教堂事务　受瓦伦提尼乌斯二世之母朱斯蒂娜(Justine)皇后支持的阿里乌斯派教徒要求在米兰郊外建一座大教堂作为他们的敬拜之所。安布罗修斯对此加以拒绝:因皇帝无法处理上帝的事务。386 年,阿里乌斯派教徒又作了一次尝试,安布罗修斯再次加以拒绝。他说,教会的仆役乃是基督徒,包括皇帝的审判者:"若罪行太大,国王就不该被司铎赦宥,如此[747]他们才会因受到公道的申斥而改邪归正。"(《诗篇注释》[*Comm. du psaume*] XXXVII)"皇帝在教会之内,而非在教会之上。"

卡利纳库姆(Callinacum)的犹太会堂事务　叙利亚基督徒焚毁了一座犹太会堂。泰奥多西乌斯严令他们重建会堂。安布罗修斯作了拒绝,因为基督徒的财产不该用来建立犹太会堂。他代表整个教会在这件事上质问皇帝。"这是一个令人激动的事例,自然正义(补偿造成的损失)融入了基督教皇帝最终必须遵守的圣职法(jus sacerdotale)之中。这是一个本时代极为罕见的例子,但它揭示了一种趋势,未来将显明这种得到全力发展的趋势。"(Arquillière)

帖撒罗尼迦(Thessalonique)大屠杀和对泰奥多西乌斯施行绝罚　泰奥多西乌斯命人处死了帖撒罗尼迦的 7000 名反叛者。消息传到米兰的时候,主教们正聚在一起召开大公会议。教父们要求安布罗修斯对皇帝施行绝罚。当泰奥多西乌斯返回时,安布罗修斯恰好不在,便给前者寄了一封信,信中要求他像大卫一样声明"自己犯了罪",并要他进行忏悔。安布罗修斯在信中说,皇帝"被剥夺王室的徽章,他应在教堂里为其所犯的罪行公开哭诉,他应浑身颤抖、泪流满面地请求宽恕。他的亲友会因他的卑屈而羞红脸,但皇帝却不会因公开忏悔而感到害羞"(引自 Arquillière,p. 110)。

是什么样的教义驱使安布罗修斯如此行事呢? 安布罗修斯是帝国年辈颇长的官员,深受罗马法的浸润。他对异教哲学和"枢德"教义①都很熟悉。因此,他肯定也很清楚异教的和基督教的两种正义之间发生的冲突。他小心翼翼地选择了后者:

在我们中间,我们排除了哲学家认为正义乃首要功能这种说

---

① 　他写过一篇《论义务》(*De Officiis*),该文堪称基督教中可与西塞罗的名作相比美的作品。

法。因为,在他们眼中,除非有人因错误而忍受痛苦,否则它不会伤及任何人。但这种说法已被福音的权威所排斥。因《圣经》说的是,我们拥有人子的灵,它带来恩典,而非引起偏见。

因此,圣安布罗修斯很清楚,神圣的正义必须介入至城邦的正义之中,处处与其相抵牾。他要求在属灵事务、在混合的事务(如卡利纳库姆的犹太教堂[748]一事)上恢复教会的权威,要使教会权威凌驾于皇帝本人之上,至少在"关涉罪行"(ratione peccati)时是如此。在帖撒罗尼迦大屠杀这件事上,他就犯了罪。

克里索斯托(Jean Chrysostome)

克里索斯托(生于 344 年,397 年任君士坦丁堡主教,407 年卒于流放途中)是安布罗修斯的同代人,但他属于东方基督教。他这样看待教会和国家之间的关系:

> 国王被赋予的是身体;司铎被赋予的是灵魂。国王免除的是金钱上的债务,司铎免除的是罪上的债。前者行使强力,后者进行告诫。一人不得不行使强权,一人作出的是规劝。一人拥有的是有形的军队,一人以属灵的军队来维护自身的权威。一人向野蛮人开战,我则同魔鬼进行战斗。**此种君王的地位比另一者要大。**这就是为何国王会在司铎的手下俯首的缘故。我们发现《旧约》中处处可见司祭为国王行傅油礼这样的事(《〈以赛亚书〉讲道》[Homélie sur Isaïe]6,1"我见过主",《讲道集》[Homélies]Ⅳ,4:5)。

但在东方,实践与理论并不相符。因为,在帝国的东方和西方,基督徒的政治态度日益相异。当然,在这两种情况下,采纳基督教所构建的激进一神论均会导致用天国的一神论来评价帝国日趋极权的专断作风。同样是在这两种情况下,帝国与教会之间水乳交融的渗透作用也导致了修道制度的出现:必须要求有一类人在道德上退省,与当时基督教社团不再注重退省而融入社会和国家之中的做法保持距离。

但东方将逐渐朝"政教合一体制"变异,也就是说朝属灵权力同尘世权力混同的方向变异。这种趋势在帝国对神圣君主制及其希腊化影响的回忆仍旧鲜活的地方最为突出。而在帝国连遭野蛮人侵袭而过早衰亡的西方,却使强大、神圣的教会得以留存下来,至少在查理曼大帝(Charlemagne)重建帝国的尝试之前,[749]任何一个新国家都没有足够的权能最终将教会置于自己的监管之下。而在西方,由于出现了圣奥古斯丁引人注目的神学,遂为教会的至高无上性,且至少为教会的独立性赋予了新的理论支持。

第二节　圣奥古斯丁的政治教义

生平与著作

圣奥古斯丁(354—430年)生于努米底亚的塔加斯特(Thagaste;即现在的阿尔及利亚,近安纳巴[Annaba])。其父为异教徒,但他的母亲圣莫尼卡(Monique)则是基督徒。他先在迦太基,后在罗马学习古典知识,后来自己成了文学老师。他先是信奉摩尼教,后又信奉新柏拉图主义。30岁那年,他改宗基督教。几乎是改宗伊始,他就当了教士,后(396年)成为希波(北非城市)主教。他担任这一主教职位直至去世为止,并撰写了卷帙浩繁的教义方面的著作。

圣奥古斯丁写过许多哲学论文、论战文字(反摩尼教、反多纳图派①……)、《新旧约》注释、充满灵性的自传作品《忏悔录》(Confessions),最后就是《上帝之城》(De Civitate Dei)。这部作品体量颇大,卷数众多。②

圣奥古斯丁并未特别被政治方面的问题所吸引,他作品中的前半部分讨论的都是哲学和神学。但410年,罗马遭阿拉里克的西哥特人

---

① 多纳图派即"分裂派",因316年继任迦太基主教的大多纳图(Donatus the Great)而得名,该派主张由不称职的神职人员授予的圣职无效。君士坦丁曾召开多次大公会议谴责多纳图派,由于君士坦丁对多纳图派采取封闭其教徒、驱逐主教的做法,使得北非教会一片混乱,于是皇帝于321年放弃了武力手段。该派遂得到迅速发展,并宣称其为真正的教会,其神职人员中没有犯"死罪"者,而且其圣礼唯一有效。该派至穆斯林征服北非时才绝迹。参阅《基督教会史》,威利斯顿·沃尔克著,孙善玲等译,中国社会科学出版社,1991,p. 131—132。——译注
② 参阅圣奥古斯丁的《上帝之城》,G. Bardy总序及注释,G. Combès翻译成法语,Desclée de Brouwer, Bibliothèque Augustienne,5卷本,n. 33至37,1959与1960。

劫掠。异教徒(那个时代有很多异教徒;基督教事业尚无一点胜算)遂传布流言,说这样的不幸都是因为[750]罗马废弃了古老的神祇所致。写于413年至427年间的《上帝之城》这部作品就是专门为了回应这些说法。

这部划时代的作品是对历史(Histoire),而非对城(Cité)进行反思——他只在极少的几个段落中,以及在第19卷(共有22卷)中才论及了政治方面的问题。该书其余部分全为神学及哲学论述:异教的错误、世界的创造、人的创造、原罪、拯救的历史、末日审判、地狱和天堂。

双城

人类分享双城:"两种爱建立了两座城市:自我之爱因轻慢上帝之爱而建立了尘世之城,对上帝的爱因轻慢自我而建起了天国之城。"(ⅩⅣ,28)其间没有相续性:圣奥古斯丁同奥利金一样,也完全摒弃了千禧年主义。双城自时间的原初起即肩并肩地存在着。其一源自亚伯(Abel),另一源自该隐(Caïn)。它们互相为敌,却又水乳相融(尤其是,它们之间的对立根本无法将教会和国家重新切割开来)。天国之城在下方的朝圣途中,处于流放之中,犹如犹太人之于巴比伦。只有上帝知道每个人分属何城;他知道存在一个"忠信者的共同体",他们彼此之间都很熟悉(与摩尼教徒或中世纪的纯洁派[Cathares]教徒①相似)。

只有基督徒的正义方能建立国家

但这些情况下,阿拉里克的劫掠是否凸显了国家,尤其是罗马的脆弱性,显示出灭亡有可能会发生,甚而是临近呢?

西塞罗在其所写的《论共和国》②中曾说共和国(即国家)就是"对法律的全体同意"(参阅上文,p. 479)。但只有以福音的新正义为依

---

① "纯洁派"又称"清洁派",由于法国南部的阿尔比为该派主要基地,遂又称阿尔比派。至1200年,该派已对罗马教会构成了极大的威胁,当时禁欲主义得到了充分表现,他们对教会的财富和权力批判之激烈达到了完全否定教职和教权的程度。纯洁派同摩尼教一样也是二元论,认为善的上帝有两子,即撒但和基督,认为这个物质世界为恶势力所造,最大的罪即亚当和夏娃的原罪,它使人类繁殖,并禁锢善的灵魂,需以改悔、禁欲和"安慰礼"(如教会的受洗)方能得救。该派大部分人谴责《旧约》,但一致认为《新约》出自善的上帝。参阅《基督教会史》,前揭,p. 287—289。——译注

② 圣奥古斯丁有该文的全文。

归,基督徒才能达成[751]一致意见,只有它才能让和平降临大地。

> 天国之城之所以和平,正是因为共同体井然有序、和谐相处之
> 故,它们处于上帝的快乐之中,并在上帝之中彼此快乐(《上帝之
> 城》,XIX,13)。

罗马异教徒从未曾践行过这一真正的正义:

> 正义乃归于每个人的美德。那么,人的正义究竟为何,它是否
> 会使人自身避开真的上帝,并使其自己受不洁魔鬼的奴役?归于
> 每个人的究竟为何?怎么!那从买下土地的人手中夺取土地,把
> 它给予另一个无此权力的人,就是不义;那因自身所为之事而躲避
> 上帝权威,让自己成为恶灵奴隶的人,能算为义吗?(《上帝之城》,
> XIX,21)

结论是,尽管共和国在法律上取得一致意见,但设若罗马人并不了解真正的法律,"便根本不会有罗马共和国"(同上)。罗马事实上的体制便只可能是"强盗的巢穴"。对真上帝的了解和敬拜对人们形成真正的民众和真正的共和国来说必不可少,而异教帝国则一无是处。因此,它并非被阿拉里克摧毁,虽然他所行的暴力有增无减,千年以来尽是烧杀抢掠,构成了罗马的历史;攻占罗马这一事件尽管就其本身而言颇为遗憾,但在历史上毫无深刻的重要性。真正的历史事件乃是罗马人——和野蛮人——在施行洗礼、作为基督恩典之中保的教会引领之下,皈依基督教。于是,随着人们信仰真正的上帝,且恩典促人去爱,人们才能践行真正的正义,才会有真正的"共和国"。除了基督徒,不可能有真正的国家,没有教会,国家便不可能存在。

圣奥古斯丁的这些论点构成了 H. X. Arquillière 所谓的"政治奥古斯丁教义"的基础,他认为这一政治意识形态在古典时期末至 11—12 世纪间在西方占主导地位,我们将在下一章研读这方面的内容。

政治权力与"仆从"的权力

[752]奥古斯丁用一种对国家的"自然"权利来说至关重要的新观

念,完成了这一景象。就个体而言,只有在上帝统帅理性的情况下,理性才能合理地统帅激情。同样,在城中,人们只有在他们听命于上帝,亦即听命于爱上帝的律法时,才能合理地统帅其他人(参阅 XIX,21,§2)。

因此,在上帝面前,自然等级均被碾碎。人本性各不相同,却因其本体论上的无意义而在上帝面前平等。结果,一人天生臣服于另一人的说法就变得毫无价值。这个极其严肃的原则颠覆了异教之城内确立起来的所有人类权力。

肯定会有某部分人的权力比另一些人大,但这些行使的权力只是侍奉。[①]

> 在充满信仰、与这天国之城尚远的义人之屋里,那些发号施令者都在侍奉那些被他们统帅的人(*qui imperant serviunt eis quibus videntur imperare*)。因为,并非主导的激情驱使他们去统帅,而是献身的欲望,不是想要成为主人的骄傲,而是对如何保护所有人的操心使他们这么去做(《上帝之城》XIX,14)。

世俗国家,或并未完全信奉基督教的国家,它们仍然不具有任何合法性吗? 或者说,还是同样的问题,即世俗权力是否不该独立于教会权力? 圣奥古斯丁没走这么远。他的立场更为细腻,他谈论的是实践理性和理论理性。

实践理性乃是指,在圣奥古斯丁在世时,罗马国仍然矗立于此,它力量强盛,庄严雄伟,其千年历史几乎纯属异教。教会乃是近期的事,与之相比,它规模小,也很脆弱。后者并未打算将前者推倒,在全新的、纯基督教的基础上重建社会和国家。因为,对圣奥古斯丁时代的基督徒来说,世界的终结已然临近。[753]教会应该为这一事件募集忠信者,而非梦想着在大地上建立持久的社会。

但在这样的过渡时期,仍然必须为世俗国家和公民政府找到神学

---

① 该观点也出现在《以西结书》中,参阅上文 p. 693。

上的地位,人们必须同它们共同生活一段时间,这样才能解释上帝为何会允许不义的存在。圣奥古斯丁在解决这些问题时,一方面确立了惩戒罪人这一有关政治权力的教义,另一方面又确立了历史(Histoire)中眷顾(Providence)之作用的教义。

惩戒原罪的政治权力

在一篇我们已引过的著名文本中,圣保罗曾说"没有权柄不是出于神的"(nulla potestas nisi a Deo)(《罗马书》13:1—7)①。圣奥古斯丁将这条格言译为自己想说的意思:经由天赋权利,人才能拥有高于另一些人的权威,而所有权威均有其超自然的根源。原罪之前,本性尚未破裂,爱足以缝合人类社会。但他们都犯了罪。该隐一族自此以后便老是彼此争斗。因而,此后人类为了能生活在一起,便需要权威来束缚他们的仇恨和杀戮的冲动。上帝出于善意,为了满足这一需要,遂让人们建立了政治权力。政治权力乃是罪的后果。

这些意思也在第十九卷这篇主要的文本中表达过:

> 这就是自然秩序所规定的,这就是上帝创造的人。因他说:"使他们管理海里的鱼、空中的鸟和地上所爬的动物。"[《创世记》1:26]因此,他想使以他自己的形象造出的理性存在来统治非理性的存在,不是人统治人,而是人统治兽类。这就是为何最初的义人被立为羊群的牧人,而非人类国王的缘故,因而,上帝也向我们指出,一方面自然秩序需要些什么,另一方面如何对罪进行惩处(quid postulet ordo creatuarum, quid exigat meritum peccatorum)。因为,我们相信使罪人处于奴役状态是公正的。因此,我们未在《圣经》中任何地方找到奴隶这个词,只是[754]后来义人挪亚才用它来指斥自己儿子所犯的过错。因而,这个过错虽该当这样的称呼,但本性并非如此。[⋯⋯]但上帝出于本性所造的人,没有一个是他人和罪的奴隶。甚至于奴役,也是罪的真正的赎价(poenalis servitus),它在这秩序中自有其地位,有了这样的律法,才能

---

① 参阅上文 p. 723 及以后。

维护自然秩序,并保护它不受扰动,因为若人们丝毫不去触犯这律法的话,那就根本不用奴役这样的惩罚来进行惩戒了。这就是为何使徒①告诫奴隶要臣服于他们的主人,诚心诚意地去服侍他们的原因;如此一来,若他们不去僭越他们的主人的话,可以说,他们就能因臣服时带着忠诚不渝的爱而非伪善的恐惧,而使自己的侍奉成为自由,直到不公消散,②所有的君权、所有人类的统治消亡(*donec transeat iniquitas et evacuetur omnis principatus et potestas humana*),直到上帝为万物之主(《上帝之城》,XIX,15)。

世俗国家,或称自然国家,或称世俗权力——虽然巴比伦也是如此——因此便有了某种合理性(参阅《上帝之城》,XIX,24)。基督徒可生活于国家之中,这个国家虽不完美,但只要存在,基督徒便会关心它。但他不会毫无保留地忠诚于它,因他知道这个世界及其社会与政治组织只不过是苟延残喘而已。

只要两座城纠结在一起,我们就可利用巴比伦的和平。③ 上帝的子民是凭着信仰从巴比伦得救,但他们在巴比伦的流放未尝不是暂时的。这就是为何甚至使徒本人也建议教会去为巴比伦的国王和贵族祈祷,他还说:使我们能够敬虔、端正,平安无事地度日;先知耶利米④宣告古代的上帝子民被掳时,要求他们按他所传递的神圣诫命,顺从地去巴比伦,让自己的苦难成为对上帝的侍奉,他还警诫他们要为那城祈祷,他说它得和平,你们也得和平,而这暂时的和平乃是善人和恶人共享的(《上帝之城》,XIX,26)。

---

① 指圣保罗。
② 直到上帝之国的来临。
③ 我们还记得,在《圣经》的象征体系中,巴比伦是指绝对的恶,其社会恶占了上风。在罗马及继罗马之后直至时间终结时的所有国家形式中,基督徒都如同巴比伦的希伯来人:处于流放状态,风餐露宿。从来没有哪个基督徒认为自己会享有无论何种俗世国土及尘世权力的命运。
④ 参阅上文 p. 691 及以后。

[755]不信上帝和信仰上帝的人如何才能居于同一的政治秩序中呢?

不靠信仰而活的人之家庭寻求的尘世和平,讲究的是财富和尘世生命的诸种好处:但依凭信仰而活的人之家庭期待的是永恒的财富,这财富是为未来的生命而许诺的,它会像外来人(*tamquam peregrina*)一样使用不长久的尘世财富,并非是为了使自己任凭财富的驱使、追求自己所要的东西而背离上帝,而是为了依靠这些财富,使身体的重负更易于承受,而不是去加剧这种状况,因这堕落腐朽的躯体已使灵魂不堪重负。这便是为何这两类人和两类家庭都会在必死的生命中使用必需的财富之故;但使用的目的每个人都有,是因人而异的。因此,不靠信仰而活的尘世之城也会渴求尘世的和平,它会让自己的公民在接受统治和保持服从时处于和谐状态:它在处理与必死的生命有关的事务时会使人类意志保持某种和睦相处的状态。

然而,天国之城,或毋宁说靠信仰而活的这世界上流亡的那部分也会以其必要性而利用这种和平,直到必须保持如此和平的必死性消亡为止。因而,在尘世之城的内部,它虽经历了流亡时期,可以说是被掳的时期,但也已获得了救赎的承诺以及作为其担保的属灵的恩赐,只要法律确保尘世之城拥有良好的管理、必死的生命获得所有保证生计的东西,它就会毫不犹豫地去遵守城的法律。故而,既然这种必死性为双城所共有,那么它们所关心的便是在两座城之间保持和谐状态(《上帝之城》,XIX,17)。

仍须解释一下为何上帝会不仅允许非基督徒的政权存在,还允许极端反基督徒的权力存在,而且还允许使国家此消彼长的历史灾难以如此错谬无理的方式存在。这便是眷顾(Providence)概念,它在这里成了通往圣奥古斯丁思想的线索。

眷顾(Providence)在历史中的角色

圣奥古斯丁在第四卷的 11 章中说过:

上帝不仅关心天国和大地,天使和人类,也关心最微小、最悲惨的昆虫,关心鸟的羽毛、田野中的河流、树上的树叶。既然他关心万物,使它们处于适合自身的和谐安宁[756]的状态,那就不可能去相信他会任凭大地上的王国及其政府不受他的眷顾律法的管辖。

事物与时间的秩序对我们而言虽隐而不宣,但他却了解得极其清楚(Ⅳ,33)。他给善人和恶人同样分配了王国(Ⅳ,33)。

即便像有些人[如尼禄],统治的权力也是由至高无上的上帝的眷顾所赋予,当他觉得这些人配得这样的主人时便会如此。显然,在这一点上,神圣的声音是通过这些智慧(Sagesse)之语让人听见的:"帝王藉我坐国位,僭主藉我统治大地。"[《箴言》8:15]①[……]《圣经》在另一段中将上帝说得很清楚:"他使伪善之人当国,全因民众邪恶堕落。"[《约伯记》34,30](《上帝之城》,Ⅴ,19)②

圣奥古斯丁的结论是:

有时,不义者会获得莫大的幸福。尽管他们达到了这一目的,并被当作法官或国王,上帝这么做像是为了约束他的子民,只有一种可能,那就是他这么做有另一种原因,即使子民们的眼中显明,让他们必须尊重权力(ut exhibeatur illis honor debitus potestati)(《〈诗篇〉注释》[Commentaire du Psaume]CXXⅣ,7,8)。

对这些伪善者而言,他们尽管伪善,但基督徒仍该服从他们。比如,虽然背教者尤利安是个异教徒和背教者,但他的士兵仍服从他;他

---

① 和合本《箴言》为:"帝王藉我坐国位,君王藉我定公平。"——译注
② 和合本《约伯记》34:30 为:"使不虔敬的人不得作主,免得有人牢笼百姓。"恰与本书所引的这句话相悖。且《上帝之城》(上卷)(奥古斯丁著,王晓朝译,人民出版社,2006)p. 220—221,也以和合本此句为准。故此存疑。——译注

们只是拒绝向偶像焚香祭祷而已。

　　基督徒士兵侍奉异教皇帝。当事关基督时，他们便只承认那在天上的主；若[尤利安]想要让他们敬拜偶像，强迫他们焚香时，他们便把上帝放在了第一位。但当他说：列队征战，前进去攻打那个国家时，他们会立马听命。他们能区分永恒的主和尘世的主人；①然而，由于他们臣服于永恒的主，故而他们也得臣服于尘世的主(《〈诗篇〉注释》CXXIV)。

臣服的教条乃是相对而言。国家卡在了基督徒的良知这个坎陷上。

因此，圣奥古斯丁的《上帝之城》通过其权力和眷顾(Providence)的教义有效地回应了[757]罗马遭劫之后异教徒抗议时提出的问题，总而言之，该书使得当时基督徒所面临的政治上的困扰得到了解决。基督教无须与政治或历史的过渡形式结合得过于紧密。罗马会消失，那又如何呢？基督徒的命运与罗马的命运并不等同，也与其他任何一个尘世国度不同。

第三节　　教会法的诞生②

　　教会特定法的存在自一开始起就成为争论的对象。恩典与律法(或规则)之间、灵(esprit)与文字之间难道就没有矛盾吗？圣奥古斯丁难道未曾说过"爱你所愿爱，做你所愿做"这句话？但经验表明，必须有规则使共同生活更为便利，并尽可能减少冲突的发生。至少，教会所阐释或受其直接影响所制定的法律具有绝对的特殊性；它无法化约为——就其内容，甚至就其形式而言——西方任何一部世俗法律。

---

①　须注意这句含义丰富的句子，是对纯粹的"政教合一制"、对属灵权力和尘世权力的完全混同，或简而言之，对政治权力的去神圣化提前发出的谴责。

②　据 Jean Gaudemet《教会与城：教会法史》(*Église et cité. Histoire du droit canonique*)，Cerf，Montchrestien，1994，p. 35—55。

1—4世纪

《旧约》包含了针对社会生活的无数条规则。《新约》并未将它们全部废除;教会法将会借用这些规则。在保罗的书信及其他的书信中,人们发现了一些规定,如对基督徒婚姻问题的论述(《哥林多前书》7;《以弗所书》5:21—33①;《希伯来书》13:4;《彼得前书》3:1—6)。由于这些规则出现于《圣经》中,故教会法学家均将它们视为"神圣的法律"。

不久之后,在教会著作中,人们还发现了另一些规则,对人出身的规定。罗马的克雷芒(Clément de Rome)的第一封书信被认为是教会首篇法律文本。[758]里面涉及的是基督教社团的组织问题。人们发现该文本参照了《圣经》,但它充满了罗马的条文精神,是"古代惯例"(mos majorum)的回响。另一些信件(安提阿的伊纳爵[Ignace d'Antioche]的《巴纳比书》[Épître à Barnabé])同样提出了一些规则,以消弭最初建立的社团内部发生的争执。

教规—礼拜仪式著作 1世纪末至4世纪初之间,出现了以礼拜仪式、教会组织、婚姻生活为论题的著作。《十二使徒遗训》(Didaché;1世纪末)包含了洗礼、主教和执事选举的规章。希波利特(Hippolyte)的《使徒传统》(Tradition apostolique;约200年)表达了对"保护传统"时堕入异端的担心。该书详细说明了圣餐、授职礼,包含主教、教士和执事的教会等级组织的仪式。约230年,《使徒训诲》(Didascalie des apôtres)论述了相同的主题,也论及了教会的慈善职责(探望病人……)。约300年,作于东方的《使徒的教会法》(Constitution ecclésiastique des apôtres)阐述了明确归于使徒的规则:因此,等级制似乎并不具备建立规则的资格。我们还知道《希波利特教规》(Canons d'Hyppolyte)一书,该书约成书于336—340年的埃及。

最后,至4世纪末,有一本卷帙浩繁的著作写成,此书即为《使徒法》(Constitutions apostoliques),共八卷,论述了各色人等(平信徒、神职人员、寡妇、孤儿……)的地位、礼拜、基督徒入教仪式等。第八卷有《使徒教规》(canon des Apôtres),共有85条规定,晚至12世纪的教规

---

① 和合本《以弗所书》为5:22—33。——译注

集中仍可见到这些规章。

该文本写于叙利亚或巴勒斯坦，论述了社团生活，以及生活、礼拜、管理及教会等级制、洗礼、忏悔等的状况，但也论及了家庭生活、婚姻生活，夫妻间、父母与子女间、主人与奴隶间的关系，以及权力机关之间的关系。它的雄心就是想在各主要方面真正地组织起一个生活共同体、基督教社会。

它也确实是本"法律书"，因每条规章或禁令都与惩罚措施相连（神职人员的罢免、绝罚……）。

我们可将 1 至 4 世纪这段时期的教会法概述为两个特点：主要源自东方；[759]引用传统权威，其传统可追溯至使徒时代，因教会尚未具有声称自己可创制法律的清晰的等级结构。

4—5 世纪

当帝国日益基督教化时，教会的整个组织发生了变化，教会法的另一些来源添加到了传统中：如大公会议教规及后来的教皇法令集；添加其上的还有间接的来源：如教父思想的传统和罗马帝国的世俗立法。此外，最初的教规集均可追溯至这个时代。

1. 大公会议

大公会议据证源于 2 世纪的东方和西方。这些会议明确教理，同异端争斗，也颁布惩戒性的规定：如异端施洗的洗礼无效、确立复活节日期……这些官方的法令汇编在那个时代尚未得到编订，但人们在后来校订的时候熟悉了这些大公会议颁布的某些教谕。后来，到 5 世纪，人们保存了逾 50 次大公会议的法令汇编。他们编订了这些具有持久效力的规定，其中涉及在俗和修会神职人员、平信徒的地位，教会的管理和等级制度，圣事管理，礼拜仪式，家庭和社会生活，教会裁定权和惩戒权，对异教徒、犹太人和异端人士的态度……

这些大公会议并非由教皇，而是常常由皇帝或当地的主教召集。教谕只对与会者有影响，因代表制这样的概念尚不明晰。尽管如此，最终取胜的乃是这样的观念，即大公会议的教谕对整个教会有效，这至少强调了大公会议的等级制度、地方教区总会的重要性。教皇杰拉斯（Gélase）区分了好的与坏的大公会议，好的是指那些符合《圣经》、教父教义、教会规则的会议,这些会议[760]均受到整个教会,尤其是罗马的认可。皇帝(泰奥多西乌斯对君士坦丁堡大公会议、马尔西安[Marcien]对卡尔塞多伊内大公会议)的确认赋予了世俗法律以大公会议教规的权威,但它们本身并未被视为教规法的来源。

2. 教皇法令

"教皇法令函"(人们用好几个词指称这些信笺:如 decretalis、epistula、decretum、constitutio、decreta 等)乃是教皇对教会所提问题的回复,具有普遍价值(超越罗马教廷对确切事务所作的决议):该程序同帝国的"批复"相近。

4 世纪起,出现了好几次教皇法令(人们是在后来编订时才对它们有所熟悉的;但人们以为它们是一开始就归档的档案)。英诺森一世(Innocent Ier;401—407年)、利奥一世(440—461 年)或杰拉斯(492—496 年)的长篇教皇法令均已力求成为法律(我们说的是"法规集"[Liber regularum])。认可这一要求的乃是认为教皇是彼得后继者这样的观念:"罗马至高性"这样的教义自 4 世纪起才得到了确认;我们在后面将会重新回到这个问题上。相反,这个时代的教皇制度尚不求创新:它依靠的是《圣经》、传统、前任教皇的教谕。*Non nova instituentes*,*sed vetera renovantes*(圣利奥语),意为"我们只引用'神圣的'法律"。

教会法因间接的来源而很快得到丰富起来。

3. 教父思想的教义

教父不仅撰写神学和道德方面的著作,还撰写法律方面的作品。当他们的意见出现在教规集中时,这些意见本身最终便具有了规范价值。

4. 罗马的世俗法律

基督徒在其个人生活中须遵守世俗的民法;教会运用罗马的司法技术来阐述它自己的法律,首先创立术语(*auctoritas*、[761]*potestas*、*ordo*①、*decreta*、*edicta* 等),然后创建程序(用来主持大公会议或法庭审判,或用来确立证据方面的法律……)、基本的体制概念(团体……),

---

① Ordo 这个词在罗马法中指的是社会阶层(元老院议员、骑士……),在教会法中指神职人员的类型("做教士")或基督教生活中大的范畴(修士、教士、平信徒),或特定群体的地位(寡妇、处女……)。

甚至是神学：上帝乃主人（*dominus*），罪人/赎罪者之间的关系被描述成债务人/债权人之间的关系（所有这些内容特别出现于德尔图良的著作中，当时正是教会受迫害的时期）。

但坦率地说，当帝国正式信仰基督教时，却也出现了教会方面的世俗法律，在泰奥多西乌斯和查士丁尼的法典中均能发现这些法律：教会有能力获得捐赠、税收上的豁免、财产的保护、修建楼宇的权利[1]、神职人员的特权（司法、财税方面……）、修士的权利、对主教裁决的承认、对犹太人和异端人士采取的措施……这些规则数量庞大，就这样嵌于中世纪的教规集中。

5. 最初的教规集

对古典时期与中世纪前期而言，泰奥多西乌斯或查士丁尼庄严的罗马法典之间丝毫没有可比性。教会尚未具备必不可少的法学家团队。最初的教会教规集都是地方性的成果，缺乏创造性。

我们会对某些教规集进行评论，以对它们的类型和起源有个概念。我们知道4世纪中期有本《安提阿集》（*collection d'Antioche*）。罗马的《罗马旧集》（*Vetus romana*）内有尼西亚公会议的教规。另一本书内有另外一些大公会议的教规，并引用了《安提阿集》。这些集子在5—6世纪得以丰富起来。非洲的法学精神占主导地位，教会的历史动荡不定，这些都提出了严肃的惩戒问题，我们注意到393年有《希波利特大公会议法令汇编》（*Actes du concile d'Hippolyte*；"希波的日课经"［Bréviaire d'Hippone］）、《阿皮亚留斯案卷》（*Dossier sur Apiarius*）、迦太基教会的记事簿摘录。在高卢地区，人们保存了"阿尔勒第二次宗教会议"的法令汇编（将其编成了好几次大公会议的法令集）、四十余本《古代教会法规集》（*Statuts de l'Église ancienne*）的手稿本，这些文件涉及了［762］在教会不同圣职等级中对主教和神职人员如何行授职礼，以及处女和寡妇的地位……

还很快出现了教皇法令集。因为，在教皇杰拉斯的时代，教皇官邸（chartarium）都会对教皇的法令汇编和不同的法律文本（教皇法令和大公会议教规）作连续翔实的记录。一本叫作"狄俄尼西"（*Dyonisiana*，因其是斯奇提亚修士小德尼［Denys le Petit］所作）的书收有50部"使徒教规"，在西方教会法中堪称是笔巨大的财富。

---

[1]　参阅 Jean Imbert，《教会法中的医院》（*Les hôpitaux en droit canonique*），Vrin，1947。

　　因此，教会开始着手研究已拥有大量文本、概念、司法惯例的野蛮人的时代，当国家行将消失的时候，这些资料却使教会能够成为中世纪前期最为稳固的组织。

第二章　中世纪前期(5—11 世纪)

[763]在本书中专门设一章论述中世纪前期有那么点吊诡。因为，引导我们从古典希腊开始我们的思想史论述的那些论据(即在希腊之前的那些时期，或在地缘—文化[géo-culturel]的另外一些领域中，既缺乏客体[国家]，也缺乏主体，即"政治科学"的科学思想)也会使我们将这段历史中断于 5 至 11 世纪的西方！

因为，在文明程度严重衰退的那段时期中，除了某些时期的一些国家外，国家都萎靡不振；相反，前国家社会"酋长辖区"这样不太相近的封建制社会形态得到了发展。至于科学精神，虽尚未完全消失，却也只局限于极其有限的范围内。其他人，包括大部分世俗的领导者都有一种心态，要努力为"巫术—宗教"获得某种资格。故而，[764]若我们坚持这样的定义，那么中世纪前期就很难存在真正的政治思想。

然而，若因这段时期而粗率、断然地将我们阐述的这根引线斩断的话，就会更为吊诡。因为中世纪前期(与希腊的"中世纪"相反)的文明仍然是一种书写的文明，因而它不可能将过去忘掉。受过教育的神职人员都了解古典时期的政治与法律思想(至少熟悉其中的一部分，因为亚里士多德的《政治学》已经佚失，查士丁尼的《民法大全》很难得到)，他们利用这些知识就是为了解决问题，这些问题他们在封建制的环境中遇到过，如统治、法治管理、教会与世俗权力之间的关系。即便他们无法在自己周围找到论述过这些问题的希腊、拉丁、《圣经》、教父的文本，也无法评论这些文本，更无法用这些原创的成果来使自己的知识得到渐进的发展,但他们仍能确保知性生命在某种程度上得以延续。在他们所做的这些贡献(即便十分微小)的基础上,从 11—13 世纪起,政治思想仍旧有所觉醒。因此,像对其他时期那样,政治思想史也应该对这段时期表现出兴趣。

研读计划

我们首先将会回顾中世纪前期的主要政治事件(第一节)。

然后,我们将论述所谓的"政治奥古斯丁教义",亦即国家臣属于教会的教义等论题(第二节)。

伴随着教会权力达致顶峰——衰退期间,日耳曼帝国突然崛起,此时封建制也得到迅猛发展——我们注意到教会法得到了复兴(第三节)。

随后一章,我们将研究中世纪前期两个主要的"政治"体制,封建制和神圣君主制,及随之而来的表现形式或意识形态。

第一节 历史背景[①]

[765]中世纪前期的政治史可分为五个时期。

1. 最初创立的蛮族王国

5 世纪初起,长期以来就在边境侵扰,并于 410 年攻占劫掠了罗马的蛮族人,甚至在帝国内部建立了拥有"联邦"(fédéré)地位的王国:如西哥特人在阿奎丹(418 年)、汪达尔人在北非(435 年)、苏埃夫人(Suèves)在西班牙的西北部地区(406 年后)建立的王国。盎格鲁人(Angles)、朱特人(Jutes)和萨克逊人(Saxons)[②]均侵占过大不列颠,到 5 至 6 世纪,他们将布列塔尼人往北、往西驱至了阿尔莫里克(Armorique)。期间,因匈奴人的侵入而风雨飘摇的哥特人最终于 451 年惨败于卡塔罗尼克(Catalauniques)的田野上,之后泰奥多里克

---

① 据 Michel Balard、Jean-Philippe Genet、Michel Rouche《西方中世纪》(*Le Moyen Age en Occident*),Hachette,1990。

② 盎格鲁人和朱特人均源自丹麦或与现今的德国同丹麦相邻的那片地区;萨克逊人源自现在的萨克森。

(Théodoric)的哥特人因受拜占庭帝国的皇帝芝诺(Zénon)的威胁而远离拜占庭,遂转而攻占了意大利;阿拉芒人、勃艮第人、克瓦迪人、马尔科马尼人和巴伐利亚人均向现在德国的南部、瑞士、意大利北部和勃艮第地区进发。于是,便开始了法兰克人引人注目的扩张行动。

　　法兰克人来自莱茵河谷(低地国家和现在的莱茵河流域)的谷口,由于迅速集结于精力充沛的国王墨洛温(Mérovée)、希尔德里克一世(Childéric Ier)和克洛维(481—511年)的率领之下,且皈依天主教(496年,克洛维在兰斯受到主教圣雷米[Rémi]的施洗),①因而比日耳曼其他中小部族更有优势;而日耳曼其他基督教化的部族则转向了阿里乌斯教派,他们[766]无法同主教和被占国家的民众搞好关系,而被法兰克人占领的国家却能够搞好这些关系。克洛维于486年挫败了罗马将军叙阿格里乌斯(Syagrius)的负隅顽抗,他在击败西哥特人后,最终将他们赶回了西班牙,从而占有了现今法国的大部分领土。

　　后来,他的王国不断扩张:勃艮第人于536年投降,普罗旺斯被东哥特人攻占,由于日耳曼其他部族太弱小,克洛维的继承者们便于530至555年攻占了整个德国南部和西部地区。

　　我们注意到罗马这个实体曾于6世纪短暂复兴过:拜占庭皇帝查士丁尼(525—568年)的军队自533年起,重新攻占了北非、意大利和西班牙的部分地区。但意大利——整个北方与南方部分地区——于568至572年间又被日耳曼的另一部蛮族人伦巴第人重新侵占。

　　总之,约600年,在以前的西罗马帝国领土及直接分封的周边地区,出现了如下诸国:高卢地区和日耳曼南部及西部地区的法兰克王国(该王国因统治期的不同,以及因继承人之间所行的分配而分成两个部分,即东部的奥斯特拉西亚[Austrasie]和西部的纽斯特里亚[Neustrie]);②占据整片西班牙领土的西哥特王国;占据大不列颠东部一半地区的盎格鲁-萨克逊王国(肯特、诺森伯里亚、梅西);占据意大利北部和中部及南部部分地区的伦巴第王国(拜占庭一直占据着意大利,但人数日益稀少,且四散而徙)。

---

① 或为498或499年,史学家对此日期有争议。

② 奥斯特拉西亚即古代的"里普利安"法兰克王国(都城:默茨);纽斯特里亚是"撒利克"法兰克王国(都城:巴黎)。奥斯特拉西亚和纽斯特里亚在墨洛温王朝时代的整个末期一直处于对立状态。

2. 诸蛮族王国的动荡时期(550—750 年)

这些王国显得特别脆弱,主要是因为罗马的政治及行政管理文化隐退,共和国(*res publica*)的中立性和客观性原则让位给了王国的世袭原则之故。然而,继承人[767]经常会彼此争斗,挑起严重的内战,使国家衰弱不堪。

被这些战争弄得疲惫不堪的法兰克人外受反叛的阿拉芒人、图林根人和巴伐利亚人,以及从未被攻占过的部族,如弗里松人(Frisons)、布列塔尼人和瓦斯贡人(Vascons,即巴斯克人)的威胁。东边还来了新的亚细亚侵占者阿瓦尔人(Avars)和斯拉夫人(他们定居在波希米亚和易北河右岸地区)。

此外,约 700 年,源起于日耳曼部族的所有王国因公国领地(法兰克王国内的奥斯特拉西亚、纽斯特里亚、阿奎丹、勃艮第;西哥特王国内的塞普提马尼[Septimanie]、塔拉孔奈兹[Tarraconnaise])的创建而遭到分割,虽然革新西哥特教会是为了用古代以色列王的方式来为国王行"傅油礼",强化君王的权威,这样的革新被认为前景很好,虽然"宫相"(maires du palais)①日益增长的权力也与贵族结成了攻守同盟,但公国领地的出现还是将国王的影响力消弭净尽。至于盎格鲁-萨克逊诸王国,尽管他们面对的布列塔尼人是共同的敌人,但他们仍然各自为战。

为了对应因王国的衰弱及罗马意义上整体的国家行政管理逐渐消失而引起的持久的不安定状态,贵族运用凯尔特、日耳曼和罗马社会共通的习惯做法,攫取了公共权力这样的特权,并构建起小规模的实体,它们所拥有的独一无二的合法性可确保其内部拥有相对的公共秩序。于是便出现了分裂的进程,该进程在加洛林帝国鼎盛时期虽曾中断过,但仍旧一直延续至中世纪前期末叶,并不断得到强化。

3. 加洛林帝国的创建和鼎盛时期

丕平世族(Pippinides)的得道

法兰克王国中,居于奥斯特拉西亚②的丕平世族(丕平一世、赫斯塔尔的丕平[Pépin de Herstal]、铁锤查理[Charles Martel]、矮子丕平[Pépin le Bref])由于独揽"宫相"一职,[768]自 8 世纪初起,尤因在一系列内忧外患中稳操胜券而平步青云。

---

① 7世纪,法国墨洛温王朝宫中的监督官。——译注

② 丕平世族在奥斯特拉西亚的领地以默兹(Meuse)及其周边地区为中心。

751年,矮子丕平以法兰克人帮罗马教廷抵御伦巴第人作为交换,得到教皇扎哈里亚斯(Zacharie)授权,废黜了墨洛温王朝末代皇帝希尔德里克三世,并自立为国王。752年,他让圣卜尼法斯(Boniface)[①]为其行"傅油礼"和"祝圣"。[②] 754年,教皇艾蒂安二世(Étienne Ⅱ)亲自前往高卢地区重新为国王及其诸子祝圣,从而开创了一个新的王朝,加洛林王朝。

754和756年,法兰克人大败伦巴第人,无论当时那份著名的"君士坦丁赠礼"(参阅下文)是否给丕平看过,反正法兰克人承认了教皇合法拥有意大利中部地区。这便是教皇国(État pontifical)的源起,教皇国在这变动不大的疆域之内一直存续到了1860年。

帝国复兴(*renovatio imperii*)

于是帝国观念的重出江湖又有了可能。丕平已占领高卢南部地区和阿奎丹。他的儿子查理曼(768—814年)在其兄长卡洛曼(Carloman)死后是该王国的唯一继承人,他返回意大利,攻占伦巴第,获得了伦巴第国王的称号(774年)。然后,他南征北战,将王国朝北方、东方和南方扩张:他降服了萨克逊人和北部直抵丹麦的各个日耳曼中小部族、德国南部的巴伐利亚人,使意大利南部的伦巴第成为其属国,将阿瓦尔人击退至欧洲多瑙河地区,最终在西班牙现在的卡塔罗尼亚境内设立了大幅法兰克"总督辖区",将穆斯林拒于千里之外。

当时,一些杰出的神职人员被吸引至他的朝中,有盎格鲁-萨克逊人阿尔居安(Alcuin)、伦巴第人执事保罗,还有西哥特人泰奥杜夫(Théodulf),因攻占的领土幅员辽阔,再加上教皇已在罗马获得保障之故,他们遂被吸引了过来,并力陈被教皇哈德良一世(Hadrien Ier)册封为"大帝"(magnus)的查理同基督教世界的古代庇护者君士坦丁之间具有相似性。阿尔居安自778年起便说要复兴罗马帝国。800年圣诞节,这个宏图总算在罗马实现了。

帝国将日耳曼和拉丁世界的大部分地区重新聚合在一起,只除了阿斯图里亚

---

① 卜尼法斯时任红衣大主教。——译注
② 有史家认为当时确有教会人士为矮子丕平加冕,但是否卜尼法斯所为,尚无法证实。参阅《基督教会史》,前揭,p. 235。——译注

(Asturies)的西班牙-西哥特王国和盎格鲁-萨克逊王国,[769]此外,还有在基督教世界中与经济和知识风潮相距甚远的凯尔特人世界:加尔(Galles)、柯尔努阿耶(Cornouaille)、埃克斯(Écosse)、爱尔兰诸国。"欧洲"(这个名字自古典时代起便已存在,但此后的一些神职人员使用该词时不仅从地理意义出发,也从文明程度这个角度出发)诞生了:正是在基督教世界的这一部分,人们才不讲希腊语;它的重心是在西方,它有其自己的政治体制、自己的教会。因此,甚至在 1054 年正式分裂之前,查理曼创建帝国一事就已使拜占庭基督教和西方基督教之间加深了裂痕。

查理曼试图使该帝国拥有强大的军事力量和行政管理力量。

他组建了自己的皇宫,将首都设于埃克斯夏佩尔(Aix-la-Chapelle),并设诸行省,且在行省中任命伯爵,由专业的法官协理政,并将伯爵聚于"公爵领地"及边境的"总督辖区"内;他还设立了特命专员,即君主委任官(missi dominici)监督当地的这些官员。

从宗教层面来讲,他模仿拜占庭创制了某种"政教合一制",将教会的等级制和帝国的等级制糅合起来:他自视为神职人员,介入教理事务(查理曼曾在天主教教会的《信经》中添加了一个条款:和子[filioque]),尤其是介入礼拜仪式(他在帝国全境推广罗马的礼拜仪式,直到那时,该仪式只在其他地方通行;我们可以说,从这个方面来看,他堪称"罗马天主教会"践行宗教活动的主要奠基人之一)。

虔敬者路易和帝国的衰落

由于诸子相继死亡,虔敬者路易(814—840 年)便成了其父唯一的继承人,和查理曼当时的情形一样。欧洲帝国的观念至少在他统治初期仍然得到不断加强。另一些知识分子,如阿尼亚纳的伯努瓦(Benoît d'Aniane)、里昂的主教阿戈巴尔(Agobard de Lyon)、柯尔比修道院院长阿达拉尔(Adalhard)及其兄弟瓦拉(Wala),他们均从事这方面的工作。虔敬者路易主持召开过好几次大公会议,会上所立的法规在帝国全境有效;通过建立议事司铎教务会将监督机制加于所有主教身上,本笃会规程则适用于所有修院。

然而,教会也开始了规避世俗权力的控制。

虔敬者路易承认教皇国。他放弃了"法兰克国王"和"伦巴第国王"的封号,而只拥有皇帝这个[770]称号,816 年,他又一次接待了教皇,似乎其父于 813 年为他所作的加冕已无法令他满足一般;他不敢立刻免去他的儿子们的封号,而让他们享有不可分的帝国权力,但他并未采取日耳曼方式将自己的遗产平分、让诸子共享了事,而是打算将帝国的封号授予他唯一的长子洛泰尔(Lothaire),其他诸子或子孙都可拥有帝国境内的王国(意大利、巴伐利亚、阿奎丹)。这样的安排等于是摒弃了日耳曼的国王权力概念,而取用罗马和"僧侣统治"(hiérocratique)的概念。这样的概念在洛泰尔当政时仍得到了强化,洛泰尔本人则于817年被其父加冕为皇帝,823年在随侍皇室的主教们的影响下在罗马被教皇重新加冕。帝国似乎愈来愈朝神职人员及罗马特权的方向转移。

4. 加洛林帝国的解体、"主教政府"和封建制的发展

然而,加洛林王朝无法维持如此庞大的帝国的统一性和秩序,帝国境内辖有众多语言、种族极其不同的人群。虔敬者路易诸子之间连绵不断的战争一方面导致欧洲此后成为新的劫掠对象,另一方面外敌的侵入更导致了帝国的解体。

虔敬者路易的继承权问题

王室领地的推定继承人会因帝国罗马观的胜利而被剥夺权利,他们无法接受由虔敬者路易所采取的折中的安排方式。甚至在那些人在世时,就发生了三次反对"教会"和"日耳曼"宣传的危机;833年,皇帝在主教们召开的大公会议上遭废黜,后来由于联盟者的反击,又召开了另一次大公会议重新庄重地确立了其地位。他死时,帝国先是一分为二,东部给了洛泰尔,西部给了秃头查理(Charles le Chauve)。但阿奎丹、巴伐利亚和意大利都仍或多或少保持了其独立性。

动荡的局势导致了严重的后果:因每次发生危机时,领地上的封臣都想更换他们的国王,他们不得不发出新的效忠宣言,但很快又会因新的变化而违背其誓言;此后,大人物首先关心的便是如何在自己地位稳固的领地上维护自己的权威。

[771]凡尔登(Verdun)条约(843年)用两种语言,即古法语和高地德语做了修订,条约规定帝国分成三部分:

日耳曼人路易分有莱茵河东部(东法兰西);

秃头查理分有罗纳河(西法兰西);

中部狭长地区,始自北部的弗里西,止于南部的普罗旺斯,包含意大利,又返回洛泰尔,该地区有两个都城,即埃克斯夏佩尔和罗马,还有帝国称号(该帝国原则上统管两个法兰西);后来人们称其为洛塔林(Lotharingie;"洛林"[Lorraine]一词便从此而来)。这部分地区最为脆弱,无论从语言还是地理上看,均未达成统一性。

这样的形势并不持久。后又进行了分割(尤其对洛塔林不利),皇帝称号在这种情况下被传给了东法兰西或西法兰西国王,但日益失去其重要性,结果这个称号便不再被赋予(加洛林王朝末代皇帝消失于 924 年,但那时候,无政府状态已出现了很长时间)。①

晚近的侵略

若国王们无法和睦相处,若其中任何一人均无法凌驾于其他人之上,那么这样的欧洲就只能受到穆斯林、匈牙利人和斯堪的那维亚人在晚近时期的大肆侵袭,每一小块领土都被尽力保护着,以确保国家苟延残喘,但形势极不确定。约 840 年,危机开始在大陆出现了。②

斯堪的那维亚人(又称"维京人""诺曼底人")不知何故(最简单的解释是说他们受到南部地区国家的富庶的吸引,就像以前其他日耳曼人被罗马帝国的富庶吸引过来一样)离开自己的土地,对沿岸地区大肆劫掠,并侵入大不列颠、日耳曼、法国(直抵阿奎丹)、西班牙内部地区,[772]他们渡过直布罗陀海峡,直达西西里岛和意大利南部地区。他们登岸后直抵内陆腹地(巴黎被攻占过好几次,特鲁瓦被夷平,甚至还从地中海那里溯罗纳河而上),差不多法兰克诸王国各地都处于极其动荡的状态(除了远离海岸的德国)。且自 850 年起,他们开始在诸河流的河口处(埃斯科河[Éscaut]、塞纳河、卢瓦尔河)创建永久性机构,这样他们就能随时随地发动进攻;他们还让被占领土上的居民缴付"丹麦金"(Danegeld)。

持续的进犯之后,终于导致了大不列颠和法国庞大领土的彻底沦陷。在大不列颠,该岛的整个东部地区在 9 世纪末都被合并过去(这片领土被称为"丹麦自治法领地"[Danelaw]),丹麦人只有一次险些被威塞克斯(Wessex)的盎格鲁-萨克逊国王阿尔弗雷德(Alfred,871—899 年)击退。全岛在整整 20 年间竟然都臣属于维京人克努特大帝(Knut le Grand,995—1035 年)一人麾下,此人最终在其治下将丹麦、挪威和英国都统一了起来。斯堪的那维亚人此外自 870 年起还占据了设得兰

---

① 皇帝称号被赋予了路易二世(Louis Ⅱ,日耳曼国王,855 至 875 年获得皇帝称号)、秃头查理(西法兰西国王,875 至 877 年获得皇帝称号)、大个子查里三世(Charles Ⅲ le Gros,意大利和日耳曼国王,法兰西摄政王,881 至 888 年在位)、斯波莱特的居伊(Guy de Spolète,意大利国王,891 至 894 年获得皇帝称号)、日耳曼的阿努尔夫(Arnulf de Germanie,日耳曼国王,896 至 899 年获得皇帝称号)、盲人路易三世(Louis Ⅲ Aveugle,普罗旺斯和意大利国王,至 924 年止,901 至 905 年获得皇帝称号)和弗里乌的贝朗杰(Béranger de Frioul)。

② 参见 Marc Bloch,《封建社会》(La Société féodale)中的详细论述,1939,末版,Albin Michel,1994,p. 23—95。

群岛、费洛尔群岛和冰岛,并在冰岛沿岸地区创建了一些小国。

在法国,由于《圣克列埃普特条约》(*traité de Saint-Cler-sur-Epte*,911 年)的签订,天真者查理(Charles le Simple)同意将鲁昂(Rouen)和埃夫勒(Évreux)周边的广袤领土全权割让给维京首领罗仑(Rollon),11 世纪初(通过武力)这片领土又迅速扩展至西部的科堂坦(Cotentin)、南部的塞耶(Sées)和曼恩(Maine)。于是一个管理有序的强大的公国创建了起来。该公国中的贵族子弟自 1016 年起便前往意大利南部地区和西西里岛,为伦巴第诸位君王服务,但他们与国王不合,又很快返回,遂建立了**西西里岛诺曼底王国**(royaume normand de Sicile,自 1061 至 1091 年间,罗贝尔·吉斯卡尔[Robert Guiscard]的兄弟罗杰一世[Roger Ier]将该岛从穆斯林手中夺了过来)。1066 年,诺曼底大公威廉(Guillaume)征服了大不列颠。

在整个这段时期内,维京人并未定居下来,他们闭居于城堡和堡垒里,经济陷于衰退;这大大强化了封建制的自给自足趋势。

从 827 至 902 年,穆斯林人攻占了拜占庭的西西里岛,之后又被诺曼底人驱逐;他们在意大利(加利里亚诺[Garigliano])和法国南部地区(加尔德弗雷内[La Garde-Freinet])创建了根据地,并从这些地方出发抢劫整个普罗旺斯地区的城镇和隐修院。他们一直进犯至巴黎(尤德[Eudes]伯爵于格·卡佩[Hugues Capet]阻止了他们的进犯,他还同样使这座城市免遭诺曼底人的兵燹)。只是到了普罗旺斯伯爵威廉的大力介入,抵抗才形成了声势,他于 972—973 年端掉了加尔德弗雷内据点。

匈牙利人的恐怖比起先前那些人有过之而无不及。这些土耳其—蒙古游牧民族在平原地区夺取了阿瓦尔人的领地,那里后来成了匈牙利。这些行动迅捷的骑士由于都是游牧民,所以习惯各自为政、流动行军的方式,他们穿越欧洲的整个西部地区进行远征,除了建有堡垒的城镇之外,他们所经之处都是生灵涂炭。这一现象从 862 年持续至 955 年,那一年,匈牙利人[773]被奥托一世大败于莱赫菲尔德(Lechfeld)。他们随后跟着国王圣艾蒂安(saint Étienne,于 995 年受洗)最终定居于匈牙利,皈依天主教。

封建制迅猛发展

对这些各种各样的危险缺乏反应乃是由于法兰克诸王国分裂之故。贵族已从国王的权力中差不多独立出来,故无法协调进行有效的抵抗,也无法聚集必要的人力和物力资源。这个弱点恶性循环:既然他们无法确保民众的安全,国王便不得不扩大手下伯爵的权力,让他们拥有更大的管理权以利抵抗(公国、总督辖区);在这些广袤领土上被选为首领的人以后都不会忠诚于国王。

教会在面对无政府状态时试图有所作为。它首先加强了王权，将国王从所有大小领主中突显出来，并仿照《圣经》的做法，给国王行傅油礼。最初立的一些神圣国王都是西哥特的西班牙人，随后是加洛林王朝的人。兰斯的兴克马尔（Hincmar de Reims）主教更新并丰富了加冕礼的理论和象征形式，甚至还为圣油瓶奇迹编了则神话故事（参阅下文 p. 831）。主教会议愈来愈深地介入皇帝和国王冠冕的归属权之争中，以便化解因继承权而引起的纷争。这就是人们所说的"主教指导"。

西法兰西封建制的迅猛发展：从"公国领地"（principauté）至"领主领地"（châtellenie）

但这些努力并未能阻止诸国趋向解体的潮流。在帝国分崩离析形成有利于小国的局面之后，帝国权力仍在"下降"，变成了地方实体，我们可以将它们统称为"公国领地"，随后再朝更小的、纯粹局限于当地的实体"领主领地"靠拢：封建制的小国割据状态于 10—11 世纪在莱茵河及罗纳河地区达致［774］顶峰。

"公国领地"由王族创建，国王不得直接干涉。亲王常常都是加洛林王朝资深的行政官员，他们拥有干宰的权利。他们宣誓效忠国王，却未听命于他。由于凭借种族和语言的不同割据一方，他们便创建了比王国更为同质的实体，他们依凭属下拥有采邑的封臣来进行控制。于是便构成了阿奎丹、加斯科涅（Gascogne）、布列塔尼、诺曼底、佛兰德（Flandre）……诸公国。

在洛塔林，波松（Boson）伯爵自封勃艮第和普罗旺斯的国王。这些王国均受日耳曼国王的监管。但在以前勃艮第王国的北部，"勃艮第大公领地"自 890 年起由奥通（Autun）、马孔（Mâcon）和夏龙（Chalon）的伯爵建立。它隶属于西法兰西王国。

国王们承认这些名目不同的僭称，这使他们或多或少觉得有了正式的名分，尤其是他们有时均出身于伯爵家族，像于格·卡佩之前的罗贝尔家族（Robertiens）中的两名成员尤德和罗贝尔一世那样（让王族进行选举成为任命国王的标准模式）。公国乃是正式划分出来的领地，仍属残存下来的"公法"范畴。

但因当时环境中履行权力的现实条件所囿，公国仍然只是超大的实体而已。不可逆转的是，至 10 世纪末，曾剥夺国王权力的亲王如今也被伯爵和领主剥夺了权力。于是领主领地或领地（seigneurie）占得上风,它们是指聚于拥有城堡且确保群体安全的领主(seigneur)周围的农民和少数骑士组成的团体;领主成为自己领地内惟一的裁判官。

950 至 1100 年间,西法兰西领土上的封建制处于鼎盛期,国家则处于最低位。有一份数字可使我们理解西法兰西王国在 10 世纪末的分封状态究竟达到了什么程度:那个时候似乎存在约三百个几乎独立的封建制实体(规模不等)。

法兰克王国(*regnum Francorum*)其余地区的封建制:意大利和日耳曼

伦巴第的分封状态也颇为相似,有世俗和教会公国:摩德纳(Modène)、帕尔马(Parme)、普莱桑斯(Plaisance)、克雷蒙(Crémone)、贝加姆(Bergame)。弗里乌侯爵领地(位于东部最边远地区)、伊弗雷(Ivrée)侯爵领地(位于皮耶蒙特[Piémont];其领主控制着都灵和阿斯蒂[Asti]伯爵领地)、托斯卡纳、斯波莱特……

[775]在日耳曼重又出现了 Stämme,即部落或部族,此后它们都有限定的领地。领地的首领恢复了巴伐利亚、弗兰科尼(Franconie)①、施瓦本②和萨克森的公爵称号;西法兰西为之争论不休的洛林将成为第五个公爵领地。但国王同西法兰西王国一样均拒绝正式承认这些分离出去的领地,公爵称号也不再能世袭。总督辖区同样也被铁腕人物夺取:如弗里斯、图林根、波希米亚、加兰蒂(Carinthie)。

总之,加洛林帝国的解体导致罗马的国家观念消失达数世纪之久。但不久就将出现最初的反应。

5. 奥托重建帝国的尝试和卡佩王朝的诞生

罗马—日耳曼帝国

恰在加洛林王朝创建的新国家萨克森那里重现了帝国观念。

萨克森亲王猎鸟者亨利(Henri l'Oiseleur)于 918 年被选为日耳曼国王。

加洛林王朝的国王统治日耳曼直到少年路易十四(卒于 911 年)时期。后来,萨克森的统治一直持续到 1024 年圣徒亨利二世死亡为止。他之后的继任者自撒利克人康拉德二世(Conrad Ⅱ le Salique)起头,都是"撒利克"王朝的国王和皇帝。

亨利一世在抗击斯拉夫人和匈牙利人时取得了好几次胜利,抬高了他的威望。其子奥托一世于 936 年继位,征服了德国一些反叛的公

---

① 位于曼河(Main)左近从美因茨(Mayence)至邦贝格(Bamberg)的那一段。

② 位于多瑙河上游地区,在符腾堡和巴伐利亚之间。

爵,并用自己家族成员取代了他们的地位。他为了贯彻这项政策,依靠伯爵—主教这些尘世的主人和国王的直接代理人,他们的职责在他们死后会重归于国王。奥托就这样阻止了王国分封化的进程。

从外界来看,他降服了斯拉夫人,迫使波希米亚公爵成为他的封臣,并将王国扩展至东北部(他建立了马格德堡)。955年的莱赫菲尔德大捷(参阅上文)最终使他消除了匈牙利人的威胁。他从西法兰西国王手中夺取了洛林,好处是,在法兰克王国的这部分地方,这个国家[776]几乎消失不见了。他将勃艮第王国置于自己的监管之下,并最终攻占了意大利王国,且娶了其最后一任女继承人阿德莱德(Adélaïde)(951 年)。

要成为皇帝,他只差在罗马加冕了。这件事于 962 年完成,这多亏了教皇请求他帮助以解救罗马诸亲王这件事的发生。奥托加冕后,立刻颁布了一道敕令,敕令中用的是他此后任命教皇时的措辞;这种状况一直持续到了 1059 年。帝国虽已得到重建,但它并非全然是查理曼大帝的帝国,因为帝国内并未包含今后构成法国的拉丁诸国:它是"罗马—日耳曼"帝国。

奥托二世(973—983 年)并没有时间来扩大其父的战绩。拜占庭公主泰奥凡诺(Théophano)之子奥托三世(983—1002 年)则受到了帝国的希腊和罗马观念的影响。他想重建君士坦丁的永恒罗马国,此外,他还亲自任命曾在兰斯任教会学校修士的奥里亚克的格贝特(Gerbert d'Aurillac)担任教皇,命其为西尔维斯特二世(Sylvestre Ⅱ),以缅怀古代西尔维斯特①—君士坦丁这对"佳偶"。

卡佩王朝的诞生

值此之际,在西法兰西,有个罗贝尔②亲王于格·卡佩被选为国王。他是法兰克大公,拥有阿奎丹公爵和勃艮第公爵的称号。他比加

---

① 西尔维斯特为君士坦丁当政时期的教皇。——译注

② "罗贝尔世族"乃是贵族家族,祖上(似乎)是加洛林帝国的萨克森官员维土金德(Witukind)。于格·卡佩之前的重要家族成员有:壮汉罗贝尔(Robert le Fort;卒于 866 年),此人在秃头查理手下任图兰(Touraine)、安茹(Anjou)和布列索瓦(Blésois)的伯爵;罗贝尔之子巴黎伯爵尤德(约 860—898 年)和罗贝尔一世(约 865—923 年);后两者都是由王族选出的法国国王,尤德 888 至 897 年在位,罗贝尔 922 至 923 年在位;罗贝尔一世之子伟岸者于格(Hugues le Grand;卒于 956 年)任巴黎伯爵和法国公爵,尽管他推举加洛林王朝的诸亲王当国王,但他才是该王国名副其实的主人。他是于格·卡佩的父亲。因此,我们重又发现了堪与该王朝之前变动的逻辑相比的一个逻辑:卡佩世族之所以掌权乃是该家族的权力缓慢上升所达成的。

洛林王朝末代的几个国王洛泰尔和路易五世及合法的继任者(路易五世的舅舅洛林人查理[Charles le Lorraine])都要有影响得多。但他之所以当选,是因为他不像后者这样有野心,想将自己的领地朝洛林方向扩展,从而[777]不太会让由奥里亚克的格贝特领头的奥托的支持者们太过担心。那个时候,西法兰西就这样被置于帝国的监管之下。但那里与德国(以及被威廉攻占的英国)一样,国王掌权的国家也开始大规模地复兴了。

这些艰难时期的政治活动家的主张,或至少是思维方式,究竟是怎么样的呢?

第二节 "政治奥古斯丁教义"

"政治奥古斯丁教义"是由阿奎里耶(H. -X. Arquillière)[①]用来指称一系列"神权政治"(或"神权")的政治教义的表达法,自罗马帝国末期至12—14世纪国家的重建为止,它在西方一直占据了统治地位。

这些试图将国家融入教会的教义只有部分能成为"奥古斯丁教义"。当然,圣奥古斯丁在中世纪前期占据了主导地位,尤其是中世纪西方的大家如格列高利一世(Grégoire le Grand)和塞维利亚的伊西多尔(Isidore de Séville)这些人也都受了他思想的影响。可以说,这位希波主教同时产生了直接和间接的影响。然而,"政治奥古斯丁教义"与圣奥古斯丁真正的思想却不同。我们发现其间的差异颇为微妙。当然,该教义主张超自然正义绝对优于自然正义,从而表明对袒露于责罚和拯救这另一种选择之下的人类而言,斯多阿派和西塞罗对自然法和国家所作的定义均毫无用处。但在这位希波主教在世时,帝国仍保有强大的权威,它仍然稳居于社会的异教传统之上;帝国广袤的地域也尚未基督教化,或者说阿里乌斯化。而教会那一边却仍然只是个年轻、小型的机构。故此,从[778]圣保罗至圣奥古斯丁的教会圣师都不得不

---

① H. -X. Arquillière,《政治奥古斯丁教义——论中世纪政治理论的形成》(*L'augustinisme politique. Essai sur la formation des théories politiques du Moyen Age*),Vrin,1972,首版,1933。

说,除了帝国保护"自然法"使其存在之外,至少上帝的眷顾(Providence)也在容忍它的存在,甚至是帝国领导人的那些罪孽;我们发现圣奥古斯丁已在教义上为这个论题做了辩护。

数世纪后,当罗马帝国消失不见,再也不存在中等规模的、合法性可疑的尘世权力时,重新认识圣奥古斯丁的基本教诲才变得可能。

从杰拉斯(492—496 年)至格列高利一世(590—604 年)①

教皇杰拉斯在一封致东方皇帝阿纳塔西(Anastase)的信中提出了下述原则:

> 存在两种此世因它们而受到管理的主要权力:教皇和王权的神圣权威。但教皇的权威乃因他们须在至高审判的法庭上回应国王本人而更为厚重。

杰拉斯强调说,基督自来临起,既然心思缜密地对各个领域做出了限定(该撒的物当归给该撒……),故皇帝就再也不能宣称自己是最高祭司(*pontifex maximus*),而教皇也再不会去要求得到王权。每种权力都在自己的领域内自治,在另一种领域内臣属另一方。两种权力对神圣秩序来说都属必需。不过,它们又是不平等的:教皇的权威(*auctoritas*)优于国王的权力(*potestas*)。

教皇格列高利一世是罗马高级官员,他在科留斯(Coelius)山上建了座隐修院,后因伦巴第人威胁罗马,遂又被任命教皇一职。他对法律和行政管理颇为熟稔。对拜占庭帝国,他保持着传统的敬意(他有机会目睹了拜占庭奢华的宫廷)。但对蛮族人的新兴王权,他却断然宣称教会的[779]权威。

他的大部分政治教义确实可以说属于奥古斯丁一脉。他认为政治权力远自世界起源时即已存在;但原罪之前的是父系权力,人只会对动物采取强制性的权威。人类性尚平等。但一旦成了罪人,人便不再处于秩序之中,而须受强力胁迫。

---

① 据 H. -X. Arquillière,前揭。

自此之后,人类之间便有了不平等,权力也由此存在。

格列高利认为,恰是眷顾创造了国王,甚至是坏的国王。他比严厉的奥古斯丁还要有过之,因为他说,有什么样的臣民,就有什么样的君王,他们甚至能使好国王变坏。

但另一方面,他却坚持政治权力的"圣职"观。

> 从前自负强硬的[国王]如今却受信仰之绳的束缚……因主断言他对犀牛①的力量很有信心。由于主在给予尘世君王以暂时的权力之时,也倾向于使君主尊重之,所以由上帝赋予的这一权力,虽近期他仍利用它好同上帝分庭抗礼,但如今他却用它来向上帝的信仰表示敬意……主免除了犀牛对其工作的担心,将他用自己的死赎回的教会托付给皈依的尘世君王。他正是依凭其权力来想方设法地保护和平与信仰(《〈约伯记〉中的伦理》[Moralia in Job],XXXI,46)。

不过,格列高利对两种权力各自的界限并未引发出清晰的教义。他想望的是建立于一致意愿之上的完美的统一。但实践中,每次他都会对由皇帝的政策引致的教理、教会法或罗马教会普世最高权方面的问题提出抗议。他"承受自己无法阻止的事情",但又不对其负任何责任:我们再怎么无罪,也须承受(in quantum sine peccato nostro,portamus)。

但东方皇帝莫里斯(Maurice)及其当王储的儿子泰奥多西乌斯于593年禁止官员担任教会职务及过隐修生活。格列高利赞成第一点,反对第二点,"因这是向众多灵魂关闭天国的大门"。他所作的反对是基于这样的论点,[780]即国王唯一要做的事就是帮助臣民获得拯救:

> 向主人讲话的我,除了是尘埃且归向大地之外,又是什么呢?

----

① "犀牛"指帝国。

但因我感觉到这样的法令损害了万物之主(Auteur)，故我无法对你们的事保持沉默。[……]从上方赋予我的主人管理万民的权力，是要他帮助那些想要行善之人，是为了大大地敞开通往天国的道路，是为了尘世王国服务于天国(致皇帝的信)。

尽管如此，格列高利仍在东方诸主教辖区内执行了莫里斯的这项法令。但这是因为君士坦丁堡的帝国那时在西方仍有极大威望之故。只需等他陷入内外交困的境地，教廷再提出自己的主张也不迟。

无论如何，在西方，格列高利已充分行使了教会的权力。当然，国王也会介入主教的任命、召开大公会议、赋予教会法以法律效力的事务当中。但在最棘手的事务上，人们还是会求助作为教会最高者的教皇。教皇自身也会介入信仰或教规方面的事务。他对法兰克教会的倒行逆施进行惩治：如使非神职人员升任主教、西门派(simonie)①、神职人员不守道德、乡村地区异教死灰复燃。因此之故，他开始反对国王，因他们是这些逆行的"促进者或同谋者"，他指出"他对教会的裁定权高于蛮族国王的裁定权"。

他向墨洛温王朝的两个国王梯耶里(Thierry)和泰奥德贝(Théodebert)写道：

> 对国王而言，君主在对待他们的臣民时，应该培养正义，使每个人保有自己的权利、不滥用权力，且让自己同他们一起按照公正之道行事。

向肖德贝(Chodebert)写道：

> 身为国王，丝毫无优越之处，因其他人也是如此；重要的是，要成为天主教的国王。

---

① 指买卖圣物(参阅下文，p. 845)。

对布鲁纳奥(Brunehaut)王后写道：

> 国王理所当然优于其他种族的首领，因他对造物主的信仰不掺任何杂质，他的忏悔情真意切。

> 若人们向王后指出存在暴行、通奸、[781]偷盗、有人喜行不义之事时，她定会急不可待地去加以纠正，以平息神的愤怒。

格列高利甚至想对违反教会禁令的国王施行绝罚和废黜的处罚。当涉及如何确保教皇为奥通的圣玛利修道院(l'abbaye de Sainte-Marie)颁发的特许状行之有效时，他写道：

> 若有国王、主教、法官和在俗人士知道这项法令乃我们权威所赐，却仍百般阻挠，那他就该被剥夺权力、荣誉①和尊严；他就该知道在神的审判前自己须对犯下的不义负责；若他不归还夺取的财产，不履行该当的悔罪，他就不配享用我们神圣的赎罪者的肉体和鲜血，他就该被投入严刑报复的永恒苦难中。

显然，这样的威胁指的就是绝罚。格列高利七世所需的废黜国王的正式法律虽尚未得到确认，但这样的精神已在。

因而，尽管拜占庭皇帝"使宗教成了他所管辖的政治事务"，但格列高利仍试图"使政治成为道德管辖的事务"(Arquillière)。

国王加冕礼制度的确立②

"政治奥古斯丁教义"获得进展的最显明的征象就是国王加冕礼。

---

① 亦即剥夺其享有公共权力的特权。

② 参阅 Marc Bloch，《行法术的国王》(Les Rois thaumaturges, 1924)，Gallimard, 1983, p. 460—477；关于加洛林王朝初期历史，参阅 Louis Halphen，《查理曼大帝和加洛林帝国》(Charlemagne et l'Empire carolingien, 1947)，Albin Michel, 1968；Stéphane Lebecq，《法兰克的起源：5—9 世纪》(Les orgines franques，Ve-IXe 世纪)，Éd. du Seuil, Points-Histoire 丛书，1990。我们将在后面(p. 829 及以后)研究加冕礼典仪及象征体系。

加冕礼这个行为是对先知为以色列国王行傅油礼的有意模仿,《圣经》中好多次提到过这项仪式。反复行使这个仪式乃是神职人员、知识分子人为加诸蛮族王权身上的观念;但该观念却在一项持久的体制中得以具体化。

我们说过,矮子丕平752年和754年行加冕礼之前,西班牙的西哥特国王就已有这样的先例,当然是在[782]672年(国王汪巴行加冕礼)以前,说不定自西哥特第一任天主教国王雷克雷德(585—601年)起就已如此。

加洛林王朝使加冕礼正规化以后,它就在中世纪基督教西方的罗马—日耳曼帝国(自然而然地延续了加洛林王朝的傅油礼)、英国(自787年国王埃格贝[Egbert]即位起)、其他西方国家、西班牙(中断之后重又推行)、葡萄牙,甚至是在像勃艮第、普罗旺斯、纳瓦勒(Navarre)这样的小国间得到推广。

铁锤查理之子丕平是个篡位者。丕平世族虽好几代以来一直担任"宫相"之职,但神权一直是由墨洛温王朝的合法国王这些王室家族的后裔把持。在使丕平成为国王时,教会最终用基督教圣事取代了异教日耳曼的圣事。另一方面,它确立了前所未闻的权力。这样便使政权有了合法性,它不是自动的世袭权,而是有益于民众,而神职人员则成了他们的合法代言人。当王室家族的继任者被发现没有能力使民众免遭威胁到他们的危险时,人们就能而且必须将他替换,担当这项责任的正是教会。

最终,加冕礼制度理所当然地随着"政治奥古斯丁教义"一同衰落:我们将会发现,自14—15世纪起,出现了一些理论家,他们认为国王因其拥有唯一的王室血脉,且因上帝所赋予的特权,而非所谓的教会授任才享有法国的权力。

与此同时,"政治奥古斯丁教义"在虔敬者路易及其继任者治下的"主教管理"时期内得到了新的发展。

奥尔良的约纳斯(Jonas d'Orléans)[1]

生平与著作

[783]奥尔良的约纳斯于760年生于阿奎丹。他先后在查理曼大帝,先为阿

---

[1]　参阅约纳斯·德·奥尔良《国王的职责》(*Le métier de roi*),Alain Dubreucq引言、评论、翻译、笺注和索引,Éd. du Cerf,Sources chrétiennes丛书,1995。

奎丹国王、后任国王的虔敬者路易,817 年加冕为王的虔敬者路易之子丕平的宫中任职。818 年,他成为奥尔良主教,该地是纽斯特里亚最重要的主教教区。他颇受虔敬者路易的信任,后者委派给他好几项棘手的任务(如圣像破坏运动时期在罗马处理此项事务)。他参加过无数次教会会议。他同秃头查理的关系也很好,后卒于 841 年。

他的作品有《圣于贝尔生平》(*Vie saint Hubert*);献给奥尔良伯爵马特弗里德(Matfrid)的《世俗组织》(*Institution des laïcs*)(论述了道德,其中有很长一部分论及婚姻);《圣像崇拜》(*Culte desImages*)(是对都灵的克劳德[Claude]大主教的破坏圣像论点所作的批驳);写给阿奎丹的丕平的《论不得夺取教会财产的必要性》(*La nécessité de ne pas s'emparer des biens ecclésiastiques*;*De rebusecclesiasticis non invadendis*)。

同样写给丕平的《王室体制》(*Institution royale*)或许写于 831 年,当时反对国王及其诸子的战争风起云涌。该书收入的也是约纳斯先前参加不同大公会议担任"秘书"时编订的文本,秘书一职指的是负责编订法令汇编(825 年和 829 年巴黎、829 年沃姆斯召开的大公会议;约纳斯还使用了 836 年埃克斯夏佩尔大公会议上的材料)的人。因而,该文本引起了史学家极大的兴趣,因为它不仅仅表达了奥尔良主教个人的观点,而且还表达了以他作为代言人的加洛林王朝全体主教的观点。

臣属于神职人员的王权

《王室体制》(*Institutio regia*)确实是一篇极其贫乏的文本,显示了那个过渡时代思想和文化均已退化的状态。

约纳斯开篇先提及了第二性这个神学论题,亦即尘世生命与天国生命相比一无是处,[784]隐晦地创造出了尘世权力和属灵权力的等级体系:尘世生命只能在大地上经历,我们均只是过客而已(p. 157)。

作为基督奥体的教会有两个突出的角色。

> 所有信徒均应知道,普世教会乃基督的奥体,在这教会中,存在着两个主要的角色:一个代表了神职人员,一个代表了王权。前者因须向上帝汇报国王的事务而更形重要(p. 177)。

建立神职人员权威的是"钥匙的权威",为支持这个观点,约纳斯引了福音书中的三则段落:《马太福音》16:19;《马太福音》18:18;《约翰福音》20:22—23。为所有基督徒持有天国"钥匙"的神职人员因而就成了国王的审判者,但他自己却可避免任何人类的审判。约纳斯还引了君士坦丁向主教们提的建议,这则建议是鲁芬(Rufin)添加到凯撒利亚的尤西比乌斯的《教会史》上的文字:

> 上帝让你们成为教士,他也赋予你们审判我们的权力;这就是为何我们会受到你们公正审判的缘故。而你们却不得被人类审判:为此,你们只需等待上帝的审判,从而你们无论有何种纷争,均会留给神圣的审判去处理。因为上帝告诉我们,你们就是神,让人去审判神是不合适的,但他却可以,他为此写道:"神站在神圣的会中,在诸神中行审判。"(《诗篇》81:1①)(p. 181—183)

神职人员就这样被半神化,而尘世权力则很清楚自己比他低下得多……"藐视基督的教士就等于是在藐视基督"(同上)。其实,只有唯一一种真正的权力,即神职人员的权力。王权(*regnum*)或全权(*imperium*)只不过是指办事的机构而已;他们所行使的权力是受到限制的。约纳斯引述了塞维利亚的伊西多尔的"词源论",说:"*Reges a regendo, id est a recte agendo*"②,他写道:

> 若国王以其虔诚、正义和怜恤来统治的话,他就会被以正当理由称为国王;但若他缺乏这些美德,他就会丧失国王的称号(p. 185;参阅 p. 195)。

[785]然而,若以这样严格的尺度来衡量,则只有神职人员才能当

---

① 和合本《诗篇》中为 82:1。——译注

② 这是塞维利亚的伊西多尔对 *lucus a non lucendo*(无光之林,*lucus*[树林]源于 *luco*[闪光],*lucendo* 为 *luco* 的分词)所作的词源分析中举的一个例句,意为"权力(*reges*)来源于统治(*regendo*),亦即来源于正确的行为(*recte agendo*)",他认为,从词源上分析,*reges* 这个词来自 *regendo* 和 *recte agendo*。——译注

审判者,因为只有他们才有权处理神圣的事务。事实上,国王的权力只有在他施行神圣正义,且这正义须经《圣经》众多引文(《申命记》17:14—15;17:17—20;《箴言》29:14;20:28;《传道书》32:1①……)及约纳斯归于圣西普里亚努斯(Cyprien)②写的极其精炼的文本所确认时,方可被证明为合理:

> 国王的正义乃是指不得利用自己的权力去压制他人,是指对某人及其邻人作裁决时不偏袒任何人[参阅《彼得前书》1:17],是指无论是外国人、孤儿,还是寡妇,都要保护他们[参阅《申命记》24:20;26:12;《耶利米书》7:6],要阻止偷窃,惩罚通奸,不得夸耀不义者,不同厚颜无耻之辈和滑稽可笑之人来往,要在大地上消除卑劣行为,不得弑父弑母和做伪证,要保护教堂,要行施舍救助穷人,要任命义人处理王国事务,要听取年长者、贤人和清醒之人的意见,不要关注邪行巫道、占卜者[参阅《列王纪下》23:24]和通灵者的迷信行为,要尽量不发怒,要勇敢忠诚地保卫自己的祖国免受敌人的侵害,要万事万物信靠上帝,要充满耐心地忍受万般不幸,要向上帝表明自己的天主教信仰,不得让自己的儿子行不虔敬之事,要为决定性的时刻虔心祈祷,不得在不合适的时刻进餐。因为"邦国啊,你的王若是孩童,你的群臣早晨宴乐,你就有祸了"[《传道书》10:16](p. 189—191)。

国王应该认真履行的这些职责清楚地出现在《加冕礼宣誓》中,这篇誓词肯定受到了加洛林王朝主教的影响(参阅下文,p. 829—831)。如果他无法履行,各种不幸便会接踵而至,如内战及同外国人的战争、作物歉收、传染病、自然灾害,甚而王朝也会中断:王国将被这样那样的坏国王夺取,就像上帝在《旧约》中所做的那样(废黜希尔德里克三世,让丕平得益)。约纳斯引了富尔让(Fulgence)③的话:

---

① 和合本《传道书》共 12 章,无此处所写的 32:1。故此存疑。——译注
② 约 200—258 年。教父,迦太基主教。
③ 基督教拉丁作家(467—533 年),修士,后任鲁斯珀(Ruspe)主教,乃撒丁岛卡里亚利修道院的创建者。

如今众人眼中显明的是,国王的正义使本世纪有了很大的保障:它就是民众的和平,祖国的城墙,民众的救星,国家的堡垒(*munimentum gentis*),疾病的治疗,人类的欢乐,温和的空气,[786]平静的大海,穷人的慰藉,子孙的承继,①而对他自己而言,那乃是他未来幸福的希望(p. 193)。

照《圣经》所言,只有上帝才是王。尘世国王乃是他的"仆从"(ministre)。约纳斯认为还是长篇(*in extenso*)引述《圣经》中《智慧篇》(6:28)中的一篇文本为好:

你们当听我的话,你们统治万民,因民族众多而感到自豪;这乃是因为主赐予你们权柄,正是最上者赋予你们力量之故,他会检验你们的法律,审视你们的规划。若你们,他的仆从,未照法律裁决,既不尊重正义之法,亦不听从上帝的意志,他就会倏然之间出现在你们面前,令你们惊魂失魄。因为最严厉的审判裁决的均是王族。对小人物而言,他会出于怜悯而宽恕,而有权有势者则将承受严厉的刑罚。因主可取任何人的性命,而不管他有多了不起:他创造平凡之物,也创造伟大之物,他的神谕对万民皆同。但对最强大者,会有最严厉的审讯为他们保留着(p. 201)。

在上帝面前,国王什么都不是。② 因而,他必须谦恭,不得因自己的职责而骄横自大,更何况能力不同的人本质上都是相同的(p. 211)。人能成为国王既非得自传承,亦非得自力量,更非得自任何东西;(当涉及有罪的国王时,)靠的就是上帝的恩典和允准(参阅 p. 217)。

国王手下的官员(*regale ministerium*)应该"依凭公道和正义来统

---

① 他又一次强调了王位继任的不稳定特点:王位继任原则上未被采纳,每次的继任者都应有相应的能力才能继任(教会可承认,亦可不承认这样的能力)。

② 加洛林王朝的奥古斯丁神学与凯撒利亚的尤西比乌斯的希腊宇宙相距实在太远,后者的国王被说成是圣子(Logos)之"友",无论从本体论,还是从宇宙论上来说,他均处于万民之上。

治上帝的子民,以便民众因和平与融洽而欢欣鼓舞"(p. 199)。

故而,约纳斯如圣奥古斯丁一样都认为,所有古代的异教君主制因并未践行真正的正义而成了僭主制。

富尔让还说,国王的首要职责就是保护教会的财产和安宁。他会用武力来做到这一点,这项义务对"基督教帝国"而言,要比攻占新的领土更为重要。

> [787]国王在保护教堂和上帝的仆人方面乃是最重要的角色。他的职责就是尽心保护好教士,看他们的圣职担当得如何,并以武力保护上帝的教会(p. 193)。

他应该通过强力获得教会仅通过宣道而无法获得的东西,但任何人都不得犯罪、行不义之事。他尤其应该关心自己手下的官员。国王之职同样也在于保护受教会庇护之人,如寡妇、孤儿、外国人和穷人,他应该"让自己的支持者为穷人的利益考虑":我们记得,《旧约》中的先知就曾这样要求国王。

只有当他行使赋予他的这一宗教职责时,臣民才应该遵从他。

这些构成"政治奥古斯丁教义"的观念乃是 833 年虔敬者路易在贡比涅(Compiègne)遭主教们废黜时援引的内容——约纳斯即便在那种情况下也未参与至支持路易诸子的主教行列,他反而于 835 年参加了谴责这些主教的大公会议。尽管主教团因这件事而各自为政,但这样的分隔并不代表"政治奥古斯丁教义"自身有任何不和谐之处。教会再次参加废黜国王的行动表明它再也不愿让教会的道德审判官听命于国家的法律了。

里昂的阿戈巴尔(Agobard de Lyon)[①]

不过,我们发现有个约纳斯的同代人争论说政治奥古斯丁教义有

---

① 参阅 Mgr Bressolles,《里昂主教圣阿戈巴尔,769—840 年》(*Saint Agobard,évêque de Lyon,769—840*),卷一,Vrin,1949;Capucine Nemo,《虔敬者路易和犹太人:对三条保护令状的研究》(*Louis le Pieux et les Juifs. Étude de trois diplômes de protection*),《司法史和人类学史的三年级论文集要》(*Mémoire de DEA d'histoire et anthropologie juridiques*),油印本,Paris X-Nanterre,1997。

局限性,他就是里昂的圣阿戈巴尔主教,此人的观念明显与约纳斯不同。

生平与著作

阿戈巴尔于 769 年生于西班牙,13 岁前往纳波奈兹。23 岁来到里昂,成了莱伊达德(Leydarde)主教的协助者,后者重建了[788]732 年被穆斯林彻底摧毁的里昂,遂使里昂成了高雅文化的中心,为此,有人称之为"加洛林王朝的复兴"。阿戈巴尔或许在 804 年也成了里昂主教,并一直在那里待到了 840 年。但由于支持洛泰尔反叛其父虔敬者路易,他于 833 年参加了贡比涅召开的废黜皇帝的大会。在虔敬者路易于 835 年重新登位后,则轮到阿戈巴尔被从主教座上革职流放,之后于 838 年,即他死前两年,他又回到了里昂。

阿戈巴尔有神学、主教、礼拜仪式方面的著作,还有数篇反驳迷信行为(尤其是神意裁判行为)的论文,一篇"反对贡贝特法①,使帝国法律具有统一性,并使证词得以扩展"的论文(他在文中批评了这部蛮族法律所认可的司法决斗及涤罪誓词),数篇政治论文(《论不义》[*Sur les injustices*];《论法兰克帝国在皇帝路易诸子间的分裂》[*Sur la division de l'Empire des Francs entre les fils de l'empereur Louis*];《皇帝路易诸子反对其父的辩护词》[*Apologies des fils de l'empereur Louis contre leur père*];《教会体制与政治体制间的对比》[*Comparason entre les régimes ecclésiastique et politique*],他在文中好几次称教会的尊严应被置于帝国的威严之上)。

最后,阿戈巴尔还写了一系列批驳犹太人的短文:《论犹太人的无礼》(*De l'insolence des Juifs*)、《论犹太人的迷信行为》(*De superstitions juives*)、《论犹太奴隶的洗礼》(*De baptême des esclaves des Juifs*)、《论经常接触犹太人的危险》(*Du danger de la fréquentation des Juifs*)。

必须对阿戈巴尔论述犹太人的问题稍作停留,因这样就能具体而微地了解加洛林王朝时期司法和政治观念所处的环境。

属人法(personnalité des lois)的问题

在蛮族王国中,包括加洛林帝国,属人法制度都占了主导地位(也就是说并不

---

① "贡贝特法"之所以有这个名称,是因为该法是由勃艮第国王贡德鲍(Gondebaud;约480—516 年)颁布的,这部蛮族法典是在蛮族人被攻占后,在想要形成成文法的日耳曼诸国王的倡议下编订而成的,该法效法罗马法,以及他们自己直至那时的纯粹口头的种族习俗。因而,可以说"贡贝特法"乃是勃艮第人的法典。还有撒利克人的法律、里普利安人的法律……"贡贝特法"系用拉丁语编订而成。

存在一部针对某个特定领土的独一的法律,而是说这部适用性强的法律乃是一部共同体的法律,任何遭到追究的人都可适用它)。比如在里昂,阿戈巴尔所在的那个时代,他很有可能遇见过勃艮第人(里昂曾是勃艮第王国的都城)、里普利安的法兰克人、撒利克的法兰克人、阿拉芒人、巴伐利亚人、西哥特人,这些人各自遵从自己国家的特定法律,高卢—罗马人听从的自然是罗马法,[789]罗马法与勃艮第罗马法(lexromana burgundionum)或"阿拉里克日课经"(生活于西哥特王国中的罗马人的法律)编订的方式不同,最后,在归属罗马法的臣民中间,犹太人在遵守罗马法的同时,也有权遵照犹太律法生活。可见当时的情形极其复杂。

正义可以说从未取得过优势。比方说,若某人在大庭广众之下犯了罪,说不定没法给他定罪,因为如果对这罪行所作的证词出自勃艮第人,而如果此人又是来自另一个种族,那么再怎么作证也没法对犯罪者不利,于是他只需通过明显虚假的"涤罪誓词"来为自己开脱罪责。相反,若有五个人幸福和谐地住在同一栋房子里,分属于五种不同的法律,那么四人中有一人受到不公正指控的话,另外一人便没法作对他有利的证词。还有,人们只能求助于既残忍又迷信的日耳曼的方式,教会对此只能睁一只眼闭一只眼:神明裁判、涤罪誓词、司法决斗(它允许身体强壮之人伤害残疾人或老年人,他们可在决斗中杀死这些人,还美其名曰得到了上帝的允准,阿戈巴尔惊恐地反驳这种做法:"上帝不会容忍弱肉强食。")。①

除非法律得到统一,否则不可能获得良好的正义。然而,信奉"政治奥古斯丁教义"的阿戈巴尔并不想亦步亦趋地重走罗马法的老路,因罗马法乃是充满了伤风败俗的秘密仪式,是不义和混乱的源头。只有围绕于受基督教信仰激发的法律周围才有统一的可能。阿戈巴尔对圣保罗的话作出了自己的诠释:"不再存在异教徒和犹太人,蛮族人和斯奇提亚人,[790]奴隶和自由民,一切的一切,均归于基督。"(据 Mgr

① 至于神明裁判(是指用火或水加之于被告身体上的考验),我们很确定地说,这样的方式在帝国后期的罗马司法体系中并不存在。蛮族社会所有人似乎都笃信这样的日耳曼习俗,面对该习俗的教会遂放弃了对它严词谴责的做法。教会满足于将其基督教化,并通过为嫌疑人驱魔、为器具祝圣……而将其整合入整个宗教典仪之中。近来,查理曼大帝颁发的敕令还批准了这种做法。阿戈巴尔是最早敢于从理论上彻底进行谴责的人之一,他试图在实践中消灭这种异教习俗。只是到了后来的 12 世纪,因受到了教会法的影响,这些习俗才最终消失(但又重新引入了罗马的严刑峻法)。

Bressolles 所引,p. 92)必须使法律和信仰统一于独一的基督教帝国中:"最让上帝高兴的是,在虔敬万分的唯一的国王统治之下,万民均由唯一的法律管理。这对上帝之城和民众的正义而言都是莫大的好事。"(同上)若某人必须被排除在证人之外,那此人肯定就是非基督徒,或罪人,直到他悔罪为止。若一定要有区分的话,那就是上帝之国和魔鬼之国的区分。

犹太人问题

于是又提出了犹太人这个尖锐的问题。里昂的犹太人极多,他们受到虔敬者路易的保护。他们中有许多人,无论是个人还是集体,均享受到了"国王令状"给他们带来的好处,这些法令将它们置于"maimbour"之下,亦即置于君主的特殊保护之下。他们将这样的好处归于自己所起的经济作用,因他们作为商人和定期为皇宫提供商品的供货商,结交了一些有权有势的人物,尤其是朱迪特(Judith)皇后身边的近侍。①

从所受的保护来看,皇帝甚至禁止里昂的基督徒及其主教让犹太人的奴隶皈依。因为,按照罗马法,犹太人是不得拥有基督徒奴隶的。为他们的奴隶施洗就等于是使他们获得自由,就等于是在偷盗犹太人(当然须事先考虑到赔偿,但赔偿金额大大低于奴隶市场的价格)。犹太人因此向皇宫大诉苦水。

还有一些臣民会感到满意。犹太人的奴隶同他们的主人一同进餐,因而可以一起祈祷诅咒基督徒和耶稣-基督。市场开场日从星期六换至星期日,以使犹太人遵守安息日,等等。

由于虔敬者路易赐予的保护令还无法保万全,于是皇帝动用了决定性的手段:派遣君主委任官(missi dominici)以威吓主教和伯爵(阿戈巴尔[791]说委任官盖里克[Gerric]和弗里德里希[Frédéric]的介入简直就像真正的迫害)。皇帝以这些原则为基础下达的粗暴的决策难道对他毫无危险吗?

尽管皇帝比他的儿子更赞同国家统一的罗马观,但虔敬者路易仍

---

① 但皇宫与里昂犹太人之间的关系似乎并不仅仅与经济有关:犹太人的文化同样得到了重视,而且他们同帝国的贵族都保持了亲密的关系。参阅 Bressolles,前揭,p. 109。

然是个法兰克人。对他而言,法律统一的原则并非他自己的想法。作为法兰克"部族"的一员,无疑他既不想让法兰克实行罗马法或其他任何外族法律,反之,他也不想让法兰克的习俗应用于其他民族的身上。或许法律的多元性倒可作为管理的手段,使各个共同体之间彼此对掐。当然,最终,特别是在他的利益或好感受到损害时,他就会打算用国家的法律——及军队的力量——来对付某个天真的臣民所提出的主张,而不管此人是不是主教。主要因为,在先前的情况下,主教对某项法律作出了谴责,该法律允许犹太人——当然有些吊诡,但情况确实如此——可作为帝国的罗马臣民奉行自己的宗教。因此,尽管既是法兰克国王又是罗马皇帝,但这位君王还是觉得自己有必要去反对阿戈巴尔表现出的宗教不宽容心态。

阿戈巴尔的抗议

然而,除了以洗礼为其开端的基督的普世拯救之外,再也没有任何教条可成为基督教的核心。于是,阿戈巴尔彻底使出了神学手段。怎么! 因为犹太人为每个奴隶支付二十到三十个苏,他们就能支配属于基督的奴隶的灵魂吗? 所有权难道能成为拯救的障碍吗? 基督教皇帝怎么敢禁止主教为有这种要求的异教徒施洗呢? 此外,阿戈巴尔并未被这"不敬神的敕令"所表现出来的物质现实所说服,他假装认为,该敕令要么是伪造的,要么就是那些心怀叵测的廷臣从君主那里弄来的。"如此信奉基督、如此虔诚的皇帝怎么可能会做出与教会法、与教廷的整个教规如此背道而行的决策呢?"(Bressolles 所引,p. 107)

[792]另一方面,阿戈巴尔说他自己对犹太教及其法典的传统了如指掌。他猛烈抨击犹太教的信仰原则,视其为迷信。他说,犹太人自由奉行其宗教,让他们到处施加影响,甚而让他们四处宣扬对基督教构成了现实威胁,因基督教的事业尚未在民众中完全赢得胜利。难道人们没说过拉比比他们的教士说得更动听吗?

结果,阿戈巴尔既未成功,也未扳倒犹太人,更没有解决属人法所引起的困扰。加洛林王朝的皇帝在那个时代仍有很大的权势,可将自己的意志强加于这两个领域之上。政治奥古斯丁教义只不过是局部取得胜利而已。

属人法体制在下一个世纪末寿终正寝。但阿戈巴尔的论据却丝毫没起到作用。这乃是复杂的历史进程所导致的结果。首先,帝国的各个民族最终愈益融合,让法官不以公民地位来确定人群的民族性并进行管理变得不太可能。另外,随着时间的推移,各个民族的法规彼此影响,且所有的法规均受到了源自法令集和公会议的法律的影响。最终,自9世纪起,由于封建制得到发展,所有盘根错节的法规和法律日渐式微。在封建制内部,没有统一的法律,法律也根本不具有重要的作用;各自为政的体制重又出现,但它并未与人相关,而是与领土有关。每个封建领地都有领主,领主会根据当地的风俗作决断。最为常见的口耳相传的风俗、古老的法典反遭遗忘(法国南部地区的罗马法是个例外)。法律的统一,甚至对法律的尊重要很晚以后,到12—13世纪,在教廷的促进之下才会重新出现(参阅下文,第四章)。

兰斯的兴克马尔

生平与著作①

[793]兴克马尔生于806年,在希尔杜安任院长的圣德尼隐修院(Saint-Denis)学习。后来他成为杰出的神学家。822年,他在被任命为总堂神甫(archichapel-ain)的希尔杜安荐引入朝后,成为虔敬者路易及后来的秃头查理的侍从(869年,他将秃头查理加冕为洛塔林国王)。845年,他在埃本(Ebbon)继任为兰斯总主教,并在任上一直做到882年去世为止。在整个四分之一世纪中,他都是高卢地区最有思想的主教。

他写有一系列作品,都是论述教会与信奉基督教的君主制之间的关系,其中最著名的就是《论皇官秩序》(*De ordine palatii*,882年)。

兴克马尔大力支持政治奥古斯丁教义:身为教会的属灵权力应该具预言性。面对基督教帝国的诸位皇帝,教会应该找回《旧约》中先知面对以色列国王时所表现出来的那种姿态——监督、道德审查。*Epis-copi*(主教)从词源上来看,不正有"监督者"的意思吗?

被监督者不能依自己的意愿来任命和控制监督者。兴克马尔由此向负有选任主教罪责的虔敬者路易提出了抗议:

若我从某些人那儿听来的,说您在他人的请求之下同意选任

---

① 参阅 Louis Halphen,《查理曼大帝和加洛林帝国》,前揭 p. 317 及以后。

主教时,教士和民众应该遴选出您想要的、您授任的人(这并非是按神圣的法律进行的选任,而是人类权力的讹诈)是真的话,若事情果真如此——我再重复一遍,我只是听说而已——那么肯定是邪灵化身为那条欺骗了我们天堂里的先祖并使他们遭到驱逐的蛇,采用如出一辙的花言巧语在您的耳边吹风所致。①

兴克马尔通过使加冕礼仪式和宣誓更为明确化而使神职权力对王权的支配得到了巩固。他将圣油瓶的传说形诸文字(参阅 p. 831)。869 年,在论述国王加冕礼的《教会历》(ordo)中引入了由国王向教会进行承诺的做法,[794]即如果国王食言,他就会背上发伪誓的恶名,从而遭到绝罚,并将因这件事而遭到臣民的唾弃。这就等于是又回到了国王受教会监管——这次,乃是正式的规定——的做法。秃头查理的继任者路易三世在位时,他还宣布:

请问,您是否还记得,您曾亲自签署过一份声明,您在祭坛上当着所有主教的面将它献给上帝的情景呢?②

是主教,而非教皇。因此,国王就等于是臣服于"主教的管理"之下。况且,这也是自虔敬者路易同他的几个儿子发生纷争以来的实际情况。兴克马尔通过日耳曼人路易分裂基督教世界这个事实,为 859 年默茨大公会议强加于国王身上的严厉要求做了辩护;因主教乃是基督教世界保持统一的守护者。此外,法兰克各个王国召开的所有大会自此以后都要有各王国内的大主教、主教和修道院长在场且受他们的指挥。随着王权的分散,那些在以前高卢地区受教会管辖的诸行省内占据重要地位的人都试图反对"教会的统一"。无疑,兴克马尔在毗邻图尔(Toul)地区召开的萨沃纳(Savonnières)大公会议上为法规写了第二条条款:

---

① 据 Louis Bodin 所引,见 Touchard(主编)《政治观念史》,卷 1,PUF,p. 138。

② 据 Louis Bodin 所引,同上。

众主教正如其所担任的圣职和享有的神圣权威所希望的那样，应相携以手，共献良策，为国王，及托付给他们的诸王国的王族和民众指引方向，纠正错误。①

国王会受邀参加主教会议，参与其他的教会事务……他们被确确实实地置于监管之下。国王本人（路易、查理、洛泰尔二世）则在 860 年科布伦茨（Coblence）和解会议期间认可了这样的处境。后来，皇帝也同样成了教皇的"受造物"——反正，直到 924 年这个称号的最终消失为止，他们的现实权力可以说是愈来愈小。

第三节　教会法的发展②

[795]查理曼大帝所作的"政教合一制"尝试、虔敬者路易及其继任者当政时期主教地位的巩固，以及欧洲王国内教会与国家的互相渗透都对教会法的发展颇为有利：

那个时期的教会法诸文本可分属下述几个范畴：

教皇法令　格列高利一世的通信均是他所作的确认，具规范价值，教皇哈德良二世（772—795 年）时期这些信函被编为两卷本；人们将由教皇确认的这些信件汇编视为基本原则。

大公会议　西班牙的西哥特国王统治时期及查理曼大帝时期的帝国境内召开过许多次大公会议。大公会议制定的教规涉及的是对教会生活的管理，但也关注夫妻道德、对犯罪的遏制。

主教教令　它们在 9 世纪特别重要（兰斯的兴克马尔）。

修院教规　它是特定的法律，有 534—547 年的圣伯努瓦的教规、590—595 年的圣柯隆邦（saint Colomban）教规。本笃会教规经阿尼亚纳的伯努瓦修订，该修订版于 817 年获得虔敬者路易的官方认可（这部"修院法令集"在帝国全境均有效）。

政治奥古斯丁教义希望俗世权力能与恶作斗争；但因为恶，当时的人却将罪

---

① 据 Halphen 所引，p. 321。

② 据 Jean Gaudemet，《教会与城：教会法史》，前揭。

行和罪孽一视同仁地对待:这两个概念彼此混同。因此,在大公会议提出的教规和世俗法律之间同样也存在着混淆的趋向。比如说,通过614年敕令,克洛泰尔二世(Clotaire Ⅱ)对巴黎难得召开的一次大公会议上的规定经修订后,进行了确认;自769年起,加洛林王朝的法令集在整整一个世纪内对神职人员的招募和训育、主教的选拔和职责、教会资产的管理、对星期日的尊重、什一税的缴纳均作了规定。

主要的教会法规集

[796]加洛林王朝的法令集由圣旺德里耶(Saint-Wandrille)修道院(鲁昂附近)院长昂杰西斯(Angésise)汇编而成:该汇编本共有四卷,含有29条"教会法令"(这些法令差不多都是通过该汇编本而为世人所知,它们都经过了筛选)。

在西班牙,西哥特时代的教规集《西班牙集》(*Hispana*)或许是由塞维利亚的圣伊西多尔所编,至11世纪,它一直是西班牙教会的法典。

它整合了4世纪以来的大公会议教规;在至阿拉伯人入侵(711年)为止的随后的版本中,该书因编入托莱多(Tolède)大公会议的教规而使内容更为丰富。该书不少于十卷,有1663条教规,分227编。

约700年,在爱尔兰出现了一本名叫"爱尔兰集"(*Hibernensis*)的集子,该书除了教规之外,尚包含了600份教父残篇。

我们发现查理曼大帝曾试图将法兰克教会统一起来,使其"罗马化",并要求为罗马编一部法典。

774年,他从教皇哈德良一世(772—795年)那里收到了老版的《狄奥尼西集》(*Dionysiana*;参阅上文,p. 535)的修订本《狄奥尼西—哈德良集》(*Dionyso-Hadriana*)。它在帝国全境流布极广;兴克马尔就用过它。但它被按照编年顺序分了类,这样就很不方便查阅。于是,它被其他的教规集所取代,如《达克里亚》(*Dacheriana*;800年稍后)、克莱斯科尼乌斯(Cresconius)的《教规和谐集》(*Concordia canonum*)、安杰尔(Angers)编订的或称"老加利卡集"(*Vetus Gallica*)的集子(7—8世纪,共24编,400条教规)。一直到9世纪的加洛林帝国,仍有其他教规集出现,它们都将《老加利卡集》和《狄奥尼西—哈德良集》视为基本教规。

伪伊西多尔教令集

以"伪伊西多尔教令集"为名的一本教规集有着特殊的命运,值得我们对它作更为切近的研究。书中的材料都对神职人员有利。然而,其中的绝大多数材料都是伪造的，是8世纪和9世纪间由感受到世俗之风威胁的教士有意伪造而成的。该书共有四部分，其中有一个部分[797]是由"商人伊西多尔"（是个虚构人物）编成，叫作"伪教皇法令"。书中收有《西班牙集》的大量教皇信函，一部分是伪造的，一部分是真实的，还有172篇教父思想的文本。总共10000篇残篇，可分成三类。

1) 伪教皇法令，均以罗马法的文本为基础进行伪造（这样就能赋予手谕相当大的权威），并称是由最初几任教皇，克雷孟一世（88—97年）和米尔提亚德（Miltiade，311—314年）编订而成；

2) 从尼西亚公会议至西班牙最后几次会议的54次大公会议的教规，但收录文本大多遭到增删；

3) 教皇西尔维斯特（314—335年）和格列高利二世（715—731年）的教皇法令，通常都是真的。

有可能该书是847至857年间于圣德尼隐修院编订而成的。显然该书满足了需要，故而流传极广（据我们了解，有多达一百多份手稿）。由于许多内容均是纯粹虚构而成，或有指向性的进行选择，所以书中的主要想法便昭然若揭：确保罗马教皇的至上性（或许其目的是为了保护教会财产不受日益崛起的封建制引发的掠夺潮的影响）。

后来的教规集大量引用了《伪伊西多尔教令集》（自850—870年起，该教规集便在法国得到了应用，罗马则是在随后的一个世纪）。

"君士坦丁赠礼"

但在《伪伊西多尔教令集》中还存在一份更为著名的文件，它出自同一个时代，或许还出自同一间工作间，它就是"君士坦丁赠礼"。该文件断定，西方帝国的尘世权力已被皈依基督教的君士坦丁交给了教皇。

该伪造文书并非全然捏造。有一则说得有鼻子有眼的故事自6世纪起便在罗马流传。奇迹般治愈麻风病的君士坦丁在向西方帝国的西尔维斯特教皇赠送了礼物之后，自己便隐退至东方，在那里建了一座新都城君士坦丁堡。他将[798]拉特兰（Latran）的官殿送给了教皇，还将帝国的纹章全都迁移至此。此外，他还承认罗马教廷的至上性。

我们注意到，这份伪造的"君士坦丁赠礼"尽管处处可见亲教皇的言论，但对罗马而言，它并非没有威胁。有些人必然会去争论说，既然教皇乃因皇帝的授让而享有了国家，那皇帝的继任者也可以撤销授让权。教皇作为"基督的代理人"不能支配帝国。

况且,有人很快就对该文本的真实性提出了怀疑,认为它并未被添入 1140 年格拉济亚努斯(Gratien)的《教令集》(*Décret*)中(参阅下文)。阿库尔斯(Accurse)宣称该文本毫无价值。库萨的尼古拉(Nicolas de Cues)则于 1432 年对它提出了疑问。最终,1440 年,博学的人文主义者洛伦佐·瓦拉(Laurent Valla)对这份伪造文件进行了论证。不过,认为它是真本的论点仍持续到了 16 世纪。

忏悔规条

还须引用一类特殊的教会法教令集,即忏悔规条,其模板来自东方。规条中列出了一系列轻罪或罪孽的清单,有宗教的(巫术、偶像崇拜、盗墓……),也有世俗的(偷窃、通奸、再婚、乱伦,后来加上的杀人、盗窃、伪证堕胎、杀婴……),并按照确切的"代价"给出施行何种处罚的建议(斋戒时间、苦修、履行善功)。处罚与错误只是机械地联系在一起,而没有将特定环境及受指控者的主观犯罪意愿考虑进去。我们发现,性过错一直受到强调。

第三章　封建制与神圣王权

[799]中世纪前期末出现了两个重大的政治现象:一方面,封建体制得到发展,另一方面,神圣王权也不甘落后。对它们的研究确切地说并不属于"政治思想史"的范畴,因为在理论文本中,这些体制只不过如同条理一致的体系,甚而是名副其实的政治理想那样回溯性地呈现出来而已;事实上,它们是以极为普通的方式得以构建起来的,并未经由理论方面的反思。在由古典时期遗留下来的政治体制与古典中世纪时期将在西方构建起来的新兴国家形态之间,它们仍然是·个缺少的环节。封建—封臣(féodo-vassaliques)体制,领主制与农奴制,神圣王权都将成为教会法学者、"法学家"和创建"现代"国家形态的哲学家所戮力反对的东西。因此,我们只有在对它们形成足够明确的形象时才能对它们的思想有正确的理解。

第一节　封　建　制①

[800]"封建制"这个词在 19 世纪具有极端宽泛的意义:人们最终

---

① 据 Marc Bloch,《封建社会》,前揭;F. -L . Ganshof,《何谓封建制?》(*Qu' est ce que la féodalité?*),1944,Hachette,Pluriel 丛书,1993。对某些特定的问题,可参阅:Louis Halphen,《查理曼大帝和加洛林帝国》,前揭,p. 174—180;Fr. Olivier-Martin,《从起源至大革命的法国法律史》(*Histoire du droit français des origines à la Révolution*),Éd. du CNRS,1988,p. 80—93;R. Van Cænegem,《政府、法律和社会》(*Gouvernement, droit et sociéé*),见 James Henderson Burns(主编),《中世纪政治思想史》(*Histoire de la pensé politique médiévale*),PUF,1993,p. 190—201;Harold J. Berman,《法律与革命》(*Law and Revolution*),前揭,p. 295—315。

认为"封建制"拥有法国大革命之前欧洲社会的几乎所有特点。其实，该词所指称的封建—封臣体制指的就是确切的体制上的和人类学上的实体。当国家衰亡时，这一社会关系形式便取代了国家形态；而随着国家的重生，它又会衰落。再者，封建—封臣体制在9至12世纪达到了顶峰，此时国家几乎消亡（尤其是在法国），并一直维系到14世纪初，然后便消失得无影无踪了。

封建制的起源

封臣制和"投靠契约"在凯尔特、日耳曼、罗马的起源

封臣制在帝国后期以及凯尔特与日耳曼诸部族中均有先例。帝国后期地主贵族（potentes）中的大地产主层出不穷，他们定居于远离城市的偏远领地中，拥有私家军队，还有众多的"buccellarii"（"吃军粮者"）相伴，有听命于"头儿"的打手。在塔西佗所述的古日耳曼人当中存在着侍从（compagnonnage；comitatus）组织：即有一定数量的士兵聚集在首领的周围。

[801]这两种组织在墨洛温王朝时期结合在了一起。墨洛温王朝的国王有自己的"扈从"（antrustions），这些人都是法兰克族自由民，他们将自己的手放在国王的手中以向国王宣誓（此习俗源自日耳曼，在其他地方也有发现：盎格鲁-萨克逊的乡绅[thegns或称thanes]、西哥特的亲兵[Gardingo]①、伦巴第的仆从[Gasindi]②）。由于7世纪和8世纪上半叶动荡不定，这些方方面面的关系在地方层面上便盘根错节地纠结到一起，将不太重要的人物和穷困的士兵组织起来，以共同进行抵抗。这种本质上属于个人的关系有点像放大了的家族。

加洛林王朝时期的封臣制：蓄意为之的政治规划

这一体制在加洛林王朝时期得到了发展。这次，倡议权回到了国王的权威身上，由他来做出决策。首先是丕平世族，当时他们仍为宫相，后来加洛林王朝有意鼓励这种体制。因为，他们发现，只有这种体

---

① 既指向国王宣誓效忠的西班牙基督教地区的扈从，也指西哥特国王手下可服各种特殊兵役的亲兵。——译注

② 本是奴隶。——译注

制才能为他们提供当时战争所需的新型武装：重骑兵。

至阿拉伯人入侵的时代，马匹的使用在战斗中已是很常见的事。但国王和公爵无法满足于只能调动步兵，这些人都是 ost（军队）里的大批自由民；他们需要配备昂贵装备的骑兵、供随意驱遣的专业士兵。在将土地分封给封臣后①，封臣则将小块土地重新分配给附臣（arrière-vassaux），直至达到一定面积，使土地上有足够的资源来维持和武装一个人（我们估计，这样的领地最小也有十五个农庄这么大，还得算上农民），这样国王就能组建自己需要的专业兵源。这些士兵在伯爵的招募之下进入常规部队（ost）和由"豁免者"（immunistes）②率领的后备部队服役。

当然，查理曼大帝会让所有达到 12 岁的自由民进行宣誓。但从国王到民众之间[802]并没有中间结构。由于有了封臣制，国王就能指靠直接受其管理的封臣，封臣则严密控制着他们自己手下的封臣，直到处于底层的士兵。因而，封臣制的这层网络构成了一个"金字塔"，国王就是塔尖。国王的任务就是提供便利，封臣手下的部队则出于其他的利益而忠心耿耿，因为他们每个人都曾经过宣誓效忠，故被这层关系紧密地束缚在了一起。

自王国的王族成为封臣，封臣获得大片"恩赐"（bénéfices）的土地起，封臣，尤其是王室封臣的法令便具有至高无上性（而以前，这只是依附者所须遵守的一项社会条件而已）：这便是新型贵族的肇始。

然而，该体制从长远来看，不会维持太长时间。因为，一方面，为了避免同教会发生你死我活的冲突，必须终止丕平世族最初几个人制定的"安顿"（chaser）③封臣、损害教会财产的政策。故而，此后必须再不能将教会财产，而是将王室的领地赐予新封的封臣，这样一来，王室很快就瘦得只剩皮包骨了。自秃头查理起，国王再也不能支配新的土地，因这些土地是用来保证新的"忠诚者"的耿耿忠心的。另一方面，"恩赐"（bénéfices）既赐土地，亦赐"荣誉"，所谓荣誉就是指担任公职，这项荣誉被视为属于受赐者（bénéficiaire）个人的资产，可以世袭，从那一刻起，国家自身实际上也就四分五裂了。

---

① 加洛林王朝时代，"封臣"（vassus、vassalus，意为"小伙子"）这个具有凯尔特起源的词便已得到广泛应用。

② "豁免者"是指神职人员，他们的领地因受国王特许，不受伯爵的常规管理。

③ "Chaser"也就是"caser"，指安定在一间房子（casa）里。

封建分封制

这就是虔敬者路易及其继任者时期所发生的事。由于第二任皇帝的继任者们无可救药地分崩离析,以及维京人、穆斯林和匈牙利人的入侵所引起的全境动荡,生存的要求便促使各社团在地方首领的周围组织起来进行防御。地方首领再也无法依靠强有力的中央集权,[803]由于畏惧相邻封臣及对手的贪欲,他们便愈来愈注重独立性,彼此之间或互相结盟,或互相争斗,只为了一己之利益。

此外,这时候采邑世袭制又得到了推广:无论是国王还是领主都已无法收回封建制最初时期本质上只是暂时给予的"恩赐"。习俗要求领主信任那个为其尽心尽力服务者的子孙。

> 手段和目的的秩序颠倒了:占有采邑自一开始起便成了可供养骑士的一种手段;履行的服务愈来愈轻,也愈来愈可被金钱或纯粹象征的对等物所替代,它成了为自己及子孙永久保持地产的一种手段。

采邑世袭制以及通过封建遗产的形式立刻显示出来的各种运作方法成了领主政治中的基本要素。通过明智的联姻措施和封臣之间的紧密关联而得到的安全与保障(或心满意足的野心)越来越同国王为最高等级的封建制"金字塔"的原初观念相异。

因此,那些"夺取采邑"的世族均试图像前公民社会时代那样重新成为社会关系中的一个纽带。公职或"行政官职"(从古典时代意义上来使用)这些观念都连同国家一起消失了,从而有利于"酋长辖区"体制的发展。

地区的多样性

在 11 和 12 世纪,封建制乃是欧洲的普遍现象;但各地之间都有着显著的差异,尤其在涉及封臣和采邑及国王控制程度之间的关系时,更是如此。

法国

那里的封建制偏离得很远,尤其在法国的北部地区。在法国南部地区,"自由地"(alleu)——土地的全部所有权为自由民所有,而并非[804]由领主让与——仍旧数量极多,封建制的确立来得很迟,而且也很不彻底。尽管有着这些细微的差别,我们还是可以说,在法国,国家的崩毁仍旧极为全面和彻底，"封建法律晚至 12 世纪，仍然是唯一的规则体系，只有在这规则体系之上，国王才能在王权的领域之外实施权力"（Ganshof）。

德国

在德国，必须区分三个阶段：1）其一（9—12 世纪），尽管封建制得到了某种程度的发展，萨克逊和法兰克皇帝仍然能通过强化帝国教会体制来维持加洛林王朝的国家结构（如由国王或皇帝任命的主教执行伯爵的职能）。2）在第二个阶段（12 世纪后半叶—13 世纪），续任权之争（参阅下文，p. 855 及以后）损害了帝国教会体制，尤其削弱了帝国。于是，弗里德里希·巴伯鲁斯（Frédéric Barberousse）试图在封建—封臣制的基础上重建国家。他在帝国创建了亲王（Reichsfürsten）等级制，亲王由其直接分封的封臣构成；为了使其成为其中的组成部分，就必须有管理至少两个伯爵的领主，因此就必须存在公爵或侯爵（或教会中的对等职位）。随后就出现了整个等级制，最低是骑士—农奴等级（ministériales）。谁都无法持有地位最高的领主的采邑，除非他的地位下降。3）但该体制尚未得到表现之前，亦即自 13 世纪下半叶起，霍亨施陶芬（Hohenstauffen）败给教廷之后，帝国在面对诸亲王时便失去了其全部的政治分量。由此之故，德国境内遂突然涌现出了无数独立的国家。

英国

英国被诺曼底人征服之前，就存在乡绅体制（thegnage）——源起于日耳曼——即个人依附于形同上级的乡绅（thegn）。但乡绅体制与此时加洛林王朝残存的国家形态相比只有些微相似。拥有自由身份的奴仆和士兵或权倾一时的领主一样都是乡绅。但没有"采邑"。

封建—封臣制严格说来是 1066 年诺曼底占领期间传入英国的，当时这一体制的形式已经成熟。它一下子就比诺曼底公国时期的形式更为系统化。"封建金字塔"这一形式基本得以完善。威廉根据占领时期的法律征收了萨克逊人的土地后，便将大片领地赐给了手下的大将军，以获取由将军们提供的武装部队，而这些"大地主"（今后的"男爵"）就是将小块土地分封给属下后获得这些军队的——与加洛林王朝的封建金字塔理念相符。此外，英国封建制的确立颇为全面，从[805]这个意义上说，它针对的就是领土，没给自由产权（"自由地"［allodiale］）留下任何空间：对土地拥有全权的主人持有的是领主或国王的土地。另一方面，这一注重集权化和管理的体制与以前由盎格鲁-萨克逊国王确立的相对有效的体制结合在一起，而不是将其取消：国王手下的地方官员就是郡长（Sheriff），即每个郡（shire）的伯爵。

意大利

在意大利中部地区，自 1060 年起，完全成熟的封建制便被大修道院院长和教皇国有意引入，他们想要建立可靠的军队。教皇君主制给这个封建制赋予了其他地方尚不曾见过的公法体制：成文的封建法律就是在意大利诞生的。在南部，封建制同诺曼底王国的创建有关。在归属帝国的北部，封建制刚刚存在，但很快就过渡到了采邑世袭制；但自 11 世纪起，由于城市共和政体的发展，遂使它陷于衰败的境地。

西班牙

由于穆斯林的持续威胁，故封建制仍然受到西班牙国王的严密控制；封臣和采邑从未有机地联系在一起，而采邑也从未成为世袭制；国王由于同某个富有的西班牙穆斯林是亲友，故他们更愿意用银子，而不是采邑来向士兵支付饷银。

必须注意的是，与圣地和地中海地区交合的所有国家都存在"输入型封建制"，它们存在了约两个世纪之久。

最后须指出的是，由于整个北欧地区，如弗里斯、斯堪的那维亚、爱尔兰的原始谱系一向都很牢固，故这些社会对封建—封臣制毫不熟悉。

封建制的结构①

我们现在将对封建—封臣制及作为其基础的"政治"企愿作更为确切的描述。

封臣制的束缚

封臣契约

［806］"封臣契约"并不是一种公法制度，而是原则上所说的私法制

---

① 此处，我们会对 Ganshof 的论述做一番概述，前揭。

度:它使私人之间彼此相连。尽管如此,当主要人物都变成公共人物,如国王、教会显贵或王国的大官时,这个特点便间接受到了修改。因此,我们将从普遍而论的封臣制(vasselage)中区别出真正的政治体制国王封臣制(vasselage royal)。

封臣制的契约先是形成了书面文字,后来,当书面文本不再经常得到使用时,各种程式便简化为证言仪式,即效忠誓言。至 12—13 世纪,契约又形成了书面文字。

封臣制就是一纸契约,有了它,封臣(vassus, vassalus)因人们向他做出保护的承诺,而保证或“决意让自己”(se commendat)为其必须听命(servitum, obsequium)的人服务。另一个人则被称作“主人”(dominus)或“领主”(senior)(“封建君主”[suzerain]这个词后来再次出现,并倾向于专指国王和大亲王)。

我们现在来引用一则或属 8 世纪中叶的封臣契约(该契约或许是供其他契约参照之用的范本)。封臣在此解释了自己为何选择“决意让自己臣属他人权力”的做法。

> 由于众人皆知我衣食无着,我遂恳求您的怜悯,望您能重视我的请求,允准我供您驱遣,受您的庇护(mainbour,即将我置于您的保护之下)。[1] 我应下述条件所做的事有:[807]1)您应帮助我,减轻我的衣食之忧,如此我才值得为您服务;2)只要本人还在世,我就应该像自由民那样向您提供服务,听从您的命令,只要一息尚存,就不会脱离您的权力和庇护;3)须约定若我们中有一人试图背离这项契约,那此人就须向对等方[他的合作者]支付足够金额的补偿金,如此协约便将不再生效;4)最后尚须约定,契约一式两份,经彼此交换、确认。完毕。[2]

---

[1] 古法语词“mainbour”及其取用的拉丁词 *mundeburdium* 或 *mundium* 源自日耳曼语“*mund*”,指由氏族首领确保对某个氏族成员提供保护。国王本人可向“封臣”、教会和隐修院提供保护:这样就能使后者及其财产得到国王确认的保护,而国王则把他们视为自己的家人(由此必然从中推导出,其他臣民根本无法想当然地[*a priori*]期望得到这样的保护)。参阅上文,p. 790。

[2] 据 Halphen 所引,前揭,p. 175。

我们注意到,封臣自认为领主的"对等方",拥有对等的社会条件。这种头衔上的平等之所以通过对一式两份契约的双务(即互相对等之意)特点一再强调而对其强化,是因为他们预见到惩罚对双方而言乃是同等的。此外,作为"自由民",今后的封臣很清楚,他人不得向他要求卑躬屈膝的服务,鉴于其自身条件,他对此不会加以接受(比如体力活、受奴役)。

契约终生有效,亦即缔约人在世时不得将其撤销(除非由缔约一方违反约定)①,缔约一方死亡后,契约即无效。

这是两个自由民之间的契约。当然,封臣一旦成为其领主手下的人,便放弃了自由,但这是他自己做出的选择。封臣的依附与农奴的依附之间的差别就在这里:有人天生就是农奴,有人则通过自己的抉择而成为封臣。但一旦有条件地去做了上层要求他去做的屈辱的任务后,就会彻底依附对方:他不再属于自己,应该时时处处跟着接纳他的领主,哪怕去往偏远的地方也在所不辞。

因为契约终生有效,且将两个自由民绑缚在一起,故一旦契约被领主或封臣转至儿子或其他的父母那里时,便应该对其续签。

效忠誓言

[808]封臣契约经仪式缔结而成,该仪式很快便彻底取代了书面契约,它就是效忠誓言(hominium,hommagium,Mannschaft)。该仪式主要是某种姿势,即将赤裸的(不带武器的)双手放在领主的手上,表示臣服,领主的双手圈住他们的手表示会进行保护(immixtio manuum)。效忠宣誓的另一个要素是口头发言,亦即表达自己的意愿:"陛下,我成为您的人",或"我愿成为您的人";有时领主也会宣称自己的意愿。但封建制有一个极其原始的特质,即话语没有姿势重要。

在所有原始的法律中,象征性的物质契约必不可少(比如卖田地的时候,在古代罗马法中,人们会将土块交给他人)。因此,在民众的眼中看来,成为封臣,就是根本上"来到(某个人的)双手中"。

很快就又添加了一个姿势,吻(嘴),极少会去吻脚。于是,就有了"手与嘴效忠誓言"之说。

某人同其领主经由效忠誓言而结成的关系遂成为普遍的典范。艳情诗中的

---

① 如果领主以死亡威胁被保护人,或企图危害其妻女的贞洁……及做出其他严重的伤害。

情人自称为女士的"封臣"或"下人"。当如今有人向一位女士表达其"敬意"时，就等于是在表达自己是她的封臣；此种上流社会的使用方法其实来自封臣体制，"艳情"文学是其媒介。

布洛赫（Marc Bloch）指出，封建制在人的精神状态中还留下了另一个令人惊异的印迹：现代西方祈祷时的姿势，即双手相合的动作其实也就是 *immixtio manuum* 的姿势，是"此人"邀请其领主将他的双手握于自己的手中（古典时期，人们都是摊开手，或把手分开进行祈祷的①）。上帝被当作一位至高无上的君王而受祈祷。

忠诚誓言

[809]至 8 世纪中叶，对封臣的约定中又添了忠诚誓言这一项。封臣如该王国中的所有自由民那样有义务向国王表示忠诚誓言，故国王也要求他们这么做。

"宣信"紧随效忠之后。差别在于，宣誓具有宗教价值。宣誓时面对圣骨、祭坛、福音书等。不尊重誓言者就算是在作伪誓。根据"宣信"之誓，人们就能说封臣是否"忠诚"。起初，尤其是对成为封臣的贵族阶层的成员来说，这样做无疑可以使封臣的关系与其他不太受人看重的效忠之礼达成的关系有所区别。因为，只有自由民才能宣誓。从而，按照日益普遍的表达法来看，封臣的关系成了"经由宣信与效忠"而形成的关系。

"传统"时代的忠诚誓言包含了下属类型的表达法："从此刻起，我将忠诚于你，我，某某人，通过正当的信念，不怀机巧（engien）②地忠诚于你，某某人，就如正直之人对待其领主那样，不会存欺骗之心……从此刻起，我保证不会通过出谋划策或煽动怂恿的方式去侵犯你个人，不会剥夺你的生命，伤害你的躯体，不会使我脱离你，使你失去任何一个男女③……你的朋友就是我的朋友，你的敌人就是我的敌人……"④

---

① 参阅君士坦丁训诲士兵时所说的话，上文，p. 623—625。

② 指不怀恶意。

③ 没说出口的那些话如果说出来会更好些……我们对这些套话的简单幼稚，对它们间接揭示出来的暴力横行的环境和社会关系的恶化甚为吃惊。

④ 最后这句套话更好地表明了公民之间的关系及道德束缚已然崩毁的状态。成为某人的朋友和敌人再也不像亚里士多德或西塞罗自然而然认为的那样，根据此人的美德或恶行，而是根据是否属于此人的群体来取舍。这就是"部族"原则，在一个凯尔特或日耳曼部族很久以来便已同将他们紧密团结起来的神话和仪式脱离关系的世界中，这样的排除却丧失了其无害性，开始变成"黑手党"原则。

从封臣契约而来的义务

[810]封臣契约无论是书面文字还是口头表达,均暗含了彼此应承担的义务。

封臣的义务

下面是几项必须履行的义务:

兵役　原初的观念是:封臣乃是随同领主出战的士兵的一部分。如果他住在领主身边,那他就须长期听候差遣。如果他"有地方住",安顿在采邑中,那么就须每年服一定时间的兵役;他须自己带给养和费用前来。领主可要求他延长战斗期,但在此情况下,他必须自己支付由此导致的额外费用。

此外,兵役会有很多变化:封臣必须单独,或率领足够的人员前来。他来时必须全副武装,或配备部分武装("小封臣"[vavasseur]可以这样,他们是封臣的封臣,没什么财产)。我们还区分了 expeditio,即履行兵役义务以从事真正的军事战斗与 equitatio,即维持治安时简单的"骑马巡视"义务之间的区别。有时亦可用支付费用的方式来取代服兵役(免役税):大领主很快就倾向于这种方法,这样他们就可以拥有以军饷养活的首批军队,他们更易受支配,也更可信赖。

封臣还有非军事方面的义务:在新祝圣的主教进入教堂时须将主教扛于肩上,帮领主扶马镫,传递信息⋯⋯

援助　封臣必须在某些特殊情况下用金钱"援助"领主,这些情况很快便在封建习俗,后在成文的封建法律中固定了下来:必须支付赎金以救助领主;领主为担任骑士的长子配备武器时;领主嫁自己的长女时;领主参加十字军东征时("四种情况下进行援助")。

献策　封臣必须为领主出谋划策。因此每年他都必须在场,或于特殊情况下参与朝政。他们须在朝中讨论大事、做出公正评断(封臣与其他封臣及领主共同主持封建法庭[curia])。

领主的义务

他必须向封臣提供保护:他须将其视为自己家庭的一员,[811]无论谁攻击封臣,就等于是在攻击领主,等于是在向领主所有其他的"忠诚者"采取报复行动。

领主另有一个义务就是须慷慨对待封臣。向封臣赠予礼物,礼物最初被叫作"恩惠"(bienfaits),表明这是无偿的、或多或少非定期施予的赐赠物。但因形势所迫,由于领主主要是与协助其参战的封臣处于同一条战线,故他必须资助封臣。由此,"恩惠"便转变成了名副其实的酬劳,转变成了"采邑"(参阅下文)。

封臣契约的其他方面。原则上来说,契约只将两人束缚在一起。即便其中包含了封臣调动自己手下的封臣以协助领主的军队这样的义务,这些小封臣也只听命于自己的顶头上司,而非高高在上的领主。"我的封臣之封臣并非你的封臣。"

他们可以废除誓约,但只有经双方同意才行,于是就必须举行一个特殊的仪式以撤销自己的"信念",此即缺乏信任(diffidatio, diffidentia)之意。但在此种情况下,也必须放弃采邑。封臣之所以常常会撤销自己的信念,乃因他们认为是另一方废除了义务,是 diffidatio,故而不该归还采邑,遂导致了战争(从 diffidatio 而来的法语词"défi"[挑衅]这个词含挑战的意味)。

当一方单方面废除誓约时,无论是领主还是封臣这么做,都会将这称为"背叛"。封建法庭最常做出的对封臣的惩罚就是扣押采邑,并最终没收采邑(commissio,即"没收封地")。对领主的惩罚就是"解除誓约",但亦须经由庄重的仪式才能生效(在此情况下,封臣可保有其封地,但他自此以后就须从自己领主的领主那里获得采邑)。但这种"封建刑法"只是到了后来才形成固定模式加以应用。

多头誓约,"臣属关系"(ligess),封臣等级制的无逻辑性

对封地的渴求表明了一个事实,即自 9 世纪初起,封臣就已向好几个领主效忠。我们可引巴伐利亚伯爵法尔肯斯坦的西伯托(Siboto de Falkenstein)为例,此人是二十个不同领主的封臣。这样便出现了一些无法解决的问题,封臣义务这个概念又彻底成了疑问。当好几个领主需要某个封臣时,他究竟该为哪个领主服务呢?最有说服力的理由是,当这些领主彼此开战时,封臣该对其中哪个忠诚呢?

[812]习俗希望他们能服务于握有大量采邑的领主,或履行新的效忠誓言时能明确无误地保留住先前领主的权利。

后来(11—12 世纪),他们尝试了另一种解决方法,即"臣属忠君宣誓"(hommage-lige),意图在封臣契约中清楚无误地指明封臣将优先服务的领主究竟是谁。

此外,封臣为了土地而臣服于领主,而领主又觊觎其他土地的做法愈益常见,他们根据的乃是明显矛盾的"错综混乱的等级制",这种等级

制含有原初的忠诚与臣属的概念。

　　我们发现法国国王为了得到一块战略上重要的采邑,就这样成了自己手下封臣的封臣:路易六世于 1124 年成了圣德尼修道院的封臣,就是为了获得维克桑(Vexin)伯爵的采邑——至少絮热(Suger)会阻止国王向修道院院长明确地进行效忠宣誓;同样,菲利普·奥古斯都(Philippe Auguste)也于 1185 年得到了亚眠主教辖区内亚眠伯爵的采邑。①

　　由于封建等级制发生了各种各样的扭曲,加洛林王朝原初意图通过巩固封建—封臣制金字塔结构以加强国家的政治规划遂导向了严重的失败。

恩赐或采邑

　　在原初的封臣制中,献身于其领主的士兵能将其住宅当作自己的安顿之处;此外,主人还向他们提供装束和武器。

　　加洛林王朝之人习惯于给予自己的封臣后来叫做“采邑”(feoda)的“恩赐”(beneficia),且允许他们通过服兵役来完成任务以进行清偿。

地产采邑

　　这些恩赐具有各种形式,但最常见的就是让封臣支配某块地产,以向他们提供必需品。

　　[813]中世纪前期的经济主要具有非货币的特色,在此种环境中,其主要原因是:领主,甚至国王都没有足够的资金使其能够向服务于他的人定期提供收益,无论如何,由于贸易不发达,他们便无法用金钱切切实实地找到既可谋生又可武装自己的方法。唯一的解决办法就是用土地来酬劳封臣,让他们自己找依附于他的人为其开垦土地。

　　领主最常做的就是将教会财产赐予自己手下的在俗封臣,让他们享用相应的收益。因此,出现了许多“在俗修道院长”。

　　地主将自由地交给自己向其效忠宣誓以求得其保护的领主,及领主将采邑“退还给”先前的地主这些做法,他们都叫作“收回采邑”。

其他形式的采邑:“尊荣采邑”“礼遇”“金钱采邑”

　　采邑也可指授予世俗或教会公职,这些职位自身就是恩赐之物。若涉及的是由整个公共权力所赐予的一块土地,他们就说这是“尊荣采

---

① 参阅 R. van Cænegem,前揭,p. 193。

邑",但通常的叫法是加洛林王朝时代及 12 世纪的德国所称的"礼遇"。普通的修道院即可将"修道院长代理人之职"(avouerie)①作为采邑赐予某个士兵,人们还可将各种各样的权利、设摊捐、通行税、货币铸造权、村长的头衔、领地的领主权赐给他人。

最后,采邑仅指金钱上的收益("金钱采邑",后来叫作"地租")。

最后一种方式可使领主超越自己领地的疆界以扩大被保护者的数量。比如,英国君主制在 12 至 13 世纪进入封臣制时,大陆上的许多领主,尤其是佛兰德和洛塔林,均向被保护者支付地租。

授予仪式

采邑借助某种与效忠誓言和宣信誓言相对应的仪式而被授予封臣,通常而言,[814]接下来的就是"授予仪式"。与那个时代合乎法律形式的誓约一样,授予仪式就是指将具体的象征物交于受益人,如一小块代表特赐领地的泥土,但若采邑指的是一种荣誉,那么就须将牧杖、节杖、金指环、刀、手套、旗帜等交付出去,而在德国和意大利,在沃姆斯协议签订之前,主教辖区内的授予仪式(参阅下文,p. 849),交付的则是主教权杖(crosse)。②

自授予仪式出现以来,封臣就对采邑"特别感兴趣",他们成为采邑的合法占有者,其中还包括具有完全法律效力的三分之一征收权。

这一与罗马的"占有"概念相近的概念自罗马法再次受到研究以来,便与其日益接近起来。

在某些情况下,授予仪式、宣信誓词和效忠誓词均导致了对成文契约做出修改。

他们会因某些情况而自愿放弃采邑,以及撤销宣信誓词和效忠誓词;在此种情况下,就必须完成与授予仪式相对称的象征性行为,即"放弃采邑"(werpitio)的行为。

有关采邑的权利

领主原则上保有对采邑的虚有权(*dominium supremum* 或 *directum*,后来称为"特权领地"),并承认封臣享有用益权或占有权(*domi-*

---

① 修道院长代理人(avoué)是在教会采邑中施行公共权力的平信徒(因为神职人员不能携带武器)。

② crosse 除了指主教权杖之外,亦可指修道院长的权杖。——译注

nium utile , jus utendi et fruendi）。但至 12—13 世纪,恰是由于罗马法影响的情势所及,封臣对采邑的支配便日趋转变成拥有"使用与过度使用"权利的准所有权。它首先转变成了采邑世袭制。

采邑世袭制

赐予采邑显然同封建制初期封臣对誓词的履行相关,只有对封臣的束缚维持的时间愈长,这种关系愈是受到尊重,采邑才会被赐予。因此,对采邑的占有首先从本质上来说只是暂时的,或者说不太会长久。但很快,对封臣的束缚及采地的转让在两个[815]订约者的生命完结之后是否可以持久下去这样的问题被提了上来,也就是说这是个封臣的身份及采邑是否能传承下去的问题。

我们已发现,采邑世袭制自 9 世纪末即已成为一种风俗,随后又得到了推广。这一习俗很快便得到了王权的认可:秃头查理于 877 年在瓦泽河基耶兹(Quierzy-sur-Oise)召开的会议上对它进行了肯定(他推荐主教和修道院长也让自己的"手下人"从中得益)。

然而,德国的进展更为缓慢,康拉德二世颁布敕令强令自己的封臣从他们自己手下的小封臣那里获取好处。但德国的终身采邑到 13 世纪还有很多。

在英国,世袭制的普及化也要比法国晚。

但从采邑过渡到封臣的直接或间接世系制却需以继承人成为采邑的主人,即领主的封臣为前提条件。由此,每次继承,都会重复效忠誓言和宣信誓言及随后的授予仪式:采邑根本不能像自由地那样自动继承。但领主无法拒绝他人向他进行效忠宣誓。

在传统封建制初期,世袭制尚未完全成为一种法律时,领主可同意重新向继承人举行授予仪式:这便是恢复爵位(relief;指继承人恢复"隐藏于土地中"的采邑)这一法律的源起。于是这项习俗便存在了下来。

当涉及将大公国的领土授予某个非直接继承者时,金额数有可能会很庞大,比如授予女婿就是如此(1212 年,葡萄牙的费朗[Ferrand de Portugal]就向法国国王支付了 5 万利弗尔,以同佛兰德伯爵女继承人联姻,从而使自己有权成为佛兰德伯爵)。①

---

① 当涉及采邑的女继承人的婚姻时,领主有权否决(veto)(参阅下文)。

采邑的继承体制

既然采邑原本的功能只是让封臣去完成封臣所应履行的义务,而且义务基本上也都是指服兵役,那么自从采邑可世袭起,特别的继承体制便逐渐浮出了水面:至少在一开始的时候,分割采邑,或使未成年的孩子或妻子成为直接继承人的做法是行不通的,因为在这些[816]不同的情况下,尚无法确保封臣的义务是否会正确地加以履行。

为了补救分地所造成的风险,人们通常将采邑转移至长子处("长子身份"),有时转至幼子处("幼子继承权"),或称"总领制"(parage)①和"长子封地权"(frérage),也就是说可在所有儿子中分地,众子有义务帮助长子履行封臣的义务,最后(在德国),土地是被分割转移至兄弟处。但这样无法阻止继承时分割土地日益占上风的趋势。

如果继承人是未成年人,只要关心孩子的教育,为其提供费用(使其能以侍从和骑士侍从的身份参与朝政),领主就可收回采邑的产出;或暂时接受愿履行封臣义务的亲属所做的宣信誓词和效忠誓词("监护"[bail]或"监管"[garde noble]②);或接受替代孩子的"总管"所履行的义务。

至于妇女,她们最终在某些条件下也具有了继承权。对领主而言,妇女只是代位继承人,在某些情况下,她可向领主做宣信誓词和效忠誓词。更常见的是,领主会选与自己有关系的妇女的丈夫进行宣誓。这样一来,便形成了一种惯例,即领主会介入其封臣女儿的婚姻当中。到了 12 世纪(德国更晚),妇女才被接纳为普通继承人。

在采邑继承方面,封臣一般都能按自己的意愿,将部分采邑转授给自己手下的封臣;起初,必须获得领主的授权才行,后来就不须这么做了。

总之,随着时间的推移,封臣最后终能自由支配自己的采邑,视其为罗马法意义上的单纯的产业,而且还能将其出售给任何买主以获取金钱,领主对此无权反对。

尽管 13 世纪时,该进程已在英国濒临结束,但一些强制性的形式仍然维持了很长时间。首先,卖主必须将采邑转移至其领主手中。如此,领主才会将其重新授予向他做宣信誓词和效忠誓词的买主。当买主是不能进行效忠宣誓的教会机

---

① 在总领制中,长子负责所有封地应履行的义务和应收的租赋。——译注
② garde noble 指领主对未成年贵族财产的享有权。——译注

构时,领主就必须同意将该财产转成自由地,这样,他自己才能将其出售出去:因此,当中须经过一系列交易行为。

还存在一种封臣出售采邑时,领主可优先购买的权利:即"封建赎买权"。当由[817]卖主的亲属施行该预先购买权时,人们就称其为"血统赎买权"。①

"封建制"这唯一一个词能存留下来指称封建—封臣体制这一点,表明了一个事实,即随着时间的推移,封臣制将会融入封建制之中,从这个意义上说,封臣的义务将不再会被当作人与人之间所定契约的结果,而只是一项占有采邑的简单行为而已。封臣履行这样那样的义务是为了占有这样那样的采邑。故而,"纯粹"封臣制观念彻底消失了。

骑士与贵族②

并非整个统治阶层都是贵族。必须从体制和意识形态史的整个进程来看,才能明白封建制的统治阶层都被认为是"骑士",后来,12—13世纪,他们才被认为是"贵族",他们同农民大众及其他阶层——教士、商人和城里的手工业者——产生了分离,且因世袭制而变得更为持久,并使这一分离从既成事实变成了法律。

从社会层面上看,未来的"贵族"是这样被规定的,即贵族占有土地,并让仆人进行耕种。他们自己则专干打打仗、赚赚外快、狩猎比武的事。这个社会群体的另一特点就是宫廷(cour)生活,或称"艳情"(courtoise)③生活。骑士生活于自己的城堡中,有士兵、侍从或自己的封臣相佐。他们就是在那里听审断案的:由此,法律素养在贵族阶层中占了一席之地。另一方面,由于他们身在宫廷,还会在那里结识妇女,故而他们身上可以说有着根深蒂固的粗俗性的战士气质很快便不足以使他们这些武装人员与自己的敌手有所区别,使敌人相形见绌。因此,便发展

---

① 指死者亲属在一年零一天期间,可将死者卖给第三者的财产优先赎买回来的权利。——译注
② 据 Marc Bloch,《封建社会》,前揭,p. 393—478;Martin Aurell,《西方的贵族[5—15 世纪]》(*La nobless en Occident[Ve- XVe siècles]*),Armand Colin,1996;Jean Chelini,《基督教西方宗教史》(*Histoire religieuse de l'Occident chrétien*),前揭,p. 372—376。
③ 此处注意 cour(宫廷)与 courtoise(艳情)字面及字意之间的关联。所谓"艳情"指的是中世纪在领主的宫廷中用细腻敏感的方式赞颂爱情的一种文学现象。而我们所谓的"行吟诗人"(troubadour)指的就是 12—13 世纪法国南方朗格多克地区的艳情抒情诗人。——译注

出了——自 11 世纪起,首先出现在法国,使整个欧洲群起而效尤——一套宫廷礼仪,须礼貌、"谦恭"(courtoisie)、"有真才实学"(亦即这就是真正的"勇士"所具有的完美道德),而且还得有文学天赋。

[818]至 12 世纪中叶,贵族被视为一个另类的群体,他们自认出身于高贵的家族,且有事实为证,说他们认为自己是"绅士"(gentilshommes),也就是说他们出身于良好的"民族"或"种族"。但对该群体的定义并不完善,因为法律并不承认它。加入其中的骑士授予仪式(adoubement)会有助于勾勒出该群体与其他社会阶层之间的边界。

归属的形式化:骑士授予仪式

"骑士授予"仪式出现于 11 世纪下半叶。由年长的骑士举行的这一仪式,其目的就是使年少者成为"骑士"。该仪式包括下述三个要素:1)郑重地授予武器;2)重击颈背处和面颊,即"颈击"(colée)或"掌击"(该动作来源于"adoubement"一词,而该词又源自古日耳曼语,意为"击打";其目的就是要从此以后在年轻人的心中留下印记,让他记住这个仪式,或许也是为了向他灌输某种魔力之故);3)运动操练:年轻的骑士冲向马匹,击打绑于柱上的假人,即"木靶"。有时,最后还要把年轻人的头发剪断。

这一堪与蒙昧社会中年轻人的许多入会仪式相比的加入仪式也早已存在于古日耳曼人当中。只是,尽管该仪式原本针对的是所有年轻的自由民,且他们所有人也都是士兵,但封建时代却使该仪式只涉及职业士兵这一狭窄的阶层(另一些团体采用的都是其他的入会仪式)。

骑士授予仪式在 12 世纪得到了推广。人们再也不只是说让某人"成为"骑士,而是说"授予"某人骑士称号。骑士因而成了某个等级,某种特出的社会阶层,尤其是从此以后,他们就能向骑士的儿子授予骑士称号,而新人加入的机会则愈来愈渺茫。

骑士法典

[819]教会的介入促使该仪式转型成了某种制度。

一开始,教会会为交付给申请者的武器进行祝圣。后来,由神职人员履行骑士授予仪式变得日益普遍;他们虽是以封建领主的身份这么做,但他们显然还加入了宗教的典仪。真正的骑士授予仪式典礼自 12 世纪初起便确立了下来。人们不仅为剑,还为马刺、旌旗、长矛祝圣;有时,也会加入通宵祝祷仪式(说得普通点的话,就是加排一场晚会)、净身浴的仪式。13世纪末由芒德(Mende)主教迪朗(Guillaume Durant)拟订的"主教典仪",及后来14世纪的罗马主教典仪均成了整个基督教世界的官方仪式。但平信徒从未有机会夺取由神职人员把持的仪式控制权。

自从教会介入骑士授予仪式起,它便利用这个机会意图逐渐使骑士阶层转型,"和平运动"①对骑士阶层的罪行作了谴责,但随着国家权力的衰落,教会自己也受到了骑士阶层的公然凌辱。它力图将骑士阶层转变成"基督的军团",能为崇高的事业进行战斗:武装保卫教会,保护穷人、孤儿、寡妇和外国人,维护秩序及和平,镇压异端和讨伐异教徒。

为此目的,教会设想出了某些高贵的道德准则,将其构成"骑士法典",对整个骑士阶层而言,一旦他们被授予骑士称号,就应或明或暗地接受这部法典。

这些准则首先被引入伴随骑士授予仪式的誓词和祷词中,后又成为文学中的陈词——我们可在特鲁瓦基督徒(Chrétien de Troyes)的《珀西瓦尔》(Perceval),后在小说《兰斯洛特》(Lancelot)或德国宫廷抒情诗《迈斯纳》(Meissner),或欧洲各国竞相模仿的法国训诲诗《骑士等级》(L'Ordene de chevalerie),最后在圣贝尔纳(Bernard)的《论基督徒的战争》(De militia christiana)中见到这些规则。

[820]从某种意义上说,该主题只不过表达了自封建制初期以来便自发形成的价值观,譬如对"忠诚"的执着、坚忍不拔和勇往直前的品质。但教会对此作了提炼,使其灵性化,并要求具有明确无误的宗教关怀。

真正的骑士每天都会去望弥撒,且至少都是自愿去这么做。他会使用武力和祝过圣的宝剑,先去为上述所列举的高尚的事业尽心。战争本身不再具有价值(不再有日耳曼神话中所具有的那种价值);战争只不过是种手段,隶属于高尚的目标。对这一手段的运用本身便须听命于这些准则:为忠诚而战,不杀手无寸铁的敌人。不得背叛、不得发假誓、不得滑稽模仿法律审判、不得向女士提不良的建议、应该救助陷入困境的人。这些准则尽管在12世纪特鲁瓦的基督徒的作品中还显得很薄弱,但在随后一个世纪圣路易(Saint Louis)的圈子里已变得更为详实。

———————————

① 参阅下文,p. 851及以后。

下面摘录了纪尧姆·迪朗拟定的主教典仪：

> 至圣之主，全能之父……你已同意在大地上用剑来灭除恶人的邪恶用心，卫护正义；你为了保护民众，欲建骑士等级……你使人心向善，以使你此处的仆人永不会用刀枪来不公正地损害他人；但他又永远会为保护正义和法律而大动干戈。[①]

人们知道西方的整个历史会有什么样的后果，他们知道超越纯粹军事领域的恰是骑士理想。

据认为，恰是这项如此高尚的使命赋予了骑士阶层在社会中以首要地位（位居教会之后）。骑士掌控并管理着世俗民众，正如——据文本所述——他驾驭马儿一般。

因此，自11世纪中叶至13世纪，战争"专业户"因这个差不多可以说是教会的事业而发生了变形，而教会就是"骑士"机构（教会在发生大变革时会解释自己所持的态度，我们将在第四章对此进行研究）。贯穿于加洛林王朝时期和封建制初期，只想着攻城略地，仍旧是半野蛮人半异教徒的士兵[821]如今开始发生了转变。教会想给予他们地位，使他们成为一个完全融入基督教社会的等级（ordo），同神职人员平起平坐（神职人员本身也成了一个独有的等级，直到那时，人们一直都小心翼翼地将修会人士和平信徒区别对待），成为平信徒中的上层人士。他们有自己的近乎神圣的归化仪式，这使他们同民众划清了界限；他们有自己的使命：对内，他们维护秩序及和平；对外，他们受到激励，将他们用不完的精力发泄到巴勒斯坦或西班牙的非基督徒、欧洲周边地区的异教徒、异端首领身上。于是，一切都为贵族的法律制度做好了准备。

从实质上的贵族向法律化的贵族转型

至13世纪中叶，法律对如何成为骑士或贵族做了规定，既不是从军，甚至也不是骑士授予仪式，而是出身才使他们有了这样的身份。

在像圣殿骑士团骑士那样的修士—士兵等级内部，基督教的克己为人并未能

---

① 据 Marc Bloch 所引，前揭，p. 444。

阻止出现两个截然不同的范畴，即修士—骑士和修士—"执达吏"，他们是通过白棕两色的服装进行区分的。然而，若想成为骑士，就必须不仅在加入骑士团之前参加骑士授予仪式，还必须是"骑士的儿子，或其父亲一系的骑士"。

同样，弗里德里希·巴伯鲁斯通过 1152 年和 1187 年的文本，以及稍后的其他国王，都禁止将骑士携带的无论是长矛还是佩剑的武器交于"村夫"，还禁止人们在战场上授予英勇善战的平民以骑士称号。

因此，骑士阶层封闭了起来。

但很长时间以来，小领主、修道院长或主教还是都像过去一样声称能授予骑士称号。但很快，骑士授予仪式便成了王室专享的特权：无论是这个领域，还是在其他领域，均只有国王才能做出不顾习俗的事。当然，国王总能成功地出售这项特权以从中捞取好处，总之，我们发现法国最初的"骑士委任状"签的都是勇敢者菲利普（Philippe le Hardi）和美男子菲利普（Philippe le Bel）之名。

故而，骑士授予仪式就这么衰落，或者说消失了。按照博马诺瓦（Beaumanoir）的说法，从此以后，若要成为"绅士"，[822]就必须出身"骑士的世系"。但也有例外情况，就是当贵族册封书产生了一名新的骑士时，他的所有子孙马上就可享有"特权，权利和豁免权，按照习俗，父母两系的贵族均可享受这些权利"（13 世纪末，法国国王的掌玺大臣）。贵族因而获得了完全的法律地位。

从前，人们之所以能成为贵族，是因为他们向领主进行效忠宣誓，并从领主那里得到采邑之故，多亏有了采邑，他们才供得起武器装备。然而后来，若想成为贵族，就必须有权占有军事采邑，①除非是国王授权，或国王将采邑卖给他们。宗教等级——与上面所引的圣殿骑士团不同——直到那时候，只是将农奴出身的人排除在外，他们对贵族和非贵族的区别都有规定。决斗，也就是说个人之间的复仇，均成为贵族的专利。贵族都有纹章。他们在税收上享有大量豁免权（那是因为他们可以自己支付"兵役税"）。

只是那时候的社会阶层才有了贵族这样的构成，他们是"具有法律权利的阶层"，我们发现在这个阶层之内出现了从低到高严格的贵族等级制：小封臣、男爵、伯爵、侯爵、公爵……

----

①　我们认为，一直到 18 世纪，法国军官一职仍只有 16 代皆为贵族者方能担任。

贵族阶层如此封闭,部分是对涌现出来的实际掌握主导地位的新贵阶层资产阶级(他们也做出反击,颁发公共契据以禁止同贵族做生意)进行抵御。因为,资产阶级已着手购买乡村地区大部分属于领主的地产及其仆从:但这些资产阶级却不准进入贵族阶层,他们不能施行处置权。

领主制(seigneurie)①

[823]我们先前所说的所有内容都只涉及唯一的统治阶层。但封建世界也一直扩展到了底层。每名骑士都是一群仆从、农民、匠人或家仆的头领,他们都在我们所说的"领主制"范畴之内。尽管领主制与封建—封臣制的关系很紧密,但不该把它们混淆。从领主到听命于他的人,仍有一种附庸关系,可这种逻辑和习俗与封臣制的关系有着根本不同。

领地就是指面积不等,常常划分成块的地产(因为各个部分可根据遗产继承和财产让与的规定从一个领地转至另一个领地)。原则上,每块地产都会被划分成"保留地"和"租地",保留地专门留给主人且直接由其代理人开垦。之所以租地,是因为可以获得货币地租,即佃租("永久有效,不受实效约束",但货币贬值的话,佃租也会下浮),也可获得实物,即实物地租(部分收成)。领主还要征收其他各种税。

"处置权"(droit de ban)

封建制鼎盛时期,领主占有采邑导致了他能于实际操作中,甚至一直在法律操作方面,在出让的领地上执行公共职能,甚而是拥有公共权力的全部特权,他拥有高级和低级裁判权,可进行管理,享有开设市场和征收税收的权利。

封建制初期,尤其是在德国,我们发现,人们已经在普通的领地采邑让予和"荣誉"授予,亦即授予部分公共权力之间做了区分。但这种区分后来日益遭到

---

① 参阅 Robert Boutruche,《领主权与封建制》(Seigneurie et féodalité),前揭;《中世纪的领主和领主权》(Seigneurs et seigneuries au Moyen Age),见《第 117 届学术团体全国大会会刊》(actes du 117ᵉ Congrè national des sociétés savantes),Paris,Éditions du CTHS,1995(刊有 Robert Fossier 和 Philippe Contamine 所作的导言性报告)。(seigneurie 既可指"领主对土地及附着其上的人所享有的权利",亦可指"领地"和"领地所享有的除土地之外的封建权利"。——译注)

遗忘。

[824]领主对住在其领地上的人所享有的自由决定权被称为"处置权"(ban-num)。

领主可将超越了其领地(弱小领主的土地,或寻求保护的自由地所有者)界限的领土上的处置权占为己有。此种现象在加洛林国崩毁之后最盛,它在西法兰西,国家权力维持更久的日耳曼不太发达的地区,或在盎格鲁-萨克逊国王及后来的诺曼底和金雀花王朝掌权的英国得以保存下来并得到快速发展。

处置权首先涉及的是司法权。存在拥有裁判权的"高级"和"低级"领主。

对高级和低级裁判权的区分可追溯至加洛林王朝时期,当时一直存在着日耳曼的各级习俗法庭,法庭由贵族庭长主持,下面由各区划的自由民组成:即村级、"百人区"(centaine)和伯爵"法庭"(mallus)。只有由伯爵主持的伯爵法庭才能判处重刑,下级法庭只能裁决普通轻罪和"民事"案件。当封建制开始发展的时候,这项从前由国家代表专享的权利从伯爵手上下放到了一直以来都比较小的区划手中(马克·布洛赫估计,这些区划与我们现在的城市区划相当)。但这种区分仍然继续存在于具有不同权限的两级法庭之间。甚至小领主都能成为高级和低级裁判官,但更小的领主仍然只具有低级裁判权。

然而,仍须注意到,尽管法国的司法权划分极细,但它仍然不能算作私有权,尤其是高级裁判权。

在12世纪金雀花王朝时期的英国,国王的司法权逐渐削弱了封建法庭(feudal courts)的重要性。

在封建制全面发展之时,这两种情况下的助理法官(échevin)和专业的法学家都已消失,故而领主会在常常由文盲组成的领主法庭的协助下进行判案。诉讼程序很粗浅,会求助于神明裁判和决斗裁判这些方式。领主则会亲自收取罚金。

领主施行的保护包含其他对等条件,主要是指各种税收:商品税(设摊捐)、城堡保护税、交易费、人头税、间接税或特别"费用"(queste),但还包括寄宿权、征用权,以及经济垄断,即使用权(banalité)。

[825]**使用权:领地中的所有仆从均得被迫使用主人的磨坊、烘炉、压榨机等,或只有等主人售完之后才可出售葡萄酒。**

所有这些杂税都叫作"捐税"(exactions,或称"使用费"[exactions banales]);它们远比使狭义上的土地不堪重负的租税还要厉害。在德

国,征收这些费用的有行政官员、"镇长"、"执达吏"和文书。

因而,仆从被逼无奈,只能逃往城市或新的殖民地(比如穆斯林在西班牙占据的土地)。这样便对领主造成了压力,他们不得不行减负或免税的措施,对"契据"进行修改,结果对捐税的性质及金额做了详细的说明且限定。有时,农民社团也会组成有权做出公断的"市镇"或"执政府"。

中世纪受教会法和罗马法训练的法学家,更不消说(*a fortiori*)旧制度时期①的法学家,他们都想克服采邑的持有者将公共权力占为己有的做法,他们想重新使王国独享国家本该拥有的权利。

农奴制

农奴制的问题极其复杂,专家对此众说纷纭。肯定的是,一方面,至加洛林王朝时期,农奴制取代了奴隶制,另一方面,它自己也在 13 世纪渐趋消失。

该问题的复杂性在于下述几个事实。"农奴"是非自由民。但"自由民"却可以有好几层意思:它可以指某个人与另一个人不同,他在法律上并不具有附属地位,但也可以指某个被免除了各种赋税的人。因此,农民可以成为"非自由民",但也可不成为"奴隶"。我们把他们叫作"村镇居民"(manant)或"自由农民"(vilain),由于他们被迫承受的赋税时时在变,故"农奴制"这一概念本身就有点模糊不清。

农奴并不归属于宗教阶层(他无法侍奉两个主人)。他无法进行诉讼,也无法自由支配自己的财产;他通常并不参加保卫村庄的行动,也无法自由迁移(因领主拥有在邻近土地上狩猎的[826]"追逐权");他得清偿人头税(chevage)、农奴违规婚姻税(formariage)②。他的财产属不可转让的财产(main-morte)③,故而他的孩子应该从领主那里将财产转买回来。在混宗婚的情况下,农奴的身份("奴役的污点")会在男方一脉传递下去。除此之外,还必须添上"任意"榨取的人头税、持有土地的农奴须承担的徭役、自由农民须承受的凌辱。

---

① 指 1789 年法国大革命之前的时期。——译注

② 人头税是指以前由被解放的奴隶清偿的小额债务;农奴违规婚姻税是指想与领地之外的人结婚须支付的税金。

③ 不可转让的财产(main-morte)指在法律上不具将自己的财产甚至是动产转让给,或出让给继承人的权利:持有转让之租地的"手"(main)被视为已经"死亡"(morte),唯一有效的手乃是领主之手。(Main morte 该法语词组本身具有"绵软无力之手"的意思。——译注)

当然无论是个人还是集体,还是会有豁免:主人临终时会对其中几个人进行豁免。在对"自由身份契据"做出修订后,国王、修道院、城市就可授予或出售集体豁免权。

这种情况与货币经济的发展愈来愈频繁地发生交锋:称为美男子菲利普的路易九世需要金钱来发动十字军东征或战争,修道院需要修建大量建筑。但获得解放的农奴为了支付所需的金额,常常不得不负债累累,这等于是重新发明了一种新的附庸形式。

地区差异 皮卡尔迪(Picardie)、诺曼底、佛雷(Forez;位于中央高原东部)、萨克逊和伦巴第不存在农奴制。在日耳曼,属于独一的伯爵法庭的自由民阶层仍保持原状,但一方面,12世纪出现了"真正的"农奴制(与"个体农奴制"不同),领主会将租地转让给农民,把土地持有者束缚于土地上;另一方面,13世纪,出现了新型的个体农奴制,可以随意专断地、无限制地让农奴服役。总之,这样一来日耳曼的农奴比法国要多。在英国,底层农民也沦为了农奴阶层,被世代束缚于土地上(sokemen,"分成制佃农"[bordier、cottier])。

总而言之,我们可以说,在乡村世界内部,以极大的代价获得自由的富农与"贫穷的村民"之间存在着社会分化。

有关封建制的结语

封建制乃是尝试理解古典时期与古典中世纪之间政治观念演变的关键。因为,它使我们见识了一种极端原创的社会关系,它也与[827]之前及之后的社会关系不同,这种社会关系既非古代"城邦",亦非现代"国家"的社会关系,尽管我们认为它是对罗马公民社会的倒退,但它再也不会回到某种"部落社会组织"(tribalisme)了。

封建—封臣体制的特殊性在于这整个社会关系都倾向于成为私人的、个体之间的关系;至少在统治阶层,私人关系成了社会组织结构中唯一的链环。个体既不像在古代社会那样融入群体中,也不像在古代与现代的公民形态中那样,经由某种成型的法律和国家的保障而与他人有所关联。人们对自己亲身与之有关联的人已不再有信赖之感。再也没有公共集体性了。我们可以认为这乃是真正的倒退,因为由于人们无法指望与不具个性的庞大的公民共同体维持可信赖的关系,故而没什么事能使人认为在劳动和知识之间存在泾渭分明的界限;其实,9世纪和10世纪,以及11世纪的前三分之二时期,从文化与经济层面上来看,西欧均处于史无前例的贫乏时期。

我们将会看到,教会的活动,然后是国王的活动都是为了借助某个公共空间来耐心地重塑这一社会关系的样式,古代文本恰为他们提供了这样的范型。

第二节　神　圣　王　权

封建社会包含了另外一种决然是古代的体制,即神圣王权。

我们已知,在西班牙的西哥特诸国王之后,法兰克,然后是法国以及欧洲的大部分国王皆效法《圣经》"傅油礼"的习俗而受了主教或教皇的祝圣。基督教的圣事取代了古代日耳曼王权的异教圣事。因而,从某些方面看,中世纪欧洲的社会延长了前公民时代神圣君主制的形态,[828]因为它们通过显现神秘的秩序而合理化,使人相信国王乃天意神授、神圣力量会介入王国事务的观念,且担负着践行奇迹的职责(法国与英国国王行奇迹的权力)。

然而,中世纪君主制的宗教并非埃及或美索不达米亚的宗教,亦非帝国前期初始时占上风的罗马诸说混合论的异教信仰:它乃是基督教。故而,国王及其拥护者均肩负着犹太—基督教末世论道德与政治的所有价值观。

因此,中世纪的君主制颇为含混不清。其实,它与之有关联的这两类逻辑之间似乎并不存在名副其实的综合。毋宁说,群众的情感和激情与神职人员的思想处于并存状态,从未有过真正的契合。更有甚者,在神职人员及后来大学的法学家和哲学家开始在古代作品中重新找到名副其实的政治概念之后好几个世纪,对王权"巫术—宗教"的认知仍渗透于群众中间,而最终这些概念将会使王权的古代型态彻底信誉扫地。

这就是为什么,正如就封建制而言,对中世纪君主制的研究无法被简单地置于编年史中的原因。圣事的原则、论述圣油瓶奇迹的文字、对国王几近圣职般的特性所作的证明,均可追溯至加洛林王朝时期。但诸王朝的史诗、对君主制几大象征所作的富有教益的论说(百合花、焰形旗……),其中大多数并不晚于12世纪,当时诸王国在经历了封建时期的分裂状态后,都开始重新浮出水面。甚而治疗瘰疬①的医术也是在这时候出现的。至于举行圣事的仪式,则是在 14 世纪查理五世当政时才由知识分子最终确定。

我们将会相继研究国王加冕礼、法国君主制的几大象征。

国王加冕礼(sacre)②

[829]加冕礼因名为《皇帝祝圣述》(*ordines ad consecrandum regem*)的文献而为人所熟知。它们随着时间的推移而日益丰富起来,所陈之词和所做的动作之意义都会因时代的变迁而有所变化。尽管如此,仪式的结构——仪式共分三个部分:宣誓、傅油礼、加冕——及所宣告的话语还是具有某种恒定性。

在法国,仪式在 14 世纪才臻至成熟:1364 年为查理五世的加冕礼而编订的《教会历》(*ordo*)将会成为今后加冕礼的范型。正是在这个时代出现了由皇帝的近亲戈莱安(Jean Golein)写的那篇著名的《论加冕礼》(*Traité du sacre*),它确定了加冕礼中不同要素的意义。③

法国国王的加冕礼若不受阻碍的话,都会在兰斯举行;仪式均由该城的主教主持。该惯例依凭的是兰斯城主教圣雷米的回忆,496 年,圣雷米曾为法国的首位国王克洛维行施洗之礼。但法国国王须在兰斯行加冕礼的规定出现得相对较晚,因为该规定自 10 世纪起才得到证明。

仪式开始时须通宵祝祷。国王会在大教堂中单身一人进行祷告,但无须通宵。

宣誓

仪式首日清晨,他会进行宣誓。

---

① 即淋巴结结核病,瘰疬是其中医名称。——译注

② 据《国王加冕礼》(*Le sacre des rois*),见《有关国王加冕礼历史的国际研讨会会刊》(*actes du colloque International d'histoire sur les sacres et couronnements royaux*),Les Belles Lettres,1985;Stéphane Rials(主编)《卡佩王朝的奇迹》(*Le miracle capétien*),Librairie académique Perrin,1987;Marc Bloch,《行法术的国王》(*Les rois thaumaturges*;1924),Gallimard,1986,p. 460—477;Emmanuel Le Roy Ladurie(主编),《君主制》(*Les monarchies*),PUF,1986;Charles Petit-Dutaillis,《法国与英国的封建君主制》(*La monarchie féodale en France et en Angleterre*;1933),Albin Michel,1971。(加冕礼的法语为"sacre"和"couronnement",前者意指由教会允准国王拥有君权的仪式,后者指为君主行加冕的仪式。——译注)

③ Marc Bloch 所作的摘引资料翔实,前揭。

进行宣誓的原则可追溯至 869 年秃头查理加冕成为洛塔林国王的仪式。据兰斯的兴克马尔所说，国王复述了该场合的参与者宣读的陈词。主教会对在场者致辞："在听取了查理在此所作的陈言之后，我们[830]通过某个征象（傅油礼）表明了他由上帝拣选，乃上帝所赐，若这是你们的意见，我们便认为好。"国王对此的回答是："既然尊敬的主教通过他们其中一人之口说出所有这些话，那么他们的一致同意便表明了是上帝拣选我来卫护你们、统治你们，你们知道，我将运用我全部的知识和全部的能力来维护上帝的荣誉、他的信仰，尊重神圣的教会，我将保留你们中的每个人，且根据他的等级来赋予他荣誉，我将遵守属于我们每个人的教会或民事的法律；因此之故，你们每个人也将尊重我、听从我，将我视为国王。"（兰斯的兴克马尔，据 Arquillière 所引，前揭，p. 145）

宣誓很快便分解成两个不同的承诺，一向教会，一向王国。

向教会宣誓

我向你们承诺且将托付你们照管之事赋予你们每个人和众教会，我将维护教会法、法律和正义应有的特权，我将运用我的权力，在上帝帮助之下，卫护你们，正如国王在他自己的王国内受法律约束一样，特此托付每位主教和教会行照管之职。[①]

向王国宣誓

紧接其后的是：

我以耶稣基督之名，向臣服于我之基督教民众，承诺这些事

---

① 由修道院长让·戈伊（Jean Goy）在 1179 年的《教会历》中译成法语。拉丁文本由 Jean de Viguerie 在《国王加冕礼》中引用，前揭，p. 206：*Promitto vobis et perdono, quod unicuique de vobis et Ecclesiis vobis commissis Canonicum privilegium, et debitam legem atque iustitiam servabo, et defensionem (quantum potero, adiuvante Domino) exhibebo, sicut Rex in regno suo, uunicuique Episcopo, et Ecclesiæ sibi commissæ, per rectum exhibere debet.*

情。首先,所有基督教民众将听从我们的建议,始终为上帝之教会维护真正的和平。同此,我亦将禁止任何劫掠及伤风败俗之行。同此,我将务求所有判决公正和怜恤,以使仁慈、怜恤之上帝向我和你们赐予他的怜恤。所有上述所说之事,我都通过宣誓加以确认(于是,国王将自己的双手放于《福音书》上)。①

[831]国王承诺驱逐王国内异端的条款(该条款对于比如说从心理学上解释路易十四为何撤销《南特敕令》不无重要性)于1215年被加了进去。国王承诺尊重有关决斗的敕令的条款则于1722年路易十五的加冕礼中被加了进去。最后,国王承诺对君主的领地不作转让的条款出现于查理五世时期的《教会历》中,该条款好像实际上从未被宣读过。

傅油礼

傅油礼,亦即将(橄榄)油洒于身体上的仪式是希伯来人借鉴迦南的做法,但该仪式亦可在古代近东地区与埃及(甚至在古代的其他社会中)得到证明。

希伯来最后一位行傅油礼的国王乃是586年的犹大王。流放时期结束之后,傅油礼的做法获得了灵性上的意义,差不多相当于神选、神授的同义词:对以西结来说,所有"残存的圣人"都被敷过圣油。我们已经发现,弥赛亚信仰(messianisme,弥赛亚[Messie]即敷过圣油者)乃是拣选某个人或某些人及拯救者的教义,他最终可使万民得救。

圣油瓶

对法国诸国王的加冕礼而言,所用之油并非巴勒斯坦使用的那种普通的橄榄油,而是一种混合油,即圣油(chrême),油中添加了香料,且与"圣油瓶"中残留的一点圣油混合而成。

自9世纪起,一篇源自兴克马尔的文字产生了很大的影响。按照该篇文字所

---

① *Hæc populo Christiano, et mihi subdito, in Christi promitto nomine, in primis, ut ecclesiæ Dei omnis populus christianus veram pacem nostro arbitrio in omni tempore servet. Item ut omnes rapacitates, et omnes iniquitates, omnibus gradibus interdicam. Item ut in omnibus iudiciis æquitatem, et misericordiam præcipiam ut mihi, et vobis indulgeat suam misericordiam clemens et misericors Deus*(同上)。

说,克洛维受洗之日,有一只鸽子——径直从天庭而来——用喙为圣雷米衔来一只装着油的瓶子,好让他为国王行傅油礼。这便使得法国的君主制在基督教世界中享有了独一无二的权威。作为官方祭拜的圣油瓶存放于兰斯的圣体龛中,而圣体龛则被置于兰斯的圣雷米的修道院附属教堂这栋特意建造的宏伟建筑中(气势比当时的大教堂更宏大)。当圣骨盒被送至大教堂以作加冕礼之用时,贵族都被监禁在圣雷米的那座修道院教堂中:这就叫作"圣油瓶的人质"。

傅油礼的仪式

[832]宣誓及随后赞颂主(Te Deum)之后,国王便会真地脱去衣物。他身上只留下一件长衫,长衫上开几个孔洞。

于是,所有人都纷纷下跪。开始唱诵起长篇连祷文:

> 主啊,请怜佑我们,哦,基督啊,请怜佑我们,主啊,请怜佑我们,哦,基督啊,请听我们诉说。圣母玛利亚啊,请为我们祈祷。圣米迦勒、圣拉斐尔、圣加百列、诸天使神圣的合唱啊……诸使徒神圣的合唱……诸殉道士神圣的合唱……诸公开信仰者(confesseur)①神圣的合唱……诸处女神圣的合唱……所有的圣人啊,请为我们祈祷②……请你们赐予我们和平,请你们用怜恤和怜悯保护我们,请你们怀着仁慈屈尊在我们的合唱中放入圣灵的恩赐,请你们屈尊卫护且引领你们的教会,请你们屈尊将教皇的教座和教会中所有管事之人皆存留于这神圣的宗教中,请你们屈尊在这王权中拣选你们的仆人,请你们屈尊引领他通达国王的尊严……

兰斯的大主教再作三次祷告,下面就是祷词的样本:

> 上帝以美德劝导世人,以爱统治世人,将智慧之灵赐予你的仆人,且辅之以约束之规,使你充溢他的心灵,使他永远适合担当王国的管理之务,借你的赐赠确保他时代的教会得享平安……如今,

---

① 指基督教初期受迫害时公开表明信仰的基督徒。——译注
② 基督教世界诸圣的这些系统的连祷文、祝圣词——主要祷词个别选定,其余祷词按类划分;总之,共有数百篇祝圣词——直至今日授任教士之职时仍在使用。

已然使万民享公道与正义,使友人得援助,使敌人受阻碍,使受苦者得慰藉,使高升者得矫正,使富人得教诲,使穷人得怜悯,使旅者得平安,使贫穷的臣民得安定,且使国家得享安全。

于是,大主教着手为国王行六次傅油礼,分别洒在头上、胸前、肩膀间、两处肩膀、两臂关节处(有时,也会洒在双手上),每洒一次都会宣读一句套语:"以圣父、圣子和圣灵之名,我用神圣之油为你行傅油礼",[833]所有人遂应和道:"阿门。"在此期间,还会唱诵赞美圣母歌。①

大主教则会重新宣读这些话:

> 天主啊,请为统治的国王行傅油礼吧,你已经为教士、国王、先知和殉道士敷了圣油,他们因信仰而战胜了诸王国,开创了正义,获得了希望。你所敷的极神圣的圣油流经他的头上,流入体内,渗入他的心底,因你的恩赐,旗开得胜的国王才配得到这承诺,以使他在本世纪完满和谐地进行统治,直到在他们的相伴下君临天国……

圣灵流溢于国王之身

《圣经》中,许多次都说到被其同辈或某个先知行"傅油礼"以成为国王者被"耶和华之灵"(ruah)亲自"攫住"的事。

无须掩饰的是,此种灵之流溢与远古时代宗教的"恍惚出神"的状态不无关系,正如我们在《撒母耳记》中所看到的那样:"撒母耳拿瓶膏油倒在扫罗的头上,与他亲嘴说:'这不是耶和华膏你作他的以色列子民的君吗?将由你来判断耶和华的子民,救他们于周围敌人之手。这就是耶和华膏你作他产业的君的征象。[……]你将到吉甲[……]进城后,必遇见一班先知从邱坛下来,前面有鼓瑟的、击鼓的、吹笛的、弹琴的,他们都受感说话[en délire]。耶和华的灵必大大感动你,你就与他们一同受感说话[en délire],你要变为另一个人[……][自今日起,]神就与

---

① 同样,也可向王后行傅油礼。在某些时代,仪式会有所不同,但都在巴黎近郊的圣德尼修道院举行。

你同在。'"(《撒母耳记上》10,1,5—7)①

在王国与弥赛亚信仰的《圣经》神学所具有的上下文中,l'Oint(受膏者,敷过圣油者)得到了转变,世人都认为他变成了另一个人,具有了新的权能和"能力"。我们已知,从上帝之灵(ruah)下降至弥赛亚、受膏者所产生的影响乃是指对"灵之赐赠":智慧、明辨、正义、对卑微者的关注、无私、对和平的意愿的接纳。

中世纪的国王,无论是西哥特人、法兰克人,还是其他人,都传承了这一神话,尤其是法国的国王由于圣油瓶的传说而受的影响更大。他们也被认为,通过行傅油礼,从而具有了"圣灵的赐赠"。他们转变成了[834]圣人之类的人,拥有所有基督教的美德:信仰、怜恤、英雄主义、和平精神。

经由加冕礼,国王致力于使自己成为新的基督,致力于使自己效法基督,他相信正是因为这一条件,他才能获得国王莫大的权能。他应该保护教会,拥护和平与正义,让公道甚至怜恤取得胜利(参阅向民众所作的宣誓)。

诚然,除了神意的惩戒外,其他的惩戒概不存在,但它却能被感受到,有着实实在在的恐惧。国王无法想像将荣耀了他的使命拋弃了事,他只能全心全意地冒这风险和危险,那是他灵魂的永恒命运。毫无疑问,在兰斯被祝过圣的法国诸国王大多数都对此深信不疑,他们对待圣事极尽重视之能事,自他们童年起,他们便懂得要投身其中。在几乎所有人都相信再普通的圣事也具有行之有效(*ex opere operato*)的功用的时代,如此特殊的圣事可以想见有着恢弘的气势,民众也是激情万分,那么这样的圣事便不得不对受益人产生最为深远的影响。最为神圣的国王事实上就是圣路易。

旧人脱胎换骨

被祝过圣之人内心的转化由仪式的某几处细节加以强化。在加冕礼之前的通宵祈祷期间,国王祈祷要蜕尽自己旧有的人格。次日,在金牛座宫中,博韦(Beauvais)和"拉昂"(Laon)的主教过来"将沉睡中的国

---

① 和合本《撒母耳记上》为10:1—7,但内容与上文多为不同。另,法语 délire 意为"谵妄、胡言乱语"或"极度兴奋、狂热"之意。En délire 即为处于此种状态之中。和合本译为"受感说话"可以说是法语之意的引申义,但从《圣经》上下文来看,译得也颇为确实,故仍如其旧,不按法语之意翻译。另,和合本中的"你要变为新人"中的"新人",法语为"un autre homme"(另外一个人),和合本之意也可看作此语的引申义,但此处仍按法语原文翻译。——译注

王抬起",仿佛在其唤醒的过程中,这被选中者便获得了崭新的人格。国王在大教堂里赤身露体表明了,他离弃了先前纯粹世俗之人的状态:"他离弃俗世的状态[……]以保持侍奉王国宗教的状态。"(让·戈莱安)

法国的新国王,若非一直是幼童或少年,也几乎一直是年轻人。事实上,我们发现,在加冕礼仪式中,有着我们在维吉尔第四首《牧歌》和克里索斯托《论王权》博采众引的诠释中所发现的奇妙世界重临这一说法的回响,但它首先回应了传统社会目不识丁的民众对"奇迹"的期待之情。

仪式的其他层面

国王的服装与王权标志(regalia)

[835]仪式并未在意教会日益增长的犹疑之情,它所保存的那些标记表明了国王一旦敷过圣油,不仅仅其个性会改变,而且他也获得了圣职:(就在敷过圣油之后)人们便给他穿上副助祭的祭服、副祭的祭披、教士的无袖祭披。

在典仪不同场合祝圣过的"国王的物品"或王权标志(regalia)均具有重要象征性:马刺、剑、牧杖、正义之手节杖(比牧杖短的棍子,"最多一肘①长",顶端雕有手的形状)、王冠、国王权戒。

比如说,国王权戒乃是国王与王国神秘统一的象征(似与《圣经》中夫妇的象征有关)。牧杖乃是来自上帝权能的标记。上帝之手节杖体现了他应该施行的正义。

在让国王手执长剑之后,大主教说道:"你手执这上帝赐赠于你的长剑,用这长剑,借助于圣灵,你就能抵御且驱逐神圣教会的所有敌人,保护托付于你的王国;要凭借战无不胜者我主耶稣基督的帮助,守护上帝的军队,由他同父一起统治,等等。"

加冕

加冕自816年起便与傅油礼的做法联系了起来。法国的十二重臣(亦即权势最大的封臣)在国王祈祷时,将冠冕悬于国王头顶,然后再由大主教把它戴在国王的头上。

即位

最后,国王被引向御座落座:这就是即位仪式。大主教脱下主教冠

---

① 法国的古长度单位,长度为从肘部至中指末端,约为半米。——译注

后,亲吻国王并说:"国王万岁万万岁。"无论是平信徒,还是教会人士,[836]反正那些臣子也都一个个走近御座,略略提起国王的冠冕,重复说着同样的话。

最后,举行当日的弥撒。

弥撒结束时,行傅油礼时国王穿过的长袍被焚毁。国王再从大教堂去往皇宫,前面开道的是王国的大贵族,他手执没有剑鞘的国王之剑。圣油瓶被重新放回至圣所之中。

加冕礼的影响

加冕礼产生了多重且深远的影响。

对遴选国王进行鉴定

首先,它对在潜在的继承人和竞争者中间遴选国王进行鉴定。

只有加冕礼才能使国王矮子丕平成为新人。其次,只要世袭制的原则不被完全接受(在法兰克人中,是世系而非个体被赋予了行奇迹的必需权能,好使他们实施国王的权力;因而,只有根据其个人的品质,尤其是战斗的才能被遴选出来,才能获得这样明确的资格),甚至还出现了一段时期,在此期间,指定国王的常规模式变成了国王由上帝拣选而出(885—987年),那么加冕礼就仍然会是"拣选国王"的一件盛事。

该观念将会消失很长时间,因为恰是在世袭制成为法兰西王国惯例中的原则之后,圣女贞德(Jeanne d'Arc)才坚持认为世袭制权不充分。在她的眼中看来,仅有圣事才能于1429年使"出身高贵的王储"成为名副其实的国王。不过,我们须注意,不久之后,英国国王兰开斯特的爱德华六世(Édouard VI de Lancastre)在巴黎接受祝圣,成为法国国王,其祝圣的仪式比查理七世时的仪式要远为庄重;然而,这一仪式根本未竖立起自己的权威。

再次,越是临近现代,唯一的世袭制原则便越是变得必不可少(若需了解继承法的这一演变过程,可参阅下文,p. 956及以后)。

让·博丹(Jean Bodin)在16世纪用他那抽象的"君权"理论表明只有加冕礼才行得通:"若无加冕礼和祝圣仪式,国王便无法成其为国王。"

国王人格的神圣特质

[837]尽管如此,甚至在卢米埃尔(Lumières)的时代且直至19世纪,对那些相信隐藏于加冕礼之中的价值观的人而言,加冕礼依旧保留着意识形态上的特殊重要性。这表明国王与卡佩王朝均是由上帝,而

非由人确立起来的。

"我们可将所有那些敷过圣油的人都称作基督。"圣奥古斯丁曾作如是说(《上帝之城》,ⅩⅦ,4)。国王乃是上帝在尘世中的形象,是"尘世的上帝"(特尔梅维尔[Terremerveille],15 世纪),他是"国王和教士"(大法官阿格索[Aguesseau]①,17 世纪),是"外在的主教"(1766 年,国王参政院所作的裁决)。最终,加冕礼超然于人们的争论,树立了国王的权威。

此外,加冕礼还保护了国王的人格。

以色列的国王一旦受膏,就会被视为"神圣者":将手放在他们身上就是渎神(确实是注重奇迹的古代特色:我们还记得,在异教的罗马,护民官本人也是"神圣不可侵犯的")。当大卫可在隐基底的旷野山洞里随意处置扫罗时,内心对割下扫罗外袍下摆的想法深自愧怍:"对他的人说:'耶和华必不让我在我主面前如此行事,让我加害于他,因他是耶和华的受膏者。'大卫用这话拦住他的人,不容他们扑向扫罗。"(《撒母耳记上》24:7—8②;参阅《撒母耳记下》1:14)

法国国王自身也是神圣不可侵犯:由此便出现了针对拉瓦亚克(Ravaillac)③之类弑君者的严酷刑罚,在动荡的 19 世纪,投票赞成处死路易十六的国民公会议员也拥有恶魔般的名声。

国王加冕礼和教会圣事

但国王加冕礼难道不算是圣事吗?丕平和查理曼大帝时代就有这样的想法,但随着"教皇革命"(参阅第四章)及神职人员同在俗教徒之间日益严峻的分裂,教会便试图尽最大可能减弱国王加冕礼的圣事特色:[838]对教会而言,这是尽可能保存自己的自治性,以抵制国王意图实行拜占庭类型的"政教合一制"的方式。

在 13 世纪,各类圣事均被条分缕析地做了规范化处理,共有七项圣事,可国王加冕礼并未出现在名单上。因此,它并非原本意义上的圣事(sacrement),而是"属于圣事"(sacramentel),也就是说它只不过是由教会赋予的某种可感知的普通

① 亨利-弗朗索瓦·阿格索(Henri-François d'Aguesseau,1668—1751),法国法学家,1717 年至 1750 年任法国大法官一职,对司法体系多有重大的改革。——译注
② 和合本《撒母耳记上》为 24:6—7。——译注
③ 弗朗索瓦·拉瓦亚克(François Ravaillac),受埃佩农公爵(Épernon)之托,于 1610 年 5 月 13 日刺杀了亨利四世。——译注

征象,能导致某些灵性上的作用而已。此外,用圣油行敷圣油礼也被扩展至了主教举行的圣事以及洗礼中。从教会的眼中看来,国王充其量只不过是个副执事;他相当于图尔的圣马丁(Saint-Martin de Tours)之类教区教务会里的议事司铎这样的级别。他可以在教堂里参加合唱团,登上祭坛,他可以面包和葡萄酒的形式拜领圣体。但他不得触碰圣饼。总之,对教会而言,他只不过是个微不足道的小人物而已。而在民众的眼里看来,他定然是大不一样。

行奇迹的权能:治愈瘰疬

确实,在加冕礼的诸多影响中,有一个影响对民众来说特别重要,它有着该制度最为古代的特色之一:即可治愈某种疾病,尤其是"瘰疬"。迟至 11 世纪,首先是法国国王,然后是英国国王才宣称自己具有这种能力。这一奇迹般的力量在加冕礼的第三天即可获得。

当我们检视中世纪人类学时,仍然会观测到这种力量,尽管它在法国和英国的王官中具有特殊的形式,但对国王来说却并不特别。整个中世纪,特别是中世纪前期,都渗透着奇能异术。行奇迹的权能首先要有圣人的遗物,由于这些遗物能给保存它们的地方——教堂、修道院——带来各项收益,故而争夺、偷窃时有发生。据说,圣路易死后通过其遗物,比其生前通过"官方"行奇迹的权能来说,行了更多的奇迹。另一方面,所有的大人物都确确实实拥有行奇迹的权能,他们都是"巫师"。由于这样的人物太多,教会便面临着这样的问题,即它得确定何为异端,就像鞭笞派教徒、大博尔派的"被拣选者"、自由圣灵兄弟会(参阅第七章)那样,它们在民众的眼中,确实具有行奇迹的无边的权能。国王不能说自己逊色于他们。

法国君主制的几大象征①

[839]神圣君主制无法建立在科学类型的政治学说之上,除了加冕礼的那些象征之外,它还会自发地使用许多其他的象征,这些象征在当时人们的精神中产生着深刻的回响。

我们可以证明,其中有些象征尽管经过了一系列变形,仍能被溯至基督教之前的时期。我们发现远古时代的异教象征经历了缓慢的基督教化过程。

---

① 据 Hervé Pinoteau《法国的武器和卡佩王朝的象征》(*Armes de France et symboles capétiens*),见《卡佩王朝的奇迹》,前揭;Anne Lombard-Jourdan《百合花与焰形旗:法兰西王国的天国标志》(*Fleurs de lis et oriflamme. Signes célestes du royaume de France*),Presses du CNRS,1991。

因为,安娜·隆巴尔-茹尔当(Anne Lombard-Jourdan)强调,任何一种政治权力或圣职权力均不可能有意去创造象征,因它们极为古老,所以对民众而言,它们拥有深远的情感渊源,民众也对它们无比依恋。相继上台的权力只能将这些在他们的时代已然具有宗教力量的象征集合起来。反之,当代人却可能有助于对它们做出不同的解释。

因此,基督教的法国国王既不能想像把凯尔特或日耳曼的象征悉数废除掉,也不能想像用《圣经》和基督教的象征来强迫取代它们,因基督教的象征尚未唤醒民众的内心。但——尤其是自基督教君主制因反对封建制而确立其自身,且感觉到应为了自身利益去调动民众的时代起直至 12 世纪——他们无论从意义还是从可塑性的方面来说都彻底改变了某些极受尊崇的象征,太阳神的标记演变成了百合花,"护符"演变成了圣德尼焰形旗。

百合花

我们在墨洛温王朝的钱币上发现了一个令人想起太阳冉冉升起的标记,通常言之,这也是指生命、封建制,特别是王室家族的冉冉升起。墨洛温王朝诸国王的头发都分成两个"发冠",也传达了同样的象征,具有同样深奥的意图。

或许,这个标记有可能复制了凯尔特的标记,后者有可能也是君士坦丁那个著名的"基督符号"的源起,"基督符号"这个标记曾奇迹般地于 312 年使皇帝获得了米尔维尤斯桥(Pont Milvius)一役的大捷,从而使他皈依了基督教;然而,君士坦丁也曾在高卢和布列塔尼短暂停留过(参阅上文,p. 437)。

[840]在路易六世和路易七世时代,即 12 世纪从絮热至圣德尼修道院的附属教堂里,出现了新的象征百合花,其形式似乎取自高卢的古代标记,当中又经过了一系列改动。不仅在盾形纹章和军旗上,而且在国王的衣服上都出现了蔚蓝底上的金色百合花。新的意义通过当时的著作而得到表达:据圣贝尔纳(Bernard)所说,蓝色是有形天空的色彩,如星星般散布于空中的百合花象征着无形天空和居住其中的圣人。百合的白色乃是纯洁的象征。此外,三片花瓣则是三位一体的象征(这种阐释有意经由习俗而得到强化,并最终于 14 世纪将三色百合花融合为一个整体)。

法国国王的花形象征与皇帝、英国国王及同时代的其他领主的盾牌上的象征产生了很大的区别,后者为了突显自己的力量,而在他们的纹章上绘出猛兽(狮子、狗熊、老鹰……)或武器(宝剑、斧钺……)的形象。法国的国王身为弥赛亚君主,乃是和平的担负者。①

圣德尼焰形旗

另一个象征就是称为"保卫国家"(Montjoie)的红色圣德尼焰形旗。人们会把它带入战斗中,战斗惨烈异常的时候,人们会边挥舞着它,边叫道:"保卫国家,圣德尼!"因而,它有点像"护符"。

据证实,要到更晚以后才这样使用焰形旗及对它作出基督教的阐释:红色令人想起殉道者的鲜血。[841]但再来看看安娜·隆巴尔-茹尔丹的说法,她说这一象征源自很久以前高卢地区的凯尔特与日耳曼。

圣德尼的巫术——宗教价值观与这样一个事实相关,即这位殉道圣人②陵墓的所在地——巴黎北部的"圣德尼平原"——乃是一处泛凯尔特的圣所,在著名的"高卢地区的中央",凯撒曾在《高卢战记》(De bello gallico)中提到过这个地方。那里有全体高卢人的祖先泰乌塔特斯(Teutatès)的坟冢。罗马人则把这个既为神又为父者当作了朱庇特。

"保卫祖国"(Montjoie)这个词里面既看不到山(mont),也体会不到快乐(joie),它源自日耳曼语 mundgawi,即"保卫国家"③,当轮到日耳曼人来到这个地方时,他们便将这个名字赋予了泰乌塔特斯。

至于焰形旗这块挂在长矛一端的布料,其实也源自很久以前高卢地区的军旗(labarum),这面拥有特殊力量的纹章被德鲁伊教的祭司保存在圣德尼平原的同一座神殿中。他们将其当作遗物献给了君士坦丁,以确保他及其基本由高卢人组成的军队取得胜利。我们在凯尔特的其他地区,如爱尔兰也发现了与这块护符相等

---

① 卡佩王朝的君主同法国诸国王(法国的贵族、葡萄牙或西班牙之类的外国君王……)不同,他们因该象征所具有的威力,而常常会在自己的纹章上绘制百合花。

② 我们对圣德尼所知不多,只知道他是巴黎的首任主教,约 250 年殉道。后来,耍了个聪明的调包法(应为 9 世纪初圣德尼修道院的希尔杜安[Hilduin]所为),他就被同法官丢尼修(Denys,和合本《圣经》中所说的亚略巴古就是指古希腊雅典的刑事法庭,即 Aréopage,"亚略巴古的官"[Aréopagite]就是该法庭的法官——译注)混同了起来,而丢尼修这个人在《使徒行传》(17:34)中是存疑的,他是唯一一个在圣保罗于刑事法庭的小山丘上讲道后信了他的人。这个人物在中世纪有着特别的威望,因为人们相信他写了重量级的神学和神秘主义著作(《神圣之名》[Les noms divins],《天国的等级》[Hiérarchie céleste],《教会等级》[Hiérarchie ecclésiastique]……),如今它们则都被归在了 6—7 世纪一个叙利亚修士的名下。

③ 我们认为 mund 这个词来源于"mainbour",或曰"保护",我们在论述日耳曼的习俗和封臣契约时曾说到过这个词。

同的东西。被挂在长矛一头的这块布料被派上了用场，上面画上了一条恶龙，用来震慑敌人。

我们在后来德国国王和皇帝的全套武器中又发现了这面纹章：10 世纪的克雷蒙的柳普朗（Liutprand de Crémone）将其描述为有名的日耳曼帝国之矛。在 11 世纪的《罗兰之歌》(Chanson de Roland)中，我们发现第一次提到在法国境内使用这块奇妙的焰形旗（也就是旌旗）或矛状（"圣钉"）纹章的情况，据说在查理曼大帝时代之后，就已用到这两样东西。但 1124 年之前应该肯定没有用过，当时是路易六世通过絮热的关系，派人去找来圣德尼的这面纹章，在率领军队前去抵抗亨利五世皇帝的进攻时，命人在军队前方挥舞这面旗帜。"焰形旗"(oriflamme)这个词可以说就是"金色火焰"(flamme d'or)之意，布料猎猎飘扬的部分被剪成尖形，形如"火焰"。

[842]后来，我们发现不仅在法国和日耳曼帝国，而且在勃艮第、波兰和匈牙利也都提到过圣矛。①

由于有了这些王室的象征，再加上加冕礼，我们从而被重新引入了前公民社会巫术—宗教的宇宙中。但就在国王的侍从将这些不同的象征誊抄下来，且说不定以半真诚、半操控的方式来加以利用之际，另外一些知识分子却在古代思想中寻觅着完全理性的论据，以便稳固地建立起国王与国家的权力。

---

① 有关所有这些内容，请参阅 Anne Lombard-Jourdan 激情洋溢的论述，前揭 p. 131 及以后。

第四章 古典中世纪(11—13世纪) 与"教皇革命"

[843]至11世纪第二个三分之一时期,封建制已处处占了上风,即便程度有些不同,地区之间也有着重要的差异。对领主的忠诚已战胜了对王国的忠心和法律的意义。此外,灵性和尘世的权力也大规模地交融在了一起。但发生的一系列事件却将在几十年内改变当时的形势。

教会将得到重生,并在受到鼓舞的教皇促使之下日益坚固起来,因教皇将要建立一个与公民社会不同的体制,这样一来,教会就能推行各项自治规划。由于教会内部都是些颇有教养的人士,故它才能着手复兴古代文化——《圣经》、教父思想、罗马公法和私法、希腊哲学。自罗马以降始终由一只强有力的手牵引着的、容纳了诸多新的普世组织(普世公会议、托钵修会、大学……)的强大的教会是一股反对封建制的潜在力量。

由于部分受到了教会的影响,新的世俗权力——民族主义的市镇和王国——亦会起而反对封建制。

[844]教会权威与新世俗权力既联结又对抗所形成的力道终于导致《圣经》要素和古代文化中的希腊—罗马要素之间出现了真正的综合。

在中世纪前期,存在的是异教世界中的基督徒,尚不见真正的综合。基督徒向往天国,却无意于改变世界,由于世界被视作无可救药的罪人,其所作所为都是为了很快通往毁灭,故而世界或多或少已被抛给了异教。这就是为何,比所有其他事物更有价值的人类生命乃是修道士的生命之故,他拒绝同这世界有所纠葛,居于隐秘的修道院之中,准备通过祈祷和冥想以使自己得到永恒的拯救。中世纪前期的社会被各类等级弄得四分五裂,在"各类等级"(ordines)形成的等级制中,修士占了第一位。

自此以后,教廷与国王都在致力于建设一个基督教世界。因而,他们都将传承自希腊—罗马之古典时期的司法技术当作一种工具,有预见性地转变这个世界,使其接近末世论终局,使其更少罪孽,更为公正、安定。这就是为什么对罗马法与希腊哲学的重新发现根本不能通达古代公民社会的"复兴",却使一种新颖的文明,即"西方"文明涌现了出来。

研读计划

我们将呈现构成这一现象的历史上的诸要素:首先是教会改革,然后是世俗力量的增长,最后是它们彼此之间的争斗(第一节:历史背景)。

随后,我们将审视"教皇革命"的意识形态诸方面:教皇"权力之完满"的教义;新教会法的构成,它乃是密集的教义梳理工作的结果,其中既有基督教要素,又反复使用了查士丁尼时期广博的罗马法司法技术。我们将会发现,这项工作究竟如何才导致了我们所谓的基督教道德之法律与司法的基督教化(第二节:"教皇革命"的意识形态层面)。

然后,我们将在形成灵性与尘世权力间对抗关系的教义用语中探寻一番(第三节:"双剑"教义)。

最后,我们会来研究一下"立宪"权,在这些戮力设定各自界限的权力半敌意、半诚恳的对立状态中,产生了这项权利,[845]我们将观察到,它们至少都对优于所有封建制型态的君权有充分理由颁布法律这一观念表示赞同(第四节:制定法律的权利)。

第一节 历史背景

教会改革及其鼎盛期[1]

11 世纪的教会危机

到中世纪前期末,教会与宗教生活自身也已处于危机状态之中。

---

[1] 据 Jean Chelili,《中世纪西方宗教史》(*Histoire religieuse de l'Occident médiéval*),Hachette,Pluriel 丛书,1991;Jean Gaudemet,《教会与城:教会法史》,前揭。

封建制的飞跃发展损害了教会的独立性。在日耳曼,皇帝控制了主教和教皇。在法国西部,在俗教士,甚至于修道院,都经常被掌控在公国及后来领地的世俗头领的手中。由此便导致了基督教的衰落。

事实上,在至少是罗马帝国长城(limes)之外,通过专断甚至是暴力的方式而使其皈依基督教的欧洲,教会均已显弱态。自从国家衰弱、封建制发展以来,宗教上的混乱状态已势不可免。

查理曼大帝的帝国刚一消失,前公民社会的诸种习俗(杀人流血、领主战争、巫术、一夫多妻制⋯⋯)便又甚嚣尘上。甚至连那些以前曾罗马化和基督教化的地区也受到了波及。教会只能通过不断的妥协,与这个极端古老的社会步调一致,才得以苟延残喘。

危机体现在三个主要方面:

a) 在俗人士夺取了教会的授职权,各个层级上,无论是乡村堂区,还是教廷都是如此。

b) 西门派(simonie),也就是买卖教会职务。此种现象日益普遍。

[846]c) 尼古拉派(nicolaïsme),又称教士婚姻("clérogamie"),于是教士纳妾、生活淫荡的现象也日益普遍起来。

克吕尼改革

个别主教试图对这些不同的问题做出回应,但纯属徒然。格列高利改革之前唯一一次重要的尝试就是"克吕尼改革"。

勃艮第克吕尼(Cluny)的本笃会修院由阿奎丹公爵纪尧姆建于909年。932年,它获得教皇约安尼斯十一世"豁免"的特权,亦即免去了"国王、主教、伯爵,甚或纪尧姆公爵所有亲属对它的控制"。克吕尼于是直接同罗马发生了关系。这赋予了它极大的特权,使它能够与所有享受同样特权的修道院结成一个网络。该修道院两个世纪内出现了六位院长(贝尔浓[Bernon]、奥顿[Odon]、埃玛尔[Aymard]、马约尔[Mayeul]、奥迪隆[Odilon;994至1049年任修道院长]、于格[Hugues;1049至1109年任修道院长]),在他们的带领之下,修会得到了发展,他们重建大修道院(弗勒里修道院[Fleury]、夏尔留修道院[Charlieu]、加纳戈比修道院[Ganagobie]、韦兹莱修道院[Vézelay]⋯⋯)或创设新的机构,且为此获得了大量捐赠。于格的继任者塞穆尔的于格(Hugues de Semur)建造了庞大的设有附属教堂的修道院(19世纪初被毁;长期以来,它一直是基督教世界最宏大的教堂)。

至1200年,修会管理着约1450家分院,其中815家在法国,其余的主要在德

国、英国、意大利、西班牙。修会总院本身在于格的时代就已有 400 名修士。克吕
尼修道院的老修士成了主教、教皇特使和教皇手下的红人；其中有两个人还成了
教皇（乌尔巴努斯二世[Urbain Ⅱ]、帕斯卡利斯二世[Pascal Ⅱ]）。克吕尼修道院
的院长四处游方，在基督教世界中享有突出的地位。

克吕尼修道院最终在宣扬"上帝和平"（参阅下文）的过程中起了驱动的作用，
教会试图由此而对无休无止的领主战争加以遏制。

由于具有所有这些特点，因而克吕尼修道院便预先构建了某种典
范，由此，神职人员在面对世俗当局时便能真正享有自主的权利。

格列高利七世之前的教皇改革

俗称的"格列高利改革"始于 11 世纪中叶，也就是在教皇格列高利
七世（1073—1085 年）之前，改革就是以他的名字命名，并一直延续到
1120 年左右。改革的主导者[847]都是强有力的人物，如教皇、教皇特
使，但也得益于神学家的著作，他们对采取的每个措施均从神学上加以
阐释和认定。

改革中脱颖而出的四大人物是：洛林的弗雷德里克（Frédéric de Lorraine），他
是罗马教廷的主事、卡珊山（Mont-Cassin）修道院的院长，1057 年成为教皇，名为
艾蒂安九世；穆延姆蒂修道院的翁贝尔（Humbert de Moyenmoutiers），1057 年起
成为西尔瓦-坎迪达（Silva-Candida）的枢机主教，是尼古拉斯二世任教皇时随侍教
皇身边最重要的一个人物；圣彼得·达米安（Pierre Damien），1058 年任奥斯蒂
（Ostie）的枢机主教；最后是希尔德布兰（Hildebrand），他就是后来的格列高利
七世。

改革者试图实施下述原则：

由神职人员和民众自由选举主教；由教会任命低级神职人员，压制
在俗人士对当地教会的掌控（dominium）；由枢机主教团选任教皇；将
地产和什一税征收权归还给教会；着手进行教会在道德及管理上的改
革；最终严格确立五品以上修士及副助祭以上教士的独身制；以教会自
治管理为基础，今后将君主制与合议制结合起来。

所谓的普遍秩序指的就是教会自由（libertas ecclesiæ）——教会彻
底独立于所有的尘世权力，只受罗马教廷的指挥。

在阐述格列高利七世的个人行为之前，可以说说此种精神状况所
特有的三个事实：

1) 教廷在米兰和伦巴第敦促民众起而反抗腐化堕落、淫乱放荡的神职人员：即帕塔里阿派(Patarie)。当我们以为该运动预示穷人会发生骚动，认为他们很快会以暴力方式来对待圣职人员和教廷时（参阅下文，第七章），其实那个时代的教廷，尤其是米兰的教皇特使希尔德布兰却都在推动这项运动，这清楚地表明了，教会当时受到了真正的"革命精神"的激发。"帕塔里阿派成员"当选教皇（即亚历山大二世）后，便同皇帝亨利四世的种种企图争斗了[848]起来。

2) 教廷因 1059 年颁发确定了教皇选举原则的教令而获得解放：教皇将由"枢机主教"，亦即由教会长老、（罗马及所在地区的）罗马人选举而出；神职人员和罗马民众通过欢呼来表达赞同；皇帝将不再拥有批准的功能。教皇选举的程序在拉特朗第三次大公会议（1179 年）上最终确定下来，会上发布教令，规定教皇应至少由三分之二枢机主教选举而出。

3) 教廷增加了教会会议或大公会议的次数，通过这些会议就上述方针的不同方面轮流颁布教令，并辅之以严厉的惩罚措施，比如严禁去听已婚、通奸或不道德的神职人员主持的弥撒。

格列高利七世的作为

希尔德布兰一登上教廷宝座，便于 1074 年在罗马召开教会会议颁布教令，认定西蒙派和尼古拉派①完全没有这些权力。但被遣至整个基督教世界去执行这些教令的教皇特使对此却并不接受。在法国，教会会议宣布，要求独身的法律与自然理性和自然权利相抵触。在意大利北部，主教团也对此装聋作哑。在德国，这些措施引发了"教士与帝国的斗争"（参阅下文）。西蒙派和尼古拉派的神职人员在各地均受到了世俗当局的支持。

格列高利从中推断出，若他在教会内部的改革毫无进展的话，便首先无法解决外部独立自主，亦即俗人授职这个问题。于是 1075 年，他采取了两项新的措施：

---

① 尼古拉派指因结婚和通奸而破坏了独身制的神职人员。公元 1 世纪早期基督教即出现了这个教派，《启示录》2：6，15 对该派作了谴责。和合本的译名为"尼哥拉党"。——译注

1）他在名叫"教皇独裁论"（*Dictatus papæ*）的这篇教义上具有很大重要性的著名文本中确认了灵性权力和罗马教廷权力的至上性（我们会在后文论及）。

2）他在 1075 年的罗马教会会议上通过了彻底禁止俗人授职的命令。

任何教会人士均不得以任何方式从平信徒的手中接受教堂，无论是无偿赠予，还是耗费大量钱财，给予者和收受者都将受到绝罚的惩罚。

[849]这次，这些措施开始产生了成效。收复失地运动（Reconquista）中的西班牙毫无抵抗地接受了这些措施。在征服者威廉（Guillaume le Conquérant）统治的诺曼底和英国，君主自己有权选任品行良好的主教和修道院长，这一点颇让教廷满意（但在这个国家，属灵与尘世权力之间的竞争后来又开始反弹）。在法国，教廷不得不支持与卡佩王朝的国王，尤其是菲利普一世发生的严重冲突，国王的一大部分开支都是靠西蒙派从事宗教活动得来的。但能量颇大的教皇特使迪耶的于格（Hugues de Die）懂得如何通过威胁说民众会因神职人员腐败起来造反而强行进行改革，并清理主教团；帕塔里阿派暴动这样可怕的前车之鉴终于取得了成效。

另一方面，对改革提出的不同问题提供教义上的解决方案也有了着落，且随后在上述提到的各地区得到了推广。

俗人授职 "授职权争论"的主要诱因在于，在封建制度中，主教就是同时施行灵性职责的领主；然而，对他的尘世领地而言，他属于高等的俗世权力，因而他应能获得"授职权"。① 教义上的解决方案不是一下子就能找到的。费拉雷的居伊（Guy de Ferrare）区分了主教职责所具有的"俗世"和"属灵"方面；但由于 11 世纪初已是错误在先，故而他仍然承认在俗领主可以任命主教。在法国，夏特尔的伊夫（Yves de Chartres）和弗勒里的于格（Hugues de Fleury）②对拥有教会管辖权（jurisdictio）（可授予权杖和权戒）的大主教的授任与领主"对尘世之物

---

① 参阅上文，p. 813 及以后。

② 夏特尔是某重要主教团的教座；弗勒里是奥尔良附近的修道院，尤其受到了卡佩王朝的庇护（参阅下文，p. 988 及以后）。

的赐予"做了断然区分。在英国,朗弗朗(Lanfranc)及随后的圣安瑟伦(Anselme)①均采取了类似的立场:再也不能让俗人通过颁给权杖和权戒来行授职礼,但主教为获得采邑却可进行封臣宣誓。这些措施最终均得到了推广。

[850]西蒙教义　西蒙教义被视为异端(枢机主教翁贝尔写过一篇论文《驳西蒙派》[Adversus simoniacos]),因而遭西蒙教义玷污的授职权毫无效力。

尼古拉派　教士结婚和通奸从教义上说应该受到谴责(圣彼得·达米安的《论神职人员的独身》[De celibatu sacerdotum])。教义认为,贞洁状态在灵性上要优于婚姻状态,因此以"教会自由"之名,就必须使教会的遗产免受妇孺诉求的影响。

经过好几个世纪,直到路德改革为止,除了天主教地区之外,神职人员遵循教会的独身制原则从社会学的观点来看,变得与公民社会相隔绝。从实践层面来看,它以惊人的方式实现并大大强化了这个观念,即存在某种单独的"属灵权力",它有其特定的道德、知性、社会及历史上的使命。如此便相应地显明了这样一个事实,即尘世权力从其自身来说并不具有属灵的使命;政治权力自罗马帝国以来第一次丧失了神圣性。②

11世纪由教廷发起的教会改革长期以来在欧洲各地一直遭到世俗权力,即领主或国王的反对,尤其是它还同罗马—日耳曼帝国发生了剧烈的争论,对此我们会在后面进行研究。尽管如此,它仍然在全球获得了成功。这表现在许多方面:隐修运动的复兴、创建"托钵修会"(方济各会和多明我会)、普世修会直接受罗马的统领、与异端作斗争、通过教皇召集的普世大公会议将基督教世界组织起来、创建"罗马—教会"法、经由西班牙的收复失地运动(Reconquista)强化西欧的地缘政治型态、十字军东征、[851]德国人向西北欧的"向东进军"(Drang nach Os-

---

① 这两位诺曼底贝克(Bec)修道院的老院长后被征服者威廉任命为坎特伯雷(Cantorbery)大主教。

② 当然,那个时候,知识分子的观念仍然是:民众长久以来一直相信他们的国王拥有神圣权力,是通过受膏而得到创建和确立起来的(参阅上一章)。尽管如此,教宗却愈来愈倾向于否认王权具有任何神圣的功能,由此他们对"国家的世俗化"进程做出了根本性的贡献——他们当然不希望这样。

ten),以及欧洲内部通过宣扬骑士理想而使封建制的掠夺行为中性化,最后由于存在教皇君主制这样一个现成的例子,而使国家的现代理念,即立法和管理的理念得到了促进。①

公社和国家重新战胜封建制

就在教会准备完成这项宏业时,另一种类型的制度却开始向封建制发起进攻,并逐渐取得胜利,势力日增,它们就是公社和王国。

"公社运动"

公社运动出现于城市中,在 11—13 世纪获得急遽扩张,它的形成主要是受到这段时期商业迅猛发展刺激之故。但作为一种政治现象,又能在"和平运动"中找到其根源。

"和平运动"②

中世纪前期末彻底封建化的社会乃是人与财产持续不受保障的世界。[852]领主大肆掠夺,任何国家力量均无法对此加以遏阻,遂使得其邻人的生活不堪其扰。族间血仇(faide),即族间仇杀(vendetta)正重新变得流行起来。由此,在教会的影响之下,为了建立一个共同体,便产生了某种反应,它要求通过彼此宣誓而在其内部停止暴力活动——在某段时间、某个地点、一星期的某几天进行休战。

法国西南部是最为动荡不定的一个地区,那里的主教会议似乎就是这些"和平运动"的源起:990 年的夏鲁(Charroux)主教会议,990—994 年的圣保罗主教会

① 有关所有这些观点,可参阅 Chelini,前揭;J. -M. Mayeur、Ch. et L. Pietri、A. Vauchez、M. Venard(主编)《基督教史》(*Histoire du christianisme*),第五卷《教廷鼎盛期与基督教世界的扩张(1054—1274 年)》(*Apogée de la Papauté et expansion de la chrétienté* [1054—1274])。有关君主制的复兴及托钵修会的创建,尚可参阅 Marcel Pacaut,《中世纪君主制的修会》(*Les ordres monastiques et religieux au Moyen Age*),Nathan,1993;有关大学,可参阅 Jacques Le Groff,《中世纪的知识分子》(*Les intellectuels au Moyen Age*),Éd. du Seuil;Marie-Dominique Chenu,《圣托马斯·阿奎那研究引论》(*Introduction à l'étude de saint Thomas d'Aquin*),Vrin;Léo Moulin,《中世纪大学生的生活》(*La vie des étudiants au Moyen Age*),Albin Michel,1991。

② 参阅 Dominique Barthélémy,《中世纪法国新史》(*Nouvelle histoire de la France médiévale*),第三卷《领主等级,11-12 世纪》(*L'ordre seigneurial*,XI-XII *siècles*),Éd. du Seuil,1990,p. 57 及以后。该书反映了最新的研究成果,并重新对"封建制"的传统理念提出质疑。但它也同样表明了我们对这段时期的知识和理解仍然极其缺乏。

议。后来,这样的形式稍稍扩散至各处,克吕尼修会起到了推动的作用。

"公社"的基本宣言

在城市中,与"和平运动"思路相符的和平的教区团体,或各区划或行业的组织(兄弟会、慈善团体、行会)使其成员养成了互助的习惯。当时,公社运动之所以会诞生,是因为人们试图让全市居民都能彼此允诺和平,并通过正式宣誓而保护彼此。

"资产阶级"中的精英人士乃是该运动的根源。他们从封建制末期处处可见的城市的政治真空中得益:无论是住在远离都市中心的城堡里的领主,还是因参与封建制而威信扫地的主教,均无法有效地确保城市内部的秩序和正义。

特许状

然而,公社一旦形成,就只能从当地无论是平信徒还是在教会任职的领主手中获取"自治特许状",这样它才能保留自己的习俗、自行任命官员、确保内部的公平、创建民兵组织来维持内部与外部的秩序。

领主与国王常常颁发这样的特许状,因为他们很清楚,只有如此他们才能从组织良好、安定祥和的团体中获得更多的财政资源和兵员,[853]只有在这样的团体中,商业才会得到发展,才能征收到更多的税收。在这样的情况下,他们便与之合作,为他们提供保障。而另一方面,他们又持抗拒态度。总之,地区之间差异很大。

但公社在 13 世纪末又衰落了下去,落入了国王手中,国王从它们的财政窘况中获益匪浅。因为,只有国家权力的重新确立,而非组织纯粹地方性的社团,才是对和平呼求强有力的回应。至于经济特权,此后便只能为寡头势力带来好处,这样便很容易使中下层民众起而反对它。在城市发生严重危机、各个阶层互相对立的时候,人们便呼求国王做出裁决,在意大利,做裁决的先是"最高行政官"(podestat),后是"都市行政官"(capitaine),后来,他们就成了专制主义的君主(米兰的维斯康蒂家族[Visconti]及后来的斯福尔扎家族[Sforza])。

君主制的复兴

12—13 世纪,君主制国家就这样开始树立起了威望。它从未彻底消失过,这主要是因为教会为国王行加冕礼[①],且神职人员及国王的侍

---

① 此外,国王的宗教威望因列圣品仪式而与日俱增(埃蒂安、温塞拉斯[Wenceslas]、路易九世……)。

从对古代国家念念不忘所造成的。**但一方面,教会改革赋予了中央集权君主制这样的型态,另一方面,国王坚决果断的政策也使君主制得以显现出来。**

帝国的霍亨施陶芬家族的政策在与教廷的冲突中落败(参阅下文),国家无可救药地分裂成各种规模的公国和自治城市。然而,现状也不容忽视:皇帝们推行的"帝国的和平之治"确实产生了效果。

在意大利,不可能会有强有力的君主权力,因为该地区由两股势力,即教廷和帝国所分享,它们出于不同的原因,既不愿对全境发号施令,亦不愿看见当地出现王权。

君主制国家今后主要会在英国和法国重新出现。

[854]与公国相比,英国的国王一开始便由于其 1066 年的占领行动而占据了有利地位。他们从盎格鲁-萨克逊人这里传承了后者早已有之的中央集权型态。他们建立了结构良好的封建制,所有的权力在原则上均归于国王。亨利二世(1154—1189 年)着重强调了国王的特权。但他那些或是无心朝政(狮心理查德[Richard Coer de Lion]),或是软弱无能(无地约翰[Jean sans Terre])的继任者均不得不面对大贵族的反叛,并导致了 1215 年的《大宪章》(*la Grande Charte*)及 1258 年的《牛津条例》(*Provisions d'Oxford*),从而限制了国王的专断权。

在法国,卡佩王朝的朝臣都懂得利用封建体制来反对封建制(并重拾发轫于加洛林王朝的观念)。他们最终强调的是至高无上的君主的品质,且创立了"封建君主制",并对封臣执行义务的情况进行调查,对小封臣终身效忠宣誓这种做法进行推广,对大采邑的继承事务进行介入,对由国王终审的上诉程序进行扩展应用,最后还对"国王乃其王国中的皇帝",亦即不是任何人的封臣这一原则进行确认(参阅下文,p. 975 及以后)。圣路易后来还禁止领主之间进行战争,并严禁他们携带武器。卡佩王朝的朝臣承担起了"全面维护整个王国"的职责。

由于大学里研习的罗马法得到复兴,一种新的政治独裁体制(autorité politique)开始浮出水面。学者认为这种独裁体制是不可侵犯的、不可分割的、抽象的,且独立于具体执行这种权力的人,因其普遍的功用性而具有合法性。正是因此之名,国王才能制定法律,或废除法律。

国王仍然必须具有足够的权力,且足够富有,方能让国家观念占支配地位。由此便创建了一定数量的为王权所专有的手段,这种状况直到 14—15 世纪始得到全面发展,但自 11—13 世纪便已出现:货币(国王确保自己对其拥有垄断权);税法(对所有封建税收进行系统化,但也出现了针对所有"亡故者"的税收,并创建了其他施行国家主权的方法,控制货币,设立征收边境关税的法律……);**中央集权管理**(从封建制的国王一言堂向专门化的功能,如立法、财政、司法功能转型……由受罗马法训练的在俗专业人士,而非仅有教会人士承担这些职责);**地方管理**(在法国创建行政官[prévôt]、大法官[bailli]和地方行政长官[sénéchal]这些职务)。

教会与国家之间的冲突

[855]教会与国家这两股势力几乎同时处于上升势头。如此只能导致这些新兴势力之间处于敌对与冲突状态,它们两者都从封建制的衰退中捞到了好处。

教廷与帝国互相抗衡的最初阶段

恰是帝国——直到格列高利七世之前的那些继任者为止,帝国已掌控了罗马和日耳曼的教会——对教会改革产生了最为强硬和最为危险的反应。

当格列高利七世派遣教皇特使前往德国实施改革时,皇帝便首先获得了德国主教的支持,那些主教能从现状中得到好处,故不愿放弃自己的政治影响力。有次教会会议宣布教皇遭到废黜。但格列高利做出了强有力的回应,他对皇帝施行绝罚,并将其废黜,且免除了臣民的效忠誓言。亨利四世不得不前往**卡诺萨**(canossa,在亚平宁山脉以北)在教皇面前进行忏悔,教皇遂撤销了绝罚的教令(1077 年)。但他于 1080 年又再次对亨利施行了绝罚,认可日耳曼人施瓦本的菲利普(Philippe de Souabe)为国王。亨利四世于是选定了克雷孟三世与教皇唱对台戏。格列高利七世不得不逃出罗马,并于 1085 年死于流亡途中。

他的继任者乌尔巴努斯二世在梅尔菲(Melfi,1089 年)和克莱蒙(Clermont,1095 年)的教会会议上重新对俗人授职、买卖圣职和神职人员结婚进行了定罪,他继续同亨利四世对着干,后者拒绝参加教皇鼓吹的第一次十字军东征(1095 年)。新任皇帝亨利五世仍坚持想任命主教,遂于 1118 年自己也遭到了绝罚。

最终,双方达成了协定,即《沃姆斯协定》(concordat de Worms,1122 年),该协定仍然主张由夏特尔的伊夫提出的区分:皇帝放弃通过颁发牧杖和权戒行授职礼的做法,承认选举自由;而教皇则同意选举时须有"皇帝在场",皇帝则将王权标志(象征尘世权力的牧杖)授予被选定的主教。

首届拉特朗大公会议(1123 年)之后没几个月,这项协定便得到了正式批准。这次大公会议乃是自 869 年召开第四次君士坦丁堡大公会议以来的首次普世大公会议,由教皇(卡里克斯特二世[Callixte Ⅱ]),而非像古典时代及拜占庭时代那样由[856]皇帝召开。由于有了沃姆斯协定,遂最终终结了西方的"政教合一制"。

12世纪和13世纪神职人员与帝国的争斗

然而,教皇与皇帝的争吵并未停歇。它后来出现了各种不同的形式,在经历一连串戏剧性的插曲之后,一直延续到了14世纪。

教廷之后,弗里德里希·巴伯鲁斯一世(1152—1190年)亦鼓励在博罗尼亚(Bologna)重新研习罗马法。然而,该法认同皇帝是尘世主人(dominus mundi)的说法,皇帝却将其解释为是对整个基督教世界直接进行管理的法律。弗里德里希发动了一场战争,意图在意大利全境,包括罗马实施这项原则。但他被意大利北部诸城市和教廷的盟军所打败。

巴伯鲁斯的儿子亨利六世(1190—1197年)比其父亲还要雄心勃勃:他不仅想统治意大利(承袭自西西里的诺曼底王国,并将教廷紧紧钳制住),还想将东方帝国纳至麾下。但他死得太早,未能实现这项规划。他身后留下了年幼的继承人,即后来的弗里德里希二世。

教皇认为自己能轻而易举地将这孩子操纵于股掌之间,且可使自己在帝国当选,而将其他竞争者施瓦本的菲利普及布伦瑞克的奥托(Otton de Brunswick)击败。教皇甚至于1215年的第四次拉特朗宗教会议上废黜了后者,并实行教皇可自由掌控帝国的教义(该次会议还废黜了图卢兹的伯爵雷蒙六世[Raymond Ⅵ],因后者未能在自己的领地上完全击败阿尔比教派;这是对教廷拥有"权力之完满"这一原则的严格应用)。①

但弗里德里希二世仍然执行其霍亨施陶芬前任的规划,并成为教廷的顽强对手。他在西西里建立了中央集权制国家,进行专制主义统治,从其种种特点来看,人们均将其视为英国和法国之前现代国家的先例。他开始同教皇格列高利九世及英诺森四世进行不屈不挠的战争,并试图侵占整个意大利。但诸城市又重新联合起来反对德国。1245年在里昂的大公会议上他遭到了废黜(英诺森四世又一次利用1215年就已落实的原则来反对他),然后在1248年,他又打了败仗。霍亨施陶芬王朝终于寿终正寝。[857]罗马—日耳曼帝国从未曾拥有自己的权力;教廷最终占了上风。②

然而,教廷与帝国的冲突在经过最后几次反弹之后还将延续到下

---

① 参阅上文,p.589及以后。

② 弗里德里希二世是个特例,他的个性在中世纪极为突出,有本关于他的很出色的人物传记:《皇帝弗里德里希二世》(*L'Empereur Frédéric* Ⅱ),Ernst Kantorowicz,法语译本,Gallimard,1980。

个世纪(我们将在第六章中对此进行研究)。

英国与法国的两股权力

在英国和法国,教会与国家之间的关系在经过最初几次危机之后渐趋平稳。主要原因是,教廷由于同帝国持续发生冲突而需要获得支持,或需要法国君主制及某种程度上英国君主制保持中立。现实状况是,这两个国家,尽管并未经历危机时期,但尘世权力仍得到了独立,且国王对神职人员拥有掌控权(包括通过税收方式)。

然而我们知道,尘世权力—属灵权力之间的关系在英国仍然经历了两次大的危机,一次是金雀花王朝的亨利二世(1133—1154—1189年)和圣托马斯·贝克特(Thomas Beckett),另一次是国王无地约翰(1167—1199—1216年)反对英诺森三世。

托马斯·贝克特是亨利二世的密友和心腹,后者曾任其为英国的掌玺大臣。亨利在同教会发生冲突时,就想任命托马斯担任坎特伯雷的大主教(1162年)。但这名新上任的高级教士那时却完全接受了教皇改革就教会自由所作的论证,且对国王欲将教会裁判权收归国王所有的《克拉兰登法典》(*Constitutions de Clarendon*,1164年)表示了反对。于是,亨利便派了四名骑士于光天化日之下将他刺杀于教堂之中(1170年)。这样大的丑闻迫使国王不得不公开进行忏悔,且于1172年至少是正式地废除了《克拉兰登法典》。

不过,他也使人同意,即令神职人员受到了指控,但在诉讼程序的诸阶段均享有"裁判特权"(亦即不受世俗法庭的判决),但他仍然得受国王的监管。另一方面,任何同[858]地产有关的事务均仍然属于王室法官的管辖范围之内。如此一来,君主制就确保自己拥有了关键性的优势。

无地约翰在任命埃蒂安·兰顿(Étienne Langton)为坎特伯雷大主教这件事上同英诺森三世发生了冲突。1208年,他遭到绝罚,时间长达四年之久。英国全境都被置于"禁令"(也就是说不得正式举行宗教活动)之下。最终,约翰被教皇废黜,后者授权法国国王菲利普·奥古斯都(Philippe Auguste)攻占了英国。约翰在最后一刻(*in extremis*)同教皇和解,同意成为他的封臣(1213年),并颁布特许状,同意教会在选任高级教士时有自由决定权。①

因而,最终确立起了某种平衡。教皇权力具有优越性的主张遭到挫败,而达

---

① 他的烦恼尚未终结,因为接下来他不得不马上面临贵族大规模的暴乱,并最终使他颁发了《自由大宪章》(*Magna Carta*,1215年),我们将在后面对此进行论述。

成了某种合理的妥协,尽管两股势力之间激烈的"疆界之战"仍然无比炽烈;但无论哪一方都无法走得太远。

在法国和在英国一样,焦点集中于如何在教会与世俗的司法权之孰优孰劣之间进行分配。恰如拉芒什海峡彼岸,经过了一系列冲突,其中最严重的一次是美男子菲利普同卜尼法斯八世发生了争执,但之后还是建立起了某种有利于国王的平衡。

之所以会发生争执,是因为 1296 年,教皇禁止国王向教会的神职人员征收税收之故(他试图重新采取 1215 年第四次拉特朗大公会议作出的决议)。他知道国王需要这笔钱在欧洲发动战争。在教皇的眼中看来,由基督教君主占领圣地才是当务之急,因圣地的阿克尔(Acre)1291 年在马穆鲁克的攻击之下刚刚垮台。菲利普做出了回应,他禁止领土上的任何金银财物外流,从而使罗马无法征收教会的税收。随之便出现了短暂的平静,期间举行了圣路易的封圣仪式(1297 年)。1301 年,在指控帕米耶(Pamiers)主教贝尔纳·塞瑟(Bernard Saisset)犯有叛国罪的时候,又起了冲突。进行这样的诉讼等于是在向教皇挑衅,因为按教会法规定,主教是不能受世俗法庭的审判的。这场冲突遂成了极其重要的教义论争的舞台(参阅下文,p. 887 及以后)。

这就是粗线条的历史背景,我们现在来尝试描述一下该时期观念上的创新有何特点,这些特点特别重要,也特别丰富,因为[859]国家和"西方"法律可以说正是发端于这两三个世纪之内的。

第二节 "教皇革命"的意识形态层面

《教皇独裁论》:"权力之完满"(plenitudo potestatis)与教皇君主制[1]

我们曾指出,格列高利七世的作为发端于《教皇独裁论》这篇教义宣言。该文列有 27 条简短的程式,1075 年 3 月 3 日和 4 日写成,或由教皇亲炙,或表达了他对教会改革诸原则所作的深入思考。

罗马教廷至上性

第一条原则是罗马教廷至上性——它高于地方教会,或许还高于拜占庭的总主教。"罗马教会唯由上帝创建"(而不仅由使徒彼得创

---

[1] 据 Jean Gaudemet,《教会与城:教会法史》,前揭。

立），格列高利七世如是说。圣彼得·达米安已在 1062 年说过：

> 所有教会……均由皇帝、国王或具如此条件者创建。但罗马教会仅由他创建，它将尘世与天上的统治之法赐予真福者，且掌握着永恒生命的锁钥（据 Jean Gaudemet 所引，p. 303）。

这一番罗马优越性的断言自有其先例：《杰拉斯教令》、865 年尼古拉斯一世写给皇帝米歇尔（Michel）的信，还有引述杰拉斯的《伪教皇法令集》（*Fausses Décrétales*）和《伪阿纳克莱图斯教令》（*pseudo-Anaclet*）。

因此，教皇拥有普世的属灵权力，罗马教会是"天主教的"，从这层意义上来说，它以信仰及规范为形式颁布的决议对所有基督徒均有效。同样，它也不会[860]产生谬误："罗马教会根本不会犯错，《圣经》证明了这一点，它永不会犯错。"（《教皇独裁论》，22）

教皇特权

由此势必导致了罗马的主教，即教皇拥有特权。

"只有[罗马教皇]方能使用帝国纹章。"（《教皇独裁论》，8）这些纹章有主教冠、短红袍、猩红色祭服、红色刺绣鞋、白马……格列高利七世并未明确提到"君士坦丁赠礼"（是《伪教皇法令集》中的一部分内容，参阅上文，p. 796 及以后），因为这等于承认教皇是在帝国的谦让之下才获得其权力的。但他对特权的要求毫不含糊，且认为君士坦丁堡的总主教不应享有特权。

"所有君主都应向独一的教皇行吻脚礼。"（《教皇独裁论》，9）这说的是帝国后期的典仪，即"朝拜之礼"（adoratio），借自东方诸国的仪式。6 世纪，教皇将其拿来为己所用。

"教堂中只应提及他[教皇]的名字"（《教皇独裁论》，10），或许还不能提及主教的名字，当然平信徒的名字更不可能了，同样虽然这种做法在东方已遭废弃，但后来又再次在那里得到了应用。

教皇被说成"圣人"，"拥有彼得的美德"（《教皇独裁论》，23）。

教皇的立法权

教皇的立法权在两篇《教皇独裁论》中得到了确认：

唯有教皇按照时势颁布的新法为合法(《教皇独裁论》,7);

任何法律条款和法律书籍若无[教皇]权威的确立,均不具备强制性,亦不得以教会法论之[也就是说,若它们未经教皇私下或公开批准的话](《教皇独裁》,17)。

这并不是指教皇能靠他一个人来制定教会的所有法律,但他可为整个立法体系做出裁决[861]("因为彼得乃是试金石,他能证明金的真假",有位注疏家如是说)。

教皇乃教会等级制之首

此外,教皇还占据了教会等级制之首的地位。在此,格列高利七世重述了先前的条款,但强调了对教廷有利的一面。教皇可授任所有神职人员,而无论此人来自哪个教区(《教皇独裁论》,14);他可对教会的区划做出改动,可创建、分割或归并主教辖区(《教皇独裁论》,7);"只要是形势所迫",他就可将主教从一个教区遣往另一个教区(《教皇独裁论》,13)。对主教的废黜与重新祝圣这一专属的权利不再归教会会议所有,而被赋予了教皇("唯有他方能废黜与重新祝圣",《教皇独裁论》,3;"无需教会合一的会议,他仍可对主教进行废黜并与其和好",《教皇独裁论》,25)。教皇乃是所有大公会议的主宰者:"任何教会会议若无[教皇的]训令,均不得称为全体大会",换句话说,只有教皇才能召开普世性的大公会议。

这项教义过去也出现过,但实践中,大公会议的召开常常无需教皇的授权,会上所作的决策也无需他的批准即具有强制力。恰是由于出现了《伪伊西多尔教令集》及随后的《教皇独裁论》,教皇高于大公会议的原则,及教皇召集普世大公会议的专属权才得到确立。

有三项原则以司法权的形式得到确认(格列高利七世再次确立了由其前任英诺森一世或尼古拉斯一世所颁布的条款):

1) 教皇拥有裁决的权限。"每个教会重大的诉讼案件均应交于[教皇]"(《教皇独裁论》,21),因而不仅仅是指上诉案件。对主教的审判也属于"重大诉讼案件"。

2) 教皇可对上诉案件做出判决。"任何人均不得谴责向罗马教廷上诉之人"(《教皇独裁论》,20)。因此,上诉是种权利,由此导致了教会司法集权制的出现。格列高利七世将圣彼得·达米安的建议拿来为自己所用,他引入了一条新的条款,再行巩固教廷:"上诉至教皇"的权利,亦即在教皇面前起诉教会上层人士的权利,该项权利至少在教义和教会所有权方面是如此规定的(《教皇独裁论》,24)。

[862]3) 教皇本人"不得受任何人裁决"(《教皇独裁论》,19),该项原则已在《伪教皇法令集》中表达过。

某些像德斯德迪(Deusdedit)这样的教会法学家在他们的注疏中对此有所保留:"除非他行异端邪说"。在美男子菲利普和卜尼法斯八世之间发生危机的时代,及后来教会大分裂(Grand Schisme)、大公会议产生危机时,此种保留均颇具重要性。

教皇与世俗君主相比具有至上性

《教皇独裁论》在论及教会与尘世权力之间的关系时更具革命性。"[教皇]可废黜皇帝。"(《教皇独裁论》,19)1080 年,格列高利七世在其废黜亨利四世的判决中使这项权利具有了合法性,并提到了归于使徒的"责罚和赦免"的权力:"若你们[彼得和保罗]可在天国行责罚和赦免,那你们亦可在尘世按每个人的功罪夺取或给予帝国、王国、公国、公爵领地、侯爵领地、伯爵领地和每个人的所有。"教皇本人并不行使尘世权力,因而他并非领主们的尘世君王;但他能"按其罪孽"(*sub ratione peccati*)"责罚和赦免"每个人。

尤其是,教皇可解除臣民的忠诚誓言(《教皇独裁论》,27)。从某种方面说,这乃是他拥有对领主施行绝罚这一权利的唯一后果(因为没人可与受绝罚者发生关系)。

权力之完满

《教皇独裁论》中的教义在对 *plenitudo potestatis*,即"权力之完满"所作的著名论证中得到了概述。它断言,教皇作为"基督的代理人",不仅对教会等级制而言,而且对整个人类,对属灵与尘世的整个领域来说均拥有全权。因此,他也对皇帝和国王拥有权威。

"权力之完满"这一表达形式颇为古老,因为我们在 440 年至 461 年任教皇的圣莱奥一世(Léon Ier le Grand)的信中就首次见过。它尚未具有《教皇独裁论》中专制主义的意义。在这层意义上使用的是格列高利七世之前的[863]枢机主教穆延姆蒂的翁贝尔,此人承认罗马教廷拥有"全部神圣与人类的权威,握有天国与尘世的疆绳,位在基督之下"。教会法学家坦克雷德(Tancrède)也是这样说教宗的,说"他在上帝之位施行统治"(Dei vicem)。

起初,对"权力之完满"的论证令教会法学家皆持保留态度;但它最终得到了普遍的接受,其中也包括了首批罗马法学家。教会法学家霍斯滕西斯(Hostensis)将罗马法保留给皇帝的这一表述法应用在了教皇身上:由于拥有完满的权力,教皇便 *legibus solutus*,即"不受法律的约束",他享有"绝对的"权力。

照此基础,格列高利七世及其继任者就将建立起专制教皇君主制(*monarchie pontificale absolue*),因为它自认拥有使世界基督教化的先知使命——正如我们刚才所深入证明的那样,故而它一开始就运用了立法和法律这个工具。

"罗马—教会法"的诞生

就此看来,它先是重新发现了精深广博的罗马法的种种好处,而后者在中世纪前期早已被彻底遗忘;并将罗马法作为技术上的典范以制定新的教会法。

对罗马法的研习得到复兴

至 1070 年,在博洛尼亚同教皇结盟的玛蒂尔德(Mathilde)女伯爵的城镇中,查士丁尼的《民法大全》第一次得到了学者们的重新研读。博罗尼亚大学成了中世纪的第一所大学;它为其他所有大学做出了典范。

最初对罗马法进行研究的发起人是伊奈留斯(Irnerius,卒于 1130年)。

随后,人们相继区别出了两类罗马法学家,一类是"注疏派"(glossateur),他们致力于逐字应用罗马法,[864]后一类是"后注疏派"(post-glossateur)或"评注派"(commentateur),他们的解释有很大的自由度。

后文中的图表提到了某些"罗马法学家"或"民法学家"的名字,我们将在研究过程中引述他们的言论。

经教廷倡议,首先须快速研究罗马法,因为它涉及的是"公法"部分,是帝国的法律(赞同皇帝拥有专制和普遍的权力),总而言之,它涉及的是"世俗的"法律(它明显忽略了《圣经》,一方面该法律力求建基于自然之上,另一方面又力求建基于立法和

"大法官"判例的传统之上),为服务于皇帝和国王的法学家提供反对教皇的论据,并运用当时重新发现的亚里士多德哲学来为他们提供反对基督教本身的论据。这就是为何它激起了神学家和教会法学家的反对和敌对的原因。12世纪的好几次大公会议都对做这样的研究进行了谴责。学习罗马法在巴黎遭到禁止,因为人们指责它成了帝国的法律,正是它证明了法国国王臣属帝国的合法性。

然而,该法所使用的语言、概念和技能为形成新的**教会法**构建了必要的知识储备,恰是通过教会法,改革后的教会才能逐渐使整个公民社会发生转型。

罗 马 法 教 师

伊奈留斯(卒于1130年),是首位研究罗马法的核心人物,为博洛尼亚大学的教师。

1) 注疏派(12—13世纪初):

普拉塞丁(Placentin,卒于1192年),博洛尼亚的教师,后成为曼图亚、普莱桑斯,最后成为蒙彼利埃的教师。他写有《法典大全》(*Summa Codicis*)。

亚松(Azon,约生于1150年,活动期为1208—1230年),博洛尼亚的教师,写有《法典大全》(1208—1210年)和《习俗大全》(*Summa Institutionnum*)。

阿库尔斯(Accurse,约1191—1263年),博洛尼亚的教师,写有《标准注疏》(*Glossa ordinaria*,亦即对《民法大全》[*Corpus Juris Civilis*]进行注释,约1230年)。该著作成为研究罗马法的经典著作,17世纪时曾再版。

[865]2) 评注派或后注疏派:

新的这一代人不再逐字解释文本,而是用辩证的方法和亚里士多德的逻辑学研究法律,与当时臻至成熟的经院哲学的方法颇相符合;学者根据形势做出司法判断或劝谕(consilia),以致力于使罗马法适应当时的社会(他们试图在封建著作[Libri feudarum]中,用罗马法的观点来阐释封建法规)。

雷维尼的雅克(Jacques de Révigny,又名拉瓦尼的雅各布斯[Jacobus de Ravannis]),卒于1296年;及贝尔佩什的皮埃尔(Pierre de Belleperche,又名贝拉佩提卡的佩特鲁斯 [Petrus de Bellapertica]),卒于1308年(这两人均在奥尔良和图卢兹教书;他们两人都影响了皮斯托亚的西努斯[Cynus de Pistoia],从而形成了巴托尔学派[Bartole]和巴尔德学派[Balde])。

昆努的纪尧姆(Guillaume de Cunh,卒于1335年,在图卢兹教书)。

皮斯托亚的西努斯(1270—1336/1337 年)。他在博洛尼亚和法国学习,在贝尔佩什的彼得的影响之下,采用评注家的经院哲学方法,并将其传至意大利,并在意大利的佩鲁斯(Pérousse)和博洛尼亚教书。

萨索菲拉托的巴托尔(Bartole de Sassoferrato,生于 1313/1314 年,卒于 1375 年),是佩鲁斯的西努斯的学生,后来去了博洛尼亚。成为比萨的行政官和教授。自 1343 年至去世为止,他一直在佩鲁斯教书。他撰有罗马法评注集,还写有“体制”理论方面的著作,如《论暴政》(*De Tyranno*)、《论公民体制》(*De regimine civitatis*),以及论述“教皇派和皇帝派”的作品。

乌巴迪斯的巴尔德(Balde de Ubaldis;生于约 1327 年,卒于 1400 年),在巴托尔门下学习罗马法(但他还学习了教会法,对《教皇法令集》作过评注)。

15—16 世纪的其他大评注家有:亚历山大·塔塔努斯(Alexandre Tartagnus)、迈诺的雅森(Jason de Maino)、菲利普·德西乌斯(Philippe Decius)。

最后,尚须指出一个自始就自成一体的学派,但它后来同“评注”派合到了一起,它就是那不勒斯法学派:他们支持西西里的国王,致力于阐述专制君主制理论:卡拉马尼科的马里努斯(Marinus de Caramanico,卒于 1288 年)、伊塞尼亚的安德烈亚斯(Andreas de Isernia,卒于约 1316 年)、佩纳的卢卡斯(Lucas de Penna,卒于 1390 年)。

《教会法典大全》(*Corpus juris canonici*)的构成①

教会法的来源

[866]直到那时,教会法一直都将大公会议上的“教规”(canons)当作主要来源。如今这种情况发生了变化,教会法的主要来源已由“教皇法令”(décrétales)构成。

在普通文本(“普通教令”,即 *decretalis generalis*,*constitutio*)和特殊文本(“诏书”[*rescrit*])之间做出区分还是有必要的。

诏书不得与先前的法律相抵触(也就是说:必须与其相适应),它涉及的是普通教皇法令或大公会议的教规。反之,普通教皇法令却可以改变先前的普通法规(其原则是:后来的法律可废除先前的法律[*lex posterior derogat priori*])。主要的教会法学家,如于格奇奥(Huguccio)、霍斯滕西斯(关于这些作者,请参阅下文)均承认,教皇法令可与大公会议上的教规相抵触(但该问题仍旧众说纷纭)。

① 据 Jean Gaudemet,《教会与城:教会法史》,前揭。

教皇法令针对的是教会法的所有领域，其中包括"民"法、婚姻法等等。当时发布了许多教皇法令：仅在教皇法令发布不算太多的 12 世纪，就颁布了有 1000 多条。

大公会议的立法虽已不再成为主要来源，但它却一直存在着。普通大公会议或普世大公会议自此以后便成了西方教会和教皇的事情，而在 4—5 世纪，它们都是东方教会和皇帝的事情。可以算出，自第一次拉特朗会议（1123 年）至巴尔—费拉雷—弗洛伦萨—罗马会议（1431—1445 年）为止，共召开了九次大公会议。另外一些特定的或各地区（"各国"或诸行省）召开的大公会议，以及教区会议颁布的是"教会会议法规"。

教会法学家参照罗马法学家的做法，也制定了有关习俗（coutume；consuetudo）的理论，并将其视为真正法律的来源，而与单纯的"习惯"（usage；usus）不同，此外也与专门用于表达信念的词"传统"（tradition）有别。

教会法的法典化

新的教会法乃是所有这些来源汇聚之后的成果，它很快就被编成了法典，首先这种倡议是由几个教师私下里提出来的，[867]后来受到了教廷的鼓励，因为教廷认为这样方便使用和学习。起先编订了格拉济亚努斯的《教令集》，后来编了一本大合集，即《民法大全》。

1. 格拉济亚努斯的《教令集》 它是先前系统化工程的结果，自教会改革初期起便进行了这样的系统化工作。

必须提及 11 世纪初沃姆斯主教布尔夏尔（Burchard）的《教令集》，该书只是加洛林王朝时期教令汇编的翻版，但更为系统化。然后是格列高利改革时期的教令汇编（包括彼得·达米安、翁贝尔、德斯德迪的《教规书》[*Liber canonum*]）。必须特别提到下一个世纪夏特尔的教令汇编，如夏特尔的伊夫（生于 1040 年，1090 至 1115 年任主教）编订的教令汇编，格拉济亚努斯直接使用的就是这本汇编。到 11 世纪末和 12 世纪初，另一些汇编也出现了，它们大量引用罗马法（罗马法与基督徒行为准则之间的互相渗透或杂交化之所以得以完成，是因为将罗马法文本插入教会法汇编的策略所致）。列日的阿尔杰（Alger de Liège）的汇编本《怜恤与法律之书》（*Liber de misericordia et justicia*；约 1106 年）因其方法也值得特别提一笔：人们第一次不再满足于引述教规，作者会在论述每个问题时给出自己的观点，并援引教会法文本。这种方法被格拉济亚努斯加以沿用。

我们对格拉济亚努斯几乎一无所知，他应该是博洛尼亚人；我们甚至连《教令集》的成书日期 1140 年也不是很确定。

《教令集》总共收录了 4000 条教规。它包含三个部分：

1）101 种"差异"。

2）36 件"诉讼案件"，再被细分为各个"问题"。

3）（补充部分）《论祝圣》（De consecratione），论述了圣事、教堂的祝圣仪式、圣物、弥撒、节日与斋戒……

第一部分编排得很严格：法律来源、基本概念（自然法、神圣的法律、实在法……）。这样的起头沿用了罗马法经典的编排法。然后，进入与神职人员相关的问题（授圣职礼、义务……）。第二部分的整体编排脉络不太清晰，但在该部分内部却有内在的条理，论述的是买卖神职、修士、婚姻……每个问题（quæstio）开篇会先举具体的案例（cas d'École），然后引述适当的权威人士的判例来判案。

[868]该原始文本经过修改增补之后，于 1150 年才确定下来。增补部分中，有许多罗马法的文本。

"教令集"已成为法律学派的传统书名，但格拉济亚努斯却独辟蹊径地给自己的著作起了"不协调法典之协调"（Concordantia discordantium canonum）这样的书名。因为，与阿贝拉尔（Abélard）在同时代所调校而成的及各所大学发展出来的辩证法相符，格拉济亚努斯也将彼此矛盾的教会法文本呈现了出来，然后他做出区分，使人理解为何这些文本只是表面上矛盾而已（我们在圣托马斯那里也会发现这种方法）。从这种意义上来说，这部著作远不能算是汇编本：它是别具匠心的作品，所作的阐释澄清了各个问题，并使它们显得更有条理，虽然还是会存在异议。

这部作品迅速取得了巨大的成功，学者们在罗马的批准尚未形成正式文本之前，便一致同意赋予它极大的威信力。中世纪专攻教会法的学院都被叫作"教令学院"，也就是说人们都会在这些学校里研究格拉济亚努斯的这本教科书。

2.《民法大全》 1140 年至 1234 年间，教皇继续发布教皇法令，召开颁布教规的大公会议。因此，必须对格拉济亚努斯的《教令集》进行补充。这一倡议是由几个学者私下提出来的，如帕维的贝尔纳（Bernard de Pavie）或著名的教会法学家德国人约翰（Jean l'Allemagne，又名条顿人约翰[Johannes Teutonicus]）。不久，教廷倡议（教皇效仿查士丁尼的举止）必须编订新的汇编本，于是在格拉济亚努斯的《教令集》基础之上，最终完成了人们所称的《教会法典大全》。

——《格列高利九世教皇法令集》，1234 年。该汇集之所以有这个名称，是因为它是在格列高利九世的倡议之下完成的。该书采用新的纲目，共分五卷，有2000 个章节，其中 87％的文本都是《教令集》之后出现的内容。

——《第六册》(Liber sextus)，1296 年应卜尼法斯八世的命令完成（之所以称其为"第六册"，是因为该书乃是《格列高利九世教皇法令集》五卷本之后的第六卷；书中三分之二内容都刊录了卜尼法斯三世的教皇法令和 1274 年里昂大公会议颁布的教规）。

——《克雷孟书集》(Clémentines)，1314 年应克雷孟五世［首位阿维尼翁教皇］的命令成书，1317 年由约安尼斯十二世刊行。并非直到那时的所有教皇法令都刊行在该书中。由此便出现了各种私印的汇集，其中有两本较为引人注目：

——［869］《约安尼斯十二世典籍外教令集》(Extravagantes de Jean XII；［Extravagantes］：意为"在外流通的教令")：1325—1327 年教皇约安尼斯十二世颁布的 20 种法规。

——《普通典籍外教令集》(Extravagantes communes)，包含 1295 年至 1483年颁布的 62 条教皇法令。该书包括《唯一至圣》(Unam sanctum)诏书和其他颇为重要的文本，如针对贫穷的文本(《与他人同在》[Cum inter nonnullos]，参阅下文，或方济各会的规章《什么不该做》[Quorum exigit])等。

总之，在自 1500 年起刊行的《教会法典大全》的诸版本中，我们发现了下述这些构成要素：格拉济亚努斯的《教令集》、《格列高利九世教皇法令集》、《第六册》、《克雷孟教令集》、《约安尼斯十二世典籍外教令集》、《普通典籍外教令集》。

如此构成的汇集仍然在从中世纪至 20 世纪初一段相当长的时期内成了教会的官方法典。新的教会法典要到 1917 年才得以颁行。

风格、学校、大教会法学家

教会法学家教义的大量出现是在 1150 年至 15 世纪末之间。许多"教令学院"的教师都在为教义添砖加瓦。

风格的演变：

1) 首先出现的是各类"大全"，这些书注解的顺序是格拉济亚努斯的《教令集》和/或《格列高利九世教皇法令集》，它们同解经家诠释《圣经》的方式有点相同。

2) 工具集(apparatus)，将论述各个主题的最为重要的评注挑选出来汇编成集。

3) 问题集(quæstiones)，与各类大全不同，工具集和评注已不再按照文本的顺序对《教令集》或各类教皇法令汇集进行注解，而是对某个特殊主题进行详细的阐述,从某个(现实的或学校讲解的)案例出发,根据理性论证的必要性,组织讨论,进行引述。《学说汇纂》中已出现过此种方法;格拉济亚努斯(在《教令集》第二部分中)亲自编订了大量这样的案例。①

4)同《教会法典大全》相比,独立性得到加强,出现了各种**论文**,它们论述的都是各类大的问题,如婚姻、司法程序、忏悔或有关职俸的问题(同影响法学家学科知识的演变过程相平行)。

[870]罗马法和教会法学约诞生于1070年的博洛尼亚,在整个中世纪时期,博洛尼亚一直是一个极其重要的中心。大学生从欧洲各地蜂拥而来,欧洲各地的教师也都在此教书。但其他中心也在法国(12世纪末的巴黎[后遭禁止],1221年的蒙彼利埃)、英国(牛津)、西班牙(萨拉曼卡),甚至自14—15世纪起,还在波希米亚和波兰(克拉科夫)出现。

教师同学校一样,也是世界各地都有。有时还能从中见到"教令学家"(décrétiste),他们是格拉济亚努斯《教令集》的评注者,还有"教皇法令专家"(décrétaliste),他们是后来出现的教会法学家,承认《教令集》之后出现的各类教皇法令集也具有重要的地位。

除了格列高利七世时代如德斯德迪或安瑟伦之类的法学家之外,我们还能列举下述这些著名人物:

重要的教会法学家②

博洛尼亚的格拉济亚努斯(Gratien de Bologne),生平不详,著有《教令集》(约1140年)。

比萨的于格西奥(出生年月不详,活动期为1180年至1210年),在博洛尼亚教书,后于1191年任费拉雷主教至1210年去世为止,最著名的著作有《教令大全》(*Summa decretorum*,1180—1191年)[也就是说这是一本针对格拉济亚努斯《教令集》的评注本]和《构成书》(*Liber derivationum*)。

条顿人约翰(德国人约翰)(生卒年月不详,但1210年至1245年应为其成年期)。先在博洛尼亚,后在哈尔伯施塔特(Halberstadt)教授教会法。著有针对格拉济亚努斯《教令集》的《普通注释》(*Glose ordinaire*)、各类《工具集》(*apparatus*)、《问题集》和《劝谕集》(*consilia*,指司法意见)。

---

① 同样,神学也在这个时代发生了演变,从《圣经》解经演变成论证问题(quæstiones),因而也就是演变成一门力求更为系统化、更具论证性的科学。

② 生平资料均引自 Burns,前揭。

帕尔马的贝尔纳(Bernard de Parme)。卒于 1266 年。在博洛尼亚学习、教书。主要著作有：针对《外篇》(Liber extra，指《格列高利九世教皇法令集》)的《普通注释》。

霍斯滕西斯(苏萨的亨利[Henri de Suse]，奥斯蒂枢机主教)。卒于 1271 年。1244 年被选为西斯特隆(Sisteron)主教，1250 年为安布伦(Embrun)大主教，1263 年为奥斯蒂枢机大主教。为巴黎大学的教师，[871]有可能也在博洛尼亚大学教书。最有名的著作有：《金色大全》(Summa Aurea)、《五分之一教皇法令评注本》(In primum-quintum decretalium librum commentaria)、《新任英诺森奇乌斯四世工具集》(Apparatus in Novellam Innocenti Quarti)。

也有必要提及这些名字：西班牙人洛伦提乌斯(Laurentius Hispanus)、图尔奈的埃蒂安(Étienne de Tournai)、坦克雷德、英国人理查德(Richard l'Anglais；即英国人里卡杜斯[Ricardus Anglicus])、潘亚弗的雷蒙(Raymond de Penyafort)、纪尧姆·杜朗(Guillaume Durand，有老、小之分)，还有身为大教会法学家的教皇，如英诺森三世①和英诺森四世②及 14 和 15 世纪的约翰·安德烈亚(Johannes Andreæ)、又名帕诺米塔努斯(Panormitanus)的弗朗西斯库斯·扎巴雷拉(Franciscus Zabarella)③。

尚须注意，在意大利，这些著名的学者都被认为是"贵族"，这是个与 milites(骑士)相同的称号(这一称号至少持续到 15 世纪末才消失)。

教会法学家的教义愈来愈同相邻的学科，如神学、罗马法、亚里士多德的哲学断然有别。我们要说的是，它同罗马法的关系含混不清：它向后者借用了许多文本、基本概念、各式方法，却指责其所针对的目标不同。

教会法学家都颇为尊重传统，他们经常会援引"权威"(如罗马法学家、医生、神学家、哲学家……)，犹如这是"学者共同的观点"(至于学者是否须意见一致，还是大多数一致，甚或少部分极有名望的学者同意，都还有待商榷)。

他们与自己身处的时代紧密相关，都想有所回应，这就是为什么他

---

① 生于 1160 年，在巴黎学习神学，在博洛尼亚学习法律；1198 年当选教皇；卒于1216 年。

② 生于约 1200 年，在博洛尼亚教授教会法，1226 年担任教会法庭的律师，1243 年当选教皇至 1254 年去世为止；著有《第五卷教皇法令工具集》(Apparatus in V Libros Decretalium)，约 1245 年完成。他精于为自己颁布的教皇法令作注解，如 1245 年废黜弗里德里希二世的文本即是。

③ 我们会发现他在制定大公会议上的理论时所起的作用(第六章)。

们的作品常常会创建出新颖的政治学说之故。

若说教皇格列高利七世及其继任者已确立了整个庞大的架构——"权力之完满"的教义，专制教皇君主制（成了[872]所有欧洲世俗君主制的典范），制定教会法体系以使其包罗万象、具普世效力——那这也是因为他们真诚地相信这些方法乃是教会在世界基督教化中扮演先知角色时所必需的。

基督教道德之法律与司法的基督教化

美国法律史学家伯尔曼（Harold J. Berman）提议，为了给 11—13 世纪欧洲所发生的事定性，须谈论真正的"教皇革命"，"革命"这个词甫一听见，就会令人想起进程的猛然中断、新时代的开启，在此时代中，所有思想、价值、体制、习俗都会重组——它们以其丰富性及其文明成果而堪与希腊和罗马的"奇迹"相媲美。①

伯尔曼首先强调的是，恰是构成了教皇属灵、专制及普世的权力，此种权力无论从事实上还是从法律上来看均与各种尘世权力判然有别，才颇为吊诡地使西方的国家权力世俗化起来。因为，自从教会声称只有自己才拥有担负灵魂的权力时，尘世权力便只得局限于关注尘世事务。由此便同中世纪前期的政教合一制产生了极深的裂痕（相反，政教合一制却保存在了拜占庭和整个东方基督教世界中）。

伯尔曼继续说道，属灵权力和尘世权力间随之而起的交锋通过两个彼此生成的运动导致了古代异教的基督教化与"司法化"（juridiser），也就是说导致了法规得以实现、基督教道德却江河日下的局面。

希腊、罗马与犹太—基督教文明的诸种要素就这样第一次真正深刻地融合在了一起。如此才能出现崭新的文明，即"西方文明"。伯尔曼支持这样一个论点，即只有在这种情况下，才会发生"教皇革命"与所有那些道德及司法成果，也才会有"西方文明"。②

忏悔与道成肉身：人类行为范围内的拯救

[873]这样的综合始于 11 世纪与 13 世纪的神学中，尤其是出现于忏悔与道成肉身的新教义中。通过这一神学所作的崭新选择，生命才

---

① 参阅 Harold J. Berman，《法律与革命：西方法律传统的形成》（*Law and Revolution, The Formation of the Western Legal Tradition*），前揭。
② 他在此事件中发现了欧洲历史的主要转向，这一转向比中世纪同现代之间传统意义上的鸿沟更为重要。

能以积极的、理性的方式受到审视,得到管理。

在老的教义中,忏悔乃是教会将罪人从地狱中拯救出来的权力,因为"锁钥的权能"赋予了彼得。由于人类会无止境地犯错,故而忏悔"要么最最管用,要么一无用处"。教会既可予,亦可不予赦罪。

由于出现了教皇革命时期的神学家,如坎特伯雷的安瑟伦(1033—1109年)提出的赎罪教义,人们才能用到对过错与责罚精心计算的方法。①

圣安瑟伦提出,基督的牺牲一次性赎回了所有的原罪、集体之罪、人类之罪。因此,每个人为了确保得拯救,就只能为其个人生命中所犯下的过错而赎罪。然而,后来犯的错并非无穷无尽;它们是可加以认识的、可测量的;故而,它们并非不可通过人类的功德来加以补救(而原罪却不行)。教会就能使人类以有限的忏悔作为交换而将他们拯救出地狱,忏悔随过错的严重性而定,会对过错进行适当编目,并列出忏悔时的"额度"。炼狱的概念稍晚出现,其意义正在于这新的逻辑:炼狱乃是死后对功德及过错进行清账时所安排的时间。

安瑟伦又问:*cur Deus homo*,即为何上帝会成为人? 答复再一次涉及占首要性的社会后果。若基督想要在十字架上为人类的过错赎罪,那这样做恰是为了将[874]人类同十字架之后的赎救紧密地联系起来。正是因为圣子成了人,故而他才能被人所效仿,且正是通过效法基督(*imitatio Christi*),人类才能得拯救;因而,拯救并非是某种像是从外部落至不负责任的人类身上的恩惠;它会成为某种进程,在这进程中,人类通力合作,通过人类自己的方式——理性与道德良知——一步步构建起罪愆尽可能少的世界。如此,天国才会临近尘世,超验性与内在性才会混合在一起。恰从此种观点看来,乌有和无限的辩证法才被多和少的算术取而代之。②

---

① 参阅坎特伯雷的安瑟伦(S. Anselme de Cantorbery)《圣子道成肉身:为何会有神—人作品集》(*L'incarnation du Verbe. Pourquoi un Dieu-homme*, *OEuvres*),第 3 卷,Michel Corbin 主编,s. j. Paris,Éditions du Cerf,1988。

② 须注意,东方基督教的道成肉身受到强调的程度不同(在东方基督教中,圣像一般都会通过脸和身体来表现充满荣耀的基督,而非悲苦地承受人类处境的基督)。"受难主义"(passionisme)、悲苦主义、现实主义和承受人类所有罪过和所有弱点的人—神自 11—12 世纪起便为西方基督教所特有。

由于理性与度量的回归,人们最终才能隐约看见解决问题的方法——直到那时还是个"化圆为方的问题"——该方法在于在人类可行的道德中将正义与怜悯关联起来。① 该领域已准备好重新将古代文化整合入基督教社会之中,而这种古代文化乃是建基于对公道之理性的算计之上,建基于对个体至关重要的关心及对井然有序的集体生活的环境进行维护之上。

故而,我们理解由教廷首倡重新对罗马法进行研究以及将其作为制定基督教社会新法而加以利用之深层次的原因。在中世纪前期,罗马法并不适用:拯救当然并不依凭于交换正义或分配正义的多一点或少一点。如今,大善或大恶的行为尽管受到了限制,但它被纳入平衡之中,恰是这平衡决定着拯救。因此,能够在复杂的社会生活及社会交换中,对此进行确切评估及计算,就显得颇为必要了,只有如此才能重予每个人以公平的正义。罗马法所能达到的就是这一点。因而,如今它重新获得了突出的道德上的合法性。但与此同时,那些罗马法的新倡导者因受仁慈为怀的激发,也对其内容做了改动。

[875]我们还注意到某种两相对换的情况:法律将基督教价值观整合进来,而相反,福音之爱却偏重法律,注重人性化,成为希腊—拉丁意义上的"人文主义",而恰是因为这一点,它才更少专制性,与人们认为得以持久产生成效的社会生活更为兼容。

这些转型乃是教会法的成果,我们刚刚发现,一方面,在那个时代,它通过出自教皇立法权的"教皇法令"而对这创造性的新阶段有所熟悉,另一方面,它开始系统化,被编订成卷帙浩繁的汇集。然而,这一活的法律,其宏愿就是要关涉社会生活的方方面面,既论及私人生活的范围,也不偏废公共生活的范围。

对教会法庭的权限作简单的列举将会显明教会法的普世宏愿。

教会法庭拥有判断六类人的权限:1)神职人员及其受雇者;2)大学生;3)十字军参加者;4)悲惨之人(personæ miserabiles),亦即穷人、寡妇和孤儿;5)犹太人,与基督徒打官司的人;6)流动者,包括商人和水手,保障他们的安全也是必需的。

所处理的内容均为属灵方面的诉讼,或与属灵问题相关的诉讼,其中包括打官司的平信徒。这样就构成了相当庞大的范围:1)所有关于圣事管理方面的事

① 参阅上文 p. 678—679 与 712—714。

务；2)遗嘱（由于临终意愿具有神圣性，对死者灵魂得救进行制约）；3)收益，即对教会财产与教会所得之赠与物、遗赠和资金进行管理；4)与宣誓有关的事务，因"承诺均须宣誓"（故而，涉及的乃是民法有关财产与契约的方方面面，有人可能就会因"发伪誓"而受到指控）；5)应受教会监管的罪人（因而涉及的均是刑法领域：异端、渎圣、行巫术、高利贷、诽谤、奸淫、鸡奸、通奸、在宗教场所有伤风化、侵犯神职人员……）。

此外，教会法庭在精神上所具有的优越性，正如世俗法庭及管理机构中的许多法学家都是神职人员一样，均使得由教会法学家所制定的规章逐渐在整个法律中，比如在婚姻法、继承法、财产法和契约法、刑事诉讼法，最后在公法及"宪"法中产生了影响。[876]然而，新教会法的这些规章与罗马及基督教的概念结合得还是颇为紧密的。

"意愿""良知""人格"

譬如，立遗嘱者的"意愿"（volonté）乃是罗马民法中的一个确切的概念。但在罗马，必须有七名有资格的证人作证及通过繁琐的手续，立遗嘱者才能自愿改动以保持家族承续性为原则的且受习俗所认可的继承规则。然而，从基督教的观点来看，立遗嘱者的意愿乃是神圣的，因为它关涉的是永恒得救。因而，教会法几乎取消了所有为立遗嘱所必需的手续。只需口头宣告意愿即可；它会受到记录死者"临终意愿"的教士——有时是相关利益人——证词的保障。①

教会法学家同样提出，在契约中，承诺也受到自身的约束，因它们与"良知"（conscience）有关。无疑，对其"美化一番"（也就是说辅之以正式的程序，形诸文字、签名、姿势、有证人在场、宣誓，等等）就更好了，但此种做法已不具强制性：在上帝的眼中看来，只要真诚做出承诺，"良知"就有了保障。据伯尔曼看来，这种新颖的灵活性促进了现代契约法的形成，它再也不会是查士丁尼《民法大全》里那样的内容了。②

"上帝的和平之治"：有关暴力与战争之罗马—教会的教义

有关暴力与战争的新的教义出现了。

教会法学家再一次不得不化解一个极其难解的"化圆为方的难

---

① Berman，前揭，p. 232—233。

② Berman，前揭，p. 247。

题”：一方面要保证自卫这一项自然权利（生命或财产受到威胁的个体的权利，秩序受到威胁的社会的权利），另一方面又要确保"不可杀人"和"伸过另一边脸颊"的圣经—福音戒律得以施行，须使这两者兼容起来。

[877]所能找到的解决方法就是有系统地提倡对"法律途径"（voies de droit），而非"事实途径"（voies de fait）的诉诸。

比如，关于主教企图强行收回自己的财产而被剥夺职权的案例，该案例阐明了一项原则，根据该原则，通过暴力转移所得的财产根本不具合法性，尽管他有权利重新将自己确立为所有人。受害者不得自己去讨回公道。他的权利只能通过"法律途径"才得恢复。若没有，就该恢复原状。

换而言之，暴力所行之事均属非法。该项原则经由格拉济亚努斯的《教令集》而得以推广（即有关恢复[reintegranda]和剥夺行动[actio spolii]的教规）。

另举例如下：10世纪以来，教会宣扬"上帝和平之治"（参阅上文，p. 846与851及以后）。在这些文本中，我们注意到教会法学家认定战争不受法律的约束。它被局限于某个少数"专业人士"，即骑士的范围之内；一方面，禁止农民，亦即大多数民众挑起战争，另一方面也禁止神职人员，亦即有教养人士这么去做。它被局限于或一周或一年的某段时间段之内。和平受集体誓词的保障，我们已发现誓词在城市内部的行会及后来"公社"（commune）的形成过程，以及由公爵、国王和皇帝所推行的"地区和平之治"（pax terræ、Landfriede①）中均起到了根本性的作用。②

伯尔曼补充道：

[总而言之，]12和13世纪的欧洲法学家已将罗马法的规则["允许以暴力对付暴力"，vim vi repellere licet]转变成普遍原则，他们将这原则同耶稣的"和平主义"（"伸出你的另一边脸颊"）宣言并置起来，且以这相互对立的箴言为基础，制定出普遍性的教义，根据该教义，在他们列出的系统性的、合理的、限定性的事项范围之内，使用武力方具有正当性。当涉及下述事例时，暴力才具有正

---

① Landfriede为德语，指中世纪德国的禁止复仇条例。——译注

② Berman，前揭，p. 90。

当性：施行法律、自卫、保护他人、保护自己的财产、保护他人的财产。这些原则并不仅仅适用于民法和刑法，它们还适用于涉及"正义战争"这样的神学与政治问题（伯尔曼，p. 148）。

恰因格拉济亚努斯发布了有关"正义战争"的第 23 条条款及后来对其所作的评注，才出现了格劳秀斯（Grotius）论述战争与和平的大量观念，[878]且通过传播自然法，才确保了今后"人的权利"。①

罪的去罪化："内在裁决权"与"外在裁决权"

像阿贝拉尔（Pierre Abélard）或隆巴尔（Pierre Lombard）这些教会法学家与神学家主要的创新之处在于：通过从神学上对"罪"（péché）与"罪行"（crime）②概念做出断然的区分，而将道德与法律分离开来。

法律与道德直到那时都还普遍混同在一起（恰如所有传统神圣社会的情况一样，如今在大部分穆斯林社会中仍旧是这种情况）。此后，人们对"内在裁决权"（for interne）与"外在裁决权"（for externe）做出了区分。③ 受谴责的乃是行为或思想，但它们并不属于"内在裁决权"的管辖：上帝看见并会做出判决，教士有权同罪人（pécheur）谈论这些事并听其忏悔，但世俗法庭甚或教会法庭均无法了解之并加诸惩罚，同时还因为它们并不扰乱公共秩序，而这些法庭却只对公共秩序负责，且因为这些思想和这些行为仅关涉到罪人的良知，所以只有上帝才会了解。④

---

① 参阅 Peter Hagenmacher，《格劳秀斯与正义战争之学说》（*Grotius et la doctrine de la guerre juste*），Paris，PUF，1983。

② 法语中，péché 指有意识地做出违反宗教律令、神圣旨意的行为，可译为"罪"或"罪孽"；crime 广义上指严重违反道德和法律的行为，狭义上是指法律以禁锢身体、毁其名誉来惩罚的犯罪行为。故前者关涉的是宗教，后者关涉的是法律。——译注

③ For 源自 forum，指设有法庭的场地，通过借代法指称法庭。

④ 参阅 Pierre Abélard《你是否了解你自己（伦理学）》（*Connais-toi toi-même* [*Éthique*]）（辑于《会谈录》[*Conférences*]之后），由 Maurice de Gandillac 引言、新译和笺注，Éd. du Cerf，1993，p. 231（§ V）："人无法审判隐藏之事，却能审判彰显之事，他们考虑的并不是过错如何归罪，而只一心想着行为表现。惟有上帝才能根据真正的审判，深入我们的意图中，如实称量所犯的罪，对过错进行审查。说他'察看人的肺腑心肠'[《耶利米书》20：12]，他的目光穿透隐匿之处[据《以西结书》8：12]，就是从这层意义上来讲的。因为，那地方他能见到许多东西，而人却不能，因他在惩罚罪孽之时，考虑的并非行为，（接下页注）

[879]外在的正义在此遇见了人们所说的认识论的界限。外在的司法权，无论是世俗的还是教会的，均只能对扰乱公共秩序的行为施行公开的强制措施，这种外在的强制行为足以导致某种客观的、确定的认识，且能够说服理性和良知去信赖法官（此外，新的罗马—教会法诉讼程序更增加了其分量）。所有行为与思想尽管都该受到谴责，但它们并不适用于这些准则，它们只受上帝的审判，必要的话，也会受教士圣事权力的审判，后者的权力可通过授圣职礼（ordinatio；它既非命令[imperium]，亦非审判权[jurisdictio]）来充分支配忏悔这样的圣事；它们仍然完全处于政治领域之外。

可以大致认为，这项创新导致了巨大的影响，因为它们最终将使具有西方文明特色的观念和习俗获得自由。

国家自此以后只关注犯罪行为和轻罪行为。对关涉良知的事务，以及对通常的私人生活进行干预都将变得不合法。① 不道德并非不会受到惩罚，但它不会受到刑事惩罚。它会受到语言、斥骂、信誉扫地，而非"世俗权力"的惩罚。② [880]因此，给思想和某种类别的私人行为所

（接上页注）而是思想，而我们却相反，我们并不顾及思想，也看不见它，而只念及行为，因我们熟悉它。"

这两个范畴相隔如霄壤。因此，法官会判处无意中将其吃奶的孩子窒息而亡的女人有罪；可她的意图并不是要犯罪。但若法官不加惩罚，这便会促使其他母亲也这般疏忽大意。他对之负责的公共秩序要求人们惩罚这女人，但她或许会被上帝判为无罪。同样，法官会判处一个坚信自己无辜的男人做假证有罪，尽管他无法证明证词有虚。因为否则的话，司法机关的可信度就会大打折扣。同样的情况也是不言而喻：即便有人在上帝的眼中是罪人，但他们也不该被他人判处有罪，如果他们并未扰乱公共秩序的话。亦请参阅 § Ⅶ：

"相比于奸淫，我们会对纵火烧房屋的行为进行更严厉的惩罚，而在上帝看来，前者说不定要远比后者严重得多。做出这样的判决并非是出于执行司法的义务，而是出于管理有方的动机，是为了防止公众受到损害，我们关心的乃是公益。[⋯⋯]我们对纯粹的公平要比对良好的秩序关注得少，也就是说我们关注的是如何对可预见的后果做理性的考量。"

① 诚然，罪行/罪孽的区分在涉及异端的案例时并不管用。异端"罪"（péché）在整个中世纪时期仍然属于"罪行"（crime），教会法庭会将这样的罪人交给世俗权力去处罚。

② 结果，国家只能对许多不道德的行为听之任之，正如圣托马斯以其不动声色的逻辑所作的断言那样。他在《神学大全》（Somme théologique）的某个段落中走得更远，提到了某些罪所具有的社会实用性，如高利贷："因人类的不完善性而使人类的法律对某些罪不加惩罚；因为，它们若严厉打压所有罪孽，对之施以惩罚，那么它们就会使社会丧失许多优势。这就是为什么人类的法律会容忍高利贷的缘故，这并不是说它认为高利贷符合正义之道，而是因为它并不想损害到大多数人。"（《神学大全》，Ⅱa Ⅱæ p. 78, a. 1, ad tert.；参阅下文，p. 915。）

保留的内在空间脱离了出来。

显然,恰是因这一创新余波袅袅,大学才能发展成进行自由研究的场所(阿贝拉尔既是这一新自由的首批理论家之一,又是这一新自由的首批实践家之一),后来世俗科学才能诞生。

法律与政治作为社会转型的工具:自然法地位的变化

从后格列高利的教会这方面而言,对制定及传播新法起到深远推动作用的,乃是这样一种观念,即法律与立法活动的使命就是成为有意使社会转型的某种工具,换句话说,它们可以成为政治规划的对象,且第一次以明确基督教末世论的前景作为自己的目标。

我们在 11 世纪至 13 世纪教会改革以及像圣路易和其他尘世君主这样的平信徒——或城镇和市政机关的司法—政治负责人——的行为所导致的结果中发现,他们都想推动社会使其更为基督教化,更为井然有序。

"自然法"概念地位的变化在此起到了突出的作用。从传统流变来看,自古典时期以来,实在法的准则便已成了自然法;但我们已经发现,在希腊人和罗马人那里,自然法表达的是宇宙固定的结构,它是其所是,永世存在,或者说循环往复着;因此,这是一种社会与宇宙的保守原则。在教会法学家那里,好不容易由上帝创造出来的自然已因原罪而受到损害;它因恩宠而得以恢复;因而自然之善并不在我们身后,而是在我们前方;它并非存在,而是应该存在者(devoir-être)。为了知道是什么与"神圣的自然法"相符,就不必以现存的经验论者、实在法或习俗法为基础,它们[881]根本不会与之相符,而是要去讯问基督徒的理性和良知。

教皇专制主义确切地说已成为这一变向的工具,而该变向乃是由末世论所促成的:若君主必须 *legibus solutus*,即不受法律的约束,那他这么做就是为了能使政治主导习俗,让意志主导命运,为了从转型意义上来进行创新、制定法律。

这种基督教的"进步主义"有好几次被宣讲过,比如圣托马斯 · 贝克特(Thomas Beckett)就曾讲过:"基督未曾说:我是习俗,而说我是真理。"①因此,改

---

① 据 Berman 所引,p. 258。

革就有可能成功,而且成为必须。当格列高利七世和亨利四世为不要去怀疑(格列高利并不想否认这一点)"革命"的倡议进行辩护时,他们早已做过这样的答复。格拉济亚努斯也曾断言,基督教立法者可以废止不合理的习俗(尤其是封建制的"坏习俗",亦即"横征暴敛"、滥用权力、随便征税)。圣路易在临终时对儿子说:"要维护王国好的习俗,废除那些坏的。"①

因而,"教皇革命"意识形态主要的方方面面快速地被赋予了这层特色。

改革中的教会所持的观点对尘世权力产生了影响,而后者恰因"双剑"(*Deux Glaives*)教义而得到了再生。

第三节　"双剑"教义②

关于属灵权力与尘世权力之间关系的困扰,及具体导致"权力之完满"(*plenitudo potestatis*)的问题,在教会法学家那里与源自福音书论及"双剑"的那一段落的形象密不可分。

双剑的形象

[882]耶稣同使徒们一起用最后的晚餐。他知道自己会被捕,便说:"因为那关系我的事,必然成就。""[使徒们回答道]主啊,这儿恰好有两把剑。"于是他说:"够了!"(《路加福音》22:37—38)

后来在橄榄山上,犹大带着士兵回来,使徒们问他:"主啊,我们拿刀砍可以不可以?"内中有一个人把大祭司的仆人砍了一刀,削掉了他的右耳。但耶稣说:"到了这个地步,由他们吧。"就摸那人的耳朵,把他治好了(《路加福音》22:49—51;参阅《马太福音》26:51;《马可福音》14:47)。

传统的做法是,将这些段落用寓意的方式加以解释。双剑指的是两种权力,尘世的和属灵的。

尘世权力是一把"剑":它属于自身,乃是强制性的权力。它被明确影射为"尘世之剑"或"有形之剑",就像《圣经》中有好几个段落隐喻政治权力一样。据圣保罗的说法,政治威权"乃是因着善的目的为上帝服务的。但你若作恶,却当惧怕。因为

---

① Joinville,《圣路易生平》(*Vie de Saint Louis*),§743,éd. Jacques Monfrin, Classiques Garnier,1995,p.369。"坏习俗"指封建制的习俗,由领主阶层引入。

② 据 J. A. Watt,《属灵权力与尘世权力》(*Pouvoir spirituel et pouvoir temporel*),见 Burns,前揭。

他不是空空地佩剑。它为上帝服务,是申冤的,刑罚那作恶的"(《罗马书》13:4)。

但属灵权力也是一把"剑"。因为,在《圣经》的其他段落中,上帝之言——神职人员的使命就是宣讲圣言——与"双刃剑"(《希伯来书》4:12)①、"圣灵的宝剑"(《以弗所书》6:17)做了对比。剑是一种既可切割亦可砍击的工具,它应能使神职人员确保自己布道的使命。这些文本说"剑"能施行绝罚、弃绝、教会法公正的制裁,它是上帝的怒火之剑(格列高利七世曾提及"上帝的怒火和圣彼得的剑")。

教会法学家德斯德迪(1040—1100 年)也对这番处境做了概述:"教士用言语之剑进行战斗,正如使徒所说……;国王用有形之剑进行战斗,因他是[883]主的臣仆,以满腔的怒火去惩罚那些作恶之人。"(据Watt 所引,前引,p. 351)

但这一形象本就意象纷繁。双"剑"之剑是平等还是不平等,是独立还是相互关联?各所学校有一个半世纪都在讨论这些问题。

皇帝亨利四世在同格列高利七世争吵的时候,出了本小册子,他在册中批评了格列高利的疯狂(Hildebrandica insania)。他依据的是《路加福音》第 22 章,从权力的二元性方面对此进行阐释。如果说的是双剑这个问题,那么就有两个彼此独立的权威。它们当然应该互相合作,但任一方都不会臣服于另一方。这一"二元论"的立场也是弗里德里希·巴伯鲁斯、弗里德里希二世、美男子菲利普及后来的但丁、奥卡姆的威廉(Guillaume d'Ockham)……的立场。

相反,"政治奥古斯丁教义"这一论题指的是,尘世权力臣属于属灵权力:我们曾于不同的形式中在圣安布罗修斯、杰拉斯、格列高利一世、奥尔良的约纳斯(Jonas d'Orléans)……那里与此相遇。它还由圣维克托的于格②(Hugues de Saint-Victor,1098—1142 年)在一篇文本中提出过,该文本被辑录于格拉济亚努斯的《教令集》中,因而得到了广泛的

---

① "因神的道是活泼的,是有功效的,比一切两刃的剑都快,甚至魂与灵、骨节与骨髓都能刺入、剖开。连心中的思念和主意都能辨明。原来万物在那我们要向之陈情的主眼前,都是赤露敞开的。"(《希伯来书》4:12—13)

② 巴黎的圣维克托修道院早在大学得以发展的时代之前便已是中世纪一所著名学校的所在地,它由尚波的纪尧姆(Guillaume de Champeaux)创建。人们在此教授自由艺术(指中世纪时期绘画、雕塑等七种自由艺术——译注)、解经和神学。学校的老师主要有理查德(Richard)、安德烈(André)、于格、戈德弗罗(Godefroy),前面全部冠以"圣维克托"之名。

流传。存在基督徒的唯一一个社会、唯一一个身体或唯一一个"教团"（congrégation）；当然，这个团体共有两部分，即在俗修会和神职修会，但前者没有自主权，它臣服于后者，同样，尘世现实低于属灵的现实，并受其管理。属灵权力创立了尘世权力，且对它加以控制。在论及双剑时，必须说教皇握有双剑。

这种说法当归于圣贝尔纳（1091—1153 年）。"双剑属彼得所有；一把出鞘用于传令，另一把则握在他自己手中。"

在《论思考》（De consideratione）中，圣贝尔纳向教皇欧仁三世这么写道："双剑，属灵之剑与有形之剑均属教会所有；一把为教会所用，另一把由教会所用；一把握于教士手中，另一把握于骑士手中，但肯定得由[884]教士传令（ad nutum sacerdotis）①，由皇帝发令。"（文本据 Watt 所引，p. 352—353）我们把这种立场称为"僧侣统治"（hiérocratique），以与皇帝的"二元论"立场相对。

教会法中的双剑

格拉济亚努斯在其《教令集》中引入了双剑教义。他自身所持的是审慎的二元论立场：禁止教士使用有形之剑，而君王也"不是空空地佩剑"。但格拉济亚努斯汇集了持或此或彼立场的很多资料。因而，争论延续到了学校里。

其中一本论双剑的最著名的《问题集》（Quæstiones）由英国人理查德所写。该书约于 1200 年写成。

理查德审视了当前所有的论据。他赞成教皇拥有双剑的说法，"责罚与赦罪的权力"均由耶稣赋予使徒。另一方面，过去，教皇曾废黜国王（如墨洛温王朝的末代国王希尔德里克三世）：这恰是国王从教皇处获得权力的明证。同样，圣保罗也说过："岂不知圣徒要审判世界吗？"（《哥林多前书》6：2）因此人们不该向在俗的法官上诉，而应该向教会的法官上诉。但《教令集》内也有"二元论"的文本，这些文本都由坚持两种权力间设界的教皇发布。亚历山大三世曾提出，在尘世物质方面，人们不能要求教皇做民事审判。我们还可从中推导出，皇帝并不掌握教皇的权力，因为否则的话，就能做这样的上诉了。此外，理查德还指出，在教士出现之前，历史上就有了国王：因此，他们的权力应来自上帝，而非神职人员。理查德随后还将这些论据做了对比，指出了各种差异，并给出了自己的"二元论"结论：皇

---

① Nutum 意为"传令的行为"。

帝握有直接来自上帝的权力。

在德国人约翰（条顿人约翰）于 1216 年为《教令集》(*Décret*) 所作的《普通注释》中,立场也是二元论的。后来,帕尔马的贝尔纳为《教皇法令集》(*Décrétales*) 所作的《普通注释》(1241—1263 年)中,回到了惟有教皇拥有双剑的观念。圣托马斯在其《判决评注》(*Commentaire des Sentences*)中也接受这个论点,而反对神学家皮埃尔·隆巴尔著名论文中的意见。当时这个观念占据了主导地位,主要是因为英诺森奇乌斯三世在同[885]皇帝亨利四世争论时向他提出了一个新的原则。他声称,正是教皇在查理曼大帝的时代将希腊人的帝国转交给了日耳曼人,因当时他注意到希腊人无法保护罗马的教会(这是尘世权力的首要使命)。日耳曼人自那时候起确实是通过选任来挑选皇帝,但还是得由教皇来确认选任的合法性,且他可对无能力者施行否决权(veto)。总之,选任出来的人的权力只有经过傅油礼才有效力,在仪式过程当中,尘世之剑将会由教皇交给他。

最终,神权主义的论点在 13 世纪初的教皇法令专家①的著作中赢得了胜利。

> 只有惟一一个教会的身体,故只应该有一个头颅。因此,主自己也会求助于双剑……,但只有彼得才是他在尘世的惟一代理人:因而,他将双剑交给了他。再者,摩西拥有双剑,而他的继任者则是教皇。况且,教皇乃皇帝的审判者,因为是他确立了皇帝,为其祝圣,为其加冕,故也能将其废黜(《普通注释》,该文本据 Watt 所引,p. 361)。

故而,将国家视为拥有自主权的实体是不可能的事。一身两头会成为怪物。他又回到了圣维克托的于格的观点上。

在 14 世纪对神权主义论点群起而攻之之前,自 12—13 世纪起便已出现了各种抵制的态度。

弗里德里希·巴伯鲁斯有机会于 1157 年在贝桑松(Besançon)重新确立二元论,以反对阿德里安四世(Adrien Ⅳ)。皇帝的冠冕来自上帝,经中间人之手,它并

---

① 评注者已不再仅是对格拉济亚努斯的《教令集》作评注,还对教皇颁布的"教皇法令"这种新的立法作评注。

非由教会选择,而是通过君主来选任皇帝。说帝国乃是由教皇授予的采邑或封地,与《路加福音》第22章不符。

弗里德里希二世这一边则承认教皇由于其"掌握锁钥的权力"而能加诸属灵的惩罚,但他认为,无论是在神圣的律法中,还是在人类的法律中,教皇都没有权力"随心所欲地将帝国转让来转让去,惩罚尘世的国王且将他们的王国剥夺,也不可审判尘世的领导者"。主教确实为国王和君主行傅油礼,但无人可以声称他们拥有将此撤销的权利。

牛津教授的就是神权主义论点。但在争论父母婚姻之后的私生子合法性的问题时,还是存在承认教会法而非普通法(common law)这一原则。[886]罗伯特·格罗斯泰斯特(Robert Grosseteste,约1168—1253年)宣称普通法应该与教会法相符,因为两种法律之间的关系与双剑之间的关系乃是相同的:"君主的法律若与罗马教皇的教令相违背,便毫无效力",法学家布拉克顿(Bracton)①反驳道,英国的男爵"并不想改变英国的法律,该法律使用至今,颇为有效"。因此,英国的习俗应该具有优越地位。

在13世纪的法国,占主导地位的是温和的神权主义论点:神职人员可支配尘世之剑,但仅仅只具有传令(nutum)的权利。恰是通过属灵权力所作的传令(intimation),尘世权力才会去进行十字军东征,同异端(纯洁派、鞭笞派、罗拉派②,等等)作斗争。反之,尘世权力应该会维护自己的自主权,就像茹安维尔(Joinville)在其《圣路易生平》中叙述的那则有名的故事所表明的那样:

"主教居伊·德·奥克塞尔(Gui d'Auxerre)以[法国这个王国的所有高级神职人员]的名义[对国王]说:'陛下,这些大主教和主教委托我在此向您陈述,宗教权威已在您的手中名誉扫地,若您还不警醒的话,它会跌得更惨,因为如今没有人再对绝罚感到害怕。我们要求您,陛下,命令您的大法官和执达吏强制已服了一年刑期的受绝罚者,让他们能向教会赎罪。'国王想都没想就对他们作了答复,说自己愿意照他们的要求命令大法官和执达吏去强制受绝罚者,只要他们让他了解一下判决是否公道即可。他们商量了一下,便对国王回复说,这属于教会权威管

---

① 英国亨利三世时期的皇家大法官,卒于1268年。据认是《英国的法律与习俗》(*De legibus et consuetudinis Angliæ*)一书的作者。

② 罗拉派指英国威克里夫(John Wyclif,1328?—1384年)的追随者,威克里夫确信上帝的选民都是真正的祭司,主教享有权力与《圣经》不符,且只有神父作为上帝代理人才能使圣饼和酒起质的变化这一教义并不具有正当性,他对基督临在圣餐的变体论的抨击激起了许多人的不满。亨利四世上台后,大批罗拉派被处以火刑。参阅《基督教会史》,前揭,p. 340—343。——译注

辖的范围,他们无须让他知道。于是,国王同样回复他们道,属于他管辖范围内的事,他肯定也不会让他们了解,还说他肯定不会命令执达吏去强制受绝罚者自行赦罪,而不管这样做是对还是错,'因为若我这么做了,我就是在冒犯上帝和法律。我来给你们讲这样一个例子:布列塔尼的主教们对布列塔尼伯爵施行绝罚达七年之久,后来他受到了罗马教廷的赦罪;若我第一年起就强制他们这么做,那我这样的强制行为就是错的'。"①

同英国的布拉克顿一样,博马诺瓦②也反对"法国习俗"这种神权主义的主张,也就是说他赞成国王控制下的二元论。他说,尘世之剑并不该被认为须"听命"于[887]属灵权力;它所做的只不过是去"恳求"后者帮助它。国王对教会的要求做出回应乃是"出于好意"。

美男子菲利普与卜尼法斯八世之间的争执

不过,美男子菲利普与卜尼法斯八世之间的争执倒使教皇有机会在《唯一至圣》(*Unam sanctam*,1303 年)诏书中重申了极端的——早已过时的——神权主义论点,但反之,它也使国王和为其服务的知识分子(或相对独立的大学)明确了自身的立场。从而,他们第一次勾画出了现代国家的某些"世俗"特色,国家不仅仅超越教会,而且它还声称自己现在可以对臣民施行灵性方面的影响。

教廷搬出了整整一份"档案资料"以支持极端的神权主义论点。卜尼法斯八世提醒国王的使节,教廷早已废黜过法国的国王(希尔德里克三世、虔敬者路易……),它也同样会废黜菲利普。通过颁发诏书《我儿要听》(*Ausculta fili*),教皇将法国的神职人员都召集到罗马对国王的管理方式做出审判。

知识分子支持教皇的论点。

罗马的吉勒斯(Gilles de Roma)在《教皇权力论》(*De potestate papæ*)中重新阐释了贝尔纳关于双剑的教义,他在文中支持教皇拥有"无重力、无数目、无度量之完满的权力",也就是说他的权力没有限度。

威泰伯的雅克(Jacques de Viterbe)也写了一篇论文,他说:"基督的代理人之

---

① Joinville,《圣路易生平》,éd. Jacques Monfrin,Garnier,1995,§ 670—671。

② 雷米的菲利普(Philippe de Rémi)是博马诺瓦的老爷(约1250—1296 年)。曾任克莱蒙的大法官,后任普瓦图(Poitou)的司法总管,他应圣路易的侄子阿尔托瓦的罗贝尔(Robert d'Artois)的请求,将博韦兹(Beauvaisis)的习俗形诸文字。

所以拥有完满的权力,是因为基督赋予了教会无论是神职的还是国王的,无论是属灵的还是尘世的统治权力之整全性,该权力由基督的代理人教皇掌控。"国家没有自主权,因为社会并未得到教会的确认。

教皇的近亲枢机主教阿夸斯帕尔塔的马蒂厄(Matthieu d'Aquasparta)这次在大学学界之外也重弹了老的论点:"教皇熟知所有尘世有关罪(ratione peccati)的事务,并可对其加以审判。"(文本据 Watt 所引,p. 378—379)

但档案资料中有很大一部分恰是《唯一至圣》诏书,它将神权主义的论点一直推进到了作为基督代理人的教皇的普世君主制这样一个观点,教皇拥有审判、废黜和竖立所有尘世君王的权利,[888]而他自己则不受任何人的审判。尘世范围内的自主权遭到否定。

诏书引起了"平信徒"界的激烈反应,他们为此写了大量作品。

《骑士与教士之间的争论》(*Dispute entre un chevalier et un clerc*)中说:"教士老爷,您说话可得注意了,您得承认国王由于拥有权力而凌驾于法律和习俗之上,正如您的特权和自由所赋予您的那样,他会根据公平与理性之道为任何人定夺增减之分,或他会在征得贵族的同意之后随其所愿地进行斟酌。"

另一些作品则援引"法国习俗",抨击卜尼法斯的文本含有"恶意的、过分的添油加醋(novelletés)"。

国王的近亲抢先在大公会议上提出了这些要过整整一个世纪才得到阐述的论点,并提出他们自己也能组织宗教大会以对卜尼法斯八世做出审判。

所申明的这些论据下面会述及。教会法学家一直都承认,在某些特定情况下教皇可受审判,尤其是涉及异端的时候(参见上文)。当然,他们还没走那么远,竟至于认为要设定具体的诉讼程序以指控教皇,但他们在教义中保留了这个可能性。它出现于格拉济亚努斯的《教令集》中,并在《普通注释》中除了异端之外还延及了其他案例(引起公愤之事、臭名昭著的罪行、不可救药的行为……)。只要把这个缺口拉大就行了。

美男子菲利普的大臣诺加雷的纪尧姆(Guillaume de Nogaret)在 1303 年 3 月 12 日于卢浮宫内的国王枢密院进行讨论时是这么说的。

他指控教皇是彰明昭著的异端、篡权者、买卖圣职者、诽谤者、教会的摧毁者、不可救药的公众的罪人,将他比作但以理笔下的"专事踩躏的可憎之人"(即敌基督者),并得出结论,要求将他送审。美男子菲利普应该行使武力介入进来以拯救教会：他作为国王，尤其是法国的国王，就应该这么做，因为卡佩君主制的这一享有特权的角色就是为了保卫信仰。国王对诺加雷的请求作了答复，他受到了国内大部分神职人员以及巴黎大学的支持（这样的概述今后会成为经典之论：国王为了面对属灵权力，也需要国内的"属灵权力"，万一与教皇遭遇，就能如教皇一般表述上帝的智慧或曰理性）。

[889]于是发生了"阿纳尼暴行"（1303 年 9 月 7 日）这件事，当时诺加雷的纪尧姆率领军队强行破开教皇驻跸地的大门，间接导致了教皇的死亡。

又出现了两部学术价值颇高的新的论证性作品：《问题的两面》（*Quæstio in utramque partem*；匿名）和巴黎的让（Jean de Paris）①之《论国王和教皇的权力》（*Sur le pouvoir royal et papal*）。

《问题》的新颖之处在于引用了亚里士多德和西塞罗，且通过论述希腊—罗马哲学而强调国家具有自然实存、先于教会且无须经教会认可这一观点。它之反对"政治奥古斯丁教义"，并非是以论述不太经得起推敲的灵活巧妙的辩证法进行消极抵抗，而是以截然不同的知性原则将该问题置入了完全不同的哲学层面中。

另一方面，该文本强调基督已禁止彼得使用有形之剑，他自己也不愿自立为国王，他还要求"该撒的物当归该撒"。属灵权力只不过是属灵而已。然而，这个论点并未导致国王彻底解放的结论，因为该书也还是承认教皇即便没有直接废黜国王的权力，但他仍可免除尘世领主的封臣和臣民效忠宣誓的束缚。

而巴黎的让则预见到了今后那些"大公会议至上主义者"②的论点（参阅第六章）。他也承认教皇可免除不称职的国王对臣民的束缚。但反之也是对的：教皇可受审判。因为，尽管教廷如同一个有着神圣起源的机构，无法受人的传讯，但那个施行教皇职责的经选任的特定之人自身也非神圣者，而是人。代表了全体教会的这个枢机主教团既能选任教皇，亦可将其废黜："该团体既可以整个教会之名同意选任某个教皇，那么反之，它也能撤销这一决定。"若教皇拒绝受审，"人们就可将其逮获，召开宗教大会，对他进行传讯。在这样一种情况下，若他仍旧固执己见、不可一世，他就该受到隔绝，甚而将其交由世俗法庭处置"（文本据 Watt 所引，p. 386）。

---

① 巴黎的让，真名为让·基多尔（Jean Quidort），约生于 1240 年，卒于 1306 年。多明我会修士，他先后在巴黎大学就读和教书。他捍卫的是圣托马斯的观点。他撰有哲学和神学各类著作，其中有《判决评注》（*Commentaire sur les Sentences*；约1285 年）。

② 发展于 14 世纪，主张大公会议权力在教皇之上。参阅《基督宗教外语汉语神学词语汇编》，辅仁神学著作编译会、天主教上海教区光启社出版，2007，p. 203。——译注

只要教皇乃是引起公愤的对象,或与"主的羊群"分道扬镳,或如果他乃非法当选,乃至他推广新的神学论题却未召集大公会议的话,均可实行这项诉讼程序(自然是冲着《唯一至圣》诏书而来)。[890]因此,双"剑"之间便有了名副其实的对称,双方均对另一方的正统教义起到了抑制作用。

第四节 制定法律的权利①

"宪法"在中世纪最后几个世纪的诞生无疑乃是双剑交锋的结果。因为,两股权力的各方代表均试图限制另一方的扩张趋势,它们不得不以极其明确的方式对各项职权做出规定并固定各方权力的界限,且自问对加诸彼此的某些超验准则的尊重究竟可达到什么地步。

对君主(教皇或国王)制定法律的权利尤其引发了争论。

立法权

这是一个新的观念。直到那时,人们仍生活于中世纪的传统社会之中,由神圣权力所确保的习俗仍不可侵犯,或至少没人敢有意去改动它;各项法定的权力只能在其范围内活动,它们只能对违犯行为进行干预。

我们已发现,教廷最先在属于其自身的末世论前景中摆脱了这一限定(参阅上文,p. 860—863 和 880—881)。但这个观念显然颇具传染性,各个尘世权力都在依各自的方式重复使用它,尤其是因为他们相信自己只能以此方式恢复从前由罗马皇帝施行的权力。随后,双剑之间的这种竞争竟有愈演愈烈之势。

[891]最终,这便导致了现代观念的出现,即人类借助于专制君主或作为"至高无上的民众"可以随心所欲地改变法律,进而企图通过他们的理性和他们的意志来人为构建社会,以摆脱整个高高在上的准则,而这就是自然权利,是习俗,或曰历史赋予的权利。

民法学家和教会法学家对这个问题的不同方面均做了讨论。困难

---

① 据 K. Pennington,《法律、立法权威和政府理论》(*Loi, autorité législative et théories du gouvernement*),与 J. P. Canning,《法律、主权与团体理论》(*Loi, souveraineté et théorie corporative*),见 Burns,前揭,p. 400—449。

在于如何对人们在罗马法和神学,以及最终在延续入封建—封臣制的遗留下来的古老日耳曼习俗(按照此种精神,统治者当然没有权利去触动习俗,因为他自身只有在习俗本身的基础上通过过去签订的契约才能行使自己的权力)之中找到的东西进行调解。特别是,法学家的尴尬因查士丁尼《民法大全》中两种无法兼容的东西同时存在而更形加剧,也就是说一方面,它包含于乌尔比安的著名的表达法 *Quicquid placuit principi legis vigorem habet*("君主喜欢的任何东西均具有法律效力")和 *Princeps legibus solutus est*("君主不受法律的约束")(参阅上文,p. 375)中,另一方面,它又在《应遵之令》(*Digna vox*;Cod. 1, 14, 4;6, 23, 3;429 年由泰奥多西乌斯二世发布的法规)之中得到了阐述,并断言,尽管君主可制定法律,但他仍应使自己符合法律。

为了赞成君主拥有立法的权利,人们便援引了罗马法中的另一则箴言:*par in parem imperium non habet*,即"平等者之间无统治权",因而君主自然不会受到其之前由与其平等者制定的现行法律的约束。

但罗马法对立法权的来源有点语焉不详。人们讨论的问题是,通过帝国法(*lex regia*),立法的权限是否已最终从民众手中转至君主的手中,撤销帝国法的话,又当如何。后者乃是亚松的论题:"民众不可能彻底放弃自己的权力,因为一旦首先做出让步,就有可能会不断上演。"亚松竟胆敢对皇帝亨利四世说,*merum imperium*,即整个帝国并不完全属于皇帝本人,而是属于君主及高官。

人们仍然对是否赋予君主随心所欲改动所有习俗的权利犹豫不决。伊奈留斯曾说:"如今,整个[立法]权已被转至皇帝",因此习俗无法胜过君主颁布的法律。约翰·巴西亚努斯(Johannes Bassianus,12 世纪末的民法学家)说:"自然每天都会创造一些东西;正是出于这个原因,上帝才确立皇帝,以便他能使法律与形势相适应。"但人们[892]记得罗马法已赋予了习俗以制定法律、解释及废除法律的权力。此外,大多数民法学家都认为,君主只有出于公正及必需的理由方可改动法律;相对于法律,习俗则以某种方式代表了民众的意志。

教会法学家的推动

由于世俗的法学家顾虑重重,所以受《教皇独裁论》中的"先知"启发的与罗马亲近的教会法学家倒似乎更倾向于使君主享有制定法律这一"革命性的""创世的"权利。而教皇则应该拥有起而反对堕落的人类习俗及传统的权力。

因为，在教皇的权力和罗马皇帝的权力之间存在差异：按照罗马法，立法权已通过帝国法而从民众手上转至君主手中；故而，它将民众视为最初的起源（由此，人们无法不从习俗中认出这一至少起间接作用的角色）；而由上帝赋予其成为基督代理人（vacarius Chrisiti）的教皇的权力，则最终会与堕落的民众分庭抗礼。

约 1200 年，英诺森三世（他本人也是著名教会法学家）在其教皇法令《至尊之位格》（*Quanto personam*）中说，教皇的权威"乃是神性，而非人性"。

在这种情况下，就必须证明教皇能够转任主教。

［他这么做，恰是］"上帝，而非人将主教从教会中分离出来，因为教皇之所以能通过详细考量每次转任的必要性和功用性之后解除两者之间的关系，是因其拥有神性而非人性。教皇拥有如此权威，是因为他实行的并非仅仅是人的职能，而是尘世上真正神圣的职能。"

西班牙人洛伦提乌斯就写了篇如是评注的文本（13 世纪上半叶）：

因此，可以说［教皇］拥有神圣的意志。教会之长的权力何其大啊！他通过将某物的本质特性应用至另一物上而改变事物的本性……他能通过修正整个教规或法律而将正义转变成不义；因为，在这些［893］方面，他的意志受理性的约束①……尽管如此，他仍必须使该权力为公共利益着想（文本据 Pennington 所引，p. 403）。

我们注意到此处的措辞很强烈："改变事物的本性"，"将正义转变成不义"。教皇犹如创世主，能改变造物。条顿人约翰则是这样说的："他能从无中生出某物。"（*de nihilo facit aliquid*）因此，只要他愿望，他就会有理性。他不必赋予自己决定的事情以理性。

由于强调了教皇拥有特殊的权力，故而法律的来源便与其内容显得判然有别：法律即便不合理，仍可有效，只要法律是由教皇那样"特殊的"人物颁发的即可。

西班牙人洛伦提乌斯便这样为今后的**法律实证主义**开辟了道路——他自己

---

①　影射尤维纳利斯的那句箴言"意志可被视为理性"（*pro ratione voluntas*，《讽刺作品集》[*Satires*]，Ⅵ，223），关于这句话的意义，我们后面会论及，参阅下文，p. 698。

当然不自知,按此教义,法律乃是人类意志的产物,法律的有效还是无效,并不取决于它是正义的还是拥有内在的合理性,而是按照它是否由某种可制定法律的权威颁布,因此,用现代语言来说,该教义将合法化(légitime)同合法性(légal)等同了起来。①

[894]西班牙人洛伦提乌斯的评注在随后四个世纪中一直发生着回响,他所引用的尤维纳利斯的"意志可被视为理性"(*pro ratione voluntas*)也成了指称专制主义的经典表述。

霍斯滕西斯②补充了这些表述法,他对教皇的专制权力(*potestas absoluta*)和常规权力(*potestas ordinata* 或 *potestas ordinaria*)做了区分。平常时期,教皇应该只需施行"有序权力"或"普通权力",也就是说须符合现行的实在法;但在特殊时期,他就须运用赋予他的作为基督代理人的特殊权力。比如,他既能施行"特殊"事务,亦能解除婚姻或免除教徒的贞洁誓言。在这些情况下,他位居"法律之上"。

教会法学家激活了来自希腊化王权理论的古老表达法:教皇就是"活的法律"(*lex animata*),"他心中存有所有的法律"(*omne jus habet in pectore suo*)。他们从"君主不受法律约束"(*princeps legibus solutus*)这句古老的箴言引申出 *potestas absoluta*,即"专制权力"的表达法,我们知道这句表达法后来将经历漫长的时期。

以基本准则、习俗、自然法、神圣法为名对专制主义进行的抗拒

民法学家,如英国的皇家大法官布拉克顿(13世纪中期)并不接受这些教义的

---

① 我们从作者 K. Pennington 这里借用了该论述的有关资料,他认为跨出的这一步就是进步:"他[洛伦提乌斯]就这样在政治思想的发展中跨出了重要的一步。[……]这是必需的阶段,之后才会出现不会与道德、理性和古代习俗纠缠不清的君权理论。[……]如果君王的意志乃是法律的来源,如果它并不受理性与道德的限制,且如果在某些情况下,君主能够进行立法,并与正义的准则及理性的教诲分庭抗礼——即便在中世纪,只要说出自公共利益或必要性,这些行为也几乎总是会被认为具有正当性——那么所有这些要素都已为以后法学家所说的'国家理性'做好了铺垫。"(Burns,前揭,p. 404、406、411)我们当然可以质疑 Pennington 所作的这番表述。如果教会法学家认为他应该能够制定或废除法律,那是因为他们将此种做法置于教会的末世论目的之下,这样才能对善有所推动,且促进弥赛亚时代的来临。当然,这并不是说他们希望不再"纠缠于道德问题之中"。如果制定法律的自由是从不道德者拥有自由这层意义上来理解的话,那么它应该是自马基雅维利和霍布斯至马克思主义者及纳粹理论家以降的极端的法律实证论者关于法律的观点,在经历了20世纪的极权主义之后,人们已幡然觉醒,为 Pennington 所珍视的现代性遂猛然间显得衰老不堪。

② 参阅重要的教会法学家表,上文 p. 870—871。

演化形式：

> 国王不应臣服于民众，而应臣服于上帝和法律，因为是法律造就了国王（*lex facit regem*）；因此，他须将法律赋予他的东西，即优越性和权力赋予法律，因为不可能存在仅靠意志而非法律统治的国王（*non est enim rex ubi dominatur voluntas et non lex*）。

　　然而，法律乃由习俗、传统、时间所形成；国王之所以拥有合法性，是因为他运用的是在他之前形成的、独立于他的法律，且适用于永远依附于法律的民众。若国王声称自己因拥有独一无二的"意志"而成为法律的来源，那他就颠倒了因果关系，他背叛了对他的委任，因他是受此委任来维护公共秩序的。

　　[895]17 和 18 世纪的英国法学家强调的是普通法（Common law）内在的智慧，它优于任何一个个体的智慧，哪怕是贵为国王者，科克（Edward Coke）爵士就曾回忆起布拉克顿在反对专制主义的最初宣告时所作的这些抗议。

　　同样，像圣托马斯这样杰出的神学家也拒绝这样的观点，按照此种观点，法律的内容与其来源会产生完全脱节这样的问题。法律若想成为真正的法律且以义务为条件，就应该绝对的"理性"（参阅下文，p. 906）。

　　即便是对教会法学家而言，也存在教皇本人不该跨越的某些界限，这些界限是由他们所说的 status Ecclesiae，即教会的"地位"所决定的。比如，教皇不得改变教会的结构，亦不得改变使徒时代即已确立起来的基本教理和规则。他可废黜主教，但不得取消主教这样的职位，因为这样的职位是由基督设立起来的。

　　故而，若他这么做了，就会出现对教皇不合法的权威进行抗拒这样的困扰。霍斯滕西斯说主教若凭着良知无法承认教皇的命令的话，可对此拒不服从。

　　与此相平行的是，这次涉及皇帝的权力，阿库尔斯在其论罗马法的《普通注释》一书中提出，根据自然法和万国法，这项权力应受尊重帝国臣民的财产这一法律的限制。显然，对神学而言，由于某些教父对私有财产持反对的立场，故这种说法并不明显，但该观念后来还是受到了大部分民法学家的接受。

最终，正如我们所见，古典中世纪时代彻底终结了这一争论。无论如何，在 11—13 世纪，国王仍然处于同封建制作斗争的初期，其中大部分都一直受教会的道德监管，故而他们远未想过要去随心所欲地改变自己王国内的法律。随后时期(14—15 世纪)专制主义的发展，如我们所见，均与国家机构及民族情感的增长有关；于是猛然出现了其他新颖的意识形态，它们试图从理论上证明这些发展具有合理性。

第五章　圣托马斯·阿奎那

生平

[897]1224 或 1225 年,圣托马斯出生于阿奎诺(Aquino)附近的洛加塞加(Roccasecca)要塞城堡中(当时统治意大利南部地区的是罗马—日耳曼皇帝弗里德里希二世);他卒于 1277 年。

圣托马斯的父亲兰道尔夫·阿奎那(Landolph d'Aquin)是个封建领主。托马斯是他最小的儿子。1230 年,父亲将他"献给"了卡珊山的本笃会隐修院。1239年,托马斯离开修道院前去那不勒斯的艺术学院求学。于是,他开始了大学生活,直至去世为止。1244 年,20 岁时,他未听取家人的意见而加入了布道兄弟会(即多明我会)。他去了巴黎的圣雅克修道院,那里是修会的学界中心,也是整座巴黎大学的所在地。他成了神学院教授大阿尔贝(Albert le Grand;阿尔贝曾让人翻译并亲自评注亚里士多德的文本,因当时西班牙与阿拉伯人接触,再加上十字军东征,故而重新发现了这些文本)的学生。1248 年,他跟随大阿尔贝前往科隆。1252年,他返回巴黎,一直在那里待到 1259 年。

他在那里先对《圣经》,后又对皮埃尔·隆巴尔的《判决集》作评注(这是年轻教师生涯中最初必经的两个标准阶段:[898]"圣经专业毕业"与"判决专业毕业")。他很快就崭露头角,麻烦事接踵而至:教皇亚历山大六世不得不出面干预,才使他于 1256 年获得了教师许可证(licentia docendi)。于是,托马斯成了教师。他在大学里参加了对抗世俗人士和修会教士的争论。

自 1259 至 1268 年,他返回意大利,居于阿纳尼、奥维耶托(Orvieto)、罗马和威泰伯(他在罗马教廷教书)。但当时由于亚里士多德学说的传播,巴黎发生了知识和道德上的危机。由此圣托马斯于 1268 至 1272 年①第三次在卡佩王朝的这座

---

① 至此,他在巴黎总共待了 15 年。

都城中住了下来,这段时期他极为丰富多产,《神学大全》的大部分内容都是在此时完成的。最后,在 1272 年,托马斯被召回那不勒斯领导神学院。1277 年 3 月 7 日,他在佛萨诺瓦(Fossanova)的西多会修道院中去世,当时他正在参加里昂召开的普世公会议。因而,圣托马斯的生平极简:除了几次调任之外,他一生几乎都扑在了研究和教学上。

著作

1.《亚里士多德评注》(*Commentaires d'Aristote*),据罗伯特·格罗斯泰斯特(Robert Grosseteste)和多明我会修士纪尧姆·德·莫埃贝克(*Guillaume de Moerbecke*)的译本:对《后分析篇》(*Seconds Analytiques*)、《物理学》,论文《论天》《论世界》《论灵魂》,《形而上学》《尼各马科伦理学》《政治学》(至Ⅲ,10)等进行评注。如今,这些评注本已成权威。

2.《法官丢尼修评注》(*Commentaires de Denys l'Aréopagyte*):对《神圣之名》(*Noms divins*)、《神秘神学》(*Théologie mystique*)、《天国等级》(*Hiérarchie céleste*)、《教会等级》(*Hiérarchie ecclésiastique*)进行评注。

3.《圣经评注》(*Commentaires de la Bible*):圣托马斯任教期间对整本《圣经》都做了评注。由学生编订的评注有:《以赛亚书》、《耶利米书》、《耶利米哀歌》、《诗歌》、《约伯记》、《马太福音》、《约翰福音》、圣保罗的诸篇书信。

4.《判决集评注》(*Commentaires sur les Sentences*),所评注的是皮埃尔·隆巴尔的著作。这是圣托马斯的第一部大部头著作,他时年三十。

5.《论辩》(*Questions disputées*)①。共有 510 个问题,分 7 个类目:《论真理》(*De veritate*)、《论权力》(*De potentia*)、《论恶》(*De malo*)、《论造物之灵》(*De spiritualibus creaturis*)、《论灵魂》(*De anima*)、[899]《论美德》(*De virtutibus*)、《论道成圣言之一体》(*De unione Verbi incarnati*)。还有 12 个"de quolibert",即"随谈"的问题,由教师组织讲座,并不事先预设主题。

---

① 学术"论辩"(*dispute*)是指由大学教师引导的有秩序的讨论会。他宣布一个主题,更确切地说是一个问题(*An Deus sit?* [上帝是否存在?]*Utrum aliquis possit pro pecunia mutuata aliquam aliam commoditatem expetere?* [借钱时是否可以要求无论何种好处?])。届时,每个与会者都要准备好自己或支持(*pro*)或反对(*contra*)的论据,通常这些论据都会引用《圣经》、教父、哲学家、法学家的说法……亚里士多德说(*Aristoteles dicit*)……但图里乌斯驳(*sed contra*,*Tullius*)……教师会在当天或在另一场讨论会上做出裁决,他会作详尽的论述,并以这句话开头:*Respondeo dicendum*……,即"我的回答是必须认为"……然后,根据他通常的解决方法,他会亲自解决提出的每个反对意见。整个过程都会在后来编订成书。自 1256 至 1259 年,圣托马斯举行过两场论辩会,全都被编订成书。

6.《驳异大全》(*Somme contre les Gentils*)。它是圣托马斯的第一部"大全"。Gentils 指异教徒,尤其是阿拉伯人,因此也就是指阿威罗伊(*Averroès*)及阿威罗伊派对亚里士多德的解释。

7.《神学大全》(*Somme théologique*)。该书总共有数千页,分成三个大部分。《第一部》(*Prima Pars*),通过研究将上帝视为原则(下分上帝、创世、世界、人类);《第二部》(*Seconda Pars*),将上帝视为终结(因而论述了道德和政治);《第三部》(*Tertia Pars*),对基督徒得重生的条件、人神的中保、基督及其教会(因而论述了基督论、教会论、圣事)进行了研究;最后是《补编》(*Supplément*),圣托马斯未及完成,由其学生编订而成,该部分论述了末世形态(fins dernières)本身,即天堂、炼狱和地狱。

第一节　自然与恩宠

圣托马斯的思想与"教皇革命"的精神极为契合,完全受一个规划的主导,即对基督教信仰与理性进行调和。

视角的颠覆

由圣奥古斯丁的思想所主导的中世纪前期的拉丁神学激烈反对"双城"说,也就是说反对恩宠之治和本性之治。圣奥古斯丁摒弃了,或至少是剥夺了古典时期政治与法学思想的大部分合法性,支持新的基督教末世论,照他的说法,俗世一无是处,只不过是通往天国的过渡。圣托马斯在自己身处的那个时代重新发现了古代文化,[900]尤其是亚里士多德的著作,在中世纪前期完全被忽略的《尼各马科伦理学》或《政治学》所包蕴的客观知识从理智上俘获了他。他认为古典时期描述此世的科学,尽管是异教的,但内在是善的,可被视为理性的产物;他的评论是,必须在基督教中为其保留一席之地,而基督教自一两个世纪以来由于受到教皇革命的激励,已不再试图抛弃这个世界,而是要完全居于此世并将其转化过来。因此,理智上采取的做法就是要将古代的科学文化与基督教神学结合起来,并证明它们在本质上彼此具有互补性。

圣托马斯的所有著作都是为了实现这样的综合。但为了理解圣托马斯就政治与法学思想所作的阐述,我们必须一开始就强调此一综合至为关键的一个层面：圣托马斯在自然和恩宠之间做了新的关联。

圣托马斯从根本上修改了自然在神学中的地位。对圣奥古斯丁而言，自然已完全被原罪所摧毁。而托马斯却提出，自然尽管受到了原罪的殃及，但它尚未被摧毁：它只是受到了"损害"，其伤口可被愈合。

当然，若任由自然自生自灭的话，它就再也不能产生善的生命和社会，也无法将人引至完善；它的动力受到了损害。从这层意义上来看，说古代理想尽为虚妄是说对了。只有上帝的恩宠方能重新赋予人类生命以意义。但对圣托马斯而言，恩宠之行为模式不会从外部着手：为了拯救人类，它不会使人类悖离其本性，而是会将其治愈，而这就是受到恢复的本性的内在动力，它将施行拯救。恩宠的标准行为乃是在人类中重新树立遭原罪瘫痪之自然本身，即首先是理性和自由意志的力量，重新使其明辨善恶并希求真正的善。

因而，自然可重新成为包含神圣科学，即神学的科学之自身兴趣及规划的中心所在。古代人，首先是亚里士多德，也包括西塞罗、[901]罗马法学家和所有其他人，他们都对与本性相符的道德及政治生活作过论述，并重新找到了完满的价值。

然而，自然美德或"枢德"这辆"火车"——如果人们允许以这种形象来打比方的话——自此以后就会被作为恩宠成果的"对神"美德的三只"火车头"拖动（对《神学大全》第二部的第二部分[IIa IIæ]作通盘考量的话，心中就会产生这一形象，该部分的研究顺序并非偶然为之：先论信、望、爱[亦即对神三德]，再论审慎、正义、勇敢和节制[四枢德]）。

尽管如此，我们仍然会发现，从实践上来说，甚至被拖向超自然目的地的自然美德也会完整地保存其构造和特质——首先是正义，这一概念在圣托马斯的社会及政治论域内主导了整个论证过程。圣托马斯论述道德和政治的数千页文字从诸多方面来看，均纯粹是对亚里士多德作的注释，它们从整体上被添加入基督教神学中，既没对自己作修改，亦未改动后者。可以说，圣托马斯只是将亚里士多德及古人论本性的、非《圣经》的哲学"嫁接"到了创世教义与末世形态教义之间这一《圣经》神学的组织架构之上。

对本性及恩宠观的颠覆在《神学大全》的不同段落,尤其是对罪(Ia IIæ,问题 71—89)与恩宠(Ia IIæ,问题 109—114)的论述中得以完成,我们必须简明扼要地对它们做一番阐述。①

原罪

整个人类均在亚当中犯罪(问题 81,第 1 条),因为正是亚当繁衍了整个人类,而亚当则是被当作身体的人类之首。因而,所有人生来即为罪人:四肢应为身体,甚至为[902]头脑所做的决定而导致的过错负责。罪殃及了每个人的自然,因为罪被从亚当这里传至了本性中;原罪因而就是"自然罪"(*peccatum naturæ*)。

罪乃是习性(*habitus*,亦即具有使行为体现某某意义的倾向),它扰乱了人之自然;它可与"疾病"相比(问题 82,第 1 条)。正如疾病既是对健康的剥夺,亦是有害体液实际的产出,原罪既存在于对"原初正义"的剥夺之中,亦存在于为恶之永恒禀性的产出之中。圣托马斯明确指出,"它由此之后便导致了胡作非为的习性;它虽无法直接如此行事[如其他 *habitus* 一般由力量导致行动,比如活力可导致勇敢的行为],却可间接而为,也就是说可远离原初正义为抵制[灵魂与肉体]紊乱的运动而设置的障碍;同样,机体中的疾病也会经此而间接导致身体运动产生紊乱的倾向"(问题 82,第 1 条,解答 3)。②

---

① 参阅圣托马斯《神学大全》,Éd. du Cerf,第 4 卷,1993(法译全本);《神学大全》(*Summa theologica*),Cura fratrum eiusdem Ordinis,第 5 卷,*Biblioteca de autores cristianos*,Salamanque,1964(拉丁文全本);《神学大全》,(*la Revue des Jeunes*)[亦即指供多明我会年轻修士阅读],Desclée et Cie-Éd. du Cerf,分卷版,非全本,为法语及拉丁文对照文本,配有大量专业性很强的注释与附录。

② 罪是如此损害了本性,以致它使人类成为可朽之身。从这个方面看,圣托马斯与亚里士多德有了分别,对后者而言,死亡显然是自然秩序的一部分:月下世界的所有存在者均得服从"生成"与"腐朽"这一规律。圣托马斯不得不提出某种足够巧妙的论据将亚里士多德的自然观同《圣经》"上帝并不创造死亡"(《智慧篇》1,13)及死亡——恰如身体上的缺陷和疾病——乃是罪之惩罚,或如圣保罗所言"罪是从一人入了世界,死又是从罪来的"(《罗马书》5:12)这一观念相调和。圣托马斯解释道,在不受腐蚀的本性状态之中,灵魂由于是肉体的形式,人类灵魂本身的不朽性便也会使肉体不朽,生成和腐朽的法则只对其他的自然存在者才有效(参阅问题 85,第 5 条,结尾;问题 85,第 6 条,反方第 2 条与结论;参阅 Ia,问题 97,第 1 条)。

原罪包含了贪欲、对可朽事物的欲望(*concupisciencia*),而非无知(罪人身上确实存在无知,但它乃是理性遭贪欲损毁的结果)。因此,从"形式上"说,罪是指原初正义的缺席,从"身体上"来说,它就是指欲念(问题 82,第 3 条)。

问题 85 整个都是在谈由原罪导致的"自然之善的堕落"。罪"削弱了自然之善"(*diminuit bonum naturæ*)。由于它,人类便[903]"缺失了恩宠之赐,使自然之赐受到了损害"(*expoliatur gratuitis et vulneratur in naturalibus*,崇高者比德[Bède le Vénérable][①]的箴言)(问题 85,第 1 条,反方[*Sed contra*])。对圣托马斯而言,这些箴言遮蔽了一个确切的判断。首先,存疑的"削弱"并不会殃及"本性本身固有的诸原则,因为存在如灵魂与同类的其他实在的力量这些从中流溢而出的特性"(同上,结尾)。[②] 这样做,一方面完全摒弃了先前属于人类本性之完整部分的"原初正义之赐";另一方面,它"削减"(据该词严格意义上的词意来看,指的是量)了"朝向美德的本性倾向"。因而,对美德之憧憬的"削减"并不表明这一憧憬在其本源上受到了损害,而是表明它仅仅因阻碍,即罪的阻挠才未达至其终点。存在"非由消减,而是由障碍的置放"所导致的削减(解答 3)。诚然,人越是罪得深,障碍便越是大,直到人之拯救成为几不可能之事;然而,只要根并未被拔去,人之中便仍然会存在对善的真正的憧憬——从这个意义上来看,本性受到了原罪的损毁,而非摧毁。[③]

同样,尽管圣托马斯承认罪在人类造物身上剥夺了"节制、美和秩序"(第 4 条),但他也坚称"存在构成[其]本性之基础的善,这本性拥有不会受[罪]夺去和削减的节制、美和秩序"(问题 85,第 4 条,结尾)。比如,与圣奥古斯丁的观点相左的是,人"在任何情况下,为了了解真

---

① 比德(Beda Venerabilis,约 673—735 年),英国神学家、历史学家、本笃会会士。为古代教会神学与中古时期神学之间的桥梁。所著《英格兰教会史》是研究盎格鲁-萨克逊各部族基督信仰历史的重要著作。其他著作有《论事物的本性》等。参阅《基督宗教外语汉语神学词语汇编》,前揭,p. 98—99。——译注

② 该文本在稍后几行处又添加了这份清单:"存在、生命、智慧"。它们没有一个会受罪的累及。

③ 圣托马斯补充道,即便在受责罚之人那里,这种对善的憧憬仍继续存在着;他们必须能经受悔恨的惩罚(第 3 节)。

理,并不需要在本性之启迪上另外添加［神圣的］启迪"(问题 109,第 1
条,结尾)。同样,若堕落之人确实无法全身心地希求善,但"尽管如此,
由于罪并未彻底腐蚀人性,并未剥夺他所有的善,故人在此种状态中,
仍能以其自身本性的美德而实现某种特别的善,如［904］造房、栽葡萄
之类"(问题 109,第 2 条,结尾)。在生病的状态下,人"若无医疗的帮
助,便无法像健康者那般活动"。若无恩宠,人也无法抵达其超自然的
善,但"他所能行的那些作为却能使他抵达某种与他同性的(con-
naturel)①善"(问题 109,第 5 条,结尾)。

恩宠恢复自然

自此,对自然及其内在的律法,以及对谈及此的古代作家的关注便
这样又开始回潮。

亚里士多德的正义观念如今重新找到了其完全的兴趣所在。当
然,圣托马斯看得很清楚,它并不能全部应用于基督徒。照亚里士多德
的看法,正义必以平等为基准,而在人与上帝之间,却有着绝对的不平
等。② 无论如何,有罪之人所行之事在上帝的眼中看来既非功德,亦非
罪戾;他以正义所行之善举毫不足道。只有恩宠方能使人行善。但圣
托马斯说,上帝的恩宠确切地说就在于重建拥有自由意志的人性:他在
上帝的全能与人类的自由之间做了调和,使后者成为前者的后果。自
此以后,人类正义便能找到其全部的意义。上帝必须对我们以正义所
行之善举进行补赎,这倒并非因为它们使他成了我们的债务人(他尽管
是万物包括我们自身赐赠之物的赠与者,却不可能成为债务人),而是
因为他必须尊重其放于我们心中的善之本性:

> 我们的作为只有根据先于其前的、神圣的授任方有其功德,
> 这功德并不会使上帝成为我们,而是他自己的债务人:就此看
> 来,必须拥有他印于造物身上的授任,才算完满(问题 114,第 1

---

① Connaturel(英语 connaturality)指耶稣基督先天地与上帝圣父同性同体,借着降生为人,
　与人有同构型。——译注
② 他知道,应用于人身上的纯粹正义只会使其沉沦:"罪人所应得的并非生命,而是死亡,
　《罗马书》[6:23]如是说:因为罪的工价乃是死。"

条,结论)。①

[905]就所有这些原因看来,与教皇革命的精神相符合的神学家圣托马斯就会在《神学大全》自身的范围内,就理性的政治科学与法学,即法律、正义、国家这些庞大的范畴进行系统论述。

第二节 法　　律

《神学大全》②中的"法律论述"占了极大的篇幅,在那个时代,无论是教廷,还是世俗王国,他们都重新发现了立法这一工具。

托马斯以其一贯的明晰性,亲自将其法律论述置于自己整体的道德观之中:

> 现在必须研究人类行为的外在(*externe*)诸原则。③ 导致恶行的外部(*extérieur*)原则就是魔鬼;我们已在[《神学大全》](问题 114)第一部分谈及这种趋向。使我们行善的外在原则乃是上帝,他或是通过法律教导我们,或是以其恩宠支撑我们。因此相继研究法律(问题 90—108)和恩宠(问题 109—114)乃是恰当的行为。

他首先研究法律这一概念,然后研究法律的不同种类:永恒之法、自然之法、人类之法[实在法]、神圣之法[天启法],而法律本身则被细分成古法(《摩西五经》《旧约》)和新法(《福音书》)。

法律的概念

[906]法律的定义如下:"理性为了共同的善而作的安排,由担负共同体的善所颁布。"(*quædam rationis ordinatio ad bonum commune,ab*

---

① 上帝甚至应该通过重视我们份外的功德而对我们正义的善举进行补赎,可以说,恰是它们才使我们所统称之正义成了上帝之中的"债权人";这些功德可从欠他人的债务中加以扣除(问题 114,第 6 条,结尾:"上帝按照友善(*amitié*)的比例,实现人想要救助他人的意愿,这么做堪称恰如其分")。

② Éd. du Cerf,第 2 卷,p. 567—744,Jean-Marie Aubert、Pierre Grelot、Servais Pinckaers 引言及笺注;la Revue des Jeunes 版:《古代法》(*La loi ancienne*),Ia Ⅱæ,问题 98—105,J. Tonneau 法译及笺注,2 卷本,Desclée et Cie,1971;《新法》(*La loi nouvelle*),Ia Ⅱæ,问题 106—108,J. Tonneau 法译及笺注,Éd. du Cerf,1981。

③ 内在(*interne*)诸原则就是指习性,亦即美德与恶习;我们将在后面研究内在诸原则,它们特别将正义之美德引入了社会与政治生活之中。

eo qui curam communitatis habet，promulgata）（问题 90，第 4 条，结尾）该定义中的每个要素都很重要。

法律（第 1 条）归属"理性"（它是 *aliquid rationis*，也就是说它是某种结构，通过此结构，人类的行为会得到授权或遭到禁止，从而得以组织起来。它是"某种行为的准则和尺度"）。只有将行为带至某个目的才存在法律（将目的与手段联结起来，亦即证明事物的意义，确实是理性的属性）。此目的就是指共同体的共同之善（第 2 条）。

圣托马斯完全承认私人生活和私人财产的合法性（参阅下文），但他按照亚里士多德的模式，在个体与共同体之间确立了某种等级制。共同体的法律优于低等级的个人或共同体为自身所设定的法律，因为共同体之善优于部分之善，甚至对部分而言也是如此。

法律与共同之善之间的关联决定了法律的另一个基本特性。它应该由如此的共同体或由代表它的某个人所制定（第 3 条）。

为共同之善中的某物排定次序当属全体民众或某个代表民众的人所为（*alicujus gerentis vicem totius multitudinis*）。这就是为何立法权属全体大众或更属于某个担负大众的官方人物所为的原因（*personam publicam quæ totius multitudinis curam habet*）（第 3 条，结尾）。

个人无法制定法律，因为他无法支配强制权；他只能提出建议。由此便出现了两种特定的情形（问题 97，第 3 条，解答 3 中有详述）：要么人们置身于"自由社会"（*libera multitudo*），即共和国中，立法者是全体民众（作者想起了古代的例子及其同时代的诸意大利共和国）；要么人们置身于[907]君主制中，而且在这种情况下，君主不会以个人身份，而是以大众"代表"的身份行事。整个问题的目的就是想知道他如何以及何时才能获得某份行代表权的委任书，以及这份委任书是临时的还是决定性的，是有条件的还是无条件的；圣托马斯并未对此加以论述。立法权属于民众这一原则仍然有效。圣托马斯在此毫无疑义地复述了希腊与罗马的古代传统，驳斥了保罗和奥古斯丁关于因罪之故，权力直接由上帝赋予某几个人的观念。①

---

① 圣托马斯的这一立场对后来的政治观念史具有极大的重要性。它从教义上支持了反对专制主义的斗争，因为在近代，民众拥有终极至上性这一原则已得到苏亚雷斯（Suarez）这样的托马斯主义思想家的阐述。

最后,法律应该得到颁布(第 4 条)。其公共性乃是其本质的一部分。法律借助的是人类的理解力;它只有在人了解它的时候才会起作用。然而,法律从其根源及对象上看,都应是普通法;因此,所有人都该了解它,要确信所有人都了解它:它应该成为"公共知识"。但它只有在得到颁布后才能如此。因而,未经颁布的法律就不是法律。成文的法律并非他物,而是无限期延长颁布期的一种手段。

故而,圣托马斯谴责了建基于秘密之上的整个管理方式(柏拉图及后来马基雅维利和专制主义的模式),如此一来,也就必然对法律的整个追溯性作了谴责。

他对反对意见作了饶有趣味的回应,根据该反对意见,自然法就算没有颁布,也仍然会一直有效:所谓自然法的"颁布"及公之于众就是指上帝将其铭刻于每个人的心灵,亦即良知之中(我们记得西塞罗这么说过)。因而,没有人会声称自己会将其忽视。

我们来对不同类别的法律进行考察。

永恒之法

[908]圣托马斯处于古代哲学,尤其是斯多阿派的传承之中,他承认"整个宇宙共同体均受神圣理性的管理"(问题 91,第 1 条,结尾),正如上帝永恒,故也存在"永恒之法",既然它与神圣的圣言相融合,所以它也会恒久地得到颁布。它预先将所有形式的造物包含于神圣的知性中,正如工匠在完成自己的作品之前,头脑中已先有自己所造之物的形式一样。

圣奥古斯丁曾说:"永恒之法乃是神圣理性或上帝的意志,它要求对自然秩序进行维护,禁止对其扰乱。"(《驳福斯图斯》[Contra Faustum],22,27;参阅西塞罗《论法律》,2,4,圣奥古斯丁或许受了他的影响)圣托马斯说:"永恒之法并非他物,而是神圣智慧这一思想,智慧据此指导所有的行为和所有的运动。"(问题 93,第 1 条,结尾)这一智慧被托马斯和奥古斯丁确认为是圣言(Verbe),它是三位一体中的第二位,以致永恒之法尽管严格地说尚不能算是圣子,但"由于理性与话语之间的亲缘性,仍可看作是他"(appropriatur filio propter convenenttiam quam habet ratio ad verbum)(问题 93,第 1 条,解答 2)。

此外,"眷顾"概念与"永恒之法"的概念有关联,但它在理性上同其有分别:眷顾指的是对每个造物施行永恒之法。

最后，由于上帝不仅创造，而且还将每个造物带至其终点处，故而永恒之法不该被认为是静态的，它是动态的实在，通过此实在，"上帝推动所有的存在，将它们吸引至其身边，且使它们的目的得以实现"（Jean-Marie Aubert）。

所有法律均以各种方式派生自永恒之法。

自然之法

[909]自然之法乃是永恒之法在造物，特别是人类中的积极的、有组织的在场。

> 由于臣服于神圣眷顾的所有存在均受永恒之法的规范和衡量，故而这些存在显然都以某种方式分享了永恒之法（aliqualiter participant legem æternam），事实上，它们通过获得该法在其心中留下的印记，而拥有了推动它们做出行动、抵达其自身终点的诸种倾向（问题91，第2条，结论）。

但臣服于神圣眷顾的存在可被划分为两大范畴，即非理性造物和理性造物。前者对永恒之法的分享通过它们臣服的事实，即惰性之物屈服于决定论、动物屈服于其本能等而得以表达。至于理性造物，则

> 以极其卓越的方式臣服于神圣眷顾，事实上它本身就因念及自己和他人之故而属于这眷顾（问题91，第2条，结尾）。

因为它拥有理性，而理性就是对从手段通往目的之间的关系作思考的能力。从这层意义上来看，可以说，人类被认定乃是"受神圣眷顾的委派而行他自己的眷顾，对自身进行眷顾"（Jean-Marie Aubert）。他并不会消极被动地接受永恒之法的印记，他从其自身中接受自行赋予法律且与之相符的能力。

在非理性造物的身上，永恒理性通过某种决断得以表达自身，而决断不会受做出某某行为及跟随某某的目的所左右。在人类身上，是通过明辨善恶的能力来加以表达的。圣托马斯在此几乎逐字逐句重述了西塞罗的"良知"理论（参阅上文，p. 472及以后）。

当《诗篇》(4:6)①说:"当献上公义的祭"时,他就像是在针对那些求问这些正义之善举究竟为何的人那样,补充道:"很多人说:谁会向我们明示那善?"他向他们作了这样的回答:"主啊,我们拥有你的容光,它铭刻于我们心中",也就是说我们的自然理性之光由于能使我们明辨何为善、何为恶,故而它无非是我们心中神圣之光的印记。因此,显然的是,[910]自然之法也无非是对理性造物内永恒之法的分享(问题91,第2条,结尾)。

但在拥有理性之前,人类这一种属的特性乃是物质和动物。因此,对他而言,自然之法会通过这些层级中每个层级所特定的特征而表达出来。

人类首先会受到吸引,想去寻求与其本性相符的善,这点同其他所有的物质都很相似,从这个意义上说,所有的物质都在按照其自己的本性,寻求维护自己的存在。②[⋯⋯]其次,在人类中间有一种寻求更为特殊的善的倾向,这些善符合人类与其他动物共通的本性。因此,它们属于"自然教给所有动物"的自然之法,比如雄性和雌性的结合,照顾幼子等等。第三,我们在人类中间发现一种向善的希求,这善与其想要拥有理性的本性相符,这是他本身所固有的特质;因此,就存在一种想要了解有关上帝与社会生活的真理的自然倾向。从这层意义上来说,所有属于这一本身所固有的希求之物都归属于自然之法:比如,人会避免无知,或不去做损害与其相处的邻人的事,且所有其他的规定均朝向这一目标(问题94,第2条,结尾)。

对人性特点所作的这一初步罗列总的来说与古人的陈述相符(参阅上文,p. 311—312)。

---

① 和合本《诗篇》为4:5。——译注
② 他想"坚持自己的存在",就像斯宾诺莎反复说的那样。所有这一切均与古希腊的本体论极为相符,却与《圣经》中的先知末世论大相径庭。

自然之法尚有两个特点:它具有普世性(问题 94,第 4 条)和不变性(问题 94,第 5 条)。它之具有普世性,就如首要的科学公理一般,尽管思辨理性和实践理性之间存在差异。在这两种情况下,前者的那些原则为万民所共通,故而具普世性;但虽然认知的普遍原则所具有的个别逻辑结论仍然是具普世性的真理,可实践理性诸原则在具体应用时仍会根据情况有所变动,特别是对自然之法的认知

　　遭到了激情、不良习俗,或扭曲的本性所歪曲时更是如此。因此,从前在日耳曼人中,[911]劫掠并不会被视为败德之行,尽管它与自然之法明显相左,如尤利乌斯·凯撒在其《高卢战记》(Ⅵ,23)一书中所说的那样。

这里出现了一个极为重要的批评意见。首先,本性有时会产生恶魔。其次,“激情”或“习俗”会遮蔽自然之法。由此便导致求助于自然之法并不总是会起到守成的作用。圣托马斯认为,日耳曼人并未如塔西佗所想的那样“据其本性”而活,他明确地认为,凯撒的文明比起蛮族人的习俗更接近自然之法。因此,对蛮族人而言,罗马化既未使他们改变本性,也不是用一种同样完全专断的习俗来替换另一种专断的习俗,而是朝向与上帝所创造、所希求的本性更为相近的生命的一种进展。我们发现,此处确认了我们论述“教皇革命”中自然法地位发生改变这一说法(参阅上文,p. 880 及以后)。①

　　(第 6 条)自然之法之所以会暂时被从人类灵魂中抹去,“要么是由于堕落的宣传之故,错谬由此会在思辨科学作必要的结论时潜入进去,要么成了败德的习俗及腐化习性(habitus)的结果”,必须将其恢复过来。

　　甚至天启之法也无法改变自然之法:圣托马斯当然无法否认预言,他阐明,天启只会对自然法“有所添加”,而不会对其进行改动,正如人们穿衣服不会改变自

---

① 其他例子:同性恋尤其被视为是“反自然之罪”,但希腊人却不认为它是罪恶,参阅问题 95,第 6 条,结尾(圣托马斯引用了《罗马书》1:24);这并不是说自然之法在希腊人和我们这里不一样,而是说希腊人被他们的激情所阻碍不能看清并承认之。

己的身体一样。在衣服之下,赤身裸体的人仍旧拥有他自身全部的自然特性。

人类之法

人们可以相信,人类充分地受了自然之法的引导。但情况并非如此:首先因为自然只能[912]将能力赋予美德,而美德并未得到发展;然而,(1)人类之法却在这发展过程中起到了本质性的作用;其次(2)因为自然之法只具普遍性,故仍必须另行规定以资补充,以便能马上(*hic et nunc*)引导人类生活。

1) 美德与人类其他的能力相仿佛,自然给出雏形,但其后仍须对其进行培养和酝酿。比方说,自然赋予人的是"理性和双手",多亏了它们,他才能获得不同的物质技术,但他只有通过工作和经验才能使用它们,才能在自己身上使其现实化。在此,圣托马斯与近代的"自然"与"文化"分野极其相近,就此看来,他清楚地表明了,文化乃是特殊的(*sui generis*)产物,是添加于自然之上并与其相异之物;技术并不属于动物在胚胎时期即已发展起来的"理性和手",那是卵处于潜在状态时即已完全存在的简单的现实化。同样,美德的完善导致了使社会介入进来的过程:

> 人必须从他人处获得这种教育(*disciplina*),由此,他方能达成美德。当然,对那些想通过幸运的天赋安排或习惯(*consuetu-do*),尤其是通过神圣的恩宠而拥有美德的年轻人而言,父亲通过耳提面命的教育就已足够。但因为存在堕落及向恶之人,他们极难受言语的触动,那么就必须通过武力和强制措施来迫使他们不再为恶,以至少使他们不再做坏事,以确保他人能过上平静的生活。再者,对他们而言,也会逐渐养成自觉自愿,而非像以前那样只因出于畏惧才去做事的习惯。这种以畏惧来纠偏的教育乃是法律所赐。同样,对于人类的和平以及使他们拥有承担法律的美德来说,此乃必须为之(问题95,第1条,结尾)。

2) 若人们仅仅提出首要原则的话,科学也就不存在了,若人们提出的仅仅是铭刻于人良知中的自然之法诸原则的话,那么法律也就无法达成；它必须有其他的规定。有两种不同的方式可以达成这样的目的，或基于普遍规则而派生出具体的准则，或使这些［913］规则适应不同的情况。圣托马斯对第一种模式做了如此规定：

> 正如思辨理性中那样，不同科学的结论都是无法论证的诸原则的结果，对这些结论的认知虽非我们天生所长，却可成为我们精神活动的成果，同样，人类理性也必须基于自然之法的训示，因它们都是无法加以论证的普遍原则，从而达成某些具体的安排（问题91，第3条，结尾）。

比如，"不可杀人"这条准则基于从原则推导出结论这一方式，而派生自一条更为普遍的准则："不得为恶。"

第二种模式"在共通的型式决定进行特定化处理时，其与技艺［亦即技术］中发生的情况就颇为类似；建筑师就是此种情况，他应该对房子的普遍形式作明确的规定，使其具有某种居住的结构"。因此，刑罚的诸种样态为了拥有规定性，就会从某条准则派生而来，某个过错就该据此受到惩罚（问题95，第2条，结尾）。

得出结论并进行规定乃是人类法律，或称实在法的固有任务。通过这一点，我们发现，人类之法只有以某种方式派生自自然之法时，方具有合法性；它不能自主自为；它内中之所以会拥有公道，恰是因为它是从内在于其的自然之法中而来。

圣托马斯提出，万民法源自自然法乃是出于第一种模式，而民法则是出于第二种模式（问题95，第4条，结尾）。

但自然法的这些派生物都有可能会是零敲碎打而成。为什么法律会拥有这一普遍准则的形式呢？因为法律无法预见所有的具体情况，故而从这层意义上来说，就必须使法官发挥某种作用，因只有他才能观察事实所形成的问题，从某种意义上说，他就是现行的法律，但尽管如此，最好还是用法律来规定最大多数的情况。因为：

1）相比找出大量贤人来公正地为具体案例断案而言，找出为数不多的足以承担公义法律的贤人会更容易。2）立法者老早就已预先认为，[914]当针对具体情况的判断受临时突然出现的情况的影响时，仍必须通过法律来进行确立；而人类只有借助自己获取的大量经验，而非面对极为特殊的案例，才能更轻易地发现如何断案才算公正。3）立法者断案时考虑的是全部的案例，且为今后着想；当法官在法庭上对当前案例做出决定时，面对这些案例，他们会受到爱、憎和贪欲的影响。故而，他们的判决会受到扭曲。因此，作为现行正义化身的法官不太容易碰得到，这样的正义很容易改变，这就是为何必须通过法律对在尽可能多的案例中如何审判进行规定，且给人的决策只留有少量余地的缘故（问题95，第1条，解答2）。

但人类之法若需具合法性，就必须拥有某些特性，它们可以从其最初根源及最终目的所下的定义中推断出来。它是人类行为的规则与尺度，规则本身受两个等级更高的准则，即神圣之法和自然之法所制辖，而它的最终目的就是共同之善。因此，它应该与宗教和谐共处，与其自身所针对的那些人的天赋能力相适应（譬如，法律对孩童及成年人的要求就不一样），明晰，以共同之善为依归，最后，无论从根源上还是从目的上来说都须具有普遍性。根源上：我们已在前文发现，它是由共同体或其代表制定的。目的上，因为"法律"本身的概念就包含了如下的意思：

> 若既存在规则和尺度，又存在受规则制约与尺度衡量的事物，那么规则与尺度就会失去它们存在的理由，因为它们的功用性明确在于让人通过独一无二的方式来了解众多事物。因此，法律的功用性若其只能扩展至独一的行为，那就毫无用处。如需指导独一的行为，就必须有审慎之人作出针对性的训诲……（问题96，第1条，结尾）。

人类行为在何种领域会受法律的涵盖呢？在此，圣托马斯在天主教神学的框架内重述并证实了由阿贝拉尔及教法学家在犯罪和罪之间所作的分别,这对于西方自由观的生成具有莫大的意义(参阅上文,p. 878及以后)。法律惩处犯罪,而非罪。推论如下:他说,法律应该与那些受其统治者的本性相适应;因此,孩童允许做的许多事,它却禁止成人去做。同样,它允许

> 不完善者做许多事,却无法容忍有德之人去这么做。然而,人类之法是针对大众的,他们中大部分人在美德上都不完善。这便是为何人类之法并不禁止遭有德之人弃绝的所有恶行之故,但只有极其严重的恶行,大部分人才有可能不会去做;尤其是那些损害他人的恶行。[①] 因若不对这些恶行进行禁止,社会便无法持续下去;因而,人类之法禁止的是谋杀、偷窃和其他此类行为(问题96,第2条,结尾)。

[915]况且,法律由于是一种教育,故其必须采取渐进的方式:对不完善者施行极其严厉的训海,无异于在旧的羊皮袋里装新酒,袋子会破。太过严格的法律不会得到遵行,故而不太严格的法律也同样会受到蔑视。

此外,圣托马斯还添加了一个颇为奇怪的观点,我们在前文中有所涉及:他发现,某些罪如高利贷,因先前他说过的理由,不仅无法被法律禁止,而且还不应该被禁止,因为它们有用,禁止的话会损害到普遍利益。圣托马斯对商业、自由开办的企业及银行业有着直观的理解,但他无法容忍它们,这倒是个独特的吊诡之处。尚须等到加尔文学派中的曼德维尔(Mandeville)和斯密(Smith)的出现,"个体之恶"促生"公共利益"的说法才会得到分析,事实上,该说法被认为是在转型的社会环境中美德本身的新的表现形式。

人们是否须从良知上遵从人类之法?人们是否连偶尔对它进行抵御都不可能?"良知法庭"(forum conscientiæ)是否无法反对它?(第4条)圣托马斯对此敏感的问题作了堪称四平八稳的回答;他具备条分缕析的才能。在涉及无论从其对象还是从其型态都显公正的法

---

① 指扰乱公共秩序的行为,这恰是阿贝拉尔的准则。

律来说，人们必须从良知上遵从它。对那些或彼或此都有些不公正的法律来说，人们便无须从良知上对它遵从，除非出现了导致"公愤或混乱"（*scandalum vel turbationem*）的叛乱时才需如此。为了避免出现这种情况，"人们甚至必须让出自己的权利"，这么做是出于爱（charité）。（圣托马斯引用了"登山训众"："若有人强迫你走一千步，你就同他走[916]两千步。"①）对于直接反对神圣之法的法律，比如强迫行偶像崇拜的法律而言，人们只能以对抗公愤和混乱的方式来反抗威权。

是否所有人都得臣服于人类之法？那些受启迪者由于直接受圣灵之法的管理，那他们是否可以不受人类之法的约束？照《学说汇纂》的说法，是否至少君主可不受法律约束（*legibus solutus*）（第 5 条）？至于"属灵之人"，他们也会臣服于人类之法，因为"按照圣彼得的这些说法（《彼得前书》2：13）：'你们为主的缘故，要顺服人的一切制度'，属灵之人顺服人类之法甚至也进入了圣灵的行为中"。② 至于政治领导人是否须臣服法律这个问题，最好还是在法律中对"管理的权力"（*vis directiva*）与"强制力"（*vis coactiva*）做一下区分。

> 若有人说，君主不受法律约束，那这指的是强制力（vim coactivam）；因为，确切地说，没有人能强迫自己；而法律只有通过领导者的权力才会拥有强制力。正是通过这一方式，君主方能不受法律的约束，因为没有人能在反对法律的情况下强迫自己去受责罚。这就是为何针对《诗篇》（51：6）"我得罪了你，唯独得罪了你"③这一段，《注释》会宣称："国王并不了解自行审判其行为者"的缘故。相反，若讲的是由法律来施行管理的角色，那

---

① 据法语原文，此处所本译文为思高本《圣经·玛窦福音》5：41；和合本《马太福音》为"有人强逼你走一里路，你就同他走二里"。——译注

② 他重又在圣奥古斯丁对《罗马书》第 13 章所作的阐述中发现了这一教义（参阅上文，p. 753 及以后）。基督徒因有原罪，故应以谦卑及适当的忏悔来接受不义或无法理解的权能。

③ 此处所本为思高本《圣经·圣咏集》；和合本《诗篇》51：4 为"我向你犯罪，唯独得罪了你"。——译注

么君主就该臣服于自己的意愿,《格列高利九世教皇法令集》就是如是写的:"任何人若将某条法律施于他人,那他也应该将之应用于自己身上……"①贤人[奥松,Ausone]以其权威宣称:"你要亲自承担自己所确立的法律。"尽管如此,主仍发出了谴责,他针对的是"他们能说不能行;他们把难担的重担搁在人的肩上,但自己一个指头也不肯动"(《马太福音》23:3)。这就是为何,在受上帝的审判前,若说的是管理的权能,则君主是不受法律约束的缘故;他应该全心全意地,而非通过强制来施行法律。君主最终居于法律之上,照这层意思来看,若他只是权宜地做出审判,那他就能随时随地修改法律或将其免除②(问题96,第5条,解答3)。

[917]圣托马斯随后自问对赋予人类之法该做出何种解释。当特定情况下,按条文做出决策明显荒谬时,是该逐字逐句,还是按照其"精神"加以应用? 必须按照立法者的意图对法律做出解释。他希求的是公共利益,且将法律作为达成这一目的的手段,而非使法律成为其自己的目的。若他已知在某某特定情况下,该手段违犯了目的,那么他显然就会选择其他方法,这就是为何人们可对他的文本作解释的原因。当没有时间求助于上级或立法者本人时,甚至最简单的特定情况在必要时也能这么做。

既然如此,法律最好的阐释者就会是习俗,圣托马斯在此(问题97)表明了,他对文化进化论以及通过循环因果律对规则进行拣选与固化的这些现象都有些许的理解,后来的"自发秩序"(ordre spontané)诸理论正是试图对此做出解释。首先,人类之法尽管派生自不变的永恒之法和自然之法,但它仍会变化,首先是因为理性在其进行规定及适应神圣的法律时会有所进展,其次因为人类的事物由于具多变性,故不变的法则就会在新的情势下产生相异的效果,因此,就

---

① 因此,是教会正式转抄了《应遵之令》中的这条箴言。

② 在赞同专制主义时有所保留,这确乎是教会法的衡平精神。

算抱定要一如既往地尽可能"贴合"自然法这一宗旨,但实在法仍应不断地进行改良(第 1 条)。然而,变化本身具有危险性,因为它破坏了对法律的适应性,以及它受万民遵从的条件("法律从习惯中汲取了它最强有力的力量",亚里士多德《政治学》,Ⅱ,Ⅴ,14,1269a 20)。因此,只有在变化能带来期望中的好处并对变化的事实导致的诸多不便之处做出补救时,人们才应该下此决断(引用了《学说汇纂》:"在确立新的体制时,为了使人们放弃长期以来被认为具公正性的法律,显然只有功用性才可派上用场。")

对习俗(*consuetudo*)力量的异议仍然很激烈(问题 97,第 3 条,异议)。如果说,只要人类之法源自自然之法和神圣之法就能算作公义的话,那么习俗即无法对法律的正义作增补删减,显然也就在人类之法中一无是处。况且,"从几样不良的事物中无法导致一样好的事物;然而,谁若[918]首先与法律作对,谁就是在为恶;因此,相似的行为哪怕再多,也无法产生任何善",而由与法律相左的许多行为产生的习俗根本就无法拥有驱除法律的合法权利。最后,习俗是"从私人的行为中汲取其价值"的,而法律则要么由民众,要么由官方代表才能来加以确定。

圣托马斯在作回答时意图论证,尽管有这些表象,但习俗仍具合理性。因为,若人类理性确乎能以言语和文字进行表达的话,那么它也能通过行为进行表达,"因每个人似乎都会将自己的作为所实现之事选定为善"(问题 97,第 3 条,结尾)。因而,正如他能通过言语解释法律且对其做出改动,那么他也能通过行为,尤其是当这些行为被许多人无数次实践过时去这么做,因为这明确地表明了它们并非人们偶然所为,而是根据确切的理性才去这么做的。尽管如此,他也在前文中说过,人类之法能够而且应该有变化,因为当形势有变时,同一的法律就会产生不同的意义,它既能对共同体有益,亦可有损。当人们行事与法律相左时,他们只是在做自认为必须要做的改动而已。最后,法律的根源由于是共同体,故以整个共同体(亦即习俗)为重的诉讼程序对法律有所影响就不会令人不快了。从所有这些意义来看,"习俗拥有法律的力量,既可废除法律,亦可阐释法律"(*consuetudo et habet vim legis,et legem abolet, et est legum interpretatrix*）。①

习俗仍然不可违背自然之法和神圣之法，在这点上它并不优于任何人类之法。

神圣之法：概论

几乎先前所有的观点都是在重述古典时期的学说：永恒之法重述了斯多阿派的主张；自然之法及其与实在法的关系借用的是亚里士多德、西塞罗及《学说汇纂》。[919]圣托马斯如今已摆脱了这些传统，他提出的观点是，添加于永恒、自然和人类之法上的乃是"神圣之法"，即天启之法，或者毋宁说，是《旧约》和《新约》这两部相继作出启示的法律。此处，我们发现了教皇革命余波中的另一个层面，即教皇革命将道德与政治生活置入了"拯救经济学"（économie du salut）的前景之中。我们注意到，圣托马斯试图在其时代对千禧年主义的论战中采取平衡的立场。

我们要明确一个词汇。"神圣之法"这一应用于天启之法的表达法不应使人认为，先前所研究的那些法律都不算神圣：永恒之法与自然之法显然也都来自上帝；天启之法的"神性"并非其原初的特点，而是其公诸于众的模式。

为了按照人类固有的目的，即真福来指导人类的行为，通过超自然之途而来认识人类的法律得到了确证，共有四个理由。先说第一个——它也是最有力量的一个理由，或至少最为清晰地证明了它与自然法的传统之间具有的差异：

> 若人类只能按照与其自然能力相适应的目的才能得到有序的话，那么从其理性方面来说，他就无需接受高于源自它的自然之法和人类之法这样的指导性原则。但因为人类的有序化是为了达到永恒真福的目的，这目的超越了人类机能的自然能力，故在自然之法和人类之法上必须存在由上帝赐予的法律，以将人类引向其终点（第4条，结尾）。

正如《神曲》中，维吉尔无法在炼狱之外当但丁的向导，必须由从天

---

① 自格拉济亚努斯的《教令集》以来，它就成了教会法的表达形式。

上下来的比亚特里斯来指引只有天国之人才知晓的道路那样,同样,自从人类向往不再如自然存在物般在尘世,而是像"有能力成为上帝的"(capable de Dieu)①存在者在天国中达成其本质那样起,②他们也[920]将被引至各条道路以抵达彼处,不是经由本性,而是经由恩宠,也就是说,不可能通过自然理性,而是只有通过《圣经》才能有此认知。

> 还有其他理由。尽管人类只能预料,按其自然理性,自己根本无法获得确定性;但他通过信仰投身其中的启示却可为他带来确定性。另一方面,"[只了解人类外在的行为,而非其意图的]人类之法无法惩治内在行为且有效地使之有序化";而神圣之法却可填补此中的缺失。③

自从引入超验而非哲学的元素起,圣托马斯便逐渐以一个根本的特点同亚里士多德主义保持了距离:神圣之法并非超越时间的知识,以对固定的本质进行定义和阐述;它将作为拯救经济学及教育学的历史镌刻入时间性(temporalité)之中。神圣之法将相继成为旧法和新法。并非由人来决定事物展现的秩序,因本质上,它已超越了人,这一说法比较正常,或至少不会太令人惊讶。

> 在《加拉太书》(3:24)④中,圣保罗将古法的状态与仍受监护的孩童的状态作比,却将新法的状态同不再受监护人照管的完善之人的状态等同(问题91,第5条,结尾)。

但这不是说,在这天启之中,并不存在一种深刻的、后天(a poste-

---

① *Capable de Dieu* 的字面意思是"具备成为上帝的能力",中文天主教神学典籍通译为"上帝(为人)是可及的"。神学中是指人"由天主"及"为天主"造,更且天主也在不断地吸引人,故只有在天主之内,人才能找到他及其不断寻求的真理和幸福。参阅《基督宗教外语汉语神学词语汇编》,前揭,p. 147, 513。——译注

② 圣托马斯提出,人类因恩宠受造,即 *capax Dei*,意思是"上帝(为人)是可及的"(*capable de Dieu*)。必须从容积这层意义方面来理解"有能力的"(capable)一词,就像我们讲容器(一升容量的瓶子)的"容量"(capacité,亦可解释为"能力"——译注)那样。人类灵魂就是这样的造物,在这方面它享有特权,因它容量可至无限,可在自身中接纳上帝的无限。我们稍后会重新论及这个观点。

③ 此处或许存在不一致的地方;因自然之法似乎已经照亮了人类内心中的良知。

④ 和合本《加拉太书》3:24—25:"这样,律法是我们训蒙的师傅,引我们到基督那里,使我们因信称义。但这因信得救的理既然来到,我们从此就不在师傅的手下了。"——译注

riori)可加以领会的逻辑。人类天生便自认为拥有自然的、尘世的未来；《旧约》也向他宣称天国是以被遮蔽的、"应许之地"（是片土地）的形式显现的；但尽管如此，它仍使他知道有上帝的存在，让他知道上帝对人类呵护备至。因此，之所以准备这片领地，恰是为了使《新约》在来世（*un second temps*）中向他揭示出，他所命定的这个王国不属尘世，而属天堂。同样，从旧法至新法，他的内在性（intériorité）也得到了发展。旧法是为外在的行为命名，新法则是对意愿作指引："旧法是束缚手的，新法是束缚心的。"最终，这两种法使用的是不一样的方式：照圣奥古斯丁的说法，"法与福音，[921]即畏和爱之间的区别微乎其微"（*brevis differentia est Legis et Evangelii*，*timor et amor*）。

这一神性教育学的发展概述如下：

> 正如一家之父在其所居的屋里，对孩童及成年人会作不同的训诫那样；同样，作为他那独一王国中唯一国王的上帝向未完善之人给予的是一种法，向那因受前法的指引而对神性具有更大包容性（*ad majorem capacitatem*①*divinorum*）者给予的则是另一部更完善的法。对人类的拯救只有通过基督才能确保，照《使徒行传》（4：12）的说法是："没有向人赐下别的名，我们可以靠着得救。"这便是为何以完善的方式引导全人类得拯救的法只有待基督来临才会赐予的缘故。以前，必须赐予民众一部法，好让他们迎接基督，因基督将为他们而生，且这法将包含拯救他们的正义之最初的元素。自然之法按照某些共通的戒律来指引人类，无论是完善者还是不完善者均在它们面前一律平等；因此，这法对万民而言都是独一的。但神圣之法也将按照某些特别的规定来指引人类，只是无论是完善者还是不完善者在它们面前却无法以同一的方式表现。这就是为何神圣之法必须为双的缘故（问题91，第5条，解答1至3）。

神圣之法：旧约

因此，必须相继对《旧约》和《新约》进行研究。圣托马斯认为，《旧

---

① "Capacitas"意为"容量"。人类可容纳无限。

约》是从其所确立的道德与法律准则这一独特的角度切入的；这涉及既要证明这些准则对自然之法做了最初的补充——从这层意义上来看，它们都是"好的"——又要证明，尽管如此，它们中至少大部分都将在天启的第二阶段来临之时遭到废除——就此而言，它们又是"坏的"。事实上，旧法从它顺应于一个善的目的，即永恒生命而言是好的。之所以坏，是因为它仍未包容所有[922]为达此目的所必需的内容。因此，旧法含混不清，只能成为过渡。

旧法做成了两件事："它阐明了自然之法的戒律，[且它]又在其之上做了特有的补充。"（问题98，第5条，结尾）因而，它的使命堪比人类之法，就此而言，它将外在的行为引向了一个方向，并确保了城的秩序；但它并未能彻底地纠正内在的意愿，只有基督的恩宠才能这么做（问题98，第1条，结尾）。

《罗马书》(7:11)说"诚命来到，罪又活了"。① 因为，旧法是让人知道罪是什么；②但它却未为人带来允许得救的恩宠。圣保罗恰是从这层意义上来说律法"杀人"的。③ 况且，还因为它很不完善，故它不可能像新法一样是由上帝本人，而是由诸种中介赐予的（问题98，第3条）。尽管如此，作为某种预备，它仍算是好的，而且它也真正是从上帝那里来的：圣托马斯在此坚决（问题98，第2条）反对如马西翁主义④那样的古代异端，因他对犹太教做了"妖魔化"处理。它之所以好，有两层意思在里面：它包含了永远有效的诫命，且预示了基督的来临（《旧约》诸文本在此所呈现的"预像论"[typologique]⑤就是这么释读的）。它只被赐予了犹太人，而非全人类，因为基督恰是从犹太民族中诞生的，上帝便是如此向亚伯拉罕做了允诺（问题98，

---

① 和合本《罗马书》为7:9。——译注

② 它要求的是怜恤(tsedaqa)，而不再是正义(mishpat)（参阅上文，p. 678—679）。但人无法对这要求做出回应；因而，他们反因律法而成了罪人。

③ 圣保罗说"那字句是叫人死，精意是叫人活"（《哥林多后书》3:6），通过字句，他理解了旧法。此外，"他知道上帝有时允许罪，是为了使罪人谦卑。同样，他还希望赐予人类一部他们无法通过自己的力量来遵从的法；由此，他们便会因自己的自大而自认是罪人，且因自己的谦卑，而求助于恩宠的帮助"（问题98，第2条，解答3）。

④ 马西翁是2世纪宗教改革运动的创始者。他提倡分离运动，反对承认《旧约》，颂扬耶稣，并收集了一组基督徒的著作（《路加福音》修订本及保罗的十封书信）代替《旧约》。参阅《论马克安：陌生上帝的福音》，[德]哈纳克著，朱雁冰译，三联书店，2007。马克安即马西翁。——译注

⑤ "预像论"是指《旧约》的许诺在基督身上得到了完满的实现。——译注

第 4 条；参阅第 5 条，结尾：“旧法被赐予犹太人，是为了赋予他们特出的神圣性，让他们对将从自己内部诞生的基督怀有敬意”）。此处并不存在任何冷落其他人类的“偏袒”之意，因为圣托马斯重复了圣奥古斯丁的严词论证，并提出堕落的人类应受彻底的责罚；部分人得救，乃是“无故拣选”所致，其他人无法作此声称，至少不该将其视为应得应份之事。① 旧法已在[923]其必须存在的确切的时代被赐予了，也就是说处于“自然之法和恩宠之法中间”（第 6 条，结尾）。因为，在亚伯拉罕的时代，人类因无知而犯罪，陷于偶像崇拜之中；②因此，要让他们明白一神论；随后，在明瞭了何为善之后，他们却发现自己根本没有实现善的力量；于是，恩宠才能来临。圣托马斯说，神性教育学相继将人从无知和懦弱中解放了出来。

最后，旧法（问题 99，第 6 条）使用了“畏”，而非“爱”的手段。它“将通过允诺和尘世的威胁来确保对诫命的遵从”，这并非是因为它所针对的民众只知系恋于尘世事物，此乃“恶人”所为，而是因为他们与异教徒比起来已有了进步，只是“同基督将要实现的完满相比”尚不够完善罢了。

旧法分成道德、仪式和社会及政治（“司法”）方面的诫命。③ 这三个类别表达了自然之法的要求。第一类包含普遍的诫命。后两类则是“详细说明”：仪式诫命对如何崇敬上帝说得很细，司法诫命则对如何在人类中间实践法律作了详解。

部分道德诫命保留了它们在新法中的价值。后两类诫命在新法中都遭到了废除，因为既然它们具有宣布或预备基督降临的基本功能，那么一旦基督来临，它们就会过时④。

---

① “那些受上帝教导的人，上帝之所以教导他们乃是出于怜恤；那些未受上帝教导的人，乃是因要作公正的审判。”从文字上看，该文本似乎并非出于圣奥古斯丁，但他的许多文本都大体说过相似的内容。圣托马斯所引述的这句话已成为中世纪的传统表述。参阅 P. Tonneau 的注释，前揭，p. 128。

② 圣托马斯认为，在那个时代，人类比起原罪之后的公正状态要罪孽深重得多，偶像崇拜也更嚣张；对罪的习惯更加深了罪。正是罪的加重，才促使天启在这个时刻，而非另一个时刻被赐予人类。

③ 该分类法主要可归于方济各会修士哈勒斯的亚历山大（Alexandre de Halès），他撰有《神学大全》（Somme théologique），成书年代比圣托马斯早。

④ 仪式诫命之被“废除，以致它们不仅成了无用之物，而且还使那些遵从者惊慌失措，自基督，且尤其自福音外泄以来便是如此。而司法诫命一旦无用，虽不再具强制力，但它们仍不致于使人惊慌，因君主可在其王国内实行这些[政治与社会的]规定，可保无恙”（问题104，第 3 条，结尾）。

道德诫命

[924]旧法包含了道德诫命,因为其目的就是要使上帝与人类和睦(amitié),然而,这样的和睦首先只有在人类将彼此之间保持良好的关系作为自然道德的目的时,方可得到确立。但此种道德在有罪的人类那里却遭遗忘和歪曲。旧法,特别是十诫就是来提醒他的。它恰是在此捕捉到了恩宠是如何通过罪来恢复人类受损本性的;在这种情况下,它是通过重新表述自然道德法而这么做的。因此,旧法以该法为前提并对其做了确认:"正如恩宠以本性为前提,神圣之法也必须以自然之法为前提。"(问题99,第2条,解答1和2)

圣托马斯通过研究十诫对漫长的基督教传统做出了回应。尽管宣称犹太律法的大多数规定均已被《希伯来书》和教父思想超越,但十诫仍被视为有效(伊里奈乌斯[Irénée]、安提阿的提阿菲鲁、奥古斯丁都是这么说的)。自9世纪起,它就特别被推荐用来教育孩童和普通人,且自这个时代起,直到圣托马斯之前没多久的各种大全,都会定期对它作评注,还把它编成诗歌和韵文以便学习。圣托马斯在问题100的第4至7条中对他那个时代将十诫分为两"表"(tabulæ)的传统做法做了辩护,三条规则对应于人类和上帝,七条对应于人类的正义。

仪式诫命

"仪式诫命"就是礼拜规则,《旧约》(《利未记》《民数记》……)中这些规则极其丰富,它针对的是严格意义上的礼拜,以及典礼、圣物、割礼、饮食规定等。

圣托马斯问,这些规则作什么用? 它们是否能从理智上得到解释及论证,因为《新约》已废除了其中的大部分,它们是否应被视为[925]异教仪式的残余? 为了做出回答,圣托马斯开始注意到,宗教在从异教进至一神教时,其地位已完全起了变化。在异教徒中,宗教的目的是为了服务于社会秩序,礼拜也是按照这唯一的标准被组织起来的。而相反,《圣经》宗教的目的则是为了确保人类得拯救,且通过最便于实行这一拯救的方式将社会组织起来:教徒再也不会从属于社会,而是社会从属于教徒。因此,礼拜丧失了其作为社会活动的突出地位,但它有了新的角色,要受神性教育学的指派。礼拜的原则就是"人类无法仅通过精神内在的行为,即信、望、爱,而进入与上帝的关系中;它尚须通过外在的活动来达成此一目的,并据此承认自己是在对上帝进行侍奉"(问题99,第3条,结尾)。

旧法中的仪式诫命有两个功能:实在地崇拜上帝和预示基督的来

临。圣托马斯在问题 101 至 104 中之所以不厌其烦地作长篇阐述，正是为了证明它们是如何实现这些功能的。

社会与政治（"司法"）诫命

司法诫命（præcepta judicialia）并非指"司法"这个词严格意义上的诫命，这就是为何要用"社会与政治诫命"来翻译该表述的原因：这些诫命使人类在给定的社会中过上共同的生活有了可能。

它们被分成四个范畴，对应于民众组织的不同层级："首先是领导者与臣民之间的关系；其次是臣民彼此之间的关系；接下来是公民与外国人之间的关系；最后是父与子、妻子与丈夫、主人与仆从的家庭关系。"（问题 104，第 4 条，结尾）

对第一个范畴做考察，使圣托马斯在论及政治体制时，有机会宣称自己具有偏爱受古人褒扬的"混合政体"的倾向：他坚称，这指的肯定是以色列民众的政体，因他们中产生了像摩西或诸位国王这样的伟大领导人（君主制成分）、贵族大会（贵族制成分）、国王和贵族在全民中选出（民主制成分）（问题 105，第 1 条）（参阅下文，p. 947 及以后）。

第二个范畴论述的是私法，即所有权、商业、有息贷款、刑法诸问题（问题 105，第 2 条）。[926]圣托马斯在这些主题上，对《旧约》做了积极的评价：总之一句话，他觉得这些主题似乎都大致（grosso modo）同亚里士多德的观点相符。《旧约》承认私人所有权，因它对财产管理特别有效，但也对其设了限。富人应分发自己的一部分财富，且将土地上的部分收益充作公用。非城市地区属于家庭的不动产永久不得转让；债务奴隶在过了一定时间的期限后应获得自由（"大赦"）；禁止有息贷款，且每隔七年免除一次债务。所有这些措施均是为了避免在财富分配上产生太大的不平衡。《旧约》中提及的刑罚照圣托马斯看来似乎都很讲究平衡：它们不仅可根据所引起的损失做出补偿，还可根据形势、累犯的危险做调整，等等。在他这样注重美德的人看来，刑法诉讼程序也需讲究平衡。

第三个范畴论述的是与外国人相关的法律。圣托马斯赞同与古犹太国不同的立法，也就是说要对移民设限（参阅问题 105，第 3 条）。

圣托马斯还对希伯来—犹太人涉及家庭内部的法律关系，及父母与子女、丈夫与妻子、主人与仆从的关系所作的立法表示了赞同（问题 105，第 4 条）。奴隶制得到允许，但程度上要弱了很多；对奴隶的虐待遭到限制。离婚是冒犯行为。

对圣托马斯对古以色列社会所作的正面评判有什么看法呢？它们

似乎就是为了对批评意见做出回应,因传统批评强调的是这个社会残忍无道、食古不化、缺乏条理。这或许是圣托马斯传统主义的一个新的征候。他那个时代的西方社会大部分仍处于封建制,并未使他感觉到进步的气息,与古代社会相比甚至还在倒退。

神圣之法:新约

新法就是福音之法:虽然仍是"神圣之法",但它只能在《旧约》的"神圣之法"之后才能得到揭示,而且只能为受过福音教诲的人所领悟。

它与旧法之不同,不仅在于内容上,更本质地说,还在于它已不再成其为确切的"法",而是恩宠,是圣灵向人内心最深处的流溢。

[927]确实,它如旧法一般包含了指导行为的"规定"。但这都只占"次要地位":

> [除了恩宠的流溢之外,]新法还是对与圣灵之恩宠相应的规定及如何运用该恩宠所做的确保。这都可说是新法中占次要地位的成分,基督的信徒应受它们口头与文字的教诲,既可作信仰,亦可作实践之用(问题106,第1条,结尾)。

福音包含了"信仰的教导"和"管理人类情感与行为的诫命";照此看来,新法同旧法一样,亦可"杀人"。

> 圣奥古斯丁解释道,此处的字句仍是外在于人的纯粹的文字,尽管道德诫命的文本包含于福音之中。他由此得出结论,即甚至福音的字句若在人的内心中无法加入信仰疗治性的恩宠的话,亦可"杀人"(问题106,第2条,结尾)。

至于新法中首要的要素"内在给予的圣灵之恩宠"则可"使人活","使人成为义人而得赦免"(justifie)(同上)。它赋予行善的意志,但吊诡的是,这意志在恩宠的流溢面前仍然消极被动。福音之法乃是爱(amour)之法,它并不仅仅说要去爱,且还同时带来了爱的倾向(我们记得,旧法中没有这种说法)。

法的内容

"《新约》以明确、显白的方式对我们的信仰所提的任何忠告,在《旧约》中则是各种象征。"(问题 107,第 3 条,解答 1)因此,新法如萌芽中的果实般被"包含"于旧法中,它基本上没为旧法添加任何内容。我们已发现,它废除了仪式诫命,后者已不复存在,因为它们以象征所宣称的内容自此已成为现实;它使大部分司法诫命,及此后的社会与政治形式诫命也变为无用,基督徒可按自己的意愿行事,只要他们遵从爱(charité)即可;最后,在论述道德诫命时,[928]圣托马斯提出——且经详细论证——它们已被完全保存至新法中,且未对新法添加分毫,或更确切地说,它们只是使新法更为明晰而已。"登山训众"并未带来新的道德,它是《圣经》道德更为完善化的版本,反对的是法利赛人充满污浊之气的解释(问题 198,第 3 条)。

　　基督要求无论通过其行为还是其教诲,都是要来完满地实现旧法的诫命。他的行为有:接受割礼及遵从所有当时有效的法律规定,即"生在律法以下"(《加拉太书》4:4)。他的教诲有:他为旧法的诫命带来了三重的完满。首先,他揭示了法(Loi)的真正意义,如我们在他论及禁止杀人和通奸时所观察到的那样(《马太福音》5:20①);经师和法利赛人只因其外在的行为而遭禁止,但那将法引致完满的主(Maître)却宣告甚至连内心的罪也要被禁止。其次,主通过可更好地确保遵从旧的法律诫命的规定而完善了法律诫命;旧法已对背誓做了禁止,然而,尽管除了在不得不为的情况下,人们已普遍不再起誓,但他们仍然不愿冒背誓的风险(《马太福音》5:33②);最后,主通过将某些如何完善化的忠告添加至法的诫命中而使其更完善,就像他在这个故事中所说的(《马太福音》19:21③),

① 和合本《马太福音》5:20:"我告诉你们:你们的义若不胜于文士和法利赛人的义,断不能进天国。"下句中的经师即是指文士。——译注
② 和合本《马太福音》5:33:"你们又听见有吩咐古人的话:'不可背誓,所起的誓,总要向主谨守。'"——译注
③ 和合本《马太福音》19:21:"耶稣说:'你若愿意作完全人,可去变卖你所有的,分给穷人,就必有财宝在天上,你还要来跟从我。'"——译注

故事里说,在听见有人宣称自己实践了旧法的戒律时,主对他说:"你独缺一样:你若愿意作完全人,可去变卖你所有的",等等(问题107,第2条,结尾)。

从某种意义上说,遵从新法比遵从旧法来得容易,因为它未包含任何犹太人必须服从的仪式、典仪及各种义务;但反之,它又更难令人承担,因它要求旧法中未曾要求过的内心的完满(问题107,第7条)。

最后,新法包含了"诫命"和"忠告"。诫命足以使人获得永恒的生命,因为它们促使人追随此至上的目的,而劝人不要将尘世的财富视作目的。"但若人完全放弃此世的财富,他便可更为轻易地达成[此至上的目的],这便是为何福音从这层意义上给出忠告的原因。"(问题108,第4条,结尾)这些忠告劝人放弃三样财富,它们是外在的财富、肉体的享乐和荣誉;弃绝这三类财富,便可获得永恒的生命。但选择这样的生命并非为得救所必需,亦非诫命。本质上[929]属福音的命令只是补充,非绝对必需,譬如将财产给敌人、在本可有权弥补的时候对冒犯进行宽恕……永恒的贫穷,或永恒的贞洁只有在人愿完善之时方为必需(圣托马斯对那则年轻富豪的故事就作了这般诠释,《马太福音》19:21)。①

约阿基姆主义的争论

既然福音之法已得揭示,那它就该成为终极性的;至时间的终结之前,将不会有其他的法(问题106,第4条)。在此,圣托马斯向弗洛莱的约阿基姆(约1135—1202年)的教义"约阿基姆主义"做了正面反击,照此教义,在圣父时代(《旧约》)和圣子时代(《新约》)之后还将有另一个时代来临,那就是圣灵时代。

我们将在后文研究约阿基姆主义和受他影响的千禧年主义运动(参阅下文,第七章,p.1036及以后),但此处我们仍将对圣托马斯的立场做一番论述,如果我们想理解他如何看待历史,因而也就是他如何看待政治使命之深刻本质这一观念的话,那么他的立场便会具有极其重要的意义。

圣托马斯承认,人类有三种状态。但他说必须考虑的不是弗洛莱的约阿基姆所给出的这三种状态,而是法官丢尼修的观点:旧法之后,

---

① 因此,爱(amour)并非义务,起码通往十字架的爱是如此。圣托马斯也不脱于教皇革命时代之人这种想使基督教道德更为随和的意愿。他宣扬的是一种既朝向天国,但在尘世又可践行的道德。

就是新法,而第三种状态则将呈现于"故国之中",也就是天国中。

> 这些状态中的第一种照福音看来颇不完善,而且充满了象征;
> 同样,现在的状态与故国的状态相比较的话,也不完善,且充满了
> 象征,等到故国来临,它就将消失,正如圣保罗所宣告的:"我们如
> 今对着镜子观看,模糊不清,到那时,就要面对面了。"(《哥林多前
> 书》13:12)(问题 106,第 3 条,解答 1)①

因此,不用等待圣灵时代,因它会与基督时代不同。因为耶稣一旦
得荣耀,[930]圣灵就会在圣灵降临节时来临,而且他已教导人,让他们
完完全全知晓自己如何能得救(即便他未曾教导他们"未来将会有什么
会完完全全地到来")(参阅问题 106,第 3 条,解答 2)。

尽管如此,尘世上就真的不会有新气象吗? 不一定。

此世的状态会经历两类变化:1) 法的变化。从这层意义上说,没有其他任何
一种状态可继新法而来。对它而言,它已继旧法而来,恰如更为完善的状态继不
完善的状态而来一般;但现世生命中没有任何其他一种状态会比新法更完善,因
为没有什么会比那紧随而入者离末世终结更切近。"我们因耶稣基督的血得以坦
然进入至圣所;是藉着他给我们开了条新路,我们快过去吧。"(《希伯来书》10:19)
因此,在现世的生命中便不可能会有比新法更为完善的状态,因一个存在愈是接
近其末世终结,便愈是完善。

2) 但人的状态却会变化,因法虽仍是同样,但人的行为却会与其相异,只是或
多或少地得到完满。从这层意义上说,旧法的状态倒是频繁变化:有时,法律规定
会得到悉心遵从,有时,它们又会被完全忽略。同样,新法的状态也会随地点、时
间、人物,以及圣灵之恩宠被此物彼物或多或少完善地拥有而变化。然而,不用去
希冀会有另一个状态来临,在此状态中,圣灵之恩宠比起它至今的状况会被更完
善地拥有,尤其是被使徒所拥有,因他们已获得"圣灵初结的果子"(《罗马书》8:
23),也就是说照某条注释看来,他们之获得圣灵"是在其他人前,且更为丰盛"(问
题 106,第 3 条;结尾)。

---

① 该主题论述了这三种状态,其一只有象征并无实在,另一兼有实在和象征,最后一种不再
有象征,而只有实在,圣托马斯多次论及这个主题。

因此,历史变迁乃是可能的,但有可能变得更糟,也有可能变得更好。历史并无明确的方向。吊诡的是,它又处在了与异教"永恒回返"的状态相近的生存状态之中了。尽管它熟稔成功,亦经历衰亡,但恶依旧。反对恶的对策也同样未生变化:"教会在亚伯的时代便已开启,且将持续到世界末日"(对"使徒的象征"[le Symbole des Apôtres]的评注);"教会的信仰将持续至世界末日,这对那些声称信仰将只持续某段时间者做了反驳"(对《马太福音》24:34① 的评注);"亚当曾引导的一种状态,是夫妻的状态,而基督引导的另一种状态,则是荣耀和生命的状态。然而,在此[931]状态之后,现世生命中将无物留存;故而,我们将其称为末世"(对《哥林多前书》15:45② 的评注)(文本据 Tonneau 所引,p.131—132)。因此,我们说,恩宠似乎本质上是与个体(恩宠或将其拯救,或将其遗弃)有关,而与历史(Histoire)无关。

然而,在"随谈问答"中,圣托马斯指出,教会发生了变化;以前在"尘世诸国动荡不定"的时代里遭受迫害的教会如今不仅安然无恙,而且还可亲自求助于世俗的裁判。这就是进步。然而,"在今日与过去之间,尽管教会的状态已然变化,但教会并未变"。我们须领会圣托马斯这一与亚里士多德颇为相近的深刻思想,他谈论的是完满时代:"观诸人类的条件,我们注意到,完满的最高点就在青年时期,人类的条件无论比起以前还是以后都更为完善,它与这个时代离得更近了。"(Ⅱa Ⅱæ,问题1,第7条,解答3)无疑,该时代并非创世的时代。在论及拯救史上每个伟大的见证人,亚伯拉罕、摩西或耶稣时,圣托马斯强调"从完善性上看,最初的启示最佳"。同样,使徒也已比在他们之后的任何人更好地接受了新法(文本据 Tonneau 所引,p.135)。

总而言之,圣托马斯承绪奥利金和圣奥古斯丁的衣钵,显然拒绝从字面意义上去理解《启示录》;他对末世论做了"去政治化"的解说。因此,在反改革(Contre-Réforme)的时代,甚而在反革命(Contre-Révolution)的时代,他均可成为守成之基督教的参照系。

---

① 和合本《马太福音》24:34:"我实在告诉你们:这世代还没有过去,这些事都要成就。"——译注

② 和合本《哥林多前书》15:45:"经上也是这样记着说:'首先的人亚当成了有灵的活人,末后的亚当成了叫人活的灵。'"——译注

第三节 正 义

　　既然如此,即便拯救成了个人之事,但政治领导人也应该去促进对羔羊的拯救,因他们是放羊的牧人,尤其是,他们应通过制定及应用法律的方式去这么做。无论是立法者还是法官及统治者,他们都应该公正。因此,圣托马斯长篇累牍地论述了正义这个问题。他以其典范性的清晰思路阐释了[932]教皇革命时代教会推广罗马法时隐藏其间的整个法哲学。[①]

　　正义之美德[②]

　　他说,正义(*justitia*)所固有的主题乃是公正(*justum*),也就是说它要求的是法律(*jus*)。法律分成自然法和实在法。无论所考虑的法律其性质为何,人们仍应同法学家说,正义乃是“向每个人赋予其权利的永恒持久的意志”(*jus suum unicuique tribuere* 或 *reddere*,我们亦可将其译成“使每个人得其所应得”)。

　　诚然,圣奥古斯丁赋予正义以“帮助不幸者”这一职能。但圣托马斯的回答是,在此种情况下,我们无法给予他们属于他们的东西,而是给予他们属于我们的东西。怜恤是与正义不同的美德,它要求给予每个人属于他自己的东西。正义固有的主题就是使行为与他人的客观要求适应、相称;然而,他人可要求自己之所应得,却不可要求我的怜恤。

　　因此,圣托马斯的言下之意其实就否认了圣奥古斯丁的论证,照后者的说法,基督教国家无法存在,因为国家要求的是“对正义达成共识”(据西塞罗的定义),而除了福音正义之外,并不存在真正的正义。圣托马斯回答道,非也,存在一种自然正义,它当然不足以完成拯救,但它在其自身的范畴之内却是完全合法的。整个了解这一正义的共同体可形成合法的政治共同体,即合法的国家。建立于教会之上的基督教秩序作为必不可少的拯救原则虽可加诸其上,却无法替代它。政治秩序并不会被吸收入神学秩序之中。

---

① 此处,我们引用 la Revue des Jeunes 版《正义》(*La justice*),第 1 卷,Ⅱa,Ⅱæ,问题 57—62,M. -S. Gillet 法译,J. -Th Delos 笺注与附录,Desclée et Cie,1948;第 2 卷(问题 63—66)与第 3 卷(问题 67—79),C. Spicq 法译与笺注,Desclée et Cie,1947。

② 本质而言,圣托马斯此处是在为亚里士多德作注,但这份注释的长处是,它比亚里士多德的原本还要清晰、显白。

[933]正义就在于按照平等的规则而使每个人得其所应得。但这样的平等在论及分配正义或交换正义时会有不同的含义。

交换正义　它对个体之间的交换（commutatio）进行管理。这样的交换应该平等，照此意义，一人给予之物应同另一人给予之物具有相同的价值，若列出"算数"等式，即为 a＝b。

分配正义　它对群体成员间的公共利益（或损失）所做的公正的分配进行管理，这样的利益既可为非物质，亦可为物质。当每个人从公共利益中获得与其在群体中的地位相称的那一份时，就会得到正义。在此种情况下，就有了"几何"等式，它是有关比率、比例的等式：a／b＝c／d。

比如，国王应该比其臣民获得更多的国家财富，将军应该比单个的士兵获得更多的荣誉（但在打败仗时，也应获得更严厉的处罚）。但若所有的收获者工作量一样大，那他们就将获得同样多的收成。我们就此发现，尽管个体彼此之间的财富并不平均（比如企业不同雇员的工资差距幅度会很大），但在正义的这第二种形式中，总会存在平等的规则，因为每个人都会得到与其付出相当的部分。

所有权（Ⅱa—Ⅱæ，问题 66）

《神学大全》Ⅱa—Ⅱæ 中的问题 66 专门讨论"偷窃与抢劫行为"，堪称名副其实的所有权论文。圣托马斯得出私有制具合法性的结论，但有几处地方有所保留，颇为意味深长。从这个观点出发，他在具有共产主义色彩的、末世论的基督教与方济各会灵性派（Spirituels）的激进立场之间做了区分，他所在时代的整个官方教会同他意见一致。

问题 66 含有 8 个条目，但主要论证可分成三个契机：1）占有外在的财富[934]对人而言是否是自然而然之事？（第 1 条）；2）是否允许人拥有属于自己的某样东西？（第 2 条）；3）必要时是否允许偷盗[这等于是说：私有财产是否绝对？]（第 7 条）。

占有外在的财富对人而言是否是自然而然之事？（第 1 条）

回答似乎应为否（*videtur quod non*①……），因为土地归上帝所有。另一方面，人一分一毫都无法改变外在于他的事物的性质。因而，占有这些事物对他来说并非是自然而然之事。然而（*sed contra*……），

---

① 我们会顺着学院论辩（disputatio）中的次序来描述这些论证（参阅上文，p. 898，注释 2）。

《诗篇》作者说,他"将万物置于[人的]脚下",还有《创世记》(1:26):"我们要照着我们的形象,按着我们的样式造人,使他们管理海里的鱼、空中的鸟、地上的所有牲畜……"

圣托马斯的回答是:外在的事物可从两个层面,即它们的本质与对它们的使用来看。所谓它们的本质,都只归属于上帝。但人可使用它们,因不完善的存在都会为了更完善者而存在。

托马斯补充道,人由于同上帝相像,故照此看来,他毫无疑问是这物质世界上最为完善的造物,其余一切事物都得受他的利用。① 因此,人对所有物质财富——矿产、植物和动物领域——的占有完全合法,只要他不去篡改它们的本质即可。②

但他仍未证明人类集体对土地的全面占有具有合法性。那私有财产是否具有合法性呢?

是否允许人将某样东西据为己有?(第2条)

[935]显然不行。如凯撒利亚的巴西利乌斯③这样的教父就很肯定地认为,富人之所以成为富人,是因为他们夺取了本属所有人的财富。

巴西利乌斯也引用了西塞罗引述自他人的形象(源头可追溯至克里西普④):有人走进剧院,不让其他人看戏,这样做会显得不合情理,因为戏本质上就是让所有人看的;可这就像富人占有自然界的财产一样。⑤

---

① 这是人文主义的论题,"反生态论"特色极浓。

② 该论题乃是教会对科学"造物主"般的作为,如基因控制和优生学所作的反抗。

③ 凯撒利亚的巴西里乌斯是4世纪的"卡帕多西亚教父"之一。

④ 斯多阿派的奠基人之一,参阅上文,第一部分,p. 313。

⑤ 圣托马斯对其他许多教父文本都很熟悉,这些文本均对私有财产做了猛烈抨击,他们将其等同于偷窃,其立场是建立在这样一个论点上的,即私有财产乃是原罪的后果。如圣安布罗修斯说:"土地被创造出来之后,就是所有无论贫富者的公有之物:所以,富人为何要去窃取、独占土地呢? 自然从没听说过什么富人;它只会产生穷人:我们出生时不会穿衣着裤,我们被分娩而出时也不会携着金银……你给穷人的并非你的财产,你给他的乃是属他之物。"圣巴西利乌斯说:"土地本为所有人而造,它是兄弟从共同的天父那里得到的共同遗产。他们一起享受空气、阳光、雨水,他们为何就不能去一起享用承载抚育他们的阳光呢?"圣让·克里索斯托说:"你占有的是窃来之物,尽管你自己并非窃贼……这些冷漠的言辞,你的和我的,真是纷争和烦恼的罪魁祸首啊! 摒弃它们吧:再也不要仇恨,再也不要存心寻衅的争执:如此一来,财富共同体就会使我们如鱼得水,令我们更好地与自然相适应。"圣哲罗姆(Jérôme)说:"所有的财富从其根源看都是不义。若一人没有失,另一人也就不会得……富有者纯粹就是窃贼,或是窃贼之子……不将穷人的财富给予穷人也算是一种渎神行为。"一份出于克雷孟一世(Clément de Rome)的伪教宗教令说:"照良善之正义来看,万物均应归于万民。允许私有财产就是不公正。"(文本据 C. Spicq 所引,前揭,p. 304—308)参阅论千禧年主义的章节,下文,p. 1045 及以后。

　　然而,圣奥古斯丁做了相反的断言,他对那些声称不得与已有家室者过从甚密及自己拥有外界财产的修士做了批评。而他之所以说他们是"异端"和"傲慢者",主要是因为他们虚伪地称自己是"使徒"。①

　　[936]圣托马斯的结论是:必须对财产的管理(*potestas procurandi*)和对它的享用(*usus*)做出区分。从前者来看,"允许拥有自己的财产"。甚至有三个理由支持此种必要性:②1)每个人都会对如何管理属于自己的东西更上心,而会让大家或好几个人去关心公共利益;因为,照这层意思来看,每个人都不想费这个力气,而是让其他人费这份心去为公共事业操心。家里有许多仆人就是这种情况。2)当每样东西都会被委托给某个人去照管时,管理财产就会特别讲究秩序,而如果所有人对任何东西都只是间接关心的话,只会造成混乱。3)若每个人都能满足于属于自己的东西的话,人与人之间和睦相处就有了保障。因为,我们注意到,那些不分彼此共同占有某物的人之间发生争执乃是家常便饭。

　　反之,从享用的角度看,"人不该将财产占为己有,而是要让它属于所有人,因为应随时准备让穷人分享财产"。这种观点也是源自亚里士多德。③ 但圣托马斯还引用了圣保罗的话:"你要嘱咐那些今世富足的人,甘心施舍,分享自己的财富。"(《提摩太后书》,5:17—18④)换句话

----

①　这些3—4世纪的"共产主义者"确实声言自己依凭的是《使徒行传》中的见证,并说使徒已将自己所有的财产充作公用(参阅上文,p. 727及以后)。圣托马斯在引用该文本时,或许是间接地将矛头对准了自己所处时代的那些伪使徒,尤其是1260年热拉尔·塞加雷利(Gérard Segarelli)在帕尔马创建的教派。1274年的里昂大公会议,教宗霍诺利乌斯四世(Honorius Ⅳ)在1286年和教宗尼古拉斯四世在1290年均对这种共产主义倾向做了谴责。这在教会中是个严重的问题,而对方济各会修士的"贫穷之争"又使它再度引起关注。反对私有财产的扬·胡斯(Jean Hus)也在1415年的君士坦丁大公会议上遭到了谴责。庇护九世于1846年和1864年谴责了这种共产主义,莱奥十三世在1891年的《新事》(*Rerum Novarum*)通谕,庇护十一世在1931年的《在第四十年》(*Quadragesimo Anno*)通谕中也这么做了。但教会对自由主义也是毫不留情。

②　圣托马斯几乎是逐字逐句照搬亚里士多德的说法,因后者对卡尔西敦的法勒亚斯和柏拉图的共产主义做了批评。参阅上文,p. 210及以后。

③　"若受惠于财富的诸阶层在关心穷人以及让他们获得谋生的手段方面又聪明又能干的话,那么它们就该这么去做。应该效法塔兰同人(Tarentins)的体制:他们同意让穷人共同享用自己的财产。他们也因此获得民众的爱戴。"(《政治学》,Ⅶ,3)

④　这句话在和合本《提摩太前书》6:17—18:"你们嘱咐那些今世富足的人,不要自高,也不要倚靠无定的钱财;只要倚靠那厚赐百物给我们享受的神。又要嘱咐他行善,在好事上富足,甘心施舍,乐意供给人。"——译注

说，私有财产并非绝对，不似该论证最后一个契机所确认的那样耸人听闻。

必要时是否允许偷盗（第 7 条）？

[937]答案似乎为否，因为对亚里士多德而言，单"偷盗"这个词就会立刻令人想起邪恶。然而，恶本身的行为不会因为目的好而成为善的。

然而，罗马法断言："必要时，所有事物均属公用。"（*in necessitate sunt omnia communia*）

结论

属于人类法律①的事务，均不得违反自然之法或神圣之法。然而，按照由神圣的眷顾（Providence）所确立的自然秩序，低级存在其目的就是为了向人类提供必需品。因此，无论是对它们的划分还是对它们的占用——人类权利所赋予的使命——均不得阻止将其用于为人类提供必需品。这就是为何某些人过分占有财产，照自然法来看，就应该用于为穷人提供食品的缘故。[……]尽管如此，由于贫民太多，且一份私有财产无法去帮助所有人，故就需要每个人主动费心以采取帮助穷人的方式去分配自己的财产（*committitur arbitrio uniuscujusque dispensatio propriarum rerum*）。

然而若必要性极其迫切且很显明，以至于就定然必须要用现有之物去援助这急迫的需求，比如当某人有危险，除了拯救他别无他法时，那么无论用何种方式，是光天化日，还是偷偷摸摸，只要此人是为了救济自己，就属合法。严格说来，不存在偷盗和抢劫之说，因为在此情况下，我们为了保存自己的生命而取用之物就成了我们所有。

同样，出于相同的理由，"人们可取用他人的财产以帮助处于贫苦境地的邻人"（问题 66，第 7 条，结尾）。

若富人拥有丰富的食物，而穷人却饿殍而死，这种情况又该当何说？低级存在（食物）被改变其自身的目的，而用于完成高级存在（人类）的自然目的。之所以如此，是因为实在法为其设置了障碍。但实在法却无法违背自然法。因此，作为私有财产的食物在这样的情况下就成了不合法了。[938]这就是为何当穷人夺取食物时，不算偷盗行为——因此，若其动机比如说是饥饿使其丧失了自控力的话，他甚至不用为此道歉、做出清偿——他只是夺取了"自己的应得之物"、"他的"东

---

① 亦即实在法。

西、他的自然财产。

然而,圣托马斯强调,财产所有者个人应主动将多余的财产进行重新分配:他完全摒弃了千禧年共产主义之说。他甚至不愿去设想国家社会主义。穷人应该获得的唯一的集体资助乃是教会财产(毫无疑问,圣托马斯熟悉并认可教会法的教义,据此教义,教会乃是"穷人财产的保管者")。但对其他人而言,他却是赋予了建基于私有财产、对私有财产的管理,因而也即商业之上的社会形式以合法性——对互助义务却持保留态度。

商业与价格公道的问题(Ⅱa, Ⅱæ, 问题 77)

教会对商业的谴责比对私有财产更为明确。仍然是在这个领域内,圣托马斯将通过重新确立亚里士多德的自然法观,重复后者对投机性的大型贸易的原则所作的谴责。但由于他立论的基础是自然法以及福音的诫命,故与此同时,他也为如何制定商业行为及近代的经济活动的正确理论打开了一条道路。①

商业道德

整个人类活动"获得的是理性的准则"。商业应对此种评估持支持态度。它应该证明自己追求的是善的目的,使用的手段本身亦无可指摘。付出此种代价,它才能被认为是健康的活动,才能在基督教社会中占有完全的地位。

然而,不可否认的是,《圣经》与教会传统时刻都在对商业进行抨击。

[939]商人被认为贪欲很强,然而,贪欲是没有止境的。以赛亚说(5:8):"祸哉,那些以房接房、以地连地的人。"《传道书》(5:9):"贪爱银子的,不因得银子知足。"②况且,贪欲会带来不义,它会将自己对邻人与对上帝的爱(charité)扼杀净尽("没有人能又侍奉上帝,又侍奉玛门③",《马太福音》6:24)。耶稣将商人从圣殿里

---

① 有关 12—13 世纪欧洲贸易扩张的情况,请参阅 Yves Renouard,《中世纪的意大利商人》(Les hommes d'affaires italiens au Moyen Age),Collin,1968;Régine Pernoud,《法国资产阶级史》(Histoire de la bourgeoisie en France),Éd. du Seuil,Points-Histoire 丛书,第1卷,《近代的起源》(Des origines aux temps modernes),1960 与 1981;Philippe Dollinger,《12—17 世纪的汉萨同盟》(La Hanse, Ⅻe-ⅩⅦe siècles),Aubier,1988。
② 和合本《传道书》为 5:10。——译注
③ Mammon(玛门)即古希腊语 mam(m)onas,即财富、财产,意指财富成为信仰的阻碍。参阅《基督宗教外语汉语神学词语汇编》,前揭,p. 665—666。——译注

都驱逐出去,因他对这种行当从不阿谀。教父及教会传统承绪了这一脉思想。德尔图良(2世纪):"压制贪婪吧,那样就不会有赢利的理由;若不存在赢利的理由,也就不存在商业的需求。"①

另一个观点是:人们指责商业引起了对此世的过度操心,如此就悖离了上帝的思想。圣托马斯便是如此阐释了工作(negotium)这个词的词源。该词是对休闲(otium)——即希腊语闲暇(scholè)之意——的否认,积极的休闲(loisir)只允许研究和沉思。商人尤其是非沉思之人。这就是为何在无论何种情况下都正式禁止神职人员涉足商业的原因。

在亚里士多德的作品中,圣托马斯发现他对大型商业与投机性的资本主义也持同样的谴责态度,但他这次是站在自然哲学的基础上对此进行论证的。自然具有限性,而思辨则具无限性,因此"资本主义"就是反自然的。②

我们将会发现,他个人所持的立场却显然更为微妙,有些相异(a contrario)之处。

公道的价格

人们应该以"公道的"价格出售某物。与亚里士多德一样,圣托马斯也认为,物品存在某种客观的价值,它与物品的使用价值有些混同;出售时超出这个价值,就违背了交换正义所定义的平等。不过,圣托马斯对这个规则做了两个极其重要的修正。

1) 在价值的形成中存在某种"劳动"的成分。如果真是这样,即"商业本身之所以会被认为显得[940]有些可疑,那是因为它并未使自己同诚实、必需的目的关联起来",③那反之,商业赢利同样

再也不会指某样恶的或与美德相反的东西;什么都无法阻止让其顺应必需的目的或使其诚实。这样一来,商业就将变得合法。

① 参考 Spicq 的著作,前揭,p. 411 及以后。
② 参阅上文,p. 204—210。
③ 这是从它交替运用金钱与商品的方面来说的;然而,从表面上看,它根本就不会先去管使用金钱是否为了使用户获得商品(此为善),也不会去管使用商品是否为了无限期地增加商人的资本(此为恶),总之一句话,若是由目的因来管理商业活动且赋予其意义的话,那么这目的因就是商品或金钱。

当有人意图使用自己在商业活动中获得的适度的赢利来养家或去帮助穷人时,就是这种情况;还有当他从事商业活动是为了有用于社会,以便自己的祖国不缺必需品时,亦是如此;毫无疑问,他是在追求赢利,但这是作为他自己劳动的报偿(*quasi stipendium laboris*),而非作为其目的(问题 77,第 4 条,结尾)。

2) 同样,在价值的形成中也存在某种"主观的"成分。

购买与出售在某种情况下都能转而有益于一国,且有损于他国;比如,当某人大量需要某物,而出售者若将这些物品脱手的话,就会蒙受损失时。在这种情况下,公道的价格就不仅应该按照出售物品的价值来定,而且还要与出售者因销售行为而蒙受的损失相称。从而人们就能以物品本身所值的价格来出售某物(*plus quam valeat secundum se*),尽管该物并不会以对拥有此物的人而言所值的价格被出售(*quamvis non vendatur plus quam valeat habenti*)(问题 77,第 1 条,结尾)。

因此,圣托马斯朝价值的"主观"理论迈出了第一步。财产的稀有性,或需求的强烈度,都成为其价值的一部分,且这样做是合法的。

圣托马斯支持对《尼各马科伦理学》中论述"有益之友爱"的段落做的这般分析。朋友间所做的交换都是平等的,并非是指他们是否交换了等价的物品,而是指他们是否从这交换中获得了等值的益处(第 1 条,解答 3)。换句话说,平等并非是指以物质的和客观的视角去考虑问题,而是将其视为"益处之等值性",只有缔约人对此才能做出评断,因为每次他们都会做出新的算计,没有人,即便是民事方面的权威,能取代他们的位置。

有息贷款(Ⅱa—Ⅱæ,问题 78)

[941]毋庸置疑,高利贷对圣托马斯而言,定然是种"罪"。他熟悉亚里士多德对高利贷所作的论证和观察(不仅可参阅《政治学》,Ⅰ,2 和 3,亦可参阅《欧德谟伦理学》,Ⅰ,3,以及《修辞术》,Ⅰ,5 和 16)。

至少,在商业中,甚至是在投机性的,就此而言,也就是无序性的商业中,有一种产品处于用于交换的大笔金钱中间。相反,"有息贷款直接交换的是两笔不等值的款项,因此[在高利贷中]货币同时成了原则、手段和目的。它从其自身中产生、衍生而来,它使钱'增殖'(petits;tokos,foenus)"(Spicq)。然而,照经院哲学的表述法来看的话,*nummus nummum non parit*,即金钱无法产生金钱。因此,有息贷款比投机性商业还要反自然。它简直就是畸形。

圣托马斯也对《圣经》的材料熟稔于心。有息贷款受到了《旧约》,至少是希伯来社区的谴责。①

> 对邻人抱有的怜恤的义务就是指不得以交换的形式进行借款,亦不得从他人的穷困中获取利润,以夺取其所保有的抵押物——他的财产,甚至是其人身——且因此积聚不该积聚的财产(参阅上文,p. 935 及以后)。有息贷款只是在借款给外国人时才受容许(况且,这也是古代近东地区流行的做法)。

这样的谴责在《新约》中有增无减。② 怜恤乃是圣洁的理想,它应该优越于纯粹的正义和经济上的功用性。基督徒不仅应该借款时不设利息,而且必要时,还不得收取本金。③

[942]最后,圣托马斯还很熟悉对此向来持否定态度的教会传统。

> 教父使自己成了底层人民的卫护者。蛮族人的攻击使帝国后期财力枯竭:贷款消费再次泛滥起来,贷款者利用这一机会,夺取借款人的财产及人身,这些人被逼上自杀的绝境。塞涅卡早已说过,高利贷者就是杀人犯。巴西利乌斯、安布罗修斯、奥古斯丁也对他纷纷响应:高利贷者是在扼杀穷人;有息贷款(fenus)无异于死亡(funus)。④ 对所有这些作者而言,高利贷(它只看钱,是另一种形式的欲望)之恶就在于它冒犯了对邻人的爱(charité)与怜恤之情。对圣安布罗修斯来说,《申命记》允许向外国人有息贷款这一事实清楚地证明了,后者乃是战时行为,与基督

---

① 参阅《出埃及记》22:25;《利未记》25:35—37;《德训篇》29:1—7(思高本《德训篇》为 29,1—10——译注);《申命记》15:6—8;23:19—20;28:12……

② 参阅《马太福音》5:42;《路加福音》6:34—36。

③ 尽管如此,必须明确的是,《圣经》社会同古希腊社会一样,人们认为借款就是为了消费;古人若亲眼见到借款人用借来的钱进行产出性的投资,且能带来大量好处的话,就会以另一种眼光看待之;可见,它比贷款人得到酬劳这样的情况要显得"自然"得多。圣托马斯在 13 世纪觉察到的就是这一互惠性的经济业务所具有的新的逻辑出现了。他预感到它定然会导致提出新的道德问题。

④ 参阅 Spicq,前揭,p. 453。

教的博爱（fraternité）律法相悖。

而教会立法则正式禁止了神职人员从事高利贷（305 年的埃尔维拉［Elvire］大公会议、314 年的阿尔［Arles］大公会议、325 年的老底嘉［Laodicée］及尼西亚大公会议；之后也定期重复对此做出禁止）。但到 8 至 9 世纪，在查理曼大帝召开的各次会议及其法令集中，禁令扩及到了平信徒，对他们以绝罚相威胁（这一情况也同当时的现状，即诺曼底人的侵略导致的经济危机有关；我们发现，在那个时代，税收高得惊人，达到 100％、200％ 或 300％……）。好几条教皇法令均确认了这样的立场。

尤其因为 12—13 世纪，大贵族、城市、国王，甚至于主教都向意大利富有的资产阶级及银行家借债。贷款遂成了一种彻头彻尾的职业。因此，1179 年的拉特朗大公会议对从事无论何种形式的高利贷均做出了禁止。教会向世俗当局施压，以期它们进行合作，采取强制措施用灵性上的惩罚来处置高利贷者：比如，怙恶不悛的高利贷者的遗嘱不得生效。在 1274 年的里昂大公会议上，高利贷被推上了教会法庭的审判席，法庭重新又将他们作为异端对待。因而，只有犹太人才能放高利贷，只要他们不过分即可。最终，1311 年在维也纳大公会议上，[943]教皇克雷孟五世宣布世俗当局针对高利贷的立法全部无效，他高声说道：

"若有人堕入如此的谬误中，胆敢说放高利贷不是罪，我们就会发出通谕，他将被作为异端受到惩罚，我们将命令所有主教和审讯官严厉打击所有那些有此异端嫌疑者。"（据 Spicq 所引，前引，p. 461）

总而言之，基督教精神对有息贷款明确做了禁止。

然而，神学并不能提出明确的理性论证来反对它，主要是因为教父和教会法学家在不同的时代表明了不同的立场，而且《圣经》本身对此的态度也不是很明朗。当 13 世纪经济的发展又将此问题提上议事日程时，想要做出澄清的努力就显得很必要了，圣托马斯从未在这些显然难以逾越的理论任务面前打退堂鼓，他一向都很信任理性的威力，他的意图就是要在自己的《神学大全》中去达成这样的努力。

因此，他的个人立场如下：

为了贷出款项有利可图而获取利息本身实属不义，因这样做就是在出售并不存在的东西；其中显然存在着不平等，与正义相悖。

为了克服这一点,就必须知道,使用某些物品就是指对它们进行消费;因此,我们所消费的葡萄酒是用来当作饮料的,小麦我们也是用来当作食物的。在此种性质的交换中,人们在使用物品时就不该超出其实体本身。这就是为何,对此类物品来说,出借就是在转让所有权(*cuicumque conceditur usus, ex hoc ipso conceditur res*)的缘故。故而,若有人一方面想出售葡萄酒,一方面又想出售它的使用权,那他就是将同一样东西出售了两次,或者毋宁说是在出售并不存在的东西。因而,他显然行了不义之事。基于同样的理由,若他出借葡萄酒或小麦时要求双份的补偿,一份是要求归还等量的东西,另一份是为了得到使用的价格;由此便产生了高利贷之名。

反之,也有在使用与消费方面不能等同的物品。因此,使用房子就是要在里面居住,而非致其毁坏;故而,人们在转让时,可在使用和所有权之间做出区分;比如,出售一栋房子后,人们仍能保留在里面居住一段时间的享用权;或相反,转让房子的使用权后,仍保有其虚有权(nue-propriété;dominium)。这就是为何人们有权让他人支付房子的用益权,且随后可再次[944]将房子出租的缘故,不动产的租售就是采取这种方式。

至于金钱,亚里士多德注意到,它被发明出来主要就是为了使这种交换更具便利性;因此,它的主要用途就是消费,也就是说花钱,因为购买和出售就是它的用途。因此,为了贷出款项有利可图而使自己获利本身就属不义;高利贷的根本就在于此(问题 78,第1 条,结尾)。①

通过使用而使其毁坏的可消费物与经使用无法致其毁坏的不可替代物之间的区别源自罗马法。圣托马斯将其用在了借贷上。它不会考虑时间,且完全不会对交换行为所获得的等值性做丝毫改动(而现代经济学家却明确将利息定义为"时间价格")。另一方面,他也采纳了亚里士多德的论证,即金钱无法"增殖",它本质上是不会产生结果的,只能当作交换的中

① 　参阅《阿奎那政治著作选》,马清槐译,商务印书馆,1963,p. 144—145。——译注

介物,且只有人类的劳动才是财富的创造者。因此,"尽管借款人可通过自己的劳动使其得到的款项发挥作用,用自己的双手使该款项获得产出,但贷款人却没有任何权利获取这样的增值(plus-value)"(Spicq)。

但在对禁止有息贷款的根本理由做了如此这般的重新表述后,圣托马斯仍对其进行了几处修正。

1)他首先采纳了在 *damnum emergens*①,即蒙受损失时,贷款人可获得赔偿这样的观点:

> 在与借款人签订的契约中,贷款人可约定一旦自己因失去所拥有的东西而蒙受损失时,即可获得赔偿,这不是什么罪;此处并不是指出售金钱的使用权,而是指获得补偿。此外,借贷还可使借款人避免蒙受比贷款人遭受的更大的损失。因此,前者恰是用其获得的利益来对后者做出弥补。但他们没有权利基于这样的考虑在契约中约定赔偿:即使用贷出的款项毫无赢利时;因他们无权出售自己尚未拥有之物,无论采取何种方式,获取这样的赔偿就是败坏行为(第2条,解答1)。

尽管金钱并未照借贷这个词所包含的意义来理解,但在这后一种情况(消极损失[*lucrum cessans*])下进行弥补却仍然可被接受(问题62,第4条)。但此种赔偿的原则却并不能写入最初的契约中。[945]只有在借贷人蒙受了除消极损失(*lucrum cessans*)之外的其他损失时,在最初的借贷契约中,赔偿方能被合理地预见到。

相反,圣托马斯并不承认法学家卡斯特洛的保罗(Paul de Castro)在14世纪末所采纳的观点,即将利息合理地视为是对投入资金所冒风险,亦即 *periculum sortis*("偶发危险")的报酬。但总之,他的立场与教会法所做的绝对禁止相比,无疑打开了一道缺口。

---

① 罗马法中有两种损失。一为积极损失(*damnum emergens*),照其字面意义来看,即为"发生的损失",亦即指现实发生的损失,如财产的减损、灭失,及额外支出的费用等。另一为消极损失(*lucrum cessans*),其字面意为"丢失的利益",即指原本可得的利益因某种原因而未得到,换言之,即指尚未实现的利益的损失。——译注

2）另一方面，为了以某种方式更好地对高利贷进行谴责，圣托马斯终于对严格意义上所谓的资本主义投了赞成票，也就是说他赞成的是将资本和工作关联起来的经济活动形式。

> 那将大笔金钱授予商人或工匠，且以某种方式与他们一起组建社团者，并不会将那仍然完全属于他自己的金钱之所有权让与他们，即使他在商人的贸易和工匠的工作中分担了自己的那份风险和危险也罢；这就是为何他拥有要求得到部分利益的权利，将其视为自己的所有物的缘故（第2条，解答5）。

"向大规模的投机行为进行借贷"与股份公司（不过尚未成为股份有限公司）均已在意大利得到创建并完善起来。[①] 圣托马斯也很熟悉这些新的经济形式，且对它们投了赞成票。

所有这些正义的规则都将构成人类优良立法的实质，而立法则将由国家来发布并对其加以保障。于是，圣托马斯又试图证明被视为属于自然范畴的国家之古代学说究竟能以何种方式完全地被整合入基督教神学之中。

第四节　国　　家

圣托马斯在1265—1267年间写了一本小册子《论王国》（De Regno，又名"论君主制"［De Regimine principum］），撰写此书的目的是为了向[946]塞浦路斯（指经由十字军东征在东方［le Levant］建立的其中一个公国）国王于格二世的14岁孩子教导政治方面的事务。小国王在此书尚未完成时便已夭折，故而圣托马斯并未将其完成（由其弟子卢卡的托勒密［Ptolémée de Lucques］续完）。该书大部分内容都受到了亚里士多德的影响，尽管如此，其中仍包含了一些原创的论点。[②]

---

① 参阅 Yves Renouard，《中世纪的意大利商人》，前揭。
② 圣托马斯·阿奎那《论王国》，Marie-Martin Cottier 教友翻译、阐述，Éd. Églof, Paris, 1946。圣托马斯的国家概念亦出现在其对亚里士多德的《政治学》所作的评注中。

国家的定义

圣托马斯首先按照自己的看法，重复了亚里士多德论述城邦本质的基本观点。从本质上来说，人乃是社会及政治动物。动物已天然形成了群体。但人若不形成社会的话，便无法仅此活着，因为他唯一的资源乃是理性，而且一个人的理性只能领会很少的事物：必须对知识进行划分，然后使知识的成果进行交流，以便人能支配对他来说必不可少的最小限度的东西。此外，单只语言的存在便表明了，"比起无论何种群体生活的动物，人与他人的交流要多得多"（p. 28）。此种合作必须确立在一个水准上，这样就可自给自足，彼此满足所有的需求：因此，这说的既不是家庭、市镇的水准，也不是城邦的水准。

但必须将"指导性的原则"赋予民众，使他们不致四散，就像机体，必须有一个中央器官，心或脑来指导四肢，或像理性那样指导灵魂的各个部分，或像天体指导其他物体一般。"显然，一通过自身能更好地将多统一起来［……］［而且］几个人若在所有问题上都意见分歧的话，无论采取何种方式，他们都无法稳定民众。"（p. 36）自然向我们显明了道路：机体中只有一颗心脏，蜂群内只有一只蜂后，宇宙中只有一位上帝。经验确证在那一个独一的主导者的地方，统一才会至公至伟。

混合政体

［947］因此，就原则上所具有的诸种理由而言，君主制乃是最好的政体。但若它转变成暴政，那就会糟糕透顶。故而，由一个人来选择政府就会冒极大的风险。难道就没有更为平衡的解决方法吗？圣托马斯在稍后的《神学大全》中思考了这个问题，并对"混合政府"颂扬备至：

> 这就是对任何一个城市或王国权力所作的最优之分配：首先是独一的领导者，他以其美德得到选拔，①成为万民的首脑，然后，在他之下，几名领导者以其美德而得到选拔。虽然某些人拥有美德，但他们的权威仍同所有人的权威一样，因为他们可由万民中遴

---

① 圣托马斯作为教会的优秀代表，似乎并不赞同世袭制。他的君主制同下个世纪的尼古拉斯·奥雷姆（Nicolas Oresme）的君主制一样都是选任制，至少国家的首脑人物当其"美德"不振时，可被更换。

选而出,而且他们事实上也从中得到了选任。因此,这样的国家（*politie*；*politia*）才是最好的国家。它经过精确的测定（*bene com-mixta*）：论君主制,只有一人统治；论贵族制,根据几个人的美德实施统治；最后,就是民主制,也就是指民众的权力,领导人可由普通民众中遴选而出,且对领导人的选任都由民众来决定（《神学大全》,Ⅰa,Ⅱæ,问题 105,第 1 条,É. Gilson 翻译,见《托马斯主义》[*Le Thomisme*],Vrin,p. 451）。[①]

他自《论王国》起便说,混合政体使罗马共和国拥有了力量,士兵都懂得自己是在为公共的利益,而非为国王一己之私利战斗。不幸的是,历届共和国都为时不久,皆因纷争不断,遂由暴政取而代之：因此,罗马共和国被帝国代替后,大部分皇帝的行为举止都像个暴君。因而,不存在完全理想的政体,而混合政体的恶则会最少。

但比政府形式更为重要的是,最须要留意的是不致使无论何种形式的政府变成暴政。要考虑到这一点,[948]起初就得好好选择统治者（如撒母耳选择扫罗和大卫）；弱化他们的权力；在统治者再怎么劝也还会变成暴君的情况下,要预先考虑好弹劾程序,好将他清除出局。

诛戮暴君的主张

圣托马斯事实上为对抗不义政权的反叛作了辩护,甚至暴力违抗和诛戮暴君都是正当的。

诚然,他也对完全由统治者之不义挑起的反叛设了条件：切忌使疗救方法比恶还要坏——他通过叙述下面的故事来阐明这一观点：

> 所有叙拉古人都一如既往地盼着狄奥尼修早点死,有个老妇人却一直不停地祈祷,希望他平安健康,能活下来。当暴君知道这回事后,就问她为什么会这么做。她回答说："在我还是个小女孩的时候,由于我们不得不忍受一个残忍无道的暴君,所以我就盼他

---

① 我们记得,这样的混合性自圣托马斯的眼中看来,乃是古以色列政体的品质（参阅《阿奎那政治著作选》,前揭,p. 128—130。——译注）。

早死；后来，他被人杀了，另一个人接替了他，可这人还要暴虐；我也就想，让他的统治终结，是要付出很大代价的；你是我们的第三个君主，要远坏得多。所以，要是你一旦被消灭了，那么就会有一个比你更坏的暴君来接替你。"(p. 59)

《圣经》在这个问题上给出了明显自相矛盾的说法。诛戮暴君似受《旧约》的推崇(《士师记》)，但却受到了《新约》的谴责(所有权力均源自上帝，基督徒不得杀戮迫害他们的罗马皇帝)。圣托马斯断然下了结论：不能令人忍受的是，个人完全以一己之愿去杀戮暴君。因为，好的国王在恶人眼里也会成为暴君。

> 最常见的，乃是恶人，而非好人去冒这种行为[诛戮暴君、反叛]的风险。然而，国王比起暴君，他的命令总是会让恶人觉得沉重不堪，因为照所罗门的箴言(《箴言》20：26)："智慧的王簸散恶人。"因此，个人主动去这么做就会使大部分民众陷于失去国王的危险之中，而不会给他们带来消灭暴君的疗救方法(p. 60)。

因此，反叛必须是公共倡议才行。事实上，民众可以合法地废黜国王，因为是民众将他设立起来的。

> [949]若民众有权设立国王，那么这样的民众就不会以不义的方式来废黜自己曾确立的国王，或者若他残虐无道地滥用国王的权力时，民众也不会以不义的方式来束缚他的权力(p. 61)。

我们发现，这简直就是对民主制原则清晰无误的确认：政治权力，甚至是王权，都来自民众的委任。若国王不忠于这项委任，他便不再具有合法性。

> 不必去想，这样的民众会以不忠实的方式废黜暴君，即便他们以前曾永久地臣服于他也罢，因为暴君本人由于并未像国王的义

务所要求的那样,以忠实的行为来管理民众,故而他的臣民不再遵守他们向他所发的誓言,那是他该当如此(p.61)。

那民众该如何行事呢? 以颁布类似于元老院法令的条例,或通过全民投票的方式(至上者塔昆和多米提安遭废黜就是例证)。也可使国王遵守拥有至高权威的法令,若真有这样的法令的话(希律遭提比略废黜;圣托马斯显然也想到了国王和其他封建领主被教皇罢免的情况)。

人们还可求助于上帝,他永远可将暴君废黜,况且他也在经常这么做。但若需如此,民众就必须与此相称,也就是说他们须脱离自己的罪。因为我们在《何西阿书》(13:11)中读到:"我[上帝]在怒气中将王赐你",在《约伯记》(34:30)中读到:"上帝因民众的罪而使伪善的人作王。"① 圣托马斯评注道,因此,必须"驱除罪以终结暴政"。

统治者的动机

若权力仍然稳重的话,那么无论如何,就不该提出诛戮暴君这个问题。

若统治者孜孜以求的是骄奢淫逸,那么权力就不可能稳重,因为这么做只会损害臣民,故而如此孜孜以求只会使统治者不可避免地导向暴政。他们寻求荣誉和荣耀会更可取:因他们获得的东西同臣民的善相符。但他们所作的寻求仍包含了某种无度的风险。

[950]圣托马斯提出,只有在统治者将真福(béatitude)作为他们所作所为的终极目标时,他们方能于施行统治时有所节制。

每个人都会从自己的上级那里获得自己的赏赐。然而,所有的政治权力均源自上帝(圣保罗);国王乃是他的臣仆(《智慧篇》);因此,国王的赏赐也源自上帝。它并不包含于尘世的功成名就之中,因上帝亦将这赐予了恶的国王(如尼布甲尼撒),而是存在于那真正作为荣耀之形式且至高无上的真福中,因为它乃是"荣耀不朽的(immarcescible)②冠冕"。真福首先是向作为人的国王许诺的。③ 因为,尘

---

① 和合本《约伯记》34:30:"使不虔敬的人不得作王,免得有人牢笼百姓。"思高本《约伯传》34:30:"使凡欺压人民的,不得为王。"与此处文字意思恰好相反,姑此存疑。——译注

② 指永不会凋谢枯萎者。

③ 人类生命的末世形态寓于对上帝的直观之中,作为此形态的真福在《神学大全》Ⅱa,Ⅱæ,问题1有名的论述中得到过研究。

世上没有人能使欲望平息。人是 *capax Dei*，即"上帝是可及的"（参阅上文，p. 919，注释 1）。只有上帝才能使人满足。且由于人天生即为理性存在者，故其本性无法通过从理智上直观上帝来达到自身的圆满，只有通过直观拥有万全本质的造物主，方可直观万物的本质。国王须与万民分享这拯救的前景。

但国王的真福仍是优越的。因为若真福乃是美德之赏赐的话，那么更高层级的真福就会归于更大的美德。

《德训篇》（31：10）中说："他能犯法［不受惩罚］而未犯［……］他的幸福必然稳定。"①这就是为何若他在美德的行为中经受了考验，人们便认为他忠贞可靠的缘故，正如比亚斯［Bias］②的箴言所说："权力能揭示一个人。"因为，许多人攀上权力顶峰后，便失却了美德，而当他们地处卑微时，却显得很有美德。③ 困难威胁君主时，他们仍能行善，便值得得到更大的奖赏，尽管他们有时因软弱而犯罪，但他们仍能在人前得到宽宥，且能更为轻易地得到上帝的宽恕（p. 88）。

相反，暴君却将比普通的罪人受到更严厉的惩罚。

尤其是因为暴君根本不会悔恨，他不仅应该因自己的罪受惩罚，还要因其所起到的带头作用使继任者犯罪而受罚。④

统治的本质

[951]若想使统治者保持公正和节制，惧怕这些惩罚及希望这些奖

---

① 思高本《德训篇》为 31：10，11。——译注
② 希腊"七贤"之一。
③ 这个观点，我们已在西塞罗处见过，参阅上文，p. 461。
④ 但丁在其《地狱篇》中回忆起了这事，他将暴君放在了地狱最底层的那一圈里。参阅《地狱篇》（*Enfer*），Ⅻ，103—112 行：在这地狱的第七层，即"施暴者"那一圈里，亚历山大大帝、叙拉古的狄奥尼修和但丁的同时代人都在赎罪（参阅《炼狱篇》[*Purgatoire*]，Ⅵ，125："意大利的城市中到处是暴君"），如奥纳拉的伯爵罗马诺的埃佐利诺（Ezzolino da Romano）、费拉雷和安科纳边境省总督管辖区的侯爵埃斯特的奥比佐（Obizzo d'Este）……

赏都是不够的。还必须对统治艺术进行沉思,且去了解这门艺术究竟为何。

然而,

> 统治在于以合宜的方式引导被统治者,使它达到其本身所应具有的目的。因此,我们说,一艘船当被熟练的舵手操控,且使其循着正确的航道安然无恙地被引往港口时,才能说它受到统治(p. 115)。统治者的义务并非是仅仅保持事物本身的状态,而且还要,将其引向目的。(p. 116)①

我们已发现,人的目的乃是外在的:那是上帝的成就。统治者可以对此不加重视,并仅限于使国家保持守成的状态。但若他们如此做了,那么船上就会发生这样的事,即木匠会去修补破损的地方,其他技师则会履行船内部的所有职责,好使它继续存在下去,但没人会去关心该如何将船驶往它最终必须抵达的港口。同样,若地区的领导者相信,人的目的就在人本身中,比如就存在于发达、健康、科学,或良好的风俗中,那么对城市而言,他们就会成为纯粹的经济学家、纯粹的医生、纯粹的博士,或纯粹的教育者(institutores morum)。异教国家发生的就是这样的事,在那里,教权顺应于尘世。但在新法中,国家顺应于基督,因而,真正的国王乃会顺应于超验的目的。

> 这就是为何基督徒[……]另需属灵的援助之故,通过它,他就会被引往永恒拯救的港口;这样的援助会通过基督教会的仆从提供给信徒(p. 117)。

[952]因而,圣托马斯又重新回到政治奥古斯丁教义的本质上去了。统治者只能作为教会的仆从才能完成他们的任务,教会受彼得的继任者教皇合理地引导,"基督教世界的所有国王都该像对我主耶稣基

---

① 柏拉图主义的观点,参阅上文,p. 140 与 181 及以后。

督本身臣服那样去臣服于他"（p. 120）。然而，他们有自己的任务，即在臣服于他们的共同体中设立并保持某种善的生活，且将其引向"更高的完满"。不幸的是，圣托马斯尚未对这最后一个表述所具有的结果作详细论证，就中断了自己的这部作品。

第六章　中世纪末期(14—15 世纪)：
近代国家概念的初生

[953]14—15 世纪那段时期可从两个观点加以考量。从经济与人口统计的层面来看，这是个危机重重、衰落倒退的时期，尤其是因为出现了黑死病和百年战争。同样，从文化层面来看，这两个世纪显然都不如古典中世纪(12—13 世纪)那时候来得辉煌。反之，从政治层面上来看，这个时期却要丰富得多。几乎在整个欧洲，人们都注意到将国家视为制度所作的精彩阐述。国家机构(财税、司法、中央及地方行政管理、常备军……)日益强盛，各个民族都得到了确立。从学说的层面上看，构成了近代国家观念的主要属性均得到了日益增多的理论文本的阐述，同古代文化的关系重又得到恢复。此外，还得强调，从某些方面看，尽管 14—15 世纪的国家可被视为"封建君主制"与"专制君主制"之间的过渡，但它也呈现出了一些新颖的特色：恰是在那个时代，由于教会产生了危机，以及大公会议至上主义(conciliarisme)①这一现象的出现，故而"民主制"的观念也开始现身。当然，[954]目前专制君主制的模式已在付诸实践；但自 16 世纪起，如此这般得到确立的知识之萌芽又重新开始茁壮成长。②

我们将相继对国家的不同特点进行研究，14—15 世纪的这些特点

---

① 大公会议至上主义指大公会议的权力位于教皇之上。——译注

② 参阅 Bernard Guenée，《14 和 15 世纪的西方——国家》(*L'Occident aux* XIVe *et* XVe *siècles. Les États*)，PUF，Nouvelle Clio 丛书，1993。

比以前更为毅然决然地现身而出,且日显清晰起来,即它的抽象性(第一节)、世俗化(laïcité)(第二节)、主权(第三节)、民族国家(État-nation)的概念(第四节)、政府的专制主义表现形式(第五节)、代议制或民主制的表现形式(第六节)。尚会随时提供必不可少的历史背景说明。

第一节 国家的抽象概念

从国王至"王权"(couronne)及至"国家"①

"国家"(État)这个词本身在中世纪并不存在。只是到了 15 世纪末,人们才在这个意义上使用 status 一词。以前,人们说的是共和国(*respublica*)②、王国(*regnum*),并从亚里士多德的拉丁文译本中借用了城市(*civitas*)一词。几个概念均处于此过渡阶段中。12 世纪起由索尔兹伯里的约翰(Jean de Salisbury)定义的"政治体"(*corps politique*)这一概念很快便得到了推广。

这一有机论的变形表明,"身体"(coprs)的所有部分彼此相依,这样就等于是允许对暴政和叛乱进行谴责。特尔卢齐的让(Jean de Terre Rouge;又名特尔梅维尔的让[Jean de Terre merveille];约于 1400 年写作)便如此认为勃艮第公爵手下的兵丁就是法国政治体患病的部分,为了整体的利益着想,应将其切除。同样,英国主教斯特拉福德(Stratford)也运用此变形说,于 1327 年支持废黜英国政治体患病的头脑国王爱德华二世,必须用健康的头脑将他取而代之。"政治体"的形象与亚里士多德的概念颇为相似,它重新发现了"自然共同体",且对其作了适当的评注。照亚里士多德的说法,自给自足就是它的定义。这样就等于提出了政治体所希望的边界究竟在哪里这样的问题:[955]它必须足够大,如此方能独立地生存下去。

人们同样论及了"王权"(couronne)③,或曰"王国之王权"(*corona*

---

① 据 Jean Dunbabin,《政府》(*Le gouvernement*),见 Burns,前揭,p. 450 及以后;Bernard Guenée,前揭。

② 拉丁语 respublica,由两个词组成,res + publica,意为"公共财产",或"公共利益",因而共和国亦有"公共财产"之意。——译注

③ Couronne 亦有"皇冠""冠冕"之意。下句所言的"象征王权的物质对象"即指"冠冕"。——译注

regni）。

象征王权的物质对象开始在 12 世纪上半叶时期的英国被视为抽象概念,英国国王就说过"王权之审判"。

不久之后,法国的絮热也在同样的意义上使用了这个词。1158 年的波希米亚和 1197 年的匈牙利也发现了相同的使用方法。菲利普·奥古斯都(Philippe Auguste)将其"人格"从"王权"中区分了出来:1197 年在致兰斯教士团体的信中,他要求获得军事援助来对抗弗莱芒人,"以保护我们的人格,并保护我们王国之王权"。①

但只是到了 14 世纪,这个概念才在整个西方通行起来。

人们认为,对王权所属之物进行转让必须受到限制。特尔卢齐的让说:国王乃是王权之财产的用益权者。因此,查理六世不该通过签订特鲁瓦条约②来掌控这些财产以损害王储的利益。这便是王国"基本法"概念(16 世纪的表述方式)的肇始。

此外,很快——比如,亨利三世同其手下的男爵们发生冲突期间(1258—1265 年)——就出现了这样的观点,即王国由于是个共同体,即 *communitas regni*,故而国王所有的臣民在此王权(la Couronne)中均拥有合法的利益。王权算是某种形式的公共财产,故法律或财政决策不该由国王一人定夺。封臣应该效忠王权,而非国王,这样一来,他们也许就能与国王进行对抗。国家这一抽象概念的回潮也促成了古代公民概念的回潮。

法国继承法的演变③

[956]法国继承法的演变以激烈的方式见证了国家概念之抽象化和去人格化的进程。起初,王国几乎可与国王的人格同日而语,而大臣都是以个人身份拥戴他的人,这些人同封臣私人契约的逻辑相符;在演变过程中,王国几乎与国王彻底脱离了干系,臣民支持的乃是国家。

由特尔梅维尔这样的法学家所形成的继承法最终于 15 世纪固定

---

① 据 Dunbabin 所引,前揭,p. 471。

② 1420 年,在阿赞库尔(Azincourt)打了败仗(1415 年)之后不久签订的该条约同意让英国国王亨利五世世袭法国的王权(couronne)。

③ 据 Stéphane Rials,《王权的移归》(*La dévolution de la Couronne*),见《卡佩王朝的奇迹》,前揭。

了下来,之前相继采取的几项规则有:长子继承权(12 世纪)、男性继承权和旁系继承权(14 世纪)、王权的不可支配性和持续性(15 世纪)。

在 9 世纪整整一个世纪中,法兰克国王都是(自特权家族中)经选任而产生。但世袭制原则逐渐成为必须,菲利普·奥古斯都遂成了末代经选任而成且父亲在世时即行加冕礼的国王(1179 年)。

世袭制原则之上又添了长子继承(primogéniture,又名 aînesse)权原则。该原则最终也只为卡佩王朝所接纳。① 两个最初出现的王朝均有在诸子间分享王国的习俗(如凡尔登条约),照日耳曼习俗,分得的王国就成了私人家产。因而,整个王国被移归至唯一长子的原则表明了,它是向罗马国家概念,即永久性公共人格的回潮,与暂时性体现王国的私人人格不同。

在三个多世纪中,从于格·卡佩至顽固者路易十世(Louis X le Hutin),卡佩王朝的国王均有可继承父业的直系男性子嗣。这个国王由于只留下了遗腹子让一世(Jean Ier),而且几天后他也夭折,所以他的兄弟便夺取了摄政王的大权,在贵族大会上被立为国王,[957]即菲利普五世。他就这样篡夺了路易十世的女儿让娜(Jeanne)的普通封建权利:他使罗马的公法概念更进了一步,使国王的权利同封建权利划清了界限。为解决只有女儿的菲利普五世究竟由谁来继承这个问题,于是再次实行了新的规则:1332 年,已故国王的兄弟继任国王,他是菲利普四世的第三个儿子,也就是美男子查理四世。

查理四世死后又出现了问题,关系最近的男性继承人是英国国王爱德华三世,他因伊莎贝尔(Isabelle)之故遂成了美男子菲利普的外孙。伊莎贝尔自己虽未当权,但她不是可以把国王这一高位传给自己的儿子——在两位国王中间架设起"桥梁和踏板"吗?新召开的贵族大会作了否定的回答:她只能将自己所拥有的权利下传,除此便不行。于是远房亲戚菲利普六世(美男子菲利普的侄子)被立为合法的国王,开启了瓦卢瓦(Valois)王朝。

---

① 我们记得,在封建继承制方面,其他原则也随时间、地点的不同而得以实施:如由父亲选择继承者,由幼子而非长子继承……参阅上文,p. 815 及以后。

很清楚的是,在这两种情况下——选定菲利普五世和菲利普六世——著名的"撒利克法",亦即"撒利克"法兰克人的法典比起政治考量而言,只起到了很小的作用:他们宁愿将王国这样的公共利益传给不足以保护它的弱小的子嗣,也不愿将其传给足以保持王国完整性的强有力的外国领主。

自这时起,法国的继承法便固定了下来:"在已故君主没有直系继承人的情况下,王权就会被无止境地移归给长子旁系的长子。"(Rials)①

[958]随后,新的规则得到提出,它是对王权乃是公法这一原则的进一步发展:法国的王权"不受支配"。意思是说,它不能被曾拥有它的人传给他想给的人。他并不像私产者支配自己的家产那样拥有"立遗嘱的自由"。

当"疯子国王"查理六世通过 1420 年签订的特鲁瓦条约不让其儿子王储查理(圣女贞德所谓的"高贵的王储,后成为查理七世"),而让他"收养"(就像罗马皇帝那样)的英国国王亨利五世继承王位时,问题又被提了出来。法学家们否决了这种"剥夺继承权"的做法,他们断言对王位的继承并不像分配家产那样,而是"法律规定"的。国王没有挑选继承人的自由。是由上面所述的那些规则来指定国王,它完全不受人的意志的干扰。

照这样的原则来看,王位的合法世袭者并没有拒绝继承的自由(而按照私法,继承人通常都有这样的权利):法国国王不能让位(1830 年查理十世的逊位正是因为有这层理由而使争议纷起)。

最后一个原则是:王位继承的瞬时性或"王权的延续性"。国王一死,他的继承人即可进行统治,延续性不成问题(参阅这些表述:"国王死了,国王万岁""死者抓住了生者""法国的国王从来不会死")。该原则是在 13 世纪末与 15 世纪初之间被加上去的。这等于是在拼命贬低

---

① 世袭法本质上乃是由习俗强加的。但它也能得到"理论"上的辩护:与生物学直觉理论相符的是,儿子被认为能复制且继承父亲的本性与美德;更何况此乃国王的本质。另一方面,傅油礼赋予的准神圣性这一点或许可以解释为何会将妇女排除在对王位的继承之外。最终,法学家确认了继承的规则,因为他们认为,该规则具有的自动性这一特点将所有会引起争论和纷争的可能性都扼杀在了萌芽之中。这一点得到了 19 与 20 世纪保皇党人的特别强调,在他们看来,法国的政治体制中合法世袭的主线自从 1792 年中断以来,这个时代便动荡不定,此种奇特而又违反自然的状态令人反感。

加冕礼的价值，从而也是在贬低教会在国王合法化中的作用。

经由这最后两个规则，"王国"或"王权"这样的概念便最终远离了家产或所有权（*dominium*）这些概念，但与罗马意义上的"共和国"，即国家的概念相近。

说实话，只要世袭继承本身，亦即国家与世系的本质关联，最终只能被视为一种反常现象，一种往昔随意的残留物时，它们才能彼此接近。如果国家确实是公共事物，是抽象、永恒的实在，与其相继当权的物质持有者毫无关涉，那么就不可能存在同所谓的某个个人或私人家族拥有牢不可破的关系，所存在的只不过是古代城邦同其行政官员之间的那种关系。君主制的公法受的是罗马法的滋养，它在其演变过程中，远离了《圣经》中某个由上帝"拣选"的弥赛亚式的人物超越于羊群之上这种观念，这样的演变只[959]能导向某种共和国的形式，而最终在法国发生的也就是这样的情况。

因此，恰在继承法"最终"得到制定的时刻，且从某种意义上说，恰是因为它之成其所是，它才在废除了自身的对象君主制的同时，变得陈腐过时。国王的肉身变得无用，随其抽象体"国家"的出现而变得累赘多余。

第二节 世 俗 化

尽管如此，只要在其内部存在欲求自治甚至欲求优越性的教会存在，这样的国家便不可能得到充分发展。政治体不可能有两个首脑，它不可能有一个躯体，却由两个相平行的组织进行管理。形成中的民族国家本能性地摒弃了属灵权力与尘世权力之间具有永恒差异且处于不可救药之竞争状态的《圣经》观念。尤其因为这样的事实，即教会拥有自己的司法权限，且某些公民通过"裁判特权"逃避了世俗法律的审判，这样便同受罗马公法滋养的法学家发生了冲突。因而，19 世纪的高层人物均试图以理性为本，建立我们用现代语言所说的国家的"世俗化"。意大利的神职人员近来同帝国的争执表明这一新的意识形态的战斗会在何时启动，并会拥有何种模态。

14—15 世纪的日耳曼与意大利皇帝

意大利人首先想要撼动神职人员与教皇的监管。因为他们认为，教皇经常支持各城市同日耳曼皇帝打仗，从中渔翁得利，以获得过分庞大的权力。

教皇的"权力之完满"(*plenitudo potestatis*)这一意识形态是由亚历山大三世、英诺森三世和英诺森四世,直至卜尼法斯八世这些身为法学家的教皇阐发的,如今这一意识形态已变得令人窒息。各城市开始有所反应:[960]1266 年,帕多瓦拒绝向教会支付税收;奥维耶托发生反对 Curie(教廷)的反叛。13 世纪下半叶,几乎到处都在对教会法庭和神职人员拥有豁免权进行控诉。在新近由教皇国统一起来的诸行省中爆发了叛乱。14 世纪初,皇帝与教皇战争期间最后发生的两件意想不到的事加剧了他们的对立程度,促使许多人对帝国利益进行了激烈的维护。

卢森堡的亨利七世于 1310 年来到了半岛上。阿维尼翁的教皇克雷孟五世怂恿他攻占意大利以阻止昂热国王那不勒斯的罗伯特(Robert de Naples)坐大。1312 年,他被教皇的代表加冕为皇帝。但他也步其前任的后尘,声称自己要控制整个意大利,并要把那不勒斯的国王废黜了事。教皇与他进行了调解,宣布那不勒斯王国在帝国之外,提醒他此乃英国的采邑。对教皇这一方来说,若开战就会很致命,但亨利七世却于 1313 年过早地驾崩。

1314 年,德国两个对立的氏族选出了两个皇帝,即哈布斯堡的弗里德里希(Frédéric de Habsbourg)与巴伐利亚的路易(Louis de Bavière)。阿维尼翁的第二任教皇约安尼斯廿二世于是宣布自己不会承认这两个正在发生冲突的皇帝,并称自己将在这段时期亲自在意大利担任帝国的代理人(因此,也就是至高无上的尘世君主)。1322 年,路易战胜了弗里德里希,但教皇拒绝承认他,还于 1324 年对他进行了绝罚。路易——这位德国的第四任皇帝准备冒冒险——遂开始侵占意大利,但 1327 年却打了败仗。尽管如此,他仍然攻占了罗马,还让威尼斯遭绝罚的主教封其为皇帝,并在宣布教皇为异端后将其废黜(1328 年①)。②

---

① 原文为 1318 年。——译注

② 故事的结尾是:1338 年的朗斯会议(la Diète de Rhens)规定,德国君主在选举时只需赋予皇帝以合法性即可,无需获得教皇的批准。1356 年,皇帝查理四世颁布的《金玺诏书》(*Bulle d'Or*)确认了这项规则,并宣布选任而出的君主拥有至高无上性。教皇再也不能授予皇帝称号;统治权由选任加以确立(此外,通过选举还可授予自己"罗马人之国王"的封号)。事实上,后来几任德国皇帝在统治时都未获得皇帝称号(温塞拉斯、鲁珀特[Rupert]、阿尔贝特二世[Albert Ⅱ])。在教廷与帝国之间如此这般发生的分裂证明了后者已不再是普世的实在,而是成为适合德国民族的国家形式。

在这样的背景下,皇帝之所以敢如此主张是因为得益于知识分子大范围内对他们的支持——这种情况在 12—13 世纪没有发生,当时维护"二元论"的人不但稀少,而且也没什么杰出的人物。卢森堡的亨利获得了如[961]佛罗伦萨史学家迪诺·孔帕尼(Dino Compagni),特别是大诗人但丁这样的知识分子的支持。巴伐利亚的路易则受到了帕多瓦的马西利乌斯(Marsile de Padoue)和奥卡姆的威廉的支持,而阿维尼翁的教皇则受到了他们的攻击。这些作者在确立自己的主张时都会恒定不变地、普遍地、几乎是痴迷般地求助于亚里士多德的权威,后者俨然成了大学里的新《圣经》。

但丁(1265—1321 年)①

但丁·阿里吉耶利(Dante Alighieri)是意大利的大诗人,著有《神曲》(La Divine comédie)②,该书讲述了作者的一次幻想之旅,且相继由维吉尔和比亚特丽斯(Béatrice)引领着在彼世——地狱、炼狱和天堂——穿行。这部作品在文学领域内堪与建筑领域内的大教堂及神学和哲学领域内的"各类大全"相媲美:恰是有了这些作品和《神曲》,基督教的中世纪方达至其顶峰。

但弗里德里希二世死后,意大利四分五裂的动荡政治局势将佛罗伦萨人但丁驱离了祖国,他决定写部政治理论著作《君主制》(Monarchie),书中他持赞成罗马—日耳曼皇帝普世统治,以及将教皇的权力严格囿于属灵领域的立场。这部薄薄的著作更为哲学化,而非政治化,但写得极其清晰、有力,表明意大利人文主义一开始就对教会日显非理性的和食古不化的姿态持反叛态度。

但丁 1265 年出生于佛罗伦萨,当其时安茹的查理(Charles d'Anjou)受教皇派遣攻占了曾属霍亨施陶芬家族的那不勒斯和西西里王国。在佛罗伦萨,教皇派(Guelfes)则从皇权派(Gibelins)手中夺取了权力。早已以诗闻名的但丁[962]担任了好几个政府官职,如大使、推事,最后于 1300 年任"艺术行政官"(Prieur des

---

① 参阅但丁《全集》(*Oeuvres complètes*),André Pézard 翻译与评注,Gallimard,"Bibliothèque de la Pléïde",1965。若需了解其生平及作品,亦请参阅但丁《神曲》,Alexandre Masseron 编订,Albin Michel,1947。

② 《神曲》原名"喜剧"(comédie),因结局完满,故有此名,后人给其加上 divine(神圣的),遂成《神曲》之名。——译注

Arts)达几个月时间,该职位极高,相当于"共和国议长"之职。但佛罗伦萨的教皇派分成了代表"资产阶级"的"白党"和代表"民众"的"黑党"(与贵族相近)。两党终于交起手来,教皇卜尼法斯八世为了做出裁定,派遣美男子菲利普的兄弟瓦卢瓦的查理(Charles de Valois)从中斡旋,后者于 1301 年 11 月 1 日进占佛罗伦萨后,便解除了黑党的权力。那时候不在佛罗伦萨的但丁被判流放,后又判若他落到该市的手里,就会被火刑处死。出于这些原因,一方面,他再也没返回过自己的生养之城(他流亡达 20 年之久,先后在维罗纳、拉文纳、曼图和普莱桑斯生活,且在漫长的流亡途中写下了《神曲》),另一方面,他也在政治上对教皇持反对态度,也就是说在意大利这样的形式中,他支持的是皇帝(而非受其蔑视并与之脱离关系的"白党")。他将自己的全部希望都寄托在了卢森堡的亨利七世身上,后者1308 年当选为罗马人的国王,后又于 1312 年在圣让・德・拉特朗(Saint-Jean de Latran)被加冕为皇帝。他当时是极其坚定的"皇权派"。但我们说过,亨利 1313年就在锡耶纳附近驾崩了。但丁除了完成这部诗作之外,别无他法。他卒于1321 年。

《神曲》是但丁最为主要的作品;该书第三部《天堂》是在他去世前完成的。但丁最初献给比亚特丽斯的诗歌由散文笔法串成,构成了写于 1292 年和 1295 年的《新生》(Vita nuova)这部诗集。《宴会》(Banquet;Convivio)是一部未竟的训诲诗(写于 1305 年和 1306 年)。《君主制》由拉丁文写成;成书年代不详。

《君主制》结构紧凑,显然使用了经院哲学逻辑的方法写成,甚至采用了小孩子的口吻,该书共分三部分,每一部分都极为清楚地论证了一个论题:1)普世君主制或帝国对世界之善是必需的;2)罗马人秉承天意管理帝国;3)教廷没有任何资格僭越皇帝的尘世权力。

普世君主制或帝国对世界之善是必需的

[963]但丁证明了中央集权制国家对稳定国内和平具有必要性:他提出,普世和平乃是世界幸福的条件。"因此,必须有设定尺度、进行统治的权威,而这一权威则必将被称为君主或皇帝。"(I,V,9)因为

> 处处都会产生纷争,故必须有裁断;否则的话,就会存在不完满,无适合的疗救方法,但这是不可能的,因上帝和本质在必需的事物中并不会缺乏。在两位互不相属的君主之间,或是因他们的谬误,或是因他们臣民的谬误,纷争总会层出不穷,此乃不言而喻

之事；因而，在这样的两个对手之间，就必须有裁断。［……］可见，君主制对世界而言，乃是必需的。

但丁引用了亚里士多德："存在并不想成为被统治的恶；然而，大多数领主却是恶的；因此，需要一位独一的支配者。"（《形而上学》，XII，III，16）

但丁坚持统一性原则。"能被独一者所造就者，最好还是被独一者，而非多者所造就。"若事物可被独一者所造就，故完全求助于其他某个人实为"无益且多余"。然而，"人类可被作为君主（Monarque）的至高无上的支配者所统治"。当然这并非是说他能够且应该关心各个民族所有特定的事务；他会将这些事留给下面的行政官员处理，因为"诸民族、王国和城镇的规矩都不同，必须以不同的法律来进行统治"，对北欧斯奇提亚人的统治就不能像对住在赤道的加拉芒代斯人那样。尽管如此，至高无上的君主仍可赐予万民相同的普遍性的法律，恰如理论知性会赋予实践知性以自己的法则一般；同样不可或缺的是，该共通法"乃是独一者的作品，如此便可完全杜绝普世原则中的混乱状态"（I，XIV）。

对但丁而言，统一性的此种优越性乃是形而上学；它固守存在本身的结构，在此结构中，存在制约着制约善的一。因此，愈是存在，愈是成为一，便愈是变得优秀，"由此可见，人们可以发现罪［964］非其他，而是藐视一，将其投入多之中"（I，XV，3）。

对此可供考验的证明是："世界从未曾完全停歇过，除非处于神圣的君主大帝（Monarque Auguste）之下，届时会有完满的君主制存在。于是人类在普世和平的安宁中也将尽享幸福，所有史学家、所有名诗人均如此说过"（I，XVI，1—2），而《新约》则亲自为其作了见证。

> 但世界之重现始于那未曾缝合好的长袍被贪欲之爪撕开第一道裂痕的那天，①尽管我们可读到这些内容，可那让天国喜乐的景象，我们却无法见到！哦，人类啊，要有何种暴风雨、何种灾难，要

---

① 也就是说，此时奥古斯都的帝国已开始崩裂。"未曾缝合好的长袍"（*tunica inconsutilis*）是指基督的长袍，士兵拈阄看谁能独享这件袍子（《约翰福音》19：23—24）。对但丁而言，这件长袍象征了不可分割的君主制。

有多少海难才能将你击败,一旦变成长着无数脑袋的恶魔,你就会被从四面八方击败(Ⅰ,ⅩⅥ,3—4)。

罗马人秉承天意管理帝国

若帝国对人类至高无上的善而言是如此必要,那么它就必须承担这善。此处,但丁意欲证明罗马帝国乃是合法的普世君主制。

显然,对他而言,是罗马—日耳曼帝国使得奥古斯都的帝国运作更长。然而,这点仍然未曾言明。无论什么地方,赞扬都未针对德国人,他的论证只是为了颂扬罗马,或确切地说,是颂扬意大利。对普世君主制必要性所做的哲学论证同显而易见的意大利民族主义连接在了一起。

但丁认为罗马对世界的统治乃是神意眷顾所致;数不胜数的奇事证明了这一点,这一统治恰是据此确立起来的。这些奇事定然为上帝所愿望,因而,罗马的统治完全合法。

但丁将维吉尔的史诗挪为己用。罗马由埃涅阿斯创建,他有三个妻子,第一个是亚洲人(克雷乌斯,是普里亚姆的女儿),第二个是非洲人(狄东),第三个是欧洲人(拉维尼亚,是拉提努斯的女儿)。因而,整个世界都被许给了他(Ⅱ,Ⅲ)。随后,[965]罗马历史上相继出现了许多奇迹,但丁大量引用了维吉尔和提多-李维,顺手列出了从卡皮托利山丘之鹅到汉尼拔未乘胜追击至夏纳等诸多奇迹。

但这些胜利之所以可能,也是因为拥有更高美德的罗马人之故(但丁在此引证了西塞罗)(Ⅱ,Ⅴ,5)。罗马人在征服世界之时,已使法律原则在各处旗开得胜,故而它有理由具有帝国的尊荣(Ⅱ,Ⅴ,18)。虽然有人对罗马人竟拥有如此品质感到惊讶万分,但但丁提到了亚里士多德,后者曾说本性上存在主人和奴隶之分;该观念适合各个民族。

> 有些民族天生便适于成为领主,另一些适合当封臣和奴隶[……]。对这样的人和民族来说,不仅束缚他们是必需的,甚至用强力约束他们也属公正(Ⅱ,Ⅵ,7—8)。

但丁引用维吉尔对希腊人和罗马人各自的长处做了比对(参阅上文,p. 523—528),其结论是,后者的使命就是统治世界。这里再一次提到了上帝的拣选,上帝"关心的是制止普遍的争执,而非特定的争执"

（Ⅱ，Ⅷ，1）。在将胜利赋予罗马人的同时，上帝明确了自己的拣选。所有其他像波斯、马其顿之类分属局部的帝国均已消失不见；只有罗马帝国才是普世性的，且会继续存在下去（不过，但丁并未影射拜占庭）。

最后，就是至高无上之证明，《新约》确认了罗马人的此种优越性和这一受神意眷顾的使命。为了使基督之死真正地救赎人类之恶，它的死就不该是偶然的，而是会见证整个人类对耶稣弥赛亚性（messianité）的拒绝。在选择死于本丢·彼拉多威权下之同时，基督也使普世性的罗马威权具有了合法性："若基督未曾在常任法官的裁决下受难，[十字架]便不会是惩罚[而只能算是纯粹的不义]。只有当它对整个人类都拥有审判权时，它才能成为常任法官。"（Ⅱ，Ⅺ）

教廷没有任何资格僭越皇帝的尘世权力

[966]最后一个问题：神意指定其和平统治世界的罗马帝国是直接接受了上帝的这项使命，还是经由某个上帝的"代理人"或"官员"，亦即教廷才加以接受的？①

既然罗马帝国对世界本身之命运乃是必要的，那么任何阻碍其使命的行为均会与神圣的规划相左，此处所说的是教皇或"教皇教令学家"，他们认为教皇可在任何领域进行立法，即便与帝国的法律和《圣经》相悖也无所谓。因为，"教会的诸项传统均是随教会而来"，而"传统必须得到法律的批准"。因此，必须"使各项传统不将权威赋予教会，而将自身承纳为唯一的权威"（Ⅲ，Ⅲ，16）。②

对获罗马认可的神学家传统上为建立教会优于帝国而使用的论证，但丁做了反驳，我们将会与僧侣统治（hiérocratique）论点支持者的某些论证相遇。

——双光体　这些神学家对《创世记》中所说的双光体做了象征性的阐释，它们一统治白昼，一统治黑夜，也就是太阳和月亮（《创世记》1:16）。前者代表属灵

---

① 我们重又见到了"双剑"问题。但丁持激进的"二元论"主张。

② 因而，这等于是超越了教皇革命及其教皇教令与大公会议，而向"唯靠《圣经》"（*sola scriptura*）与原初教会的回归。必须将基督教从由罗马首倡的法定"传统"的温床中摆脱出来；我们将在马西利乌斯和奥卡姆那里重新见到的这一思想方式将会宣告改革的来临。

权力,后者代表尘世权力。然而,由于月亮只能反射从太阳接收到的光线,故尘世权力乃是从独一的属灵权力那里持有其权威的。但丁说,此种阐释颇为荒谬,因为太阳和月亮乃是第四天受造的,也就是说是在第六天突然出现的人类被造之前受造的;因而,该形象无法指称人类的权力。况且,若月亮是从太阳那里获取其光线的,那么它就根本不会获得其存在。故而,即便该形象可应用于人类的体制,它也根本无法证明帝国是从教廷那里获得其存在的(Ⅲ,Ⅳ)。

——利未和犹大　[967]《圣经》说犹大乃是尘世权力的祖先,而利未乃是司祭权力的祖先。然而,利未乃是长子,故而属灵权力优于尘世权力。但年长这一事实本身并不表明他有更高的权威。否则,年轻主教就会没有年长的首席司铎来得有权威(Ⅲ,Ⅴ)。

——撒母耳立扫罗为王,后又将其废黜　彼得当然从基督那里获得了"责罚"与"恕罪"的权柄。但只能这样去理解,即仅有天国的开放与不开放,彼得才掌管其锁钥。不能说,在尘世上,教皇可对受帝国法律管辖的臣民进行责罚或恕罪。

——双剑　从中看出象征简直就是胡说。必须将这一段落照字面意思来理解,根据上下文看就会很清楚。基督只是想说:我的门徒要去买十二把剑是错误的,他们对已有的两把剑已感满足。

——君士坦丁赠礼　借助这赠礼,教皇就可名副其实地享有西罗马帝国。他对罗马—日耳曼皇帝进行选任、加冕或废黜,其实也就是将其当作自己的财产在管理。但丁不知道,或没说,"君士坦丁赠礼"乃是伪造的。他从法律层面做了论证:君士坦丁不可能以合法的方式转让部分帝国,因为帝国并非私有财产,而是职责或职务,它"使人类臣服于独一的意愿与独一的非意愿,正如我们在该书首卷轻而易举读到的"(Ⅲ,Ⅹ,5)。若君士坦丁将其帝国的一半拱手相让,那他就是未尽帝国本身的使命,会使其合法性荡然无存。另一方面,教会也不会接受这样的遗赠,因耶稣永久性地禁止教会行使尘世权力,他对门徒说:"腰带里不要带金银铜钱,行路不要带口袋……"(《马太福音》10:9—10)(Ⅲ,Ⅹ)

——查理曼大帝的皇帝称号因教会而得,既然君士坦丁堡已有皇帝米歇尔,那他就不是合法继承者　但丁将论证扭转了过来:既然好几次都是由皇帝帮罗马教廷确立或重新确立教皇,那么所有的教皇都该依附于帝国。

赞成帝国独立及其在尘世具有至高优越性的根本论点乃是认为帝国在教会之前即已存在(Ⅲ,ⅩⅢ,3)。基督与圣保罗都[968]承认这一点,他们都接受或要求凯撒的审判,基督还明确说道:"我的国不属这世界。"(《约翰福音》18:36)(Ⅲ,ⅩⅤ,5)

但丁的观点在帕多瓦的马西利乌斯及奥卡姆的威廉那里变得更加激进。

帕多瓦的马西利乌斯(1275—1343 年)①

帕多瓦大学秘书(notaire)②之子马西利乌斯生于 1275 年至 1280 年间。他学习了法律和医学。1312—1313 年任巴黎大学校长。他去了阿维尼翁的教廷,后又返回帕多瓦,且回巴黎的艺术学院教授亚里士多德的逻辑学和形而上学。1326 年,他在德国巴伐利亚的路易的宫中逗留,此人是哈布斯堡的弗里德里希的对手,并与阿维尼翁的教皇约安尼斯廿二世发生了冲突(参阅上文)。1328 年,巴伐利亚的路易在罗马逗留时,他任皇帝的代理官,后者还任命他担任米兰大主教。无疑,后来他回到了路易的宫中,并于 1343 年去世。

马西利乌斯的主要作品有《和平保卫者》(*Defensor pacis*,1324 年)。他另撰有三部作品:《论政权更迭》(*De translatione Imperii*)、《平民保卫者》(*Defensor Minor*)、《论皇帝对婚姻诉讼的司法管辖权》(*De Jurisdictione Imperatoris in causa matrimoniali*)。

《和平保卫者》

在《和平保卫者》的第一部分(或第一篇论文),马西利乌斯说,假定教会可拥有某种法律权力或某种强制力,且建基于免收日常税收,单独可征租税的说法,乃是彻头彻尾的错误。因基督说过:[969]……当归凯撒。然而,所有的权力均属凯撒。在《罗马书》第 13 章,圣保罗难道没说过,人当顺服于做官的,因所有权柄均来自上帝,无论谁抗拒做官的,就等于是在抗拒上帝之类的话? 马西利乌斯因此想重回原初教会时政治奥古斯丁教义得到发展之前的景象。

随后他以亚里士多德和帝国法(*lex regia*)为基准,以神圣帝国(Saint-Empire)及意大利社团为例,以论文形式提出,社会中至高无上的权威乃是民众。但由于民众只有一个,故权威也就只有一个:"城市或王国中至高无上的政府在数量上应该只有一个。"(Ⅲ,2,11;1,17)因此,马西利乌斯对教廷机构的神圣性提出了质疑,且对僧侣统治的逻辑

---

① 参阅帕多瓦的马西利乌斯《和平保卫者》(*Le Défenseur de la paix*),Jeannine Quillet 翻译、引言与评注,Vrin,1968。

② 秘书(notaire)是一个重要的团体,它是帕多瓦的一种"主要职业技艺":类似于法官这样的上流资产阶级,属当政的富有阶层(popolo grosso)。

核心发起了攻击。教皇的权威"并非直接由上帝赋予,而毋宁说是人们的决策与意愿所予,确切地说是被当作社会中的完全另一种职责"(《和平保卫者》,I,19,6)。教皇这一角色有着人的源起,他之所以得到确立,是因为信徒团体需要一位首领,因为中央集权形式的组织在行政管理上显得比较方便而已,但这个角色也可以落到与罗马主教截然不同的人身上。"渐渐地,不知不觉间",建基于起初殉道者彼得与保罗威望之上的罗马主教的至高无上性便得到了强化,且转化成暴政,在得到君士坦丁的正式确认后,成了腐败堕落的源头。"权力之完满"遂成了神职人员彻底腐化堕落及意大利与帝国悲惨状况的原因。

那么,教会的职责又是什么呢? 基督将自己,也将自己所有的门徒和他们的后继者排除在任何一种世俗的强制性威权或规则之外。因此,基督所创立的教会无论从何种意义上来看,都只是一个法律团体。这就是信徒的团体(congregatio fidelium)。司铎只应授业与讲道,"对现世中的民众进行授业与劝勉,纠正与谴责罪人,通过审判或预言荣耀即将来临或预言将有永世惩罚来使他们畏惧",但却不该去"强迫"他们(II,10,2)。

此外,他们还应该在其内心中承认世俗权威拥有完满的法律权限。

[970]领导者依据立法者[对马西利乌斯而言,就是指整个公民团体]的权威,对所有主教、司铎和神职人员均拥有司法管辖权,否则社会就会因政府存在无序混乱的状况而被摧毁(II,8,9;III,2,15)。

基督就是照《圣经》这么做的。他"戮力避免对权力任何形式的行使,总是希望顺服于尘世权威的强制司法权之下"(II,4,13)。尘世权威应在教会自身内部对各种权力的冲突、犯罪行为等进行裁决,当然(其结果如何尚不清楚)对诸种教义问题也不例外。君王的权威归属于整个基督教社会(universitas civium,universitas fidelium)。这导致了大公会议至上主义理论(参阅下文 p.1009 及以后)。

于是,马西利乌斯在"第二篇论文"中对"权力之完满"(plenitudo potestatis)发起了攻击。他驳斥的是,声称只有教廷才能对《圣经》做出正确的阐释,只有它才能确定教理上的诸种要点;只有它才能将全体公会议整合起来;只有它才能对任何国家、君主或地区进行绝罚,或对其发布禁令;只有它才能任命世上所有的教会职务。

他就此提出的反对论点是,教会应臣服于世俗权威。既然它不具强制权,那在每次基督教生活需要权威措施时,它就必须避免使自己成为"有信仰人类的立法者",它只能对教会职务进行任命,只能召开大公会议,等等。因此,俗世权威就可摆脱教权彻头彻尾的监管。"教皇及其同党"意图霸占意大利北部的企图就是专制主义的篡权行为。

因而,马西利乌斯比但丁走得远多了。后者以二元论之名拒绝了僧侣统治说,而马西利乌斯则对二元论本身也提出了质疑,且用其对等物帝国统治论(impérialisme)来对抗僧侣统治说。作为杰出的亚里士多德主义者,他对政治共同体持有有机论的视点;然而,我们已说过,该团体不可能拥有两个脑袋和两个组织。属灵权力这一可资批判的角色遭到了否定。从这层意义上说,帕多瓦的马西利乌斯预见到了近代国家的专制主义,而霍布斯的说法颇为言简意赅,完全是"马西利乌斯式的"观点:"世俗政府和[971]属灵政府只不过是两个生造出来的词,好使人以两种眼光看问题,使他们搞不清合法的君王究竟该是谁。"[1]

奥卡姆的威廉(1295—1350 年)

奥卡姆的威廉是马西利乌斯的同代人,而且像他一样,也完全支持皇帝巴伐利亚的路易,通过一系列极其激进的政治著作向教廷发起攻击,对教皇声称可对尘世权力行使控制权及只有它方能对属灵事项进行裁决的说法提出了责难。

奥卡姆于 1295 年生于英国。他加入方济各会后,去了牛津学习,且于 1312 年至 1324 年在那里教书。他的授课不讨教廷的喜欢:于是不得不去阿维尼翁解释清楚,并在那里待了四年。自 1328 年起,他加入了巴伐利亚的路易的阵营。奥卡姆的威廉向路易说了这么一句著名的话:"你用剑保护我,我用笔来保护你。"如马西利乌斯一样,他逃往慕尼黑在皇帝的宫中避难;他在那里一直待到去世为止,且连续不断地发表神学与论战著作,并指责在阿维尼翁相继就任教皇的约安尼斯廿二世、贝内

---

[1]　据 Watt 所引,前揭。

迪克图斯十二世(Benoît Ⅻ)和克雷孟六世,他不仅指责其与帝国发生冲突,还谴责了教皇日益增长的专制主义及教皇在方济各会"贫穷"的问题上所做的干涉。因而,与教皇权力发生争端是件颇为繁重的任务,奥卡姆的批判对教廷的动荡,进而对"教会大分裂"负有某种程度的责任。公平地说,奥卡姆可被视为英国的威克里夫(Wyclif)和波希米亚的胡斯中的一员,他们宣告了改革的来临,且为其做了铺垫。

[972]哲学与神学著作都是奥卡姆第一阶段,即 1324 年前在英国所作:《逻辑大全》(*Summa totius logicæ*)、《判决集评注》(*Commentaire sur les Sentences*)、《论辩集》(*Quodlibet*)。政治著作占据了随后的阶段。除了下文要用来研习的《专制政府短论》(*Breviloquium de principatu tyrannico*,1339—1340 年)之外,还要记住《官员与文人关于教皇及皇帝权力的对话》(*Dialogus inter magistratum et discipulum de imperatorum et pontificum potestate*),该文第三部分含有 1338 年写就的《论罗马帝国的权力和法律》(*De potestate et juribus romani imperii*)和《论教皇与神职人员的权力》(*De potestate papæ et cleri*);《对帝国权力的探讨》(*Tractatus de potestate imperiali*)(1338—1340 年);《八论对教皇至上权力的削减》(*Octo quæstionum decisiones super potestatem Sumi Pontificis*)(1339—1341 年);各类谴责约安尼斯廿二世的小册子和作品。

《短论》(*Breviloquium*)①

第一卷中,奥卡姆以很长的篇幅阐述了一个观点,即必须拥有讨论教皇权力的自由,这也是本着为教皇本人的利益考虑。无论是教皇还是皇帝都不能在涉及自己的诉讼中自行审判和成为其中的一造。他们通过求助于《圣经》而受到裁决,因《圣经》既高于罗马颁布的教规,也高于帝国的法律。神学家对《圣经》为教皇确立的权力作了讨论,法学家则为由法律传统确立的各种尘世权力所具有的限度进行了讨论。

这些阐述发出了极其"现代的"声音,它们既提及了"唯靠《圣经》"这一未来的新教理论,而且大体而言,也提及了与"光"(Lumières)的理论极为相近的思想:只有在以自由、理性、觉知的方式触及光,且将他们的机遇交由互相矛盾的论证来左右("只有以互相矛盾的论证来严肃地进行讨论时,真理才会澄明",Ⅰ,5),而像教

---

① 我们采用西班牙文版:奥卡姆的威廉(Guillermo de Ockham)《关于教皇的专制政府》(*Sobre el gobierno tiránico del papa*);Pedro Rodríguez 导读、翻译与笺注,Editorial Tecnos,1992。另有英语版本:奥卡姆的威廉《专制政府短论》(*A Short Discours on Tyrannical Government*),Arthur Stephen Mc Grade 编订,John Kilcullen 翻译,Cambridge University Press,1992。

皇、皇帝或国王这样的担负责任者只有自身也应以同知识分子相同的批判性良知来理解自己权力的基础时,才不致[973]盲目行事。基督徒应拥有审判的权利,不仅可对教宗权力所具有的体制性界限进行审判,甚至亦可对其处理事务时的操作做出审判,因教皇有可能会是异端或罪犯。

在第二卷中,奥卡姆将"权力之完满"(*plenitudo potestatis*)这一概念作为自己的靶子。教皇既不会在属灵方面,亦不会在尘世方面达到权力之完满。这一所谓建立于《马太福音》16:18—19("你是彼得,我要把我的教会建造在这磐石上,阴间的权柄不能胜过他。我要把天国的钥匙给你",等等)的教义乃是虚假的,异端的。因它同福音中的自由相悖。若教皇拥有权力之完满性,那么所有的基督徒,包括皇帝和国王,都会成为奴隶。即使他是基督在尘世的唯一代理人,但他也不可能拥有比基督本人更大的权柄;可基督从未想成为尘世的国王。另一方面,国王与皇帝的权力其本身均属合法,况且这些权力在基督来临之前即已存在;同样,人类自然的与神圣的权利亦是如此。

随后第三卷中论证说,相信皇帝从教皇处获得的权力乃是谬误。《圣经》中从未如此说过。尘世权力属于自然权利,赋予所有人。即便是异教徒都有合法的尘世财产,可合法地成为统治者和法官:因而,这些财产和这样的官职均不是由教皇授予的。约安尼斯廿二世所作的相反的断言乃是异端言论。

事实上,帝国远非教皇授予,它既源自上帝,也源自民众(第四卷)。所有的异教王国恰恰也是以此方式出现的(耶稣说"该撒的物当归给该撒",并不是指:"我将该撒立为皇帝",而是指"属于该撒的人之权利当归给凯撒")。① 特殊情况下,民众亦可从皇帝处取回自己的权力,[974]而丝毫不会冒犯上帝。无论如何,罗马帝国在基督与使徒时代都是合法的权力。

照同样的逻辑,双剑理论也是虚假的:它是建立于对《圣经》的随意解释之上的。②

对双剑之言的解释与大部分教会法学家所做的解释截然不同。比如,圣安布

---

① 奥卡姆承认,在某些情况下,《圣经》也确实说,尼布甲尼撒和居鲁士之类的王国均由上帝直接竖立。但并没说到罗马帝国。

② 下述论点与但丁的论点相平行(参阅上文)。

罗修斯就从中发现了——既然上帝之言在《圣经》中常常可与剑作比——这只不过是对两部经文,即《旧约》和《新约》的影射而已(第四卷,第5章)。

认为《创世记》中所说的太阳和月亮指称教廷和帝国(它只是某种反射)的观点也极其荒谬:《圣经》中任何地方都未支持此种解释(第6章)。

奥卡姆还驳斥了从以色列诸王行傅油礼中引申出的论点(第7章)。此种论点不仅"徒然、浅薄",而且实属"异端",首先因为说教会必定是借鉴《旧约》来行使政治、法律和礼拜事务的看法乃是错误的;它必须凭借自己重新担负起独一的道德律。① 随后是,"傅油礼无法证明受傅油者低于傅油者"。因为,可以来看看国王之子这种情况,他会由司铎、主教为其施洗礼或坚振礼,还有当选的教皇,他在尚未成为司铎时,也是由授任其为司铎者为其施傅油礼。处于这两种情况下,人们并不能说"国王之子在尘世权力方面低于为其施洗礼或坚振礼者,也不能说教皇低于为其授圣职者"(V,7)。

而"君士坦丁赠礼"也令人怀疑;就算它是真的,它也未曾得到教会的核准。

恰是由于我们刚刚呈现的三位作者,国家世俗化这一概念才最终得到了发展。但仍须注意到,这三位作者为了摆脱教皇的权力,都不得不将自己托付给皇帝的权力,从而放弃了意大利诸国独立的理念(同时,在这些国家内部也放弃了共和政府的形式,因为共和国乃是教皇派宣扬的政体,而后者却是帝国的反对者)。因此,可以说他们在构建了世俗化概念的同时,也损害了主权概念。是另外一些意大利之外及意大利本土的作者(但[975]这次是在教皇派和共和派的势力范围之内)推动了后一个概念。

第三节　主　权

为了证明14—15世纪出现于欧洲的王国和城市这些新政治实体的主张之合理性,"主权"概念的建构对独立于帝国进行决策、审判、立法乃必不可少。

法国国王和皇帝②

首先是在法国感觉到了对民族国家独立于普世帝国进行合理性证

---

① 圣托马斯也差不多这么说过,参阅上文,p.927及以后。

② 据 Marguerite Boulet-Sautel,《国王与皇帝》(*Le roi et l'empereur*),见《卡佩王朝的奇迹》,前揭;J.-P. Cannin,《政治:体制与概念、法律、主权与团体理念》(*Politique Institutions et conceptions, Loi souveraineté et théorie corporative*),见 Burns,前揭,p.323—346 和 p.428—449。

明的必要性,该理论具体体现于这条充满悖论的表述中:"法国国王乃是其王国的皇帝。"

起初,法兰克领地内丝毫未曾显明要对帝国和其他几个王国的共存进行合理性证明。一代又一代,帝国仅仅是在最重要的法兰克国王间移转,如洛泰尔,然后是秃头查理,再是大个子查理,再后来是奥东。后来,卡佩王朝由于意图承绪加洛林王朝,遂毫不犹豫地像后者一样要求获得皇帝称号:上帝难道不是将 *renovatio imperii*,即西罗马帝国的复兴留给全体法兰克人去完成,而未曾重东法兰克人而轻西法兰克人吗?因此,直到 11 世纪末,一直都是以严格的平等竞争的方式使国王成为法国皇帝(France-empereur)。

1137 年,随着霍亨施陶芬王朝在帝国的出现,一切都发生了变化,它无论是同加洛林王朝还是卡佩王朝均无任何瓜葛。此外,民族神话开始在两个国家内形成。法国合并入德意志帝国变得愈来愈不可能。但尚需法律论证[976]以支持法国脱离帝国。

然而,恰是在那个时代,连同查士丁尼法典的艰涩的罗马法全系都开始得到了重新研究。根据此法,罗马皇帝乃是 *dominus mundi*,即世界的主人,无人能对神圣的罗马—日耳曼帝国乃是其合法继承者这一说法提出质疑。故而,首批法学家,即孜孜不倦于对罗马法进行字面阐释的所谓注疏派只能对霍亨施陶芬王朝意图掌管世界统治权(*dominium mundi*)的主张进行确认。

因而,弗里德里希·巴伯鲁斯(1122—1190 年,1152—1190 年在位)于 1158 年在隆加利亚会议(la diète de Roncaglia)上获得了波伦亚博士们意识形态上的支持。后一年起,他便俨然成了新君士坦丁,并召开大公会议,将自己称为"神耀之君王与永世奥古斯都"(*Dei gratia imperator et semper Augustus*)。他及其继任者自此以后均将欧洲的国王视为自己的臣属;他们意图使英国国王狮心王理查德(Richard Coeur de Lion)及法国国王菲利普·奥古斯都向他们效忠宣誓。

若当时在同帝国开战的教廷并不支持法国人所谓的"国王乃其王国的皇帝"及"法国国王不承认尘世中有更高者"这样的主张的话,那么卡佩王朝的处境就会颇为棘手。

对国王乃是"君王自行统治"(*imperator in regno suo*)这一说法所进行的论证出现在 12 世纪最后十年的教会法学家那里以及 13 世纪初亚松的"课题"中。该表述法在圣路易的时代颇为流行。它指的是,在法国这个王国的领土上,国王之上没有君主,他拥有主权的完整性:因此,在此领土上,应赋予其罗马法认可皇帝那样的完整的权力。

另一个表述法（"法国国王不承认尘世中有更高者"）来自英诺森三世的教皇教令《以虔诚之名》（Per Venerabilem；1202 年）。无疑，教皇重复了菲利普·奥古斯都信中的措辞，他写道："既然［法国］国王本人并不承认尘世中有更高者……"（cum rex ipse superiorem in temporalibus minime recognoscit）教会法学家遂认为教皇已明确断言国王不算尘世的至高者。

该表述比"帝王自行统治"（rex imperator in regno suo）走得更远，它的意思是说，国王在其王国内可通过始终可废止的自发的授权，像皇帝那样长久施行君主的权力。无论如何，这两种表达法最终混同了起来。

[977]此外，菲利普·奥古斯都于 1219 年被教皇禁止在巴黎教授罗马法，以有利于皇帝。该法遂不得不在奥尔良教授。[①]

然而，这件事很是棘手。法国人的论点多亏了弗里德里希二世肆无忌惮的野心才终于获得了承认，结果，后者的王朝、他的权力以及帝国本身乃主导性政治力量的说法也都被教廷推翻了。我们知道，后来，罗马—日耳曼帝国再也没有足够的政治力量对法国或英国重新进行控制。此外，教皇通过使圣路易的兄弟安茹的查理继承弗里德里希的皇位而扩大了卡佩王朝的权力，而这样一来也就促使民法学家和教会法学家为使王国摆脱帝国权威而寻求有力的理论论证。

那不勒斯教会法学家的事业

在那不勒斯的昂热（Angevins de Naples）手下服务的那不勒斯的教会法学家便这样着手摈弃了皇帝拥有普世君权这项原则，而且还证明了必须得存在多个独立的王国。

卡拉马尼科的马里努斯（卒于 1288 年）写道："远在帝国和罗马种族之前，自一开始起，也就是说随着万民法（jus gentium）与人类自身一同出现起，诸王国便得到了认可与确立。"由攻城略地的武力所建立起来的帝国遂成了事实上的（de facto）权力，但从自然法或万民法来看，它完全不是必需的。

庞蒂的奥尔德拉杜斯（Oldradus da Ponte）同样摈弃了皇帝当仁不让地成为世界主人（dominus mundi）的主张。皇帝乞灵于帝国法，但罗马民众却只能传递他们所有之物，故他们没有权利替其他民族立法，因为这样做就同万民法起了冲突；

---

① 是奥尔良的教师，如贝尔佩什的皮埃尔或雷维尼的雅克长时间以来对法国国王不是皇帝臣民这样的观点持保留态度："某些人说法国要摆脱帝国。这在法律上（de jure）是讲不通的。在《法典》1,27,2.2［查士丁尼《法典》附注］中，我们发现，说的是法国臣服于帝国……法国国王不承认这一点，我对此毫不在意……"（雷维尼的雅克，据 Canning 所引，p. 440）。

因而,皇帝也再不能这样做了。

马里努斯还说,人们完全可以将罗马的帝国法应用于西西里,但如此应用乃是因[978]西西里民众习惯上接受由其君主赋予法律(*Constitution*)所致。这并非指西西里附属于任何一个具有普世诉求的帝国所导致的结果。

最后,伊塞尼亚的安德烈亚斯(卒于 1316 年)写道:"公正地说,其他国王也具备资格在其王国内实行皇帝在其如今缩小的帝国领土上所实行之事。在意大利,皇帝只拥有伦巴第,甚至还不是全部,仅是托斯卡纳的一部分而已;其余地方均属罗马教会,西西里王国亦然。如萨卢斯特所言,最大的领主就是国王⋯⋯诸行省(均有国王)因而又回复到了原初各自拥有国王的状态,而这样也不会造成什么困扰。自由的国王在其王国内拥有皇帝在其帝国内一样的地位。"(文本据 Canning 所引,p. 440)

主权论点逐渐在 14 世纪得到了承认。教廷通过克雷孟五世(阿维尼翁首任教皇)颁布的诏书《作为监护者的牧者》(*Pastoralis cura*;1313 年)确认了这一点,诏书的目的是想保护法国国王和那不勒斯的罗伯特(Robert de Naples)不受亨利七世主张的侵扰。因而,诏书深合那不勒斯教会法学家之意(奥尔德拉杜斯当时是阿维尼翁教廷的顾问)。帝国从此以后便仅被视为是拥有领土的实体;教廷正式放弃了罗马帝国拥有普世性的观点(无疑,再也不能以此作为底基施行"权力之完满"了)。但教会法学家对这个问题仍然长时间地争论不休。而卜尼法斯八世也仍试图恢复帝国的普世性。

意大利北部诸共和国相对于帝国的主权[①]

主权观念的合法性再次从理论层面上得到了 14 世纪"评注派"民法学家巴托尔和巴尔德的卫护,这次,他们维护的是意大利诸共和国。

在他们同帝国的争斗中,各大城市已要求获得"自由",也就是说要求确认自己拥有建立共和政府及完全独立于外在力量的"主权"。但意大利城市为了支持这样的主张可援引何种法律上的基础呢?[979]巴托尔(1314—1357 年)为此做出了主要的贡献。

巴托尔首先在方法论上做了创新。他说,当法律与事实相冲突时,法律就必须同事实进行调和。

---

① 据 Quentin Skinner,《现代政治思想的基础》(*The Foundations of Modern Political Thought*),第 1 卷"文艺复兴"(The Renaissance),Cambridge University Press,1978,第 1 章。

　　在根本问题上,他承认皇帝法律上(*de jure*)乃世界唯一的主人。但事实上(*de facto*),许多民族都未听命于他。因而,他的判断是,"如今的意大利诸城市,尤其是托斯卡纳诸城市不再承认有任何至高者,它们自身便构成了各个自由的民族,因而也就对自身拥有完满的权力(*merum imperium*),他们对自己的民众拥有的权力普遍而言同皇帝拥有的权力一样大"。巴托尔补充道,即便诸城市无法以皇帝会向他们做让步为借口,这仍然是千真万确的事。

　　巴托尔用一个后来名声大噪的表述法表达了这个观点。诸城市都是 *sibi princeps*,即"它们自己的君主"(参见盎格鲁-萨克逊人后来所用的表达法:自治[self-government])。

　　该表达法显然同国王乃"其王国的皇帝"这样的表述法相近。但巴托尔走得更远,因为他勇敢地认为,民众同团体都完全能成为君主(princeps)(总而言之,从皇帝到国王的过渡显得更为自然了)。

　　他的论据源于习惯法。法学家共有的论点是,习俗之所以是合法的,是因为它是对大众的默许所作的表达,无需上级授权。但法律拥有与习俗相同的力量,而非更高。因此,法律再也不会要求上级的授权。①

　　巴托尔在对《学说汇纂》的某个有关上诉权的段落作评注时,还为共和观念提供了法律基础。在封建等级制中,可一直上溯到皇帝。若对共和国的某个判决提出上诉时,可以上溯到谁呢?巴托尔毫不含糊地回答道,"在这样的案例中,民众自己就该被视为上诉法官,或是某个受政府任命的公民阶层"。其理由是,在这样的案例中,"民众自己就是人们能找到的唯一的上级,故而是他们自己的君主,正如皇帝就是他们自己的君主一般"。因此,不仅国家是君王,而且国家中本质上最高的机构,正是民众。

　　[980]巴尔德(约 1327—1400 年)将巴托尔支持共和国主权时所用的论据用在了君主制身上。按照习俗,有的国王已不再是皇帝的臣民,即便皇帝仍旧是他们法律上的(*de jure*)君王也罢。因此,存在某种词义上矛盾的主权等级制,但它与意大利北部的现实相符,那里所有人都承认皇帝名义上的君权,但实际上没人会接受他的权威。巴尔德甚至以万民法(*jus gentium*)的名义承认,各个自由的民族均可推选他们自

---

① 参阅 J.-P. Canning,见 Burns,前揭,p. 443。

己的国王。

这些法学家的智力劳动涉及极广的范围。自从公元前 4 世纪希腊诸城邦毁灭以来,加之相继受到了斯多阿派和基督教的影响,占优势的观念乃是文明世界——希腊化时期的世界城邦(cosmopolis)、罗马帝国、"基督教世界"——将统一于某个独一无二的政治组织之中。当然,封建制的分封状态会与这个理想完全背道而驰,但它无意于去打碎基督教世界的统一性。况且,帝国和各个世俗王国分崩离析成无数公国和领地的时代,已变成教廷最终创建了一个史无前例的文化统一体的时代。随着歌舞升平、商业和城市的发展,对政治统一体的新需求逐渐开始显露;但由于重新创建普世帝国的机会,霍亨施陶芬王朝并未把握住,故而一种新的、更少空想主义色彩的解决方法如今清晰地显露于地平线上,它就是"民族国家"。

第四节　民族国家[①]

在整个封建制时期,政治实体均因婚姻、遗产继承、意外死亡导致世系中断这些偶然因素[981]所造成;各个垄断势力的分布图在很大程度上犹如万花筒,常常因人为原因致局势动荡的各个地方都是你方唱罢我登场。

这是因为勇敢者菲利普于 1369 年娶了马勒的路易(Louis de Male)的女儿为妻,这样一来,后者就可将佛兰德并入自己的勃艮第公国,且由是开始了投机冒险的活动,其第一阶段以 1477 年南锡王朝(Nancy)的鲁莽者(Téméraire)之死终结。另一阶段始于 1469 年,当时哈布斯堡王朝的马克西米利安(Maximilien de Habsbourg)娶了勃艮第公国的玛丽(Marie de Bourgogne)为妻:此次婚姻勾勒出了查理五世(Charles Quint)的未来帝国的特异性。这是因为匈牙利国王伟岸者路易(Louis le Grand)于 1370 年继承了其舅波兰王国的伟岸者卡西米尔(Casimir le Grand)的王位,如此两国间的私人关系遂得以建立起来;很快,出于同样层面的原因,立陶宛公国也合并了过去,诸如此类。

然而,自 14 世纪起,这个规则也出现了一些例外,而例外本身则渐

---

① 据 Bernard Guenée,《14 和 15 世纪的西方——国家》,前揭,p. 113 及以后。

成近代的规则。1328年,英国国王爱德华三世无法继承法国国王查理四世的王位,虽然他的那些封号,照封建制时期的遗产归属逻辑,比瓦卢瓦王朝的那些人要高。但有一个强有力的理由阻止他进行统治:即民众认为他是外国的君主,这一点没得商量。这种"民族情感"日益增强,到后来变得令人无法抗拒,圣女贞德的故事中占上风的就是此种情感。

为了理解它缘起的理由,就必须追溯到很久以前。该现象在法国和英国特别强烈,但也在整个欧洲很有市场。

民族的构成要素

种族(race)

"民族"(nation)的定义是由西塞罗给出的,后又得到塞维利亚的伊西多尔的重述:民族,正如其词源(*nascor*, *natus*)所指称的,是由共同的祖先"诞生"而出的全体人群,因而,首先,他们拥有共同的血缘,是同一个种族。这就是为何远未构成法国或日耳曼"民族"的中世纪人[982]往往都会说"巴黎民族""伦敦民族"等的缘故,他们其实指的是在这些城市出生的当地人。

于是提出了这些因血缘关系而联姻的男女群体与政治组织是否有所重合的问题。当然,奥古斯丁派的神学家会坚称,在 *natio*,即种族共同体,与 *populus*,即政治共同体之间,原则上并没有关联。但到13—14世纪,亚里士多德理论得到发展,又出现了另外的观点,这些观点认为,作为自然共同体的城市必定具有一定的同质性,而不管所持的标准是什么。

自然领土

亚里士多德的"自然共同体"观暗含了 *autarkeia*,即自给自足体制的概念:健康持久的"政治体"乃是能在足够广袤的领土上独立生存、自行保卫的共同体。在《论君主制》(*De regimine principium*)一文中,罗马的吉勒斯说,王国乃是真正的城市和真正的政治体,因为它与普通的城市相比,其自行保卫的能力更强。但丁——在这点上,他显得过时了——继续认为,整个基督教世界都必然会在普世帝国内得以组织起来,与但丁不同的是,巴黎的让①之类的法国人却对法国臣属于帝国抱

---

① 关于巴黎的让,参阅上文,p. 889,注释①。

有敌意,还有后来的尼古拉斯·奥雷姆,①他力图使法国无论是对帝国还是对英国都能保持独立,他们认为,一方面,不可能有超出王国层面的有效的强制法律,另一方面,气候、地理、种族或民族气质的不同均会使在不同地区创制相异的政治组织具有合理性。

名称

[983]人类群体也会对一个同一的名称进行认同。就此方面而言,中世纪欧洲的情况变动极大。

罗马人曾将欧洲莱茵河以西的部分称为高卢(Gallia),以东的部分称为日耳曼(Germania),但这些词被很快遗忘,或者说只有博学之人才会认识。德国人好几个世纪以来都用一个独一的名字来对自己进行认同;他们首先认同的是"条顿人"(tudesque 或 teutons),但有意思的是,须注意到该词首先是指一种语言,然后才指说这种语言的民族,只是最后方指该民族所居之地条顿(Teutonia)。后来,到了文艺复兴时期,古词日耳曼(Germania)又重新出现,还出现了一个新词:阿勒马尼亚(Alemania)。但政治统一体的缺席阻止了这些词汇真正被人接受。波兰尼亚(Polonia)、加泰罗尼亚(Catalonia)的情况要清晰得多,因为它们是在相应的王国创建之后才出现的。我们可以举一个极具说服力的反例,就是勃艮第:"勃艮第公爵的国家和臣民都没有一个共同名称这一事实对鲁莽者查理(Charles le Téméraire)而言,要比对路易十一的政策更有威胁。"(Guenée)②

语言

语言的统一性乃是另一个本质性的参考因素。整个欧洲有一门通用的语言拉丁语,但它只是神职人员这个小群体所用的语言。大众讲的语言各有不同,可分成三大语族——日耳曼、罗马、斯拉夫。这三个语族很早以来便互相猜忌、互相蔑视,如此一来便导致各自相关的共同体重新形成了各个政治群体。

德国的民族和法国的民族之截然分开,大体而言,可特别归因于截然相异的语言。与此规则相左的确证是:通用多种语言的洛林的边界地区长期以来一直动荡不定,它从未能构成过一个民族。

至 13 世纪末,君主开始依靠被视为语言共同体的民族:各类《法兰

---

① 关于尼古拉或尼古拉斯·奥雷姆,参阅下文,p. 999。
② 我们稍后会研究"法国"这个词的由来。

西编年大史》(*Grande Chronique de France*)(参阅下文)均由拉丁语译成[984]法语。不久之后,葡萄牙国王将葡萄牙语立为该王国的官方语言。法国的例子堪称国家和语言快速叠合的典型(诚然,近代之前,法国的大众尚未拥有真正的统一语言:但在文化与行政精英阶层却存在这样的统一性,且语言的统一性很早就成了所有人的理想)。

民族圣徒

民族统一也是宗教的事情。此处有个吊诡之处须加以澄清。基督教必会对分化成许多民族国家表示反对,况且,教廷也在尽其所能地反对这种分化,而唯有宗教改革时期的教会大分裂才会使此种分化变得难以避免。但"宗教"得从好几个层面进行理解,尽管欧洲诸民族表达的是同一的基督教信仰,但在排他性的统一形成的背后,这些民族仍旧有其自己的声音和它们自己的民族圣徒。

对法国而言,我们可引圣马丁、圣雷米、圣德尼为例。卡佩王朝一旦确立起来,卡佩王朝的都城巴黎的宣讲福音者圣德尼就胜过了前两位。法国国王在战斗时挥舞的焰形旗就是圣德尼之旗(参阅上文,p. 840 及以后)。路易六世则将德尼视为王国的官方保护者。

由于信仰圣徒的信众或多或少使自己同某个确定的民族混同起来,故我们也可举米兰的安布罗修斯;威尼斯的马可(Marc);国王—圣徒中匈牙利的艾蒂安、挪威的奥拉夫(Olaf);波希米亚公爵,身兼圣徒和殉道士的温塞拉斯。在波兰,乌伊奇彻(Wojciech)之后,便是于 1254 年被列圣品的克拉科夫主教施塔尼斯拉斯(Stanislas)成为该民族的守护圣人。

在这点上,英国的情况与欧洲的习惯不同:在民族史上虽根本算不上英雄,但是原初教会传奇人物圣乔治(Georges)只是到了后来(于爱德华三世 1327—1377 年统治期间)才被封为英国的主保圣人。①

起源神话和历史

[985]欧洲诸民族都是围绕着起源神话和历史锻造而成的。

有一条奇异的传闻不知从哪里冒了出来,它自 7 世纪的《弗里德盖尔编年史》(*Chronique de Frédégaire*)起便出现了:法国、德国、英国诸民族均源自特洛伊人,

---

① 宗教共同体与政治共同体的叠合使犹太人的问题显得愈发复杂:由于他们显然无法成为前者的成员,故而他们也很难与后者同化。

从中产生了与罗马相似的民族,维吉尔的《埃涅阿斯纪》讲述的就是由埃涅阿斯形成的特洛伊后裔(参阅上文,p. 521 及以后)。这些异想天开的词源论就是用来支撑这个神话的。特洛伊人布鲁图斯(Brutus)乃是布列塔尼人的祖先;另一个特洛伊人弗朗西翁(Francion)是法兰克人的始祖,而海伦的情人帕里斯(Pâris)则用自己的名字给这座高卢都城命了名;德国人之所以称自己为"日耳曼人",是因为他们同罗马的亲族关系而被认为是"兄弟",等等。

该传闻随着中世纪的深入而愈发地绘声绘色起来(参阅 12 世纪蒙茅斯的杰奥弗里[Geoffroy de Monmouth]的《不列颠王国史》[Historia regum Britanniæ],或《法兰西王国编年大史》[Grandes Chroniques du royaume de France])。在文艺复兴时期,只有古典知识的回潮方能终结此种说法,不过这样做会不利于相关的民族,他们虽会长久地接受此种平淡无奇的真相,但也会夸大其他可使他们的认同感(identitaire)更形具体化的叙述文本:对德国人而言是塔西佗的《日耳曼史》,或对法国人而言是凯撒的《高卢战记》。

这些神话故事虽然纯属胡编乱造,但从这些经过歪曲、美化的故事中还是能区分出某种客观的底基。

在罗马,人们都在吹嘘说能重续古罗马的历史;佛罗伦萨也有人在这么吹嘘,尽管如此,在作为佛罗伦萨共和国公民美德之典范的罗马共和国,与只有米兰暴君才会趋之若鹜的作为反面典型(contre-modèle)之国王与皇帝的罗马之间,他们还是能很好地做出区分的(参阅下文,§ Ⅶ)。瑞士对威胁哈布斯堡王朝民事裁判官的纪尧姆·泰尔(Guillaume Tell)的历史充满期待。高卢人围绕着凯尔特的亚瑟王组织起他们的历史;查理曼大帝最终成了被法国人和德国人你争我夺的英雄。而弗里德里希·巴伯鲁斯则将他封为圣人。

我们会对法国的情况表现出长时间的兴趣,因为从中我们可极为清晰地发现一个作为额外参考因素的角色,即政治意志——此处指的就是卡佩王朝此种隐忍、固执的意志。

法国的民族史诗[①]

[986] 我们发现,卡佩王朝曾有在封建制的世界中长盛不衰的机会:从于格·卡佩至查理四世有 14 个男性直系继承人,之后还有瓦卢瓦王朝几乎同样牢不可破的世系(当然,不用去考虑百年战争时期该君主制所遭遇的严重危机,它最终从

---

① 据 Colette Beaune,《卡佩王朝与民族史的诞生》(Les Capétiens et la naissance d'une histoire nationale),见《卡佩王朝的奇迹》,前揭。

这些危机中脱身而出后反而变得更为强大）。这使得它能采取某种一贯如一的政策，从国内层面上看，当时欧洲这个堪称数一数二的国家机构日益中央集权化，政体渐进发展，语言也构成了某种统一性，从"地缘政治"上看，国家领土日益扩大，直达其"自然"边界。

但王朝的延续性在使卡佩王朝对法国做了实际的拓展之外，也使其在意识形态上有所成就。

该王朝登台后，民族"史诗"①开始登场，圣油瓶的历史和上帝在兰斯进行有意识的干预以有利于法兰克人的历史占据了首要地位。

照神职人员的意图来看，国王加冕礼乃是意欲彰显尘世权力臣服于属灵权力的《圣经》臣属观，但也是意欲彰显国王，以及间接而言，王国与受其牧养的民众之准弥赛亚性质的使命。然而，在《圣经》中，这只是唯一一受拣选的民众，即以色列民众的问题。自好几个不同民族中好几任国王受傅油礼，以及整个基督教世界再也没有唯一的皇帝那个时刻起，便可以说同时出现了好几个弥赛亚，牧养好几个羊群的牧者，他们构成了好几个"受拣选的民族"。由此，[987]欧洲诸民族想要知晓究竟谁才会受上帝拣选以引导基督教世界的竞争便出现了。教皇曾说（为了使基督教世界的普世主义有所着落，而彻底满足法兰克诸蛮族天真的虚荣心），法国乃是代表整个基督教世界的新以色列中的"犹大部族"。② 卡洛林王朝和卡佩王朝的国王都懂得如何鼓励此种民族虚荣心，这种虚荣心对于在战斗中激励部队，在

---

① 或曰"神话"。但最好还是将这后一个词保留给古代社会的创建故事，它们没有可资认同的作者，亦非由任何人以有意识的方式创建而成。我们会发现，法国的民族传奇乃是某种混合进程的产物，有意识的政治意志与自发的传统同时作用于它，这两个因素按照"循环因果性"的进程加强着彼此。那么适当的单词应是"史诗"，就像在奥古斯都的倡议下由维吉尔和提多-李维创作的罗马武功歌的那种情况（或许，在与长老相关的《圣经》叙事文本的情况中也是如此，这些文本也是在想要使人信服"民族"连续性的圣职权力的倡议下被编订而成的；就此而言，希伯来"圣史"大体来说也就是"民族史诗"）。

② Hervé Pinoteau，见《卡佩王朝的奇迹》，前揭，p. 319. 矮子丕平在新颁布《撒利克法》(lex Salica)的同时，也宣布法兰克人乃是上帝心爱的子民。《王室编年史》(Annales royales)中将查理曼大帝的胜利说成是"法兰克人借助上帝之佑"取得的胜利。"拣选"法兰克人的理由是他们会保护受伦巴第人威胁的圣彼得的教会。圣彼得对法兰克贵族（并非仅针对丕平世系）的呼吁就像是对自己的"养子"呼吁一般。教皇保罗一世——作为扎卡里亚斯(Zacharie)和艾蒂安继承者的教皇为丕平及其子行了加冕礼——说，法兰克人乃是"圣彼得的特选子民"，确切地说就像以色列人乃是耶和华的特选子民一样。教皇呼吁他们成为"神圣的子民，国王的司祭"。上帝与教皇愿为其代言人的圣彼得都从天国清楚地注意到了法兰克人的物质力量和丕平世系的"能量"，相较之下，墨洛温王朝的末代国王就软弱得多。法兰克新竖立起的权力因此就特别适合行侍奉之职，也就是说行保护教会之职（参阅 Janet Nelson，见 Burns，前揭，p. 206）。

受许多离心力量威胁的封建社会中募集国王的臣仆而言都极有必要。

"法国"最初的历史乃是图尔的格列高利(Grégoire de Tours)笔下的历史,他是 6 世纪《法兰克史》(*Historia Francorum*)一书的作者。[①]在墨洛温王朝时代,尚有弗里德盖尔的编年史和《法兰克史书》(*Liber Historiæ Francorum*),它们的观点是将法兰克人同罗马人等同起来,提到了法兰克民族具有特洛伊起源。而加洛林王朝或许是因为在其内心中似有普世罗马帝国复活,故他们并未[988]为西法兰西编订特殊的"民族"史。只是随着卡佩王朝的来临,"民族"的关切感才仅在西法兰西身上具体体现出来,且与日耳曼世界形成既相反对,又相限定的辩证关系。

但当该王朝建立起来时,可产出如此历史的文化中心兰斯、桑斯、拉昂却都更倾向于已失势的国王世系,而不太愿为这些篡权者脸上贴金,也不太愿去证明他们是法兰克国王的合法继承人。

弗勒里修道院

就此而言,最初的倡议由长期以来即属于卡佩世族的弗勒里修道院提出,并非偶然。该修道院[②]拥有圣伯努瓦的圣骨;因此,它成了重要的朝圣中心。修道院中建了座图书馆,遂成了知名知识分子的聚会之地,且成为克吕尼修道院改革中的其中一个重镇。约 1000 年,修道院院长乃是卡佩王朝第二任国王虔敬者罗贝尔(Robert le Pieux)的异母兄弟。于是,由埃姆安(Aimoin)牵头的一组僧侣编订了《法兰克武功》(*Gesta Francorum*)一书,这是部上自丕平、下至查理曼大帝的法兰

---

① "法兰西"(France)这个名称与欧洲其他地区的名称相比更为古老,但没有人们认为的这么古老。"法兰克"(Francus)之名自 4 世纪起便已出现,而法兰西(Francia)则要晚一些。但在那个时候,此词既非指该王国,亦非指该地区(后来人们长时间说"法兰克王国"[Regnum Francorum],但该词既扩展至了墨洛温王朝和加洛林王朝领地的东部,也扩展至其西部)。直到 12 世纪,法兰西(Francia)这个词只是对博学之人才指查理曼大帝的王国或秃头查理的王国;对民众而言,该词指的是边界模糊的一个地区,远至该地区的北部,环绕我们今日所称的"法兰西岛"(Ile de France)。当他们想说整个王国的时候,他们就会竭尽所能地去明确何谓"法兰西全境"(tota Francia),他们说王国(regnum)的时候也是如此。只有到了 12 世纪末,法兰西(Francia)才开始指称该王国的全境。1204 年 6 月,国王菲利普·奥古斯都正式自封为 Franciæ rex,即"法兰西国王"。次年,人们便在文本中找到了 Regnum Franciæ,即"法兰西王国"这一表达法。
② 坐落于距奥尔良 30 公里处。罗贝尔家族乃是该地的世袭伯爵。

克人史。

弗勒里修道院的僧侣们重述了兴克马尔的圣油瓶传奇故事,自此以后这则传奇就成了官方的真理。图尔的格列高利引述过的苏瓦松(Soissons)祭器这则故事虽然说明了法兰克人纪律涣散,但这次却成了克洛维被整个民族视为合法权威的证明。

法国国王的首部传记是由弗勒里修道院的另一个僧侣海尔高(Helgaud)所写。他的《虔敬者罗贝尔生平》(Vie de Robert le Pieux)一书成书于约 1033 年,是在国王驾崩后两年。罗贝尔在书中被描绘成了圣人。但对王朝的更替不着一词:罗贝尔出自王族世系,①出身极其高贵,却没有其他细节。

自 12 世纪起,弗勒里修道院的于格撰写了六卷本《普世史》(Histoire universelle),从"创世记"一直写到 840 年虔敬者路易统治末期止;该书作者尚于1110—1114 年间写了本"含有现代法兰西国王文治武功的书"以补足自己的叙述,该书从 840 年写到 1108 年。于格对三个王朝的更替持有积极的理论;更替皆为上帝所为,"他随自己的心意抬高人,也贬低人",[989]他这么做时会很慎重:墨洛温王朝的末代国王希尔德里克是个无能之辈,教皇扎卡里亚斯和王国的贵族之间达成了一致意见,同意由丕平世系取而代之。

后来,这些不同的文本都在弗勒里修道院得到复制、续写。从这幅整体图景显明,存在一个由上帝所赞许的杰出的民族法兰克人,他们由已成圣人的神圣国王引领。傅油礼的神圣起源被圣油瓶的奇迹与被傅油的国王所行的奇术权能所保证。相反,王朝的合法性证明却仍很薄弱:上帝使卡佩王朝登上宝座,但为何不以同样的突然之举来使他们失去权柄呢?采纳政治奥古斯丁教义的弗勒里修道院学派认为,只有上帝,而非世袭制,才能竖立国王,而这就是为何通过世袭制无法证明法兰克三个王朝谱系的连续性的原因。后来的王室编年史家都将致力于这样的任务。

圣德尼修道院

巴黎北部的圣德尼修道院很快便作为"王朝的"教会而取代了弗勒里修道院;因为卡佩王朝此后牢牢掌握住了王室的职能,可以将他们拥有的奥尔良人的古代采邑弃之如敝屣。

正是在圣德尼修道院中,矮子丕平才得到了提升。铁锤查理、丕平、秃头查理

---

① 确实,我们记得罗贝尔家族中有两名成员在于格·卡佩、尤德和罗贝尔一世之前就已被选为法国国王。

都葬在那里；自路易六世起，它便成了卡佩王朝的陵墓。自 1127 年起，伟大的修道院长絮热对修道院进行了改革，由此它才取代了弗勒里修道院。国王路易六世持有修道院的会旗，该旗被认为与查理曼大帝的焰形旗等同。修道院乃是法国王权和其他王权标志（regalia）的看守者。

絮热撰有《路易六世生平》(Vie de Louis Ⅵ)、未竟的《路易七世生平》(Vie de Louis Ⅶ)和《法兰克史》(已佚)。但他还编纂了先朝史，尤其是由弗勒里修道院所写的那些著作，以便在圣德尼修道院于官方使命的范畴内开启真正的史学或"民族"史诗的传统：菲利普·奥古斯都任命圣德尼修道院的僧侣里戈尔（Rigord）担任"御用编年史家"：他编订了其保护者统治时期的历史，自此以后，每任统治期内，都会任命官方的编年史家。

[990]这些神职人员会谋求对弗勒里修道院难下决心解决的王朝何以中断这一棘手问题加以解决。他们谈及了两位圣徒，即圣瓦莱里（Valéry）和圣里吉耶（Riquier）所作的预言，他们曾向于格·卡佩允诺让其七代为王，以作他的虔诚的奖赏。因此，上帝明明白白地摒弃了加洛林王朝。但卡佩王朝的第七代菲利普·奥古斯都却娶了据认是加洛林王朝末代国王洛林的查理（Charles de Lorraine）的后裔艾诺的伊丽莎白（Élisabeth de Hainaut）公主为妻。他们的儿子路易八世及其所有后裔因此都同时成了三个王朝的继承人，①整个 13 世纪的官方文本就使用了这个版本。圣德尼修道院的王室陵墓按照这个版本进行了重组：右侧与左侧的陵墓属墨洛温王朝和加洛林王朝，中央的陵墓属卡佩王朝的普通后裔。

同样，编年史也被重写。约 1250 年，一份手稿按照编年史的顺序对先前的文本进行了重新编排，而修道士普利马（Primat）对该作品所译的法语译文也于 1274 年献给了菲利普三世。自此以后便有了"国王传奇"，所有与法国几个王朝有关的奇事都会在里面找到位置：圣油瓶、百合花（亦被认为是由上帝奇迹般地赐予法国；絮热任院长时，它们出现、增殖的速度极快，但已变形为古代异教中的太阳象征）、②从墨洛温至菲利普三世未曾中断的国王谱系、由上帝蓄意为之的王朝所发生的小变动，所有这些均趋向于粗略勾勒出极端基督教化的国王这一种族因上承天意而获得的成功。

---

① 因为加洛林王朝先前认为他们自己经由了某个名叫布里提尔德（Blitilde）的现实中似从未存在过的公主而承袭自墨洛温王朝。

② 参阅上文，p. 839 及以后。

撰写统治时期的编年史一直延续到了中世纪晚期,所有国王均在圣德尼修道院有自己的自传,这些自传详细地叙述了他们的文治武功。各类精简版则构成了《法兰西编年大史》一书,该书被复制成无数手稿,这些手稿常常配以彩色插图,触及到了广大公众。该书至印刷术发明后仍有流通。

"这份堪称法兰西史的另类圣史圣经"(科莱特·波纳[Colette Beaune])乃是五个世纪历程所致的结果。它内含一系列变形、省略,甚或是追溯以往的谎言,但它并不仅仅在轻信的大众那里,还在有教养的精英阶层那里激起了真诚的同感心。如此激发出的强烈认同感先在布维纳(Bouvines),后在对教廷和帝国的抗拒中显现了出来。最终,它[991]具体体现在了百年战争之中。圣女贞德就是它的第一个殉道者。

新的民族国家必不可能以封建时代的世袭方式而受统治。必须建构同人们先前所见的尺度完全不同的国家机构:拿军饷的军队、中央与地方集权制、财税、货币、关税……此种损害多方利益的架构意味着国家会行使过度的权力,而自古典时代结束以降,便未曾有任何国王支配过如此的权力。

国家——与理论家——在两种解决方式间犹豫不决:要么对国王的人格大唱赞歌以对其行使凌驾于所有臣民之上的"专制"权力进行辩护,要么反之,将国家权力视为集体意志或多或少的流露,而国王只不过是其中的构成要素而已。

第五节　绝对主义的诞生

法学家使专制主义激进化[1]

在14—15世纪,我们注意到理论家试图将独立的、至高无上的新的民族王国的君主从其对"基本准则"过度依赖的状态中解放出来,而在先前的时代,人们却一致认为,这些准则应该限制君主的权力:它们是习俗、自然法、由教会制定的神圣之法。

为了理解这些理论家的深层动机,就必须记得君主制在那个时代

---

① 据 J.-P. Canning,《法律、主权和团体理论,1300—1450 年》,见 Burns,前揭,p. 428—449。

仍然只拥有薄弱的权力。因此,极少有作者会意图制定学说以为它设定限度。相反,他们希望为君主制所获的新权力作合法化辩护,因为他们认为,只有强势的国王权力才能保护弱小者,才能[992]让和平统治大地,才能以善为本进行立法,才能终结封建时代"恶的习俗"。

对巴尔德而言,君主的权力显然是"摆脱"实在法的束缚的,它只会受理性的约束。巴尔德将教皇"专制权力"(*potestas absoluta*)的理论移植进了世俗君主的特权中。他重复了由霍斯滕西斯在"普通"教皇和"专制"教皇之间所做的分别(参阅上文,p. 894)。在普通情况下,君主会遵从法律(遵照《应遵之令》[*Digna vox*]的准则);在极特殊的情况下,他也可以废除法律。

那他能违背基本准则吗? 于是在特殊情况与普通情况之间做出区分便成了适当之举。有原因(*ex causa*)的话,也就是说出现特殊情况的话,君主可违背自然法或万民法。然而,不可将此种不受束缚的行为以普遍化的方式进行对待(显然,这里仿效的是教皇的专制主义)。不过,唯有领导者才可对原因(*causa*)的合法性进行裁断。

法学家将他们的注意力集中于实在法制定中的意志这一角色上。大量法学家的文本均聚焦于君主意志的绝对性这一方面。当且仅当法律为理性的,那么它就会被视为善的法,以及当且仅当法律来自君主,那么它就会被视为有效的法,它们之间的桥梁是由尤维纳利斯的表述 *pro ratione voluntas*,即"替代理由的意志"而确立起来的①(阿库尔斯对这句表述所作的注释是:*magna et justa causa est ejus voluntas*,即"他的意志就是伟大且公正的原因")。

巴尔德:"权力的完满性乃是意志的完满性[*arbitrii plenitudo*],它不会臣服于任何必然性,也不会被任何公法的规则所囿","谁也无法抗拒[君主]权力的完满性,因它胜于全部实在法,君主的意志可充分地替代理由"(文本据 Canning 所

---

① 尤维纳利斯的《讽刺诗》(*Satires*),Ⅵ,223。可举一个不用考虑上下文的拉丁语的好例子。在尤维纳利斯的讽刺诗中,意志取代了理性的主人乃是……懂得如何让自己的丈夫成为奴隶的饱受宠爱的妻子。"你找不到能对爱她的人顾惜的[妻子]。[……]她会控制你的情爱。[……]'去把这奴隶钉上十字架!'[她命令你。]'可他犯了什么罪要受这样的刑罚呢? 证人在哪儿? 是有人告发吗? 那你听好了,要是说是让人死的话,就不能用这么长时间!'"——哎呀,真是蠢货! 只是个奴隶罢了,能算是人吗? 就算他什么也没干! 但我愿意这么做! 我命令这么做! 要理由,那我的意志就够了!'"(*hoc volo*,*sic jubeo*,*sit pro ratione voluntas*)

引，p. 431）。

巴尔德或雅各布斯·布特里加里乌斯（Jacobus Butrigarius，约 1274—1348 年，巴托尔的老师）强化了专制主义，弱化了所有权。雅各布斯说，它并不归万民法（*jus gentium*）管。因此，君主可[993]在没有原因（*sine causa*）的情况下在自己的臣民中将其废除。巴尔德同意道：若想剥夺臣民的财产，那么"促使皇帝如此行事的理由便是充足的原因"。普莱希昂（Plaisians，卒于 1313 年，为美男子菲利普的顾问）甚至说，国王乃是整个王国的所有者，此乃为公共利益或为保护公众着想。

专制主义的趋向在法国尤为彰显。

那里的"神圣之法的王权"理论——极少天主教色彩——得到了蓬勃发展，照这个理论 1)国王不是从教会，而是直接从上帝那里取得王权的，2)他们从上帝那里获得权力既不会受教会道德权威，也不会受与其民众之间的任何社会契约所限制。

专制君主制的理论是在法兰西王国遭受极大困境的时候提出的：是在普瓦蒂埃（Poitiers，1352 年）之后，或勃艮第分开的那个时候。理论家们最终以证实这个观点作结。结果，自法国君主制从百年战争的致命威胁中脱身而出起，它便从查理七世开始毫无过渡地具有了准专制性。

我们注意到，在查理七世当政时，国王又名副其实地重新得到了神圣化，他被视为是神圣（divus）罗马皇帝的再生。相应地，这也就迫使全体臣民臣服于他。法国的大知识分子布里丹（Buridan，约 1295—1348 年后卒）、杰尔松（Gerson）、比萨的克里斯丁（Christine de Pisan）、特尔卢齐的让、于尔桑的让·尤维纳尔（Jean Juvénal des Ursins）都接受了这种结果。不服从国王，就等于是犯了欺君（lèse-majesté）罪。

"君主的明镜"[1]

确实，若国王必须专制的话，那么臣民唯一的保障就在于其智慧。致力于使国王的统治摆脱古旧的封建习俗和对"基本准则"过度遵从的理论家，为了有所补偿而坚持希望国王"明智"就是很正常的了。在君主幼小时对其进行教育，在其实施权力时对其进言必须受到极大的重视。由此，便出现了大量致力于对明君的品质进行表述的文学作品，所谓"君主的明镜"。

[994]此类作品至中世纪晚期和 14 世纪时数量极多。可举（据 Jean Barbey）：弗勒里的于格的《论帝国的权力》（*De regia potestate*），奥通的霍诺留斯（Honorius d'Auntun)的《荣耀大全》（*Summa gloria*），索尔兹伯里的约翰的《论政府原理》

---

① 据 Jean Barbey，《国王的典范》（*Le modèle du roi*），在《卡佩王朝的奇迹》，前揭。

(*Polycraticus*；1159 年）；弗瓦蒙的耶利南（Hélinand de Froidmont）的《论君主政体》（*De regimine principum*；1200 年，献给菲利普·奥古斯都）；图尔奈的吉尔贝的《王国与君主的教育》（*Eruditio regum et principum*）；博韦的凡桑（Vincent de Beauvais）的《论帝国子嗣的教育》（*De eruditione filiorum regalium*，13 世纪）；罗马的吉勒斯的《论君主政体》（*De regimine principum*，为美男子菲利普所作）；让·杰尔松的《永生之王》（*Vivat rex*）；比萨的克里斯丁的《和平之书》（*Livre de Paix*）；勒格朗（J. Legrand）的《良好风俗之书》（*Livre des bonnes moeurs*）。

还必须加上像絮热（路易六世与路易七世）①、茹安维尔（圣路易）②、比萨的克里斯丁（查理五世）③、科米纳（Commynes；路易十一世）④撰写的国王传记中的格言录，以及梅兹耶的菲利普（Philippe de Mézières）的《年老朝圣者的梦想》（*Le Songe du Vieil Pélerin*）。⑤

这些文学作品反映了当时认为明君和好政府必须如何的流行观念。然而，我们观察到在 13 与 14 世纪之间发生了演变。在圣路易的时代，人们夸耀的是君主的基督教美德，而与狄翁·克里索斯托、维吉尔或塔西佗笔下古代国王的美德不同；在身为基督徒的国王那里，于贤明、节制和力量之外又添上了谦逊、"正义"（包含公平和怜恤）、对和平的寻求。但随着自然哲学的回潮及其面对《圣经》启示时重新获得分量，随着亚里士多德、罗马法和拉丁作家重新得到研究，国王的理想便也重新归在了这上面。它逐渐朝 16 世纪拉伯雷、纪尧姆·布代（Guillaume Budé）或莫里索（Morisot）勾勒出的人文主义理想进发。国王被视为能进行苦修，其目的并非是为了自取凌辱，而是为了控制自己的激情。他必须拥有的"智慧"变成了"科学"（尼古拉斯·奥雷姆的

---

① 絮热《大个子路易六世生平》（*Vie de Louis Ⅵ le Gros*），Les Belles Lettres，1964；《路易六世之武功》（*La geste de Louis Ⅵ*）和其他作品，Michel Bur 阐述，Imprimerie nationale，1994；《全集一》（*Oeuvres 1*；包含《路易七世史》[*Histoire de Louis Ⅶ*]），Les Belles Lettres，1996。

② 茹安维尔《圣路易生平》（*Vie de saint Louis*），J. Monfrin 版，Classiques Garnier，1995。

③ 比萨的克里斯丁《明君查理五世之文治与良好风俗之书》（*Le livre des faits et bonnes moeurs du roi Charles V le Sage*），Éric Hicks 与 Thérèse Moreau 翻译、阐述，Stock，1997。

④ 科米纳的菲利普《路易十一世回忆录》（*Mémoires sur Louis XI*），Jean Dufournet 前言，Gallimard，Folio 丛书，1979。

⑤ 梅兹耶乃是查理五世的圈中人，而且也是后来查理六世的导师。

《政治书》[*Livre des Politiques*];梅兹耶的菲利普的《年老朝圣者的梦想》)。国王必须阅读政治学与经济学方面的著作,[995]而再不能满足于当个没有教养的戎马之人。

这些堪称"君主明镜"的作者也复活了审慎这一古代美德:君主的学问和理性必须同明辨力和适可而止搭配起来使用,君主必须从过去的经验中汲取教训,多多听取别人的建议。

国王必须是"政治术"的专家,在面对神学和道德时要独立自主,这就等于说那些顾问开始对君主或多或少的不道德行为——谎言、掩饰、狡诈,通常而言的现实主义、实用主义,无需过多顾忌原则的择机而动的手腕——采取了网开一面的态度,只要这些方式是为了国家利益着想即可。

正如我们在研究继承法时所见的那样,国王愈来愈变成了双重人物,他既具有私人人格,又具有公共人格,而且最终与国家的抽象概念达成了认同,同样,国家的首脑也能拥有两种行为典范,一为针对私人人格的典范——基督教或传统人文主义的道德,一为马基雅维利的门徒圭恰迪尼(Guichardin)后来所说的"国家理性"的典范。拥有人格的国王(roi-personne)当然不能将善从道德中分离出去;但作为国家一国之君的国王(roi-chef)却能够,也必须利用不道德的手段。他有权为了使共同利益占据优势地位而践行个体之恶。①

[996]对国王而言为真实的,对那些顾问而言就更是如此:若他们拥有美德的话,那是最好了,但更需要的是他们的能力。很快,就不再从神职阶层中选任顾

---

① 该原则将成为专制主义思想的基石。认为在构成社会的个体之上必须存在自主自为的、不受道德规则束缚的国家这一观念后来被马基雅维利、霍布斯或黑格尔这些思想家加以理论化,尼采也针对国家这个"冷酷的怪物"概述过此种观念,这是一个在古典时代找不到的新观念。相反,在古典时代,存在着神圣的权力,它们也以其力量超越于人类之上,且从道德层面看,它们本质上也具有双重性;而人们便让这些权力对残存的社会之恶负责。因此,此处在中世纪和近代的转折点上产生的,乃是一种向具有古代神圣权力之反道德化(a-moral)特点的国家抽象概念的迁移,是国家的神化(divinisation),或确切地说是国家的神圣化(sacralisation),它随着去教权化(dé-cléricalisation)而确立起了自身。此种神圣化在最为世俗化的国家的所有现代政治理论中都能见到,如法兰西共和国,但也能在 20 世纪的纳粹和共产主义的极权制中见到。身为国家的新神乃是古代的神祇,而非《圣经》中的上帝:它对善与恶一视同仁,它体现为超验于个人,且对个人无动于衷的命运。在现代化受宗教动机影响的诸国,如北欧和美洲信仰加尔文宗的国家荷兰、英国和美国并不会有同样的国家神圣化。因为,我们已发现,远未对国王及通常的尘世权力进行神化的《圣经》对它们而言仅仅是可疑而已。

问。美男子菲利普的"法律顾问"都在大学里受过罗马法的培训,欧洲的普遍情况均是如此,自 13 世纪起,开始从大学里招募国家的文职人员,大学被认为可获得知识,而且可获得的是愈益世俗化的知识。此外,随着人文主义的兴起,人们很快便要求他们具备能言善辩的品质。

第六节　代　议　制[①]

我们刚才发现,尽管专制主义的倾向在 14 世纪和 15 世纪许多思想家那里都很强烈,但它们仍未占统治地位。因为,另一些思想家用"共同体"概念反对专制主义。无论何种方式,政府均应共享。

但这样的共享可具有何种形式呢? 封建制已在国王、封臣和民众中间,通过加冕礼宣誓和封臣契约包含了对话的雏形。后来,至少在某些国家,人们让君主在登基的时候进行愈来愈具约束力、愈来愈庄严的宣誓,有时还形成了预示近代"体制"的真正的公约。

都会进行宣誓,比如,阿拉贡(Aragon)的国王于 1283 年承诺尊重全体优先权(Privilegio general),所有这些法规都确定了国王与其封臣、城市与其民众之间的关系,否则就会遭废黜;英国国王爱德华二世于 1308 年发誓尊重将由"王国共同体"设立的法律与习俗,但他并未做到,遂于 1327 年被废黜。如此,便导致出现了长篇大论式的文本,均由君王于其登基时庄严颁布(1356 年,布拉邦[Brabant]的"喜乐入城式"、符腾堡公国的"图宾根公约"……)。

[997]为使民众参与政府,特别采取了代议制大会(assemblée représentative)这种形式,此种形式源自封建制的"枢密院"(conseil),受到教会会议模式的影响(修院或教区的教务会、教会会议、修士圣职授任全体教务会……),自 12—13 世纪起得到发展,14—15 世纪形成了新的层面,在许多方面都预示了我们近代的"政府"和"议会"形式。

"枢密院""议会""等级制会议"

"枢密院""议会""等级制会议"的概念

我们可在"枢密院"的概念中发现它源自修院:圣伯努瓦的《规章集》(*Règle*)便已规定修道院院长须在自己身边安置一小批顾问。但国

---

① 据 Burns,前揭;Bernard Guenée,前揭。

王的枢密院却更应该说是源自封建制。很久以前,英国和法国的国王身边就有"王家议事厅"(cour, *curia regis*),它既是最高司法裁判所,又是政治商议会。由国王来挑选顾问。后来,当国家功能日显重要时,这样的会议便相继划分成具有特殊职能的委员会,如笼统的财政、司法、政治委员会。

"议会"(parlement)这个词起初仅是从拉丁文 *colloquium* 翻译过来的法语词,指的是"交谈""会谈""会议"的意思。奇怪的是,该法语词却成了新的拉丁词 *parlamentum* 或 *parliamentum* 的词源,后来扩展至整个欧洲。起初,它指的是司法裁判所的开庭("会议"),后指审议机构本身。但它的意义却因国家而异。在法国,说起"议会",习惯上仅指合成为司法裁判所的王家议事厅(la Cour),也就是说是指王家法庭(后来又扩散至诸行省)。相反,在英国,人们是将整个王家议事厅(la Cour)都称为"Parlamentum",且使其扩大至伯爵领地代表的身上。

因为王家议事厅(*curia regis*)的构成在不断演化。在封建制的枢密院中,只有封臣和神职人员方能参加,且每个人仅代表自己。但不久,大公就在各城的议事厅(*curia*)中开始对居民进行任命。

[998]起初,他们被以个人名义任命担任这项职务,由希望有人向其出谋划策的君主自由遴选,而他们只有发言权。至 12 世纪末,首先在法国中部,出现了显著的变化:随着"代理"技术的发展(参阅下文),资产阶级遂由其封臣指定,前往加入国王的枢密院,很快高级神职人员身边的教士也选出了代表紧其后。

1188 年,在里昂王国,召开了一次大会,由各城选出的资产阶级组成;同样,在教皇国、卡斯蒂利亚、英国,"伯爵领地骑士"(knights of the shire)的代表于 1213 年首次被召集前往王家议事厅,随后,1265 年参加的是资产阶级代表,1297 年参加的是神职人员的代表。该演变在 14 与 15 世纪时触及了法国和帝国的许多国家。

在所有这些情况下,这些大会中仍有男爵和高级神职人员之类未入选的成员,他们替自己发言,而入选者也仅代表了自己阶层而已。但后者的人数日益扩大,让社会所有阶层人士参加会议就成了一项规则,以至于 1484 年法国召开的大会真正堪称"全国大会"。

另一种演变:起初,所有阶层的成员坐在一起共商大事。但在某些国家,同一个阶层或"等级"的成员,如贵族、神职人员、资产阶级,都开始想排除其他人以自行磋商。这样一来,便出现了全国性的或地方性的"三等级"会议,简称"等级制会议"(états)(法国的这一表达法后来扩散至整个欧洲)。在德国,人们说的是(当地的或帝国的)"议会"(Diète)。习惯是指以阶层,而非人头进行投票。

在英国,或许是由于狮心王查理和无地约翰统治期间王权受到削弱之故,所以演化愈来愈快,愈行愈远。《大宪章》(*Magna Carta*, 1215 年)规定(第 14 条),若无由王国内的大主教、主教、修道院院长、伯爵和地位高的男爵组成的枢密院的首肯,某些税收便无法得到确立。国王的直属封臣应由司法长官(sheriff)提前 40 天点名召集。另一方面,就像法国一样,国王在地方上并不拥有由其任命和付饷的公共职权(大法官、地方行政长官……)。在地方层面上,权力是由"伯爵领地骑士"之类士绅(gentry)施行的。国王若无他们的合作,便在地方层面上毫无权威,故他不得不承认他们可向议会派遣代表。这就是为何另可接受市镇请愿书的英国议会很快便与法国议会变得不同的原因,[999]或许自一开始起便已如此,它拥有政治职能,甚至想根据情况协助制定法律,或保护习俗,使其免受国王立法的丝毫影响。

但可提出何种理论上的论据以证明这些实践合法呢?

法国的贡献:芳丹的戈德弗瓦(Godefroid de Fontaines)、尼古拉斯·奥雷姆、梅兹耶的菲利普、让·杰尔松

芳丹的戈德弗瓦(约 1250—约 1306 至 1309 年)在论及同意理论时阐述了如下主张:

> 既然一人可统治其他自由人,而非奴隶,既然他通过推选、设立、接受且同意其进行统治的整个共同体的意志而拥有统治的权利,那么他只能为共同的利益和共同的益处而施行统治。因此,若无他们的同意,他便无任何权利去逼迫他们,或使他们承受重负。因为作为自由人,他们须自愿进行遵守,而非为强力所迫(据 Dunbabin 所引,见 Burns, p. 487)。

我们在尼古拉斯·奥雷姆(1320—1382 年)[1]对亚里士多德的《尼

---

[1] 又名尼古拉的尼古拉斯·奥雷姆,是里兹欧的主教及后来查理五世的导师。主要撰写了《货币论》(*Traité des monnaies*)、亚里士多德的《政治学》的评注,以及对亚里士多德作品的翻译及论文《论天空与世界》(*De Coelo et Mundo*)。

各马科伦理学》所作的评注中发现了他就枢密院的职能所作的反思。由于奥雷姆曾担任过查理五世的顾问,所以人们可认为,这些评注反映了 14 世纪中期法国国王顾问的思想。

奥雷姆认为,听取民众的意见对国王有利。因为,

> 尽管普通民众既无法进行管理,亦无法制定法律,但若他们能清楚地发现错误所在,发现向立法者建言可真正带来益处,从而不会使他受蒙骗,那么他们就该被听取(据格内所引,p. 153)。①

奥雷姆所偏爱的体制乃是 policie royale,亦即君主政府。但在对[1000]世袭君主制和选任君主制相应的优缺点进行讨论后,他最终偏向于后者。无论如何,君主制中的权力应该与代表者这一群体共享。

为所有人制定且赞成的事务对共同体而言最为牢固、最为稳定、最可接受、最能令人高兴,相比另外的做法,对它的抱怨和抗拒会更少。因为,奥雷姆读过亚里士多德的话,后者说"大众""对有益于公共事务者,会考虑得更好,也会作出更好的安排"。

确切地说,国王枢密院(Conseil du roi)的成员代表的是理性的大众。从这层意义上说,他们拥有高于国王的权力:国王的权力"必须少于全体大众或最有价值的群体"(文本据吉耶[Quillet]所引,见 Burns,p. 533—534)。②

奥雷姆问道,枢密院要间隔多长时间,由谁提议才能召开;他的结论是,地位高的大公应能组织枢密院,即便没有国王的提议也罢。枢密院正式代表了整个王国,因为奥雷姆接受的是最大多数与理智最健全部分(major et sanior pars)的规则(参阅下文),而非多数规则。恰是智

---

① 此段引文为古法语,方括号中为作者所加的现代法语译词:combien que le commun peuple ne sache pas instituer la police ne mettre les loix, si sceit il bien veoir les deffaultes et appercevoir aucune veritez proffitables pour adviser les legislateurs, affin qu'ilz ne faillent [= ne se trompent], et pour ce doibt il être oy [= entendu]。——译注

② "有价值的群体"(vaillante partie)这一表达法与 valentior pars 相符,后者在帕多瓦的马西利乌斯那里是指政治精英阶层。

慧,而非数量才能确保代表的资格。

在斯巴达,"政府的主权"(souveraineté de la policie)并不属于民主的大众,而是属于"由所有君主或公职人员以及地位高的公民组成的全体民众和团体"。奥雷姆说,同样,在巴黎大学,公共决策也是由"巴黎专心研究的教师组成的全体大会",而非大学全体成员做出的。

枢密院的权限应该有哪些?奥雷姆在回答这个问题时所用的措辞表明了,他在这样的机制中看见了名副其实的政府。

> 对顾问而言,首要之事乃在于确立接下来的目标,如战时城市或地区的和平。然后,他们应该研究、调查并发现为达成此目标所需使用的最为直接的手段,也就是说如何同敌人谈判、战斗或组织并管理自己的地区,以阻止敌人为它带来损失。然后,他们应该借助良好的判断,从这些手段中选定一种,比如同敌人战斗。然后,他们应该对战斗的方式进行磋商,何时开始,由谁率军,须具备何种品质。[1001]然后,他们应该选择战士,为他们配备武器,率领他们及确定诸如此类的事,直到如何实施决策,如寻找财富、生产武器和如何满足由决议所带来的其他所有要求,且继续通过他们一致同意采取的手段来调查所熟知的目标,并遵循之(尼古拉斯·奥雷姆,据吉耶所引,p.519)。

查理五世的另一个顾问梅兹耶的菲利普(1327—1405年)是王储,即后来查理六世的导师,他坚称这样一个事实,即尽管顾问会受各种压力的影响,但他们仍必须顾全大局。好的顾问或许应该善于对"高级教士和神职人员"以及枢密院中其他有影响的成员提出异议。

对让·杰尔松(1363—1429年)而言,枢密院首先是减轻君主才智局限性的手段。

> 一个人的才智局限性太大了!因此,贤人会说:做任何事时都能听取建议,你才不会后悔(杰尔松,据吉耶所引,p.518)。

对杰尔松而言,顾问必须真诚,只为公共利益考虑,谨防决议外泄;就他而言,国王应该重视他的建议。杰尔松是针对贵族要求恢复他们日益专享的特权的时代所写，此外，他还认为顾问必须在各个"阶层"中招募。为了证明这一举措的合法性，他强调的并非是"民主"的关切之情，而是提出了时机这样的理由：建言必须上达；团体的首脑，即国王必须"眼"观六路，"耳"听八方，"鼻"嗅上下。

尽管有这些各式各样的论证，但仍必须同意，无论是从法律上，还是从教理上看，枢密院的地位从未像15世纪的法国君主制那样明朗化过。

英国的贡献：《路易斯之歌》、约翰·福蒂斯丘爵士

我们发现，英国的代议制比欧洲其他国家要来得早。英国的理论家们相信整个王国共同体（communitas regni）都有权参与政府。他们对国王的立法与执行"特权"提出了异议。自1215年签订《大宪章》（Magna Carta）起，便［1002］引入了这样的观念（第61条），即如果国王背离（同样的人类）法律，那王国共同体就会对他进行约束。

在13世纪一篇名为《路易斯之歌》（Song of Lewes，1264年）的佚名的英国文本中，说不受限制的君主制仅是上帝的特权。作者认为，国王不应自由选择他手下的顾问。他意图迫使亨利三世接受男爵枢密院，并这样证明此主张具有合理性：

> 既然王国政府对所有人而言要么是保障，要么是损害，那么知道卫护王国的权力交给了谁就很重要；正如在海上，若是由疯子发号施令的话，就会一片混乱（据 Dunbabin 所引，p. 475）。

王国的统治应以普遍利益为重：

> 无论谁，只要是真正的国王，就会有真正的自由［随心所欲］，只要他能正确地管理自己和自己的王国；他知道只要是有助于王国管理的，他都会去做，而只要会导致他灭亡的，他都不会去做（同上，p. 479）。

约翰·福蒂斯丘(John Fortescue)①写道：

> 英国的宪制［＝法律］……并非由君主一人之意志，而是由整个王国的一致意见而制定，如此它们才既不至于损害民众，又不至于忽略他们的利益（引自 p. 480）。

福蒂斯丘清楚地意识到了英国立宪体制处境的独特性和先进性，在此方面，可与法国作一比较：当后者还是 *dominium regale*，即国王的统治时，英国已经是 dominium politicum et regale，我们可以将其译为"政治且王室的统治"。

国王不得决定公共生活的目标；相反，他是由民众设立的，是为了

> 保护法律和臣民，保护他们的团体和财产；为此目的，他从民众中获得权力，以致他不得用其他权力来统治其民众（据 Dunbabin 所引，p. 488）。

教会法的团体理论②

[1003]我们可以推测，这些"民主制"观念的主要来源之一是由教会法学家阐述的团体理论，以解决教会内部提出的法律问题。该理论至 13 世纪中期已臻至成熟。

> 教会已成为古典时代和中世纪的"民主制"要素，至少与罗马的贵族制或后来的封建制相比是如此，这只是因为教会等级原则上是一直向社会所有阶层开放之故。

教会法学家平时就得解决主教及其教务会的议事司铎之间的关系这样的问题。谁能向外界代表教会或修会，尤其是在召开教会会议和

---

① 英国法学家，生于约 1385 年，卒于约 1476 年。他被选为议会议员（1421 年），后于亨利六世当政时的 1422 年被任命为"王座法院"（Banc du roi）的大法官，后又于 1461 年担任掌玺大臣（chancelier）。他写有《益格鲁法律颂》（*De laudibus legum Angliæ*），对立宪君主制理论做了阐述。

② 据 Burns，前揭；B. Guenée，前揭。

大公会议时？教务会上该如何进行决策？该如何计算票数？司铎是否能对教务会或主教提出诉讼，主教是否能反对教务会的意愿等等。

在代表制和选举制之间做出区分就显得颇为必要了。

代表制

谁能以教会共同体的名义发言？在格拉济亚努斯《教令集》汇集的文本以及历任教皇的各类教皇教令中，"君主制"和"民主制"的要素一样多。教会法学家不得不在这团乱麻中做出自己的选择。事实上，他们同时发展出了两种截然不同的代表制理论。[①]

一种是说，团体的"首脑"在既无票选，亦无委托的情况下，即可做出关涉该团体的所有决策，就像父亲可为家庭、领主可为佃农做出决策[1004]一样。因此，主教为了自己的教区，修道院长为了自己的修院亦可这么做。

另一种代表制是指团体对某位成员的委任。

罗马的民法在此提供了典范。《学说汇纂》提及了司法诉讼中代表个体的"代理人"。它还说，被视为法人的团体也能在法律上由"代表者"（syndic）代表。中世纪时，在实践中，这些诉讼程序又得到民法学家的恢复：自然人或法人的"代理人""代表者"或"辩护人"均能在司法审判中，或在订立契约、签订买卖合约时代表此人。

类似的诉讼程序也在教区会议或全体教会会议，以及修会的全体教务会议中得到采用。基层逐渐适应，也愈来愈经常地向它们派出定期选出的"代理人"。当英国组织伯爵议事厅下的市镇作代表时，同样的诉讼程序也变得司空见惯。

但起初，这些代表被派去参加大会，只是"听发言，作汇报"而已。他们无法对自己的委任人提建议，这样就使大会变得很没效率。

因此，当产生了从民法中借用"全权"（plena potestas）代表制技术这样的概念时，新的进展便突然出现了。这项技术在 12 世纪的法庭中得到了发展，13 世纪初被引入教会机构，后来又得到推广：教区、主教管区、修院等的代表均能以其委任人的名义做出决策，如此，这些决策

---

① 参阅 Guenée，前揭，p. 248。

就能真正起到作用。于是,理性工具也被创造出来,这样便使"代表大会"得到了发展。

必须补充一点,即最初的代表制理论并未彻底消失。因为教会法学家如我们所说的在教会法典呈现的"君主制"和"民主制"要素间摇摆不定后,最终试图做出调和:他们在古代文本(亚里士多德、西塞罗)中发现了对"混合政体"的褒扬,于是提出,教会中也应存在这样的平衡。

[1005]比如,条顿人约翰写道:"高级教士是否不得不让教会来批准所有事务? 非也,这不比任命得当的导师更有效……"

同样,对霍斯滕西斯而言,对主教必须获得教务会同意这样重要的问题也只能如此行事。但在需长时间处理的现行事务中,他可不征求其合作者的同意。反之,主教休假时,司法审判权须回到教务会的手上:"无首脑的团体"对许多问题均可有效地发挥影响,尤其是授予教士职位时更是如此(参阅 Pennington,见 Burns,p. 421)。

选举制

当仅有"头脑"而无法做出决策时,该如何使"身体"得到表现呢?

1. 教会提高了个体意见的地位。教会法学家首先引入了一个主要概念:在团体中,所有意见均会受到考虑,没有哪个意见会受到先天忽略。

该观点似可远溯至圣伯努瓦的《规章集》(*Règle*)。① 书中预见到了各类选举程序,如选举修道院长、修士对重大决策的商讨……然而,《规章集》包含了其"革命性"的一面,特别是基督教的层面,它与罗马的选举习惯产生了决裂。职位再低的修士或许也是无辜的,上帝通过对他的拣选也能使人知晓神的意志。这就是为何在修道院中,所有人都会参加磋商之故。让理志健全部分(sanior pars)(参阅下文)表达自己当然也成了普通的规则,但今后并未仅止于此(参阅《规章集》,第3章,64,65)。

教会法学家通过引证民法规则而加强这个观念,我们可在查士丁尼的《法典》中读到这个规则:

Quod omnes tangit ab omnibus approbari debet(涉及所有人的事务均应得到所有人的同意。)

---

① 参阅《圣伯努瓦规章集》(*La Règle de saint Benoît*),拉丁文与 Henri Rochais 译文对照,Desclée de Brouwer,1980。该文本成文于约535年。

这条原初的规则涉及的是监管：当某些人成为监管人时，其决策只有在得到所有人的赞同后方才有效。教会法学家将之应用于团体中：对团体做出决策必须得到其所有成员的认可。这并非必然意指决策须得到全体同意，而是[1006]说，至少原则上没有人该被排除于程序之外。这重新使人将团体视为个体的结合，其中每个个体提出的建议均值得受到重视，而非将其视为有机体，其中只有"头脑"才能思考和做决定。

2. "最大多数与理智最健全部分"（major et sanior pars）。多数规则出现在《学说汇纂》中。"城市中多数人所决定之事可被视为像是由所有人事实上做出决定一般。"但如何确切地理解"多数"：是量的多数，还是质的多数呢？若是量的多数的话，那是简单多数（只比半数多出一人），还是三分之二，等等？①

在量的简单多数这一近代观念占上风之前，教会法学家阐发了一个独创的理论，即"最大多数与理智最健全部分"理论：多数概念应该使质的方式和量的方式统一起来。

譬如，于格奇奥区分了三个元素：数量，但还有热情和权威。他提出，为了做出好的决策，三个元素中至少必须有两个元素达成一致。

对霍斯滕西斯而言，当主教作为高级教士，而非作为教务会普通成员表态时，仅他的意见即可相当于团体中所有成员的意见。因此，若他除自己的意见之外又多获得一票，就可认为已达到多数，除非涉及的是教会的根本性问题，这时候就必须有量的多数。

自 13 世纪起，条顿人约翰便申明了一条更为民主的原则："数量永远比热情和权威占优势，除非数量只是勉强超过它们。因此，我会要么将热情，要么将权威同数量结合起来……头衔不该被考虑进去，除非选举者的票数相等。"②最后，条顿人约翰终于对简单多数规则表示了赞同："若议事司铎互相之间发生冲突的话，那些拥有[1007]major pars

① 参阅 Quillet，见 Burns，前揭，p. 526。

② 必须注意，我们近代的（公法或私法）会议中仍保留有该规则的残余影响，通常来说，按照规章，主席在票数相等时拥有"占支配地位的发言权"。

（最大多数部分）的人便可将自己视为教务会。"①（文本据 Pennington 所引，见 Burns，p. 426）于是此种中世纪晚期方得到普遍采纳的立场被移植到了整个教会和世俗国家的层面之中。

简单多数原则自 1215 年拉特朗第四届大公会议起便被提了出来。在 13 世纪中期，该规则被某些修会，如圣殿骑士团或多明我会加以应用。卜尼法斯八世则对此做了批准。后来，世俗大会遵从了教会法的模式：比如 1338 年为了选任罗马人的国王，自此以后便采纳了 concorditer vel a majori parte，即"全体同意或多数同意"（得到 1356 年《金玺诏书》的承认）。在 15 世纪的英国，市镇法庭（Chambre des Communes）有时会推选发言人（speaker，即主席）代表多数中的两或三票。在法国、布拉邦或荷兰的"三等级"会议中，尽管决策须经三个"等级"的全体同意才能做出，但每个等级的决策都会因代表者的量的简单多数而得到采纳。15 世纪德国的议会（Landtage）也是如此。②

3. 对选举原则的限定：裁定权与祝圣仪式。然而，教会在全盘采纳民主原则时遇到了神学上的严重阻碍。使徒并未由团体选出，而是直接由耶稣—基督拣选而出。难道他们不该拣选自己的继任者，那些人再拣选自己的继任者，以至无穷吗？来自上帝的权力不得由"从下至上"的选举来设立。傅油礼这样的行为涉及的是先知为《圣经》中的国王所行的傅油礼，或者是主教的前任为主教所行的傅油礼，这一行为与整个神圣秩序的权力"从上至下"的体制原则更为符合。然而，通过选举而任命主教乃是比教会更为古老的惯例。

教会法学家对此两难所找到的办法，对主教而言，就是要对选举的效果和祝圣仪式的效果做出区分。他们提出，选举赋予主教裁定的权力，但只有祝圣仪式方能赋予[1008]其神圣的权力（参阅 Pennington，见 Burns，p. 424）。换句话说，尽管这一被神圣设立的、身为教会的君主制中，所有权力均源自上帝，但其仍能经由选举体中的民众而间接地来自上帝。

---

① 我们会观察到，团体中未达成全体同意（non-unanimité）的情况尚未在正常的境况中加以考虑；该规则指的是全体同意，只是在发生冲突时，才必须计算票数。多元论仍被视为错误与缺陷，而非使争论得以充实的源泉。所有这一切与希腊的广场（agora）相比，可算是严重倒退。

② 参阅 Guenée，p. 258。

团体理论之得到阐述,首先是为了对小型教会团体(主教管区、修道院)产生的问题进行分析,后来才被教会法学家应用至整个教会中:我们在研究宗教会议理论时会重新碰到它。

团体理论在城市与独立王国中的应用:唯名论者的保留态度

该理论这次被罗马法学家应用至了邦国(cité-États)和世俗的君主制大国中。它有助于使国家这一公共的、抽象的、独立的,不仅独立于作为基础的个体,而且独立于其领导者人格的法人(personne morale)不再只是个抽象观念。

当"注疏派"将团体及其成员混为一谈(阿库尔斯:"团体除了是形成团体的人之外,什么也不是")时,"评注派"却在对英诺森四世的表述法进行注疏时说团体乃是拟制之人格(*personna ficta*),从而对政治共同体中作为一方的成员和作为另一方的由成员构成的抽象实体做出区分。这一唯由知性才能察觉的理性存在乃是不朽和永恒的,而其成员则会生生死死。它甚至与其政府也有区别。因此,国家乃是"法人"(personne juridique)。①

这一抽象的人格可拥有独一的声音,独一的意志,独一的智慧。它同教会团体一般,只需自己代表自己即可。

然而,必须指出邓斯·司各脱(Duns Scot)或奥卡姆这些"唯名论者"持有的保留意见,也就是说他们这些思想家从普遍的哲学层面上,对抽象实在提出了质疑,他们相信的是个别具体事物的独一实在,其中包含人类实在。他们以引人注目的方式预见到了拥有抽象人格、被置于组成它的个体之上的国家被树立起来后所隐含的危险,他们对法学家的论证提出了反驳,说整个"共同体"的观念,虽然不再是[1009]由其本身的部分或某个人代表该共同体,但它自其萌芽始就包含了个体的灭裂。

对奥卡姆而言,政治共同体无外乎是实际存在的个体之间的关系,但它自身并非实在,它只不过一个"概念",也就是说只是一个单词而已:

"关系只是[……]精神中的概念而已。"

概念的统一性并不应使人预见到元素实际的统一,他考虑的是元素之间的

---

① personne morale 与 personne juridique 均解为"法人",不过其中有细微差别,前者具道德人格,后者具法律人格。——译注

关系：

> "比如，当人们说'一个'王国，或说'一个'民族，或说'一个'世界时，指的是'统一'的话，就会失之偏颇，太过宽泛了。"（据 Quillet 所引，前引，p. 508）

套用现代的话说，他指的是多元论是不可化约的。"王国"这一观念是危险的虚构。自此以后，"代表制"的观念也就会成问题：若被代表者是虚构的话，那代表者又该如何不成为虚构呢？整体的程序之所以不合法，是因为所有部分均是不可化约的唯一。

不过，奥卡姆承认皇帝、教皇、大公会议和政治共同体中其他的代表者均具有合法性，但他希望他们的合法性至少有赖于全体相关者的"同意"。

大公会议至上主义[1]

大公会议至上主义乃是这样一种观念，据此观念，教皇的权力应受教会大公会议的控制和限制。

它合理地将大公会议运动视为新的民主观念的前身。因为，尽管大公会议至上主义的支持者与反对者之间的争执本质上是神学的，且原则上仅与教会关涉，但它们能被轻而易举地从教会领域转移至世俗领域，就此而言，它们属于"体制上的"问题。

大公会议至上主义论证得以表达的场合乃是教会大分裂。

教会大分裂

[1010]自阿维尼翁教皇格列高利十一世 1377 年返回罗马去世后，当选的乌尔巴努斯六世便受到质疑，他被认为是在民众的压力之下产生的：确实，罗马人迫切要求有个意大利教皇（1378 年 4 月）。另一位教皇克雷孟七世遂于 9 月被大部分为法国人的枢机主教们推选而出。由于罗马不承认，这位新任当选者便回到了阿维尼翁。此乃大分裂的肇始。两位教皇在约四十年间都保有着两种继任世系，任何一方均不愿退让，各方也都受到了由全面发展的民族国家构成的同质的"修院"所支持（阿维尼翁教皇受法国及其盟友埃克斯、卡斯蒂利亚与西班牙其他地方的支持，罗马这一方则受英国、佛兰德、波兰、匈牙利、帝国中的德国领土及斯堪的那维亚诸王国的支持；意大利在这两股成分间耍外交手腕，修院也分裂为两派）。时间越久，对此问题的解决便愈发困难：主教、修道院长和每个修院中的其他贵族都害怕一旦另一方阵营胜利的话，就会失去自己的地位，法国与英国的国王都宁

---

[1] 据 Jean Chelini，前揭，p. 524—557；Antony Black，《大公会议运动》（*Le mouvement conciliaire*），见 Burns，前揭，p. 540—553。

愿各自有自己的教皇好供自己支配。

枢机主教们于是倡议于比萨召开一次大公会议(1409 年),从教会法层面上看,此番举措颇具革命性。但大会只成功推选出第三位教皇亚历山大五世,继任他的是约安尼斯廿三世(1410 年)。此人因同那不勒斯国王产生冲突而求助于皇帝西吉斯蒙德(Sigismond),后者要求教皇召开一次新的会议,即康士坦斯大公会议(1414—1418 年)。教令《此处至圣》(Hæc Santa,1415 年)宣布大公会议高于教皇。后来,会议接受了约安尼斯廿三世的辞职,罢免了搞分裂的两位教皇,此后它便视自己为教会至高性的代理者,并着手进行改革;最后,在分离之前,它决定举办选举教皇会议来推选教皇。于是奥顿·科罗纳(Odon Colonna)当选,名为马丁努斯五世(Martin V,1417 年 11 月 11 日)。

支持与教皇精诚合作的温和派(其中有扎巴雷拉和巴黎大学主事让·杰尔松)都在想法阻止大公会议陷入极端革命者的手中,后者一方面维护《此处至圣》中阐述的诸原则,另一方面又让人投另一份教令《经常》(Frequens,1417 年)的票,该教令要求不以教皇意志为转移,且须周期性召开教会宗教会议。①

[1011]实施该教令后,1423 年在帕维召开了大公会议,但由于发生鼠疫,会议被移到锡耶纳,后又遭到解散。教皇与大公会议之间潜伏着的争执终于在巴勒(Bâle)举办的下届大公会议(1430 年)上再次爆发出来。

马丁努斯五世死时,继任者是不太会灵活处事的尤金尼乌斯四世(Eugène IV),他认为可以通过解散大公会议而摆脱之。但与会者中有愈来愈多持极端大公会议至上主义观点的圣师。他们在皇帝西吉斯蒙德的支持下,获准继续召开会议。尤金尼乌斯四世必须承认该次违反他意志的大会的合法性,但他却跑到费拉雷,后来又到佛罗伦萨召开大公会议,以须和正教徒一起开会为遁词而孤立极端主义者。②那些人仍留在巴勒,废黜了教皇,将萨弗瓦伯爵阿梅迪八世(Amédée VIII)推选为教皇,名为费利克斯五世(Félix V),但这次新的分裂只持续到 1449 年。因为,巴勒大公会议自身并未为人所看好,而且它亦将教会深度改革的机会丧失殆尽。此段时间内,在费拉雷和佛罗伦萨,多亏了皇帝让·帕列奥劳格(Jean Paléologue)及神学家贝萨里翁(Bessarion)③,同希腊人的关系(1439 年的诏书《喜

---

① 不以君主的意志为准绳的代议制大会以唯一一部历法为准定期举办会议,其原则将成为近代支持立宪主义者的绝对核心的诉求。

② 由于土耳其人的日益进逼,故他们希望与西方教会能和睦相处。

③ 贝萨里翁(1403—1472 年),希腊神学家、人文主义者、天主教枢机,力图促进拉丁罗马教会与东方教会的合一。著有《反毁谤柏拉图者》,且翻译了亚里士多德的《形而上学》。参阅《基督宗教外语汉语神学词语汇编》,前揭,p. 109。——译注

乐天国》[*Lætentur Coeli*])才得以亲近起来。教廷的威望也因此与日俱增,后来,教皇无力召开大公会议,倒有了大把的闲暇去重树教皇君主制了。

尽管有《教皇独裁论》(*Dictatus papæ*),但分裂之前,大公会议的教义权威和教廷的裁判权威之间就已发生冲突。作为对教廷驻留阿维尼翁期间日益增强的集权化进程所作的反应,此种争执开始表现出来。帕多瓦的马西利乌斯自那个时代起,便已阐述了这样的论证,我们可将他们称为前大公会议至上主义者(pré-conciliariste)。

1) 整个共同体均应受到保护,以不受其中某方权力的篡夺,因为其中一方由于其所受到的限制,总是会"因无知与邪恶,贪婪与野心,或不良激情所致"而犯错(《和平保卫者》,Ⅱ,20,6)。由共同体自身采取决策乃是免受此危险最好的做法。

2) 按照《使徒行传》的说法,原初教会中的使徒是这么做的:他们彼此之间互为平等,采取"共同协商的手段"(Ⅱ,16,5)。因此,"信徒大会或大公会议继承其作法,以成为真正代表[1012]使徒、古人和该时代其他信仰者的大会"(Ⅱ,19,2)。

3) 公民共同体(*universitas civium*)与信徒共同体(*universitas fidelium*)融于一体;因此,便须由前者的领导者皇帝来召开大公会议。教会史也同样证明了这一点:自君士坦丁起,大公会议便是由皇帝来召开的,恰是通过皇帝颁发的教令,他们的教规才会被加以应用。因此,被称为再生的(*redivivus*)君士坦丁的巴伐利亚的路易就是如今必须召开大公会议之人(马西利乌斯也对美男子菲利普提议召开大公会议以审判教皇的做法表示了赞同)。

教会大分裂时代的大公会议至上主义

在教会大分裂时代,以及在遵照教令《经常》(*Frequens*)而召开的诸次大公会议中,大公会议至上主义者的论证均得到了阐发,变得愈发激进。宣传大公会议的有尼耶姆的迪特里希(Dietrich de Niem)、阿伊的皮埃尔(Pierre d'Ailly)、让·杰尔松、弗朗西斯科·扎巴雷拉、条顿的尼古拉斯(Nicolas de Tudeschis)、安德烈亚斯·埃斯科瓦尔(Andreas Escobar)、拉古兹的让(Jean de Raguse)、塞哥维亚的胡安(Juan de Segovia)、库萨的尼古拉(Nicolas de Cuse)等人的著作。

在如此丰富的学说中,我们分别出了几种论点:

a) 作为整体的教会之所以高于教皇,是因为教会乃是"神秘体"之故,信徒是其成员,基督——而非教皇——乃是其首脑。

b) 大公会议之所以被认为代表整个教会,是因为它代表了所有教区,或所有修会,或所有知识阶层(神学、教会法……)的缘故。这就是为何圣师,而非仅仅是修道院长和主教,可成为其会员的原因。

c) 若教皇刚愎自用、自以为是(异端、丑闻、管理不善……),而损害了作为整体的教会,则他可被提起诉讼,遭到撤换。

正如教会法学家为主教或修会的教会所做的,某些温和的大公会议至上主义者(阿伊、杰尔松)也为了教会之故推进了"混合体制"(教廷、枢机主教、大公会议),但此种观念在君士坦斯和巴勒的会议上并未体现出来。在巴勒,占主导地位的论点乃是,具有自身之机能的大公会议可施行以前唯由教皇施行的裁决职能(君士坦斯会议并未这样说)。

[1013]塞哥维亚的胡安代表的是多数意见,他受团体之教会法教义及关于邦国(cité-État)之激进的体制观念的影响,将大公会议至上性这一原则推而广之。团体的首领相对于单个的成员具有至上性,但聚合于大会中的所有成员却会高于他。领导者若需具有权威,其裁决须被视为"符合在其之下的所有人的意志,以有利于公共事务和他们的事务才行。但若有时这整个共同体聚合在一起,且他们的声明与誓言同会长相悖,既然取真理而非虚拟,故共同体之具优越地位便有其正当性。因为真理乃是指这样的教会,而假象乃是指这样的会长,他事实上只是一个人,却依据代表制而被视为好几个人"(据 Black 所引,见 Burns,p. 548)。塞哥维亚论及了"全体意向"(intentio omnium),它与"普遍意愿"这一表达法相近。裁决权只能经由"全体意向"的授权方可存在:"至高无上的权力[……]首先存在于共同体自身[亦即教会]之中;其次存在于领导者和官员,或行政官和议事会[以及大公会议]之中[……],其次则存在于首脑或最高行政官(potestà)、独裁者或统治者之中。"

共同体的至上性不可侵犯。塞哥维亚说,共同体"从不会让出自己的权力……[权力]乃是以不可剥夺的方式属于它的"(文本据 Black 所引,p. 549)。

塞哥维亚最终阐述了这样一种观念,即每个派往大公会议的代表因统摄所有与会者的"互爱"之故,均应与其他代表一样拥有"同等的发言权",而不管他们的头衔和职能怎样千差万别。上级和下级只要平等参与讨论,就是平等的。因此,这是对理智健全部分(sanior pars)这一概念所作的根本性的质疑。

库萨的尼古拉的大公会议至上主义

库萨的尼古拉的论点值得引起特别的关注。

德国人库萨(或曰 Kues)的尼古拉(1401—1464 年)生于特雷弗附近的库萨,在帕多瓦学习法律和医学。后为布里克森(Brixen)主教、枢机主教和罗马总督。

除了阐述大公会议至上主义论点的《论天主教之和谐》（*De concordantia catholica*，1433 年）之外，他尚于 1453 年君士坦丁堡被土耳其人攻陷时，写了《信仰和平》（*De pace fidei*），他在书中意图对基督徒、穆斯林和佛教徒遵奉同一位上帝进行证明。他最为人所知的作品是《论博学的无知》（*De docta ignorantia*，1440 年），他在书中证明了理性的局限性：对[1014]上帝只能以类比法进行认知。库萨的尼古拉同样也批评了亚里士多德的宇宙论，他也是哥白尼（Copernic）的先行者。

尼古拉发展了这样一个观念，即不管什么样的政府，只有当其依凭于被统治者的"同意"才是合法的，这需以被统治者可被视为"自由人"为前提条件。

在大公会议至上主义者经常参考的原初教会中，均持"信徒同意"来表明教义的真理性。教会法承认主教应在平信徒的"同意下"，由神职人员推选而出。

库萨的尼古拉对关于同意的教会法概念和借用自新柏拉图主义的宇宙"和谐一致"的概念加以调和，以期在教会及帝国中建立正当的政治权威。"法律的力量有赖于遵守法律者主观上的协调。"（据 Black 所引，p. 550）若权力和习俗与共同体"精神的统一性"（unanimitas）相左的话，那它们的规定就不再拥有价值，若它们与神圣的法律与自然正义相悖的话，也是如此。大公会议所作的集体裁决因此就优于被视为个体的教皇。"观察到所有属灵的和尘世的权力都以潜在的方式存在于民众中间，确实令人心悦。"因此，任何权力只有通过选举才会合法。

> 为了使独一的团体由庶民和主导者协调一致地构成，理性、自然之法和神圣之法便会要求在任何事上均能彼此达成一致，我们正确地认为此种一致就在于全体选举和被挑选者的同意，就像基督和教会之间的灵性婚姻中所存在的那样。

因此，大公会议将会由司铎直接或间接地选定，而大公会议自身则会挑选出教皇。而且，这也会被应用至所有的政府形式中，包括世俗的形式，因为"所有人均不受"自然法的约束。只有在人们同意统治者的统治时，统治者才有充分的理由进行统治。

> 因此，绝对的至上性……只能通过协调一致和主观上的同意，

才会存在。因为,若所有人本质上同样强大、同样自由的话,那么某人真实且有序的权力[1015]就不会在本质上比其他人更为强大,只有通过选举和其他人的同意,这样的权力才能被确立起来(据 Black 所引,p. 551)。

该原则被应用至帝国中,照此原则,帝国必须每年一至两次定期召开会议,且必须言论自由;① 会议会对帝国的法律"表示赞成"。

15 世纪意大利城市中的人文主义与共和主义②

我们曾说过,封建体制在加诸意大利时并不彻底,尤其在都市化程度高的地区更是如此;很快,市镇运动便导致了自治共和国的创生,无论是帝国还是教廷均无法使其降服:自 1085 年起在比萨,1097 年在米兰,1098 年在阿雷佐(Arezzo),约 1125 年在卢卡(Lucques)、博洛尼亚和锡耶纳。这些共和国相继经历了执政官体制及后来的"最高行政官"(potestat)体制。但这些体制最终之所以显得极其脆弱,一方面是由于地区政治上割据程度极为严重,缺乏强力对城市间的冲突进行仲裁,另一方面乃是由于共和国内部四分五裂之故。在它们内部存在代表各个利益相悖的社会阶级的派系,它们之间的争斗因各自常常亲近两大敌对势力(教廷和帝国)而日益严峻,它们分别被称为"教皇派"和"皇帝派"。我们记得,教皇派总体而言都是由贵族、商业资产阶级、当政的富有阶层(popolo grosso)构成,他们因处于代议制阶层而可随心所欲地控制城市;皇帝派大多由民众组成,他们受强势人物"民众领导者"的激发。为了很快使专制体制现身,其中一个强势者最终会将其对手清楚殆尽,并确立秩序,成为常任最高行政官,甚或会建立有利于其家族的王朝:自 1280 年起,有里米尼(Rimini)的马拉泰斯塔家族(Malatesta),13 世纪末起,有帕多瓦的斯卡拉家族(Della Scala)、米兰的维斯康蒂家族(Visconti)。当这样一个独裁政制由"民众领导者"确立起来后,专制君主由于找不到像封建制地区存在的枢密院和议会这样的牵制力量,[1016]缺席的封建制便会以落后的形式重又

---

① 大公会议至上主义者还说,若圣灵必须在大公会议中发挥作用的话,那么"讨论自由"就肯定会得到保障:在赋予其神学上新的合理性证明时,人们重新发现了希腊城邦中言论自由(iségoria)这条长期遭人遗忘的古代原则。

② 据 Quentin Skinner,《现代政治思想的基础》(*The Foundations of Modern Political Thought*),第 1 卷,"文艺复兴"(The Renaissance),前揭;Hans Baron,《早期意大利文艺复兴的危机》(*The Crisis of the Early Italian Renaissance*),Princeton University Press,1966,Princeton Paperback,第 8 次印刷,1993。

回潮。

然而,"自由之焰"却在意大利的两座大城市,威尼斯和佛罗伦萨继续存在着。威尼斯由于略有些偏向外界,意图建立亚德里亚和地中海帝国,故倾向于拜占庭和东方,这样它就能保持独立性及其共和体制。佛罗伦萨则直接受到米兰觊觎的威胁,后者自 1350 年起便表现出虎视眈眈的扩张势头。

两座城市之间的冲突首先表现在外交上:米兰寻求与法国结盟,最终于 1396 年订立了有利于佛罗伦萨的条约;后来,自 1392 年起,它公开发动战争。佛罗伦萨的盟友帕多瓦、费拉雷、曼图亚、博洛尼亚和其他城市均相继被米兰击败。佛罗伦萨很快便只能重新独自面对强大的伦巴第,后者于 1395 年成为皇帝温塞拉斯的公爵领地。

当时,意识形态要素在其抵抗中发挥了重要的作用。这都是由于人文主义者有关罗马共和国的著作,尤其是西塞罗和塔西佗的作品重新受到了追捧的缘故所致。读过西塞罗论"积极生活"优于"沉思生活"之论述(参阅上文,p. 490—493)的知识分子均重又参与起政治,行使公共职责,使佛罗伦萨人相信,他们的城市乃是罗马共和国及其公民美德的独一无二的继承者,而且,它的使命就是要不仅在佛罗伦萨,而且要在意大利全境复兴这些美德。

有个知识分子较为突出,他就是莱奥纳尔多·布鲁尼(Leonardo Bruni)。[1] 布鲁尼在《佛罗伦萨颂》中表明佛罗伦萨乃是意大利太阳底下最好的地方,因为它同时继承了伊特鲁里亚和罗马共和国的文明。它拥有的政体乃是平衡的典范,不可能导致专制政体。正如目前帝国的这一观念受到外国人的保护一般,该观念也由[1017]那些前往东方的将军带到了古罗马。它并非当地的观念。

在那个时代佛罗伦萨的其他知识分子中间,还可以提起著有《我们时代,意大利伦巴第暴君和荣耀的佛罗伦萨市之间重大的长期战争史》

---

[1] 著有《佛罗伦萨颂》(*Louanges à Florence*,写于 1402 年后)、《佛罗伦萨民众史》(*Histoire du peuple florentin*)、模仿修昔底德书中伯里克利葬礼祷词的《斯特罗齐的南尼之葬礼祷词》(*Oraison funèbre de Nanni degli Strozzi*,1428 年)、《但丁与彼特拉克的生平》(*Vie de Dante et de Pétrarque*)、《对话录》(*Dialogues*,第 1 和第 2 卷)。

（*Histoire de la longue et importante guerre italienne qui mit aux prises, en notre temps, le tyran de Lombardie et la glorieuse commune de Florence*）的格雷高利奥·达蒂（Gregorio Dati），他在书中（通过堪与希罗多德赞扬希腊城邦优于波斯君主制①相媲美的论证）证明了，佛罗伦萨人政治上的自由乃是他们拥有卓越理性的保证。然而，这理性既可使他们在外交中，亦可使他们在战争中拥有优越性。

> 佛罗伦萨人似乎觉得他们根本不可能会被征服和臣服；他们的精神如此不同于此类想法，故而他们对此几乎无法察觉。在每个时代，他们都想给自己带来适当的解决方法……他们一直都受着希望的鼓舞，对他们而言，这座城市不会消亡，而[米兰]公国只不过是必死之辈，将把帝国带入其坟墓之中……我们可以说，意大利全境的自由只在佛罗伦萨人的手中，任何其他的权力均无法将其败坏。②

然而，其他的佛罗伦萨人却都承认强势政府的种种优势，其中就包括年轻时支持共和观念的科卢齐奥·萨卢塔蒂（Coluccio Salutati）。这方面的争论从未停止过，佛罗伦萨亦然。

它们在古罗马诸种典范的四周盘桓：在意大利，究竟谁最有用处，是成就其伟大的凯撒，还是刺杀了这位独裁者的共和主义者布鲁图斯？帝制主义者但丁在其《神曲》中就将布鲁图斯扔进了地狱。罗马帝国难道未曾终结共和国的内战？之后，另一个佛罗伦萨人马基雅维利也将为强权进行辩护，而且他也对意大利全国的统一颇为关心。

---

① 参阅上文，第一部分，p. 100—101。
② 据 Louis Bodin 所引，见 Jean Touchard（主编）《政治观念史》（*Histoire des idées politiques*），第 1 卷，PUF，1959，p. 216。

第七章 中世纪千禧年主义

[1019]在最深层次皈依基督教的西方,该时代被视为具有急切期待一个焕然不同的美好未来之样态,而《圣经》的末世论预言就是其成因(参阅上文,p. 734—736)。尽管此种被理性主义和古代法律所渗透及缓和的期待已决然发动"教皇革命",且在革命的余波中进行深刻的社会转型,但它同样也是另一种截然不同的传统即革命性的千禧年主义的源头。

研读计划①

我们首先对自《圣经》时代至中世纪开端时的千禧年主义观念的转型快速描述一番(第一节)。

然后,我们粗略描画一番与 11 世纪至 16 世纪末千禧年主义相关的[1020]社会运动之简略的历史图景(故而,我们会稍稍涉及"中世纪"传统的历史背景)(第二节)。

接下来,我们会对诸种滋养了这些运动的意识形态进行阐述(第三节)。

---

① 我们的参考资料有 Norman Cohn,《〈启示录〉的狂热信徒》(*Les fanatiques de l'Apocalypse*),1957,法译,Paris,Payot,1983;Jean Delumeau,《天堂史》(*Une histoire du paradis*),第 1 卷:《欢乐园》(*Le Jardin de délices*),第 2 卷:《千年幸福》(*Mille ans de bonheur*),Paris,Fayard,1992,1995;Henri de Lubac,《弗洛莱的约阿基姆之灵性后裔》(*La Postérité spirituelle de Joachim de Flore*),Lethielleux-Culture et vérité,2 卷本,1978。关于千禧年主义的《圣经》源头,参阅上文,p. 728 及以下。

第一节　古典时代末期千禧年主义的演化

从《启示录》至圣奥古斯丁：排除教会正统信仰的对千禧年主义的期待①

我们还记得（参阅上文，p. 731），对千禧年主义的信仰，即对《约翰启示录》逐字逐句的解释，获得了许多教父的支持，他们并未将其与其他基督教教义剥离开，但后来受到了奥利金（约 185—254 年）的猛烈攻击，他的弟子德尼（Denys）甚至说要将《启示录》从《圣经》中剔除出去，因只有《启示录》才秉持这样的观点。

400 年，教会与帝国的一体化却间接地解决了这一问题，且在实践中使受千禧年主义吸引的社会阶层日益边缘化。对世界即刻发生深刻转型的狂热期待所促生的失控运动令人害怕，于是人们设法对他们所强调的神学论证进行反驳。从教义上对千禧年主义所作的断然谴责乃是圣奥古斯丁所为。

在《上帝之城》第 20 卷 7 至 17 章（即该书末尾，作者在此阐述了自己对末世形态、末日审判、地狱和天堂的看法），圣奥古斯丁对《启示录》做了象征性的阐释。尽管书中说，"手中握着深渊和锁链的钥匙"的天使前来将撒但"绑缚""千年"，将其"投入深渊"，"在他身上盖上封印"，但这并非是指未来真会发生的事，而是对自基督降临起已然经历的事所作的描述。耶稣因其预言死而[1021]复活，征服了撒但，阻止了他为非作歹（《马可福音》3：27；《路加福音》11：22）②，并因而解放了人类。在创建教会后，他自现在起，也在尘世上树立了上帝之国，因撒但再也无法战胜预定论者，自此以后，被拣选者的灵魂亦可得拯救。盖在撒但身上的"封印"意指被弃绝者并未为人世间所知晓：他们与被拣选者纠结在一起。《启示录》说的是"在这一处于战争状态的王国（de hoc regno militiæ）中，人们仍在与敌人争斗，他们要么进行抵抗，攻击邪恶，要么退而求其次而无恶不作，直到达到这一彻底和平的王国（illud pacatissimum regnum），他统治的王国中将再也没有敌人"（XX，IX，2）。对上帝之城和尘世之城这一好种与稗子的分辨要到末日审判时方能做到。至于"千年"这一数字，只不过是指一段时间很长、没有定限的

---

① 参阅 Jean Delumeau，《千年幸福》，前揭，第 1 章；G. Bardy，圣奥古斯丁的《上帝之城》编订版，Desclée de Brouwer，"Bibliothèque augustienne"，1960，n° 37，补充注释 26 与 27。

② 和合本《马可福音》为 3：26；《路加福音》为 11：18。——译注

时期:这也是教会将在尘世中持存的时间。然后,又提及了耶稣再临人间、全体复活和末日审判:它们会倏然来临,将从世界的此世状态直接来到上帝的永恒王国之中。

同样被圣奥古斯丁剔除的还有与历史大致类似的中间时代、恶将消失殆尽的未来时代这样的观念。这样的时代既不用去期待,也不用去准备。恶现在且今后仍将存在于整个历史之中。个体的超自然拯救与我们所说的福音书的吊诡末世论相符(参阅上文,p. 717—719),以代替与全人类均有关联的世界转型说这一陈旧的弥赛亚幻象。

圣奥古斯丁的此番分析既对《圣经》正典中的《启示录》——据信为耶稣心爱的门徒约翰所写——做了维护,又平息了因对此卷经文做逐字逐句解释所引起的社会骚动。后来它被整个官方教会采纳和传播。

千禧年主义信仰在431年受到了以弗所大公会议的谴责。5世纪末,教皇杰拉斯颁发教令,规定须对《启示录》第20章做比喻性的解释。圣托马斯反对约阿基姆主义,遂重复了这一谴责(参阅上文,p. 655—656);现代的天主教教会在这点上也秉持他的观点。

然而,对《启示录》千禧年主义具举足轻重影响的预言观并未彻底消失。

尽管人们接受了我们前面建议(参阅上文,p. 678—679 和 p. 734—736)的那种以道德为缘起的弥赛亚信仰和千禧年主义的解释,但要使其彻底消失也断不可能:只要基督教的道德受到宣扬,被人们内心所接受,那么认为时代会变异的情感和教义[1022]就会不断地以各种化形得以回潮。

事实上,千禧年主义仍保留在基督徒的良知中,而且会定期浮出水面。

"基督教的巫祝预言"[1]

犹太人为了护教的目的,早已在希腊化的罗马世界中传布着古老的异教巫祝预言风格的六音步希腊语作品(我们曾在维吉尔的作品中发现了这些巫祝预言的痕迹)。遭罗马帝国迫害的基督徒凭一己之力恢复了犹太教的启示观,他们在采纳了其表达形式的同时又在早已被

---

① 参阅 Norman Cohn,前揭,p. 24—32。

确立的传统上添加了"基督教的巫祝预言"。最古老的文本《蒂布提那》（*Tiburtina*）便可追溯至 4 世纪。①

　　该文本以争夺君士坦丁继任权为背景。他的两个儿子君士坦提乌斯和君士坦斯二世彼此内斗，赢得胜利者得到了阿里乌斯派的好处。对此处境绝望至极的正统派教徒便幻想有个救世主的国王能将其推翻。他的名字就是君士坦斯。他体格魁伟，身形高大，长相帅气，富有活力。他将统治 112 年或是 120 年。他当政期间民丰物足。他将使异教徒归顺，并夷平他们的城市，最终，犹太人自身也纷纷皈依。尽管突然出现了歌革和玛各的军队，但皇帝都将他们摧毁殆尽。之后，他会去耶路撒冷，并将在各各他（Golgotha）庄严地放弃帝国冠冕，将王权交于独一的上帝。这将成为罗马帝国的末日和千禧年的开端。不过，最后阶段将经历艰难的考验：敌基督者也会跑到耶路撒冷称王作霸，天使长米迦勒必须亲自从天军中出来，以最终将其彻底消灭。

　　《蒂布提那》就这样创造了末日皇帝这一主题，正如我们所见，它注定将穿越西方的整个历史，一直进入当代。

　　该主题在另一篇 7 世纪末的巫祝文本《伪迈托德预言集》（*prophéties du Pseudo-Méthode*）**中也得到了阐发。**

　　[1023]这些预言也是因绝望的处境而促成的：信仰基督教的叙利亚遭到了穆斯林大军的侵犯。据信一位已死的强势皇帝将阿拉伯人（Ismaélite）打得落花流水。然后，出现了与《蒂布提那》相同的场景：皇帝统治耶路撒冷，在各各他放弃了王权；于是敌基督者现身；但他被天军击败，预示着基督将前来进行末日审判。

　　《蒂布提那》在 10 世纪的修士亚德松（Adson）的论著中出现了改动，并得到了大规模传布，出现了不同的版本：主要的创新之处是末日皇帝不再是希腊皇帝，而成了"法兰克人的国王"。《蒂布提那》的另一些版本在整个中世纪时期直至印刷术刚出现的时代仍在被不断地消化吸收、四处传播。

　　因此，由于拥有这些添加于《启示录》评注传统之上的文本，一个强大的主题体系便被确立了起来，它在整个中世纪时期与近代初期一直循环往复着：救世主国王在末日突然出现，将与恶之力量进行终极的末世争

---

① 　参阅 Jeanne Baroin、Josiane Haffen，《蒂布提那的巫祝预言》（*La prophétie de la sibylle tiburtine*），Les Belles Lettres，1987。

战,战斗因超自然的干预而倏然终止。异教徒、犹太人和穆斯林要么虔心皈依,要么遭到屠杀;在这段时期,敌基督者①只会获得极其短暂的胜利;最后,少数义人或被拣选者将成为基督最终胜利的见证人。于是,千年幸福时期突然来临了。在这千年的末期,全人类都将听候末日审判。

第二节 中世纪千禧年主义运动

对这些事件即将来临的信仰在民众阶层中根深蒂固,恰如真正的神话般起着作用。事实上,我们注意到,在中世纪,发生了一系列千禧年主义的革命风潮,此处所绘的简明图景参考了诺曼·康(Norman Cohn)的主要著作。

千禧年主义的初次风潮

[1024]图尔的格列高利已说过,某位"基督"约于 590 年召集了一群支持者,假称行神迹和治病,向官方教会发难:他被捕后,在普伊(Puy)城被杀。另一个同样类型的人物阿德贝尔(Aldebert)也在 8 世纪中期四处横行;在被圣卜尼法斯揭穿后,世俗当局终止了他的活动。

含有千禧年主义的风潮自 11 世纪末和 12 世纪初便与日俱增,且一直持续到了 16 世纪。此种现象几乎在欧洲全境都有发生,但它却相继选定出现在欧洲北部的两大区域:先是 12—13 世纪的索姆河与莱茵河之间地区(佛兰德、比利时、荷兰、德国莱茵河流域),后约 14—16 世纪,又出现在了德国和波希米亚。② 该现象显然同经济增长及都市扩张有关,特别出现在城市化发达的地区,从而使与保守的乡村社会组织之间的关系被生生割断的不安定的民众都投身至整个风潮之中。

十字军东征背景下的千禧年主义风潮

十字军东征源起于各种不同的动机,但其中末世论主题占了主导地位。比如,教皇乌尔巴努斯二世 1095 年在克莱蒙(Clermont)宣传第

---

① 参见上文,p.730,注释①,在原始的《圣经》文本中,这个人物仍成问题。

② 由于查理五世及其继任者统治时期集权专断的法兰西王国颇为稳固,故风潮迁移到了德国,这是因为德国既因帝国破裂分化成无数公国而政治上羸弱不堪,又因经济快速发展所致。

一次十字军东征时，就要求重新占领圣地，以促使弥赛亚时代尽快来临。基督教世界必须在耶路撒冷赢得胜利，好使敌基督者能在那里同基督徒争战，最终使与敌基督者争战的基督开始其永恒的统治。

[1025]这是因为他们相信这样的观点，即由布庸的戈德弗罗（Godefroy de Bouillon）和其他君主率领的骑士会前往圣地建立法兰克人的王国：耶路撒冷王国、艾代斯（Édesse）和的黎波里的伯爵领地、安提阿公国，它们很快就能受到仁爱会成员（Hospitalier）和圣殿骑士团骑士的保护……

同样的末世论论证被民众的宣道者按照自己的意思翻来覆去地重复着，其中最著名的就是隐修士皮埃尔（Pierre l'Ermite）。这些宣道者最终调动起了大量因生活悲惨而骚动不安的民众阶层。

这些穷人（paupere）并不仅仅像贵族那样想去解放耶路撒冷，更不想纯粹去朝圣，而是想最终在那里定居下来。他们在"耶路撒冷"所寻求的乃是尘世和奇迹之城，最终能在那里变得富裕，得到正义。他们意识到自己的动机与贵族的动机不同，他们相信自己的动机要比贵族来得更高尚。他们认为自己就是上帝的拣选者。

这些穷人中大部分在到达圣地前即已死去。一些人虽然到了那里，却加入了杀人放火的蛮军塔弗尔（Tafurs）（之所以如此称呼，是因为他们的领头者叫"塔弗尔国王"之故）。他们虽只操着木棍，却无恶不作，不仅基督徒怕他们，撒拉逊人（Sarrazins）也怕他们。他们虽狂热地信仰千禧年主义，但也同样须为第一次十字军东征时对沿途的法国和德国（鲁昂、莱茵河谷地区的城市、斯皮尔[Spire]、沃姆斯、美因茨、科隆，还有特雷弗、默茨、雷根斯堡、布拉格……直至耶路撒冷）犹太人进行大屠杀，甚至真正的灭绝战争负责。从某种意义上说，他们只是在照搬《圣经》说要在末日时分灭绝异教徒或使异教徒强制改宗的预言——前面引用过。狂热的大众每次都会粉碎遭到领主、主教或"正规"十字军战士所反对的抵抗运动。

同样的景象也在第二次十字军东征时重演。后来，在一个多世纪中（约1200年和1320年间），与官方的十字军东征平行的穷人的"十字军东征"风起云涌。1212年出现了"儿童十字军东征"；率领部队的是自认受上帝拣选的一个"小青年"。圣路易的第一次远征失败①后，1250年出现了第一次"牧童十字军东征"。[1026]领头者是一个名叫

---

① 圣路易引领过两次十字军东征，一次是第七次东征（1248—1254年），他在曼苏拉（Mansourah）城前被击败，成为阶下囚，另一次是第十次东征（1270年），他在攻打突尼斯时阵亡。

雅各(Jacob)、绰号为"匈牙利之主"的弃愿修士。这次远征使法国北部和南部生灵涂炭。

围绕末日皇帝的风潮

求助神力的运动中的某些神授领导者自称是末日皇帝,这在古老的预言中颇成问题。不过,正如从政治层面上而言,发生了从希腊人至法兰克人的帝国转换(*translatio imperii*),同样,《蒂布提那》中本是东方皇帝的末日皇帝也将很快成为西方国王般的人物,即日耳曼皇帝或法兰西国王。

查理曼大帝乃是首位(回溯性)扮演这一角色的人物:有人声称他没有死,而是睡着了,正是他成就了那些《蒂布提那》中归于君士坦斯的丰功伟业。后来,有人将这样的使命转移到了与格列高利七世作对的德国皇帝亨利四世身上(阿尔巴主教本佐的预言)。该预言后来又归到了真正领导十字军东征的人物身上,而不管是"官方"的十字军运动,还是由千禧年主义先知(prophetæ)所宣扬的十字军东征:下洛林(Basse-Lorraine)公爵布庸的戈德弗罗;图卢兹伯爵圣吉勒斯的雷蒙四世(Raymond Ⅳ de Saint-Gilles);"塔弗尔国王";第一次十字军东征时屠杀犹太人的主谋者莱尼根的艾莫里希(Émerich de Leinigen);法兰西国王路易七世(第二次十字军东征);佛兰德伯爵鲍杜安九世(Baudouin IX)(第四次十字军东征)①;"匈牙利之主"。

[1027]另外一些预言还涉及法兰西国王,说他会与天使般的牧人(pastor angelicus)弥赛亚式的教皇合作,重新统一基督教世界。在 15 世纪,人们在圣女贞德这样的人物身上重新发现了这些观点,但带有了更多的民族主义色彩。

将当时的国王同化为末日皇帝的千禧年主义观点在中世纪的弗里德里希皇帝的神话中找到了更为引人注目的表达方式。②

起初,该现象堪与我们刚提及的那些事情相比。当德国皇帝弗里德里希·巴伯鲁斯一世于第三次十字军东征期间在圣地驾崩(1190 年)时,便有预言四处流

---

① 这是他的故事。1204 年,鲍杜安被立为君士坦丁堡的皇帝(拜占庭王朝被十字军战士从该城中驱逐了出去)。但他在次年就死了。他的女儿让娜(Jeanne)在佛兰德继位。但法兰西国王菲利普·奥古斯都都却从中渔利,牢牢控制住了伯爵领地。这样一来,便使普遍反对法国人的民众于 1224 年热烈欢迎了一个自称是鲍杜安的神秘人物,此人说自己就是死而复生的鲍杜安,还说自己其实藏在密林中达 20 年之久,现在开始复出了。在受到部分贵族承认后,他在癫狂的民众面前成功地被加冕为君士坦丁堡和萨洛尼卡的皇帝,以及佛兰德和艾诺的伯爵。后来,在欺骗了七个月之后,他终于被人揭穿,并被处以死刑(其实,他是个农奴,和鲍杜安一起参加十字军东征后,当起了吟游诗人)。但这并未能阻止民众的想象力,他们继续认为他还活着,并期待着他的早日回归(Cohn,p. 93—97)。

② 参阅 Norman Cohn,前揭,第 6 章。

传,说弗里德里希没死,他作为末世的救世主,很快就会来解放圣墓,开启千禧年。但该现象很快便具有了新的广度。

　　与巴伯鲁斯相关的预言在三十年之后也都被应用到了他的孙子弗里德里希二世身上,这主要是因为后者敢于激烈地反对教会和教廷,于是他既像是对腐败堕落的教士进行严厉惩罚的工具,又像是专为穷人着想的保护者。在弗里德里希二世身上,集末日皇帝和新统治者(*novus dux*)两个人物于一身,按照约阿基姆主义者的论点(参阅下文,p.1036及以下),他作为新的属灵团体的主人,必将在第三代(Troisièmr Ère)这一时代统治世界。

　　当弗里德里希二世于1250年驾崩时,那些在他身上寄予厚望的人并不相信他真的死了。他们说他藏了起来,更有甚者,说他既活着,又死了(vivit et non vivit),说他就居住在埃特纳火山的深处……其实,在接下来的几十年间,人们注意到"弗里德里希"又复活了或者说重现了四到五次,尤其是1284年,现身的是个胆大妄为之辈,他在科隆附近的纳斯(Neuss)城被立为国王,他在该城设立枢密院,还打算召开帝国国议会。最后,他被交到了(真正的)皇帝鲁道夫(Rudolph)的手上,被当作异端以火刑处死。在他与当局斗争期间,同以前的鲍杜安一样,他也受到了底层民众的支持。他被处死后,民众认为他还住在其他地方,正在等待恰当时机凯旋而归。在此期间,他常常以朝圣者的面目出现于民众当中……

　　"穷人的弥赛亚"即将来临的观点到16世纪时一直都将德国底层民众弄得神魂颠倒,他们在每个现世的新皇帝,如[1028]西吉斯蒙德、弗里德里希三世、马克西米利安或查理五世身上,都能见到弗里德里希二世那永未结束的化身。弗里德里希神话因其鲜明性而与其他类似的神话并不相同,因为自13世纪直至16世纪,它在德国一直存在着。

　　此处所体现出的集体心理结构颇为意味深长,有意思的是民众的希望根本未被接二连三的实际上的失败而戳穿:每次,民众寄予厚望的国王被击败后,他们总会说他是先驱者,"靠着他,期待会愈来愈强烈"(Cohn)。

鞭笞派

　　中世纪社会的另一种社会风潮与千禧年主义间接相关:它就是鞭笞派运动。①

　　自11世纪起,出现了新的忏悔方式,就是鞭打自己,直至血流浃背。如此惩罚自身,就是想平息上帝的怒火,从而替自己,或许也是替他人的过错进行赎罪。

———————

①　参阅Cohn,前揭,第7章。

此种方法扩散后,成为集体性的和公众性的事务。旁观者会受到很大影响,并认为鞭笞派都是圣徒。在两个多世纪中,该运动扩展至了德国和欧洲南部地区,且被体制化,组成了团体(如同在隐修士皮埃尔或匈牙利之主的例子中那样,领导者都会引证确立其使命的"天书"),并成为一成不变的仪式。每逢战事,或发生像1348年黑死病这样的时疫时,它都会得到急遽扩张。

在德国与荷兰,该运动完全避开了教会,采取了各种暴力的、革命性的、反教权的,明显是千禧年主义的形式。鞭笞派自认是"余下的圣徒",将使末日的实现成为可能。他们的血在价值上等同于基督之血。鞭笞必须持续33天,或33年,以使千禧年的来临成为可能。鞭笞派在屠杀犹太人时起到了重要的作用:在屠杀犹太人前,须举行鞭笞仪式。1360年出现了一个名叫康拉德·施密德(Conrad Schmid)的鞭笞弥赛亚,他还拟定了名副其实的教义。这一异端邪说一直延续到了15世纪初:约1415年时,人们还烧死了几百名鞭笞派教徒。

自由圣灵派

[1029]"自由圣灵派"异端本身并非主张暴力的革命运动,但其观点却直接影响了中世纪的许多风潮。它从13世纪至17世纪,持续了约五个世纪。

被叫作异端者(Bégard)的托钵僧在城市间游荡,他们的口号是:"要爱上帝,就给块面包吧。"他们对民众的宣道不无成功,因为民众相信他们既然能这样禁欲,肯定会有异能。他们对单身女人和寡妇具有特别的影响力,其中某些人还组成了"不发愿修女"(Béguine)这样的团体,这些团体通常都很正统,但由于它们同"异端者"过从甚密,故被疑为异端。1320年后,这些运动放弃了外出乞讨的方法,转入了地下,但"自由圣灵之底层兄弟与底层姐妹会"或"爱上帝之面包的异端者与斯威斯特罗会"、"智慧者会"(Hommes de l'Intelligence)①,"穷人会"(反对他们的人给他们起了"无赖"[Turlupins]这样的绰号)这些名字,教会当局都很清楚,而且感到很害怕。

他们的教义似乎启发了某个名叫贝纳的阿莫利(Amaury de Bène)的人,此人约卒于1206年,他受到新柏拉图主义和约翰·司各特·埃利金(Jean Scot Érigène)②对新柏拉图主义所作评注的影响,而建立了泛神论教义。13世纪初,巴黎大学神

---

① Intelligentia 意指灵魂的神秘能力。
② 9世纪的哲学家和神学家,苏格兰人,一说是爱尔兰人,后至秃头查理宫中任职,并将伪狄奥尼修——受新柏拉图主义影响——的作品译成了拉丁文。

职人员中的"阿莫利派"都被处以火刑(而且,司格特·埃利金的作品也在 1225 年的大公会议上遭到了谴责)。

该运动后来扩散至德国全境及法国北部地区。

英国的农民起义

14 世纪,共发生了三起农民暴动:1323 年至 1328 年间的佛兰德农民起义,1358 年法国的扎克雷大起义(Grande Jacquerie),1381 年英国的农民起义。后一项运动——[1030]都市民众也卷入其中,他们有同农民一样的诉求——具有千禧年主义的性质。它的领导者是约翰·波尔(Jean Ball)。它显然受到了威克里夫的影响。另一些风潮受到剑桥大学主事约翰·布罗姆亚德(John Bromyard)的鼓动,在大学里初露端倪。

大博尔派

大博尔派乃是具有另一种广度的千禧年主义运动。它出现于 14 世纪初的波希米亚,是胡斯派运动的延续。

扬·胡斯是民众的宣道者,但他也是布拉格大学的校长,他揭露神职人员的腐败,向教廷发难,并谴责赎罪的生意,甚至声称(与同时代的帕多瓦的马西利乌斯或奥卡姆的威廉一样)教廷乃是纯粹的人类机构,不称职的教皇应该被罢职。1412 年,胡斯遭绝罚,在 1414 年的君士坦斯大公会议上受到了谴责,并被火刑处死(1415 年 7 月 6 日)。

他的死在波希米亚激起了大规模的反应。胡斯派运动愈发激进起来。因教会变得日益民族化,胡斯派改革遂被引入教会。由于国王温塞拉斯所持的是罗马教会的立场,所以 1419 年民众阶层(手工艺匠人、织工、锻工)便在布拉格的新城发动了起义。天主教徒遭到驱逐(皇帝的天主教顾问都被扔出了窗户),修道院被征收。后来,该运动在最底层民众的压力之下变得更为激进,很久以来,由于农村人口外流,这座日益扩大的城市里的赤贫阶层民众人数众多。这些民众与农民合流,而后者也因贵族意图加重捐税的负担而人心思乱。

对现状不满的教士便在教区体系之外组织了宗教团体,它们很快就成为永久性的定居地,可重现原初基督教团体的生活。被其中最重要的一个团体所据的山丘被更名为"大博尔山"①。[1031]这些"大博

---

① 照以前 3 或 4 世纪的传统,大博尔山(Mont Tabor)乃是基督在其上显圣容的一座"高山",《马太福音》17:1—8,《马可福音》9:2—8,《路加福音》9:28—36,基督在山上亲自作了宏大的末世论演讲,且宣告了他的第二次降临,《马可福音》13:24—27。

尔派信徒"最终在波希米亚的五座城市里牢牢地立稳了根基。但他们受到了集权的威胁,这样便会形加剧了他们的起义。受马丁·胡斯卡(Martin Huska)领导的宣道者于是便宣布了千禧年即将来临;这些事件将于1420年开始,异教徒的城市和村落都将像索多玛那样被焚毁,而所有那些未跟随圣人登"山"的人都将灭亡。向权力妥协,就等于是在同敌基督者协商。

1420年3月,同时为德国皇帝的国王西吉斯蒙德发动了战争。由许多德国和匈牙利的外国人组成的天主教大军入侵波希米亚。由扬·齐兹卡(Jan Zizka)领导的全国抵抗运动受到了大博尔派的支持。他们的团体于是得到了某种程度的休养生息。但齐兹卡最终还是不得不以他们内部在发生变化为由,将他们清除了出去。

宣布千禧年来临的宣扬集体所有制和博爱的大博尔派也确实停止了劳动,不事生产。其内部当时突然之间出现了一种变化,我们在其他共产主义社会(尽管并非全部)中也对此有所发现:他们开始四处抢掠(理由是,他们已废除了私有财产),对他们而言政治上更严重的是,其领导者也在内部通过创设劳役和赋税来剥削团体内的成员,比封建奴役有过之而无不及,但起初他们恰是因为废除封建奴役才获得了许多农民的同情和赞同。最后,他们不得不重新建立与古代社会相近的体制,如手工艺匠人行会、军事等级制。

有少数人愈发激进,他们设立了"波希米亚亚当"派,融大博尔派和自由圣灵派异端为一体。1421年,躲进内扎尔卡(Nezarka)河岸岛屿上的最后一处亚当派定居地遭到扬·齐兹卡的分遣队的攻击,惨遭屠杀。在德国全境,直至法国,甚至西班牙都能见到类似大博尔派的派别。

农民战争

马克思主义者一厢情愿地认为历史上无产阶级第一次登上舞台的农民战争于1524年和1525年兴起[1032]于德国南部和西部及图林根。① 农民的目标通常来说都具有政治性,不太激进,也不太具有千禧年主义色彩;但在图林根,他们在托马斯·闵采尔(Thomas Müntzer)

---

① 在捷克的大博尔派和德国的农民战争之间,我们还可以指出其他风潮,它们均由弥赛亚所引领,以开启由血与火辟出的第三时代,其主要目标就是针对"不知如何遮掩其秃头"的神职人员:比如,1450—1460年,威尔斯堡(Wirsberg)的扬科(Janko)和利文(Livin),或1476年"尼克拉斯豪森圣童"汉斯·波姆(Hans Böhm),还有1502—1517年,斯皮尔的约斯·弗里茨(Joss Fritz)的"Bundschuh"("农鞋",见"无套裤汉"这一表达法)起义。

的鼓舞下仍具有了后者的特征。

闵采尔(1488—1525 年)曾是奥古斯丁教派修士,学习过《圣经》、中世纪神秘主义和人文主义学科。在受到大博尔派的观点,以及鞭笞派和自由圣灵派观点的影响之后,他接受了千禧年主义和再浸礼派的学说。他巡回宣道,在沿途所及的每座城市(茨维考、符腾堡、阿尔施泰特[Allstedt]⋯⋯)的民众中间均获得了成功,故而他也经常遭到当局和温和派的驱逐。最终,他在米尔豪森(Mülhausen)找到了一批坚定的支持者,尤其是铜矿的矿工,他担任起义军的首领,且向起义军保证在对阵君主的大军时会获得奇迹般的胜利(该运动的象征彩虹会现于天际)。但1525 年 5 月,这支部队遭到镇压。

明斯特的"新耶路撒冷"

我们稍微耽搁一下,对 1534—1535 年间明斯特(Münster)再浸礼教派的"新耶路撒冷"这一独特的千禧年主义实验①稍作描述。因为,这一政治实验已呈现出,且完全实现了今后极权主义"暴政"(Terreurs)的主要特征(雅各宾、布尔什维克、纳粹的暴政),尽管广度上尚无法与之相比,但至少从恐怖程度上来看可与之相埒。

扩散至德国、荷兰、瑞士的再浸礼派运动虽成为残酷压制的对象(当局吃尽了农民战争的苦头),但仍加强了信徒的信念,即他们是末世的被拣选者,必当承受"弥赛亚之痛",好使人类得[1033]拯救。其中一位领导者汉斯·胡特(Hans Hut)原是托马斯·闵采尔的门徒,他预见基督的第二次降临将在 1528 年的圣灵降临节。基督会将正义之剑授予圣徒。千禧年由是开启,其特点是将出现财产与自由之爱共同体。

自 1528 年起,再浸礼派教徒试图在或规划在埃斯林根(Esslingen)通过武力建立上帝之国。但最令人难忘的"行为过程"(passage à l'acte)却是在明斯特(莱茵河流域—威斯特法伦)这座主教辖区之城(ville-évêché)创建"新耶路撒冷"一事。

再浸礼派教徒于 1534 年 2 月攫取了该城的权力,由于发生过手工艺匠人行会暴动,且正在进行路德宗改革,故该城主教政府的名存实亡已有一段时间。这次行动由不同的领导人牵头,他们是锻工的儿子贝恩特·罗特曼(Bernt Rothmann)和呢绒商贝恩特·克尼佩多林科(Bernt Kniperdollinck),但主要负责人则

① Norman Cohn 对此做了出色的描述,前揭,p. 279—306。

是被圣徒确认为如哈诺克和以利亚般的两名使徒,据《圣经》所言,哈诺克和以利亚的来临标志着末世已近:阿勒姆(Haarlem)面包店老板扬·马提斯(Jan Matthis)和扬·伯克尔森(Jan Bockelson),后者又称莱德的约翰(Jean de Leyde)(因此,他们都是来自荷兰的外国人,当时荷兰有大量处境悲惨、居无定所的劳动者)。

起义者很快便引来了相邻及偏远城市的再浸礼派同情者,且住进了由出逃的资产阶级腾出的空房内。马提斯和伯克尔森建起了神权政治,以期使明斯特成为荡涤了一切污点的新耶路撒冷。在某个冬日,不受欢迎的居民,无论妇孺老幼,均被毫不留情地驱逐出去:留在城里的只能是"上帝之子",他们构成了由上帝之爱所巩固的共同体。

该城在被主教的军队包围之始,其内部,新的理想社会已开始确立起来。他们断然决定,既然财富的统治已遭废止,那么所有人都应立刻将自己的钱财交至领导者处。反对者未经审判便被处以死刑。手工艺匠人应该劳动,但不以金钱,而是以实物进行交换,无论是工作的分派,还是资源的分配,反正所有事务均由当局专断地加以组织起来。用餐可去公共食堂。他们可征用及重新分配住宅。

由对自己深感骄傲的半文盲(因为主已拣选无知者来救赎这世界)统领的该项运动显然乃是蓄意的反知识分子化。书籍都在公开的忏悔活动(autodafé)中被聚众焚烧。除《圣经》之外,所有书籍都遭禁止。因为他们意图切断同往昔文化的关联,打造新人:[1034]特别是,除了由再浸礼派教徒提供的解释之外,所有的神学传统、所有的《圣经》阐释都应被剔除出去。

马提斯死于1534年3月。伯克尔森接替他的位子后,又强化了暴政。他从自己得自上帝的特殊启示中获知,要由他来改造体制。所有权力,无论是尘世的还是属灵的,所有事务,无论是公共的还是私人的,均只依赖于他,由十二位长老(Anciens)组成的枢密院则对其加以辅弼。死刑被确立起来,但不仅仅是针对普通犯罪,还针对撒谎、诽谤、贪婪或争吵:这恰恰成了令人难以抵抗的专制主义的工具。所有手工艺匠人均受雇于公众。性行为须服从规章。与非再浸礼派教徒之间的无论何种性关系会被视为犯罪。伯克尔森决定建立义务婚姻制,但最令人奇怪之处是,他还决定确立一夫多妻制(而非一妻多夫制:有几名妇女因拥有两个伴侣而被处以死刑)。他自己则很快就有了由十五个女孩组成的后宫。抗议和抵抗行为都会被处死(伯克尔森常常亲自执行死刑)。尽管自一开始起,它就宣称是严厉至极的清教主义,但明斯特城很快就成了性乱之地。

后来,伯克尔森自封为国王,受封之前也是声称自己得到了天启。他是明斯特国王,当然也是世界之王、弥赛亚之王。

他周围立马就有了一班奉承者,如武装贵族和文官,他不吝花费给他们配备了服装和武器。他自己出现在公共场合时也都头戴冠冕,手持节杖,还命人打造珍贵的首饰,以使自己显得气度不凡。他的其中一个女人成了皇后。他改变历法,亲自给所有出生的孩子起名。他还将自己的头像印制在货币上(尽管原则上金钱不具任何功能)。他在让自己及其廷臣花天酒地的同时,却剥夺民众的居所、衣服、食物,使他们处于赤贫之中。同样,当围城日益严峻,饥馑肆虐全城时,这位国王、他的廷臣及卫队也都霸占着最后一点可供支配的剩余物资。

伯克尔森的使节虽成功点燃了德国、荷兰或瑞士再浸礼派教徒的暴动之火,但它们全都遭到了当局的镇压。最后,该城也于 1535 年 6 月被攻陷;大多数再浸礼派教徒均遭到屠戮。该实验持续了一年半之久。

对明斯特实验的回忆今后很长时间仍将深深烙印于欧洲人的意识之中,且将促使当局对 16、17 和 18 世纪涌现出来的所有类型的千禧年主义进行打压。

第三节　千禧年主义神话与意识形态

[1035]这些不同的运动的参与者在投身于这些风潮和暴力活动时,其头脑中究竟作何感想? 在此,我们将从严格意义上的、自发的和非理性的神话起,至极为理性化的教义止,做一番全方位的陈述。

犹太人、教士、贵族、富人

在十字军东征时,或在对皇帝激奋昂扬的期待中,或在鞭笞仪式结束时发生的大屠杀,常常针对的都是勒内·吉拉尔限定得颇为清楚的"活人祭祀类"(catégories victimaires):犹太人(或穆斯林)、教士、贵族、富人。

自《罗兰之歌》(10 世纪末)起,人们在提及灭绝异教徒,即穆斯林或犹太人时,就认为这是再正常不过的事:

> 皇帝攻占了萨拉戈斯:几千名法国人在城里大肆查找犹太会堂和清真寺(mahommerie)。他们用铁锤和斧头砸烂圣像和所有偶像;将再也不会存在咒术和妖术。国王信仰上帝,愿进行侍奉;而他的主教则会用水为其赐福。他们领着异教徒前往圣洗堂;若

有人反抗查理[查理曼大帝]，国王就会将其吊死、烧死，或用剑把他杀死。①

他们都真心诚意地相信（"温和派"克莱沃的圣贝尔纳[Bernard de Clairvaux]也同其他人一样），撒拉逊人及其后继者土耳其人，或犹太人（再者，据认他们彼此之间都很相像）都是为敌基督者效命的军队，他们啸聚而动就是为了进行末日之战。有个传统的说法，说敌基督者乃是但这个部族内的一个犹太人。犹太人愈来愈被视为魔鬼；图画中，他们都被描绘成带角的魔鬼。1348 年，人们将他们视为黑死病的罪魁祸首便成了极自然的事：这些魔鬼在[1036]所有喷泉内倾入了用蟾蜍、蜥蜴、蜘蛛和其他"地狱精灵"（chtonien）和魔鬼般的动物混合而成的毒液。②

但正规和非正规的十字军东征之外的大屠杀也以神职人员作为其靶子。对千禧年主义的宣道者而言，神职人员，无论是修士，还是平信徒，凡得益于经济发展的，均会被排除于义人大军之外，而后者则将加入基督的末日胜利之中。自此以后，他们便构成了魔鬼团，成了启示录之兽，它一心只想着过动物般的生活（vita animalis），只想着过与灵性生活割裂的彻底肉体的生活。教皇——在路德之前好几个世纪——即被视为敌基督者；罗马被称为现代巴比伦。此种对腐化堕落的神职人员的憎恨可在纯洁派之类的异端中见到，但教会自身内部也现出了这类端倪，只是更为温和而已："托钵"会、多明我会或方济各会的诞生就大致表明了，这是对神职人员发财致富的一种反应，也是重建原初纯洁教会的一种企图。

千禧年主义者也对贵族发起了非难，指责他们将十字军东征的末世论目的替换成了纯粹政治的目的。

犹太人、教士和贵族这些人物常常也被混同成唯一一个魔鬼般的人物，即富人（dives），他们向来不仅被描写成自私自利者，还被视为堕落者和淫逸放荡之辈。

我们发现，在这些中世纪的激情和现代所作的揭批之间存在某种连贯性，纳

① 据 Cohn 所引，p. 76。
② Cohn，p. 91。亦请参阅 René Girard，《替罪羊》，Grasset，1982，第一部。

粹对应犹太人,社会主义革命者对应"资本家"和"资产阶级"。

弗洛莱的约阿基姆

弗洛莱的约阿基姆约于 1135 年生于卡拉布里亚(Calabre)。他前往圣地朝圣后,成了西都会修士。他之所以很快离开修会,或许是因为想过上极其完美的修道生活之故,他在圣让德弗洛莱(Saint-Jean-de-Flore)建了一座新的修道院,至他去世的 1202 年,在此基础上已建了十二座修院。弗洛莱的约阿基姆的著作[1037]有《新旧约索引》(*Concordance du Nouveau et de l'Ancien Testament*)、《〈启示录〉评注》(*Commentaire de l'Apocalypse*)、《十弦琴圣咏》(*Psaltérion à dix cordes*)、《四福音书论》(*Traité sur les quatre Évangiles*),最后还有一篇为其作品所作的《绪论》(*Préface*),构成了他最后的属灵大作。另有一些作品亦归于其名下,其中有《预兆书》(*Livre des Figures*)。弗洛莱的约阿基姆的远方弟子均已同教会破裂,但他自己却申明自己具有正统信仰,还受到了三位教皇的保护,他在世时,更被视为圣人。教会还正式将其列为真福。

约阿基姆的主要观点是,人类生活包含三个阶段:

——从创世至基督降临:天父时代,自然法和摩西律法为其标志。是"荣耀之前"的时代及平信徒与结婚者的时代。

——自道成肉身直至近期(约 1300 年):圣子时代,体现了"福音书"与"荣耀时代"的权威。该时代由 *ordo clericorum*,即世俗神职人员阶层来掌控,他们生活在灵与肉之间。

——然后,就直抵诸时代的尽头:圣灵时代。"我们所期待的"时代将是"极尽荣耀"的时代,是《圣经》"灵性智慧"的时代。体现了 *ordo mona-chorum*,即隐修士阶层的权威,他们专注于"默观自由"之中,最终将完全解读出神圣的信息,而现在的教会则仍旧处在"福音书的帷幕之下"。这一圣灵时代将成为"灵性之理解与清楚无误地直观上帝之时刻"。

在《索引》中,约阿基姆写道——他证明了"三阶论"(ternariste)体系,奥古斯特·孔德、路易·德·波纳尔(Louis de Bonald)①或黑格尔

---

① 路易·德·波纳尔(1754—1840),法国政治哲学家和政治家,他与法国罗马天主教思想家约瑟夫·德·迈斯特(Joseph de Maistre)都是主张正统主义的领军人物,他们反对法国大革命的价值观,而支持君主制和教会。他的主要著作有《政治与宗教权力理论》《社会阶层之自然法分析散论》《对欧洲普遍利益的反思》《社会构成原则之哲学论证》等。——译注

或许都会忆及这个体系：

> 最初的状态乃是科学的状态；第二个则是智慧的状态；第三个则将是知性完满的状态。最初的，是奴隶的奴役状态；第二，是子女依赖性的状态；第三，则将是自由的状态。最初，是在鞭子下展现出来；第二，是在行动的征象中表现出来；第三，则将在默观的状态中展现而出。恐惧是最初的特点；信仰居第二；爱（charité）则将标志出第三。最初乃是奴隶的时代；第二，则是自由人的时代；第三，则将是朋友的时代。最初是老年人的时代；第二，[1038]是年轻人的时代；第三，则将是儿童的时代。① 最初居于星光之下；第二是曙光的时刻；第三则将是白昼的时刻；最初是冬天；第二是春天；第三则是夏天。最初生长的是荨麻；第二生长的是玫瑰；第三则将生长百合。最初产出的是草；第二给予的是穗；第三提供的则将是麦。最初堪与水相比；第二与酒相比；第三则堪与油相比。②

因而，弗洛莱的约阿基姆在同圣奥古斯丁的历史神学（la théologie de l'Histoire）完全分道扬镳后，对展开为三个时代，且以一次比一次更为清晰的方式启示神圣奥义的神圣教育学做了预见。理解《旧约》与《新约》的对应性——这是《索引》论述的对象——在某种程度上可使圣灵时代提前。每个时代均有开端（initiatio）、顶盛（fructificatio）和终局（consumatio），而每个时代的终局都会与下个时代的开端重合。正如最初的时代持续了 42 代（据基督的谱系学，《马太福音》1：1—17）一样，第二个时代也将持续 42 代，且始于（若每一代以 30 年计数的话）约 1260 年。但转型期会始自 1200 年。

它并不会太平无事，因为约阿基姆试图将三个时代的三位一体概貌同宇宙"星期"的古典理论调和起来。③ 他提出，第二个时代的终局会与历史的第六个千

---

① 世界之成熟化乃是个体之成熟化的反面；它是明显的衰退。但儿童（parvuli）应胜于傲慢者和强权者。

② 据 Jean Delumeau 所引，前揭，p. 48。

③ 参阅上文，p. 733。

年相混同,第三个时代会与第七个千年相混同。然而,《启示录》这篇文本难道没有说,在两个千年之间的阶段将产生严重的危机,其特点是犹太人的皈依,但主要的特点是,将有一个联合恶之强权,即敌基督者的国王来临,必须和他战斗不止,直到获得彻底的胜利吗?

于是,《启示录》(14:6)[1]中成问题的"永恒福音"将代替福音书。因为,将再也不需要现时所必需的对《圣经》进行阐释的整个劳作,也不需要以此劳作[1039]为业的神职人员。在默观赤裸裸的真理时,"我们将快乐地跳起舞",将再也不需要教皇。约翰替代彼得,就像所罗门替代了大卫一样。

> 神职人员,这些惯于将自己的知识(lumière)之光散播给民众的人,他们的生活真是可悲! 我们看见他们倾覆于肉与血之中。其间未见丝毫灵性,丝毫都未曾像以前那样朝向天国,而是几乎变得淫荡、贪色,变成肉与血,灵性大为削弱。如今何方有纷争? 何方有丑闻? 何方有寻衅? 何方有妒忌呢? 若不在神职人员的教会中,不在那些其职责在于给底下群众起典范作用的人中间,敌对又在何方呢? 简而言之,我们看见天上的星星纷纷坠落至地上,[2]这或是由于异端的腐化堕落所致,或是由于——大部分如此——肉体之罪这样的极端堕落所致。[3]

因此,体制应被超越(老的弥赛亚主题,参阅上文,p. 487 及以后)。世界将由教徒,而非由世俗神职人员领导。

这等于是又有点回到了中世纪前期的等级(ordines)理论,总体而言,这是因教皇革命而起的反应。它意图使世界基督教化,从而与其发生纠扯不清的牵连。教会得到提升,试图将尘世利益与灵性观混合起来。对教会而言,由教徒领导将成为其重掌真正使命的一种方式。

这一仅专注于默观的修会将由至高之主,即新的领导人(*novus*

---

[1] "我又看见另有一位天使飞在空中,有永远的好福音要传给住在地上的人,就是各国、各族、各方、各民。"

[2] 影射《启示录》8:12。

[3] 据 Jean Delumeau 所引,前揭,p. 50—51。

dux)领导;从中分出十二位长老,以用来归化犹太人。

该教义遭到了教会的拒斥。诚然,宏大的圣灵时代将以各种方式回返,但无论约阿基姆怎么说,他都是要贬低人和基督的事功,依此观点,基督不再是终结,而成了拯救经济学中居于施洗约翰和以利亚之间的一个普通阶段,且其重返将先于第三时代的来临。此外,尽管约阿基姆并未亲自呼吁发动圣战,但他的教义却为那些不接受由教廷和基督教王国创建的新的政治秩序者提供了论据。约阿基姆主义与《圣经》的末世论预言重修旧好[1040],成为"对奥古斯丁清除末世论的反动"。①

方济各会的"灵修派"

弗洛莱的约阿基姆的学说在其在世时及其死后半个世纪内(13 世纪前半叶)一直受众有限。但他未来的命运却来自部分方济各会修士,方济各会是新近建立起来的两大托钵修会之一,他们将其接受为准官方的学说。

由——可怜者(poverello)——亚西西的圣方济各(Froiçois d'Assise)创建于 1210 年的小兄弟会(Frères Mineurs)或方济各会宣扬的是贫穷和解脱的理想。吊诡的是,修会取得了巨大的成功,以致很快就得到了大笔财产和巨大的权力。修会中部分修士拒绝发生这样的演变,就有人据此称他们为"灵修派"。13 和 14 世纪乃是以这些"灵修派"为一方,以修会首脑和教廷为另一方之间恶斗的舞台。

"灵修派"编纂了直至当时尚默默无闻的约阿基姆派的著作,不仅加上了他们自己的评注,而且还很快添上了伪造的补编文字。从这些新的预言中得出结论说,由约阿基姆想象出来的灵修兄弟会在统治第三时代以前,已化身入方济各会。

方济各会的灵修派尤其在意大利和德国代表了一种重要的力量。在这后几个国家中,他们在编制弗里德里希皇帝的神话一事中将起关键性的作用。

法国方济各会修士罗克塔亚德的让(Jean de Roquetaillade)于 1356 年普瓦蒂埃大溃退时出版了一本名为"部落手册"(*Vademecum in tribulationibus*)的作品。该书表达了与千禧年主义的几大主题关系颇为紧密的平均主义社会观念。从而使我们能够了解千禧年主义是如何导致革命性的社会理论的。他说,贵族无法履

---

① Henry Mottu,据 Jean Delumeau,前揭,p. 46。

行自己的职责；王国受尽屈辱。动荡时期即将开启。各个敌基督者将会倏然出现于东方和西方。但民众会奋起反抗。他们会肃清神职人员。伟大的改革者世界复兴者（reparator orbis）会登上彼得的宝座，其间[1041]法兰西国王将成为西方的皇帝。这两个人会将穆斯林和鞑靼人从欧洲驱逐而出，且将清除异端，使异教徒皈依。

末日皇帝的神话

弗里德里希皇帝的神话取材于如《加马列翁》（*Gamaleon*，出版于1409年或1429年；该书大肆颂扬日耳曼皇帝弗里德里希，称他将使德国摆脱教廷、拉丁地区和意大利的管辖，而控制全世界），或《西吉斯蒙德的改革》（*Réforme de Sigismond*，约出现于1439年，该书宣扬平均主义社会体制，谴责了"资本主义"经济改革），尤其是令人不安的怪书《百章集》（*Livre aux Cent Chapitres*）之类的小册子，我们可将此书视为德国民族主义的第一次突出展现。

这是一部16世纪初的匿名作品（人们称该书的作者为"莱茵河上游地区的革命者"）。此书重述了先前启示录的传统，并将其推进至极端至极的结果。

通过由天使长加百列传递的天国之特殊的信息，作者获知世界将经由虔诚的俗人组成的兄弟会得到再生，他们背负着一个特殊的标记，即黄色的十字架。他们由弗里德里希皇帝或"黑森林皇帝"带领。此人不仅仅是末日皇帝；他自身还将是《启示录》中将统治千年的弥赛亚。

然而，最好还是先根绝所有的罪人。这将由"黄十字架兄弟会"中新的骑士团来完成。它将翦灭巴比伦，将全世界硬生生置于皇帝的法律之下。对罪人的屠杀将尤其被视为是神圣的行为："很快，我们就将饮血，而非饮酒。"牺牲者将是皇帝马克西米利安及所有富人，那些贪婪（avaritia）和骄奢（luxuria）之辈，特别是神职人员，都将和他一起，在四年半时间内以每日2300个教士的速度被加以翦灭（"加大你的打击力度，自教皇至初学修士，直到杀得一个不剩！"），但其中也有高利贷者和商人。因为，在千年中，资本主义和私有制的整个形式都将被根除。财产将在皇帝的精心指导之下，被共同管理，皇帝将掌控一切，且会严厉惩罚稍有闪失者。所有这一切都将得到"虔诚的基督徒"，亦即老百姓的支持。

民众基本上都是德国人——在此，作者的社会关注抹上了一层激进民族主义的色彩。[1042]因为，对莱茵河上游地区的革命者而言，这样一个理想的千禧年主义社会只不过是重复了被罗马和教廷摧毁的**日耳曼原始社会**。从亚当至雅弗（据说是欧洲人祖先的亚伯拉罕的儿子）这样的先人与他们的后裔，直到建立巴别塔之时,都是德国人:是德国人,而非犹太人,才是被拣选的民众;是德语,而非希伯来语,才是原初的语言。以前,庞大的日耳曼帝国涵盖了整个欧洲。这是一个本质上讲究博爱的社会,既没有私有制,也没有贸易,受到被称为"特雷弗规章"的法律的管理,这部法典先于且高于摩西十诫。

这一日耳曼帝国已被罗马摧毁,后者引入了私有制、我的和你的这些概念,它们在今日的罗马法和教会法法典中已全面开花。① 拉丁诸国的民众并非欧洲,而是小亚细亚的原住民:他们是被当作奴隶引入欧洲的。因此,必须在《特雷弗规章》(Statuts de Trèves)的基础上重建原始的德意志帝国,并使邻近拉丁诸国的民众臣服,这就是弗里德里希的事业。必须重新使人接受原初基督教,清除犹太人所掺入的内容,不再以罗马,而是以美因茨为中心,不得以教皇,而是以弗里德里希皇帝为最高的教士,后者将受到上帝般的崇拜。最终,该再生行动的先锋性将体现在贵族阶级身上,他们都是平民出生,但又都是纯粹的德国人。②

自由圣灵派的意识形态

人们对自由圣灵派异端的了解,是通过反对该教派的论战文字、诉讼记录和各种外界的证词,但也通过至少三本源自该教派本身的著作:14 世纪名为"卡特琳修女"(Schwester Katrei)的小册子,在一个隐修士的茅草屋里发现的一系列有关信仰的文章,以及 1310 年被当作异端焚毁的由波雷特的玛格丽特(Marguerite de Porette)所著的《淳朴灵魂之镜》(Mirouer des simples âmes)。

在自由圣灵派持续的五个世纪中,该学说变化极少。有人说,它受到了新柏拉图主义的影响,但清除了伪狄奥尼修和约翰·司各特·埃利金(Jean Scot Érigène)的成果,以使其适应基督教。泛神论在其中找到了[1043]其完整的价值。"上帝乃完全是其所是,上帝存在于每一块石头和人体的每一个肢体中,同样肯定的是,他也存在于圣体的面包中。"时代的终结之时,上帝的发散物将不再如分离的存在般留存下去,而是返归于上帝。即便三位一体中的位格也将被吸收入这毫无分化的一(Un)之中。

"所有的事物均为一,因为万物所是者乃是上帝",贝纳的阿莫利如是说。他

---

① 罗马法在此时被引入德国,比拉丁国家要晚,且比引入拉丁国家时更具人为性。

② Norman Cohn 强调了该主题系与 19—20 世纪的民族主义及纳粹主义主题具有真正令人震惊的相近性(亦请参阅 Léon Poliakov,《雅利安人的神话》[Le mythe aryen],Calmann-Lévy,Agora 丛书,1994,p. 118 及以后)。

有个遭到谴责的弟子从中推导出,他既不可能"被火烧毁,亦不可能受酷刑的折磨,因为他确保的是,在他所存在的范围内,他就是上帝"。其他人说,他们每个人都是"基督和圣灵",以前所说的独一无二的道成肉身的观点也被超越了。圣父化身为亚伯拉罕和其他长老,圣子则化身为耶稣—基督。现在,历史的第三时代来临了,在此时代中,圣灵化为肉身,而阿莫利派的信徒则将是首批承载此事之人。因此,他们称自己为首批"灵修派"。道成肉身很快就将普及开来,每个人在适应了基督之言后,便很快都能说"我是圣灵,远在亚伯拉罕之前;我就是"。此外,阿莫利派信徒还分享了先前的千禧年主义观念,他们相信末日皇帝的神话(对他们而言,末日皇帝就是菲利普·奥古斯都;阿莫利早已是菲利普的儿子,未来的路易八世的近亲);他们认为教皇就是敌基督者。

唯一的罪就是指不承认自己神圣的本源。大多数人都会犯这个罪;只有灵修派精英人士才能避开。这些"头脑敏锐"者自认为高于圣徒、天使、圣母,甚至高于基督。某些人声称自己已超越"上帝"。由此,门徒都觉得自己会完全变形。他们相信自己被赋予了非凡的权力,首先就拥有行奇术的权力,大体来讲,就是指行奇迹的权力。

在政治风潮的背景下尤其令我们感兴趣的是,它达到了彻底的非道德主义(amoralisme)。非道德主义(或指反规范主义[antinomisme],或指非规范主义[anomisme])乃是自由圣灵派传统的主导特点,而不管该项传统相继体现于其身上的具体究竟是些什么派别。约1230年,纪尧姆·科奈里斯(Guillaume Cornélis)声称,自愿贫穷可免除所有罪愆。因此,穷人奸淫,便不算犯罪。其他文本断言:

> 那承认上帝在其身上创造一切者,不会犯罪。因为他必将自己所做的一切事归于上帝,而非归于自己。拥有意识的人属于魔鬼、地狱和[1044]炼狱本身:他会不停地受到折磨。那精神自由者可避免所有这一切。——没有什么会被算为犯罪,除非人们自己这么判定。——人们可与上帝如此合一,以致无论做什么,都不可能犯罪。——我委身于本质(Nature)的自由之中,而且我会满足自己本性(nature)中所有的欲望。——我是个自然之人(homme naturel)。——自由人完全有理由去做会给他带来快乐的所有事(文本来自不同来源,据 Cohn 所引,p. 190)。

故而,信徒可生活奢靡,而以前在富有的(dives)贵族,即神职人员或犹太人中间,这都被揭露为魔鬼所为。该教派抛弃了社会关系中所有规范的形式。

> 当有人真正达到这伟大、高深的知识时,他就再也不必遵守法律和诫命了,因为他再也不会同上帝帝一。上帝创造的供所有存在者使用的所有事物,以及上帝曾创造过的所有事物都归属于他们……他们按自己本性的欲望和要求从所有的造物身上取用,而丝毫不用有所顾忌,因为所有创造而出的事物都归属于他们……整个天空供他们所用,全世界和所有造物都必须确确实实地服务和听从他们;若有造物违背他们,那它就是唯一的有罪者(据 Cohn 所引,p. 191)。

那些"成为上帝"之人在利用万物时,只是极其简单地将这些事物简化为"其原初的本源状态"……如同牲畜般的妇女是为自由圣灵兄弟会的人创造出来的。性行为乃是获得自由的征象,是名副其实的圣事,是"基督修为"(Christerie)。特别是通奸:"只要你没有去履行这所谓的罪,你就无法被从这罪的威权中解救出去。"

自由圣灵派的门徒极为蔑视私有制。斯特拉斯堡的主教于 1317 年说:"他们相信万物均属于他们,他们由此便得出结论,说自己是可以偷窃的。"门徒约翰·哈特曼(Johann Hartmann)是这样说自己的:"真正自由者乃是国王和所有造物的领主。万物均归属于他,他拥有利用所有使他快乐的事物的权利。若有人阻止他这么做,自由人就有权将其杀死且剥夺其财产。"(据 Cohn 所引,p. 195)将财产转移给兄弟会成员,就等于是"传至永恒";将财产给予其业主,就等于是"从永恒退化至现世"。①

---

① 自由圣灵派的非道德主义和反体制主义(anti-institutionalisme)也会令人想起以前古代犬儒派的传统,以及同我们时代更为相近的某些现时的马克思主义者、弗洛伊德—马克思主义者(freudo-marxiste)或左派。毫无疑问,在认为必须进行激进的社会革命的尝试和为了自身而专注于彻底摆脱整个道德束缚的尝试之间有着某种亲缘性。社会体制与道德规范被做了不同的解读,它们被认为是任意的、非理性的,本质上是压迫性的文化实在。

从大博尔派至再浸礼派,平均主义的千禧年主义意识形态

[1045]至中世纪末期,革命先知的意识形态已明显地在千禧年主义的内部范围内发生了演变。重点已不再被置于救世主国王身上,而是置于将在新耶路撒冷大为风行的平均主义身上。科恩(Cohn)说,借助于使犹太—基督教文明的弥赛亚和启示录主题同黄金时代的希腊—罗马神话进行融合,名副其实的无政府共产主义(anarcho-communisme)开始显露端倪:之所以称其为无政府,是因为预言家(visionnaires)宣扬整个体制,即神职人员、国家、社会秩序均会消失不见之故;之所以称其为共产主义,是因为该运动是以整个私有制的消失及所有财产均为公用为目标之故。

平均主义本质的状态

有意思的是,我们观察到,就在罗马—教会法传统试图将希腊—罗马公民责任感的政治与法律观念同犹太—基督教文明的道德进行综合时,对中世纪秩序持异议者便开始普遍自发地、无意识地、非批判性地放眼过去,将希腊—罗马神话同无私有制、无劳动分工、无富人亦无穷人的理想时代的《圣经》神话加以融合。希腊人和罗马人的"黄金时代"将纯粹地、简单地同《圣经》的"尘世天堂"及据认为重现了此"尘世天堂"的千禧年掺合起来,且两者常常被加以混同。如此便导致出现了一个与众不同的(sui generis)新的神话,人们将在西方今后的整个历史,即从古典时代的乌托邦至近代革命理论中重新发现这个神话。

[1046]我们已在专门论述希腊和罗马的部分中引用或提及了描述过去的或——借助于大年(Grandes Années)的永恒回返——即将来临的黄金时代的作者:赫西俄德、阿拉托斯、恩培多克勒、维吉尔……另一些古代文本也肯定了这一原始人类的共产主义:说农神时代"大地归所有人共有,空气和阳光亦是如此"(《变形记》,Ⅰ,135)的奥维德,确认"土著人"共有万物的维吉尔的同时代人特洛古斯·庞培尤斯(Trogue Pompée)①,用黄金时代的幸福与现时代的不幸对抗且

---

① 特洛古斯·庞培尤斯(Trogus Pompeius;公元前1世纪),罗马历史学家,著有《论动物》(De animalibus)、《菲利时代的历史》(Historiæ Philippicæ;主要叙述菲利二世创建的马其顿帝国),是希腊化时期的重要文献资料。——译注

说此不幸因富人靠欺侮穷人以积聚大量财富的景象而更形加剧(《书简 I》[Lettre Ⅰ])的琉善(Lucien①,公元 2 世纪),叙述了"幸福者之岛"神话且说岛上的太阳市民(Héliopolitains)没有财产(因为,岛上的太阳普照万民,这也是斯多阿派的克里昂特的《太阳颂》[Hymne au Soleil, Bibliothèque historique,Ⅱ,55—60]中曾用过的主题)的西西里的狄奥多罗斯(Diodore de Sicile),最后还有提及对我的和你的极其敌视的"卡尔波卡特斯(Carpocrates)教派"②的埃皮法尼乌斯(Épiphane)③。

自 3 世纪起,教父解经使人人生而平等的斯多阿派观念和《圣经》对尘世天堂的描述(迦太基的西普里亚努斯[Cyprien de Carthage]、米兰的安布罗修斯……)达成了某种共生现象。

有篇将公有财产视为准则的文本值得引起特别的注意,因为它就出现在格拉济亚努斯的《教令集》中,从而也体现在了教会官方法律的学说之中。就此而言,在整个基督教历史中,它定将受到许多神学家、宗教思想家和社会批评家的引用。然而,恰是这篇被错误地归于教皇克雷孟一世名下的伪文最终在经历了名副其实的"传奇般的"历史之后,出现在了《教会法典大全》之中。

克雷孟一世名下还有许多伪文,因为有人认为,这位 1 世纪末期的教皇乃是圣彼得的亲炙弟子。至公元 265 年,有人将下面一篇讲演(该文本一个世纪后被再次作了修改)也归在了他的身上:

"对这世界上万物的使用本应为万民所共有,但不义却使人这样说:'这是我的';另有人说:'那是我的',于是凡人之间就出现了分配。简而言之,有个知道应该如何行事的颇为贤明的希腊人说,朋友间所有东西均应共有。毋庸置疑的是,配偶也包括在这'所有东西'之中。他还说,正如空气无法分配一样,阳光亦是如此,尘世间赋予我们以使其共有的其他财产也再不应受到分配,而是确实应该受到共同的管理。"

后来,当伪伊西多尔约于公元 850 年编订"伪教令集"时(参阅上文,p. 796—797),也放入了克雷孟的五封全为伪造的书信,其中三封从头至尾都是杜撰的。

---

① 琉善(Lucianos,120—180),古希腊修辞学家、小册子作者、讽刺作家,著有《诸神对话录》和《死者对话录》。——译注

② 公元 2 世纪在亚历山大建立的共同生活团体,主张灵知派教义及灵魂轮回说,既轻视物质,又主张采取放纵的伦理道德态度(laxismus)。参阅《基督宗教外语汉语神学词语汇编》,前揭,p. 151、630。——译注

③ 埃皮法尼乌斯(Epiphanius of Salamis;约 315—403),塞浦路斯岛隐修士,后成为撒拉米斯主教。推广尼西亚大公会议的教义,反对异端阿波林主义和奥利金主义,著有《药盒》(Panarion)和《锚定的》(Ancoratus),均为反驳异端、澄清教义之作。参阅《基督宗教外语汉语神学词语汇编》,前揭,p. 341。——译注

第五封书信并非纯粹的捏造,因为它重述了上面引用的文本,但添加了一条评注,[1047]影射了据《使徒行传》第 4 章而来的所谓基督教共同体这一共产主义的理论(参阅上文,p.727 及以后)。

由于格拉济亚努斯认为克雷孟的书信是真品,故他在其《教令集》中引入了这些文本(除了论述自由之爱的那封),这样一来,它们就成了(至少要到 16 世纪,《伪教令集》的伪造特性才为人知晓)教会的法律准则(不过,它们强调的是斯多阿派,而非《圣经》的观点)。

布罗姆亚德和波尔

自这个时代起,甚至在官方阶层中,人们都将末日审判视为本质上是让穷人复仇。在剑桥大学主事约翰·布罗姆亚德的"供宣道者所用的人生指南(Guide)"里所建议的末日审判图景中,我们注意到了下面的场景。富人和穷人在进行裁断的基督面前进行辩论;穷人喊道:

> [富人]每餐吃三四道菜,我们却饿殍而死,这都是他们取用从我们手中夺取的财产之故……当我们需要这些财产的时候,这些窃贼却不将这些属于我们的财产还给我们……他们的餍足就是我们的饥馑,他们的享受就是我们的惨况……他们的盛宴、他们的欢愉、他们的奢靡、他们的虚荣、他们的无度、他们的过剩,对我们而言,就是挨饿、忏悔、贫穷、不幸、剥夺(据 Cohn 所引,p.220)。

布罗姆亚德的结论是:"毫无疑问,公正无私的审判者(Juge)将会公正对待那些提出如此诉讼(clameurs)的人!"[1]

在社会急遽动荡的境况中,这些观点只有鼓动者才会再三提出。1381 年英国农民起义时,宣道者约翰·波尔说:

---

① 此处,我们发现,神学,至少是牧灵神学(théologie pastorale),丝毫未使用知性的工具来分析中世纪经济发展的诸种原因。它散播的是粗糙的"无产策略"(jeu à somme nulle)经济观念,该观念讲求的是对仅在自然出产上稀有的财产进行或平等、或不平等的分享。因此,它为那些极具原始性和摧毁性的政治纲领提供了论据(相反[a contrario],在列举了这些文本后,我们可更好地评估圣托马斯·阿奎那的深刻性,他对自己在古代作家那里发现的零零散散的经济方面的反思更为热衷,他也懂得如何从自己时代的商人所作的反思和经验那里获得益处)。

尽管我们所有人都源自一个父亲和一个母亲，即亚当和夏娃，但除了因为他们能使我们挣得其挥霍的钱财和翻耕其丢弃的田地之外，[1048]他们能否据此言说且证明他们是比我们远好得多的主人呢？他们穿饰有松鼠皮和灰白色马皮的丝绒和绸缎，而我们则只能穿劣质的呢绒。他们享用的是葡萄酒、香料和上等的面包，而我们则只能吃黑麦，住得差，睡在稻草堆上，喝的也只是水。他们住得好，有漂亮的庄园，而我们则只能辛苦劳作，在田野上风吹雨淋，他们所保有的地位必是从我们和我们的劳苦中而来。善良的族人哪，只有我们大家都联合起来，这样的事情才不会在英国大行其道，财产才会全部公有，既无农民亦无老爷的时候才会出现（归于波尔名下的布道词，据 Cohn 所引，p. 217）。

在另一篇布道词中，波尔引用了好种与稗子的比喻（《马太福音》13:24—30 与 36—43）：

那撒好种的人，就是人子；田野，就是世界；好种，就是天国（Royaume）的臣民；稗子，就是恶（Malin）的臣民；撒种的敌人，就是魔鬼；收获，就是世界的末日；而收获者，就是天使。因此，正如人们去除稗子，用火把它烧掉一样，同样，世界末日也会如此：人子将派遣天使从他的王国中拔除所有的耻辱和所有行不义之人，将他们投入炽热的火炉中；那儿会哭声一片，牙咬得咯咯响。于是，义人将如他们的天父之国中的太阳般熠熠闪光。有耳的，你要听好了！

波尔又补充道，该预言即将实现。在福音书中作为义人的穷人应该拿起武器。

大博尔派

对大博尔派而言，千禧年就是无政府共产主义。租税、杂税和地租都将被废除，再也不会有任何形式的人的威权。教会将消失，无论什么圣事都不再必要。疾病和死亡将闻所未闻；妇女将不再因不正当的肉体关系而怀孕，她们将毫无痛苦地分娩。千禧年将使之诞生的乃是原

始的捷克共同体,波希米亚的首位史学家布拉格的科斯莫斯(Cosmos de Prague)早在三个世纪前就这么描述过:

> 万物都像太阳的光辉和水的湿气这般,耕犁过的田野和牧场,甚至婚姻也同样都是公有……因为,按照动物的习性,他们结合在一起仅仅是为了一夜……没有人会说"我的",但就像在修道院的生活中一样,他们的双唇、他们的心灵和他们的行为[1049]都会将他们拥有之物称为"我们的财产"。他们的茅屋上丝毫不见门闩;他们不会向缺吃少穿者紧闭大门,因为既不存在偷窃、撬窃,也不存在穷人……哀哉! 他们用安泰换取悲惨,用公有制换取私有制,因为占有的激情在他们体内无比疯狂地燃烧,比埃特纳山的大火犹过之而无不及……(据 Cohn 所引,p.235)

该神话因而染上了民族主义的色彩(恰如稍后莱茵河上游地区的革命者那样)。

> 至于亚当派,他们相信的是末日圣徒,实践的是性乱,生活中几乎总是一丝不挂,还围着火堆跳舞,唱圣歌,说他们如此就能重新找到亚当和夏娃原罪前那种天真无知的状态。

托马斯·闵采尔

闵采尔的神秘观同自由圣灵派的神秘观相近:灵魂因苦难而被剥露出来的人会"变成上帝",经此,他就能用任何方法来完成末世论的构想,而不会受任何怀疑的困扰。闵采尔也受到了大博尔派千禧年主义的影响,传递此种影响的人是曾在波希米亚逗留过的宣道者尼克拉斯·斯托尔奇(Niklas Storch)。但其中也有心理上的因素。闵采尔特别受到了暴力的吸引。他会兴高采烈地提及《圣经》中由先知和国王亲自施行的大屠杀。

> 比如以利亚对巴力的祭司进行的屠杀(《列王纪上》18:40;以

利亚让一群人去抓巴力的几百名祭司,将他们杀死);还有耶户对亚哈众子的屠杀(《列王纪下》10:1—11:亚哈王①的七十个儿悉数被杀,且都被砍下了首级,后来又大开杀戒,杀害了犹大的四十二个王子,12—14 行,以及巴力的另外几百个祭司,18—27 行)。今日的被拣选者必将踩着《圣经》中杀人犯的足迹前行。

闵采尔在明白自己根本得不到改革派诸君王的支持,而且正相反,自己已成为路德的靶子时,他所写的小册子便愈发暴力。他呼吁自己的追随者发动圣战:

> 我对你们说,若你们不愿为了爱上帝而受苦,那你们就将受魔鬼的折磨。因此,你们当注意了! 不要沮丧,不要怠惰,切勿对那邪恶的先知和无耻的卑劣之徒[1050]卑躬屈膝! 向前冲吧,为上帝而战! 伟大的时刻已到! 带上你们所有的兄弟,这样他们才不会对这神圣的见证百般嘲弄,否则他们都将被剪灭。德国、法国和意大利都要警醒了。[……]
>
> 倘若你们只有三个人,那就相信上帝,只要追随他的名和他的光荣,你们不当怕千军万马。
>
> 现在,冲吧,冲向他们! 时刻已到。卑劣之徒都惶惶如丧家之犬……这样做极其、极其有必要……切勿去留意渎神者的哀告! 他们会和颜悦色地向你们哀求,他们会呻吟不断,像孩子般泪如雨下。怜悯对你们而言是陌生之物! 将他们从城里、村庄里一群群地驱赶出去[……]
>
> 冲啊,冲向他们,只要刀剑炽热! 你们的刀剑绝不会冷却! 它们不会残缺不全! 狠狠地砍下去,砍断宁录(Nemrod)的耳朵!②

① 此处原文为 Achaz,即亚哈谢,此人是犹大王,即其 42 个兄弟被耶户所杀的国王;70 个儿子被杀的为亚哈(Achab)。此处疑为作者笔误,故此更正。——译注
② "世上第一个强人"宁录(《创世记》10:8—10;《历代志上》1:10)曾是巴别王,被视为魔鬼之城巴比伦的化身。在平均主义的千禧年主义神话中,宁录乃为众敌之首,因为作为诸城的第一个建造者,据说正是他摧毁了原初的自然状态,且引入了私有制和阶级的分化。

把他们的塔楼推倒。只要他们还活着，你们就永远不能脱离人的恐惧。只要他们统治你们，人们就再也不能给你们宣讲上帝。冲啊，冲啊，白昼来临。上帝会指引你们，你们当紧紧跟随他（据 Cohn 所引，p. 270—271）。[①]

再浸礼派

构成再浸礼派的四十个教派有着共同的观念。它们意图在尘世上实现无体制的兄弟之爱。没有大型教会，没有国家。必要且充足的条件是，人将成为"圣徒"，经过第二次洗礼后就能达到这一点（"再浸礼派"之名便由此而来）。其教义仍是激化的无政府共产主义。私有制已在原罪后建立了起来。

> 不久之后，宁录开始君临天下，后来，无论谁都能成功地统治他的邻人。而且他们开始瓜分世界，为所有权的问题争吵不休。于是，他们便对我的和你的做了区分。最终，人都变得野蛮粗暴，个个都像凶残的野兽。每个人都想比他人更漂亮、更优秀，事实上，都希望[1051]能成为他人的主人。然而，上帝已使万物公有，正如我们如今仍共同从空气、火焰、雨水、太阳，以及从某些巧取豪夺的暴虐之人无法以不义的手段将其据为己有的万物中得益一般（据 Cohn 所引，p. 282）。

显然，我们在明斯特的"新耶路撒冷"中会重新发现这些观点。1534 年 10 月，罗特曼在一本宣传册子中写道：

> 在我们中间，上帝——他接受了我们的赞颂和我们永恒的感激——已复兴了共同体，它如其开端时那样，本属主的圣徒（Saints du Seigneur）。[……]我们不仅已在副祭的监管下，将自

---

① 我们将会注意到这些激励之词的语调所含有的暴力性。与此同时的路德讲话的语调也不太彬彬有礼。这种风格在德国得到了培植，至马克思及以后一直都是如此。

己的财产全作公用,而且我们也会照着自己的财产去进行取用:我们因基督以其独一的心灵和独一的精神作中保而赞颂上帝,且我们急不可耐地欲为彼此的任何事而互帮互助。故而,所有只为自利的和私有的财产牟利之事,如买卖、收取报酬的劳动、收取利息和高利的行为——即便是损害不信教者——或靠着穷人的汗水饱食终日这样的事(也就是指让他人劳作,好让自己发财致富),确实都是悖爱之罪,所有这些恶行在我们中间都会通过爱和共同体的力量来加以废除。在得悉上帝如今意欲废除如此可憎的行为之后,我们亦想将其弃绝,而不愿使其恢复。我们知道这般牺牲,可让主欢欣。确实,倘若不在如此的共同体中生活,或者至少并未全心全意地希望在此生活,那么无论是基督徒,抑或是圣徒都无法使主感到满意(据 Cohn 所引,p. 290)。

明斯特和世界之王伯克尔森便是用这些措辞对平民百姓讲话:

谦卑的牧人大卫,照上帝的命令,乃是先知所立的以色列的神圣国王。上帝经常以如此方式行事;无论是谁抵制主的意志,都唤起他的怒火。他便如此赋予了我掌管这世上万国的权柄,和用剑扰乱恶人、护卫义人的权利。因此,这城里的任何人都不得用犯罪来玷污自己,也不得反抗上帝的意志,因为他将毫不迟延地用剑来执行死刑。

由于人群在听到这些话后,发出了抱怨声,于是他继续说道:

真替你们羞耻啊,你们用抱怨来反对天父的意旨。就算你们所有人都会联合起来抵制我,我仍将君临天下,对你们不管不顾,不仅统治这城,还当统治全世界,因为[1052]天父心愿如此;而且我现在开始的统治将永不衰落地持续下去(据 Cohn 所引,p. 297)。

1534 年末,罗特曼又发表了几篇文字,即《复兴》(*Restitution*)、《复仇的宣告》(*Annonce de vengeance*)。他在文中将历史区分为三个时代:罪的时代,从创世持续至洪水时期;迫害与十字架时代,持续至今;今日发轫的第三时代,它将成为复仇与圣徒胜利的时代。上帝已立了新的大卫,即莱德的约翰。从今以后,《旧约》中所有的弥赛亚预言都会在以完满的爱君临天下的明斯特得到实现。但尚须将此新的上帝之国扩展至整个尘世,为此就需出发去征服世界,将这世上的所有败德之徒统统根除。

我们观察到近代属于社会主义、马克思主义、法西斯主义的不同革命理论的许多主题都能在千禧年主义的著作中找到,这些文字影响了这些理论,而这些理论的作者或意识到了这一点,或对此并没有意识。对历史做大段划分的观念——如马克思主义者的阶段论:原始共产主义、封建主义、资本主义,最终是社会主义,历史将寿终正寝——显然就是抄袭了千禧年主义的时间(Temps)结构。暴力革命的主题之所以得到了合理化确证,是因为它将成为最末之事,可开启正义和博爱的最终统治,故它仍然是一个启示录的主题。

这样的类比当然不是偶然的结果。因为,在近代初期,西方已将希腊—罗马和《圣经》的传统综合了起来。但此种综合远非完全,每个思想流派都会以自己的方式将其吸纳。在教皇革命的谱系中,某些人会追随世界渐进改善的理想,运用理性(Raison)和法律(Droit)的工具,使心灵深处的皈依、个体的努力和责任成为达成理想的动因。另一些人则按照前理性的(pré-rationnelle)和祭献的思想,否弃个体责任,倾向于为恶寻找"替罪羊",意图自现在起就使千禧年来临,这样必将付出使世界血流成河的代价。

[1053]似乎,至少部分后续的近现代政治观念史就是由此种对抗结构而成。前一个流派将经由我们所说的"民主与自由的传统"延伸下去。另一个则通过其"右翼"和"左翼",即不为人知的千禧年主义之根本敌对的状态持存下去,因为他们会将中世纪基督徒置于上帝之中的希望置入诸种新的超验实在——历史的、种族(Race)的,或民族(Nation)"命运"的法则——之中。

图书在版编目（CIP）数据

古典与中世纪政治思想史 / (法) 菲利普·内莫著；
张竝译. -- 上海：华东师范大学出版社,2021
ISBN 978-7-5760-1292-7

Ⅰ.①古… Ⅱ.①菲… ②张… Ⅲ.①政治思想史－
世界－中世纪 Ⅳ.①D091.3

中国版本图书馆 CIP 数据核字(2021)第 031405 号

华东师范大学出版社六点分社

企划人　倪为国

古典与中世纪政治思想史

著　　者	[法]菲利普·内莫
译　　者	张　竝
责任编辑	王寅军
责任校对	古　冈
封面设计	卢晓红

出版发行　华东师范大学出版社
社　　址　上海市中山北路 3663 号　邮编　200062
网　　址　www.ecnupress.com.cn
电　　话　021-60821666　行政传真 021-62572105
客服电话　021-62865537　门市(邮购)电话　021-62869887
地　　址　上海市中山北路 3663 号华东师范大学校内先锋路口
网　　店　http://hdsdcbs.tmall.com

印 刷 者	上海盛隆印务有限公司
开　　本	700x1000　1/16
印　　张	65.75
字　　数	876 千字
版　　次	2021 年 7 月　第 2 版
印　　次	2021 年 7 月　第 1 次
书　　号	ISBN 978-7-5760-1292-7
定　　价	198.00 元

出 版 人　王　焰

(如发现本版图书有印订质量问题,请寄回本社客服中心调换或电话 021-62865537 联系)